全国专利代理人资格考试备考用书

（第5版）

全国专利代理人资格考试
历年真题分类精解

杨 立 编著

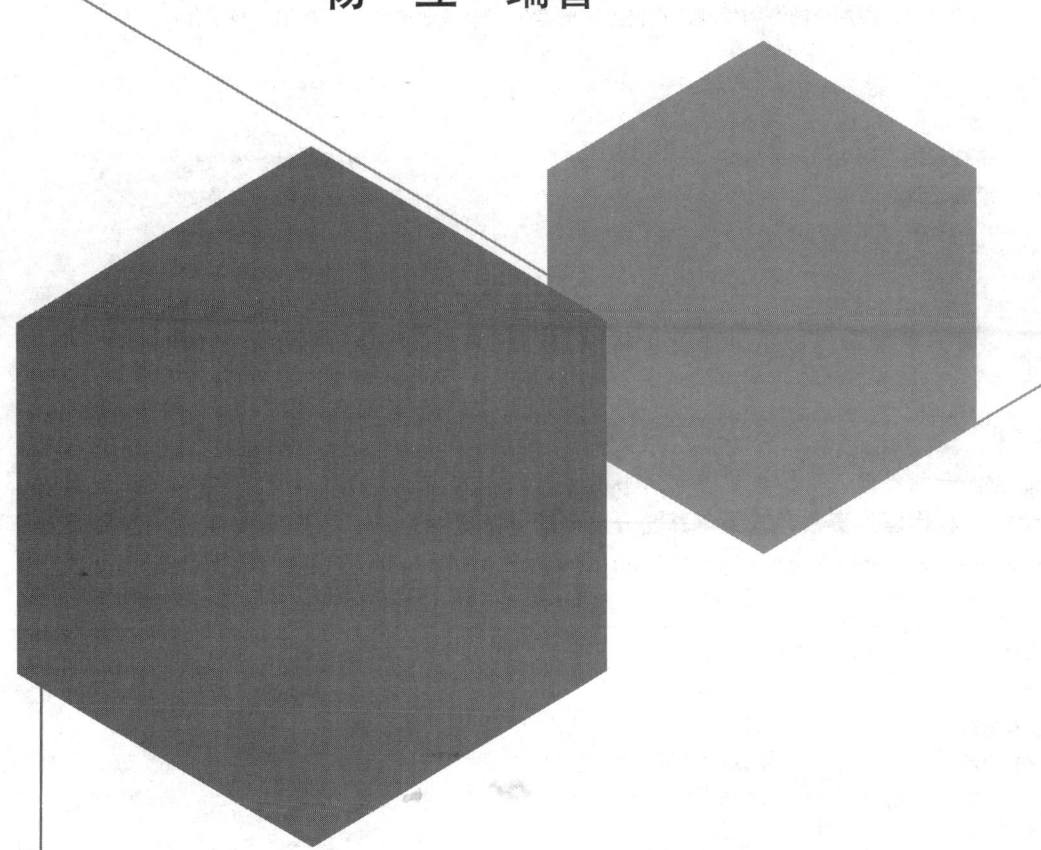

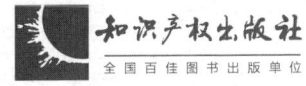

知识产权出版社
全国百佳图书出版单位

图书在版编目（CIP）数据

全国专利代理人资格考试历年真题分类精解/杨立编著．—5版．—北京：知识产权出版社，2018.4（2019.7重印）（2021.9重印）

ISBN 978-7-5130-5475-1

Ⅰ.①全… Ⅱ.①杨… Ⅲ.①专利—代理（法律）—中国—资格考试—题解 Ⅳ.①D923.42-44

中国版本图书馆CIP数据核字（2018）第052429号

内容提要

本书按照《全国专利代理人资格考试大纲》进行分类总结，其中，"法律知识部分"包括以2000～2016年1500多道法律知识真题为基础，结合每道题的考点作了全面、精确、细致的解析，除了对答案选项进行详细解析以外，对非答案选项内容也给出了明确的解析；"代理实务部分"包括2000～2012年、2015年及2016年专利代理实务真题中的17道代理实务真题及解析，除了给出参考答案以外，还结合专利代理实务真题的考试特点，就解题思路和解题方法进行深入分析和总结。全书采用最新的《专利法》《专利法实施细则》《专利审查指南2010》对往年的法律知识真题重新进行了解析，同时对答案也进行了重新修订；专利代理实务部分给出的参考答案也都根据最新的法律、法规进行了重新修订。

读者对象：参加全国专利代理人资格考试的考生和企事业单位从事知识产权工作的人员。

责任编辑：胡文彬　王瑞璞	责任校对：潘凤越
装帧设计：麒麟轩	责任印制：刘译文

‖全国专利代理人资格考试备考用书‖

全国专利代理人资格考试历年真题分类精解（第5版）
Quanguo Zhuanlidailiren Zige Kaoshi Linian Zhenti Fenlei Jingjie (Di 5 Ban)
杨　立　编著

出版发行：知识产权出版社有限责任公司	网　　址：http://www.ipph.cn
社　　址：北京市海淀区气象路50号院	邮　　编：100081
责编电话：010-82000860转8116	责编邮箱：wangruipu@cnipr.com
发行电话：010-82000860转8101/8102	发行传真：010-82000893/82005070/82000270
印　　刷：三河市国英印务有限公司	经　　销：各大网上书店、新华书店及相关专业书店
开　　本：889mm×1194mm　1/16	印　　张：36.25
版　　次：2018年4月第5版	印　　次：2021年9月第3次印刷
字　　数：1533千字	定　　价：120.00元

ISBN 978-7-5130-5475-1

出版权专有　侵权必究
如有印装质量问题，本社负责调换。

作者简介

杨立 北京轻创知识产权代理有限公司总经理、资深专利代理人，中华全国专利代理人协会理事，北京市专利代理人协会常务理事、人才发展委员会主任、专利代理机构等级评定专家，中国知识产权培训中心校企对接工程专家委员会专家委员。曾经在全国专利代理人资格考试中获得十分优异的成绩，参与处理过专利、商标、著作权的申请、复审无效、异议、侵权诉讼等各类知识产权案件数千件，具有丰富的实践经验，其负责代理的专利在2017年11月13日第十九届中国专利奖的评审中荣获中国专利金奖。

杨立老师编著的多本书籍一直被作为全国专利代理人资格考试的培训教材，在广大考生中拥有良好的口碑和较高的知名度。杨立老师同时兼任国家知识产权局、中国知识产权培训中心特邀讲师，并受邀担任北京、上海、天津、深圳、广州、重庆、武汉以及广东、湖北、江苏、四川、安徽、江西等省市知识产局的培训讲师，每年到多个省份授课。至今，杨立老师已经为上万名学员讲授过知识产权方面的专业课程。

杨立老师所带领的北京轻创知识产权代理有限公司是我国最早成立的专利、商标代理机构之一（成立于1985年，前身为北京一轻工业专利事务所），也是经国家知识产权局和（原）国家工商行政管理总局核准登记注册的涉外专利代理机构和商标代理机构。

北京轻创知识产权代理有限公司自成立以来所获奖项如下：北京市专利局"先进工作集体奖"（1990年），北京市科学技术委员会、北京市专利局"先进专利工作机构奖"（1995年），北京市专利局"先进工作集体奖"（1996年），北京市专利局"专利代理工作先进集体"称号（1998年），中国中小企业协会"知识产权事务合作伙伴"（2007年），工业与信息化部CSIP中心"重点领域知识产权示范企业杰出贡献奖"（2010年），北京市专利局"北京市知识产权工作托管服务机构"（2010年），中华商标协会商标代理分会"中华商标协会会员单位"（2010年），北京中关村企业信用促进会会员证书（2011年），北京市知识产权局"2012年度北京市优秀专利代理机构"（2012年），中国知识产权报"一星专利代理机构"（2014年），中国知识产权报"三星专利代理机构"（2015年），北京市商务服务业联合会"北京市商务服务优秀奖"（2016年），中国知识产权研究会、中国全国专利代理人协会、中华商标协会、中国知识产权报、《今日财富》杂志社"全国知识产权服务品牌机构"（2016年），CCTV《超越》栏目知识产权行业合作伙伴（2017年）以及第十九届中国专利金奖（2017年）。另外，北京轻创知识产权代理有限公司作为首家知识产权代理机构入选由中央电视台、央视网、中国互联网新闻中心、中国品牌领袖联盟等相关机构和媒体联合启动的"中国品牌创新发展工程"（2017年）。

全国专利代理人资格考试简介

1985年《中华人民共和国专利法》实施，我国的专利代理行业也随之建立，并成为中国专利体系中的重要组成部分。为适应专利代理行业的发展，我国在1986年成立了由原中国专利局、教育部以及专利代理机构共同组建的专利代理人考核委员会，并于1988年举行了首次全行业考试。此后大致每隔两年，都会举行一次全国专利代理人资格考试，并对通过考试的人士授予中华人民共和国专利代理人资格。

随着专利代理行业的发展，全国专利代理人资格考试也经历多次变革，其中影响较大的是2000年和2006年两次考试改革。

2000年，全国专利代理人资格考试进行了一次较大的调整，考试内容被划分为客观题（选择题）、撰写题（笔试题）两个部分，总分为400分。其中客观题部分被分为三份试卷，分别是卷一、卷三和卷四，每份试卷各有100道题，每道题分值为1分，均为多项选择题；撰写题部分为卷二，为笔试卷，分值为100分。

2006年，全国专利代理人资格考试再次进行调整，考试内容被重新划分为三个部分，总分依然是400分。第一部分为卷一，内容是专利法律知识，共100道题，每道题分值为1.5分，均为多项选择题；第二部分为卷二，内容是相关法律知识，共100道题，每道题分值为1分，均为多项选择题；第三部分为卷三，内容是专利代理实务（笔试题），分值为150分。与此同时，全国专利代理人资格考试自2006年起改为每年进行一次，时间安排为每年11月的第一个周末。

自2009年起，全国专利代理人资格考试再次进行改革，改革后采用专利法律知识和相关法律知识总和（称为"法律知识部分"）确定一个合格分数线，专利代理实务（称为"代理实务部分"）单独确定一个合格分数线，如果应试人员的法律知识部分和代理实务部分的考试成绩均高于该部分当年的合格分数线，则通过当年的考试。如果上述两部分只有一部分成绩高于该部分当年的合格分数线，则成绩合格的记录自当年起三年内有效。应试人员可以在首次被记录有合格成绩接下来的两年内对不合格的部分进行补考，如果没能在两年内通过该部分的考试，则再次参加考试时将重新计算合格成绩记录周期。

目前进行的全国专利代理人资格考试，都是按照2009年考试改革后的方案进行的。

第5版前言

时隔五年，又到了《全国专利代理人资格考试历年真题分类精解》第4次改版的时间。本次改版补充了2013~2016年全国专利代理人考试真题中的800道选择题和2015年及2016年2道专利代理实务题，并结合往年累积的真题题目，剔除部分考点重复的题目。本书的解析全部采用现行法律法规，包括近年来生效施行的《民法总则》与《反不正当竞争法》等，以方便广大考生复习。对于专利代理实务真题，到现在累积的有效真题已经达到17道题。

从近几年的考试真题情况来看，卷一、卷二的选择题难度比往年有所下降，卷三代理实务题目的难度基本和往年相当。目前，专利代理实务考题考点的全面化和多样化，已经成为考试趋势，因此对往年专利代理实务真题的练习变得非常重要。不论是选择题还是实务题，都只有勤加练习才能更好地掌握各种考点和知识点，提高通过考试的概率。

另外，和前几版的前言一样，这里再次强调并提醒诸位读者，不管考试形式怎样变化，考试大纲范围中所要求的各种知识点基本是不会发生变化的。充分利用这些往年的真题，通过反复练习，尽可能地将各种知识点的内容掌握，才是真题的真正价值和作用所在。

在本书出版之际，还要感谢提供支持和帮助的北京轻创知识产权代理有限公司的诸位同事们。特别感谢崔秀清女士、陈熙先生协助完成本书的总校对工作，同时还要感谢参与本书其他编辑工作的北京轻创知识产权代理有限公司各位同事们的帮助，这些参与编辑的同事们包括：裴俊杰/第一部分第一章；厉洋洋/第一部分第二章；陈振玉/第一部分第三章；陈霆雷/第一部分第四章；郑芹/第一部分第五章；刘洵/第一部分第六章至第八章；陈威/第一部分第九章、第十章；吴佳/第二部分第一章第一节至第三节；姜波/第二部分第一章第四节至第六节；王灏增/第二部分第二章；彭凯/第三部分第三章。

最后，衷心希望修订后的第5版能够更进一步地帮助读者理解掌握各种基本知识和考点，提高考试成绩，顺利通过考试！

杨 立
2018年3月23日于北京

第4版前言

经过了两年的间隔，又到了《全国专利代理人资格考试历年真题分类精解》第3次改版的时间。本次改版补充了2011年和2012年全国专利代理人考试真题中的400道选择题和2道代理实务题，并结合往年累积的真题题目，剔除部分考点重复题目。对于代理实务真题，考虑到2000年到现在累积的有效真题已经达到15道题，并且这些题目的练习效果已经足够，因此将2000年以前的代理实务真题剔除，以节省全书篇幅。

从近两年的考试真题情况来看，卷一、卷二的选择题难度比往年有所下降，卷三代理实务题目的难度基本和往年相当。目前，代理实务考题考点的全面化和多样化，已经成为考试趋势，因此对往年代理实务真题的练习变得非常重要。不论是选择题还是实务题，都只有勤加练习才能更好地掌握各种考点和知识点，提高通过考试的概率。

另外，和前几版的前言一样，这里再次强调并提醒诸位读者，不管考试形式怎样变化，考试大纲范围中所要求的各种知识点基本是不会发生变化的。充分利用这些往年的真题，通过反复练习，尽可能地将各种知识点的内容掌握，才是真题的真正价值和作用所在。

最后，衷心希望修订后的第4版能够更进一步地帮助读者理解掌握各种基本知识和考点，提高考试成绩，顺利通过考试！

杨 立
2013年8月23日于北京

第3版前言

经过半年时间的写作,《全国专利代理人资格考试历年真题分类精解》第3版的书稿终于全部完成。沿袭第2版之后的调整,全书还是分为法律知识和代理实务两部分内容。"法律知识部分"在第2版的基础上增加了2010年专利法律知识和相关法律知识共200道真题,"代理实务部分"补充了2009年、2010年2道代理实务真题,使全书代理实务真题量达到了20道题。本次改版时,"法律知识部分"中包括2000~2009年全部法律知识真题在内的基础题量已经达到了1 900道,考虑到过多的题目将给读者在复习中带来较重的负担,因此,本次改版还对"法律知识部分"的题目内容进行了删减,将考点基本重复的题目删除,每项知识点基本只保留一个题目,并且将法律修改后已经不适宜的考题全部删除。同时,还对部分往年考题增加了个别选项,以顺应现行法律法规的具体要求。本次改版后的"法律知识部分",基本涵盖了目前专利代理人资格考试中曾经出现的各种类型的考点,题目总量得到控制,相信改版后的内容能够更好地帮助读者提高复习效率。

从2006年专利代理人资格考试形式改革到现在,已经又经历了5次考试。从这最近5次的真题来看,专利代理人考试题目的难度在逐渐加大。例如,在2010年的法律知识真题中,综合类题目明显开始增多,有些题目甚至在一道题中同时涉及了4项不同的知识点。而专利代理实务真题中所考查的知识点也是越来越多,对考生的综合素质要求也越来越高,以往凭借一个知识点就能决定实务成绩的情况已经不复存在。在这种情况下,往年的真题在复习过程中的重要性则更为明显,尤其是近几年的真题,基本反映了未来考题变化的趋势和可能的重点内容。

不过,不管考试形式如何变化,考试范围中所涉及的各种知识点本身是不会发生变化的,因此,通过对往年真题的复习,尽可能地将各种知识点的内容掌握,才是真题的价值所在。希望本书能够更好地帮助读者理解掌握专利代理的各种基本知识,还希望本书能够更好地帮助读者提高在专利代理人资格考试中的成绩,顺利通过考试!

杨 立
2011年7月于北京

第 2 版前言

  历时一年多的时间、经过前后几次反复修改，《全国专利代理人资格考试历年真题分类精解》一书的第 2 版书稿终于完成。第 2 版全书一共分为法律知识卷和代理实务卷，在第 1 版基础上增加了 2008 年、2009 年"专利法律知识"和"相关法律知识"共 400 道考题，使法律知识卷包括 2000～2009 年全部"法律知识"真题，总题量达到 1 700 道；"专利代理实务"部分独立作为一卷，其中包括自 1990 年以来"专利代理实务"科目考试卷中精选出的 15 道代理实务撰写题和 3 道问答题，共 18 道代理实务真题。

  全书按照全国专利代理人资格考试大纲进行分类总结，其中"法律知识卷"真题解析部分结合每道题的考点作了全面、精确、细致的解析，除了对答案选项进行详细解析以外，对其余非答案选项内容也给出了明确的解析；"代理实务卷"解析部分除了给出参考答案以外，还结合"专利代理实务"科目真题的考试特点，就"专利代理实务"科目考试解题思路和解题方法进行深入分析和总结。

  2010 年是适用第 3 次修订《专利法》的第一次专利代理人考试，《专利法》第 3 次修订后，许多法规内容都进行了较大的调整。为了帮助考生复习考试，本书采用最新的《专利法》《专利法实施细则》《专利审查指南 2010》对历年真题中"法律知识"真题部分的全部解析内容重新进行解析，同时对答案也进行了重新修订，"代理实务卷"给出的参考答案也都根据最新的法律、法规进行了重新修订。

  由于第 3 次修订的《专利法》实施时间不长，并且《专利法实施细则》《专利审查指南 2010》也都于 2010 年初才刚刚完成修订，因此本书改版工作还是有些仓促，故而难免存有遗漏，在此也希望广大读者能够给予指正。

杨 立
2010 年 7 月 20 日于北京

第1版前言

专利代理人资格考试是一项涉及面广、难度要求高的考试。对于大多数平时既要工作又要准备资格考试的专利从业者来说，确实是一件很不容易的事情。专利代理人资格考试的难度较大，除了录取比例较低、考题难度大等原因以外，还和相关习题资料较少有一定关系。从专利代理人资格考试历年真题来看，往往每道题中都同时设置了多个考点，题目结构也设计得比较巧妙，再加上答案采用多项选择的方式，如果不经过大量的习题练习，要想通过考试确实比较困难。考生们复习备考，迫切需要能够达到历年真题这样经典程度的习题资料，需要相关的参考答案和解析资料。撰写本书的想法由此而来，笔者希望能通过本书对历年考试真题的细致解析，为广大准备专利代理人资格考试的人士提供一些帮助，使广大读者可以用较短的复习时间就能掌握一定的专利知识和解题技巧。

本书是在内部版《全国专利代理人资格考试习题解析汇编》（上、下）的基础上，结合作者自身的成功经验以及在北京、上海专利代理人资格考试考前培训班上的授课经验精编而成。书中包括2000～2007年全部1 300道真题，以及自1990年以来"专利代理实务"科目试题中精选出的多道真题和答案。全书按照《2008年全国专利代理人资格考试大纲》进行分类总结，并结合各考点作了精确的解析，对非答案选项也有明确的解析，"专利代理实务"部分还结合真题的考试特点，就解题思路和方法进行了深入分析和总结。为方便读者进行有针对性的复习，书中还对历年真题各知识点分值分布情况进行了统计分析，并通过列表方式予以说明。本书中所引真题和答案经过反复审核，具有极高的准确性。

为了方便读者准确理解考题中的知识点，作者在解析时尽可能将相关法律、法规和《审查指南2006》的内容都摘录到解析中，以使读者在阅读本书时可以不必费力查找各种原文。同时在引述的法规和《审查指南2006》的原文中，将与解题关系密切的文字用下划线进行了标注。对于极个别由于《审查指南2006》和法律、法规的修改而显得不太合适的往年题目，稍微进行了修改和调整，对历年真题中存在的个别文字错误，也一并进行了改正。作者对所有真题进行过反复查证，以确保真实、准确。在本书中，如未特别说明，所采用的《审查指南2006》都是指2006年版。本书在撰写的过程中得到知识产权出版社、北京市知识产权局知识产权服务中心的大力支持和帮助，在此表示感谢。此外，在本书的撰写过程中，笔者还就一些疑难问题同吴观乐老师、韩晓春老师以及国家知识产权局审查部门的相关人士进行过探讨，得到他们很多的指导和帮助，在此也特别表示感谢。

需要指出的是，由于本书的内容涉及专利法律、相关法律等十分广泛的知识领域，受作者能力所限，难免存在错误之处，因此非常希望广大读者能够指出本书的不足，以使作者今后改进，为读者提供更好的服务。

杨　立

2008年3月22日于北京

目 录

法律知识部分

第一部分 专利法律知识

第一章 专利制度概论 …………………… （3）
　第一节 专利基础知识 …………………… （3）
　第二节 申请专利的权利和专利权的
　　　　 归属 …………………………………（7）
　第三节 专利代理制度 …………………… （14）
　参考答案 …………………………………… （20）
第二章 授予专利权的实质条件 ……………（21）
　第一节 专利保护的对象和主题 …………（21）
　第二节 发明和实用新型专利申请的授权
　　　　 条件 ……………………………… （28）
　第三节 外观设计专利申请的授权条件 ……（50）
　参考答案 …………………………………… （54）
第三章 对专利申请文件的要求 ……………（55）
　第一节 发明和实用新型专利申请文件 ……（55）
　第二节 外观设计专利申请文件 …………（77）
　第三节 单一性 …………………………… （83）
　参考答案 …………………………………… （90）
第四章 申请获得专利权的程序及手续 ……（91）
　第一节 基本概念 ………………………… （91）
　第二节 专利的申请及审查流程 ………（104）
　参考答案 ………………………………… （173）
第五章 专利申请的复审与专利权的无效
　　　 宣告 ……………………………… （174）
　第一节 概 要 ………………………… （174）
　第二节 专利申请的复审 ………………（174）
　第三节 专利权的无效宣告请求 ………（183）
　第四节 口头审理 ………………………（195）
　第五节 无效宣告程序中有关证据问题的

　　　　 规定 ………………………………（199）
　第六节 外观设计优先权的判断 ………（203）
　第七节 综合题 …………………………（204）
　参考答案 ………………………………… （206）
第六章 专利权的实施与保护 ……………（207）
　第一节 专利权 …………………………（207）
　第二节 专利侵权行为与救济方法 ……（215）
　第三节 其他专利纠纷与违反专利法的
　　　　 行为 ………………………………（233）
　第四节 专利的推广应用与专利实施的
　　　　 强制许可 …………………………（236）
　参考答案 ………………………………… （240）
第七章 专利合作条约及有关规定 ………（241）
　第一节 专利合作条约 …………………（241）
　第二节 PCT申请进入中国国家阶段的特殊
　　　　 要求 ………………………………（249）
　参考答案 ………………………………… （255）
第八章 其他国际专利条约 ………………（256）
　参考答案 ………………………………… （256）
第九章 专利文献与专利分类 ……………（257）
　第一节 概 要 ………………………… （257）
　第二节 专利文献的专利说明书、公报及
　　　　 分类资料 …………………………（259）
　第三节 专利信息源和检索方法 ………（262）
　参考答案 ………………………………… （263）
第十章 综合题 …………………………… （264）
　参考答案 ………………………………… （269）

第二部分 相关法律知识

第一章 相关基本法律法规 ………………（270）
　第一节 民法总则及民法通则 …………（270）
　第二节 合同法 …………………………（286）
　第三节 民事诉讼法 ……………………（303）
　第四节 行政复议法 ……………………（318）

　第五节 行政诉讼法 ……………………（330）
　第六节 其他相关法律 …………………（348）
　参考答案 ………………………………… （349）
第二章 相关知识产权法 …………………（351）
　第一节 著作权法 ………………………（351）

· 1 ·

第二节 商标法 …………………………… (367)	第三章 相关国际条约 ………………………… (398)
第三节 反不正当竞争法 …………………… (383)	第一节 保护工业产权巴黎公约 …………… (398)
第四节 植物新品种保护条例 ……………… (385)	第二节 与贸易有关的知识产权协定 ……… (402)
第五节 集成电路布图设计保护条例 ……… (389)	第三节 综合题 ……………………………… (410)
第六节 其他知识产权法规、规章 ………… (393)	参考答案 ……………………………………… (410)
参考答案 …………………………………… (396)	

代理实务部分

第一章 2000年机械专业试题及参考答案 ……… (413)	第十二章 2009年专利代理实务试题及参考答案 ……………………………………… (495)
第二章 2000年电学专业试题及参考答案 ……… (419)	第十三章 2010年专利代理实务试题及参考答案 ……………………………………… (507)
第三章 2000年化学专业试题及参考答案 ……… (425)	
第四章 2002年机械专业试题及参考答案 ……… (432)	第十四章 2011年专利代理实务试题及参考答案 ……………………………………… (518)
第五章 2002年电学专业试题及参考答案 ……… (440)	
第六章 2002年化学专业试题及参考答案 ……… (447)	第十五章 2012年专利代理实务试题及参考答案 ……………………………………… (530)
第七章 2004年机械专业试题及参考答案 ……… (455)	
第八章 2004年化学专业试题及参考答案 ……… (463)	第十六章 2015年专利代理实务试题及参考答案 ……………………………………… (541)
第九章 2006年专利代理实务试题及参考答案 ……………………………………… (468)	
第十章 2007年专利代理实务试题及参考答案 ……………………………………… (476)	第十七章 2016年专利代理实务试题及参考答案 ……………………………………… (554)
第十一章 2008年专利代理实务试题及参考答案 ……………………………………… (487)	

法律知识部分

第一部分 专利法律知识

第一章 专利制度概论

第一节 专利基础知识

一、专利制度概要

(一) 专利制度的产生与发展

(二) 专利体系及特点

1. (2004年卷一第13题) 申请人甲于2004年5月9日完成一项发明创造，并于2004年8月13日下午到专利局面交了专利申请；申请人乙于2004年7月8日独立完成相同发明创造，并于2004年8月13日上午到邮局用挂号信将专利申请文件寄交专利局，寄出邮戳日是2004年8月13日。假设两件申请均符合其他授权条件，专利权应当授予哪个申请人？
   A. 申请人甲
   B. 申请人乙
   C. 申请人甲和乙
   D. 根据申请人甲和乙的协商结果确定；如果协商不成，对双方都不授予专利权

【知识要点】专利的先申请原则

【解析】《中华人民共和国专利法》（以下简称《专利法》）第28条规定："国务院专利行政部门收到专利申请文件之日为申请日。如果申请文件是邮寄的，以寄出的邮戳日为申请日。"故，甲、乙两人的申请日均为2004年8月13日。《专利法》第9条第1款规定："同样的发明创造只能授予一项专利权……"《专利法》第9条第2款规定："两个以上的申请人分别就同样的发明创造申请专利的，专利权授予最先申请的人。"我国专利制度实行的是先申请原则，专利权的取得以申请日期为准。《中华人民共和国专利法实施细则》（以下简称《专利法实施细则》）第41条第1款规定："两个以上的申请人同日（指申请日；有优先权的，指优先权日）分别就同样的发明创造申请专利的，应当在收到国务院专利行政部门的通知后自行协商确定申请人。"《专利审查指南2010》2-3-6.2.1.2❶ "申请人不同"中规定："在审查过程中，对于不同的申请人同日（指申请日，有优先权的指优先权日）就同样的发明创造分别提出专利申请，并且这两件申请符合授予专利权的其他条件的，应当根据专利法实施细则第四十一条第一款的规定，通知申请人自行协商确定申请人。申请人期满不答复的，其申请被视为撤回；协商不成，或者经申请人陈述意见或进行修改后仍不符合专利法第九条第一款规定的，两件申请均予以驳回。"故选项A、B、C错误，不符合题意；选项D正确，符合题意。

(三) 专利制度的作用

二、中国专利制度

(一) 中国专利制度的发展历史

2. (2004年卷一第70题) 我国现行《专利法实施细则》最近一次的修改是在何时？
   A. 1993年1月1日
   B. 2001年6月15日
   C. 2001年7月1日
   D. 2002年12月28日
   E. 2010年1月9日（为适应目前考点需要，增补此选项）

---

❶ 此处的"2-3-6.2.1.2"表示《专利审查指南2010》第二部分第三章第6.2.1.2节，本书涉及的其他版本《审查指南2006》和《审查指南2001》的体例同此，特此说明。

【知识要点】《专利法实施细则》的修改

【解析】第一部《专利法》于1984年3月12日经第六届全国人民代表大会常务委员会第四次会议审议通过,《专利法实施细则》于1985年1月19日由国务院批准公布。第一部《专利法》及《专利法实施细则》于1985年4月1日起施行,之后共进行了3次《专利法》的修订和4次《专利法实施细则》的修改。

第一次《专利法》的修订于1992年9月4日经第七届全国人民代表大会常务委员会第二十七次会议审议通过。同时还重新制定了《专利法实施细则》,并于1992年12月12日由国务院批准公布。第一次修订后的《专利法》及重新制定的《专利法实施细则》从1993年1月1日起施行。

第二次《专利法》的修订于2000年8月25日经第九届全国人民代表大会常务委员会第十七次会议审议通过,与此同时,《专利法实施细则》又进行了重新制定,并于2001年6月15日由国务院批准公布。第二次修订后的《专利法》及重新制定的《专利法实施细则》从2001年7月1日起施行。

第一次《专利法实施细则》的修订是根据2002年12月28日《国务院关于修改〈中华人民共和国专利法实施细则〉的决定》而进行的。修订后的《专利法实施细则》自2003年2月1日起施行。此次《专利法实施细则》只是进行了修订,而非重新制定,所以该《专利法实施细则》实施日期仍然是2001年7月1日。修改时间指的是该修改决定通过的时间,即2002年12月28日。

第三次修订后的《专利法》自2009年10月1日起开始施行。《专利法实施细则》根据2010年1月9日《国务院关于修改〈中华人民共和国专利法实施细则〉的决定》进行了第二次修订。此次《专利法实施细则》仍然只是进行了修订,所以其实施日期仍然是2001年7月1日。修改时间为该修改决定通过的时间,即2010年1月9日。故选项A、B、C、D错误,不符合题意;选项E正确,符合题意。

(二)中国专利制度的主要特点

3.(2010年卷一第1题)下列说法哪些是正确的?
A. 只能对发明专利给予实施专利的强制许可
B. 只有发明专利申请才需要进行保密审查
C. 只能对实用新型专利作出专利权评价报告
D. 只有发明专利才能由国务院批准推广应用

【知识要点】中国发明和实用新型专利制度

【解析】A.《专利法》第48条规定:"有下列情形之一的,国务院专利行政部门根据具备实施条件的单位或者个人的申请,可以给予实施发明专利或者实用新型专利的强制许可……"强制许可的类型包括发明和实用新型,故选项A错误,不符合题意。

B.《专利法》第20条第1款规定:"任何单位或者个人将在中国完成的发明或者实用新型向外国申请专利的,应当事先报经国务院专利行政部门进行保密审查。保密审查的程序、期限等按照国务院的规定执行。"保密审查的对象包括发明和实用新型,故选项B错误,不符合题意。

C.《专利法实施细则》第56条第1款规定:"授予实用新型或者外观设计专利权的决定公告后,专利法第六十条规定的专利权人或者利害关系人可以请求国务院专利行政部门作出专利权评价报告。"专利权评价报告的对象包括实用新型和外观设计,故选项C错误,不符合题意。

D.《专利法》第14条规定:"国有企业事业单位的发明专利,对国家利益或者公共利益具有重大意义的,国务院有关主管部门和省、自治区、直辖市人民政府报经国务院批准,可以决定在批准的范围内推广应用,允许指定的单位实施,由实施单位按照国家规定向专利权人支付使用费。"推广应用的对象只能是国有企业事业单位的发明专利,故选项D正确,符合题意。

4.(2009年卷一第39题)下列说法哪些是正确的?
A. 两个以上的申请人分别就同样的发明创造申请专利的,专利权授予最先作出该发明创造的人
B. 转让专利权的,当事人应当订立书面合同,专利权的转让自合同订立之日起生效
C. 在发明专利申请被依法公布之前,国务院专利行政部门的工作人员及有关人员对该申请的内容负有保密责任
D. 发明人或者设计人有权在专利文件中写明自己是发明人或者设计人

【知识要点】专利法总则

【解析】A. 根据《专利法》第9条第2款的规定(参见本章第1题解析),选项A错误,不符合题意。

B.《专利法》第10条第3款规定:"转让专利申请权或者专利权的,当事人应当订立书面合同,并向国务院专利行政部门登记,由国务院专利行政部门予以公告。专利申请权或者专利权的转让自登记之日起生效。"权利转让自登记日起生效,故选项B错误,不符合题意。

C.《专利法》第21条第3款规定:"在专利申请公布或者公告前,国务院专利行政部门的工作人员及有关人员对其内容负有保密责任。"故选项C正确,符合题意。

D.《专利法》第17条第1款规定:"发明人或者设计人有权在专利文件中写明自己是发明人或者设计人。"故选项D正确,符合题意。

5.（2008年卷一第1题）下列哪些说法是正确的？
A. 专利权被授予后，在任何情况下专利权人均无需获得他人同意即可自行实施其专利
B. 不同申请人先后分别就同样的发明创造申请专利的，专利权授予其申请日在先的申请人
C. 不同申请人同一日分别就同样的发明创造申请专利的，由双方协商确定申请人，协商不成的，专利权授予最先完成该发明创造的申请人
D. 实用新型专利申请经实质审查没有发现驳回理由的，由国家知识产权局作出授予实用新型专利权的决定

【知识要点】专利权的实施、先申请原则、实用新型专利的审批

【解析】A. 在已有专利基础上改进而获得的从属专利权，其实施依赖于前一专利的，应取得前一专利的专利权人的许可或申请强制许可后才能够实施；此外，某些专利权在实施时还可能会受到国家法律法规或者独占实施许可协议的限制。故选项A错误，不符合题意。

B. 根据《专利法》第9条第2款的规定（参见本章第1题解析），选项B正确，符合题意。

C. 根据《专利法》第9条第1款的规定（参见本章第1题解析）、《专利法实施细则》第41条的规定以及《专利审查指南2010》2-3-6.2.1.2"申请人不同"中的规定（参见本章第1题解析），选项C错误，不符合题意。

D.《专利法》第40条规定："实用新型和外观设计专利申请经初步审查没有发现驳回理由的，由国务院专利行政部门作出授予实用新型专利权或者外观设计专利权的决定，发给相应的专利证书，同时予以登记和公告。实用新型专利权和外观设计专利权自公告之日起生效。"实用新型专利的授权只需经过初步审查程序，故选项D错误，不符合题意。

（三）中国专利制度行政与司法机构

6.（2012年卷一第1题）下列哪种说法是正确的？
A. 国务院专利行政部门负责管理全国的专利工作
B. 专利复审委员会负责受理强制许可请求并作出决定
C. 专利代办处负责受理本行政区域内的PCT国际申请
D. 基层人民法院负责受理专利侵权诉讼的一审案件

【知识要点】中国专利制度行政与司法机构

【解析】A.《专利法》第3条规定："国务院专利行政部门负责管理全国的专利工作；统一受理和审查专利申请，依法授予专利权。省、自治区、直辖市人民政府管理专利的部门负责本行政区域内的专利管理工作。"故选项A正确，符合题意。

B.《专利法》第48条规定："有下列情形之一的，国务院专利行政部门根据具备实施条件的单位或者个人的申请，可以给予实施发明专利或实用新型专利的强制许可：（一）专利权人自专利权被授予之日起满三年，且自提出专利申请之日起满四年，无正当理由未实施或者未充分实施其专利的；（二）专利权人行使专利权的行为被依法认定为垄断行为，为消除或者减少该行为对竞争产生的不利影响的。"强制许可应由国家知识产权局作出，故选项B错误，不符合题意。

C. PCT国际申请应直接向国家知识产权局的PCT处提交，故选项C错误，不符合题意。

D.《最高人民法院关于审理专利纠纷案件适用法律问题的若干规定》第2条规定："专利纠纷第一审案件，由各省、自治区、直辖市人民政府所在地的中级人民法院和最高人民法院指定的中级人民法院管辖。最高人民法院根据实际情况，可以指定基层人民法院管辖第一审专利纠纷案件。"故选项D错误，不符合题意。

7.（2015年卷一第14题）下列说法哪个是正确的？
A. 国务院专利行政部门负责管理全国的专利工作
B. 专利复审委员会负责受理针对专利权评价报告的更正请求
C. 国务院专利行政部门设立的专利代办处受理所有专利申请
D. 基层人民法院负责管辖本辖区内的专利纠纷第一审案件

【知识要点】与专利相关的机构的职责

【解析】A. 根据《专利法》第3条的规定（参见本章第6题解析A），故选项A正确，符合题意。

B.《专利审查指南2010》5-10-6"专利权评价报告的更正"中规定："作出专利权评价报告的部门在发现专利权评价报告中存在错误后，可以自行更正。请求人认为专利权评价报告存在需要更正的错误的，可以请求更正。"此外，《专利法实施细则》第56条第1款规定："授予实用新型或者外观设计专利权的决定公告后，专利法第六十条规定的专利权人或者利害关系人可以请求国务院专利行政部门作出专利权评价报告。"可见，作出专利权评价报告的部门和受理专利权评价报告更正请求的部门都是国务院专利行政部门，而不是专利复审委员会。故选项B错误，不符合题意。

C.《专利审查指南2010》5-3-1"受理地点"中规定："专利局的受理部门包括专利局受理处和专利局各代办

处。专利局受理处负责受理专利申请及其他有关文件，代办处按照相关规定受理专利申请及其他有关文件。"《国家知识产权局专利局代办处专利申请受理工作规程》之"专利申请受理范围"中规定："1. 可以受理的专利申请文件：（1）内地申请人面交或寄交的发明、实用新型、外观设计专利申请文件；（2）港、澳、台地区的个人委托内地专利代理机构面交或寄交的发明、实用新型、外观设计专利申请文件。2. 不能受理的专利申请文件：（1）PCT 申请文件；（2）外国申请人及港、澳、台地区法人提交的专利申请文件；（3）分案申请文件；（4）有要求优先权声明的专利申请文件；（5）专利申请被受理后提交的其他文件。"根据该内容，专利代办处并不能受理所有的专利申请。故选项 C 错误，不符合题意。

D. 根据《最高人民法院关于审理专利纠纷案件适用法律问题的若干规定》第 2 条的规定（参见本章第 6 题解析 D），基层人民法院只有在最高人民法院指定的情况下才负责管辖本辖区内的专利纠纷第一审案件，故选项 D 错误，不符合题意。

8. （2009 年卷一第 1 题）下列说法哪些是正确的？
A. 国务院专利行政部门负责管理全国的专利工作
B. 国务院专利行政部门负责统一受理和审查专利申请，依法授予专利权
C. 国务院专利行政部门负责给予实施发明专利或者实用新型专利的强制许可
D. 国务院专利行政部门负责批准对国家利益或者公共利益具有重大意义的发明专利的推广应用

【知识要点】国务院专利行政部门的职能

【解析】A. B. 《专利法》第 3 条规定："国务院专利行政部门负责管理全国的专利工作；统一受理和审查专利申请，依法授予专利权。省、自治区、直辖市人民政府管理专利工作的部门负责本行政区域内的专利管理工作。"故选项 A、B 正确，符合题意。

C. 《专利法》第 48 条规定："有下列情形之一的，国务院专利行政部门根据具备实施条件的单位或者个人的申请，可以给予实施发明专利或者实用新型专利的强制许可：（一）专利权人自专利权被授予之日起满三年，且自提出专利申请之日起满四年，无正当理由未实施或者未充分实施其专利的；（二）专利权人行使专利权的行为被依法认定为垄断行为，为消除或者减少该行为对竞争产生的不利影响的。"同时，《专利法》第 49～58 条也阐述了关于发明专利或者实用新型专利的强制许可的规定。故选项 C 正确，符合题意。

D. 根据《专利法》第 14 条的规定（参见本章第 3 题解析 D），专利推广应用需经国务院批准，故选项 D 错误，不符合题意。

9. （2004 年卷一第 50 题）我国专利法及其实施细则所称管理专利工作的部门可以是由以下哪些级别的人民政府设立的？
A. 省　　　　　B. 自治区　　　　　C. 直辖市　　　　　D. 县级市

【知识要点】管理专利工作部门的设立条件

【解析】《专利法实施细则》第 79 条规定："专利法和本细则所称管理专利工作的部门，是指由省、自治区、直辖市人民政府以及专利管理工作量大又有实际处理能力的设区的市人民政府设立的管理专利工作的部门。"故选项 A、B、C 正确，符合题意；选项 D 错误，不符合题意。

10. （2002 年卷一第 52 题）依据专利法，地方管理专利工作的部门具有下列哪些职能？
A. 认定侵权行为　　　　　　　　　　B. 作出侵权赔偿裁决
C. 处理专利申请权和专利权归属纠纷　　D. 调解职务发明的发明人/设计人的奖酬纠纷

【知识要点】管理专利工作的部门的职能

【解析】A. B. 《专利法》第 60 条规定："未经专利权人许可，实施其专利，即侵犯其专利权，引起纠纷的，由当事人协商解决；不愿协商或者协商不成的，专利权人或者利害关系人可以向人民法院起诉，也可以请求管理专利工作的部门处理。管理专利工作的部门处理时，认定侵权行为成立的，可以责令侵权人立即停止侵权行为，当事人不服的，可以自收到处理通知之日起十五日内依照《中华人民共和国行政诉讼法》向人民法院起诉；侵权人期满不起诉又不停止侵权行为的，管理专利工作的部门可以申请人民法院强制执行。进行处理的管理专利工作的部门应当事人的请求，可以就侵犯专利权的赔偿数额进行调解；调解不成的，当事人可以依照《中华人民共和国民事诉讼法》向人民法院起诉。"故选项 A 正确，符合题意；选项 B 错误，不符合题意。

C. D. 《专利法实施细则》第 85 条规定："除专利法第六十条规定的外，管理专利工作的部门应当事人请求，可以对下列专利纠纷进行调解：（一）专利申请权和专利权归属纠纷；（二）发明人、设计人资格纠纷；（三）职务发明创造的发明人、设计人的奖励和报酬纠纷；（四）在发明专利申请公布后专利权授予前使用发明而未支付适当费用的纠纷；（五）其他专利纠纷。对于前款第（四）项所列的纠纷，当事人请求管理专利工作的部门调解的，应当在专利权被授予之后提出。"管理专利工作的部门对于专利申请权和专利权归属纠纷只能调解。"调解"与"处理"不同，调解需要在当事人均自愿的基础上进行，并且不具有强制力，而"处理"则具有行政强制力。故选项 C 错误，不符合题意；选项 D 正确，符合题意。

第二节 申请专利的权利和专利权的归属

一、相关概念

(一) 发明人或设计人的概念

11. (2008年卷一第95题) 下列关于发明人、设计人的说法哪些是正确的?
   A. 发明人或者设计人有在专利文件中不公开自己姓名的权利
   B. 职务发明的发明人在其发明被授予专利权后有权获得奖励
   C. 职务发明的发明人在其发明被授予专利权后有权自行实施
   D. 发明人或者设计人有在专利文件中写明自己是发明人或者设计人的权利

【知识要点】 发明人或设计人的权利

【解析】 A.《专利审查指南2010》1-1-4.1.2"发明人"中规定:"发明人可以请求专利局不公布其姓名。"《专利审查指南2010》1-3-4.1.2"设计人"中规定:"适用本部分第一章第4.1.2节有关发明人的规定。"故选项A正确,符合题意。

B.《专利法》第16条规定:"被授予专利权的单位应当对职务发明创造的发明人或者设计人给予奖励;发明创造专利实施后,根据其推广应用的范围和取得的经济效益,对发明人或者设计人给予合理的报酬。"故选项B正确,符合题意。

C.《专利法》第6条规定:"执行本单位的任务或者主要是利用本单位的物质技术条件所完成的发明创造为职务发明创造。职务发明创造申请专利的权利属于该单位;申请被批准后,该单位为专利权人。非职务发明,申请专利的权利属于发明人或者设计人;申请被批准后,该发明人或者设计人为专利权人。利用本单位的物质技术条件所完成的发明创造,单位与发明人或者设计人订有合同,对申请专利的权利和专利权的归属作出约定的,从其约定。"职务发明创造申请专利后单位是专利权人,发明人未经许可也不得实施。故选项C错误,不符合题意。

D.《专利法》第17条第1款规定:"发明人或者设计人有权在专利文件中写明自己是发明人或者设计人。"故选项D正确,符合题意。

12. (2014年卷一第10题) 下列哪个单位或者个人可以作为专利法规定的发明人或者设计人?
   A. 某电视台　　　　　B. 某大学教务处　　　　　C. 李某　　　　　D. 某课题组

【知识要点】 发明人、设计人的主体

【解析】《专利法实施细则》第13条规定:"专利法所称发明人或者设计人,是指对发明创造的实质性特点作出创造性贡献的人。在完成发明创造过程中,只负责组织工作的人、为物质技术条件的利用提供方便的人或者从事其他辅助工作的人,不是发明人或者设计人。"《专利审查指南2010》1-1-4.1.2"发明人"中规定:"发明人应当是个人,请求书中不得填写单位或者集体,例如不得写成'××课题组'等。"本题中,由于"某电视台""某大学教务处""某课题组"都不是个人,故不能作为发明人或者设计人,选项A、B、D错误,不符合题意。由于李某是个人,可以作为《专利法》规定的发明人或者设计人,故选项C正确,符合题意。

13. (2007年卷一第13题) 张某完成了一项职务发明创造,其单位就此项发明创造提出了发明专利申请。以下哪些说法是正确的?
   A. 在提出专利申请时,张某请求不公布其姓名,则应当在请求书"发明人"一栏所填写的张某姓名后注明"(不公布姓名)"
   B. 在提出专利申请后,张某请求不公布其姓名,则应当提交张某签字或者盖章的书面声明
   C. 在专利申请进入公布准备后,张某请求不公布其姓名,则张某的请求将被视为未提出
   D. 张某不公布其姓名的请求被批准后,专利局在专利公报、专利申请单行本、专利单行本以及专利证书中均不公布其姓名

【知识要点】 有关发明人请求不公布姓名的规定

【解析】《专利审查指南2010》1-1-4.1.2"发明人"中规定:"提出专利申请时请求不公布发明人姓名的,应当在请求书'发明人'一栏所填写的相应发明人后面注明'(不公布姓名)'。不公布姓名的请求提出之后,经审查认为符合规定的,专利局在专利公报、专利申请单行本、专利单行本以及专利证书中均不公布其姓名,并在相应位置注明'请求不公布姓名'字样,发明人也不得再请求重新公布其姓名。提出专利申请后请求不公布发明人姓名的,应当提交由发明人签字或者盖章的书面声明,但是专利申请进入公布准备后才提出该请求的,视为未提出请求,审查员应当发出视为未提出通知书。"故选项A、B、C、D均正确,符合题意。

14. (2013年卷一第35题) 下列哪些主体可以作为专利法规定的申请人?
   A. 中国中央电视台　　　B. 清华大学教务处　　　C. 北京市民李某　　　D. 专利代理人张某

【知识要点】申请人的主体

【解析】A. C.《专利审查指南2010》1-1-4.1.3.1"申请人是本国人"中规定:"在专利局的审查程序中,审查员对请求书中填写的申请人一般情况下不作资格审查。申请人是个人的,可以推定该发明为非职务发明,该个人有权提出专利申请,除非根据专利申请的内容判断申请人的资格明显有疑义的,才需要通知申请人提供所在单位出具的非职务发明证明。申请人是单位的,可以推定该发明是职务发明,该单位有权提出专利申请,除非该单位的申请人资格明显有疑义的,例如填写的单位是××大学科研处或者××研究所××课题组,才需要发出补正通知书,通知申请人提供能表明其具有申请人资格的证明文件。"由此可知,"中国中央电视台"和"北京市民李某"都可以作为专利法规定的申请人,故选项A、C正确,符合题意。

B. 由于"清华大学教务处"不具有法人资格,不能作为《专利法》规定的申请人,故选项B错误,不符合题意。

D.《专利代理条例》第20条规定:"专利代理人在从事专利代理业务期间和脱离专利代理业务后一年内,不得申请专利。"故"专利代理人张某"不能作为《专利法》规定的申请人,选项D错误,不符合题意。

15.（2006年卷一第5题）下列有关发明人和设计人的哪些说法是正确的?
A. 发明人和设计人既可以是自然人,也可以是法人
B. 发明人或者设计人有权在专利文件中写明自己是发明人或者设计人
C. 在完成发明创造的过程中,只负责管理和维护实验设备的人员不是发明人或者设计人
D. 发明人和设计人就其完成的任何发明创造均有权申请专利

【知识要点】发明人、设计人

【解析】A. C.《专利法实施细则》第13条规定:（参见本章第12题解析）。并且《专利审查指南2010》1-1-4.1.2"发明人"中规定:"发明人应当是个人,请求书中不得填写单位或者集体,例如不得写成'××课题组'……"可知,发明人和设计人只能是自然人。故选项A错误,不符合题意;选项C正确,符合题意。

B.《专利法》第17条第1款规定:"发明人或者设计人有权在专利文件中写明自己是发明人或者设计人。"《民法通则》第102条规定:"公民、法人享有荣誉权,禁止非法剥夺公民、法人的荣誉称号。"《合同法》第328条规定:"完成技术成果的个人有在有关技术成果文件上写明自己是技术成果完成者的权利和取得荣誉证书、奖励的权利。"此外,《保护工业产权巴黎公约》（以下简称《巴黎公约》）第4条之三〔专利:在专利上记载发明人〕规定:"发明人有在专利中被记载为发明人的权利。"故选项B正确,符合题意。

D.《专利法》第6条第1款规定:"执行本单位的任务或者主要是利用本单位的物质技术条件所完成的发明创造为职务发明创造。职务发明创造申请专利的权利属于该单位;申请被批准后,该单位为专利权人。"《专利法》第8条规定:"两个以上单位或者个人合作完成的发明创造、一个单位或者个人接受其他单位或者个人委托所完成的发明创造,除另有协议的以外,申请专利的权利属于完成或者共同完成的单位或者个人;申请被批准后,申请的单位或者个人为专利权人。"当发明属于职务发明,或者个人接受委托所完成的发明创造并约定专利权属于委托人时,发明人均无权申请专利。故选项D错误,不符合题意。

(二) 申请人的概念

16.（2007年卷一第20题）以下有关申请人的说法哪些是正确的?
A. 申请人是个人的,其姓名中不应当含有学位、职务等称号
B. 申请人是单位的,应当使用正式全称,不得使用缩写或者简称
C. 申请人是个人的,应当使用本人真实姓名,不得使用笔名或者其他非正式的姓名
D. 申请人是单位的,请求书中填写的单位名称应当与所使用的公章上的单位名称一致

【知识要点】申请人的有关规定

【解析】《专利审查指南2010》1-1-4.1.3.1"申请人是本国人"中规定:"申请人是个人的,应当使用本人真实姓名,不得使用笔名或者其他非正式的姓名。申请人是单位的,应当使用正式全称,不得使用缩写或者简称。请求书中填写的单位名称应当与所使用的公章上的单位名称一致。不符合规定,审查员应当发出补正通知书。申请人改正请求书中所填写的姓名或者名称的,应当提交补正书、当事人的声明及相应的证明文件。"同时,《专利审查指南2010》1-1-4.1.3.2"申请人是外国人、外国企业或者外国其他组织"中规定:"申请人是个人的,其中文译名中可以使用外文缩写字母,姓和名之间用圆点分开,圆点置于中间位置,例如M·琼斯。姓名中不应当含有学位、职务等称号,例如××博士、××教授等。申请人是企业或者其他组织的,其名称应当使用中文正式译文的全称。对于申请人所属国法律规定具有独立法人地位的某些称谓允许使用。"故选项A、B、C、D均正确,符合题意。

17.（2007年卷一第34题）下列哪些情形中的外国人可以在中国申请专利?
A. 在中国有经常居所的
B. 其所属国是《巴黎公约》成员国的
C. 其所属国依照互惠原则给我国国民以专利保护的

D. 其所属国同我国签订有相互给予对方国民以专利保护的协议的

【知识要点】有关外国人在中国申请专利的规定

【解析】A.《巴黎公约》第3条"某类人与本联盟的国民同样待遇"规定："本联盟以外各国的国民，在本联盟一个国家的领土内设有住所或有真实、有效的工商业营业所的，应享有与本联盟各国国民同样的待遇。"故选项A正确，符合题意。

B.C.D.《巴黎公约》第2条第1款规定："本联盟任何国家的国民，在保护工业产权方面，在本联盟所有其他国家内应享有各该国法律现在授予或今后可能授予国民的各种利益；一切都不应损害本公约特别规定的权利。因此，他们应和国民享有同样的保护，对侵犯他们的权利享有同样的法律上的救济手段，但是以他们遵守对国民规定的条件和手续为限。"《专利法》第18条规定："在中国没有经常居所或者营业所的外国人、外国企业或者外国其他组织在中国申请专利的，依照其所属国同中国签订的协议或者共同参加的国际条约，或者依照互惠原则，根据本法办理。"《专利审查指南2010》1-1-4.1.3.2"申请人是外国人、外国企业或者外国其他组织"中规定："在确认申请人是在中国没有经常居所或者营业所的外国人、外国企业或者外国其他组织后，应当审查请求书中填写的申请人国籍、注册地是否符合下列三个条件之一：（1）申请人所属国同我国签订有相互给予对方国民以专利保护的协议；（2）申请人所属国是保护工业产权巴黎公约（以下简称巴黎公约）成员国或者世界贸易组织成员；（3）申请人所属国依互惠原则给外国人以专利保护。"故选项B、C、D正确，符合题意。

18.（2000年卷一第59题）下列各类人中哪些不得作为专利申请人？

A. 未成年人　　B. 监狱里的服刑人员　　C. 执业专利代理人　　D. 现役军人

【知识要点】专利申请的主体

【解析】A.《民法通则》第9条规定："公民从出生时起到死亡时止，具有民事权利能力，依法享有民事权利，承担民事义务。"公民从出生起就享有民事权利，这些民事权利是由法律赋予的，未成年人只是不能独立进行民事活动，但其民事权利并不受影响。故选项A错误，不符合题意。

B.D. 监狱里的服刑人员只是失去了人身自由、政治权利，其民事权利并没有丧失，故选项B错误，不符合题意。现役军人只是比普通群众承担了更多国家赋予的责任和义务，其应有的民事权利依然存在，故选项D错误，不符合题意。

C.《专利代理条例》第20条规定："专利代理人在从事专利代理业务期间和脱离专利代理业务后一年内，不得申请专利。"故选项C正确，符合题意。

（三）专利权人的概念

（四）共有权利的行使

19.（2014年卷一第14题）甲乙二人共同提交的专利申请被授予了专利权。甲乙事先没有任何约定，在未经乙同意的情形下，甲的下列哪种做法符合相关规定？

A. 单独实施该专利　　　　　　　　B. 放弃该专利权
C. 将该专利权质押给丙　　　　　　D. 将该专利赠与丁

【知识要点】共有权利的行使

【解析】《专利法》第15条规定："专利申请权或者专利权的共有人对权利的行使有约定的，从其约定。没有约定的，共有人可以单独实施或者以普通许可方式许可他人实施该专利；许可他人实施该专利的，收取的使用费应当在共有人之间分配。除前款规定的情形外，行使共有的专利申请权或者专利权应当取得全体共有人的同意。"本题中，由于甲、乙事先没有任何约定，根据上述规定，在未经乙同意的情形下，甲可以单独实施该专利，但不能放弃、质押、转让该专利权。故选项A正确，符合题意；选项B、C、D错误，不符合题意。

20.（2011年卷一第79题）甲公司和王某共同拥有一项专利权，但未对该专利权的行使进行约定。下列说法哪些是正确的？

A. 甲公司可以自行实施该专利，无需取得王某的同意
B. 甲公司自行实施该专利的，其实施该专利所获得的利益应当在甲公司和王某之间分配
C. 王某可以以普通许可的方式许可第三人实施，无需取得甲公司的同意
D. 王某以普通许可的方式许可第三人实施该专利的，其取得的许可费应当在甲公司和王某之间分配

【知识要点】共有权利的行使

【解析】《专利法》第15条规定："专利申请权或者专利权的共有人对权利的行使有约定的，从其约定。没有约定的，共有人可以单独实施或者以普通许可方式许可他人实施该专利，许可他人实施该专利的，收取的使用费应当在共有人之间分配。除前款规定的情形外，行使共有的专利申请权或者专利权应当取得全体共有人的同意。"故选项A、C、D正确，符合题意。许可他人实施的，才需要在共有人之间分配，故选项B错误，不符合题意。

21.（2012年卷一第65题）甲公司和乙公司共同拥有一项专利权，未对权利的行使进行约定，现甲公司欲以该专利权进行质押融资。下列说法哪些是正确的？
   A. 该专利权的质押须取得乙公司的同意
   B. 该专利权的质押须向国家知识产权局办理质押登记
   C. 在该专利权的质押期间内可以对该专利权再次进行质押
   D. 在该专利权的质押期间内放弃该专利权的，须取得质权人的同意

【知识要点】共有权利的行使

【解析】A.《专利法》第15条规定："专利申请权或者专利权的共有人对权利的行使有约定的，从其约定。没有约定的，共有人可以单独实施或者以普通许可方式许可他人实施该专利；许可他人实施该专利的，收取的使用费应当在共有人之间分配。除前款规定的情形外，行使共有的专利申请权或者专利权应当取得全体共有人的同意。"《专利权质押登记办法》第4条规定："以共有的专利权出质的，除全体共有人另有约定的以外，应当取得其他共有人的同意。"故选项A正确，符合题意。

B.《专利权质押登记办法》第2条规定："国家知识产权局负责专利权质押登记工作。"故选项B正确，符合题意。

C.《专利权质押登记办法》第12条规定："专利权质押登记申请经审查合格的，国家知识产权局在专利登记簿上予以登记，并向当事人颁发《专利权质押登记通知书》。质权自国家知识产权局登记时设立。经审查发现有下列情形之一的，国家知识产权局作出不予登记的决定，并向当事人发送《专利权质押不予登记通知书》：（一）出质人与专利登记簿记载的专利权人不一致的；（二）专利权已终止或者已被宣告无效的；（三）专利申请尚未被授予专利权的；（四）专利权处于年费缴纳滞纳期的；（五）专利权已被启动无效宣告程序的；（六）因专利权的归属发生纠纷或者人民法院裁定对专利权采取保全措施，专利权的质押手续被暂停办理的；（七）债务人履行债务的期限超过专利权有效期的；（八）质押合同约定在债务履行期届满质权人未受清偿时，专利权归质权人所有的；（九）质押合同不符合本办法第九条规定的；（十）以共有专利权出质但未依法取得全体共有人同意的；（十一）专利权已被申请质押登记且处于质押期间的；（十二）其他应当不予登记的情形。"故选项C错误，不符合题意。

D.《专利权质押登记办法》第15条规定："专利权质押期间，出质人未提交质权人同意其放弃该专利权的证明材料的，国家知识产权局不予办理专利权放弃手续。"故选项D正确，符合题意。

二、权利的归属

（一）职务发明创造

22.（2013年卷一第31题）下列哪些属于职务发明创造？
   A. 金某受所在公司指派，临时到另一家公司参与某产品的研发所作出的发明创造
   B. 吕某退休一年半之后作出的发明创造
   C. 王某主要利用本单位未公开的技术资料作出的发明创造
   D. 刘某在外地休假期间完成的与本职工作相关的发明创造

【知识要点】职务发明的定义

【解析】《专利法》第6条第1款规定："执行本单位的任务或者主要是利用本单位的物质技术条件所完成的发明创造为职务发明创造。职务发明创造申请专利的权利属于该单位；申请被批准后，该单位为专利权人。"《专利法实施细则》第12条规定："专利法第六条所称执行本单位的任务所完成的职务发明创造，是指：（一）在本职工作中作出的发明创造；（二）履行本单位交付的本职工作之外的任务所作出的发明创造；（三）退休、调离原单位后或者劳动、人事关系终止后1年内作出的，与其在原单位承担的本职工作或者原单位分配的任务有关的发明创造。专利法第六条所称本单位，包括临时工作单位；专利法第六条所称本单位的物质技术条件，是指本单位的资金、设备、零部件、原材料或者不对外公开的技术资料等。"由此可知，金某、王某、刘某所作出的发明创造为职务发明创造，故选项A、C、D正确，符合题意；选项B错误，不符合题意。

23.（2010年卷一第2题）某电机厂职工张某所作的职务发明被授予了专利权。下列说法哪些是正确的？
   A. 张某有在申请文件中写明自己是发明人的权利
   B. 张某有从该电机厂获得奖励的权利
   C. 在该电机厂不实施该专利的情况下，张某有实施该专利的权利
   D. 在该专利权被侵犯时，张某有向人民法院提起诉讼的权利

【知识要点】职务发明创造

【解析】A.《专利法》第17条第1款规定："发明人或者设计人有权在专利文件中写明自己是发明人或者设计人。"选项A正确，符合题意。

B.《专利法》第16条规定:"被授予专利权的单位应当对职务发明创造的发明人或者设计人给予奖励;发明创造专利实施后,根据其推广应用的范围和取得的经济效益,对发明人或者设计人给予合理的报酬。"故选项B正确,符合题意。

C.D.《专利法》第6条第1款规定:"执行本单位的任务或者主要是利用本单位的物质技术条件所完成的发明创造为职务发明创造。职务发明创造申请专利的权利属于该单位;申请被批准后,该单位为专利权人。"《专利法》第12条规定:"任何单位或者个人实施他人专利的,应当与专利权人订立实施许可合同,向专利权人支付专利使用费。被许可人无权允许合同规定以外的任何单位或者个人实施该专利。"该专利为职务发明,专利权人为某电机厂,张某作为发明人既无权实施专利,也无权提起诉讼,故选项C、D错误,不符合题意。

24.（2013年卷一第54题）甲公司就其员工孙某完成的一项发明创造获得专利权后,自行实施了该专利。随后甲公司将该专利权许可给子公司乙公司实施。甲公司在规章制度中未规定也未与孙某约定奖励报酬事宜。下列说法哪些是正确的?
　　A. 甲公司在专利权被授予后应当给予孙某奖励
　　B. 甲公司自行实施其专利后应当给予孙某报酬
　　C. 甲公司将专利许可给乙公司后,甲公司应当给予孙某报酬
　　D. 甲公司将专利许可给乙公司后,乙公司应当给予孙某报酬
【知识要点】职务发明创造
【解析】《专利法》第6条第1款规定:"执行本单位的任务或者主要是利用本单位的物质技术条件所完成的发明创造为职务发明创造。职务发明创造申请专利的权利属于该单位;申请被批准后,该单位为专利权人。"《专利法》第16条规定:"被授予专利权的单位应当对职务发明创造的发明人或者设计人给予奖励;发明创造专利实施后,根据其推广应用的范围和取得的经济效益,对发明人或者设计人给予合理的报酬。"本题中,孙某为职务发明人,根据上述规定,甲公司应当给予孙某奖励和报酬,故选项A、B、C正确,符合题意;选项D错误,不符合题意。

25.（2007年卷一第48题）某国有企业职工周某在执行本单位的任务过程中作出一项发明创造,该企业据此向国家知识产权局提交了发明专利申请,2007年3月23日该申请获公告授权,2007年7月9日该企业发给周某5000元奖金。此后该企业每年从其自行实施专利所得利润纳税后提取2%,从许可其他单位实施该项专利收取的使用费纳税后提取8%作为报酬支付给周某。该企业上述做法的哪些方面不符合专利法及其实施细则的规定?
　　A. 该企业发放奖金的时间　　　　　　　　B. 该企业发放奖金的数额
　　C. 该企业从其实施专利所得利润中提取报酬的比率　　D. 该企业从许可使用费中提取报酬的比率
【知识要点】职务发明的发明人或设计人的报酬
【解析】《专利法》第16条规定:"被授予专利权的单位应当对职务发明创造的发明人或者设计人给予奖励;发明创造专利实施后,根据其推广应用的范围和取得的经济效益,对发明人或者设计人给予合理的报酬。"
A.B.《专利法实施细则》第77条第1款规定:"被授予专利权的单位未与发明人、设计人约定也未在其依法制定的规章制度中规定专利法第十六条规定的奖励的方式和数额的,应当自专利权公告之日起3个月内发给发明人或者设计人奖金。一项发明专利的奖金最低不少于3000元;一项实用新型专利或者外观设计专利的奖金最低不少于1000元。"故选项A错误,符合题意;选项B正确,不符合题意。

C.D.《专利法实施细则》第78条规定:"被授予专利权的单位未与发明人、设计人约定也未在其依法制定的规章制度中规定专利法第十六条规定的报酬的方式和数额的,在专利权有效期限内,实施发明创造专利后,每年应当从实施该项发明或实用新型专利的营业利润中提取不低于2%或者从实施该项外观设计专利的营业利润中提取不低于0.2%,作为报酬给予发明人或者设计人,或者参照上述比例,给予发明人或者设计人一次性报酬;被授予专利权的单位许可其他单位或者个人实施其专利的,应当从收取的使用费中提取不低于10%,作为报酬给予发明人或者设计人。"故选项C正确,不符合题意;选项D错误,符合题意。

（二）非职务发明创造

（三）合作完成的发明创造

26.（2010年卷一第79题）一项专利的专利权人为赵某和张某,二人未就该专利权的行使进行任何约定。下列说法哪些是正确的?
　　A. 赵某可以不经张某同意单独实施该专利
　　B. 张某可以以普通许可的方式许可他人实施该专利
　　C. 赵某在征得张某同意的情况下,可以将其共有的专利权转让给他人
　　D. 张某在未经赵某同意的情况下,可以放弃其共有的专利权
【知识要点】专利共有

【解析】《专利法》第15条规定："专利申请权或者专利权的共有人对权利的行使有约定的,从其约定。没有约定的,共有人可以单独实施或者以普通许可方式许可他人实施该专利;许可他人实施该专利的,收取的使用费应当在共有人之间分配。除前款规定的情形外,行使共有的专利申请权或者专利权应当取得全体共有人的同意。"故选项A、B、C正确,符合题意。专利权的放弃涉及全体专利权人的共有权利,张某不能单独放弃其共有的部分专利权,故选项D错误,不符合题意。

27.（2006年卷—第28题）甲研究所接受乙公司的委托开发一项新技术。在开发过程中,由于开发需要,乙公司派技术人员参与了甲研究所的开发工作。该技术人员与甲研究所的科研人员一道对所开发技术的实质性特点作出了创造性贡献。如果甲乙签订的委托合同中没有就申请专利事宜作出约定,则下列哪些说法是正确的？

　　A. 申请专利的权利应当属于甲研究所
　　B. 申请专利的权利应当属于乙公司
　　C. 申请专利的权利应当属于甲研究所和乙公司共有
　　D. 申请专利的权利应当属于甲研究所和乙公司所派技术人员共有

【知识要点】申请专利的权利的归属

【解析】《专利法》第6条第1款规定："执行本单位的任务或者主要是利用本单位的物质技术条件所完成的发明创造为职务发明创造。职务发明创造申请专利的权利属于该单位;申请被批准后,该单位为专利权人。"《专利法》第8条规定："两个以上单位或者个人合作完成的发明创造、一个单位或者个人接受其他单位或者个人委托所完成的发明创造,除另有协议的以外,申请专利的权利属于完成或者共同完成的单位或者个人;申请被批准后,申请的单位或者个人为专利权人。"甲研究所与乙公司之间起初为委托开发关系,但随着"乙公司派技术人员参与开发工作,并对所开发技术的实质性特点作出了创造性贡献",并且,由于是"乙公司派技术人员参与开发工作",该技术人员所作出的发明创造为职务发明,所以甲乙之间已经转变为合作开发关系,该新技术属于双方合作完成的发明创造。故只有选项C正确。此外,根据《合同法》第340条第1款中的规定："合作开发完成的发明创造,除当事人另有约定的以外,申请专利的权利属于合作开发的当事人共有。……"也可以得出只有选项C正确,符合题意。

（注意：本题难度不是很大,即使不考虑《合同法》的内容也可得出正确答案。但是,如果在进行练习时能尽量将相关法律互相联系起来,不仅有助于形成完整的法律体系理念,也有助于提高对大量枯燥法条的记忆效果。）

（四）委托开发完成的发明创造

28.（2009年卷—第71题）刘某委托王某对乙烯生产方法进行了改进,二人未对该改进方法申请专利的权利作出约定。王某就改进的乙烯生产方法向国家知识产权局提出了专利申请并被授予专利权。下列说法哪些是正确的？

　　A. 由于王某是受刘某委托而对乙烯的生产方法进行改进,因此申请专利的权利应当属于刘某
　　B. 刘某未经王某许可而使用该改进方法生产和销售乙烯产品的行为侵犯了王某的专利权
　　C. 赵某经刘某许可使用该方法生产和销售乙烯产品的行为侵犯了王某的专利权
　　D. 孙某依照传统方法生产乙烯产品的行为侵犯了王某的专利权

【知识要点】申请专利的权利、专利权的保护

【解析】A.《专利法》第8条规定："两个以上单位或者个人合作完成的发明创造、一个单位或者个人接受其他单位或者个人委托所完成的发明创造,除另有协议的以外,申请专利的权利属于完成或者共同完成的单位或者个人;申请被批准后,申请的单位或者个人为专利权人。"故选项A错误,不符合题意。

B.C.《专利法》第11条第1款规定："发明和实用新型专利权被授予后,除本法另有规定的以外,任何单位或者个人未经专利权人许可,都不得实施其专利,即不得为生产经营目的制造、使用、许诺销售、销售、进口其专利产品,或者使用其专利方法以及使用、许诺销售、销售、进口依照该专利方法直接获得的产品。"《专利法》第12条规定："任何单位或者个人实施他人专利的,应当与专利权人订立实施许可合同,向专利权人支付专利使用费。被许可人无权允许合同规定以外的任何单位或者个人实施该专利。"故选项B、C正确,符合题意。

（注意：《合同法》第339条规定："委托开发完成的发明创造,除当事人另有约定的以外,申请专利的权利属于研究开发人。研究开发人取得专利权的,委托人可以免费实施该专利。研究开发人转让专利申请权的,委托人享有以同等条件优先受让的权利。"如果按照《合同法》第339条,则选项B错误。选项B是官方给出的答案,其依据的原则是：《专利法》是特别法,其效力优于普通法的《合同法》。此处,两部法律中的条款出现了不一致的情况,笔者的观点是：根据公平原则,如果该委托已支付了合理的报酬,则应适用《合同法》的规定,反之则应适用《专利法》的规定。）

D.《专利法》第62条规定："在专利侵权纠纷中,被控侵权人有证据证明其实施的技术或者设计属于现有技术或者现有设计的,不构成侵犯专利权。"故选项D错误,不符合题意。

29.（2004年卷—第68题）关于委托开发及由此完成的发明创造,以下哪些说法是正确的？
　　A. 在当事人没有约定的情况下,申请专利的权利属于研究开发人

B. 研究开发人取得专利权的，委托人可以实施该专利，但需要支付适当的费用
C. 研究开发人转让专利申请权的，委托人享有以同等条件优先受让的权利
D. 委托人违反约定造成研究开发工作停滞、延误或者失败的，应当承担违约责任

【知识要点】委托开发的原则

【解析】A、B. 根据《专利法》第8条的规定（参见本章第28题解析A），以及《合同法》第339条第1款的规定（参见本章第28题解析B、C），故选项A、B正确，符合题意。

C.《合同法》第339条第2款规定："研究开发人转让专利申请权的，委托人享有以同等条件优先受让的权利。"故选项C正确，符合题意。

D.《合同法》第333条规定："委托人违反约定造成研究开发工作停滞、延误或者失败的，应当承担违约责任。"故选项D正确，符合题意。

（五）综合题

30.（2009年卷一第22题）下列有关专利申请人的权利的说法哪些是正确的？
A. 申请人可以转让其专利申请权
B. 申请人可以在被授予专利权之前撤回其申请
C. 申请人可以在其申请被授予专利权之前在其生产的产品上标明专利标记
D. 申请人可以自提出申请之日要求实施其发明的单位或者个人支付适当的费用

【知识要点】专利申请人的权利

【解析】A.《专利法》第10条第1款规定："专利申请权和专利权可以转让。"故选项A正确，符合题意。

B.《专利法》第32条规定："申请人可以在被授予专利权之前随时撤回其专利申请。"故选项B正确，符合题意。

C.《专利法实施细则》第84条规定："下列行为属于专利法第六十三条规定的假冒专利的行为：（一）未被授予专利权的产品或者其包装上标注专利标识，专利权被宣告无效后或者终止后继续在产品或者其包装上标注专利标识，或者未经许可在产品或者产品包装上标注他人的专利号；（二）销售第（一）项所述产品；（三）在产品说明书等材料中将未被授予专利权的技术或者设计称为专利技术或者专利设计，将专利申请称为专利，或者未经许可使用他人的专利号，使公众将所涉及的技术或者设计误认为是专利技术或者专利设计；（四）伪造或者变造专利证书、专利文件或者专利申请文件；（五）其他使公众混淆，将未被授予专利权的技术或者设计误认为是专利技术或者专利设计的行为。专利权终止前依法在专利产品、依照专利方法直接获得的产品或者其包装上标注专利标识，在专利权终止后许诺销售、销售该产品的，不属于假冒专利行为。销售不知道是假冒专利的产品，并且能够证明该产品合法来源的，由管理专利工作的部门责令停止销售，但免除罚款的处罚。"故选项C错误，不符合题意。

D.《专利法》第13条规定："发明专利申请公布后，申请人可以要求实施其发明的单位或者个人支付适当的费用。"故选项D错误，不符合题意。

31.（2015年卷一第1题）乙公司委托甲公司研发某产品，甲公司指定员工吕某承担此项研发任务，吕某在研发过程中完成了一项发明创造。在没有任何约定的情形下，该发明创造申请专利的权利属于谁？
A. 吕某　　　　B. 甲公司　　　　C. 乙公司　　　　D. 甲公司和乙公司

【知识要点】职务发明、委托发明申请专利的权利归属

【解析】首先，《专利法》第6条第1款规定："执行本单位的任务或者主要是利用本单位的物质技术条件所完成的发明创造为职务发明创造。职务发明创造申请专利的权利属于该单位；申请被批准后，该单位为专利权人。"本题中，吕某执行其所在单位甲公司的研发任务完成的发明创造属于职务发明创造，申请专利的权利属于甲公司。其次，《专利法》第8条规定："两个以上单位或者个人合作完成的发明创造、一个单位或者个人接受其他单位或者个人委托所完成的发明创造，除另有协议的以外，申请专利的权利属于完成或者共同完成的单位或者个人；申请被批准后，申请的单位或者个人为专利权人。"本题中，乙公司委托甲公司研发某产品且双方无任何约定，则该发明创造申请专利的权利属于完成单位即受托人甲公司。故选项A、C、D错误，不符合题意；选项B正确，符合题意。

32.（2009年卷一第60题）某外资企业员工李某在中国完成了一项职务发明创造。该外资企业就该发明在我国获得了专利权，随后将该专利权转让给其外国母公司。下列说法哪些是正确的？
A. 该外资企业应当给予李某奖励
B. 李某有在专利文件中写明自己是发明人的权利
C. 该专利权的转让除应向国家知识产权局登记外，无需办理其他任何手续
D. 如果李某因奖励事宜与该外资企业发生纠纷，李某只能向劳动争议仲裁委员会申请仲裁

【知识要点】发明人、设计人的奖励和报酬，专利权的转让

【解析】A.《专利法》第16条规定："被授予专利权的单位应当对职务发明创造的发明人或者设计人给予奖励；发明创造专利实施后，根据其推广应用的范围和取得的经济效益，对发明人或者设计人给予合理的报酬。"选项A正

确，符合题意。

B. 《专利法》第17条第1款规定："发明人和设计人有权在专利文件中写明自己是发明人或者设计人。"故选项B正确，符合题意。

C. 《专利审查指南2010》1-1-6.7.2.2"专利申请权（或专利权）转移"中规定："专利申请权（或专利权）转让（或赠与）涉及外国人、外国企业或者外国其他组织的，应当符合下列规定……（ii）对于发明或者实用新型专利申请（或专利），转让方是中国内地的个人或者单位，受让方是外国人、外国企业或者外国其他组织的，应当出具国务院商务主管部门颁发的《技术出口许可证》或者《自由出口技术合同登记证书》，或者地方商务主管部门颁发的《自由出口技术合同登记证书》，以及双方签字或者盖章的转让合同。"故选项C错误，不符合题意。

D. 《专利法实施细则》第85条规定："除专利法第六十条规定的外，管理专利工作的部门应当事人请求，可以对下列专利纠纷进行调解：（一）专利申请权和专利权归属纠纷；（二）发明人、设计人资格纠纷；（三）职务发明创造的发明人、设计人的奖励和报酬纠纷；（四）在发明专利申请公布后专利权授予前使用发明而未支付适当费用的纠纷；（五）其他专利纠纷。对于前款第（四）项所列的纠纷，当事人请求管理专利工作的部门调解的，应当在专利权被授予之后提出。"故选项D错误，不符合题意。

第三节 专利代理制度

一、专利代理

33. （2007年卷一第76题）以下哪些行为不属于专利代理条例中所称的专利代理？
A. 某公司知识产权部的员工郑某，以公司的名义，为公司办理专利申请的行为
B. 李某接受吴某的委托，以吴某的名义，在委托权限范围内为吴某提出发明专利申请实质审查请求的行为
C. 某代理机构接受孙某的委托，以孙某的名义，在委托权限范围内为孙某办理专利权转让的行为
D. 某代理机构代理人张某私自接受王某的委托，以王某的名义，在委托权限范围内为王某提出复审请求的行为

【知识要点】法律意义中的专利代理

【解析】《专利代理条例》第2条规定："本条例所称专利代理是指专利代理机构以委托人的名义，在代理权限范围内，办理专利申请或者办理其他专利事务。"《专利代理条例》第17条规定："专利代理人必须承办专利代理机构委派的专利代理工作，不得自行接受委托。"故选项A、B、D错误，符合题意；选项C正确，不符合题意。

34. （2014年卷一第81题）下列哪些情形下，申请人应当委托依法设立的专利代理机构办理专利事务？
A. 中国内地居民向国家知识产权局提出PCT国际申请
B. 在中国内地没有营业所的香港公司向国家知识产权局提出专利申请
C. 中国内地居民作为第一署名申请人与澳门居民共同向国家知识产权局提出专利申请
D. 在中国内地没有营业所的外国公司作为第一署名申请人与中国内地公司共同向国家知识产权局提出专利申请

【知识要点】委托专利代理

【解析】A. 《专利法》第19条第1款和第2款规定："在中国没有经常居所或者营业所的外国人、外国企业或者外国其他组织在中国申请专利和办理其他专利事务的，应当委托依法设立的专利代理机构办理。中国单位或者个人在国内申请专利和办理其他专利事务的，可以委托依法设立的专利代理机构办理。"由此可知，中国内地居民向国家知识产权局提出PCT国际申请可以不委托专利代理机构，选项A错误，不符合题意。

B.C. 《专利审查指南2010》1-1-6.1.1"委托"中规定："在中国内地没有经常居所或者营业所的香港、澳门或者台湾地区的申请人向专利局提出专利申请和办理其他专利事务，或者作为第一署名申请人与中国内地的申请人共同申请专利和办理其他专利事务的，应当委托专利代理机构办理。"由此可知，选项B正确，符合题意；选项C错误，不符合题意。

D. 《专利审查指南2010》1-1-6.1.1"委托"中还规定："在中国内地没有经常居所或者营业所的外国人、外国企业或外国其他组织在中国申请专利和办理其他专利事务，或者作为第一署名申请人与中国内地的申请人共同申请专利和办理其他专利事务的，应当委托专利代理机构办理。"由此可知，选项D正确，符合题意。

35. （2015年卷一第15题）关于委托专利代理机构办理专利事务，下列说法哪个是正确的？
A. 在中国内地没有营业所的澳门公司在中国申请专利的，可以不委托专利代理机构
B. 上海某国有企业作为第一署名申请人与某英国公司共同在中国申请专利的，应当委托专利代理机构
C. 在中国内地没有经常居所的香港人在中国申请专利的，应当委托专利代理机构
D. 委托专利代理机构申请专利的，仅限委托一家专利代理机构且不可更换

【知识要点】专利代理委托

【解析】A.C.《专利审查指南2010》1-1-6.1.1"委托"中规定："在中国内地没有经常居所或者营业所的香港、

澳门或者台湾地区的申请人向专利局提出专利申请和办理其他专利事务,或者作为第一署名申请人与中国内地的申请人共同申请专利和办理其他专利事务的,应当委托专利代理机构办理。"故选项 A 不正确,不符合题意;选项 C 正确,符合题意。

B.《专利审查指南 2010》1-1-6.1.1"委托"中规定:"在中国内地没有经常居所或者营业所的外国人、外国企业或者外国其他组织在中国申请专利和办理其他专利事务,或者作为第一署名申请人与中国内地的申请人共同申请专利和办理其他专利事务的,应当委托专利代理机构办理。"可见,在中国内地没有经常居所或者营业所的外国企业作为第一署名申请人与中国内地的申请人共同申请专利和办理其他专利事务的,才应当委托专利代理机构办理。选项 B 中,第一署名申请人是上海某国有企业,并非属于必须委托专利代理机构的情形。选项 B 错误,不符合题意。

D.《专利审查指南 2010》1-1-6.1.1"委托"中规定:"被委托的专利代理机构仅限一家,本指南另有规定的除外"。此外,《专利审查指南 2010》1-1-6.1.3"解除委托和辞去委托"中规定:"申请人(或专利权人)委托专利代理机构后,可以解除委托;专利代理机构接受申请人(或专利权人)委托后,可以辞去委托。"可见,委托专利代理机构申请专利的,原则上仅限委托一家专利代理机构,但是委托关系产生后并非不可变更,允许解除委托,也允许辞去委托。故选项 D 错误,不符合题意。

36.(2002 年卷一第 69 题)专利代理机构接受某项委托后,不得再接受下列哪些委托?
    A. 该委托人的其他委托
    B. 其他委托人就相同技术内容申请专利的委托
    C. 与委托人有利害关系的其他人就相关专利事务的委托
    D. 其他人就该专利代理机构曾代理申请事务的专利提出的无效宣告请求的委托
【知识要点】专利代理机构的业务承接
【解析】《专利代理条例》第 10 条规定:"专利代理机构接受委托后,不得就同一内容的专利事务接受有利害关系的其他委托人的委托。"《专利代理惩戒规则(试行)》第 2 条规定:"专利代理机构、专利代理人执业应当遵守法律、法规和规章的规定,恪守专利代理职业道德和执业纪律。专利代理机构和专利代理人执业应当接受国家、社会和当事人的监督。"

A、D.《民法通则》中,对代理权限的限制中就包括"禁止双方代理",这点在《律师法》中就有所体现,专利代理机构接受当事人的委托同样也是按照上述原则进行的。故选项 A 错误,不符合题意;选项 D 正确,符合题意。

B、C. 选项 B 中,由于其他委托人欲就"相同技术内容"申请专利,其自然就与在先的委托人构成了利害关系。选项 C 中所述的"与委托人有利害关系的其他人",指的就是与在先委托的内容有利害关系的"其他人";其中的"相关专利事务",指的就是与在先的委托内容有关的专利事务。故选项 B、C 正确,符合题意。

(注意:对于选项 B,不仅不能接受"其他委托人就相同技术内容申请专利的委托",即使是对于"同一委托人"就"完全相同"的技术内容再次申请专利,也会导致不符合《专利法》第 9 条规定的,依据《专利代理条例》第 2 条的规定,也不能接受该委托。在实践中,中华全国专利代理人协会曾经根据上述原则对几起类似情况给予过惩戒处理,这也正是本题的考查目的所在。需要提醒考生的是,题目中给出的判断条件一般都是绝对条件,其考查要点往往在于对原则的理解,不要在做题时随意增加题目中没有给出的、自己设想的条件。比如,在专利代理实践中对于是否属于"同一内容的专利事务",在判断上有时并不是十分容易的事情,但在本题中,选项 B、C、D 已经明确限定了是属于"同一内容"的情况。)

二、专利代理人

37.(2013 年卷一第 96 题)在满足其他条件的情况下,下列哪些人员仍然不具备申请专利代理人的资格?
    A. 毕业于清华大学的美国人托马斯   B. 仅具有中文专业大学学历的李某
    C. 17 周岁的张某   D. 无工作经历的在校本科生孙某
【知识要点】申请专利代理人资格的条件
【解析】《专利代理条例》第 15 条规定:"拥护中华人民共和国宪法,并具备下列条件的中国公民,可以申请专利代理人资格:(一)十八周岁以上,具有完全的民事行为能力;(二)高等院校理工科专业毕业(或者具有同等学历),并掌握一门外语;(三)熟悉专利法和有关的法律知识;(四)从事过两年以上的科学技术工作或者法律工作。"本题中,托马斯由于不是中国公民,故不具备申请专利代理人的资格,选项 A 正确,符合题意。李某不是高等院校理工科专业毕业,故不具备申请专利代理人的资格,选项 B 正确,符合题意。张某由于未满 18 岁,故不具备申请专利代理人的资格,选项 C 正确,符合题意。孙某由于不具有两年以上的科学技术工作或者法律工作经历,故不具备申请专利代理人的资格,选项 D 正确,符合题意。

38.(2013 年卷一第 70 题)吴某是某专利代理机构的专利代理人,其下列做法哪些不符合相关规定?
    A. 利用业余时间自行接受他人委托从事专利代理业务
    B. 将其代理的某件已经授权的发明专利的内容告诉其朋友

C. 在该专利代理机构执业的同时，兼任某公司知识产权部的副经理
D. 在执业期间申请专利

【知识要点】专利代理人执业纪律和职业道德

【解析】A.《专利代理条例》第17条规定："专利代理人必须承办专利代理机构委派的专利代理工作，不得自行接受委托。"由此可知，选项A正确，符合题意。

B.《专利代理条例》第23条规定："专利代理人对其在代理业务活动中了解的发明创造的内容，除专利申请已经公布或者公告的以外，负有保守秘密的责任。"由此可知，选项B错误，不符合题意。

C.《专利代理管理办法》第21条规定："颁发专利代理人执业证应当符合下列条件：（一）具有专利代理人资格；（二）能够专职从事专利代理业务；（三）不具有专利代理或专利审查经历的人员在专利代理机构中连续实习满1年，并参加上岗培训；（四）由专利代理机构聘用；（五）颁发时的年龄不超过70周岁；（六）品行良好。"由此可知，选项C正确，符合题意。

D.《专利代理条例》第20条规定："专利代理人在从事专利代理业务期间和脱离专利代理业务后一年内，不得申请专利。"由此可知，选项D正确，符合题意。

39.（2012年卷一第66题）徐某2008年通过了全国专利代理人资格考试，2009年3月到甲专利代理机构实习，2010年6月领取了专利代理人执业证。2011年4月徐某到乙专利代理机构工作。下列说法哪些是正确的？

A. 徐某离开甲专利代理机构前，必须妥善处理尚未办结的专利代理案件
B. 徐某到乙专利代理机构工作后，可以兼职在甲专利代理机构从事专利代理业务
C. 徐某到乙专利代理机构工作时，不能取得专利代理人执业证
D. 徐某到乙专利代理机构工作时，不能成为合伙人或者股东

【知识要点】专利代理人

【解析】A.B.《专利代理条例》第18条规定："专利代理人不得同时在两个以上专利代理机构从事专利代理业务，专利代理人调离专利代理机构前，必须妥善处理尚未办结的专利代理案件。"故选项A正确，符合题意；选项B错误，不符合题意。

C.《专利代理管理办法》第22条规定："有下列情形之一的，不予颁发专利代理人执业证：（一）不具有完全民事行为能力的；（二）申请前在另一专利代理机构执业，尚未被该专利代理机构解聘并未办理专利代理人执业证注销手续的；（三）领取专利代理执业证后不满1年又转换专利代理机构的；（四）受到《专利代理惩戒规则（试行）》第五条规定的收回专利代理人执业证的惩戒不满3年的；（五）受刑事处罚的（过失犯罪除外）。"由于徐某领取专利代理执业证未满一年，故选项C正确，符合题意。

D.《专利代理管理办法》第5条规定："专利代理机构的合伙人或者股东应当符合下列条件：（一）具有专利代理人资格；（二）具有2年以上在专利代理机构执业的经历；（三）能够专职从事专利代理业务；（四）申请设立专利代理机构时的年龄不超过65周岁；（五）品行良好。"徐某执业未满2年，故选项D正确，符合题意。

40.（2015年卷一第36题）李某是某专利代理公司聘用的专职专利代理人，其在任职期间的下列哪些行为不符合相关规定？

A. 受该代理公司的指派，到一家制药公司从事专利事务方面的咨询
B. 以个人名义对来该代理公司任职之前完成的一项研究成果提出专利申请
C. 在该代理公司不知情的情况下利用业余时间接受张某的委托，从事专利代理业务
D. 与朋友私下交谈时提及了所代理的他人案件的发明创造的内容

【知识要点】专利代理人

【解析】A.《专利代理条例》第8条规定："专利代理机构承办下列事务：（一）提供专利事务方面的咨询；（二）代写专利申请文件，办理专利申请；请求实质审查或者复审的有关事务；（三）提出异议，请求宣告专利权无效的有关事务；（四）办理专利申请权、专利权的转让以及专利许可的有关事务；（五）接受聘请，指派专利代理人担任专利顾问；（六）办理其他有关事务。"故选项A表述符合规定，不符合题意。

B. 根据《专利代理条例》第20条的规定（参见本章第38题解析D），选项B属于在从事专利代理业务期间申请专利的行为，不符合该规定，符合题意。

C. 根据《专利代理条例》第17条的规定（参见本章第38题解析A），选项C属于私自接受委托的情形，不符合该规定，符合题意。

D. 根据《专利代理条例》第23条的规定（参见本章第38题解析B），选项D李某与朋友私下交谈时提及了所代理的他人案件的发明创造的内容，违背了前述规定中保密义务。但是本选项也存在一定争议，即根据前述规定中的除外情形，如果专利申请已经公布或者公告，则李某不再负有保密责任。至于本题，由于仅从选项D无法断定所涉发明创造是否已经公告或公布，则考生无须自行附加发明创造已被公告或公布的信息，仅考虑一般情形即可，则选项D符合题意。

41.（2011年卷一第18题）下列获得专利代理人资格证的人员，哪些不符合颁发执业证的条件？
A. 73岁的赵某
B. 未参加过上岗培训的钱某
C. 不具有完全民事行为能力的孙某
D. 领取专利代理执业证后半年转换专利代理机构的李某
【知识要点】申请专利代理人执业证的条件
【解析】A、B. 根据《专利代理管理办法》第21条的规定（参见本章第38题解析C），选项A、B符合题意。
C、D. 根据《专利代理管理办法》第22条的规定（参见本章第39题解析C），选项C、D符合题意。

42.（2011年卷一第27题）专利代理人董某接受其所在代理机构的指派，代理专利权人参加无效宣告请求的口头审理。在没有特别授权委托书的情况下，董某的下列哪些做法不符合相关规定？
A. 当庭放弃了部分权利要求　　　　　　　B. 当庭承认了请求人的无效宣告请求
C. 针对无效宣告请求的理由和证据当庭陈述了意见　　D. 接收了合议组当庭转送的文件
【知识要点】证人出庭作证、当事人的权利和义务
【解析】《专利审查指南2010》4-3-3.6"委托手续"中规定："对于下列事项，代理人需要具有特别授权的委托书：（i）专利权人的代理人代为承认请求人的无效宣告请求；（ii）专利权人的代理人代为修改权利要求书；（iii）代理人代为和解；（iv）请求人的代理人代为撤回无效宣告请求。"故A、B错误，符合题意；C、D正确，不符合题意。

43.（2011年卷一第29题）下列关于专利代理的说法哪些是正确的？
A. 专利代理人承办专利代理业务，应当与委托人签订委托合同，写明委托事项和委托权限
B. 接受委托的专利代理机构应当以委托人的名义，在代理权限范围内办理专利申请或者办理其他专利事务
C. 专利代理机构接受委托后，不得就同一内容的专利事务接受有利害关系的其他委托人的委托
D. 专利代理人在从事专利代理业务期间，不得申请专利
【知识要点】专利代理
【解析】A.《专利代理条例》第9条第1款规定："专利代理机构接受委托，承办业务，应当有委托具名的书面委托书，写明委托事项和委托权限。"委托合同应由专利代理机构签署，故选项A错误，不符合题意。
B.《专利代理条例》第2条规定："本条例所称专利代理是指专利代理机构以委托人的名义，在代理权限范围内，办理专利申请或者办理其他专利事务。"故选项B正确，符合题意。
C.《专利代理条例》第10条规定："专利代理机构接受委托后，不得就同一内容的专利事务接受有利害关系的其他委托人的委托。"故选项C正确，符合题意。
D.《专利代理条例》第20条规定："专利代理人在从事专利代理业务期间和脱离专利代理业务后一年内，不得申请专利。"故选项D正确，符合题意。

44.（2009年卷一第11题）下列行为哪些不符合相关规定？
A. 具有专利代理人资格但未在专利代理机构工作的周某，以专利代理人的名义接受他人委托，办理专利代理业务并收取费用
B. 具有专利代理人资格的国家机关工作人员吴某在某专利代理机构兼职，从事专利代理业务
C. 专利代理人郑某在脱离专利代理业务两年后作出了一项外观设计，并以自己的名义提交了专利申请
D. 专利代理人王某在国家知识产权局将其代理的一件发明专利申请公布后，将该专利申请的内容告诉了其好友
【知识要点】专利代理职业规范
【解析】A.《专利代理管理办法》第19条规定："专利代理人执业应当接受批准设立的专利代理机构的聘请任用，并持有专利代理人执业证。"《专利代理管理办法》第29条规定："未持有专利代理人执业证的人员不得以专利代理人的名义为牟取经济利益从事专利代理业务。"《专利代理惩戒规则（试行）》第9条中规定："具有专利代理人资格、但没有取得专利代理人执业证书的人员为牟取经济利益而接受专利代理委托，从事专利代理业务的，应当责令其停止非法执业活动，并记录在案。有本规则第七条、第八条所列行为的，应当给予警告、通报批评、吊销专利代理人资格的惩戒。"故选项A错误，符合题意。
B.《专利代理管理办法》第21条规定："颁发专利代理人执业证应当符合下列条件：（一）具有专利代理人资格；（二）能够专职从事专利代理业务；（三）不具有专利代理或专利审查经历的人员在专利代理机构中连续实习满1年，并参加上岗培训；（四）由专利代理机构聘用；（五）颁发时的年龄不超过70周岁；（六）品行良好。"根据上述规定第（二）项，选项B错误，符合题意。
C.《专利代理条例》第20条规定："专利代理人在从事专利代理业务期间和脱离专利代理业务后一年内，不得申请专利。"故选项C正确，不符合题意。
D.《专利代理条例》第23条规定："专利代理人对其在代理业务活动中了解的发明创造的内容，除专利申请已经公布或者公告的以外，负有保守秘密的责任。"故选项D正确，不符合题意。

45.（2004年卷一第2题）假设专利代理人张某在代理过程中将委托人的发明创造泄露给自己的朋友，并给委托人造成了经济损失。针对上述情况，判断以下哪些说法是正确的？
    A. 对于委托人的经济损失，应由张某个人承担赔偿责任
    B. 对于委托人的经济损失，张某所在的专利代理机构与张某负有连带责任
    C. 对于委托人的经济损失，张某所在的专利代理机构承担赔偿责任
    D. 张某的行为情节严重，国家知识产权局可以给予吊销《专利代理人资格证书》的处罚
【知识要点】专利代理中的保密责任
【解析】A、B、C.《专利法》第19条第1款、第2款规定："在中国没有经常居所或者营业所的外国人、外国企业或者外国其他组织在中国申请专利和办理其他专利事务的，应当委托依法设立的专利代理机构办理。中国单位或者个人在国内申请专利和办理其他专利事务的，可以委托依法设立的专利代理机构办理。"《专利法》第19条第3款规定："专利代理机构应当遵守法律、行政法规，按照被代理人的委托办理专利申请或者其他专利事务；对被代理人发明创造的内容，除专利申请已经公布或者公告的以外，负有保密责任。专利代理机构的具体管理办法由国务院规定。"在专利代理事务中，专利代理机构才是民法意义上的代理人。因专利代理人的责任给委托人造成经济损失的，由专利代理机构首先承担经济赔偿责任，之后可按一定比例向该专利代理人追偿。故选项A、B错误，不符合题意；选项C正确，符合题意。

D.《专利代理惩戒规则（试行）》第5条规定："对专利代理人的惩戒分为：（一）警告……（四）吊销专利代理人资格。"第8条规定："有下列情形之一的，应当给予直接责任人本规则第五条第（三）项或者第（四）项规定的惩戒，可以同时给予其所在专利代理机构本规则第四条第（三）项或者第（四）项规定的惩戒：（一）违反专利法第十九条的规定，泄露委托人发明创造的内容的……"故选项D正确，符合题意。

三、专利代理机构

（一）专利代理机构的概念和组织形式

46.（2012年卷一第37题）下列哪些机构属于专利代理条例中所说的专利代理机构？
    A. 某知识产权咨询公司，该公司由获得专利代理人资格证的王某在工商行政管理部门注册成立
    B. 某公司的知识产权部，该部门的主要职责是为本公司办理专利申请和办理其他专利事务
    C. 某律师事务所，该律师事务所经国务院专利行政部门批准开办专利代理业务
    D. 某知识产权有限责任公司，该公司经国务院专利行政部门批准办理专利代理业务，并到工商行政管理部门进行了登记
【知识要点】专利代理机构的概念和组织形式
【解析】《专利代理条例》第4条规定："专利代理机构的成立，必须符合下列条件：（一）有自己的名称、章程、固定办公场所；（二）有必要的资金和工作设施；（三）财务独立，能够独立承担民事责任；（四）有三名以上具有专利代理人资格的专职人员和符合中国专利局规定的比例的具有专利代理人资格的兼职人员。律师事务所开办专利代理业务的，必须有前款第四项规定的专职人员。"《专利代理条例》第6条第1款规定："申请成立办理国内专利事务的专利代理机构，或者律师事务所申请开办专利代理业务的，应当经过其主管机关同意后，报请省、自治区、直辖市专利管理机关审查；没有主管机关的，可以直接报请省、自治区、直辖市专利管理机关审查。审查同意的，由审查机关报中国专利局审批。"故选项A、B错误，不符合题意；选项C、D正确，符合题意。

（二）专利代理机构的设立

47.（2010年卷一第81题）林某欲成为新专利代理事务所的合伙人，下列哪些属于其申请设立新的专利代理机构时应当满足的条件？
    A. 林某的年龄不应超过60周岁
    B. 林某已妥善处理在该公司尚未办结的专利代理案件
    C. 林某作为该公司股东的时间应当不少于2年
    D. 林某应当具有5年以上在专利代理机构执业的经历
【知识要点】专利代理机构的合伙人或股东
【解析】A、D.《专利代理管理办法》第5条规定："专利代理机构的合伙人或者股东应当符合下列条件：（一）具有专利代理人资格；（二）具有2年以上在专利代理机构执业的经历；（三）能够专职从事专利代理业务；（四）申请设立专利代理机构时的年龄不超过65周岁；（五）品行良好。"故选项A、D错误，不符合题意。

B.《专利代理条例》第18条第2款规定："专利代理人调离专利代理机构前，必须妥善处理尚未办结的专利代理案件。"故选项B正确，符合题意。

C.《专利代理管理办法》第6条规定:"有下列情形之一的,不得作为专利代理机构的合伙人或股东:(一)不具有完全民事行为能力的;(二)在国家机关或企事业单位工作,尚未正式办理辞职、解聘或离休、退休手续的;(三)作为另一专利代理机构的合伙人或者股东不满2年的;(四)受到《专利代理惩戒规则(试行)》第五条规定的通报批评或者收回专利代理人执业证的惩戒不满3年的;(五)受刑事处罚的(过失犯罪除外)。"故选项C正确,符合题意。

48.(2010年卷一第82题)下列哪些属于林某与他人合伙成立的专利代理事务所应当满足的条件?
A. 合伙人的人数不少于3人
B. 资金不得低于3万元人民币
C. 有合伙协议书或者章程
D. 财务独立

【知识要点】专利代理机构的设立

【解析】A.《专利代理管理办法》第3条第2款规定:"合伙制专利代理机构应当由3名以上合伙人共同出资发起,有限责任制专利代理机构应当由5名以上股东共同出资发起。"故选项A正确,符合题意。

B、C.《专利代理管理办法》第4条第1款规定:"设立专利代理机构应当符合下列条件:(一)具有符合本办法第七条规定的机构名称;(二)具有合伙协议书或者章程;(三)具有符合本办法第五条、第六条规定的合伙人或者股东;(四)具有固定的办公场所和必要的工作设施。"2015年4月,国家知识产权局对《专利代理管理办法》进行了修改,对设立专利代理机构不再有资金要求。故选项B错误,不符合题意;选项C正确,符合题意。

D.《专利代理条例》第4条第1款规定:"专利代理机构的成立,必须符合下列条件:(一)有自己的名称、章程、固定办公场所;(二)有必要的资金和工作设施;(三)财务独立,能够独立承担民事责任;(四)有三名以上具有专利代理人资格的专职人员和符合中国专利局规定的比例的具有专利代理人资格的兼职人员。"故选项D正确,符合题意。

49.(2016年卷一第35题)专利代理人甲、乙和丙三人欲在北京设立一家专利代理机构,下列说法哪些是正确的?
A. 甲、乙、丙仅能申请设立合伙制专利代理机构
B. 甲、乙、丙三人申请设立时的年龄均不得超过60周岁
C. 甲、乙、丙提交的证明材料应当是在申请设立前6个月内出具的证明材料
D. 甲、乙、丙应当直接向国家知识产权局提出设立专利代理机构的申请

【知识要点】专利代理机构的设立

【解析】A.《专利代理管理办法》第3条规定:"专利代理机构的组织形式为合伙制专利代理机构或者有限责任制专利代理机构。合伙制专利代理机构应当由3名以上合伙人共同出资发起,有限责任制专利代理机构应当由5名以上股东共同出资发起。合伙制专利代理机构的合伙人对该专利代理机构的债务承担无限连带责任;有限责任制专利代理机构以该机构的全部资产对其债务承担责任。"故选项A正确,符合题意。

B.《专利代理管理办法》第5条规定:"专利代理机构的合伙人或者股东应当符合下列条件:(一)具有专利代理人资格;(二)具有2年以上在专利代理机构执业的经历;(三)能够专职从事专利代理业务;(四)申请设立专利代理机构时的年龄不超过65周岁;(五)品行良好。"故选项B错误,不符合题意。

C.《专利代理管理办法》第8条第3款规定:"上述证明材料应当是在申请设立专利代理机构或开办专利代理业务之前的6个月内出具的证明材料。"故选项C正确,符合题意。

D.《专利代理管理办法》第9条规定:设立专利代理机构的审批程序如下:(一)申请设立专利代理机构的,应当向其所在地的省、自治区、直辖市知识产权局提出申请。经审查,省、自治区、直辖市知识产权局认为符合本办法规定条件的,应当自收到申请之日起30日内上报国家知识产权局批准;认为不符合本办法规定条件的,应当自收到申请之日起30日内书面通知申请人。(二)国家知识产权局对符合本办法规定条件的申请,应当自收到上报材料之日起30日内作出批准决定,通知上报的省、自治区、直辖市知识产权局,并向新设立的机构颁发专利代理机构注册证和机构代码;对不符合本办法规定条件的申请,应当自收到上报材料之日起30日内通知上报的省、自治区、直辖市知识产权局重新进行审查。律师事务所申请开办专利代理业务的,参照上述规定进行审批。"故选项D错误,不符合题意。

(三)专利代理机构办事机构的设立条件和审批程序

50.(2014年卷一第37题)专利代理机构有下列哪些情形的,不能设立办事机构?
A. 专利代理机构设立的时间为1年
B. 有12名执业的专利代理人
C. 未通过上一年度的年检
D. 上一年度专利代理数量为200件

【知识要点】专利代理机构办事机构的设立条件

【解析】《专利代理管理办法》第14条规定:"申请设立办事机构的专利代理机构应当符合下列条件:(一)设立时间满2年以上;(二)具有10名以上专利代理人;(三)未被列入专利代理机构经营异常名录或严重违法专利代理机构名单。"由此可知,选项A正确,符合题意;选项B、C、D错误,不符合题意。

51.（2010年卷一第83题）林某在申请设立专利代理机构时应当提交下列哪些申请材料？
A. 身份证复印件　　　　　　　　　B. 人员简历及人事档案存放证明
C. 专利代理人资格证原件　　　　　D. 办公场所和工作设施的证明

【知识要点】专利代理机构的设立

【解析】《专利代理管理办法》第8条第1款规定："设立专利代理机构应当提交下列申请材料：（一）设立专利代理机构申请表；（二）专利代理机构的合伙协议书或者章程；（三）专利代理人资格证和身份证的复印件；（四）人员简历及人事档案存放证明和离退休证件复印件；（五）办公场所和工作设施的证明；（六）其他必要的证明材料。"故选项A、B、D正确，符合题意；选项C错误，不符合题意。

四、专利代理人和专利代理机构的年检

五、专利代理惩戒

（一）专利代理惩戒委员会

（二）对专利代理人的惩戒和专利代理机构的惩戒

52.（2004年卷一第36题）按照《专利代理惩戒规则（试行）》，对违规专利代理人的惩戒包括下列哪些处分形式？
A. 警告　　　　　　　　　　　　　B. 通报批评
C. 停止办理专利代理业务3～6个月　　D. 吊销专利代理人资格

【知识要点】专利代理惩戒中的处分

【解析】《专利代理惩戒规则（试行）》第5条规定："对专利代理人的惩戒分为：（一）警告；（二）通报批评；（三）收回专利代理人执业证书；（四）吊销专利代理人资格。"《专利代理惩戒规则（试行）》第4条规定："对专利代理机构的惩戒分为：（一）警告；（二）通报批评；（三）停止承接新代理业务3至6个月；（四）撤销专利代理机构。"故选项A、B、D正确，符合题意；选项C错误，不符合题意。

六、中华全国专利代理人协会

参考答案

1. D	2. E	3. D	4. C D	5. B	6. A
7. A	8. A B C	9. A B C	10. A D	11. A B D	12. C
13. A B C D	14. A C	15. B C	16. A B C D	17. A B C D	18. C
19. A	20. A C D	21. A B D	22. A C D	23. A B	24. A B C
25. A D	26. A B C	27. C	28. B C	29. A C D	30. A B
31. B	32. A B	33. A B D	34. B D	35. C	36. B C D
37. A B C D	38. A C D	39. A C D	40. B C D	41. A B C D	42. A B
43. B C D	44. A B	45. C D	46. C D	47. B C	48. A C D
49. A C	50. A	51. A B D	52. A B D		

第二章 授予专利权的实质条件

第一节 专利保护的对象和主题

一、三种专利的保护对象

（一）发明专利

（二）实用新型专利

1.（2011年卷一第7题）下列请求书中的实用新型名称哪些不符合相关规定？
A. 一种新型晾衣架及其系列产品
B. 一种节水水龙头（Ⅱ）
C. 一种手机的台式充电器
D. 一种节煤炉及其应用

【知识要点】实用新型名称

【解析】《专利审查指南2010》2－2－2.2.1"名称"中规定："发明或者实用新型的名称应当清楚、简要，写在说明书首页正文部分的上方居中位置。发明或者实用新型的名称应当按照以下各项要求撰写：（1）说明书中的发明或者实用新型的名称与请求书中的名称应当一致，一般不得超过25个字，特殊情况下，例如，化学领域的某些申请，可以允许最多到40个字；（2）采用所属技术领域通用的技术术语，最好采用国际专利分类表中的技术术语，不得采用非技术术语；（3）清楚、简要、全面地反映要求保护的发明或者实用新型的主题和类型（产品或者方法），以利于专利申请的分类，例如一件包含拉链产品和该拉链制造方法两项发明的申请，其名称应当写成'拉链及其制造方法'；（4）不得使用人名、地名、商标、型号或者商品名称等，也不得使用商业性宣传用语。"选项A中的"及其系列产品"属于不清楚用语；选项B中的"节水……（Ⅱ）"带有型号；选项D中则带有实用新型不保护的方法，故选项A、B、D错误，符合题意，故选项C正确，不符合题意。

2.（2010年卷一第26题）下列哪些不属于实用新型专利的保护客体？
A. 一种钢笔，其特征在于由不锈钢制成
B. 一种领带，其特征在于具有蝴蝶结和扣环
C. 一种椭圆形药片，其特征在于该药片包括X组分、Y组分
D. 一种电线，其特征在于包括外层和内芯

【知识要点】实用新型专利保护的客体

【解析】A.C.《专利审查指南2010》1－2－6.2.2"产品的构造"中规定："（2）如果权利要求中既包含形状、构造特征，又包含对材料本身提出的改进，则不属于实用新型专利保护的客体。例如，一种菱形药片，其特征在于，该药片是由20%的A组分、40%的B组分及40%的C组分构成的。由于该权利要求包含了对材料本身提出的改进，因而不属于实用新型专利保护的客体。"选项A未披露任何有关形状结构技术方案，仅涉及了材料特征，不符合实用新型的客体要求。故选项A、C正确，符合题意。

B.D.《专利法》第2条第3款规定："实用新型，是指对产品的形状、构造或者其结合所提出的适于实用的新的技术方案。"选项B、D属于实用新型的客体，故选项B、D错误，不符合题意。

3.（2013年卷一第21题）下列哪个属于实用新型专利保护的客体？
A. 一种复合板材，其特征在于由三层板材构成，板材之间由胶水粘结
B. 一种复合板材，其特征在于经浸泡、脱水、干燥而成
C. 一种复合板材，其特征在于可用于制造简易房屋
D. 一种复合板材，其特征在于板材上印刷有卡通图案

【知识要点】实用新型专利保护的客体

【解析】A.《专利法》第2条第3款规定："实用新型，是指对产品的形状、构造或者其结合所提出的适于实用的新的技术方案。"选项A中要求保护的技术方案，是对复合板材构造提出的适于应用的技术方案，故属于实用新型专利保护的客体，故选项A正确，符合题意。

B.C.《专利审查指南2010》1－2－6.1"实用新型专利只保护产品"中规定："一切方法以及未经人工制造的自然存在的物品不属于实用新型专利保护的客体。上述方法包括产品的制造方法、使用方法、通讯方法、处理方法、计算机程序以及将产品用于特定用途等。"由此可知，选项B、C中的技术方案不属于实用新型专利保护的客体，故选项

B、C错误，不符合题意。

D.《专利审查指南2010》1-2-6.3"技术方案"中规定："未采用技术手段解决技术问题，以获得符合自然规律的技术效果的方案，不属于实用新型专利保护的客体。产品的形状以及表面的图案、色彩或者其结合的新方案，没有解决技术问题的，不属于实用新型专利保护的客体。产品表面的文字、符号、图表或者其结合的新方案，不属于实用新型专利保护的客体。"由此可知，选项D中的技术方案不属于实用新型专利保护的客体，故选项D错误，不符合题意。

4.（2008年卷一第66题）下列权利要求所要求保护的发明创造，哪些属于能够获得实用新型专利保护的客体？

A. 一种刀具，其特征在于：该刀具经过200度热处理

B. 一种篮球，其特征在于：该篮球由低温处理过的合成皮革制成

C. 一种地漏盖子，其特征在于：盖子呈栅格状，其直径为5～12cm

D. 一种圆筒形的蛋酥卷，其特征在于：该蛋酥卷由鸡蛋、面粉、食用植物油、白糖以及芝麻所制成

【知识要点】实用新型专利保护的客体

【解析】A、B、C.《专利法》第2条第3款规定："实用新型，是指对产品的形状、构造或者其结合所提出的适于实用的新的技术方案。"《专利审查指南2010》1-2-6.1"实用新型专利只保护产品"中规定："根据专利法第二条第三款的规定，实用新型专利只保护产品。所述产品应当是经过产业方法制造的，有确定形状、构造且占据一定空间的实体。一切方法以及未经人工制造的自然存在的物品不属于实用新型专利保护的客体。上述方法包括产品的制造方法、使用方法、通讯方法、处理方法、计算机程序以及将产品用于特定用途等。例如，齿轮的制造方法、工作间的除尘方法或数据处理方法，自然存在的雨花石等不属于实用新型专利保护的客体。一项发明创造可能既包括对产品形状、构造的改进，也包括对生产该产品的专用方法、工艺或构成该产品的材料本身等方面的改进。但是实用新型专利仅保护针对产品形状、构造提出的改进技术方案。应当注意的是：（1）权利要求中可以使用已知方法的名称限定产品的形状、构造，但不得包含方法的步骤、工艺条件等。例如，以焊接、铆接等已知方法名称限定各部件连接关系的，不属于对方法本身提出的改进。……"选项A、B中包含对产品制造方法进行限定的技术特征，不属于实用新型专利保护的客体，故选项A、B错误，不符合题意；选项C正确，符合题意。

D.《专利审查指南2010》1-2-6.2.2"产品的构造"中规定："……物质的分子结构、组分、金相结构等不属于实用新型专利给予保护的产品的构造。例如，仅改变焊条药皮成分的电焊条不属于实用新型专利保护的客体……"故选项D错误，不符合题意。

5.（2014年卷一第66题）下列关于实用新型专利保护客体的说法哪些是正确的？

A. 一种"多层雪糕"。由于雪糕在常温下会融化，没有固定形状，所以不属于实用新型专利保护客体

B. 一种"涂有氧化层的铁锅"。由于氧化层在铁锅表面形成了氧化层结构，所以属于实用新型专利保护客体

C. 一种"内部装有导流装置的烟囱"。由于烟囱由混凝土或砖砌成，属于一种固定建筑物，所以不属于实用新型专利保护客体

D. 一种"植物盆栽"。由于盆栽的形状是植物自然生长形成的，所以不属于实用新型保护的客体

【知识要点】实用新型专利保护的客体

【解析】A.《专利法》第2条第3款规定："实用新型，是指对产品的形状、构造或者其结合所提出的适于实用的新的技术方案。"《专利审查指南2010》1-2-6.2.1"产品的形状"中规定："产品的形状可以是在某种特定情况下所具有的确定的空间形状。"由于雪糕在冷冻的情况下具有确定的空间形态，故属于实用新型专利保护客体，故选项A错误，不符合题意。

B.《专利审查指南2010》1-2-6.2.2"产品的构造"中规定："复合层可以认为是产品的构造，产品的渗碳层、氧化层等属于复合层结构。"由此可知，选项B中的氧化层属于复合结构，涂有该氧化层的铁锅属于实用新型保护客体，故选项B正确，符合题意。

C. 根据《专利法》第2条第3款的规定可知，实用新型专利保护的客体包括对产品的构造提出的适于应用的新的技术方案，选项C中的一种"内部装有导流装置的烟囱"，其对烟囱内部的构造进行了改进，因此属于实用新型专利保护的客体，故选项C错误，不符合题意。

D.《专利审查指南2010》1-2-6.2.1"产品的形状"中规定："不能以生物的或者自然形成的形状作为产品的形状特征。例如，不能以植物盆景中植物生长所形成的形状作为产品的形状特征，也不能以自然形成的假山形状作为产品的形状特征。"由此可知，选项D正确，符合题意。

6.（2015年卷一第5题）下列哪个属于实用新型专利保护的客体？

A. 一种复合齿轮，其特征在于将熔制的钢水浇铸到齿模内，冷却、保温后而成

B. 一种药膏，其特征在于包含凡士林5%～20%、尿素10%～30%、水杨酸8%～30%

C. 一种建筑沙子，其特征在于将其堆积成圆台状

D. 一种葫芦容器，其特征在于容器主体为葫芦型，容器上口内镶有衬套

【知识要点】实用新型专利保护客体

【解析】A. 考查实用新型专利的保护对象。《专利审查指南2010》1-2-6.1"实用新型专利只保护产品"中规定："……实用新型专利只保护产品。""一切方法以及未经人工制造的自然存在的物品不属于实用新型专利保护的客体。"选项A描述的是一种复合齿轮的产品制造方法，不属于实用新型专利保护对象。据此，选项A错误，不符合题意。

B. 考查实用新型专利保护的产品的形状、构造特征。《专利审查指南2010》1-2-6.2.2"产品的构造"中规定："如果权利要求中既包含形状、构造特征，又包含对材料本身提出的改进，则不属于实用新型专利保护的客体。例如，一种菱形药片，其特征在于，该药片是由20%的A组分、40%的B组分及40%的C组分构成的。由于该权利要求包含了对材料本身提出的改进，因而不属于实用新型专利保护的客体。"类比该规定中的例子，选项B的权利要求中既包含形状、构造特征，又包含对材料本身提出的改进，则其不属于实用新型专利保护的客体。故选项B错误，不符合题意。

C. 考查实用新型专利保护的技术方案。《专利审查指南2010》1-2-6.3"技术方案"中规定："未采用技术手段解决技术问题，以获得符合自然规律的技术效果的方案，不属于实用新型专利保护的客体。产品的形状以及表面的图案、色彩或者其结合的新方案，没有解决技术问题的，不属于实用新型专利保护的客体。"选项C要求保护的是一种建筑沙子的圆台形形状，不是一种技术方案，不属于实用新型专利保护的客体。故选项C错误，不符合题意。

D. 考查对《专利法》第2条第3款的理解。《专利法》第2条第3款规定："实用新型，是指对产品的形状、构造或者其结合所提出的适于实用的新的技术方案。"选项D要求保护一种容器上口内镶有衬套的葫芦型容器，其符合《专利法》第2条第3款的规定。故选项D正确，符合题意。

（三）外观设计专利

7.（2014年卷一第4题）下列哪个外观设计专利申请中写明的使用外观设计产品名称是正确的？
A. 手机　　　　　B. 中型书柜　　　　　C. 电子设备　　　　　D. 人体增高鞋垫

【知识要点】外观设计产品名称

【解析】《专利审查指南2010》1-3-4.1.1"使用外观设计的产品名称"中规定："使用外观设计的产品名称对图片或者照片中表示的外观设计所应用的产品种类具有说明作用。使用外观设计的产品名称应当与外观设计图片或者照片中表示的外观设计相符合，准确、简明地表明要求保护的产品的外观设计。产品名称一般应当符合国际外观设计分类表中小类列举的名称。产品名称一般不得超过20个字。产品名称通常还应当避免下列情形：(1) 含有人名、地名、国名、单位名称、商标、代号、型号或以历史时代命名的产品名称；(2) 概括不当、过于抽象的名称，例如'文具'、'炊具'、'乐器'、'建筑用物品'等；(3) 描述技术效果、内部构造的名称，例如'节油发动机'、'人体增高鞋垫'、'装有新型发动机的汽车'等；(4) 附有产品规格、大小、规模、数量单位的名称，例如'21英寸电视机'、'中型书柜'、'一副手套'等；(5) 以外国文字或无确定的中文意义的文字命名的名称，例如'克莱斯酒瓶'，但已经众所周知并且含义确定的文字可以使用，例如'DVD. 播放机'、'LED灯'、'USB集线器'等。"

A. 选项A符合前述对使用外观设计的产品名称的规定，且不属于前述否定性列举之一，故选项A正确，符合题意。

B. 选项B中的中型书柜是前述规定中所列举的"附有产品规格、大小、规模、数量单位的名称"之一，应避免使用，故选项B错误，不符合题意。

C. 选项C中的电子设备是"概括不当、过于抽象的名称"，应避免使用，故选项C错误，不符合题意。

D. 选项D中的人体增高鞋垫是前述规定中所列举的"描述技术效果、内部构造的名称"之一，应避免使用，故选项D错误，不符合题意。

8.（2015年卷一第37题）下列哪些属于外观设计专利保护的客体？
A. 帽子上的绢花造型设计　　　　　B. 通电后才显示的霓虹灯的彩色图案
C. 饼干的月牙形设计　　　　　　　D. 餐巾扎成的玫瑰花形状

【知识要点】外观设计保护客体

【解析】A. C.《专利法》第2条第4款规定："外观设计，是指对产品的形状、图案或者其结合以及色彩与形状、图案的结合所作出的富有美感并适于工业应用的新设计。"选项A、C都符合该规定中对外观设计的定义，故选项A、C正确，符合题意。

B.《专利审查指南2010》1-3-7.4"不授予外观设计专利权的情形"中规定："根据专利法第二条第四款的规定，以下属于不授予外观设计专利权的情形：……(11) 产品通电后显示的图案。例如，电子表表盘显示的图案、手机显示屏上显示的图案、软件界面等。"且《专利审查指南2010》1-3-7.2"产品的形状、图案或者其结合以及色彩与形状、图案的结合"中规定："产品的图案应当是固定、可见的，而不应是时有时无的或者需要在特定的条件下才能看见的。"然而，2014年3月12日公布的国家知识产权局令第六十八号《国家知识产权局关于修改〈专利审查指南〉的决定》，其中有"将《专利审查指南》第一部分第三章第7.4节第一段第（11）项修改为：（11）游戏界面以及与人机交互无关或者与实现产品功能无关的产品显示装置所显示的图案，例如，电子屏幕壁纸、开关机画面、网站网页的图文排版"和"删除《专利审查指南》第一部分第三章第7.4节第三段最后一句'产品的图案应当是固定的、可见的，而不应是时有时无的或者需要在特定的条件下才能看见的。'"的规定，根据修改后的规定，《专利审查指南2010》取消了对"产品通电后显示的图案不授予外观设计专利权"笼统规定，而将相应的不授予外观设计专利权的情形限定为"游戏界面以及与人机交互无关或者与实现产品功能无关的产品显示装置所显示的图案"，此外，对授予外观设计专利权的产品，不再要求"产品的图案应当是固定的、可见的，而不应是时有时无的或者需要在特定的条件下才能看见的"。根据以上修改，选项B中通电后才显示的霓虹灯的彩色图案应当属于外观设计专利保护的客体。故选项B正确，符合题意。

D.《专利审查指南2010》1-3-7.4"不授予外观设计专利权的情形"中规定："根据专利法第二条第四款的规定，以下属于不授予外观设计专利权的情形：……（6）要求保护的外观设计不是产品本身常规的形态，例如手帕扎成动物形态的外观设计。……"对比该项规定，选项D餐巾扎成的玫瑰花形状不是餐巾本身的常规形态，不属于外观设计专利保护的客体，故选项D错误，不符合题意。

二、不授予专利权的主题

9.（2010年卷一第54题）在满足其他授权条件的情况下，下列哪些申请仍不能被授予发明专利权？
A. 申请专利的发明是依赖遗传资源完成的，但该遗传资源的利用违反了行政法规
B. 同一申请人同日对同样的发明创造既申请实用新型专利又申请发明专利，申请人不放弃其先获得的实用新型专利权的
C. 未经保密审查，将在中国完成的发明在外国申请专利后，再到中国申请专利的
D. 职务发明的发明人私自将其做出的发明以自己名义申请专利的

【知识要点】不能授予发明专利权

【解析】A.《专利法》第5条第2款规定："对违反法律、行政法规的规定获取或者利用遗传资源，并依赖该遗传资源完成的发明创造，不授予专利权。"故选项A正确，符合题意。

B.《专利法》第9条第1款规定："同样的发明创造只能授予一项专利权。但是，同一申请人同日对同样的发明创造既申请实用新型又申请发明专利的，先获得的实用新型专利尚未终止，且申请人声明放弃该实用新型专利的，可以授予专利权。"若申请人不放弃在先获得的实用新型专利权，不能授予发明专利权，故选项B正确，符合题意。

C.《专利法》第20条第1款规定："任何单位或者个人将在中国完成的发明或者实用新型向外国申请专利的，应当事先报经国务院专利行政部门进行保密审查。保密审查的程序、期限等按照国务院的规定执行。"该条第4款规定："对违反本条第一款规定向外国申请专利的发明或者实用新型，在中国申请专利的，不授予专利权。"故选项C正确，符合题意。

D.《专利法》第6条规定："执行本单位的任务或者主要是利用本单位的物质技术条件所完成的发明创造为职务发明创造。职务发明创造申请专利的权利属于单位；申请批准后，该单位是专利权人。……"职务发明创造申请专利的权利属于单位，发明人私自将其申请专利的将导致权属纠纷，单位可依法将所有权转移至自己名下，而这并不影响该专利权的授予。故选项D错误，不符合题意。

10.（2009年卷一第2题）下列哪些属于不授予专利权的主题？
A. 一种改良被污染土壤的方法　　　　B. 一种利用计算机程序求解圆周率的方法
C. 一种可除臭和驱虫的气体　　　　　D. 一种通过重组DNA技术得到的转基因山羊品种

【知识要点】不授予专利权的主题

【解析】《专利法》第25条规定："对下列各项，不授予专利权：（一）科学发现；（二）智力活动的规则和方法；（三）疾病的诊断和治疗方法；（四）动物和植物品种；（五）用原子核变换方法获得的物质；（六）对平面印刷品的图案、色彩或者二者的结合作出的主要起标识作用的设计。对前款第（四）项所列产品的生产方法，可以依照本法规定授予专利权。"

A、C. 选项A、C属于可授权主题，不符合题意；

B.《专利审查指南2010》2-9-2"涉及计算机程序的发明专利申请的审查基准"中规定："如果一项权利要求除其主题名称之外，对其进行限定的全部内容仅仅涉及一种算法或者数学计算规则，或者程序本身，或者游戏的规则和方法等，则该权利要求实质上仅仅涉及智力活动的规则和方法，不属于专利保护的客体。"故选项B属于不授予专利权的主题，符合题意。

D. 选项D属于不予授权的主题，符合题意。

11.（2013年卷一第2题）下列哪项属于不授予专利权的主题？

A. 一种制造冲锋枪的方法 B. 一种肝移植的方法
C. 一种新的地质勘探方法 D. 一种寺庙中使用的木鱼

【知识要点】不授予专利权的主题

【解析】A.《专利法》第5条第1款规定:"对违反法律、社会公德或者妨害公共利益的发明创造,不授予专利权。"《专利法实施细则》第10条规定:"专利法第五条所称违反法律的发明创造,不包括仅其实施为法律所禁止的发明创造。"《专利审查指南》2-1-3.1.1"违反法律的发明创造"中规定:"专利法实施细则第十条规定,专利法第五条所称违反法律的发明创造,不包括仅其实施为法律所禁止的发明创造。其含义是,如果仅仅是发明创造的产品的生产、销售或使用受到法律的限制或约束,则该产品本身及其制造方法并不属于违反法律的发明创造。"由上述规定可知,虽然冲锋枪的生产、销售和使用受到法律的限制,但制造冲锋枪的方法并不属于违反法律的发明创造,可以被授予专利权,故选项A错误,不符合题意。

B. 根据《专利法》第25条的规定,疾病的诊断和治疗方法不能被授予专利权。由于"一种肝移植方法"是治疗方法,因此不能被授予专利权,故选项B正确,符合题意。

C. D.《专利法》第2条第2款规定:"发明,是指对产品、方法或者其改进所提出的新的技术方案。""一种新的地质勘探方法"和"一种寺庙中使用的木鱼"符合上述定义,可以被授予专利权,故选项C、D错误,不符合题意。

12.（2013年卷一第26题）下列说法哪个是正确的?
A. 一种能够控制特定机械状态发生概率的装置,由于该装置可能被用于赌博,因此该装置不能被授予专利权
B. 一种能治疗乙肝的化合物,由于药品监督管理部门认为该化合物副作用超标,不允许其上市,因此该化合物不能被授予专利权
C. 一种致人失明的女子防身器,由于该防身器的使用以致人伤残为手段,因此该防身器不能被授予专利权
D. 一种能透过玻璃听到他人谈话的装置,由于该装置可能被用于窃听,危害公共秩序,因此该装置不能被授予专利权

【知识要点】违反法律的发明创造、妨害公共利益的发明创造

【解析】A. D.《专利法》第5条第1款规定:"对违反法律、社会公德或者妨害公共利益的发明创造,不授予专利权。"《专利审查指南2010》2-1-3.1.1"违反法律的发明创造"中规定:"发明创造并没有违反法律,但是由于其被滥用而违反法律的,则不属此列。例如,用于医疗的各种毒药、麻醉剂、镇静剂、兴奋剂和用于娱乐的棋牌等。"选项A、D中的"装置",其本身并没有违反法律,仅仅是其滥用而违反法律,因此不妨碍其被授予专利权,故选项A、D错误,不符合题意。

B.《专利审查指南2010》2-1-3.1.3"妨害公共利益的发明创造"中规定:"如果发明创造因滥用而可能造成妨害公共利益的,或者发明创造在产生积极效果的同时存在某种缺点的,例如对人体有某种副作用的药品,则不能以'妨害公共利益'为理由拒绝授予专利权。"由此可知,选项B中"治疗乙肝的化合物",不能因该化合物副作用超标而拒绝授予专利权,故选项B错误,不符合题意。

C.《专利审查指南2010》2-1-3.1.3"妨害公共利益的发明创造"中规定:"妨害公共利益,是指发明创造的实施或使用会给公众或社会造成危害,或者会使国家和社会的正常秩序受到影响。"选项C中的"女子防身器",由于其使用将导致人伤残,因此妨害公共利益,不能被授予专利权,故选项C正确,符合题意。

13.（2012年卷一第17题）下列哪种方法不属于疾病的诊断和治疗方法?
A. 利用冠状造影判断心脏疾病的操作步骤 B. 杀灭植物虫害的方法
C. 对伤口进行拉链式缝合的方法 D. 检测脱离人体的粪便以判断人体是否有炎症的方法

【知识要点】疾病的诊断和治疗方法

【解析】《专利审查指南2010》2-1-4.3"疾病的诊断和治疗方法"中规定:"疾病的诊断和治疗方法,是指以有生命的人体或动物体为直接实施对象,进行识别、确定或消除病因或病灶的过程。"《专利审查指南2010》2-1-4.3.1.1"属于诊断方法的发明"中规定:"一项与疾病诊断有关的方法如果同时满足以下两个条件,则属于疾病的诊断方法,不能被授予专利权:（1）以有生命的人体或动物体为对象;（2）以获得疾病诊断结果或健康状况为直接目的。如果一项发明从表述形式上看是以离体样品为对象的,但该发明是以获得同一主体疾病诊断结果或健康状况为直接目的的,则该发明仍然不能被授予专利权。"选项A、C、D属于"疾病的诊断和治疗方法"或"诊断方法的发明",故选项A、C、D错误,不符合题意;选项B不属于疾病的诊断和治疗方法,故选项B正确,符合题意。

14.（2011年卷一第2题）下列哪些属于可授予专利权的主题?
A. 新型洗衣机的操作说明 B. 制造人体假肢的方法
C. 利用电磁波传输信号的方法 D. 动物和植物品种的非生物学生产方法

【知识要点】可授予专利权的主题

【解析】A. B. C.《专利法》第25条规定:"对下列各项,不授予专利权:（一）科学发现;（二）智力活动的规则和方法;（三）疾病的诊断和治疗方法;（四）动物和植物品种;（五）用原子核变换方法获得的物质;（六）对平面印

刷品的图案、色彩或者二者的结合作出的主要起标识作用的设计。"对前款第（四）项所列产品的生产方法，可以依照本法规定授予专利权。"选项 A 属于智力活动的规则和方法，故选项 A 错误，不符合题意；选项 B、C 正确，符合题意。

D.《专利审查指南 2010》2-1-4.4"动物和植物品种"中规定："根据专利法第二十五条第二款的规定，对动物和植物品种的生产方法，可以授予专利权。但这里所说的生产方法是指非生物学的方法，不包括生产动物和植物主要是生物学的方法。"故选项 D 正确，符合题意。

15.（2011 年卷一第 39 题）下列哪些属于专利法意义上的疾病的诊断和治疗方法？
A. 以离体样品为对象，以获得同一主体疾病诊断结果为直接目的的诊断方法
B. 在已经死亡的人体或动物体上实施的病理解剖方法
C. 伤口消毒方法
D. 杀灭人头发上的跳蚤的方法
【知识要点】疾病的诊断和治疗方法
【解析】A.《专利审查指南 2010》2-1-4.3.1.1"属于诊断方法的发明"中规定："一项与疾病诊断有关的方法如果同时满足以下两个条件，则属于疾病的诊断方法，不能被授予专利权：（1）以有生命的人体或动物体为对象；（2）以获得疾病诊断结果或健康状况为直接目的。如果一项发明从表述形式上看是以离体样品为对象的，但该发明是以获得同一主体疾病诊断结果或健康状况为直接目的的，则该发明仍然不能被授予专利权。"故选项 A 属于治疗方法，符合题意。

B.D.《专利审查指南 2010》2-1-4.3.2.2"不属于治疗方法的发明"中规定："以下几类方法是不属于治疗方法的例子，不得依据专利法第二十五条第一款第（三）项拒绝授予专利权。……（4）对于已经死亡的人体或动物体采取的处置方法。例如解剖、整理遗容、尸体防腐、制作标本的方法。……（7）杀灭人体或者动物体外部（皮肤或毛发上，但不包括伤口和感染部位）的细菌、病毒、虱子、跳蚤的方法。"故选项 B、D 不属于治疗方法，不符合题意。

C.《专利审查指南 2010》2-1-4.3"疾病的诊断和治疗方法"中规定："疾病的诊断和治疗方法，是指以有生命的人体或者动物体为直接实施对象，进行识别、确定或消除病因或病灶的过程。"故选项 C 属于治疗方法，符合题意。

16.（2010 年卷一第 63 题）下列哪些属于不授予外观设计专利权的情形？
A. 一种瓶贴，其图案主要用于产生标识作用
B. 一种竹雕，其设计主要是利用了竹子的根部形状
C. 一种糕点，其设计要点在于采用了六边形的形状
D. 一种窗帘，其设计要点在于采用了新的波浪图案
【知识要点】外观设计专利权的授予条件
【解析】A.《专利法》第 25 条第 1 款规定："对下列各项，不授予专利权：……（六）对平面印刷品的图案、色彩或者二者的结合作出的主要起标识作用的设计。"故选项 A 正确，符合题意。

B.C.D.《专利审查指南 2010》1-3-7.4"不授予外观设计专利权的情形"规定："……（7）以自然物原有形状、图案、色彩作为主体的设计，通常指两种情形，一种是自然物本身；……"故选项 B 正确，符合题意。选项 C、D 符合外观设计专利客体对象的规定，故选项 C、D 错误，不符合题意。

17.（2007 年卷一第 12 题）下列说法哪些是正确的？
A. "锗的半导体性能"属于能够获得发明专利保护的客体
B. "一种足疗按摩仪"属于能够获得实用新型专利保护的客体
C. "餐巾折叠成百合花形状"属于能够获得外观设计专利保护的客体
D. "一种计算机程序控制的机器刺绣工艺"属于能够获得发明专利保护的客体
【知识要点】专利保护的客体
【解析】《专利法》第 25 条第 1 款规定："对下列各项，不授予专利权：（一）科学发现；（二）智力活动的规则和方法；（三）疾病的诊断和治疗方法；（四）动物和植物品种；（五）用原子核变换方法获得的物质；（六）对平面印刷品的图案、色彩或者二者的结合作出的主要起标识作用的设计。"

A.《专利审查指南 2010》2-1-4.1"科学发现"中规定："科学发现，是指对自然界中客观存在的物质、现象、变化过程及其特性和规律的揭示。科学理论是对自然界认识的总结，是更为广义的发现。它们都属于人们认识的延伸。这些被认识的物质、现象、过程、特性和规律不同于改造客观世界的技术方案，不是专利法意义上的发明创造，因此不能被授予专利权。例如，发现卤化银在光照下有感光特性，这种发现不能被授予专利权，但是根据这种发现制造出的感光胶片以及此感光胶片的制造方法则可以被授予专利权。又如，从自然界找到一种以前未知的以天然形态存在的物质，仅仅是一种发现，不能被授予专利权。"故选项 A 错误，不符合题意。

B.《专利审查指南 2010》2-1-4.3"疾病的诊断和治疗方法"中规定："但是，用于实施疾病诊断和治疗方法的仪器或装置，以及在疾病诊断和治疗方法中使用的物质或材料属于可被授予专利权的客体。"故选项 B 正确，符合

题意。

C.《专利审查指南2010》1-3-7.4"不授予外观设计专利权的情形"中规定："……(6)要求保护的外观设计不是产品本身常规的形态，例如手帕扎成动物形态的外观设计。(7)以自然物原有形状、图案、色彩作为主体的设计，通常指两种情形，一种是自然物本身；一种是自然物仿真设计。(8)纯属美术、书法、摄影范畴的作品……(11)游戏界面以及与人机交互无关或者与实现产品功能无关的产品显示装置所显示的图案，例如，电子屏幕壁纸、开关机画面、网站网页的图文排版。"故选项C错误，不符合题意。

D.《专利法》第2条第2款规定："发明，是指对产品、方法或者其改进所提出的新的技术方案。"《专利审查指南2010》2-9-2"涉及计算机程序的发明专利申请的审查基准"之(2)规定："如果涉及计算机程序的发明专利申请的解决方案执行计算机程序的目的是解决技术问题，在计算机上运行计算机程序从而对外部或内部对象进行控制或处理所反映的是遵循自然规律的技术手段，并且由此获得符合自然规律的技术效果，则这种解决方案属于专利法第二条第二款所说的技术方案，属于专利保护的客体。……例如，如果涉及计算机程序的发明专利申请的解决方案执行计算机程序的目的是为了实现一种工业过程、测量或测试过程控制，通过计算机执行一种工业过程控制程序，按照自然规律完成对该工业过程各阶段实施的一系列控制，从而获得符合自然规律的工业过程控制效果，则这种解决方案属于专利法第二条第二款所说的技术方案，属于专利保护的客体。"故选项D正确，符合题意。

19. (2014年卷一第1题) 下列说法哪个是正确的？
A. 发明专利权授予先完成发明的人
B. 发明专利申请经初步审查合格，自申请日起满18个月公告授权
C. 发明专利申请的优先权期限是12个月
D. 发明专利仅保护针对产品或者其改进所提出的技术方案

【知识要点】先申请原则、审查制度、优先权期限、保护客体

【解析】A.《专利法》第9条第2款规定："两个以上的申请人分别就同样的发明创造申请专利的，专利权授予最先申请的人。"故选项A错误，不符合题意。

B.《专利法》第34条规定："国务院专利行政部门收到发明专利申请后，经初步审查认为符合本法要求的，自申请日起满十八个月，即行公布。国务院专利行政部门可以根据申请人的请求早日公布其申请。"可见，自申请日起满18个月是初审合格后的公布期限，非授权期限。故选项B错误，不符合题意。

C.《专利法》第29条规定："申请人自发明或者实用新型在外国第一次提出专利申请之日起十二个月内，或者自外观设计在外国第一次提出专利申请之日起六个月内，又在中国就相同主题提出专利申请的，依照该外国同中国签订的协议或者共同参加的国际条约，或者依照相互承认优先权的原则，可以享有优先权。申请人自发明或者实用新型在中国第一次提出专利申请之日起十二个月内，又向国务院专利行政部门就相同主题提出专利申请的，可以享有优先权。"可见，针对发明专利而言，无论是外国优先权还是本国优先权，期限都是12个月。故选项C正确，符合题意。

D.《专利法》第2条第2款规定："发明，是指对产品、方法或者其改进所提出的新的技术方案。"故选项D错误，不符合题意。

19. (2016年卷一第1题) 下列说法哪个是正确的？
A. 发明专利申请经初步审查合格，自申请日起满18个月公告授权
B. 专利申请涉及国防利益需要保密的，经国防专利机构审查没有发现驳回理由的，由国防专利机构作出授予国防专利权的决定
C. 授予专利权的外观设计与现有设计或现有设计特征的组合相比，应当具有明显区别
D. 实用新型专利申请经实质审查没有发现驳回理由的，由国家知识产权局作出授予实用新型专利权的决定

【知识要点】专利权的授予条件

【解析】《专利法》第23条规定："授予专利权的外观设计，应当不属于现有设计；也没有任何单位或者个人就同样的外观设计在申请日以前向国务院专利行政部门提出过申请，并记载在申请日以后公告的专利文件中。授予专利权的外观设计与现有设计或现有设计特征的组合相比，应当具有明显区别。授予专利权的外观设计不得与他人在申请日以前取得的合法权利相冲突。本法所称现有设计，是指申请日以前在国内外为公众所知的设计。"

《专利法》第34条规定："国务院专利行政部门收到发明专利申请后，经初步审查认为符合本法要求的，自申请日起满十八个月，即行公布。国务院专利行政部门可以根据申请人的请求早日公布其申请。"

《专利法》第40条规定："实用新型和外观设计专利申请经初步审查没有发现驳回理由的，由国务院专利行政部门作出授予实用新型专利权或者外观设计专利权的决定，发给相应的专利证书，同时予以登记和公告。实用新型专利权和外观设计专利权自公告之日起生效。"

《国防专利条例》第3条第1款规定："国家国防专利机构（以下简称国防专利机构）负责受理和审查国防专利申请。经国防专利机构审查认为符合本条例规定的，由国务院专利行政部门授予国防专利权。"发明专利初步审查合格

满18个月是公开，而不是公告授权。国防专利的审查是由国防专利机构进行。但是，授权还是国家知识产权局。外观设计不能是现有设计的照抄，应该与现有设计或者现有设计的组合有明显的区别。实用新型不进行实质性审查，初审合格就授权。故选项C正确，符合题意；选项A、B、D错误，不符合题意。

第二节 发明和实用新型专利申请的授权条件

一、现有技术

20.（2016年卷一第7题）某发明专利申请的申请日为2012年12月25日。下列出版物均记载了与该申请请求保护的技术方案相同的技术内容，哪个会导致该申请丧失新颖性？

A. 2012年12月印刷并公开发行的某中文期刊
B. 在2012年12月25日召开的国际会议上发表的学术论文
C. 2012年11月出版的专业书籍，该书籍印刷后仅在某些地区的新华书店出售
D. 该发明申请人于2012年11月2日向国家知识产权局提出的实用新型专利申请，该实用新型专利申请于2013年2月5日被申请人主动撤回

【知识要点】现有技术

【解析】A.《专利审查指南2010》2-3-2.1.2.1"出版物公开"中规定："出版物的印刷日视为公开日，有其他证据证明其公开日的除外。印刷日只写明年月或者年份的，以所写月份的最后一日或所写年份的12月31日为公开日。"某中文期刊的公开日为2012年12月31日，选项A不属于现有技术，故选项A错误，不符合题意。

B.《专利审查指南2010》2-3-2.1.1"时间界限"中规定："现有技术的时间界限是申请日，享有优先权的，则指优先权日。广义上说，申请日以前公开的技术内容都属于现有技术，但申请日当天公开的技术内容不包括在现有技术范围内。"学术论文的公开日是申请日当天，选项B不属于现有技术，故选项B错误，不符合题意。

C.《专利审查指南2010》2-3-2.1.2.1"出版物公开"中规定："出版物不受地理位置、语言或者获得方式的限制，也不受年代的限制。出版物的出版发行量多少、是否有人阅读过、申请人是否知道，这些都是无关紧要的。"专业书籍的公开日期为2012年11月30日，早于申请日，选项C属于现有技术，故选项C正确，符合题意。

D.《专利法》第40条规定："实用新型和外观设计专利申请经初步审查没有发现驳回理由的，由国务院专利行政部门作出授予实用新型专利权或者外观设计专利权的决定，发给相应的专利证书，同时予以登记和公告。实用新型专利权和外观设计专利权自公告之日起生效。"申请人在实用新型授权之前主动撤回申请，则该申请没有被公开，选项D不属于现有技术，故选项D错误，不符合题意。

21.（2015年卷一第38题）某发明专利申请的申请日为2014年2月5日，优先权日为2013年3月6日。下列哪些技术构成了该申请的现有技术？

A. 2013年3月出版的国外某科技专著上公开的与该申请相关的技术
B. 2013年2月在欧洲公开使用的与该申请相关的技术
C. 2013年3月6日在国内某期刊上公开的与该申请相关的技术
D. 2013年2月5日在国内某展览会上公开的与该申请相关的技术

【知识要点】现有技术

【解析】A. 根据《专利审查指南2010》2-3-2.1.2.1"出版物公开"中的规定（参见本章第20题解析A），选项A的公开日为2013年3月31日，晚于题干中发明专利申请的优先权日，A选项不属于现有技术，故选项A错误，不符合题意。

B.《专利审查指南2010》2-3-2.1.2"公开方式"中规定："现有技术公开方式包括出版物公开、使用公开和以其他方式公开三种，均无地域限制。"因此，选项B的公开日早于题干中发明专利申请的优先权日，选项B属于现有技术，故选项B正确，符合题意。

C. 根据《专利审查指南2010》2-3-2.1.1"时间界限"中的规定（参见本章第20题解析B），选项C中公开日为2013年3月6日，与题干中发明专利申请的优先权日为同一日，故其不构成现有技术，故选项C错误，不符合题意。

D.《专利审查指南2010》2-3-2.1.2.2"使用公开"中规定："使用公开的方式包括能够使公众得知其技术内容的制造、使用、销售、进口、交换、馈赠、演示、展出等方式。"选项D中，2013年2月5日在国内某展览会上公开的与该申请相关的技术，其公开日早于题干中发明专利申请的优先权日，可构成现有技术，故选项D正确，符合题意。

22.（2015年卷一第40题）一件发明专利申请的权利要求书如下："1. 一种设备，其特征在于包括部件a，b和c。2. 根据权利要求1所述的设备，其特征在于还包括部件d。3. 根据权利要求1或2所述的设备，其特征在于还包括部

件 e。4. 根据权利要求 3 所述的设备，其特征在于还包括部件 f。"审查员检索到构成本申请现有技术的一篇对比文件，其技术方案公开了由部件 a、b、c、d、f 组成的设备。上述 a、b、c、d、e、f 为实质不同、且不能相互置换的部件。下列哪些选项是正确的？

A. 权利要求 1 不具备新颖性
B. 权利要求 2 不具备新颖性
C. 权利要求 3 不具备新颖性
D. 权利要求 4 不具备新颖性

【知识要点】新颖性

【解析】A. 权利要求 1 的技术特征为 a、b 和 c，已经被对比文件公开，不具备新颖性。故选项 A 正确，符合题意。

B. 权利要求 2 的技术特征为 a、b、c、d，也已经被对比文件公开，不具备新颖性。故选项 B 正确，符合题意。

C. 权利要求 3 有两个技术方案，分别为 a、b、c、e 和 a、b、c、d、e，这两项技术方案都包含有对比文件中不存在的技术特征 e，即这两项技术方案都没有被现有技术公开，因此，权利要求 3 具备新颖性。故选项 C 错误，不符合题意。

D. 权利要求 4 有两个技术方案，分别为 a、b、c、e、f 和 a、b、c、d、e、f，这两项技术方案都包含有对比文件中不存在的技术特征 e，即这两项技术方案都没有被现有技术公开，因此，权利要求 4 具备新颖性。故选项 D 错误，不符合题意。

23.（2014 年卷一第 39 题）某专利申请涉及一种玻璃杯，其申请日是 2010 年 11 月 1 日，优先权日是 2010 年 5 月 8 日。下列哪些属于该申请的现有技术？

A. 印刷日为 2010 年 4 月的一份出版物，内容涉及一种陶瓷杯
B. 2010 年 4 月 2 日公开的一件美国专利申请，该申请涉及一种特殊色彩的玻璃杯
C. 2010 年 5 月 8 日公开的一件中国专利申请，该申请涉及一种陶瓷杯
D. 2010 年 9 月 2 日由德国进口到中国的玻璃杯

【知识要点】现有技术

【解析】A. 根据《专利审查指南 2010》2-3-2.1.2.1"出版物公开"中的规定（参见本章第 20 题解析 A），选项 A 中出版物的公开日为 2010 年 4 月 30 日，在优先权日之前，属于现有技术，故选项 A 正确，符合题意。

B. 美国专利申请公开的日期是 2010 年 4 月 2 日，在 2010 年 5 月 8 日之前，故该美国专利申请公开的技术构成本题中的专利申请的现有技术，故选项 B 正确，符合题意。

C. 根据《专利审查指南 2010》2-3-2.1.1"时间界限"中的规定（参见本章第 20 题解析 B），选项 C 的公开日为 2010 年 5 月 8 日，晚于本题中专利申请的优先权日，不构成现有技术，故选项 C 错误，不符合题意。

D. 根据《专利审查指南 2010》2-3-2.1.2.2"使用公开"中的规定（参见本章第 21 题解析 D），选项 D 中的进口行为属于使用公开的方式，但由于进口发生在 2010 年 9 月 2 日，晚于本题中专利申请的优先权日，故不构成现有技术，故选项 D 错误，不符合题意。

24.（2013 年卷一第 4 题）王某于 2009 年 10 月 20 日就一种改进的汽车制动系统向国家知识产权局递交了发明专利申请。下列哪种情形不会影响该发明专利申请的新颖性？

A. 2008 年 8 月在日本参加一个学术会议时，王某就该种系统进行了口头介绍
B. 王某在一本 2009 年 10 月出版的杂志上发表了一篇介绍该种系统的文章，且无其他证据证明该杂志的具体印刷日
C. 王某于 2009 年 10 月 15 日向国家知识产权局提交了一件同样内容的实用新型专利申请，该申请于 2010 年 5 月 8 日被授予专利权
D. 某公司经王某授权于 2009 年 2 月在美国销售的新型汽车上使用了该种系统

【知识要点】现有技术、新颖性

【解析】A.《专利审查指南 2010》2-3-2.1.2.3"以其他方式公开"中规定："为公众所知的其他方式，主要是指口头公开等。例如，口头交谈、报告、讨论会发言、广播、电视、电影等能够使公众得知技术内容的方式。口头交谈、报告、讨论会发言以其发生之日为公开日。公众可接收的广播、电视或电影的报道，以其播放日为公开日。"由于王某在日本口头介绍该系统的时间早于专利申请的申请日，故其介绍的行为将破坏专利申请的新颖性，故选项 A 错误，不符合题意。

B. 根据《专利审查指南 2010》2-3-2.1.2.1"出版物公开"中的规定（参见本章第 20 题解析 A），选项 B 中，由于王某发表文章的杂志的出版日期为 2009 年 10 月，没有其他证据证明该杂志的具体印刷日，故其公开日为 2009 年 10 月 31 日，晚于专利申请的申请日，不破坏王某申请的新颖性。故选项 B 正确，符合题意。

C.《专利法》第 22 条第 2 款中规定："新颖性，是指该发明或者实用新型不属于现有技术，也没有任何单位或者个人就同样的发明或者实用新型在申请日以前向国务院专利行政部门提出过申请，并记载在申请日以后公布的专利申请文件或者公告的专利文件中。"《专利审查指南 2010》2-3-2.2"抵触申请"中规定："根据专利法第二十二条第二

款的规定,在发明或者实用新型的新颖性判断中,由任何单位或者个人就同样的发明或者实用新型在申请日以前向专利局提出并且在申请日以后(含申请日)公布的专利申请文件或者公告的专利文件损害该申请日提出的专利申请的新颖性。为描述简便,在判断新颖性时,将这种损害新颖性的专利申请,称为抵触申请。"选项C中,王某实用新型专利申请的申请日在其发明专利申请申请日之前,并在发明专利申请申请日之后公布,构成其发明专利申请的抵触申请,破坏发明专利申请的新颖性。故选项C错误,不符合题意。

D. 根据《专利审查指南2010》2-3-2.1.2.2"使用公开"中的规定(参见本章第21题解析D),由于某公司使用该系统的日期早于王某申请专利的日期,故构成使用公开,破坏发明专利申请的新颖性,故选项D错误,不符合题意。

25. (2010年卷一第55题)甲于2006年1月10日提交了一件有关电话机的发明专利申请,并提交了有关证明文件。下列哪些情形会影响该发明的新颖性?
   A. 乙违反与甲订立的保密协议,于2005年11月在某国际学术刊物上发表了记载该发明所有内容的论文
   B. 丙将与甲的发明同样的电话机于2005年10月在美国举办的中国政府承认的国际展览会上首次展出
   C. 甲将其发明的电话机于2005年5月在中国政府主办的国际展览会上首次展出
   D. 甲发明的电话机于2005年10月在北京某超市出售

【知识要点】新颖性和宽限期

【解析】A、C.《专利法》第24条规定:"申请专利的发明创造在申请日以前六个月内,有下列情形之一的,不丧失新颖性:(一)在中国政府主办或者承认的国际展览会上首次展出的;(二)在规定的学术会议或者技术会议上首次发表的;(三)他人未经申请人同意而泄露其内容的。"选项A属于上述第(三)项的规定,故选项A错误,不符合题意。选项C已经超过了不丧失新颖宽限期的6个月期限,失去了新颖性,故选项C正确,符合题意。

B、D. 根据《专利审查指南2010》2-3-2.1.2.2"使用公开"中的规定(参见本章第21题解析D),选项B、D正确,符合题意。

26. (2009年卷一第79题)刘某于2009年3月27日就某种新产品向国家知识产权局提出了一件发明专利申请X,后又于2009年5月8日提出了另一件要求保护该新产品的发明专利申请Y,Y申请享有X申请的优先权。2009年2月3日,赵某将自己独立开发的相同产品的技术方案在报纸上公开发表。2009年2月5日,该产品在日本公开销售和使用。2009年3月27日公布的一件德国专利申请和2009年5月3日公布的一件美国专利申请分别公开了该产品的技术方案。下列说法哪些是正确的?
   A. 赵某公开发表的内容构成Y申请的现有技术　　B. 日本的公开销售和使用不影响Y申请的新颖性
   C. 德国专利申请的内容构成Y申请的现有技术　　D. 美国专利申请影响Y申请的新颖性

【知识要点】现有技术、新颖性

【解析】A、B、D.《专利审查指南2010》2-3-2.1"现有技术"中规定:"……现有技术包括在申请日(有优先权的,指优先权日)以前在国内外出版物上公开发表、在国内外公开使用或者以其他方式为公众所知的技术。"故选项A正确,符合题意;选项B、D错误,不符合题意。

C. 根据《专利审查指南2010》2-3-2.1.1"时间界限"中的规定(参见本章第20题解析B),选项C错误,不符合题意。

27. (2008年卷一第22题)吴某于2008年3月15日向国家知识产权局就一种改进的汽车制动系统递交了发明专利申请。下列哪些情形不会影响该发明专利申请的新颖性?
   A. 吴某2007年8月在美国参加一个学术会议时,就该种改进的汽车制动系统进行了口头介绍
   B. 吴某在一本印刷日为2008年3月的杂志上发表了一篇介绍该种改进的汽车制动系统的文章,且无其他证据证明该杂志的具体印刷日
   C. 吴某的同事胡某于2007年4月25日向国家知识产权局提交了一件有关汽车制动杆的实用新型专利申请,该申请于2008年6月6日被公告授权
   D. 吴某2007年11月2日与国内某汽车制造公司签订协议许可该公司实施该发明,在该公司于2008年2月在国内销售的新型汽车上使用了该汽车制动系统

【知识要点】现有技术、新颖性

【解析】A. 根据《专利审查指南2010》2-3-2.1.2.3"以其他方式公开"中的规定(参见本章第24题解析A),吴某对该种改进的汽车制动系统进行口头介绍的日期早于申请日,构成了该申请的现有技术。故选项A错误,不符合题意。

B. 根据《专利审查指南2010》2-3-2.1.2.1"出版物公开"中的规定(参见本章第20题解析A),对于该印刷日为2008年3月的杂志,其公开日应认定为2008年3月31日,因此不影响该发明专利申请的新颖性。故选项B正确,符合题意。

C. 根据《专利审查指南2010》2-3-2.2"抵触申请"中的规定(参见本章第24题解析C),题目中没有足够的信息表明,胡某的有关汽车制动杆的实用新型专利与吴某的汽车制动系统是相同主题的发明创造,因此该在先申请并

不能构成抵触申请。故选项C正确，符合题意。

D. 根据《专利审查指南2010》2-3-2.1.2.2"使用公开"中规定（参见本章第21题解析D）汽车制造公司于2008年2月在国内销售的新型汽车上使用了该汽车制动系统，构成了公开使用，故选项D错误，不符合题意。

二、新颖性

（一）新颖性的概念

28.（2015年卷一第42题）某建材公司发明了一种仿古瓷砖，在国内市场上销售一段时间后，该公司就该瓷砖的相关内容提出专利申请。上述销售行为在下列哪些情形下不会影响该专利申请的新颖性？

A. 公司提出的是该仿古瓷砖的外观设计专利申请
B. 公司提出的是关于该仿古瓷砖外部构造的实用新型专利申请
C. 公司提出的是关于该仿古瓷砖原料的发明专利申请，其原料配方无法从瓷砖中分析得出
D. 公司提出的是关于该仿古瓷砖的制备方法专利申请

【知识要点】使用公开

【解析】A.《专利审查指南2010》2-3-2.1.2.2"使用公开"中规定："使用公开的方式包括能够使公众得知其技术内容的制造、使用、销售、进口、交换、馈赠、演示、展出等方式。只要通过上述方式使有关技术内容处于公众想得知就能够得知的状态，就构成使用公开，而不取决于是否有公众得知。但是，未给出任何有关技术内容的说明，以致所属技术领域的技术人员无法得知其结构和功能或材料成分的产品展示，不属于使用公开。"仿古瓷砖的销售属于使用公开，因此导致其后提出的该瓷砖的外观设计专利申请丧失新颖性。故选项A错误，不符合题意。

B. 同理，仿古瓷砖的销售导致其外部构造处于公开状态，会导致其后提出的该瓷砖的实用新型专利申请丧失新颖性。故选项B错误，不符合题意。

C. 仿古瓷砖的销售并不能导致其原料配方处于使用公开状态，尤其是其原料配方无法从瓷砖中分析得出的情况下，也就不会导致针对该仿古瓷砖原料提出的发明专利申请丧失新颖性。故选项C正确，符合题意。

D. 仿古瓷砖的销售并不能导致其制备方法处于使用公开状态，也就不会导致针对该仿古瓷砖的制备方法提出的发明专利申请丧失新颖性。故选项D正确，符合题意。

（二）抵触申请

29.（2016年卷一第38题）甲拥有一件发明专利申请，其申请日为2010年5月16日，下列专利文献均记载了与该申请中所请求保护的技术方案相同的技术内容，哪些专利文献使得该申请不具备新颖性？

A. 申请人为乙的国际申请，国际申请日为2010年1月15日，国际公布日为2011年7月15日，进入中国国家阶段的日期为2011年8月5日
B. 申请人为甲本人的中国实用新型专利申请，申请日为2010年1月4日，公告日为2010年5月16日
C. 申请人为丙的欧洲专利申请，申请日为2010年2月1日，公布日为2010年11月1日
D. 申请人为丁的中国实用新型专利申请，申请日为2010年6月14日，优先权日为2010年2月4日，授权公告日为2010年10月16日

【知识要点】抵触申请

【解析】A.《专利审查指南2010》2-3-2.2"抵触申请"中规定："根据专利法第二十二条第二款的规定，在发明或者实用新型新颖性的判断中，由任何单位或者个人就同样的发明或者实用新型在申请日以前向专利局提出并且在申请日以后（含申请日）公布的专利申请文件或者公告的专利文件损害该申请日提出的专利申请的新颖性。为描述简便，在判断新颖性时，将这种损害新颖性的专利申请，称为抵触申请。……抵触申请还包括满足以下条件的进入了中国国家阶段的国际专利申请，即申请日以前由任何单位或者个人提出，并在申请日之后（含申请日）由专利局作出公布或公告的且为同样的发明或者实用新型的国际专利申请。"A选项中的专利的申请日在甲的专利申请日之前，并在甲的专利申请日之后公开，构成甲的抵触申请，故选项A正确，符合题意。

B. 选项B也符合申请在先、公开在后的条件，构成甲的抵触申请。故选项B正确，符合题意。

C. 选项C为欧洲专利申请，没有进入中国，不构成甲的抵触申请。故选项C错误，不符合题意。

D. 选项D中的专利申请享有2010年6月14日的优先权，符合申请在先、公开在后的条件，构成甲的抵触申请。故选项D正确，符合题意。

30.（2015年卷一第39题）一件中国发明专利申请的申请日为2014年2月1日，优先权日为2013年3月5日。下列记载了相同发明内容的专利文献哪些构成该申请的抵触申请？

A. 一件西班牙专利申请，其申请日为2011年10月15日，公开日为2013年5月6日
B. 一件在韩国提出的PCT国际申请，其国际申请日为2011年9月8日，国际公布日为2013年3月8日，进入中

国国家阶段的日期为2014年4月8日，中国国家公布日为2014年8月8日

C. 同一申请人于2013年1月4日向国家知识产权局提交的实用新型专利申请，授权公告日为2013年3月6日

D. 美国某公司在中国提出的发明专利申请，其申请日为2013年3月1日，公开日为2014年9月1日

【知识要点】抵触申请

【解析】A. 根据《专利审查指南2010》2-3-2.2"抵触申请"中的规定（参见本章第29题解析），选项A中的专利申请不是向专利局提出的，不构成该申请的抵触申请。故选项A错误，不符合题意。

B. 选项B是进入中国国家阶段的专利申请，其国际申请日为2011年9月8日，由国家知识产权局进行国家公布的日期为2014年8月8日，符合申请在先、公开在后的条件，构成题干中申请的抵触申请。故选项B正确，符合题意。

C. 选项C中申请日2013年1月4日，授权公告日为2013年3月6日，符合申请在先、公开在后的条件，构成题干中申请的抵触申请。故选项C正确，符合题意。

D. 选项D为美国某公司在中国提出的发明专利申请，其申请日为2013年3月1日，公开日为2014年9月1日，符合申请在先、公开在后的条件，构成题干中申请的抵触申请。故选项D正确，符合题意。

31. （2014年卷一第19题）下列关于"抵触申请"的说法哪个是正确的？

A. 实用新型专利必然不构成发明专利申请的抵触申请

B. 同一申请人在先提出的发明专利申请必然不构成其在后提出的发明专利申请的抵触申请

C. 同一日提出的两件发明专利申请必然互不构成抵触申请

D. 两件发明专利申请若权利要求不同，则前一申请必然不构成后一申请的抵触申请

【知识要点】抵触申请

【解析】A. 根据《专利审查指南2010》2-3-2.2"抵触申请"中的规定（参见本章第29题解析），实用新型也可能构成发明专利申请的抵触申请。故选项A错误，不符合题意。

B. 任何单位或者个人（包括申请人本人）的在先申请都可能构成该在后申请的抵触申请。故选项B错误，不符合题意。

C. 《专利审查指南2010》2-3-2.2"抵触申请"中规定："抵触申请仅指在申请日以前提出的，不包含在申请日提出的同样的发明或者实用新型专利申请。"故选项C正确，符合题意。

D. 《专利审查指南2010》2-3-2.2"抵触申请"中规定："审查员在检索时应当注意，<u>确定是否存在抵触申请</u>，不仅要查阅在先专利或专利申请的权利要求书，<u>而且要查阅其说明书（包括附图），应当以其全文内容为准</u>。"在选项D中，两件发明专利申请如果仅是权利要求不同，则前一申请并不必然不构成后一申请的抵触申请。故选项D错误，不符合题意。

32. （2014年卷一第49题）胡某向国家知识产权局提交了一件发明专利申请，其申请日为2010年5月5日，公布日为2010年12月1日。若下列向国家知识产权局提交的申请记载了与该申请完全相同的技术方案，则哪些破坏该申请的新颖性？

A. 申请日：2010年4月10日，公布日：2010年7月1日，申请人：胡某

B. 申请日：2010年5月5日，公布日：2010年9月1日，申请人：朱某

C. 申请日：2009年5月5日，公布日：2010年5月5日，申请人：胡某、朱某

D. 申请日：2009年7月31日，公布日：2010年1月5日，申请人：胡某

【知识要点】新颖性

【解析】A.C. 根据《专利审查指南2010》2-3-2.2"抵触申请"中的规定（参见本章第29题解析），选项A、C中的专利申请都是在胡某的专利申请之前提出并在申请日以后或者申请日当天公布的，它们分别构成了胡某专利申请的抵触申请，损害胡某专利申请的新颖性。故选项A、C正确，符合题意。

B. 根据《专利审查指南2010》2-3-2.2"抵触申请"中的规定（参见本章第31题解析C），选项B中的申请的申请日与胡某的专利申请的申请日是同一天，不能构成胡某专利申请的抵触申请，且不属于胡某专利申请的现有技术，不破坏胡某专利申请的新颖性。故选项B错误，不符合题意。

D. 选项D中的专利申请是在胡某专利申请的申请日之前公布的，其构成胡某专利申请的现有技术，破坏胡某专利申请的新颖性。故选项D正确，符合题意。

33. （2013年卷一第59题）一件请求保护催化剂M的专利申请，申请日为2010年7月12日，公布日为2011年12月16日。下列向国家知识产权局提交的哪些申请构成该申请的抵触申请？

A. 申请日为2010年6月11日，公布日为2011年12月9日的申请，其权利要求请求保护催化剂M的制备方法，说明书中记载了催化剂M及其制备方法

B. 申请日为2010年6月12日，公布日为2011年12月9日的申请，其权利要求请求保护催化剂M的制备方法，说明书中记载了催化剂M的制备方法

C. 申请日为2010年6月12日，公布日为2011年12月16日的申请，请求保护催化剂M1，M1和M的区别仅在于，M中活性成分的含量为1～10%，M1中活性成分的含量为2～5%

D. 申请日为2010年6月12日，公布日为2011年12月16日的申请，仅在说明书摘要中描述了催化剂M

【知识要点】抵触申请、数值和数值范围

【解析】A. 根据《专利法》第22条第2款的规定（参见本章第24题解析C）、《专利审查指南2010》2-2-2.2"抵触申请"中的规定（参见本章第24题解析C），选项A中专利申请的说明书中记载了催化剂M，且满足申请在前、公开在后的条件，故构成了题干中专利申请的抵触申请。故选项A正确，符合题意。

B. 选项B满足申请在前、公开在后的条件，但没有在权利要求书和说明书中记载催化剂M，故不构成该申请的抵触申请。故选项B错误，不符合题意。

C. 选项C满足申请在前、公开在后的条件，另外，《专利审查指南2010》2-3-3.2.4"数值和数值范围"中规定："对比文件公开的数值或者数值范围落在上述限定的技术特征的数值范围内，将破坏要求保护的发明或者实用新型的新颖性。"选项C中M1的活性成分含量落在了M的活性成分含量内，故C选项中的专利申请构成了题干中专利申请的抵触申请。故选项C正确，符合题意。

D. 《专利审查指南2010》2-2-2.4"说明书摘要"中规定："摘要是说明书记载内容的概述，它仅是一种技术信息，不具有法律效力。"选项D中的专利申请由于仅在说明书摘要中描述了催化剂M，故D选项中的专利申请不构成该申请的抵触申请。故选项D错误，不符合题意。

34.（2012年卷一第43题）一件中国发明专利申请的申请日为2011年3月4日，优先权日为2010年4月5日。下列记载相同发明内容的专利文献哪些构成该申请的抵触申请？

A. 一件中国实用新型专利申请，申请日为2010年3月31日，授权公告日为2010年10月9日

B. 一件德国专利申请，申请日为2010年1月5日，公布日为2011年7月5日

C. 一件PCT国际申请，国际申请日为2009年3月9日，进入日为2011年3月4日，中国国家公布日为2011年10月16日

D. 一件中国发明专利申请，申请日为2010年3月1日，申请人于2011年3月1日主动要求撤回专利申请，但该申请仍于2011年3月9日被公布

【知识要点】抵触申请

【解析】根据《专利审查指南2010》2-3-2.2"抵触申请"中的规定（参见本章第24题解析C），选项B是向德国提出的申请，并非向中国国家知识产权局提出的申请，不构成抵触申请。故选项B错误，不符合题意；选项A、C、D正确，符合题意。

35.（2010年卷一第19题）在外观设计专利无效宣告程序中，判断对比设计是否构成涉案专利的抵触申请时，下列说法哪些是正确的？

A. 涉案专利请求保护色彩，对比设计所公告的虽然为带有色彩的外观设计，但其明确不请求保护色彩，此种情况下不能将对比设计中包含有该色彩要素的外观设计与涉案专利进行比较

B. 涉案专利请求保护色彩，对比设计所公告的为带有色彩的外观设计，其虽明确不请求保护色彩，但仍可以将对比设计中包含有该色彩要素的外观设计与涉案专利进行比较

C. 对比设计所公告的使用状态参考图中包含有不要求保护的外观设计，在与涉案专利进行比较时，不考虑该不要求保护的外观设计

D. 对比设计所公告的使用状态参考图中包含有不要求保护的外观设计，在与涉案专利进行比较时，应当考虑该不要求保护的外观设计

【知识要点】抵触申请

【解析】《专利审查指南2010》4-5-5"根据专利法第二十三条第一款的审查"中规定："判断对比设计是否构成涉案专利的抵触申请时，应当以对比设计所公告的专利文件全部内容为判断依据。与涉案专利要求保护的产品的外观设计进行比较时，判断对比设计中是否包含有与涉案专利相同或者实质相同的外观设计。例如，涉案专利请求保护色彩，对比设计所公告的为带有色彩的外观设计，即使对比设计未请求保护色彩，也可以将对比设计中包含有该色彩要素的外观设计与涉案专利进行比较；又如，对比设计所公告的专利文件含有使用状态参考图，即使该使用状态参考图中包含有不要求保护的外观设计，也可以将其与涉案专利进行比较，判断是否为相同或者实质相同的外观设计。"故选项A、C错误，不符合题意；选项B、D正确，符合题意。

36.（2010年卷一第45题）李某于2009年11月1日提交了一件实用新型专利申请，其权利要求书中要求保护一种产品，说明书中记载了该产品和制造该产品的设备。该申请于2010年10月19日被公告授予专利权。2009年11月2日，李某提交了一件发明专利申请，该申请的说明书与前述实用新型专利申请的说明书相同，其权利要求书中要求保护前述设备。下列说法哪些是正确的？

A. 实用新型专利申请构成了发明专利申请的抵触申请

B. 由于申请人相同，因此实用新型专利申请不构成发明专利申请的抵触申请
C. 由于两件专利申请要求保护的主题不同，因此实用新型专利申请不破坏发明专利申请的新颖性
D. 在李某放弃实用新型专利权的条件下，发明专利申请可以被授予专利权

【知识要点】抵触申请

【解析】根据《专利审查指南2010》2-3-2.2"抵触申请"中的规定（参见本章第24题解析C），包括本人申请在内的任何在先申请均可构成抵触申请，抵触申请的判断以在先申请的全文内容为准。故选项A正确，符合题意；选项B、C、D错误，不符合题意。

37.（2008年卷一第48题）林某的一件发明专利申请的申请日为2007年1月8日，优先权日为2006年2月10日，国家知识产权局于2008年8月1日公布了该申请。下列内容相同的申请哪些构成该申请的抵触申请？

A. 金某在韩国提出的PCT国际申请，其国际申请日为2006年2月10日，国际公布日为2007年8月31日，进入中国国家阶段日为2008年3月7日，中国国家公布日为2008年8月22日
B. 梁某于2006年2月9日在我国提出的发明专利申请，2007年8月8日主动撤回，但该申请仍于2007年8月10日被公布
C. 林某于2006年11月5日在我国提出的实用新型专利申请，该申请于2008年1月25日被公告授予专利权
D. 李某于2006年2月8日在日本提出的发明专利申请，该申请的公布日为2007年10月6日

【知识要点】抵触申请

【解析】A. 根据《专利审查指南2010》2-3-2.2"抵触申请"中的规定（参见本章第29题解析A），选项A中国际申请的申请日与林某专利申请的优先权日相同，属于同一日提出的申请，不构成抵触申请。故选项A错误，不符合题意。

B. 选项B中的申请符合抵触申请的定义，构成抵触申请。故选项B正确，符合题意。

C. 选项C中的申请日晚于在后申请的优先权日，不构成抵触申请。故选项C错误，不符合题意。

D. 选项D中的申请不是向中国国家知识产权局提出的，不构成抵触申请。故选项D错误，不符合题意。

38.（2002年卷四第55题）甲发明专利申请的申请日为1995年4月1日，公开日期为1996年10月1日，另一申请人提出的乙发明专利申请的申请日为1996年4月1日。下列哪些情况下，乙申请因为甲申请而不能被批准。

A. 甲、乙两申请的权利要求书和说明书完全一样
B. 甲、乙两申请的权利要求书相同，但说明书记载的内容有区别
C. 甲、乙两申请的独立权利要求不相同，但说明书记载的内容完全相同
D. 甲、乙申请的权利要求书和说明书都不同

【知识要点】抵触申请

【解析】根据《专利审查指南2010》2-3-2.2"抵触申请"中的规定（参见本章第31题解析D），选项A、B、C中的甲申请都可以构成乙申请的抵触申请，而选项D则相反。故选项A、B、C正确，符合题意；选项D错误，不符合题意。

（三）判断新颖性的原则和基准

39.（2016年卷一第8题）某发明专利申请要求保护一种光催化剂的制备方法，其中采用A工艺，并对干燥温度进行了限定。某现有技术记载了采用A工艺制备同种光催化剂的方法，其中干燥温度为50℃～100℃。相对于该现有技术，该发明专利申请的哪个权利要求不具备新颖性？

A. 一种光催化剂的制备方法，采用A工艺，其特征在于干燥温度为40℃～90℃
B. 一种光催化剂的制备方法，采用A工艺，其特征在于干燥温度为58℃
C. 一种光催化剂的制备方法，采用A工艺，其特征在于干燥温度为60℃～75℃
D. 一种光催化剂的制备方法，采用A工艺，其特征在于干燥温度为40℃～45℃

【知识要点】数值和数值范围

【解析】A.《专利审查指南2010》2-3-3.2.4"数值和数值范围"中规定："对比文件公开的数值范围与上述限定的技术特征的数值范围部分重叠或者有一个共同的端点，将破坏要求保护的发明或者实用新型的新颖性。"选项A中干燥温度的范围40℃～90℃与题干中干燥温度范围50℃～100℃部分重叠，不具备新颖性。故选项A正确，符合题意。

B. C.《专利审查指南2010》2-3-3.2.4"数值和数值范围"中规定："上述限定的技术特征的数值或者数值范围落在对比文件公开的数值范围内，并且与对比文件公开的数值范围没有共同的端点，则对比文件不破坏要求保护的发明或者实用新型的新颖性。"选项B中干燥温度58℃落在题干中干燥温度范围50℃～100℃内，但与这个范围没有共同的端点，具备新颖性；选项C中干燥温度的范围60℃～75℃在题干中干燥温度范围50℃～100℃内，具备新颖性。故选项B、C错误，不符合题意。

D. 选项D中的干燥温度的范围40℃～45℃和题干中干燥温度的范围50℃～100℃没有交叉，具备新颖性。故选

项D错误，不符合题意。

40. （2016年卷一第12题）下列说法哪个是正确的？
    A. 某项权利要求中记载"温度超过100℃"，是指温度大于100℃，不包括100℃本数在内
    B. 某项组合物权利要求中记载了某组份含量的数值范围"10～20重量份"，为了支持该数值范围，说明书实施例中必须相应给出10重量份和20重量份的实施例
    C. 一项制备方法权利要求可以撰写如下：一种生产薄膜的技术，其特征在于将树脂A、填料B、抗氧剂C加入混合机中混合，然后将混合物热成型为薄膜
    D. 一项使用方法权利要求可以撰写如下：一种化合物K，该化合物用作杀虫剂

【知识要点】权利要求的撰写规定

【解析】A.《专利审查指南2010》2-2-3.3"权利要求的撰写规定"中规定："一般情况下，权利要求中包含有数值范围的，其数值范围尽量以数学方式表达，例如，'≥30℃'、'>5'等。通常，'大于'、'小于'、'超过'等理解为不包括本数；'以上'、'以下'、'以内'等理解为包括本数。"故选项A正确，符合题意。

B.《专利审查指南2010》2-2-2.2.6"具体实施方式"中规定："当一个实施例足以支持权利要求所概括的技术方案时，说明书中可以只给出一个实施例。当权利要求（尤其是独立权利要求）覆盖的保护范围较宽，其概括不能从一个实施例中找到依据时，应当给出至少两个不同实施例，以支持要求保护的范围。当权利要求相对于背景技术的改进涉及数值范围时，通常应给出两端值附近（最好是两端值）的实施例，当数值范围较宽时，还应当给出至少一个中间值的实施例。"由此可知，涉及数值范围的权利，并不是必须提供这两个端值的实施例，如提供9.5重量份的实施例也是可以的。故选项B错误，不符合题意。

C.《专利审查指南2010》2-2-3.2.2"清楚"中规定："首先，每项权利要求的类型应当清楚。权利要求的主题名称应当能够清楚地表明该权利要求的类型是产品权利要求还是方法权利要求。不允许采用模糊不清的主题名称，例如，'一种……技术'，或者在一项权利要求的主题名称中既包含有产品又包含有方法，例如，'一种……产品及其制造方法'。另一方面，权利要求的主题名称还应当与权利要求的技术内容相适应。"选项C中的"技术"类型不明确，应当改为"方法"。故选项C错误，不符合题意。

D.《专利审查指南2010》2-2-3.2.2"清楚"中规定："另一方面，权利要求的主题名称还应当与权利要求的技术内容相适应。"选项D中的主题名称为"化合物"属于产品权利要求，但要求保护的是其用作杀虫剂的应用，两者类型不相适应。故选项D错误，不符合题意。

41. （2013年卷一第11题）一件专利申请公开了一种组合物，该组合物由植物材料M经过步骤X、Y和Z加工处理制得，并公开了该组合物可用来杀菌。该申请的申请日为2012年6月1日。一篇2011年3月1日公开的文献记载了一种由植物材料M经过步骤X、Y和Z加工处理制得的染色组合物，该文献没有公开所得组合物可用来杀菌。相对于该篇文献，该申请下列哪项权利要求具备新颖性？
    A. 一种杀菌组合物，该组合物由植物材料M经过步骤X、Y和Z加工处理制得
    B. 一种制备杀菌组合物的方法，该方法包括将植物材料M经过步骤X、Y和Z加工处理
    C. 一种由植物材料M经过步骤X、Y和Z加工处理制得的组合物，其特征在于该组合物可以杀菌
    D. 一种杀菌方法，包括使用有效量的由植物材料M经过步骤X、Y和Z加工处理制得的一种组合物

【知识要点】判断新颖性的原则和基础

【解析】《专利审查指南2010》2-10-5.4"化学产品用途发明的新颖性"中规定："一已知产品不能因为提出了某一新的应用而被认为是一种新的产品。例如，产品X作为洗涤剂是已知的，那么一种用作增塑剂的产品X不具有新颖性。但是，如果一项已知产品的新用途本身是一项发明，则已知产品不能破坏该新用途的新颖性。这样的用途发明属于使用方法发明，发明的实质不在于产品本身，而在于如何去使用它。"本题中，选项A要求保护的是一种杀菌组合物，同时以制备方法加以限定，而以相同方法制备的组合物已在对比文献中公开，制备方法限定"由植物材料M经过步骤X、Y和Z加工处理制得"没有为该申请组合物本身带来新的特征，因此，两种组合物实质相同，该权利要求不具有新颖性。同理，选项C中用"可以杀菌"限定"由植物材料M经过步骤X、Y和Z加工处理制得的组合物"与对比文献中已公开的组合物实质相同，因此该权利要求也没有新颖性。选项B中"一种制备杀菌组合物的方法"与对比文献中已公开的组合物的制备方法相同，因此该权利要求也没有新颖性。选项D中的"一种杀菌方法"请求保护的是对比文献中并没有公开的"已知物质的新用途"，属于"使用方法发明"，因此该权利要求具备新颖性。故选项D正确，符合题意；选项A、B、C错误，不符合题意。

42. （2009年卷一第29题）一件发明专利申请的权利要求为："一种治疗心脏病的药物，其特征在于，包括：（1）活性成分X；（2）活性成分Y；（3）着色剂M；和（4）调味剂N。"在其申请日前公开的下列哪些治疗心脏病的药物破坏该权利要求的新颖性？
    A. 由活性成分X和Y组成的药物
    B. 由活性成分X、活性成分Y和着色剂M组成的药物

C. 由活性成分X、活性成分Z、着色剂M和调味剂N组成的药物
D. 由活性成分X、活性成分Y、着色剂M、调味剂N和崩解剂O组成的药物

【知识要点】开放式和封闭式权利要求的新颖性

【解析】《专利审查指南2010》2-10-5.2"组合物的新颖性"之（1）"仅涉及组分时的新颖性判断"中规定："一份对比文件公开了由组分（A+B+C）组成的组合物甲，如果（i）发明专利申请为组合物乙（组分：A+B），并且权利要求采用封闭式撰写形式，如'由A+B组成'，即使该发明与组合物甲所解决的技术问题相同，该权利要求仍有新颖性。（ii）上述发明组合物乙的权利要求采用开放式撰写形式，如'含有A+B'，且该发明与组合物甲所解决的技术问题相同，则该权利要求无新颖性。（iii）上述发明组合物乙的权利要求采用排除法撰写形式，即指明不含C，则该权利要求仍有新颖性。"根据上述（ii），选项D正确，符合题意；选项A、B、C错误，不符合题意。

（注意：《专利审查指南2010》2-10-4.2.1"开放式、封闭式及它们的使用要求"中规定："组合物权利要求应当用组合物的组分或者组分和含量等组成特征来表征。组合物权利要求分开放式和封闭式两种表达方式。开放式表示组合物中并不排除权利要求中未指出的组分；封闭式则表示组合物中仅包括所指出的组分而排除所有其他的组分。开放式和封闭式常用的措辞如下：（1）开放式，例如'含有'、'包括'、'包含'、'基本含有'、'本质上含有'、'主要由……组成'、'主要组成为'、'基本上由……组成'、'基本组成为'等，这些都表示该组合物中还可以含有权利要求中所未指出的某些组分，即使其在含量上占较大的比例。（2）封闭式，例如'由……组成'、'组成为'、'余量为'等，这些都表示要求保护的组合物由所指出的组分组成，没有别的组分，但可以带有杂质，该杂质只允许以通常的含量存在……另外，还应当指出的是，一项组合物独立权利要求为A+B+C，假如其下面一项权利要求为A+B+C+D，则对于开放式的A+B+C权利要求而言，含D的这项为从属权利要求；对于封闭式的A+B+C权利要求而言，含D的这项为独立权利要求。"）

43.（2009年卷一第59题）一件发明专利申请的权利要求书如下：
"1. 一种锅铲，由手柄、锅铲柄以及金属制成的锅铲头组成。"
对比文件1~4均为现有技术，其内容如下：
对比文件1：一种由锅铲头、锅铲柄和木质手柄组成的锅铲，其中所述锅铲头和锅铲柄用黄铜制成。
对比文件2：一种由手柄、锅铲柄和锅铲头组成的锅铲，其中所述锅铲柄和锅铲头用不锈钢制成。
对比文件3：一种用竹木制成的锅铲，由手柄、锅铲柄和锅铲头组成。
对比文件4：一种由手柄、锅铲柄和锅铲头组成的锅铲。
下列说法哪些是正确的？
A. 对比文件1破坏权利要求1的新颖性
B. 对比文件2破坏权利要求1的新颖性
C. 对比文件3破坏权利要求1的新颖性
D. 对比文件4破坏权利要求1的新颖性

【知识要点】新颖性的判断

【解析】A、B、C.《专利审查指南2010》2-3-3.2.2"具体（下位）概念与一般（上位）概念"中规定："如果要求保护的发明或者实用新型与对比文件相比，其区别仅在于前者采用一般（上位）概念，而后者采用具体（下位）概念限定同类性质的技术特征，则具体（下位）概念的公开使采用一般（上位）概念限定的发明或者实用新型丧失新颖性。"对比文件1中的"木质手柄""黄铜"是权利要求1中"手柄""金属"的下位概念；对比文件2中的"不锈钢"是权利要求1中"金属"的下位概念，故选项A、B正确，符合题意。对比文件3中的"竹木"和权利要求1中的"金属"是两个不同的概念。故选项C错误，不符合题意。

D.《专利审查指南2010》2-3-3.2.2"具体（下位）概念与一般（上位）概念"中规定："反之，一般（上位）概念的公开并不影响采用具体（下位）概念限定的发明或者实用新型的新颖性。"对比文件4中并未公开锅铲头的材料，而权利要求1中限定的"金属"为其下位概念。故选项D错误，不符合题意。

44.（2006年卷一第24题）甲、乙先后就同样的发明创造提出发明专利申请，甲的申请日是2005年3月28日，乙的申请日是2005年5月9日。如果没有其他事实发生，则以下说法中哪些是正确的？
A. 如果甲在2005年4月2日撤回了其申请，则乙申请的新颖性不受影响
B. 如果甲的申请在2006年9月8日公布，随后甲撤回其申请，则乙申请的新颖性会受到影响
C. 如果甲在2005年5月11日撤回了其申请，则乙申请的新颖性会受到影响
D. 如果甲在2005年4月2日撤回其申请后，又于2005年5月8日提出了另一件相关的申请，并要求了其2005年3月28日申请的优先权，则其新申请公布后，乙申请的新颖性会受到影响

【知识要点】新颖性的判断

【解析】此题主要考查抵触申请影响新颖性的内容。根据现行《专利法》，构成抵触申请的要件为：①内容相同；②向国家知识产权局提出；③申请在先；④公开在后。

A、C. 根据《专利审查指南2010》2-3-2.2"抵触申请"中的规定（参见本章第24题解析C），选项A、C中，甲申请在公开前撤回，还不能构成乙申请的抵触申请。故选项A正确，符合题意；选项C错误，不符合题意。

B. 选项B中，甲申请已符合抵触申请要件，构成抵触申请，不论其以后是否撤回都将影响乙申请的新颖性。故选项B正确，符合题意。

D. 选项D中，甲申请虽没有公开，但以甲申请为优先权的在后申请被公开了，构成了抵触申请。故选项D正确，符合题意。

45.（2004年卷四第49题）以下有关发明专利申请新颖性判断的哪些说法是正确的？
A. 判断新颖性时使用的单独对比原则是将各项权利要求分别与同一项技术方案进行对比
B. 采用一般概念的现有技术可以使采用具体概念的专利申请丧失新颖性
C. 与现有技术的区别仅仅是所属技术领域的惯用手段的直接置换的，不具备新颖性
D. 发明的连续数值范围与现有技术中公开的连续数值范围有部分重叠的，不具备新颖性

【知识要点】新颖性的判断

【解析】A.《专利审查指南2010》2-3-3.1"审查原则"之（2）"单独对比"中规定："判断新颖性时，应当将发明或者实用新型专利申请的各项权利要求分别与每一项现有技术或申请在先公布或公告在后的发明或实用新型的相关技术内容单独地进行比较，不得将其与几项现有技术或者申请在先公布或公告在后的发明或者实用新型内容的组合、或者与一份对比文件中的多项技术方案的组合进行对比。即，判断发明或者实用新型专利申请的新颖性适用单独对比的原则。"判断新颖性时使用的单独对比原则中还包括不能"与一份对比文件中的多项技术方案的组合进行对比"。故选项A错误，不符合题意。

B. 根据《专利审查指南2010》2-3-3.2.2"具体（下位）概念与一般（上位）概念"中的规定（参见本章第43题解析），选项B错误，不符合题意。

C.《专利审查指南2010》2-3-3.2.3"惯用手段的直接置换"中规定："如果要求保护的发明或者实用新型与对比文件的区别仅仅是所属技术领域的惯用手段的直接置换，则该发明或者实用新型不具备新颖性。例如，对比文件公开了采用螺钉固定的装置，而要求保护的发明或实用新型仅将装置的螺钉固定方式改换为螺栓固定方式，则该发明或者实用新型不具备新颖性。"故选项C正确，符合题意。

D. 根据《专利审查指南2010》2-3-3.2.4"数值和数值范围"之（2）的规定（参见本章第39题解析A），选项D正确，符合题意。

46.（2000年卷四第31题）一件发明专利申请的权利要求书如下：
"1. 一种W装置，其特征在于包括a、b、c。
2. 根据权利要求1所述的装置，其特征在于包括d。
3. 根据权利要求1或2所述的装置，其特征在于包括e。
4. 根据权利要求1所述的装置，其特征在于包括f。"
审查员找到构成本申请主题现有技术的一篇对比文件，其技术方案公开了本专利申请的技术特征a、b、c、e、f。你认为下述四个观点中哪些是正确的？
A. 权利要求1、2、3、4无新颖性
B. 从属权利要求3中引用权利要求1的部分无新颖性
C. 从属权利要求3中引用从属权利要求2的部分无新颖性
D. 权利要求4无新颖性

【知识要点】判断新颖性的原则和基准

【解析】含有技术特征a、b、c、e、f的对比文件使得含有技术特征a、b、c，或者含有技术特征a、b、c、e，或者含有技术特征a、b、c、f，以及含有技术特征a、b、c、e、f的技术方案都失去了新颖性。

A、B、C. 权利要求3为两项并列的技术方案，技术特征分别为：a、b、c、e（引用权利要求1）和a、b、c、d、e（引用权利要求2）。由此可见，引用权利要求1的技术方案a、b、c、e没有新颖性，而引用权利要求2的技术方案a、b、c、d、e具备新颖性。故选项A、C错误，不符合题意；选项B正确，符合题意。

D. 权利要求4所述方案的技术特征为：a、b、c、f，对比文件使该方案失去了新颖性，故选项D正确，符合题意。

（四）不丧失新颖性的宽限期

47.（2016年卷一第39题）甲、乙分别独立研发出了技术方案A。甲于2010年6月1日在中国政府主办的一个国际展览会上首次展出了技术A，并于2010年11月1日向国家知识产权局递交了关于技术方案A的发明专利申请X，同时声明要求享有不丧失新颖性宽限期，并按期提交了相关证明文件。乙于2010年8月2日递交了关于技术方案A的发明专利申请Y，并于2010年10月10日公开发表了详细介绍技术方案A的论文。以下说法哪些是正确的？
A. 甲的专利申请X享受6个月的宽限期，因此甲的展出行为及乙发表的论文均不影响该申请X的新颖性
B. 甲在展览会上的展出行为不影响专利申请X的新颖性，但影响申请Y的新颖性

C. 乙独立完成发明并且在甲之前提出了专利申请，因此乙的申请具备新颖性
D. 甲和乙的专利申请都不具备新颖性

【知识要点】宽限期

【解析】A. 根据《专利法》第24条的规定（参见本章第25题解析A.C），甲的展出行为发生在申请日以前6个月内，不影响该申请X的新颖性，但乙发表论文的日期早于该申请X的申请日，影响该申请X的新颖性，故选项A错误，不符合题意。

B.C.《专利审查指南2010》2-3-5"不丧失新颖性的宽限期"中规定："从公开之日至提出申请的期间，如果第三人独立地作出了同样的发明创造，而且在申请人提出专利申请以前提出了专利申请，那么根据先申请的原则，申请人就不能取得专利权。当然，由于申请人（包括发明人）的公开，使该发明创造成为现有技术，故第三人的申请没有新颖性，也不能取得专利权。"甲在展览会上的展出在乙的申请日之前，影响申请Y的新颖性。故选项B正确，符合题意；选项C错误，不符合题意。

D. 综上，选项D正确，符合题意。

48.（2015年卷一第41题）下列哪些情形一定会导致申请专利的发明创造丧失新颖性？
A. 该发明创造于申请日前5个月在我国政府主办的某国际展览会上首次公开展出
B. 该发明创造于申请日前4个月被独立作出同样发明创造的他人在科技部组织召开的科技会议上首次公开
C. 该发明创造于申请日前7个月被他人未经申请人同意发布在互联网上
D. 该发明创造于申请日前2个月在国务院有关主管部门主办的核心期刊上首次公开发表

【知识要点】不丧失新颖性的宽限期

【解析】A. 根据《专利法》第24条的规定（参见本章第25题解析A.C），选项A中的发明创造于申请日前5个月在我国政府主办的某国际展览会上首次公开展出，如果该首次公开是申请人本人的行为，根据《专利法》第24条第（一）项的规定，就不会导致其新颖性的丧失。故选项A错误，不符合题意。

B. 选项B中的发明创造于申请日前4个月被独立作出同样发明创造的他人在科技部组织召开的科技会议上首次公开，该首次公开是他人行为，不是申请人的公开行为，不符合《专利法》第24条第（二）项的规定。故选项B正确，符合题意。

C. 选项C中的发明创造于申请日前7个月被他人未经申请人同意发布在互联网上，超出了6个月的时间限制，不符合《专利法》第24条第（三）项的规定。故选项C正确，符合题意。

D. 选项D中的发明创造于申请日前2个月在国务院有关主管部门主办的核心期刊上首次公开发表，不是在规定学术会议或者技术会议上首次发表，不符合《专利法》第24条第（二）项的规定。选项D正确，符合题意。

49.（2013年卷一第32题）甲公司于2010年1月15日向国家知识产权局提交了一件有关电视机的发明专利申请。乙公司在2009年9月8日举办的中国政府承认的某国际展览会上展出了包含该申请中的技术方案的电视机。下列说法哪些是正确的？
A. 该展出行为发生在甲公司专利申请提出之前，破坏了甲公司专利申请的新颖性
B. 该展出行为属于发生在国外的使用公开，不破坏甲公司专利申请的新颖性
C. 该展出行为发生在申请日之前六个月内举办的中国政府承认的展览会上，不破坏甲公司专利申请新颖性
D. 由于该展出行为的主体不是甲公司，因此该展出行为破坏甲公司专利申请新颖性

【知识要点】现有技术、宽限期

【解析】A.B.《专利法》第22条第2款规定："新颖性，是指发明或者实用新型不属于现有技术；也没有任何单位或者个人就同样的发明或者实用新型在申请日以前向国务院专利行政部门提出过申请，并记载在申请日以后公布的专利申请文件或者公告的专利文件中。"

《专利法》第22条第5款规定："本法所称现有技术，是指申请日以前在国内外为公众所知的技术。"本题中，由于乙公司在展览会上展出甲公司发明创造的时间早于甲公司的申请日，故乙公司的展出行为破坏了甲公司专利申请的新颖性。故选项A正确，符合题意；选项B错误，不符合题意。

C.D. 根据《专利法》第24条的规定（参见本章第25题解析A.C）可知，因在中国政府主办或者承认的国际展览会上首次展出而享有不丧失新颖性宽限期的情形，应当是申请人（包括发明人）所为或者是源于申请人的公开行为。本题中，在展览会上展出的行为是乙公司的行为，故甲公司的专利申请不能享有不丧失新颖性的宽限期，乙公司的展出行为破坏了甲公司专利申请的新颖性。故选项C错误，不符合题意；选项D正确，符合题意。

50.（2006年卷一第19题）甲提交了一项发明专利申请，其申请日为2006年3月11日。在提交专利申请时，甲依据专利法第二十四条及专利法实施细则第三十条的规定，在请求书中作了其发明创造不丧失新颖性的声明。甲在何时提交证明材料符合规定的期限？
A. 在提交申请文件的同时　　　　　　　　B. 在2006年5月11日前
C. 在2006年5月26日前　　　　　　　　　D. 在提出实质审查请求后的3个月内

【知识要点】新颖性宽限期

【解析】《专利法实施细则》第30条第3款规定:"申请专利的发明创造有专利法第二十四条第(一)项或者第(二)项所列情形的,申请人应当在提出专利申请时声明,并自申请日起2个月内,提交有关国际展览会或者学术会议、技术会议的组织单位出具的有关发明创造已经展出或者发表,以及展出或者发表日期的证明文件。"只要在申请日起2个月内提交证明文件,都符合法律规定。故选项A、B正确,符合题意;选项D错误,不符合题意。《专利法实施细则》中规定需要申请人主动提交的文件,时限中不存在15天的推定收到文件时间。故选项C错误,不符合题意。

(五)对同样的发明创造的处理

51.(2016年卷一第40题)关于同样发明创造,下列说法哪些是正确的?

A. 李某于2014年5月4日和5月5日先后就同样的发明创造提交了实用新型专利申请A和发明专利申请B,为避免重复授权,李某可以选择放弃已经取得的实用新型A的专利权,或选择修改发明申请B的权利要求

B. 王某在2014年5月5日就同样的发明创造分别提交实用新型申请A和发明专利申请B,但未就存在同日申请进行说明。为避免重复授权,李某既可以选择放弃已经取得的实用新型A的专利权,也可以选择修改发明申请B的权利要求

C. 为避免重复授权,张某依据专利法第9条及实施细则第41条选择放弃已经获得的实用新型专利权,则该实用新型专利权自同日提交的发明专利申请授权公告之日起终止

D. 赵某、郑某同日就同样的发明创造分别提出的专利申请,当该两件申请均符合授予专利权的其他条件时,二人应当在收到通知后自行协商确定申请人

【知识要点】对同样的发明创造的处理

【解析】A.《专利法》第9条第1款规定:"同样的发明创造只能授予一项专利权。但是,同一申请人同日对同样的发明创造既申请实用新型专利又申请发明专利,先获得的实用新型专利权尚未终止,且申请人声明放弃该实用新型专利权的,可以授予发明专利权。"李某的实用新型和发明并不是在同一天申请,故选项A错误,不符合题意。

B.C.《专利审查指南2010》2-3-6.2.2"对一件专利申请和一项专利权的处理"中规定:"在对一件专利申请进行审查的过程中,对于同一申请人同日(指申请日,有优先权的指优先权日)就同样的发明创造提出的另一件专利申请已经被授予专利权,并且尚未授权的专利申请符合授予专利权的其他条件的,应当通知申请人进行修改。申请人期满不答复的,其申请被视为撤回。经申请人陈述意见或者进行修改后仍不符合专利法第九条第一款规定的,应当驳回其专利申请。但是,对于同一申请人同日(仅指申请日)对同样的发明创造既申请实用新型又申请发明专利的,在先获得的实用新型专利权尚未终止,并且申请人在申请时分别做出说明的,除通过修改发明专利申请外,还可以通过放弃实用新型专利权避免重复授权。因此,在对上述发明专利申请进行审查的过程中,如果该发明专利申请符合授予专利权的其他条件,应当通知申请人进行选择或者修改,申请人选择放弃已经授予的实用新型专利权的,应当在答复审查意见通知书时附交放弃实用新型专利权的书面声明。此时,对那件符合授权条件、尚未授权的发明专利申请,应当发出授权通知书,并将放弃上述实用新型专利权的书面声明转至有关审查部门,由专利局予以登记和公告,公告上注明上述实用新型专利权自公告授予发明专利权之日起终止。"王某未就同日申请进行说明,他只能选择修改发明申请B的权利要求这一种方式。故选项B错误,不符合题意;选项C正确,符合题意。

D.《专利法实施细则》第41条第1款规定:"两个以上的申请人同日(指申请日;有优先权的,指优先权日)分别就同样的发明创造申请专利的,应当在收到国务院专利行政部门的通知后自行协商确定申请人。"故选项D正确,符合题意。

52.(2016年卷一第85题)甲于2010年12月11日向国家知识产权局就同样的发明创造同时提交了发明和实用新型专利申请,且根据专利法实施细则第41条进行了说明;实用新型专利申请于2011年6月15日被公告授权;为避免重复授权,甲于2012年10月15日提交了放弃实用新型专利权的声明,国家知识产权局于2013年2月15日针对发明专利申请发出授权通知书并同意甲放弃实用新型专利权,发明专利申请于2013年4月15日被公告授权。下列说法哪些是正确的?

A. 实用新型专利权自2011年6月15日生效,于2013年2月15日终止

B. 实用新型专利权自2011年6月15日生效,于2013年4月15日终止

C. 发明专利权自2013年4月15日生效,实用新型专利权视为自申请日2010年12月11日起即不存在

D. 发明专利权自2013年4月15日生效,实用新型专利权自该日起终止

【知识要点】对同样的发明创造的处理

【解析】根据《专利法》第40条的规定(参见本章第20题解析D),以及《专利审查指南2010》2-3-6.2.2"对一件专利申请和一项专利权的处理"中的规定(参见本章第51题解析B.C),实用新型的授权日是2011年6月15日,权利从该日生效。通过放弃实用新型获得发明专利授权的,实用新型的权利终止之日就是发明专利的授权日,从而避免出现权利的真空期。故选项A、C错误,不符合题意;选项B、D正确,符合题意。

53. (2015年卷一第6题) 张某和刘某同日就同样的吸尘器分别向国家知识产权局提交了一件发明专利申请。在下列哪个情形下，张某和刘某的专利申请所要求保护的技术方案构成同样的发明创造？
  A. 张某的申请请求保护吸尘器X，刘某的申请请求保护吸尘器X'，X与X'的区别仅仅是所属技术领域的惯用手段的直接置换
  B. 张某的申请请求保护吸尘器X，刘某的申请请求保护包括吸尘器X的清洁系统Y
  C. 张某的申请请求保护吸尘器X，刘某的申请请求保护吸尘器X及包括吸尘器X的清洁系统Y
  D. 张某的申请请求保护吸尘器X，刘某的申请请求保护吸尘器X在清洁系统Y中的应用

【知识要点】同样的发明创造

【解析】《专利审查指南2010》2-3-6"对同样的发明创造的处理"中规定："对于发明或实用新型，专利法第九条或专利法实施细则第四十一条中所述的'同样的发明创造'是指两件或两件以上申请（或专利）中存在的保护范围相同的权利要求。"此外，《专利审查指南2010》2-3-6.1"判断原则"中规定："判断时，如果一件专利申请或专利的一项权利要求与另一件专利申请或专利的某一项权利要求保护范围相同，应当认为它们是同样的发明创造。"
  A. 选项A的张某与刘某所申请保护的吸尘器X和X'存在惯用手段的直接置换这一区别，两者保护范围并不相同。故选项A错误，不符合题意。
  B. 选项B中张某请求保护吸尘器X，刘某请求保护包括吸尘器X的清洁系统Y，两者的保护范围明显不同。故选项B错误，不符合题意。
  C. 选项C中张某请求保护吸尘器X，刘某的申请包含两项请求，一个是吸尘器X，另一个是包括吸尘器X的清洁系统Y，针对吸尘器X这一项保护请求，两者的保护范围相同。故选项C正确，符合题意。
  D. 选项D中张某请求保护吸尘器X，刘某请求保护吸尘器X在清洁系统Y中的应用，两者的保护范围明显不同，故选项D错误，不符合题意。

54. (2014年卷一第84题) 下列说法哪些是正确的？
  A. 同样的发明创造可以同时被授予一项实用新型专利权和一项发明专利权
  B. 在两件发明专利中存在保护范围相同的权利要求就构成重复授权
  C. 为防止权利冲突，对于同样的发明创造，不能将多项专利权分别授予不同的申请人，但可以授予同一申请人
  D. 两个以上的申请人同日（有优先权的，指优先权日）分别就同样的发明创造申请专利的，应当在收到国家知识产权局的通知后自行协商确定申请人

【知识要点】同样的发明创造

【解析】A、C. 根据《专利法》第9条第1款的规定（参见本章第51题解析A），选项A、C错误，不符合题意。
  B. 根据《专利审查指南2010》2-3-6"对同样的发明创造的处理"中的规定（参见本章第53题解析），选项B正确，符合题意。
  D. 根据《专利法实施细则》第41条第1款的规定（参见本章第51题解析D），选项D正确，符合题意。

55. (2011年卷一第52题) 甲和乙同日分别向国家知识产权局提交了一件专利申请。在下列哪些情形下甲和乙提交的申请所要求保护的技术方案不构成同样的发明创造？
  A. 两者的说明书相同，甲申请要求保护催化剂M，乙申请要求保护催化剂M的制备方法
  B. 甲申请要求保护催化剂N，乙申请要求保护催化剂N'，区别仅在于N中活性成分的含量为1%～5%，N'中活性成分的含量为1%～10%
  C. 甲申请要求保护托盘P，乙申请要求保护托盘P'，区别仅在于P由钢或铝合金制成，P'由金属制成
  D. 甲申请要求保护玻璃杯Q，乙申请要求保护玻璃杯Q'，区别在于二者的结构不同

【知识要点】同样的发明创造

【解析】根据《专利审查指南2010》2-3-6"对同样的发明创造的处理"中的规定（参见本章第53题解析），同样的发明创造是指权利要求的"保护范围完全相同"而非"部分相同"。
  A. 选项A中，催化剂M与其制备方法的保护范围完全不同，故选项A正确，符合题意。
  B. 选项B中，二者催化剂中活性成分的含量范围不同，不构成同样的发明，故选项B正确，符合题意。
  C. 选项C中，制作托盘采用材料的范围不完全相同，不构成同样的发明，故选项C正确，符合题意。
  D. 选项D中，二者的结构不同，故选项D正确，符合题意。

56. (2010年卷一第37题) 下列有关发明或者实用新型是否属于同样的发明创造的说法哪些是正确的？
  A. 在判断是否为同样的发明创造时，应当将两件发明或者实用新型专利申请或专利的权利要求书的内容进行比较
  B. 如果一件专利申请的一项权利要求与另一件具有多项权利要求的专利的某一项权利要求保护范围相同，则它们是同样的发明创造
  C. 两个以上的申请人分别就同样的发明创造申请专利的，专利权授予最先申请的人

D. 同样的发明创造是指两件或两件以上申请中权利要求书的内容全部相同

【知识要点】同样的发明创造

【解析】A.《专利审查指南2010》2-2-6.1"判断原则"中规定："为了避免重复授权，在判断是否为同样的发明创造时，应当将两件发明或者实用新型专利申请或专利的权利要求书的内容进行比较，而不是将权利要求书与专利申请或专利文件的全部内容进行比较。"故选项A正确，符合题意。

B.《专利审查指南2010》2-3-6.1"判断原则"中规定："判断时，如果一件专利申请或专利的一项权利要求与另一件专利申请或专利的某一项权利要求保护范围相同，应当认为它们是同样的发明创造。"故选项B正确，符合题意。

C.《专利法》第9条第2款规定："两个以上的申请人分别就同样的发明创造申请专利的，专利权授予最先申请的人。"故选项C正确，符合题意。

D.《专利审查指南2010》2-3-6"对同样的发明创造的处理"中规定："……'同样的发明创造'是指两件或两件以上申请（或专利）中存在的保护范围相同的权利要求。"同样的发明创造是指权利要求的"保护范围相同"而非"内容全部相同"。故选项D错误，不符合题意。

57.（2009年卷一第93题）王某同日提出了X、Y、Z三件发明专利申请：X申请要求保护一种墨水，该墨水由水和10%~50%的组分a组成；Y申请要求保护一种喷墨打印机，说明书描述了所使用的墨水由水和10%~50%的组分a组成；Z申请要求保护一种墨水，该墨水由水和5%~40%的组分a组成。下列说法哪些是正确的？

A. X、Y申请所要求保护的技术方案属于同样的发明创造

B. Y、Z申请所要求保护的技术方案属于同样的发明创造

C. X、Z申请所要求保护的技术方案不属于同样的发明创造

D. X、Y和Z申请所要求保护的技术方案皆属于同样的发明创造

【知识要点】同样的发明创造

【解析】《专利审查指南2010》2-3-6.1"判断原则"中规定："专利法第五十九条第一款规定，发明或者实用新型专利权的保护范围以其权利要求的内容为准，说明书及附图可以用于解释权利要求的内容。为了避免重复授权，在判断是否为同样的发明创造时，应当将两件发明或者实用新型专利申请或专利的权利要求书的内容进行比较，而不是将权利要求书与专利申请或专利文件的全部内容进行比较。判断时，如果一件专利申请或专利的一项权利要求与另一件专利申请或专利的某一项权利要求保护范围相同，应当认为它们是同样的发明创造。两件专利申请或专利说明书的内容相同，但其权利要求保护范围不同的，应当认为所要求保护的发明创造不同。应当注意的是，权利要求保护范围仅部分重叠的，不属于同样的发明创造。例如，权利要求中存在以连续的数值范围限定的技术特征的，其连续的数值范围与另一件发明或者实用新型专利申请或专利权利要求中的数值范围不完全相同的，不属于同样的发明创造。"故选项A、B、D错误，不符合题意；选项C正确，符合题意。

三、创造性

（一）创造性的概念

58.（2016年卷一第9题）关于发明的创造性，下列说法哪个是正确的？

A. 发明具有显著的进步，就是要求发明不能有负面的技术效果

B. 判断创造性时，应当考虑申请日当天公布的专利文献中的技术内容

C. 发明在商业上获得成功，则应该认定其具有创造性

D. 如果发明是所属技术领域的技术人员在现有技术的基础上仅仅通过合乎逻辑的分析、推理即可得到，则该发明是显而易见的，也就不具备突出的实质性特点

【知识要点】创造性的概念

【解析】A.《专利审查指南2010》2-4-2.3"显著的进步"中规定："发明有显著的进步，是指发明与现有技术相比能够产生有益的技术效果。例如，发明克服了现有技术中存在的缺点和不足，或者解决某一技术问题提供了一种不同构思的技术方案，或者代表某种新的技术发展趋势。"由此可知，显著的进步是要求发明具有有益的效果，但不能苛求其不存在任何负面效果。故选项A错误，不符合题意。

B.《专利审查指南2010》2-3-2.1.1"时间界限"中规定："现有技术的时间界限是申请日，享有优先权的，则指优先权日。广义上说，申请日以前公开的技术内容都属于现有技术，但申请日当天公开的技术内容不包括在现有技术范围内。"故选项B错误，不符合题意。

C.《专利审查指南2010》2-4-5.4"发明在商业上获得成功"中规定："当发明的产品在商业上获得成功时，如果这种成功是由于发明的技术特征直接导致的，则一方面反映了发明具有有益效果，同时也说明了发明是非显而易见的，因而这类发明具有突出的实质性特点和显著的进步，具备创造性。但是，如果商业上的成功是由于其他原因所致，例如由于销售技术的改进或者广告宣传造成的，则不能作为判断创造性的依据。"选项C中未明确取得商业成功

的原因,不能认定其具备创造性。故选项C错误,不符合题意。

D.《专利审查指南2010》2-4-2.2"突出的实质性特点"中规定:"发明有突出的实质性特点,是指对所属技术领域的技术人员来说,发明相对于现有技术是非显而易见的。<u>如果发明是所属技术领域的技术人员在现有技术的基础上仅仅通过合乎逻辑的分析、推理或者有限的试验可以得到的,则该发明是显而易见的,也就不具备突出的实质性特点。</u>"故选项D正确,符合题意。

59.（2014年卷一第55题）下列关于发明创造性的说法哪些是正确的?
A. 抵触申请可以用来评价一项发明的创造性
B. 如果发明相对于现有技术具有突出的实质性特点,并具有显著的进步,则一定具备创造性
C. 如果选择发明是可以从现有技术中直接推导出来的,则该发明不具备创造性
D. 如果某项从属权利要求具备创造性,则从属于同一独立权利要求的其他权利要求一定具备创造性

【知识要点】创造性的概念

【解析】A. 抵触申请只能用于评价新颖性,不能用于评价创造性。故选项A错误,不符合题意。

B.《专利法》第22条第3款规定:"<u>创造性,是指与现有技术相比,该发明具有突出的实质性特点和显著的进步,该实用新型具有实质性特点和进步。</u>"故选项B正确,符合题意。

C.《专利审查指南2010》2-4-4.3"选择发明"中规定:"<u>如果发明是可以从现有技术中直接推导出来的选择,则该发明不具备创造性。</u>"故选项C正确,符合题意。

D.《专利法实施细则》第20条规定:"权利要求书应当有独立权利要求,也可以有从属权利要求。独立权利要求应当从整体上反映发明或者实用新型的技术方案,记载解决技术问题的必要技术特征。从属权利要求应当用附加的技术特征,对引用的权利要求作进一步限定。"鉴于从属权利要求的附加技术特征各不相同,则它们是否具备创造性也并不统一。故选项D错误,不符合题意。

60.（2013年卷一第19题）专利法中"所属技术领域的技术人员"这一概念不具有下列哪个含义?
A. "所属技术领域的技术人员"不是真实存在的人
B. "所属技术领域的技术人员"不具有创造能力
C. "所属技术领域的技术人员"知晓申请日或者优先权日之前所有技术领域的普通技术知识
D. "所属技术领域的技术人员"能够获知所属技术领域中所有的现有技术,并且具有应用申请日或者优先权日之前的常规实验手段的能力

【知识要点】创造性的概念、所属技术领域的技术人员

【解析】《专利审查指南2010》2-4-2.4"所属技术领域的技术人员"中规定:"发明是否具备创造性,应当基于所属技术领域的技术人员的知识和能力进行评价。所属技术领域的技术人员,也可称为本领域的技术人员,是指一种假设的'人',假定他知晓申请日或者优先权日之前发明所属技术领域所有的普通技术知识,能够获知该领域中所有的现有技术,并且具有应用该日期之前常规实验手段的能力,但他不具有创造能力。如果所要解决的技术问题能够促使本领域的技术人员在其他技术领域寻找技术手段,他也应具有从该其他技术领域中获知该申请日或优先权日之前的相关现有技术、普通技术知识和常规实验手段的能力。设定这一概念的目的,在于统一审查标准,尽量避免审查员主观因素的影响。"故选项A、B、D错误,不符合题意。"所属技术领域的技术人员"并不具有知晓所有技术领域技术知识的含义,故选项C正确,符合题意。

（二）判断创造性的原则和基准

61.（2016年卷一第41题）下列哪些发明不具备创造性?
A. 将油漆组合物中的防腐蚀剂去掉,得到不具有防腐蚀功能的油漆,节约了成本
B. 将用于衣柜的自动闭合门结构用到书柜中
C. 将电子表粘贴在鱼缸上,得到一种带有电子表的鱼缸
D. 将已知的杀菌剂X用作抛光剂,实现了抛光效果

【知识要点】判断创造性的原则和基准

【解析】A.《专利审查指南2010》2-4-4.6.3"要素省略的发明"中规定:"要素省略的发明,是指省去已知产品或者方法中的某一项或多项要素的发明。(1)<u>如果发明省去一项或多项要素后其功能也相应地消失,则该发明不具备创造性。</u>……(2)如果发明与现有技术相比,发明省去一项或多项要素(例如,一项产品发明省去了一个或多个零、部件或者一项方法发明省去一步或多步工序)后,依然保持原有的全部功能,或者带来预料不到的技术效果,则具有突出的实质性特点和显著的进步,该发明具备创造性。"去掉防腐剂的油漆属于要素省略发明,由于油漆组合物去掉了防腐蚀剂后也丧失了防腐蚀剂的防腐蚀功能,故不具备创造性。故选项A正确,符合题意。

B.《专利审查指南2010》2-4-4.4"转用发明"中规定:"转用发明,是指将某一技术领域的现有技术转用到其他技术领域中的发明。在进行转用发明的创造性判断时通常需要考虑:转用的技术领域的远近、是否存在相应的技术

启示、转用的难易程度、是否需要克服技术上的困难、转用所带来的技术效果等。(1) 如果转用是在类似的或者相近的技术领域之间进行的，并且未产生预料不到的技术效果，则这种转用发明不具备创造性。……(2) 如果这种转用能够产生预料不到的技术效果，或者克服了原技术领域中未曾遇到的困难，则这种转用发明具有突出的实质性特点和显著的进步，具备创造性。"衣柜和书柜属于相同的领域，将用于衣柜的自动闭合门结构用到书柜中，这种转用无须付出创造性劳动，也未出现意料不到的技术效果，故不具备创造性。故选项 B 正确，符合题意。

C.《专利审查指南 2010》2-4-4.2 "组合发明"之 (1) "显而易见的组合"中规定："如果要求保护的发明仅仅是将某些已知产品或方法组合或连接在一起，各自以其常规的方式工作，而且总的技术效果是各组合部分效果之总和，组合后的各技术特征之间在功能上无相互作用关系，仅仅是一种简单的叠加，则这种组合发明不具备创造性。"电子表贴在鱼缸上属于组合发明，获得的功能仅仅是两者的简单叠加，不具备创造性，故选项 C 正确，符合题意。

D.《专利审查指南 2010》2-4-4.5 "已知产品的新用途发明"中规定："已知产品的新用途发明，是指将已知产品用于新的目的的发明。在进行已知产品新用途发明的创造性判断时通常需要考虑：新用途与现有用途技术领域的远近、新用途所带来的技术效果等。(1) 如果新的用途仅仅是使用了已知材料的已知性质，则该用途发明不具备创造性。……(2) 如果新的用途是利用了已知产品新发现的性质，并且产生了预料不到的技术效果，则这种用途发明具有突出的实质性特点和显著的进步，具备创造性。"杀菌剂作为抛光机使用属已知物质的新用途，由于出现了意想不到的技术效果，故具备创造性，故选项 D 错误，不符合题意。

62.（2015 年卷一第 7 题）下列说法哪个是错误的？
A. 如果一项发明与现有技术相比具有预料不到的技术效果，则该发明具备创造性
B. 如果一项发明与现有技术相比不具有预料不到的技术效果，则该发明一定不具备创造性
C. 对发明创造性的评价应当针对权利要求限定的技术方案进行，未写入权利要求中的技术特征不予考虑
D. 如果发明仅是从一些已知的可能性中进行选择，而选出的方案未能取得预料不到的技术效果，则该发明不具备创造性

【知识要点】判断创造性的原则和基准

【解析】A.《专利审查指南 2010》2-4-6.3 "对预料不到的技术效果的考虑"中规定："如果发明与现有技术相比具有预料不到的技术效果，则不必再怀疑其技术方案是否具有突出的实质性特点，可以确定发明具备创造性。"据此，选项 A 正确，不符合题意。

B.《专利审查指南 2010》2-4-6.3 "对预料不到的技术效果的考虑"中规定："应当注意的是，如果通过本章第 3.2 节中所述的方法，可以判断出发明的技术方案对本领域的技术人员来说是非显而易见的，且能够产生有益的技术效果，则发明具有突出的实质性特点和显著的进步，具备创造性，此种情况不应强调发明是否具有预料不到的技术效果。"由此可见，具有预料不到的技术效果是发明或实用新型具备创造性的充分非必要条件，如果一项发明与现有技术相比不具有预料不到的技术效果，并不能就此断定该发明一定不具备创造性。据此，选项 B 表述错误，符合题意。

C.《专利审查指南 2010》2-4-6.4 "对要求保护的发明进行审查"中规定："发明是否具备创造性是针对要求保护的发明而言的，因此，对发明创造性的评价应当针对权利要求限定的技术方案进行。发明对现有技术作出贡献的技术特征，例如，使发明产生预料不到的技术效果的技术特征，或者体现发明克服技术偏见的技术特征，应当写入权利要求中；否则，即使说明书中有记载，评价发明的创造性时也不予考虑。"据此，选项 C 表述正确，不符合题意。

D.《专利审查指南 2010》2-4-4.3 "选择发明"中规定："如果发明仅是从一些已知的可能性中进行选择，或者发明仅仅是从一些具有相同可能性的技术方案中选出一种，而选出的方案未能取得预料不到的技术效果，则该发明不具备创造性。"据此，选项 D 表述正确，不符合题意。

63.（2014 年卷一第 89 题）一种关于油漆的发明，与现有技术的区别仅在于不含防冻剂。在下列哪些情形下，该发明可能具备创造性？
A. 该油漆不具有防冻效果，其余性能稍有下降
B. 该油漆不具有防冻效果，其余性能不变
C. 该油漆仍具有防冻效果，其余性能不变
D. 该油漆不具有防冻效果，其余性能显著提高

【知识要点】判断创造性的原则和基准

【解析】根据《专利审查指南 2010》2-4-4.6.3 "要素省略的发明"中的规定（参见本章第 61 题解析 A）可知：
A.B. 在选项 A、B 中去除防冻剂后的油漆不具有防冻效果，则相应的发明不具备创造性。故选项 A、B 错误，不符合题意。
C.D. 在选项 C 中去除防冻剂后的油漆仍具有防冻效果，则相应的发明具备创造性。在选项 D 中去除防冻剂后油漆后，其余性能显著提高。若能带来意想不到的效果，则可能具备创造性。故选项 C、D 正确，符合题意。

64.（2012 年卷一第 32 题）下列关于发明的创造性的说法哪些是正确的？
A. 在评价发明是否具备创造性时，不仅要考虑发明的技术方案本身，还要考虑发明所属技术领域、所解决的技术问题和所产生的技术效果
B. 发明的某一技术特征与最接近的现有技术的对应特征有区别，则该发明必然具备创造性

C. 对创造性的评价无需考虑创立发明的途径
D. 发明提供了一种技术构思不同的技术方案，其技术效果能够基本上达到现有技术的水平，则可以说明该发明具有显著的进步

【知识要点】判断创造性的原则与基准

【解析】A.B.《专利审查指南2010》2-4-3.1"审查原则"中规定："在评价发明是否具备创造性时，审查员不仅要考虑发明的技术方案本身，而且还要考虑发明所属的技术领域、所解决的技术问题和所产生的技术效果，将发明作为一个整体看待。与新颖性'单独对比'的审查原则（参见本部分第三章第3.1节）不同，审查创新性时，将一份或多份现有技术中的不同的技术内容组合在一起对要求保护的发明进行评价。如果一项独立权利要求具备创造性，则不再审查该独立权利要求的从属权利要求的创造性。"故选项A正确，符合题意；选项B错误，不符合题意。

C.《专利审查指南2010》2-4-6.1"创立发明的途径"中规定："不管发明者在创立发明的过程中是历尽艰辛，还是唾手而得，都不影响对该发明创造性的评价。绝大多数发明是发明者创造性劳动的结晶，是长期科学研究或者生产实践的总结。但是，也有一部分发明是偶然做出的。"故选项C正确，符合题意。

D.《专利审查指南2010》2-4-3.2.2"显著的进步的判断"中规定："在评价发明是否具有显著的进步时，主要应当考虑发明是否具有有益的技术效果。以下情况，通常应当认为发明具有有益的技术效果，具有显著的进步：(1) 发明与现有技术相比具有更好的技术效果，例如，质量改善、产量提高、节约能源、防治环境污染等；(2) 发明提供了一种技术构思不同的技术方案，其技术效果能够基本上达到现有技术的水平；……"故选项D正确，符合题意。

65.（2012年卷一第73题）在判断选择发明的创造性时，下列说法哪些是正确的？
A. 在进行选择发明创造性的判断时，选择所带来的预料不到的技术效果是考虑的主要因素
B. 如果发明是可以从现有技术中直接推导出来的选择，则该发明不具备创造性
C. 如果发明仅仅是从一些具有相同可能性的技术方案中选出一种，而选出的方案未能取得预料不到的技术效果，则该发明不具备创造性
D. 如果发明是在可能的、有限的范围内选择具体的温度范围，则该发明不具备创造性

【知识要点】判断创造性的原则和基准

【解析】《专利审查指南2010》2-4-4.3"选择发明"中规定："选择发明，是指从现有技术中公开的宽范围中，有目的地选出现有技术中未提到的窄范围或个体的发明。在进行选择发明创造性的判断时，选择所带来的预料不到的技术效果是考虑的主要因素。(1) 如果发明仅是从一些已知的可能性中进行选择，或者发明仅仅是从一些具有相同可能性的技术方案中选出一种，而选出的方案未能取得预料不到的技术效果，则该发明不具备创造性。……(2) 如果发明是在可能的、有限的范围内选择具体的尺寸、温度范围或者其他参数，而这些选择可以由本领域的技术人员通过常规手段得到并且没有产生预料不到的技术效果，则该发明不具备创造性。……(3) 如果发明是可以从现有技术中直接推导出来的选择，则该发明不具备创造性。……(4) 如果选择使得发明取得了预料不到的技术效果，则该发明具有突出的实质性特点和显著的进步，具备创造性。"故选项A、B、C正确，符合题意。如果选项D能够产生预料不到的技术效果则仍可能具备创造性，故选项D错误，不符合题意。

66.（2011年卷一第43题）下列关于创造性的说法哪些是正确的？
A. 评价发明是否具备创造性，只需要考虑其技术方案和要解决的技术问题
B. 对于新的化学产品，如果其用途不能从结构或者组成相似的已知产品预见到，可以认为这种用途具备创造性
C. 一项发明是否具备创造性，只有在该发明具备新颖性的条件下才进行判断
D. 独立权利要求限定的发明具备创造性，其从属权利要求限定的发明不一定具备创造性

【知识要点】判断创造性的原则与基准

【解析】A.D. 根据《专利审查指南2010》2-4-3.1"审查原则"中的规定（参见本章第64题解析A.B），选项A、D错误，不符合题意。

B.《专利审查指南2010》2-10-6.2"化学产品用途发明的创造性"之(1)"新产品用途发明的创造性"中规定："对于新的化学产品，如果该用途不能从结构或者组成相似的已知产品预见到，可以认为这种新产品的用途发明有创造性。……"故选项B正确，符合题意。

C.《专利审查指南2010》2-4-3"发明创造性的审查"中规定："一件发明专利申请是否具备创造性，只有在该发明具备新颖性的条件下才予以考虑。"故选项C正确，符合题意。

67.（2009年卷一第52题）一件发明专利申请的权利要求如下：
"1. 一种生产化合物b的方法，该方法包括：(1) 向化合物a中加入催化剂d，20℃～60℃反应8小时；(2) 分离获得化合物b。
2. 权利要求1所述的方法，其中所述的催化剂d是人工合成的。
3. 权利要求1所述的方法，其中所述的催化反应温度为50℃。

4. 权利要求1所述的方法制得的化合物b，该化合物用于餐具消毒。"

一份对比文件中公开了一种以a为底物生产具有抗菌活性化合物b的方法，使用催化剂c，催化温度为50℃。使用催化剂d催化此类反应对本领域技术人员来说不是显而易见的，且使用d能提高转化率。在上述权利要求得到说明书支持的情况下，哪些权利要求相对于该对比文件具备创造性？

A. 权利要求1　　B. 权利要求2　　C. 权利要求3　　D. 权利要求4

【知识要点】创造性的判断

【解析】A. 根据《专利审查指南2010》2-4-2.2"突出的实质性特点"中的规定（参见本章第58题解析D），以及根据《专利审查指南2010》2-4-2.3"显著的进步"中的规定（参见本章第58题解析A），使用催化剂d对本领域技术人员来说是非显而易见的，且使用d能提高转化率产生了有益的技术效果。故选项A正确，符合题意。

B、C.《专利审查指南2010》2-4-3.1"审查原则"中规定："如果一项独立权利要求具备创造性，则不再审查该独立权利要求的从属权利要求的创造性。"故选项B、C正确，符合题意。

D. 选项D并非选项A的从属权利要求，而是与选项A并列的独立权利要求，《专利审查指南2010》2-4-4.5"已知产品的新用途发明"中规定："已知产品的新用途发明，是指将已知产品用于新的目的的发明。"对比文件已经公开了化合物b具有抗菌活性，相对于对比文件，将化合物b用于餐具消毒并非用于新的目的。故选项D错误，不符合题意。

68.（2009年卷一第85题）某件发明专利申请的权利要求如下：

"1. 一种治疗哮喘病的药物，其中含有化合物Y和化合物W，Y和W的重量比为1∶3～5∶1。

2. 权利要求1所述的药物，其中化合物Y和化合物W的重量比为4∶1。"

说明书中记载了所述药物的实验效果，化合物Y和W联合治疗哮喘病的有效率约90%，副作用显著降低。当化合物Y和W之间的比例为4∶1时，效果最好，能使药效时间延长。对比文件1公开了化合物Y及其用于治疗哮喘病的用途，副作用小，但疗效差，有效率近30%。对比文件2公开了化合物W及其用于治疗哮喘病的用途，化合物W治疗哮喘病效果较好，有效率约50%，但副作用明显。下列说法哪些是正确的？

A. 权利要求1相对于对比文件1和2的组合具备创造性
B. 权利要求1相对于对比文件1和2的组合不具备创造性
C. 权利要求2相对于对比文件1和2的组合具备创造性
D. 权利要求2相对于对比文件1和2的组合不具备创造性

【知识要点】创造性的判断

【解析】《专利审查指南2010》2-4-4.2"组合发明"之（2）"非显而易见的组合"中规定："如果组合的各技术特征在功能上彼此支持，并取得了新的技术效果；或者说组合后的技术效果比每个技术特征效果的总和更优越，则这种组合具有突出的实质性特点和显著的进步，发明具备创造性。其中组合发明的每个单独的技术特征本身是否完全或部分已知并不影响对该发明创造性的评价。"故选项A、C正确，符合题意；选项B、D错误，不符合题意。

69.（2002年卷四第63题）如果使发明产生预料不到的技术效果的技术特征仅在说明书中有记载，在评价其权利要求创造性时应如何考虑该技术效果？

A. 应当予以考虑　　　　　　　　　　B. 不予考虑
C. 视发明的技术内容予以考虑　　　　D. 视不同的对比文件予以考虑

【知识要点】创造性的判断

【解析】《专利审查指南2010》2-4-6.4"对要求保护的发明进行审查"中规定："发明是否具备创造性是针对要求保护的发明而言的，因此，对发明创造性的评价应当针对权利要求限定的技术方案进行。发明对现有技术作出贡献的技术特征，例如，使发明产生预料不到的技术效果的技术特征，或者体现发明克服技术偏见的技术特征，应当写入权利要求中；否则，即使说明书中有记载，评价发明的创造性时也不予考虑。"故选项A、C、D错误，不符合题意；选项B正确，符合题意。

（三）实用新型创造性的判断

70.（2002年卷四第84题）以下关于判断实用新型创造性时考虑因素的哪些说法是正确的？

A. 应将权利要求中记载的所有技术特征作为必要技术特征加以考虑
B. 对于权利要求中记载的材料特征不予考虑
C. 对于权利要求中记载的方法特征不予考虑
D. 对于权利要求中不导致实用新型要求保护产品的形状、构造或者其结合相对于现有技术产生变化的技术特征均不予考虑

【知识要点】实用新型创造性的审查

【解析】《专利审查指南2010》4-6-4"实用新型专利创造性的审查"中规定："在实用新型专利创造性的审查

中，应当考虑其技术方案中的所有技术特征，包括材料特征和方法特征。"故选项A正确，符合题意；选项B、C、D错误，不符合题意。

四、实用性

（一）实用性的概念

71.（2016年卷一第42题）下列有关实用性的说法哪些是正确的？
A. 判断实用性应当以申请日提交的说明书（包括附图）和权利要求书所公开的整体技术内容为依据，而不仅仅局限于权利要求所记载的内容
B. 某产品的制备方法，其对环境清洁度有苛刻要求，导致实施时成品率极低，所以该制备方法不具备实用性
C. 具备实用性的发明或者实用新型应该能够制造或使用，并且应当已经实施
D. 满足实用性要求的技术方案应当符合自然规律并且具有再现性

【知识要点】实用性的概念、判断实用性的原则和基准

【解析】A、C.《专利审查指南2010》2-5-3.1"审查原则"中规定："审查发明或者实用新型专利申请的实用性时，应当遵循下列原则：(1)以申请日提交的说明书（包括附图）和权利要求书所公开的整体技术内容为依据，而不仅仅局限于权利要求所记载的内容；(2)实用性与所申请的发明或者实用新型是怎样创造出来的或者是否已经实施无关。"故选项A正确，符合题意；选项C错误，不符合题意。

B.《专利审查指南2010》2-5-3.2.1"无再现性"中规定："具有实用性的发明或者实用新型专利申请主题，应当具有再现性。反之，无再现性的发明或者实用新型专利申请主题不具备实用性。再现性，是指所属技术领域的技术人员，根据公开的技术内容，能够重复实施专利申请中为解决技术问题所采用的技术方案。这种重复实施不得依赖任何随机的因素，并且实施结果应该是相同的。但是，审查员应当注意，申请发明或者实用新型专利的产品的成品率低与不具有再现性是有本质区别的。前者是能够重复实施，只是由于实施过程中未能确保某些技术条件（例如环境洁净度、温度等）而导致成品率低；后者则是在确保发明或者实用新型专利申请所需全部技术条件下，所属技术领域的技术人员仍不可能重复实现该技术方案所要求达到的结果。"故选项B错误，不符合题意。

D.《专利审查指南2010》2-5-3.2.2"违背自然规律"中规定："具有实用性的发明或者实用新型专利申请应当符合自然规律。违背自然规律的发明或者实用新型专利申请是不能实施的，因此，不具备实用性。审查员应当特别注意，那些违背能量守恒定律的发明或者实用新型专利申请的主题，例如永动机，必然是不具备实用性的。"故选项D正确，符合题意。

72.（2015年卷一第9题）以下关于实用性的观点哪个是正确的？
A. 发明的实用性，是指其申请的主题必须能够在产业上制造或者使用，并能够产生积极效果
B. 发明必须相对于现有技术产生了更好的技术效果才具备实用性
C. 一项发明的市场销售状况不好，可以确定该发明不具备实用性
D. 一项发明在实施过程中成品率低，可以确定该发明不具备实用性

【知识要点】实用性的概念

【解析】A.《专利审查指南2010》2-5-2"实用性的概念"中规定："实用性，是指发明或者实用新型申请的主题必须能够在产业上制造或者使用，并且能够产生积极效果。"故选项A正确，符合题意。

B. 根据前述规定，实用性要求产生"积极的技术效果"即可，而不是"更好的技术效果"。故选项B错误，不符合题意。

C. 根据前述规定，实用性考虑的是发明或者实用新型的技术方案"能够在产业上制造或者使用"，而非考虑其商业应用，因此，其市场销售状况的好坏与其是否具有实用性并无必然联系。故选项C错误，不符合题意。

D. 根据《专利审查指南2010》2-5-3.2.1"无再现性"中的规定（参见本章第71题解析B），是否已经制造以及制造出的产品的成品率高低与实用性并无必然联系。故选项D错误，不符合题意。

73.（2015年卷一第44题）下列哪些专利申请的技术方案不具备实用性？
A. 一种南水北调的方法，其特征在于依照地形地貌的特点，由丹江口水库引水，自流供水给黄淮平原地区
B. 一种手工编织地毯的方法，其特征在于以旧毛线和粗帆布为原料经手工编制而成
C. 一种微型机器人，其特征在于用于外科手术中
D. 一种纹眉的方法，其特征在于用纹眉针刺入皮肤，注入纹眉液

【知识要点】实用性的概念、判断实用性的原则和基准

【解析】A.《专利审查指南2010》2-5-3.2.3"利用独一无二的自然条件的产品"中规定："具备实用性的发明或者实用新型专利申请不得是由自然条件限定的独一无二的产品。利用特定的自然条件建造的自始至终都是不可移动的唯一产品不具备实用性。"选项A中的南水北调方法利用了特定的自然条件，不具备实用性。故选项A正确，符合题意。

B. 根据《专利审查指南2010》2-5-2"实用性的概念"中的规定（参见本章第72题解析A），所谓"能够在产业上制造"不仅包括机械方式的生产制造，也包括手工方式的生产制造，因此，选项B中手工编织地毯的方法具备实用性。故选项B错误，不符合题意。

C. 选项C要求保护的是产品"微型机器人"，尽管其用途是用于外科手术，但是该产品本身是能够在产业上制造或者使用并且能够产生积极效果的，因此，该技术方案具备实用性。故选项C错误，不符合题意。

D. 《专利审查指南2010》2-5-3.2.4"人体或者动物体的非治疗目的的外科手术方法"中规定："非治疗目的的外科手术方法，由于是以有生命的人或者动物为实施对象，无法在产业上使用，因此不具备实用性。例如，为美容而实施的外科手术方法，或者采用外科手术从活牛身体上摘取牛黄的方法，以及为辅助诊断而采用的外科手术方法，例如实施冠状造影之前采用的外科手术方法等。"选项D的纹眉方法是一种非治疗目的的外科手术方法，因此不具备实用性。故选项D正确，符合题意。

74. (2004年卷四第54题) 以下关于实用性概念的哪些说法是错误的？
A. 发明具有实用性，是指发明申请主题能够制造或者使用，并且能够产生积极效果
B. 发明能够制造或者使用，是指在申请日时，发明的技术方案已经实现或实施过
C. 发明能够产生积极效果，是指在审查该申请之日，它能够产生有益的经济、技术和社会效果
D. 发明所产生的积极效果是指申请人在原始说明书中所记载的

【知识要点】实用性

【解析】A. 根据《专利审查指南2010》2-5-2"实用性的概念"中的规定（参见本章第72题解析A），选项A正确，不符合题意。

B. 《专利审查指南2010》2-5-3.1"审查原则"之（2）中规定："实用性与所申请的发明或者实用新型是怎样创造出来的或者是否已经实施无关。"《专利审查指南2010》2-5-3.2"审查基准"中规定："专利法第二十二条第四款所说的'能够制造或者使用'是指发明或者实用新型的技术方案具有在产业中被制造或使用的可能性。满足实用性要求的技术方案不能违背自然规律并且应当具有再现性。因不能制造或者使用而不具备实用性是由技术方案本身固有的缺陷引起的，与说明书公开的程度无关。"故选项B错误，符合题意。

C.D. 《专利审查指南2010》2-5-2"实用性的概念"中规定："能够产生积极效果，是指发明或者实用新型专利申请在提出申请之日，其产生的经济、技术和社会的效果是所属技术领域的技术人员可以预料到的。这些效果应当是积极的和有益的。"故选项C、D错误，符合题意。

（二）判断实用性的原则和基准

75. (2014年卷一第76题) 下列关于实用性的说法哪些是正确的？
A. 具备实用性的发明或者实用新型必须已经实施
B. 具备实用性的发明或者实用新型必须符合自然规律
C. 具备实用性的发明或者实用新型必须具备较高的成品率
D. 具备实用性的发明或者实用新型不能是由自然条件限定的独一无二的产品

【知识要点】判断实用性的原则和基准

【解析】A. 根据《专利审查指南2010》2-5-3.1"审查原则"中的规定（参见本章第71题解析A.C），选项A错误，不符合题意。

B. 根据《专利审查指南2010》2-5-3.2.2"违背自然规律"中的规定（参见本章第71题解析D），选项B正确，符合题意。

C. 根据《专利审查指南2010》2-5-3.2.1"无再现性"中的规定（参见本章第71题解析B），选项C错误，不符合题意。

D. 根据《专利审查指南2010》2-5-3.2.3"利用独一无二的自然条件的产品"中的规定（参见本章第73题解析A），选项D正确，符合题意。

76. (2014年卷一第86题) 下列哪些发明不具备实用性？
A. 一种利用喜马拉雅山上的冰雪制造的无污染冰水
B. 一种通过对皮肤进行喷水和按摩而使皮肤焕发光泽的美容方法
C. 一种测量人体对极限严寒的耐受程度的方法
D. 一种测量企鹅对极限严寒的耐受程度的方法

【知识要点】判断实用性的原则和基准

【解析】A. 《专利审查指南2010》2-5-3.2.3"利用独一无二的自然条件的产品"中规定：（参见本章第73题解析A）。选项A中喜马拉雅山上的冰雪是特定自然条件的原材料，但以其制造的无污染冰水不能视为由自然条件限定的独一无二的产品，选项A的发明具备实用性。故选项A错误，不符合题意。

B.《专利审查指南2010》2-1-4.3.2.2"不属于治疗方法的发明"中规定："……(5) 单纯的美容方法，即不介入人体或不产生创伤的美容方法，包括在皮肤、毛发、指甲、牙齿外部可为人们所视的部位局部实施的、非治疗目的的身体除臭、保护、装饰或者修饰方法。"即单纯的美容方法不属于治疗方法，不得依据《专利法》第25条第1款第（三）项"疾病的诊断和治疗方法"拒绝授予其专利权。可见，单纯的美容方法是具备实用性、可以授予专利权的。故选项B错误，不符合题意。

C.D.《专利审查指南2010》2-5-3.2.5"测量人体或动物体在极限情况下的生理参数的方法"中规定："测量人体或动物体在极限情况下的生理参数需要将被测对象置于极限环境中，这会对人或动物的生命构成威胁，不同的人或动物个体可以耐受的极限条件是不同的，需要有经验的测试人员根据被测对象的情况来确定其耐受的极限条件，因此这类方法无法在产业上使用，不具备实用性。以下测量方法属于不具备实用性的情况：(1) 通过逐渐降低人或动物的体温，以测量人或动物对寒冷耐受程度的测量方法；(2) 利用降低吸入气体中氧气分压的方法逐级增加冠状动脉的负荷，并通过动脉血压的动态变化观察冠状动脉的代偿反应，以测量冠状动脉代谢机能的非侵入性的检查方法。"故选项C、D正确，符合题意。

77.（2012年卷一第63题）下列主题哪些不具备实用性？

A. 永动机
B. 逐渐降低动物的体温，以测量动物对寒冷耐受程度的测量方法
C. 具有很好抗震效果的活动板房
D. 为美容而实施的外科手术方法

【知识要点】判断实用性的原则和基准

【解析】A. 根据《专利审查指南2010》2-5-3.2.2"违背自然规律"中的规定（参见本章第71题解析D），不能够实现的发明不具有实用性，选项A不具备实用性。故选项A正确，符合题意。

B. 根据《专利审查指南2010》2-5-3.2.5"测量人体或者动物体在极限情况下的生理参数的方法"中的规定（参见本章第76题解析C.D），选项B不具备实用性。故选项B正确，符合题意。

C. 选项C中的活动板房能够制造和使用并具有很好抗震效果，选项C具备实用性。故选项C错误，不符合题意。

D. 根据《专利审查指南2010》2-5-3.2.4"人体或动物体的非治疗目的的外科手术方法"的规定（参见本章第73题解析D），选项D不具备实用性。故选项D正确，符合题意。

78.（2004年卷一第4题）有关实用性的哪些说法是错误的？

A. 美容业不属于工业领域，因此与该行业相关的发明创造不具备实用性
B. 某一发明涉及炼钢的方法，但会对环境产生不可逆转的严重污染，因此该发明不具备实用性
C. 某引水渠的设计方案构思奇妙，充分利用了沿途独有的自然条件，大大降低了工程造价，该设计方案具备实用性
D. 作用于有生命的人体的外科手术方法不具备实用性

【知识要点】实用性

【解析】A. 实用性中要求的能够"在产业上"制造或者使用，不是仅指工业领域。即便美容业不属于工业领域，但只要与该行业相关的发明创造可以在产业上制造或者使用，就可以具备实用性。例如，美容行业中所使用的吹风机、电动剃发器等，就都具备实用性。故选项A错误，符合题意。

B.《专利审查指南2010》2-1-3"根据专利法第五条不授予专利权的发明创造"中规定："根据专利法第五条第一款的规定，发明创造的公开、使用、制造违反了法律、社会公德或者妨害了公共利益的，不能被授予专利权。"《专利审查指南2010》2-1-3.1.3"妨害公共利益的发明创造"中规定："妨害公共利益，是指发明创造的实施或使用会给公众或社会造成危害，或者会使国家和社会的正常秩序受到影响……发明创造的实施或使用会严重污染环境、严重浪费能源或资源、破坏生态平衡、危害公众健康的，不能被授予专利权……"选项B由于不符合《专利法》第5条的规定而不能授权，而并非不具备实用性，故选项B错误，符合题意。

C. 根据《专利审查指南2010》2-5-3.2.3"利用独一无二的自然条件的产品"中的规定（参见本章第73题解析A），选项C中的设计方案，主要充分利用了沿途的自然条件，才大大降低了工程造价，所以该设计方案不具备实用性。故选项C错误，符合题意。

D. 根据《专利审查指南2010》2-5-3.2.4"人体或者动物体的非治疗目的的外科手术方法"的规定（参见本章第73题解析D）故选项D正确，不符合题意。

五、综合题

79.（2015年卷一第43题）一件发明专利申请，涉及将已知的解热镇痛药阿司匹林用于预防心脑血管疾病，取得了预料不到的疗效，其权利要求书如下：

"1. 阿司匹林在制备预防心脑血管疾病的药物中的用途。

2. 用于预防心脑血管疾病的阿司匹林。"

一份现有技术文献公开了阿司匹林用作解热镇痛药物的用途。下列哪些说法是正确的?

A. 阿司匹林属于现有技术中已知的药物,权利要求2不具备新颖性
B. 用于预防心脑血管疾病的阿司匹林具有预料不到的疗效,权利要求2具备创造性
C. 阿司匹林在预防心脑血管疾病方面的新用途并未改变阿司匹林的成份结构,权利要求1不具备新颖性
D. 权利要求1的用途发明相对于现有技术是非显而易见的,因此具备创造性

【知识要点】新颖性、创造性

【解析】A.《专利审查指南2010》2-3-3.2.5"包含性能、参数、用途或制备方法等特征的产品权利要求"中规定:"如果该用途由产品本身固有的特性决定,而且用途特征没有隐含产品在结构和/或组成上发生改变,则该用途特征限定的产品权利要求相对于对比文件的产品不具有新颖性。例如,用于抗病毒的化合物X的发明与用作催化剂的化合物X的对比文件相比,虽然化合物X用途改变,但决定其本质特性的化学结构式并没有任何变化,因此用于抗病毒的化合物X的发明不具备新颖性。"权利要求2"用于预防心脑血管疾病的阿司匹林"要求保护的是产品阿司匹林,其属于现有技术中已知的药物,对其进行限定的用途特征由其本身固有的特性决定,该产品不具备新颖性。故选项A正确,符合题意。

B.《专利审查指南2010》2-4-3"发明创造性的审查"中规定:"一件发明专利申请是否具备创造性,只有在该发明具备新颖性的条件下才予以考虑。"如前所述,权利要求2不具备新颖性,那么就不再考虑其创造性,权利要求2不具备创造性。故选项B错误,不符合题意。

C.《专利审查指南2010》2-10-5.4"化学产品用途发明的新颖性"中规定:"如果一项已知产品的新用途本身是一项发明,则已知产品不能破坏该新用途的新颖性。这样的用途发明属于使用方法发明,因为发明的实质不在于产品本身,而在于如何去使用它。"权利要求1"阿司匹林在制备预防心脑血管疾病的药物中的用途"是方法权利要求,其要求保护已知产品阿司匹林的新用途,具备新颖性。故选项C错误,不符合题意。

D.《专利审查指南2010》2-10-6.2"化学产品用途发明的创造性"中规定:"对于已知产品的用途发明,如果该新用途不能从产品本身的结构、组成、分子量、已知的物理化学性质以及该产品的现有用途显而易见地得出或预见到,而是利用了产品新发现的性质,并且产生了预料不到的技术效果,可认为这种已知产品的用途发明有创造性。"权利要求1"阿司匹林在制备预防心脑血管疾病的药物中的用途"是用途(方法)权利要求,其相对于现有技术是非显而易见的,并且产生了预料不到的技术效果,因此具备创造性。故选项D正确,符合题意。

80. (2015年卷一第46题) 以下关于新颖性、创造性、实用性的说法哪些是正确的?

A. 一项发明只有在具备新颖性的前提下,才判断其是否具备创造性和实用性
B. 授予专利权的发明应当具备新颖性、创造性和实用性
C. 具备创造性的发明一定具备新颖性
D. 从属权利要求具备创造性,则其引用的独立权利要求也具备创造性

【知识要点】新颖性、创造性、实用性

【解析】A.《专利审查指南2010》2-5-3"实用性的审查"中规定:"发明或者实用新型专利申请是否具备实用性,应当在新颖性和创造性审查之前首先进行判断。"故选项A错误,不符合题意。

B.《专利法》第22条第1款规定:"授予专利权的发明和实用新型,应当具备新颖性、创造性和实用性。"故选项B正确,符合题意。

C.《专利审查指南2010》2-4-3"发明创造性的审查"中规定:"一件发明专利申请是否具备创造性,只有在该发明具备新颖性的条件下才予以考虑。"故选项C正确,符合题意。

D.《专利法实施细则》第20条规定:"权利要求书应当有独立权利要求,也可以有从属权利要求。独立权利要求应当从整体上反映发明或者实用新型的技术方案,记载解决技术问题的必要技术特征。从属权利要求应当用附加的技术特征,对引用的权利要求作进一步限定。"根据该规定,从属权利要求用附加的技术特征对引用的权利要求作进一步限定,那么,在独立权利要求不具备新颖性和创造性的情形下,从属权利要求有可能因其附加的技术特征而具备新颖性和创造性。所以,从属权利要求具备创造性,并不代表其引用的独立权利要求也具备创造性。故选项D错误,不符合题意。

81. (2002年卷四第65题) 被审查申请的权利要求1包括X、Y、Z三个特征,对比文件1公开了特征X、Y,对比文件2公开了特征Z,特征Z在对比文件2中的作用与该申请中的作用相同。以下审查结论哪些是正确的?

A. 权利要求1不具备新颖性　　　　　B. 权利要求1具备新颖性
C. 权利要求1不具备创造性　　　　　D. 权利要求1具备创造性

【知识要点】新颖性、创造性的判断

【解析】A.B.《专利审查指南2010》2-3-3.1"审查原则"中规定:"审查新颖性时,应当根据以下原则进行判断:(1) 同样的发明或者实用新型　被审查的发明或者实用新型专利申请与现有技术或者申请日前由任何单位或者个

人向专利局提出申请并在申请日后（含申请日）公布或公告的（以下简称申请在先公布或公告在后的）发明或者实用新型的相关内容相比，如果其技术领域、所解决的技术问题、技术方案和预期效果实质上相同，则认为两者为同样的发明或者实用新型……（2）单独对比 判断新颖性时，应当将发明或者实用新型专利申请的各项权利要求分别与每一项现有技术或申请在先公布或公告在后的发明或实用新型的相关技术内容单独地进行比较，不得将其与几项现有技术或者申请在先公布或公告公布在后的发明或者实用新型内容的组合、或者与一份对比文件中的多项技术方案的组合进行对比。即，判断发明或者实用新型专利申请的新颖性适用单独对比的原则。这与发明或者实用新型专利申请创造性的判断方法有所不同。"故选项A错误，不符合题意；选项B正确，符合题意。

C、D.《专利审查指南2010》2-4-3.1"审查原则"中规定："根据专利法第二十二条第三款的规定，审查发明是否具备创造性，应当审查发明是否具备突出的实质性特点，同时还应当审查发明是否具备显著的进步……与新颖性'单独对比'的审查原则（参见本部分第三章第3.1节）不同，审查创造性时，将一份或者多份现有技术中的不同的技术内容组合在一起对要求保护的发明进行评价。"《专利审查指南2010》2-4-3.2.1"突出的实质性特点的判断"中规定："判断发明是否具备突出的实质性特点，就是要判断对本领域的技术人员来说，要求保护的发明相对于现有技术是否显而易见。如果要求保护的发明相对于现有技术是显而易见的，则不具有突出的实质性特点；反之，如果对比的结果表明要求保护的发明相对于现有技术是非显而易见的，则具有突出的实质性特点。"《专利审查指南2010》2-4-3.2.1.1"判断方法"中规定："……判断过程中，要确定的是现有技术整体上是否存在某种技术启示，即现有技术中是否给出将上述区别特征应用到该最接近的现有技术以解决其存在的技术问题（即发明实际解决的技术问题）的启示，这种启示会使本领域的技术人员在面对所述技术问题时，有动机改进该最接近的现有技术并获得要求保护的发明。如果现有技术存在这种技术启示，则发明是显而易见的，不具有突出的实质性特点。下述情况，通常认为现有技术中存在上述技术启示：……（iii）所述区别特征为另一份对比文件中披露的相关技术手段，该技术手段在该对比文件中所起的作用与该区别特征在要求保护的发明中为解决该重新确定的技术问题所起的作用相同。"故选项C正确，符合题意；选项D错误，不符合题意。

第三节 外观设计专利申请的授权条件

一、相关概念

（一）判断客体

82.（2016年卷一第5题）下列哪个主题可获得外观设计专利权？
A. 以企业商标标识为主体内容的瓶贴设计
B. 手机屏幕壁纸的设计
C. 艺术花瓶的设计
D. 可批量印制的摄影作品

【知识要点】外观设计专利保护客体

【解析】《专利审查指南2010》1-3-6.2"根据专利法第二十五条第一款第（六）项的审查"中规定："如果一件外观设计专利申请同时满足下列三个条件，则认为所述申请属于专利法第二十五条第一款第（六）项规定的不授予专利权的情形：(1) 使用外观设计的产品属于平面印刷品；(2) 该外观设计是针对图案、色彩或者二者结合而作出的；(3) 该外观设计主要起标识作用。"《专利审查指南2010》1-3-7.4"不授予外观设计专利权的情形"中规定："根据专利法第二条第四款的规定，以下属于不授予外观设计专利权的情形：……(8) 纯属美术、书法、摄影范畴的作品。……(11) 游戏界面以及与人机交互无关或者实现产品功能无关的产品显示装置所显示的图案，例如，电子屏幕壁纸、开关机画面、网站网页的图文排版。"以企业商标标识为主体内容的瓶贴设计，本质上就是一个商标。如果该设计被授予外观设计专利权，会存在重复保护的情况。外观设计需要和产品紧密结合，手机屏幕壁纸与产品结合得并不紧密，可批量印制的摄影作品则根本未与产品相结合，故两者都不属于外观设计。故选项A、B、D错误，不符合题意；选项C正确，符合题意。

（二）判断主体

83.（2004年卷四第96题）在宣告无效程序中判断外观设计是否符合专利法第二十三条第一款、第二款时，判断主体应当是下列哪些？
A. 本领域技术人员
B. 该外观设计专利的设计人
C. 外观设计产品的一般消费者
D. 专业设计人员

【知识要点】无效宣告程序中外观设计是否相同、相近似的判断主体

【解析】《专利审查指南2010》4-5-4"判断主体"中规定："在判断外观设计是否符合专利法第二十三条第一款、第二款规定时，应当基于涉案专利产品的一般消费者的知识水平和认知能力进行评价。不同种类的产品具有不同

的消费者群体。作为某种类外观设计产品的一般消费者应当具备下列特点：(1)对涉案专利申请日之前同种类或者相近种类产品的外观设计及其常用设计手法具有常识性的了解。例如，对于汽车，其一般消费者应当对市场上销售的汽车以及诸如大众媒体中常见的汽车广告中所披露的信息等有所了解。常用设计手法包括设计的转用、拼合、替换等类型。(2)对外观设计产品之间在形状、图案以及色彩上的区别具备一定的分辨力，但不会注意到产品的形状、图案以及色彩的微小变化。"故选项A、B、D错误，不符合题意；选项C正确，符合题意。

二、外观设计专利申请的授权条件

（一）不属于现有设计

84.（2016年第43题） 某外观设计专利申请的申请日为2010年9月30日，下列哪些设计构成了该申请的现有设计？
A. 2010年6月1日申请人本人在中国政府主办的展览会上展出了该外观设计产品
B. 2010年7月7日在法国某商场橱窗中陈列的设计
C. 2010年9月30日公开在某杂志中的设计
D. 2010年8月12日提出申请、2010年12月20日授权公告的中国外观设计专利申请中的设计

【知识要点】外观设计专利、不属于现有设计

【解析】《专利审查指南2010》4-5-2"现有设计"中规定："根据专利法第二十三条第四款的规定，现有设计是指申请日（有优先权的，指优先权日）以前在国内外为公众所知的设计。现有设计包括申请日以前在国内外出版物上公开发表过、公开使用过或者以其他方式为公众所知的设计。关于现有设计的时间界限、公开方式等参照第二部分第三章第2.1节的规定。现有设计中一般消费者所熟知的、只要提到产品名称就能想到的相应设计，称为惯常设计。例如，提到包装盒就能想到其有长方体、正方体形状的设计。"判断现有设计的标准是是否在申请日之前公开，但不包括申请日当天。选项A、B中的展出日和陈列日都在申请日之前，选项C中的公开日和申请日是同一日。选项D申请在先，公开在后，属于抵触申请，抵触申请不属于现有技术。故选项A、B正确，符合题意；选项C、D错误，不符合题意。

（二）不存在抵触申请

（三）与现有设计或者现有设计特征的组合相比具有明显区别

85.（2011年卷一第70题） 除产生独特视觉效果外，下列哪些外观设计与现有设计相比不具有明显区别？
A. 单纯采用基本几何形状或者对其仅作细微变化得到的外观设计
B. 单纯模仿自然物、自然景象的原有形态得到的外观设计
C. 纯模仿著名建筑物、著名作品的全部或者部分形状、图案、色彩得到的外观设计
D. 由其他种类产品的外观设计转用得到的玩具、装饰品、食品类产品的外观设计

【知识要点】外观设计

【解析】《专利审查指南2010》4-5-6.2.2"现有设计的转用"中规定："转用，是指将产品的外观设计应用于其他种类的产品。模仿自然物、自然景象以及将无产品载体的单纯形状、图案、色彩或者其结合应用到产品的外观设计中，也属于转用。以下几种类型的转用属于明显存在转用手法的启示的情形，由此得到的外观设计与现有设计相比不具有明显区别：(1)单纯采用基本几何形状或者对其仅作细微变化得到的外观设计；(2)单纯模仿自然物、自然景象的原有形态得到的外观设计；(3)单纯模仿著名建筑物、著名作品的全部或者部分形状、图案、色彩得到的外观设计；(4)由其他种类产品的外观设计转用得到的玩具、装饰品、食品类产品的外观设计。上述情形中产生独特视觉效果的除外。"故选项A、B、C、D均正确，符合题意。

86.（2014年卷一第44题） 下列哪些情形可以将两件产品的外观设计认定为实质相同的外观设计？
A. 互为镜像对称的两把椅子
B. 难以察觉细微差异的两扇百叶窗，其差异仅在于具体叶片数不同
C. 图案、色彩相同的两个长方体包装盒，其设计差别仅在于盒体的高度略有不同
D. 形状、图案和色彩均相同的铅笔和巧克力

【知识要点】外观设计实质相同的判断

【解析】《专利审查指南2010》4-5-5.1.2"外观设计实质相同"中规定："如果一般消费者经过对涉案专利与对比设计的整体观察可以看出，二者的区别仅属于下列情形，则涉案专利与对比设计实质相同：(1)其区别在于施以一般注意力不能察觉到的局部的细微差异，例如，百叶窗的外观设计仅有具体叶片数不同；(2)其区别在于使用时不容易看到或者看不到的部位，但有证据表明在不容易看到部位的特定设计对于一般消费者能够产生引人瞩目的视觉效果

的情况除外；(3)其区别在于将某一设计要素整体置换为该类产品的惯常设计的相应设计要素，例如，将带有图案和色彩的饼干桶的形状由正方体置换为长方体；(4)其区别在于将对比设计作为设计单元按照该种类产品的常规排列方式作重复排列或者将其排列的数量作增减变化，例如，将影院座椅成排重复排列或者将其成排座椅的数量作增减；(5)其区别在于互为镜像对称。"由此可知，选项A、B、C中的外观设计可以认定为实质相同的外观设计。选项A、B、C正确，符合题意。D选项中的铅笔和巧克力由于产品种类不相同也不相近似，根据《专利审查指南2010》4-5-5.1.2中的规定："对于产品种类不相同也不相近的外观设计，不进行涉案专利与对比设计是否实质相同的比较和判断，即可认定涉案专利与对比设计不构成实质相同……"形状、图案和色彩均相同的铅笔和巧克力不构成实质相同的外观设计。故选项D错误，不符合题意。

87.（2015年卷一第47题）下列哪些情形可以将两件产品的外观设计认定为实质相同的外观设计？
A. 互为镜像对称的两张电脑桌
B. 难以察觉细微差异的两扇百叶窗，其差异仅在于具体叶片数不同
C. 形状、图案和色彩均相同的两个玻璃杯子，其区别仅在于一个是钢化玻璃的，一个是普通玻璃的
D. 形状、图案和色彩均相同的浴巾和地毯

【知识要点】外观设计的实质相同

【解析】A、B. 根据《专利审查指南2010》4-5-5.1.2"外观设计实质相同"中的规定（参见本章第86题解析），可知选项A和B是实质相同的外观设计，故选项A、B正确，符合题意。

C.《专利审查指南2010》4-5-5.1.1"外观设计相同"中规定："如果涉案专利与对比设计仅属于常用材料的替换，或者仅存在产品功能、内部结构、技术性能或者尺寸的不同，而未导致产品外观设计的变化，二者仍属于相同的外观设计。"据此，选项C中形状、图案和色彩均相同而材料不同的两个玻璃杯子属于相同的外观设计。但是，必须注意的是，《专利审查指南2010》4-5-5"根据专利法第二十三条第一款的审查"中规定："不属于现有设计，是指在现有设计中，既没有与涉案专利相同的外观设计，也没有与涉案专利实质相同的外观设计。"且前引4-5-5.1.2的标题是"外观设计实质相同"、4-5-5.1.1的标题是"外观设计相同"，可见，在该指南中是严格区分相同与实质相同的。由此，排除逻辑学上的考量，仅从文字角度断定，选项C中两个玻璃杯应为相同而非实质相同的两个杯子，故选项C错误，不符合题意。本题的官方答案为A、B、C，不够严谨。

D.《专利审查指南2010》4-5-5.1.2"外观设计实质相同"中规定："外观设计实质相同的判断仅限于相同或者相近种类的产品外观设计。对于产品种类不相同也不相近的外观设计，不进行涉案专利与对比设计是否实质相同的比较和判断，即可认定涉案专利与对比设计不构成实质相同，例如，毛巾和地毯的外观设计。"故选项D错误，不符合题意。

88.（2010年卷一第36题）涉案外观设计专利与对比设计的区别属于下列哪些情形时，涉案专利与对比设计实质相同？
A. 仅将产品的材料由塑料替换为金属
B. 产品为单一色彩且仅作色彩改变
C. 仅在于暖气片的叶片数量一个为48片，另一个为46片
D. 两者区别仅在于互为镜像对称

【知识要点】外观设计相同或相近似判断

【解析】A. 根据《专利审查指南2010》4-5-5.1.1"外观设计相同"中的规定（参见本章第87题解析C），选项A属于"相同"（无区别）的外观设计，而非"实质相同"（略有区别）的外观设计，故选项A错误，不符合题意。

B.《专利审查指南2010》4-5-5.2.6.3"色彩的判断"中规定："单一色彩的外观设计仅作色彩改变，两者仍属于实质相同的外观设计。"故选项B正确，符合题意。

C、D. 根据《专利审查指南2010》4-5-5.1.2"外观设计实质相同"中的规定（参见本章第87题解析D）可知，选项C、D正确，符合题意。

89.（2008年卷一第74题）在进行外观设计相同或者实质相同判断时，下列哪些说法是正确的？
A. 一般应当用一项在先设计与被比设计进行单独对比
B. 只需将两项外观设计的主要部分进行对比
C. 可以借助放大镜、显微镜、化学手段对外观设计进行观察
D. 仅以产品的外观作为判断的对象

【知识要点】外观设计应当具有明显区别

【解析】A.《专利审查指南2010》4-5-5.2.1"单独对比"中规定："一般应当用一项对比设计与涉案专利进行单独对比，而不能将两项或者两项以上对比设计结合起来与涉案专利进行对比。涉案专利包含有若干项具有独立使用价值的产品的外观设计的，例如，成套产品外观设计或者同一产品两项以上的相似外观设计，可以用不同的对比设计与其所对应的各项外观设计分别进行单独对比。涉案专利是由组装在一起使用的至少两个构件构成的产品的外观设计

的，可以将与其构件数量相对应的明显具有组装关系的构件结合起来作为一项对比设计与涉案专利进行对比。"外观设计判断适用单独对比原则，故选项A正确，符合题意。

B.《专利审查指南2010》4-5-5.2.4"整体观察、综合判断"中规定："对比时应当采用整体观察、综合判断的方式。所谓整体观察、综合判断是指由涉案专利与对比设计的整体来判断，而不从外观设计的部分或者局部出发得出判断结论。"故选项B错误，不符合题意。

C.《专利审查指南2010》4-5-5.2.2"直接观察"中规定："在对比时应当通过视觉进行直接观察，不能借助放大镜、显微镜、化学分析等其他工具或者手段进行比较，不能由视觉直接分辨的部分或者要素不能作为判断的依据。例如，有些纺织品用视觉观看其形状、图案和色彩是相同的，但在放大镜下观察，其纹路有很大的不同。"故选项C错误，不符合题意。

D.《专利审查指南2010》4-5-5.2.3"仅以产品的外观作为判断的对象"中规定："在对比时应当仅以产品的外观作为判断的对象，考虑产品的形状、图案、色彩这三个要素产生的视觉效果。"故选项D正确，符合题意。

（注意：仅以产品的外观作为判断的对象，并不等于仅以产品的外观作为判断的全部基准。《专利审查指南2010》4-5-5.1.1"外观设计相同"中规定："外观设计相同，是指涉案专利与对比设计是相同种类产品的外观设计，并且涉案专利的全部外观设计要素与对比设计的相应设计要素相同，其中外观设计要素是指形状、图案以及色彩。如果涉案专利与对比设计仅属于常用材料的替换，或者仅存在产品功能、内部结构、技术性能或者尺寸的不同，而未导致产品外观设计的变化，二者仍属于相同的外观设计。在确定产品的种类时，可以参考产品的名称、国际外观设计分类以及产品销售时的货架分类位置，但是应当以产品的用途是否相同为准。相同种类产品是指用途完全相同的产品。例如机械表和电子表尽管内部结构不同，但是它们的用途是相同的，所以属于相同种类的产品。"《专利审查指南2010》5-5-5.1.2"外观设计实质相同"中规定："外观设计实质相同的判断仅限于相同或者相近种类的产品外观设计。对于产品种类不相同也不相近的外观设计，不进行涉案专利与对比设计是否实质相同的比较和判断，即可认定涉案专利与对比设计不构成实质相同，例如，毛巾和地毯的外观设计。相近种类的产品是指用途相近的产品。例如，玩具和小摆设的用途是相近的，两者属于相近种类的产品。应当注意的是，当产品具备多种用途时，如果其中部分用途相同，而其他用途不同，则二者应属于相近种类的产品。如带MP3的手表与手表都具备计时的用途，二者属于相近种类的产品。"

在进行外观设计相同或实质相同的判断时，首先应判断两者是否属于相同或相近种类。此外，《专利法》第59条第2款规定："外观设计专利权的保护范围以表示在图片或者照片中的该产品的外观设计为准，简要说明可以用于解释图片或者照片所表示的该产品的外观设计。"《专利审查指南2010》4-5-3"判断客体"中规定："在确定判断客体时，对于涉案专利，除应当根据外观设计的图片或者照片进行确定外，还应当根据简要说明中是否写明请求保护色彩、'平面产品中单元图案两方连续或者四方连续等无限定边界的情况'（简称为不限定边界）等内容加以确定。"）

90.（2004年卷四第97题）以下有关外观设计是否符合专利法第二十三条第一款、第二款的判断观点中哪些是正确的？

A. 产品种类不同的，即使其外观设计的形状、图案和色彩相同，也不应认为是外观设计相同
B. 在国际比赛中使用的赛车与供收藏的仿真赛车模型属于同一种类的产品
C. 对于变化状态的产品而言，应当以其在销售时呈现状态的外观与对比设计进行比较
D. 对于包装盒这类产品，应当以其使用状态下的形状来作为判断依据

【知识要点】外观设计相同或实质相同的判断原则

【解析】A.B.《专利审查指南2010》4-5-5.1.1"外观设计相同"中规定："外观设计相同，是指涉案专利与对比设计是相同种类产品的外观设计，并且涉案专利的全部外观设计要素与对比设计的相应设计要素相同，其中外观设计要素是指形状、图案以及色彩。如果涉案专利与对比设计仅属于常用材料的替换，或者仅存在产品功能、内部结构、技术性能或者尺寸的不同，而未导致产品外观设计的变化，二者仍属于相同的外观设计。在确定产品的种类时，可以参考产品的名称、国际外观设计分类以及产品销售时的货架分类位置，但是应当以产品的用途是否相同为准。相同种类产品是指用途完全相同的产品。例如机械表和电子表尽管内部结构不同，但是它们的用途是相同的，所以属于相同种类的产品。"《专利审查指南2010》4-5-5.1.2"外观设计实质相同"中规定："外观设计实质相同的判断仅限于相同或者相近种类的产品外观设计。对于产品种类不相同也不相近的外观设计，不进行涉案专利与对比设计是否实质相同的比较和判断，即可认定涉案专利与对比设计不构成实质相同，例如，毛巾和地毯的外观设计。相近种类的产品是指用途相近的产品。例如，玩具和小摆设的用途是相近的，两者属于相近种类的产品。应当注意的是，当产品具备多种用途时，如果其中部分用途相同，而其他用途不同，则二者应属于相近种类的产品。如带MP3的手表与手表都具备计时的用途，二者属于相近种类的产品。"故选项A正确，符合题意；选项B错误，不符合题意。

C.《专利审查指南2010》4-5-5.2.5.2"变化状态产品"中规定："变化状态产品，是指在销售和使用时呈现不同状态的产品。对于对比设计而言，所述产品在不同状态下的外观设计均可用作与涉案专利进行比较的对象。对于涉案专利而言，应当以其使用状态所示的外观设计作为与对比设计进行比较的对象，其判断结论取决于对产品各种使用

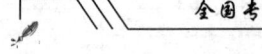

状态的外观设计的综合考虑。"故选项C错误，不符合题意。

D.《专利审查指南2010》4-5-5.2.6.1"形状的判断"中规定："对于包装盒这类产品，应当以其使用状态下的形状作为判断依据。"故选项D正确，符合题意。

（四）不与在先权利冲突

91.（2008年卷一第62题）授予专利权的外观设计不得与他人在先取得的哪些合法权利相冲突？
A. 商标权　　　　　B. 著作权　　　　　C. 肖像权　　　　　D. 知名商品特有包装使用权

【知识要点】在先取得的合法权利的含义

【解析】《专利法》第23条第3款规定："授予专利权的外观设计不得与他人在申请日以前已经取得的合法权利相冲突。"《最高人民法院关于审理专利纠纷案件适用法律问题的若干规定》第16条规定："专利法第二十三条所称的在先取得的合法权利包括：商标权、著作权、企业名称权、肖像权、知名商品特有包装或者装潢使用权等。"故选项A、B、C、D均正确，符合题意。

92.（2006年卷一第27题）某屏风厂未经许可将画家陈某未公开发表的绘画作品印制在其设计的屏风上，并申请和获得了外观设计专利。该屏风产品在市场上销售很好。陈某发现后认为该屏风厂侵犯了他的著作权。根据上述情况，判断以下哪些说法是正确的？
A. 由于屏风厂享有外观设计专利权，因此并不侵犯陈某的著作权
B. 陈某可以以屏风厂的外观设计专利权与其在先取得的合法权利相冲突为由，向专利复审委员会请求宣告屏风厂的专利权无效
C. 由于陈某的作品没有公开发表，因此不影响屏风厂外观设计申请的新颖性，该外观设计专利权不应当被宣告无效
D. 陈某可以其著作权受到侵害为由，直接向人民法院提起诉讼，要求屏风厂承担侵权责任

【知识要点】外观设计专利与在先权利相冲突的判断

【解析】A.《专利法》第23条第3款规定：（参见本章第91题解析）。并且《著作权法》第2条第1款规定："中国公民、法人或者其他组织的作品，不论是否发表，依照本法享有著作权。"画家陈某未公开发表的绘画作品仍享有著作权，属于在先取得的合法权利，某屏风厂未经许可使用，侵犯了陈某的著作权。故选项A错误，不符合题意。

B.《专利法实施细则》第65条第2款规定："前款所称无效宣告请求的理由，是指被授予的专利权不符合专利法第二条、第二十条第一款、第二十二条、第二十三条……"故选项B正确，符合题意。

C. 画家陈某的作品没有公开发表，不能以新颖性的理由宣告该外观设计专利权无效。但由于该作品属于在先权利，某屏风厂为未经许可使用，所以可根据《专利法》第23条以"与他人在先取得的合法权利相冲突"为理由宣告其无效。故选项C错误，不符合题意。

D. 某屏风厂的行为同时违反了《著作权法》的相关规定，所以陈某可以其著作权受到侵害为由，依据《著作权法》直接向人民法院提起诉讼。故选项D正确，符合题意。

参考答案

1. A B D	2. A C	3. A	4. C	5. B D	6. D
7. A	8. A B C	9. A B C	10. B D	11. B	12. C
13. B	14. B C D	15. A C	16. A B	17. B D	18. C
19. C	20. C	21. B D	22. A B	23. A B	24. B
25. B C D	26. A	27. B C	28. C D	29. A B D	30. B C D
31. C	32. A C D	33. A C	34. A C D	35. B D	36. A
37. B	38. A B C	39. A	40. A	41. B C	42. D
43. A B	44. A B D	45. C D	46. A D	47. B D	48. B C D
49. A D	50. A B	51. C D	52. B D	53. C	54. B D
55. A B C D	56. A B C	57. C	58. D	59. B C	60. C
61. A B C	62. B	63. B C	64. A C D	65. A B C	66. B C
67. A B C	68. B C	69. B D	70. A	71. A D	72. A
73. A D	74. B C D	75. B D	76. D	77. A D	78. A B C
79. A D	80. B C	81. B D	82. C	83. C	84. A B
85. A B C D	86. B C	87. A B	88. B C D	89. A D	90. A D
91. A B C D	92. B D				

第三章 对专利申请文件的要求

第一节 发明和实用新型专利申请文件

一、请求书

1. (2016年卷一第45题) 发明专利申请请求书中出现的下列哪些情形不符合相关规定?
   A. 申请人一栏填写为"李力 高级工程师"
   B. 发明人一栏填写为"王明 赵伟（不公开姓名）"
   C. 联系人一栏填写为"张宇，王量"
   D. 发明名称一栏填写为"一种发电装置"

   【知识要点】请求书的形式审查

   【解析】A.《专利审查指南2010》1-1-4.1.3.2"申请人是外国人、外国企业或者外国其他组织"中规定："申请人是个人的，其中文译名中可以使用外文缩写字母，姓和名之间用圆点分开，圆点置于中间位置，例如M·琼斯。姓名中不应当含有学位、职称等称号，例如××博士、××教授等。申请人是企业或者其他组织的，其名称应当使用中文正式译文的全称。对于申请人所属国法律规定具有独立法人地位的某些称谓允许使用。"申请人之间一律平等，写明自己的职称试图谋取一些优待不符合平等原则。故选项A错误，符合题意。

   B.《专利审查指南2010》1-1-4.1.2"发明人"中规定："发明人可以请求专利局不公布其姓名。提出专利申请时请求不公布发明人姓名的，应当在请求书'发明人'一栏所填写的相应发明人后面注明'（不公布姓名）'。不公布姓名的请求提出之后，经审查认为符合规定的，专利局在专利公报、专利申请单行本、专利单行本以及专利证书中均不公布其姓名，并在相应的位置注明'请求不公布姓名'字样，发明人也不得再请求重新公布其姓名。提出专利申请后请求不公布发明人姓名的，应当提交由发明人签字或者签章的书面声明，但是专利申请进入公布准备后才提出该请求的，视为未提出请求，审查员应当发出视为未提出通知书。外国发明人中文译名中可以使用外文缩写字母，姓和名之间用圆点分开，圆点置于中间位置，例如M·琼斯。"申请人可以请求不公布姓名，此时应该在请求书中写明不公布姓名。选项中的是"不公开"而不是"不公布"，不过这两个词汇并没有实质性差异，考生不必吹毛求疵。故选项B正确，不符合题意。

   C.《专利审查指南2010》1-1-4.1.4"联系人"中规定："申请人是单位且未委托专利代理机构的应当填写联系人，联系人是代替该单位接收专利局所发信函的收件人。联系人应当是本单位的工作人员，必要时审查员可以要求申请人出具证明。申请人为个人且需由他人代收专利局所发信函的，也可以填写联系人。联系人只能填写一人。填写联系人的，还需要同时填写联系人的通信地址、邮政编码和电话号码"。联系人只能是一人，不是两人，不然就不知道该寄给谁。故选项C错误，符合题意。

   D.《专利审查指南2010》1-1-4.1.1"发明名称"中规定："发明名称应当简短、准确地表明发明专利申请要求保护的主题和类型。"故选项D正确，不符合题意。

2. (2015年卷一第48题) 专利申请请求书中的下列哪些内容不符合相关规定?
   A. 发明名称：一种离心分解装置
   B. 发明人：××大学
   C. 专利代理机构名称：美国××专利代理事务所
   D. 申请人：××大学科研处

   【知识要点】请求书的形式审查

   【解析】A. 根据《专利审查指南2010》1-1-4.1.1"发明名称"中的规定（参见本章第1题解析D），选项A正确，不符合题意。

   B.《专利审查指南2010》1-1-4.1.2"发明人"中规定："发明人应当是个人，请求书中不得填写单位或者集体，例如不得写成'××课题组'等。"据此，选项B中的发明人是××大学，不是自然人，故选项B错误，符合题意。

   C.《专利审查指南2010》1-1-4.1.6"专利代理机构、专利代理人"中规定："专利代理机构应当依照专利代理条例的规定经国家知识产权局批准成立。"由此可见，专利申请中委托的专利代理机构应当是我国国内的专利代理机构。故选项C错误，符合题意。

   D.《专利审查指南2010》1-1-4.1.3.1"申请人是本国人"中规定："在专利局的审查程序中，审查员对请求书中填写的申请人一般情况下不作资格审查。申请人是个人的，可以推定该发明为非职务发明，该个人有权提出专利申请，除非根据专利申请的内容判断申请人的资格明显有疑义的，才需要通知申请人提供所在单位出具的非职务发明证明。申请人是单位的，可以推定该发明是职务发明，该单位有权提出专利申请，除非该单位的申请人资格明显有疑义的，例如填写的单位是××大学科研处或者××研究所××课题组，才需要发出补正通知书，通知申请人提供能表明

· 55 ·

其具有申请人资格的证明文件。"可见，××大学科研处这一广义上的单位并不具备作为申请人的资格。故选项D错误，符合题意。

3.（2010年卷一第34题）有下列哪些情形的，申请人应当在请求书中予以声明或者说明？
A. 同一申请人就同样的发明创造同日分别提出发明专利申请和实用新型专利申请
B. 申请专利的发明创造是依赖遗传资源完成的
C. 要求优先权
D. 要求提前公布发明专利申请

【知识要点】请求书中的声明或说明

【解析】A.《专利法实施细则》第41条第2款规定："同一申请人在同日（指申请日）对同样的发明创造既申请实用新型专利又申请发明专利的，应当在申请时分别说明对同样的发明创造已申请了另一专利；未作说明的，依照专利法第九条第一款关于同样的发明创造只能授予一项专利权的规定处理。"故选项A正确，符合题意。

B.《专利审查指南2010》1-1-5.3"涉及遗传资源的申请"中规定："就依赖遗传资源完成的发明创造申请专利，申请人应当在请求书中对于遗传资源的来源予以说明，并填写遗传资源来源披露登记表，写明该遗传资源的直接来源和原始来源。"故选项B正确，符合题意。

C.《专利法》第30条规定："申请人要求优先权的，应当在申请的时候提出书面声明，并且在三个月内提交第一次提出的专利申请文件的副本；未提出书面声明或者逾期未提交专利申请文件副本的，视为未要求优先权。"《专利审查指南2010》1-1-6.2.1.2"要求优先权声明"中规定："申请人要求优先权的，应当在提出专利申请的同时在请求书中声明；未在请求书中提出声明的，视为未要求优先权。"故选项C正确，符合题意。

D.《专利法》第34条规定："国务院专利行政部门收到发明专利申请后，经初步审查认为符合本法要求的，自申请日起满十八个月，即行公布。国务院专利行政部门可以根据申请人的请求早日公布其申请。"《专利法实施细则》第46条规定："申请人请求早日公布其发明专利申请的，应当向国务院专利行政部门声明。国务院专利行政部门对该申请进行初步审查后，除予以驳回的外，应当立即将申请予以公布。"提前公布发明专利申请的声明为单独的表格，并不是在请求书中声明的，故选项D错误，不符合题意。

4.（2004年卷四第35题）发明专利申请的发明名称应当正确地反映下述哪些内容？
A. 发明所属技术领域
B. 发明技术方案的主题
C. 发明技术方案的类型
D. 发明技术方案的国际专利分类

【知识要点】发明的名称

【解析】《专利审查指南2010》1-1-4.1.1"发明名称"中规定："请求书中的发明名称和说明书中的发明名称应当一致。发明名称应当简短、准确地表明发明专利申请要求保护的主题和类型。"《专利审查指南2010》2-2-2.2.1"名称"中规定："……发明或者实用新型的名称应当按照以下各项要求撰写……（3）清楚、简要、全面地反映要求保护的发明或者实用新型的主题和类型（产品或者方法），以利于专利申请的分类……"故选项B、C正确，符合题意；选项A、D错误，不符合题意。

5.（2014年卷一第41题）下列关于请求书中所填写事项的说法哪些是正确的？
A. 发明人在提出专利申请后请求国家知识产权局不公布其姓名的，应当提交发明人签字或盖章的书面声明
B. 国家知识产权局认为请求书中填写的外国申请人的国籍有疑义时，可以通知申请人提供国籍证明
C. 申请人是单位的，必须指定本单位的一名工作人员作为联系人
D. 无论申请人是中国人还是外国人，其填写的地址都应当是中国境内的地址

【知识要点】申请文件的形式审查

【解析】A. 根据《专利审查指南2010》1-1-4.1.2"发明人"中的规定（参见本章第1题解析B），选项A正确，符合题意。

B.《专利法实施细则》第33条规定："在中国没有经常居所或者营业所的申请人，申请专利或者要求外国优先权的，国务院专利行政部门认为必要时，可以要求其提供下列文件：（一）申请人是个人的，其国籍证明；（二）申请人是企业或者其他组织的，其注册的国家或者地区的证明文件；（三）申请人的所属国，承认中国单位和个人可以按照该国国民的同等条件，在该国享有专利权、优先权和其他与专利有关的权利的证明文件。"故选项B正确，符合题意。

C.《专利审查指南2010》1-1-4.1.4"联系人"中规定："申请人是单位且未委托专利代理机构的，应当填写联系人，联系人是代替该单位接收专利局所发信函的收件人。联系人应当是本单位的工作人员，必要时审查员可以要求申请人出具证明。"由此可知，只有在申请人是单位且未委托专利代理机构时，才必须指定联系人，对于委托了专利代理机构的单位，不需要指定联系人。故选项C错误，不符合题意。

D.《专利法实施细则》第16条规定："发明、实用新型或者外观设计专利申请的请求书应当写明下列事项：……（二）申请人是中国单位或者个人的，其名称或者姓名、地址、邮政编码、组织机构代码或居民身份证件号码；申请人是外国人、外国企业或者外国其他组织的，其姓名或者名称、国籍或者注册的国家或者地区……"《专利审查指南

2010》1-1-4.1.7"地址"中规定:"外国的地址应当注明国别、市（县、州），并附具外文详细地址。"故选项D错误,不符合题意。

6.（2015年卷一第8题）下列哪个发明名称符合相关规定?
A. 一种苹果牌手机
B. 一种治疗乙型肝炎的药物及其制备方法
C. 一种F-2痤疮治疗仪
D. 一种降低能耗的技术

【知识要点】发明名称
【解析】《专利审查指南2010》1-1-4.1.1"发明名称"中规定:"发明名称应当简短、准确地表明发明专利申请要求保护的主题和类型。发明名称中不得含有非技术词语，例如人名、单位名称、商标、代号、型号等；也不得含有含糊的词语，例如'及其他'、'及其类似物'等；也不得仅使用笼统的词语，致使未给出任何发明信息，例如仅用'方法'、'装置'、'组合物'、'化合物'等词作为发明名称。"
A. 选项A中使用了"苹果牌"商标这一非技术术语,不符合前述规定。故选项A错误,不符合题意。
B. 选项B的名称符合前述规定,故选项B正确,符合题意。
C. 选项C使用了"F-2"这一非技术术语,不符合前述规定,故选项C错误,不符合题意。
D. 选项D中"一种降低能耗的技术"不能准确地表明发明专利申请要求保护的类型（产品或者方法），不符合前述规定。故选项D错误,不符合题意。

二、权利要求书

（一）权利要求书

7.（2015年卷一第50题）下列权利要求的主题名称中,哪些不能清楚表明权利要求的类型?
A. 根据权利要求1,所述装置包括圆筒
B. 一种空气净化机作为空气加湿器的应用
C. 用二氯丙酸作为除草剂
D. 一种自动修复计算机系统元件的技术

【知识要点】权利要求的主题
【解析】《专利审查指南2010》2-2-3.2.2"清楚"中规定:"权利要求的主题名称应当能够清楚地表明该权利要求的类型是产品权利要求还是方法权利要求。不允许采用模糊不清的主题名称，例如，'一种……技术'，或者在一项权利要求的主题名称中既包含有产品又包含有方法，例如，'一种……产品及其制造方法'。"
A. 选项A只写明了引用的权利要求的编号而缺少其主题名称,不能清楚表明权利要求的类型。故选项A错误,符合题意。
B. "一种空气净化机作为空气加湿器的应用"表明该项权利要求是一种方法权利要求,能够清楚表明权利要求的类型。故选项B正确,不符合题意。
C. "用二氯丙酸作为除草剂"表明该项权利要求是一种产品权利要求,能够清楚表明权利要求的类型。故选项C正确,不符合题意。
D. "一种自动修复计算机系统元件的技术"是一种模糊不清的主题名称,不能表明权利要求的类型,故选项D错误,符合题意。

8.（2016年卷一第47题）关于发明专利申请权利要求的撰写,下列哪些说法是正确的?
A. 权利要求中使用的科技术语应当与说明书中的一致,权利要求书中可以有数学式
B. 如果一项权利要求包含了另一项权利要求中的所有技术特征,且对该另一项权利要求的技术方案作进一步限定,则该权利要求为从属权利要求
C. 某独立权利要求为:"1.一种茶杯,包括部件A和B,其特征在于:还包括部件C"。其从属权利要求可以对部件C进行限定,但不能再对部件A进行限定
D. 引用两项以上权利要求的多项从属权利要求,可以以择一方式引用在前的权利要求,并不得作为另一项多项从属权利要求的基础

【知识要点】权利要求书的撰写
【解析】A.《专利审查指南2010》2-2-3.3"权利要求的撰写规定"中规定:"权利要求中使用的科技术语应当与说明书中使用的科技术语一致。权利要求中可以化学式或者数学式，但是不得有插图。除绝对必要外，权利要求中不得使用'如说明书……部分所述'或者'如图……所示'类似用语。绝对必要的情况是指当发明或者实用新型涉及的某特定形状仅能用图形限定而无法用语言表达时，权利要求可以使用'如图……所示'等类似用语。权利要求中通常不允许使用表格，除非使用表格能够更清楚地说明发明或者实用新型要求保护的主题。"为避免产生歧义,权利要求书中使用的科技术语应当与说明书一致。数学式和化学式属于该领域内的通用语言,可以出现在权利要求中。故选项A正确,符合题意。
B.《专利审查指南2010》2-2-3.1.2"独立权利要求和从属权利要求"中规定:"如果一项权利要求包含了另一

项同类型权利要求中的所有技术特征,且对该另一项权利要求的技术方案作了进一步的限定,则该权利要求为从属权利要求。"由于从属权利要求用于附加的技术特征对所引用的权利要求作了进一步的限定,所以其保护的范围落在其所引用的权利要求的保护范围之内。独立权利要求和从属权利要求需要类型相同,选项B中没有强调类型相同这一要素。故选项B错误,不符合题意。

C、D.《专利审查指南2010》2-2-3.3.2"从属权利要求的撰写规定"中规定:"从属权利要求只能引用在前的权利要求。引用两项以上权利要求的多项从属权利要求只能以择一方式引用在前的权利要求,并不得作为被另一项多项从属权利要求引用的基础,即在后的多项从属权利要求不得引用在前的多项从属权利要求。……从属权利要求限定部分可以对在前的权利要求(独立权利要求或者从属权利要求)中的技术特征进行限定。在前的独立权利要求采用两部分撰写方式的,其后的从属权利要求不仅可以进一步限定该独立权利要求特征部分的特征,也可以进一步限定前序部分中的特征。"从属权利要求可以对独立权利要求作进一步的限定,至于进一步限定的技术特征,是在前序部分还是在特征部分不是问题。故选项C错误,不符合题意。从属权利要求可以引用多个在先的权利要求,但需要择一引用,并不能是"多项引多项"。故选项D正确,符合题意。

9.(2002年卷四第52题)专利法所规定的"权利要求书应当清楚、简要地限定其保护范围"的含义是什么?
A. 产品权利要求只能用产品的结构、组成特征来限定
B. 产品权利要求只能用工艺过程、步骤或条件来限定
C. 除非必要,应当避免使用功能或者效果特征来限定发明
D. 一项申请中不得出现两项以上保护范围实质上相同的同类权利要求

【知识要点】权利要求书应当清楚、简要

【解析】《专利法》第26条第4款规定:"权利要求书应当以说明书为依据,清楚、简要地限定要求专利保护的范围。"

A、B.《专利审查指南2010》2-2-3.2.2"清楚"中规定:"产品权利要求适用于产品发明或者实用新型,通常应当用产品的结构特征来描述。特殊情况下,当产品权利要求中的一个或多个技术特征无法用结构特征予以清楚地表征时,允许借助物理或化学参数表征;当无法用结构特征并且也不能用参数特征予以清楚地表征时,允许借助于方法特征表征。使用参数表征时,所使用的参数必须是所属技术领域的技术人员根据说明书的教导或通过所属技术领域的惯用手段可以清楚而可靠地加以确定的。"《专利审查指南2010》1-2-6.1"实用新型专利只保护产品"之(1)中规定:"权利要求中可以使用已知方法的名称限定产品的形状、构造,但不得包含方法的步骤、工艺条件等。"故选项A、B错误,不符合题意。

C.《专利审查指南2010》2-2-3.2.1"以说明书为依据"中规定:"通常,对产品权利要求来说,应当尽量避免使用功能或者效果特征来限定发明。只有在某一技术特征无法用结构特征来限定,或者技术特征用结构特征限定不如用功能或效果特征来限定更为恰当,而且该功能或者效果能通过说明书中规定的实验或者操作或者所属技术领域的惯用手段直接和肯定地验证的情况下,使用功能或者效果特征来限定发明才可能是允许的。"《专利审查指南2010》1-2-7.4"权利要求书"之(9)规定:"权利要求中应当尽量避免使用功能或者效果特征来限定实用新型,特征部分不得单纯描述实用新型功能,只有在某一技术特征无法用结构特征来限定,或者技术特征用结构特征限定不如用功能或者效果特征来限定更为恰当,而且该功能或者效果在说明书中有充分说明时,使用功能或者效果特征来限定实用新型才可能是允许的。"故选项C正确,符合题意。

D.《专利审查指南2010》2-2-3.2.3"简要"中规定:"权利要求书应当简要,一是指每一项权利要求应当简要,二是指构成权利要求书的所有权利要求作为一个整体也应当简要。例如,一件专利申请中不得出现两项或两项以上保护范围实质上相同的同类权利要求。"故选项D正确,符合题意。

10.(2014年卷一第97题)下列关于权利要求是否得到说明书的支持的说法哪些是正确的?
A. 在判断权利要求是否得到说明书的支持时,应当考虑说明书的全部内容
B. 为支持权利要求,说明书必须包括至少两个具体实施例
C. 如果权利要求的技术方案在说明书中存在一致性的表述,则权利要求必然得到说明书的支持
D. 纯功能性的权利要求得不到说明书的支持

【知识要点】权利要求应当以说明书为依据

【解析】《专利法》第26条第4款规定:"权利要求书应当以说明书为依据,清楚、简要地限定要求专利保护的范围。"《专利审查指南2010》2-2-3.2.1"以说明书为依据"中规定:"在判断权利要求是否得到说明书的支持时,应当考虑说明书的全部内容,而不是仅限于具体实施方式部分的内容。"故选项A正确,符合题意。该节中还规定:"权利要求通常由说明书记载的一个或多个实施方式或实施例概括而成。"故选项B错误,不符合题意。该节中还规定:"权利要求的技术方案在说明书中存在一致性的表述,并不意味着权利要求必然得到说明书的支持。只有当所属技术领域的技术人员能够从说明书充分公开的内容中得到或概括得出该项权利要求所要求保护的技术方案时,记载该技术方案的权利要求才被认为得到了说明书的支持。"故选项C错误,不符合题意。该节还明确规定:"纯功能性的权利要

求得不到说明书的支持，因而也是不允许的。"故选项D正确，符合题意。

11. (2013年卷一第86题) 某项电子锁专利的权利要求包括N、O、P三个技术特征，其中特征P对于实现电子锁的功能不起任何作用。下列哪些电子锁落入了该专利的保护范围？

A. 含有N、O、P、Q四个技术特征的电子锁
B. 含有N、O两个技术特征的电子锁
C. 含有N、O'、P三个技术特征的电子锁，其中O'是O的等同特征
D. 含有N、O、Q三个技术特征的电子锁，其中Q不等同于P

【知识要点】专利权的保护范围

【解析】《专利法》第59条第1款规定："发明或者实用新型专利权的保护范围以其权利要求的内容为准，说明书及附图可以用于解释权利要求的内容。"《最高人民法院关于审理侵犯专利权纠纷案件应用法律若干问题的解释》第7条规定："人民法院判定被诉侵权技术方案是否落入专利权的保护范围，应当审查权利人主张的权利要求所记载的全部技术特征。被诉侵权技术方案包含与权利要求记载的全部技术特征相同或者等同的技术特征的，人民法院应当认定其落入专利权的保护范围；被诉侵权技术方案的技术特征与权利要求记载的全部技术特征相比，缺少权利要求记载的一个以上的技术特征，或者有一个以上技术特征不相同也不等同的，人民法院应当认定其没有落入专利权的保护范围。"本题中，该项电子锁专利的权利要求所保护的技术方案由N、O、P三个技术特征构成，因此其保护范围就是含有该三个技术特征的技术方案。

A. 选项A中的电子锁由于包含了N、O、P三个技术特征，故落入了该项专利的保护范围。故选项A正确，符合题意。

B. 选项B中的电子锁由于仅包含了N、O两个技术特征，而没有包含P这个技术特征，故没有落入该项专利的保护范围。故选项B错误，不符合题意。

C. 选项C中的电子锁由于包含了N、O'、P三个技术特征，O'是O的等同特征，因此，选项C中的电子锁落入了该专利的保护范围。故选项C正确，符合题意。

D. 选项D中的电子锁由于含有N、O、Q三个技术特征，且Q不等同于P，故没有落入该项专利的保护范围。故选项D错误，不符合题意。

12. (2012年卷一第68题) 下列哪些权利要求得不到说明书的支持？

	权利要求	说明书
A.	一种碱性蛋白酶酶解蚕蛹蛋白的方法，……其中酶解反应液pH值为5.0~8.0。	仅公开了一个酶解反应液pH值为7.5的实施例
B.	一种废渣处理方法，……其中A步骤的处理温度是380℃~400℃。	技术方案部分所记载的A步骤的处理温度是350℃~400℃，两个实施例中A步骤的处理温度分别是380℃和400℃，
C.	一种柔性电纺丝喷嘴，……制作该喷嘴的材料为金属……	仅记载了制作该喷嘴的材料是铜，并明确说明用铜制作电纺丝喷嘴是利用其软金属特性
D.	一种图像处理设备，包括：触摸屏，……	文字部分未提及触摸屏，但在附图中绘制了具有触摸屏的图像处理设备

【知识要点】权利要求书应当以说明书为依据

【解析】A.B.《专利审查指南2010》2-2-2.2.6"具体实施方式"中规定："当一个实施例足以支持权利要求所概括的技术方案时，说明书中可以只给出一个实施例。当权利要求（尤其是独立权利要求）覆盖的保护范围较宽，其概括不能从一个实施例中找到依据时，应当给出至少两个不同实施例，以支持要求保护的范围。当权利要求相对于背景技术的改进涉及数值范围时，通常应给出两端值附近（最好是两端值）的实施例，当数值范围较宽时，还应当给出至少一个中间值的实施例。"故选项A未得到说明书的支持，符合题意。选项B得到了说明书的支持，不符合题意。

C.《专利审查指南2010》2-2-3.2.1"以说明书为依据"中规定："对于用上位概念概括或用并列选择方式概括的权利要求，应当审查这种概括是否得到说明书的支持。如果权利要求的概括包含申请人推测的内容，而其效果又难于预先确定和评价，应认为这种概括超出了说明书公开的范围。如果权利要求的概括使所属技术领域的技术人员有理由怀疑该上位概括或并列概括所包含的一种或多种下位概念或选择方式不能解决发明或者实用新型所要解决的技术问题，并达到相同的技术效果，则应当认为该权利要求没有得到说明书的支持。"实施例只给出了具有软金属特性的铜一个实例，权利要求中概括为全部"金属"得不到说明书的支持。故选项C正确，符合题意。

D.《专利审查指南2010》2-2-3.2.1"以说明书为依据"中还规定："在判断权利要求是否得到说明书的支持时，应当考虑说明书的全部内容，而不是仅限于具体实施方式部分的内容。如果说明书的其他部分也记载了有关具体

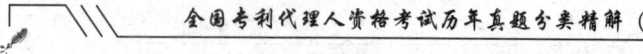

实施方式或实施例的内容，从说明书的全部内容来看，能说明权利要求的概括是适当的，则应当认为权利要求得到了说明书的支持。"故选项D错误，不符合题意。

13.（2016年卷一第46题）一件发明专利申请的权利要求书撰写如下：
"1. 一种方便面的制作方法，包括：将处理干净的蔬菜用沸水烫制成菜糊，用菜糊和水将杂粮粉和匀，制成面条，蒸熟，切块、分排，微波炉加热熟化烘干，最后经风冷干燥即可。
2. 据权利要求1所述的制作方法，其特征在于：所述的杂粮是大豆、绿豆或豆类。
3. 据权利要求1和2所述的制作方法，其特征在于：所述的蔬菜是菠菜、西红柿或胡萝卜。
4. 根据权利要求1所述的制作方法，其特征在于：菠菜在烫前要切除根部。"
在上述权利要求均得到说明书支持的情况下，哪些权利要求撰写上存在错误？
A. 权利要求1　　B. 权利要求2　　C. 权利要求3　　D. 权利要求4
【知识要点】权利要求书的撰写
【解析】A.《专利审查指南2010》2-2-3.3.1"独立权利要求的撰写规定"中规定：根据专利法实施细则第二十一条第一款的规定，发明或者实用新型的独立权利要求应当包括前序部分和特征部分，按照下列规定撰写：（1）前序部分：写明要求保护的发明或者实用新型技术方案的主题名称和发明或者实用新型主题与最接近的现有技术共有的必要技术特征；（2）特征部分：使用'其特征是……'或者类似的用语，写明发明或者实用新型区别于最接近的现有技术的技术特征，这些特征和前序部分写明的特征合在一起，限定发明或者实用新型要求保护的范围。"显然，权利要求1没有使用"其特征是……"或者类似的用语对前序部分和特征部分进行划分，无法确定哪些技术特征是与最接近的现有技术共有的必要技术特征，哪些技术特征是区别于最接近的现有技术的技术特征。故选项A错误，符合题意。

B.C.D.《专利审查指南2010》2-2-3.3"权利要求的撰写规定"中规定："采用并列选择法概括时，被并列选择概括的具体内容应当是等效的，不得将上位概念概括的内容用或者与其下位概念并列。另外，被并列选择概括的概念，应含义清楚。例如，在'A、B、C、D或者类似物（设备、方法、物质）'这一描述中，'类似物'这一概念含义不清楚，因而不能与具体的物或者方法（A、B、C、D）并列。"并且根据《专利审查指南2010》2-2-3.3.2"从属权利要求的撰写规定"中的规定（参见本章第8题解析C.D）可知，权利要求2中的豆类是大豆和绿豆的上位概念，不能并列，故选项B错误，符合题意。权利要求3引用了权利要求1和2，但没有择一引用，故选项C错误，符合题意。权利要求4引用了权利要求1，但其进一步限定的菠菜在权利要求1中并未出现，故选项D错误，符合题意。

14.（2014年卷一第11题）下列哪项从属权利要求的撰写符合相关规定？
A. 根据权利要求1所述的冷水机，其特征是所述蒸发器包括一大一小两个导管
B. 根据权利要求1所述的冷水机，其特征是所述蒸发器由金属、铜或铝制成
C. 根据权利要求1所述的冷水机，其特征是所述蒸发器最长不短于100厘米
D. 根据权利要求1所述的冷水机，其特征是所述蒸发器的表面上有一凹块，该凹块的大小和形状与信用卡相同
【知识要点】权利要求的撰写
【解析】A.《专利法》第26条第4款规定："权利要求书应当以说明书为依据，清楚、简要地限定要求专利保护的范围。"选项A中的权利要求清楚、简要地限定了要求专利保护的范围，符合相关规定。故选项A正确，符合题意。

B.《专利审查指南2010》2-2-3.2.2"清楚"中规定："权利要求中不得出现'例如'、'最好是'、'尤其是'、'必要时'等类似用语。因为这类用语会在一项权利要求中限定出不同的保护范围，导致保护范围不清楚。当权利要求中出现某一上位概念后面跟一个由上述用语引出的下位概念时，应当要求申请人修改权利要求，允许其在该权利要求中保留其中之一，或将两者分别在两项权利要求中予以限定。"由此可见，权利要求中出现某一上位概念后面跟一个由上述用语引出的下位概念时会导致权利要求的不清楚。选项B中金属是其后的铜或铝的上位概念，上、下位概念并列出现在同一权利要求中是不符合规定的。故选项B错误，不符合题意。

C. "最长不短于100厘米"是逻辑上的矛盾表述，无法清楚界定保护范围。故选项C错误，不符合题意。

D. 以信用卡作参照物用于界定技术特征凹块的大小和形状，而信用卡的大小和形状并无确定的标准，因此该权利要求的保护范围并不清楚。故选项D错误，不符合题意。

15.（2013年卷一第91题）下列说法哪些是正确的？
A. 权利要求书请求保护一种制造某产品的方法及通过该方法制造出的产品，如果其方法权利要求得到说明书的支持，则应当认为其产品权利要求也得到说明书的支持
B. 由于独立权利要求的保护范围大于其从属权利要求，因此如果独立权利要求得到说明书的支持，则应当认为其从属权利要求也得到说明书的支持
C. 在判断权利要求是否得到说明书的支持时，应当考虑说明书的全部内容，而不是仅限于具体实施方式部分的内容
D. 如果一项权利要求是纯功能性的，则该权利要求得不到说明书的支持

【知识要点】权利要求的撰写要求

【解析】A.B.《专利法》第26条第4款规定：（参见本章第14题解析A）。并且《专利审查指南2010》2-2-3.2.1"以说明书为依据"中规定："对于包括独立权利要求和从属权利要求或者不同类型权利要求的权利要求书，需要逐一判断各项权利要求是否都得到了说明书的支持。独立权利要求得到说明书支持并不意味着从属权利要求也必然得到支持；方法权利要求得到说明书支持也并不意味着产品权利要求必然得到支持。"故选项A、B错误，不符合题意。

C.《专利审查指南2010》2-2-3.2.1"以说明书为依据"中规定："在判断权利要求是否得到说明书的支持时，应当考虑说明书的全部内容，而不是仅限于具体实施方式部分的内容。"故选项C正确，符合题意。

D.《专利审查指南2010》2-2-3.2.1"以说明书为依据"中规定："如果说明书中仅以含糊的方式描述了其他替代方式也可能适用，但对所属技术领域的技术人员来说，并不清楚这些替代方式是什么或者怎样应用这些替代方式，则权利要求中的功能性限定也是不允许的。另外，纯功能性的权利要求得不到说明书的支持，因而也是不允许的。"故选项D正确，符合题意。

16.（2016年卷一第14题）关于权利要求是否得到说明书的支持，下列说法哪个是正确的？
　　A. 纯功能性的权利要求必然得不到说明书的支持
　　B. 独立权利要求得到说明书的支持，其从属权利要求必然得到说明书的支持
　　C. 权利要求的技术方案在说明书中存在一致性的表述，则该权利要求必然得到说明书的支持
　　D. 产品权利要求得到说明书的支持，则制备该产品的方法权利要求也必然得到说明书的支持

【知识要点】权利要求书是否得到说明书支持

【解析】《专利审查指南2010》2-2-3.2.1"以说明书为依据"中规定："此外，如果说明书中仅以含糊的方式描述了其他代替方式也可能适用，但对所属技术领域的技术人员来说，并不清楚这些替代方式是什么或者怎样应用这些替代方式，则权利要求中的功能性限定也是不允许的。另外，纯功能性的权利要求得不到说明书的支持，因此也是不予许的。……对于包括独立权利要求和从属权利要求或者不同类型权利要求的权利要求书，需要逐一判断各项权利要求是否都得到了说明书的支持。独立权利要求得到说明书支持并不意味着从属权利要求也必然得到支持；方法权利要求得到说明书支持也并不意味着产品权利要求必然得到支持。当要求保护的技术方案的部分或者全部内容在原始申请的权利要求中已经记载而在说明书中没有记载时，允许申请人将其补入说明书。但是权利要求的技术方案在说明书中已经存在一致性的表述，并不意味着权利要求必然得到说明书的支持。只有当所属技术领域的技术人员能够从说明书充分公开的内容中得到或概括得出该项权利要求所要求保护的技术方案时，记载该技术方案的权利要求才被认为得到了说明书的支持。"

A. 纯功能性的权利要求意味着将所有实现这种功能的技术方案囊括在内，但说明书不可能穷尽所有的技术手段，故纯功能性的权利要求必然得不到说明书的支持。故选项A正确，符合题意。

B.D. 从属权利要求是对独立权利要求的进一步限定，这些作进一步限定的技术方案未必在说明书当中有相应的记载，故独立权利要求得到说明书的支持并不意味着从属权利要求也能得到说明书的支持。同理，如果说明书中仅仅记载了产品的相关技术方案，但没有记载制备该产品的方法，此时产品权利要求可以获得说明书的支持，但制备该产品的方法不能获得说明书的支持。故选项B、D错误，不符合题意。

C. 判断权利要求是否得到说明书的支持，关键是看所属技术领域的技术人员能够从说明书充分公开的内容中得到或概括得出该项权利要求所要求保护的技术方案，而不是看说明书中是否存在和权利要求书中一致的表述。故选项C错误，不符合题意。

17.（2015年卷一第53题）下列关于权利要求得到说明书的支持的说法哪些是正确的？
　　A. 权利要求概括的技术方案不得超出说明书公开的范围
　　B. 如果独立权利要求得到说明书的支持，从属权利要求也必然能得到支持
　　C. 只要将权利要求的技术方案拷贝到说明书中，就可以克服权利要求得不到说明书支持的缺陷
　　D. 判断权利要求是否得到说明书的支持，应当考虑说明书的全部内容

【知识要点】以说明书为依据

【解析】A.《专利审查指南2010》2-2-3.2.1"以说明书为依据"中规定："权利要求书中的每一项权利要求所要求保护的技术方案应当是所属技术领域的技术人员能够从说明书充分公开的内容中得到或概括得出的技术方案，并且不得超出说明书公开的范围。"故选项A正确，符合题意。

B.《专利审查指南2010》2-2-3.2.1"以说明书为依据"中规定："独立权利要求得到说明书支持并不意味着从属权利要求也必然得到支持；方法权利要求得到说明书支持也并不意味着产品权利要求必然得到支持。"故选项B错误，不符合题意。

C.《专利审查指南2010》2-2-3.2.1"以说明书为依据"中规定："但是权利要求的技术方案在说明书中存在一致性的表述，并不意味着权利要求必然得到说明书的支持。只有当所属技术领域的技术人员能够从说明书充分公开的内容中得到或概括得出该项权利要求所要求保护的技术方案时，记载该技术方案的权利要求才被认为得到了说明书的

支持。"故选项C错误，不符合题意。

D.《专利审查指南2010》2-2-3.2.1"以说明书为依据"中规定："在判断权利要求是否得到说明书的支持时，应当考虑说明书的全部内容，而不是仅限于具体实施方式部分的内容。"故选项D正确，符合题意。

18.（2010年卷一第20题）下列哪些权利要求的撰写符合规定？

A. 一种书架，由托板和支杆组成，所述托板固定在所述支杆上，其特征在于所述托板上具有两个以上的孔。

B. 一种折合可调式鱼竿架，其特征在于包括鱼竿托架、转动头、防前倾撑架、升降调节杆和如图3所示的升降调节管。

C. 一种新型免缝被，优选由被套和被絮两大部分构成，被套上留有可把被子翻转过来的口，其特征在于所述被絮固定于被套内的固定装置上。

D. 一种由丝、绢、棉布、针织、化纤等面料制成的围涎，其特征在于领口处装有系物，当系物系在一起时，构成蝴蝶状的围涎，当解开系物时，可展开成一平面。

【知识要点】权利要求的撰写要求

【解析】A. 选项A符合权利要求撰写规定，符合题意。

B.《专利法实施细则》第19条第3款规定："权利要求书中使用的科技术语应当与说明书中使用的科技术语一致，可以有化学式或者数学式，但是不得有插图。除绝对必要的外，不得使用'如说明书……部分所述'或者'如图……所示'的用语。"故选项B错误，不符合题意。

C.《专利审查指南2010》2-2-3.2.2"清楚"中规定："权利要求中不得出现'例如'、'最好是'、'尤其是'、'必要时'等类似用语。"故选项C错误，不符合题意。

D.《专利审查指南2010》2-2-3.2.2"清楚"中规定："在一般情况下，权利要求中不得使用'约'、'接近'、'等'、'或类似物'等类似的用语，因为这类用语通常会使权利要求的范围不清楚。"故选项D错误，不符合题意。

19.（2009年卷一第34题）某发明专利申请的权利要求撰写如下：

"1. 一种膨胀螺钉，包括螺栓体和膨胀套，其特征是螺栓体下部螺纹连接膨胀套，膨胀套下部分成4条膨胀筋，膨胀筋之间有缺口。

2. 根据权利要求1所述的膨胀螺钉，其特征是4条膨胀筋向内收压呈一种独特的形状。

3. 根据权利要求1所述的膨胀螺钉，其特征是所述螺纹连接为螺栓体是外螺纹，膨胀套带有内螺纹。

4. 根据权利要求1所述的膨胀螺钉，其特征是膨胀筋为若干条，最好是3～5条。"

上述权利要求中哪些权利要求的撰写不符合相关规定？

A. 权利要求1　　B. 权利要求2　　C. 权利要求3　　D. 权利要求4

【知识要点】权利要求应当清楚

【解析】《专利审查指南2010》2-2-3.2.2"清楚"中规定："权利要求中不得使用含义不确定的用语，如'厚'、'薄'、'强'、'弱'、'高'、'低'、'很宽范围'等，除非这种用语在特定技术领域中具有公认的确切含义，如放大器中的'高频'。对没有公认含义的用语，如果可能，应选择说明书中记载的更为精确的措辞替换上述不确定的用语。权利要求中不得出现'例如'、'最好是'、'尤其是'、'必要时'等类似用语。因为这类用语会在一项权利要求中限定出不同的保护范围，导致保护范围不清楚。当权利要求中出现某一上位概念后面跟一个由上述用语引出的下位概念时，应当要求申请人修改权利要求，允许其在该权利要求中保留其中之一，或将两者分别在两项权利要求中予以限定。在一般情况下，权利要求中不得使用'约'、'接近'、'等'、'或类似物'等类似的用语，因为这类用语通常会使权利要求的范围不清楚。当权利要求中出现了这类用语时，审查员应当针对具体情况判断使用该用语是否会导致权利要求不清楚，如果不会，则允许。"故选项A、C正确，不符合题意。"独特"为含义不确定的用语，"最好是"为保护范围不清楚的用语，故选项B、D错误，符合题意。

20.（2008年卷一第72题）下列哪些说法是正确的？

A. 说明书文字部分未提及的附图标记不得在附图中出现，附图中未出现的附图标记不得在说明书文字部分中提及

B. 权利要求中出现的"温度在30℃以上"的技术特征的含义是"温度≥30℃"

C. 主题名称为"化合物X作为杀虫剂的应用"的权利要求属于产品权利要求

D. 如果独立权利要求包括前序部分和特征部分，则引用该独立权利要求的从属权利要求只能针对该独立权利要求特征部分所记载的技术特征做进一步限定

【知识要点】专利申请文件的撰写要求

【解析】A.《专利法实施细则》第18条第2款规定："发明或者实用新型说明书文字部分中未提及的附图标记不得在附图中出现，附图中未出现的附图标记不得在说明书文字部分中提及。申请文件中表示同一组成部分的附图标记应当一致。"故选项A正确，符合题意。

B.《专利审查指南2010》2-2-3.3"权利要求的撰写规定"中规定："一般情况下，权利要求中包含有数值范围

的，其数值范围尽量以数学方式表达，例如，'≥30℃'、'>5'等。通常，'大于'、'小于'、'超过'等理解为不包括本数；'以上'、'以下'、'以内'等理解为包括本数。"故选项B正确，符合题意。

C.《专利审查指南2010》2-2-3.2.2"清楚"中规定："用途权利要求属于方法权利要求。但应当注意从权利要求的撰写措辞上区分用途权利要求和产品权利要求。例如，'用化合物X作为杀虫剂'或者'化合物X作为杀虫剂的应用'是用途权利要求，属于方法权利要求，而'用化合物X制成的杀虫剂'或者'含化合物X的杀虫剂'，则不是用途权利要求，而是产品权利要求。"故选项C错误，不符合题意。

D.《专利审查指南2010》2-2-3.3.2"从属权利要求的撰写规定"中规定："从属权利要求的限定部分可以对在前的权利要求（独立权利要求或者从属权利要求）中的技术特征进行限定。在前的独立权利要求采用两部分撰写方式的，其后的从属权利要求不仅可以进一步限定该独立权利要求特征部分中的特征，也可以进一步限定前序部分中的特征。"故选项D错误，不符合题意。

（二）独立权利要求

21.（2013年卷一第79题）下列哪些权利要求属于独立权利要求？
A. 一种实施权利要求1所述方法的设备，……
B. 一种包含权利要求1所述设备的装置，……
C. 一种与权利要求1所述插座相配合的插头，……
D. 根据权利要求1所述的组合物，其特征在于用特征Y代替权利要求1中的特征X

【知识要点】权利要求书的撰写要求

【解析】A、B、C.《专利法实施细则》第20条第2款规定："独立权利要求应当从整体上反映发明或者实用新型的技术方案，记载解决技术问题的必要技术特征。"《专利审查指南2010》2-2-3.1.2"独立权利要求和从属权利要求"中规定："有时并列独立权利要求也引用在前的独立权利要求，例如，'一种实施权利要求1的方法的装置，……'；'一种制造权利要求1的产品的方法，……'；'一种包含权利要求1的部件的设备，……'；'与权利要求1的插座相配合的插头，……'等。这种引用其他独立权利要求的权利要求是并列的独立权利要求，而不能被看作是从属权利要求。"故选项A、B、C正确，符合题意。

D.《专利审查指南2010》2-2-3.1.2"独立权利要求和从属权利要求"中规定："在某些情况下，形式上的从属权利要求（即其包含有从属权利要求的引用部分），实质上不一定是从属权利要求。例如，独立权利要求1为：'包括特征X的机床'。在后的另一项权利要求为：'根据权利要求1所述的机床，其特征在于用特征Y代替特征X'。在这种情况下，后一权利要求也是独立权利要求。"由此可知，选项D正确，符合题意。

22.（2012年卷一第8题）一件发明专利申请的权利要求如下：
"1. 一种具有滑动支架的机床，其特征在于包括齿轮箱。
2. 根据权利要求1的机床，其特征在于将所述滑动支架替换为固定支架。
3. 包含权利要求2的机床的装配线。"
对于上述3个权利要求，下列哪种说法是正确的？
A. 权利要求1为独立权利要求，权利要求2、3为从属权利要求
B. 权利要求1、2为独立权利要求，权利要求3为从属权利要求
C. 权利要求1、2、3皆为独立权利要求
D. 权利要求1、3为独立权利要求，权利要求2为从属权利要求

【知识要点】独立权利要求与从属权利要求

【解析】《专利审查指南2010》2-2-3.1.2"独立权利要求和从属权利要求"中规定："……如果一项权利要求包含了另一项同类型权利要求中的所有技术特征，且对该另一项权利要求的技术方案作了进一步的限定，则该权利要求为从属权利要求。……审查员应当注意，有时并列独立权利要求也引用在前的独立权利要求，例如，'一种实施权利要求1的方法的装置，……'；'一种制造权利要求1的产品的方法，……'；'一种包含权利要求1的部件的设备，……'；'与权利要求1的插座相配合的插头，……'等。这种引用其他独立权利要求的权利要求是并列的独立权利要求，而不能被看作是从属权利要求。……在某些情况下，形式上的从属权利要求（即其包含有从属权利要求的引用部分），实质上不一定是从属权利要求。例如，独立权利要求1为：'包括特征X的机床'。在后的另一项权利要求为：'根据权利要求1所述的机床，其特征在于用特征Y代替特征X'。在这种情况下，后一权利要求也是独立权利要求。审查员不得仅从撰写的形式上判定在后的权利要求为从属权利要求。"故选项C正确，符合题意；选项A、B、D错误，不符合题意。

23.（2011年卷一第67题）下列关于必要技术特征的说法哪些是正确的？
A. 必要技术特征是发明或者实用新型为解决其技术问题所不可缺少的技术特征
B. 实施例中的技术特征通常可以直接认定为必要技术特征

C. 必要技术特征的总和足以构成发明或者实用新型的技术方案

D. 任何一个必要技术特征均可使发明或者实用新型的技术方案区别于背景技术的其他技术方案

【知识要点】必要技术特征的含义

【解析】《专利审查指南2010》2-2-3.1.2"独立权利要求和从属权利要求"中规定:"必要技术特征是指,发明或者实用新型为解决其技术问题所不可缺少的技术特征,其总和足以构成发明或实用新型的技术方案,使之区别于背景技术中所述的其他技术方案。判断某一技术特征是否为必要技术特征,应当从所要解决的技术问题出发并考虑说明书描述的整体内容,不应简单地将实施例中的技术特征直接认定为必要技术特征。"故选项A、C正确,符合题意,选项B、D错误,不符合题意。

24.(2000年卷四第57题) 下述对于独立权利要求撰写的要求中哪些是正确的?

A. 独立权利要求应当记载为达到发明目的的必要技术特征

B. 独立权利要求必须分成前序部分和特征部分来撰写

C. 独立权利要求应当从整体上反映发明的技术方案

D. 独立权利要求应当以说明书为依据

【知识要点】独立权利要求的撰写要求

【解析】A.C.《专利法实施细则》第20条第2款规定:"独立权利要求应当从整体上反映发明或者实用新型的技术方案,记载解决技术问题的必要技术特征。"故选项A、C正确,符合题意。(注意:选项A中所述的"发明目的",是在《专利法》修改以前,说明书分八段式撰写时所用的标题名称,其含义就是指"要解决的技术问题"。)

B.《专利法实施细则》第21条第1款、第2款规定:"发明或者实用新型的独立权利要求应当包括前序部分和特征部分,按照下列规定撰写:(一)前序部分:写明要求保护的发明或者实用新型技术方案的主题名称和发明或者实用新型主题与最接近的现有技术共有的必要技术特征;(二)特征部分:使用'其特征是……'或者类似的用语,写明发明或者实用新型区别于最接近的现有技术的技术特征。这些特征和前序部分写明的特征合在一起,限定发明或者实用新型要求保护的范围。发明或者实用新型的性质不适于用前款方式表达的,独立权利要求可以用其他方式撰写。"《专利审查指南2010》2-2-3.3.1"独立权利要求的撰写规定"中规定:"根据专利法实施细则第二十一条第二款的规定,发明或者实用新型的性质不适于用上述方式撰写的,独立权利要求也可以不分前序部分和特征部分。"故选项B错误,不符合题意。

D.《专利法》第26条第4款规定:"权利要求书应当以说明书为依据,清楚、简要地限定要求专利保护的范围。"故选项D正确,符合题意。

(三)从属权利要求

25.(2015年卷一第51题) 某专利申请的权利要求书如下:

"1. 一种钢笔,包括笔杆、笔帽和笔尖。

2. 根据权利要求1所述的钢笔,其特征在于,所述笔帽上设有帽夹。

3. 根据权利要求1或2所述的笔帽,其特征在于,该笔帽是塑料的。

4. 根据权利要求1和2所述的钢笔,其特征在于,所述笔尖是铜合金材料。

5. 根据权利要求1或3所述的钢笔,其特征在于,所述帽夹是塑料的。"

上述从属权利要求的撰写哪些是不正确的?

A. 权利要求2　　B. 权利要求3　　C. 权利要求4　　D. 权利要求5

【知识要点】权利要求的撰写

【解析】《专利法实施细则》第22条规定:"发明或者实用新型的从属权利要求应当包括引用部分和限定部分,按照下列规定撰写:(一)引用部分:写明引用的权利要求的编号及其主题名称;(二)限定部分:写明发明或者实用新型附加的技术特征。从属权利要求只能引用在前的权利要求。引用两项以上权利要求的多项从属权利要求,只能以择一方式引用在前的权利要求,并不得作为另一项多项从属权利要求的基础。"

A. 权利要求2的撰写符合前述规定,故选项A正确,不符合题意。

B. 权利要求3主题名称为"笔帽",与其引用的权利要求1的主题名称"钢笔"不一致,不符合前述规定。故选项B错误,符合题意。

C. 权利要求4是多项从属权利要求,但其没有采用择一的方式引用在前的权利要求,不符合前述规定。故选项C错误,符合题意。

D. 权利要求5是多项从属权利要求,其引用的权利要求3也是一项多项从属权利要求,不符合前述"多项从属权利要求不得作为另一项多项从属权利要求的引用基础"的规定。故选项D错误,符合题意。

26.(2014年卷一第80题) 独立权利要求1为"包含部件X和Y的散热器"。下列哪些权利要求是其从属权利要求?

A. 根据权利要求1所述的散热器，其中还包括部件Z
B. 根据权利要求1所述的散热器，其中不包括部件Y
C. 根据权利要求1所述的散热器，其中用部件Z来替代部件Y
D. 根据权利要求1所述的散热器，其中部件X由铜制成

【知识要点】从属权利要求的撰写要求

【解析】《专利法实施细则》第20条第3款规定："从属权利要求应当用附加的技术特征，对引用的权利要求作进一步限定"。《专利法实施细则》第22条第1款规定："发明或者实用新型的从属权利要求应当包括引用部分和限定部分，按照下列规定撰写：（一）引用部分：写明引用的权利要求的编号及其主题名称；（二）限定部分：写明发明或者实用新型附加的技术特征。"《专利审查指南2010》2-2-3.1.2"独立权利要求和从属权利要求"中规定："如果一项权利要求包含了另一项同类型权利要求中的所有技术特征，且对该另一项权利要求的技术方案作了进一步的限定，则该权利要求为从属权利要求。"由于从属权利要求用附加的技术特征对所引用的权利要求作了进一步的限定，所以其保护范围落在其所引用的权利要求的保护范围之内。

A、D. 选项A和选项D中的权利要求包含了权利要求1中的所有技术特征，并且对权利要求1中的技术方案作了进一步的限定，故这两项权利要求是权利要求1的从属权利要求，故选项A、D正确，符合题意。

B. 选项B中的权利要求由于未包含权利要求1中的部件Y，其不是权利要求1的从属权利要求，故选项B错误，不符合题意。

C. 《专利审查指南2010》2-2-3.1.2"独立权利要求和从属权利要求"中规定："在某些情况下，形式上的从属权利要求（即其包含有从属权利要求的引用部分），实质上不一定是从属权利要求。例如，独立权利要求1为：'包括特征X的机床'。在后的另一项权利要求为：'根据权利要求1所述的机床，其特征在于用特征Y代替特征X'。在这种情况下，后一权利要求也是独立权利要求。审查员不得仅从撰写的形式上判定在后的权利要求为从属权利要求。"由此可知，选项C中的权利要求不是权利要求1的从属权利要求。故选项C错误，不符合题意。

27.（2016年卷一第13题）某专利申请的权利要求书如下：

"1. 一种枕头，其特征在于：由枕套和枕芯组成。

2. 根据权利要求1所述的枕套，其特征在于：枕套中间设置为凹面。

3. 根据权利要求1所述的枕头，其特征在于：凹面深度为8cm。

4. 根据权利要求1和3所述的枕头，其特征在于：枕套两端设置两个如附图所示的不同高度的平面。"

上述从属权利要求有几处错误？

A. 2　　　　　　　B. 3　　　　　　　C. 4　　　　　　　D. 5

【知识要点】权利要求书的撰写

【解析】《专利审查指南2010》2-2-3.3"权利要求的撰写规定"中规定："权利要求中使用的科技术语应当与说明书中使用的科技术语一致。权利要求中可以有化学式或者数学式，但是不得有插图。除绝对必要外，权利要求中不得使用'如说明书……部分所述'或者'如图……所示'等类似用语。绝对必要的情况是指当发明或者实用新型涉及的某些特定形状仅能用图形限定而无法用语言表达时，权利要求可以使用'如图……所示'等类似用语。"《专利审查指南2010》2-2-3.3.2"从属权利要求的撰写规定"中规定："从属权利要求只能引用在前的权利要求。引用两项以上权利要求的多项从属权利要求只能以择一方式引用在前的权利要求，并不得作为被另一项多项从属权利要求引用的基础，即在后的多项从属权利要求不得引用在前的多项从属权利要求。从属权利要求的引用部分应当写明引用的权利要求的编号，其后应当重述引用的权利要求的主题名称。例如，一项从属权利要求的引用部分应当写成：'根据权利要求1所述的金属纤维拉拔装置，……'。……当从属权利要求是多项从属权利要求时，其引用的权利要求的编号应当用'或'或者其他与'或'同义的择一引用方式表达。例如，从属权利要求的引用部分写成下列方式：'根据权利要求1或2所述的……'；'根据权利要求2、4、6或8所述的……'；或者'根据权利要求4至9任一权利要求所述的……'。"

权利要求2为权利要求1的从属权利要求，但权利要求2主题为"枕套"，和权利要求1的主题"枕头"不一致。权利要求3为权利要求1的从属权利要求，其进一步限定的"凹面"在权利要求1中并没有出现。权利要求4应用了两项权利要求，用的是"和"，没有采用择一的方式引用。只有在绝对必要的情况下，权利要求中才能使用"如图……所示"的表述，权利要求4中的"两个如附图所示的不同高度的平面"并非上述绝对必要的情形。故共有4处错误，选项A、B、D错误，不符合题意；选项C正确，符合题意。

28.（2012年卷一第90题）下列关于从属权利要求的说法哪些是正确的？

A. 从属权利要求只能引用独立权利要求
B. 从属权利要求只能进一步限定独立权利要求特征部分中的特征
C. 从属权利要求的引用部分应当写明引用的权利要求的编号，其后应当重述引用的权利要求的主题名称
D. 一项多项从属权利要求不得作为另一项多项从属权利要求的引用基础

【知识要点】从属权利要求撰写的规定

【解析】《专利审查指南2010》2-2-3.3.2"从属权利要求的撰写规定"中规定："……引用两项以上权利要求的多项从属权利要求只能以择一方式引用在前的权利要求，并不得作为被另一项多项从属权利要求引用的基础，即在后的多项从属权利要求不得引用在前的多项从属权利要求。从属权利要求的引用部分应当写明引用的权利要求的编号，其后应当重述引用的权利要求的主题名称。……一项引用两项以上权利要求的多项从属权利要求不得作为另一项多项从属权利要求的引用基础。……从属权利要求的限定部分可以对在前的权利要求（独立权利要求或者从属权利要求）中的技术特征进行限定。在前的独立权利要求采用两部分撰写方式的，其后的从属权利要求不仅可以进一步限定该独立权利要求特征部分中的特征，也可以进一步限定前序部分中的特征。"故选项A、B错误，不符合题意；选项C、D正确，符合题意。

29.（2010年卷一第42题）某发明专利申请的独立权利要求如下：

"1.一种橡皮泥的制作方法，原料按重量份计算，具体步骤为：步骤一、将蜂蜡140～160份、微晶蜡140～160份、白凡士林40～50份、松香20～30份放入金属容器中，加热到120℃～140℃，熔化后离火；步骤二、倒入粉末填料300～400份，搅均，冷却后即得。"

下列哪些从属权利要求的撰写不符合规定？

A. 权利要求2：根据权利要求1所述的橡皮泥制作方法，其特征在于在步骤一中加入的蜂蜡为170份，微晶蜡为155份，白凡士林为50份，松香为25份。

B. 权利要求3：根据权利要求1所述的橡皮泥制作方法，其特征在于在步骤一中加热到温度140℃。

C. 权利要求4：根据权利要求1所述的橡皮泥，其特征在于在步骤二中倒入的粉末填料为360份。

D. 权利要求5：根据权利要求1所述的橡皮泥制作方法，其特征在于在步骤二中倒入的粉末填料为350～400份，特别是370份。

【知识要点】从属权利要求的撰写

【解析】A、B.《专利法实施细则》第20条规定："权利要求书应当有独立权利要求，也可以有从属权利要求。独立权利要求应当从整体上反映发明或者实用新型的技术方案，记载解决技术问题的必要技术特征。从属权利要求应当用附加的技术特征，对引用的权利要求作进一步限定。"《专利审查指南2010》2-2-3.1.2"独立权利要求和从属权利要求"中规定："如果一项权利要求包含了另一项同类型权利要求中的所有技术特征，且对该另一项权利要求的技术方案作了进一步的限定，则该权利要求为从属权利要求。由于从属权利要求用附加的技术特征对所引用的权利要求作了进一步的，所以其保护范围落在其所引用的权利要求的保护范围之内。"选项A中的蜂蜡为170份，超出了其所引用的权利要求1中蜂蜡的范围，故选项A错误，符合题意；选项B正确，不符合题意。

C.《专利法实施细则》第22条第1款规定："发明或者实用新型的从属权利要求应当包括引用部分和限定部分，按照下列规定撰写：（一）引用部分：写明引用的权利要求的编号及其主题名称；（二）限定部分：写明发明或者实用新型附加的技术特征。"选项C中的主题为产品，与被其引用的独立权利要求1的方法主题不一致。故选项C错误，符合题意。

D.《专利审查指南2010》2-2-3.2.2"清楚"中规定："权利要求中不得出现'例如'、'最好是'、'尤其是'、'必要时'等类似的用语。因为这类用语会在一项权利要求中限定出不同的保护范围，导致保护范围不清楚。"故选项D错误，符合题意。

30.（2009年卷一第81题）下列关于从属权利要求的说法哪些是正确的？

A. 从属权利要求可以对独立权利要求前序部分的技术特征进行限定

B. 从属权利要求必须写在所有独立权利要求之后

C. 引用两项权利要求的从属权利要求不能作为另一项从属权利要求引用的基础

D. 从属权利要求可以包含独立权利要求中没有提及的附加技术特征

【知识要点】从属权利要求的撰写规定

【解析】A.B.《专利审查指南2010》2-2-3.3.2"从属权利要求的撰写规定"中规定："从属权利要求的限定部分可以对在前的权利要求（独立权利要求或者从属权利要求）中的技术特征进行限定。在前的独立权利要求采用两部分撰写方式的，其后的从属权利要求不仅可以进一步限定该独立权利要求特征部分中的特征，也可以进一步限定前序部分中的特征。直接或间接从属于某一项独立权利要求的所有从属权利要求都应当写在该独立权利要求之后，另一项独立权利要求之前。"故选项A正确，符合题意，选项B错误，不符合题意。

C.《专利法实施细则》第22条第2款规定："从属权利要求只能引用在前的权利要求。引用两项以上权利要求的多项从属权利要求，只能以择一方式引用在前的权利要求，并不得作为另一项多项从属权利要求的基础。"《专利审查指南2010》2-2-3.3.2"从属权利要求的撰写规定"中规定："一项引用两项以上权利要求的多项从属权利要求不得作为另一项多项从属权利要求的引用基础。"故选项C错误，不符合题意。

D.《专利审查指南2010》2-2-3.1.2"独立权利要求和从属权利要求"中规定："从属权利要求中的附加技术特

征，可以是对所引用的权利要求的技术特征作进一步限定的技术特征，也可以是增加的技术特征。"故选项D正确，符合题意。

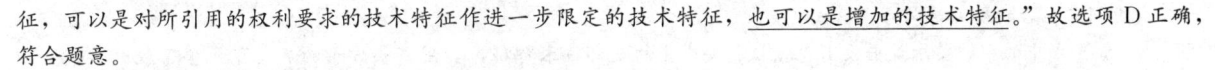

31.（2014年卷一第40题）某专利申请的权利要求书如下：

"1. 一种茶杯，包括特征H和I。

2. 根据权利要求1所述的茶杯，还包括特征J。

3. 根据权利要求1或2所述的茶杯，还包括特征K。

4. 根据权利要求1和2所述的茶杯，还包括特征L。

5. 根据权利要求1或3所述的茶壶，还包括特征M。"

上述哪些从属权利要求的引用方式不正确？

A. 权利要求2　　　　B. 权利要求3　　　　C. 权利要求4　　　　D. 权利要求5

【知识要点】从属权利要求的撰写

【解析】《专利法实施细则》第22条规定：（参见本章第25题解析）。并且《专利审查指南2010》2-2-3.3.2"从属权利要求的撰写规定"中规定："当从属权利要求是多项从属权利要求时，其引用的权利要求的编号应当用'或'或者其他与'或'同义的择一引用方式表达。"本题中，权利要求4是多项从属权利要求，其引用时由于采用了非择一引用的表达方式，故该引用方式不正确。故选项C错误，符合题意。权利要求5中所引用的主题名称"茶壶"，在其引用的权利要求1和权利要求3中并没有出现过，故该引用方式不正确。故选项D错误，符合题意；选项A、B正确，不符合题意。

32.（2007年卷一第18题）一件专利申请的权利要求1如下：

一种用于脱除氮氧化物的催化剂，其特征在于由整体式沸石载体和负载于所述载体上的活性组分组成，所述活性组分由化合物X和Y组成。

在得到说明书支持的情况下，下面哪些权利要求2的撰写存在错误？

A. 权利要求2：根据权利要求1所述的用于脱除氮氧化物的催化剂装置，还包括外壳和将所述催化剂固定于所述外壳上的支架

B. 权利要求2：根据权利要求1所述的用于脱除氮氧化物的催化剂，其中所述化合物X占所述活性组分总重量的10%～35%，最好是占所述活性组分总重量的15%～20%

C. 权利要求2：根据权利要求1所述的用于脱除氮氧化物的催化剂，其中所述化合物X占所述活性组分总重量的10%～35%

D. 权利要求2：根据权利要求1所述的用于脱除硫氮化物和氮氢化物的催化剂，其中所述化合物X占所述活性组分总重量的10%～35%

【知识要点】权利要求的撰写

【解析】A、D. 根据《专利法实施细则》第22条第1款的规定（参见本章第26题解析），选项A、D引用部分的主题，与被引用的独立权利要求的主题不一致。故选项A、D错误，符合题意。

B. 《专利审查指南2010》2-2-3.2.2"清楚"中规定："当权利要求中出现某一上位概念后面跟一个由上述用语引出的下位概念时，应当要求申请人修改权利要求，允许其在该权利要求中保留其中之一，或将两者分别在两项权利要求中予以限定。"故选项B错误，符合题意。

C. 选项C符合从属权利要求的撰写要求。故选项C正确，不符合题意。

33.（2006年卷一第73题）一件专利申请的权利要求1和2如下：

权利要求1：一种椅子，包括：(1) 正方形底座，(2) 装在底座底面上的四个细长构件，(3) 装在底座上的圆形靠背。

权利要求2：根据权利要求1的椅子，还包括连接靠背和底座的弹簧。

在都能够得到说明书支持的情况下，下面撰写的权利要求3哪些存在错误？

A. 权利要求3：根据权利要求1的椅子，其特征在于底座是长方形的

B. 权利要求3：根据权利要求2的椅子，其特征在于所述连接在每个细长构件上的轮子是塑料的

C. 权利要求3：根据上述任何一项权利要求的椅子，其中圆形靠背是木制的

D. 权利要求3：根据上述权利要求的椅子，还包括连接在底座上的压敏装置

【知识要点】权利要求书的撰写

【解析】《专利审查指南2010》2-2-3.1.2"独立权利要求和从属权利要求"中规定："如果一项权利要求包含了另一项同类型权利要求中的所有技术特征，且对该另一项权利要求的技术方案作了进一步的限定，则该权利要求为从属权利要求。……在某些情况下，形式上的从属权利要求（即其包含有从属权利要求的引用部分），实质上不一定是从属权利要求。例如，独立权利要求1为：'包括特征X的机床'。在后的另一项权利要求为：'根据权利要求1所述的机床，其特征在于用特征Y代替特征X'。在这种情况下，后一权利要求也是独立权利要求。审查员不得仅从撰写

的形式上判定在后的权利要求为从属权利要求。"

A. 选项A中的权利要求,并没有包括权利要求1的全部技术特征,其用"长方形的底座"代替了权利要求1中的"正方形底座",所以该权利要求实质上是独立权利要求。对于与其他独立权利要求具有相同主题的独立权利要求,通常不允许采用选项A的撰写方式。此外,如果选项A是从属权利要求,则其存在逻辑错误,因为底座不可能既是正方形又是长方形。故选项A错误,符合题意。

B. "细长构件上的轮子"这一特征在引用的权利要求中并未出现,所以对"轮子"作进一步限定的权利要求的撰写方式是不正确的。故选项B错误,符合题意。

C. 选项C符合上述对从属权利要求的撰写规定。故C正确选项,不符合题意。

D. 《专利审查指南2010》2-2-3.3.2"从属权利要求的撰写规定"中规定:"从属权利要求的引用部分应当写明引用的权利要求的编号,其后应当重述引用的权利要求的主题名称。……当从属权利要求是多项从属权利要求时,其引用的权利要求的编号应当用'或'或者其他与'或'同义的择一引用方式表达。"选项D引用部分中"根据上述权利要求的椅子"的表述方式不符合规定。故选项D错误,符合题意。

34. (2013年卷一第36题) 如果独立权利要求1为"一种机床,包括特征X",则下列哪些属于该权利要求的从属权利要求?

A. 根据权利要求1所述的机床,其特征在于该机床还包括特征Y
B. 根据权利要求1所述的机床,其特征在于特征X的材料是金属
C. 根据权利要求1所述的机床,其特征在于用特征Z代替特征X
D. 根据权利要求1所述的机床,其特征在于该机床用于加工刀具

【知识要点】从属权利要求的撰写要求

【解析】根据《专利法实施细则》第22条第1款的规定(参见本章第26题解析),从属权利要求是跟随在独立权利要求之后,用附加的技术特征对引用的权利要求(包括独立或从属权利要求)进一步限定的权利要求,其本身必定落入独立权利保护范围之内。

A、B、D. 选项A、B、D中的权利要求,都用附加技术特征对独立权利要求1进行了进一步的限定,因此,这些权利要求都是权利要求1的从属权利要求。故选项A、B、D正确,符合题意。

C. 选项C中的权利要求,由于是用另一种技术特征替换了权利要求1中的技术特征,其并没有进一步限定权利要求1,因此,该项权利要求不是权利要求1的从属权利要求。故选项C错误,不符合题意。

三、说明书及说明书附图

(一) 说明书

35. (2013年卷一第87题) 下列关于说明书的说法哪些是正确的?

A. 说明书第一页第一行应当写明发明名称
B. 说明书中涉及核苷酸或者氨基酸序列的,应当将该序列表作为说明书的一个单独部分
C. 说明书文字部分可以有化学式、数学式或者表格,必要时可以有插图
D. 说明书应当用阿拉伯数字顺序编写页码

【知识要点】申请文件的格式审查

【解析】A. 《专利法实施细则》第17条第1款规定:"发明或者实用新型专利申请的说明书应当写明发明或者实用新型的名称,该名称应当与请求书中的名称一致。……"《专利审查指南2010》1-1-4.2"说明书"中规定:"说明书第一页第一行应当写明发明名称,该名称应当与请求书中的名称一致,并左右居中。"故选项A正确,符合题意。

B. 《专利法实施细则》第17条第4款规定:"发明专利申请包含一个或者多个核苷酸或者氨基酸序列的,说明书应当包括符合国务院专利行政部门规定的序列表。申请人应当将该序列表作为说明书的一个单独部分提交,并按照国务院专利行政部门的规定提交该序列表的计算机可读形式的副本。"故选项B正确,符合题意。

C. 《专利审查指南2010》1-1-4.2"说明书"中规定:"说明书文字部分可以有化学式、数学式或者表格,但不得有插图。"故选项C错误,不符合题意。

D. 《专利法实施细则》第121条第2款规定:"请求书、说明书、权利要求书、附图和摘要应当分别用阿拉伯数字顺序编号。"故选项D正确,符合题意。

36. (2015年卷一第49题) 在满足其他条件的情况下,下列哪些文件可以作为说明书"背景技术"部分的引证文件?

A. 公开日在本申请的申请日与公开日之间的外国专利文件
B. 公开日在本申请的申请日与公开日之间的中国专利文件
C. 公开日在本申请的申请日与公开日之间的非专利文件

D. 公开日在本申请的申请日之前的非专利文件

【知识要点】引证文件

【解析】《专利审查指南2010》2-2-2.2.3"背景技术"中规定:"所引证的非专利文件和外国专利文件的公开日应当在本申请的申请日之前;所引证的中国专利文件的公开日不能晚于本申请的公开日。"故选项A、C错误,不符合题意;选项B、D正确,符合题意。

37.(2011年卷一第25题)下列哪些情形将导致说明书不能满足充分公开发明的要求?
A. 一项设备发明,说明书中记载了该设备的结构及三种组装方法,其中两种方法都不能够组装出所述设备
B. 一项组合物发明,其中一种组分是公知产品,但使用效果不佳,不及采用发明人制备的该组分,说明书中未记载发明人制备该组分的方法
C. 一项生产方法发明,其中一项工艺参数对于产品性能较为重要,但说明书中未提及该参数,不掌握该参数就不能使用该方法
D. 一项新化合物发明,说明书摘要中记载了该产品的用途及效果,但说明书中未记载该产品的用途及效果

【知识要点】说明书公开充分

【解析】A、B、C.《专利法》第26条第3款规定:"说明书应当对发明或者实用新型作出清楚、完整的说明,以所属技术领域的技术人员能够实现为准;必要的时候,应当有附图。摘要应当简要说明发明或者实用新型的技术要点。"《专利审查指南2010》2-2-2.1.3"能够实现"中规定:"所属技术领域的技术人员能够实现,是指所属技术领域的技术人员按照说明书记载的内容,就能够实现该发明或者实用新型的技术方案,解决其技术问题,并且产生预期的技术效果。"只要公开的内容能够使方案得以实现,即符合充分公开的要求。故选项A、B正确,不符合题意;选项C错误,符合题意。

D.《专利审查指南2010》2-2-2.1.3"能够实现"中规定:"对于已知化合物的新用途发明,通常情况下,需要在说明书中给出实验数据来证实其所述的用途以及效果,否则将不能达到能够实现的要求。"《专利审查指南2010》2-2-2.4"说明书摘要"中规定:"摘要的内容不属于发明或者实用新型原始记载的内容,不能作为以后修改说明书或者权利要求书的根据,也不能用来解释专利权的保护范围。"故选项D错误,符合题意。

38.(2009年卷一第84题)某项发明涉及一种新的化合物,如果申请发明专利时要求保护该化合物,则说明书中应当记载下列哪些内容?
A. 该化合物的确认
B. 该化合物的制备
C. 该化合物的用途
D. 该化合物的商业前景

【知识要点】化学产品发明的充分公开

【解析】《专利审查指南2010》2-10-3.1"化学产品发明的充分公开"中规定:"这里所称的化学产品包括化合物、组合物以及用结构和/或组成不能够清楚描述的化学产品。要求保护的发明为化学产品本身的,说明书中应当记载化学产品的确认、化学产品的制备以及化学产品的用途。"故选项A、B、C正确,符合题意;选项D错误,不符合题意。

39.(2006年卷一第30题)下面哪些是说明书"技术领域"部分应当满足的要求?
A. 技术领域应当是要求保护的发明或者实用新型技术方案所属或者直接应用的具体技术领域
B. 技术领域应当是要求保护的发明或者实用新型技术方案所属具体技术领域的上位技术领域
C. 技术领域中需要写入所要求保护的发明或者实用新型独立权利要求技术方案中的区别技术特征
D. 技术领域应当是要求保护的发明或者实用新型技术方案相邻的技术领域

【知识要点】说明书的撰写

【解析】《专利审查指南2010》2-2-2.2.2"技术领域"中规定:"发明或者实用新型的技术领域应当是要求保护的发明或者实用新型技术方案所属或者直接应用的具体技术领域,而不是上位的或者相邻的技术领域,也不是发明或者实用新型本身。该具体的技术领域往往与发明或者实用新型在国际专利分类表中可能分入的最低位置有关。"故选项A正确,符合题意;选项B、C、D错误,不符合题意。

40.(2006年卷一第81题)下述哪些属于说明书未充分公开发明或实用新型的情况?
A. 一种在天空中形成一层能阻隔冰雹降落的屏障而防止冰雹对农作物危害的方法,但在说明书中未给出如何形成屏障的技术手段
B. 一种方法,其中要采用一种催化剂,在说明书中指出该催化剂为由本申请人在先向国家知识产权局提出的发明专利申请(给出了申请号)中的催化剂,该在先申请中给出了该催化剂的化学结构式及其制造方法,并在本申请的申请日后、公开日前公布
C. 说明书中仅给出了虽能解决技术问题但效果较差的技术方案而将最佳实施方案作为技术秘密保留而未写入说明书
D. 一种涉及新蛋白质的发明专利申请,说明书中未提供任何实验数据,但在审查期间补充了实验数据供审查员

参考

【知识要点】 说明书的充分公开

【解析】 A. 《专利法》第 26 条第 3 款规定："说明书应当对发明或者实用新型作出清楚、完整的说明，以所属技术领域的技术人员能够实现为准……"《专利审查指南 2010》2-2-2.1.3 "能够实现"中规定："以下各种情况由于缺乏解决技术问题的技术手段而被认为无法实现：(1) 说明书中只给出任务和/或设想，或者只表明一种愿望和/或结果，而未给出任何使所属技术领域的技术人员能够实施的技术手段；……"故选项 A 错误，符合题意。

B. 《专利审查指南 2010》2-2-2.2.3 "背景技术"中针对说明书中引证文件的要求有如下规定："……(2) 所引证的非专利文件和外国专利文件的公开日应当在本申请的申请日之前；所引证的中国专利文件的公开日不能晚于本申请的公开日。"故选项 B 正确，不符合题意。

C. 根据《专利审查指南 2010》2-2-2.1.3 "能够实现"中的规定（参见本章第 37 题解析 A.B.C），说明书充分公开是以所属技术领域的技术人员能够实现为标准的，并不要求必须是最佳方案。选项 C 中的情况是在申请专利的同时又想保留一定技术秘密时所采取的常用手段。故选项 C 正确，不符合题意。

D. 《专利审查指南 2010》2-2-2.1.3 "能够实现"中规定："以下各种情况由于缺乏解决技术问题的技术手段而被认为无法实现……(5) 说明书中给出了具体的技术方案，但未给出实验证据，而该方案又必须依赖实验结果加以证实才能成立。例如，对于已知化合物的新用途发明，通常情况下，需要在说明书中给出实验证据来证实其所述的用途以及效果，否则将无法达到能够实现的要求。"《专利审查指南 2010》2-10-9.2.2.2 "制备产品的方法发明"中规定："对于制备基因、载体、重组载体、转化体、多肽或蛋白质、融合细胞和单克隆抗体等的方法的发明，说明书应当清楚、完整地描述所述方法以使本领域技术人员能使用该方法制备所述的产品，而且当所述产品为新物质时，应记载所述产品的至少一种用途。"《专利审查指南 2010》2-10-9.2.2.1 "产品发明"中规定："对于涉及基因、载体、重组载体、转化体、多肽或蛋白质、融合细胞、单克隆抗体等的发明，说明书应当包括下列内容：产品的确认，产品的制备，产品的用途和/或效果。"由于选项 D 中涉及的是一种新蛋白质，所以该申请需要在说明书中给出实验数据来证实其所述的用途以及效果。由于其未提供任何实验数据，再根据《专利审查指南 2010》2-10-3.5 "关于补交的实验数据"中规定（判断说明书是否充分公开，以原说明书和权利要求书记载的内容为准。对于申请日之后补交的实验数据，审查员应当予以审查。补交实验数据所证明的技术效果应当是所属技术领域的技术人员能够从专利申请公开的内容中得到的。），故选项 D 正确，不符合题意。

41. (2013 年卷一第 9 题) 某中国发明专利申请的申请日为 2009 年 6 月 1 日，公布日为 2011 年 3 月 1 日。该申请的说明书背景技术部分不能引证下列哪个文件？

A. 申请日为 2009 年 5 月 31 日、公布日为 2011 年 2 月 25 日的欧洲专利申请
B. 申请日为 2009 年 4 月 1 日、公布日为 2011 年 3 月 1 日的中国专利申请
C. 印刷日为 2009 年 5 月的某中文期刊
D. 公开日为 2009 年 5 月 19 日存在于互联网的相关文件

【知识要点】 说明书中引证文件的撰写要求

【解析】《专利法实施细则》第 17 条第 1 款规定："……说明书应当包括下列内容：……(二) 背景技术：写明对发明或者实用新型的理解、检索、审查有用的背景技术；有可能的，并引证反映这些背景技术的文件；……"《专利审查指南 2010》2-2-2.2.3 "背景技术"中规定："说明书中引证的文件可以是专利文件，也可以是非专利文件，例如期刊、杂志、手册和书籍等。……(1) 引证文件应当是公开出版物，除纸件形式外，还包括电子出版物等形式。(2) 所引证的非专利文件和外国专利文件的公开日应当在本申请的申请日之前；所引证的中国专利文件的公开日不能晚于本申请的公开日。……"本题中，由于选项 A 中的专利申请是欧洲专利申请，且其公开日在本申请的申请日之后，不能被引证。故选项 A 错误，符合题意；选项 B、C、D 正确，不符合题意。

42. (2009 年卷一第 4 题) 阿司匹林是已知药物，具有解热镇痛的功效，现有技术中用作感冒药的成分。某项发明涉及阿司匹林的新用途，该发明对现有技术的贡献在于：实验证实阿司匹林能有效防治心血管疾病。就此发明申请专利，说明书中不能缺少下列哪些内容？

A. 阿司匹林的制备方法　　　　　　　　B. 阿司匹林用于防治心血管疾病的使用方法
C. 证明阿司匹林具有解热镇痛功效的实验证据　　D. 证明阿司匹林能防治心血管疾病的实验证据

【知识要点】 用途发明的充分公开

【解析】《专利法》第 26 条第 3 款规定："说明书应当对发明或者实用新型作出清楚、完整的说明，以所属技术领域的技术人员能够实现为准；必要的时候，应当有附图。摘要应当简要说明发明或者实用新型的技术要点。"《专利审查指南 2010》2-2-2.1.3 "能够实现"中规定："以下各种情况由于缺乏解决技术问题的技术手段而被认为无法实现……(5) 说明书中给出了具体的技术方案，但未给出实验证据，而该方案又必须依赖实验结果加以证实才能成立。例如，对于已知化合物的新用途发明，通常情况下，需要在说明书中给出实验证据来证实其所述的用途以及效果，否则将无法达到能够实现的要求。"《专利审查指南 2010》2-10-3.3 "化学产品用途发明的充分公开"中规定："对于化学产

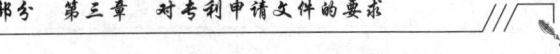

品用途发明,在说明书中应当记载所使用的化学产品、使用方法及所取得的效果,使得本领域技术人员能够实施该用途发明……如果本领域的技术人员无法根据现有技术预测该用途,则应当记载对于本领域的技术人员来说,足以证明该物质可以用于所述用途并能解决所要解决的技术问题或者达到所述效果的实验数据。"故选项B、D正确,符合题意;选项A、C错误,不符合题意。

43. **(2004年卷四第42题)** 以下有关说明书撰写要求的哪些说法是错误的?
   A. 在说明书的具体实施部分中应当详细写明发明的最佳实施方式
   B. 在发明技术方案比较简单的情况下,说明书可以不包含具体实施方式部分
   C. 对于最接近现有技术共有、并且是满足充分公开要求必不可少的发明技术特征,不得采用引证其他文件的方式撰写,而应将其具体内容写入说明书中
   D. 说明书中使用的附图标记应当放置在相应的技术名称之后的括号内

   【知识要点】说明书的撰写
   【解析】A.《专利法实施细则》第17条第1款规定:"……说明书应当包括下列内容:……(五)具体实施方式:详细写明申请人认为实现发明或者实用新型的优选方式;必要时,举例说明;有附图的,对照附图。"应当写明具体(优选)实施方式,而不是必须写出最佳实施方式。故选项A错误,符合题意。

   B.《专利法实施细则》第17条第1款、第2款规定:"……说明书应当包括下列内容:……(五)具体实施方式:详细写明申请人认为实现发明或者实用新型的优选方式;必要时,举例说明;有附图的,对照附图。发明或者实用新型专利申请人应当按照前款规定的方式和顺序撰写说明书,并在说明书每一部分前面写明标题,除非其发明或者实用新型的性质用其他方式或者顺序撰写能节约说明书的篇幅并使他人能够准确理解其发明或者实用新型。"《专利审查指南2010》2-2-2.2.6"具体实施方式"中规定:"在发明或者实用新型技术方案比较简单的情况下,如果说明书涉及技术方案的部分已经就发明或者实用新型专利申请所要保护的主题作出了清楚、完整的说明,说明书就不必在涉及具体实施方式部分再作重复说明。"根据《专利法实施细则》第17条第2款的规定,当"用其他方式或者顺序撰写能节约说明书的篇幅并使他人能够准确理解"时,可以按照其他方式和顺序撰写说明书,因此在某些情况下说明书可以不包含具体实施方式部分。故选项B正确,不符合题意。

   C.《专利审查指南2010》2-2-2.2.6"具体实施方式"中规定:"在具体实施方式部分,对最接近的现有技术或者发明或实用新型与最接近的现有技术共有的技术特征,一般来说可以不作详细的描述,但对发明或者实用新型区别于现有技术的技术特征以及从属权利要求中的附加技术特征应当足够详细地描述,以所属技术领域的技术人员能够实现该技术方案为准。应当注意的是,为了方便专利审查,也为了帮助公众更直接地理解发明或者实用新型,对于那些就满足专利法第二十六条第三款的要求而言必不可少的内容,不能采用引证其他文件的方式撰写,而应当将其具体内容写入说明书。"故选项C正确,不符合题意。

   D.《专利审查指南2010》2-2-2.2.6"具体实施方式"中规定:"对照附图描述发明或者实用新型的优选的具体实施方式时,使用的附图标记或者符号应当与附图中所示的一致,并放在相应的技术名称的后面,不加括号。"故选项D错误,符合题意。

44. **(2004年卷四第48题)** 以下有关发明专利申请说明书的撰写要求中,哪些是错误的?
   A. 发明名称中不得包含任何标点符号,通常不超过20个字
   B. 在说明书的背景技术部分中写明应当发明所要解决的技术问题
   C. 对于发明所要解决的技术问题的描述不得包含对其技术效果的说明,也不得使用宣传用语
   D. 说明书的发明内容部分应当写明每项权利要求的技术方案

   【知识要点】说明书的撰写
   【解析】A.《专利审查指南2010》1-1-4.1.1"发明名称"中规定:"发明名称一般不得超过25个字,特殊情况下,例如,化学领域的某些发明,可以允许最多到40个字。"故选项A错误,符合题意。

   B.《专利法实施细则》第17条第1款规定:"……说明书应当包括下列内容……(二)背景技术:写明对发明或者实用新型的理解、检索、审查有用的背景技术;有可能的,并引证反映这些背景技术的文件;(三)发明内容:写明发明或者实用新型所要解决的技术问题以及解决其技术问题采用的技术方案,并对照现有技术写明发明或者实用新型的有益效果;……"故选项B错误,符合题意。

   C.《专利审查指南2010》2-2-2.2.4"发明或者实用新型内容"之(1)"要解决的技术问题"中规定:"发明或者实用新型所要解决的技术问题应当按照下列要求撰写:(i)针对现有技术中存在的缺陷或不足;(ii)用正面的、尽可能简洁的语言客观而有根据地反映发明或者实用新型要解决的技术问题,也可以进一步说明其技术效果。对发明或者实用新型所要解决的技术问题的描述不得采用广告式宣传用语。"在发明所要解决的技术问题的描述中,可以包含对其技术效果的说明。故选项C错误,符合题意。

   D.《专利审查指南2010》2-2-2.2.4"发明或者实用新型内容"之(2)"技术方案"中规定:"专利法实施细则第十七条第一款第(三)项所说的写明发明或者实用新型解决其技术问题所采用的技术方案是指清楚、完整地描述发

明或者实用新型解决其技术问题所采取的技术方案的技术特征。在技术方案这一部分，至少应反映包含全部必要技术特征的独立权利要求的技术方案，还可以给出包含其他附加技术特征的进一步改进的技术方案……如果一件申请中有几项发明或者几项实用新型，应当说明每项发明或者实用新型的技术方案。"说明书的发明内容部分应当写明每项"独立"权利要求的技术方案，而不必写明每项权利要求的技术方案。故选项D错误，符合题意。

45.（2013年卷一第63题）下列关于实施例的说法哪些是正确的？
A. 实施例是对发明或者实用新型的优选的具体实施方式的举例说明
B. 一项权利要求涉及数值范围0～100，说明书中必须给出0和100两个端值的实施例
C. 当一个实施例足以支持权利要求所概括的技术方案时，说明书中可以只给出一个实施例
D. 说明书中可以有引证文件，但对于那些就满足说明书公开充分的要求而言必不可少的内容，不能采用引证其他文件的方式撰写，而应当将其具体内容写入说明书

【知识要点】实施例的撰写要求

【解析】A.《专利法实施细则》第17条第1款对发明或者实用新型专利申请说明书应当包括的内容进行了规定，其中对于具体实施方式的要求是："详细写明申请人认为实现发明或者实用新型的优选方式；必要时，举例说明；有附图的，对照附图。"《专利审查指南2010》2-2-2.2.6"具体实施方式"中规定："实施例是对发明或者实用新型的优选的具体实施方式的举例说明。"由此可知，故选项A正确，符合题意。

B.《专利审查指南2010》2-2-2.2.6"具体实施方式"中规定："当权利要求相对于背景技术的改进涉及数值范围时，通常应给出两端值附近（最好是两端值）的实施例，当数值范围较宽时，还应当给出至少一个中间值的实施例。"故选项B错误，不符合题意。

C.《专利审查指南2010》2-2-2.2.6"具体实施方式"中规定："当一个实施例足以支持权利要求所概括的技术方案时，说明书中可以只给出一个实施例。"故选项C正确，符合题意。

D.《专利审查指南2010》2-2-2.2.6"具体实施方式"中规定："为了方便专利审查，也为了帮助公众更直接地理解发明或者实用新型，对于那些就满足专利法第二十六条第三款的要求而言必不可少的内容，不能采用引证其他文件的方式撰写，而应当将其具体内容写入说明书。"故选项D正确，符合题意。

46.（2004年卷四第60题）以下关于说明书的撰写要求的哪些说法是错误的？
A. 说明书应当使用国家统一规定的技术术语，均应用中文译文加以注释或说明
B. 说明书中凡是使用非中文技术名词之处，均应用中文译文加以注释或说明
C. 在说明书中提及附图中所示的技术特征时，在不产生歧义的前提下，可以不使用中文技术术语，而用附图标记或非中文缩略语形式表示
D. 说明书中应当使用国际单位制计量单位，不得使用其他计量单位

【知识要点】说明书的撰写

【解析】A、B、D.《专利审查指南2010》2-2-2.2.7"对于说明书撰写的其他要求"中规定："说明书应当用词规范，语句清楚。即说明书的内容应当明确，无含糊不清或者前后矛盾之处，使所属技术领域的技术人员容易理解。说明书应当使用发明或者实用新型所属技术领域的技术术语。对于自然科学名词，国家有规定的，应当采用统一的术语，国家没有规定的，可以采用所属技术领域约定俗成的术语，也可以采用鲜为人知或者最新出现的科技术语，或者直接使用外来语（中文音译或意译词），但是其含义对所属技术领域的技术人员来说必须是清楚的，不会造成理解错误；必要时可以采用自定义词，在这种情况下，应当给出明确的定义或者说明。一般来说，不应当使用在所属技术领域中具有基本含义的词汇来表示其本意之外的其他含义，以免造成误解和语义混乱。说明书中使用的技术术语与符号应当前后一致。说明书应当使用中文，但是在不产生歧义的前提下，个别词语可以使用中文以外的其他文字。在说明书中第一次使用非中文技术名词时，应当用中文译文加以注释或者用中文给予说明。例如，在下述情况下可以使用非中文表述形式：（1）本领域技术人员熟知的技术名词可以使用非中文形式表述，例如用'EPROM'表示可擦除可编程只读存储器，用'CPU'表示中央处理器；但在同一语句中连续使用非中文技术名词可能造成该语句难以理解的，则不允许。……此外，所引用的外国专利文献、专利申请、非专利文献的出处和名称应当使用原文，必要时给出中文译文，并将译文放置在括号内。说明书中的计量单位应当使用国家法定计量单位，包括国际单位制计量单位和国家选定的其他计量单位。必要时可以在括号内同时标注本领域公知的其他计量单位。"故选项A、B、D错误，符合题意。

C.《专利审查指南2010》2-2-2.2.6"具体实施方式"中规定："对照附图描述发明或者实用新型的优选的具体实施方式时，使用的附图标记或者符号应当与附图中所示的一致，并放在相应的技术名称的后面，不加括号。例如，对涉及电路连接的说明，可以写成'电阻3通过三极管4的集电极与电容5相连接'，不得写成'3通过4与5连接'。"故选项C错误，符合题意。

47.（2002年卷四第31题）下述哪些情况将导致发明专利申请文件存在"公开不充分"缺陷？
A. 一项涉及设备的发明，说明书没有公开与发明点有关的一个部件的结构，仅在权利要求书中记载了该部件的

结构

B. 一项涉及组合物的发明，其中一种组分使用市售产品的效果不如发明人自己制造的组分，而申请人未在原始申请文件中说明发明人自制组分的制造方法

C. 一项涉及工艺方法的发明，申请人在撰写申请文件时没有提及某参数，而本领域技术人员不掌握该参数就无法实现该方法

D. 一项涉及新化合物的发明，申请人在说明书摘要中说明了该产品的用途及效果，但没有在其他申请文件中公开这部分内容

【知识要点】专利申请文件的充分公开

【解析】A、C.《专利法》第26条第3款规定："说明书应当对发明或者实用新型作出清楚、完整的说明，以所属技术领域的技术人员能够实现为准；必要的时候，应当有附图。摘要应当简要说明发明或者实用新型的技术要点。"《专利审查指南2010》2-2-2.1.2"完整"中规定："完整的说明书应当包括有关理解、实现发明或者实用新型所需的全部技术内容。"《专利审查指南2010》2-2-2.1.3"能够实现"中规定："所属技术领域的技术人员能够实现，是指所属技术领域的技术人员按照说明书记载的内容，就能够实现该发明或者实用新型的技术方案，解决其技术问题，并且产生预期的技术效果。说明书应当清楚地记载发明或者实用新型的技术方案，详细地描述实现发明或者实用新型的具体实施方式，完整地公开对于理解和实现发明或者实用新型必不可少的技术内容，达到所属技术领域的技术人员能够实现该发明或者实用新型的程度。审查员如果有合理的理由质疑发明或者实用新型没有达到充分公开的要求，则应当要求申请人予以澄清。"故选项C存在"公开不充分"缺陷，符合题意。

对于选项A，《专利审查指南2010》2-2-2.1"说明书应当满足的要求"中规定："说明书对发明或者实用新型作出的清楚、完整的说明，应当达到所属技术领域的技术人员能够实现的程度。也就是说，说明书应当满足充分公开发明或者实用新型的要求。"《专利审查指南2010》2-2-3.2.1"以说明书为依据"中规定："当要求保护的技术方案的部分或全部内容在原始申请的权利要求书中已记载而在说明书中没有记载时，允许申请人将其补入说明书。"权利要求书中已经记载而在说明书中没有记载的内容可以补入说明书，因此选项A的情况并不一定会导致"公开不充分"的缺陷，不符合题意。

B. 选项B中，因为该组分已经存在市售的产品，所以说明该组分已经是已知的，因此所属技术领域的技术人员按照说明书记载的内容，是能够实现该组合物发明的。选项B不存在"公开不充分"的缺陷，不符合题意。

（注意：题目中所述的情况，是申请人在申请专利的同时保留一部分技术秘密的一种常见方法。不过需要注意的是，发明人自己制造的组分所能达到的效果，一定不能作为发明要解决的技术问题写入到发明内容中，否则还将导致公开不充分的问题。在本题中，并未表明该效果属于发明要解决的技术问题，可以认为不存在这种情况。）

D.《专利审查指南2010》2-2-2.4"说明书摘要"中规定："摘要是说明书记载内容的概述，它仅是一种技术信息，不具有法律效力。摘要的内容不属于发明或者实用新型原始记载的内容，不能作为以后修改说明书或者权利要求书的根据，也不能用来解释专利权的保护范围。"《专利审查指南2010》2-10-3.1"化学产品发明的充分公开"之（3）"化学产品的用途和/或使用效果"中规定："对于化学产品发明，应当完整地公开该产品的用途和/或使用效果，即使是结构首创的化合物，也应当至少记载一种用途。"故选项D存在"公开不充分"缺陷，符合题意。

（二）说明书附图

48.（2011年卷一第36题）下列哪些可以作为实用新型专利申请的说明书附图？
A. 工艺流程图　　B. 逻辑框图　　C. 照片　　D. 工程蓝图

【知识要点】说明书附图的要求

【解析】《专利审查指南2010》1-2-7.3"说明书附图"中规定："说明书附图的审查包括下述内容：（1）附图不得使用工程蓝图、照片；……（8）结构框图、逻辑框图、工艺流程图应当在其框内给出必要的文字和符号。"故选项A、B正确，符合题意；选项C、D错误，不符合题意。

49.（2010年卷一第32题）下列说法哪些是正确的？
A. 说明书摘要不能用来解释专利权的保护范围　　B. 实用新型专利申请的说明书可以没有附图
C. 说明书附图中不可以有文字　　D. 发明专利申请的说明书必须有附图

【知识要点】申请文件的规定

【解析】A.《专利审查指南2010》2-2-2.4"说明书摘要"中规定："摘要是说明书记载内容的概述，它仅是一种技术信息，不具有法律效力。摘要的内容不属于发明或者实用新型原始记载的内容，不能作为以后修改说明书或者权利要求书的根据，也不能用来解释专利权的保护范围。"故选项A正确，符合题意。

B.《专利法实施细则》第17条第5款规定："实用新型专利申请说明书应当有表示要求保护的产品的形状、构造或者其结合的附图。"故选项B错误，不符合题意。

C.《专利法实施细则》第18条第3款规定："附图中除必需的词语外，不应当含有其他注释。"《专利审查指南

2010》1-1-4.3"说明书附图"中规定:"附图中除必需的词语外,不应当含有其他注释。附图中的词语应当使用中文,必要时,可以在其后的括号里注明原文。流程图、框图应当作为附图,并应当在其框内给出必要的文字和符号。"故选项C错误,不符合题意。

D.《专利审查指南2010》2-2-1"引言"中规定:"根据专利法第二十六条第一款的规定,一件发明专利申请应当有说明书(必要时应当有附图)及其摘要和权利要求书;一件实用新型专利申请应当有说明书(包括附图)及其摘要和权利要求书。"故选项D错误,不符合题意。

50.（2004年卷四第62题）在说明书附图说明部分中对于说明书附图的下述描述中哪些是符合规定的?
A. 图1至图3为本发明附图
B. 图4是沿图1中BB线的剖视图
C. 图5为权利要求5所述方法的流程图
D. 立体图所示为本发明装置的顶盖部分

【知识要点】附图说明

【解析】A、B、D.《专利审查指南2010》2-2-2.2"说明书的撰写方式和顺序"中规定:"……（四）附图说明:说明书有附图的,对各幅附图作简略说明……"《专利审查指南2010》2-2-2.2.5"附图说明"中规定:"说明书有附图的,应当写明各幅附图的图名,并且对图示的内容作简要说明。在零部件较多的情况下,允许用列表的方式对附图中具体零部件名称列表说明。附图不止一幅的,应当对所有附图作出图面说明。例如,一件发明名称为'燃煤锅炉节能装置'的专利申请,其说明书包括四幅附图,这些附图的图面说明如下:图1是燃煤锅炉节能装置的主视图;图2是图1所示节能装置的侧视图;图3是图2中的A向视图;图4是沿图1中B-B线的剖视图。"故选项A、D错误,不符合题意;选项B正确,符合题意。

C.《专利法实施细则》第17条第3款规定:"发明或者实用新型说明书应当用词规范、语句清楚,并不得使用'如权利要求……所述的……'一类的引用语,也不得使用商业性宣传用语。"故选项C错误,不符合题意。

51.（2016年卷一第15题）关于实用新型专利申请,下列说法哪个是正确的?
A. 说明书摘要可以作为修改说明书的依据
B. 说明书附图不得仅有表示产品效果、性能的附图
C. 说明书文字部分可以有表格,必要时也可以有插图,例如流程图
D. 原始说明书附图不清晰,可以通过重新确定申请日方式补入清晰附图

【知识要点】说明书附图及摘要附图

【解析】A.《专利审查指南2010》2-2-2.4"说明书摘要"中规定:"摘要是说明书记载内容的概述,它仅是一种技术信息,不具法律效力。摘要的内容不属于发明或者实用新型原始的记载内容,不能作为以后修改说明书或权利要求书的根据,也不能用来解释专利权的保护范围。"说明书摘要仅仅提供一种技术信息,不属于原始记载内容,不能作为修改说明书的依据。故选项A错误,不符合题意。

B.《专利审查指南2010》1-2-7.3"说明书附图"中规定:"说明书附图中应当有表示要求保护的产品的形状、构造或者其结合的附图,不得仅有现有技术的附图,也不得仅仅有表示产品效果、性能的附图,例如温度变化曲线等。"实用新型说明书的功能是充分公开该实用新型,如果仅仅描述了产品的效果和性能,但该产品的结构并不清楚,那显然没有做到充分公开。故选项B正确,符合题意。

C、D.《专利审查指南2010》1-2-7.2"说明书"中规定:"说明书文字部分可以有化学式、数学式或者表格,但不得有插图,包括流程图、方框图、曲线图、相图等,它们只可以作为说明书的附图。说明书文字部分写有附图说明但缺少相应附图的,应当通知申请人取消说明书文字部分的附图说明,或者在指定期限内补交相应附图。申请人补交附图的,以向专利局提交或者邮寄补交附图之日为申请日,审查员应当发出重新确定申请日通知书。申请人取消相应附图说明的,保留原申请日。"说明书文字部分可以有表格,但插图应当是说明书附图的内容。故选项C错误,不符合题意。缺少附图补交会重新确定申请日,用清晰的附图替换原来模糊不清的附图不会导致重新确定申请日。故选项D错误,不符合题意。

四、说明书摘要及摘要附图

52.（2015年卷一第54题）关于实用新型专利申请的附图,下列说法哪些是错误的?
A. 摘要附图应是从说明书附图中选出的能够反映技术方案的附图
B. 如果说明书文字足以清楚的描述所要求保护的产品的形状,可以没有附图
C. 说明书附图可以是彩色照片
D. 结构复杂的实用新型专利申请允许有两幅摘要附图

【知识要点】实用新型专利的附图

【解析】A、D.《专利审查指南2010》1-2-7.5"说明书摘要"中规定:"说明书摘要应当有摘要附图,申请人应当提交一幅从说明书附图中选出的能够反映技术方案的附图作为摘要附图。"故选项A正确,不符合题意。实用新型专利申请摘要附图数量只能是一幅,与该专利的复杂程度无关。故选项D错误,符合题意。

B.《专利法实施细则》第17条第5款规定:"实用新型专利申请说明书应当有表示要求保护的产品的形状、构造或者其结合的附图。"故选项B错误,符合题意。

C.《专利审查指南2010》1-2-7.3"说明书附图"中规定:"附图不得使用工程蓝图、照片。"故选项C错误,符合题意。

53.（2013年卷一第51题）下列关于实用新型专利申请的说法哪些是正确的?
A. 说明书摘要文字部分（包括标点符号）不得超过300个字
B. 说明书摘要文字部分应写清反映技术方案要点的内容
C. 说明书摘要和摘要附图不属于实用新型原始记载的内容
D. 说明书摘要附图可以不是说明书附图之一

【知识要点】实用新型说明书摘要规定

【解析】A、B.《专利法实施细则》第23条规定:"说明书摘要应当写明发明或者实用新型专利申请所公开内容的概要,即写明发明或者实用新型的名称和所属技术领域,并清楚地反映所要解决的技术问题、解决该问题的技术方案的要点以及主要用途。说明书摘要可以包含最能说明发明的化学式;有附图的专利申请,还应当提供一幅最能说明该发明或者实用新型技术特征的附图。附图的大小及清晰度应当保证在该图缩小到4厘米×6厘米时,仍能清晰地分辨出图中的各个细节。摘要文字部分不得超过300个字。摘要中不得使用商业性宣传用语。"故选项A、B正确,符合题意。

C.《专利审查指南2010》2-2-2.4"说明书摘要"中规定:"摘要的内容不属于发明或者实用新型原始记载的内容,不能作为以后修改说明书或者权利要求书的根据,也不能用来解释专利权的保护范围。"故选项C正确,符合题意。

D.《专利审查指南2010》1-2-7.5"说明书摘要"中规定:"说明书摘要应当有摘要附图,申请人应当提交一幅从说明书附图中选出的能够反映技术方案的附图作为摘要附图。"故选项D错误,不符合题意。

五、申请文件的书写规则及附图绘制要求

54.（2004年卷三第33题）以下有关专利申请文件书写规则的哪些说法是错误的?
A. 权利要求书和说明书中的所有内容均应当打字或者印刷,不得手工书写
B. 权利要求书和说明书应当使用宋体、楷体或黑体,不应当使用草体及其他字体
C. 权利要求书和说明书可以单面或双面打字或印刷,但是纸张应当纵向使用
D. 权利要求书和说明书及其附图合计超过两页的,应当以权利要求在前,说明书居中,说明书图在后的次序,用阿拉伯数字将它们连续、顺序编排页码

【知识要点】申请文件的书写规则

【解析】A.《专利审查指南2010》5-1-5.1"打字或印刷"中规定:"请求书、权利要求书、说明书、说明书摘要、说明书附图和摘要附图中文字部分以及简要说明应当打字或者印刷。上述文件中的数学式和化学式可以按照制图方式手工书写。其他文件除另有规定外,可以手工书写,但字体应当工整,不得涂改。"故选项A错误,符合题意。

B.《专利审查指南2010》5-1-5.2"字体及规格"中规定:"各种文件应当使用宋体、仿宋体或者楷体,不得使用草体或者其他字体。"故选项B错误,符合题意。

C.《专利审查指南2010》5-1-5.3"书写方式"中规定:"各种文件除另有规定外,应当单面、纵向使用。自左至右横向书写,不得分栏书写。"故选项C错误,符合题意。

D.《专利审查指南2010》5-1-5.6"编写页码"中规定:"各种文件应当分别用阿拉伯数字顺序编写页码。页码应当置于每页下部页边的上沿,并左右居中。"各种文件应当"分别"顺序编码,故选项D错误,符合题意。

六、对于涉及生物材料申请的特殊要求

55.（2015年卷一第11题）关于涉及生物材料的专利申请,下列哪个情形是符合生物材料保藏要求的?
A. 申请人自申请日起第2个月在国家知识产权局认可的保藏单位进行了生物保藏,并提交了保藏及存活证明
B. 申请人于申请日前2个月在国家知识产权局认可的保藏单位进行了生物保藏,自申请日起第6个月提交了保藏及存活证明
C. 申请人于申请日前半个月在国家知识产权局认可的保藏单位进行了生物保藏,自申请日起第2个月提交了保藏及存活证明
D. 为防止泄密,申请人于申请日前2个月在其学校的国家重点生物实验室自行进行了生物保藏,自申请日起第2个月提交了保藏及存活证明

【知识要点】涉及生物材料的专利申请

【解析】《专利法实施细则》第24条规定:"申请专利的发明涉及新的生物材料,该生物材料公众不能得到,并且

对该生物材料的说明不足以使所属领域的技术人员实施其发明的，除应当符合专利法和本细则的有关规定外，申请人还应当办理下列手续：（一）在申请日前或者最迟在申请日（有优先权的，指优先权日），将该生物材料的样品提交国务院专利行政部门认可的保藏单位保藏，并在申请时或者最迟自申请日起4个月内提交保藏单位出具的保藏证明和存活证明；期满未提交证明的，该样品视为未提交保藏；……"此规定涉及的关于生物材料保藏的相关考点主要为：(1) 保藏时间：申请日前或者最迟在申请日（有优先权的，指优先权日）；(2) 保藏单位：国务院专利行政部门认可的保藏单位；(3) 提交证明时间：在申请时或者最迟自申请日起4个月内提交。选项A中保藏时间是"自申请日起第2个月"，不符合前述规定。故选项A错误，不符合题意。选项B中提交证明时间是"申请日起第6个月"，不符合前述规定。故选项B错误，不符合题意。选项D中保藏单位是"学校的国家重点生物实验室"，不符合前述规定。故选项D错误，不符合题意。选项C符合前述规定，故选项C正确，符合题意。

56.（2016年卷一第29题）涉及生物材料的国际申请进入中国国家阶段时，申请人应当在下列哪个期限内提交生物材料样品的保藏证明和存活证明？

A. 进入实质审查程序之前
B. 国家公布技术准备工作完成之前
C. 办理进入国家阶段手续之日起6个月内
D. 办理进入国家阶段手续之日起4个月内

【知识要点】生物材料保藏

【解析】《专利法实施细则》第108条第3款规定："申请人自进入日起4个月内向国务院专利行政部门提交生物材料样品保藏证明和存活证明的，视为在本细则第二十四条第（一）项规定的期限内提交。"在国内申请中，提交生物样品的保藏和存活证明的期限是提出申请之日起4个月内。在PCT申请中，这个期限就是办理进入国家阶段手续之日起4个月内。故选项D正确，符合题意；选项A、B、C错误，不符合题意。

57.（2016年卷一第48题）某涉及生物材料的发明专利申请，申请日为2015年5月1日，优先权日为2014年6月1日，申请人将该生物材料的样品提交到国家知识产权局认可的保藏单位进行保藏，下列手续哪些符合要求？

A. 提交保藏的日期：2015年5月1日，提交保藏证明及存活证明的日期：2015年8月1日
B. 提交保藏的日期：2014年6月1日，提交保藏证明及存活证明的日期：2015年9月1日
C. 提交保藏的日期：2014年10月1日，提交保藏证明及存活证明的日期：2015年8月1日
D. 提交保藏的日期：2014年10月1日，提交保藏证明及存活证明的日期：2015年8月1日，同时申请人提交声明表示放弃优先权

【知识要点】生物材料保藏

【解析】根据《专利法实施细则》第24条的规定（参见本章第55题解析），将生物材料提交保藏的目的是为了实现充分公开，故申请人提交保藏的时间不得晚于申请日。如果是有优先权的话，不能晚于优先权日。本题中优先权日为2014年6月1日。当然，如果申请人放弃优先权的话，那么在申请日之前提交保藏就可以。提交保藏后，保藏中心需要一定的时间才能出具保藏证明和存活证明，故提交者提交那两份证明的时间是在申请日之后4个月内。故选项A、C错误，不符合题意；选项B、D正确，符合题意。

58.（2002年卷三第67题）提出涉及核苷酸或者氨基酸序列的发明专利申请时，应当满足以下哪些要求？

A. 将该序列表作为说明书的一个单独部分
B. 在申请的同时提交与该序列表一致的光盘或软盘
C. 在请求实质审查时提交与该序列表一致的光盘或软盘
D. 该光盘或软盘格式应当符合国家知识产权局的有关规定

【知识要点】涉及核苷酸或者氨基酸序列的发明专利申请的要求

【解析】《专利法实施细则》第17条第4款规定："发明专利申请包含一个或者多个核苷酸或者氨基酸序列的，说明书应当包括符合国务院专利行政部门规定的序列表。申请人应当将该序列表作为说明书的一个单独部分提交，并按照国务院专利行政部门的规定提交该序列表的计算机可读形式的副本。"《专利审查指南2010》1-1-4.2 "说明书"中规定："涉及核苷酸或者氨基酸序列的申请，应当将该序列表作为说明书的一个单独部分，并单独编写页码。申请人应当在申请的同时提交与该序列表相一致的计算机可读形式的副本，如提交记载有该序列表的符合规定的光盘或者软盘。"故选项A、B、D正确，符合题意，选项C错误，不符合题意。

七、对于涉及遗传资源申请的特殊要求

59.（2016年卷一第49题）下列涉及遗传资源发明专利申请的说法，哪些是正确的？

A. 对违反法律的规定获取遗传资源，并依赖该遗传资源完成的发明创造，不授予专利权
B. 专利法所称依赖遗传资源完成的发明创造，是指利用遗传资源完成的发明创造
C. 依赖遗传资源完成的发明创造，申请人应当在专利申请文件中说明遗传资源的直接来源和原始来源
D. 依赖遗传资源完成的发明创造，申请人无法说明直接来源的，可以在申请文件中陈述理由

【知识要点】涉及遗传资源的发明

【解析】A.《专利法》第5条规定："对违反法律、社会公德或者妨害公共利益的发明创造，不授予专利权。对违反法律、行政法规的规定获取或者利用遗传资源，并依赖该遗传资源完成的发明创造，不授予专利权。"故选项A正确，符合题意。

B.《专利法》所称依赖遗传资源完成的发明创造，是指利用了遗传资源的遗传功能完成的发明创造，如果利用了遗传资源，但没有利用遗传功能，那么就不算是《专利法》所称依赖遗传资源完成的发明创造。遗传资源的直接来源，主要是指申请人获得该遗传资源的直接渠道，不存在无法说明的情况。申请人可能无法说明的是遗传资源的原始来源。故选项B错误，不符合题意。

C.D.《专利审查指南2010》1-1-5.3"涉及遗传资源的申请"中规定："就依赖遗传资源完成的发明创造申请专利，申请人应当在请求书中对于遗传资源的来源予以说明，并填写遗传资源来源披露登记表，写明该遗传资源的直接来源和原始来源。申请人无法说明原始来源的，应当陈述理由。对不符合规定的，审查员应当发出补正通知书，通知申请人补正。期满未补正的，审查员应当发出视为撤回通知书。补正后仍不符合规定的，该专利申请应当被驳回。"故选项C正确，符合题意。只有申请人无法说明原始来源的，应当陈述理由，而非直接来源。故选项D错误，不符合题意。

八、综合题

60.（2012年卷一第93题）下列说法哪些是正确的？
A. 除绝对必要外，发明或者实用新型的说明书中不得使用"如权利要求……所述的……"一类的引用语
B. 发明或者实用新型的摘要中不得使用商业性宣传用语，但说明书中可以使用
C. 发明或者实用新型权利要求中出现的附图标记应当加括号
D. 发明或者实用新型专利申请的说明书的名称应当与请求书中的名称一致

【知识要点】说明书的撰写要求

【解析】《专利审查指南2010》2-2-2.2"说明书的撰写方式和顺序"中规定："发明或者实用新型说明书应当用词规范、语句清楚，并且不得使用'如权利要求……所述的……'一类的引用语，也不得使用商业性宣传用语。"《专利审查指南2010》2-2-2.2.1"名称"中规定："说明书中的发明或者实用新型的名称与请求书中的名称应当一致，一般不得超过25个字，特殊情况下，例如，化学领域的某些申请，可以允许最多到40个字……"《专利审查指南2010》2-2-3.3"权利要求的撰写规定"中规定："权利要求中的技术特征可以引用说明书附图中相应的标记，以帮助理解权利要求所记载的技术方案。但是，这些标记应当用括号括起来，放在相应的技术特征后面，附图标记不得解释为对权利要求保护范围的限制。"故选项A、B错误，不符合题意；选项C、D正确，符合题意。

第二节　外观设计专利申请文件

一、请求书

（一）外观设计的产品名称

61.（2010年卷一第68题）下列在请求书中写明的使用外观设计的产品名称哪些是正确的？
A. 虹吸式节水马桶　　B. MP3播放器　　C. 圆桌　　D. 爱家牌抽油烟机

【知识要点】外观设计的产品名称

【解析】《专利审查指南2010》1-3-4.1.1"使用外观设计的产品名称"中规定："产品名称通常还应当避免下列情形：(1)含有人名、地名、国名、单位名称、商标、代号、型号或以历史时代命名的产品名称；(2)概括不当、过于抽象的名称，例如'文具'、'炊具'、'乐器'、'建筑用物品'等；(3)描述技术效果、内部构造的名称，例如'节油发动机'、'人体增高鞋垫'、'装有新型发动机的汽车'等；(4)附有产品规格、大小、规模、数量单位的名称，例如'21英寸电视机'、'中型书柜'、'一副手套'等；(5)以外国文字或无确定的中文意义的文字命名的名称，例如'克莱斯酒瓶'，但已经众所周知并且含义确定的文字可以使用，例如'DVD播放机'、'LED灯'、'USB集线器'等。"故选项B、C正确，符合题意。选项A、D分别属于上述(3)(1)中的情形，故选项A、D错误，不符合题意。

62.（2015年卷一第55题）下列在请求书中写明的使用外观设计的产品名称哪些是正确的？
A. 方凳　　B. MP3　　C. 小型书桌　　D. 地、空两用飞行汽车

【知识要点】外观设计的产品名称

【解析】《专利审查指南2010》1-3-4.1.1"使用外观设计的产品名称"中规定："使用外观设计的产品名称对图片或者照片中表示的外观设计所应用的产品种类具有说明作用。使用外观设计的产品名称应当与外观设计图片或者照片中表示的外观设计相符合，准确、简明地表明要求保护的产品的外观设计。产品名称一般应当符合国际外观设计分

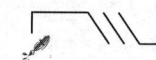

类表中小类列举的名称。产品名称一般不得超过20个字。产品名称通常还应当避免下列情形：（1）含有人名、地名、国名、单位名称、商标、代号、型号或以历史时代命名的产品名称；（2）概括不当、过于抽象的名称，例如'文具'、'炊具'、'乐器'、'建筑用物品'等；（3）描述技术效果、内部构造的名称，例如'节油发动机'、'人体增高鞋垫'、'装有新型发动机的汽车'等；（4）<u>附有产品规格、大小、规模、数量单位的名称，例如'21英寸电视机'、'中型书柜'、'一副手套'等</u>；（5）<u>以外国文字或无确定的中文意义的文字命名的名称，例如'克莱斯酒瓶'，但已经众所周知并且含义确定的文字可以使用，例如'DVD播放机'、'LED灯'、'USB集线器'等</u>。"

A.D. 选项A、D符合前述对使用外观设计的产品名称的规定，且不属于前述否定性列举之一，故选项A、D正确，符合题意。

B. 选项B中的MP3是一个多义词，其有三种常用的含义：（1）能播放MP3音乐文件的播放器；（2）一种音频编码方式；（3）使用MP3编码方式存储的音频文件。因此，本选项中的MP3含义并不确定，不适合作为外观设计的产品名称使用。故选项B错误，不符合题意。

C. 选项C中小型书桌是"附有产品规格、大小、规模、数量单位的名称"，属于前述规定中避免使用的情形。故选项C错误，不符合题意。

63.（2016年卷一第50题）下列在外观设计请求书中填写的使用外观设计的产品名称哪些是正确的？
A. LED灯　　　　　B. 办公用品　　　　　C. 图形用户界面　　　　　D. 成套沙发
【知识要点】外观设计产品的名称
【解析】A. 根据《专利审查指南2010》1-3-4.1.1"使用外观设计的产品名称"中的规定（参见本章第62题解析），LED属于众所周知并且含义明确的外国文字，故选项A正确，符合题意。

B. 办公用品这一概念过于宽泛。排除，故选项B错误，不符合题意。

C. 外观设计需和产品结合，光有"图形用户界面"看不出是手机还是电脑的界面。故选项C错误，不符合题意。

D. "成套沙发"中虽然有个"套"字，但这属于常见的表述。类似的还有"方凳"和"圆桌"，虽然描绘了产品的形状，但依然属于符合要求的外观设计名称。故选项D正确，符合题意。

64.（2004年卷四第16题）在外观设计专利申请的请求书中，使用外观设计的产品名称不得超过多少字数？
A. 10个字　　　　　B. 15个字　　　　　C. 20个字　　　　　D. 25个字
【知识要点】外观设计的名称
【解析】《专利审查指南2010》1-3-4.1.1"使用外观设计的产品名称"中规定："……<u>产品名称一般不得超过20个字</u>……"故选项A、B、D错误，不符合题意；选项C正确，符合题意。

65.（2000年卷四第18题）以下关于外观设计产品名称的说法中哪些是正确的？
A. 不应包含产品的规格或数量、单位　　　　　B. 可以包含产品的形状、色彩和使用材料
C. 不应包含商标名称、人名　　　　　D. 可以说明产品的用途
【知识要点】外观设计产品名称
【解析】参见《专利审查指南2010》1-3-4.1.1"使用外观设计的产品名称"中规定（参见本章第62题解析）。
A.C. 根据上述（4）中的规定，故选项A正确，符合题意；根据上述（1）中的规定，选项C正确，符合题意。

B. 《专利审查指南2010》中删除了对于选项B中情况的限制规定。故选项B正确，符合题意。

D. 《专利法实施细则》第28条第1款规定："外观设计的简要说明应当写明外观设计产品的名称、用途，外观设计的设计要点，并指定一幅最能表明设计要点的图片或者照片。省略视图或者请求保护色彩的，应当在简要说明中写明。"《专利审查指南2010》1-3-4.3"简要说明"之（2）中规定："外观设计产品的用途。<u>简要说明中应当写明有助于确定产品类别的用途</u>。对于具有多种用途的产品，简要说明应当写明所述产品的多种用途"。《专利审查指南2010》1-3-12.1"分类的依据"中规定："外观设计分类以外观设计的产品名称、图片或者照片以及简要说明中记载的产品用途为依据。"外观设计产品的用途可以在简要说明中写明，外观设计产品名称中一般不能包含专用于说明产品用途的文字。故选项D错误，不符合题意。

（注意：在外观设计名称中，也可能会包含一些能够表明产品用途的名词，如："汽车轮胎"中的"汽车"也可以间接表明其用途，但由于其组合在一起代表一个完整的产品名称，因此是允许的；但是如果名称写为"专用于汽车上使用的……"则是不允许的，因为该文字只用于说明产品用途，不能作为产品名称。）

（二）外观设计的请求书

66.（2004年卷四第20题）申请人应当在外观设计专利申请的请求书中写明下述哪些事项？
A. 使用外观设计的产品名称　　　　　B. 外观设计的简要说明
C. 产品在国际外观设计分类表中的类别　　　　　D. 是否包含享有其他在先权利的内容
【知识要点】外观设计的请求书
【解析】A. 《专利法实施细则》第16条规定："发明、实用新型或者外观设计专利申请的请求书应当写明下列事

项：(一) 发明、实用新型或者外观设计的名称；(二) 申请人是中国单位或者个人的，其名称或者姓名、地址、邮政编码、组织机构代码或居民身份证件号码；申请人是外国人、外国企业或者外国其他组织的，其姓名或者名称、国籍或者注册的国家或者地区；(三) 发明人或者设计人的姓名；(四) 申请人委托专利代理机构的，受托机构的名称、机构代码以及该机构指定的专利代理人的姓名、执业证号码、联系电话；(五) 要求优先权的，申请人第一次提出专利申请（以下简称在先申请）的申请日、申请号以及原受理机构的名称；(六) 申请人或者专利代理机构的签字或者盖章；(七) 申请文件清单；(八) 附加文件清单；(九) 其他需要写明的有关事项。"故选项A正确，符合题意。

B.《专利法》第27条第1款规定："申请外观设计专利的，应当提交请求书、该外观设计的图片或者照片以及对该外观设计的简要说明等文件。"《专利审查指南2010》5-3-2.2"不受理的情形"中规定："专利申请有下列情形之一的，专利局不予受理：(1) 发明专利申请缺少请求书、说明书或者权利要求书的；实用新型专利申请缺少请求书、说明书、说明书附图或者权利要求书的；外观设计专利申请缺少请求书、图片或照片或者简要说明的……"简要说明应当是在请求书之外单独提交的文件，故选项B错误，不符合题意。

C. 现行《专利法》已经不再要求申请人在提交申请时给出使用外观设计的产品类别。故选项C错误，不符合题意。

D. 外观设计专利申请的请求书中不需要写明是否包含享有其他在先权利的内容。故选项D错误，不符合题意。(注：《专利法》第23条第3款中所指的"合法权利"即本题中的"在先权利"是指：商标权、著作权、企业名称权、肖像权以及知名商品特有包装或者装潢使用权等。)

二、图片或者照片

(一) 外观设计专利申请中的图片或照片

67.（2014年卷一第87题）下列各图是净水器产品的外观设计专利申请视图。已知主视图和立体图正确，下列哪些视图明显错误？

A. 俯视图　　　　　B. 左视图　　　　　C. 后视图　　　　　D. 仰视图

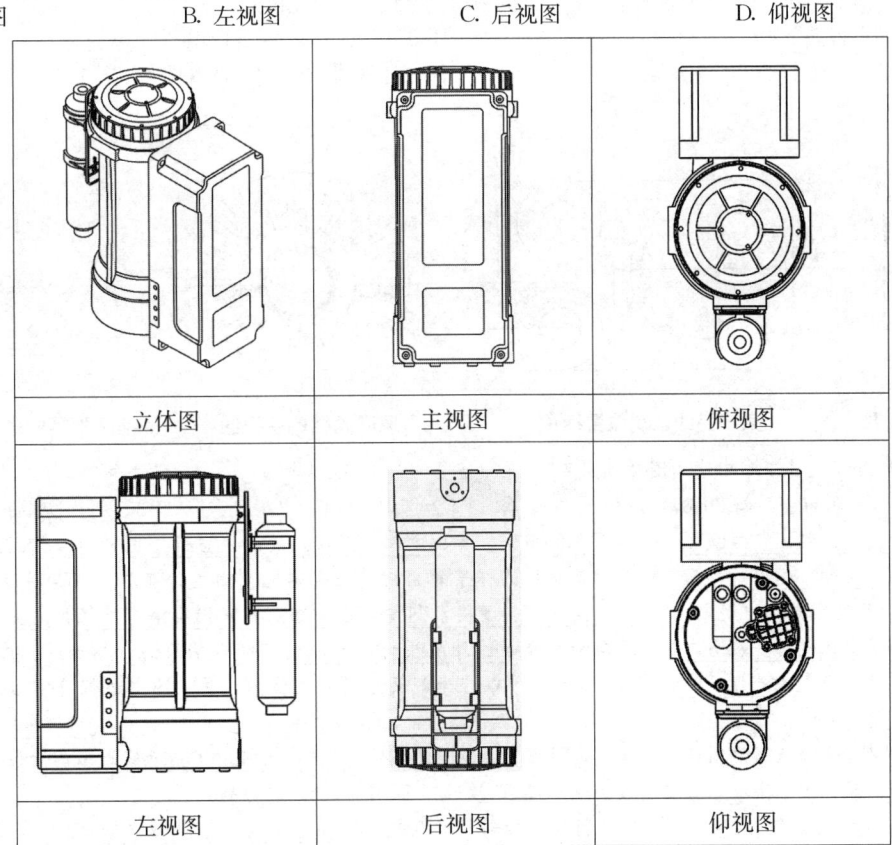

【知识要点】外观设计的视图

【解析】俯视图中圆形的部分应该在图的上半部分，故选项A错误，符合题意。左视图中圆筒状部分应该分布在图的左半部分，故选项B错误，符合题意。后视图中圆形的盖子应该是在上边，上下颠倒了，故选项C错误，符合题意。仰视图没有明显的错误，故选项D正确，不符合题意。

68.（2010年卷一第13题）下列关于外观设计专利申请中的图片或者照片的说法哪些是正确的？
A. 照片中的产品不允许包含内装物或者衬托物
B. 图片可以使用铅笔、蜡笔、圆珠笔绘制
C. 照片的拍摄通常应当遵循正投影规则，避免因透视产生的变形影响产品的外观设计的表达
D. 透明产品的外观设计，外层与内层有两种以上形状、图案和色彩时，应当分别表示出来

【知识要点】外观设计的图片或者照片

【解析】A、C.《专利审查指南2010》1-3-4.2.3"照片的拍摄"中规定："……（3）照片的拍摄通常应当遵循正投影规则，避免因透视产生的变形影响产品的外观设计的表达。……（5）照片中的产品通常应当避免包含内装物或者衬托物，但对于必须依靠内装物或者衬托物才能清楚地显示产品的外观设计时，则允许保留内装物或者衬托物。"故选项A错误，不符合题意；选项C正确，符合题意。

B.《专利审查指南2010》1-3-4.2.2"图片的绘制"中规定："图片可以使用包括计算机在内的制图工具绘制，但不得使用铅笔、蜡笔、圆珠笔绘制，也不得使用蓝图、草图、油印件。"故选项B错误，不符合题意。

D.《专利审查指南2010》1-3-4.2.4"图片或者照片的缺陷"中规定："所述缺陷主要是指下列各项：……（10）透明产品的外观设计，外层与内层有两种以上形状、图案和色彩时，没有分别表示出来。"故选项D正确，符合题意。

69.（2002年卷四第24题）当产品的六面正投影视图或两面正投影视图不能充分表达外观设计时，可以通过提交下列哪些视图给予补充表达？
A. 使用状态参考图　　B. 展开图　　C. 放大图　　D. 剖视图

【知识要点】外观设计图片或照片

【解析】《专利审查指南2010》1-3-4.2"外观设计图片或者照片"中规定："必要时，申请人还应当提交该外观设计产品的展开图、剖视图、剖面图、放大图以及变化状态图。此外，申请人可以提交参考图，参考图通常用于表明使用外观设计的产品的用途、使用方法或者使用场所等。"故选项A、B、C、D均正确，符合题意。

70.（2000年卷四第29题）下列各图中作为所称的视图或标识哪些是正确的？
A. 某产品的主视图
B. 某产品的剖切位置标识
C. 风扇网格的主视图
D. 拖把把柄的省略画法视图

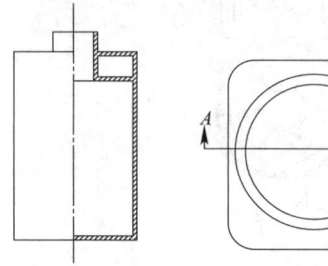
某产品的主视图

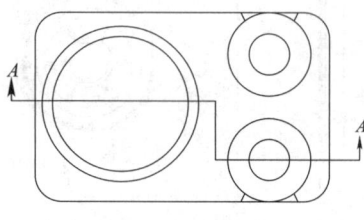
某产品的剖切位置标识

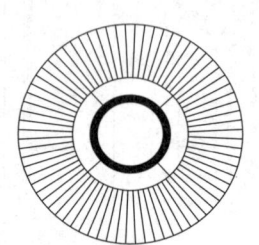
风扇网格的主视图

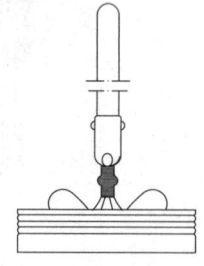
拖把把柄的省略画法视图

【知识要点】外观设计专利申请的图片或照片

【解析】A.《专利审查指南2010》1-3-4.2.1"视图名称及其标注"中规定："六面正投影视图的视图名称，是指主视图、后视图、左视图、右视图、俯视图和仰视图。其中主视图所对应的面应当是使用时通常朝向消费者的面或者最大程度反映产品的整体设计的面。例如，带杯把的杯子的主视图应是杯把在侧边的视图。"《专利审查指南2010》1-3-4.2.2"图片的绘制"中规定："图片应当参照我国技术制图和机械制图国家标准中有关正投影关系、线条宽度以及剖切标记的规定绘制，并应当以粗细均匀的实线表达外观设计的形状。不得以阴影线、指示线、虚线、中心线、尺寸线、点划线等线条表达外观设计的形状。"选项A中应为剖面图而非主视图，并且图中还带有中心线。故选项A错误，不符合题意。

B、C.《专利审查指南2010》1-3-4.2.2"图片的绘制"中规定："图面上可以用指示线表示剖切位置和方向、放大部位、透明部位等，但不得有不必要的线条或标记。"故选项B、C正确，符合题意。

D.《专利审查指南2010》1-3-4.2.2"图片的绘制"中规定："可以用两条平行的双点划线或自然断裂线表示细长物品的省略部分。"选项D中采用了单点划线来表示省略部分，故选项D错误，不符合题意。

71.（2004年卷四第27题）下列各项中哪些不应在外观设计专利申请的图片或照片中出现？
A. 北京天坛照片
B. 绘制图中表示光影明暗效果的线条
C. 尺寸线、中心线、虚线
D. 古代名画

【知识要点】外观设计的客体与图片的绘制

【解析】《专利法》第2条第4款规定:"外观设计,是指对产品的形状、图案或者其结合以及色彩与形状、图案的结合所作出的富有美感并适于工业应用的新设计。"《专利审查指南2010》1-3-7.3"适于工业应用的富有美感的新设计"中规定:"适于工业应用,是指该外观设计能应用于产业上并形成批量生产。"

A.《专利审查指南2010》1-3-6.1.3"妨害公共利益"中规定:"妨害公共利益,是指外观设计的实施或使用会给公众或社会造成危害,或者会使国家和社会的正常秩序受到影响……以著名建筑物(如天安门)以及领袖肖像等为内容的外观设计不能被授予专利权。"选项A属于著名建筑物,故选项A错误,符合题意。

B.C. 根据《专利审查指南2010》1-3-4.2.2"图片的绘制"中的规定(参见本章第70题解析A),故选项B、C错误,符合题意。

D.《专利审查指南2010》1-3-7.4"不授予外观设计专利权的情形"中规定:"根据专利法第二条第四款的规定,以下属于不授予外观设计专利权的情形:……(8)纯属美术、书法、摄影范畴的作品。"故选项D错误,符合题意。

72.（2000年卷四第17题）下列外观设计视图名称中哪些是正确的?
A. 正视图 B. 左视图
C. 平面图 D. 底视图

【知识要点】 外观设计的视图名称

【解析】《专利审查指南2010》1-3-4.2.1"视图名称及其标注"中规定:"六面正投影视图的视图名称,是指主视图、后视图、左视图、右视图、俯视图和仰视图。"故选项A、C、D错误,不符合题意;选项B正确,符合题意。

(二)外观设计专利申请的审查

73.（2009年卷一第87题）外观设计专利申请存在下列哪些缺陷的,国家知识产权局在初步审查程序中应当向申请人发出补正通知书?
A. 视图投影关系不符合正投影规则
B. 有局部放大图,但在有关视图中没有标出放大部位的
C. 一件专利申请包含有两项以上明显不符合单一性条件的外观设计
D. 图片或者照片所表示的设计明显不属于外观设计专利保护的客体

【知识要点】 外观设计专利申请的审查

【解析】 A.《专利审查指南2010》1-3-4.2.4"图片或者照片的缺陷"中规定:"所述缺陷主要是指下列各项:……(1)视图投影关系有错误,例如投影关系不符合正投影规则、视图之间的投影关系不对应或者视图方向颠倒等。……"故选项A正确,符合题意。

B.《专利审查指南2010》1-3-4.2.4"图片或者照片的缺陷"中规定:"所述缺陷主要是指下列各项:……(8)有局部放大图,但在有关视图中没有标出放大部位的。……"故选项B正确,符合题意。

C.D.《专利审查指南2010》1-3-1"引言"中规定:"……(2)申请文件的明显实质性缺陷审查,包括专利申请是否明显属于专利法第五条第一款、第二十五条第一款第(六)项规定的情形,或者不符合专利法第十八条、第十九条第一款的规定,或者明显不符合专利法第二条第四款、第二十三条第一款、第二十七条第二款、第三十一条第二款、第三十三条,以及专利法实施细则第四十三条第一款的规定,或者依照专利法第九条规定不能取得专利权。"《专利审查指南2010》1-3-3.3"明显实质性缺陷的处理"中规定:"初步审查中,对于申请文件存在不可能通过补正方式克服的明显实质性缺陷的专利申请,审查员应当发出审查意见通知书。"此时应当发出的是审查意见通知书,故选项C、D错误,不符合题意。

74.（2000年卷四第20题）申请立体产品的外观设计专利时,所提交视图应当符合以下哪些要求?
A. 当设计要点仅涉及一个面时,可以只提交该面主视图和该产品立体图
B. 应提交正投影六面视图和立体图
C. 后视图和主视图相同或对称时,可省略后视图或主视图
D. 左视图和右视图相同或对称时,可省略左视图或右视图

【知识要点】 外观设计专利申请的图片或照片

【解析】 A.B.《专利审查指南2010》1-3-4.2"外观设计图片或者照片"中规定:"就立体产品的外观设计而言,产品设计要点涉及六个面的,应当提交六面正投影视图;产品设计要点仅涉及一个或几个面的,应当至少提交所涉及面的正投影视图和立体图,并应当在简要说明中写明省略视图的原因。就平面产品的外观设计而言,产品设计要点涉及一个面的,可以仅提交该面正投影视图;产品设计要点涉及两个面的,应当提交两面正投影视图。"故选项A正确,符合题意;选项B错误,不符合题意。

C.D.《专利审查指南2010》1-3-4.2.4"图片或者照片的缺陷"中规定:"……所述缺陷主要是指下列各项:……(4)表示立体产品的视图有下述情况的:……(ii) 产品设计要点涉及六个面,而六面正投影视图不足,但下述情况除

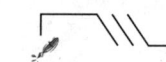

外：后视图与主视图相同或对称时可以省略后视图；左视图与右视图相同或对称时可以省略左视图（或右视图）；俯视图与仰视图相同或对称时可以省略俯视图（或仰视图）；大型或位置固定的设备和底面不常见的物品可以省略仰视图。……"故选项C错误，不符合题意；选项D正确，符合题意。

三、简要说明

75. (2015年卷一第12题) 下列写入外观设计专利申请简要说明中的内容，哪个是错误的？
   A. 外观设计产品名称是沙发　　　　　B. 产品内部设有加热装置
   C. 省略仰视图　　　　　　　　　　　D. 本外观设计的形状是设计要点

   【知识要点】外观设计专利申请的简要说明

   【解析】A.C.D.《专利法实施细则》第28条第1款规定："外观设计的简要说明应当写明外观设计产品的名称、用途，外观设计的设计要点，并指定一幅最能表明设计要点的图片或者照片。省略视图或者请求保护色彩的，应当在简要说明中写明。"选项A是外观设计产品名称，符合前述规定，故选项A正确，不符合题意。选项C是关于外观设计省略视图的说明，符合前述规定，故选项C正确，不符合题意。选项D是关于外观设计设计要点的说明，符合前述规定，故选项D正确，不符合题意。

   B.《专利审查指南2010》1-3-4.3"简要说明"中规定："简要说明不得使用商业性宣传用语，也不能用来说明产品的性能和内部结构。"选项B中"产品内部设有加热装置"是对产品内部结构的说明，不符合前述规定，故选项B错误，符合题意。

76. (2016年卷一第51题) 某外观设计专利在其简要说明中说明请求保护色彩，下列哪些说法是正确的？
   A. 该专利要求保护的外观设计为图片或照片所示包含有色彩的外观设计
   B. 该专利要求保护的外观设计为以色彩设计为设计要点的外观设计
   C. 在判断被诉设计是否落入该专利的保护范围时，应重点考虑色彩对整体视觉效果的影响
   D. 在判断被诉设计是否落入授权专利的保护范围时，应将该专利中的色彩设计以及图片或照片所示其他设计作整体观察、综合判断

   【知识要点】外观设计的简要说明

   【解析】A. 根据《专利法实施细则》第28条第1款的规定（参见本章第75题解析A.C.D)，故选项A正确，符合题意。

   B.C.D. 既然外观设计在简要说明中要求保护色彩，那该专利保护的就是图片或照片所示包含有色彩的外观设计，在判断保护范围时，色彩也不需要重点考虑。故选项B、C错误，不符合题意；选项D正确，符合题意。

77. (2011年卷一第44题) 外观设计专利申请简要说明中含有的下列哪些内容不符合相关规定？
   A. 外观设计产品的名称为"人体增高鞋垫"
   B. 外观设计产品是一种用来烧开水的电器，热效率高、省电
   C. 设计要点在于产品表面的图案美观大方
   D. 指定主视图和俯视图用于出版专利公报

   【知识要点】外观设计的简要说明

   【解析】《专利审查指南2010》1-3-4.1.1"使用外观设计的产品名称"中规定："产品名称通常还应当避免下列情形：……（3）描述技术效果、内部构造的名称，例如'节油发动机'、'人体增高鞋垫'、'装有新型发动机的汽车'等；……"《专利法实施细则》第28条规定："外观设计的简要说明应当写明外观设计产品的名称、用途，外观设计的设计要点，并指定一幅只能表明设计要点的图片或者照片。省略视图或者请求保护色彩的，应当在简要说明中写明。对同一产品的多项相似外观设计提出一件外观设计专利申请的，应当在简要说明中指定其中一项作为基本设计。简要说明不得使用商业性使用语，也不能用来说明产品的性能。"

   A.B.C.《专利审查指南2010》1-3-4.3"简要说明"中规定："……简要说明应当包括下列内容：……（3）外观设计的设计要点。设计要点是指与现有设计相区别的产品的形状、图案及其结合，或者色彩与形状、图案的结合，或者部位。对设计要点的描述应当简明扼要。……"选项B、C涉及宣传用语，选项A涉及技术效果描述。故选项A、B、C错误，符合题意。

   D.《专利审查指南2010》1-3-4.3"简要说明"中规定："……简要说明应当包括下列内容：……（4）指定一幅最能表明设计要点的图片或者照片。指定的图片或者照片用于出版专利公报。"故选项D错误，符合题意。

78. (2010年卷一第51题) 下列有关外观设计专利申请简要说明的说法哪些是正确的？
   A. 申请外观设计专利时，应当提交简要说明
   B. 在简要说明中应当写明设计要点
   C. 外观设计专利申请人自申请日起2个月内，可以对简要说明提出主动修改

D. 在侵权判断过程中，简要说明可以用于解释图片或者照片所表示的该产品的外观设计
【知识要点】外观设计的简要说明
【解析】A.《专利法》第27条规定："申请外观设计专利的，应当提交请求书、该外观设计的图片或者照片以及对该外观设计的简要说明等文件。申请人提交的有关图片或者照片应当清楚地显示要求专利保护的产品的外观设计。"故选项A正确，符合题意。

B.《专利审查指南2010》1-3-4.3"简要说明"中规定："……简要说明应当包括下列内容：……（3）外观设计的设计要点。设计要点是指与现有设计相区别的产品的形状、图案及其结合，或者色彩与形状、图案的结合，或者部位。……"故选项B正确，符合题意。

C.《专利法实施细则》第51条第2款规定："实用新型或者外观设计专利申请人自申请日起2个月内，可以对实用新型或者外观设计专利申请主动提出修改。"故选项C正确，符合题意。

D.《专利法》第59条第2款规定："外观设计专利权的保护范围以表示在图片或者照片中的该产品的外观设计为准，简要说明可以用于解释图片或者照片所表示的该产品的外观设计。"故选项D正确，符合题意。

四、综合题

79.（2011年卷一第57题）外观设计专利单行本包括下列哪些部分？
A. 扉页、说明书、权利要求书、说明书附图
B. 扉页、彩色外观设计图片或者照片、简要说明
C. 请求书、彩色外观设计图片或者照片、简要说明
D. 扉页、权利要求书、彩色外观设计图片或者照片、简要说明
【知识要点】专利说明书单行本
【解析】《专利审查指南2010》5-8-2.2.4"外观设计专利单行本"中规定："外观设计专利单行本的文献种类代码为'S'。包括：扉页、彩色外观设计图片或者照片以及简要说明。"故选项A、C、D错误，不符合题意；选项B正确，符合题意。

80.（2010年卷一第46题）外观设计专利申请的申请人在申请日起两个月内对申请文件提出了主动修改，下列修改哪些是允许的？
A. 修改明显错误的产品名称
B. 根据其他视图的表达，将左视图与右视图的视图名称对调
C. 删除简要说明中关于产品内部结构的描述
D. 删除简要说明中关于产品技术效果的描述
【知识要点】外观设计主动修改的范围
【解析】《专利法实施细则》第51条第2款规定："实用新型或者外观设计专利申请人自申请日起2个月内，可以对实用新型或者外观设计专利主动提出修改。"《专利法》第33条规定："申请人可以对其专利申请文件进行修改，但是，对发明和实用新型专利申请文件的修改不得超出原说明书和权利要求书记载的范围，对外观设计专利申请文件的修改不得超出原图片或者照片表示的范围。"《专利审查指南2010》1-3-4.3"简要说明"中规定："简要说明不得使用商业性宣传用语，也不能用来说明产品的性能和内部结构。"《专利审查指南2010》1-3.10.3"审查员依职权修改"中规定："……依职权修改的内容主要指以下几个方面：（1）明显的产品名称错误；（2）明显的视图名称错误；（3）明显的视图方向错误；……（5）简要说明中写有明显不属于简要说明可以写明的内容，例如关于产品内部结构、技术效果的描述、产品推广宣传等用语；……"故选项A、B、C、D均正确，符合题意。

第三节 单 一 性

一、发明和实用新型专利申请的单一性

（一）单一性的概念

81.（2015年卷一第56题）下列选项中的发明哪些一定具有单一性？
A. 具有相同的技术特征的多项发明　　B. 具有相应的技术特征的多项发明
C. 属于一个总的发明构思的多项发明　　D. 具有相应的特定技术特征的多项发明
【知识要点】单一性
【解析】《专利审查指南2010》2-6-2.2.1"审查原则"中规定："判断一件专利申请中要求保护的两项以上发明

是否满足发明单一性的要求,就是要看权利要求中记载的技术方案的实质性内容是否属于一个总的发明构思,即判断这些权利要求中是否包含使它们在技术上相互关联的一个或者多个相同或者相应的特定技术特征。"故选项A、B不正确,不符合题意;选项C、D正确,符合题意。

82.(2015年卷一第57题)某发明专利申请的权利要求书如下:
"1. 一种灯丝A。
2. 一种用灯丝A制成的灯泡B。
3. 一种探照灯D,装有用灯丝A制成的灯泡B和旋转装置C。
4. 一种制造旋转装置C的方法。"
与现有技术相比灯丝A具有创造性,旋转装置C是现有技术。下列说法哪些是正确的?
A. 权利要求1和2之间具有单一性
B. 权利要求1和3之间具有单一性
C. 权利要求1和4之间具有单一性
D. 权利要求3和4之间具有单一性

【知识要点】发明专利的单一性

【解析】根据《专利审查指南2010》2-6-2.2.1"审查原则"中的规定(参见本章第81题解析),判断单一性就是判断两项以上发明"是否属于一个发明构思",即"是否具有相同或者相应的特定技术特征"。《专利审查指南2010》2-6-2.1.2"总的发明构思"中规定:"特定技术特征是专门为评定专利申请单一性而提出的一个概念,应当把它理解为体现发明对现有技术作出贡献的技术特征,也就是使发明相对于现有技术具有新颖性和创造性的技术特征,并且应当从每一项要求保护的发明的整体上考虑后加以确定。"结合本题,与现有技术相比灯丝A具有创造性,而旋转装置C是现有技术,那么,灯丝A才是本发明中的特定技术特征。权利要求1、2、3中都包含有灯丝A这一特定技术特征,则它们之间具有单一性。据此,选项A、B正确,符合题意;选项C、D错误,不符合题意。

83.(2014年卷一第28题)某发明专利申请的权利要求如下:
"1. 一种饮用水净化装置,其特征在于包含外壳和滤芯。
2. 根据权利要求1所述的装置,其特征在于所述外壳由材料X制成。
3. 根据权利要求1所述的装置,其特征在于所述滤芯由材料Y制成。
4. 制备权利要求1所述的装置的方法,其特征在于包括将外壳和由材料Y制成的滤芯组装的步骤。
5. 用权利要求1所述的装置净化水的方法,其特征在于包括步骤Z。"
已知权利要求1不具备新颖性和创造性,X、Y、Z均为特定技术特征且互不相关。下列说法哪个是正确的?
A. 权利要求2、3之间具有单一性
B. 权利要求2、4之间具有单一性
C. 权利要求3、4之间具有单一性
D. 权利要求4、5之间具有单一性

【知识要点】发明专利的单一性

【解析】根据《专利审查指南2010》2-6-2.2.1"审查原则"中的规定(参见本章第81题解析),判断单一性就是判断两项以上发明"是否属于一个发明构思",即"是否具有相同或者相应的特定技术特征"。本题中,由于权利要求1不具备新颖性和创造性,并且X、Y、Z均为特定技术特征且互不相关,而权利要求2~5中,两两权利要求之间仅有权利要求3和4具有相同的特定技术特征Y,其余两两权利要求之间皆不存在相同或者相应的特定技术特征,因此权利要求3和4具有单一性。故选项A、B、D不正确,不符合题意;选项C正确,符合题意。

84.(2015年卷一第58题)在设计构思相同的情况下,下列哪组产品的外观设计可以合案申请?
A. 彼此相似的两个电饭锅
B. 材质相同的餐桌和餐椅
C. 同一商家出售的浴缸和沐浴房
D. 沙发和可放在沙发上使用的靠垫

【知识要点】外观设计产品的单一性

【解析】《专利法》第31条第2款规定:"一件外观设计专利申请应当限于一项外观设计。同一产品两项以上的相似外观设计,或者用于同一类别并且成套出售或者使用的产品的两项以上外观设计,可以作为一件申请提出。"《专利法实施细则》第35条第2款规定:"专利法第三十一条第二款所称同一类别并且成套出售或者使用的产品的两项以上外观设计,是指各产品属于分类表中同一大类,习惯上同时出售或者同时使用,而且各产品的外观设计具有相同的设计构思。"

A. 选项A"彼此相似的两个电饭锅"属于前述规定中同一产品两项以上的相似外观设计,可以合案申请,故选项A正确,符合题意。

B. 选项B"材质相同的餐桌和餐椅"在国际外观设计分类表中属于第06大类"家具和家居用品"这一类别,且习惯上成套出售或者使用,在设计构思相同的情况下可以作为一件申请提出,故选项B正确,符合题意。

C. 选项C中的"浴缸和沐浴房"在国际外观设计分类表中属于第23大类"流体分配设备、卫生设备、加热设备、通风和空调设备、固体燃料"这一类别,但是即使在设计构思相同的前提下,"同一商家出售"并不等同于该两件商品成套出售或使用,因此,选项C不可以合案申请。故选项C错误,不符合题意。

D. 选项D"沙发和可放在沙发上使用的靠垫"在国际外观设计分类表中属于第06大类"家具和家居用品"这一

类别，且习惯上成套出售或者使用，在设计构思相同的情况下可以作为一件申请提出。故选项D正确，符合题意。

85.（2013年卷一第5题）下列说法哪个是正确的？
A. 同一组从属权利要求之间必然具有单一性
B. 若独立权利要求具有新颖性，则其从属权利要求之间必然具有单一性
C. 若独立权利要求具有创造性，则其从属权利要求之间必然具有单一性
D. 若从属权利要求的限定部分还包括了不同于独立权利要求的其他发明，则该从属权利要求和该独立权利要求之间不具有单一性

【知识要点】单一性

【解析】A.《专利审查指南2010》2-6-2.2.1"审查原则"中规定："如果一项独立权利要求由于缺乏新颖性、创造性等理由而不能被授予专利权，则需要考虑其从属权利要求之间是否符合单一性的规定。"可见，同一组从属权利要求之间并不必然具有单一性。故选项A错误，不符合题意。

B、C.《专利审查指南2010》2-6-2.1.1"单一性要求"中规定："单一性，是指一件发明或者实用新型专利申请应当限于一项发明或者实用新型，属于一个总的发明构思的两项以上发明或者实用新型，可以作为一件申请提出。"《专利法实施细则》第34条规定："依照专利法第三十一条第一款规定，可以作为一件专利申请提出的属于一个总的发明构思的两项以上的发明或者实用新型，应当在技术上相互关联，包含一个或者多个相同或者相应的特定技术特征，其中特定技术特征是指每一项发明或者实用新型作为整体，对现有技术作出贡献的技术特征。"结合《专利法》关于新颖性和创造性、独立权利要求和从属权利要求的规定，可以得出：若独立权利要求具备新颖性，则该独立权利要求中并不必然包含对现有技术作出贡献的技术特征，则其从属权利要求之间并不必然具有单一性；若独立权利要求具备创造性，则该独立权利要求中必然包含对现有技术作出贡献的技术特征，则其从属权利要求之间必然具有单一性。故选项B错误，不符合题意；选项C正确，符合题意。

D.《专利审查指南2010》2-2-3.1.2"独立权利要求和从属权利要求"中规定："如果一项权利要求包含了另一项同类型权利要求中的所有技术特征，且对该另一项权利要求的技术方案作了进一步的限定，则该权利要求为从属权利要求。"因此，只要独立权利要求包含对现有技术作出贡献的技术特征，则其从属权利要求必然也包含该技术特征，即两者之间存在一个或者多个相同或者相应的特定技术特征，亦即独立权利要求与其从属权利要求之间具有单一性。故选项D错误，不符合题意。

86.（2013年卷一第27题）某发明专利申请的权利要求如下：
"1. 一种葡萄酒的制造方法，包括步骤X和Y。
2. 为实施步骤X而专门设计的设备。
3. 为实施步骤Y而专门设计的设备。
4. 为实施步骤X和Y而专门设计的设备。"
X和Y均是特定技术特征。哪两项权利要求之间不具有单一性？
A. 权利要求1与2之间
B. 权利要求1与3之间
C. 权利要求2与3之间
D. 权利要求2与4之间

【知识要点】单一性

【解析】根据《专利审查指南2010》2-6-2.1.1"单一性要求"中的规定（参见本章第85题解析B、C），《专利法实施细则》第34条的规定（参见本章第85题解析B、C），以及《专利审查指南2010》2-6-2.2.1"审查原则"中的规定（参见本章第81题解析），本题中，X和Y均是特定技术特征，由于权利要求1与2之间包含相应的特定技术特征X，权利要求1与3之间包含相应的特定技术特征Y，权利要求2与4之间包含相应的特定技术特征X和Y，因此，权利要求1与2之间、权利要求1与3之间、权利要求2与4之间具有单一性；权利要求2与3之间不具有单一性。故选项A、B、D不正确，不符合题意；选项C正确，符合题意。

87.（2016年卷一第52题）某发明专利申请的权利要求如下：
"1. 一种混合器，其特征在于：包括由材料A制成的搅拌器、形状为B形的混合室。
2. 一种制造混合器的方法，所述混合器包括搅拌器和混合室，其特征在于：搅拌器由材料A制成。
3. 根据权利要求2所述的方法，其特征在于：包括步骤C，将混合室形状制成B形。
4. 一种用权利要求1的混合器制造混凝土的方法，其特征在于：包括将原料送入混合室并进行搅拌的步骤。"
现有技术公开的混合器包括搅拌器及混合室，其中搅拌器由材料A制成。经审查，本发明权利要求1因包括B形混合器而具备创造性，下列说法哪些是正确的？
A. 权利要求1、2之间具有单一性
B. 权利要求1、3之间具有单一性
C. 权利要求3、4之间具有单一性
D. 权利要求1、4之间具有单一性

【知识要点】发明专利申请的单一性

【解析】《专利审查指南2010》2-6-2.1.2"总的发明构思"中的规定（参见本章第82题解析），B形混合器属于

特定技术特征，权利要求1、3和4都包含了此技术特征，上述权利要求之间具有单一性。故选项B、C、D正确，符合题意。权利要求2不包括B形混合器这一技术特征，其与权利要求1的共同技术特征为搅拌器由材料A制成，不过该技术特征不属于特定技术特征，权利要求1和2之间不存在单一性。故选项A错误，不符合题意。

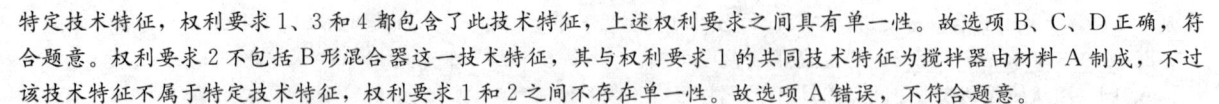

88.（2004年卷四第56题）以下有关单一性审查标准的哪些说法是正确的？
A. 两项发明存在技术上的关联，是指其权利要求包含一个或者多个相同或相应的必要技术特征
B. 两项发明的权利要求包含相同或相应的技术特征，就表明它们符合单一性要求
C. 判断一组发明是否满足单一性要求，根据权利要求进行，必要时参考说明书以及附图
D. 对于申请单一性的审查需要在新颖性和创造性审查之后进行

【知识要点】单一性

【解析】《专利法》第31条第1款规定："一件发明或者实用新型专利申请应当限于一项发明或者实用新型。属于一个总的发明构思的两项以上的发明或者实用新型，可以作为一件申请提出。"《专利法实施细则》第34条规定："依照专利法第三十一条第一款规定，可以作为一件专利申请提出的属于一个总的发明构思的两项以上的发明或者实用新型，应当在技术上相互关联，包含一个或者多个相同或者相应的特定技术特征，其中特定技术特征是指每一项发明或者实用新型作为整体，对现有技术作出贡献的技术特征。"

A. 两项发明存在技术上的关联，是指其权利要求包含一个或多个相同或相应的"特定"技术特征，而不仅仅是"必要"技术特征。故选项A错误，不符合题意。

B. 两项发明的权利要求包含相同或相应的"特定"技术特征，才符合单一性要求。选项B错误，不符合题意。

C. 《专利审查指南2010》2-6-2.2.1"审查原则"之（1）中规定："根据专利法第三十一条第一款及其实施细则第三十四条所规定的内容，判断一件专利申请中要求保护的两项以上发明是否满足发明单一性的要求，就是要看权利要求中记载的技术方案的实质性内容是否属于一个总的发明构思，即判断这些权利要求中是否包含使它们在技术上相互关联的一个或者多个相同或者相应的特定技术特征。这一判断是根据权利要求的内容来进行的，必要时可以参照说明书和附图的内容。"故选项C正确，符合题意。

D. 《专利审查指南2010》2-6-2.2.1"审查原则"之（6）中规定："某些申请的单一性可以在检索现有技术之前确定，而某些申请的单一性则只有在考虑了现有技术之后才能确定。当一件申请中不同的发明明显不具有一个总的发明构思时，则在检索之前即可判断其缺乏单一性。例如一件申请中包括了除草剂和割草机两项独立权利要求，由于两者之间没有相同或者相应的技术特征，更不可能有相同或者相应的特定技术特征，因而明显不具有单一性，检索前即可得出结论。然而，由于特定技术特征是体现发明对现有技术作出贡献的技术特征，是相对于现有技术而言的，只有在考虑了现有技术之后才能确定，因此，不少申请的单一性问题常常要在检索之后才能作出判断。"由此可见，对于申请单一性的审查既可以在新颖性和创造性审查之前进行也可以在之后进行。故选项D错误，不符合题意。

89.（2002年卷四第37题）以下有关单一性的哪些观点是错误的？
A. 只有一项独立权利要求的专利申请，不会存在缺乏单一性缺陷
B. 产品与该产品制造方法的权利要求之间一定具有单一性
C. 化合物与采用该化合物的组合物的权利要求之间一定具有单一性
D. 制造方法与专用于该方法的设备的权利要求之间一定具有单一性

【知识要点】单一性

【解析】A. 《专利审查指南2010》2-6-2.2.1"审查原则"之（5）中规定："一般情况下，审查员只需要考虑独立权利要求之间的单一性，从属权利要求与其所从属的独立权利要求之间不存在缺乏单一性的问题。但是，在遇有形式上为从属权利要求而实质上是独立权利要求的情况时，应当审查其是否符合单一性规定。如果一项独立权利要求由于缺乏新颖性、创造性等理由而不能被授予专利权，则需要考虑其从属权利要求之间是否符合单一性的规定。"《专利审查指南2010》2-6-2.2.2.3"从属权利要求的单一性"中规定："根据本章2-2.1中（5）所述的原则，凡符合规定的从属权利要求，与其所引用的独立权利要求之间不存在缺乏单一性的问题，即使该从属权利要求还包含着另外的发明。"故选项A错误，符合题意。

B.C.D. 《专利审查指南2010》2-6-2.2.1"审查原则"中规定："……（1）根据专利法第三十一条第一款及其实施细则第三十四条所规定的内容，判断一件专利申请中要求保护的两项以上发明是否满足发明单一性的要求，就是要看权利要求中记载的技术方案的实质性内容是否属于一个总的发明构思，即判断这些权利要求中是否包含使它们在技术上相互关联的一个或者多个相同或者相应的特定技术特征。这一判断是根据权利要求的内容来进行的，必要时可以参照说明书和附图的内容。（2）属于一个总的发明构思的两项以上发明的权利要求可以按照以下六种方式之一撰写；但是，不属于一个总的发明构思的两项以上独立权利要求，即使按照所列举的六种方式中的某一种方式撰写，也不能允许在一件申请中请求保护：(i) 不能包括在一项权利要求内的两项以上产品或者方法的同类独立权利要求；(ii) 产品和专用于制造该产品的方法的独立权利要求；(iii) 产品和该产品的用途的独立权利要求；(iv) 产品、专用于制造该产品的方法和该产品的用途的独立权利要求；(v) 产品、专用于制造该产品的方法和为实施该方法而专门设计的设备的

独立权利要求；(vi) 方法和为实施该方法而专门设计的设备的独立权利要求。"《专利审查指南2010》2-6-2.2.2 "单一性审查的方法和举例"之（3）中规定："如果在发明之间存在一个或者多个相同或者相应的特定技术特征，即存在技术上的关联，则可以得出它们属于一个总的发明构思的结论。相反，如果各项发明之间不存在技术上的关联，则可以作出它们不属于一个总的发明构思的结论，进而确定它们不具有单一性。"是否具有在技术上相互关联的一个或者多个相同或者相应的特定技术特征，是判断权利要求之间是否符合单一性的唯一标准，也是绝对标准。《专利审查指南2010》2-6-2.2.1 "审查原则"之（2）中列举的撰写方式只是对常见撰写形式的列举，并不能作为单一性的判断标准。故选项B、C、D错误，符合题意。

90.（2002年卷四第62题）为评价申请单一性而使用的"特定技术特征"概念的含义是什么？
A. 是指独立权利要求的必要技术特征
B. 是指独立权利要求中前序部分的特征
C. 是指独立权利要求中特征部分的特征
D. 是指独立权利要求中体现发明对现有技术作出贡献的技术特征

【知识要点】单一性、特定技术特征

【解析】A. "必要技术特征"是整个技术方案中对于要解决的技术问题来说必不可少的技术特征，"特定技术特征"应当是"必要技术特征"，但"必要技术特征"并不都是"特定技术特征"。故选项A错误，不符合题意。

B、C. "特定技术特征"一般应当放入独立权利要求中的"特征部分"，但是由于"特征部分"包括的是全部发明或者实用新型"区别于""最接近的现有技术"的技术特征，所以其中并不都是"特定技术特征"。此外，独立权利要求也可以采用不分前序部分和特征部分的方式撰写，而且也可能因为撰写失误等原因导致"特定技术特征"被写入到前序部分中，所以不能仅凭借技术特征位于前序部分还是特征部分来判断其是否是"特定技术特征"。故选项B、C错误，不符合题意。

D. 根据《专利审查指南2010》2-6-2.1.2 "总的发明构思"中的规定（参见本章第82题解析），故选项D正确，符合题意。

（二）判断单一性的原则和方法

91.（2012年卷一第45题）一件发明专利申请的权利要求如下：
"1. 一种处理纺织材料的方法，其特征在于用涂料L在工艺条件M下喷涂该纺织材料。
2. 根据权利要求1的方法喷涂得到的一种纺织材料。
3. 权利要求1方法中用的一种喷涂机，其特征在于有一喷嘴N能使涂料均匀分布在纺织材料上。"
现有技术中公开了用涂料处理纺织品的方法，但是，没有公开权利要求1的用一种特殊的涂料L在特定的工艺条件M下喷涂的方法，而且，权利要求2的纺织材料具有预想不到的特性。喷嘴N是新的并具备创造性。下列说法哪些是正确的？
A. 权利要求1、2之间不具有单一性
B. 权利要求1、3之间不具有单一性
C. 权利要求2、3之间不具有单一性
D. 权利要求1、2、3之间都具有单一性

【知识要点】单一性

【解析】《专利审查指南2010》2-6-2.1.2 "总的发明构思"中规定："专利法实施细则第三十四条规定，可以作为一件专利申请提出的属于一个总的发明构思的两项以上的发明或者实用新型，应当在技术上相互关联，包含一个或者多个相同或者相应的特定技术特征，其中特定技术特征是指每一项发明或者实用新型作为整体，对现有技术作出贡献的技术特征。……专利法第三十一条第一款所称的'属于一个总的发明构思'是指具有相同或者相应的特定技术特征。"根据《专利法》第31条第1款、《专利法实施细则》第34条的规定（参见本章第88题解析），权利要求1和2中均具有相同的特定技术特征L，故权利要求1和2具有单一性。权利要求3与1或2之间均没有相同的特定技术特征，权利要求3和1或2之间都不具有单一性。故选项B、C正确，符合题意；选项A、D错误，不符合题意。

92.（2012年卷一第99题）一件发明专利申请的权利要求书如下：
"1. 一种制造方法，包括步骤L和M。
2. 为实施步骤L而专门设计的设备。
3. 为实施步骤M而专门设计的设备。"
没有检索到任何与权利要求1所述方法相关的现有技术文献。下列说法哪些是正确的？
A. 权利要求1、2之间具有单一性
B. 权利要求1、3之间具有单一性
C. 权利要求1、2、3之间具有单一性
D. 权利要求2、3之间具有单一性

【知识要点】单一性

【解析】权利要求1、2之间具有相同的特定技术特征L，权利要求1、3之间具有相同的特定技术特征M，但权利要求2、3之间不具有任何相同或相应的特定技术特征。所以，权利要求1和2、权利要求1和3之间具有单一性，但权

利要求2和3之间没有单一性。故选项A、B正确，符合题意；选项C、D错误，不符合题意。

93. (2011年卷一第40题) 某发明专利申请权利要求如下：

"1. 一种复合材料，由树脂a、填料b、抗氧剂c、阻燃剂d组成。

2. 权利要求1所述的复合材料，其特征在于由树脂a、填料b、抗氧剂c、发泡剂e组成。

3. 权利要求1所述的复合材料，其特征在于由树脂a、填料b、发泡剂e、稳定剂g组成。

4. 权利要求1所述的复合材料制成的薄膜，其特征在于薄膜为圆形。

5. 权利要求1所述的复合材料制成的薄膜，其特征在于薄膜的厚度为0.1～0.5mm。"

对比文件1公开了由树脂a、填料b、抗氧剂c组成的复合材料，对比文件2公开了由树脂a、填料b、发泡剂e组成的复合材料。权利要求1相对于对比文件1和2具备创造性。下列说法哪些是正确的？

A. 权利要求1、2之间具有单一性
B. 权利要求1、3之间不具有单一性
C. 权利要求4、5之间具有单一性
D. 权利要求2、3之间不具有单一性

【知识要点】判断单一性的原则和方法

【解析】《专利审查指南2010》2-6-2.2.2.3"从属权利要求的单一性"中规定："根据本章2.2.1节（5）所述的原则，凡符合规定的从属权利要求，与其所引用的独立权利要求之间不存在缺乏单一性的问题，即使该从属权利要求还包含着另外的发明。……应当注意，在某些情况下，形式上的从属权利要求，实际上是独立权利要求，有可能存在缺乏单一性的问题。例如，权利要求1是一种接触器，具有特征A、B和C；权利要求2是一种权利要求1的接触器，而其中特征C由特征D代替。由于权利要求2并没有包括权利要求1的全部特征，因此不是从属权利要求，而是独立权利要求。应当按照同类的独立权利要求的单一性审查原则来判断它们的单一性。"权利要求1和2之间互为独立权利要求，其共同技术特征a、b、c均已被对比文件1披露。故选项A错误，不符合题意。权利要求1和3之间互为独立权利要求，其共同技术特征a、b均已被对比文件1和2的组合披露。故选项B正确，符合题意。同理选项D正确，符合题意。权利要求4和5之间具有特定技术特征d，故选项C正确，符合题意。

94. (2011年卷一第86题) 某发明专利申请的权利要求书如下：

"1. 一种汽车，其特征在于包括底盘L、车身M和发动机N。

2. 根据权利要求1所述的汽车，其特征在于底盘L由合金材料K制成。

3. 根据权利要求2所述的汽车，其特征在于轮胎上的花纹为X。

4. 根据权利要求2所述的汽车，其特征在于轮胎由橡胶材料Y制成。

5. 根据权利要求1所述的汽车，其特征在于还包括后视镜Z。"

已知现有技术中已经公开了包括底盘L、车身M和发动机N的汽车，K、X、Y、Z均为特定技术特征且互不相关。下列哪些权利要求之间具有单一性？

A. 权利要求2与3
B. 权利要求2与5
C. 权利要求3与4
D. 权利要求3与5

【知识要点】判断单一性的原则和方法

【解析】《专利审查指南2010》2-6-2.2.1"审查原则"中规定："……判断一件专利申请中要求保护的两项以上发明是否满足发明单一性的要求，就是要看权利要求中记载的技术方案的实质性内容是否属于一个总的发明构思，即判断这些权利要求中是否包含使它们在技术上相互关联的一个或者多个相同或者相应的特定技术特征。"本题中，只有特征K、X、Y、Z为特定技术特征，而所有权利要求中，只有权利要求2、3、4中包含共同的特征K，相互之间均具有单一性。故选项A、C正确，符合题意；选项B、D错误，不符合题意。

95. (2009年卷一第76题) 一件发明专利申请中首次公开了化合物M可有效治疗X、Y和Z三种疾病的用途。该发明专利申请的权利要求书包括下列权利要求：

"1. 一种化合物M。

2. 化合物M在制备用于治疗疾病X的药物中的用途。

3. 化合物M在制备用于治疗疾病Y的药物中的用途。

4. 化合物M在制备用于治疗疾病Z的药物中的用途。"

审查意见指出：化合物M已经被现有技术公开，权利要求2～4不具有单一性。下列哪些修改方式能够克服上述单一性缺陷？

A. 保留权利要求2，删除其余三项权利要求
B. 删除权利要求1和权利要求3，保留权利要求2和4
C. 保留权利要求4，删除其余三项权利要求
D. 删除权利要求1，将权利要求2、3和4的技术方案合并在一项权利要求中

【知识要点】单一性

【解析】《专利审查指南2010》2-6-3.1"分案的几种情况"中规定："……（3）独立权利要求之一缺乏新颖性

或创造性,其余的权利要求之间缺乏单一性。某一独立权利要求(通常是权利要求1)缺乏新颖性或创造性,导致与其并列的其余独立权利要求之间,甚至其从属权利要求之间失去相同或者相应的特定技术特征,即缺乏单一性,因此需要修改,对于因修改而删除的主题,申请人可以提交分案申请。"由于化合物M已经被现有技术公开,因此权利要求2~4已经没有相同或者相应的特定技术特征,因此在删除权利要求1的基础上,权利要求2~4中只能保留一项权利要求才能满足单一性。故选项A、C正确,符合题意;选项B错误,不符合题意。权利要求2~4为不同的用途发明不能合并,故选项D错误,不符合题意。

96.(2007年卷一第30题)一件发明专利申请的权利要求书包括下列权利要求:
"权利要求1:一种陶瓷材料M。
权利要求2:一种权利要求1所述陶瓷材料的制备方法,其特征在于X。
权利要求3:一种权利要求1所述的陶瓷材料作为人造骨骼的用途。
权利要求4:一种由权利要求1所述陶瓷材料制成的人造骨骼,其特征在于Y。
权利要求5:一种由权利要求1所述陶瓷材料制成的茶杯,其特征在于Z。"
其中M、X、Y、Z均为特定技术特征且互不相关,请判断以下哪些结论是正确的?

A. 权利要求1、2和3具有单一性
B. 权利要求1、2和5具有单一性
C. 权利要求2、3和4具有单一性
D. 权利要求3、4和5具有单一性

【知识要点】单一性
【解析】权利要求1~5中均包括陶瓷材料M特征,由于M为特定技术特征,所以权利要求1~5之间均具有单一性。故选项A、B、C、D正确,符合题意。

97.(2006年卷一第35题)一件发明专利申请的权利要求书包括下列权利要求:
"权利要求1:一种含有防尘物质X的涂料。
权利要求2:制备权利要求1的涂料的方法。
权利要求3:应用权利要求1的涂料喷涂制品的方法。
权利要求4:根据权利要求3的方法喷涂得到的一种制品。
权利要求5:用于权利要求3方法的一种喷涂机,其特征在于有一喷嘴C能使涂料均匀分布在制品上。"
与现有技术相比,含有物质X的涂料是新的并具备创造性,喷嘴C也是新的并具备创造性。
请判断以下哪些结论是正确的?

A. 权利要求1~5具有单一性
B. 权利要求1~4具有单一性
C. 权利要求1~3具有单一性
D. 权利要求3与权利要求5具有单一性

【知识要点】单一性的判断
【解析】A.D.《专利审查指南2010》2-2-3.1.1"权利要求的类型"中规定:"对于主题名称中含有用途限定的产品权利要求,其中的用途限定在确定该产品权利要求的保护范围时应予以考虑,但其实际的限定作用取决于对所要求保护的产品本身带来何种影响。例如,主题名称为'用于钢水浇铸的模具'的权利要求,其中'用于钢水浇铸'的用途对主题'模具'具有限定作用;对于'一种用于冰块成型的塑料模盒',因其熔点远低于'用于钢水浇铸的模具'的熔点,不可能用于钢水浇铸,故不在上述权利要求的保护范围内。然而,如果'用于……'的限定对所要求保护的产品或设备本身没有带来影响,只是对产品或设备的用途或使用方式的描述,则其对产品或设备例如是否具备新颖性、创造性的判断不起作用。例如,'用于……的化合物X',如果其中'用于……'对化合物X本身没有带来任何影响,则在判断该化合物X是否具备新颖性、创造性时,其中的用途限定不起作用。"由于权利要求5主题名称中的用途限定对其产品本身并不能带来任何影响,因此不能用于新颖性、创造性的判断,更不能构成特定技术特征。而其区别技术特征"喷嘴C"与"含有防尘物质X的涂料"是不同的技术特征,因此权利要求5与权利要求1~4之间没有相同或相应的特定技术特征,所以权利要求5与权利要求1~4均不具有单一性。故选项A、D错误,不符合题意。

B.C. 权利要求1~4中包括相同的特定技术特征"含有防尘物质X的涂料",故权利要求1~4之间均具有单一性,同样权利要求1~3之间自然也具有单一性。故选项B、C正确,符合题意。

(注意:有关本题中权利要求5与权利要求1~4的单一性问题,还可以参见《专利审查指南2010》2-6-2.2.2.2"不同类独立权利要求的单一性"中的【例11】。)

二、外观设计专利申请的单一性

98.(2010年卷一第41题)在设计构思相同的情况下,下列哪些产品的外观设计可以合案申请?

A. 药品包装瓶和该包装瓶的外包装盒
B. 同时销售的设计相似的两只铅笔
C. 同时使用的茶壶和茶杯
D. 浴室用洗脸池、水龙头和盥洗镜

【知识要点】外观设计专利申请的单一性
【解析】《专利法》第31条第2款规定:"一件外观设计专利申请应当限于一项外观设计。同一产品两项以上的相似外观设计,或者用于同一类别并且成套出售或者使用的产品的两项以上的外观设计,可以作为一件申请提出。"《专利法实施细则》第35条第2款规定:"专利法第三十一条第二款所称同一类别并且成套出售或者使用的产品的两项以上外观设计,是指各产品属于分类表中同一大类,习惯上同时出售或者同时使用,而且各产品的外观设计具有相同的设计构思。"

A、C. 药品包装瓶和该包装瓶的外包装盒、茶壶和茶杯两组产品中,每组产品均属于同一大类,并且习惯上成套出售或使用,可以合案申请。故选项A、C正确,符合题意。

B. 选项B属于同一产品两项以上的相似外观设计,可以合案申请。故选项B正确,符合题意。

D. 洗脸池、水龙头和盥洗镜属于分类表中两个不同的大类,也不属于习惯上同时出售或者使用的产品,不能合案申请。故选项D错误,不符合题意

99.(2009年卷一第62题)下列有关就成套产品提出一件外观设计专利申请的说法哪些是正确的?
A. 构成成套产品的各产品应当属于国际外观设计分类表中的同一小类
B. 成套产品应当是习惯上同时出售、同时使用的两件以上的产品
C. 成套产品的设计构思应当相同
D. 构成成套产品的各产品的外观设计必须分别符合授予专利权的条件,才能对该申请授予专利权

【知识要点】外观设计的成套产品

【解析】A、B、C. 根据《专利法》第31条第2款、《专利法实施细则》第35条第2款的规定(参见本章第98题解析),故选项A错误;选项B、C正确,符合题意。

D.《专利审查指南2010》1-3-9.3"合案申请的外观设计应当分别具备授权条件"中规定:"需要注意的是,无论是涉及同一产品的两项以上的相似外观设计,还是成套产品的外观设计专利申请,其中的每一项外观设计或者每件产品的外观设计除了应当满足上述合案申请的相关规定外,还应当分别具备其他授权条件;如果其中的一项外观设计或者一件产品的外观设计不具备授权条件,则应当删除该项外观设计或者该件产品的外观设计,否则该专利申请不能被授予专利权。"故选项D正确,符合题意。

参 考 答 案

1. A C	2. B C D	3. A B C	4. B C	5. A B	6. B
7. A D	8. A D	9. C D	10. A D	11. A C	12. A C
13. A B C D	14. A	15. C D	16. A	17. A D	18. A
19. B D	20. A B	21. A B C D	22. C	23. A C	24. A C D
25. B C D	26. A D	27. C	28. C	29. A C D	30. A D
31. C D	32. A B D	33. A B D	34. A B D	35. A B D	36. B D
37. C D	38. A B C	39. A	40. A	41. A	42. B D
43. A D	44. A B C D	45. A C D	46. A B C D	47. C D	48. A B
49. A	50. B	51. B	52. B C D	53. A B C	54. A B C D
55. C	56. D	57. B D	58. A B D	59. B D	60. C D
61. B C	62. A D	63. A D	64. C	65. A B C	66. A
67. A B C	68. C D	69. A B C D	70. B C	71. A B C D	72. B
73. A B	74. A D	75. B	76. A D	77. A B C D	78. A B C D
79. B	80. A B C D	81. C D	82. A B	83. C	84. A B D
85. C	86. C	87. B C D	88. C	89. A B C D	90. D
91. B C	92. A B	93. B C D	94. A C	95. A C	96. A B C D
97. B C	98. A B C	99. B C D			

第四章 申请获得专利权的程序及手续

第一节 基本概念

一、申请日和优先权日

1.（2012年卷一第10题）下列哪种说法是正确的？
A. 已视为撤回但未被恢复权利的专利申请，可以作为要求本国优先权的基础
B. 申请人可以以发明专利申请为基础，提出实用新型专利分案申请
C. 要求本国优先权的在后申请的发明人应当与在先申请的发明人一致或者部分一致
D. 申请人应当在其分案申请递交日起三个月内提出原申请的申请文件副本，期满未提交的，分案申请视为未提出
【知识要点】优先权及分案申请
【解析】A.《专利法实施细则》第32条第2款规定："申请人要求本国优先权，在先申请是发明专利申请的，可以就相同主题提出发明或者实用新型专利申请；在先申请是实用新型专利申请的，可以就相同主题提出实用新型或者发明专利申请。但是，提出后一申请时，在先申请的主题有下列情形之一的，不得作为要求本国优先权的基础：（一）已经要求外国优先权或者本国优先权的；（二）已经被授予专利权的；（三）属于按照规定提出的分案申请的。"故选项A正确，符合题意。
B.《专利法实施细则》第42条第3款规定："分案的申请不得改变原申请的类别。"故选项B错误，不符合题意。
C. 分案申请才需要发明人与原案保持一致，优先权没有这种限制，故选项C错误，不符合题意。
D.《专利法实施细则》第43条规定："依照本细则第四十二条规定提出的分案申请，可以保留原申请日，享有优先权的，可以保留优先权日，但是不得超出原申请记载的范围。分案申请应当依照专利法及本细则的规定办理有关手续。分案申请的请求书中应当写明原申请的申请号和申请日。提交分案申请时，申请人应当提交原申请文件副本；原申请享有优先权的，并应当提交原申请的优先权文件副本。"故选项D错误，不符合题意。

2.（2013年卷一第68题）某公司提交了一件申请日为2011年8月9日、优先权日为2010年8月9日和2011年1月31日的发明专利申请。该公司随后撤回了优先权日为2010年8月9日的优先权。下列说法哪些是正确的？
A. 该申请应当自2011年1月31日起三年内提出实质审查请求，并缴纳实质审查费
B. 该公司可以对已撤回的优先权提出恢复请求
C. 对于已撤回的优先权，缴纳的优先权要求费不予退回
D. 该公司不能再要求撤回优先权日为2011年1月31日的优先权
【知识要点】优先权、优先权日、期限
【解析】A.《专利法》第35条第1款规定："发明专利申请自申请日起三年内，国务院专利行政部门可以根据申请人随时提出的请求，对其申请进行实质审查；申请人无正当理由逾期不请求实质审查的，该申请即被视为撤回。"《专利法实施细则》第11条第1款规定："除专利法第二十八条和第四十二条规定的情形外，专利法所称申请日，有优先权的，指优先权日。"由此可知，对于提出实质审查请求的起算日，有优先权的应当是优先权日。本题中，该公司的专利申请享有2011年1月31日的优先权，因此，应当自2011年1月31日起3年内提出实质审查请求，并缴纳实质审查费。故选项A正确，符合题意。
B.《专利审查指南2010》1-1-6.2.5"优先权要求的恢复"中规定了可以恢复的优先权要求情形，其中并不包括对已撤回的优先权进行恢复的情形。故选项B错误，不符合题意。
C.《专利法实施细则》第94条第4款规定："多缴、重缴、错缴专利费用的，当事人可以自缴费日起3年内，向国务院专利行政部门提出退款请求，国务院专利行政部门应当予以退还。"本题中的优先权要求费并不属于多缴、重缴、错缴的专利费用，故该公司不能请求退还。《专利审查指南2010》5-2-4.2.1.2"专利局主动退款的情形"中对专利局主动退款的情形进行了规定，已撤回优先权的优先权要求费也不属于专利局主动退款的情形，由此可知，对于已撤回的优先权，缴纳的优先权要求费不予退回。故选项C正确，符合题意。
D.《专利审查指南2010》1-1-6.2.3"优先权要求的撤回"中规定："申请人要求优先权之后，可以撤回优先权要求。申请人要求多项优先权之后，可以撤回全部优先权要求，也可以撤回其中某一项或者几项优先权要求"。由此可知，该公司可以再要求撤回优先权日为2011年1月31日的优先权。故选项D错误，不符合题意。

3.（2013年卷一第1题）甲于2011年7月1日完成了某项发明创造，并于2011年7月4日向国家知识产权局受理处直接递交了专利申请。乙也于2011年7月1日完成了同样的发明创造，并于7月2日上午到邮局寄出了专利申

请，国家知识产权局2011年7月4日收到该申请。如果甲乙二人的申请均符合其他授予专利权的条件，则专利权应当授予何人

A. 甲
B. 乙
C. 甲和乙共有
D. 经甲和乙协商确定的人

【知识要点】先申请原则、申请日

【解析】A. 本题中，甲于2011年7月4日向国家知识产权局受理处直接递交了专利申请，则甲的专利申请的申请日为2011年7月4日。故选项A错误，不符合题意。

B. 乙于2011年7月2日上午到邮局寄出了专利申请，则乙的专利申请的申请日为2011年7月2日。故选项B正确，符合题意。

C.D.《专利法》第9条第2款规定："两个以上的申请人分别就同样的发明创造申请专利的，专利权授予最先申请的人。"《专利法》第28条规定："国务院专利行政部门收到专利申请文件之日为申请日。如果申请文件是邮寄的，以寄出的邮戳日为申请日。"故选项C、D错误，不符合题意。

4. (2014年卷－第5题) 某发明专利申请的申请日为2010年3月25日，优先权日为2009年3月26日。国家知识产权局于2012年11月23日发出授权通知书，2013年2月27日公告授予专利权。该专利权的期限何时届满？

A. 2029年3月26日　　B. 2030年3月25日　　C. 2032年11月23日　　D. 2033年2月27日

【知识要点】申请日、专利权保护期限

【解析】首先，《专利法》第42条规定："发明专利权的期限为二十年，实用新型专利权和外观设计专利权的期限为十年，均自申请日起计算。"《专利法实施细则》第11条第1款规定："除专利法第二十八条和第四十二条规定的情形外，专利法所称申请日，有优先权的，指优先权日。"可见，发明专利权的保护期限应当自实际申请日起计算20年。其次，《专利法实施细则》第5条规定："专利法和本细则规定的各种期限的第一日不计算在期限内。期限以年或者月计算的，以其最后一月的相应日为期限届满日；该月无相应日的，以该月最后一日为期限届满日；期限届满日是法定休假日的，以休假日后的第一个工作日为期限届满日。"综合以上规定可知，本题中专利权的保护期限届满日应为2030年3月25日。故选项A、C、D不正确，不符合题意；选项B正确，符合题意。

5. (2016年卷－第16题) 常某于2015年1月18日向国家知识产权局提交了一件实用新型专利申请，该申请享有2014年8月20日的优先权日，后发现所提交申请遗漏了附图2，而说明书中写有对该附图2的说明，常某于2015年3月18日补交了附图2，经审查国家知识产权局接受了该附图2，该申请于2015年5月19日被公告授予专利权。该实用新型专利于下列哪个日期届满？

A. 2024年8月20日　　B. 2025年1月18日　　C. 2025年3月18日　　D. 2025年5月19日

【知识要点】申请日、专利权保护期限

【解析】常某补交了附图，其申请日就是附图补交之日，即2015年3月18日。实用新型的保护期是10年，从实际申请日起算，保护期到2025年3月18日。《专利法》第42条规定："发明专利权的期限为二十年，实用新型专利权和外观设计专利权的期限为十年，均自申请日起计算。"《专利法实施细则》第40条规定："说明书中写有对附图的说明但无附图或者缺少部分附图的，申请人应当在国务院专利行政部门指定的期限内补交附图或者声明取消对附图的说明。申请人补交附图的，以向国务院专利行政部门提交或者邮寄附图之日为申请日；取消对附图的说明的，保留原申请日。"故选项A、B、D不正确，不符合题意；选项C正确，符合题意。

6. (2016年卷－第2题) 甲于2013年7月7日完成一项发明创造，并于2013年7月8日下午到当地的专利代办处面交了专利申请；乙于2013年7月4日独立完成相同发明创造，并于2013年7月7日通过快递公司提交申请文件，专利局受理处次日上午收到该申请文件。如果两件申请均符合其他授权条件，则专利权应当授予谁？

A. 甲
B. 乙
C. 甲和乙
D. 甲和乙协商确定的人

【知识要点】先申请原则、申请日

【解析】《专利法实施细则》第41条第1款规定："两个以上的申请人同日（指申请日；有优先权的，指优先权日）分别就同样的发明创造申请专利的，应当在收到国务院专利行政部门的通知后自行协商确定申请人。"《专利审查指南2010》5-3-2.3.1"受理程序"之（3）中规定："确定申请日：向专利受理处或者代办处窗口直接递交的专利申请，以收到日为申请日；通过邮局邮寄递交到专利局受理处或者代办处的专利申请，以信封上的寄出邮戳日为申请日；寄出的邮戳日不清晰无法辨认的，以专利局受理处或者代办处收到日为申请日，并将信封存档。通过速递公司递交到专利局受理处或者代办处的专利申请，以收到日为申请日。邮寄或者递交到专利局非受理部门或者个人的专利申请，其邮寄日或者递交日不具有确定申请日的效力，如果该专利申请被转送到专利局受理处或者代办处，以受理处或者代办处实际收到日为申请日。分案申请以原申请的申请日为申请日，并在请求书上记载分案申请递交日。"在专利代办处提交的申请，申请日就是文件提交之日，即7月8日。乙是通过快递提交的，那申请日是专利局收到之日，也是7月8日。对同日申请需要双方进行协商，协商不成，则该申请就将被驳回。我国《专利法》自1985年4月1日施行以来，尚没有一例因为协商不成而被驳回的案例出现。需要注意的是，根据《专利法》第2条的规定，发明创造包

括发明、实用新型和外观设计。因此，不同的主体以同样的发明创造申请不同类型的专利，如一件申请发明和一件申请实用新型，同样适用本条。考生可能会有所疑问，为什么法律不规定同日申请由双方共有。这是因为专利权属于民事权利，当事人对自己的权利具有处分权。如果国家知识产权局要求双方共有，那就侵犯了申请人的处分权利，类似于强迫婚姻，这是不允许的。故选项A、B、C不正确，不符合题意；选项D选项正确，符合题意。

7.（2013年卷一第33题）李某于2012年4月6日向国家知识产权局提出一件发明专利申请。下列由李某首次向国家知识产权局提出的相同主题的申请，哪些可以作为该发明专利申请要求本国优先权的基础？
 A. 申请日为2011年6月7日的实用新型专利申请，该申请已被授予专利权
 B. 申请日为2011年6月4日的发明专利申请，申请人就该申请提出分案申请
 C. 申请日为2011年5月6日的发明专利申请，该申请于2012年4月5日被申请人撤回
 D. 申请日为2011年8月9日的发明专利申请，该申请享有外国优先权

【知识要点】 本国优先权

【解析】 首先，《专利法》第29条第2款规定："申请人自发明或者实用新型在中国第一次提出专利申请之日起十二个月内，又向国务院专利行政部门就相同主题提出专利申请的，可以享有优先权。"本题中4个选项都符合前述时间规定。

其次，《专利法实施细则》第32条第2款规定："申请人要求本国优先权，在先申请是发明专利申请的，可以就相同主题提出发明或者实用新型专利申请；在先申请是实用新型专利申请的，可以就相同主题提出实用新型或者发明专利申请。但是，提出后一申请时，在先申请的主题有下列情形之一的，不得作为要求本国优先权的基础：（一）已经要求外国优先权或者本国优先权的；（二）已经被授予专利权的；（三）属于按照规定提出的分案申请的。"

 A. 专利申请已被授予优先权则不可以作为本国优先权的基础。故选项A错误，不符合题意。
 B. 专利申请是某分案申请的母案申请，该母案申请可以作为本国优先权的基础。故选项B正确，符合题意。
 C. 专利申请已被撤回，但不影响其作为本国优先权的基础。故选项C正确，符合题意。
 D. 申请已经享有外国优先权，其不可以作为本国优先权的基础。故选项D错误，不符合题意。

8.（2013年卷一第94题）在满足其他条件的情况下，下列关于发明专利申请优先权的说法哪些是正确的？
 A. 在判断能否享有优先权时，应当判断在后申请要求保护的技术方案是否记载在在先申请的说明书、权利要求书和摘要中
 B. 在后申请记载两个技术方案，在先申请的只记载了其中的一个技术方案，则在后申请的两个技术方案都不能享有优先权
 C. 在后申请记载了两个技术方案，这两个技术方案分别记载在不同的在先申请中，则该在后申请的两个技术方案都能享有优先权
 D. 如果在后申请的技术方案仅记载在在先申请的说明书中，而没有记载在权利要求书中，该技术方案也能享有优先权

【知识要点】 优先权

【解析】 A.B.D.《专利审查指南2010》2-8-4.6.2"优先权核实的一般原则"中规定："一般来说，核实优先权是指核查申请人要求的优先权是否能依照专利法第二十九条的规定成立。为此，审查员应当在初步审查部门审查的基础上（参见本指南第一部分第一章第6.2节）核实：（1）作为要求优先权的基础的在先申请是否涉及与要求优先权的在后申请相同的主题；（2）该在先申请是否是记载了同一主题的首次申请；（3）在后申请的申请日是否在在先申请的申请日起十二个月内。进行上述第（1）项核实，即判断在后申请中各项权利要求所述的技术方案是否清楚地记载在上述在先申请的文件（说明书和权利要求书，不包括摘要）中。为此，审查员应当把在先申请作为一个整体进行分析研究，只要在先申请文件清楚地记载了在后申请权利要求所述的技术方案，就应当认定该在先申请与在后申请涉及相同的主题。审查员不得以在先申请的权利要求书中没有包含该技术方案为理由，而拒绝给予优先权。"故选项A、B错误，不符合题意；选项D正确，符合题意。

C.《专利审查指南2010》2-8-4.6.2.2"多项优先权的核实"中规定："如果一件具有单一性的专利申请要求了多项优先权，审查员在核实优先权时，应当检查该申请的权利要求书中所反映的各种技术方案，是否分别在作为优先权基础的多件外国或者本国的专利申请中已有清楚的记载。此外，审查员还要核实所有的在先申请的申请日是否都在在后申请的优先权期限之内。满足上述两个条件的，在后申请的多项优先权成立，并且其记载上述各种技术方案的各项权利要求具有不同的优先权日。"故选项C正确，符合题意。

9.（2012年卷一第87题）下列哪些情形中的申请人可以请求恢复要求优先权的权利？
 A. 在申请时未在请求书中提出优先权声明
 B. 要求优先权声明中在先申请的申请日填写正确，但未在规定期限内提交在先申请文件副本
 C. 要求优先权声明中在先申请的申请号填写正确，但未在规定期限内缴纳优先权要求费
 D. 提出了撤回优先权声明，国家知识产权局发出了手续合格通知书

【知识要点】恢复优先权

【解析】《专利审查指南2010》1-1-6.2.5"优先权要求的恢复"中规定:"视为未要求优先权并属于下列情形之一的,申请人可以根据专利法实施细则第六条的规定请求恢复要求优先权的权利:(1)由于未在指定期限内答复办理手续补正通知书导致视为未要求优先权。(2)要求优先权声明中至少一项内容填写正确,但未在规定的期限内提交在先申请文件副本或者优先权转让证明。(3)要求优先权声明中至少一项内容填写正确,但未在规定期限内缴纳或者缴足优先权要求费。(4)分案申请的原申请要求了优先权。有关恢复权利请求的处理规定,适用本指南第五部分第七章第6节的规定。除以上情形外,其他原因造成被视为未要求优先权的,不予恢复。例如,由于提出专利申请时未在请求书中提出声明而视为未要求优先权的,不予恢复要求优先权的权利。"故选项A、D错误,不符合题意;选项B、C正确,符合题意。

10. (2015年卷—第13题) 在下列哪个情形下,国家知识产权局将重新确定申请日?

A. 甲通过邮局寄交的专利申请,因邮戳不清,国家知识产权局以收到日作为申请日,甲于收到受理通知书一个月后提交了邮局出具的寄出日期有效证明

B. 乙的实用新型专利申请的说明书中写有对附图3的说明,但缺少相关附图,接到审查员发出的补正通知后,乙删除了该附图说明

C. 丙提交的发明专利申请文件中缺少说明书摘要,一个月后丙补交了说明书摘要

D. 丁提出的分案申请请求书中原案申请日填写错误,三天后经补正符合规定

【知识要点】申请日的确定

【解析】A.《专利审查指南2010》5-3-2.3.1"受理程序"中规定:"通过邮局邮寄递交到专利局受理处或者代办处的专利申请,以信封上的寄出邮戳日为申请日;寄出的邮戳日不清晰无法辨认的,以专利局受理处或者代办处收到日为申请日,并将信封存档。"可见,选项A中甲通过邮局寄交的专利申请,因邮戳不清,国家知识产权局以收到日作为申请日的做法符合规定。此外,《专利审查指南2010》5-3-4"申请日的更正"中规定:"申请人收到专利申请受理通知书之后认为该通知书上记载的申请日与邮寄该申请文件日期不一致的,可以请求专利局更正申请日。专利局受理处收到申请人的申请日更正请求后,应当检查更正请求是否符合下列规定:(1)在递交专利申请文件之日起两个月内或者申请人收到专利申请受理通知书一个月内提出。(2)附有收寄专利申请文件的邮局出具的寄出日期的有效证明,该证明中注明的寄出挂号号码与请求书中记录的挂号号码一致。符合上述规定的,应予更正申请日;否则,不予更正申请日。"可见,如果甲申请更正申请日,应该在递交专利申请文件之日起2个月内或者申请人收到专利申请受理通知书1个月内提出,选项A中甲的提出时间超出了规定期限,不能重新确定申请日。故选项A错误,不符合题意。

B.《专利审查指南2010》1-2-7.2"说明书"中规定:"说明书文字部分写有附图说明但说明书缺少相应附图的,应当通知申请人取消说明书文字部分的附图说明,或者在指定的期限内补交相应附图。申请人补交附图的,以向专利局提交或者邮寄补交附图之日为申请日,审查员应当发出重新确定申请日通知书。申请人取消相应附图说明的,保留原申请日。"选项B中乙删除了该附图说明,依前述规定,则保留原申请日,无须重新确定申请日。故选项B正确,符合题意。

C.《专利审查指南2010》2-2-2.4"说明书摘要"中规定:"摘要是说明书记载内容的概述,它仅是一种技术信息,不具有法律效力。"可见,说明书摘要不具有确定申请日的效力,补交说明书摘要也不会导致重新确定申请日。故选项C错误,不符合题意。

D.《专利审查指南2010》1-1-5.1.1"分案申请的核实"中规定:"请求书中应当正确填写原申请的申请日,申请日填写有误的,审查员应当发出补正通知书,通知申请人补正。期满未补正的,审查员应当发出视为撤回通知书;补正符合规定的,审查员应当发出重新确定申请日通知书。"选项D中丁的分案申请中原案申请日填写错误,经补正符合规定,依前述规定,可重新确定申请日。故选项D正确,符合题意。

11. (2011年卷—第74题) 韩国人李某于2005年1月12日向美国提交首次申请F,该申请说明书中记载了技术方案a和b,要求保护技术方案a。2005年7月12日,李某向中国提交了专利申请F1,要求保护技术方案b。2005年12月18日,李某向中国提交了专利申请F2,要求保护技术方案a和b。若申请F1和申请F2满足其他享有优先权的条件,则下列说法哪些是正确的?

A. 申请F1可以享有申请F的优先权 B. 申请F2中的技术方案a可以享有申请F的优先权
C. 申请F2可以享有申请F1的优先权 D. 申请F2中的技术方案b可以享有申请F的优先权

【知识要点】外国优先权

【解析】《专利法》第29条第1款规定:"申请人自发明或实用新型在外国第一次提出专利申请之日起十二个月内,或者自外观设计在外国第一次提出专利申请之日起六个月内,又在中国就相同主题提出专利申请的,依照该外国同中国签订的协议或者共同参加的国际条约,或者依照相互承认优先权的原则,可以享有优先权。"《专利审查指南2010》2-3-4.1.1"享有外国优先权的条件"中规定:"享有外国优先权的专利申请应当满足以下条件:(1)申请人就相同

主题的发明创造第一次提出专利申请（以下简称外国首次申请）后又在中国提出专利申请（以下简称中国在后申请）。(2) 就发明和实用新型而言，中国在后申请之日不得迟于外国首次申请之日起十二个月。(3) 申请人提出首次申请的国家或政府间组织应当是同中国签有协议或者共同参加国际条约的，或者相互承认优先权原则的国家或政府间组织。"由于F是首次申请，因此在后专利只能要求F的优先权。故选项A、B、D正确，符合题意；选项C错误，不符合题意。

12.（2010年卷一第15题）在专利申请符合受理条件的情况下，下列哪些申请的申请日可以确定为2010年4月26日？

A. 申请人以邮寄方式递交的申请，寄出的邮戳日为2010年4月26日
B. 国家知识产权局专利代办处于2010年4月26日收到申请人通过速递公司递交的专利申请
C. 申请人以邮寄方式递交到国家知识产权局某审查员的专利申请，邮戳日为2010年4月26日，该审查员于2010年4月27日将其递交受理处
D. 国家知识产权局电子专利申请系统于2010年4月26日接收到的电子申请

【知识要点】申请日的确定

【解析】A.B.《专利法》第28条规定："国务院专利行政部门收到专利申请文件之日为申请日。如果申请文件是邮寄的，以寄出的邮戳日为申请日。"《专利法实施细则》第4条第1款规定："向国务院专利行政部门邮寄的各种文件，以寄出的邮戳日为递交日。邮戳日不清晰的，除当事人能够提出证明外，以国务院专利行政部门收到日为递交日。"《专利审查指南2010》5-3-2.3.1"受理程序"中规定："……(3) 确定申请日：向专利局受理处或者代办处窗口直接递交的专利申请，以收到日为申请日；通过邮局邮寄递交到受理处或者代办处的专利申请，以信封上的寄出邮戳日为申请日；寄出的邮戳日不清晰无法辨认的，以专利局受理处或者代办处收到日为申请日，并将信封存档。通过速递公司递交到专利局受理处或者代办处的专利申请，以收到日为申请日。邮寄或者递交到专利局非受理部门或者个人的专利申请，其邮寄日或者递交日不具有确定申请日的效力，如果该专利申请被转送到专利局受理处或者代办处，以受理处或者代办处实际收到日为申请日。……"故选项A正确，符合题意。选项B是快递寄出，应以国家知识产权局实际收到日为受理日。故选项B正确，符合题意。

C.《专利审查指南2010》5-3-1"受理地点"中规定："邮寄或者直接交给专利局的任何个人或者非受理部门的申请文件和其他有关文件，其邮寄文件的邮戳日或者提交文件的提交日都不具有确定申请日和递交日的效力。"直接寄给审查员的文件，不具有法律效力，应以受理处实际收到日为申请日。故选项C正确，符合题意。

D.《专利审查指南2010》5-11-4.2"电子申请的受理"之（1）"确定递交日和申请日"中规定："专利局电子专利申请系统收到电子文件的日期为递交日。"选项D正确，符合题意。

13.（2009年卷一第23题）赵某向国家知识产权局邮寄了一件实用新型专利申请，寄出的邮戳日为2007年3月6日，申请文件包括权利要求书和说明书，说明书中写有对附图的说明但无附图。国家知识产权局于2007年3月12日收到上述申请文件。2007年4月2日，赵某向国家知识产权局面交了符合要求的说明书附图。2007年4月25日，赵某向国家知识产权局面交了摘要及摘要附图。下列日期哪个是该申请的申请日？

A. 2007年3月6日　　B. 2007年3月12日　　C. 2007年4月2日　　D. 2007年4月25日

【知识要点】申请日的确定

【解析】《专利法实施细则》第40条规定："说明书中写有对附图的说明但无附图或者缺少部分附图的，申请人应当在国务院专利行政部门指定的期限内补交附图或者声明取消对附图的说明。申请人补交附图的，以向国务院专利行政部门提交或者邮寄附图之日为申请日；取消对附图的说明的，保留原申请日。"《专利法实施细则》第39条规定："专利申请文件有下列情形之一的，国务院专利行政部门不予受理，并通知申请人：（一）发明或者实用新型专利申请缺少请求书、说明书（实用新型无附图）或者权利要求书的，或者外观设计专利申请缺少请求书、图片或者照片、简要说明的；（二）未使用中文的；（三）不符合本细则第一百二十一条第一款规定的；（四）请求书中缺少申请人姓名或者名称，或者缺少地址的；（五）明显不符合专利法第十八条或者第十九条第一款的规定的；（六）专利申请类别（发明、实用新型或者外观设计）不明确或者难以确定的。"《专利审查指南2010》2-2-2.4"说明书摘要"中规定："摘要是说明书记载内容的概述，它仅是一种技术信息，不具有法律效力。"本题中，应当以补交说明书附图的日期为申请日，缺少说明书摘要不会导致不予受理，补交说明书摘要及摘要附图也不会导致申请日的改变。故选项C正确，符合题意；选项A、B、D错误，不符合题意。

14.（2008年卷一第71题）2004年11月9日，中国公司甲向国家知识产权局提交了一件发明专利申请。2005年4月28日，美国公司乙将同样的发明在我国提交了一件发明专利申请，并要求享有其于2004年5月11日在美国提交的首次申请的优先权，该优先权要求符合规定。2005年11月25日，乙的申请被国家知识产权局公布。下列哪些说法是正确的？

A. 乙应当在2005年6月28日前向国家知识产权局提交美国申请文件的副本
B. 乙最迟应当于2007年5月11日提出实质审查请求，否则其申请将被视为撤回

C. 如果乙在法定期限届满时仍未提出实质审查请求，则乙的申请不会影响甲的申请被授予专利权

D. 如果乙的申请在我国被授予专利权，则该专利权将于2024年5月11日届满

【知识要点】优先权的效力

【解析】A.《专利法》第30条规定："申请人要求优先权的，应当在申请的时候提出书面声明，并且在三个月内提交第一次提出的专利申请文件的副本；未提出书面声明或者逾期未提交专利申请文件副本的，视为未要求优先权。"乙应当于2005年7月28日之前提交在先的申请文件副本。故选项A错误，不符合题意。

B.《专利法》第35条第1款规定："发明专利申请自申请日起三年内，国务院专利行政部门可以根据申请人随时提出的请求，对其申请进行实质审查；申请人无正当理由逾期不请求实质审查的，该申请即被视为撤回。"《专利法实施细则》第11条规定："除专利法第二十八条和第四十二条规定的情形外，专利法所称申请日，有优先权的，指优先权日。本细则所称申请日，除另有规定的外，是指专利法第二十八条规定的申请日。"乙应当在自优先权日起3年内提出实质审查请求。故选项B正确，符合题意。

C.《专利法》第22条第2款规定："新颖性，是指该发明或者实用新型不属于现有技术；也没有任何单位或者个人就同样的发明或者实用新型在申请日以前向国务院专利行政部门提出过申请，并记载在申请日以后公布的专利申请文件或者公告的专利文件中。"乙申请在甲申请之前提出，并且在之后公布，已经构成甲的抵触申请。故选项C错误，不符合题意。

D.《专利法》第42条规定："发明专利权的期限为二十年，实用新型专利权和外观设计专利权的期限为十年，均自申请日起计算。"专利权的期限自实际申请日计算。故选项D错误，不符合题意。

15. (2007年卷—第10题) 一件享有外国优先权的发明专利申请的优先权日为2006年2月20日，申请日为2007年2月7日。以下说法哪些是正确的？

A. 该申请自2007年2月7日起满18个月即行公布

B. 申请人提出实质审查请求的期限为自2006年2月20日起3年

C. 如果该项专利申请被授予专利权，则其保护期限自2007年2月7日起计算

D. 2006年2月20日以前在出版物上公开发表的技术属于该发明专利申请的现有技术

【知识要点】优先权的效力

【解析】《专利法实施细则》第11条规定："除专利法第二十八条和第四十二条规定的情形外，专利法所称申请日，有优先权的，指优先权日。本细则所称申请日，除另有规定的外，是指专利法第二十八条规定的申请日。"

A.《专利法》第34条规定："国务院专利行政部门收到发明专利申请后，经初步审查认为符合本法要求的，自申请日起满十八个月，即行公布。国务院专利行政部门可以根据申请人的请求早日公布其申请。"结合《专利法实施细则》第11条可知，有优先权的专利申请的公布期限应当自优先权日起计算。故选项A错误，不符合题意。

B. 根据《专利法》第35条第1款的规定（参见本章第14题解析B），以及《专利法实施细则》第11条的规定，故选项B正确，符合题意。

C. 根据《专利法》第42条的规定（参见本章第14题解析D），专利权的期限自实际申请日计算，选项C正确，符合题意。

D.《专利法》第22条第5款规定："本法所称现有技术，是指申请日以前在国内外为公众所知的技术。"故选项D正确，符合题意。

16. (2013年卷—第41题) 李某于2011年10月20日向国家知识产权局提交了一件要求法国优先权的专利申请，在先申请的申请日为2010年10月21日。由于李某未在规定期限内提交在先申请文件副本，因此收到了发文日为2012年2月29日的视为未要求优先权通知书。现李某欲恢复权利，下列说法哪些是正确的？

A. 李某最迟应当在2012年5月15日办理恢复手续

B. 李某应当提交恢复权利请求书并说明理由

C. 李某应当缴纳恢复费

D. 李某应当在提交恢复权利请求书的同时提交在先申请文件副本

【知识要点】请求恢复权利

【解析】《专利法实施细则》第6条第1款规定："当事人因不可抗拒的事由而延误专利法或者本细则规定的期限或者国务院专利行政部门指定的期限，导致其权利丧失的，自障碍消除之日起2个月内，最迟自期限届满之日起2年内，可以向国务院专利行政部门请求恢复权利。"《专利法实施细则》第6条第2款规定："除前款规定的情形外，当事人因其他正当理由延误专利法或者本细则规定的期限或者国务院专利行政部门指定的期限，导致其权利丧失的，可以自收到国务院专利行政部门的通知之日起2个月内向国务院专利行政部门请求恢复权利。"《专利法实施细则》第6条第3款规定："当事人依照本条第一款或者第二款的规定请求恢复权利的，应当提交恢复权利请求书，说明理由，必要时附具有关证明文件，并办理权利丧失前应当办理的相应手续；依照本条第二款的规定请求恢复权利的，还应当缴纳恢复权利请求费。"《专利法实施细则》第4条第3款规定："国务院专利行政部门邮寄的各种文件，自文件发出之日起满

15日，推定为当事人收到文件之日。"在本题中，国家知识产权局的发文日为2012年2月29日，则推定李某的收到日为2012年3月15日，进而得到李某向国务院专利行政部门请求恢复权利的截止日期是2012年5月15日。故选项A、B、C、D正确，符合题意。

17.（2016年卷一第56题）根据专利法实施细则的规定，当事人因不可抗拒的事由延误规定期限并导致权利丧失的，可以在规定的期限内请求恢复权利。以下哪些期限不适用这一规定？
A. 优先权期限
B. 缴纳年费的期限
C. 专利权的期限
D. 请求实质审查的期限

【知识要点】优先权期限和专利权的期限不能请求恢复

【解析】《专利审查指南2010》5-7-6.1"适用范围"中规定："专利法实施细则第六条第一款和第二款规定了当事人因耽误期限而丧失权利之后，请求恢复其权利的条件。该条第五款又规定，不丧失新颖性的宽限期、优先权期限、专利权期限和侵权诉讼时效这四种期限被耽误而造成的权利丧失，不能请求恢复权利。故选项A、C正确，符合题意；选项B、D错误，不符合题意。

二、申请号

三、期限

（一）期限的种类

18.（2007年卷一第17题）下列说法哪些是正确的？
A. 申请人应当在收到受理通知书之日起2个月内缴纳申请费、公布印刷费和必要的附加费
B. 申请人要求外国优先权的，应当在申请的时候提出书面声明，并且在三个月内提交第一次提出的专利申请文件的副本
C. 当事人对专利复审委员会宣告专利权无效或者维持专利权的决定不服的，可以自收到通知之日起3个月内向人民法院起诉
D. 实用新型或者外观设计专利申请人自申请日起2个月内，可以对实用新型或者外观设计专利申请主动提出修改

【知识要点】专利申请的相关期限

【解析】A.《专利法实施细则》第95条规定："申请人应当自申请日起2个月内或者在收到受理通知书之日起15日内缴纳申请费、公布印刷费和必要的申请附加费；期满未缴纳或者未缴足的，其申请视为撤回。申请人要求优先权的，应当在缴纳申请费的同时缴纳优先权要求费；期满未缴纳或者未缴足的，视为未要求优先权。"故选项A错误，不符合题意。

B.《专利法》第30条规定："申请人要求优先权的，应当在申请的时候提出书面声明，并且在三个月内提交第一次提出的专利申请文件的副本；未提出书面声明或者逾期未提交专利申请文件副本的，视为未要求优先权。"《专利审查指南2010》1-1-6.2.12"要求优先权声明"中规定："申请人要求优先权的，应当在提出专利申请的同时在请求书中声明；未在请求书中提出声明的，视为未要求优先权。"《专利审查指南2010》1-1-6.2.1.3"在先申请文件副本"中规定："在先申请文件副本应当在提出在后申请之日起3个月内提交；期满未提交的，审查员应当发出视为未要求优先权通知书。"故选项B正确，符合题意。

C.《专利法》第46条第2款规定："对专利复审委员会宣告专利权无效或者维持专利权的决定不服的，可以自收到通知之日起三个月内向人民法院起诉。人民法院应当通知无效宣告请求程序的对方当事人作为第三人参加诉讼。"故选项C正确，符合题意。

D.《专利法实施细则》第51条第2款规定："实用新型或者外观设计专利申请人自申请日起2个月内，可以对实用新型或者外观设计专利申请主动提出修改。"故选项D正确，符合题意。

（二）期限的计算

19.（2014年卷一第67题）申请人耽误下列哪些期限将导致专利申请被视为撤回？
A. 缴纳申请费的期限
B. 提出实质审查请求的期限
C. 答复第一次审查意见通知书的期限
D. 办理授予专利权登记手续的期限

【知识要点】专利申请被视为撤回的情形

【解析】A.《专利法实施细则》第95条第1款规定："申请人应当自申请日起2个月内或者在收到受理通知书之日起15日内缴纳申请费、公布印刷费和必要的申请附加费；期满未缴纳或者未缴足的，其申请视为撤回。"故选项A正确，符合题意。

B.《专利法》第35条第1款规定："发明专利申请自申请日起三年内，国务院专利行政部门可以根据申请人随时

提出的请求，对其申请进行实质审查；申请人无正当理由逾期不请求实质审查的，该申请即被视为撤回。"故选项B正确，符合题意。

C.《专利法》第37条规定："国务院专利行政部门对发明专利申请进行实质审查后，认为不符合本法规定的，应当通知申请人，要求其在指定的期限内陈述意见，或者对其申请进行修改；无正当理由逾期不答复的，该申请即被视为撤回。"故选项C正确，符合题意。

D.《专利法实施细则》第54条规定："国务院专利行政部门发出授予专利权的通知后，申请人应当自收到通知之日起2个月内办理登记手续。申请人按期办理登记手续的，国务院专利行政部门应当授予专利权，颁发专利证书，并予以公告。期满未办理登记手续的，视为放弃取得专利权的权利。"故选项D错误，不符合题意。

20.（2009年卷一第89题）申请人办理下列相关手续的哪些行为不符合相关规定？
A. 周某的一件涉及生物材料的发明专利申请的申请日为2007年1月5日，周某于2007年4月9日向国家知识产权局提交保藏单位出具的保藏证明和存活证明
B. 吴某的一件发明专利申请的申请日为2005年11月24日，吴某于2007年5月9日向国家知识产权局提出实质审查请求
C. 国家知识产权局于2007年3月2日向申请人郑某邮寄发出了授予专利权通知书，郑某于2007年5月9日到国家知识产权局办理登记手续
D. 国家知识产权局于2007年1月5日向申请人王某邮寄发出了驳回决定，王某1月12日收到了该决定，并于2007年5月9日向专利复审委员会提出复审请求

【知识要点】各种手续的期限

【解析】A.《专利法实施细则》第24条规定："申请专利的发明涉及新的生物材料，该生物材料公众不能得到，并且对该生物材料的说明不足以使所属领域的技术人员实施其发明的，除应当符合专利法和本细则的有关规定外，申请人还应当办理下列手续：（一）在申请日前或者最迟在申请日（有优先权的，指优先权日），将该生物材料的样品提交国务院专利行政部门认可的保藏单位保藏，并在申请时或者最迟自申请日起4个月内提交保藏单位出具的保藏证明和存活证明；期满未提交证明的，该样品视为未提交保藏……"故选项A正确，不符合题意。

B.《专利法》第35条规定："发明专利申请自申请日起三年内，国务院专利行政部门可以根据申请人随时提出的请求，对其申请进行实质审查；申请人无正当理由逾期不请求实质审查的，该申请即被视为撤回。国务院专利行政部门认为必要的时候，可以自行对发明专利申请进行实质审查。"故选项B正确，不符合题意。

C.《专利法实施细则》第4条第3款规定："国务院专利行政部门邮寄的各种文件，自文件发出之日起满15日，推定为当事人收到文件之日。"《专利法实施细则》第54条第1款规定："国务院专利行政部门发出授予专利权的通知后，申请人应当自收到通知之日起2个月内办理登记手续。……"故选项C正确，不符合题意。

D.《专利法》第41条规定："国务院专利行政部门设立专利复审委员会。专利申请人对国务院专利行政部门驳回申请的决定不服，可以自收到通知之日起三个月内，向专利复审委员会请求复审。专利复审委员会复审后，作出决定，并通知专利申请人。专利申请人对专利复审委员会的复审决定不服的，可以自收到通知之日起三个月内向人民法院起诉。"故选项D错误，符合题意。

21.（2014年卷一第13题）一件优先权日为2008年9月27日、申请日为2009年9月27日的PCT国际申请，进入中国国家阶段的日期为2010年9月27日，要求的保护类型为发明专利。申请人应当在哪个日期前向国家知识产权局提出实质审查请求？
A. 2011年9月27日
B. 2012年9月27日
C. 2013年9月27日
D. 2010年11月27日

【知识要点】提出实质审查请求的期限

【解析】首先，《专利法》第35条第1款规定："发明专利申请自申请日起三年内，国务院专利行政部门可以根据申请人随时提出的请求，对其申请进行实质审查；申请人无正当理由逾期不请求实质审查的，该申请即被视为撤回。"

其次，《专利法实施细则》第11条第1款规定："除专利法第二十八条和第四十二条规定的情形外，专利法所称申请日，有优先权的，指优先权日。"

最后，《专利审查指南2010》3-1-5.9"实质审查请求"中规定："进入国家阶段的国际申请，如果指定了中国的发明专利，自优先权日起三年内应当提出实质审查请求，并缴纳实质审查费。"

综合以上规定，本题中的PCT国际申请应当自优先权日（2008年9月27日）起3年内，即2011年9月27日前提出实质审查请求。故选项A正确，符合题意；选项B、C、D错误，不符合题意。

22.（2014年卷一第29题）某专利申请日为2006年5月10日，国家知识产权局于2012年6月15日发出缴费通知书，通知专利权人缴纳第7年度的年费及滞纳金。专利权人逾期未缴纳年费及滞纳金，国家知识产权局于2013年1月25日发出专利权终止通知书，专利权人未提出恢复权利的请求。该专利权应当哪日起终止？
A. 2012年5月9日
B. 2012年5月10日

C. 2012年6月15日　　　　　　　　　　　　D. 2013年1月25日

【知识要点】专利年度、专利权终止

【解析】《专利法实施细则》第98条规定:"授予专利权当年以后的年费应当在上一年度期满前缴纳。专利权人未缴纳或者未缴足的,国务院专利行政部门应当通知专利权人自应当缴纳年费期满之日起6个月内补缴,同时缴纳滞纳金;滞纳金的金额按照每超过规定的缴费时间1个月,加收当年全额年费的5%计算;期满未缴纳的,专利权自应当缴纳年费期满之日起终止。"《专利审查指南2010》5-9-2.2.1.1"年度"中规定:"专利年度从申请日起算,与优先权日、授权日无关,与自然年度也没有必然联系。"《专利审查指南2010》5-9-2.2.1"年费"中规定:"缴费期限届满日是申请日在该年的相应日。"本题中,专利申请日为2006年5月10日,专利权人逾期未缴纳第7年度的年费及滞纳金,则该专利权自应当缴纳第7年度年费期满之日起终止,而第7年度年费应于第6年度期满前缴纳,即2012年5月10日。故选项A、C、D错误,不符合题意;选项B正确,符合题意。

(三) 期限的延长

23.(2011年卷一第8题) 下列关于期限的说法哪些是正确的?
A. 因不可抗拒事由耽误法定期限的,都可以恢复
B. 期限届满日是法定休假日的,以休假日后的第一个工作日为期限届满日
C. 所有的指定期限都可以延长
D. 申请人请求延长期限的,应当在提出请求的同时缴纳延长期限请求费

【知识要点】期限的延长

【解析】A.《专利法实施细则》第6条第1款规定:"当事人因不可抗拒的事由而延误专利法或者本细则规定的期限或者国务院专利行政部门指定的期限,导致其权利丧失的,自障碍消除之日起2个月内,最迟自期限届满之日起2年内,可以向国务院专利行政部门请求恢复权利。"根据《专利法实施细则》第5款的规定,不丧失新颖性的宽限期、优先权期限、专利权期限和侵权诉讼时效这四种期限被耽误而造成的权利丧失,不能请求恢复权利。故选项A错误,不符合题意。

B.《专利法实施细则》第5条规定:"专利法和本细则规定的各种期限的第一日不计算在期限内。期限以年或者月计算的,以其最后一月的相应日为期限届满日;该月无相应日的,以该月最后一日为期限届满日;期限届满日是法定休假日的,以休假日后的第一个工作日为期限届满日。"故选项B正确,符合题意。

C.《专利法实施细则》第71条规定:"在无效宣告请求审查程序中,专利复审委员会指定的期限不得延长。"故选项C错误,不符合题意。

D.《专利法实施细则》第99条第2款规定:"延长期限请求费应当在相应期限届满之日前缴纳;期满未缴纳或者未缴足的,视为未提出请求。"故选项D错误,不符合题意。

24.(2010年卷一第29题) 国家知识产权局于2007年4月25日发出第一次审查意见通知书,指定的答复期限为自收到该通知书之日起四个月。在下列哪些情形下,王某提出的延长答复期限的请求可以被批准?
A. 王某于2007年9月15日提交延长期限请求书,并同时缴纳了延长期限请求费
B. 王某于2007年6月27日提交了延长期限请求书,并于2007年8月25日缴纳了延长期限请求费
C. 王某于2007年7月10日提交了延长期限请求书,并于2007年9月15日缴纳了延长期限请求费
D. 王某于2007年8月10日提交了延长期限请求书,并于2007年9月1日缴纳了延长期限请求费

【知识要点】延长期限请求

【解析】《专利法实施细则》第4条第3款规定:"国务院专利行政部门邮寄的各种文件,自文件发出之日起满15日,推定为当事人收到文件之日。"《专利法实施细则》第6条第4款规定:"当事人请求延长国务院专利行政部门指定的期限的,应当在期限届满前,向国务院专利行政部门说明理由并办理有关手续。"《专利法实施细则》第99条第1款规定:"延长期限请求费应当在相应期限届满之日前缴纳;期满未缴纳或者未缴足的,视为未提出请求。"本题中指定收到通知书之日为2007年5月10日,因此2007年9月10日为期限届满日,延长期限请求费用最迟应该在2007年9月10日之前缴纳。故选项A、C错误,不符合题意;选项B、D正确,符合题意。

25.(2007年卷一第33题) 国家知识产权局于2005年3月25日向申请人发出第一次审查意见通知书,要求其在收到通知书之日起4个月内答复。申请人于2005年4月1日收到该通知书,如果申请人因正当理由不能在指定期限内答复,则下列哪些做法是符合规定的?
A. 申请人于2005年7月31日提出延期2个月答复审查意见通知书的请求,并同时缴纳延长期限请求费
B. 申请人于2005年5月29日提出延期3个月答复审查意见通知书的请求,并提出延期请求之日起2个月内缴纳了延长期限请求费
C. 申请人于2005年7月31日提出延期1个月答复审查意见通知书的请求,并于8月1日缴纳了延长期限请求费
D. 申请人于2005年7月1日提出延期2个月答复审查意见通知书的请求,并于提出延期请求之日起1个月内缴

纳了延长期限请求费

【知识要点】延长期限请求

【解析】《专利法实施细则》第6条第4款规定:"当事人请求延长国务院专利行政部门指定的期限的,应当在期限届满前,向国务院专利行政部门说明理由并办理有关手续。"

A、C、D.《专利法实施细则》第4条第3款规定:(参见本章第24题解析)。并且《专利审查指南2010》5-7-2.1 "期限的起算日"之(2)"自通知和决定的推定收到日起计算"中规定:"全部指定期限和部分法定期限自通知和决定的推定收到日起计算。例如,审查员根据专利法第三十七条的规定指定申请人陈述意见或者修改其申请的期限(指定期限),是自推定申请人收到审查意见通知书之日起计算;专利法实施细则第五十四条第一款规定的申请人办理登记手续的期限(法定期限)是自推定申请人收到授予专利权通知之日起计算。推定收到日为自专利局发出文件之日(该日期记载在通知和决定上)起满十五日。"以及《专利审查指南2010》5-7-4.1 "延长期限请求"中规定:"请求延长期限的,应当在期限届满前提交延长期限请求书,说明理由,并缴纳延长期限请求费。延长期限请求费以月计算。"申请人最迟应自2005年8月9日办理有关手续。故选项A、C、D正确,符合题意。

B.《专利审查指南2010》5-7-4.2 "延长期限请求的批准"中规定:"延长的期限不足一个月的,以一个月计算。延长的期限不得超过两个月。对同一通知或者决定中指定的期限一般只允许延长一次。"故选项B错误,不符合题意。

四、费用

(一)费用的类别

26.(2014年卷一第34题)王某向国家知识产权局提交了一件申请日为2014年5月7日,优先权日为2013年5月8日的发明专利申请,受理通知书的发文日为2014年5月12日。下列关于该申请费用的说法哪些是正确的?

A. 王某最迟应当在2014年7月7日缴纳申请费

B. 王某在缴纳申请费的同时,还应当缴纳优先权要求费和实质审查费

C. 若王某在2014年5月28日提出费用减缓请求,则申请费不能减缓

D. 若王某未在规定期限内缴纳优先权要求费,该申请将被视为撤回

【知识要点】申请费

【解析】A.《专利法实施细则》第95条第1款规定:"申请人应当自申请日起2个月内或者在收到受理通知书之日起15日内缴纳申请费、公布印刷费和必要的申请附加费;期满未缴纳或者未缴足的,其申请视为撤回。"根据《专利法实施细则》第4条第3款的规定(参见本章第24题解析),本题中,申请日为2014年5月7日,以申请日为起算点,则缴纳申请费的期限应该是2014年7月7日前;受理通知书的发文日为2014年5月12日,以收到受理通知书之日为起算点,则缴纳申请费的期限应该是2014年6月11日前;以两者时间靠后者为准,则王某最迟应当在2014年7月7日缴纳申请费。故选项A正确,符合题意。

B.《专利法》第35条规定:(参见本章第20题解析B)。并且《专利法实施细则》第96条规定:"当事人请求实质审查或者复审的,应当在专利法及本细则规定的相关期限内缴纳费用;期满未缴纳或者未缴足的,视为未提出请求。"可见,实质审查请求费可以自申请日起3年内缴纳。此外,《专利法实施细则》第95条第2款规定:"申请人要求优先权的,应当在缴纳申请费的同时缴纳优先权要求费;期满未缴纳或者未缴足的,视为未要求优先权。"故选项B错误,不符合题意。

C. 专利申请人可以在提出专利申请的同时一并请求减缓缴纳《专利收费减缴办法》第2条规定的4种费用❶。《专利收费减缴办法》第5条规定:"专利申请人或者专利权人只能请求减缴尚未到期的收费。减缴申请费的请求应当与专利申请同时提出,减缴其他收费的请求可以与专利申请同时提出,也可以在相关收费缴纳期限届满日两个半月之前提出。未按规定时限提交减缴请求的,不予减缴。"据此,王某在受理通知书的发文日,即2014年5月12日之后提出费用减缓请求,则申请费不能减缓。故选项C正确,符合题意。

D.《专利法实施细则》第95条第2款规定:"申请人要求优先权的,应当在缴纳申请费的同时缴纳优先权要求费;期满未缴纳或者未缴足的,视为未要求优先权。"据此,若王某未在规定期限内缴纳优先权要求费,则其申请视为未要求优先权,故选项D错误,不符合题意。

---

❶ 4种费用是指申请费、发明专利申请审查费、自授予专利权当年起6年内的年费和复审费。

(二) 费用的减缓

27. (2011年卷一第78题) 李某和王某共同向国家知识产权局提交了一件专利申请。关于该申请的费用减缓，下列说法哪些是正确的？
   A. 王某和李某必须在提出专利申请的同时请求费用减缓
   B. 王某和李某可以委托专利代理机构办理该申请的费用减缓手续
   C. 王某和李某提出费用减缓请求的，应当在费用减缓请求书中如实填写每个人的年收入情况
   D. 王某和李某的费用减缓请求被批准后，其尚未到期的所有费用都予以减缓

【知识要点】费用减缓

【解析】A.《专利费用减缴办法》第5条规定："专利申请人或者专利权人只能请求减缴尚未到期的收费。减缴申请费的请求应当与专利申请同时提出，减缴其他收费的请求可以与专利申请同时提出，也可以在相关收费缴纳期限届满日两个半月之前提出。未按规定时限提交减缴请求的，不予减缴。"《专利审查指南2010》5-2-3.2"费用减缓的手续"中规定："提出专利申请时以及在审批程序中，申请人（或专利权人）可以请求减缓应当缴纳但尚未到期的费用。"故选项A错误，不符合题意。

B.《专利审查指南2010》5-2-3.2"费用减缓的手续"中规定："提出费用减缓请求的，应当提交费用减缓请求书，必要时还应当附具证明文件。费用减缓请求书应当由全体申请人（或专利权人）签字或者盖章。申请人（或专利权人）委托专利代理机构办理费用减缓手续并提交声明的，可以由专利代理机构盖章。委托专利代理机构办理费用减缓手续的声明可以在专利代理委托书中注明，也可以单独提交。"故选项B正确，符合题意。

C.《专利费用减缴办法》第7条第1款规定："个人请求减缴专利收费的，应当在收费减缴请求书中如实填写本人上年度收入情况，同时提交所在单位出具的年度收入证明；无固定工作的，提交户籍所在地或者经常居住地县级民政部门或者乡镇人民政府（街道办事处）出具的关于其经济困难情况证明"。故选项C正确，符合题意。

D.《专利费用减缴办法》第4条规定："专利申请人或者专利权人可以请求减缴下列专利收费：（一）申请费（不包括公布印刷费、申请附加费）；（二）发明专利申请实质审查费；（三）年费（自授予专利权当年起六年内的年费）；（四）复审费。"并不是所有的费用都可以减缓，故选项D错误，不符合题意。

28. (2010年卷一第52题) 张某和李某共同提出一件发明专利申请，并指定张某为代表人。因两人缴纳专利费用有困难，在提出专利申请的同时向国家知识产权局提出了费用减缓请求。下列说法哪些是正确的？
   A. 可以减缓的费用种类包括：申请费、公布印刷费、发明专利申请实质审查费
   B. 张某和李某应当提交费用减缓请求书和费用减缓证明文件
   C. 张某和李某未委托专利代理机构的，费用减缓请求书可以仅由张某签字或者盖章
   D. 张某和李某委托专利代理机构办理费用减缓手续并提交声明的，费用减缓请求书可以由专利代理机构盖章

【知识要点】发明专利申请的费用减缓

【解析】A. 根据《专利费用减缴办法》第2条的规定（参见本章第27题解析D），并不是所有的费用都可以减缓，故选项A错误，不符合题意。

B.《专利费用减缴办法》第6条规定："专利申请人或者专利权人请求减缴专利收费的，应当提交收费减缴请求书及相关证明材料。"故选项B错误，不符合题意。

C.D.《专利审查指南2010》5-2-3.2"费用减缓的手续"中规定："费用减缓请求书应当由全体申请人（或专利权人）签字或盖章；申请人（或专利权人）委托专利代理机构办理费用减缓手续并提交声明的，可以由专利代理机构盖章。委托专利代理机构办理费用减缓手续的声明可以在专利代理委托书中注明，也可以单独提交。"故选项C错误，不符合题意；选项D正确，符合题意。

29. (2009年卷一第70题) 申请人李某和胡某欲就其共同提交的发明专利申请提出费用减缓请求，下列说法哪些是正确的？
   A. 李某和胡某必须在提出发明专利申请的同时提出费用减缓请求
   B. 李某和胡某可以请求减缓发明专利申请实质审查费
   C. 费用减缓请求书可以由李某单独提出，并由李某在费用减缓请求书上签字
   D. 李某和胡某在费用减缓请求书上应当如实填写收入情况，并提交县级以上人民政府管理专利工作的部门出具的关于其经济困难情况的证明

【知识要点】发明专利申请的费用减缓

【解析】A.《专利审查指南2010》5-2-3.2"费用减缓的手续"中规定："提出专利申请时以及在审批程序中，申请人（或专利权人）可以请求减缓应当缴纳但尚未到期的费用。"故选项A错误，不符合题意。

B. 根据《专利费用减缴办法》第2条的规定（参见本章第27题解析D），故选项B正确，符合题意。

C.《专利审查指南2010》5-2-3.2"费用减缓的手续"中规定："……费用减缓请求书应当由全体申请人（或专

利权人）签字或者盖章；申请人（或专利权人）委托专利代理机构办理费用减缓手续并提交声明的，可以由专利代理机构盖章。"故选项 C 错误，不符合题意。

D.《专利审查指南 2010》5-2-3.2"费用减缓的手续"中规定："提出费用减缓请求的，应当提交费用减缓请求书，必要时还应当附具证明文件。"故选项 D 错误，不符合题意。

（三）费用的缴纳期限

30.（2011年卷一第31题）李某于 2010 年 5 月 3 日向国家知识产权局寄交了一件专利申请，寄出邮戳日为当天，国家知识产权局 2010 年 5 月 25 日收到了该申请。国家知识产权局向李某发出受理通知书，发文日为 2010 年 6 月 23 日。则李某最迟应当于哪一天缴纳申请费？

A. 2010 年 7 月 3 日
B. 2010 年 7 月 22 日
C. 2010 年 7 月 23 日
D. 2010 年 7 月 25 日

【知识要点】期限的计算

【解析】根据《专利法实施细则》第 4 条第 3 款的规定（参见本章第 24 题解析）和《专利法实施细则》第 95 条第 1 款的规定（参见本章第 26 题解析 A），以及《专利法》第 28 条规定（国务院专利行政部门收到专利申请文件之日为申请日。如果申请文件是邮寄的，以寄出的邮戳日为申请日。），本题中，李某专利的申请日为 2010 年 5 月 3 日，推定其收到受理通知书之日为 2010 年 7 月 8 日，因此其可在申请日起 2 个月即 2010 年 7 月 3 日前，或者收到受理通知书之日起 15 日即 2010 年 7 月 23 日前缴纳申请费，因此其最迟缴费日为 2010 年 7 月 23 日。故选项 A、B、D 错误，不符合题意；选项 C 正确，符合题意。

31.（2010年卷一第72题）江某的发明专利申请的申请日为 2007 年 9 月 19 日，国家知识产权局于 2010 年 5 月 11 日发出授予专利权通知书和办理登记手续通知书，江某于 2010 年 5 月 20 日收到前述通知书。下列说法哪些是正确的？

A. 江某应当在 2010 年 7 月 26 日前缴纳第三年度的年费
B. 江某应当在 2010 年 9 月 19 日前缴纳第三年度的年费
C. 江某应当在 2010 年 7 月 26 日前缴纳第四年度的年费
D. 江某应当在 2010 年 9 月 19 日前缴纳第四年度的年费

【知识要点】期限的计算

【解析】《专利审查指南 2010》5-2-1"费用缴纳的期限"中规定："……（6）专利登记费、授权当年的年费以及公告印刷费的缴纳期限是自申请人收到专利局作出的授予专利权通知书和办理登记手续通知书之日起两个月内。……"本题中的推定收到日为 2010 年 5 月 26 日，因此办理登记手续的截止期限为 7 月 26 日，由于授权当年应缴纳的是第三年年费，因此其第三年年费缴纳期限就是办理登记手续的截止期限。故选项 A 正确，符合题意；选项 B 错误，不符合题意。

《专利审查指南 2010》5-9-2.2.1.1"年度"中规定："专利年度从申请日起算，与优先权日、授权日无关，与自然年度也没有必然联系。"《专利法实施细则》第 98 条规定："授予专利权当年以后的年费应当在上一年度期满前缴纳。……"故选项 D 正确，符合题意；选项 C 错误，不符合题意。

32.（2013年卷一第25题）下列有关费用缴纳期限的说法哪个是正确的？
A. 延长期限请求费应当自提出请求之日起一个月内缴纳
B. 优先权要求费应当自提出优先权要求之日起两个月内缴纳
C. 申请费应当自申请日起两个月或者自收到受理通知书之日起 15 日内缴纳
D. 复审费应当自申请人收到国家知识产权局作出的驳回决定之日起两个月内缴纳

【知识要点】费用缴纳期限

【解析】A.《专利法实施细则》第 99 条第 2 款规定："延长期限请求费应当在相应期限届满之日前缴纳；期满未缴纳或者未缴足的，视为未提出请求。"故选项 A 错误，不符合题意。

B.《专利法实施细则》第 95 条第 2 款规定："申请人要求优先权的，应当在缴纳申请费的同时缴纳优先权要求费；期满未缴纳或者未缴足的，视为未要求优先权。"故选项 B 错误，不符合题意。

C.《专利法实施细则》第 95 条第 1 款规定："申请人应当自申请日起 2 个月内或者在收到受理通知书之日起 15 日内缴纳申请费、公布印刷费和必要的申请附加费；期满未缴纳或者未缴足的，其申请视为撤回。"故选项 C 正确，符合题意。

D.《专利法实施细则》第 96 条规定："当事人请求实质审查或者复审的，应当在专利法及本细则规定的相关期限内缴纳费用；期满未缴纳或者未缴足的，视为未提出请求。"《专利法》第 41 条第 1 款规定："国务院专利行政部门设立专利复审委员会。专利申请人对国务院专利行政部门驳回申请的决定不服的，可以自收到通知之日起三个月内，向专利复审委员会请求复审。专利复审委员会复审后，作出决定，并通知专利申请人。"因此，专利申请人可以自收到驳回决定之日起 3 个月内缴纳复审费。故选项 D 错误，不符合题意。

(四)费用的缴纳方式

33. (2007年卷一第50题) 以下有关专利费用缴费日的说法哪些是正确的?
A. 张某于2007年6月14日直接向国家知识产权局缴纳费用,则2007年6月14日为缴费日
B. 李某通过邮局汇付费用,并在汇单上写明了规定事项,其邮戳日为2007年6月14日,国家知识产权局收到日为2007年6月18日,则2007年6月14日为缴费日
C. 文某通过银行汇付费用,并在汇单上写明了规定事项,银行实际汇出日为2007年6月14日,国家知识产权局收到日为2007年6月18日,则2007年6月14日为缴费日
D. 王某通过邮局汇付费用,并在汇单上写明了规定事项,其邮戳日为2007年6月14日,国家知识产权局收到日为2007年8月17日,王某无法提供邮局出具的相关证明,则2007年6月14日为缴费日

【知识要点】缴费日的确定

【解析】A、B、C.《专利法实施细则》第94条第3款规定:"直接向国务院专利行政部门缴纳费用的,以缴纳当日为缴费日;以邮局汇付方式缴纳费用的,以邮局汇出的邮戳日为缴费日;以银行汇付方式缴纳费用的,以银行实际汇出日为缴费日。"故选项A、B、C正确,符合题意。

D. 2001年7月1日施行的《专利法实施细则》第91条中规定:"……但是,自汇出日至国务院专利行政部门收到日超过15日的,除邮局或者银行出具证明外,以国务院专利行政部门收到日为缴费日。"但是,现行《专利法实施细则》中已经取消了该规定,如今完全以邮局汇出的邮戳日作为缴费日,而不再考虑收实际到日。故选项D正确,符合题意。

34. (2007年卷一第61题) 下列有关视为未办理缴费手续的说法哪些是正确的?
A. 申请人在汇单上未写明申请号,视为未办理缴费手续
B. 申请人在汇单上未写明费用名称,视为未办理缴费手续
C. 将多件专利申请的费用经同一汇单汇出,造成该笔费用无法分割的,视为未办理缴费手续
D. 将一件专利申请的多项费用经同一汇单汇出,汇出的费用总额少于各项费用的金额之和,造成该笔费用无法分割的,视为未办理交费手续

【知识要点】缴费手续的要求

【解析】A、B.《专利法实施细则》第94条第2款规定:"通过邮局或者银行汇付的,应当在送交国务院专利行政部门的汇单上写明正确的申请号或者专利号以及缴纳的费用名称。不符合本款规定的,视为未办理缴费手续。"《专利审查指南2010》5-2-2"费用支付和结算方式"中规定:"费用通过邮局或者银行汇付的,应当在汇单上写明正确的申请号(或专利号)以及缴纳的费用名称,且不得设置取款密码。不符合上述规定的,视为未办理缴费手续。"故选项A、B正确,符合题意。

C、D.《专利审查指南2010》5-2-2"费用支付和结算方式"中规定:"在汇单上还应当写明汇款人姓名或者名称及其通讯地址(包括邮政编码)。同一专利申请(或专利)缴纳的费用为两项以上的,应当分别注明每项费用的名称和金额,并且各项费用的金额之和应当等于缴纳费用的总额。同一汇单中包括多个专利申请(或专利),其缴纳费用的总额少于各项专利申请(或专利)费用金额之和的,处理方法如下:(1)缴费人对申请号(或专利号)标注顺序号的,按照标注的顺序分割费用;(2)缴费人未对申请号(或专利号)标注顺序号的,按照从左至右,从上至下的顺序分割费用。造成其中部分专利申请(或专利)费用金额不足或者无费用的,视为未办理缴费手续。"《专利审查指南2010》中对于缴费总额不足的情况不再直接视为全部未办理缴费手续,而是尽可能地按顺序拆分处理。故选项C、D错误,不符合题意。

(五)专利费用的退款、暂存和查询

35. (2012年卷一第40题) 下列关于退款的说法哪些是正确的?
A. 对于多缴的专利费用,当事人自缴费日起3年内提出退款请求的,国家知识产权局应当予以退还
B. 在专利权终止后缴纳的年费,国家知识产权局应当主动退款
C. 专利代理机构作为非缴款人请求退款的,应当声明是受缴款人委托办理退款手续
D. 被退的款项视为自始未缴纳

【知识要点】多缴、重缴、错缴专利费用的处理

【解析】A.《专利法实施细则》第94条第4款规定:"多缴、重缴、错缴专利费用的,当事人可以自缴费日起3年内,向国务院专利行政部门提出退款请求,国务院专利行政部门应当予以退还。"故选项A正确,符合题意。

B.《专利审查指南2010》5-2-4.2.1.2"专利局主动退款的情形"中规定:"下列情形一经核实,专利局应当主动退款。(1)专利申请已被视为撤回或者撤回专利申请的声明已被批准后,并且在专利局作出发明专利申请进入实质审查阶段通知书之前,已缴纳的实质审查费。(2)在专利权终止或者宣告专利权全部无效的决定公告后缴纳的年费。

(3) 恢复权利请求审批程序启动后，专利局作出不予恢复权利决定的，当事人已缴纳的恢复权利请求费及相关费用。"故选项 B 正确，符合题意。

C.《专利审查指南2010》5-2-4.2.2.1"退款请求的提出"中规定："退款请求人应当是该款项的缴款人。申请人（或专利权人）、专利代理机构作为非缴款人请求退款的，应当声明是受缴款人委托办理退款手续。"故选项 C 正确，符合题意。

D.《专利审查指南2010》5-2-4.2.3"退款的效力"中规定："被退的款项视为自始未缴纳。"故选项 D 正确，符合题意。

36. **（2008年卷一第80题）** 申请人宋某委托某专利代理公司提交了一件专利申请，该专利代理公司于2007年4月17日按规定缴纳了申请费，申请人宋某于2007年4月30日也缴纳了申请费，由于宋某缴纳的申请费属于重缴费用，因此可以请求退款。下列关于退款手续的说法哪些是正确的？
   A. 请求退款应当书面提出、说明理由并附具相应证明
   B. 宋某可以委托专利代理公司接收退款
   C. 退款请求中未注明接收退款的收款人姓名的，则退款的收款人仅能为专利代理机构
   D. 退款请求应当最迟于2008年4月30日提出

【知识要点】重缴专利费用的退款

【解析】A、B.《专利审查指南2010》5-2-4.2.2.1"退款请求的提出"中规定："退款请求人应当是该款项的缴款人。申请人（或专利权人）、专利代理机构作为非缴款人请求退款的，应当声明是受缴款人委托办理退款手续。请求退款应当书面提出、说明理由并附具相应证明，例如，专利局开出的费用收据复印件、邮局或者银行出具的汇款凭证等。……"故选项 A、B 正确，符合题意。

C.《专利审查指南2010》5-2-4.2.2.2"退款的处理"中规定："退款请求中未注明收款人信息的，退款请求人是申请人（或专利权人）或专利代理机构的，应当按照文档中记载的相应的地址和姓名或者名称退款。"故选项 C 错误，不符合题意。

D.《专利法实施细则》第94条第4款规定："多缴、重缴、错缴专利费用的，当事人可以自缴费日起3年内，向国务院专利行政部门提出退款请求，国务院专利行政部门应当予以退还。"《专利审查指南2010》5-2-4.2.1"退款的原则"中进一步规定："多缴、重缴、错缴专利费用的，当事人可以自缴费日起三年内，提出退款请求。符合规定的，专利局应当予以退款。"现行《专利法实施细则》已经将退款请求期限延长至3年。故选项 D 错误，不符合题意。

（六）费用种类的转换

第二节　专利的申请及审查流程

一、专利的申请及受理

（一）申请发明、实用新型和外观设计专利应提交的文件及形式

37. **（2007年卷一第73题）** 下列说法哪些是正确的？
   A. 以书面形式申请专利的，应当向国家知识产权局提交申请文件一式两份
   B. 专利申请文件应当使用中文
   C. 向国家知识产权局提交的各种文件中涉及外国人名、地名和科技术语的，应当注明原文
   D. 申请人委托专利代理机构向国家知识产权局申请专利和办理其他专利事务的，应当同时提交委托书，写明委托权限

【知识要点】专利申请文件的形式要求

【解析】A.《专利法实施细则》第15条第1款规定："以书面形式申请专利的，应当向国务院专利行政部门提交申请文件一式两份。"故选项 A 正确，符合题意。

B、C.《专利法实施细则》第3条第1款规定："依照专利法和本细则规定提交的各种文件应当使用中文；国家有统一规定的科技术语的，应当采用规范词；外国人名、地名和科技术语没有统一中文译文的，应当注明原文。"故选项 B 正确，符合题意；选项 C 错误，不符合题意。

D.《专利法实施细则》第15条第3款规定："申请人委托专利代理机构向国务院专利行政部门申请专利和办理其他专利事务的，应当同时提交委托书，写明委托权限。"故选项 D 正确，符合题意。

38. **（2000年卷三第68题）** 向专利局邮寄有关专利申请或者涉及专利的文件，应当满足以下哪些要求？
   A. 一件信函中应只包含同一申请的文件

B. 应当使用挂号信函
C. 将一个专利事务所向专利局提交的所有文件用包裹寄交
D. 用传真方式发给专利局

【知识要点】向专利局邮寄文件的规定

【解析】A、B、C.《专利法实施细则》第120条规定："向国务院专利行政部门邮寄有关申请或者专利权的文件，应当使用挂号信函，不得使用包裹。除首次提交专利申请文件外，向国务院专利行政部门提交各种文件、办理各种手续的，应当标明申请号或者专利号、发明创造名称和申请人或者专利权人姓名或者名称。一件信函中应当只包含同一申请的文件。"故选项A、B正确，符合题意；选项C错误，不符合题意。

D.《专利审查指南2010》5-1-2.1"书面形式"中规定："以口头、电话、实物等非书面形式办理各种手续的，或者以电报、电传、传真、电子邮件等通讯手段办理各种手续的，均视为未提出，不产生法律效力。"故选项D错误，不符合题意。

（二）专利申请的受理

39.（2011年卷一第20题）对下列哪些情形下的专利申请，国家知识产权局不予受理？
A. 分案申请改变申请类别　　　　　　　B. 外观设计专利申请缺少简要说明
C. 专利申请类别不明确　　　　　　　　D. 申请文件直接从美国邮寄给国家知识产权局

【知识要点】专利申请的受理

【解析】《专利法实施细则》第39条规定："专利申请文件有下列情形之一的，国务院专利行政部门不予受理，并通知申请人：（一）发明或者实用新型专利申请缺少请求书、说明书（实用新型无附图）或者权利要求书的，或者外观设计专利申请缺少请求书、图片或者照片、简要说明的；（二）未使用中文的；（三）不符合本细则第一百二十一条第一款规定的；（四）请求书中缺少申请人姓名或者名称，或者缺少地址的；（五）明显不符合专利法第十八条或者第十九条第一款的规定的；（六）专利申请类别（发明、实用新型或者外观设计）不明确或者难以确定的。"《专利审查指南2010》5-3-2.2"不受理的情形"中规定："专利申请有下列情形之一的，专利局不予受理：（1）发明专利申请缺少请求书、说明书或者权利要求书的；实用新型专利申请缺少请求书、说明书、说明书附图或者权利要求书的；外观设计专利申请缺少请求书、图片或照片或者简要说明的。（2）未使用中文的。（3）不符合本章第2.1节（3）中规定的受理条件的。（4）请求书中缺少申请人姓名或者名称，或者缺少地址的。（5）外国申请人因国籍或者居所原因，明显不具有提出专利申请的资格的。（6）在中国内地没有经常居所或者营业所的外国人、外国企业或者外国其他组织作为第一署名申请人，没有委托专利代理机构的。（7）在中国内地没有经常居所或者营业所的香港、澳门或者台湾地区的个人、企业或者其他组织作为第一署名申请人，没有委托专利代理机构的。（8）直接从外国向专利局邮寄的。（9）直接从香港、澳门或者台湾地区向专利局邮寄的。（10）专利申请类别（发明、实用新型或者外观设计）不明确或者难以确定的。（11）分案申请改变申请类别的。"综上，故选项A、B、C、D均正确，符合题意。

40.（2014年卷一第57题）国家知识产权局对下列哪些专利申请不予受理？
A. 使用英文提交的实用新型专利申请　　B. 从香港直接邮寄来的发明专利申请
C. 改变申请类别的分案申请　　　　　　D. 请求书中未写明发明人信息的发明专利申请

【知识要点】受理条件、不受理的情形

【解析】《专利法实施细则》第39条规定："专利申请文件有下列情形之一的，国务院专利行政部门不予受理，并通知申请人：（一）发明或者实用新型专利申请缺少请求书、说明书（实用新型无附图）或者权利要求书的，或者外观设计专利申请缺少请求书、图片或者照片、简要说明的；（二）未使用中文的；（三）不符合本细则第一百二十一条第一款规定的；（四）请求书中缺少申请人姓名或者名称，或者缺少地址的；（五）明显不符合专利法第十八条或者第十九条第一款的规定的；（六）专利申请类别（发明、实用新型或者外观设计）不明确或者难以确定的。"A选项中用英文提交申请属于上述第（二）项规定的情形，故不予受理。故选项A正确，符合题意。《专利法》第19条第1款规定："在中国没有经常居所或者营业所的外国人、外国企业或者外国其他组织在中国申请专利和办理其他专利事务的，应当委托依法设立的专利代理机构。"《专利法实施细则》第42条第3款规定："分案的申请不得改变原申请的类别。"《专利审查指南2010》5-3-2.2"不受理的情形"中进一步规定，其中专利申请"直接从外国向专利局邮寄"和"分案申请改变申请类别"被明确规定为不予受理的情形。故选项B、C正确，符合题意。根据《专利审查指南2010》1-1-4.1.2"发明人"中的规定，发明人的填写不符合规定的，审查员应当发出补正通知书。申请人改正请求书中所填写的发明人姓名的，应当提交补正书、当事人的声明及相应的证明文件。由此可知，请求书中未写明发明人信息的，审查员应当发出补正通知书，而不是不受理该专利申请。故选项D错误，不符合题意。

41.（2013年卷一第22题）在中国设有办事处的美国某公司欲就其一项发明创造在中国申请专利。该公司可以通过下列哪种方式提交其申请？
A. 直接通过国家知识产权局电子申请系统提交　　B. 委托美国专利代理机构提交

C. 委托中国专利代理机构提交   D. 指派其在中国的员工提交

【知识要点】委托专利代理机构、专利申请的受理

【解析】《专利法》第19条第1款规定："在中国没有经常居所或者营业所的外国人、外国企业或者外国其他组织在中国申请专利和办理其他专利事务的，应当委托依法设立的专利代理机构办理。"本题中，由于该美国公司仅在中国设有办事处，办事处并不是营业所，故该公司只能委托依法设立的专利代理机构提交专利申请。故选项A、B、D错误，不符合题意；选项C正确，符合题意。

42.（2004年卷三第37题）如果一件分案申请没有在其请求书中注明原案的申请号和申请日，但是符合其他受理条件，对于该分案申请下述处理结果中哪些是正确的？

A. 不予受理

B. 视为未提出

C. 将该分案申请作为一般专利申请受理

D. 予以受理，同时要求申请人在指定期限内补正，逾期未补正的，该申请被视为撤回

【知识要点】分案申请的受理

【解析】《专利法实施细则》第43条第3款规定："分案申请的请求书中应当写明原申请的申请号和申请日。提交分案申请时，申请人应当提交原申请文件副本；原申请享有优先权的，并应当提交原申请的优先权文件副本。"《专利审查指南2010》5-3-2.3.2.1"国家申请的分案申请的受理程序"中规定："分案申请请求书中原申请的申请号填写正确，但未填写原申请的申请日的，以原申请号所对应的申请日为申请日。分案申请请求书中未填写原申请的申请号或者填写的原申请的申请号有误的，按照一般专利申请受理。"《专利审查指南2010》5-3-2.3.2.2"进入国家阶段的国际申请的分案申请的受理程序"中规定："国际申请进入国家阶段之后提出的分案申请，审查员除了按照一般专利申请的受理条件对分案申请进行受理审查外，还应当核实分案申请请求书中是否填写了原申请的申请日和原申请的申请号，该原申请的申请日应当是其国际申请日，原申请的申请号是进入国家阶段时专利局给予的申请号，并应当在其后的括号内注明原申请的国际申请号。"故选项A、B、D错误，不符合题意；选项C正确，符合题意。

43.（2002年卷三第43题）以下哪些情况下，分案申请将作为一般申请受理？

A. 提交分案申请时没有提交原申请案副本   B. 分案申请请求书中未注明原案申请号

C. 分案申请请求书中未注明原案申请日   D. 分案申请改变了原申请类别

【知识要点】分案申请

【解析】A.《专利审查指南2010》1-1-5.1.1"分案申请的核实"之（5）"分案申请提交的文件"中规定："分案申请除应当提交申请文件外，还应当提交原申请的申请文件副本以及原申请中与本分案申请有关的其他文件副本（如优先权文件副本）。……对于不符合规定的，审查员应当发出补正通知书，通知申请人补正。期满未补正的，审查员应当发出视为撤回通知书。"故选项A错误，不符合题意。

B.C.《专利法实施细则》第43条第3款规定："分案申请的请求书中应当写明原申请的申请号和申请日。提交分案申请时，申请人应当提交原申请文件副本；原申请享有优先权的，并应当提交原申请的优先权文件副本。"根据《专利审查指南2010》5-3-2.3.2.1"国家申请的分案申请的受理程序"中的规定（参见本章第42题解析），故选项B正确，符合题意，选项C错误，不符合题意。

D.《专利审查指南2010》1-1-5.1.1"分案申请的核实"中规定："一件专利申请包括两项以上发明的，申请人可以主动提出或者依照审查员的审查意见提出分案申请。分案申请应当以原申请（第一次提出的申请）为基础提出。分案申请的类别应当与原申请的类别一致。分案申请应当在请求书中填写原申请的申请号和申请日；对于已提出过分案申请，申请人需要针对该分案申请再次提出分案申请的，还应当在原申请的申请号后的括号内填写该分案申请的申请号。"《专利审查指南2010》5-3-2.2"不受理的情形"中规定："专利申请有下列情形之一的，专利局不予受理：……（11）分案申请改变申请类别的。"分案申请改变了原申请类别的将不予受理。故选项D错误，不符合题意。

44.（2002年卷三第66题）当受理通知书记载的申请日与实际邮寄申请文件日期不一致时，申请人可以在何时请求更正？

A. 在自提交专利申请文件之日起4个月内   B. 在自提交专利申请文件之日起2个月内

C. 在自收到办理专利权登记手续通知书起2个月内   D. 在授予专利权前任何时间

【知识要点】申请日的更正

【解析】《专利审查指南2010》5-3-4"申请日的更正"中规定："申请人收到专利申请受理通知书之后认为该通知书上记载的申请日与邮寄该申请文件日期不一致的，可以请求专利局更正申请日。专利局受理处收到申请人的申请日更正请求后，应当检查更正请求是否符合下列规定：（1）在递交专利申请文件之日起两个月内或者申请人收到专利申请受理通知书一个月内提出。（2）附有收寄专利申请文件的邮局出具的寄出日期的有效证明，该证明中注明的寄出挂号号码与请求书中记录的挂号号码一致。"故选项A、C、D错误，不符合题意；选项B正确，符合题意。

(三) 文件的递交和送达

45. (2007年卷一第79题) 国家知识产权局作出的通知和决定可以通过下列哪些方式送达当事人?
A. 邮寄
B. 直接送交
C. 电子方式送达
D. 公告送达

【知识要点】通知和决定的送达

【解析】A.B.《专利法实施细则》第4条第2款规定:"国务院专利行政部门的各种文件,可以通过邮寄、直接送交或者其他方式送达当事人。当事人委托专利代理机构的,文件送交专利代理机构;未委托专利代理机构的,文件送交请求书中指明的联系人。"故选项A、B正确,符合题意。

C.《专利审查指南2010》5-6-2.1.3"电子方式送达"中规定:"对于以电子文件形式提交的专利申请,专利局以电子文件形式向申请人发出各种通知书、决定和其他文件的,申请人应当按照电子专利申请系统用户注册协议规定的方式接收。"故选项C正确,符合题意。

D.《专利法实施细则》第4条第5款规定:"文件送交地址不清,无法邮寄的,可以通过公告的方式送达当事人。自公告之日起满1个月,该文件视为已经送达。"故选项D正确,符合题意。

46. (2004年卷三第39题) 以下有关专利局发出文件的收件人的哪些说法是正确的?
A. 申请专利而未委托专利代理机构的,文件送交请求书中指明的联系人
B. 申请人有两个以上的,收件人为请求书中的第一署名人
C. 委托专利代理机构办理专利申请业务的,收件人为该专利代理机构指定的专利代理人
D. 申请人为未成年人的,收件人应为其法定监护人或法定代理人

【知识要点】专利局发出文件的收件人

【解析】A.B.《专利法实施细则》第4条第2款规定:(参见本章第45题解析A.B)。并且《专利审查指南2010》5-6-2.2.1"当事人未委托专利代理机构"中规定"当事人未委托专利代理机构的,通知和决定的收件人为请求书中填写的联系人。若请求书中未填写联系人的,收件人为当事人;当事人有两个以上时,请求书中另有声明指定非第一署名当事人为代表人的,收件人为该代表人;除此之外,收件人为请求书中第一署名当事人。"故选项A正确,符合题意。选项B中未指明当事人是否委托了代理机构,也未指明请求书中是否另有声明指定非第一署名当事人为代表人,故选项B错误,不符合题意。

C.《专利审查指南2010》5-6-2.2.2"当事人已委托专利代理机构"中规定:"当事人委托了专利代理机构的,通知和决定的收件人为该专利代理机构指定的专利代理人。专利代理人有两个的,收件人为该两名专利代理人。"故选项C正确,符合题意。

D.《专利审查指南2010》5-6-2.2.3"其他情况"中规定:"当事人无民事行为能力的,在专利局已被告知的情况下,通知和决定的收件人是法定监护人或者法定代理人。"故选项D错误,不符合题意。

47. (2002年卷三第38题) 对于因文件送交地址不清无法邮寄或者因地址不详被邮局退回的通知和决定,国家知识产权局采取下列哪些方式通知当事人?
A. 视为当事人已经收到
B. 放在国家知识产权局指定的地点,等待当事人查询和自取
C. 在中国知识产权报上公告
D. 在专利公报上公告

【知识要点】文件的送达

【解析】《专利法实施细则》第4条第5款规定:(参见本章第45题解析D)。并且《专利审查指南2010》5-6-2.1.4"公告送达"中规定:"专利局发出的通知和决定被退回的,审查员应当与文档核对;如果确定文件因送交地址不清或者存在其他原因无法再次邮寄的,应当在专利公报上通过公告方式通知当事人。自公告之日起满一个月,该文件视为已经送达。"故选项A、B、C错误,不符合题意;选项D正确,符合题意。

48. (2000年卷三第59题) 专利局发出的各种文件以公告方式送达当事人的:
A. 以公告之日为送达日
B. 以自公告之日起满15天为推定送达日
C. 以自公告之日起满1个月为推定送达日
D. 当事人见到公告后请求重新邮寄日为送达日

【知识要点】文件送达的确定

【解析】根据《专利法实施细则》第4条第5款的规定(参见本章第45题解析D),故选项C正确,符合题意。

(四) 向外国申请专利及国际申请

49. (2013年卷一第37题) 某公司拟将其在中国完成的一项发明向外国申请专利。下列说法哪些是正确的?
A. 该公司可以在向国家知识产权局提交专利申请的同时提出保密审查请求
B. 该公司向国家知识产权局提出PCT国际申请,视为同时提出了保密审查请求

C. 该公司可以直接向国家知识产权局提出向外国申请专利的保密审查请求，待请求获得通过后，再向外国申请专利

D. 该公司在向国家知识产权局提交保密审查请求四个月后，如未接到保密审查通知，则可以向外国申请专利

【知识要点】保密审查请求的提出

【解析】A.《专利法》第20条第1款规定："任何单位或者个人将在中国完成的发明或者实用新型向外国申请专利的，应当事先报经国务院专利行政部门进行保密审查。保密审查的程序、期限等按照国务院的规定执行。"《专利法实施细则》第8条第2款规定："任何单位或者个人将在中国完成的发明或者实用新型向外国申请专利的，应当按照下列方式之一请求国务院专利行政部门进行保密审查：（一）直接向外国申请专利或者向有关国外机构提交专利国际申请的，应当事先向国务院专利行政部门提出请求，并详细说明其技术方案；（二）向国务院专利行政部门申请专利后拟向外国申请专利或者向有关国外机构提交专利国际申请的，应当在向外国申请专利或者向有关国外机构提交专利国际申请前向国务院专利行政部门提出请求。"《专利审查指南2010》5-5-6.2.1"保密审查请求的提出"中规定："申请人拟在向专利局申请专利后又向外国申请专利的，应当在提交专利申请同时或之后提交向外国申请专利保密审查请求书。"故选项A正确，符合题意。

B、C、D.《专利法实施细则》第8条第3款规定："向国务院专利行政部门提交专利国际申请的，视为同时提出了保密审查请求。"故选项B正确，符合题意。根据《专利法实施细则》第8条第2款第（1）项的规定可知，选项C正确，符合题意。《专利法实施细则》第9条第1款规定："国务院专利行政部门收到依照本细则第八条规定递交的请求后，经过审查认为该发明或者实用新型可能涉及国家安全或者重大利益需要保密的，应当及时向申请人发出保密审查通知；申请人未在其请求递交日起4个月内收到保密审查通知的，可以就该发明或者实用新型向外国申请专利或者向有关国外机构提交专利国际申请。"故选项D正确，符合题意。

（五）申请在香港特别行政区获得专利保护

50.（2000年卷一第77题）下述关于香港特别行政区知识产权制度的说法中哪些是正确的？

A. 中华人民共和国专利法、商标法、著作权法不在香港特别行政区生效

B. 香港特别行政区主管知识产权事务的机构为香港知识产权署

C. 香港知识产权署直接受理和审批各类专利申请并授予相应的专利权

D. 英国授予的专利权不能直接在香港特别行政区生效

【知识要点】香港特别行政区知识产权制度

【解析】A.《中华人民共和国香港特别行政区基本法》第18条第1款和第2款规定："在香港特别行政区实行的法律为本法以及本法第八条规定的香港原有法律和香港特别行政区立法机关制定的法律。全国性法律除列于本法附件三者外，不在香港特别行政区实施。凡列于本法附件三之法律，由香港特别行政区在当地公布或立法实施。"附件三："在香港特别行政区实施的全国性法律"中规定："下列全国性法律，自一九九七年七月一日起由香港特别行政区在当地公布或立法实施。一、《关于中华人民共和国国都、纪年、国歌、国旗的决议》；二、《关于中华人民共和国国庆日的决议》；三、《中央人民政府公布中华人民共和国国徽的命令》（附：国徽图案、说明、使用办法）；四、《中华人民共和国政府关于领海的声明》；五、《中华人民共和国国籍法》；六、《中华人民共和国外交特权与豁免条例》。"故选项A正确，符合题意。

B. 香港知识产权署根据《香港专利条例》（即香港法律第514章）的规定主管香港特别行政区的知识产权事务。故选项B正确，符合题意。

C. 根据香港特别行政区的法律的规定，香港地区采取的是专利注册制度。其批准的"标准专利"是以中国国家知识产权局、欧洲专利局（指定联合王国的专利）、联合王国专利局共三个专利局（统称为"指定专利当局"）所批准的发明专利为基础的；其批准的"短期专利"是以其认可的一个国际检索主管当局或一个"指定专利当局"所作出的检索报告为基础的。香港知识产权署的专利注册处不会对申请作实质性的审查（例如新颖性、创造性审查），而是仅对申请进行形式上的审查。如申请符合形式上的规定，则专利注册处会将有关专利申请发表和批予专利。由此可见，香港知识产权署并不直接受理和审批各类专利申请。故选项C错误，不符合题意。

D. 其他国家或地区批准的专利不会自动在香港受到保护。故选项D正确，符合题意。

（六）国务院专利行政部门及其专利复审委员会处理专利申请和请求的原则

（七）委托专利代理

51.（2010年卷一第47题）下列关于解除或者辞去专利代理委托的说法哪些是正确的？

A. 办理解除委托或者辞去委托手续的，应当事先通知对方当事人

B. 专利申请人解除委托时，应当提交著录项目变更申报书

C. 专利代理机构辞去委托时，应当提交由全体委托人签字或盖章的同意辞去委托声明
D. 办理解除委托或者辞去委托的手续生效前，原专利代理关系依然有效

【知识要点】解除委托和辞去委托

【解析】A.《专利审查指南2010》1-1-6.7.2.4"专利代理机构及代理人变更"中规定："……（2）办理解除委托或者辞去委托手续的，应当事先通知对方当事人。"故选项A正确，符合题意。

B.C.《专利审查指南2010》1-1-6.7.2.4"专利代理机构及代理人变更"中规定："解除委托时，申请人（或专利权人）应当提交著录项目变更申报书，并附具全体申请人（或专利权人）签字或者盖章的解聘书，或者仅提交由全体申请人（或专利权人）签字或者盖章的著录项目变更申报书。"故选项B正确，符合题意；选项C非必须提交的内容，故选项C错误，不符合题意。

D.《专利审查指南2010》1-1-6.7.2.4"专利代理机构及代理人变更"中规定："变更手续生效（即发出手续合格通知书）之前，原代理委托关系依然有效，且专利代理机构已为申请人（或专利权人）办理的各种事物在变更手续生效后继续有效。"故选项D正确，符合题意。

52.（2008年卷一第19题）美国申请人TOM和中国内地的申请人张某共同向国家知识产权局提出了一件发明专利申请，该申请经审查后被驳回。下列哪些说法是正确的？
  A. 若TOM在中国内地有经常居所，则张某和TOM在提出复审请求时可以共同委托任何专利代理机构
  B. 若张某为该申请的第一署名申请人，则张某和TOM在提出复审请求时可以共同委托任何专利代理机构
  C. 若TOM在中国没有经常居所，且TOM为该申请的第一署名申请人，则TOM和张某在提出复审请求时可以共同委托任何专利代理机构
  D. 若张某为该申请的第一署名申请人，则张某和TOM在提出复审请求时可以不委托专利代理机构

【知识要点】委托专利代理机构的要求

【解析】A.B.C.《专利法》第19条第1款规定："在中国内地没有经常居所或者营业所的外国人、外国企业或者外国其他组织在中国申请专利和办理其他专利事务，应当委托依法设立的专利代理机构办理。"《专利审查指南2010》1-1-6.1.1"委托"规定："根据专利法第十九条第一款的规定，在中国内地没有经常居所或者营业所的外国人、外国企业或者外国其他组织在中国申请专利和办理其他专利事务，或者作为第一署名申请人与中国内地的申请人共同申请专利和办理其他专利事务的，应当委托专利代理机构办理。"现行《专利法》已经取消了指定涉外代理机构的限制。故选项A、B、C均正确，符合题意。

D.《专利法》第19条第2款规定："中国单位或者个人在国内申请专利和办理其他专利事务的，可以委托依法设立的专利代理机构办理。"若张某为该申请的第一署名申请人，即使其他申请人为外国申请人的，也可以不委托专利代理机构。故选项D正确，符合题意。

53.（2013年卷一第45题）下列哪些主体在中国申请专利应当委托中国专利代理机构？
  A. 在中国内地有经常居所的法国人保罗 B. 在中国内地有营业所的德国某公司
  C. 常驻美国的中国公民李明 D. 在中国内地没有营业所的澳门某公司

【知识要点】委托专利代理机构

【解析】《专利法》第19条第1款规定："在中国没有经常居所或者营业所的外国人、外国企业或者外国其他组织在中国申请专利和办理其他专利事务的，应当委托依法设立的专利代理机构办理。"

A. 法国人保罗在中国内地有经常居所，故可以不委托专利代理机构，故选项A错误，不符合题意。

B. 德国某公司在中国内地有营业所，故可以不委托专利代理机构，故选项B错误，不符合题意。

C.《专利法》第19条第2款规定："中国单位或者个人在国内申请专利和办理其他专利事务的，可以委托依法设立的专利代理机构办理。"由此可知，常驻美国的中国公民李明可以不委托专利代理机构。故选项C错误，不符合题意。

D.《专利审查指南2010》1-1-6.1.1"委托"中规定："在中国内地没有经常居所或者营业所的香港、澳门或者台湾地区的申请人向专利局提出专利申请和办理其他专利事务，或者作为第一署名申请人与中国内地的申请人共同申请专利和办理其他专利事务的，应当委托专利代理机构办理。"由此可知，在中国内地没有营业所的澳门某公司应当委托专利代理机构。故D选项正确，符合题意。

54.（2006年卷一第63题）外国某公司甲拟请求宣告中国公民乙的发明专利权无效。乙申请专利时全权委托了专利代理机构丙，由该机构的专利代理人丁办理了专利申请事宜。对此下列说法哪些是正确的？
  A. 专利代理机构丙可以接受甲的委托，并可以委派专利代理人丁办理请求宣告乙专利权无效事宜
  B. 甲可以自行办理有关无效宣告请求的手续并参加无效宣告程序
  C. 专利代理机构丙可以接受甲的委托，但应当委派除丁以外的其他专利代理人办理请求宣告乙专利权无效事宜
  D. 专利代理机构丙不得接受甲的委托办理请求宣告乙专利权无效事宜

【知识要点】专利代理机构的业务承接、专利代理委托

【解析】A、C、D. 民法理论中对代理权的限制就包括"禁止双方代理"。《专利代理条例》第10条规定："专利代理机构接受委托后，不得就同一内容的专利事务接受有利害关系的其他委托人的委托。"《专利代理条例》第2条规定："本条例所称专利代理是指专利代理机构以委托人的名义，在代理权限范围内，办理专利申请或者办理其他专利事务。"由于"专利代理机构"才是民法意义上的"代理人"，故不论是否委派代理人丁，丙均不能代理。故选项A、C错误，不符合题意；选项D正确，符合题意。

B. 根据《专利法》第19条第1款的规定（参见本章第52题解析A、B、C），如果外国公司甲在中国内地没有经常居所或者营业所，则不可以自行办理有关无效宣告请求的手续。故选项B错误，不符合题意。

55.（2004年卷三第10题）下述哪些做法不符合有关专利代理的规定？
A. 一件专利申请的请求书中填写了同一专利代理机构的3名专利代理人
B. 一件专利申请的请求书中填写了不同专利代理机构的2名专利代理人
C. 有多个申请人的一件专利申请，由其代表人在专利代理委托书上签字或盖章
D. 在宣告无效程序中，双方当事人分别委托了多个专利代理机构

【知识要点】专利代理的原则

【解析】A、B.《专利审查指南2010》1-1-6.1.1"委托"中规定："委托的双方当事人是申请人和被委托的专利代理机构。申请人有两个以上的，委托的双方当事人是全体申请人和被委托的专利代理机构。被委托的专利代理机构仅限一家，本指南另有规定的除外。专利代理机构接受委托后，应当指定该专利代理机构的专利代理人办理有关事务，被指定的专利代理人不得超过两名。"故选项A、B错误，符合题意。

C.《专利审查指南2010》1-1-4.1.5"代表人"中规定："申请人有两人以上且未委托专利代理机构的，除本指南另有规定或请求书中另有声明外，以第一署名申请人为代表人。请求书中另有声明的，所声明的代表人应当是申请人之一。除直接涉及共有权利的手续外，代表人可以代表全体申请人办理在专利局的其他手续。直接涉及共有权利的手续包括：提出专利申请，委托专利代理，转让专利申请权、优先权或者专利权，撤回专利申请，撤回优先权要求，放弃专利权等。直接涉及共有权利的手续应当由全体权利人签字或者盖章。"故选项C错误，符合题意。

D.《专利审查指南2010》4-3-3.6"委托手续"中规定："……（5）同一当事人与多个专利代理机构同时存在委托关系的，当事人应当以书面方式指定其中一个专利代理机构作为收件人；未指定的，专利复审委员会将在无效宣告程序中最先委托的专利代理机构视为收件人；最先委托的代理机构有多个的，专利复审委员会将署名在先的专利代理机构视为收件人；署名无先后（同日分别委托）的，专利复审委员会应当通知当事人在指定期限内指定；未在指定期限内指定的，视为未委托。"无效宣告程序中同一当事人可以与多个专利代理机构同时存在委托关系，故选项D正确，不符合题意。

56.（2016年卷一第58题）专利申请人为多人且未委托专利代理机构的，其代表人可以代表全体申请人办理下列哪些手续？
A. 委托专利代理　　　　　　　　B. 答复审查意见通知书
C. 办理延长期限请求　　　　　　D. 撤回优先权要求

【知识要点】代表人的权利

【解析】《专利审查指南2010》1-1-4.1.5"代表人"中规定："申请人有两人以上且未委托专利代理机构的，除本指南另有规定或请求书中另有声明外，以第一署名申请人为代表人。请求书中另有声明的，所声明的代表人应当是申请人之一。除直接涉及共有权利的手续外，代表人可以代表全体申请人办理在专利局的其他手续。直接涉及共有权利的手续包括：提出专利申请，委托专利代理，转让专利申请权、优先权或者专利权，撤回专利申请，撤回优先权要求，放弃专利权等。直接涉及共有权利的手续应当由全体权利人签字或者盖章。"代表人不能够办理直接涉及共有权利的手续。专利代理机构的水平对专利申请的质量有着密切的影响，优先权要求涉及新颖性的判定，这两项都会对专利申请产生巨大的影响，故委托专利代理机构和撤回优先权要求不能由代表人办理。故选项A、D错误，不符合题意；选项B、C正确，符合题意。

57.（2004年卷三第27题）以下关于解除委托或辞去被委托的哪些说法是正确的？
A. 申请人解除委托的，应当事先征得委托专利代理机构同意
B. 专利代理机构向专利局提出辞去被委托声明后，即可停止为申请人办理相关事务
C. 解除委托或者辞去被委托的，均应办理著录事项变更手续
D. 著录事项变更手续合法的，专利局应当尽快予以公告

【知识要点】解除委托或辞去被委托

【解析】A.《合同法》第410条规定："委托人或者受托人可以随时解除委托合同。因解除合同给对方造成损失的，除不可归责于该当事人的事由以外，应当赔偿损失。"《专利审查指南2010》1-1-6.7.2.4"专利代理机构及代理人变更"之（2）中规定："办理解除委托或者辞去被委托手续的，应当事先通知对方当事人。"解除委托需要事先通知对方当事人，但不需要事先征得对方当事人同意。故选项A错误，不符合题意。

B.《专利审查指南2010》1-1-6.7.2.4"专利代理机构及代理人变更"中规定:"变更手续生效(即发出手续合格通知书)之前,原专利代理委托关系依然有效,且专利代理机构已为申请人(或专利权人)办理的各种事务在变更手续生效之后继续有效。"故选项B错误,不符合题意。

C.《专利审查指南2010》1-1-6.7.2.4"专利代理机构及代理人变更"中规定:"解除委托时,申请人(或专利权人)应当提交著录项目变更申报书,并附具全体申请人(或专利权人)签字或者盖章的解聘书,或者仅提交由全体申请人(或专利权人)签字或者盖章的著录项目变更申报书。辞去委托时,专利代理机构应当提交著录项目变更申报书,并附具申请人(或专利权人)或者其代表人签字或者盖章的同意辞去委托声明,或者附具由专利代理机构盖章的表明已通知申请人(或专利权人)的声明。"故选项C正确,符合题意。

D.《专利审查指南2010》1-1-6.7.2.4"专利代理机构及代理人变更"中规定:"变更手续不符合规定的,审查员应当向办理变更手续的当事人发出视为未提出通知书;变更手续符合规定的,审查员应当向当事人发出手续合格通知书。"变更手续合法的,应当向双方当事人发出手续合格通知书,而非予以公告。故选项D错误,不符合题意。

(八)指定代表人

58.(2011年卷一第16题)下列有关代表人的说法哪些是正确的?
A. 多个申请人以书面形式提出专利申请且未委托专利代理机构的,除请求书中另有声明的外,以请求书中指明的第一申请人为代表人
B. 多个申请人提出电子申请且未委托专利代理机构的,以提交电子申请的电子申请用户为代表人
C. 申请人为单位的,其联系人为代表人
D. 代表人可以代表全体申请人办理撤回专利申请的手续

【知识要点】代表人的指定、权利

【解析】《专利法实施细则》第15条第4款规定:"申请人有2人以上且未委托专利代理机构的,除请求书另有声明的外,以请求书中指明的第一申请人为代表人。"《专利审查指南2010》1-1-4.1.5"代表人"中规定:"申请人有两人以上且未委托专利代理机构的,除本指南另有规定或请求书中另有声明外,以第一署名申请人为代表人。请求书中另有声明的,所声明的代表应当是申请人之一。除直接涉及共有权利的手续外,代表人可以代表全体申请人办理在专利局的其他手续。直接涉及共有权利的手续包括:提出专利申请,委托专利代理,转让专利申请权,撤回专利申请,撤回优先权要求,放弃专利权等。直接涉及共有权利的手续应当由全体权利人签字或者盖章。"《专利审查指南2010》5-11-2.1"电子申请代表人"中规定:"申请人有两人以上且未委托专利代理机构的,以提交电子申请的电子申请用户为代表人。"故选项A、B正确,符合题意;选项C、D错误,不符合题意。

59.(2015年卷一第68题)下列有关代表人的说法哪些是正确的?
A. 多个申请人以书面形式提出专利申请且未委托专利代理机构的,除请求书中另有声明的外,以请求书中指明的第一申请人为代表人
B. 多个申请人提出电子申请且未委托专利代理机构的,以提交电子申请的电子申请用户为代表人
C. 申请人为单位的,其联系人为代表人
D. 代表人可以代表全体申请人办理撤回专利申请的手续

【知识要点】代表人

【解析】A. 根据《专利法实施细则》第15条第4款的规定(参见本章第58题解析),选项A正确,符合题意。

B.《专利审查指南2010》5-11-2.1"电子申请代表人"中规定:"申请人有两人以上且未委托专利代理机构的,以提交电子申请的电子申请用户为代表人。"故选项B正确,符合题意。

C.《专利审查指南2010》1-1-4.1.4"联系人"中规定:"申请人是单位且未委托专利代理机构的,应当填写联系人,联系人是代替该单位接收专利局所发信函的收件人。联系人应当是本单位的工作人员,必要时审查员可以要求申请人出具证明。"此外,根据《专利法实施细则》第15条第4款的规定(参见本章第58题解析),联系人和代表人并不相同:联系人须是未委托专利代理机构的单位的员工,是自然人;而代表人是未委托专利代理机构的共同申请人之一,如果多个申请人中的全部或部分是单位,那么代表人可以是申请人之中的单位。故选项C错误,不符合题意。

D.《专利审查指南2010》1-1-4.1.5"代表人"中规定:"除直接涉及共有权利的手续外,代表人可以代表全体申请人办理在专利局的其他手续。直接涉及共有权利的手续包括:提出专利申请,委托专利代理,转让专利申请权、优先权或者专利权,撤回专利申请,撤回优先权要求,放弃专利权等。"故选项D错误,不符合题意。

60.(2014年卷一第25题)某发明专利申请有多个申请人且未委托专利代理机构,第一署名申请人为代表人。该代表人能代表全体申请人办理下列哪项手续?
A. 缴纳专利申请费
B. 转让专利申请权
C. 撤回专利申请
D. 委托专利代理机构

【知识要点】代表人的权利

【解析】根据《专利审查指南2010》1-1-4.1.5"代表人"中的规定（参见本章第59题解析D），本题中A选项的缴纳专利申请费可以由代表人代为办理；B选项的转让专利申请权、C选项的撤回专利申请、D选项的委托专利代理机构由于直接涉及共有权利，代表人不能代为办理。故选项A正确，符合题意；选项B、C、D不正确，不符合题意。

（九）优先权请求

61.（2010年卷－第21题）申请人于2009年6月16日向国家知识产权局提出一件发明专利申请。下述由该申请人提出的相同主题的在先申请，哪些可以作为其要求本国优先权的基础？

A. 2009年1月7日提交的申请日为2008年9月14日的分案申请
B. 申请日为2008年6月15日的实用新型专利申请
C. 申请日为2008年7月25日的享有外国优先权的发明专利申请
D. 申请日为2008年6月18日的实用新型专利申请，国家知识产权局已经对该申请发出授予专利权通知书，申请人尚未办理登记手续

【知识要点】本国优先权

【解析】《专利法》第29条第2款规定："申请人自发明或者实用新型在中国第一次提出专利申请之日起十二个月内，又向国务院专利行政部门就相同主题提出专利申请的，可以享有优先权。"《专利法实施细则》第32条第2款规定："申请人要求本国优先权，在先申请是发明专利申请的，可以就相同主题提出发明或者实用新型专利申请；在先申请是实用新型专利申请的，可以就相同主题提出实用新型或者发明专利申请。但是，提出后一申请时，在先申请的主题有下列情形之一的，不得作为要求本国优先权的基础：（一）已经要求外国优先权或者本国优先权的；（二）已经被授予专利权的；（三）属于按照规定提出的分案申请的。"故选项A、C错误，不符合题意。选项B中的在后申请日已超过在先申请日起12个月，故选项B错误，不符合题意。选项D中未办理登记手续，尚未授予专利权，故选项D正确，符合题意。

62.（2010年卷－第69题）在先申请记载了某种粘结剂，其中环氧树脂的含量为30%～60%，该申请还公开了环氧树脂含量为40%的实施例，该粘结剂的其他技术特征与在后申请相同。在后申请要求保护的技术方案中环氧树脂的含量为下列哪些数值的，可以享有在先申请的优先权？

A. 30%～40%　　B. 40%　　C. 50%　　D. 60%

【知识要点】优先权核实的一般原则

【解析】《专利审查指南2010》2-8-4.6.2"优先权核实的一般原则"中规定："……（1）作为要求优先权的基础的在先申请是否涉及与要求优先权的在后申请相同的主题；（2）该在先申请是否是记载了同一主题的首次申请；（3）在后申请的申请日是否在在先申请的申请日起十二个月内。进行上述第（1）项核实，即判断在后申请中各项权利要求所述的技术方案是否清楚地记载在上述在先申请的文件（说明书和权利要求书，不包括摘要）中。为此，审查员应当把在先申请作为一个整体进行分析研究，只要在先申请文件清楚地记载了在后申请权利要求所述的技术方案，就应当认定该在先申请与在后申请涉及相同的主题。审查员不得以在先申请的权利要求书中没有包含该技术方案为理由，而拒绝给予优先权。"50%的数值没有明确记载在原申请文件中，不能享受优先权，其他数值均有明确记载，可以享有优先权。故选项A、B、D正确，符合题意；选项C错误，不符合题意。

63.（2009年卷－第27题）某公司于2006年7月1日向德国提交了发明专利申请，说明书中记载了技术方案X，但未在权利要求书中要求保护该技术方案。该公司于2007年2月6日向法国提交了专利申请，说明书中记载了技术方案X和Y，并在权利要求中要求保护技术方案X和Y。法国专利申请享有德国专利申请的优先权。该公司于2007年6月6日向国家知识产权局提交了一件要求保护技术方案X和Y的发明专利申请。据此，下列关于该中国申请享有优先权的说法哪些是正确的？

A. 方案X可享有德国专利申请的优先权
B. 方案Y可享有法国专利申请的优先权
C. 方案X可享有德国专利申请的优先权，但方案Y不能享有法国专利申请的优先权
D. 方案X和方案Y均可享有法国专利申请的优先权

【知识要点】优先权

【解析】《专利法》第29条第1款规定："申请人自发明或者实用新型在外国第一次提出专利申请之日起十二个月内，或者自外观设计在外国第一次提出专利申请之日起六个月内，又在中国就相同主题提出专利申请的，依照该外国同中国签订的协议或者共同参加的国际条约，或者依照相互承认优先权的原则，可以享有优先权。"《专利法实施细则》第32条规定："申请人在一件专利申请中，可以要求一项或者多项优先权；要求多项优先权的，该申请的优先权期限从最早的优先权日起计算。申请人要求本国优先权，在先申请是发明专利申请的，可以就相同主题提出发明或者实用新型专利申请；在先申请是实用新型专利申请的，可以就相同主题提出实用新型或者发明专利申请。但是，提出

后一申请时，在先申请的主题有下列情形之一的，不得作为要求本国优先权的基础：(一)已经要求外国优先权或者本国优先权的；(二)已经被授予专利权的；(三)属于按照规定提出的分案申请。申请人要求本国优先权的，其在先申请自后一申请提出之日起即视为撤回。"作为优先权基础的在先申请必须是首次申请并且不能要求过优先权。故选项A、B正确，符合题意；选项C、D不正确，不符合题意。

64.（2016年卷一第60题）申请X是申请Y所要求优先权的在先申请。申请X在说明书中记载了由技术特征a、b构成的技术方案，在权利要求书中记载了技术特征b、c构成的技术方案，在说明书摘要中记载了技术特征a、c构成的技术方案。申请Y要求保护的下列哪些技术方案可以要求申请X的优先权？

A. 技术特征b、c构成的技术方案　　B. 技术特征a、b构成的技术方案
C. 技术特征a、c构成的技术方案　　D. 技术特征a、b、c构成的技术方案

【知识要点】优先权
【解析】《专利审查指南2010》2-2-2.4"说明书摘要"中规定："摘要是说明书记载内容的概述，它仅是一种技术信息，不具有法律效力。摘要的内容不属于发明或者实用新型原始记载的内容，不能作为以后修改说明书或者权利要求书的根据，也不能用来解释专利权的保护范围。"《专利审查指南2010》2-3-4.1.2"相同主题的发明创造的定义"中规定："专利法第二十九条所述的相同主题的发明或者实用新型，是指技术领域、所解决的技术问题、技术方案和预期的效果相同的发明或者实用新型。但应注意这里所谓的相同，并不意味在文字记载或者叙述方式上完全一致。审查员应该注意，对于中国在后申请权利要求中限定的技术方案，只要已记载在外国首次申请中就可享有该首次申请的优先权，而不必要求其包含在该首次申请的权利要求书中（有关优先权的核实适用本部分第八章第4.6节的规定）。"作为优先权基础的技术方案可以记载在权利要求书中，也可以记载在说明书中。而技术特征a、b、c构成的技术方案在先申请中并没有直接记载，所以，不能作为优先权的基础。故选项A、B正确，符合题意；选项C、D错误，不符合题意。

65.（2015年卷一第32题）下列哪些专利申请不能作为就相同主题提出的实用新型专利申请的优先权基础？

A. 在中国提出的外观设计专利申请　　B. 已享受过本国优先权的专利申请
C. 不是第一次在外国提出的专利申请　　D. 已被授予专利权的专利申请

【知识要点】优先权
【解析】A. 根据《专利法》第29条第2款的规定（参见本章第61题解析），能够作为本国优先权基础的在先申请应该是发明专利申请或实用新型专利申请。因此，选项A中，在中国提出的外观设计专利申请不能作为就相同主题提出的实用新型专利申请的优先权基础。故选项A正确，符合题意。

B.C.《专利法》第29条规定："申请人自发明或者实用新型在外国第一次提出专利申请之日起十二个月内，或者自外观设计在外国第一次提出专利申请之日起六个月内，又在中国就相同主题提出专利申请的，依照该外国同中国签订的协议或者共同参加的国际条约，或者依照相互承认优先权的原则，可以享有优先权。申请人自发明或者实用新型在中国第一次提出专利申请之日起十二个月内，又向国务院专利行政部门就相同主题提出专利申请的，可以享有优先权。"无论是外国优先权还是本国优先权，作为优先权基础的在先申请都要求是首次申请。据此，选项B"已经享受过本国优先权的专利申请"和选项C"不是第一次在外国提出的专利申请"都不是首次申请，都不符合作为在先申请的条件，都不能作为就相同主题提出的实用新型专利申请的优先权基础。故选项B、C正确，符合题意。

D. 根据《专利法实施细则》第32条第2款的规定（参见本章第61题解析），选项D"已被授予专利权的专利申请"如果是本国申请，那么它不得作为就相同主题提出的实用新型专利申请的优先权基础。故选项D正确，符合题意。

66.（2015年卷一第59题）下列关于优先权的说法哪些是正确的？
A. 申请人要求本国优先权的，其在先申请自在后申请提出之日起即视为撤回
B. 申请人要求外国优先权的，应当自在后申请日起两个月内提交在先申请文件副本
C. 申请人要求优先权的，应当在缴纳申请费的同时缴纳优先权要求费
D. 申请人要求优先权的，应当在申请的时候提出书面声明

【知识要点】优先权
【解析】A.《专利法实施细则》第32条第3款规定："申请人要求本国优先权的，其在先申请自后一申请提出之日起即视为撤回。"故选项A正确，符合题意。

B.D.《专利法》第30条规定："申请人要求优先权的，应当在申请的时候提出书面声明，并且在三个月内提交第一次提出的专利申请文件的副本；未提出书面声明或者逾期未提交专利申请文件副本的，视为未要求优先权。"故选项B错误，不符合题意；选项D正确，符合题意。

C.《专利法实施细则》第95条第2款规定："申请人要求优先权的，应当在缴纳申请费的同时缴纳优先权要求费；期满未缴纳或者未缴足的，视为未要求优先权。"故选项C正确，符合题意。

67.（2015年卷一第60题）某外国公司向国家知识产权局递交了一件发明专利申请，如果其要求享有一项外国优

先权，则应当满足下列哪些条件？
A. 该申请应当自在先申请的申请日起十二个月内提出
B. 该申请的权利要求应当与在先申请的权利要求相同
C. 在先申请的申请人不是该外国公司的，应当提供优先权转让证明
D. 该外国公司应当在法定的期限内提交在先申请文件的副本

【知识要点】外国优先权

【解析】A. 根据《专利法》第29条第1款的规定（参见本章第63题解析），选项A正确，符合题意。

B.《专利审查指南2010》2-8-4.6.2"优先权核实的一般原则"中规定："审查员应当把在先申请作为一个整体进行分析研究，只要在先申请文件清楚地记载了在后申请权利要求所述的技术方案，就应当认定该在先申请与在后申请涉及相同的主题。审查员不得以在先申请的权利要求书中没有包含该技术方案为理由，而拒绝给予优先权。"可见，在后申请的权利要求所述的技术方案只要记载于在先申请的申请文件（说明书、说明书附图或者权利要求书）中即可，并非一定要记载于在先申请的权利要求书中，也就是说，在后申请的权利要求可以与在先申请的权利要求不相同。故选项B错误，不符合题意。

C.《专利法实施细则》第31条第3款规定："要求优先权的申请人的姓名或者名称与在先申请文件副本中记载的申请人姓名或者名称不一致的，应当提交优先权转让证明材料，未提交该证明材料的，视为未要求优先权。"故选项C正确，符合题意。

D. 根据《专利法》第30条的规定（参见本章第66题解析B.D），选项D正确，符合题意。

68.（2009年卷一第77题）申请人刘某于2008年6月18日向国家知识产权局提交了一件发明专利申请。下列由刘某就相同主题提出的在先申请，哪些可以作为其要求本国优先权的基础？
A. 申请日为2007年9月14日的中国发明专利申请，刘某已在该申请的基础上提出分案申请
B. 申请日为2007年6月20日的中国实用新型专利申请，但该申请因为没有缴纳申请费已被视为撤回
C. 申请日为2007年6月22日的中国实用新型专利申请，该申请于2008年6月13日被公告授予专利权
D. 申请日为2007年7月25日的中国发明专利申请，该申请享有申请日为2006年8月15日的美国专利申请的优先权

【知识要点】本国优先权

【解析】根据《专利法实施细则》第32条第2款的规定（参见本章第61题解析），选项A、B正确，符合题意，选项C、D错误，不符合题意。

69.（2016年卷一第59题）关于本国优先权，下列哪些说法是正确的？
A. 发明专利申请要求本国优先权的，在先申请既可以是发明专利申请也可以是实用新型专利申请
B. 在后申请的申请人与在先申请中记载的申请人应当一致，不一致的应当在规定期限内提交优先权转让证明
C. 已经授予专利权但尚处于优先权期限内的申请可以作为在后申请的本国优先权基础
D. 因未缴纳申请费被视为撤回但尚处于优先权期限内的申请可以作为在后申请的本国优先权基础

【知识要点】本国优先权

【解析】《专利审查指南2010》1-1-6.2.2.1"在先申请和要求优先权的在后申请"中规定："在先申请和要求优先权的在后申请应当符合下列规定：（1）在先申请应当是发明或者实用新型专利申请，不应当是外观设计专利申请，也不应当是分案申请。（2）在先申请的主题没有要求过外国优先权或者本国优先权，或者虽然要求过外国优先权或者本国优先权，但未享有优先权。（3）该在先申请的主题，尚未授予专利权。（4）要求优先权的在后申请是在其在先申请的申请日起十二个月内提出的。"《专利审查指南2010》1-1-6.2.2.4"在后申请的申请人"中规定："要求优先权的在后申请的申请人与在先申请中记载的申请人应当一致；不一致的，在后申请的申请人应当在提出在后申请之日起三个月内提交在先申请的全体申请人签字或者盖章的优先权转让证明文件。在后申请的申请人期满未提交优先权转让证明文件，或者提交的优先权转让证明文件不符合规定的，审查员应当发出视为未要求优先权通知书。"又根据《专利法实施细则》第32条第2款的规定（参见本章第61题解析），故选项A、B、D正确，符合题意；选项C错误，不符合题意。

70.（2008年卷一第63题）王某于2008年7月2日向国家知识产权局提交了一件发明专利申请。下列哪些申请不能作为该申请要求优先权的基础？
A. 申请日为2007年9月3日的一件实用新型专利申请，该申请于2008年3月18日被视为撤回
B. 2007年7月15日提交的一件发明专利申请，该申请是一件申请日为2005年11月5日的发明专利申请的分案申请
C. 申请日为2008年5月12日的一件实用新型专利申请，该申请享有于2007年8月6日提交的实用新型专利申请的优先权
D. 申请日为2006年1月2日的PCT国际申请，该申请进入中国国家阶段的时间是2007年7月2日

【知识要点】 作为优先权基础的在先申请

【解析】 A.B.C. 根据《专利法》第29条的规定（参见本章第65题解析B.C）以及《专利法实施细则》第32条第2款的规定（参见本章第61题解析），可知：选项A中的申请能够作为该申请要求优先权的基础，故选项A错误，不符合题意；选项B中的申请是分案申请，选项C中的申请已经享有优先权，均不能作为该申请要求优先权的基础，故选项B、C正确，符合题意。

D. 《专利法实施细则》第102条规定："按照专利合作条约已确定国际申请日并指定中国的国际申请，视为向国务院专利行政部门提出的专利申请，该国际申请日视为专利法第二十八条所称的申请日。"选项D中的在后申请提出时，已经超出了在先PCT国际申请的申请日起12个月，该在先的PCT国际申请已不能作为优先权基础。故选项D正确，符合题意。

71.（2007年卷一第91题）下列有关优先权的哪些说法是正确的？
A. 申请人要求本国优先权的，其在先申请自在后申请提出之日起即视为撤回
B. 申请人要求外国优先权的，应当自申请日起2个月内提交在先申请文件副本
C. 申请人要求优先权的，应当在缴纳申请费的同时缴纳优先权要求费
D. 申请人要求优先权的，应当自申请日起2个月内提出书面声明

【知识要点】 要求优先权的形式要求

【解析】 A. 根据《专利法实施细则》第32条第3款的规定（参见本章第66题解析A），故选项A正确，符合题意。

B.D. 《专利法》第30条规定：（参见本章第66题解析B.D）。并且《专利审查指南2010》1-1-6.2.1.3 "在先申请文件副本"中规定："在先申请文件副本应当自提出在后申请之日起三个月内提交；期满未提交的，审查员应当发出视为未要求优先权通知书。"故选项B、D错误，不符合题意。

C. 《专利法实施细则》第95条规定："申请人应当自申请日起2个月内或者在收到受理通知书之日起15日内缴纳申请费、公布印刷费和必要的申请附加费；期满未缴纳或者未缴足的，其申请视为撤回。申请人要求优先权的，应当在缴纳申请费的同时缴纳优先权要求费；期满未缴纳或者未缴足的，视为未要求优先权。"故选项C正确，符合题意。

72.（2006年卷一第45题）下列有关优先权的说法哪些是正确的？
A. 外观设计专利申请不能作为本国优先权的基础
B. 要求本国优先权的实用新型专利申请，其在先申请只能是实用新型专利申请
C. 要求本国优先权的发明专利申请，其在先申请可以是实用新型专利申请
D. 要求外国优先权的实用新型专利申请，其在先申请既可以是实用新型专利申请，也可以是发明专利申请

【知识要点】 优先权的基础

【解析】 A. 根据《专利法》第29条第2款的规定（参见本章第61题解析），本国优先权的适用范围限于发明或者实用新型，外观设计不能产生本国优先权。故选项A正确，符合题意。

B.C.D. 《巴黎公约》第4条E中规定：(1)依靠以实用新型申请为基础的优先权而在一个国家提出工业品外观设计申请的，优先权期间应与对工业品外观设计规定的优先权期间一样。(2)而且，依靠以专利申请为基础的优先权而在一个国家提出实用新型的申请是许可的，反之亦一样。中国是《巴黎公约》的成员国，根据《巴黎公约》规定，发明和实用新型在要求优先权时，其申请类型可以相互转换。故选项B错误，不符合题意；选项C、D正确，符合题意。

73.（2004年卷一第16题）申请人于2004年8月16日向专利局提出一件实用新型专利申请，下述由同一申请人向专利局提出的相同主题在先申请，哪些可以作为其要求本国优先权的基础？
A. 申请日为2004年5月10日的发明专利申请，申请人已在该申请的基础上提出了分案申请
B. 申请日为2003年6月2日的实用新型专利申请，但该申请因为没有缴纳申请费已被视为撤回
C. 申请日为2004年7月3日的外观设计专利申请
D. 申请日为2004年1月7日的发明专利申请，该申请享有申请日为2003年10月10日的美国专利申请的优先权

【知识要点】 本国优先权

【解析】 参见《专利法》第29条的规定（参见本章第65题解析B.C）以及《专利法实施细则》第32条第2款的规定（参见本章第61题解析）。

A. 被要求优先权的申请主题本身不能是分案申请，但可以是其他分案申请的原案。故选项A正确，符合题意。
B. 在先申请的法律状态与其是否可以作为优先权无关，但由于选项B中的在先申请与在后申请之间超过了12个月。故选项B错误，不符合题意。
C. 要求本国优先权的主题不能是外观设计专利申请。故选项C错误，不符合题意。
D. 已经要求外国优先权或者本国优先权的在先申请，不得作为要求本国优先权的基础。故选项D错误，不符合

题意。

74.（2004年卷一第39题）以下关于优先权的说法哪些是正确的？
A. 无论是外国优先权还是本国优先权都可以转让，但只能连同专利申请一同转让
B. 专利申请享有优先权的，他人在优先权期限内就相同主题所作的任何公开或申请不损害该专利申请的创造性
C. 作为外国优先权基础的在先申请必须是正规国家申请
D. 在后发明专利申请可以要求在先实用新型专利申请的优先权，反之亦然

【知识要点】优先权的原则
【解析】A. 根据《专利法实施细则》第32条第3款的规定（参见本章第66题解析A），由于要求本国优先权时，其在先申请自后一申请提出之日起即视为撤回，所以本国优先权只能连同专利申请权一并转让；但要求外国优先权时，其在先申请不会受任何到影响。故选项A错误，不符合题意。

B.《专利法》第22条第3款、第5款规定："创造性，是指与现有技术相比，该发明具有突出的实质性特点和显著的进步，该实用新型具有实质性特点和进步。……本法所称现有技术，是指申请日以前在国内外为公众所知的技术。"《专利法实施细则》第11条第1款规定："除专利法第二十八条和第四十二条规定的情形外，专利法所称申请日，有优先权的，指优先权日。"优先权期限内，就相同主题所作的任何公开或申请都不能构成"现有技术"。故选项B正确，符合题意。

C. 根据《专利法》第29条第1款的规定（参见本章第63题解析），以及《巴黎公约》第4条A中规定：（1）已经在本联盟的一个国家正式提出专利、实用新型注册、外观设计注册或商标注册的申请的任何人，或其权利继受人，为了在其他国家提出申请，在以下规定的期间内应享有优先权。（2）依照本联盟任何国家的本国立法，或依照本联盟各国之间缔结的双边或多边条约，与正规的国家申请相当的任何申请，应被承认为产生优先权。（3）正规的国家申请是指在有关国家中足以确定提出申请日期的任何申请，而不问该申请以后的结局如何。作为外国优先权基础的在先申请必须是正规的国家申请，所谓"正规的国家申请"是指该申请是按照受理国法律规定提交，并被正式受理，给予了申请日的申请。与正规的国家申请相当的任何申请，也可以作为要求优先权的基础。故选项C正确，符合题意。

D. 根据《专利法实施细则》第32条第2款的规定（参见本章第61题解析），以及《巴黎公约》第4条E(2)中规定（而且，依靠以专利申请为基础的优先权而在一个国家提出实用新型的申请是许可的，反之亦一样），对于发明专利和实用新型，在要求本国或外国优先权时申请类型可以相互转换。故选项D正确，符合题意。

75.（2004年卷三第4题）下述有关优先权要求的说法哪些是错误的？
A. 申请人要求优先权的，应当在自申请起3个月内提出书面声明，并提交在先申请文件副本
B. 要求优先权的书面声明未写明在先申请日、申请号之一的，应当在指定期限内补正
C. 未在规定期限内提交在先申请文件副本的，在缴纳宽限费用后，可以在自后一申请的申请日起4个月期限届满前补交
D. 要求优先权的申请人可以首先在规定期限内提交在先申请文件副本的复印件，并在缴纳宽限费后，在自后一申请之日起4个月期限届满前补交原件

【知识要点】要求优先权的条件
【解析】A. 根据《专利法》第30条的规定（参见本章第66题解析B.D）和《专利审查指南2010》1-1-6.2.1.3"在先申请文件副本"中规定（参见本章第71题解析B.D），故选项A错误，不符合题意。

B.《专利法实施细则》第31条第2款规定："要求优先权，但请求书中漏写或者错写在先申请的申请日、申请号和原受理机构名称中的一项或者两项内容的，国务院专利行政部门应当通知申请人在指定期限内补正；期满未补正的，视为未要求优先权。"《专利审查指南2010》1-1-6.2.2.2"要求优先权声明"中规定："申请人在要求优先权声明中应当写明作为优先权基础的在先申请的申请日、申请号和原受理机构名称（即中国）。未写明或者错写上述各项中的一项或者两项内容的，审查员应当发出办理手续补正通知书，期满未答复或者补正后仍不符合规定的，审查员应当发出视为未要求优先权通知书。"故选项B正确，符合题意。

C.D.《专利法实施细则》第6条第1款、第2款规定："当事人因不可抗拒的事由而延误专利法或者本细则规定的期限或者国务院专利行政部门指定的期限，导致其权利丧失的，自障碍消除之日起2个月内，最迟自期限届满之日起2年内，可以向国务院专利行政部门请求恢复权利。除前款规定的情形外，当事人因其他正当理由延误专利法或者本细则规定的期限或者国务院专利行政部门指定的期限，导致其权利丧失的，可以自收到国务院专利行政部门的通知之日2个月内向国务院专利行政部门请求恢复权利。"未在规定期限内提交在先申请文件副本的，如果是因不可抗拒的事由或正当理由的，可以请求恢复权利，时间为"自障碍消除之日起2个月内，最迟自期限届满之日起2年内"。故选项C、D错误，不符合题意。

76.（2004年卷三第9题）下述有关优先权转让证明文件的说法哪些是正确的？
A. 优先权转让证明文件应当在后一申请之日起4个月内提交
B. 优先权转让证明文件可以在后一申请提出来之后签署，但是最迟不得超过3个月

C. 在先申请和后一申请有不同的多个申请人的，可以由在先申请的全部申请人分别签章将优先权转让给后一申请的申请人

D. 未在规定期限内提交优先权转让证明，并且在指定期限内经过补正仍不合格的，专利局发出视为未要求优先权的通知

【知识要点】优先权转让证明

【解析】《专利审查指南2010》1-1-6.2.1"要求外国优先权"之6.2.1.4"在后申请的申请人"中规定："申请人完全不一致，且在先申请的申请人将优先权转让给在后申请的申请人的，应当在提出在后申请之日起三个月内提交由在先申请的全体申请人签字或者盖章的优先权转让证明文件。在先申请具有多个申请人，且在后申请具有多个与之不同的申请人的，可以提交由在先申请的所有申请人共同签字或者盖章的转让给在后申请的所有申请人的优先权转让证明文件；也可以提交由在先申请的所有申请人分别签字或者盖章的转让给在后申请的申请人的优先权转让证明文件。申请人期满未提交优先权转让证明文件或者提交的优先权转让证明文件不符合规定的，审查员应当发出视为未要求优先权通知书。"《专利审查指南2010》1-1-6.2.2"要求本国优先权"之6.2.2.4"在后申请的申请人"中规定："要求优先权的在后申请的申请人与在先申请中记载的申请人应当一致；不一致的，在后申请的申请人应当在提出在后申请之日起三个月内提交由在先申请的全体申请人签字或者盖章的优先权转让证明文件。在后申请的申请人期满未提交优先权转让证明文件，或者提交的优先权转让证明文件不符合规定的，审查员应当发出视为未要求优先权通知书。"

A. 优先权转让证明文件应当在提出在后申请之日起3个月内提交。故选项A错误，不符合题意。

B. 《专利审查指南2010》中未对"优先权转让证明文件签署时间"作出禁止性规定。根据代理实践，优先权转让证明文件可以在后一申请提出来之后签署，只要转让证明文件中声明其优先权转让生效的日期早于该专利申请的申请日期即可。由于优先权转让证明文件应当在提出在后申请之日起3个月内提交，所以其签署时间最迟也不能超过3个月。故选项B正确，符合题意。

C. 《专利审查指南2010》1-1-6.2.1.4"在后申请的申请人"中规定："可以提交由在先申请的所有申请人分别签字或者盖章的转让给在后申请的申请人的优先权转让证明文件"，但对国内优先权未作明确规定。从代理实践来看，国内优先权也可以采取此方式。故选项C正确，符合题意。

D. 在后申请的申请人期满未提交优先权转让证明文件，或者提交的优先权转让证明文件不符合规定的，审查员会不经过补正而直接发出"视为未要求优先权通知书"。故选项D错误，不符合题意。

77. （2004年卷三第12题）外国申请人于2001年1月1日向中国专利局提出一件发明专利申请，他要求的两项外国优先权日分别为2000年2月1日和2000年5月1日，2001年6月1日他请求撤回优先权日为2000年2月1日的优先权。请问下属哪些期限计算结果是正确的？

A. 该申请的公布期限日应为2001年8月1日
B. 该申请人提出实质审查请求的期限届满日应为2003年2月1日
C. 该申请的公布期限届满日应为2001年11月1日
D. 该申请人提出实质审查请求的期限届满日应为2003年5月1日

【知识要点】优先权的撤回

【解析】《专利法实施细则》第32条第1款规定："申请人在一件专利申请中，可以要求一项或者多项优先权；要求多项优先权的，该申请的优先权期限从最早的优先权日起计算。"《专利审查指南2010》1-1-6.2.3"优先权要求的撤回"中规定："申请人要求优先权之后，可以撤回优先权要求。申请人要求多项优先权之后，可以撤回全部优先权要求，也可以撤回其中某一项或者几项优先权要求。……优先权要求撤回后，导致该专利申请的最早优先权日变更时，自该优先权日起算的各种期限尚未届满的，该期限应当自变更后的最早优先权日或者申请日起算，撤回优先权的请求是在原最早优先权日起十五个月之后到达专利局的，则在后专利申请的公布期限仍按照原最早优先权日起算。"

A、C. 申请人于2001年6月1日请求撤回优先权日为2000年2月1日的优先权，由于撤回优先权的请求是在原最早优先权日起16个月之后到达专利局的，所以在后专利申请的公布期限仍按照原最早优先权日起算，应为2001年8月1日。故选项A正确，符合题意；选项C错误，不符合题意。

B、D. 申请人提出实质审查请求的期限，因最早优先权的撤回，而变更为2003年5月1日。故选项B错误，不符合题意；选项D正确，符合题意。

78. （2004年卷三第28题）要求优先权的申请人在递交外国专利局出具的在先申请文件副本及其证明文件的同时，应当递交下述哪些中文译本？

A. 证明文件题录中文译本 B. 证明文件全文中文译本
C. 在先申请文件副本全文中文译本 D. 在先申请文件副本摘要中文译本

【知识要点】外国优先权的手续

【解析】《专利审查指南2010》5-1-3.3"外文的翻译"中规定："当事人在提交外文证明文件、证据材料时（例

如优先权证明文本、转让证明等），应当同时附具中文题录译文，审查员认为必要时，可以要求当事人在规定的期限内提交全文中文译文或者摘要中文译文；期满未提交译文的，视为未提交该文件。"故选项 A 正确，符合题意；选项 B、C、D 不正确，不符合题意。

79.（2004年卷三第68题）以下关于作为本国优先权基础的在先申请和要求本国优先权的后一申请的说法哪些是正确的？
A. 在先申请可以是发明或者实用新型专利申请的分案申请
B. 在先申请的主题不应享有本国优先权，但可以享有外国优先权
C. 在先申请的主题应当尚未授予专利权，即尚未办理专利权登记手续
D. 后一申请应当自在先申请的申请日起12个月内提出

【知识要点】本国优先权
【解析】A.B. 根据《专利法实施细则》第32条第2款的规定（参见本章第61题解析），选项 A、B 错误，不符合题意。
C.《专利审查指南2010》1-1-6.2.2"要求本国优先权"之6.2.2.1"在先申请和要求优先权的在后申请"中规定："……（3）该在先申请的主题，尚未授予专利权。……审查优先权时，如果发现专利局已经对在先申请发出授予专利权通知书和办理登记手续通知书，并且申请人已经办理了登记手续的，审查员应当针对在后申请发出视为未要求优先权通知书。"故选项 C 正确，符合题意。
D. 根据《专利法》第29条第2款的规定（参见本章第61题解析），选项 D 正确，符合题意。

80.（2004年卷四第61题）以下有关优先权副本内容的说法哪些是正确的？
A. 优先权副本是由申请人从作为优先权基础的在先申请文件中摘出的、与享有优先权的在后申请文件相同的内容构成的文本
B. 优先权副本是由申请人提出优先权要求时作为优先权基础的在先申请的审查文本构成的文本
C. 优先权副本是由作为优先权基础的在先申请的原始申请文件构成的文本
D. 优先权副本只包含作为优先权基础的在先申请的说明书及其附图，而不包含其权利要求书

【知识要点】优先权副本
【解析】《专利法实施细则》第31条第1款规定："申请人依照专利法第三十条的规定要求外国优先权的，申请人提交的在先申请文件副本应当经原受理机构证明。依照国务院专利行政部门与该受理机构签订的协议，国务院专利行政部门通过电子交换等途径获得在先申请文件副本的，视为申请人提交了经该受理机构证明的在先申请文件副本。……"并且《专利审查指南2010》1-1-6.2.1.3"在先申请文件副本"中规定："作为优先权基础的在先申请文件的副本应当由该在先申请的原受理机构出具。在先申请文件副本的格式应当符合国际惯例，至少应当表明原受理机构、申请人、申请日、申请号；……"优先权副本应该由官方出具，并且是由在先申请的原始申请文件所构成的文本。故选项 C 正确，符合题意；选项 A、B、D 错误，不符合题意。

81.（2004年卷四第65题）假设符合享有优先权的其他规定，在下述哪些情形下申请人要求的国内优先权可以成立？
A. 首次申请的说明书中记载了技术方案 M 和 N，但是权利要求书仅要求保护技术方案 M。在后申请则仅要求保护技术方案 N
B. 首次申请的权利要求书要求保护技术方案 M 和 N，但是说明书中只记载了技术方案 M，而没有记载技术方案 N。在后申请要求保护技术方案 N
C. 在后申请要求保护技术方案 L，其中 L 是由技术特征 M 和 N 构成。两件首次申请都未记载技术方案 L，但是在要求保护的技术方案中分别包含技术特征 M 和 N
D. 首次申请的说明书中记载了技术方案 M 和 N，但是权利要求书仅要求保护技术方案 M，后来申请人按照规定提出分案申请，要求保护技术方案 N。要求享有首次申请优先权的在后申请也要求保护技术方案 N

【知识要点】享有优先权的条件
【解析】A.B.D.《专利审查指南2010》2-3-4.1.2"相同主题的发明创造的定义"中规定："专利法第二十九条所述的相同主题的发明或者实用新型，是指技术领域、所解决的技术问题、技术方案和预期的效果相同的发明或者实用新型。但应注意这里所谓的相同，并不意味在文字记载或者叙述方式上完全一致。审查员应该注意，对于中国在后申请权利要求中限定的技术方案，只要已记载在外国首次申请中就可享有该首次申请的优先权，而不必要求其包含在该首次申请的权利要求书中……"故选项 A、B、D 正确，符合题意。
C.《专利审查指南2010》2-3-4.1.4"外国多项优先权和外国部分优先权"之（2）中规定："……如果上述的 A 和 B 是两个可供选择的技术方案，申请人用'或'结构将 A 和 B 记载在中国在后申请的一项权利要求中，则中国在后申请同样可以享有多项优先权，即有不同的优先权日。但是，如果中国在后申请记载的一项技术方案是由两件或者两件以上外国首次申请中分别记载的不同技术特征组合成的，则不能享有优先权。例如，中国在后申请中记载的一项

技术方案是由一件外国首次申请中记载的特征C和另一件外国首次申请中记载的特征D组合而成的，而包含特征C和D的技术方案未在上述两件外国首次申请中记载，则中国在后申请就不能享有以此两件外国首次申请为基础的外国优先权。"上述原则也同样适用于本国优先权。故选项C错误，不符合题意。

根据相同主题的发明创造的定义，就可以得出《专利审查指南2010》2-3-4.1.4 "外国多项优先权和外国部分优先权"中关于是否可以享有优先权的规定。上述规定的主要理由是，在具有实用性的前提下，如果一件技术方案是由两项及以上技术方案组合而成的，那么在组合的方案之间必须存在使其结合的技术启示才能够将两个技术方案结合在一起。如果本领域技术人员可以根据公知常识得出该技术启示，那么该结合后的技术方案所解决的技术问题、技术方案和预期的效果必然都结合前的任何一个技术方案都不相同，其与结合前的任一技术方案均不属于相同主题的发明创造；如果现有技术中不存在该技术启示，那么该结合已经具备创造性，其与结合前的任何技术方案更不会属于相同主题的发明创造。

82.（2002年卷三第26题）关于要求本国优先权的在后申请的以下哪些说法是正确的？
A. 申请人增加时要提供转让证明
B. 申请人减少时可以不提供转让证明
C. 申请人可以是首次在先申请的申请人之一，不需转让证明
D. 申请人必须与首次在先申请的申请人一致

【知识要点】要求本国优先权

【解析】根据《专利审查指南2010》1-1-6.2.2.4 "在后申请的申请人"中的规定（参见本章第69题解析），故选项A正确，符合题意；选项B、C、D错误，不符合题意。

83.（2002年卷三第27题）某中国申请人向欧洲专利局提出一件发明专利申请时要求在中国提出的首次申请的优先权。以下哪些判断是正确的？
A. 如果优先权成立，该中国申请应被视为撤回
B. 优先权是否成立，不影响该中国申请的状态
C. 如果该中国申请被驳回或视为撤回，则优先权不能成立
D. 该中国申请的状态对优先权是否成立没有影响

【知识要点】要求优先权

【解析】A. 根据《专利法实施细则》第32条第3款的规定（参见本章第66题解析A），申请人要求本国优先权的才会导致在先申请被视为撤回。故选项A错误，不符合题意。

B.《巴黎公约》第4条之二中规定："【专利：在不同国家就同一发明取得的专利是相互独立的】(1) 本联盟国家的国民向本联盟各国申请的专利，与在其他国家，不论是否本联盟的成员国，就同一发明所取得的专利是相互独立的。(2) 上述规定，应从不受限制的意义来理解，特别是指在优先权期间内申请的各项专利，就其无效和丧失权利的理由以及其正常的期间而言，是相互独立的。"故选项B正确，符合题意。

C.D.《巴黎公约》第4条A中规定："……(2) 依照本联盟任何国家的本国立法，或依照本联盟各国之间缔结的双边或多边条约，与正规的国家申请相当的任何申请，应被承认为产生优先权。(3) 正规的国家申请是指在有关国家中足以确定提出申请日期的任何申请，而不问该申请以后的结局如何。……"故选项C错误，不符合题意；选项D正确，符合题意。

84.（2000年卷一第66题）甲公司在美国申请了一件发明专利，其将向中国申请专利的优先权转让给了乙公司，以下说法中哪些是正确的？
A. 乙公司向中国申请该专利并要求在美国的优先权后，甲公司仍有权向中国申请该专利，并要求在美国的优先权
B. 如果乙公司并未向中国申请该专利，甲公司在优先权期限内向中国申请该专利并要求在美国的优先权，专利局仍可承认该优先权
C. 乙公司向中国申请该专利并要求在美国的优先权后，甲公司无权再向中国申请该专利，并要求在美国的优先权
D. 乙公司向中国申请该专利并要求在美国的优先权后，甲公司仍有权向其他国家申请该专利，并要求在美国的优先权

【知识要点】优先权的转让

【解析】《专利法》第9条规定："同样的发明创造只能授予一项专利权。但是，同一申请人同日对同样的发明创造既申请实用新型专利又申请发明专利，先获得的实用新型专利权尚未终止，且申请人声明放弃该实用新型专利权的，可以授予发明专利权。两个以上的申请人分别就同样的发明创造申请专利的，专利权授予最先申请的人。"《专利法实施细则》第32条第3款规定："申请人要求本国优先权的，其在先申请自后一申请提出之日起即视为撤回。"上述规定的主要目的是为防止重复授权，即防止同一项专利被授予两项以上的权利。根据同样的原则，同一项优先权上也应该只有一个权利。

A、B、C. 本题中，甲公司已经将其在中国申请专利的优先权转让给了乙公司，那么乙公司已经成为该优先权在中国的权利人，其他人包括甲公司在内均不能再拥有该项申请在中国的优先权。故选项A、B错误，不符合题意。选项C中，不论乙公司是否在中国要求了该项优先权，甲公司都已经无权再在中国要求该项优先权。故选项C正确，符合题意。

D. 根据《巴黎公约》第4条之二中的规定（参见本章第83题解析B）以及《巴黎公约》第4条A中的规定（参见本章第83题解析C、D），由于甲公司转让给乙公司的只是其在中国申请专利的优先权。故选项D正确，符合题意。

（注意，考题中往往给出的条件都是一些绝对条件，所以在解题时不要过多地考虑实践中的情况，题目中没有给出的条件通常可视为不存在。对于选项A就不必过多考虑实践中的其他可能性。）

85. (2000年卷三第34题) 以下说法中哪些是正确的？
A. 要求外国优先权的，应当在从申请日起2个月内提交在先申请的副本
B. 要求外国优先权的，可以委托中国专利局制作在先申请文件的副本
C. 要求本国优先权的，应当在从申请日起2个月内提交在先申请的副本
D. 要求本国优先权的，应当由专利局制作在先申请的副本

【知识要点】在先申请文件副本的提交

【解析】《专利法》第30条规定："申请人要求优先权的，应当在申请的时候提出书面声明，并且在三个月内提交第一次提出的专利申请文件的副本；未提出书面声明或者逾期未提交专利申请文件副本的，视为未要求优先权。"《专利法实施细则》第31条第1款规定："申请人依照专利法第三十条的规定要求外国优先权的，申请人提交的在先申请文件副本应当经原受理机构证明。依照国务院专利行政部门与该受理机构签订的协议，国务院专利行政部门通过电子交换等途径获得在先申请文件副本的，视为申请人提交了经该受理机构证明的在先申请文件副本。要求本国优先权，申请人在请求书中写明在先申请的申请日和申请号的，视为提交了在先申请文件副本。"《专利审查指南2010》1-1-6.2.1"要求外国优先权"之6.2.1.3"在先申请文件副本"中规定："在先申请文件副本应当在提出在后申请之日起三个月内提交；期满未提交的，审查员应当发出视为未要求优先权通知书。"故选项A、B、C错误，不符合题意；选项D正确，符合题意。

（十）综合题

86. (2009年卷一第32题) 英国某公司在我国申请专利，其下列做法哪些符合相关规定？
A. 委托其在我国设立的独资公司办理专利申请事宜
B. 申请文件中发明人的署名为George W. Smith博士
C. 在我国提交专利申请的同时，要求享有其3个月前就同样发明在欧洲专利局首次提出的专利申请的优先权
D. 以传真形式向国家知识产权局提交专利申请

【知识要点】专利申请的规定

【解析】A.《专利法》第19条第1款规定："在中国没有经常居所或者营业所的外国人、外国企业或者外国其他组织在中国申请专利和办理其他专利事务的，应当委托依法设立的专利代理机构办理。"该英国公司应当委托依法设立的专利代理机构办理专利申请。故选项A错误，不符合题意。

B.《专利审查指南2010》1-1-4.1.3.2"申请人是外国人、外国企业或外国其他组织"中规定："姓名中不应当含有学位、职务等称号，例如××博士、××教授等。"故选项B错误，不符合题意。

C.《专利法》第29条规定："申请人自发明或者实用新型在外国第一次提出专利申请之日起十二个月内，或者自外观设计在外国第一次提出专利申请之日起六个月内，又在中国就相同主题提出专利申请的，依照该外国同中国签订的协议或者共同参加的国际条约，或者依照相互承认优先权的原则，可以享有优先权。申请人自发明或者实用新型在中国第一次提出专利申请之日起十二个月内，又向国务院专利行政部门就相同主题提出专利申请的，可以享有优先权。"故选项C正确，符合题意。

D.《专利审查指南2010》5-1-2.1"书面形式"中规定："以口头、电话、实物等非书面形式办理各种手续的，或者以电报、电传、传真、电子邮件等通讯手段办理各种手续的，均视为未提出，不产生法律效力。"故选项D错误，不符合题意。

二、发明专利申请的初步审查程序

（一）发明专利申请初步审查的范围

（二）发明专利申请初步审查的原则

（三）申请文件格式审查

（四）手续合法性审查

（五）明显缺陷审查

（六）保密审查

87. (2014年卷一第63题) 下列哪些情形下，申请人在申请专利前应当事先报经国务院专利行政部门进行保密审查？
   A. 某外资企业将其在中国完成的发明向日本申请专利
   B. 李某将其在中国完成的外观设计向美国申请专利
   C. 某中资企业将其在南非完成的发明向韩国申请专利
   D. 某中国研究院将其在中国完成的实用新型向世界知识产权组织国际局提出PCT国际申请

   【知识要点】保密审查

   【解析】《专利法》第20条第1款、第2款规定："任何单位或者个人将在中国完成的发明或者实用新型向外国申请专利的，应当事先报经国务院专利行政部门进行保密审查。保密审查的程序、期限等按照国务院的规定执行。中国单位或者个人可以根据中华人民共和国参加的有关国际条约提出专利国际申请。申请人提出专利国际申请的，应当遵守前款规定。"《专利法实施细则》第8条规定："专利法第二十条所称在中国完成的发明或者实用新型，是指技术方案的实质性内容在中国境内完成的发明或者实用新型。任何单位或者个人将在中国完成的发明或者实用新型向外国申请专利的，应当按照下列方式之一请求国务院专利行政部门进行保密审查：（一）直接向外国申请专利或者向有关国外机构提交专利国际申请的，应当事先向国务院专利行政部门提出请求，并详细说明其技术方案；（二）向国务院专利行政部门申请专利后拟向外国申请专利或者向有关国外机构提交专利国际申请的，应当在向外国申请专利或者向有关国外机构提交专利国际申请前向国务院专利行政部门提出请求。"向国务院专利行政部门提交专利国际申请的，视为同时提出了保密审查请求。

   A.D. 选项A、D中的发明创造由于是在中国完成的，故就其向日本和世界知识产权组织提出申请前，应当事先报经国务院专利行政部门进行保密审查。故选项A、D正确，符合题意。

   B. 由于保密审查仅适用于在中国完成的发明或者实用新型向外国申请专利的情形，故选项B中就在中国完成的外观设计向美国申请专利无须进行保密审查。故选项B错误，不符合题意。

   C. 由于发明创造是在南非完成的，故就其向韩国申请专利也无需国务院专利行政部门进行保密审查。故选项C错误，不符合题意。

88. (2015年卷一第65题) 下列哪些发明创造向外国申请专利前，需要经过国家知识产权局的保密审查？
   A. 某外资公司在深圳完成的发明
   B. 李某在浙江完成的外观设计
   C. 资料收集在天津完成，技术方案的实质性内容在纽约完成的某发明
   D. 某中资企业在北京完成的实用新型

   【知识要点】保密审查

   【解析】《专利法》第20条第1款规定："任何单位或者个人将在中国完成的发明或者实用新型向外国申请专利的，应当事先报经国务院专利行政部门进行保密审查。保密审查的程序、期限等按照国务院的规定执行。"《专利法实施细则》第8条第1款规定："专利法第二十条所称在中国完成的发明或者实用新型，是指技术方案的实质性内容在中国境内完成的发明或者实用新型。"分析以上规定，可知保密审查所针对的专利申请有两个方面的要求：（1）对象：发明或者实用新型，不包含外观设计；（2）地域：技术方案的实质性内容是在中国境内完成的。选项B的专利申请是外观设计、选项C的专利申请其实质性内容不是在中国境内完成的，则该两项专利申请向外国申请专利前无须保密审查。故选项A、D正确，符合题意；选项B、C错误，不符合题意。

89. (2007年卷一第93题) 下列哪些说法是正确的？
   A. 发明专利申请涉及国防方面的国家秘密需要保密的，由国防专利局受理
   B. 保密专利申请的实质审查按照与一般发明专利申请相同的基准进行
   C. 保密请求可以由发明专利申请人提出
   D. 保密专利申请的授权公告仅公布专利申请日、授权公告日、专利号和分类号

   【知识要点】保密申请

   【解析】《专利法》第4条规定："申请专利的发明创造涉及国家安全或者重大利益需要保密的，按照国家有关规

定办理。"

A.《专利法实施细则》第7条规定:"专利申请涉及国防利益需要保密的,由国防专利机构受理并进行审查;国务院专利行政部门受理的专利申请涉及国防利益需要保密的,应当及时移交国防专利机构进行审查。经国防专利机构审查没有发现驳回理由的,由国务院专利行政部门作出授予国防专利权的决定。国务院专利行政部门认为其受理的发明或者实用新型专利申请涉及国防利益以外的国家安全或者重大利益需要保密的,应当及时作出按照保密专利申请处理的决定,并通知申请人。保密专利申请的审查、复审以及保密专利权无效宣告的特殊程序,由国务院专利行政部门规定。"《专利审查指南2010》5-5-3.1.2"保密的确定"中规定:"……(1)专利申请的内容涉及国防利益的,由国防专利局进行保密确定。需要保密的,应当及时移交国防专利局进行审查,审查员向申请人发出专利申请移交国防专利局通知书;不需要保密的,审查员应当发出保密审批通知书,通知申请人该专利申请不予保密,按照一般专利申请处理。(2)发明或者实用新型内容涉及国防安全以外的国家安全或者重大利益的,由专利局进行保密确定,必要时可以邀请相关领域的技术专家协助确定。审查员根据保密确定的结果发出保密审批通知书,需要保密的,通知申请人该专利申请予以保密,按照保密专利申请处理;不需要保密的,通知申请人该专利申请不予保密,按照一般专利申请处理。"故选项A正确,符合题意。

B.D.《专利审查指南2010》5-5-4"保密专利申请的审批流程"之(2)中规定:"涉及国防利益以外的国家安全或者重大利益需要保密的发明或者实用新型专利申请,由专利局按照以下程序进行审查和管理。……对于发明专利申请,初步审查和实质审查按照与一般发明专利申请相同的基准进行。初步审查合格的保密专利申请不予公布,实质审查请求符合规定的,直接进入实质审查程序。经实质审查没有发现驳回理由的,作出授予保密发明专利权的决定,并发出授予发明专利权通知书和办理登记手续通知书。对于实用新型专利申请,初步审查按照与一般实用新型专利申请相同的基准进行。经初步审查没有发现驳回理由的,作出授予保密实用新型专利权的决定,并发出授予实用新型专利权通知书和办理登记手续通知书。保密专利申请的授权公告仅公布专利号、申请日和授权公告日。"故选项B正确,符合题意;选项D错误,不符合题意。

C.《专利审查指南2010》5-5-3.1.1"保密请求的提出"中规定:"申请人认为其发明或者实用新型专利申请涉及国家安全或者重大利益需要保密的,应当在提出专利申请的同时,在请求书上作出要求保密的表示,其申请文件应当以纸件形式提交。申请人也可以在发明专利申请进入公布准备之前,或者实用新型专利申请进入授权公告准备之前,提出保密请求。申请人在提出保密请求之前已确定其申请的内容涉及国家安全或者重大利益需要保密的,应当提交有关部门确定密级的相关文件。"《专利审查指南2010》5-5-3.2"专利局自行进行的保密确定"中规定:"分类审查员在对发明或者实用新型专利申请进行分类时,应当将发明内容可能涉及国家安全或者重大利益,但申请人未提出保密请求的发明或者实用新型专利申请挑选出来。审查员应当参照本章第3.1.2节的规定,对上述专利申请进行保密确定。"故选项C正确,符合题意。

90.(2004年卷三第41题)以下有关保密申请和保密审查的哪些说法是正确的?
A. 对于涉及国防方面的国家秘密需要保密的专利申请,专利局应当移交国防专利机构受理和审查
B. 对于涉及国家重大利益并已确定需要保密的发明专利申请,专利局应当进行保密审查
C. 发明专利申请人认为其发明涉及国家重大利益需要保密申请的,应当在提出专利申请的同时,以书面方式提出保密请求
D. 保密专利申请的申请人或者保密专利的专利权人不得主动提出解密请求

【知识要点】保密申请和保密审查

【解析】A.B.《专利审查指南2010》5-5-1"保密的范围"中规定:"专利法第四条规定的保密范围是涉及国家安全或者重大利益两个方面的发明创造。根据专利法实施细则第七条第一款的规定,专利局受理的专利申请涉及国防利益需要保密的,应当及时移交国防专利机构进行审查。根据专利法实施细则第七条第二款的规定,专利局认为其受理的发明或者实用新型专利申请涉及国防利益以外的国家安全或者重大利益需要保密的,应当及时作出按照保密专利申请处理的决定,并通知申请人。"又根据《专利法实施细则》第7条的规定(参见本章第89题解析A)和《专利审查指南2010》5-5-3.1.2"保密的确定"中的规定(参见本章第89题解析A),故选项A、B正确,符合题意。

C. 根据《专利审查指南2010》5-5-3.1.1"保密请求的提出"中的规定和《专利审查指南2010》5-5-3.2"专利局自行进行的保密确定"中的规定(参见本章第89题解析C),选项C错误,不符合题意。

D.《专利审查指南2010》5-5-5.1"申请人(或专利权人)提出解密请求"中规定:"保密专利申请的申请人或者保密专利的专利权人可以书面提出解密请求。提出保密请求时提交了有关部门确定密级的相关文件的,申请人(或专利权人)提出解密请求时,应当附具原确定密级的部门同意解密的证明文件。"故选项D错误,不符合题意。

91.(2002年卷一第84题)以下关于保密专利的说法哪些是正确的?
A. 申请专利的发明涉及国防方面国家秘密需要保密的,由国防专利机构受理
B. 如果申请人既希望获得专利权,又不希望其技术被公开,则可以申请保密专利
C. 保密专利的授权公告中仅公布专利的分类号、专利号、专利申请日和发明名称

D. 保密专利的专利证书由国家知识产权局颁发

【知识要点】保密审查

【解析】A.B. 根据《专利法》第4条的规定（参见本章第89题解析）和《专利法实施细则》第7条的规定以及《专利审查指南2010》5-5-3.1.2"保密的确定"中的规定（参见本章第89题解析A），故选项A正确，符合题意，故选项B错误，不符合题意。

C.D. 根据《专利审查指南2010》5-5-4"保密专利申请的审批流程"之（2）中的规定（参见本章第89题解析B.D），发明涉及国防方面国家秘密需要保密的，通常称作国防专利申请，由国防专利机构受理，颁发的是国防专利证书。发明涉及国家重大利益需要保密的，通常也称作保密专利申请，由国家知识产权局受理和颁发专利证书。保密专利的授权公告仅公布专利号、专利申请日和授权公告日，不公布分类号和发明名称。故选项C错误，不符合题意，故选项D正确，符合题意。

92.（2013年卷一第72题）某科研机构欲就一项涉及国防利益的发明创造申请国防专利。下列说法哪些是正确的？

A. 该国防专利申请文件不得按照普通函件邮寄
B. 该国防专利申请权经批准可以转让给国外单位
C. 该国防专利申请应当由国防专利机构进行审查
D. 该国防专利申请经审查符合授权条件的，应当由国防专利机构授予专利权

【知识要点】国防专利机构及其主要职能

【解析】A.《国防专利条例》第10条第2款规定："国防专利申请人应当按照国防专利机构规定的要求和统一格式撰写申请文件，并亲自送交或者经过机要通信以及其他保密方式传交国防专利机构，不得按普通函件邮寄。"故选项A正确，符合题意。

B.《国防专利条例》第8条规定："禁止向国外的单位和个人以及在国内的外国人和外国机构转让国防专利申请权和国防专利权。"故选项B错误，不符合题意。

C.D.《专利法实施细则》第7条第1款规定，专利申请涉及国防利益需要保密的，由国防专利机构受理并进行审查；国务院专利行政部门受理的专利申请涉及国防利益需要保密的，应当及时移交国防专利机构进行审查。经国防专利机构审查没有发现驳回理由的，由国务院专利行政部门作出授予国防专利权的决定。"故选项C正确，符合题意；选项D错误，不符合题意。

（七）涉及生物材料申请的审查

93.（2013年卷一第84题）张某于2010年5月23日向国家知识产权局提交了一件涉及新生物材料的发明专利申请，该申请的优先权日为2009年9月10日，申请文件中含有11项权利要求、25页说明书和10页核苷酸序列表。该生物材料公众不能得到，并且对该生物材料的说明不足以使所属领域的技术人员实施该发明。下列说法哪些是正确的？

A. 张某应当在申请费的缴纳期限内缴纳申请附加费
B. 张某应当在2010年5月23日前将该生物样品提交至国家知识产权局认可的保藏单位保藏
C. 张某应当在申请的同时提交与该序列表相一致的计算机可读形式的副本
D. 张某应当在2010年9月23日前提交生物材料样品的保藏证明和存活证明

【知识要点】涉及生物材料和核苷酸序列表的申请

【解析】A.《专利审查指南2010》5-2-1"费用缴纳的期限"中规定："申请附加费是指申请文件的说明书（包括附图、序列表）页数超过30页或者权利要求超过10项时需要缴纳的费用，该项费用的数额以页数或者项数计算。"本题中，由于权利要求书含有11项权利要求，说明书共有35页，因此需要缴纳申请附加费，故选项A正确，符合题意。

B.D.《专利法实施细则》第24条规定："申请专利的发明涉及新的生物材料，该生物材料公众不能得到，并且对该生物材料的说明不足以使所属领域的技术人员实施其发明的，除应当符合专利法和本细则的有关规定外，申请人还应当办理下列手续：（一）在申请日前或者最迟在申请日（有优先权的，指优先权日），将该生物材料的样品提交国务院专利行政部门认可的保藏单位保藏，并在申请时或者最迟自申请日起4个月内提交保藏单位出具的保藏证明和存活证明；期满未提交证明的，该样品视为未提交保藏；……"本题中，由于张某的专利申请享有优先权，因此张某应当在优先权日之前，即2009年9月10日前将该生物样品提交至国家知识产权局认可的保藏单位保藏。故选项B错误，不符合题意。同时，张某应当在2010年9月23日前提交生物材料样品的保藏证明和存活证明。故选项D正确，符合题意。

C.《专利法实施细则》第17条第4款规定："发明专利申请包含一个或者多个核苷酸或者氨基酸序列的，说明书应当包括符合国务院专利行政部门规定的序列表。申请人应当将该序列表作为说明书的一个单独部分提交，并按照国

务院专利行政部门的规定提交该序列表的计算机可读形式的副本。"《专利审查指南2010》1-1-4.2"说明书"中规定:"申请人应当在申请的同时提交与该序列表相一致的计算机可读形式的副本,如提交记载有该序列表的符合规定的光盘或者软盘。"故选项C正确,符合题意。

94.（2014年卷一第62题）下列说法哪些是正确的?
A. 申请专利的发明涉及公众不能得到的新的生物材料,并且对该生物材料的说明不足以使所属领域的技术人员实施其发明的,则应当在申请日前或者最迟在申请日（有优先权的,指优先权日）将该生物材料的样品提交国家知识产权局认可的保藏单位保藏
B. 涉及生物材料样品保藏的专利申请应当在请求书和说明书中写明该生物材料的分类命名（注明拉丁文名称）、保藏该生物材料样品的单位名称、地址、保藏日期和保藏编号
C. 依赖遗传资源完成的发明创造,申请人应当在专利申请文件中说明该遗传资源的直接来源和原始来源;申请人无法说明原始来源的,应当陈述理由
D. 遗传资源来源披露登记表中的内容可被视为原申请记载的内容,可以作为修改说明书和权利要求书的基础

【知识要点】涉及生物材料申请的要求、涉及遗传资源申请的要求

【解析】A.B.《专利法实施细则》第24条规定:"申请专利的发明涉及新的生物材料,该生物材料公众不能得到,并且对该生物材料的说明不足以使所属领域的技术人员实施其发明的,除应当符合专利法和本细则的有关规定外,申请人还应当办理下列手续:（一）在申请日前或者最迟在申请日（有优先权的,指优先权日）,将该生物材料的样品提交国务院专利行政部门认可的保藏单位保藏,并在申请时或者最迟自申请日起4个月内提交保藏单位出具的保藏证明和存活证明;期满未提交证明的,该样品视为未提交保藏;（二）在申请文件中,提供有关该生物材料特征的资料;（三）涉及生物材料样品保藏的专利申请应当在请求书和说明书中写明该生物材料的分类命名（注明拉丁文名称）、保藏该生物材料样品的单位名称、地址、保藏日期和保藏编号;申请时未写明的,应当自申请日起4个月内补正;期满未补正的,视为未提交保藏。"故选项A、B正确,符合题意。

C.《专利法》第26条第5款规定:"依赖遗传资源完成的发明创造,申请人应当在专利申请文件中说明该遗传资源的直接来源和原始来源;申请人无法说明原始来源的,应当陈述理由。"故选项C正确,符合题意。

D.《专利审查指南2010》2-10-9.5.3"遗传资源来源披露的审查"中规定:"登记表中的内容不属于原说明书和权利要求书记载的内容,因此不能作为判断说明书是否充分公开的依据,也不得作为修改说明书和权利要求书的基础。"故选项D错误,不符合题意。

（八）提前公开专利申请请求

95.（2013年卷一第18题）下列关于发明专利申请提前公布的说法哪个是正确的?
A. 申请人应当在提出发明专利申请的同时提交提前公布声明
B. 申请人应当在提交提前公布声明的同时缴纳提前公布费
C. 申请人应当在发明专利申请初步审查合格之前提交提前公布声明
D. 申请人提出提前公布声明不能附有任何条件

【知识要点】提前公布声明

【解析】A.C.D.《专利法实施细则》第46条规定:"申请人请求早日公布其发明专利申请的,应当向国务院专利行政部门声明。国务院专利行政部门对该申请进行初步审查后,除予以驳回的外,应当立即将申请予以公布。"《专利审查指南2010》1-1-6.5"提前公布声明"中规定:"提前公布声明只适用于发明专利申请。申请人提出提前公布声明不能附有任何条件。提前公布声明不符合规定的,审查员应当发出视为未提出通知书;符合规定的,在专利申请初步审查合格后立即进入公布准备。进入公布准备后,申请人要求撤销提前公布声明的,该要求视为未提出,申请文件照常公布。"故选项A、C错误,不符合题意;选项D正确,符合题意。

B.《专利法实施细则》第93条规定了向国务院专利行政部门申请专利和办理其他手续时应当缴纳的费用,其中并没有"提前公布费"。故选项B错误,不符合题意。

96.（2014年卷一第93题）申请人张某在提交一件发明专利申请的同时提交了提前公布声明。下列说法哪些是正确的?
A. 张某可以在该提前公布声明中附加若干条件
B. 若该提前公布声明符合规定,则该申请在初步审查合格后立即进入公布准备
C. 若该提前公布声明符合规定,张某在该申请进入公布准备后要求撤销该提前公布声明的,该要求视为未提出,申请文件照常公布
D. 若该提前公布声明不符合规定,国家知识产权局应当发出补正通知书

【知识要点】提前公布声明

【解析】《专利法》第34条规定:"国务院专利行政部门收到发明专利申请后,经初步审查认为符合本法要求的,

自申请日起满十八个月，即行公布。国务院专利行政部门可以根据申请人的请求早日公布其申请。"并且根据《专利审查指南2010》1-1-6.5"提前公布声明"中的规定（参见本章第95题解析A.C.D），故选项A、D错误，不符合题意，故选项B、C正确，符合题意。

97.（2016年卷一第55题）对于经初步审查符合相关规定的下列发明专利申请，有关公布的说法哪些是正确的？
　　A. 申请人请求早日公布的，应当在初审合格后立即予以公布
　　B. 申请人未要求提前公布的，则自申请日起满十八个月即行公布，与优先权日无关
　　C. 申请人未要求提前公布的，则自优先权日起满十八个月即行公布
　　D. 分案申请自提出分案请求之日起满十八个月即行公布
【知识要点】初步审查、发明专利申请公布
【解析】根据《专利法》第34条的规定（参见本章第96题解析）、《专利审查指南2010》1-1-6.5"提前公布声明"中的规定和《专利法实施细则》第46条的规定（参见本章第95题解析A.C.D），发明专利申请自申请日（优先权日）起18个月内，均可以提交提前公开声明，进入公报编辑后的提前公开声明才不能撤销。故选项A、C正确，符合题意；选项B、D错误，不符合题意。

98.（2004年卷三第55题）以下有关发明专利申请公布的哪些说法是正确的？
　　A. 所有发明专利申请都将在自其申请日（要求优先权的，指优先权日）起18个月期满时公布
　　B. 自申请日（要求优先权的，指优先权日）起满15个月时，发明专利申请仍然存在需补正缺陷的，将延迟公布
　　C. 自申请日（要求优先权的，指优先权日）起18个月期满前，申请人主动撤回的发明专利申请可以不予公布
　　D. 发明专利申请人要求提前公布其专利申请的，自申请日起6个月期满时公布
【知识要点】发明专利申请的公布
【解析】根据《专利法》第34条的规定（参见本章第96题解析）、《专利法实施细则》第46条的规定（参见本章第95题解析A.C.D），发明专利申请自申请日（优先权日）起18个月内，均可以提交提前公开声明，进入公报编辑后的提前公开声明才不能撤销。《专利审查指南2010》5-5-4"保密专利申请的审批流程"中规定："初步审查合格的保密专利申请不予公布，实质审查请求符合规定的，直接进入实质审查程序。"《专利审查指南2010》5-8-1.2.1.1"发明专利申请公布"中规定："发明专利申请经初步审查合格后，自申请日（有优先权的，为优先权日）起满十五个月进行公布准备，并于十八个月期满时公布。发明专利申请人在初步审查合格前，要求提前公布其专利申请的，自初步审查合格之日起进行公布准备；在初步审查合格后，要求提前公布其专利申请的，自提前公布请求合格之日起进行公布准备，并及时予以公布。自申请日（有优先权的，为优先权日）起满十五个月，因各种原因初步审查尚未合格的发明专利申请将延迟公布。在初步审查程序中被驳回、被视为撤回以及在公布准备之前申请人主动撤回或确定保密的发明专利申请不予公布。"故选项A、C、D错误，不符合题意；选项B正确，符合题意。

三、发明专利申请的实质审查程序

（一）实质审查请求

99.（2011年卷一第19题）申请人于2011年3月1日提出了实质审查请求，国家知识产权局于2011年3月22日发出了进入实质审查程序通知书。申请人在下列哪些日期主动提交修改文件符合相关规定？
　　A. 2011年3月12日　　　　　　B. 2011年6月15日
　　C. 2011年7月6日　　　　　　 D. 2011年7月22日
【知识要点】修改的时机
【解析】《专利法实施细则》第51条第1款规定："发明专利申请人在提出实质审查请求时以及在收到国务院专利行政部门发出的发明专利申请进入实质审查阶段通知书之日起3个月内，可以对发明专利申请主动提出修改。"《专利法实施细则》第4条第3款规定："国务院专利行政部门邮寄的各种文件，自文件发出之日起满15日，推定为当事人收到文件之日。"本题中，2011年3月22日发出的进入实质审查程序通知书，推定收到日为4月6日，最迟应当于2011年7月6日提出主动修改。因此，可以在2011年3月1日提出实质审查请求同时，或者在2011年7月6日之前提交主动修改。故选项A、D错误，不符合题意；选项B、C正确，符合题意。

100.（2011年卷一第12题）在下列哪些情形下，实质审查请求将被视为未提出？
　　A. 申请人自申请日起两年内提交了实质审查请求书并缴纳了实质审查费，但实质审查请求书的形式不符合规定
　　B. 国家知识产权局对实质审查请求发出办理手续补正通知书，申请人在规定期限内补正，但补正后仍不符合要求
　　C. 申请人提交了符合规定的实质审查请求书，但未在规定期限内缴足实质审查费
　　D. 申请人在提交申请的同时提交了符合规定的实质审查请求书，但未同时缴纳实质审查费
【知识要点】实质审查请求的审查及处理
【解析】《专利法》第35条第1款规定："发明专利申请自申请日起三年内，国务院专利行政部门可以根据申请人

随时提出的请求，对其申请进行实质审查；申请人无正当理由逾期不请求实质审查的，该申请即被视为撤回。"《专利审查指南2010》1-1-6.4.2"实质审查请求的审查及处理"中规定："……（2）申请人已在规定期限内提交了实质审查请求书并缴纳了实质审查费，但实质审查请求书的形式仍不符合规定的，审查员可以发出视为未提出通知书；如果期限届满前通知书已经发出，则审查员应当发出办理手续补正通知书，通知申请人在规定期限内补正；期满未补正或者补正后仍不符合规定的，审查员应当发出视为未提出通知书。"《专利法实施细则》第96条规定："当事人请求实质审查或者复审的，应当在专利法及本细则规定的相关期限内缴纳费用；期满未缴纳或者未缴足的，视为未提出请求。"故选项A、B、C正确，符合题意；选项D错误，不符合题意。

（二）实质审查程序中的基本原则

（三）实质审查

101.（2014年卷—第45题）下列关于专利审查程序中会晤和电话讨论的说法哪些是正确的？
A. 会晤地点可以由申请人选择
B. 会晤应当是在审查员已发出第一次审查意见通知书之后进行
C. 申请人（或者代理人）签字或盖章的会晤记录可以代替申请人的正式书面答复或者修改
D. 电话讨论仅适用于解决次要的且不会引起误解的形式方面的缺陷所涉及的问题

【知识要点】会晤与电话讨论

【解析】A.《专利审查指南2010》2-8-4.12.2"会晤地点和参加人"中规定："会晤应当在专利局指定的地点进行，审查员不得在其他地点同申请人就有关申请的问题进行会晤。"故选项A错误，不符合题意。

B.《专利审查指南2010》2-8-4.12.1"举行会晤的条件"中规定："举行会晤的条件是：（1）审查员已发出第一次审查意见通知书；并且（2）申请人在答复审查意见通知书的同时或者之后提出了会晤要求，或者审查员根据案情的需要向申请人发出了约请。"故选项B正确，符合题意。

C.《专利审查指南2010》2-8-4.12.3"会晤记录"中规定："会晤记录不能代替申请人的正式书面答复或者修改。即使在会晤中，双方就如何修改申请达成了一致的意见，申请人也必须重新提交正式的修改文件，审查员不能代为修改。"故选项C错误，不符合题意。

D.《专利审查指南2010》2-8-4.13"电话讨论"中规定："审查员可以与申请人就申请文件中存在的问题进行电话讨论，但电话讨论仅适用于解决次要的且不会引起误解的形式方面的缺陷所涉及的问题。"故选项D正确，符合题意。

102.（2011年卷—第63题）专利代理人杨某受专利代理机构指派代理姜某向国家知识产权局提出一件发明专利申请。下列关于审查程序中会晤的说法哪些是正确的？
A. 只有在发出第一次审查意见通知书之后，才能提出与审查员进行会晤的要求
B. 在答复第二次审查意见通知书的同时，可以提出与审查员进行会晤的要求
C. 杨某必须参加会晤
D. 姜某必须参加会晤

【知识要点】会晤

【解析】《专利审查指南2010》2-8-4.12.1"举行会晤的条件"中规定：（参见本章第101题解析B）。并且《专利审查指南2010》2-8-4.12.2"会晤地点和参加人"中规定："申请人委托了专利代理机构的，会晤必须有代理人参加。参加会晤的代理人应当出示代理人执业证。申请人更换代理人的，应当办理著录项目变更手续，并在著录项目变更手续合格后由变更后的代理人参加会晤。在委托代理机构的情况下，申请人可以与代理人一起参加会晤。"故选项A、B、C正确，符合题意。选项D错误，不符合题意。

103.（2011年卷—第71题）下列关于实质审查程序中的取证和现场调查的说法哪些是正确的？
A. 一般说来，在实质审查程序中审查员不必要求申请人提供证据
B. 申请人提供的证据只能是书面文件而不能是实物模型
C. 如果申请人不同意审查员的意见，则由申请人决定是否提供证据来支持其主张
D. 审查员到现场调查的，调查所需的费用由申请人承担

【知识要点】取证和现场调查

【解析】《专利审查指南2010》2-8-4.14"取证和现场调查"中规定："一般说来，在实质审查程序中审查员不必要求申请人提供证据，因为审查员的主要职责是向申请人指出申请不符合专利法及其实施细则规定的问题。如果申请人不同意审查员的意见，那么，由申请人决定是否提供证据来支持其主张。如果申请人决定提供证据，审查员应当给予申请人一次适当的机会，使其能提供任何可能有关的证据，除非审查员确信提供证据也达不到有益的目的。申请人提供的证据可以是书面文件或者实物模型。例如，申请人提供有关发明的技术优点方面的资料，以证明其申请具有

创造性；又如，申请人提供实物模型进行演示，以证明其申请具有实用性等。如果某些申请中的问题，需要审查员到现场调查方能得到解决，则应当由申请人提出要求，经负责审查该申请的实质审查部的部长批准后，审查员方可去现场调查。调查所需的费用由专利局承担。"故选项A、C正确，符合题意；选项B、D错误，不符合题意。

104. （2009年卷一第18题）在吴某向国家知识产权局提交的发明专利申请公布后，一家企业提交了多篇与该专利申请相关的文献，并提出了该申请不应当被授予专利权的意见。下列说法哪些是正确的？
A. 审查员是独立审查，不必考虑该企业提出的意见
B. 该企业提交的文献应当存入该申请文档中，供审查员在实质审查时考虑
C. 如果该企业提交的相关文献和意见是在审查员发出授予专利权的通知书之后收到的，审查员将不予考虑
D. 国家知识产权局应当就该意见的处理情况通知该企业

【知识要点】实审中公众的意见的处理
【解析】《专利法实施细则》第48条规定："自发明专利申请公布之日起至公告授予专利权之日止，任何人均可以对不符合专利法规定的专利申请向国务院专利行政部门提出意见，并说明理由。"《专利审查指南2010》2-8-4.9"对公众意见的处理"中规定："任何人对不符合专利法规定的发明专利申请向专利局提出的意见，应当存入该申请文档中供审查员在实质审查时考虑。如果公众的意见是在审查员发出授予专利权的通知之后收到的，就不必考虑。专利局对公众意见的处理情况，不必通知提出意见的公众。"故选项A、D错误，不符合题意；选项B、C正确，符合题意。

105. （2009年卷一第49题）甲和乙共同向国家知识产权局提出发明专利申请，并委托了某专利代理机构全权代理其相关专利事务。该专利代理机构指派专利代理人丙处理该业务。下列哪些会晤要求不符合相关规定？
A. 甲和乙在提出实质审查请求的同时，提出了在国家知识产权局指定地点与审查员进行会晤的要求
B. 甲和乙在答复第一次审查意见通知书的同时，提出了在某饭店与审查员进行会晤的要求
C. 甲和乙在答复第一次审查意见通知书之后，提出了由丙单独在国家知识产权局指定地点与审查员进行会晤的要求
D. 甲和乙在答复第二次审查意见通知书期间，与该专利代理机构解除委托，后甲在乙不知情的情况下提出了单独在国家知识产权局指定地点与审查员进行会晤的要求

【知识要点】会晤的条件
【解析】A. 根据《专利审查指南2010》2-8-4.12.1"举行会晤的条件"中的规定（参见本章第101题解析B），选项A错误，符合题意。
B. 根据《专利审查指南2010》2-8-4.12.2"会晤地点和参加人"中的规定（参见本章第101题解析A），选项B错误，符合题意。
C.D.《专利审查指南2010》2-8-4.12.2"会晤地点和参加人"中规定："申请人委托了专利代理机构的，会晤必须有代理人参加。……申请人没有委托专利代理机构的，申请人应当参加会晤；……除非另有声明或者委托了代理机构，共有专利申请的单位或者个人都应当参加会晤。"故选项C正确，不符合题意；选项D错误，符合题意。

106. （2007年卷一第67题）以下有关实质审查程序中会晤的说法哪些是错误的？
A. 申请人可以不参加会晤，仅由其委托的代理人和发明人参加会晤
B. 申请人可以在会晤时提交新的文件，审查员应当就该新提交的文件与申请人进行讨论并记录讨论的情况
C. 代理人与审查员约定会晤后，当会晤内容仅涉及专业技术问题时，代理人可以不参加会晤，可以仅由申请人与审查员会晤
D. 在专利申请进入实质审查程序后，为了帮助审查员理解说明书的内容，便于其作出第一次审查意见通知书，申请人和代理人可以与审查员举行会晤

【知识要点】会晤的要求
【解析】A.C.《专利审查指南2010》2-8-4.12.2"会晤地点和参加人"中规定："申请人委托了专利代理机构的，会晤必须有代理人参加。……申请人没有委托专利代理机构的，申请人应当参加会晤；申请人是单位的，由该单位指定的人员参加，该参加会晤的人员应当出示证明其身份的证件和单位出具的介绍信。上述规定也适用于共同申请人……必要时，发明人受申请人的指定或委托，可以同代理人一起参加会晤，或者在申请人未委托代理机构的情况下受申请人的委托代表申请人参加会晤。"故选项A正确，不符合题意；选项C错误，符合题意。
B.《专利审查指南2010》2-8-4.12.1"举行会晤的条件"中规定："如果审查员或者申请人准备在会晤中提出新的文件，应当事先提交给对方。"故选项B错误，符合题意。
D. 根据《专利审查指南2010》2-8-4.12.1"举行会晤的条件"中的规定（参见本章第101题解析B），选项D错误，符合题意。

107. （2002年卷三第47题）以下哪些步骤是发明专利申请实质审查程序中必须包括的？
A. 检索
B. 对发明的新颖性和创造性进行审查

C. 发出第一次审查意见通知书　　　　　　D. 与申请人会晤

【知识要点】发明专利申请实质审查程序

【解析】A、B.《专利法》第22条第1款规定："授予专利权的发明和实用新型，应当具备新颖性、创造性和实用性。"《专利审查指南2010》2-7-1"引言"中规定："每一件发明专利申请在被授予专利权前都应当进行检索。检索是发明专利申请实质审查程序中的一个关键步骤，其目的在于找出与申请的主题密切相关或者相关的现有技术中的对比文件，或者找出抵触申请文件和防止重复授权的文件，以确定申请的主题是否具备专利法第二十二条第二款和第三款规定的新颖性和创造性，或者是否符合专利法第九条第一款的规定。"《专利审查指南2010》2-8-1"引言"中规定："对发明专利申请进行实质审查的目的在于确定发明专利申请是否应当被授予专利权，特别是确定其是否符合专利法有关新颖性、创造性和实用性的规定。"故选项A、B正确，符合题意。

C. 如果专利申请文件不需修改即符合《专利法》及其实施细则相关规定，可以直接发出授予专利权的通知书。第一次审查意见通知书不是发明专利申请实质审查程序中必须的内容。故选项C错误，不符合题意。

D.《专利审查指南2010》2-8-2.1"实质审查程序概要"中规定："……根据需要，审查员还可以按照本指南的规定在实质审查程序中采用会晤、电话讨论和现场调查等辅助手段。"故选项D错误，不符合题意。

（注意：在实质审查中也存在不必检索的特殊情况；《专利审查指南2010》2-7-10"不必检索的情况"中规定："一件申请的全部主题属于下列情形之一的，审查员对该申请不必进行检索：(1) 属于专利法第五条或者第二十五条规定的不授予专利权的情形；(2) 不符合专利法第二条第二款的规定；(3) 不具备实用性；(4) 说明书和权利要求书未对该申请的主题作出清楚、完整的说明，以至于所属技术领域的技术人员不能实现。"在上述情况下，也不必再继续对新颖性和创造性进行审查。而本题主要是想考查通常情况下的实质审查程序。）

108.（2002年卷四第45题）一件中国申请首次公开并在权利要求1中要求保护技术方案Z，该技术方案Z由在两件外国首次申请中分别公开的技术方案X和Y组合而成。如该中国申请在是上述外国申请的优先权期限内提出的，以下哪些判断是正确的？

A. 技术方案Z可以享有上述两件外国申请的优先权
B. 技术方案Z可以享有记载技术方案X的申请的优先权
C. 技术方案Z可以享有记载技术方案Y的申请的优先权
D. 技术方案Z不能享有上述两件外国申请的优先权

【知识要点】要求优先权

【解析】《专利审查指南2010》2-3-4.1.4"外国多项优先权和外国部分优先权"中规定："根据专利法实施细则第三十二条第一款的规定，申请人在一件专利申请中，可以要求一项或者多项优先权；要求多项优先权的，该申请的优先权期限从最早的优先权日起计算。关于外国多项优先权和外国部分优先权的规定如下。(1) 要求多项优先权的专利申请，应当符合专利法第三十一条及专利法实施细则第三十四条关于单一性的规定。(2) 作为多项优先权基础的外国首次申请可以是在不同的国家或政府间组织提出的。例如，中国在后申请中，记载了两个技术方案A和B，其中，A是在法国首次申请中记载的，B是在德国首次申请中记载的，两者都是在中国在后申请之日以前十二个月内分别在法国和德国提出的，在这种情况下，中国在后申请就可以享有多项优先权，即A享有法国的优先权日，B享有德国的优先权日。如果上述的A和B是两个可供选择的技术方案，申请人用'或'结构将A和B记载在中国在后申请的一项权利要求中，则中国在后申请同样可以享有多项优先权，即不同的优先权日。但是，如果中国在后申请记载的一项技术方案是由两件或者两件以上外国首次申请中分别记载的不同技术特征组合成的，则不能享有优先权。例如，中国在后申请中记载的一项技术方案是由一件外国首次申请中记载的特征C和另一件外国首次申请中记载的特征D组合而成的，而包含特征C和D的技术方案未在上述两件外国首次申请中记载，则中国在后申请就不能享有以此两件外国首次申请为基础的外国优先权。……"根据相同主题的发明创造的定义，就可以得出上述《专利审查指南2010》2-3-4.1.4"外国多项优先权和外国部分优先权"中关于享有优先权的规定。上述规定的主要理由是，在具备实用性的前提下，如果一件技术方案是由两项及以上技术方案组合而成的，那么在组合的方案之间必须存在使其结合的技术启示才能够将两个技术方案结合在一起。如果本领域技术人员可以根据公知常识得出该技术启示，那么该结合后的技术方案所解决的技术问题、技术方案和预期的效果必然和结合前的任何一个技术方案都不相同，其与结合前的任一技术方案均不属于相同主题的发明创造；如果现有技术中不存在该技术启示，那么该结合已经具备创造性，其和结合前的任何技术方案更不会属于相同主题的发明创造。综上，选项A、B、C错误，不符合题意；选项D正确，符合题意。

（四）驳回决定和授权通知

109.（2012年卷一第97题）下列哪些情形属于发明专利申请经实质审查应当予以驳回的情形？

A. 权利要求未以说明书为依据
B. 分案申请超出原说明书和权利要求书记载的范围
C. 专利申请所涉及的发明在中国完成，且向外国申请专利前未报经国家知识产权局进行保密审查

D. 专利申请是依赖遗传资源完成的发明创造，申请人在专利申请文件中没有说明该遗传资源的直接来源

【知识要点】发明专利申请驳回的情形

【解析】《专利审查指南2010》2-8-6.1.2"驳回的种类"中规定："专利法实施细则第五十三条规定的驳回发明专利申请的情形如下：(1) 专利申请的主题违反法律、社会公德或者妨害公共利益，或者申请的主题是违反法律、行政法规的规定获取或者利用遗传资源，并依赖该遗传资源完成的，或者申请的主题属于专利法第二十五条规定的不授予发明专利权的客体；(2) 专利申请不是对产品、方法或者其改进所提出的新的技术方案；(3) 专利申请所涉及的发明在中国完成，且向外国申请专利前未报经专利局进行保密审查的；(4) 专利申请的发明不具备新颖性、创造性或实用性；(5) 专利申请没有充分公开请求保护的主题，或者权利要求未以说明书为依据，或者权利要求未清楚、简要地限定要求专利保护的范围；(6) 专利申请是依赖遗传资源完成的发明创造，申请人在专利申请文件中没有说明该遗传资源的直接来源和原始来源；对于无法说明原始来源的，也没有陈述理由；(7) 专利申请不符合专利法关于发明专利申请单一性的规定；(8) 专利申请的发明是依照专利法第九条规定不能取得专利权的；(9) 独立权利要求缺少解决技术问题的必要技术特征；(10) 申请的修改或者分案的申请超出原说明书和权利要求书记载的范围。"故选项A、B、C、D均正确，符合题意。

110.（2007年卷一第97题）下列哪些情形属于发明专利申请经实质审查应当予以驳回的情形？

A. 说明书没有对发明作出清楚、完整的说明，致使所属技术领域的技术人员无法实现
B. 引用两项以上权利要求的多项从属权利要求，没有以择一的方式引用在前的权利要求
C. 独立权利要求缺少解决技术问题的必要技术特征
D. 权利要求书没有以说明书为依据，说明要求专利保护的范围

【知识要点】实质审查的驳回理由

【解析】《专利法实施细则》第53条规定："依照专利法第三十八条的规定，发明专利申请经实质审查应当予以驳回的情形是指：（一）申请属于专利法第五条、第二十五条规定的情形，或者依照专利法第九条规定不能取得专利权的；（二）申请不符合专利法第二条第二款、第二十条第一款、第二十二条、第二十六条第三款、第四款、第九款、第三十一条第一款或者本细则第二十条第二款规定的；（三）申请的修改不符合专利法第三十三条规定，或者分案的申请不符合本细则第四十三条第一款的规定的。"

A、D.《专利法》第26条第3款、第4款规定："说明书应当对发明或者实用新型作出清楚、完整的说明，以所属技术领域的技术人员能够实现为准；必要的时候，应当有附图。摘要应当简要说明发明或者实用新型的技术要点。权利要求书应当以说明书为依据，清楚、简要地限定要求专利保护的范围。"故选项A、D正确，符合题意。

B.《专利法实施细则》第22条第2款规定："从属权利要求只能引用在前的权利要求。引用两项以上权利要求的多项从属权利要求，只能以择一方式引用在前的权利要求，并不得作为另一项多项从属权利要求的基础。"《专利法实施细则》第22条第2款并不是《专利法实施细则》第53条中规定的实质审查的驳回理由。故选项B错误，不符合题意。

C.《专利法实施细则》第20条第2款规定："独立权利要求应当从整体上反映发明或者实用新型的技术方案，记载解决技术问题的必要技术特征。"故选项C正确，符合题意。

111.（2002年卷四第49题）发明专利申请文件存在下列哪些缺陷属于在实质审查程序中可以驳回申请的情形？

A. 修改超出原始申请文本记载的范围
B. 权利要求所述技术方案缺少必要技术特征
C. 说明书中没有写明各个部分的小标题，并且各个部分撰写次序不符合规定
D. 虽然从具体实施方案部分可以明确地得出各权利要求所述技术方案，但是说明书的发明内容部分没有清楚地记载与各权利要求对应的技术方案

【知识要点】实质审查程序中驳回申请的情形

【解析】《专利法实施细则》第53条规定：（参见本章第110题解析）。并且《专利法》第38条规定："发明专利申请经申请人陈述意见或者进行修改后，国务院专利行政部门仍然认为不符合本法规定的，应当予以驳回。"《专利审查指南2010》2-8-1"引言"中规定："根据专利法第三十八条的规定，在实质审查中，发明专利申请经申请人陈述意见或者进行修改后，专利局认为仍然不符合专利法规定，即仍然存在属于专利法实施细则第五十三条规定情形的缺陷的，应当予以驳回。"

A.《专利法》第33条规定："申请人可以对其专利申请文件进行修改，但是，对发明和实用新型专利申请文件的修改不得超出原说明书和权利要求书记载的范围，对外观设计专利申请文件的修改不得超出原图片或者照片表示的范围。"故选项A正确，符合题意。

B.《专利法实施细则》第20条第2款规定："独立权利要求应当从整体上反映发明或者实用新型的技术方案，记载解决技术问题的必要技术特征。"故选项B正确，符合题意。

C、D.《专利法实施细则》第17条第1款、第2款中规定："发明或者实用新型专利申请的说明书应当写明发明或者实用新型的名称，该名称应当与请求书中的名称一致。说明书应当包括下列内容：（一）技术领域；……（二）背

景技术：……（三）发明内容：写明发明或者实用新型所要解决的技术问题以及解决其技术问题采用的技术方案，并对照现有技术写明发明或者实用新型的有益效果；（四）附图说明：……（五）具体实施方式：……发明或者实用新型专利申请人应当按照前款规定的方式和顺序撰写说明书，并在说明书每一部分前面写明标题，除非其发明或者实用新型的性质用其他方式或者顺序撰写能节约说明书的篇幅并使他人能够准确理解其发明或者实用新型。"在《专利法实施细则》第53条规定的驳回理由中不包括《专利法实施细则》第17条，因此其不是实质审查程序中可以驳回申请的直接理由。故选项C、D错误，不符合题意。

（注意：根据《专利法实施细则》第44条的规定，申请不符合《专利法实施细则》第17条和《专利法》第38条规定的，属于初步审查中可以驳回的理由。但实质审查的驳回理由只能限制在《专利法实施细则》第53条所列举条款的范围内，初步审查中的驳回理由并不等于实质审查中的驳回理由。这样做的目的主要是保障申请人的利益。经过初步审查合格的申请，通常已经不存在形式缺陷，在实质审查中一般都针对《专利法实施细则》第53条所规定的实质性问题进行审查，而不以形式缺陷驳回。）

（五）实质审查程序的终止、中止和恢复

四、实用新型专利申请的初步审查

（一）实用新型专利申请初步审查的范围

（二）实用新型专利申请初步审查的审查原则

112.（2015年卷一第31题）下列说法哪些是正确的？
A. 发明专利申请须经过初步审查、公布、实质审查才能授予专利权
B. 实用新型专利保护对产品及其制造方法所提出的适于实用的新的技术方案
C. 外观设计专利权授予最先设计的人
D. 任何单位或者个人实施他人专利的，应当与专利权人订立实施许可合同

【知识要点】专利审批流程、实用新型保护客体、实施许可合同

【解析】A.《专利法》第34条规定："国务院专利行政部门收到发明专利申请后，经初步审查认为符合本法要求的，自申请日起满十八个月，即行公布。国务院专利行政部门可以根据申请人的请求早日公布其申请。"《专利法》第35条规定："发明专利申请自申请日起三年内，国务院专利行政部门可以根据申请人随时提出的请求，对其申请进行实质审查；申请人无正当理由逾期不请求实质审查的，该申请即被视为撤回。"《专利法》第39条规定："发明专利申请经实质审查没有发现驳回理由的，由国务院专利行政部门作出授予发明专利权的决定，发给发明专利证书，同时予以登记和公告。发明专利权自公告之日起生效。"可见，一项发明专利获得授权需要历经初步审查、公布、实质审查才能授予专利权。选项A正确，符合题意。需要注意的是，《专利审查指南2010》5-5-4"保密专利申请的审批流程"中规定："对于发明专利申请，初步审查和实质审查按照与一般发明专利申请相同的基准进行。初步审查合格的保密专利申请不予公布，实质审查请求符合规定的，直接进入实质审查程序。经实质审查没有发现驳回理由的，作出授予保密发明专利权的决定，并发出授予发明专利权通知书和办理登记手续通知书。"保密专利（含国防专利和一般涉密专利）中发明专利的审批流程无"公布"这一步骤。

B.《专利法》第2条第3款规定："实用新型，是指对产品的形状、构造或者其结合所提出的适于实用的新的技术方案。"此外，《专利审查指南2010》1-2-6.1"实用新型专利只保护产品"中规定"根据专利法第二条第三款的规定，实用新型专利只保护产品。……一切方法以及未经人工制造的自然存在的物品不属于实用新型保护的客体。"可见，实用新型专利不保护方法，选项B错误，不符合题意。

C.《专利法》第9条第2款规定："两个以上的申请人分别就同样的发明创造申请专利的，专利权授予最先申请的人。"故选项C错误，不符合题意。

D.《专利法》第12条规定："任何单位或者个人实施他人专利的，应当与专利权人订立实施许可合同，向专利权人支付专利使用费。被许可人无权允许合同规定以外的任何单位或者个人实施该专利。"故选项D正确，符合题意。

113.（2014年卷一第46题）国家知识产权局于2013年12月16日针对某发明专利申请发出第二次审查意见通知书，要求申请人在收到该通知书之日起2个月内陈述意见，申请人于2013年12月20日收到该通知书。若申请人请求延长该答复期限，下列说法哪些是正确的？
A. 申请人应当于2014年2月20日前提交延长期限请求书
B. 申请人可以于2014年2月28日提交延长期限请求书
C. 申请人可以请求将该答复期限延长6个月
D. 申请人应当在答复期限届满前缴纳延长期限请求费

【知识要点】期限的延长

【解析】《专利法实施细则》第6条第4款规定:"当事人请求延长国务院专利行政部门指定的期限的,应当在期限届满前,向国务院专利行政部门说明理由并办理有关手续。"《专利法实施细则》第4条第3款规定:"国务院专利行政部门邮寄的各种文件,自文件发出之日起满15日,推定为当事人收到文件之日。《专利法实施细则》第5条规定:"专利法和本细则规定的各种期限的第一日不计算在期限内。期限以年或者月计算的,以其最后一月的相应日为期限届满日;该月无相应日的,以该月最后一日为期限届满日;期限届满日是法定休假日的,以休假日后的第一个工作日为期限届满日。"本题中,国家知识产权局发出第二次审查意见通知书的日期是2013年12月16日,申请人的推定收到日为2013年12月31日,故申请人应当在2014年2月28日前办理延长期限的手续。故选项A错误,不符合题意;选项B、D正确,符合题意。《专利审查指南2010》5-7-4.2"延长期限请求的批准"中规定:"延长期限请求由作出相应通知和决定的部门或者流程管理部门进行审批。延长的期限不足一个月的,以一个月计算。延长的期限不得超过两个月。对同一通知或者决定中指定的期限一般只允许延长一次。"故选项C错误,不符合题意。

114.（2014年卷一第31题）李某就其在中国完成的发明创造向国家知识产权局提交了实用新型专利申请,下列说法哪些是正确的?

A. 该实用新型专利申请须经过实质审查才能被授予专利权
B. 该实用新型专利申请须经过初步审查才能被授予专利权
C. 该实用新型专利申请被受理后,李某可以请求国家知识产权局作出专利权评价报告
D. 李某就该发明创造向外国申请专利的,应当提出保密审查请求

【知识要点】实用新型的审查制度、专利权评价报告、保密审查

【解析】A、B.《专利法》第40条规定:"实用新型和外观设计专利申请经初步审查没有发现驳回理由的,由国务院专利行政部门作出授予实用新型专利权或者外观设计专利权的决定,发给相应的专利证书,同时予以登记和公告。实用新型专利权和外观设计专利权自公告之日起生效。"故选项A错误,不符合题意;选项B正确,符合题意。

C.《专利法实施细则》第56条第1款规定:"授予实用新型或者外观设计专利权的决定公告后,专利法第六十条规定的专利权人或者利害关系人可以请求国务院专利行政部门作出专利权评价报告。"故选项C错误,不符合题意。

D.《专利法》第20条第1款规定:"任何单位或者个人将在中国完成的发明或实用新型向外国申请专利的,应当事先报经国务院专利行政部门进行保密审查。保密审查的程序、期限等按照国务院的规定执行。"故选项D正确,符合题意。

（三）文件的形式审查

（四）手续合法性审查

（五）明显实质性缺陷审查

（六）授权通知或驳回决定

五、外观设计专利申请的初步审查

（一）外观设计专利申请初步审查的范围

（二）文件的形式审查

（三）手续合法性审查

（四）明显实质性缺陷的审查

115.（2007年卷一第95题）以下有关外观设计专利申请的哪些说法是正确的?

A. 申请人应当就每件外观设计产品所需要保护的内容提交有关视图或者照片,清楚地显示请求保护的对象
B. 申请人可以在自申请日起2个月内对其申请文件主动提出修改
C. 申请人就相同外观设计在外国首次提出申请后,又在中国申请外观设计专利并要求优先权的,应当自首次提出申请之日起12个月内向国家知识产权局提出申请
D. 外观设计的简要说明应当写明使用该外观设计的产品的设计要点、产品性能、请求保护的色彩、省略的视图等情况

【知识要点】外观设计专利

【解析】A.《专利法实施细则》第27条第2款规定:"申请人应当就每件外观设计产品所需要保护的内容提交有关图片或者照片。"故选项A正确,符合题意。

B.《专利法实施细则》第51条第2款规定:"实用新型或者外观设计专利申请人自申请日起2个月内,可以对实用新型或者外观设计专利申请主动提出修改。"故选项B正确,符合题意。

C.《专利法》第29条第1款规定:"申请人自发明或者实用新型在外国第一次提出专利申请之日起十二个月内,或者自外观设计在外国第一次提出专利申请之日起六个月内,又在中国就相同主题提出专利申请的,依照该外国同中国签订的协议或者共同参加的国际条约,或者依照相互承认优先权的原则,可以享有优先权。"故选项C错误,不符合题意。

D.《专利法实施细则》第28条规定:"外观设计的简要说明应当写明外观设计产品的名称、用途,外观设计的设计要点,并指定一幅最能表明设计要点的图片或者照片。省略视图或者请求保护色彩的,应当在简要说明中写明。对同一产品的多项相似外观设计提出一件外观设计专利申请的,应当在简要说明中指定其中一项作为基本设计。简要说明不得使用商业性宣传用语,也不能用来说明产品的性能。"故选项D错误,不符合题意。

六、答复和修改

(一)涉及发明专利申请的答复和修改

116.(2012年卷一第15题)下列关于申请人对审查意见通知书答复的哪种说法是正确的?
A. 申请人为单位,且未委托专利代理机构的,其答复应当加盖公章并应当有发明人的签字或者盖章
B. 申请人为单位,但委托了专利代理机构的,其答复应当由其所委托的专利代理机构盖章,并由委托书中指定的专利代理人签字或者盖章
C. 申请人为个人,且未委托专利代理机构的,其答复只需要由联系人签字或者盖章
D. 申请人为个人,但委托了专利代理机构的,其答复只需要委托书中指定的专利代理人签字或者盖章

【知识要点】答复意见的签署

【解析】《专利审查指南2010》2-8-5.1.2"答复的签署"中规定:"申请人未委托专利代理机构的,其提交的意见陈述书或者补正书,应当有申请人的签字或者盖章;申请人是单位的,应当加盖公章;申请人有两个以上的,可以由其代表人签字或者盖章。申请人委托了专利代理机构的,其答复应当由其所委托的专利代理机构盖章,并由委托书中指定的专利代理人签字或者盖章。专利代理人变更之后,由变更后的专利代理人签字或者盖章。申请人未委托专利代理机构的,如果其答复没有申请人的签字或者盖章(当申请人有两个以上时,应当有全部申请人的签字或盖章,或者至少有其代表人的签字或盖章),审查员应当将该答复退回初步审查部门处理。申请人委托了专利代理机构的,如果其答复没有专利代理机构盖章,或者由申请人本人作出了答复,审查员应当将该答复退回初步审查部门处理。"故选项A、C、D错误,不符合题意;选项B正确,符合题意。

117.(2016年卷一第63题)关于针对审查意见通知书的答复,下列说法正确的是?
A. 电子申请的申请人仍可以采用纸件形式提交答复意见
B. 申请人因正当理由难以在指定期限内做出答复的,可以在期限届满前提出不超过2个月的延期请求
C. 直接提交给审查员的答复文件不视为正式答复,不具备法律效力
D. 申请人有两个以上且委托了专利代理机构的,提交答复意见时可以仅由代表人签字

【知识要点】答复的期限

【解析】A.《专利审查指南2010》5-11-5.5"需要提交纸件原件的文件"中规定:"申请人提出电子申请并被受理的,办理专利申请的各种手续应当以电子文件形式提交。对专利法及其实施细则和本指南中规定的必须以原件形式提交的文件,例如,费用减缓证明、专利代理委托书、著录项目变更证明和复审及无效程序中的证据等,应当在专利法及其实施细则和本指南中规定的期限内提交纸件原件。其中,申请专利时提交费用减缓证明的,申请人还应当同时提交费用减缓证明纸件原件的扫描文件。"故选项A不正确,不符合题意。

B.《专利审查指南2010》5-7-4.1"延长期限请求"中规定:"当事人因正当理由不能在期限内进行或者完成某一行为或者程序时,可以请求延长期限。可以请求延长的期限仅限于指定期限。但在无效宣告程序中,专利复审委员会指定的期限不得延长。请求延长期限的,应当在期限届满前提交延长期限请求书,说明理由,并缴纳延长期限请求费。延长期限请求费以月计算。"《专利审查指南2010》5-7-4.2"延长期限请求的批准"中规定:"延长期限请求由作出相应通知和决定的部门或者流程管理部门进行审批。延长的期限不足一个月的,以一个月计算。延长的期限不得超过两个月。对同一通知或者决定中指定的期限一般只允许延长一次。延长期限请求不符合规定的,审查员应当发出延长期限审批通知书,并说明不予延长期限的理由;符合规定的,审查员应当发出延长期限审批通知书,在计算机系统中更改该期限的届满日,继续监视该期限。"故选项B正确,符合题意。

C.《专利审查指南2010》2-8-5.1.1"答复的方式"中规定:"申请人的答复应当提交给专利局受理部门。直接提交给审查员的答复文件或征询意见的信件不视为正式答复,不具备法律效力。"故选项C正确,符合题意。

D.《专利审查指南2010》2-8-5.1.2"答复的签署"中规定:"申请人委托了专利代理机构的,其答复应当由其所委托的专利代理机构盖章,并由委托书中指定的专利代理人签字或者盖章。专利代理人变更之后,由变更后的专利代理人签字或者盖章。"故选项D不正确,不符合题意。

118.(2013年卷一第83题)下列哪些修改超出了原说明书和权利要求书记载的范围?

A. 原说明书和权利要求书中仅记载了组合物的某成分含量为5%或者45%～50%,申请人将上述含量修改为5%～50%

B. 原说明书和权利要求书中仅记载了在"高压"下进行反应,申请人将"高压"修改为"7～10个大气压"

C. "一种车辆的闸"仅记载于原摘要中,申请人将原说明书中记载的"一种自行车闸"修改为"一种车辆的闸"

D. 原说明书和权利要求书中未记载"弹性材料",申请人将原权利要求书中记载的"橡胶"修改为"弹性材料"

【知识要点】修改

【解析】A.《专利审查指南2010》2-8-5.2.3.2"不允许的改变"中规定:"改变说明书中的某些特征,使得改变后反映的技术内容不同于原申请文件记载的内容,超出了原说明书和权利要求书记载的范围。【例4】原申请文件中限定组合物的某成分的含量为5%或者45%～60%,后来说明书中修改为5%～60%,如果根据原申请文件记载的内容不能直接地、毫无疑义地得到该含量范围,则该修改超出了原说明书和权利要求书记载的范围。"故选项A符合题意。

B.《专利审查指南2010》2-8-5.2.3.2"不允许的改变"中规定:"由不明确的内容改成明确具体的内容而引入原申请文件中没有的新的内容。【例如】一件有关合成高分子化合物的发明专利申请,原申请文件中只记载在'较高的温度'下进行聚合反应。当申请人看到审查员引证的一份对比文件中记载了在40℃下进行同样的聚合反应后,将原说明书中'较高的温度'改成'高于40℃的温度'。虽然'高于40℃的温度'的提法包括在'较高的温度'范围内,但是,所属技术领域的技术人员,并不能从原申请文件中理解到'较高的温度'是指'高于40℃的温度'。因此,这种修改引入了新内容。"故选项B符合题意。

C.《专利审查指南2010》2-2-2.4"说明书摘要"中规定:"摘要的内容不属于发明或者实用新型原始记载的内容,不能作为以后修改说明书或者权利要求书的根据,也不能用来解释专利权的保护范围。"《专利审查指南2010》2-8-5.2.3.2"不允许的修改"中规定:"改变权利要求中的技术特征,超出了原权利要求书和说明书记载的范围。……【例3】原权利要求请求保护一种自行车闸,后来申请人把权利要求修改成一种车辆的闸,而从原权利要求书和说明书不能直接得到修改后的技术方案。这种修改也超出了原权利要求书和说明书记载的范围。"故选项C符合题意。

D.《专利审查指南2010》2-8-5.2.3.2"不允许的修改"中规定:"改变权利要求中的技术特征,超出了原权利要求书和说明书记载的范围。……【例2】原权利要求涉及制造橡胶的成分,不能将其改成制造弹性材料的成分,除非原说明书已经清楚地指明。"故选项D符合题意。

119.(2016年卷一第72题)陈某拥有一项发明专利申请,其中权利要求1及其从属权利要求2涉及一种转笔刀,权利要求3为另一项产品独立权利要求,涉及一种铅笔。实质审查过程中,审查员指出独立权利要求1和3之间缺乏单一性,陈某在答复时删除了权利要求3。最终该申请因权利要求1不具备创造性被驳回。陈某在提出复审请求时对权利要求书进行了修改。下列哪些修改方式符合相关规定?

A. 根据说明书中的实施例进一步限定权利要求1,即将说明书中记载的某技术特征补入权利要求1

B. 删除权利要求1,将从属权利要求2作为新的权利要求1

C. 将权利要求1-2修改为制作转笔刀方法的权利要求

D. 删除权利要求1-2,将原权利要求3作为新的权利要求1

【知识要点】修改

【解析】《专利审查指南2010》4-2-4.2"修改文本的审查"中规定:"在提出复审请求、答复复审通知书(包括复审请求口头审理通知书)或者参加口头审理时,复审请求人可以对申请文件进行修改。但是,所作修改应当符合专利法第三十三条和专利法实施细则第六十一条第一款的规定。根据专利法实施细则第六十一条第一款的规定,复审请求人对申请文件的修改应当仅限于消除驳回决定或者合议组指出的缺陷。下列情形通常不符合上述规定:(1)修改后的权利要求相对于驳回决定针对的权利要求扩大了保护范围;(2)将与驳回决定针对的权利要求所限定的技术方案缺乏单一性的技术方案作为修改后的权利要求;(3)改变权利要求的类型或者增加权利要求;(4)针对驳回决定指出的缺陷未涉及的权利要求或者说明书进行修改。但修改明显文字错误,或者修改与驳回决定所指出缺陷性质相同的缺陷的情形除外。"故选项A、B符合题意,选项C、D不符合题意。

120.(2013年卷一第91题)某权利要求中记载了数值范围X=30～250,说明书中还记载了X=30,100,200,250的实施例。某对比文件中公开了数值范围X=10～90和X=30的实施例,该对比文件破坏了该权利要求的新颖性。申请人对该数值范围进行的下列哪些修改既满足了新颖性的要求,又未超出原始申请文件公开的范围?

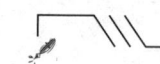

A. X=100～250　　　B. 30≤X≤200　　　C. X=200～250　　　D. X=95～250

【知识要点】修改

【解析】关于含有数值范围技术特征的权利要求中数值范围的修改，《专利审查指南2010》2-8-5.2.2.1"对权利要求书的修改"中规定："对于含有数值范围技术特征的权利要求中数值范围的修改，只有在修改后数值范围的两个端值在原说明书和/或权利要求书中已确实记载且修改后的数值范围在原数值范围之内的前提下，才是允许的。例如，权利要求的技术方案中，某温度为20℃～90℃，对比文件公开的技术内容与该技术方案的区别是其所公开的相应的温度范围为0℃～100℃，该文件还公开了该范围内的一个特定值40℃，因此，审查员在审查意见通知书中指出该权利要求无新颖性。如果发明专利申请的说明书或者权利要求书还记载了20℃～90℃范围内的特定值40℃、60℃和80℃，则允许申请人将权利要求中该温度范围修改成60℃～80℃或者60℃～90℃。"关于包含有数值和数值范围的技术特征的权利要求的新颖性，《专利审查指南2010》2-3-3.2.4"数值和数值范围"中规定："对比文件公开的数值或者数值范围落在上述限定的技术特征的数值范围内，将破坏要求保护的发明或者实用新型的新颖性。……对比文件公开的数值范围与上述限定的技术特征的数值范围部分重叠或者有一个共同的端点，将破坏要求保护的发明或者实用新型的新颖性。"

A.C. 选项A、C中修改后的数值范围在原权利要求的数值范围之内，且两个端值在原说明书中均有记载，同时满足了新颖性的要求。故选项A、C符合题意。

B. 选项B中尽管修改后的数值范围在原权利要求的数值范围之内，且两个端值在原说明书中均有记载，但对比文件破坏了该修改后的权利要求的新颖性。故选项B不符合题意。

D. 选项D中尽管修改后的数值范围在原权利要求的数值范围之内，但其中有一个端值95在原说明书中没有记载，超出了原始申请文件公开的范围。故选项D不符合题意。

121.（2013年卷一第44题）下列关于审查意见通知书的说法哪些是正确的？
A. 在任何情况下，第一次审查意见通知书都应当写明审查员对申请的实质方面和形式方面的全部意见
B. 在审查意见通知书中可以提出修改的建议供申请人修改时参考
C. 申请由于不具备新颖性而不可能被授予专利权的，通知书中可以仅对独立权利要求进行评述，不对从属权利要求进行评述
D. 审查文本超出原说明书和权利要求书记载范围的，审查员可以针对审查文本之外的其他文本提出审查意见，供申请人参考

【知识要点】审查意见通知书的要求

【解析】A.D.《专利审查指南2010》2-8-4.10.1"总的要求"中规定："除该申请因存在严重实质性缺陷而无授权前景（例如本章第4.3节、第4.8节的情况）或者审查员因申请缺乏单一性而暂缓继续审查之外，第一次审查意见通知书应当写明审查员对申请的实质方面和形式方面的全部意见。此外，在审查文本不符合专利法第三十三条规定的情况下，审查员也可以针对审查文本之外的其他文本提出审查意见，供申请人参考。"故选项A错误，不符合题意；选项D正确，符合题意。

B.《专利审查指南2010》2-8-4.10.1"总的要求"中规定："为了使申请人尽快地作出符合要求的修改，必要时审查员可以提出修改的建议供申请人修改时参考。"故选项B正确，符合题意。

C.《专利审查指南2010》2-8-2.2"实质审查程序中的基本原则"中对程序节约原则进行了规定："除非确认申请根本没有被授权的前景，审查员应当在第一次审查意见通知书中，将申请中不符合专利法及其实施细则规定的所有问题通知申请人，要求其在指定期限内对所有问题给予答复，尽量地减少与申请人通信的次数，以节约程序"。C选项中，由于申请不具备新颖性，因此，审查员在审查意见通知书中应当对独立权利要求和从属权利要求不具备新颖性进行评述，故选项C错误，不符合题意。

122.（2013年卷一第55题）申请人在答复审查意见通知书时所进行的下列哪些修改可以被接受？
A. 主动增加新的独立权利要求，该独立权利要求限定的技术方案在原权利要求书中未出现过
B. 删除一项权利要求中的并列技术方案
C. 将独立权利要求相对于最接近的现有技术正确划界
D. 修改通知书中未指出的多项从属权利要求引用多项权利要求的缺陷

【知识要点】修改

【解析】《专利法实施细则》第51条第3款规定："申请人在收到国务院专利行政部门发出的审查意见通知书后对专利申请文件进行修改的，应当针对通知书指出的缺陷进行修改。"

A.《专利审查指南2010》2-8-5.2.1.3"答复审查意见通知书的修改方式"中规定："当出现下列情况时，即使修改的内容没有超出原说明书和权利要求书记载的范围，也不能被视为是针对通知书指出的缺陷进行的修改，因而不予接受。（1）主动删除独立权利要求中的技术特征，扩大了该权利要求请求保护的范围。……（2）主动改变独立权利要求中的技术特征，导致扩大了请求保护的范围。……（3）主动将仅在说明书中记载的与原来要求保护的主题缺

乏单一性的技术内容作为修改后权利要求的主题。……（4）主动增加新的独立权利要求，该独立权利要求限定的技术方案在原权利要求书中未出现过。……（5）主动增加新的从属权利要求，该从属权利要求限定的技术方案在原权利要求书中未出现过。"故选项A错误，不符合题意。

B.《专利审查指南2010》2-8-5.2.2.1"对权利要求书的修改"中规定："删除一项或多项权利要求，以克服原第一独立权利要求和并列的独立权利要求之间缺乏单一性，或者两项权利要求具有相同的保护范围而使权利要求书不简要，或者权利要求未以说明书为依据等缺陷，这样的修改不会超出原权利要求书和说明书记载的范围，因此是允许的。"故选项B正确，符合题意。

C.《专利审查指南2010》2-8-5.2.2.1"对权利要求的修改"中规定："将独立权利要求相对于最接近的现有技术正确划界。这样的修改不会超出原权利要求书和说明书记载的范围，因此是允许的。"故选项C正确，符合题意。

D.《专利审查指南2010》2-8-5.2.2.1"对权利要求的修改"中规定："修改从属权利要求的引用部分，改正引用关系上的错误，使其准确地反映原说明书中所记载的实施方式或实施例。这样的修改不会超出原权利要求书和说明书记载的范围，因此是允许的。"故选项D正确，符合题意。

123.（2012年卷一第18题）王某于2007年1月9日向国家知识产权局提交了一件发明专利申请，并于2008年10月2日提出了实质审查请求。国家知识产权局于2008年12月5日发出发明专利申请进入实质审查阶段通知书。王某在下列哪个日期主动提交的修改文本应当作为审查的文本？

A. 2008年9月2日　　　　　　　　　B. 2008年12月1日
C. 2009年2月6日　　　　　　　　　D. 2009年4月8日

【知识要点】主动修改的时机

【解析】《专利审查指南2010》2-8-4.1"审查的文本"中规定："申请人在提出实质审查请求时，或者在收到专利局发出的发明专利申请进入实质审查阶段通知书之日起的三个月内，对发明专利申请进行了主动修改的，无论修改的内容是否超出原说明书和权利要求书记载的范围，均应当以申请人提交的经过该主动修改的申请文件作为审查文本。"《专利法实施细则》第4条第1款至第3款规定："向国务院专利行政部门邮寄的各种文件，以寄出的邮戳日为递交日；邮戳日不清晰的，除当事人能够提出证明外，以国务院专利行政部门收到日为递交日。国务院专利行政部门的各种文件，可以通过邮寄、直接送交或者其他方式送达当事人。当事人委托专利代理机构的，文件送交专利代理机构；未委托专利代理机构的，文件送交请求书中指明的联系人。国务院专利行政部门邮寄的各种文件，自文件发出之日起满15日，推定为当事人收到文件之日。"国家知识产权局发出进入实质审查阶段通知书的时间是2008年12月5日，则2008年12月20日是推定王某的收到日，因此自2008年12月20日起3个月内为主动修改的期限，该期限内最后提交的文本应当作为审查文本。故选项C正确，符合题意；选项A、B、D错误，不符合题意。

124.（2012年卷一第22题）申请人在原始提交的说明书和权利要求书中仅记载了如下技术内容：一种汽车，该汽车的轮胎由弹性材料如橡胶制成，该轮胎的直径为50cm～60cm、优选为55cm。下列哪种修改超出了原说明书和权利要求书记载的范围？

A. 在说明书和权利要求书中增加"该汽车具有轮胎"这一技术特征
B. 将权利要求书中轮胎直径的数值范围修改成50cm～55cm
C. 将权利要求书中的"弹性材料"修改成"橡胶"
D. 在说明书中增加了对"尾气净化装置"的描述

【知识要点】专利申请文件进行修改范围

【解析】《专利法》第33条规定："申请人可以对其专利申请文件进行修改，但是，对发明和实用新型专利申请文件的修改不得超出原说明书和权利要求书记载的范围，对外观设计专利申请文件的修改不得超出原图片或者照片表示的范围。"《专利审查指南2010》2-8-5.2.2.1"对权利要求书的修改"中规定："允许的对权利要求书的修改，包括下述各种情形：（1）在独立权利要求中增加技术特征，对独立权利要求作进一步的限定，以克服原独立权利要求无新颖性或创造性、缺少解决技术问题的必要技术特征、未以说明书为依据或者未清楚地限定要求专利保护的范围等缺陷。只要增加了技术特征的独立权利要求所述的技术方案未超出原说明书和权利要求书记载的范围，这样的修改就应当被允许。（2）变更独立权利要求中的技术特征，以克服原独立权利要求未以说明书为依据、未清楚地限定要求专利保护的范围或者无新颖性或创造性等缺陷。只要变更了技术特征的独立权利要求所述的技术方案未超出原说明书和权利要求书记载的范围，这种修改就应当被允许。对于含有数值范围技术特征的权利要求中数值范围的修改，只有在修改后数值范围的两个端值在原说明书和/或权利要求书中已确实记载且修改后的数值范围在原数值范围之内的前提下，才是允许的。例如，权利要求的技术方案中，某温度为20℃～90℃，对比文件公开的技术内容与该技术方案的区别是其所公开的相应的温度范围为0℃～100℃，该文件还公开了该范围内的一个特定值40℃，因此，审查员在审查意见通知书中指出该权利要求无新颖性。如果发明专利申请的说明书或者权利要求书还记载了20℃～90℃范围内的特定值40℃、60℃和80℃，则允许申请人将权利要求中该温度范围修改成60℃～80℃或者60℃～90℃。……"《专利审查指南2010》2-8-5.2.3.1"不允许的增加"中规定："不允许的增加不能允许的增加内容的修改，包括下述几种。（1）将某些不

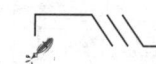

能从原说明书（包括附图）和/或权利要求书中直接明确认定的技术特征写入权利要求和/或说明书。……"故选项A、B、C不符合题意，选项D符合题意。

125. （2012年卷一第55题）在下列哪些情况下，申请人在答复审查意见通知书时所作的修改即使没有超出原说明书和权利要求书记载的范围，也不能被视为是针对通知书指出的缺陷进行的修改？
   A. 主动删除独立权利要求中的技术特征，扩大了该权利要求请求保护的范围
   B. 主动改变独立权利要求中的技术特征，导致扩大了请求保护的范围
   C. 主动将仅在说明书中记载的与原来要求保护的主题缺乏单一性的技术内容作为修改后的权利要求的主题
   D. 主动增加新的从属权利要求，该从属权利要求限定的技术方案在原权利要求书中未出现过
   【知识要点】说明书和权利要求的修改要求
   【解析】《专利审查指南2010》2-8-5.2.1.3"答复审查意见通知书时的修改方式"中规定："当出现下列情况时，即使修改的内容没有超出原说明书和权利要求书记载的范围，也不能被视为是针对通知书指出的缺陷进行的修改，因而不予接受。(1) 主动删除独立权利要求中的技术特征，扩大了该权利要求请求保护的范围。……(2) 主动改变独立权利要求中的技术特征，导致扩大了请求保护的范围。……(3) 主动将仅在说明书中记载的与原来要求保护的主题缺乏单一性的技术内容作为修改后权利要求的主题。……(4) 主动增加新的独立权利要求，该独立权利要求限定的技术方案在原权利要求书中未出现过。(5) 主动增加新的从属权利要求，该从属权利要求限定的技术方案在原权利要求书中未出现过。"故选项A、B、C、D均符合题意。

126. （2012年卷一第76题）下列关于说明书附图的修改，哪些符合关于修改范围的规定？
   A. 增加的内容是通过测量附图得出的尺寸参数技术特征
   B. 将记载于优先权文件中，但未记载在本申请中的附图追加至本申请中
   C. 将说明书附图中的文字注释删除，并补入到说明书文字部分中
   D. 在文字说明清楚的情况下，为使局部结构清楚起见，增加局部放大图
   【知识要点】说明书附图修改规定
   【解析】《专利审查指南2010》2-8-5.2.3.1"不允许的增加"中规定："不能允许的增加内容的修改，包括下述几种。(1) 将某些不能从原说明书（包括附图）和/或权利要求书中直接明确认定的技术特征写入权利要求和/或说明书。(2) 为使公开的发明清楚或者使权利要求完整而补入不能从原说明书（包括附图）和/或权利要求书中直接地、毫无疑义地确定的信息。(3) 增加的内容是通过测量附图得出的尺寸参数技术特征。……"《专利审查指南2010》2-8-5.2.2.2"对说明书及其摘要的修改"中规定："允许的说明书及其摘要的修改包括下述各种情形。……(9) 修改附图。删除附图中不必要的词语和注释，可将其补入说明书文字部分之中；修改附图中的标记使之与说明书文字部分相一致；在文字说明清楚的情况下，为使局部结构清楚起见，允许增加局部放大图；修改附图的阿拉伯数字编号，使每幅图使用一个编号。"故选项A、B错误，不符合题意；选项C、D正确，符合题意。

127. （2011年卷一第37题）下列关于专利申请人针对审查意见通知书提交的答复的说法哪些是正确的？
   A. 申请人有两个以上且未委托专利代理机构的，其答复可以由代表人签字或者盖章
   B. 申请人有两个以上且未委托专利代理机构的，其答复必须由全部申请人签字或者盖章
   C. 申请人是单位的，无论是否委托专利代理机构，其答复必须加盖该单位的公章
   D. 申请人委托了专利代理机构的，其答复应当由申请人及其所委托的专利代理机构签字或者盖章
   【知识要点】答复的签署
   【解析】《专利法实施细则》第119条第1款规定："向国务院专利行政部门提交申请文件或者办理各种手续，应当由申请人、专利权人、其他利害关系人或者其代表人签字或者盖章；委托专利代理机构的，由专利代理机构盖章。"《专利审查指南2010》2-8-5.1.2"答复的签署"中规定："申请人未委托专利代理机构的，其提交的意见陈述书或者补正书，应当有申请人的签字或者盖章；申请人是单位的，应当加盖公章；申请人有两个以上的，可以由其代表人签字或者盖章。申请人委托了专利代理机构的，其答复应当由其所委托的专利代理机构盖章，并由委托书指定的专利代理人签字或者盖章。专利代理人变更之后，由变更后的专利代理人签字或者盖章。"故选项A正确，符合题意；选项B、C、D错误，不符合题意。

128. （2013年卷一第75题）赵某和李某自行提交了一件发明专利申请，赵某是该申请的代表人。2009年6月16日赵某收到了发文日为2009年6月11日的第一次审查意见通知书。下列说法哪些是正确的？
   A. 赵某和李某应当在2009年10月26日前答复该审查意见通知书
   B. 对审查意见通知书的答复可以仅由赵某签字
   C. 对审查意见通知书的答复可以仅仅是意见陈述书
   D. 对审查意见通知书的答复可以直接提交给审查员
   【知识要点】答复的期限、答复的方式、答复的签署
   【解析】《专利法实施细则》第4条第3款规定："国务院专利行政部门邮寄的各种文件，自文件发出之日起满15

日，推定为当事人收到文件之日。"本题中，第一次审查意见通知书的发文日是2009年6月11日，故其收到文件之日为2009年6月26日。

A.《专利审查指南2010》2-8-4.10.3"答复期限"中规定："答复第一次审查意见通知书的期限为四个月。"故赵某和李某应当在2009年10月26日前答复该审查意见通知书，选项A正确，符合题意。

B.《专利审查指南2010》2-8-5.1.2"答复的签署"中规定："申请人未委托专利代理机构的，其提交的意见陈述书或者补正书，应当有申请人的签字或者盖章；申请人是单位的，应当加盖公章；申请人有两个以上的，可以由其代表人签字或者盖章。"本题中，由于赵某是代表人，因此审查意见通知书的答复可以仅由赵某签字。故选项B正确，符合题意。

C.《专利审查指南2010》2-8-5.1"答复"中规定："申请人的答复可以仅仅是意见陈述书，也可以进一步包括经修改的申请文件（替换页和/或补正书）。"故选项C正确，符合题意。

D.《专利审查指南2010》2-8-5.1.1"答复的方式"中规定："申请人的答复应当提交给专利局受理部门。直接提交给审查员的答复文件或征询意见的信件不视为正式答复，不具备法律效力。"故选项D错误，不符合题意。

129.（2011年卷一第53题）下列对专利申请说明书的修改哪些符合相关规定？
A. 将发明名称的字数缩减到45个字
B. 补充实验数据以说明发明的有益效果
C. 补入实施方式和实施例以说明在权利要求请求保护的范围内发明能够实施
D. 申请文件中有附图但缺少附图说明，将所缺附图说明补入说明书中

【知识要点】说明书的修改

【解析】A.D.《专利审查指南2010》2-8-5.2.2.2"对说明书及其摘要的修改"中规定："（1）……发明名称应当尽可能简短，一般不得超过25个字，特殊情况下，例如，化学领域的某些专利申请，可以允许最多到40个字。……（7）修改附图说明。申请文件中有附图，但缺少附图说明的，允许补充所缺的附图说明；附图说明不清楚的，允许根据上下文作出合适的修改。……"故选项A错误，不符合题意；选项D正确，符合题意。

B.C.《专利审查指南2010》2-8-5.2.3.1"不允许的增加"中规定："（6）补入实验数据以说明发明的有益效果，和/或补入实施方式和实施例以说明在权利要求请求保护的范围内发明能够实施。"故选项B、C错误，不符合题意。

130.（2011年卷一第49题）下列在专利申请程序中对权利要求书和说明书的修改，哪些是不允许的？
A. 原权利要求限定了一种在一边开口的唱片套，原说明书中仅记载了三边胶结在一起、一边开口的唱片套，申请人将权利要求修改成"至少在一边开口的唱片套"
B. 原申请文件仅记载了在"较高的温度"下进行聚合反应，申请人将原说明书中记载的"较高的温度"修改为"高于40℃的温度"
C. 原申请文件中限定温度范围为10℃～300℃，并公开了100℃时的实施例，申请人将原权利要求中记载的10℃～300℃的温度范围修改为100℃～300℃
D. 原申请文件中记载了"螺旋弹簧支持物"，申请人在说明书中将其修改为"弹性支持物"

【知识要点】对申请文件的修改

【解析】A.B.D.《专利法》第33条规定："申请人可以对其专利申请文件进行修改，但是，对发明和实用新型专利申请文件的修改不得超出原说明书和权利要求书记载的范围，对外观设计专利申请文件的修改不得超出原图片或者照片表示的范围。"《专利审查指南2010》2-8-5.2.3.2"不允许的改变"中规定："不能允许的改变内容的修改，包括下述几种。（1）改变权利要求的技术特征，超出了原权利要求书和说明书记载的范围。……（2）由不明确的内容改成明确具体的内容而引入原申请文件中没有的新的内容。……（4）改变说明书中的某些特征，使得改变后反映的技术内容不同于原申请文件记载的内容，超出了原说明书和权利要求书记载的内容。"选项A、D属于（1）（4）中的情形，符合题意；选项B属于（2）中的情形，符合题意。

C.《专利审查指南2010》2-8-5.2.2.1"对权利要求书的修改"中规定："对于含有数值范围技术特征的权利要求中数值范围的修改，只有在修改后数值范围的两个端值在原说明书和/或权利要求书中已确实记载且修改后的数值范围在原数值范围之内的前提下，才是允许的。"故选项C正确，不符合题意。

131.（2011年卷一第80题）在答复审查意见通知书时，下列哪些修改即使没有超出原说明书和权利要求书记载的范围，也不符合相关规定？
A. 主动将独立权利要求中的"一种用于汽车的供油装置"修改为"一种供油装置"
B. 主动将独立权利要求中的技术特征"螺栓连接"修改为"固定连接"
C. 主动将独立权利要求中的技术特征"弹性部件"修改为"弹簧件"
D. 主动删除一项从属权利要求

【知识要点】对申请文件的修改

【解析】《专利法实施细则》第51条第3款规定:"申请人在收到国务院专利行政部门发出的审查意见通知书后对专利申请文件进行修改的,应当针对通知书指出的缺陷进行修改。"《专利审查指南2010》2-8-5.2.1.3"答复审查意见通知书时的修改方式"中规定:"……但是,当出现下列情况时,即使修改的内容没有超出原说明书和权利要求书记载的范围,也不能被视为是针对通知书指出的缺陷进行的修改,因而不予接受。……(2)主动改变独立权利要求中的技术特征,导致扩大了请求保护的范围。……"选项A、B属于(2)中的规定,符合题意,选项C、D不符合题意。

132.(2010年卷一第31题)申请人于2005年4月1日提出了一件发明专利申请,并于2005年5月1日提交了实质审查请求书。2007年1月19日申请人收到国家知识产权局发出的发明专利申请进入实质审查阶段通知书,其在下列哪些日期提交的修改文件符合主动修改时机的规定?

A. 2005年4月2日
B. 2007年3月1日
C. 2007年4月18日
D. 2007年5月19日

【知识要点】主动修改的时机

【解析】《专利法实施细则》第51条第1款规定:"发明专利申请人在提出实质审查请求时以及在收到国务院专利行政部门发出的发明专利申请进入实质审查阶段通知书之日起的3个月内,可以对发明专利申请主动提出修改。"《专利审查指南2010》2-8-5.2.1.2"主动修改的时机"中规定:"申请人仅在下述两种情形下可对其发明专利申请文件进行主动修改:(1)在提出实质审查请求时;(2)在收到专利局发出的发明专利申请进入实质审查阶段通知书之日起的三个月内。"2005年5月1日和收到进入实质审查阶段通知书后的3个月内,为主动修改的合法时机。故选项A、D错误,不符合题意;选项B、C正确,符合题意。

133.(2010年卷一第43题)在实质审查期间,国家知识产权局发出的审查意见通知书指出,专利申请未充分公开权利要求中要求保护的技术方案。申请人可以采取下列哪些答复方式?

A. 在意见陈述书中指出,上述未充分公开的内容属于本领域的公知常识,因此无需写入专利申请文件,并随附了证明上述内容为申请日前公知常识的证据
B. 在意见陈述书中指出,原申请文件不存在上述未充分公开的缺陷,并说明了理由
C. 将仅记载在原说明书摘要中的内容补入说明书的文字部分,并说明了理由
D. 在意见陈述书中指出,未充分公开的内容已记载在原说明书背景技术部分所引用的申请日前已公开的文献中

【知识要点】发明专利申请的答复和修改

【解析】A、B.《专利法》第33条规定:"申请人可以对其专利申请文件进行修改,但是,对发明和实用新型专利申请文件的修改不得超出原说明书和权利要求书记载的范围,对外观设计专利申请文件的修改不得超出原图片或者照片表示的范围。"《专利审查指南2010》2-8-5.1"答复"中规定:"申请人的答复可以仅仅是意见陈述书,也可以进一步包括经修改的申请文件(替换页和/或补正书)。申请人在其答复中对审查意见通知书中的审查意见提出反对意见或者对申请文件进行修改时,应当在其意见陈述书中详细陈述其具体意见,或者对修改内容是否符合相关规定以及如何克服原申请文件存在的缺陷予以说明。"选项A、B提交了意见陈述书,并陈述了如何符合规定的具体意见,符合答复的规定。故选项A、B正确,符合题意。

C.《专利审查指南2010》2-2-2.4"说明书摘要"中规定:"摘要是说明书记载内容的概述,它仅是一种技术信息,不具有法律效力。摘要的内容不属于发明或者实用新型原始记载的内容,不能作为以后修改说明书或者权利要求书的根据,也不能用来解释专利权的保护范围。"故选项C错误,不符合题意。

D.《专利审查指南2010》2-2-2.2.3"背景技术"中规定:"发明或者实用新型说明书的背景技术部分应当写明对发明或者实用新型的理解、检索、审查有用的背景技术,并且尽可能引证反映这些背景技术的文件。尤其要引证包含发明或者实用新型权利要求书中的独立权利要求前序部分技术特征的现有技术文件,即引证与发明或者实用新型专利申请最接近的现有技术文件。说明书中引证的文件可以是专利文件,也可以是非专利文件,例如期刊、杂志、手册和书籍等。……如果引证文件满足上述要求,则认为本申请说明书中记载了所引证文件中的内容。"引证文献也可以作为说明书公开的内容。故选项D正确,符合题意。

134.(2010年卷一第61题)某发明专利申请权利要求的技术方案中温度为10℃～100℃,说明书中还记载了特定值50℃、60℃和90℃。某对比文件公开的技术内容与该技术方案的区别是其所公开的相应的温度范围为-10℃～200℃,该对比文件还公开了该范围内的两个特定值50℃、60℃。据此,下列对权利要求中温度范围的修改,哪些既符合修改的相关规定又能克服不具备新颖性的缺陷?

A. 50℃～90℃
B. 65℃～90℃
C. 60℃～90℃
D. 90℃～100℃

【知识要点】对权利要求书的修改

【解析】《专利审查指南2010》2-8-5.2.2.1"对权利要求书的修改"中规定:"对于含有数值范围技术特征的权利要求中数值范围的修改,只有在修改后数值范围的两个端值在原说明书和/或权利要求书中已确实记载且修改后的数值范围在原数值范围之内的前提下,才是允许的。例如,权利要求的技术方案中,某温度为20℃～90℃,对比文件

公开的技术内容与该技术方案的区别是其所公开的相应的温度范围为0℃～100℃,该文件还公开了该范围内的一个特定值40℃,因此,审查员在审查意见通知书中指出该权利要求无新颖性。如果发明专利申请的说明书或者权利要求书还记载了20℃～90℃范围内的特定值40℃、60℃和80℃,则允许申请人将权利要求中该温度范围修改成60℃～80℃或者60℃～90℃。"该申请中公开了温度范围10℃～100℃和特定值50℃、60℃、90℃,修改后的权利要求数值只能在上述范围内选择。而对比文献的公开使-10℃、200℃、50℃、60℃四个数值均失去了新颖性。所以该申请中仅有数值10℃、90℃和100℃没有被对比文件公开,符合新颖性。上述三个数值的各种组合中,只有90℃～100℃是新颖的,并且包含在原始公开的范围内,符合修改原则。故选项A、B、C错误,不符合题意;选项D正确,符合题意。

135. (2009年卷一第26题) 申请人在提出实质审查请求时对申请文件作出的下列哪些修改是不符合相关规定的?
   A. 在说明书中补入所属技术领域的技术人员不能直接从原权利要求书和说明书中导出的有益效果
   B. 在说明书实施例中补入原权利要求书和说明书未记载的实验数据以说明发明的有益效果
   C. 将仅在原摘要中记载的技术方案补入到说明书中
   D. 用原说明书附图2替换原摘要附图作为新的摘要附图,使其更能反映发明技术方案的主要技术特征

【知识要点】说明书的修改
【解析】A、B、D.《专利审查指南2010》2-8-5.2.3.1"不允许的增加"中规定:"不能允许的增加内容的修改,包括下述几种。……(5)补入了所属技术领域的技术人员不能直接从原始申请中导出的有益效果。(6)补入实验数据以说明发明的有益效果,和/或补入实施方式和实施例以说明在权利要求请求保护的范围内发明能够实施。(7)增补原说明书中未提及的附图,一般是不允许的;如果增补背景技术的附图,或者将原附图中的公知技术附图更换为最接近现有技术的附图,则应当允许。"故选项A、B错误,符合题意;选项D正确,不符合题意。

C.《专利审查指南2010》2-2-2.4"说明书摘要"中规定:"摘要是说明书记载内容的概述,它仅是一种技术信息,不具有法律效力。摘要的内容不属于发明或者实用新型原始记载的内容,不能作为以后修改说明书或者权利要求书的根据,也不能用来解释专利权的保护范围。"故选项C错误,符合题意。

136. (2009年卷一第55题) 某发明专利申请的权利要求限定了组分X的含量为0.1%～0.5%。说明书中记载,对于组分X,其优选的范围是0.1%～1.5%,更优选的范围是0.8%～1.5%。说明书实施例中给出了多个组分X的点值,分别是0.1%、0.3%、0.5%、0.8%、1.3%、1.5%、2%以及2.1%。将权利要求中组分X的含量修改为下列哪些数值没有超出原说明书和权利要求书记载的范围?
   A. 0.1%～1.3%   B. 2.1%   C. 1.3%～1.7%   D. 0.1%～0.3%

【知识要点】权利要求书的修改
【解析】《专利审查指南2010》2-8-5.2.2.1"对权利要求书的修改"中规定:"对于含有数值范围技术特征的权利要求中数值范围的修改,只有在修改后数值范围的两个端值在原说明书和/或权利要求书中已确实记载且修改后的数值范围在原数值范围之内的前提下,才是允许的。"端值"1.3%"在原说明书中有记载,且修改后的数值范围"0.1%～1.3%"在说明书记载的数值范围"0.1%～1.5%"之内。故选项A正确,符合题意。端值"2.1%"在原说明书中有记载,故选项B正确,符合题意。端值"1.7%"在原说明书中没有记载,且修改后的数值范围"1.3%～1.7%"超出了"0.1%～1.5%"之外。故选项C错误,不符合题意。端值"0.3%"在原说明书中有记载,且修改后的数值范围"0.1%～0.3%"在"0.1%～0.5%"之内。故选项D正确,符合题意。

137. (2008年卷一第53题) 一件发明专利申请的权利要求1包含"在反应容器底部中心设置喷嘴,所述喷嘴由金属材料制成"的特征,说明书中记载的对应技术内容为"在反应容器底部中心设置喷嘴,所述喷嘴由铜合金、铝合金或不锈钢制成"。在该申请进入实质审查阶段八个月后发出的第一次审查意见通知书中,审查员规定权利要求1中所记载的"所述喷嘴由金属材料制成"概括了一个较宽的保护范围,因而得不到说明书的支持。申请人为答复审查意见对申请文件进行的下列哪些修改是允许的?
   A. 删除权利要求1中记载的"所述喷嘴由金属材料制成"这一技术特征
   B. 将权利要求1修改为"在反应容器底部中心设置喷嘴,所述喷嘴由金属合金制成"
   C. 将权利要求1修改为"在反应容器底部中心设置喷嘴,所述喷嘴由不锈钢制成"
   D. 没有对权利要求1进行修改,将记载于原说明书中的另一技术方案补入权利要求书中作为与权利要求1并列的独立权利要求,同时在意见陈述书中陈述权利要求1可以得到说明书支持的理由

【知识要点】答复审查意见时的修改
【解析】《专利审查指南2010》2-8-5.2.1.3"答复审查意见通知书时的修改方式"中规定:"但是,当出现下列情况时,即使修改的内容没有超出原说明书和权利要求书记载的范围,也不能被视为是针对通知书指出的缺陷进行的修改,因而不予接受。(1)主动删除独立权利要求中的技术特征,扩大了该权利要求请求保护的范围。例如,申请人从独立权利要求中主动删除技术特征,或者主动删除一个相关的技术术语,或者主动删除限定具体应用范围的技术特征,即使该主动修改的内容没有超出原说明书和权利要求书记载的范围,只要修改导致权利要求请求保护的范围扩大,则这种修改不予接受。(2)主动改变独立权利要求中的技术特征,导致扩大了请求保护的范围。……(3)主动

将仅在说明书中记载的与原来要求保护的主题缺乏单一性的技术内容作为修改后权利要求的主题。……"选项 A 属于上述（1）中规定的情况，选项 D 属于（3）中规定的情况；选项 B 中的修改仍然概括了一个较宽的保护范围，并且得不到说明书的支持，未能消除审查意见通知书指出的缺陷。故选项 A、B、D 的修改不符合规定，不符合题意；选项 C 的修改符合规定，符合题意。

138.（2008 年卷一第 82 题）在收到进入实质审查阶段通知书后两周内，申请人提交的对申请文件所进行的下列修改哪些是不允许的？

　　A. 由于原权利要求 1 的主题名称为"一种猪饲料"，据此将说明书的发明所属技术领域由"涉及一种动物饲料"修改为"涉及一种猪饲料"

　　B. 将未在原权利要求书和原说明书中明确记载，但由原说明书附图 2 测量得出的"反应容器的高度与直径的比例为 3∶1"的技术内容补入说明书实施例中

　　C. 将说明书附图中的反应器壁标记由"2"修改为"5"，使之与原说明书文字部分使用的对应附图标记相一致

　　D. 删除附图 1 中的文字注释，并将所删除的文字注释补入说明书的附图说明部分中，而该文字注释在原权利要求书和原说明书文字部分中没有记载

【知识要点】主动修改

【解析】《专利法实施细则》第 51 条第 1 款规定："发明专利申请人在提出实质审查请求时以及在收到国务院专利行政部门发出的发明专利申请进入实质审查阶段通知书之日起的 3 个月内，可以对发明专利申请主动提出修改。"因此该申请处于可以主动修改的期限内。

　　A.C.D.《专利审查指南 2010》2-8-5.2.2.2"对说明书及其摘要的修改"中规定："允许的说明书及其摘要的修改包括下述各种情形。……（2）修改发明所属技术领域。该技术领域是指该发明在国际专利分类表中的分类位置所反映的技术领域。为便于公众和审查员清楚地理解发明和其相应的现有技术，应当允许修改发明所属技术领域，使其与国际专利分类表中最低分类位置涉及的领域相关。……（9）修改附图。删除附图中不必要的词语和注释，可将其补入说明书文字部分之中；修改附图中的标记使之与说明书文字部分相一致；在文字说明清楚的情况下，为使局部结构清楚起见，允许增加局部放大图；修改附图的阿拉伯数字编号，使每幅图使用一个编号。"故选项 A、C、D 所述的修改是允许的，不符合题意。

　　B. 根据《专利法》第 33 条的规定（参见本章第 133 题解析 A.B），以及《专利审查指南 2010》2-8-5.2.3.1"不允许的增加"中的规定（不能允许的增加内容的修改，包括下述几种。……（3）增加的内容是通过测量附图得出的尺寸参数技术特征。……），故选项 B 所述的修改是不允许的，符合题意。

139.（2007 年卷一第 57 题）赵某和李某是一项发明专利申请的共同申请人，其中赵某是该申请的代表人。2007 年 7 月 16 日赵某接到国家知识产权局向其发出的发文日为 2007 年 7 月 13 日的第一次审查意见通知书，要求其在 4 个月内进行答复。关于该审查意见通知书的答复，以下说法哪些是正确的？

　　A. 赵某和李某应在 2007 年 11 月 28 日前答复该审查意见通知书

　　B. 赵某和李某可以在 2007 年 11 月 28 日前提出延长答复审查意见通知书期限的请求，并在 2007 年 12 月 28 日前缴纳延长期限请求费

　　C. 赵某和李某的答复可以仅仅是意见陈述书，也可以进一步包括经修改的申请文件

　　D. 提交的审查意见通知书答复可以仅由赵某签字或者盖章

【知识要点】审查意见的答复期限和代表人的权限

【解析】A.《专利法实施细则》第 4 条第 3 款规定："国务院专利行政部门邮寄的各种文件，自文件发出之日起满 15 日，推定为当事人收到文件之日。"《专利审查指南 2010》5-7-2.1"期限的起算日"之（2）"自通知和决定的推定收到日起计算"中规定："全部指定期限和部分法定期限自通知和决定的推定收到日起计算。"申请人的推定收到日为 2007 年 7 月 28 日，加上 4 个月的答复期限为 2007 年 11 月 28 日。故选项 A 正确，符合题意。

　　B.《专利法实施细则》第 6 条第 4 款规定："当事人请求延长国务院专利行政部门指定的期限的，应当在期限届满前，向国务院专利行政部门说明理由并办理有关手续。"《专利审查指南 2010》5-7-4.1"延长期限请求"中规定："请求延长期限的，应当在期限届满前提交延长期限请求书，说明理由，并缴纳延长期限请求费。延长期限请求费以月计算。"选项 B 中的缴费期限不符合规定。故选项 B 错误，不符合题意。

　　C.《专利法》第 37 条规定："国务院专利行政部门对发明专利申请进行实质审查后，认为不符合本法规定的，应当通知申请人，要求其在指定的期限内陈述意见，或者对其申请进行修改；无正当理由逾期不答复的，该申请即被视为撤回。"《专利审查指南 2010》2-8-5.1"答复"中规定："对专利局发出的审查意见通知书，申请人应当在通知书指定的期限内作出答复。申请人的答复可以仅仅是意见陈述书，也可以进一步包括经修改的申请文件（替换页和/或补正书）……"故选项 C 正确，符合题意。

　　D.《专利审查指南 2010》1-1-4.1.5"代表人"中规定："除直接涉及共有权利的手续外，代表人可以代表全体申请人办理在专利局的其他手续。直接涉及共有权利的手续包括：提出专利申请，委托专利代理，转让专利申请权、

优先权或者专利权，撤回专利申请，撤销优先权要求，放弃专利权等。直接涉及共有权利的手续应当由全体权利人签字或者盖章。"审查意见通知书的答复不属于直接涉及共有权利的手续，可以由代表人办理。故选项 D 正确，符合题意。

140. (2007年卷一第62题) 申请人在提出实质审查请求时，对其发明专利申请进行的下述哪些修改是可以被允许的？

A. 删除一项或多项权利要求
B. 将附图中的词语和注释补入说明书文字部分
C. 将仅记载在原说明书摘要中的技术特征增加到权利要求中
D. 修改说明书中背景技术部分，使其与独立权利要求前序部分所述技术特征相适应

【知识要点】主动修改的范围

【解析】A.《专利审查指南2010》2-8-5.2.2.1"对权利要求书的修改"中规定："对权利要求书的修改主要包括：通过增加或变更独立权利要求的技术特征，或者通过变更独立权利要求的主题类型或主题名称以及其相应的技术特征，来改变该独立权利要求请求保护的范围；增加或者删除一项或多项权利要求；修改独立权利要求，使其相对于最接近的现有技术重新划界；修改从属权利要求的引用部分，改正其引用关系，或者修改从属权利要求的限定部分，以清楚地限定该从属权利要求请求保护的范围。对于上述修改，只要经修改后的权利要求的技术方案已清楚地记载在原说明书和权利要求书中，就应该允许。"故选项 A 正确，符合题意。

B.《专利审查指南2010》2-8-5.2.2.2"对说明书及其摘要的修改"中规定："……(9) 修改附图。删除附图中不必要的词语和注释，可将其补入说明书文字部分之中；修改附图中的标记使之与说明书文字部分相一致；在文字说明清楚的情况下，为使局部结构清楚起见，允许增加局部放大图；修改附图的阿拉伯数字编号，使每幅图使用一个编号。"故选项 B 正确，符合题意。

C.《专利审查指南2010》2-2-2.4"说明书摘要"中规定："摘要是说明书记载内容的概述，它仅是一种技术信息，不具有法律效力。摘要的内容不属于发明或者实用新型原始记载的内容，不能作为以后修改说明书或者权利要求书的根据，也不能用来解释专利权的保护范围。"故选项 C 错误，不符合题意。

D.《专利审查指南2010》2-8-5.2.2.2"对说明书及其摘要的修改"中规定："……(3) 修改背景技术部分，使其与要求保护的主题相适应。独立权利要求按照专利法实施细则第二十一条的规定撰写的，说明书背景技术部分应当记载与该独立权利要求前序部分所述的现有技术相关的内容，并引证反映这些背景技术的文件。"故选项 D 正确，符合题意。

141. (2007年卷一第74题) 申请人在答复第一次审查意见通知书时所作的下列哪些修改是符合规定的？

A. 申请人在原始申请文件中仅记载了喷墨打印机，第一次审查意见通知书指出其权利要求缺乏创造性，于是申请人在答复时将权利要求书修改为要求保护一种激光打印机
B. 原始权利要求书有两项独立权利要求，分别要求保护打气筒及其制造方法，在答复第一次审查意见通知书时，申请人为了克服原申请涉及打气筒的权利要求缺乏创造性的缺陷，将权利要求书修改为仅要求保护打气筒的制造方法
C. 在原始说明书和权利要求书中，所记载的某温度范围为0℃～95℃，且说明书中公开了该温度范围内的特定值40℃、60℃和80℃。对比文件所公开的技术内容与该申请的区别仅在于温度范围的不同，对比文件中公开的温度为0℃～100℃。审查员在审查意见通知书中指出该申请的权利要求无新颖性，于是申请人将权利要求中该温度范围修改成60℃～80℃
D. 在原始说明书中记载的某温度为≥50℃，原始独立权利要求中相应特征表述为50℃以上，申请人在答复审查意见通知书时按审查员意见将其修改为大于50℃

【知识要点】答复审查意见时的修改范围

【解析】A.《专利审查指南2010》2-8-5.2.3.1"不允许的增加"中规定："不能允许的增加内容的修改，包括下述几种。(1) 将某些不能从原说明书（包括附图）和/或权利要求书中直接明确认定的技术特征写入权利要求和/或说明书。(2) 为使公开的发明清楚或者使权利要求完整而补入不能从原说明书（包括附图）和/或权利要求书中直接地、毫无疑义地确定的信息。……"又根据《专利法》第33条的规定（参见本章第133题解析A.B），故选项 A 错误，不符合题意。

B. C. D.《专利审查指南2010》2-8-5.2.2.1"对权利要求书的修改"中规定：（参见本章第140题解析A），并且《专利审查指南2010》2-8-5.2.2.1"对权利要求书的修改"中规定："允许的对权利要求书的修改，包括下述各种情形……(2) 变更独立权利要求中的技术特征，以克服原独立权利要求未以说明书为依据、未清楚地限定要求专利保护的范围或者无新颖性或创造性等缺陷。只要变更了技术特征的独立权利要求所述的技术方案未超出原说明书和权利要求书记载的范围，这种修改就应当被允许。对于含有数值范围技术特征的权利要求中数值范围的修改，只有在修改后数值范围的两个端值在原说明书和/或权利要求书中已确实记载且修改后的数值范围在原数值范围之内的前提

下，才是允许的。例如，……"选项B、C、D是为了消除审查意见通知书中所指出的缺陷而进行的修改，其未超出原权利要求书和说明书记载的范围，也没有扩大原权利要求的保护范围。故选项B、C、D正确，符合题意。

142．(2007年卷一第92题) 申请人在收到发明专利申请进入实质审查阶段通知书一周内提交了修改后的申请文件，下列哪些修改是不允许的？
   A. 将原权利要求书中记载的最能说明发明的化学式补入说明书摘要中
   B. 原权利要求书和说明书中记载了加热温度范围为35℃～75℃，原说明书中还记载了加热温度优选为50℃，将权利要求书中对应的加热温度范围修改为50℃～75℃
   C. 原权利要求书中记载了弹性支持物，原说明书仅记载了螺旋弹簧支持物，将弹性支持物补入说明书中
   D. 原权利要求书和说明书中记载了制备扶手的材料为铝合金，将权利要求书中对应的制备扶手的材料修改为金属合金

【知识要点】主动修改的时机和范围

【解析】根据《专利法》第33条（参见本章第133题解析A．B）和《专利法实施细则》第51条第1款的规定（参见本章第138题解析）可知，此时的修改属于主动修改。《专利审查指南2010》2-8-5.2.3"不允许的修改"中规定："作为一个原则，凡是对说明书（及其附图）和权利要求书作出不符合专利法第三十三条规定的修改，均是不允许的。具体地说，如果申请的内容通过增加、改变和/或删除其中的一部分，致使所属技术领域的技术人员看到的信息与原申请记载的信息不同，而且又不能从原申请记载的信息中直接地、毫无疑义地确定，那么，这种修改就是不允许的。"

   A. 《专利审查指南2010》2-8-5.2.2.2"对说明书及其摘要的修改"中规定："（10）修改摘要。通过修改使摘要写明发明的名称和所属技术领域，清楚地反映所要解决的技术问题、解决该问题的技术方案的要点以及主要用途；删除商业性宣传用语；更换摘要附图，使其最能反映发明技术方案的主要技术特征。"故选项A正确，不符合题意。
   B. 根据《专利审查指南2010》2-8-5.2.2.1"对权利要求书的修改"中的规定（参见本章第141题解析B．C．D），选项B正确，不符合题意。
   C. 《专利审查指南2010》2-2-3.2.1"以说明书为依据"中规定："当要求保护的技术方案的部分或全部内容在原始申请的权利要求书中已经记载而在说明书中没有记载时，允许申请人将其补入说明书。"故选项C正确，不符合题意。
   D. 《专利审查指南2010》2-8-5.2.3.2"不允许的改变"中规定："不能允许的改变内容的修改，包括下述几种。（1）改变权利要求中的技术特征，超出了原权利要求书和说明书记载的范围。……"故选项D错误，符合题意。

143．(2014年卷一第56题) 一件发明专利申请的说明书记载了数值范围20mm～100mm和特定值60mm、110mm，并且在说明书摘要中公开了特定值30mm。下列哪些修改是允许的？
   A. 将权利要求中的数值范围修改成20mm～60mm
   B. 将权利要求中的数值范围修改成30mm～60mm
   C. 将权利要求中的数值范围修改成60mm～100mm
   D. 将权利要求中的数值范围修改成20mm～110mm

【知识要点】允许的修改

【解析】《专利法》第33条规定：（参见本章第133题解析A．B），以及《专利审查指南2010》2-8-5.2.2.1"对权利要求书的修改"中规定："对于含有数值范围技术特征的权利要求中数值范围的修改，只有在修改后数值范围的两个端值在原说明书和/或权利要求书中已确实记载且修改后的数值范围在原数值范围之内的前提下，才是允许的。"本题中，由于原说明书记载了数值范围20mm～100mm和特定值60mm、110mm，因此根据上述规定，选项A、C中的数值范围由于两个端值在原说明书中都已确实记载且修改后的数值范围在原数值范围之内，故该种修改是被允许的。故选项A、C正确，符合题意。选项B中的数值范围，由于30mm这个端值在原说明书中没有记载，故该种修改不被允许。选项B错误，不符合题意。选项D中的数值范围，由于修改后的范围不在原数值范围之内，故该种修改不被允许。选项D错误，不符合题意。

144．(2002年卷四第44题) 申请人在实审程序中进行的下述哪些修改是不允许的？
   A. 将原附图的公知技术附图更换为与申请最接近的现有技术附图
   B. 在说明书中增加通过测量附图得出的尺寸参数
   C. 补入实验数据以说明发明的有益效果
   D. 在说明书的背景技术部分中增加原始说明书中未曾记载的现有技术内容，同时删去不相关的现有技术内容

【知识要点】专利申请的答复和修改

【解析】A. 《专利审查指南2010》2-8-5.2.3.1"不允许的增加"之（7）中规定："增补原说明书中未提及的附图，一般是不允许的；如果增补背景技术的附图，或者将原附图中的公知技术附图更换为最接近现有技术的附图，则应当允许。"故选项A错误，不符合题意。

   B．C．《专利审查指南2010》2-8-5.2.3.1"不允许的增加"中规定："不能允许的增加内容的修改，包括下述几种。……（3）增加的内容是通过测量附图得出的尺寸参数技术特征。……（6）补入实验数据以说明发明的有益效

果，和/或补入实施方式和实施例以说明在权利要求请求保护的范围内发明能够实施。……"故选项B、C正确，符合题意。

D.《专利审查指南2010》2-8-5.2.2.2"对说明书及其摘要的修改"中规定："允许的说明书及其摘要的修改包括下述各种情形。……(3)修改背景技术部分，使其与要求保护的主题相适应。独立权利要求按照专利法实施细则第二十一条的规定撰写的，说明书背景技术部分应当记载与该独立权利要求前序部分所述的现有技术相关的内容，并引证反映这些背景技术的文件。如果审查员通过检索发现了比申请人在原说明书中引用的现有技术更接近所要求保护的主题的对比文件，则应当允许申请人修改说明书，将该文件的内容补入这部分，并引证该文件，同时删除描述不相关的现有技术的内容。应当指出，这种修改实际上使说明书增加了原申请的权利要求书和说明书未曾记载的内容，但由于修改仅涉及背景技术而不涉及发明本身，且增加的内容是申请日前已经公知的现有技术，因此是允许的。"故选项D错误，不符合题意。

145.（2002年卷四第60题）申请人在答复第一次审查意见通知书时对申请文件进行的下述哪些修改是可以被接受的？

A. 在审查员没有检索到影响该申请新颖性和创造性对比文件的情况下，将独立权利要求中某些技术特征删除
B. 在审查员没有检索到影响该申请新颖性和创造性对比文件的情况下，增加新的从属权利要求
C. 在审查员指出其申请仅存在形式缺陷时，申请人将仅在说明书中记载的与原权利要求发明主题不具有单一性的技术内容作为修改后的权利要求的主题
D. 在审查员指出独立权利要求不具备创造性的情况下，将从属权利要求中的部分附加技术特征补入独立权利要求

【知识要点】专利申请的答复和修改

【解析】A.《专利审查指南2010》2-8-5.2.1.3"答复审查意见通知书时的修改方式"中规定："根据专利法实施细则第五十一条第三款的规定，在答复审查意见通知书时，对申请文件进行修改的，应当针对通知书指出的缺陷进行修改，如果修改的方式不符合专利法实施细则第五十一条第三款的规定，则这样的修改文本一般不予接受。……但是，当出现下列情况时，即使修改的内容没有超出原说明书和权利要求书记载的范围，也不能被视为是针对通知书指出的缺陷而进行的修改，因而不予接受。(1)主动删除独立权利要求中的技术特征，扩大了该权利要求请求保护的范围。例如，申请人从独立权利要求中主动删除技术特征，或者主动删除一个相关的技术术语，或者主动删除限定具体应用范围的技术特征，即使该主动修改的内容没有超出原说明书和权利要求书记载的范围，只要修改导致权利要求请求保护的范围扩大，则这种修改不能被允许予接受。……"按照现行审查原则，对于被动修改扩大原权利要求保护范围的均不予接受。《专利审查指南2010》2-8-5.2.1.3"答复审查意见通知书时的修改方式"中又规定："然而，对于虽然修改的方式不符合专利法实施细则第五十一条第三款的规定，但其内容与范围满足专利法第三十三条要求的修改，只要经修改的文件消除了原申请文件存在缺陷，并且具有被授权的前景，这种修改就可以被视为是针对通知书指出的缺陷进行的修改，因而经此修改的申请文件可以接受。这样处理有利于节约审查程序。"故选项A错误，不符合题意。

B.《专利审查指南2010》2-8-5.2.1.3"答复审查意见通知书时的修改方式"中规定："……当出现下列情况时，即使修改的内容没有超出原说明书和权利要求书记载的范围，也不能被视为是针对通知书指出的缺陷进行的修改，因而不予接受。……(5)主动增加新的从属权利要求，该从属权利要求限定的技术方案在原权利要求书中未出现过。"故选项B错误，不符合题意。

C. 根据《专利审查指南2010》2-8-5.2.1.3"答复审查意见通知书时的修改方式"之(3)的规定（参见本章第137题解析），选项C错误，不符合题意。

D.《专利审查指南2010》2-8-5.2.2.1"对权利要求书的修改"中规定："允许的对权利要求书的修改，包括下述各种情形。(1)在独立权利要求中增加技术特征，对独立权利要求作进一步的限定，以克服原独立权利要求无新颖性或创造性、缺少解决技术问题的必要技术特征、未以说明书为依据或者未清楚地限定要求专利保护的范围等缺陷。只要增加了技术特征的独立权利要求所述的技术方案未超出原说明书和权利要求书记载的范围，这样的修改就应当被允许。……"故选项D正确，符合题意。

146.（2000年卷四第39题）在一种物质生产方法的独立权利要求中所限定的某步骤的处理温度是120℃～200℃，说明书中给出了120℃和170℃时的实施例。实审过程中，审查员对在200℃时能否实现发明目的表示怀疑，鉴于此，审查员在审查意见通知书中提出了120℃～200℃的数值范围得不到说明书支持的审查意见。针对该审查意见，以下哪种答复或修改方式是可能被接受的？

A. 将权利要求中所记载的处理范围改为120℃～170℃
B. 在说明书中补入处理温度为200℃的实施例
C. 提交处理温度为200℃的实验数据，以证明在200℃时是能够实现发明的
D. 陈述意见，指出说明书的技术方案部分已经写明了处理温度是120℃～200℃，故该范围可以得到说明书支持

【知识要点】发明专利申请的答复和修改

【解析】A. 根据《专利审查指南2010》2-8-5.2.2.1"对权利要求书的修改"中的规定（参见本章第141题解析B、C、D），选项A正确，符合题意。

B、C.《专利审查指南2010》2-8-5.2.3.1"不允许的增加"之（6）的规定：（参见本章第144题解析B、C），并且《专利审查指南2010》2-10-3"化学发明的充分公开"之3.5"关于补交的实验数据"中规定："判断说明书是否充分公开，以原说明书和权利要求书记载的内容为准。对于申请日之后补交的实验数据，审查员应当予以审查。补交实验数据所证明的技术效果应当是所属技术领域的技术人员能够从专利申请公开的内容中得到的。"故选项B、C错误，不符合题意。

D.《专利审查指南2010》2-2-3.2.1"以说明书为依据"中规定："但是权利要求的技术方案在说明书中存在一致性的表述，并不意味着权利要求必然得到说明书的支持。只有当所属技术领域的技术人员能够从说明书充分公开的内容中得到或概括得出该项权利要求所要求保护的技术方案时，记载该技术方案的权利要求才被认为得到了说明书的支持。"《专利审查指南2010》2-10-1"引言"中规定："化学领域发明专利申请的审查存在着许多特殊的问题。例如，在多数情况下，化学发明能否实施往往难以预测，必须借助于试验结果加以证实才能得到确认；有的化学产品的结构尚不清楚，不得不借助于性能参数和/或制备方法来定义……"《专利审查指南2010》2-10-3"化学发明的充分公开"之3.4"关于实施例"中规定："由于化学领域属于实验性学科，多数发明需要经过实验证明，因此说明书中通常应当包括实施例，例如产品的制备和应用实施例。说明书中实施例的数目，取决于权利要求的技术特征的概括程度，例如并列选择要素的概括程度和数据的取值范围；在化学发明中，根据发明的性质不同，具体技术领域不同，对实施例数目的要求也不完全相同。一般的原则是，应当能足以理解发明如何实施，并足以判断在权利要求所限定的范围内都可以实施并取得所述的效果。"《专利审查指南2010》2-2-2.2.6"具体实施方式"中规定："当一个实施例足以支持权利要求所概括的技术方案时，说明书中可以只给出一个实施例。当权利要求（尤其是独立权利要求）覆盖的保护范围较宽，其概括不能从一个实施例中找到依据时，应当给出至少两个的不同实施例，以支持要求保护的范围。当权利要求相对于背景技术的改进涉及数值范围时，通常应给出两端值附近（最好是两端值）的实施例，当数值范围较宽时，还应当给出至少一个中间值的实施例。"

根据《专利审查指南2010》规定的原则，权利要求的技术方案在说明书中存在一致性的表述，并不意味着权利要求必然得到说明书的支持，对于化学领域的发明来说尤其如此。化学领域的发明往往需要得到实施例的支持。因此，如果仅在说明书的技术方案部分已经写明了处理温度是120℃～200℃，而在说明书的具体实施方式中没有包括处理温度为200℃的实施例时，不一定能证明该范围可以得到说明书支持，尤其是该数值又涉及了保护范围中的端值。故选项D错误，不符合题意。

147.（2015年卷一第72题）下列关于说明书附图的修改，哪些未超出原说明书和权利要求书记载的范围？
A. 增加的内容是通过测量附图得出的尺寸参数技术特征
B. 将记载于优先权文件中、但未记载在本申请中的附图追加至本申请中
C. 将说明书附图中的文字注释删除，并增补到说明书中
D. 在文字说明清楚的情况下，为使局部结构清楚起见，增加局部放大图

【知识要点】说明书附图的修改

【解析】A.《专利审查指南2010》2-8-5.2.3.1"不允许的增加"中规定："（3）增加的内容是通过测量附图得出的尺寸参数技术特征。"据此，选项A是不允许的修改，超出了原说明书和权利要求书记载的范围。故选项A错误，不符合题意。

B.《专利审查指南2010》2-8-5.2.3.1"不允许的增加"中规定："（7）增补原说明书中未提及的附图，一般是不允许的；如果增补背景技术的附图，或者将原附图中的公知技术附图更换为最接近现有技术的附图，则应当允许。"选项B中记载于优先权文件中的附图是原说明书未提及的附图，不允许增补。故选项B错误，不符合题意。

C、D.《专利审查指南2010》2-8-5.2.2.2"对说明书及其摘要的修改"中规定："（9）修改附图。删除附图中不必要的词语和注释，可将其补入说明书文字部分之中；修改附图中的标记使之与说明书文字部分相一致；在文字说明清楚的情况下，为使局部结构清楚起见，允许增加局部放大图；修改附图的阿拉伯数字编号，使每幅图使用一个编号。"据此，选项C和D都是符合要求的修改。故选项C、D正确，符合题意。

148.（2015年卷一第73题）下列关于申请人答复审查意见通知书的说法哪些是正确的？
A. 申请人可以仅仅陈述意见，也可以修改申请文件
B. 申请人可以在答复期限届满后提出延长答复期限的请求
C. 申请人直接提交给审查员的答复文件不具备法律效力
D. 答复第一次审查意见通知书的期限是四个月

【知识要点】答复审查意见通知书

【解析】A.《专利审查指南2010》2-8-5.1"答复"中规定："申请人的答复可以仅仅是意见陈述书，也可以进一步包括经修改的申请文件（替换页和/或补正书）。"故选项A正确，符合题意。

B.《专利审查指南2010》2-8-5.1"答复"中规定:"申请人可以请求专利局延长指定的答复期限。但是,延长期限的请求应当在期限届满前提出。"故选项B错误,不符合题意。

C.《专利审查指南2010》2-8-5.1.1"答复的方式"中规定:"申请人的答复应当提交给专利局受理部门。直接提交给审查员的答复文件或征询意见的信件不视为正式答复,不具备法律效力。"故选项C正确,符合题意。

D.《专利审查指南2010》2-8-4.10.3"答复期限"中规定:"在审查意见通知书中,审查员应当指定答复期限。该期限由审查员考虑与申请有关的因素后确定。这些因素包括:审查意见的数量和性质;申请可能进行修改的工作量和复杂程度等。答复第一次审查意见通知书的期限为四个月。"故选项D正确,符合题意。

149.(2014年卷一第20题)某专利申请原始提交的权利要求书和说明书中仅记载了一种可以用于汽车、摩托车等机动车上的轮胎,并说明了该轮胎用橡胶等弹性材料制成。在专利实质审查程序中,下列针对权利要求书进行的修改哪个会超出原权利要求书和说明书记载的范围?
   A. 将"一种轮胎"修改成"一种可以用于汽车上的轮胎"
   B. 将"一种轮胎"修改成"一种可以用于自行车上的轮胎"
   C. 将"弹性材料"修改成"橡胶"
   D. 将"橡胶"修改成"弹性材料"
   【知识要点】专利申请文件的修改
   【解析】《专利法》第33条规定:(参见本章第133题解析A.B)。选项A将"一种轮胎"修改成"一种可以用于汽车上的轮胎",由于"一种可以用于汽车上的轮胎"在原权利要求书和说明书中有记载,故不会超出原权利要求书和说明书记载的范围,因此,选项A不符合题意。选项B将"一种轮胎"修改成"一种可以用于自行车上的轮胎",由于原权利要求书和说明书中并没有记载"一种可以用于自行车上的轮胎",故超出了原权利要求书和说明书记载的范围,因此,选项B符合题意。选项C将"弹性材料"修改成"橡胶"、选项D将"橡胶"修改成"弹性材料",由于原权利要求书和说明书中记载了"弹性材料"和"橡胶",因此,选项C、选项D的修改都没有超出原权利要求书和说明书记载的范围。故选项C、D不符合题意。

(二)涉及实用新型专利申请的答复和修改

150.(2006年卷一第56题)李某于2005年10月23日提出了一件名称为"一种节约水箱"的实用新型专利申请,其于2005年11月2日对申请文件进行了主动补正。下列哪些修改是不允许的?
   A. 将权利要求中限定的"喷射泵与潜水泵呈30度~60度角"修改为"喷射泵与潜水泵呈20度~80度角"
   B. 将权利要求书中记载的"副箱体上方有一个敞口"这一特征补入说明书
   C. 将实用新型名称修改为"一种节水水箱"
   D. 将说明书中记载的制造该水箱的方法补入权利要求书
   【知识要点】实用新型专利申请的修改
   【解析】《专利审查指南2010》1-2-8.1"申请人主动修改"中规定:"对于在两个月内提出的主动修改,审查员应当审查其修改是否超出原说明书和权利要求书记载的范围。修改超出原说明书和权利要求书记载的范围的,审查员应当发出审查意见通知书,通知申请人该修改不符合专利法第三十三条的规定。申请人陈述意见或补正后仍然不符合规定的,审查员可以根据专利法第三十三条和专利法实施细则第四十三条的规定作出驳回决定。"

   A. 选项A中没有说明"喷射泵与潜水泵呈20度~80度角"是否在原说明书中公开了。从考试技巧考虑,题目中没有提到的内容不能认为其存在,所以应该认为该修改内容超出了原说明书和权利要求书记载的范围。故选项A错误,符合题意。

   B.《专利审查指南2010》2-2-3.2.1"以说明书为依据"中规定:"当要求保护的技术方案的部分或全部内容在原始申请的权利要求书中已经记载而在说明书中没有记载时,允许申请人将其补入说明书。"故选项B正确,不符合题意。

   C.《专利审查指南2010》2-8-5.2.2.2"对说明书及其摘要的修改"中对发明的说明书修改作了如下规定:"允许的说明书及其摘要的修改包括下述各种情形。(1)修改发明名称,使其准确、简要地反映要求保护的主题的名称。……"这一修改原则同样适用于实用新型。故选项C正确,不符合题意。

   D.《专利审查指南2010》1-2-6.1"实用新型专利只保护产品"中规定:"一项发明创造可能既包括对产品形状、构造的改进,也包括对生产该产品的专用方法、工艺或构成该产品的材料本身等方面的改进。但是实用新型专利仅保护针对产品形状、构造提出的改进技术方案。"故选项D错误,符合题意。

151.(2015年卷一第21题)下列关于实用新型专利申请的主动修改,哪个说法是正确的?
   A. 申请人可以自申请日起2个月内提出主动修改
   B. 申请人可以自收到受理通知书之日起3个月内提出主动修改
   C. 超出修改期限的修改文件,国家知识产权局一律不予接受

D. 对权利要求书的修改仅限于权利要求的删除、合并和技术方案的删除

【知识要点】实用新型专利申请的修改

【解析】A、B.《专利法实施细则》第51条第2款规定："实用新型或者外观设计专利申请人自申请日起2个月内，可以对实用新型或者外观设计专利申请主动提出修改。"故选项A正确，符合题意；选项B错误，不符合题意。

C.《专利审查指南2010》1-2-8.1"申请人主动修改"中规定："对于申请人的主动修改，审查员应当首先核对提出修改的日期是否在自申请日起两个月内。对于超过两个月的修改，如果修改的文件消除了原申请文件存在的缺陷，并且具有被授权的前景，则该修改文件可以接受。对于不予接受的修改文件，审查员应当发出视为未提出通知书。"可见，超出修改期限的修改文件并非一律不予接受。故选项C错误，不符合题意。

D.《专利审查指南2010》4-3-4.6.2"修改方式"中规定："在满足上述修改原则的前提下，修改权利要求书的具体方式一般限于权利要求的删除、技术方案的删除、权利要求的进一步限定、明显错误的修正。"可见，选项D的表述规定于无效宣告程序中对专利文件的修改，而题目限定的是专利申请程序中的修改，故选项D错误，不符合题意。事实上，作为专利申请程序中的主动修改，对权利要求书的修改不限于权利要求的删除、合并和技术方案的删除，可修改的文件也不限于权利要求书，其他专利申请文件也可以修改，只要修改不超出原说明书和权利要求书记载的范围即可。

（三）涉及外观设计专利申请的答复和修改

152.（2004年卷四第29题）以下关于外观设计专利申请修改的哪些说法是正确的？
A. 在初步审查程序中，审查员对于涉及外观设计图片和照片的错误不得依职权作出修改
B. 申请人可以在自申请日起2个月内对申请文件作出主动修改
C. 对于在规定期限届满之后提出的主动修改，一概视为未提出，并通知申请人
D. 在规定期限内提出的主动修改超出原图片或照片表示范围的，视为未提出

【知识要点】外观设计申请的修改

【解析】A.《专利审查指南2010》1-3-10.3"审查员依职权修改"中规定："初步审查中，审查员可以对本章第4.1节、第4.2节和第4.3节规定的申请文件中出现的明显错误依职权进行修改，并通知申请人。依职权修改的内容主要指以下几个方面：（1）明显的产品名称错误；（2）明显的视图名称错误；（3）明显的视图方向错误；（4）外观设计图片中的产品绘制线条包含有应删除的线条，例如阴影线、指示线、中心线、尺寸线、点划线等；（5）简要说明中写有明显不属于简要说明可以写明的内容，例如关于产品内部结构、技术效果的描述、产品推广宣传等用语；（6）申请人在简要说明中指定的最能表明设计要点的图片或者照片明显不恰当；（7）请求书中，申请人地址或联系人地址漏写、错写或者重复填写的省（自治区、直辖市）、市、邮政编码等信息。审查员依职权修改的内容，应当在文档中记载并通知申请人。"故选项A错误，不符合题意。

B. 根据《专利法实施细则》第51条第2款的规定（参见本章第151题解析A、B），选项B正确，符合题意。

C.《专利审查指南2010》1-3-10.1"申请人主动修改"中规定："对于申请人的主动修改，审查员应当首先核对提出修改的日期是否在自申请日起两个月内。对于超过两个月的修改，如果修改的文件消除了原申请文件存在的缺陷，并且具有被授权的前景，则该修改文件可以接受。对于不接受的修改文件，审查员应当发出视为未提出通知书。"故选项C错误，不符合题意。

D.《专利审查指南2010》1-3-10.1"申请人主动修改"中规定："对于在两个月内提出的主动修改，审查员应当审查其修改是否超出原图片或者照片表示的范围。修改超出原图片或者照片表示的范围的，审查员应当发出审查意见通知书，通知申请人该修改不符合专利法第三十三条的规定。申请人陈述意见或补正后仍然不符合规定的，审查员可以根据专利法第三十三条和专利法实施细则第四十四条第二款的规定作出驳回决定。"故选项D错误，不符合题意。

（四）综合题

七、分案申请

153.（2011年卷一第59题）一件实用新型专利申请要求保护X和Y两个技术方案，X、Y之间缺乏单一性。对于审查员要求分案的通知，申请人的下列哪些做法符合相关规定？
A. 在原申请的说明书中保留X、Y的内容，权利要求书只要求保护Y
B. 在原申请的说明书中删除有关X的内容，权利要求书要求保护X和Y
C. 提交分案申请，在其说明书中删除有关X的内容，权利要求书只要求保护Y
D. 提交分案申请，在其说明书中保留X、Y的内容，权利要求书只要求保护X

【知识要点】分案申请

【解析】《专利审查指南2010》2-6-3.2"分案申请应当满足的要求"之（3）中规定："分案以后的原申请与分

案申请的权利要求书应当分别要求保护不同的发明；而它们的说明书可以允许有不同的情况。"故选项 A、C、D 正确，符合题意；选项 B 错误，不符合题意。

154.（2016 年卷一第 65 题）关于分案申请，下列说法哪些是正确的？
A. 分案申请的类别应当与原申请的类别一致
B. 收到原申请的驳回决定后提出的分案申请均应被视为未提出
C. 分案申请与原申请的权利要求书应当分别保护不同的技术方案
D. 分案申请所要求保护的技术方案不得超出原申请记载的范围

【知识要点】分案申请

【解析】A、B.《专利法实施细则》第 42 条中规定："一件专利申请包括两项以上发明、实用新型或者外观设计的，申请人可以在本细则第五十四条第一款规定的期限届满前，向国务院专利行政部门提出分案申请；但是，专利申请已经被驳回、撤回或者视为撤回的，不能提出分案申请。国务院专利行政部门认为一件专利申请不符合专利法第三十一条和本细则第三十四条或者第三十五条的规定的，应当通知申请人在指定期限内对其申请进行修改；申请人期满未答复的，该申请视为撤回。分案的申请不得改变原申请的类别。"故选项 A 正确，符合题意；选项 B 错误，不符合题意。

C.《专利审查指南 2010》2-6-3.2 "分案申请应当满足的要求"之（3）中规定："分案以后的原申请与分案申请的权利要求书应当分别要求保护不同的发明；而它们的说明书可以允许有不同的情况。例如，分案前原申请有 A、B 两项发明，分案之后，原申请的权利要求书若要求保护 A，其说明书可以仍然是 A 和 B，也可以只保留 A；分案申请的权利要求书若要求保护 B，其说明书可以仍然是 A 和 B，也可以只是 B。"故选项 C 正确，符合题意。

D.《专利法实施细则》第 43 条第 1 款规定："依照本细则第四十二条规定提出的分案申请，可以保留原申请日，享有优先权的，可以保留优先权日，但是不得超出原申请记载的范围。"故选项 D 正确，符合题意。

155.（2015 年卷一第 18 题）下列说法哪个是正确的？
A. 分案申请不能作为要求本国优先权的基础
B. 申请人可以以发明专利申请为基础，提出实用新型专利分案申请
C. 要求本国优先权的在后申请的发明人应当与在先申请的发明人一致或者部分一致
D. 申请人应当在其分案申请递交日起三个月内提交原申请的申请文件副本，期满未提交的，分案申请将被视为未提出

【知识要点】分案申请、优先权

【解析】A.《专利法实施细则》第 32 条第 2 款规定："……提出后一申请时，在先申请的主题有下列情形之一的，不得作为要求本国优先权的基础：（一）已经要求外国优先权或者本国优先权的；（二）已经被授予专利权的；（三）属于按照规定提出的分案申请的。"依此规定，分案申请不能作为要求本国优先权的基础。故选项 A 正确，符合题意。

B.《专利法实施细则》第 42 条第 3 款规定："分案的申请不得改变原申请的类别。"据此，选项 B 中申请人以发明专利申请为基础，提出实用新型专利分案申请是不正确的。选项 B 错误，不符合题意。

C.《专利审查指南 2010》1-1-5.1.1 "分案申请的核实"中规定："分案申请的发明人也应当是原申请的发明人或者是其中的部分成员。"即分案申请要求发明人与原申请一致或部分一致，而《专利法》及其实施细则中对享有优先权的在后申请的发明人并无此规定。故选项 C 错误，不符合题意。

D.《专利法实施细则》第 43 条第 3 款规定："……提交分案申请时，申请人应当提交原申请文件副本；……"可见，原申请的申请文件副本是在递交分案申请时提交，而不是在分案申请递交日起三个月内提交。故选项 D 错误，不符合题意。

156.（2013 年卷一第 76 题）某公司于 2009 年 12 月 5 日向国家知识产权局提交了一件发明专利申请 X，该公司于 2012 年 4 月 1 日针对申请 X 提出了分案申请 Y。下列关于分案申请 Y 的说法哪些是正确的？
A. 分案申请 Y 的发明人可以是申请 X 发明人中的部分成员
B. 分案申请 Y 与申请 X 的申请人不相同的，应当提交有关申请人变更的证明材料
C. 就分案申请 Y 提出实质审查请求的期限届满日为 2012 年 12 月 5 日
D. 分案申请 Y 可以是发明专利申请，也可以是实用新型专利申请

【知识要点】分案申请

【解析】《专利审查指南 2010》1-1-5.1.1 "分案申请的核实"中规定："分案申请的申请人应当与原申请的申请人相同，不相同的，应当提交有关申请人变更的证明材料。分案申请的发明人也应当是原申请的发明人或者是其中的部分成员。"故 A、B 选项正确，符合题意。《专利审查指南 2010》1-1-5.1.2 "分案申请的期限和费用"中规定："分案申请适用的各种法定期限，例如提出实质审查请求的期限，应当从原申请日起算。"由此可知，就分案申请 Y 提出实质审查请求的期限届满日为 2012 年 12 月 5 日，故选项 C 正确，符合题意。《专利法实施细则》第 42 条第 3 款规定："分案的申请不得改变原申请的类别。"故选项 D 错误，不符合题意。

157.（2014 年卷一第 18 题）某公司就申请日为 2013 年 8 月 21 日、优先权日为 2013 年 5 月 21 日的专利申请提出

分案申请，该分案申请通过邮局邮寄到国家知识产权局受理处，寄出的邮戳日为2014年4月15日，受理处于2014年4月18日收到该分案申请。下列哪个日期为该分案申请的申请日？

A. 2014年4月15日　　　　　　　　　　B. 2014年4月18日
C. 2013年8月21日　　　　　　　　　　D. 2013年5月21日

【知识要点】分案申请的申请日

【解析】《专利法实施细则》第43条第1款规定："依照本细则第四十二条规定提出的分案申请，可以保留原申请日，享有优先权的，可以保留优先权日，但是不得超出原申请记载的范围。"本题中，原申请的申请日为2013年8月21日，则分案申请的申请日也为2013年8月21日。故选项A、B、D错误，不符合题意；选项C正确，符合题意。

158.（2010年卷一第57题）下列关于分案申请的说法哪些是正确的？

A. 分案申请可以保留原申请的申请日
B. 复审程序中不得提出分案请求
C. 分案申请的原申请号填写正确但未填写原申请日的，国家知识产权局将不予受理
D. 分案申请未填写原申请号的，国家知识产权局将按照一般专利申请受理

【知识要点】分案申请

【解析】A. 根据《专利法实施细则》第43条第1款的规定（参见本章第157题解析），选项A正确，符合题意。

B. 《专利法实施细则》第42条第1款规定："一件专利申请包括两项以上发明、实用新型或者外观设计的，申请人可以在本细则第五十四条第一款规定的期限届满前，向国务院专利行政部门提出分案申请；但是，专利申请已经被驳回、撤回或者视为撤回的，不能提出分案申请。"《专利审查指南2010》1-1-5.1.1"分案申请的核实"之（3）"分案申请的递交时间"中规定："申请人最迟应当在收到专利局对原申请作出授予专利权通知之日起两个月期限（即办理登记手续的期限）届满之前提出分案申请。上述期限届满后，或者原申请已被驳回，或者原申请已撤回，或者原申请被视为撤回且未被恢复权利的，一般不得再提出分案申请。对于审查员已发出驳回决定的原申请，自申请人收到驳回决定之日起三个月内，不论申请人是否提出复审请求，均可以提出分案申请；在提出复审请求以后以及对复审决定不服提起行政诉讼期间，申请人也可以提出分案申请。"故选项B错误，不符合题意。

C. 《专利审查指南2010》5-3-2.3.2.1"国家申请的分案申请的受理程序"中规定："分案申请请求书中原申请的申请号填写正确，但未填写原申请的申请日的，以原申请号所对应的申请日为申请日。"故选项C错误，不符合题意。

D. 《专利审查指南2010》5-3-2.3.2.1"国家申请的分案申请的受理程序"中规定："分案申请请求书中未填写原申请的申请号或者填写的原申请的申请号有误的，按照一般专利申请受理。"故选项D正确，符合题意。

159.（2009年卷一第13题）赵某于2008年1月8日向国家知识产权局提交了一件发明专利申请，后于2009年3月30日就该申请提出了分案申请。下列说法哪些是正确的？

A. 由于超出了12个月的期限，国家知识产权局将不受理赵某的分案申请
B. 如果赵某提出的分案申请为实用新型专利申请，则国家知识产权局将不受理赵某的分案申请
C. 如果赵某在分案申请中正确地填写了原申请号但未填写原申请日，则国家知识产权局将不受理赵某的分案申请
D. 如果赵某在分案申请中正确地填写了原申请日但未填写原申请号，则国家知识产权局将按照一般专利申请受理

【知识要点】分案申请的提出

【解析】A. 《专利法实施细则》第42条第1款规定：（参见本章第158题解析B），并且《专利法实施细则》第54条第1款规定："国务院专利行政部门发出授予专利权的通知后，申请人应当自收到通知之日起2个月内办理登记手续。申请人按期办理登记手续的，国务院专利行政部门应当授予专利权，颁发专利证书，并予以公告。"故选项A错误，不符合题意。

B. 《专利法实施细则》第42条第3款规定："分案的申请不得改变原申请的类别。"故选项B正确，符合题意。

C. 《专利审查指南2010》5-3-2.3.2.1"国家申请的分案申请的受理程序"中规定："分案申请请求书中原申请的申请号填写正确，但未填写原申请的申请日的，以原申请号所对应的申请日为申请日。"故选项C错误，不符合题意。

D. 《专利审查指南2010》5-3-2.3.2.1"国家申请的分案申请的受理程序"中规定："分案申请请求书中未填写原申请的申请号或者填写的原申请的申请号有误的，按照一般专利申请受理。"故选项D正确，符合题意。

160.（2008年卷一第99题）美国某公司于2003年5月8日向国家知识产权局提交了一件要求了美国优先权的发明专利申请，并在规定期限内递交了美国在先申请文件副本，办理了实质审查请求的相关手续。由于不符合单一性要求，该公司于2006年7月5日提出了分案申请。下列针对分案申请的哪些说法是正确的？

A. 虽然该公司针对原申请已经办理了实质审查请求的相关手续，但针对分案申请仍应在2006年9月5日前提交实质审查请求书并缴纳实质审查费
B. 如果该分案申请被授予专利权，则其专利权的保护期限应当自2006年7月5日起计算

C. 虽然该公司提出的原申请为发明专利申请，但在提出分案申请时可以将申请类型由发明改为实用新型

D. 由于该公司已经针对原申请提交了优先权文件副本，因此针对分案申请只要提交优先权文件副本的复印件即可

【知识要点】分案申请

【解析】A.《专利法》第35条规定："发明专利申请自申请日起三年内，国务院专利行政部门可以根据申请人随时提出的请求，对其申请进行实质审查；申请人无正当理由逾期不请求实质审查的，该申请即被视为撤回。国务院专利行政部门认为必要的时候，可以自行对发明专利申请进行实质审查。"《专利审查指南2010》1-1-5.1.2"分案申请的期限和费用"中规定："分案申请的各种法定期限，例如提出实质审查请求的期限，应当从原申请日起算。对于已经届满或自分案申请递交日起至期限届满日不足两个月的各种期限，申请人可以自分案申请递交日起两个月内或者自收到受理通知书之日起十五日内补办各种手续；期满未补办的，审查员应当发出视为撤回通知书。对于分案申请，应当视为一件新申请收取各种费用。对于已经届满或者自分案申请递交日起至期限届满日不足两个月的各种费用，申请人可以在自分案申请递交日起两个月内或者自收到受理通知书之日起十五日内补缴；期满未补缴或未缴足的，审查员应当发出视为撤回通知书。"本题中分案申请提出时距实际申请日已超过3年，其实审手续可在分案申请递交日起2个月内补办。故选项A正确，符合题意。

B. 根据《专利法实施细则》第43条第1款的规定（参见本章第157题解析），分案申请的保护期限自原案申请日起计算，故选项B错误，不符合题意。

C.《专利法实施细则》第42条第3款规定："分案的申请不得改变原申请的类别。"《专利审查指南2010》1-1-5.1.1"分案申请的核实"中规定："分案申请的类别应当与原申请的类别一致。"《专利审查指南2010》5-3-2.2"不受理的情形"中规定："专利申请有下列情形之一的，专利局不予受理：……（11）分案申请改变申请类别的。"故选项C错误，不符合题意。

D.《专利法实施细则》第43条第3款规定："分案申请的请求书中应当写明原申请的申请号和申请日。提交分案申请时，申请人应当提交原申请文件副本；原申请享有优先权的，并应当提交原申请的优先权文件副本。"《专利审查指南2010》1-1-5.1.1"分案申请的核实"之（5）"分案申请提交的文件"中规定："原申请中已提交的各种证明材料，可以使用复印件……对于不符合规定的，审查员应当发出补正通知书，通知申请人补正。期满未补正的，审查员应当发出视为撤回通知书。"故选项D正确，符合题意。

161. （2007年卷一第41题）国家知识产权局以邮寄方式向申请人发出了办理登记手续通知书和授予专利权通知书，其发文日为2005年5月24日，申请人于2005年6月4日收到了该通知书。如果申请人欲提出分案申请，则最迟应当在下列哪天提出？

A. 2005年7月24日　　　　　　　　　B. 2005年8月4日

C. 2005年8月8日　　　　　　　　　D. 2005年8月24日

【知识要点】提出分案申请的期限

【解析】根据《专利法实施细则》第42条第1款（参见本章158题解析B）、《专利法实施细则》第54条第1款的规定（参见本章第159题解析A），以及《专利法实施细则》第4条第3款规定（国务院专利行政部门邮寄的各种文件，自文件发出之日满15日，推定为当事人收到文件之日。），故选项A、B、D错误，不符合题意；选项C正确，符合题意。

162. （2006年卷一第50题）下列哪些分案申请不符合规定？

A. 甲对其已经驳回且已生效的发明专利申请提出的分案申请

B. 乙对其已经主动撤回的外观设计专利申请提出的分案申请

C. 丙对其正在初审中的发明专利申请提出的实用新型专利分案申请

D. 丁将原申请中的发明人A、B和C减少为分案申请中的B和C

【知识要点】分案申请

【解析】A、B.《专利法实施细则》第42条第1款规定：（参见本章第158题解析B），并且《专利审查指南2010》1-1-5.1.1"分案申请的核实"之（3）"分案申请的递交时间"中规定："申请人最迟应当在收到专利局对原申请作出授予专利权通知书之日起两个月期限（即办理登记手续的期限）届满之前提出分案申请。上述期限届满后，或者原申请已被驳回，或者原申请已撤回，或者原申请被视为撤回且未被恢复权利的，一般不得再提出分案申请。对于审查员已发出驳回决定的原申请，自申请人收到驳回决定之日起三个月内，不论申请人是否提出复审请求，均可以提出分案申请；在提出复审请求以后以及对复审决定不服提起行政诉讼期间，申请人也可以提出分案申请。初步审查中，对于分案申请递交日不符合上述规定的，审查员应当发出分案申请视为未提出通知书，并作结案处理。"故选项A、B错误，符合题意。

C. 根据《专利法实施细则》第42条第3款的规定（参见本章第160题解析C），选项C错误，符合题意。

D.《专利审查指南2010》1-1-5.1.1"分案申请的核实"之（4）"分案申请的申请人和发明人"中规定："分案申请的发明人也应当是原申请的发明人或者是其中的部分成员。"故选项D正确，不符合题意。

163. (2004年卷四第24题) 以下关于外观设计专利分案申请的哪些说法是错误的?
　　A. 原外观设计专利申请要求优先权的,其分案申请也应当要求同一优先权
　　B. 原外观设计专利申请为产品整体外观设计的,在撤回原申请的前提下,可以将该产品的零部件作为分案申请提出
　　C. 外观设计专利申请涉及成套产品的,可以将其中一个产品的外观设计作为分案申请提出
　　D. 提出分案申请后保留在原申请中的外观设计必须是具备授权条件的,否则分案申请视为未提出
【知识要点】外观设计的分案
【解析】A. 根据《专利法实施细则》第43条第1款的规定（参见本章第157题解析），一件专利申请可以享有多项优先权或者部分优先权,该分案申请能否享有优先权与其在原案中是否能享有优先权有关。如果其在原案中就不享有优先权,那么该分案也不可能享有优先权。正因为如此,《专利法实施细则》中才规定分案申请如果可以享有优先权的,才可以保留优先权日。故选项A错误,符合题意。
　　B.C.《专利法》第31条第2款规定:"一件外观设计专利申请应当限于一项外观设计。同一产品两项以上的相似外观设计,或者用于同一类别并且成套出售或者使用的产品的两项以上外观设计,可以作为一件申请提出。"《专利审查指南2010》1-3-9.4.2 "分案申请的其他要求"之(2)中规定:"原申请为产品整体外观设计的,不允许将其中的一部分作为分案申请提出,例如一件专利申请请求保护的是摩托车的外观设计,摩托车的零部件不能作为分案申请提出。"整体外观设计属于一项产品,零部件只是其中的构件,不具有独立使用价值,也不能提出分案申请;并且专利申请已经撤回的也不能提出分案申请。故选项B错误,符合题意。成套产品可以提交分案申请。故选项C正确,不符合题意。
　　D. 选项D是《审查指南2001》中的规定,现已取消。故选项D错误,符合题意。

八、专利权的授予及授权后的程序

（一）专利权的授予

（1）授权程序

164. (2013年卷一第71题) 王某在同日就一项发明创造既申请实用新型专利又申请发明专利,并在申请时分别说明对同样的发明创造已申请了另一专利。此后,实用新型专利申请被授予了专利权。若发明专利申请符合其他授权条件,则下列说法哪些是正确的?
　　A. 若实用新型专利权已经终止,则发明专利申请不能被授予专利权
　　B. 若王某不同意放弃实用新型专利权,则国务院专利行政部门应当驳回其发明专利申请
　　C. 若王某放弃实用新型专利权,则应当提交书面声明
　　D. 若发明专利申请被授予专利权,则实用新型专利权自公告授予发明专利权之日起终止
【知识要点】避免重复授权的处理
【解析】《专利法》第9条第1款规定:"同样的发明创造只能授予一项专利权。但是,同一申请人同日对同样的发明创造既申请实用新型专利又申请发明专利,先获得的实用新型专利权尚未终止,且申请人声明放弃该实用新型专利权的,可以授予发明专利权。"《专利法实施细则》第41条第2款、第4款和第5款规定:"同一申请人在同日（指申请日）对同样的发明创造既申请实用新型专利又申请发明专利的,应当在申请时分别说明对同样的发明创造已申请了另一专利;未作说明的,依照专利法第九条第一款关于同样的发明创造只能授予一项专利权的规定处理。""发明专利申请经审查没有发现驳回理由,国务院专利行政部门应当通知申请人在规定期限内声明放弃实用新型专利权。申请人声明放弃的,国务院专利行政部门应当作出授予发明专利权的决定,并在公告授予发明专利权时一并公告申请人放弃实用新型专利权声明。申请人不同意放弃的,国务院专利行政部门应当驳回该发明专利申请;申请人期满未答复的,视为撤回该发明专利申请。实用新型专利权自公告授予发明专利权之日起终止。"故选项A、B、C、D正确,符合题意。

165. (2009年卷一第66题) 国家知识产权局于2009年4月10日向申请人吴某发出了授予实用新型专利权通知书和办理登记手续通知书。由于吴某搬家未能及时变更通信地址,两份通知书被退回。国家知识产权局于2009年6月5日对两份通知书进行公告送达。下列说法哪些是正确的?
　　A. 吴某最迟应当在2009年8月5日办理登记手续
　　B. 吴某在办理登记手续时应当缴纳专利登记费、公告印刷费和授予专利权当年的年费
　　C. 如果吴某未在规定期限内办理登记手续,则视为其放弃取得专利权的权利
　　D. 如果吴某在规定期限内办理了登记手续,则其专利权应当自2009年4月10日起生效
【知识要点】公告送达、登记手续、专利权的生效
【解析】A.C.《专利法实施细则》第4条第5款规定:"文件送交地址不清,无法邮寄的,可以通过公告的方式送

达当事人。自公告之日起满1个月，该文件视为已经送达。"《专利法实施细则》第54条规定："国务院专利行政部门发出授予专利权的通知后，申请人应当自收到通知之日起2个月内办理登记手续。申请人按期办理登记手续的，国务院专利行政部门应当授予专利权，颁发专利证书，并予以公告。期满未办理登记手续的，视为放弃取得专利权的权利。"吴某应当在2009年9月5日前办理登记手续。故选项A错误，不符合题意；选项C正确，符合题意。

B.《专利法实施细则》第96条规定："申请人办理登记手续时，应当缴纳专利登记费、公告印刷费和授予专利权当年的年费；期满未缴纳或者未缴足的，视为未办理登记手续。"故选项B正确，符合题意。

D.《专利法》第40条规定："实用新型和外观设计专利申请经初步审查没有发现驳回理由的，由国务院专利行政部门作出授予实用新型专利权或者外观设计专利权的决定，发给相应的专利证书，同时予以登记和公告。实用新型专利权和外观设计专利权自公告之日起生效。"故选项D错误，不符合题意。

（2）专利证书

166.（2016年卷一第66题）下列哪些情况下可以更换专利证书？
A. 专利证书损坏的
B. 因专利权的转让发生专利权人名称变更的
C. 因专利权人更名发生专利权人名称变更的
D. 依据人民法院关于专利权权属纠纷的生效判决办理变更专利权人手续的

【知识要点】专利证书的更换

【解析】《专利审查指南2010》5-9-1.2.3"专利证书的更换"中规定："专利权权属纠纷经地方知识产权管理部门调解或者人民法院调解或判决后，专利权人归还请求人的，在该调解或者判决发生法律效力后，当事人可以在办理变更专利权人手续合格后，请求专利局更换专利证书。因专利权的转移、专利权人更名发生专利权人姓名或者名称变更的，均不予更换专利证书。请求更换专利证书应当交回原专利证书，并交纳手续费。专利局收到更换专利证书请求后，应当核实专利申请文档，符合规定的，可以重新制作专利证书发送给当事人，更换后的证书应当与原证书的格式、内容一致。原证书记载'已更换'字样后存入专利申请案卷。"故选项A、D正确，符合题意；选项B、C错误，不符合题意。

167.（2014年卷一第88题）下列关于专利证书副本的说法哪些是正确的？
A. 一件专利有两名以上专利权人的，根据共同权利人的请求，国家知识产权局可以颁发专利证书副本
B. 无论有多少共同权利人，对同一专利权只能颁发一份专利证书副本
C. 专利权终止后，国家知识产权局不再颁发专利证书副本
D. 颁发专利证书后，因专利权转移发生专利权人变更的，国家知识产权局不再向新专利权人颁发专利证书副本

【知识要点】专利证书副本

【解析】《专利审查指南2010》5-9-1.2.2"专利证书副本"中规定："一件专利有两名以上专利权人的，根据共同权利人的请求，专利局可以颁发专利证书副本。对同一专利权颁发的专利证书副本数目不能超过共同权利人的总数。专利权终止后，专利局不再颁发专利证书副本。颁发专利证书后，因专利权转移发生专利权人变更的，专利局不再向新专利权人或者新增专利权人颁发专利证书副本。"故选项A、C、D正确，符合题意；选项B错误，不符合题意。

168.（2002年卷一第7题）以下关于专利证书效力的哪些表述是错误的？
A. 专利证书是证明专利权归属的唯一法律文件
B. 专利权人在提起专利侵权诉讼时必须将专利证书提交给法院，否则法院不受理其起诉
C. 专利权人在质押专利权时必须将专利证书交与质权人，否则质押不生效
D. 专利权人在转让专利权时必须将专利证书交与受让人，否则转让不生效

【知识要点】专利证书的效力

【解析】A.《专利法实施细则》第89条规定："国务院专利行政部门设置专利登记簿，登记下列与专利申请和专利权有关的事项：（一）专利权的授予；（二）专利申请权、专利权的转移；（三）专利权的质押、保全及其解除；（四）专利实施许可合同的备案；（五）专利权的无效宣告；（六）专利权的终止；（七）专利权的恢复；（八）专利实施的强制许可；（九）专利权人的姓名或者名称、国籍和地址的变更。"《专利审查指南2010》5-9-1.3.2"专利登记簿的效力"中规定："授予专利权时，专利登记簿与专利证书上记载的内容是一致的，在法律上具有同等效力；专利权授予之后，专利的法律状态的变更仅在专利登记簿上记载，由此导致专利登记簿与专利证书上记载的内容不一致的，以专利登记簿上记载的法律状态为准。"故选项A错误，符合题意。

B. 专利证书只是记录了专利权被授予时的法律状态，之后就不能再作为专利权归属、专利权是否有效的证明，而应当以专利登记簿上记载的法律状态为准。专利权人在提起专利侵权诉讼时，提交近期的专利登记簿副本和专利年费缴纳凭证，或者专利证书和专利年费缴纳凭证都是允许的。故选项B错误，符合题意。

C.《专利权质押合同登记管理暂行办法》第3条规定："以专利权出质的，出质人与质权人应当订立书面合同。

质押合同可以是单独订立的合同,也可以是主合同中的担保条款。"故选项C错误,符合题意。

D.《专利法》第10条第3款规定:"转让专利申请权或者专利权的,当事人应当订立书面合同,并向国务院专利行政部门登记,由国务院专利行政部门予以公告。专利申请权或者专利权的转让自登记之日起生效。"再结合选项A、B的解析,故选项D错误,符合题意。

(3) 专利登记簿

169.(2013年卷一第88题) 下列关于专利登记簿的说法哪些是正确的?
A. 自国家知识产权局公告授予专利权之日起,任何人均可请求出具专利登记簿副本
B. 专利权转让之后,专利登记簿与专利证书上记载的内容应当一致
C. 专利登记簿中不登记专利实施许可合同的备案
D. 授予专利权时,专利登记簿与专利证书在法律上具有同等效力

【知识要点】专利登记簿

【解析】A.《专利法实施细则》第118条第1款规定:"经国务院专利行政部门同意,任何人均可以查阅或者复制已经公布或者公告的专利申请的案卷和专利登记簿,并可以请求国务院专利行政部门出具专利登记簿副本。"《专利审查指南2010》5-9-1.3.3 "专利登记簿副本"中规定:"专利权授予公告之后,任何人都可以向专利局请求出具专利登记簿副本。"故选项A正确,符合题意。

B.D.《专利审查指南2010》5-9-1.3.2 "专利登记簿的效力"中规定:"授予专利权时,专利登记簿与专利证书上记载的内容是一致的,在法律上具有同等效力;专利权授予之后,专利的法律状态的变更仅在专利登记簿上记载,由此导致专利登记簿与专利证书上记载的内容不一致的,以专利登记簿上记载的法律状态为准。"故选项B错误,不符合题意;选项D正确,符合题意。

C. 根据《专利法实施细则》第89条的规定(参见本章第168题解析A),选项C错误,不符合题意。

170.(2008年卷一第12题) 下列有关专利登记簿的说法哪些是正确的?
A. 国家知识产权局在受理专利申请后即行建立专利登记簿
B. 只有专利权人及其委托的专利代理机构可以请求国家知识产权局出具专利登记簿副本
C. 专利登记簿与专利证书中记载的专利权人不一致时,以专利登记簿记载的为准
D. 因未缴纳年费造成专利权终止的,应当在专利登记簿中予以登记

【知识要点】专利登记簿

【解析】A.D.《专利审查指南2010》5-9-1.3.1 "专利登记簿的格式"中规定:"专利局授予专利权时应当建立专利登记簿。专利登记簿登记的内容包括:专利权的授予,专利申请权、专利权的转移,保密专利的解密,专利权的无效宣告,专利权的终止,专利权的恢复,专利权的质押、保全及其解除,专利实施许可合同的备案,专利实施的强制许可以及专利权人姓名或者名称、国籍、地址的变更。"故选项A错误,不符合题意;选项D正确,符合题意。

B. 根据《专利法实施细则》第118条第1款的规定(参见本章第169题解析A),选项B错误,不符合题意。

C. 根据《专利审查指南2010》5-9-1.3.2中的规定(参见本章第169题解析B.D),选项C正确,符合题意。

(二) 专利权的终止

171.(2016年卷一第19题) 一件发明专利申请的优先权日为2012年7月18日,申请日为2013年6月30日,国家知识产权局于2016年1月20日发出授予发明专利权通知书,告知申请人自收到通知书之日起两个月内办理登记手续,申请人在办理登记手续时,应缴纳第几年度的年费?
A. 第一年度　　　　B. 第二年度　　　　C. 第三年度　　　　D. 第四年度

【知识要点】年费

【解析】《专利审查指南2010》5-9-2.2.1 "年费"中规定:"授予专利权当年的年费应当在办理登记手续的同时缴纳,以后的年费应当在上一年度期满前缴纳。缴费期限届满日是申请日在该年的相应日。"《专利审查指南2010》5-9-2.2.1.1 "年度"中规定:"专利年度从申请日起算,与优先权日、授权日无关,与自然年度也没有必然联系。"本题中专利申请的第一年度为2013年6月30日至2014年6月29日,第二年度为2014年6月30日至2015年6月29日,第三年度为2015年6月30日至2016年6月29日;申请人登记手续时,处于第三年度,应当缴纳该年度的年费。故选项A、B、D错误,不符合题意;选项C正确,符合题意。

172.(2015年卷一第86题) 林某委托某专利代理机构申请了一项发明专利。下列有关林某放弃该项权利的说法哪些是正确的?
A. 林某随时可以主动要求放弃该项专利权
B. 林某可以要求放弃该项专利权中的某个特定部分
C. 放弃专利权的手续应当由该专利代理机构办理
D. 林某放弃专利权后,该专利权视为自始即不存在

【知识要点】主动放弃专利权

【解析】《专利审查指南2010》5-9-2.3"专利权人放弃专利权"中规定："授予专利权后，专利权人随时可以主动要求放弃专利权，专利权人放弃专利权的，应当提交放弃专利权声明，并附具全体专利权人签字或者盖章同意放弃专利权的证明材料，或者仅提交由全体专利权人签字或者盖章的放弃专利权声明。委托专利代理机构的，放弃专利权的手续应当由专利代理机构办理，并附具全体申请人签字或者盖章的同意放弃专利权声明。主动放弃专利权的声明不得附有任何条件。放弃专利权只能放弃一件专利的全部，放弃部分专利权的声明视为未提出。放弃专利权声明经审查，不符合规定的，审查员应当发出视为未提出通知书；符合规定的，审查员应当发出手续合格通知书，并将有关事项分别在专利登记簿和专利公报上登记和公告。放弃专利权声明的生效日为手续合格通知书的发文日，放弃的专利权自该日起终止。专利权人无正当理由不得要求撤销放弃专利权的声明。除非在专利权非真正拥有人恶意要求放弃专利权后，专利权真正拥有人（应当提供生效的法律文书来证明）可要求撤销放弃专利权声明。"故选项A、C正确，符合题意；选项B、D错误，不符合题意。

173.（2012年卷一第16题）下列关于专利权终止的哪种说法是正确的？
A. 专利权终止后都可以请求恢复权利
B. 终止的专利权视为自始即不存在
C. 专利权终止后继续在产品上标注专利标识的，构成假冒专利
D. 对终止的专利权不能提出无效宣告请求

【知识要点】专利权的期限

【解析】A.《专利法实施细则》第6条第1款和第2款规定："当事人因不可抗拒的事由而延误专利法或者本细则规定的期限或者国务院专利行政部门指定的期限，导致其权利丧失的，自障碍消除之日起2个月内，最迟自期限届满之日起2年内，可以向国务院专利行政部门请求恢复权利。除前款规定的情形外，当事人因其他正当理由延误专利法或者本细则规定的期限或者国务院专利行政部门指定的期限，导致其权利丧失的，可以自收到国务院专利行政部门的通知之日起2个月内向国务院专利行政部门请求恢复权利。"故选项A错误，不符合题意。

B.《专利审查指南2010》5-9-2.3"专利权人放弃专利权"中规定："放弃专利权声明的生效日为手续合格通知书的发文日，放弃的专利权自该日起终止。"故选项B错误，不符合题意。

C.《专利法实施细则》第84条第1款规定："下列行为属于专利法第六十三条规定的假冒专利的行为：（一）在未被授予专利权的产品或者其包装上标注专利标识，专利权被宣告无效后或者终止后继续在产品或者其包装上标注专利标识，或者未经许可在产品或者产品包装上标注他人的专利号；……"故选项C正确，符合题意。

D.《专利审查指南2010》4-3-3.1"无效宣告请求客体"中规定："无效宣告请求的客体应当是已经公告授权的专利，包括已经终止或者放弃（自申请日起放弃的除外）的专利。无效宣告请求不是针对已经公告授权的专利的，不予受理。"故选项D错误，不符合题意。

174.（2009年卷一第42题）下列哪些情形将导致专利权终止？
A. 专利权期限届满　　　　　　　　　B. 专利权被宣告无效
C. 专利权人没有按照规定缴纳年费　　D. 专利权人以书面声明放弃其专利权

【知识要点】专利权的终止

【解析】A.C.D.《专利法》第42条规定："发明专利权的期限为二十年，实用新型专利权和外观设计专利权的期限为十年，均自申请日起计算。"《专利法》第44条规定："有下列情形之一的，专利权在期限届满前终止：（一）没有按照规定缴纳年费的；（二）专利权人以书面声明放弃其专利权的。专利权在期限届满前终止的，由国务院专利行政部门登记和公告。"故选项A、C、D正确，符合题意。

B.《专利法》第47条第1款规定："宣告无效的专利权视为自始即不存在。"由于被宣告无效的专利自始就不存在，因此也不存在终止的情况。故选项B错误，不符合题意。

175.（2004年卷三第52题）一件发明专利申请的申请日为1997年11月15日，授权公告日为2000年5月15日，因专利权人未缴纳第四年度专利年费以及滞纳金，其专利被终止。该专利权应当自下列哪一日期起终止？
A. 2000年11月15日　　　　　　　　　B. 2001年11月15日
C. 2002年5月15日　　　　　　　　　 D. 2003年5月15日

【知识要点】专利的终止期限

【解析】《专利法》第42条、第44条规定：（参见本章第174题解析A.C.D），并且《专利法实施细则》第97条规定："申请人办理登记手续时，应当缴纳专利登记费、公告印刷费和授予专利权当年的年费；期满未缴纳或者未缴足的，视为未办理登记手续。"《专利法实施细则》第98条规定："授予专利权当年以后的年费应当在上一年度期满前缴纳。专利权人未缴纳或者未缴足的，国务院专利行政部门应当通知专利权人自应当缴纳年费期满之日起6个月内补缴，同时缴纳滞纳金；滞纳金的金额按照每超过规定的缴费时间1个月，加收当年全额年费的5%计算；期满未缴纳的，专利权自应当缴纳年费期满之日起终止。"专利权人未缴纳第4年度专利年费以及滞纳金，其专利应在自申请日

第 3 年度期满之日起终止。故选项 A 正确，符合题意；选项 B、C、D 错误，不符合题意。

（注意：由于年费应当在"前一年度"期满前预缴，因此在计算缴纳年费的期限时可以按如下方式计算：申请日＋缴费年度－1年＝应缴费的年限，缴费期限届满日是申请日在该年的相应日。）

九、其他手续

（一）撤回专利申请声明

176.（2014年卷一第51题） 某公司欲撤回其自行提交的一件发明专利申请。下列说法哪些是正确的？
A. 该公司应当提交撤回专利申请声明，并缴纳相应费用
B. 该申请被撤回后，不能作为任何在后申请的优先权基础
C. 该公司撤回该专利申请不得附有任何条件
D. 撤回专利申请的生效日为撤回手续合格通知书的发文日

【知识要点】撤回专利申请

【解析】A.《专利法》第32条规定："申请人可以在被授予专利权之前随时撤回其专利申请。"《专利法实施细则》第36条第1款规定："申请人撤回专利申请的，应当向国务院专利行政部门提出声明，写明发明创造的名称、申请号和申请日。"《专利法实施细则》第93条规定了申请专利和办理其他手续时应当缴纳的费用种类，其中并不存在一种与撤回专利申请相关的费用，由此可知，撤回专利申请并不需要缴纳相关的费用。故选项A错误，不符合题意。

B.《保护工业产权巴黎公约》第4条中规定："已经在本联盟的一个国家正式提出专利申请的任何人或其权利继受人，为了在其他国家提出申请，在自提出申请之日起十二个月的期间内应享有优先权。正规的国家申请是指在有关国家中足以确定提出申请日的任何申请，而不问该申请以后的结局如何。"由此可知，被撤回的申请可以作为在后申请的优先权基础。故选项B错误，不符合题意。

C.D.《专利审查指南2010》1-1-6.6"撤回专利申请声明"中规定："撤回专利申请不得附有任何条件。撤回专利申请声明不符合规定的，审查员应当发出视为未提出通知书；符合规定的，审查员应当发出手续合格通知书。撤回专利申请的生效日为手续合格通知书的发文日。"故选项C、D正确，符合题意。

177.（2013年卷一第98题） 宋某委托专利代理机构提交了一件发明专利申请，现欲撤回该申请。下列说法哪些是正确的？
A. 撤回专利申请声明可以在专利申请被授予专利权之前随时提出
B. 宋某可以不通过专利代理机构自行办理撤回专利申请的手续
C. 宋某撤回其专利申请应当缴纳相应的费用
D. 撤回专利申请声明在作好公布专利申请文件的印刷准备工作后提出的，申请文件仍予公布

【知识要点】撤回专利申请声明

【解析】A. 根据《专利法》第32条的规定（参见本章第176题解析A），选项A正确，符合题意。

B.《专利审查指南2010》1-1-6.6"撤回专利申请声明"中规定："申请人撤回专利申请的，应当提交撤回专利申请声明，并附具全体申请人签字或者盖章同意撤回专利申请的证明材料，或者仅提交由全体申请人签字或者盖章的撤回专利申请声明。委托专利代理机构的，撤回专利申请的手续应当由专利代理机构办理，并附具全体申请人签字或者盖章同意撤回专利申请的证明材料，或者仅提交由专利代理机构和全体申请人签字或者盖章的撤回专利申请声明。"故选项B错误，不符合题意。

C.《专利法实施细则》第93条规定了向国务院专利行政部门申请专利和办理其他手续时应当缴纳的费用，并不包含撤回专利申请应当缴纳的费用，由此可知，撤回专利申请不需要缴纳费用。故选项C错误，不符合题意。

D.《专利法实施细则》第36条第2款规定："撤回专利申请的声明在国务院专利行政部门作好公布专利申请文件的印刷准备工作后提出的，申请文件仍予公布；但是，撤回专利申请的声明应当在以后出版的专利公报上予以公告。"故选项D正确，符合题意。

178.（2010年卷一第62题） 申请人李某提出了一件发明专利申请，并同时提交了发明专利申请提前公布声明。该申请初审合格后，李某又提交了撤回专利申请声明，国家知识产权局经审查发出了手续合格通知书。则下列说法哪些是正确的？
A. 该申请文件将不予公布
B. 该申请文件将照常公布，但审查程序终止
C. 撤回专利申请的生效日为手续合格通知书的发文日
D. 该专利申请的撤回将在以后出版的专利公报上予以公告

【知识要点】专利申请的撤回

【解析】A.B.D.《专利法实施细则》第36条第2款规定：（参见本章第177题解析D）。并且《专利审查指南

2010》5-8-1.2.1.1"发明专利申请公布"中规定:"发明专利申请经初步审查合格后,自申请日(有优先权的,为优先权日)起满十五个月进行公布准备,并于十八个月期满时公布。发明专利申请人在初步审查合格前,要求提前公布其专利申请的,自初步审查合格之日起进行公布准备;在初步审查合格后,要求提前公布其专利申请的,自提前公布请求合格之日起进行公布准备,并及时予以公布。"要求提前公布的发明专利申请,自初审合格之日起即进行公布准备,之后提出撤回申请的,仍将予以公布。故选项A错误,不符合题意;选项B、D正确,符合题意。

C.《专利审查指南2010》1-1-6.6"撤回专利申请声明"中规定:"撤回专利申请的生效日为手续合格通知书的发文日。……撤回专利申请的声明是在专利申请进入公布准备后提出的,申请文件照常公布或者公告,但审查程序终止。"故选项C正确,符合题意。

179. (2004年卷四第12题) 以下有关主动撤回实用新型专利申请的哪些说法是错误的?

A. 实用新型专利申请的申请人可以随时要求撤回其请求
B. 主动要求撤回申请的,应当在撤回专利申请声明中说明撤回理由
C. 撤回专利申请声明的格式不符合要求的,申请人可以补正,专利局发出撤回声明审查合格通知书之日就是该声明生效之日
D. 撤回专利申请声明生效后1月内,申请人可以要求撤回该声明

【知识要点】实用新型的撤回

【解析】A.根据《专利法》第32条的规定(参见本章第176题解析A),选项A错误,符合题意。

B.C.D.《专利法实施细则》第36条第1款规定:(参见本章第176题解析A)。并且《专利审查指南2010》1-1-6.6"撤回专利申请声明"中规定:"授予专利权之前,申请人随时可以主动要求撤回其专利申请。申请人撤回专利申请的,应当提交撤回专利申请声明,并附具全体申请人签字或者盖章同意撤回专利申请的证明材料,或者仅提交由全体申请人签字或者盖章的撤回专利申请声明。委托专利代理机构的,撤回专利申请的手续应当由专利代理机构办理,并附具全体申请人签字或者盖章同意撤回专利申请的证明材料,或者仅提交由专利代理机构和全体申请人签字或者盖章的撤回专利申请声明。撤回专利申请不得附有任何条件。"《专利审查指南2010》1-1-6.6"撤回专利申请声明"中还规定:"撤回专利申请声明不符合规定的,审查员应当发出视为未提出通知书;符合规定的,审查员应当发出手续合格通知书。撤回专利申请的生效日为手续合格通知书的发文日。对于已经公布的发明专利申请,还应当在专利公报上予以公告。申请人无正当理由不得要求撤销撤回专利申请的声明;但在申请权非真正拥有人恶意撤回专利申请后,申请权真正拥有人(应当提交生效的法律文书来证明)可要求撤销撤回专利申请的声明。"故选项D错误,符合题意。撤回专利申请声明不合格的视为未提出,故选项C错误,符合题意。要求撤回专利申请的不需要说明撤回理由,故选项B错误,符合题意。

(二)著录项目变更

180. (2014年卷一第77题) 北京的甲公司委托某专利代理机构向国家知识产权局提交了一件外观设计专利申请,现欲将该申请的申请人变更为德国的乙公司,乙公司仍委托该专利代理机构。则该专利代理机构在办理著录项目变更手续时,应当提交下列哪些文件?

A. 著录项目变更申报书
B. 双方签字或盖章的转让合同
C. 乙公司签字或盖章的委托书
D. 国务院商务主管部门颁发的《技术出口许可证》

【知识要点】著录项目变更手续

【解析】A.《专利法》第10条规定:"专利申请权和专利权可以转让。中国单位或者个人向外国人、外国企业或者外国其他组织转让专利申请权或者专利权的,应当依照有关法律、行政法规的规定办理手续。转让专利申请权或者专利权的,当事人应当订立书面合同,并向国务院专利行政部门登记,由国务院专利行政部门予以公告。专利申请权或者专利权的转让自登记之日起生效。"《专利审查指南2010》1-1-6.7"著录项目变更"中规定:"专利申请权(或专利权)转让或者因其他事由发生转移的,申请人(或专利权人)应当以著录项目变更的形式向专利局登记。"《专利审查指南2010》1-1-6.7.1.1"著录项目变更申报书"中规定:"办理著录项目变更手续应当提交著录项目变更申报书。"故选项A正确,符合题意。

B.《专利审查指南2010》1-1-6.7.2.2"专利申请权(或专利权)转移"中规定:"申请人(或专利权人)因权利的转让或者赠与发生权利转移提出变更请求的,应当提交转让或者赠与合同。该合同是由单位订立的,应当加盖单位公章或合同专用章。公民订立合同的,由本人签字或者盖章。有多个申请人(或专利权人)的,应当提交全体权利人同意转让或者赠与的证明材料。"故选项B正确,符合题意。

C.根据《专利法实施细则》第15条第3款的规定:"申请人委托专利代理机构向国务院专利行政部门申请专利和办理其他专利事务的,应当同时提交委托书,写明委托权限。"由于乙公司委托了某专利代理机构著录项目变更手续,故选项C正确,符合题意。

D.《专利审查指南2010》1-1-6.7.2.2"专利申请权(或专利权)转移"中规定:"对于发明或者实用新型专利

申请（或专利），转让方是中国内地的个人或者单位，受让方是外国人、外国企业或者外国其他组织的，应当出具国务院商务主管部门颁发的《技术出口许可证》或者《自由出口技术合同登记证书》，或者地方商务主管部门颁发的《自由出口技术合同登记证书》，以及双方签字或者盖章的转让合同。"由于本题中转让的是外观设计专利，因此无须提交国务院商务主管部门颁发的《技术出口许可证》。故选项D错误，不符合题意。

181.（2013年卷—第56题）某公司提交了一件发明专利申请，现该公司欲增加漏填的发明人。该公司应当办理下列哪些手续？
A. 提交著录项目变更申报书
B. 缴纳著录项目变更费
C. 提交由全体申请人和变更前全体发明人签章的证明文件
D. 提交申请权转让证明

【知识要点】著录项目变更

【解析】A.《专利法实施细则》第119条第2款规定："请求变更发明人姓名、专利申请人和专利权人的姓名或者名称、国籍和地址、专利代理机构的名称、地址和代理人姓名的，应当向国务院专利行政部门办理著录事项变更手续，并附具变更理由的证明材料。"故选项A正确，符合题意。

B.《专利法实施细则》第99条第3款规定："著录事项变更费、专利权评价报告请求费、无效宣告请求费应当自提出请求之日起1个月内缴纳；期满未缴纳或者未缴足的，视为未提出请求。"故选项B正确，符合题意。

C.D.《专利审查指南2010》1—1—6.7.2.3"发明人变更"中规定："因漏填或者错填发明人提出变更请求的，应当提交由全体申请人（或专利权人）和变更前全体发明人签字或者盖章的证明文件。"故选项C正确，符合题意；选项D错误，不符合题意。

182.（2010年卷—第25题）在某项专利的登记簿中，姜某和董某是专利权人，陈某是发明人。现当事人欲将专利权人变更为陈某，发明人变更为姜某和董某。下列说法哪些是正确的？
A. 对于该两项变更，只需提交一份著录项目变更申报书
B. 由于对两项著录项目进行变更，因此需分别缴纳著录项目变更手续费
C. 该著录项目变更手续既可以由姜某和董某办理，也可以由陈某办理
D. 该著录项目变更手续应当自国家知识产权局发出变更手续合格通知书之日起生效

【知识要点】著录项目的变更

【解析】A.《专利审查指南2010》1—1—6.7.1.1"著录项目变更申报书"中规定："办理著录项目变更手续应当提交著录项目变更申报书。一件专利申请的多个著录项目同时发生变更的，只需提交一份著录项目变更申报书；一件专利申请同一著录项目发生连续变更的，应当分别提交著录项目变更申报书；多件专利申请的同一著录项目发生变更的，即使变更的内容完全相同，也应当分别提交著录项目变更申报书。"故选项A正确，符合题意。

B.《专利审查指南2010》1—1—6.7.1.2"著录项目变更手续费"中规定："著录项目变更手续费是指，一件专利申请每次每项申报著录项目变更的费用。"故选项B正确，符合题意。

C.《专利审查指南2010》1—1—6.7.1.4"办理著录项目变更手续的人"中规定："未委托专利代理机构的，著录项目变更手续应当由申请人（或专利权人）或者其代表人办理；已委托专利代理机构的，应当由专利代理机构办理。因权利转移引起的变更，也可以由新的权利人或者其委托的专利代理机构办理。"故选项C正确，符合题意。

D.《专利审查指南2010》1—1—6.7.4"著录项目变更的生效"中规定："著录项目变更手续自专利局发出变更手续合格通知书之日起生效。"故选项D正确，符合题意。

183.（2009年卷—第12题）下列有关申请人姓名或者名称变更的说法哪些是正确的？
A. 我国公民因更改姓名提出变更请求的，应当提交本人签字或者签章的声明
B. 我国企业法人因更名提出变更请求的，应当提交工商行政管理部门出具的证明文件
C. 外国企业因更名提出变更请求的，应当提交该企业签章的声明
D. 外国人因更改中文译名提出变更请求的，应当提交申请人的声明

【知识要点】申请人姓名或者名称变更

【解析】《专利审查指南2010》1—1—6.7.2.1"申请人（或专利权人）姓名或者名称变更"中规定："(1) 个人因更改姓名提出变更请求的，应当提交户籍管理部门出具的证明文件。(2) 个人因填写错误提出变更请求的，应当提交本人签字或者盖章的声明及本人的身份证明文件。(3) 企业法人因更名提出变更请求的，应当提交工商行政管理部门出具的证明文件。(4) 事业单位法人、社会团体法人因更名提出变更请求的，应当提交登记管理部门出具的证明文件。(5) 机关法人因更名提出变更请求的，应当提交上级主管部门签发的证明文件。(6) 其他组织因更名提出变更请求的，应当提交登记管理部门出具的证明文件。(7) 外国人、外国企业或者外国其他组织因更名提出变更请求的，应当参照以上各项规定提交相应的证明文件。(8) 外国人、外国企业或者外国其他组织因更改中文译名提出变更请求的，应当提交申请人（或专利权人）的声明。"根据上述(1)，选项A错误，不符合题意；根据上述(3)，选项B正

确，符合题意；根据上述（7），选项C错误，不符合题意；根据上述（8），选项D正确，符合题意。

184.（2009年卷一第38题）我国甲公司与日本乙公司签订了一份专利权转让合同，将甲公司享有的一项儿童玩具实用新型专利权转让给乙公司。甲公司到国家知识产权局办理权利变更手续时，应当出具下列哪些文件？

A. 甲公司上级主管部门批准转让该专利权的批件
B. 国务院对外经济贸易主管部门会同国务院专利行政部门批准转让该专利权的批件
C. 技术出口合同登记证
D. 甲公司和乙公司双方盖章的转让合同

【知识要点】权利变更手续
【解析】根据《专利审查指南2010》1-1-6.7.2.2"专利申请权（或专利权）转移"中的规定（参见本章第180题解析D），选项A、B错误，不符合题意；选项C、D正确，符合题意。

185.（2009年卷一第74题）在下列哪些情形下，当事人应当到国家知识产权局办理专利权人变更手续？

A. 专利权人赵某死亡，由其子继承其专利权
B. 专利权人孙某将其专利权赠予李某
C. 专利权人周某将其专利权质押给吴某
D. 专利权人郑某以其专利权入股与王某共同成立一家新公司

【知识要点】专利权人的变更
【解析】A、B.《专利审查指南2010》1-1-6.7.2.2"专利申请权（或专利权）转移"中规定："……（2）申请人（或专利权人）因权利的转让或者赠与发生权利转移提出变更请求的，应当提交转让或者赠与合同。该合同是由单位订立的，应当加盖单位公章或者合同专用章。公民订立合同的，由本人签字或者盖章。有多个申请人（或专利权人）的，应当提交全体权利人同意转让或者赠与的证明材料。……（5）申请人（或专利权人）因继承提出变更请求的，应当提交经公证的当事人是唯一合法继承人或者当事人已包括全部法定继承人的证明文件。……"故选项A、B正确，符合题意。

C.《担保法》第79条规定："以依法可以转让的商标专用权，专利权、著作权中的财产权出质的，出质人与质权人应当订立书面合同，并向其管理部门办理出质登记。质押合同自登记之日起生效。"《专利权质押合同登记管理暂行办法》第3条规定："以专利权出质的，出质人与质权人应当订立书面合同，并向中国专利局办理出质登记，质押合同自登记之日起生效。"故选项C错误，不符合题意。

D.《公司法》第27条规定："股东可以用货币出资，也可以用实物、知识产权、土地使用权等可以用货币估价并可以依法转让的非货币财产作价出资；但是，法律、行政法规规定不得作为出资的财产除外。对作为出资的非货币财产应当评估作价，核实财产，不得高估或者低估作价。法律、行政法规对评估作价有规定的，从其规定。"《公司法》第28条规定："股东应当按期足额缴纳公司章程中规定的各自所认缴的出资额。股东以货币出资的，应当将货币出资足额存入有限责任公司在银行开设的账户；以非货币财产出资的，应当依法办理其财产权的转移手续。股东不按照前款规定缴纳出资的，除应当向公司足额缴纳外，还应当向已按期足额缴纳出资的股东承担违约责任。"将专利权入股设立公司的，其专利已成为公司资产，应将专利权转移给公司。故选项D正确，符合题意。

186.（2009年卷一第80题）王某为某公司的法定代表人，现欲将自己的专利申请转让给该公司。该公司欲委托王某委托的原专利代理机构继续代理其申请专利。下列说法哪些是正确的？

A. 由于王某是该公司的法定代表人，因此该转让行为无需办理登记手续
B. 由于委托了同一家专利代理机构，因此在办理专利权转让登记手续时无需提交新的专利代理委托书
C. 在办理该专利权转让登记手续时，应当提交转让合同
D. 该专利权转让登记手续既可以由该公司办理，也可以由该代理机构办理

【知识要点】专利申请权的转让
【解析】A、C.《专利法》第10条第3款规定："转让专利申请权或者专利权的，当事人应当订立书面合同，并向国务院专利行政部门登记，由国务院专利行政部门予以公告。"……《专利审查指南2010》1-1-6.7.2.2"专利申请权（或专利权）转移"中规定："……（2）申请人（或专利权人）因权利的转让或者赠与发生权利转移提出变更请求的，应当提交转让或者赠与合同。……"故选项A错误，不符合题意；选项C正确，符合题意。

B.《专利审查指南2010》1-1-6.7.2.4"专利代理机构及代理人变更"中规定："……（4）专利申请权（或专利权）转移的，变更后的申请人（或专利权人）委托新专利代理机构的，应当提交变更后的全体申请人（或专利权人）签字或者盖章的委托书；变更后的申请人（或专利权人）委托原专利代理机构的，只需提交新增申请人（或专利权人）签字或者盖章的委托书。"故选项B错误，不符合题意。

D. 根据《专利审查指南2010》1-1-6.7.1.4"办理著录项目变更手续的人"中的规定（参见本章第182题解析C），选项D正确，符合题意。

187.（2004年卷三第1题）在下述哪些情形，应当办理有关专利代理的著录事项变更？

A. 申请人解除委托
B. 专利代理机构辞去被委托
C. 专利代理机构地址变更，但是代理人没有变化
D. 申请权发生转移，新的申请人仍然委托同一专利代理机构的同一代理人

【知识要点】专利代理著录事项变更

【解析】A、B.《专利审查指南2010》1—1—6.7.2.4"专利代理机构及代理人变更"中规定："解除委托时，申请人（或专利权人）应当提交著录项目变更申报书，并附具全体申请人（或专利权人）签字或者盖章的解聘书，或者仅提交由全体申请人（或专利权人）签字或者盖章的著录项目变更申报书。辞去委托时，专利代理机构应当提交著录项目变更申报书，并附具申请人（或专利权人）或者其代表人签字或者盖章的同意辞去委托声明，或者附具由专利代理机构盖章的表明已通知申请人（或专利权人）的声明。"故选项A、B正确，符合题意。

C.《专利审查指南2010》1—1—6.7.2.4"专利代理机构及代理人变更"中规定："专利代理机构更名、迁址的，应当首先在国家知识产权局主管部门办理备案的注册变更手续，注册变更手续生效后，由专利局统一对其代理的全部有效专利申请及专利进行变更处理。专利代理人的变更应当由专利代理机构办理个案变更手续。"专利代理机构地址变更但代理人没有发生变化的，虽然不需要办理个案著录项目变更手续，但仍需要向国家知识产权局主管部门办理代理机构备案的注册变更手续，由专利局统一进行著录项目变更。故选项C正确，符合题意。

D.《专利审查指南2010》1—1—6.7.2.4"专利代理机构及代理人变更"之（4）中规定："专利申请权（或专利权）转移的，变更后的申请人（或专利权人）委托新专利代理机构的，应当提交变更后的全体申请人（或专利权人）签字或者盖章的委托书；变更后的申请人（或专利权人）委托原专利代理机构的，只需提交新增申请人（或专利权人）签字或者盖章的委托书。"当申请权发生转移，即使新的申请人仍然委托同一专利代理机构的同一代理人的，仍然需要办理有关专利代理的著录事项变更，并同时提交新申请人的委托书。故选项D正确，符合题意。

188.（2004年卷三第8题）以下有关著录事项变更的哪些说法是正确的？
A. 申请人提出有关申请人著录事项变更的，无需缴纳著录事项变更费
B. 专利代理机构提出有关专利代理的各种著录事项变更的，均应当缴纳著录事项变更费
C. 著录事项变更费应当在提出请求的同时缴纳，另有规定的除外
D. 著录事项变更费应当自提出请求之日起1个月内缴纳，另有规定的除外

【知识要点】著录事项变更的费用

【解析】A、C、D.《专利法实施细则》第93条规定："向国务院专利行政部门申请专利和办理其他手续时，应当缴纳下列费用……（五）著录事项变更费、专利权评价报告请求费、无效宣告请求费。……"《专利法实施细则》第99条规定："……著录事项变更费、专利权评价报告请求费、无效宣告请求费应当自提出请求之日起1个月内缴纳；期满未缴纳或者未缴足的，视为未提出请求。"故选项A、C错误，不符合题意；选项D正确，符合题意。

B. 根据《专利审查指南2010》1—1—6.7.2.4"专利代理机构及代理人变更"中的规定（参见本章第187题解析C），专利代理机构地址变更但代理人没有发生变化的，虽然不需要办理个案著录项目变更手续，但仍需要向国家知识产权局主管部门办理代理机构备案的注册变更手续，由专利局统一进行著录项目变更。专利代理机构提出地址、负责人等注册信息变更时，不需要缴纳著录事项变更费。故选项B错误，不符合题意。

189.（2004年卷三第13题）专利权发生转移时，当事人在提出著录事项变更时，下述哪些做法是正确的？
A. 提交权利转让或者赠与合同的复印件
B. 提交法院的判决书原件
C. 在涉外转让情况下，由转让方或者其委托的专利代理机构办理著录事项变更手续
D. 在涉外转让情况下，由受让方或者其委托的专利代理机构办理著录事项变更手续

【知识要点】专利权变更的手续

【解析】A. 根据《专利法》第10条的规定（参见本章第180题解析A）、《专利审查指南2010》1—1—6.7.2.2"专利申请权（或专利权）转移"中的规定（参见本章第185题解析A、B），选项A错误，不符合题意。

B.《专利法实施细则》第14条第1款规定："除依照专利法第十条规定转让专利权外，专利权因其他事由发生转移的，当事人应当凭有关证明文件或者法律文书向国务院专利行政部门办理专利权转移手续。"《专利审查指南2010》1—1—6.7.2.2"专利申请权（或专利权）转移"中规定："申请人（或专利权人）因权属纠纷发生权利转移提出变更请求的，如果纠纷是通过协商解决的，应当提交全体当事人签字或者盖章的权利转移协议书。如果纠纷是由地方知识产权管理部门调解解决的，应当提交该部门出具的调解书；如果纠纷是由人民法院调解或者判决确定的，应当提交生效的人民法院的调解书或者判决书，对一审法院的判决，收到判决书后，审查员应当通知其他当事人，确认是否提起上诉，在指定的期限内未答复或者明确不上诉的，应当依据此判决书予以变更；提起上诉的，当事人应当提交上级人民法院出具的证明文件，原人民法院判决书不发生法律效力；如果纠纷是由仲裁机构调解或者裁决确定的，应当提交仲裁调解书或者仲裁裁决书。"根据《专利审查指南2010》的规定，在提交法院的判决书时，应当提交"生效"的人

民法院判决书原件。故选项 B 错误，不符合题意。

C.D. 根据《专利审查指南 2010》1-1-6.7.1.4 "办理著录项目变更手续的人"中的规定（参见本章第 182 题解析 C），选项 C、D 正确，符合题意。

（三）请求恢复权利

190.（2015 年卷一第 20 题）国家知识产权局于 2014 年 3 月 6 日向申请人刘某发出其申请视为撤回通知书，但该通知书由于地址不详被退回，国家知识产权局于 2014 年 5 月 29 日公告送达。刘某最迟应当在哪天缴纳恢复权利请求费？

A. 2014 年 5 月 21 日   B. 2014 年 7 月 29 日
C. 2014 年 8 月 13 日   D. 2014 年 8 月 29 日

【知识要点】权利恢复的期限

【解析】《专利法实施细则》第 4 条第 5 款规定："文件送交地址不清、无法邮寄的，可以通过公告的方式送达当事人，自公告之日起满 1 个月，该文件视为已经送达。"《专利法实施细则》第 6 条第 1 款规定："当事人因不可抗拒的事由而延误专利法或者本细则规定的期限或者国务院专利行政部门指定的期限，导致其权利丧失的，自障碍消除之日起 2 个月内，最迟自期限届满之日起 2 年内，可以向国务院专利行政部门请求恢复权利。"本题中，国家知识产权局公告送达日为 5 月 29 日，推定送达刘某之日为 6 月 29 日，恢复权利需要在障碍消除之日起 2 个月内，这里就是 8 月 29 日之前。故选项 A、B、C 错误，不符合题意，选项 D 正确，符合题意。

191.（2012 年卷一第 50 题）申请人赵某由于生病未能按时答复审查意见通知书，国家知识产权局于 2010 年 7 月 1 日向赵某发出了视为撤回通知书。赵某欲恢复其申请，下列说法哪些是正确的？

A. 赵某应当提交恢复权利请求书
B. 赵某应当缴纳恢复权利请求费
C. 赵某最迟应当在 2010 年 9 月 1 日前办理权利恢复手续
D. 赵某应当在提出恢复请求的同时作出答复

【知识要点】权利恢复的手续

【解析】A.B.D.《专利法实施细则》第 6 条第 3 款规定："当事人依照本条第一款或者第二款的规定请求恢复权利的，应当提交恢复权利请求书，说明理由，必要时附具有关证明文件，并办理权利丧失前应当办理的相应手续；依照本条第二款的规定请求恢复权利的，还应当缴纳恢复权利请求费。"故选项 A、B、D 正确，符合题意。

C.《专利法实施细则》第 6 条第 2 款规定："除前款规定的情形外，当事人因其他正当理由延误专利法或者本细则规定的期限或者国务院专利行政部门指定的期限，导致其权利丧失的，可以自收到国务院专利行政部门的通知之日起 2 个月内向国务院专利行政部门请求恢复权利。"《专利法实施细则》第 4 条第 3 款规定："国务院专利行政部门邮寄的各种文件，自文件发出之日起满 15 日，推定为当事人收到文件之日。"故选项 C 错误，不符合题意。

192.（2012 年卷一第 60 题）下列哪些期限被延误而导致权利丧失的，当事人不能请求恢复权利？

A. 提出实质审查请求的期限   B. 要求优先权的期限
C. 答复审查意见通知书的期限   D. 不丧失新颖性的宽限期

【知识要点】权利恢复的手续

【解析】《专利法实施细则》第 6 条第 5 款规定："本条第一款和第二款的规定不适用专利法第二十四条、第二十九条、第四十二条、第六十八条规定的期限。"《专利法》第 24 条规定："申请专利的发明创造在申请日以前六个月内，有下列情形之一的，不丧失新颖性：（一）在中国政府主办或者承认的国际展览会上首次展出的；（二）在规定的学术会议或者技术会议上首次发表的；（三）他人未经申请人同意而泄露其内容的。"《专利法》第 29 条第 1 款规定："申请人自发明或者实用新型在外国第一次提出专利申请之日起十二个月内，或者自外观设计在外国第一次提出专利申请之日起六个月内，又在中国就相同主题提出专利申请的，依照该外国同中国签订的协议或者共同参加的国际条约，或者依照相互承认优先权的原则，可以享有优先权。"故选项 A、C 不符合题意，选项 B、D 符合题意。

193.（2008 年卷一第 38 题）申请人因正当理由未在规定期限内办理专利权登记手续，造成其取得实用新型专利权的权利被视为放弃的，应如何办理恢复手续？

A. 在收到视为放弃取得专利权通知书之日起 3 个月内，缴纳年费、登记费、印花税、公告印刷费和恢复权利请求费
B. 在收到视为放弃取得专利权通知书之日起 2 个月内，缴纳年费、登记费、公告印刷费和恢复权利请求费，提交恢复权利请求书
C. 在收到视为放弃取得专利权通知书之日起 3 个月内，缴纳年费、登记费、印花税、公告印刷费和各年度的维持费，提交恢复权利请求书和相关证明材料
D. 在收到视为放弃取得专利权通知书之日起 2 个月内，缴纳年费、登记费、印花税、公告印刷费和恢复权利请求

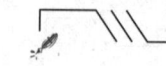

费，提交恢复权利请求书和相关证明材料

【知识要点】请求恢复权利和办理专利登记的手续

【解析】《专利法实施细则》第6条第2款规定：（参见本章第191题解析C）。并且《专利法实施细则》第97条规定："申请人办理登记手续时，应当缴纳专利登记费、公告印刷费和授予专利权当年的年费；期满未缴纳或者未缴足的，视为未办理登记手续。"《专利审查指南2010》5-9-1.1.3"登记手续"中规定："申请人在办理登记手续时，应当按照办理登记手续通知书中写明的费用金额缴纳专利登记费、授权当年（办理登记手续通知书中指明的年度）的年费、公告印刷费，同时还应当缴纳专利证书印花税。"故选项A、B、C错误，不符合题意；选项D正确，符合题意。

194.（2007年卷一第86题）在下列哪些情形中申请人可以请求恢复要求优先权的权利？

A. 雷某要求优先权声明填写符合规定，但由于未在规定期限内缴纳优先权要求费而被视为未要求优先权

B. 马某要求优先权声明填写符合规定，但由于未在规定期限内提交优先权转让证明而被视为未要求优先权

C. 杨某要求外国优先权声明填写符合规定，但由于未在规定期限内提交在先申请文件副本而被视为未要求优先权

D. 王某在要求外国优先权声明中正确填写了在先申请的申请日和申请号，并在规定期限内提交了在先申请文件副本，但由于在优先权声明中错写了在先申请的国家名称而被视为未要求优先权

【知识要点】优先权的恢复

【解析】《专利法实施细则》第31条第2款规定："要求优先权，但请求书中漏写或者错写在先申请的申请日、申请号和原受理机构名称中的一项或两项内容的，国务院专利行政部门应当通知申请人在指定期限内补正；期满未补正的，视为未要求优先权。"《专利审查指南2010》1-1-6.2.5"优先权要求的恢复"中规定："视为未要求优先权并属于下列情形之一的，申请人可以根据专利法实施细则第六条的规定请求恢复要求优先权的权利：（1）由于未在指定期限内答复办理手续补正通知书导致视为未要求优先权。（2）要求优先权声明中至少一项内容填写正确，但未在规定的期限内提交在先申请文件副本或者优先权转让证明。（3）要求优先权声明中至少一项内容填写正确，但未在规定期限内缴纳或者缴足优先权要求费。（4）分案申请的原申请要求了优先权。……除以上情形外，其他原因造成被视为未要求优先权的，不予恢复。例如，由于提出专利申请时未在请求书中提出声明而视为未要求优先权的，不予恢复要求优先权的权利。"故选项A、B、C、D均正确，符合题意。

195.（2004年卷三第48题）下述哪些情形可能导致申请人丧失权利，并且在丧失权利后可以请求恢复权利？

A. 申请人在申请时提出专利法第二十四条所称的不丧失新颖性要求，但是未能在规定期限内提交规定的证明材料

B. 外国申请人在专利法第二十九条规定期限内向中国提出专利申请并要求优先权，但是未能在规定期限内提交在外国第一次提出的专利申请文件的副本

C. 申请人在外国首次提出外观设计申请之后11个月向中国提出专利申请，并提出优先权要求

D. 申请人提交的不丧失新颖性的证明材料表明，其发明曾在申请日前11个月在国际博览会上展出

【知识要点】权利的恢复

【解析】《专利法实施细则》第6条第1款、第2款规定："当事人因不可抗拒的事由而延误专利法或者本细则规定的期限或者国务院专利行政部门指定的期限，导致其权利丧失的，自障碍消除之日起2个月内，最迟自期限届满之日起2年内，可以向国务院专利行政部门请求恢复权利。除前款规定的情形外，当事人因其他正当理由延误专利法或者本细则规定的期限或者国务院专利行政部门指定的期限，导致其权利丧失的，可以自收到国务院专利行政部门的通知之日2个月内向国务院专利行政部门请求恢复权利。"《专利法实施细则》第6条第5款规定：（参见本章第192题解析）。

A.D. 根据《专利法》第24条的规定（参见本章第192题解析），选项A未在规定期限内完成的只是"提交证明材料"，而其提出的"不丧失新颖性要求"本身是符合法律规定的，这种情况可以请求恢复权利。故选项A符合题意。选项D中的"不丧失新颖性要求"超过了法律规定的6个月期限，其请求本身已不符合法律的规定。故选项D不符合题意。

B.C. 《专利法》第29条规定："申请人自发明或者实用新型在外国第一次提出专利申请之日起十二个月内，或者自外观设计在外国第一次提出专利申请之日起六个月内，又在中国就相同主题提出专利申请的，依照该外国同中国签订的协议或者共同参加的国际条约，或者依照相互承认优先权的原则，可以享有优先权。申请人自发明或者实用新型在中国第一次提出专利申请之日起十二个月内，又向国务院专利行政部门就相同主题提出专利申请的，可以享有优先权。"选项B未在规定期限内完成的只是"提交优先权文件副本"，但其提出的"优先权请求"本身是符合法律规定的。故选项B符合题意。选项C中的"优先权请求"已经超过了6个月，该请求本身已不符合法律的规定。故选项C不符合题意。

196.（2004年卷三第65题）以下有关恢复权利的哪些说法是正确的？

A. 因未按期答复审查意见通知书而申请被视为撤回的，申请人应当在规定期限内提出恢复权利请求，缴纳恢复请求费，待专利局准予恢复权利后立即递交对于审查意见通知书的答复

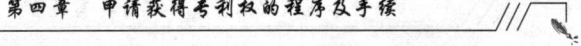

B. 因未在规定期限内提交优先权转让证明而视为未要求优先权的，申请人应当在启动恢复权利程序时，同时提交该转让证明，否则其权利不能予以恢复

C. 因未在规定期限届满前提出实质审查请求而申请被视为撤回的，申请人应当自其权利被准予恢复之日起1个月内缴纳实质审查费

D. 因未在规定期限内缴纳专利年费而专利权被终止的，当事人应当在启动恢复权利程序的同时缴纳规定的专利年费以及滞纳金

【知识要点】恢复权利原则

【解析】A.B.C. 《专利审查指南2010》5-7-6.2"手续"中规定："根据专利法实施细则第六条第二款规定请求恢复权利的，应当自收到专利局或者专利复审委员会的处分决定之日起两个月内提交恢复权利请求书，说明理由，并同时缴纳恢复权利请求费；根据专利法实施细则第六条第一款规定请求恢复权利的，应当自障碍消除之日起两个月内，最迟自期限届满之日起两年内提交恢复权利请求书，说明理由，必要时还应当附具有关证明文件。当事人在请求恢复权利的同时，应当办理权利丧失前应当办理的相应手续，消除造成权利丧失的原因。例如，申请人因未缴纳申请费，其专利申请被视为撤回后，在请求恢复其申请权的同时，还应当补缴规定的申请费。"又根据《专利法实施细则》第6条第1款、第2款的规定（参见本章第195题解析）、《专利法实施细则》第6条第3款的规定（参见本章第191题解析A.B.D），故选项A、C错误，不符合题意；选项B正确，符合题意。

D. 《专利法实施细则》第98条规定："授予专利权当年以后的年费应当在上一年度期满前缴纳。专利权人未缴纳或者未缴足的，国务院专利行政部门应当通知专利权人自应当缴纳年费期满之日起6个月内补缴，同时缴纳滞纳金；滞纳金的金额按照每超过规定的缴费时间1个月，加收当年全额年费的5%计算；期满未缴纳的，专利权自应当缴纳年费期满之日起终止。"《专利审查指南2010》5-9-2.2.1.3"滞纳金"中规定："凡因年费和/或滞纳金缴纳逾期或者不足而造成专利权终止的，在恢复程序中，除补缴年费之外，还应当缴纳或者补足全额年费25%的滞纳金。"故选项D正确，符合题意。

197.（2002年卷三第5题）关于因要求本国优先权而被视为撤回的在先申请的恢复问题，以下哪些说法是正确的？

A. 被视为撤回的在先申请可以请求恢复
B. 被视为撤回的在先申请不得请求恢复
C. 申请人撤回优先权请求时，已被视为撤回的在先申请可以恢复
D. 申请人主动撤回在后申请后，已被视为撤回的在先申请可以恢复

【知识要点】权利的恢复

【解析】A.B.D. 《专利法实施细则》第32条第3款规定："申请人要求本国优先权的，其在先申请自后一申请提出之日起即视为撤回。"《专利审查指南2010》1-1-6.2.2.5"视为撤回在先申请的程序"中规定："申请人要求本国优先权的，其在先申请自在后申请提出之日起即视为撤回。……被视为撤回的在先申请不得请求恢复。"故选项A、D错误，不符合题意；选项B正确，符合题意。

C. 《专利审查指南2010》1-1-6.2.3"优先权要求的撤回"中规定："申请人要求优先权之后，可以撤回优先权要求。申请人要求多项优先权之后，可以撤回全部优先权要求，也可以撤回其中某一项或者几项优先权要求。……要求本国优先权的，撤回优先权后，已按照专利法实施细则第三十二条第三款规定被视为撤回的在先申请不得因优先权要求的撤回而请求恢复。"故选项C错误，不符合题意。

（四）请求中止

198.（2015年卷一第69题）当事人因专利申请权的归属发生纠纷，可以请求国家知识产权局中止下列哪些程序？

A. 专利申请的初审程序　　　　　　　　B. 授予专利权程序
C. 放弃专利申请权手续　　　　　　　　D. 变更专利申请权手续

【知识要点】中止的范围

【解析】《专利法实施细则》第88条规定："国务院专利行政部门根据本细则第八十六条和第八十七条规定中止有关程序，是指暂停专利申请的初步审查、实质审查、复审程序、授予专利权程序和专利权无效宣告程序；暂停办理放弃、变更、转移专利权或者专利申请权手续、专利质押权手续以及专利权期限届满前的终止手续等。"故选项A、B、C、D正确，符合题意。

199.（2011年卷一第75题）下列说法哪些是正确的？

A. 申请人因不可抗拒的事由超出法定期限导致专利申请被视为撤回，专利审查程序终止的，申请人可以请求恢复被终止的审查程序

B. 对于因专利申请权归属纠纷当事人的请求而中止的实质审查程序，在国家知识产权局收到发生法律效力的调解书或者判决书后，不涉及权利人变动的，应当予以恢复

C. 自请求中止专利审查程序之日起一年内，专利申请权归属纠纷未能结案，请求人又未请求延长中止的，专利申请将被视为撤回

D. 无效宣告程序不能因财产保全而中止

【知识要点】请求恢复权利的条件

【解析】A. 根据《专利法实施细则》第6条第1款的规定（参见本章第195题解析），选项A正确，符合题意。

B.C.《专利审查指南2010》2-8-7.3"程序的恢复"中规定："对于因专利申请权归属纠纷当事人的请求而中止的实质审查程序，在专利局收到发生法律效力的调解书或判决书后，凡不涉及权利人变动的，应及时予以恢复；涉及权利人变动的，在办理相应的著录项目变更手续后予以恢复。若自上述请求中止之日起一年内，专利申请权归属纠纷未能结案，请求人又未请求延长中止的，专利局将自行恢复被中止的实质审查程序。"故选项B正确，符合题意；选项C错误，不符合题意。

D.《专利审查指南2010》5-7-7.4.3"涉及无效宣告程序的中止期限"中规定："对涉及无效宣告程序中的专利，应权属纠纷当事人请求的中止或者人民法院要求协助执行财产保全的中止，中止期限不超过一年，中止期限届满专利局将自行恢复有关程序。"故选项D错误，不符合题意。

200.（2006年卷一第53题）当事人因专利申请权纠纷而请求中止实质审查程序。关于该中止的实质审查程序，以下哪些说法是正确的？

A. 凡不涉及权利人变动的，国家知识产权局在收到发生法律效力的调解决定或判决书后，应当及时予以恢复

B. 凡涉及权利人变动的，国家知识产权局在收到发生法律效力的调解决定或判决书后，如果当事人办理了相应的著录项目变更手续，则应予以恢复

C. 如果自请求中止之日起1年内，专利申请权纠纷未能结案，请求人又未请求延长中止的，国家知识产权局将自行恢复

D. 只能依当事人的请求才能恢复

【知识要点】中止程序的恢复

【解析】A.B. 根据《专利审查指南2010》2-8-7.3"程序恢复"中的规定（参见本章第199题解析B.C），选项A、B正确，符合题意。

C.D.《专利法实施细则》第86条第3款规定："管理专利工作的部门作出的调解书或者人民法院作出的判决生效后，当事人应当向国务院专利行政部门办理恢复有关程序的手续。自请求中止之日起1年内，有关专利申请权或者专利权归属的纠纷未能结案，需要继续中止有关程序的，请求人应当在该期限内请求延长中止。期满未请求延长的，国务院专利行政部门自行恢复有关程序。"故选项C正确，符合题意；选项D错误，不符合题意。

201.（2004年卷三第50题）以下有关中止程序启动条件的哪些说法是错误的？

A. 单位发现本单位职工将职务发明创造以个人名义提出专利申请后，可以向国家知识产权局提出中止请求，并在提出中止请求之后1个月内就申请权归属纠纷向人民法院起诉

B. 人民法院在审理民事案件中将要裁定对专利权采取保全措施的，可以要求国家知识产权局中止有关程序

C. 地方知识产权局在受理专利申请权归属纠纷之后，可以要求国家知识产权局中止有关程序

D. 发明人就发明人资格纠纷向人民法院提出起诉之后，可以请求国家知识产权局中止有关程序

【知识要点】中止程序的启动条件

【解析】A.C.D.《专利法实施细则》第86条规定："当事人因专利申请权或者专利权的归属发生纠纷，已请求管理专利工作的部门调解或者向人民法院起诉的，可以请求国务院专利行政部门中止有关程序。依照前款规定请求中止有关程序的，应当向国务院专利行政部门提交请求书，并附具管理专利工作的部门或者人民法院的写明专利申请号或者专利号的有关受理文件副本。管理专利工作的部门作出的调解书或者人民法院作出的判决生效后，当事人应当向国务院专利行政部门办理恢复有关程序的手续。自请求中止之日起1年内，有关专利申请权或者专利权归属的纠纷未能结案，需要继续中止有关程序的，请求人应当在该期限内请求延长中止。期满未请求延长的，国务院专利行政部门自行恢复有关程序。"故选项A错误，符合题意。应由"当事人"请求国务院专利行政部门中止有关程序，而不是由"地方知识产权局"提出。故选项C错误，符合题意。提出中止请求的理由中不包括"发明人资格纠纷"。故选项D错误，符合题意。

B.《专利法实施细则》第87条规定："人民法院在审理民事案件中裁定对专利申请权或者专利权采取保全措施的，国务院专利行政部门应当在收到写明申请号或者专利号的裁定书和协助执行通知书之日中止被保全的专利申请权或者专利权的有关程序。保全期限届满，人民法院没有裁定继续采取保全措施的，国务院专利行政部门自行恢复有关程序。"人民法院对专利权采取保全措施必须"已经"裁定，而不能是"将要"裁定。故选项B错误，符合题意。

202.（2004年卷三第67题）在下述哪些情形，当事人提出的中止请求是不能被接受的？

A. 某县知识产权局受理了专利申请权归属纠纷后，当事人向国家知识产权局提出的中止请求

B. 某城市区人民法院受理了专利权归属纠纷案件之后，当事人向国家知识产权局提出的中止请求

C. 甲某和乙某就与所在单位的专利申请权归属纠纷共同向人民法院提起诉讼后，甲某妻子丙某一人向国家知识产权局提出的中止请求

D. 外国当事人在某外国法院就一件中国专利申请的申请权归属提起诉讼后，向国家知识产权局提出的中止请求

【知识要点】中止请求的原则

【解析】A.《专利法实施细则》第79条规定："专利法和本细则所称管理专利工作的部门，是指由省、自治区、直辖市人民政府以及专利管理工作量大又有实际处理能力的设区的市人民政府设立的管理专利工作的部门。"《专利审查指南2010》5-7-7.3.1.2"权属纠纷的当事人请求中止的审批及处理"中规定："专利局收到当事人提出的中止程序请求书和有关证明后，专利局的流程管理部门应当审查是否满足下列各项条件：……（4）受理权属纠纷的机关对该专利申请（或专利）权属纠纷案有管辖权；……"县级知识产权局不符合法律规定，故选项A错误，符合题意。

B、D.《最高人民法院关于适用〈中华人民共和国民事诉讼法〉的解释》第2条第1款规定："专利纠纷案件由知识产权法院、最高人民法院确定的中级人民法院和基层人民法院管辖。"《最高人民法院关于审理专利纠纷案件适用法律问题的若干规定》第2条规定："专利纠纷第一审案件，由各省、自治区、直辖市人民政府所在地的中级人民法院和最高人民法院指定的中级人民法院管辖。最高人民法院根据实际情况，可以指定基层人民法院管辖第一审专利纠纷案件。"故选项B、D错误，符合题意。

C.《专利审查指南2010》5-7-7.3.1.2"权属纠纷的当事人请求中止的审批及处理"中规定："专利局收到当事人提出的中止程序请求书和有关证明后，专利局的流程管理部门应当审查是否满足下列各项条件：……（3）请求是由有关证明文件中所记载的权属纠纷当事人提出；……"故选项C错误，符合题意。

203.（2002年卷三第63题）中止程序启动后，在以下哪些情况下可以结束？
A. 国家知识产权局收到当事人书面声明，请求结束中止程序时
B. 国家知识产权局收到法院已经生效的判决书时
C. 国家知识产权局收到法院已经生效的判决书，并且未涉及权利人变动时
D. 国家知识产权局收到法院已经生效的判决书，并且涉及申请人或专利权人变动的当事人办理了著录项目变更手续后

【知识要点】专利中止的撤销

【解析】《专利审查指南2010》5-7-7.5.1"权属纠纷的当事人提出的中止程序的结束"中规定："对于尚在中止期限内的专利申请（或专利），地方知识产权管理部门作出的处理决定或者人民法院作出的判决产生法律效力之后（涉及权利人变更的，在办理著录项目变更手续之后），专利局应当结束中止程序。"在实践中，权属纠纷的当事人可以凭借生效的地方知识产权管理部门作出的处理决定或者人民法院作出的判决请求撤销中止程序。此外，如果是权属纠纷的当事人主动撤回了起诉或者撤回调解请求时，法院会作出民事裁定书，或地方知识产权管理部门会作出撤销案件决定书，并以此来结案。这时，纠纷当事人也可以凭决定书或裁定书请求恢复审查。因此，不论哪种情况，权属纠纷的当事人在请求撤销中止程序时，都应当同时提交生效的决定书、判决书或裁定书。如果仅以中止请求人的身份提出请求而没有提交生效的决定书、判决书或裁定书，则不能结束中止程序。故选项A、B错误，不符合题意；选项C、D正确，符合题意。

204.（2002年卷三第70题）法院要求国家知识产权局协助执行专利权保全措施的，应提供下列哪些文件？
A. 法院作出的对专利权进行财产保全的裁定书
B. 法院发出的对专利权进行财产保全的协助执行通知书
C. 上级法院的批准书
D. 当事人的意见陈述书

【知识要点】执行法院保全措施的中止

【解析】《专利审查指南2010》5-7-7.3.2.1"因协助执行财产保全而中止的手续"中规定："因人民法院要求协助执行财产保全措施需要中止有关程序的，应当符合下列规定：（1）人民法院应当将对专利申请权（或专利权）进行财产保全的民事裁定书及协助执行通知书送达专利局指定的接收部门，并提供人民法院的通讯地址、邮政编码和收件人姓名。（2）民事裁定书及协助执行通知书应当写明要求专利局协助执行的专利申请号（或专利号）、发明创造名称、申请人（或专利权人）的姓名或者名称、财产保全期限等内容。（3）要求协助执行财产保全的专利申请（或专利）处于有效期内。"故选项A、B正确，符合题意；选项C、D错误，不符合题意。

（五）案卷及登记簿的查阅、复制和保存

205.（2009年卷一第61题）下列说法哪些是正确的？
A. 申请人有权查阅和复制专利案卷中的所有文件
B. 对于公布前的发明专利申请案卷，申请人及其代理人可以请求查阅和复制
C. 对于复审和无效宣告程序中的文件，该案当事人可以请求查阅和复制

D. 任何人均可以请求查阅或者复制已经公布的发明专利申请的案卷

【知识要点】专利申请文档的查阅和复制

【解析】A.《专利审查指南2010》5-4-5.2"允许查阅和复制的内容"中规定："(1)对于公布前的发明专利申请、授权公告前的实用新型和外观设计专利申请，该案申请人或者代理人可以查阅和复制该专利申请案卷中的有关内容，包括：申请文件，与申请直接有关的手续文件，以及在初步审查程序中向申请人发出的通知书和决定书、申请人对通知书的答复意见正文。(2)对于已经公布但尚未公告授予专利权的发明专利申请案卷，可以查阅和复制该专利申请案卷中直到公布日为止的有关内容，包括：申请文件，与申请直接有关的手续文件，公布文件，以及在初步审查程序中向申请人发出的通知书和决定书、申请人对通知书的答复意见正文。(3)对于已经公告授予专利权的专利申请案卷，可以查阅和复制的内容包括：申请文件，与申请直接有关的手续文件，发明专利申请单行本，发明专利、实用新型专利和外观设计专利单行本，专利登记簿，专利权评价报告，以及在各已审结的审查程序（包括初步审查、实质审查、复审和无效宣告等）中专利局、专利复审委员会向申请人或者有关当事人发出的通知书和决定书、申请人或者有关当事人对通知书的答复意见正文。(4)对于处在复审程序、无效宣告程序之中尚未结案的专利申请案卷，因特殊情况需要查阅和复制的，经有关方面同意后，参照上述第(1)和(2)项的有关规定查阅和复制专利申请案卷中进入当前审查程序以前的内容。(5)除上述内容之外，其他文件不得查阅或者复制。"故选项A错误，不符合题意。

B、C、D.《专利审查指南2010》5-4-5.1"查阅和复制的原则"中规定："(1)专利局对公布前的发明专利申请、授权公告前的实用新型和外观设计专利申请负有保密责任。在此期间，查阅和复制请求人仅限于该案申请人及其专利代理人。(2)任何人均可向专利局请求查阅和复制公布后的发明专利申请案卷和授权后的实用新型和外观设计专利申请案卷。(3)对于已经审结的复审案件和无效宣告案件的案卷，原则上可以查阅和复制。(4)专利局、专利复审委员会对尚未审结的复审和无效案卷负有保密责任。对于复审和无效宣告程序中的文件，查阅和复制请求人仅限于该案当事人。(5)案件结论为视为未提出、不予受理、主动撤回、视为撤回的复审和无效案卷，对于复审和无效宣告程序中的文件，查阅和复制请求人仅限于该案当事人……"故选项B、C、D正确，符合题意。

206.（2002年卷三第51题）公众可以请求国家知识产权局办理下列哪些文件副本或复印件？
A. 专利证书副本
B. 专利登记簿副本
C. 专利文件副本
D. 申请人请求恢复权利的请求书复印件

【知识要点】公众可以请求办理的文件副本或复印件

【解析】A.《专利审查指南2010》5-9-1.2.2"专利证书副本"中规定："一件专利有两名以上专利权人的，根据共同权利人的请求，专利局可以颁发专利证书副本。对同一专利权颁发的专利证书副本数目不能超过共同权利人的总数。专利权终止后，专利局不再颁发专利证书副本。"故选项A错误，不符合题意。

B.《专利法实施细则》第118条第1款规定："经国务院专利行政部门同意，任何人均可查阅或者复制已经公布或者公告的专利申请的案卷和专利登记簿，并可以请求国务院专利行政部门出具专利登记簿副本。"《专利审查指南2010》5-9-1.3.3"专利登记簿副本"中规定："专利登记簿副本依据专利登记簿制作。专利权授予公告之后，任何人都可以向专利局请求出具专利登记簿副本。请求出具专利登记簿副本的，应当提交办理文件副本请求书并缴纳相关费用。"故选项B正确，符合题意。

C、D. 根据《专利审查指南2010》5-4-5.2"允许查阅和复制的内容"中的规定（参见本章第205题解析A），选项C、D正确，符合题意。

（六）请求作出实用新型和外观设计专利权评价报告

207.（2014年卷一第12题）下列关于专利权评价报告的说法哪个是正确的？
A. 对发明专利可以请求作出专利权评价报告
B. 任何单位或者个人都可以请求制作专利权评价报告
C. 专利权评价报告只能由国家知识产权局作出
D. 专利权人对专利权评价报告的结论不服的，可以申请行政复议

【知识要点】专利权评价报告

【解析】A.《专利法实施细则》第56条第1款规定："授予实用新型或者外观设计专利权的决定公告后，专利法第六十条规定的专利权人或者利害关系人可以请求国务院专利行政部门作出专利权评价报告。"根据该规定可知，专利权评价报告的适用对象是实用新型或者外观设计专利，而不能是发明专利。故选项A错误，不符合题意。

B. 提出专利权评价报告请求的主体仅限于《专利法》第六十条规定的专利权人或者利害关系人。故选项B错误，不符合题意。

C. 受理请求并作出专利权评价报告的机关是国家知识产权局。故选项C正确，符合题意。

D.《专利审查指南2010》5-10-1"引言"中规定："专利权评价报告是人民法院或者管理专利工作的部门审理、处理专利侵权纠纷的证据，主要用于人民法院或者管理专利工作的部门确定是否需要中止相关程序。专利权评价报告

不是行政决定，因此专利权人或者利害关系人不能就此提起行政复议和行政诉讼。"故选项D错误，不符合题意。

208. (2013年卷一第52题) 专利权人甲及其专利实施独占许可合同的被许可人乙分别请求国家知识产权局对甲的实用新型专利作出专利权评价报告。下列说法哪些是正确的？
　　A. 乙在提出专利权评价报告请求的同时应当提交其与甲订立的专利实施独占许可合同或其复印件
　　B. 甲因缴纳了专利年费，故无需缴纳专利权评价报告请求费
　　C. 国家知识产权局仅作出一份专利权评价报告
　　D. 甲或者乙认为专利权评价报告存在错误的，可以向国家知识产权局提起行政复议
　　【知识要点】专利权评价报告
　　【解析】A. 《专利审查指南2010》5-10-2.3"专利权评价报告请求书"中规定："请求人是利害关系人的，在提出专利权评价报告请求的同时应当提交相关证明文件。例如，请求人是专利实施独占许可合同的被许可人的，应当提交与专利权人订立的专利实施独占许可合同或其复印件；请求人是专利权人授予起诉权的专利实施普通许可合同的被许可人的，应当提交与专利权人订立的专利实施普通许可合同或其复印件，以及专利权人授予起诉权的证明文件。"又根据《专利法实施细则》第56条第1款的规定（参见本章第207题解析A），故选项A正确，符合题意。
　　B. 《专利法实施细则》第99条第3款规定："著录事项变更费、专利权评价报告请求费、无效宣告请求费应当自提出请求之日起1个月内缴纳；期满未缴纳或者未缴足的，视为未提出请求。"《专利审查指南2010》5-10-2.4"费用"中规定："请求人自提出专利权评价报告请求之日起一个月内未缴纳或者未缴足专利权评价报告请求费的，专利权评价报告请求视为未提出。"故选项B错误，不符合题意。
　　C. 《专利法实施细则》第57条规定："国务院专利行政部门应当自收到专利权评价报告请求书后2个月内作出专利权评价报告。对同一项实用新型或者外观设计专利权，有多个请求人请求作出专利权评价报告的，国务院专利行政部门仅作出一份专利权评价报告。任何单位或者个人可以查阅或者复制该专利权评价报告。"故选项C正确，符合题意。
　　D. 根据《专利审查指南2010》5-10-1"引言"中的规定（参见本章第207题解析D），选项D错误，不符合题意。

209. (2011年卷一第84题) 下列关于专利权人或者利害关系人请求国家知识产权局作出实用新型专利权评价报告的说法哪些是正确的？
　　A. 在授予实用新型专利权的决定公告后即可请求作出专利权评价报告
　　B. 在必要情况下，可以请求针对同一实用新型专利权再次作出专利权评价报告
　　C. 对专利权评价报告有异议的，可以申请行政复议或者提起行政诉讼
　　D. 不得请求对已经终止的实用新型专利权作出专利权评价报告
　　【知识要点】专利权评价报告
　　【解析】A. 根据《专利法实施细则》第56条第1款的规定（参见本章第207题解析A），选项A正确，符合题意。
　　B. 《专利审查指南2010》5-10-2.1"专利权评价报告请求的客体"中规定："针对下列情形提出的专利权评价报告请求视为未提出：……(3)国家知识产权局已作出专利权评价报告的实用新型专利或者外观设计专利。"故选项B错误，不符合题意。
　　C. 根据《专利审查指南2010》5-10-1"引言"中的规定（参见本章第207题解析D），选项C错误，不符合题意。
　　D. 《专利审查指南2010》5-10-2.1"专利权评价报告请求的客体"中规定："专利权评价报告请求的客体应当是已经授权公告的实用新型专利或者外观设计专利，包括已经终止或者放弃的实用新型专利或者外观设计专利。"故选项D错误，不符合题意。

（七）关于电子申请的若干规定

210. (2014年卷一第21题) 李某欲以电子申请方式提交一件发明专利申请。下列说法哪个是正确的？
　　A. 李某必须委托专利代理机构提交专利电子申请
　　B. 李某通过电子申请方式提交申请的，可以减免一定比例的申请费
　　C. 若李某认为其申请应按照保密专利申请处理的，则不应当通过电子专利申请系统提交
　　D. 李某未及时接收电子文件形式的通知书，国家知识产权局应当公告送达
　　【知识要点】电子申请
　　【解析】A. 《专利审查指南2010》5-11-2"电子申请用户"中规定："电子申请用户是指已经与国家知识产权局签订电子专利申请系统用户注册协议（以下简称用户注册协议），办理了有关注册手续，获得用户代码和密码的申请人和专利代理机构。"由此可知，申请人也可以与国家知识产权局签订电子专利申请系统用户注册协议，成为电子申

请用户，自行提交专利申请。故选项A错误，不符合题意。

B.《专利收费减缴办法》第4条规定："专利申请人或者专利权人为个人或者单位的，减缴本办法第二条规定收费的85%。两个或两个以上的个人或者单位为共同专利申请人或者共有专利权人的，减缴本办法第二条规定收费的70%。"由此可知，申请费的减缓与通过何种方式申请无关。故选项B错误，不符合题意。

C.《关于专利电子申请的规定》第5条第1款规定："申请专利的发明创造涉及国家安全或者重大利益需要保密的，应当以纸件形式提出专利申请。"由此可知，申请人李某认为其专利申请需要保密，则不应当通过电子专利申请系统提交申请。故选项C正确，符合题意。

D.《专利审查指南2010》5-11-6"电子发文"中规定："专利局以电子文件形式通过电子专利申请系统向电子申请用户发送各种通知书和决定。电子申请用户应当及时接收专利局电子文件形式的通知书和决定。电子申请用户未及时接收的，不作公告送达。"故选项D错误，不符合题意。

211.（2013年卷—第29题）甲乙两公司共同向国家知识产权局以电子申请方式提交一件发明专利申请。下列说法哪个是正确的？

A. 甲乙均应当注册成为电子申请用户
B. 甲乙不得请求将该申请转为纸件申请
C. 甲乙未及时接收电子文件形式的通知书和决定的，国家知识产权局不作公告送达
D. 国家知识产权局认为该申请需要保密的，甲乙在后续程序中应当以电子申请的特殊加密方式递交各种文件

【知识要点】电子申请用户、电子申请的接收和受理、电子发文

【解析】A.《关于专利电子申请的规定》第2条规定："提出专利电子申请的，应当事先与国家知识产权局签订《专利电子申请系统用户注册协议》（以下简称用户协议）。开办专利电子申请代理业务的专利代理机构，应当以该专利代理机构名义与国家知识产权局签订用户协议。申请人委托已与国家知识产权局签订用户协议的专利代理机构办理专利电子申请业务的，无须另行与国家知识产权局签订用户协议。"《关于专利电子申请的规定》第3条规定："申请人有两人以上且未委托专利代理机构的，以提交电子申请的申请人为代表人。"故选项A错误，不符合题意。

B.《关于专利电子申请的规定》第7条第3款规定："特殊情况下需要将专利电子申请转为纸件申请的，申请人应当提出请求，经国家知识产权局审批并办理相关手续后可以转为纸件申请。"故选项B错误，不符合题意。

C.《关于专利电子申请的规定》第9条第2款规定："对于专利电子申请，国家知识产权局以电子文件形式向申请人发出的各种通知书、决定或者其他文件，自文件发出之日起满15日，推定为申请人收到文件之日。"并且根据《专利审查指南2010》5-11-6"电子发文"中的规定（参见本章210题解析D），故选项C正确，符合题意。

D.《关于专利电子申请的规定》第5条第2款规定："申请人以电子文件形式提出专利申请后，国家知识产权局认为该专利申请需要保密的，应当将该专利申请转为纸件形式继续审查并通知申请人。申请人在后续程序中应当以纸件形式递交各种文件。"故选项D错误，不符合题意。

212.（2012年卷—第72题）下列关于电子申请的说法哪些是正确的？

A. 以电子文件形式提交申请的，以国家知识产权局电子专利申请系统收到电子文件的日期为申请日
B. 国家知识产权局以电子文件形式发出通知书的，以申请人查阅并下载该通知书的日期为收到通知书之日
C. 未委托专利代理机构的多个申请人以电子文件形式提交申请的，以提交电子申请的电子申请用户为代表人
D. 涉及国家安全的专利申请，不得通过国家知识产权局电子专利申请系统提交

【知识要点】专利局不予受理的情况

【解析】A.《专利审查指南2010》5-11-4.2"电子申请的受理"中规定："专利局电子专利申请系统收到电子文件的日期为递交日。专利局电子专利申请系统收到符合专利法及其实施细则规定的专利申请文件之日为申请日。"故选项A正确，符合题意。

B.《专利审查指南2010》5-6-2.3.1"邮寄、直接送交和电子方式送达"中规定："通过邮寄、直接送交和电子方式送达的通知和决定，自发文日起满十五日推定为当事人收到通知和决定之日。对于通过邮寄的通知和决定，当事人提供证据，证明实际收到日在推定收到日之后的，以实际收到日为送达日。"故选项B错误，不符合题意。

C.《专利审查指南2010》5-11-2.1"电子申请代表人"中规定："申请人有两人以上且未委托专利代理机构的，以提交电子申请的电子申请用户为代表人。"故选项C正确，符合题意。

D.《专利审查指南2010》5-11-5.6"纸件申请和电子申请的转换"中规定："申请人或专利代理机构可以请求将纸件申请转换为电子申请，涉及国家安全或重大利益需要保密的专利申请除外。"故选项D正确，符合题意。

213.（2011年卷—第60题）下列关于电子申请的说法哪些是正确的？

A. 申请人或者专利代理机构只有通过办理合格的电子申请用户注册手续，才能成为电子申请用户
B. 申请人可以通过电子申请系统提交包括保密申请在内的各种专利申请
C. 进入中国国家阶段的PCT国际申请可以采用电子文件形式提交
D. 国家知识产权局以电子发文形式发送的各种通知书和决定，电子申请用户未及时接收的，国家知识产权局应当

公告送达

【知识要点】电子申请

【解析】A. 根据《专利审查指南2010》5-11-2"电子申请用户"中的规定（参见本章第210题解析A），选项A正确，符合题意。

B. 《关于专利电子申请的规定》第5条第1款规定："申请专利的发明创造涉及国家安全或者重大利益需要保密的，应当以纸件形式提出专利申请。"故选项B错误，不符合题意。

C. 《专利审查指南2010》5-11-4"电子申请的接收和受理"中规定："电子申请受理范围包括：（1）发明、实用新型和外观设计专利申请。（2）进入国家阶段的国际申请。（3）复审和无效宣告请求。"故选项C正确，符合题意。

D. 根据《专利审查指南2010》5-11-6"电子发文"中的规定（参见本章第210题解析D），故选项D错误，不符合题意。

214.（2016年卷一第21题）以下哪个情形可以申请行政复议？

A. 专利申请人对驳回专利申请决定不服的
B. 复审请求人对复审请求不予受理通知书不服的
C. 复审请求人对复审请求审查决定不服的
D. 集成电路布图设计登记申请人对驳回登记申请的决定不服的

【知识要点】行政复议

【解析】对驳回专利申请或者集成电路布图设计申请不服，救济程序都是申请复审。对复审请求审查决定不服，救济程序是提起行政诉讼。只有对不予受理不服，救济程序才是行政复议。《国家知识产权局行政复议规程》第4条规定："除本规程第五条另有规定外，有下列情形之一的，可以依法申请行政复议：（一）对国家知识产权局作出的有关专利申请、专利权的具体行政行为不服的；（二）对国家知识产权局作出的有关集成电路布图设计登记申请、布图设计专有权的具体行政行为不服的；（三）对国家知识产权局专利复审委员会作出的有关专利复审、无效的程序性决定不服的；（四）对国家知识产权局作出的有关专利代理管理的具体行政行为不服的；（五）认为国家知识产权局作出的其他具体行政行为侵犯其合法权益的。"《国家知识产权局行政复议规程》第5条规定："对下列情形之一，不能申请行政复议：（一）专利申请人对驳回专利申请的决定不服的；（二）复审请求人对复审请求审查决定不服的；（三）专利权人或者无效宣告请求人对无效宣告请求审查决定不服的；（四）专利权人或者专利实施强制许可的被许可人对强制许可使用费的裁决不服的；（五）国际申请的申请人对国家知识产权局作为国际申请的受理单位、国际检索单位和国际初步审查单位所作决定不服的；（六）集成电路布图设计登记申请人对驳回登记申请的决定不服的；（七）集成电路布图设计登记申请人对复审决定不服的；（八）集成电路布图设计权利人对撤销布图设计登记的决定不服的；（九）集成电路布图设计权利人、非自愿许可取得人对非自愿许可报酬的裁决不服的；（十）集成电路布图设计权利人、被控侵权人对集成电路布图设计专有权侵权纠纷处理决定不服的；（十一）法律、法规规定的其他不能申请行政复议的情形。"故选项A、C、D错误，不符合题意；选项B正确，符合题意。

十、国家知识产权局的行政复议

（一）国家知识产权局行政复议基本概念与手续

215.（2016年卷一第68题）关于当事人向国家知识产权局申请行政复议，以下说法正确的是？

A. 当事人可以自知道相关具体行政行为之日起60日内提出行政复议申请
B. 当事人提起行政复议后，应当在规定的期限内缴纳行政复议费
C. 行政复议期间，具体行政行为原则上不停止执行
D. 针对国家知识产权局作出的具体行政行为，当事人在提起行政复议的同时可以向人民法院提起行政诉讼

【知识要点】行政复议

【解析】A. 《国家知识产权局行政复议规程》第8条规定："公民、法人或者其他组织认为国家知识产权局的具体行政行为侵犯其合法权益的，可以自知道该具体行政行为之日起60日内提出行政复议申请。因不可抗力或者其他正当理由耽误前款所述期限的，该期限自障碍消除之日起继续计算。"故选项A正确，符合题意。

B. 《国家知识产权局行政复议规程》第34条规定："行政复议不收取费用。"故选项B错误，不符合题意。

C. 《国家知识产权局行政复议规程》第19条规定："行政复议期间，具体行政行为原则上不停止执行。行政复议机构认为需要停止执行的，应当向有关部门发出停止执行通知，并通知行政复议申请人及第三人。"故选项C正确，符合题意。

D. 《国家知识产权局行政复议规程》第9条规定："有权申请行政复议的公民、法人或者其他组织向人民法院提起行政诉讼，人民法院已经依法受理的，不得向国家知识产权局申请行政复议。向国家知识产权局申请行政复议的，行政复议机构已经依法受理的，在法定行政复议期限内不得向人民法院提起行政诉讼。国家知识产权局受理行政复议

申请后，发现在受理前后或者受理后当事人向人民法院提起行政诉讼并且人民法院已经依法受理的，驳回行政复议申请。"故选项D错误，不符合题意。

216.（2004年卷一第48题）以下关于行政复议的说法哪些是错误的？
A. 公民认为国家知识产权局的具体行政行为侵犯其合法权益的，可以自知道该具体行政行为之日起3个月内提出行政复议申请
B. 向国家知识产权局申请复议并被受理的，在法定复议期限内不得向人民法院提请行政诉讼
C. 复议决定作出之前，复议申请人不能撤回复议申请
D. 复议申请人可以在提出复议申请时一并提出行政赔偿请求

【知识要点】行政复议的原则

【解析】A.《行政复议法》第9条第1款规定："公民、法人或者其他组织认为具体行政行为侵犯其合法权益的，可以自知道该具体行政行为之日起六十日内提出行政复议申请；但是法律规定的申请期限超过六十日的除外。"《国家知识产权局行政复议规程》第8条第1款规定："公民、法人和其他组织认为国家知识产权局的具体行政行为侵犯其合法权益的，可以自知道该具体行政行为之日起60日内提出行政复议申请。"故选项A错误，符合题意。

B.《行政复议法》第16条第1款规定："公民、法人或者其他组织申请行政复议，行政复议机关已经依法受理的，或者法律、法规规定应当先向行政复议机关申请行政复议、对行政复议决定不服再向人民法院提起行政诉讼的，在法定行政复议期限内不得向人民法院提起行政诉讼。"并且根据《国家知识产权局行政复议规程》第9条的规定（参见本章第215题解析D），选项B正确，不符合题意。

C.《行政复议法》第25条规定："行政复议决定作出前，申请人要求撤回行政复议申请的，经说明理由，可以撤回；撤回行政复议申请的，行政复议终止。"故选项C错误，符合题意。

D.《行政复议法》第29条第1款规定："申请人在申请行政复议时可以一并提出行政赔偿请求，行政复议机关对符合国家赔偿法的有关规定应当给予赔偿的，在决定撤销、变更具体行政行为或者确认具体行政行为违法时，应当同时决定被申请人依法给予赔偿。"《国家知识产权局行政复议规程》第26条规定："复议申请人申请行政复议时可以一并提出行政赔偿请求，行政复议机构依据国家赔偿法的规定对行政赔偿请求进行审理，在行政复议决定中对赔偿请求一并作出决定。"故选项D正确，不符合题意。

217.（2004年卷一第60题）以下有关行政复议的哪些说法是错误的？
A. 行政复议只适用于中国公民和法人，外国公司如果对有关决定不服的，只能提起行政诉讼
B. 行政复议不收取任何费用
C. 复议申请人可以委托专利代理人参加复议
D. 对国家知识产权局的有关决定不服的，应当向国务院提起行政复议

【知识要点】行政复议的原则

【解析】A.《行政复议法》第41条规定："外国人、无国籍人、外国组织在中华人民共和国境内申请行政复议，适用本法。"故选项A错误，符合题意。

B.《行政复议法》第39条规定："行政复议机关受理行政复议申请，不得向申请人收取任何费用。行政复议活动所需经费，应当列入本机关的行政经费，由本级财政予以保障。"故选项B正确，不符合题意。

C.《行政复议法》第10条第5款规定："申请人、第三人可以委托代理人代为参加行政复议。"故选项C正确，不符合题意。

D.《行政复议法》第14条规定："对国务院部门或者省、自治区、直辖市人民政府的具体行政行为不服的，向作出该具体行政行为的国务院部门或者省、自治区、直辖市人民政府申请行政复议。对行政复议决定不服的，可以向人民法院提起行政诉讼；也可以向国务院申请裁决，国务院依照本法的规定作出最终裁决。"《国家知识产权局行政复议规程》第2条规定："公民、法人和其他组织认为国家知识产权局的具体行政行为侵犯其合法权益的，可以依照本规程向国家知识产权局申请复议。"故选项D错误，符合题意。

218.（2000年卷一第75题）以下关于行政复议申请人权利的说法中哪些是错误的？
A. 共有专利权人之一对专利局作出的终止专利权决定不服的，不能向专利局提出复议请求
B. 复议申请人对专利局作出的终止专利权决定不服的，不能直接向法院起诉，必须先向专利局提出复议申请，对复议决定不服的，方可起诉到法院
C. 复议申请人认为专利局具体行政行为侵害其权益的，可以同时请求专利局予以行政赔偿
D. 复议申请人必须是专利申请人或者专利权人

【知识要点】行政复议申请人的权利

【解析】A.《国家知识产权局行政复议规程》第8条规定："对涉及共有权利的具体行政行为不服申请复议的，应当由共有人共同提出复议申请。"当时的"立法本意"是尽量与复审程序一致，复审程序是所有共有人提出，复议程序也应当是所有共有人提出。但是细细分析起来，该规定未必妥当。复审程序是《专利法》中特别规定的程序（相当

于《行政复议法》,属于"特别法"),复审仅限于对驳回决定进行再次审查,基本上不涉及行政责任问题。而复议程序是对可以避免的工作失误的审查,如果构成违法,不仅要承担恢复权利的行政责任,在严重的情况下,还可能承担行政赔偿责任。因此,根据《行政复议法》的规定,提出复议的主体,不能限于全体共有人。而《最高人民法院关于执行〈中华人民共和国行政诉讼法〉若干问题的解释》第24条第1款规定:"行政机关的同一具体行政行为涉及两个以上利害关系人,其中一部分利害关系人对具体行政行为不服提起诉讼,人民法院应当通知没有起诉的其他利害关系人作为第三人参加诉讼。"因此,无论是根据《行政复议法》《国家赔偿法》《行政诉讼法》的规定,均允许共有人之一提起复议、诉讼请求。2012年国家知识产权局修订复议规程时,取消了必须共同提出复议的规定,又再次允许共有人之一提出复议申请,该新修订的复议规程,于2012年9月1日生效。因此,如果共有人之一提出复议申请,根据现行的《国家知识产权局行政复议规程》,国家知识产权局应当通知其他共有人作为复议申请人共同参加复议。如果其他共有人不同意参加复议的,追加为第三人。同样的道理,如果专利申请权或专利权共有人之一直接向法院针对国家知识产权局提出行政诉讼,法院应当受理,并追加其他共有人为行政诉讼第三人。故选项A正确,不符合题意。

B. 《行政诉讼法》第44条第2款规定:"法律、法规规定应当先向行政机关申请复议,对复议不服再向人民法院提起诉讼的,依照法律、法规的规定。"《最高人民法院关于执行〈中华人民共和国行政诉讼法〉若干问题的解释》第33条第1款规定:"法律、法规规定应当先申请复议,公民、法人或者其他组织未申请复议直接提起诉讼的,人民法院不予受理。"未有任何法律、法规规定,复议申请人对终止专利权决定不服必须先提起复议。故选项B错误,符合题意。

C. 根据《行政复议法》第29条第1款和《国家知识产权局行政复议规程》第26条的规定(参见本章第216题解析D),选项C正确,不符合题意。

D. 《国家知识产权局行政复议规程》第10条规定:"申请复议应当符合下列条件:(一)复议申请人是认为具体行政行为侵犯其合法权益的专利申请人、专利权人、集成电路布图设计登记申请人、集成电路布图设计权利人及其他利害关系人;(二)有具体的行政复议请求和理由;(三)属于行政申请复议的范围;(四)在法定申请期限内提出。"复议申请人还可以是"集成电路布图设计登记申请人、集成电路布图设计权利人及其他利害关系人"。故选项D错误,符合题意。

(二)申请复议的范围

219. (2009年卷一第56题) 在下列哪些情形下,当事人可以向国家知识产权局申请行政复议?
A. 专利申请人对不予受理其申请不服的
B. 专利代理机构对撤销其机构的处罚不服的
C. 专利申请人对复审决定不服的
D. 布图设计权利人对撤销布图设计登记的决定不服的

【知识要点】向国家知识产权局申请行政复议的范围

【解析】A. B. 《国家知识产权局行政复议规程》第4条规定:"除本规程第五条另有规定外,有下列情形之一的,可以依法申请行政复议:(一)对国家知识产权局作出的有关专利申请、专利权的具体行政行为不服的;(二)对国家知识产权局作出的有关集成电路布图设计登记申请、布图设计专有权的具体行政行为不服的;(三)对国家知识产权局专利复审委员会作出的有关专利复审、无效的程序性决定不服的;(四)对国家知识产权局作出的有关专利代理管理的具体行政行为不服的;(五)认为国家知识产权局作出的其他具体行政行为侵犯其合法权益的。"故选项A、B正确,符合题意。

C. D. 《国家知识产权局行政复议规程》第5条规定:"对下列情形之一,不能申请行政复议:(一)专利申请人对驳回专利申请的决定不服的;(二)复审请求人对复审请求审查决定不服的;(三)专利权人或者无效宣告请求人对无效宣告请求审查决定不服的;(四)专利权人或者专利实施强制许可的被许可人对强制许可使用费的裁决不服的;(五)国际申请的申请人对国家知识产权局作为国际申请的受理单位、国际检索单位和国际初步审查单位所作决定不服的;(六)集成电路布图设计登记申请人对驳回登记申请的决定不服的;(七)集成电路布图设计登记申请人对复审决定不服的;(八)集成电路布图设计权利人对撤销布图设计登记的决定不服的;(九)集成电路布图设计权利人、非自愿许可取得人对非自愿许可报酬的裁决不服的;(十)集成电路布图设计权利人、被控侵权人对集成电路布图设计专有权侵权纠纷处理决定不服的;(十一)法律、法规规定的其他不能申请行政复议的情形。"故选项C、D错误,不符合题意。

(注意:《专利法》第41条规定:"国务院专利行政部门设立专利复审委员会。专利申请人对国务院专利行政部门驳回申请的决定不服的,可以自收到通知之日起三个月内,向专利复审委员会请求复审。专利复审委员会复审后,作出决定,并通知专利申请人。专利申请人对专利复审委员会的复审决定不服的,可以自收到通知之日起三个月内向人民法院起诉。"《集成电路布图设计保护条例》第20条规定:"布图设计获准登记后,国务院知识产权行政部门发现该登记不符合本条例规定的,应当予以撤销,通知布图设计权利人,并予公告。布图设计权利人对国务院知识产权行政政部门撤销布图设计登记的决定不服的,可以自收到通知之日起3个月内向人民法院起诉。")

220.(2000年卷一第19题)以下关于专利局行政复议处受案范围的说法中哪些是正确的?
A. 凡是由专利复审委员会受理的,行政复议处不予受理
B. 专利局应当作为但不作为的,也属于行政复议处受理复议的范围
C. 对专利局撤销专利代理人资格不服的,可以提出行政复议
D. 专利局工作人员对专利局给予的行政处分不服的,可以提出行政复议

【知识要点】国知局行政复议的范围

【解析】A.《专利法》第41条第1款规定:"国务院专利行政部门设立专利复审委员会。专利申请人对国务院专利行政部门驳回申请的决定不服的,可以自收到通知之日起三个月内,向专利复审委员会请求复审。专利复审委员会复审后,作出决定,并通知专利申请人。"《专利法》第45条规定:"自国务院专利行政部门公告授予专利权之日起,任何单位或者个人认为该专利权的授予不符合本法有关规定的,可以请求专利复审委员会宣告该专利权无效。"《国家知识产权局行政复议规程》第5条规定:"对下列情形之一,不能申请行政复议:(一)专利申请人对驳回专利申请的决定不服的;(二)复审请求人对复审请求审查决定不服的;(三)专利权人和无效宣告请求人对无效宣告请求审查决定不服的;……"专利的审批和授权后的程序中除了涉及法律程序问题以外还涉及大量的技术、法律问题。对于其中一些问题的判断通常需要具备丰富经验的法律、技术的专家来进行。这些问题无法通过普通的行政复议程序来解决,因此需要在行政复议程序之外设置一个特殊的行政程序以解决上述问题。从法律程序和分工处理的角度考虑,两者的处理内容不应当存在交叉的现象,这也是大多数实行专利制度的国家通常采取的方式。故选项A正确,符合题意。

B.C.《行政复议法》第6条规定:"有下列情形之一的,公民、法人或者其他组织可以依照本法申请行政复议:……(三)对行政机关作出的有关许可证、执照、资质证、资格证等证书变更、中止、撤销的决定不服的;……(八)认为符合法定条件,申请行政机关颁发许可证、执照、资质证、资格证等证书,或者申请行政机关审批、登记有关事项,行政机关没有依法办理的;……(十一)认为行政机关的其他具体行政行为侵犯其合法权益的。"以及根据《国家知识产权局行政复议规程》第4条的规定(参见本章第219题解析A.B),选项C正确,符合题意。"行政不作为"也是提起行政复议的重要理由。故选项B正确,符合题意。

D.《行政复议法》第8条第1款规定:"不服行政机关作出的行政处分或者其他人事处理决定的,依照有关法律、行政法规的规定提出申诉。"行政复议的范围一般是指当事人认为行政机关的某种具体行政行为(或者行政不作为)侵犯其合法权益的情况。专利局对内部工作人员给予行政处分,是行政机关的内部决定,不属于行政复议的范围。故选项D错误,不符合题意。

十一、综合题

根据下述情形,完成221~224题

张某受其所在公司指派完成一项发明。该公司就此项发明于2009年10月30日向国家知识产权局提出发明专利申请F1。2010年7月12日该公司针对申请F1提出分案申请F2。2010年10月20日该公司对申请F2再次提出分案申请F3。申请F3的授权公告日为2011年7月29日。

221.(2011年卷一第91题)下列关于申请F3的说法哪些是正确的?
A. 申请F3的请求书中应当填写申请F1的申请号和申请日
B. 申请F3的请求书中应当填写申请F2的申请号
C. 申请F3可以是实用新型专利申请
D. 申请F3的内容不得超出申请F1记载的范围

【知识要点】分案申请

【解析】《专利审查指南2010》1-1-5.1.1"分案申请的核实"中规定:"一件专利申请包括两项以上发明的,申请人可以主动提出或者根据审查员的审查意见提出分案申请。分案申请的类别应当与原申请的类别一致。分案申请应当在请求书中填写原申请的申请号和申请日;对于已提出过分案申请,申请人需要针对该分案申请再次提出分案申请的,还应当在原申请的申请号后的括号内填写该分案申请的申请号。"《专利法实施细则》第43条第1款规定:"依照本细则第四十二条规定提出的分案申请,可以保留原申请日,享有优先权的,可以优先权日,但是不得超出原申请记载的范围。"故选项A、B、D正确,符合题意;选项C错误,不符合题意。

222.(2011年卷一第92题)关于专利权F3的保护期限,下列说法哪些是正确的?
A. 自2009年10月30日起算
B. 自2011年7月29日起算
C. 至2030年7月12日截止
D. 至2030年10月20日截止

【知识要点】专利权的保护期限

【解析】《专利法》第42条规定:"发明专利权的期限为二十年,实用新型专利权和外观设计专利权的期限为十

年,均自申请日起计算。"《专利法实施细则》第43条第1款规定:"依照本细则第四十二条规定提出的分案申请,可以保留原申请日,享有优先权的,可以保留优先权日,但是不得超出原申请记载的范围。"故选项A正确,符合题意;选项B、C、D错误,不符合题意。

223. (2011年卷一第93题) 在下列哪些情况下,应当到国家知识产权局办理登记手续?
A. 该公司将专利权F3转让给他人
B. 该公司以专利权F3出质
C. 该公司声明放弃专利权F3中的部分权利要求
D. 该公司许可他人实施专利权F3

【知识要点】国家知识产权局的登记

【解析】A.《专利法》第10条第3款规定:"转让专利申请权或者专利权的,当事人应当订立书面合同,并向国务院专利行政部门登记,由国务院专利行政部门予以公告。专利申请权或者专利权的转让自登记之日起生效。"故选项A符合题意。

B.D.《专利法实施细则》第14条第2款和第3款规定:"专利权人与他人订立的专利实施许可合同,应当自合同生效之日起3个月内向国务院专利行政部门备案。以专利权出质的,由出质人和质权人共同向国务院专利行政部门办理出质登记。"《专利权质押合同登记管理暂行办法》第3条规定:"以专利权出质的,出质人与质权人应当订立书面合同,并向中国专利局办理出质登记,质押合同自登记之日起生效。"故选项B符合题意;专利许可只需备案,故选项D不符合题意。

C.《专利审查指南2010》5-9-2.3"专利权人放弃专利权"中规定:"放弃专利权只能放弃一件专利的全部,放弃部分专利权的声明视为未提出。"故选项C不符合题意。

224. (2011年卷一第94题) 如果该公司未与张某事先约定也未在其依法制定的规章制度中规定有关奖励和报酬的事宜,在F3专利权有效期内,该公司的下列哪些做法符合相关规定?
A. 2011年9月20日发给张某5000元奖金
B. 该公司实施F3专利后,每年从实施该专利的营业利润中提取1%作为报酬给予张某
C. 该公司实施F3专利后,每年从实施该专利的营业利润中提取5%作为报酬给予张某
D. 该公司许可他人实施F3专利后,从收取的使用费中提取5%作为报酬给予张某

【知识要点】对职务发明创造的发明人或者设计人的奖励和报酬

【解析】A.《专利法实施细则》第77条第1款规定:"被授予专利权的单位未与发明人、设计人约定也未在其依法制定的规章制定中规定专利法第十六条规定的奖励的方式和数额的,应当自专利权公告之日起3个月内发给发明人或者设计人奖金。一项发明专利的奖金最低不少于3000元;一项实用新型专利或者外观设计专利的奖金最低不少于1000元。"故选项A正确,符合题意。

B.C.D.《专利法实施细则》第78条规定:"被授予专利权的单位未与发明人、设计人约定也未在其依法制定的规章制度中规定专利法第十六条规定的报酬的方式和数额的,在专利权有效期内,实施发明创造专利后,每年应当从实施该项发明或者实用新型专利的营业利润中提取不低于2%或者从实施该项外观设计专利的营业利润中提取不低于0.2%,作为报酬给予发明人或者设计人,或者参照上述比例,给予发明人或者设计人一次性报酬;被授予专利权的单位许可其他单位或者个人实施其专利的,应当从收取的使用费中提取不低于10%,作为报酬给予发明人或者设计人。"故选项B、D错误,不符合题意;选项C正确,符合题意。

225. (2007年卷一第26题) 以下哪些说法是正确的?
A. 申请人可以请求国务院专利行政部门早日公布其发明专利申请
B. 外观设计专利申请人可以在授予专利权之前随时撤回其专利申请
C. 发明专利申请公布后,申请人可以要求实施其发明的单位或者个人支付适当的费用
D. 授予实用新型专利权的决定公告后,实用新型专利权人可以请求国务院专利行政部门作出专利权评价报告

【知识要点】申请人、专利权人的权利

【解析】A.《专利法》第34条规定:"国务院专利行政部门收到发明专利申请后,经初步审查认为符合本法要求的,自申请日起满十八个月,即行公布。国务院专利行政部门可以根据申请人的请求早日公布其申请。"故选项A正确,符合题意。

B.《专利法》第32条规定:"申请人可以在被授予专利权之前随时撤回其专利申请。"故选项B正确,符合题意。

C.《专利法》第13条规定:"发明专利申请公布后,申请人可以要求实施其发明的单位或者个人支付适当的费用。"故选项C正确,符合题意。

D.《专利法实施细则》第56条第1款规定:"授予实用新型或者外观设计专利权的决定公告后,专利法第六十条规定的专利权人或者利害关系人可以请求国务院专利行政部门作出专利权评价报告。"故选项D正确,符合题意。

226. (2004年卷一第44题) 当事人在下面哪些情况可以直接向法院提起诉讼?
A. 专利申请人对国家知识产权局作出的视为未要求优先权的决定不服的
B. 专利申请人对国家知识产权局作出的不按保密专利申请处理的决定不服的

C. 专利申请人对国家知识产权局作出的驳回决定不服的
D. 专利申请人对复审决定不服的

【知识要点】专利申请的诉讼与复审

【解析】A、B.《行政诉讼法》第44条第1款规定:"对于属于人民法院受案范围的行政案件,公民、法人或者其他组织可以先向行政机关申请复议,对复议决定不服的,再向人民法院提起诉讼;也可以直接向人民法院提起诉讼。"选项A、B中所述的情况,在《专利法》及相关法规中并未规定必须先向行政机关申请复议,所以根据《行政诉讼法》第44条规定,可以直接向人民法院提起诉讼。故选项A、B正确,符合题意。

C、D.《专利法》第41条规定:"国务院专利行政部门设立专利复审委员会。专利申请人对国务院专利行政部门驳回申请的决定不服的,可以自收到通知之日起三个月内,向专利复审委员会请求复审。专利复审委员会复审后,作出决定,并通知专利申请人。专利申请人对专利复审委员会的复审决定不服的,可以自收到通知之日起三个月内向人民法院起诉。"故选项C错误,不符合题意;选项D正确,符合题意。

227.(2004年卷一第78题)以下关于我国专利制度的哪些说法是错误的?
A. 申请专利的各种手续都应当以书面形式办理
B. 一件专利申请中不能包含两项以上的发明创造
C. 两个以上的申请人共同申请专利的,专利权授予署名在先的申请人
D. 专利申请的公布是专利审查中必经的程序

【知识要点】专利申请中的原则

【解析】A.《专利法实施细则》第2条规定:"专利法和本细则规定的各种手续,应当以书面形式或者国务院专利行政部门规定的其他形式办理。"《专利审查指南2010》5-1-2"办理专利申请的形式"中规定:"专利申请手续应当以书面形式(纸件形式)或者电子文件形式办理。"故选项A错误,符合题意。

B.《专利法》第31条规定:"一件发明或者实用新型专利申请应当限于一项发明或者实用新型。属于一个总的发明构思的两项以上的发明或者实用新型,可以作为一件申请提出。一件外观设计专利申请应当限于一项外观设计。同一产品两项以上的相似外观设计,或者用于同一类别并且成套出售或者使用的产品的两项以外观设计,可以作为一件申请提出。"故选项B错误,符合题意。

C.《专利法》第8条规定:"两个以上单位或者个人合作完成的发明创造、一个单位或者个人接受其他单位或者个人委托所完成的发明创造,除另有协议的以外,申请专利的权利属于完成或者共同完成的单位或者个人;申请被批准后,申请的单位或者个人为专利权人。"故选项C错误,符合题意。

D.《专利法》第34条规定:(参见本章第225题解析A)。《专利审查指南2010》5-8-1.2.1.1"发明专利申请公布"中规定:"发明专利申请经初步审查合格后,自申请日(有优先权的,为优先权日)起满十五个月进行公布准备,并于十八个月期满时公布。发明专利申请人在初步审查合格前,要求提前公布其专利申请的,自初步审查合格之日起进行公布准备;在初步审查合格后,要求提前公布其专利申请的,自提前公布请求合格之日起进行公布准备,并及时予以公布。"《专利审查指南2010》5-5-4"保密专利申请的审批流程"中规定:"对于发明专利申请,初步审查和实质审查按照与一般发明专利申请相同的基准进行。初步审查合格的保密专利申请不予公布,实质审查请求符合规定的,直接进入实质审查程序。"只有经初步审查合格的发明专利申请,且申请人要求提前公布或十八个月期限已届满的,才予以公布。保密专利申请、初审中驳回的发明专利申请、实用新型申请和外观设计申请都不会公布。故选项D错误,符合题意。

228.(2002年卷一第60题)以下关于期限的哪些说法是正确的?
A. 发明专利申请人应当在自实际申请日起3年内提出实质审查请求
B. 当事人因不可抗拒的事由延误法定期限的,应在障碍消除之日起1年内请求恢复权利
C. 当事人因正当理由延误指定期限的,应在收到通知后2个月内请求恢复权利
D. 撤回专利申请的声明应当在自申请日起6个月内提出

【知识要点】期限

【解析】A.《专利法》第35条第1款规定:"发明专利申请自申请日起三年内,国务院专利行政部门可以根据申请人随时提出的请求,对其申请进行实质审查;申请人无正当理由逾期不请求实质审查的,该申请即被视为撤回。"《专利法实施细则》第11条第1款规定:"除专利法第二十八条和第四十二条规定的情形外,专利法所称申请日,有优先权的,指优先权日。"故选项A错误,不符合题意。

B.《专利法实施细则》第6条第1款规定:"当事人因不可抗拒的事由而延误专利法或者本细则规定的期限或者国务院专利行政部门指定的期限,导致其权利丧失的,自障碍消除之日起2个月内,最迟自期限届满之日起2年内,可以向国务院专利行政部门请求恢复权利。"故选项B错误,不符合题意。

C.《专利法实施细则》第6条第2款规定:"除前款规定的情形外,当事人因其他正当理由延误专利法或者本细则规定的期限或者国务院专利行政部门指定的期限,导致其权利丧失的,可以自收到国务院专利行政部门的通知之日

2个月内向国务院专利行政部门请求恢复权利。"故选项C正确,符合题意。

D. 根据《专利法》第32条的规定(参见本章第225题解析B),选项D错误,不符合题意。

参考答案

1. A	2. A C	3. B	4. B	5. C	6. D
7. B C	8. C D	9. B C	10. B D	11. A B D	12. A B C D
13. C	14. B	15. B C D	16. A B C D	17. A C	18. B C D
19. A B C	20. D	21. A	22. B	23. B	24. B D
25. A C D	26. A C	27. B C	28. D	29. B	30. C
31. A D	32. C	33. A B C D	34. A B	35. A B C D	36. A B
37. A B D	38. A B	39. A B C D	40. A B C	41. C	42. C
43. B	44. B	45. A B C D	46. A C	47. D	48. C
49. A B C D	50. A B D	51. A B D	52. A B C D	53. D	54. D
55. A B C	56. B C	57. C	58. A B	59. A B	60. A
61. D	62. A B D	63. A B	64. A B	65. A B C D	66. A C D
67. A C D	68. A B	69. A B D	70. B C D	71. A C	72. A C D
73. A	74. B C D	75. B	76. B C	77. A D	78. A
79. C D	80. C	81. A B D	82. A	83. B D	84. C D
85. D	86. C	87. A D	88. A D	89. A B C	90. A B
91. A D	92. A C	93. A C D	94. A B C	95. D	96. B C
97. A C	98. B	99. B C	100. A B C	101. B D	102. A B C
103. A C	104. B C	105. A B D	106. B C	107. A B	108. D
109. A B C D	110. A C D	111. A B	112. A D	113. B D	114. B D
115. A B	116. B	117. B C	118. A B C D	119. A B	120. A C
121. B D	122. B C D	123. C	124. D	125. A B C D	126. C D
127. A	128. A B C	129. D	130. A B D	131. A B	132. B C
133. A B D	134. D	135. A B C	136. A B D	137. C	138. B
139. A C D	140. A B D	141. B C D	142. D	143. A C	144. B C
145. D	146. A	147. C D	148. A C D	149. B	150. A D
151. A	152. B	153. A C D	154. A C D	155. A	156. A B C
157. C	158. A D	159. B D	160. A D	161. C	162. A B C
163. A B D	164. A B C D	165. B C	166. A D	167. A C D	168. A B C D
169. A D	170. C D	171. C	172. A C	173. C	174. A C D
175. A	176. C D	177. A D	178. B C D	179. A B C D	180. A B C
181. A B C	182. A B C	183. B D	184. C D	185. A B D	186. C D
187. A B C D	188. D	189. C D	190. D	191. A B D	192. B D
193. D	194. A B C D	195. A B	196. B D	197. B	198. A B C D
199. A B	200. A B C	201. A B C D	202. A B C D	203. C D	204. A B
205. B C D	206. B C D	207. C	208. A C	209. A	210. C
211. C	212. A C D	213. A C	214. B	215. A C	216. A C
217. A D	218. B D	219. A B	220. A B C	221. A B D	222. A
223. A B	224. A C	225. A B C D	226. A B D	227. A B C D	228. C

第五章 专利申请的复审与专利权的无效宣告

第一节 概 要

一、专利复审委员会

二、审查原则

三、合议审查

四、独任审查

五、回避制度

六、审查决定

七、更正及驳回请求

八、对专利复审委员会的决定不服的司法救济

第二节 专利申请的复审

一、复审程序的性质

1.（2010年卷一第6题）刘某于2009年5月6日收到国家知识产权局对其专利申请作出的驳回决定。下列做法哪些不符合相关规定？
  A. 刘某于2009年9月10日就该驳回决定向专利复审委员会提出复审请求
  B. 刘某的妻子王某于2009年7月10日就该驳回决定向专利复审委员会提出复审请求
  C. 刘某于2009年9月10日就该驳回决定向国家知识产权局提出行政复议申请
  D. 刘某于2009年7月10日就该驳回决定向北京市第一中级人民法院提起行政诉讼

【知识要点】对驳回决定不服的救济

【解析】《专利法》第41条规定："国务院专利行政部门设立专利复审委员会。专利申请人对国务院专利行政部门驳回申请的决定不服的，可以自收到通知之日起三个月内，向专利复审委员会请求复审。专利复审委员会复审后，作出决定，并通知专利申请人。专利申请人对专利复审委员会的复审决定不服的，可以自收到通知之日起三个月内向人民法院起诉。"

  A. 刘某于2009年5月6日收到决定，应于2009年8月6日以前提出复审。故选项A错误，符合题意。
  B. 刘某的妻子王某并非专利申请人，无权提出复审。故选项B错误，符合题意。
  C.D. 对驳回决定不服只能申请复审，不能申请行政复议或提起行政诉讼。故选项C、D错误，符合题意。

2.（2010年卷一第56题）专利复审委员会基于刘某的复审请求作出了撤销原驳回决定的复审决定。下列说法哪些是正确的？
  A. 由于原驳回决定已被撤销，因此原审查部门应当对刘某的专利申请直接授予专利权
  B. 刘某的专利申请将返回原审查部门继续审查
  C. 原审查部门补充检索了新的对比文件后，可以依据该对比文件再次驳回刘某的专利申请
  D. 原审查部门不同意复审决定的，可以要求专利复审委员会进行再审

【知识要点】复审决定的效力

【解析】《专利审查指南2010》4-2-7"复审决定对原审查部门的约束力"中规定："复审决定撤销原审查部门作出的决定的，专利复审委员会应当将有关的案卷返回原审查部门，由原审查部门继续审批程序。原审查部门应当执行

专利复审委员会的决定，<u>不得以同样的事实、理由和证据作出与该复审决定意见相反的决定</u>。"故选项 A、D 错误，不符合题意；选项 B、C 正确，符合题意。

3.（2008年卷一第9题）王某于2005年8月向国家知识产权局提出了一件外观设计专利申请，2005年10月王某将该外观设计专利申请权转让给张某，并到国家知识产权局办理了相关手续。国家知识产权局经审查于2006年4月驳回了该外观设计专利申请。下列哪些说法是正确的？
  A. 张某对该外观设计专利申请驳回决定不服的，可以向专利复审委员会申请行政复议
  B. 张某对该外观设计专利申请驳回决定不服的，可以向专利复审委员会提出复审请求
  C. 王某对该外观设计专利申请驳回决定不服的，可以向专利复审委员会申请行政复议
  D. 王某对该外观设计专利申请驳回决定不服的，可以向专利复审委员会提出复审请求

【知识要点】对驳回专利申请决定不服的救济
【解析】A、B. 根据《专利法》第41条的规定（参见本章第1题解析），凡是专利复审委员会作出的决定，均不适用行政复议，只能向法院提起诉讼。《国家知识产权局行政复议规程》第5条规定："对下列情形之一，不能申请行政复议：（一）<u>专利申请人对驳回专利申请的决定不服的</u>；……"故选项 A 错误，不符合题意；选项 B 正确，符合题意。
  C、D. 王某已经将专利申请权转让给张某，并到国家知识产权局办理了相关手续。此后该专利申请权属于张某，王某无权再参与该件专利申请的审批程序。故选项 C、D 错误，不符合题意。

4.（2013年卷一第61题）下列关于复审程序的说法哪些是正确的？
  A. 复审程序是专利审批程序的延续
  B. 专利复审委员会不必对专利申请进行全面审查
  C. 原专利审查部门的前置审查不是复审程序的必经程序
  D. 对专利复审委员会作出的决定不服的，均不能申请行政复议

【知识要点】对复审程序的认识
【解析】A、B.《专利审查指南2010》4-2-1"引言"中规定："复审程序是因申请人对驳回决定不服而启动的救济程序，同时也是专利审批程序的延续。因此，一方面，<u>专利复审委员会一般仅针对驳回决定所依据的理由和证据进行审查，不承担对专利申请全面审查的义务</u>；另一方面，为了提高专利授权的质量，避免不合理地延长审批程序，专利复审委员会可以依职权对驳回决定未提及的明显实质性缺陷进行审查。"故选项 A、B 正确，符合题意。
  C.《专利法实施细则》第62条规定："专利复审委员会应当将受理的复审请求书转交国务院专利行政部门原审查部门进行审查。原审查部门根据复审请求人的请求，同意撤销原决定的，专利复审委员会应当据此作出复审决定，并通知复审请求人。"由此可知，前置审查是复审程序的必经程序。故选项 C 错误，不符合题意。
  D.《国家知识产权局行政复议规程》第4条对可以依法申请行政复议的情形进行了规定，其中包括对国家知识产权局专利复审委员会作出的有关专利复审、无效的程序性决定不服的情形。故选项 D 错误，不符合题意。

5.（2013年卷一第49题）国家知识产权局对李某的药物化合物发明专利申请予以驳回，理由是该化合物相对于对比文件1和2的结合不具备创造性。李某提出复审请求。专利复审委员会经合议组审理后向李某发出复审通知书。下列说法哪些是正确的？
  A. 复审通知书应当对发明专利申请的创造性进行评价
  B. 复审通知书中可以引入所属技术领域的公知常识
  C. 李某应当在收到复审通知书之日起一个月内进行书面答复
  D. 若专利复审委员会认为该申请的权利要求涉及疾病的治疗方法，可以在复审通知书中指出

【知识要点】复审程序
【解析】A.《专利审查指南2010》4-2-4.1"理由和证据的审查"中规定："在复审程序中，<u>合议组一般仅针对驳回决定所依据的理由和证据进行审查</u>。"故选项 A 正确，符合题意。
  B.《专利审查指南2010》4-2-4.1"理由和证据的审查"中规定："在合议审查中，<u>合议组可以引入所属技术领域的公知常识</u>，或者补充相应的技术词典、技术手册、教科书等所属技术领域中的公知常识性证据。"故选项 B 正确，符合题意。
  C.《专利审查指南2010》4-2-4.3"审查方式"中规定："针对合议组发出的复审通知书，<u>复审请求人应当在收到该通知之日起一个月内针对通知书指出的缺陷进行书面答复</u>；期满未进行书面答复的，其复审请求视为撤回。复审请求人提交无具体答复内容的意见陈述书的，视为对复审通知书中的审查意见无反对意见。"故选项 C 正确，符合题意。
  D.《专利审查指南2010》4-2-4.1"理由和证据的审查"中规定："除驳回决定所依据的理由和证据外，合议组发现审查文本中存在下列缺陷的，可以对与之相关的理由及其证据进行审查，并且经审查认定后，应当依据该理由及其证据作出维持驳回决定的审查决定：（1）<u>足以用在驳回决定作出前已告知过申请人的其他理由及其证据予以驳回的缺陷</u>。（2）<u>驳回决定未指出的明显实质性缺陷或者与驳回决定所指出缺陷性质相同的缺陷</u>。"由于涉及"疾病的治疗

方法"而不能授予专利权属于明显实质性缺陷，故可以在复审通知书中指出。故选项D正确，符合题意。

6.（2014年卷一第52题）甲拟就其被驳回的专利申请提出复审请求。下列说法哪些是正确的？
A. 若甲未在提出复审请求同时缴足复审费，则其复审请求视为未提出
B. 若甲提交的复审请求书不符合规定格式，则其复审请求将被不予受理
C. 若甲委托专利代理机构乙仅为其办理复审程序有关事务，则应当向专利复审委员会提交专利代理委托书
D. 若甲与多个专利代理机构同时存在委托关系，则应当以书面方式指定其中一个专利代理机构作为收件人

【知识要点】复审程序

【解析】《专利法》第41条第1款规定："国务院专利行政部门设立专利复审委员会。专利申请人对国务院专利行政部门驳回申请的决定不服的，可以自收到通知之日起三个月内，向专利复审委员会请求复审。专利复审委员会复审后，作出决定，并通知专利申请人。"

A.《专利法实施细则》第96条规定："当事人请求实质审查或者复审的，<u>应当在专利法及本细则规定的相关期限内缴纳费用；期满未缴纳或者未缴足的，视为未提出请求。</u>"可见，《专利法》及其实施细则规定了提出复审请求及缴纳复审费的期限，但是并未要求提出复审请求的同时缴纳复审费，故选项A错误，不符合题意。

B.《专利审查指南2010》4-2-2.4"文件形式"中规定："复审请求书应当符合规定的格式，<u>不符合规定格式的，专利复审委员会应当通知复审请求人在指定期限内补正；期满未补正或者在指定期限内补正但经两次补正后仍存在同样缺陷的，复审请求视为未提出。</u>"故选项B错误，不符合题意。

C.《专利审查指南2010》4-2-2.6"委托手续"中规定："复审请求人委托专利代理机构请求复审或者解除、辞去委托的，应当参照本指南第一部分第一章第6.1节的规定在专利局办理手续。但是，<u>复审请求人在复审程序中委托专利代理机构，且委托书中写明其委托权限仅限于办理复审程序有关事务的，其委托手续或者解除、辞去委托的手续应当参照上述规定在专利复审委员会办理，无需办理著录项目变更手续。</u>"《专利审查指南2010》1-1-6.1.2"委托书"中规定："申请人委托专利代理机构向专利局申请专利和办理其他专利事务的，应当提交委托书。"故选项C正确，符合题意。

D.《专利审查指南2010》4-2-2.6"委托手续"中规定："复审请求人与多个专利代理机构同时存在委托关系的，<u>应当以书面方式指定其中一个专利代理机构作为收件人</u>。"故选项D正确，符合题意。

二、复审请求的形式审查

（一）形式审查的内容

7.（2011年卷一第38题）下列关于复审请求的说法哪些是正确的？
A. 复审请求人不是被驳回申请的申请人的，专利复审委员会将不予受理复审请求
B. 在收到国家知识产权局作出的驳回决定之日起三个月后，专利申请人向专利复审委员会提出复审请求的，复审请求将一律不予受理
C. 被驳回的申请有两个以上申请人的，如果复审请求人不是全部申请人，专利复审委员会将发出补正通知书
D. 复审请求人提交的复审请求书中未附具证据的，专利复审委员会将通知复审请求人在指定期限内补正

【知识要点】复审请求的受理

【解析】A、C.《专利审查指南2010》4-2-2.2"复审请求人资格"中规定："<u>复审请求人不是被驳回申请的申请人的，其复审请求不予受理</u>。被驳回申请的申请人属于共同申请人的，如果复审请求人不是全部申请人，<u>专利复审委员会应当通知复审请求人在指定期限内补正</u>；期满未补正的，其复审请求视为未提出。"故选项A、C正确，符合题意。

B.《专利审查指南2010》4-2-2.3"期限"中规定："（1）在收到专利局作出的驳回决定之日起三个月内，专利申请人可以向专利复审委员会提出复审请求；提出复审请求的期限不符合上述规定的，复审请求不予受理。（2）提出复审请求的期限不符合上述规定、但在专利复审委员会作出不予受理的决定后复审请求人提出恢复权利请求的，如果该恢复权利请求符合专利法实施细则第六条和第九十九条第一款有关恢复权利的规定，则允许恢复，且复审请求应当予以受理；不符合有关规定的，不予恢复。"故选项B错误，不符合题意。

D.《专利法实施细则》第60条第1款规定："依照专利法第四十一条的规定向专利复审委员会请求复审的，应当提交复审请求书，说明理由，<u>必要时还应当附具有关证据</u>。"故选项D错误，不符合题意。

8.（2016年卷一第22题）下列向专利复审委员会提出的复审请求，在满足其他受理条件的情况下，哪个应当予以受理？
A. 甲和乙共有的发明专利申请被驳回，甲独自提出复审请求
B. 某公司的发明专利申请被驳回，该申请的发明人提出复审请求
C. 申请人李某自收到驳回决定之日起二个月内提出复审请求

D. 申请人赵某对国家知识产权局做出的专利申请视为撤回通知书不服提出的复审请求

【知识要点】复审请求的受理

【解析】共有专利的复审请求必须由全体共有人共同提出，发明人不是申请人，无权提出复审请求。专利申请视为撤回通知书，属于程序性决定，其救济程序是行政复议而不是复审。提出复审请求的期限是收到驳回决定之日起3个月内，李某在2个月内提出复审请求符合要求。《专利审查指南2010》4-2-2.1"复审请求客体"中规定："对专利局作出的驳回决定不服的，专利申请人可以向专利复审委员会提出复审请求。复审请求不是针对专利局作出的驳回决定的，不予受理。"《专利审查指南2010》4-2-2.2"复审请求人资格"中规定："被驳回申请的申请人可以向专利复审委员会提出复审请求。复审请求人不是被驳回申请的申请人的，其复审请求不予受理。被驳回申请的申请人属于共同申请人的，如果复审请求人不是全部申请人，专利复审委员会应当通知复审请求人在指定期限内补正；期满未补正的，其复审请求视为未提出。"《专利审查指南2010》4-2-2.3"期限"中规定："在收到专利局作出的驳回决定之日起三个月内，专利申请人可以向专利复审委员会提出复审请求；提出复审请求的期限不符合上述规定的，复审请求不予受理。"故选项A、B、D错误，不符合题意；选项C正确，符合题意。

9.（2013年卷—第34题）下列关于复审请求受理的说法哪些是正确的？
A. 请求人在收到驳回决定三个月后提出复审请求的，专利复审委员会将发出复审请求不予受理通知书
B. 复审请求书不符合规定格式的，专利复审委员会将发出复审请求视为未提出通知书
C. 复审请求经形式审查符合相关规定的，专利复审委员会将发出复审请求受理通知书
D. 复审请求人是在中国没有经常居所的外国人且未委托专利代理机构的，专利复审委员会将发出复审请求不予受理通知书

【知识要点】复审请求的受理

【解析】《专利法》第41条第1款规定："国务院专利行政部门设立专利复审委员会。专利申请人对国务院专利行政部门驳回申请的决定不服的，可以自收到通知之日起三个月内，向专利复审委员会请求复审。专利复审委员会复审后，作出决定，并通知专利申请人。"

A. 根据《专利审查指南2010》4-2-2.3"期限"中的规定（参见本章第8题解析），选项A正确，符合题意。

B. 《专利审查指南2010》4-2-2.4"文件形式"中规定："复审请求书应当符合规定的格式，不符合规定格式的，专利复审委员会应当通知复审请求人在指定期限内补正；期满未补正或者在指定期限内补正但经两次补正后仍存在同样缺陷的，复审请求视为未提出。"故选项B错误，不符合题意。

C. 《专利审查指南2010》4-2-2.7"形式审查通知书"中规定："复审请求经形式审查符合专利法及其实施细则和审查指南有关规定的，专利复审委员会应当发出复审请求受理通知书，通知复审请求人。"故选项C正确，符合题意。

D. 《专利法》第19条第1款规定："在中国没有经常居所或者营业所的外国人、外国企业或者外国其他组织在中国申请专利和办理其他专利事务的，应当委托依法设立的专利代理机构办理。"《专利法实施细则》第60条第2款规定："复审请求不符合专利法第十九条第一款或者第四十一条第一款规定的，专利复审委员会不予受理，书面通知复审请求人并说明理由。"故选项D正确，符合题意。

10.（2014年卷—第36题）国家知识产权局于2011年3月1日向张某发出了驳回其专利申请的决定。张某不服该驳回决定欲提出复审请求，下列做法哪些是符合相关规定的？
A. 在2011年6月1日提出复审请求，并同时缴足复审费
B. 在2011年6月16日提出复审请求，并同时缴足复审费
C. 在2011年6月1日提出复审请求，并在2011年6月14日缴足复审费
D. 在2011年6月16日提出复审请求，并在2011年6月20日缴足复审费

【知识要点】复审请求提出与缴纳复审费的期限

【解析】《专利法》第41条第1款规定：（参见本章第9题解析）。《专利法实施细则》第4条第3款规定："国务院专利行政部门邮寄的各种文件，自文件发出之日起满15日，推定为当事人收到文件之日。"再次，《专利法实施细则》第96条规定："当事人请求实质审查或者复审的，应当在专利法及本细则规定的相关期限内缴纳费用；期满未缴纳或者未缴足的，视为未提出请求。"因此，本题中，国家知识产权局于2011年3月1日向张某发出了驳回其专利申请的决定，则张某最迟应于2011年6月16日提出复审请求并缴纳复审费。故选项A、B、C正确，符合题意；选项D错误，不符合题意。

11.（2009年卷—第64题）国家知识产权局于2008年6月6日向张某发出了驳回其专利申请的决定，如张某不服驳回决定欲提出复审请求，下列做法哪些是正确的？
A. 在2008年9月12日提出复审请求，并同时缴足复审费
B. 在2008年11月6日提出复审请求，并同时提交恢复权利请求书，缴足复审费和恢复权利请求费，说明没有在规定期限内提出复审请求的正当理由

C. 在2008年8月21日提出复审请求，并在2008年9月19日缴足复审费

D. 在2008年9月9日提出复审请求，并在2008年9月24日缴足复审费

【知识要点】复审请求提出、缴纳复审费的期限和权利的恢复

【解析】A、C、D.《专利法》第41条第1款规定：(参见本章第9题解析)。《专利法实施细则》第4条第3款规定：(参见本章第10题解析)。《专利审查指南2010》4-2-2.5"费用"中规定："(1) 复审请求人在收到驳回决定之日起三个月内提出了复审请求，但在此期限内未缴纳或者未缴足复审费的，其复审请求视为未提出。……(3) 在收到驳回决定之日起三个月后才缴足复审费、且在作出视为未提出决定前提出恢复权利请求的，可对上述两请求合并处理；该恢复权利请求符合专利法实施细则第六条和第九十九条第一款有关恢复权利的规定的，复审请求应当予以受理；不符合该有关规定的，复审请求视为未提出。"综上，张某提出复审请求的最后期限是2008年9月21日。故选项A、C正确，符合题意。选项D未在2008年9月21日之前缴足复审费。故选项D错误，不符合题意。

B.《专利法实施细则》第6条第1款、第2款、第3款、第4款规定："当事人因不可抗拒的事由而延误专利法或者本细则规定的期限或者国务院专利行政部门指定的期限，导致其权利丧失的，自障碍消除之日起2个月内，最迟自期限届满之日起2年内，可以向国务院专利行政部门请求恢复权利。除前款规定的情形外，当事人因其他正当理由延误专利法或者本细则规定的期限或者国务院专利行政部门指定的期限，导致其权利丧失的，可以自收到国务院专利行政部门的通知之日起2个月内向国务院专利行政部门请求恢复权利。当事人依照本条第一款或者第二款的规定请求恢复权利的，应当提交恢复权利请求书，说明理由，必要时附具有关证明文件，并办理权利丧失前应当办理的相应手续；依照本条第二款的规定请求恢复权利的，还应当缴纳恢复权利请求费。当事人请求延长国务院专利行政部门指定的期限的，应当在期限届满前，向国务院专利行政部门说明理由并办理有关手续。"张某可以于2008年12月21日之前办理恢复手续并缴足各项费用。故选项B正确，符合题意。

12.（2013年卷－第12题）甲乙夫妻二人共同提出的一件发明专利申请被国家知识产权局驳回。下列针对该驳回决定提出的哪个复审请求符合相关规定？

A. 甲单独提出的复审请求

B. 甲乙共同提出的复审请求

C. 甲乙不提复审请求的情况下，他们的儿子以自己的名义提出的复审请求

D. 甲乙不提复审请求的情况下，该专利申请的发明人丙以自己的名义提出的复审请求

【知识要点】复审请求人资格

【解析】根据《专利法》第41条第1款的规定（参见本章第9题解析），以及《专利审查指南2010》4-2-2.2"复审请求人资格"中的规定（参见本章第8题解析），故选项A、C、D错误，不符合题意；选项B正确，符合题意。

13.（2014年卷－第16题）国家知识产权局驳回了一件申请人为甲、乙，发明人为丙、丁的发明专利申请，下列关于复审请求的说法哪个是正确的？

A. 甲单独提出复审请求应当被受理

B. 丙、丁共同提出复审请求应当被受理

C. 甲、乙共同提出复审请求应当被受理

D. 只有甲、乙、丙、丁共同提出复审请求才应当被受理

【知识要点】复审请求人资格

【解析】根据《专利审查指南2010》4-2-2.2"复审请求人资格"中的规定，专利申请人是甲、乙两人，则复审请求人也应当是甲、乙两人。故选项A、B、D错误，不符合题意；选项C正确，符合题意。

14.（2008年卷－第54题）李某对国家知识产权局驳回其发明专利申请的决定不服，请求复审。下列哪些说法是正确的？

A. 李某的复审请求应当在收到驳回决定之日起3个月内提出

B. 李某在收到驳回决定之日起3个月内未缴纳或者未缴足复审费的，其复审请求视为未提出

C. 李某在提出复审请求时，可以修改专利申请文件，但应当仅限于消除驳回决定规定的缺陷

D. 在复审程序中李某不得请求延长复审委员会指定的期限

【知识要点】复审请求的提出、延长期限

【解析】A. 根据《专利法》第41条的规定（参见本章第1题解析），凡是专利复审委员会作出的决定，均不适用行政复议，只能向法院提起诉讼。故选项A正确，符合题意。

B. 根据《专利法实施细则》第96条的规定（参见本章第10题解析），选项B正确，符合题意。

C.《专利法实施细则》第61条第1款规定："请求人在提出复审请求或者在对专利复审委员会的复审通知书作出答复时，可以修改专利申请文件；但是，修改应当仅限于消除驳回决定或者复审通知书指出的缺陷。"故选项C正确，符合题意。

D.《专利审查指南2010》5-7-4.1"延长期限请求"中规定："当事人因正当理由不能在期限内进行或者完成某一行为或者程序时，可以请求延长期限。可以请求延长的期限仅限于指定期限。但在无效宣告程序中，专利复审委员会指定的期限不得延长。"在复审程序中，可以请求延长复审委员会指定的期限。故选项D错误，不符合题意。

(二) 形式审查通知书

15. (2000年卷四第81题) 作为一个专利代理人，在代理一件发明专利申请复审请求案的过程中，你有可能收到专利复审委员会发出的下列哪些通知书？

A. 复审通知书
B. 前置审查意见通知书
C. 复审请求视为未提出通知书
D. 口头审理通知书

【知识要点】复审请求程序中的通知书类型

【解析】A. 根据《专利法实施细则》第61条第1款的规定（参见本章第14题解析C），选项A正确，符合题意。

B.《专利法实施细则》第62条规定：（参见本章第4题解析C）。《专利审查指南2010》2-8-8"前置审查与复审后的继续审查"中规定："根据专利法实施细则第六十二条的规定，审查员应当对专利复审委员会转送的复审请求书进行前置审查，<u>并在收到转交的案卷之日起一个月内作出前置审查意见书，该前置审查意见书随案卷转送专利复审委员会</u>，由专利复审委员会作出复审决定。前置审查的要求适用本指南第四部分第二章第3节的规定。"《专利审查指南2010》4-2-3.1"前置审查的程序"中规定："根据专利法实施细则第六十二条的规定，专利复审委员会应当将经形式审查合格的复审请求书（包括附具的证明文件和修改后的申请文件）连同案卷一并转交作出驳回决定的原审查部门进行前置审查。原审查部门应当提出前置审查意见，作出前置审查意见书。除特殊情况外，前置审查应当在收到案卷后一个月内完成。"前置审查由原审查部门进行，专利复审委员会不会给申请人发出"前置审查意见书"或"前置审查意见通知书"。故选项B错误，不符合题意。

C.《专利法实施细则》第60条第1款、第3款规定："依照专利法第四十一条的规定向专利复审委员会请求复审的，应当提交复审请求书，说明理由，必要时应当附具有关证据。……复审请求书不符合规定格式的，复审请求人应当在专利复审委员会指定的期限内补正；期满未补正的，该复审请求视为未提出。"《专利审查指南2010》4-2-2.7"形式审查通知书"中规定："(2) <u>复审请求视为未提出或者不予受理的，专利复审委员会应当发出复审请求视为未提出通知书或者复审请求不予受理通知书，通知复审请求人</u>。"故选项C正确，符合题意。

D.《专利法实施细则》第70条规定："专利复审委员会根据当事人的请求或者案情需要，可以决定对无效宣告请求进行口头审理。<u>专利复审委员会决定对无效宣告请求进行口头审理的，应当向当事人发出口头审理通知书</u>，告知举行口头审理的日期和地点。当事人应当在通知书指定的期限内作出答复。无效宣告请求人对专利复审委员会发出的口头审理通知书在指定的期限内未作答复，并且不参加口头审理的，其无效宣告请求视为撤回；专利权人不参加口头审理的，可以缺席审理。"故选项D正确，符合题意。

三、复审请求的前置审查

四、复审请求的合议审查

16. (2013年卷一第42题) 国家知识产权局以李某的发明专利申请权利要求1不具备实用性为由驳回了该申请。李某提出复审请求，同时提交了权利要求书修改替换页。专利复审委员会在复审通知书中指出：(1)修改后的权利要求书超出了原始申请文件记载的范围；(2)驳回决定所针对的权利要求1不具备实用性。下列说法哪些是正确的？

A. 若李某未对申请文件作进一步修改，则专利复审委员会可以以该修改超范围为由维持驳回决定
B. 若李某未对申请文件作进一步修改，则专利复审委员会可以以权利要求1不具备实用性为由维持驳回决定
C. 若李某对申请文件作进一步修改并克服了修改超范围的缺陷，则专利复审委员会应当对修改后的权利要求书是否具备实用性进行审查
D. 若李某对申请文件作进一步修改并克服了修改超范围的缺陷，则专利复审委员会应当撤销驳回决定

【知识要点】复审请求的合议审查

【解析】《专利审查指南2010》4-2-4.2"修改文本的审查"中规定："在提出复审请求、答复复审通知书（包括复审请求口头审理通知书）或者参加口头审理时，<u>复审请求人可以对申请文件进行修改。但是，所作修改应当符合专利法第三十三条和专利法实施细则第六十一条第一款的规定</u>。"本题中，由于专利复审委员会在发出的复审通知书中指出了李某对权利要求书的修改超出了原始申请文件记载的范围，若李某未对申请文件作进一步修改，针对李某的修改文本，专利复审委员会应当以修改超范围为由维持驳回决定。故选项A正确，符合题意；选项B错误，不符合题意。若李某对申请文件作进一步的修改并克服了修改超范围的缺陷，则专利复审委员会应针对修改后的文本对权利要求书是否具备实用性进行审查。故选项C正确，符合题意；选项D错误，不符合题意。

17. (2012年卷一第79题) 针对陈某提出的一项发明专利申请，国家知识产权局以权利要求1相对于对比文件1与公知常识的结合不具备创造性为由作出了驳回决定，陈某对驳回决定不服向专利复审委员会提出复审请求。下列说法哪些是正确的？

A. 陈某在提出复审请求时，可以结合证据说明权利要求1相对于对比文件1与公知常识的结合具备创造性

B. 陈某在提出复审请求时,可以对独立权利要求 2 进行修改,以克服权利要求 2 没有得到说明书支持的缺陷

C. 专利复审委员会在合议审查中可以引入技术词典作为公知常识证据

D. 专利复审委员会认为权利要求 1 还存在不清楚的缺陷,拟以此为理由维持驳回决定的,应当发出复审通知书或者进行口头审理

【知识要点】复审请求的审查

【解析】A. 根据《专利法实施细则》第 60 条第 1 款的规定(参见本章第 7 题解析 D),选项 A 正确,符合题意。

B. 根据《专利法实施细则》第 61 条第 1 款的规定(参见本章第 14 题解析 C),驳回决定中未指出权利要求 2 未得到支持的缺陷,故选项 B 错误,不符合题意。

C.《专利审查指南 2010》4-2-4.1"理由和证据的审查"中规定:"在合议审查中,合议组可以引入所属技术领域的公知常识,或者补充相应的技术词典、技术手册、教科书等所属技术领域中的公知常识性证据。"故选项 C 正确,符合题意。

D.《专利审查指南 2010》4-2-4.3"审查方式"中规定:"根据专利法实施细则第六十三条第一款的规定,有下列情形之一的,合议组应当发出复审通知书(包括复审请求口头审理通知书)或者进行口头审理:……(4)需要引入驳回决定未提出的理由或者证据……"故选项 D 正确,符合题意。

18.(2014 年卷一第 64 题)国家知识产权局以权利要求 1 相对于对比文件 1 和公知常识的结合不具备创造性为由驳回了某申请。申请人提出了复审请求,专利复审委员会成立合议组进行审查。在下列哪些情形下应当发出复审通知书或者进行口头审理?

A. 合议组认为复审请求人在提出复审请求时对权利要求 1 所作的修改超出原申请记载的范围

B. 合议组经审查认定权利要求 1 相对于对比文件 1 不具备新颖性

C. 合议组经审查认定权利要求 1 相对于对比文件 1 和公知常识的结合不具备创造性

D. 合议组经审查认定驳回理由不成立

【知识要点】复审请求的审查

【解析】A、B、C.《专利法实施细则》第 63 条第 1 款规定:"专利复审委员会进行复审后,认为复审请求不符合专利法和本细则有关规定的,应当通知复审请求人,要求其在指定期限内陈述意见。期满未答复的,该复审请求视为撤回;经陈述意见或者进行修改后,专利复审委员会认为仍不符合专利法和本细则有关规定的,应当作出维持原驳回决定的复审决定。"《专利审查指南 2010》4-2-4.3"审查方式"中规定:"根据专利法实施细则第六十三条第一款的规定,有下列情形之一的,合议组应当发出复审通知书(包括复审请求口头审理通知书)或者进行口头审理:(1)复审决定将维持驳回决定。(2)需要复审请求人依照专利法及其实施细则和审查指南有关规定修改申请文件,才有可能撤销驳回决定。(3)需要复审请求人进一步提供证据或者对有关问题予以说明。(4)需要引入驳回决定未提出的理由或者证据。"本题中,选项 A 的情形需要复审请求人进一步提供证据或者对有关问题予以说明,选项 B 的情形专利复审委员会引入了新的理由,选项 C 的情形专利复审委员会将维持驳回决定,因此,合议组应当发出复审通知书或者口头审理。故选项 A、B、C 正确,符合题意。

D. 选项 D 中,合议组经审查认定驳回理由不成立时撤销驳回决定即可,无须发出复审通知书或者进行口头审理。故选项 D 错误,不符合题意。

19.(2014 年卷一第 68 题)某发明专利申请的权利要求如下:

1. 一种产品,包括特征 L。

2. 如权利要求 1 所述的产品,还包括特征 M。

3. 如权利要求 1 或 2 所述的产品,还包括特征 N。

国家知识产权局经审查以权利要求 1、2 不具备创造性为由作出驳回决定。复审请求人在复审程序中所做的下列哪些修改或者意见陈述可能会使专利复审委员会作出撤销驳回决定的决定?

A. 删除权利要求 1 和 2

B. 合并权利要求 1 和 2

C. 在意见陈述书中详细说明了权利要求 1 和 2 具备创造性的理由

D. 修改说明书,完善对应权利要求 3 产品的技术方案

【知识要点】复审修改

【解析】《专利法实施细则》第 63 条第 2 款规定:"专利复审委员会进行复审后,认为原驳回决定不符合专利法和本细则有关规定的,或者认为经过修改的专利申请文件消除了原驳回决定指出的缺陷的,应当撤销原驳回决定,由原审查部门继续进行审查程序。"

A. 本题中,由于驳回理由是权利要求 1、2 不具备创造性,则选项 A 的方案可以消除原驳回决定指出的缺陷,专利复审委员会可能会撤销驳回决定。故选项 A 正确,符合题意。

B. 选项B的方案中合并后实质还是原权利要求2，并不能消除原驳回决定指出的缺陷。故选项B错误，不符合题意。

C. 选项C的方案有可能使专利复审委员会认定驳回理由不成立而撤销驳回决定。故选项C正确，符合题意。

D. 选项D的方案并不能消除权利要求1、2不具备创造性的缺陷。故选项D错误，不符合题意。

20.（2016年卷一第72题）陈某拥有一项发明专利申请，其中权利要求1及其从属权利要求2涉及一种转笔刀，权利要求3为另一项产品独立权利要求，涉及一种铅笔。实质审查过程中，审查员指出独立权利要求1和3之间缺乏单一性，陈某在答复时删除了权利要求3。最终该申请因权利要求1不具备创造性被驳回。陈某在提出复审请求时对权利要求书进行了修改。下列哪些修改方式符合相关规定？

A. 根据说明书中的实施例进一步限定权利要求1，即将说明书中记载的某技术特征补入权利要求1

B. 删除权利要求1，将从属权利要求2作为新的权利要求1

C. 将权利要求1-2修改为制作转笔刀方法的权利要求

D. 删除权利要求1-2，将原权利要求3作为新的权利要求1

【知识要点】复审修改

【解析】在复审阶段，申请人可以在权利要求中补充技术特征，也可以删除权利要求，但不能改变权利要求的类型或者将原来已经删除的权利要求作为新的权利要求。《专利审查指南2010》4-2-4.2"修改文本的审查"中规定："在提出复审请求、答复复审通知书（包括复审请求口头审理通知书）或者参加口头审理时，复审请求人可以对申请文件进行修改。但是，所作修改应当符合专利法第三十三条和专利法实施细则第六十一条第一款的规定。根据专利法实施细则第六十一条第一款的规定，复审请求人对申请文件的修改应当仅限于消除驳回决定或者合议组指出的缺陷。下列情形通常不符合上述规定：（1）修改后的权利要求相对于驳回决定针对的权利要求扩大了保护范围；（2）将与驳回决定针对的权利要求所限定的技术方案缺乏单一性的技术方案作为修改后的权利要求；（3）改变权利要求的类型或者增加权利要求；（4）针对驳回决定指出的缺陷未涉及的权利要求或者说明书进行修改。但修改明显文字错误，或者修改与驳回决定所指出缺陷性质相同的缺陷的情形除外。"故选项A、B正确，符合题意；选项C、D错误，不符合题意。

21.（2009年卷一第63题）刘某提出一件有关发电机的发明专利申请，国家知识产权局以该发明不具备新颖性为由予以驳回。刘某不服，提出复审请求。专利复审委员会经审理发出复审通知书，指出该申请请求保护的技术方案违反了自然规律，不具备实用性。下列说法哪些是正确的？

A. 专利复审委员会只能针对刘某的申请是否具备新颖性进行审查，不能对刘某的申请是否具备实用性进行审查

B. 刘某可以因需要实物演示以表明其发明具备实用性为由请求进行口头审理

C. 刘某应当在收到复审通知书之日起两个月内进行书面答复

D. 刘某在规定的期限内未对复审通知书进行书面答复的，其复审请求视为撤回

【知识要点】专利申请的复审

【解析】A.《专利审查指南2010》4-2-4.1"理由和证据的审查"中规定："在复审程序中，合议组一般仅针对驳回决定所依据的理由和证据进行审查。除驳回决定所依据的理由和证据外，合议组发现审查文本中存在下列缺陷的，可以对与之相关的理由及其证据进行审查，并且经审查认定后，应当依据该理由及其证据作出维持驳回决定的审查决定：（1）足以用在驳回决定作出前已告知过申请人的其他理由及其证据予以驳回的缺陷。（2）驳回决定未指出的明显实质性缺陷或者与驳回决定所指出缺陷性质相同的缺陷。"实用性缺陷属于明显实质性缺陷，故选项A错误，不符合题意。

B.《专利审查指南2010》4-4-2"口头审理的确定"中规定："在复审程序中，复审请求人可以向专利复审委员会提出进行口头审理的请求，并且说明理由。请求应当以书面方式提出。复审请求人可以依据下列理由请求进行口头审理：（1）需要当面向合议组说明事实或者陈述理由。（2）需要实物演示。"故选项B正确，符合题意。

C.《专利审查指南2010》4-2-4.3"审查方式"中规定："针对合议组发出的复审通知书，复审请求人应当在收到该通知书之日起一个月内针对通知书指出的缺陷进行书面答复；期满未进行书面答复的，其复审请求视为撤回。"故选项C错误，不符合题意。

D. 根据《专利法实施细则》第63条第1款的规定（参见本章第18题解析A、B、C），选项D正确，符合题意。

22.（2007年卷一第14题）下列哪些说法是正确的？

A. 复审请求人在专利复审委员会作出决定前，可以撤回其复审请求

B. 复审请求人认为驳回理由不成立的，可以请求专利复审委员会作出授予专利权的决定

C. 复审请求人需要进行实物演示的，可以请求专利复审委员会进行口头审理

D. 复审请求人在答复复审通知书时，可以修改权利要求但不能修改说明书

【知识要点】复审程序中的相关规定

【解析】A.《专利法实施细则》第64条规定："复审请求人在专利复审委员会作出决定前，可以撤回其复审请求。

复审请求人在专利复审委员会作出决定前撤回其复审请求的，复审程序终止。"故选项 A 正确，符合题意。

B.《专利法实施细则》第 63 条规定："专利复审委员会进行复审后，认为复审请求不符合专利法和本细则有关规定的，应当通知复审请求人，要求其在指定期限内陈述意见。期满未答复的，该复审请求视为撤回；经陈述意见或者进行修改后，专利复审委员会认为仍不符合专利法和本细则有关规定的，应当作出维持原驳回决定的复审决定。专利复审委员会进行复审后，认为原驳回决定不符合专利法和本细则有关规定的，或者认为经过修改的专利申请文件消除了原驳回决定指出的缺陷的，应当撤销原驳回决定，由原审查部门继续进行审查程序。"故选项 B 错误，不符合题意。

C.《专利审查指南 2010》4-4-2"口头审理的确定"中规定："复审请求人可以依据下列理由请求进行口头审理：(1) 需要当面向合议组说明事实或者陈述理由。(2) 需要实物演示。"故选项 C 正确，符合题意。

D. 根据《专利审查指南 2010》4-2-4.2"修改文本的审查"中的规定（参见本章第 20 题解析），在不违反有关规定的条件下，复审请求人在答复复审通知书时不仅可以修改权利要求书，也可以修改说明书。故选项 D 错误，不符合题意。

五、复审决定

23.（2012 年卷一第 23 题）李某对专利复审委员会作出的复审决定不服，可以采用下列哪种方式寻求救济？
A. 要求专利复审委员会重新成立合议组，对该案件重新进行复审
B. 向国家知识产权局申请行政复议
C. 向北京市第一中级人民法院起诉
D. 向北京市高级人民法院起诉
【知识要点】复审决定的效力
【解析】《专利法》第 41 条第 2 款规定："专利申请人对专利复审委员会的复审决定不服的，可以自收到通知之日起三个月内向人民法院起诉。"《最高人民法院关于北京、上海、广州知识产权法院案件管辖的规定》第 1 条规定："知识产权法院管辖所在市辖区内的下列第一审案件：（一）专利、植物新品种、集成电路布图设计、技术秘密、计算机软件民事和行政案件；……"《最高人民法院关于北京、上海、广州知识产权法院案件管辖的规定》第 3 条第 1 款规定："北京市、上海市各中级人民法院和广州市中级人民法院不再受理知识产权民事和行政案件。"故本题无符合题意的选项。

24.（2012 年卷一第 64 题）下列关于专利复审程序的说法哪些是正确的？
A. 对不予受理专利申请的决定不服的，可以向专利复审委员会提出复审请求
B. 对驳回专利申请的决定不服的，可以向专利复审委员会提出复审请求
C. 专利复审委员会可以对所审查的复审案件依职权进行审查，而不受当事人请求的范围和提出的理由、证据的限制
D. 专利复审委员会可以直接作出维持驳回决定的复审决定，无需给予当事人陈述意见的机会
【知识要点】复审决定
【解析】A.《行政诉讼法》第 2 条规定："公民、法人或者其他组织认为行政机关和行政机关工作人员的具体行政行为侵犯其合法权益，有权依照本法向人民法院提起诉讼。"《国家知识产权局行政复议规程》第 4 条规定："除本规程第五条另有规定外，有下列情形之一的，可以依法申请行政复议：（一）对国家知识产权局作出的有关专利申请、专利权的具体行政行为不服的；……"对不予受理的决定不服的应当申请行政诉讼或行政复议。故选项 A 错误，不符合题意。

B. 根据《专利法》第 41 条第 1 款的规定（参见本章第 6 题解析），选项 B 正确，符合题意。

C.《专利审查指南 2010》4-1-2.4"依职权审查原则"中规定："专利复审委员会可以对所审查的案件依职权进行审查，而不受当事人请求的范围和提出的理由、证据的限制。"故选项 C 正确，符合题意。

D.《专利审查指南 2010》4-1-2.5"听证原则"中规定："在作出审查决定之前，应当给予审查决定对其不利的当事人针对审查决定所依据的理由、证据和认定的事实陈述意见的机会，……"故选项 D 错误，不符合题意。

25.（2008 年卷一第 91 题）李某向国家知识产权局交了一件发明专利申请。之后国家知识产权局驳回了该申请。李某对驳回决定不服提出复审请求，并针对驳回决定修改了权利要求书。专利复审委员会受理该复审请求后，原审查部门在前置审查过程中同意撤销驳回决定，专利复审委员会据此作出了复审决定。之后该专利申请回到原审查部门继续进行审查。下列哪些说法是正确的？
A. 原审查部门在继续审查过程中，可以李某在复审程序中修改的权利要求书为基础直接作出授予专利权的决定
B. 原审查部门不得以同样的事实、理由和证据作出与复审决定意见相反的决定
C. 原审查部门在继续审查过程中只能依据复审决定对该申请授予专利权
D. 原审查部门在继续审查过程中不得进行补充检索

【知识要点】复审后的处理

【解析】A．根据《专利法实施细则》第61条的第1款（参见本章第15题解析C）、《专利法实施细则》第63条第2款的规定（参见本章第19题解析），在提出复审时，可以对申请文件作出相应修改。复审撤销原驳回决定后，原审查部门将根据修改后的申请文件继续审查。故选项A正确，符合题意。

B、C．《专利审查指南2010》4-2-7"复审决定对原审查部门的约束力"中规定："复审决定撤销原审查部门作出的决定的，专利复审委员会应当将有关的案卷返回原审查部门，由原审查部门继续审批程序。原审查部门应当执行专利复审委员会的决定，不得以同样的事实、理由和证据作出与该复审决定意见相反的决定。"《专利审查指南2010》2-8-8"前置审查与复审后的继续审查"中规定："专利复审委员会作出撤销专利局的驳回决定的复审决定后，审查员应当对专利申请进行继续审查。对继续审查的要求适用本章的规定，但在继续审查过程中，审查员不得以同一事实、理由和证据作出与该复审决定意见相反的驳回决定。"故选项B正确，符合题意；选项C错误，不符合题意。

D．《专利审查指南2010》2-7-11"补充检索"中规定："在申请的实质审查过程中，有下列情形之一的，为了获得更适合的对比文件，审查员应当对申请进行补充检索：（1）申请人修改了权利要求，原先的检索没有覆盖修改后权利要求请求保护的范围；（2）申请人澄清了某些内容，使得原先的检索不完整、不准确；（3）第一次审查意见通知书以前的检索不完整或者不准确；（4）审查意见的改变使得已经作出的检索不完整或不准确而需要增加或者改变其检索领域的。在复审后的继续审查过程中，如果出现上述情形，也应当进行补充检索。此外，对于本章第4.2节（2）中所述的可能构成抵触申请的指定中国的国际专利申请文件，在对申请发出授予专利权的通知之前，应当通过补充检索查看其是否进入了中国国家阶段并作出了中文公布。"故选项D错误，不符合题意。

六、复审程序中止（可同时参见本书第一部分第四章第二节中的相关内容）

七、复审程序的终止

26．（2012年卷一第56题）下列哪些情形将导致复审程序终止？
A．复审请求人期满未答复复审通知书，复审请求被视为撤回的
B．在复审决定作出前，复审请求人撤回其复审请求的
C．已受理的复审请求因不符合受理条件而被驳回请求的
D．复审决定作出后，复审请求人在规定期限内未起诉的

【知识要点】复审程序的终止

【解析】《专利审查指南2010》4-2-9"复审程序的终止"中规定："复审请求因期满未答复而被视为撤回的，复审程序终止。在作出复审决定前，复审请求人撤回其复审请求的，复审程序终止。已受理的复审请求因不符合受理条件而被驳回请求的，复审程序终止。复审决定作出后复审请求人不服该决定的，可以根据专利法第四十一条第二款的规定在收到复审决定之日起三个月内向人民法院起诉；在规定的期限内未起诉或者人民法院的生效判决维持该复审决定的，复审程序终止。"故选项A、B、C、D正确，符合题意。

27．（2014年卷一第78题）刘某不服国家知识产权局针对其专利申请作出的驳回决定，向专利复审委员会提出复审请求。在下列哪些情形下复审程序终止？
A．刘某未在指定期限内答复复审通知书，其复审请求被视为撤回
B．专利复审委员会作出了维持驳回决定的复审决定
C．一审人民法院依法撤销了专利复审委员会针对刘某复审请求作出的复审决定
D．在作出复审决定前，刘某撤回了其复审请求

【知识要点】复审程序的终止

【解析】根据《专利审查指南2010》4-2-9"复审程序的终止"中的规定（参见本章第26题解析），选项A、D正确，符合题意；选项B、C错误，不符合题意。

第三节　专利权的无效宣告请求

一、无效宣告程序的性质

28．（2014年卷一第26题）下列关于撤回无效宣告请求的说法哪个是正确的？
A．请求人在口头审理中提出撤回请求的，无效宣告程序终止
B．请求人在口头审理结束后提出的撤回请求，专利复审委员会不予考虑
C．请求人在专利复审委员会做出无效宣告请求审查决定前撤回请求的，无效宣告审查程序终止
D．请求人在专利复审委员会已发出书面审查决定后撤回请求的，不影响审查决定的有效性

【知识要点】无效宣告请求的撤回

【解析】《专利法实施细则》第72条规定:"专利复审委员会对无效宣告的请求作出决定前,无效宣告请求人可以撤回其请求。专利复审委员会作出决定之前,无效宣告请求人撤回其请求或者其无效宣告请求被视为撤回,无效宣告请求审查程序终止。但是,专利复审委员会认为根据已进行的审查工作能够作出宣告专利权无效或者部分无效的决定的,不终止审查程序。"故选项A、B、C错误,不符合题意;选项D正确,符合题意。

29. (2016年卷一第91题) 甲公司发现乙公司未经其许可,制造销售了甲公司拥有实用新型专利权的某产品,向法院提起侵权诉讼;乙公司在被诉后向专利复审委员会提起针对甲公司上述专利权的无效宣告请求;专利复审委员会经过审理,作出宣告甲公司上述实用新型专利权全部无效的审查决定;甲公司不服该决定,向法院提起行政诉讼要求撤销该审查决定。下列说法哪些是正确的?

A. 甲公司提起侵权诉讼时,法院可以要求其提交专利权评价报告
B. 甲公司在侵权起诉前可以请求当地管理专利工作的部门采取证据保全措施
C. 根据专利复审委员会作出的无效宣告审查决定,法院可以裁定驳回甲公司的侵权起诉,无需等待针对上述审查决定的行政诉讼结果
D. 甲公司提起行政诉讼后,乙公司作为第三人参加诉讼

【知识要点】无效宣告的性质和程序

【解析】实用新型专利未经过实质性审查,权利基础不稳定,故法院可以要求权利人提交专利权评价报告。证据保全措施是向法院而不是向地方知识产权局申请。专利复审委员会在行政诉讼的一审中的胜诉率在80%以上,也就是说专利复审委员会的决定中大部分情况下都会被法院维持。如果一定要等到无效案件的行政诉讼程序结束再继续民事诉讼的审理,将不利于民事纠纷的及时解决。在专利行政诉讼中,被告是专利复审委员会,专利权人为第三人。《最高人民法院关于审理专利纠纷案件适用法律问题的若干规定》第8条规定:"对申请日在2009年10月1日之前(不含该日)的实用新型专利提起侵犯专利权诉讼,原告可以出具由国务院专利行政部门作出的检索报告;对申请日在2009年10月1日以后的实用新型或者外观设计专利提起侵犯专利权诉讼,原告可以出具由国务院专利行政部门作出的专利权评价报告。根据案件审理需要,人民法院可以要求原告提交检索报告或者专利权评价报告。原告无正当理由不提交的,人民法院可以裁定中止诉讼或者判令原告承担可能的不利后果。侵犯实用新型、外观设计专利权纠纷案件的被告请求中止诉讼的,应当在答辩期内对原告的专利权提出宣告无效的请求。"《专利法》第46条规定:"专利复审委员会对宣告专利权无效的请求应当及时审查和作出决定,并通知请求人和专利权人。宣告专利权无效的决定,由国务院专利行政部门登记和公告。对专利复审委员会宣告专利权无效或者维持专利权的决定不服的,可以自收到通知之日起三个月内向人民法院起诉。人民法院应当通知无效宣告请求程序的对方当事人作为第三人参加诉讼。"《专利法》第67条:"为了制止专利侵权行为,在证据可能灭失或者以后难以取得的情况下,专利权人或者利害关系人可以在起诉前向人民法院申请保全证据。人民法院采取保全措施,可以责令申请人提供担保;申请人不提供担保的,驳回申请。人民法院应当自接受申请之时起四十八小时内作出裁定;裁定采取保全措施的,应当立即执行。申请人自人民法院采取保全措施之日起十五日内不起诉的,人民法院应当解除该措施。"故选项A、C、D正确,符合题意;选项B错误,不符合题意。

30. (2014年卷一第58题) 吴某于2011年4月10日针对某专利提出无效宣告请求。下列哪些情形下专利复审委员会对该无效宣告请求不予受理?

A. 王某就该专利于2011年4月5日向专利复审委员会提出过无效宣告请求
B. 该专利权于2011年4月8日终止
C. 该专利权自申请日起放弃
D. 该专利权已被专利复审委员会的生效决定宣告全部无效

【知识要点】无效宣告请求客体

【解析】《专利法》第45条规定:"自国务院专利行政部门公告授予专利权之日起,任何单位或者个人认为该专利权的授予不符合本法有关规定的,可以请求专利复审委员会宣告该专利权无效。"《专利审查指南2010》4-3-3.1"无效宣告请求客体"中规定:"无效宣告请求的客体应当是已经公告授权的专利,包括已经终止或者放弃(自申请日起放弃的除外)的专利。无效宣告请求不是针对已经公告授权的专利的,不予受理。专利复审委员会作出宣告专利权全部或者部分无效的审查决定后,当事人未在收到该审查决定之日起三个月内向人民法院起诉或者人民法院生效判决维持该审查决定的,针对已被该决定宣告无效的专利权提出的无效宣告请求不予受理。"

A. 对于选项A,虽然王某在2011年4月5日已就该专利提出过无效宣告请求,根据《专利法实施细则》第66条第2款的规定,只要专利复审委员会没有就该无效宣告请求作出决定,或者吴某不是以同样的理由和证据请求无效宣告的,专利复审委员会就应当受理其无效宣告请求。"故选项A错误,不符合题意。

B. 根据《专利审查指南2010》4-3-3.1"无效宣告请求客体"中的规定,对于已经终止的专利,任何单位或者个人都可以请求宣告该专利无效。故选项B错误,不符合题意。

C、D. 针对自申请日起放弃或者已被专利复审委员会的生效决定宣告全部无效的专利提出的无效宣告请求，专利复审委员会应当不予受理。故选项C、D正确，符合题意。

二、无效宣告请求应当遵循的其他审查原则

31.（2016年卷一第73题） 甲针对某发明专利提出了无效宣告请求，主张（1）依据产品销售发票A1及产品使用说明书A2证明该专利不具备新颖性，（2）依据对比文件D1和D2的结合证明该专利不具备创造性。专利复审委员会经审查认定：（1）由于请求人未能提供A1的原件，其真实性不能被确认，故不能证明该专利不具备新颖性；（2）D1、D2的结合不能证明该专利不具备创造性，故作出维持专利权有效的审查决定。在满足其它受理条件的情况下，针对该发明专利再次提出的下列无效宣告请求哪些应当予以受理？

A. 甲以产品销售发票A1原件及产品使用说明书A2相结合证明该专利不具备新颖性
B. 乙以对比文件D1、D2作为证据证明该专利不具备创造性
C. 丙以对比文件D1和对比文件D3相结合证明该专利不具备创造性
D. 甲以对比文件D2和对比文件D3相结合证明该专利不具备创造性

【知识要点】 一事不再理原则

【解析】《专利审查指南》4-3-2.1"一事不再理原则"中规定："对已作出审查决定的无效宣告案件涉及的专利权，以同样的理由和证据在此提出无效宣告请求的，不予受理和审查。如果再次提出的无效宣告请求的理由（简称无效宣告理由）或者证据因时限等原因未被在先的无效宣告请求审查决定所考虑，则该请求不属于上述不予受理和审查的情形。"在第一次无效请求程序当中，发票A1因为真实性问题没有被接受，合议组没有对A1和A2的组合能否破坏新颖性进行审查，故在第二次无效决定中，对A1和A2的组合进行审查并不违背一事不再理原则。D1、D2的结合能否破坏创造性在第一次无效申请中已经审查过，故第二次审查不予考虑。D1、D3的结合，以及D2和D3的结合在第一次无效决定中没有审查，第二次中可以进行审查。故选项A、C、D正确，符合题意；选项B错误，不符合题意。

32.（2014年卷一第82题） 甲针对乙的专利权提出无效宣告请求，主张权利要求1相对于对比文件1不具备新颖性，权利要求2相对于对比文件2不具备创造性。专利复审委员会在审查了上述全部无效宣告请求的理由和证据后，以权利要求1缺乏新颖性为由作出了宣告权利要求1无效、在权利要求2的基础上维持专利权有效的决定。该无效决定已生效。此后，乙主动放弃了专利权。下列说法哪些是正确的？

A. 针对已被宣告无效的权利要求1所提出的任何无效宣告请求均不应当被受理
B. 鉴于乙已主动放弃了专利权，故任何人针对该专利再次提出的无效宣告请求，均不应当被受理
C. 甲以权利要求2相对于对比文件1不具备创造性为由再次提出无效宣告请求，应当被受理
D. 丙以权利要求2相对于对比文件2不具备创造性为由再次提出无效宣告请求，不应当被受理

【知识要点】 无效宣告请求客体、一事不再理原则

【解析】 A.《专利法实施细则》第66条第2款规定："在专利复审委员会就无效宣告请求作出决定之后，又以同样的理由和证据请求无效宣告的，专利复审委员会不予受理。"本题中，由于权利要求1已被生效的决定宣告无效，因此就该权利要求提出的无效宣告请求都应当不被受理。故选项A正确，符合题意。

B.《专利法》第45条规定："自国务院专利行政部门公告授予专利权之日起，任何单位或者个人认为该专利权的授予不符合本法有关规定的，可以请求专利复审委员会宣告该专利权无效。"《专利审查指南2010》4-3-3.1"无效宣告请求客体"中规定："无效宣告请求的客体应当是已经公告授权的专利，包括已经终止或者放弃（自申请日起放弃的除外）的专利。"故选项B错误，不符合题意。

C. 在选项C中，由于甲以不同的理由请求宣告权利要求2无效，其无效宣告请求应当被受理。故选项C正确，符合题意。

D. 在选项D中，丙以同样的理由和证据请求宣告权利要求2无效，按照一事不再理的原则，其无效宣告请求不应当被受理。故选项D正确，符合题意。

33.（2013年卷一第24题） 针对下列哪个专利提出的无效宣告请求，专利复审委员会不予受理？

A. 请求宣告无效的专利因未缴纳年费而终止
B. 请求宣告无效的专利自申请日起放弃
C. 请求宣告无效的专利因专利权属纠纷被中止
D. 请求宣告无效的专利因期满而终止

【知识要点】 无效宣告请求的受理

【解析】 根据《专利法》第45条、《专利审查指南2010》4-3-3.1"无效宣告请求客体"中的规定（参见本章第32题解析B），选项A、C、D错误，不符合题意；选项B正确，符合题意。

34.（2016年卷一第24题） 陈某于2010年3月4日以某日本专利文献为证据就某专利权提出无效宣告请求，其提交了该专利文献的原文，但未提交其中文译文。专利复审委员会受理了该无效宣告请求，并于2010年3月6日向双方发出受理通知书。下列说法哪个是正确的？

A. 陈某应当在 2010 年 4 月 4 日前提交该日本专利文献的译文
B. 陈某应当在 2010 年 4 月 6 日前提交该日本专利文献的译文
C. 陈某应当在 2010 年 4 月 21 日前提交该日本专利文献的译文
D. 陈某可以在 2010 年 6 月 2 日举行口头审理的当天提交日本专利文献的译文

【知识要点】无效宣告请求的受理

【解析】外文证据的中文译文提交期限是无效申请日之后的一个月。本题中的无效宣告请求是在 2010 年 3 月 4 日提出，日本专利文献的中文译文需要 4 月 4 日前提交。《专利审查指南 2010》4-3-4.3.1 "请求人举证" 中规定："(1) 请求人在提出无效宣告请求之日起一个月内补充证据的，应当在该期限内结合该证据具体说明相关的无效宣告理由；否则，专利复审委员会不予考虑。(2) 请求人在提出无效宣告请求之日起一个月后补充证据的，专利复审委员会一般不予考虑，但下列情形除外：(i) 针对专利权人提交的反证，请求人在专利复审委员会指定的期限内补充证据，并在该期限内结合该证据具体说明相关无效理由的；(ii) 在口头审理辩论终结前提交技术词典、技术手册和教科书等所属技术领域中的公知常识性证据或者用于完善证据法定形式的公证文书、原件等证据，并在该期限内结合该证据具体说明相关无效宣告理由的。(3) 请求人提交的证据是外文的，提交其中文译文的期限适用该证据的举证期限。" 故选项 A 正确，符合题意；选项 B、C、D 错误，不符合题意。

35. (2016 年卷—第 76 题) 关于无效宣告程序中的委托手续，下列说法哪些是正确的？

A. 专利权人在专利申请阶段委托的代为办理专利申请以及专利权有效期内全部专利事务的专利代理机构，可以直接代表专利权人在无效宣告程序中办理相关事务，专利权人无需再提交无效宣告程序授权委托书
B. 专利权人与多个专利代理机构同时存在委托关系，且未指定收件人的，则在无效宣告程序中最后接受委托的专利代理机构被视为收件人
C. 请求人委托专利代理机构的，其委托手续应当在专利复审委员会办理
D. 请求人先后委托了多个代理机构，可以指定其最先委托的专利代理机构作为收件人

【知识要点】无效宣告请求的受理

【解析】《专利审查指南 2010》4-3-3.6 "委托手续" 中规定："(1) 请求人或者专利权人在无效宣告程序中委托专利代理机构的，应当提交无效宣告程序授权委托书，且专利权人应当在委托书中写明委托权限仅限于办理无效宣告程序有关事务。在无效宣告程序中，即使专利权人此前已就其专利委托了在专利权有效期内的全程代理并继续委托该全程代理的机构的，也应当提交无效宣告程序授权委托书。(2) 在无效宣告程序中，请求人委托专利代理结构的，或者专利权人委托专利代理机构且委托书中写明其委托权限仅限于办理无效宣告程序有关事务的，其委托手续或者解除、辞去委托的手续应当在专利复审委员会办理，无需办理著录项目变更手续。请求人或者专利权人委托专利代理机构而未向专利复审委员会提交委托书或者委托书中未写明委托权限的，专利权人未在委托书中写明其委托权限仅限于办理无效宣告程序有关事务的，专利复审委员会应当通知请求人或者专利权人在指定期限内补正；期满未补正的，视为未委托。……(5) 同一当事人与多个专利代理机构同时存在委托关系的，当事人应当以书面方式指定其中一个专利代理机构作为收件人；未指定的专利复审委员会将在无效宣告程序中最先委托的专利代理机构视为收件人；最先委托的代理机构有多个的，专利复审委员会将署名在先的专利代理机构视为收件人；署名无先后（同日分别委托的）专利复审委员会应当通知当事人在指定期限内指定；未在指定期限内指定的，视为未委托。" 专利申请程序和无效宣告程序是两个不同的程序，某专利代理机构虽然可以办理专利申请阶段的全部事务，但并不意味着它就是无效宣告程序当中当然的专利代理机构。在无效宣告程序中，专利代理机构还需要另行提供该程序的授权委托书。专利权人与多个专利代理机构同时存在委托关系，且未指定收件人时，应当是最先委托的代理机构视为收件人。无效宣告请求是专利复审委员会受理，委托程序自然也应当在专利复审委员会办理。故选项 A、B 错误，不符合题意；选项 C、D 正确，符合题意。

36. (2016 年卷—第 75 题) 郑某 2010 年 3 月 1 日就同样的发明创造提交了一项实用新型专利申请和一项发明专利申请，并就存在同日申请做了说明，该实用新型专利申请于 2010 年 9 月 1 日获得授权；其发明专利申请于 2011 年 9 月 1 日被公开，并且经过实质审查在郑某于 2012 年 2 月 1 日放弃了上述实用新型专利权后，于 2012 年 6 月 1 日获得授权。2015 年 3 月 1 日该发明专利因未交纳年费而终止。在满足其他受理条件的情况下，下列哪些无效宣告请求应当予以受理？

A. 2010 年 12 月 2 日李某针对上述实用新型专利权提出无效宣告请求
B. 2011 年 11 月 9 日李某针对上述发明专利申请提出无效宣告请求
C. 2013 年 1 月 10 日陈某针对上述实用新型专利权提出无效宣告请求
D. 2015 年 10 月 8 日刘某针对该发明专利权提出无效宣告请求

【知识要点】无效宣告请求的受理

【解析】《专利审查指南 2010》2-3-6.2.2 "对一件专利申请和一项专利权的处理" 中规定："但是，对于同一申请人同日（仅指申请日）对同样的发明创造既申请实用新型又申请发明专利的，在先获得的实用新型专利权尚未终

止，并且申请人在申请时分别做出说明的，除通过修改发明专利申请外，还可以通过放弃实用新型专利权避免重复授权。因此，在对上述发明专利申请进行审查的过程中，如果该发明专利申请符合授予专利权的其他条件，应当通知申请人进行选择或者修改，申请人选择放弃已经授予的实用新型专利权的，应当在答复审查意见通知书时附交放弃实用新型专利权的书面声明。此时，对那件符合授权条件、尚未授权的发明专利申请，应当发出授权通知书，并将放弃上述实用新型专利权的书面声明转至有关审查部门，由专利局予以登记和公告，公告上注明上述实用新型专利权自公告授予发明专利权之日起终止。"《专利审查指南2010》4-3-3.1"无效宣告请求客体"中规定："无效宣告请求的客体应当是已经公告授权的专利，包括已经终止或放弃（自申请日起放弃的除外）的专利。无效宣告请求不是针对已经公告授权的专利的，不予受理。"在该案涉及的情形下，实用新型的保护期从发明专利获得授权之日起终止。在2010年12月2日，该实用新型处于授权状态，可以申请无效宣告。2011年11月9日，发明专利刚被公开尚未授权，不能提起无效申请。在2013年1月10日、2015年10月8日，实用新型专利和发明专利都已分别终止，但这种终止并非自始无效，故依然可以提起专利无效申请。故选项A、C、D正确，符合题意；选项B错误，不符合题意。

三、无效宣告请求的形式审查

（一）形式审查的内容

37.（2012年卷一第11题）下列关于无效宣告程序的哪种说法是正确的？
  A. 只有与专利权人有利害关系的人才能够请求宣告专利权无效
  B. 专利权终止后任何人不得提出无效宣告请求
  C. 专利复审委员会对无效宣告请求作出决定后，请求人可以撤回无效宣告请求
  D. 在规定期限内无效宣告请求人可以增加无效宣告理由
  【知识要点】无效宣告请求的形式审查
  【解析】A. 根据《专利法》第45条的规定（参见本章第32题解析B），选项A错误，不符合题意。
  B. 根据《专利审查指南2010》4-3-3.1"无效宣告请求客体"中的规定（参见本章第36题解析），选项B错误，不符合题意。
  C.《专利法实施细则》第72条第1款规定："专利复审委员会对无效宣告的请求作出决定前，无效宣告请求人可以撤回其请求。"故选项C错误，不符合题意。
  D.《专利法实施细则》第67条规定："在专利复审委员会受理无效宣告请求后，请求人可以在提出无效宣告请求之日起1个月内增加理由或者补充证据。逾期增加理由或者补充证据的，专利复审委员会可以不予考虑。"故选项D正确，符合题意。

38.（2012年卷一第26题）陈某于2010年3月4日就某专利提出无效宣告请求，所依据的证据是某美国专利文献，陈某提交了该专利文献的中文译文但未提交该专利文献的原文。专利复审委员会于2010年3月6日收到了该无效宣告请求。下列哪种说法是正确的？
  A. 陈某可以在2010年3月4日起一个月内提交该美国专利文献的原文
  B. 陈某可以在2010年3月6日起一个月内提交该美国专利文献的原文
  C. 陈某可以在2010年3月21日起一个月内提交该美国专利文献的原文
  D. 陈某可以在口审当天提交该美国专利文献的原文
  【知识要点】无效宣告请求的形式审查
  【解析】《专利法实施细则》第67条的规定（参见本章第37题解析D），选项A正确，符合题意；选项B、C、D错误，不符合题意。

39.（2011年卷一第13题）对下列哪些情形，专利复审委员会应当发出无效宣告请求不予受理通知书？
  A. 提出无效宣告请求的请求人为美国某公司驻中国代表处
  B. 刘某以某外观设计专利权与其在申请日前已经取得的著作权相冲突为由请求宣告该专利权无效
  C. 郭某针对自己拥有的专利权提出宣告专利权全部无效的请求
  D. 裴某和李某共有一项专利权，裴某单独对该专利权提出无效宣告请求
  【知识要点】无效宣告请求人资格
  【解析】《专利法》第45条规定：（参见本章第30题解析）。《专利审查指南2010》4-3-3.2"无效宣告请求人资格"中规定："请求人属于下列情形之一的，其无效宣告请求不予受理：（1）请求人不具备民事诉讼主体资格的。（2）以授予专利权的外观设计与他人在申请日以前已经取得的合法权利相冲突为理由请求宣告外观设计专利无效，但请求人不能证明是在先权利人或者利害关系人的。其中，利害关系人是指有权根据相关法律规定就侵犯在先权利的纠纷向人民法院起诉或者请求相关行政管理部门处理的人。（3）专利权人针对其专利权提出无效宣告请求且请求宣告专利权全部无效、所提交的证据不是公开出版物或者请求人不是共有专利权的所有专利权人的。（4）多个请求人共同提出一件

无效宣告请求的,但属于所有专利权人针对其共有的专利权提出的除外。"故选项 A、C、D 符合题意,选项 B 不符合题意。

40. (2016年卷一第74题) 专利权人刘某针对企业甲和乙向法院提起专利侵权民事诉讼,向企业丙发出专利侵权警告律师函。下列说法哪些是正确的?
A. 企业甲和乙可以共同作为请求人,针对刘某的专利权提出一件无效宣告请求
B. 企业甲和乙可以委托同一专利代理机构,为甲、乙分别办理无效宣告程序有关事务
C. 企业丙可以针对刘某的专利权提出无效宣告请求
D. 企业丁由于未被专利权人刘某提起专利侵权民事诉讼或发出专利侵权警告律师函,故企业丁不能针对刘某的专利权提出无效宣告请求

【知识要点】无效宣告请求人资格

【解析】根据《专利审查指南 2010》4-3-3.2 "无效宣告请求人资格"中的规定(参见本章第39题解析),无效宣告请求只能单独提起,不能由两个企业共同提起。不过这两个企业委托同一个代理机构办理无效事务则不受限制。社会公众都可以对授权专利提起无效宣告,并不以受到专利权人的侵权诉讼威胁为前提。故选项 A、D 错误,不符合题意;选项 B、C 正确,符合题意。

41. (2014年卷一第42题) 下列哪些不能作为宣告专利权无效的理由?
A. 专利权人未在规定期限内缴纳年费
B. 权利要求之间不具备单一性
C. 权利要求没有得到说明书的支持
D. 专利申请委托手续不符合相关规定

【知识要点】无效宣告的理由

【解析】《专利法实施细则》第65条第2款规定:"前款所称无效宣告请求的理由,是指被授予专利的发明创造不符合专利法第二条、第二十条第一款、第二十二条、第二十三条、第二十六条第三款、第四款、第二十七条第二款、第三十三条或者本细则第二十条第二款、第四十三条第一款的规定,或者属于专利法第五条、第二十五条的规定,或者依照专利法第九条规定不能取得专利权。"在上述涉及无效宣告请求理由的条款中,选项 C 中的理由属于《专利法实施细则》第65条第2款列出的请求宣告该专利权无效的理由。由于选项 A、B、D 中的理由并不在《专利法实施细则》第65条第2款规定的范围,故不能作为请求宣告该专利权无效的理由。故选项 A、B、D 符合题意,选项 C 不符合题意。

42. (2000年卷四第97题) 某人请求宣告一项外观设计专利权无效,其理由为:与该外观设计专利产品形状相同的实用新型专利申请已在外观设计的专利申请日前一天由他人向中国专利局提出,根据专利法第二十三条和专利法第九条的规定,该外观设计应当被宣告无效。专利权人对此应作怎样的答辩?
A. 该外观设计专利申请提出时,该实用新型专利申请尚未公开,因此该外观设计符合专利法第二十三条的规定
B. 对于一项外观设计专利申请与一项实用新型专利申请,先申请原则不适用
C. 实用新型专利文件不得作为评价外观设计专利申请是否不相同或不相近似的现有技术
D. 获得专利权的外观设计是自己独立设计的

【知识要点】无效宣告请求的理由

【解析】A.《专利法》第23条规定:"授予专利权的外观设计,应当不属于现有设计;也没有任何单位或者个人就同样的外观设计在申请日以前向国务院专利行政部门提出过申请,并记载在申请日以后公告的专利文件中。授予专利权的外观设计与现有设计或者现有设计特征的组合相比,应当具有明显区别。授予专利权的外观设计不得与他人在申请日以前已经取得的合法权利相冲突。本法所称现有设计,是指申请日以前在国内外为公众所知的设计。"《专利审查指南2010》4-5-5 "根据专利法第二十三条第一款的审查"中规定:"在涉案专利申请日以前任何单位或者个人向专利局提出并且在申请日以后(含申请日)公告的同样的外观设计专利申请,称为抵触申请。其中,同样的外观设计是指外观设计相同或者实质相同。"于2009年实施的《专利法》中规定,外观设计也存在抵触申请,但抵触申请中不包括实用新型。故选项 A 正确,符合题意。

B. 同样的发明创造可以存在于两种以上发明之间、两种以上实用新型之间、两种以上发明和实用新型之间、两种以上外观设计之间。但应当注意的是,发明和实用新型专利权保护的是一种技术方案,而外观设计专利权保护的是产品的外观设计,两者截然不同。因此,一种发明或者实用新型,与一种外观设计之间不可能涉及相同的发明创造。由于实用新型专利与外观设计专利保护的主题不同,不会构成同样的发明创造,所以先申请原则不适用。故选项 B 正确,符合题意。

C.《保护工业产权巴黎公约》第4条 E 规定:"(1) 依靠以实用新型申请为基础的优先权而在一个国家提出工业品外观设计申请的,优先权的期间应对工业品外观设计规定的优先权期间一样。……"《保护工业产权巴黎公约》规定,首次申请是实用新型的,在后申请的类型可以是外观设计。中国是《保护工业产权巴黎公约》的成员国,有关优先权中在先申请与在后申请类型之间的规定与公约中的规定是一致的。由此可见,实用新型专利文件中是有可能包括外观设计内容的,所以实用新型专利文件在申请日以前的公开行为是有可能构成在后的外观设计的出版物公开的。

D. 《专利法》第9条规定:"同样的发明创造只能授予一项专利权。但是,同一申请人同日对同样的发明创造既申请实用新型专利又申请发明专利,先获得的实用新型专利权尚未终止,且申请人声明放弃该实用新型专利权的,可以授予发明专利权。两个以上的申请人分别就同样的发明创造申请专利的,专利权授予最先申请的人。"专利授权考虑的是先申请原则,与是否原创无关。故选项D错误,不符合题意。

(二) 形式审查通知书

43. (2004年卷四第86题) 复审委员会发出的下列通知书中哪些不需要同时发给请求人和专利权人?
A. 无效宣告请求视为未提出通知书　　B. 无效宣告请求不予受理通知书
C. 无效宣告请求受理通知书　　　　　D. 无效宣告请求补正通知书

【知识要点】无效宣告中的通知书

【解析】《专利审查指南2010》4-3-3.7 "形式审查通知书"中规定:"(1) 无效宣告请求经形式审查不符合专利法及其实施细则和审查指南有关规定需要补正的,专利复审委员会应当发出补正通知书,要求请求人在收到通知书之日起十五日内补正。(2) 无效宣告请求视为未提出或者不予受理的,专利复审委员会应当发出无效宣告请求视为未提出通知书或者无效宣告请求不予受理通知书,通知请求人。(3) 无效宣告请求经形式审查符合专利法及其实施细则和审查指南有关规定的,专利复审委员会应当向请求人和专利权人发出无效宣告请求受理通知书,并将无效宣告请求书和有关文件副本转送专利权人,要求其在收到该通知书之日起一个月内答复。专利权人就其专利委托了在专利权有效期内的全程代理的,所述无效宣告请求书和有关文件副本转送全程代理的机构。……"

A、B. 根据上述之(2)中的规定,选项A、B正确,符合题意。
C. 根据上述之(3)中的规定,选项C错误,不符合题意。
D. 根据上述之(1)中的规定,选项D正确,符合题意。

四、无效宣告请求的合议审查

44. (2012年卷一第27题) 某发明专利授权公告的权利要求书如下:
"1. 一种发动机,其特征为a+b。
2. 如权利要求1所述的发动机,还包括特征c。
3. 如权利要求2所述的发动机,还包括特征d。
4. 如权利要求1所述的发动机,还包括特征e。"
在无效宣告程序中,下列哪种修改方式是被允许的?
A. 将权利要求1修改为"一种发动机,其特征为a、b和d",删除其他权利要求
B. 权利要求1未作修改,将权利要求2修改为"如权利要求1所述的发动机,还包括特征c和e"
C. 将权利要求1修改为"一种发动机,其特征为a、b和e",删除其他权利要求
D. 将权利要求1修改为"一种发动机,其特征为a、b和f",特征f在原说明书中有明确记载

【知识要点】无效宣告请求的合议审查

【解析】A、B、C. 《专利审查指南2010》4-3-4.6.2 "修改方式"中规定:"在满足上述修改原则的前提下,修改权利要求书的具体方式一般限于权利要求的删除、技术方案的删除、权利要求的进一步限定、明显错误的修正。权利要求的删除是指从权利要求书中去掉某项或者某些项权利要求,例如独立权利要求或者从属权利要求。技术方案的删除是指从同一权利要求中并列的两种以上技术方案中删除一种或者一种以上技术方案。"权利要求的进一步限定是指在权利要求中补入其他权利要求中记载的一个或者多个技术特征,以缩小保护范围。选项A、B的修改不能从原权利要求的删除和进一步限定中获得。故选项A、B错误,不符合题意,故选项C正确,符合题意。

D. 《专利审查指南2010》4-3-4.6.1 "修改原则"中规定:"发明或者实用新型专利文件的修改仅限于权利要求书,其原则是:(1) 不得改变原权利要求的主题名称。(2) 与授权的权利要求相比,不得扩大原专利的保护范围。(3) 不得超出原说明书和权利要求书记载的范围。(4) 一般不得增加未包含在授权的权利要求书中的技术特征。"故选项D错误,不符合题意。

45. (2014年卷一第47题) 在无效宣告程序中,专利权人对其权利要求进行了删除式修改,同时针对请求人所提交的证据提交了三份反证。请求人采取的下列哪些应对措施是被允许的?
A. 在专利复审委员会指定期限内,针对专利权人修改后的权利要求书增加新的无效宣告理由
B. 在专利复审委员会指定期限内,针对专利权人提交的三份反证补充新的证据,并在该期限内结合该证据具体说明相关的无效宣告理由
C. 对明显与提交的证据不相对应的无效宣告理由进行变更
D. 在口审辩论终结前提交教科书等公知常识性证据,并在该期限内结合该证据具体说明相关无效宣告理由

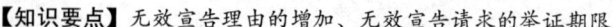

【知识要点】无效宣告理由的增加、无效宣告请求的举证期限

【解析】A、B、C．《专利法实施细则》第 67 条规定：（参见本章第 37 题解析 D）。《专利审查指南 2010》4-3-4.2"无效宣告理由的增加"中规定："（1）请求人在提出无效宣告请求之日起一个月内增加无效宣告理由的，应当在该期限内对所增加的无效宣告理由具体说明；否则，专利复审委员会不予考虑。（2）请求人在提出无效宣告请求之日起一个月后增加无效宣告理由的，专利复审委员会一般不予考虑，但下列情形除外：(i) 针对专利权人以删除以外的方式修改的权利要求，在专利复审委员会指定期限内增加无效宣告理由，并在该期限内对所增加的无效宣告理由具体说明的；(ii) 对明显与提交的证据不相对应的无效宣告理由进行变更的。"如果请求人是在提出无效宣告请求之日起 1 个月内增加新的无效理由，则需要在该期限内对新增加的理由具体说明，但选项 A 中请求人没有作出说明；而在自无效请求之日起 1 个月后，专利权人只进行删除式修改而不是以删除以外的方式修改的情况下，请求人增加的理由复审委员会一般不予考虑，故选项 A 错误，不符合题意；选项 B、C 正确，符合题意。

D．《专利审查指南 2010》4-3-4.3.1"请求人举证"中规定："……（2）请求人在提出无效宣告请求之日起一个月后补充证据的，专利复审委员会一般不予考虑，但下列情形除外：(i) 针对专利权人提交的反证，请求人在专利复审委员会指定的期限内补充证据，并在该期限内结合该证据具体说明相关无效宣告理由的；(ii) 在口头审理辩论终结前提交技术词典、技术手册和教科书等所属技术领域中的公知常识性证据或者用于完善证据法定形式的公证文书、原件等证据，并在该期限内结合该证据具体说明相关无效宣告理由的。（3）请求人提交的证据是外文的，提交其中文译文的期限适用该证据的举证期限。"故选项 D 正确，符合题意。

46．(2013 年卷一第 77 题) 某专利权有三项权利要求。下列哪些可以作为请求宣告该专利权无效的理由？

A．权利要求 1 和权利要求 3 之间不具有单一性

B．由于存在抵触申请，权利要求 1 不具备新颖性

C．权利要求 1 与现有技术的区别为公知常识，不具备创造性

D．权利要求 1 的撰写未区分前序部分和特征部分

【知识要点】无效宣告的理由

【解析】《专利法实施细则》第 65 条规定："依照专利法第四十五条的规定，请求宣告专利权无效或者部分无效的，应当向专利复审委员会提交专利权无效宣告请求书和必要的证据一式两份。无效宣告请求书应当结合提交的所有证据，具体说明无效宣告请求的理由，并指明每项理由所依据的证据。前款所称无效宣告请求的理由，是指被授予专利的发明创造不符合专利法第二条、第二十条第一款、第二十二条、第二十三条、第二十六条第三款、第四款、第二十七条第二款、第三十三条或者本细则第二十条第二款、第四十三条第一款的规定，或者属于专利法第五条、第二十五条的规定，或者依照专利法第九条规定不能取得专利权。"在上述涉及无效宣告请求理由的条款中，选项 B、C 中的理由属于《专利法实施细则》第 65 条第 2 款列出的请求宣告该专利权无效的理由。由于选项 A、D 中的理由并不在《专利法实施细则》第 65 条第 2 款规定的范围，故不能作为请求宣告该专利权无效的理由。故选项 A、D 错误，不符合题意；选项 B、C 正确，符合题意。

47．(2009 年卷一第 65 题) 下列关于在无效宣告请求的审查过程中修改专利文件的说法哪些是正确的？

A．发明专利的专利权人既可以修改权利要求书，也可以修改说明书

B．实用新型专利的专利权人仅可以修改权利要求书

C．外观设计专利的专利权人仅可以修改图片或者照片

D．发明专利的专利权人在修改权利要求时，不得改变原权利要求的主题名称

【知识要点】无效中专利文件的修改

【解析】A、B、C．《专利法实施细则》第 69 条规定："在无效宣告请求的审查过程中，发明或者实用新型专利的专利权人可以修改其权利要求书，但是不得扩大原专利的保护范围。发明或者实用新型专利的专利权人不得修改专利说明书和附图，外观设计专利的专利权人不得修改图片、照片和简要说明。"故选项 A、C 错误，不符合题意；选项 B 正确，符合题意。

D．《专利审查指南 2010》4-3-4.6.1"修改原则"中规定："发明或者实用新型专利文件的修改仅限于权利要求书，其原则是：（1）不得改变原权利要求的主题名称。……"故选项 D 正确，符合题意。

48．(2013 年卷一第 85 题) 某专利授权公告的权利要求书如下：

"权利要求 1：一种牙刷，具有特征 L 或者特征 M。

权利要求 2：根据权利要求 1 的牙刷，其特征在于，进一步具有特征 N。

权利要求 3：根据权利要求 1 的牙刷，其特征在于，进一步具有特征 O。

权利要求 4：权利要求 1 至 3 之一的牙刷的制备方法，其特征在于……。"

在无效宣告程序中，专利权人作出的下列哪些修改能够被允许？

A．删除权利要求 1 中具有特征 M 的牙刷的技术方案

B．删除权利要求 4，同时将本发明的发明名称由"一种牙刷及其制备方法"修改为"一种牙刷"

C. 删除权利要求1，同时将权利要求2和3合并修改为新的权利要求1

D. 修改权利要求1，增加未记载在原说明书和权利要求书中的特征P

【知识要点】无效宣告程序中专利文件的修改

【解析】A.《专利法实施细则》第69条第1款规定："在无效宣告请求的审查过程中，发明或者实用新型专利的专利权人可以修改其权利要求书，但是不得扩大原专利的保护范围。"《专利审查指南2010》4-3-4.6.2"修改方式"中规定："技术方案的删除是指从同一权利要求中并列的两种以上技术方案中删除一种或者一种以上技术方案。"选项A中删除了权利要求中的含有技术特征M的技术方案，该种修改能够被允许。故选项A正确，符合题意。

B.《专利法实施细则》第69条第2款规定："发明或者实用新型专利的专利权人不得修改专利说明书和附图，……"《专利法实施细则》第17条第1款规定："发明或者实用新型专利申请的说明书应当写明发明或者实用新型的名称，该名称应当与请求书中的名称一致。……"由此可知，发明名称属于说明书的内容，在无效宣告程序中不得修改。故选项B错误，不符合题意。

C.《专利审查指南2010》4-3-4.6.2中规定："权利要求的删除是指从权利要求书中去掉某项或者某些项权利要求，例如独立权利要求或者从属权利要求。"C选项中，由于删除了独立权利要求1，将权利要求2和3合并修改为新的权利要求1符合规定，故该种修改能够被允许。故选项C正确，符合题意。

D. 在选项D中，由于增加的特征P在原说明书和权利要求书中均未记载，必然超出原说明书和权利要求书记载的范围，不符合《专利法》第33条的规定，该种修改不被允许。故选项D错误，不符合题意。

49.（2016年卷一第78题）在无效宣告程序中，实用新型专利权人在答复无效宣告请求受理通知书时对其专利文件进行修改，下列哪些方式是允许的？

A. 删除原独立权利要求，将并列从属于原独立权利要求的三项从属权利要求修改为三项并列的独立权利要求

B. 根据请求人提出的现有技术证据，对独立权利要求重新划分前序部分与特征部分

C. 删除独立权利要求，将从属权利要求作为新的独立权利要求书

D. 删除独立权利要求，将两项并列从属权利要求合并作为新的独立权利要求书，并对说明书做适应性修改

【知识要点】无效宣告程序中专利文件的修改

【解析】根据《专利审查指南2010》4-3-4.6.1"修改原则"中的规定（参见本章第44题解析D）、《专利审查指南2010》4-3-4.6.2"修改方式"中的规定（参见本章第44题解析A.B.C），在无效宣告程序中，专利权人对权利要求的修改仅限于权利要求和技术方案的删除，不能对权利要求进行重新划界。此外，专利权人不能修改说明书。故选项A、C正确，符合题意；选项B、D错误，不符合题意。

50.（2014年卷一第95题）某实用新型专利授权公告的权利要求为：

"1. 一种电机，特征为H。

2. 如权利要求1所述的电机，特征还有I和J。

3. 如权利要求1所述的电机，特征还有K和L。"

在无效宣告程序中，允许专利权人以下列哪些方式修改权利要求书？

A. 在针对无效宣告请求书的答复期限内，将权利要求书修改为"1. 一种电机，特征为H、I、J和L。"

B. 在针对请求人增加无效宣告理由的答复期限内，将权利要求书修改为"1. 一种电机，特征为H、I、J、K和L。"

C. 在针对专利复审委员会引入的请求人未提及的无效宣告理由的答复期限内，将权利要求书修改为"1. 一种电机，特征为H、I和J。"

D. 在口头审理辩论终结前，将权利要求书修改为"1. 一种电机，特征为H、K和L。"

【知识要点】无效宣告程序中专利文件的修改

【解析】根据《专利法实施细则》第69条的规定（参见本章第47题解析A.B.C）、《专利审查指南2010》4-3-4.6.2"修改方式"中的规定（参见本章第44题解析A.B.C），本题中：

A. 在选项A中的修改，进一步限定了权利要求1，删除了原权利要求3中的技术特征K，由于特征K和L并不是并列的技术特征，因此该种修改既不是上述规定中的删除，也不是合并，而是提出了一个新的保护范围，该种修改不被允许。故选项A错误，不符合题意。

B. 在选项B中的修改，在删除了权利要求1的情况下，将同从属于原权利要求1的权利要求2、3合并，该种修改未超出原专利的保护范围，因此是被允许的。故选项B正确，符合题意。

C. 在选项C中的修改，删除了原权利要求1和3，该种修改未超出原专利的保护范围，因此是被允许的。故选项C正确，符合题意。

D. 在选项D中的修改，删除了原权利要求1和2，该种修改未超出原专利的保护范围，因此是被允许的。故选项D正确，符合题意。

51.（2013年卷一第17题）下列关于无效宣告程序的说法哪个是正确的？

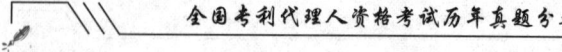

A. 对于关系重大经济利益或者社会影响的专利，专利复审委员会可以自行启动无效宣告程序
B. 无效宣告程序中的口头审理都应当公开举行
C. 请求人撤回无效宣告请求的，无效宣告程序一律终止
D. 在无效宣告程序中，专利复审委员会不承担全面审查专利有效性的义务

【知识要点】无效宣告程序

【解析】A、C.《专利审查指南2010》4-1-2.3"请求原则"中规定："复审程序和无效宣告程序均应当基于当事人的请求启动。请求人在专利复审委员会作出复审请求或者无效宣告请求审查决定前撤回其请求的，其启动的审查程序终止；但对于无效宣告请求，专利复审委员会认为根据已进行的审查工作能够作出宣告专利权无效或者部分无效的决定的除外。请求人在审查决定的结论已宣布或者书面决定已经发出之后撤回请求的，不影响审查决定的有效性。"无效宣告程序必须由申请人提起才能启动。故选项A错误，不符合题意。如果合议庭都要作出决定了，那撤回无效申请就来不及了。故选项C错误，不符合题意。

B.《专利审查指南2010》4-1-2.6"公开原则"中规定："除了根据国家法律、法规等规定需要保密的案件（包括专利申请人不服初审驳回提出复审请求的案件）以外，其他各种案件的口头审理应当公开举行，审查决定应当公开出版发行。"如果无效宣告程序涉及商业秘密，那口头审理就不应该公开进行。故选项B错误，不符合题意。

D.《专利审查指南2010》4-3-4.1"审查范围"中规定："在无效宣告程序中，专利复审委员会通常仅针对当事人提出的无效宣告请求的范围、理由和提交的证据进行审查，不承担全面审查专利有效性的义务。"在无效宣告程序中，本着不告不理的原则，请求人提出哪些理由专利复审委员会就审查哪些理由。故选项D正确，符合题意。

52. (2015年卷一第77题) 张某针对李某的发明专利提出无效宣告请求，李某在收到无效宣告请求书后，在专利复审委员会指定的答复期限内，采取下列哪些做法是符合相关规定的？
A. 以合并方式修改权利要求
B. 提交外文期刊及其中文译文作为反证
C. 与张某接触，商谈和解事宜
D. 委托专利代理机构，在专利复审委员会指定的答复期限内陈述专利权应维持有效的意见

【知识要点】无效宣告程序

【解析】A.《专利审查指南2010》4-3-4.6.3"修改方式的限制"中规定："在专利复审委员会作出审查决定之前，专利权人可以删除权利要求或者权利要求中包括的技术方案。仅在下列三种情形的答复期限内，专利权人可以以删除以外的方式修改权利要求书：（1）针对无效宣告请求书。（2）针对请求人增加的无效宣告理由或者补充的证据。（3）针对专利复审委员会引入的请求人未提及的无效宣告理由或者证据。"故选项A正确，符合题意。

B.《专利审查指南2010》4-3-4.3.2"专利权人举证"中规定："专利权人应当在专利复审委员会指定的答复期限内提交证据，但对于技术词典、技术手册和教科书等所属技术领域中的公知常识性证据或者用于完善证据法定形式的公证文书、原件等证据，可以在口头审理辩论终结前补充。专利权人提交或者补充证据的，应当在上述期限内对提交或者补充的证据具体说明。专利权人提交的证据是外文的，提交其中文译文的期限适用该证据的举证期限。"故选项B正确，符合题意。

C.《专利审查指南2010》4-3-2.2"当事人处置原则"中规定："在无效宣告程序中，当事人有权自行与对方和解。"故选项C正确，符合题意。

D.《专利法》第19条第2款规定："中国单位或者个人在国内申请专利和办理其他专利事务的，可以委托依法设立的专利代理机构办理。"选项D中李某在指定期限内委托专利代理机构进行答复符合相关规定。故选项D正确，符合题意。

53. (2015年卷一第78题) 下列哪些属于无效宣告请求的理由？
A. 权利要求书没有清楚地说明要求保护的范围
B. PCT申请经修改后的授权文本，其要求保护的范围超出了原始提交的国际申请文件所记载的范围
C. 独立权利要求缺乏必要技术特征
D. 授权的多项独立权利要求之间缺乏单一性

【知识要点】无效宣告请求理由

【解析】《专利法实施细则》第65条第2款规定：（参见本章第41题解析）。

A.《专利法》第26条第4款规定："权利要求书应当以说明书为依据，清楚、简要地限定要求专利保护的范围。"可知，选项A是无效宣告请求理由。故选项A正确，符合题意。

B.《专利法》第33条规定："申请人可以对其专利申请文件进行修改，但是，对发明和实用新型专利申请文件的修改不得超出原说明书和权利要求书记载的范围，对外观设计专利申请文件的修改不得超出原图片或者照片表示的范围。"可知，选项B是无效宣告请求理由。故选项B正确，符合题意。

C.《专利法实施细则》第20条第2款规定："独立权利要求应当从整体上反映发明或者实用新型的技术方案，记

载解决技术问题的必要技术特征。"可知，选项C是无效宣告请求理由。故选项C正确，符合题意。

D. 关于选项D，单一性是《专利法》第31条的规定，其不是无效宣告请求的理由，但它是实质审查程序中的驳回理由。故选项D错误，不符合题意。

（注意：单一性（《专利法》第31条）、遗传资源披露（《专利法》第26条第5款）都是实质审查程序中的驳回理由，但都不是无效宣告请求的理由。）

54.（2014年卷一第91题）下列关于无效宣告程序的说法哪些是正确的？
A. 请求人在提出无效宣告请求时提出两项无效理由，在口头审理时可以放弃其中一项无效理由
B. 当事人有权自行与对方和解
C. 专利权人针对请求人提出的无效宣告请求主动缩小权利要求保护范围且相应的修改文本被专利复审委员会接受的，视为专利权人承认大于该保护范围的权利要求自提交修改之日起无效
D. 专利权人声明放弃部分权利要求的，视为专利权人承认请求人对该项权利要求的无效宣告请求

【知识要点】当事人处置原则

【解析】《专利审查指南2010》4-3-2.2"当事人处置原则"中规定："请求人可以放弃全部或者部分无效宣告请求的范围、理由及证据。对于请求人放弃的无效宣告请求的范围、理由和证据，专利复审委员会通常不再审查。在无效宣告程序中，当事人有权自行与对方和解。对于请求人和专利权人均向专利复审委员会表示有和解愿望的，专利复审委员会可以给予双方当事人一定的期限进行和解，并暂缓作出审查决定，直至任何一方当事人要求专利复审委员会作出审查决定，或者专利复审委员会指定的期限已届满。在无效宣告程序中，专利权人针对请求人提出的无效宣告请求主动缩小专利权保护范围且相应的修改文本已被专利复审委员会接受的，视为专利权人承认大于该保护范围的权利要求自始不符合专利法及其实施细则的有关规定，并且承认请求人对该权利要求的无效宣告请求，从而免去请求人对宣告该权利要求无效这一主张的举证责任。在无效宣告程序中，专利权人声明放弃部分权利要求或者多项外观设计中的部分项的，视为专利权人承认该项权利要求或者外观设计自始不符合专利法及其实施细则的有关规定，并且承认请求人对该项权利要求或者外观设计的无效宣告请求，从而免去请求人对宣告该权利要求或者外观设计无效这一主张的举证责任。"故选项A、B、D正确，符合题意；选项C错误，不符合题意。

五、无效宣告请求程序的中止（可同时参见本部分第四章第二节中的相关内容）

55.（2006年卷一第65题）无效宣告程序中止后，下列哪些情形之一发生时，专利复审委员会恢复审查？
A. 中止请求人要求恢复审查
B. 中止审查已满6个月，并且未收到中止请求人提出的、附具专利权归属纠纷尚未审结证明的延长中止请求
C. 保全期限届满，并且未收到人民法院裁定继续采取保全措施的通知
D. 收到人民法院作出的生效判决副本并且在必要时进行了专利权人变更

【知识要点】无效宣告请求程序的中止

【解析】A、D.《专利审查指南2010》2-8-7.3"程序的恢复"中规定："对于因专利申请权归属纠纷当事人的请求而中止的实质审查程序，在专利局收到发生法律效力的调解书或判决书后，凡不涉及权利人变动的，应及时予以恢复；涉及权利人变动的，在办理相应的著录项目变更手续后予以恢复。"《专利审查指南2010》5-7-7.5.1"权属纠纷的当事人提出的中止程序的结束"中规定："对于尚在中止期限内的专利申请（或专利），地方知识产权管理部门作出的处理决定或者人民法院作出的判决产生法律效力之后（涉及权利人变更的，在办理著录项目变更手续之后），专利局应当结束中止程序。"在实践中，权属纠纷的当事人可以凭借生效的地方知识产权管理部门作出的处理决定或者人民法院作出的判决请求撤销中止程序。此外，如果是权属纠纷的当事人主动撤回了起诉或者撤回调解请求时，法院会作出民事裁定书，地方知识产权管理部门会作出撤销案件决定书，并以此来结案。此时，纠纷当事人也可以凭决定书或裁定书请求恢复审查。所以不论哪种情况下，权属纠纷的当事人在请求撤销中止程序时，都应当同时提交生效的决定书、判决书或裁定书。如果仅以中止请求人的身份提出请求而没有提交生效的决定书、判决书或裁定书的，则不能结束中止程序。故选项A错误，不符合题意；选项D正确，符合题意。

B.《专利审查指南2010》5-7-7.4.1"权属纠纷的当事人请求中止的期限"中规定："对于专利申请权（或专利权）权属纠纷的当事人提出的中止请求，中止期限一般不得超过一年，即自中止请求之日起满一年的，该中止程序结束。有关专利申请权（或专利权）权属纠纷在中止期限一年内未能结案，需要继续中止程序的，请求人应当在中止期满前请求延长中止期限，并提交权属纠纷受理部门出具的说明尚未结案原因的证明文件。……"故选项B错误，不符合题意。

C.《专利审查指南2010》5-7-7.4.2"因协助执行财产保全而中止的期限"中规定："对于人民法院要求专利局协助执行财产保全而执行中止程序的，按照民事裁定书及协助执行通知书写明的财产保全期限中有关程序。人民法院要求继续采取财产保全措施的，应当在中止期限届满前将继续保全的协助执行通知书送达专利局，经审核符合本章第7.3.2.1节规定的，中止期限予以续展。"故选项C正确，符合题意。

六、无效宣告请求审查决定

56.（2008年卷一第79题）甲公司于2005年1月将其发明专利许可乙公司实施，约定每年12月乙公司向甲公司支付使用费10万元。乙公司在2005年实施该专利获利50万元，按约定支付了使用费。乙公司于2006年11月发现一项能够破坏甲公司专利新颖性的现有技术，于是拒绝支付2006年的使用费。2007年2月甲公司起诉乙公司违约。乙公司遂于答辩期内请求宣告该专利权无效并被受理。法院于2007年11月作出终审判决，判决乙公司支付2006年的使用费。2007年12月该专利权被宣告无效，此时乙公司尚未履行判决。下列哪些说法是正确的？

A. 由于乙公司在答辩期内请求宣告专利权无效，因此法院应当中止诉讼
B. 专利权被宣告无效后，乙公司不必向甲公司支付2006年的使用费
C. 尽管专利权被宣告无效，但乙公司仍需履行判决向甲公司支付2006年的使用费
D. 由于被宣告无效的专利权视为自始即不存在，因此甲公司应当向乙公司返还2005年的许可使用费

【知识要点】无效宣告程序中的中止及专利权被宣告无效的追溯力

【解析】A.《最高人民法院关于审理专利纠纷案件适用法律问题的若干规定》第11条规定："人民法院受理的侵犯发明专利权纠纷案件或者经专利复审委员会审查维持专利权的侵犯实用新型、外观设计专利权纠纷案件，被告在答辩期间内请求宣告该项专利权无效的，人民法院可以不中止诉讼。"故选项A错误，不符合题意。

《专利法》第47条规定："宣告无效的专利权视为自始即不存在。宣告专利权无效的决定，对在宣告专利权无效前人民法院作出并已执行的专利侵权的判决、调解书，已经履行或者强制执行的专利侵权纠纷处理决定，以及已经履行的专利实施许可合同和专利权转让合同，不具有追溯力。但因专利权人的恶意给他人造成的损失，应当给予赔偿。依照前款规定不返还专利侵权赔偿金、专利使用费、专利权转让费，明显违反公平原则的，应当全部或者部分返还。"《民事诉讼法》第257条规定："有下列情形之一的，人民法院裁定终结执行：（一）申请人撤销申请的；（二）据以执行的法律文书被撤销的；（三）作为被执行人的公民死亡，无遗产可供执行，又无义务承担人的；（四）追索赡养费、扶养费、抚育费案件的权利人死亡的；（五）作为被执行人的公民因生活困难无力偿还借款，无收入来源，又丧失劳动能力的；（六）人民法院认为应当终结执行的其他情形。"

B.C. 专利权被宣告无效后视为自始不存在，此前根据该专利权所作出的各种决定也失去了成立的依据。虽然无效宣告决定对于已经履行或者执行的决定并不具有追溯力，但对尚未履行或者执行的决定则是具有影响力的。由于该决定所依据的权利已不复存在，所以该决定的效力也应不复存在。故选项B正确，符合题意；故选项C错误，不符合题意。

D. 对于已经履行的专利实施许可合同，只要非因专利权人的恶意或明显违反公平原则，无效宣告决定没有追溯力。本题中，专利权人甲并无主观恶意，且乙也因实施专利获得了一定的利益，没有违反公平原则。故选项D错误，不符合题意。

57.（2016年卷一第79题）甲于2011年7月1日提交了一项实用新型专利申请，该申请于2011年11月15日被授予专利权，其授权公告的权利要求书包括独立权利要求1及并列从属权利要求2、3，在无效宣告程序中，专利权人删除了原权利要求1-3，将从属权利要求2、3合并形成修改后的独立权利要求1，专利复审委员会于2013年7月30日作出审查决定：在修改后的权利要求1的基础上维持该专利权有效，且双方均未起诉，下列说法正确的是？

A. 原权利要求1-3视为自2011年7月1日即不存在
B. 原权利要求1-3视为自2013年7月30日起不存在
C. 修改后的权利要求1自2011年7月1日起即存在
D. 修改后的权利要求1自2013年7月30日起生效

【知识要点】无效宣告请求审查决定的类型

【解析】《专利审查指南2010》4-3-5"无效宣告请求审查决定的类型"中规定："一项专利被宣告部分无效后，被宣告无效的部分应视为自始不存在。但是被维持的部分（包括修改后的权利要求）也同时应视为自始即存在。"在专利被部分无效的情况下，被无效的权利要求视为自始不存在，被维持的权利要求则视为自始存在。故选项A、C正确，符合题意；选项B、D错误，不符合题意。

58.（2004年卷四第87题）请求人的无效宣告请求的理由及证据虽然使得一件发明专利的全部权利要求不成立，但是未能得到专利权人通过合并方式改写成的新的权利要求不成立。在这种情况下，复审委员会作出的无效宣告请求审查决定属于下列哪些类别？

A. 宣告专利权全部无效
B. 宣告专利权部分无效
C. 维持专利权有效
D. 与上述三种不同的一种新类型

【知识要点】无效宣告的审查决定

【解析】《专利审查指南2010》4-3-5"无效宣告请求审查决定的类型"中规定："无效宣告请求审查决定分为下列三种类型：（1）宣告专利权全部无效。（2）宣告专利权部分无效。（3）维持专利权有效。宣告专利权无效包括宣

专利权全部无效和部分无效两种情形。根据专利法第四十七条的规定,宣告无效的专利权视为自始即不存在。在无效宣告程序中,如果请求人针对一件发明或者实用新型专利的部分权利要求的无效宣告理由成立,针对其余权利要求(包括以合并方式修改后的权利要求)的无效宣告理由不成立,则无效宣告请求审查决定应当宣告上述无效宣告理由成立的部分权利要求无效,并且维持其余的权利要求有效。对于包含有若干个具有独立使用价值的产品的外观设计专利,如果请求人针对其中一部分产品的外观设计专利的无效宣告理由成立,针对其余产品的外观设计专利的无效宣告理由不成立,则无效宣告请求审查决定应当宣告无效宣告理由成立的该部分产品外观设计专利无效,并且维持其余产品的外观设计专利有效。……上述审查决定均属于宣告专利权部分无效的审查决定。"故选项A、C、D错误,不符合题意;选项B正确,符合题意。

59. (2004年卷四第92题) 以下有关无效宣告请求审查决定效力的哪些说法是正确的?
    A. 一项专利被宣告全部无效,其所有权利要求应视为自始即不存在
    B. 一项专利被宣告部分无效,其被宣告无效的部分权利要求应视为自始即不存在
    C. 一项专利被宣告部分无效,其被予以维持的部分权利要求应视为自始即存在
    D. 一项专利被宣告部分无效,其经过修改被予以维持的部分权利要求应视为自始即存在

【知识要点】无效审查决定的效力

【解析】《专利法》第47条第1款规定:"宣告无效的专利权视为自始即不存在。"《专利审查指南2010》4-3-5"无效宣告请求审查决定和类型"中规定:"宣告专利权无效包括宣告专利权全部无效和部分无效两种情形。根据专利法第四十七条的规定,宣告无效的专利权视为自始即不存在。……一项专利被宣告部分无效后,被宣告无效的部分应视为自始即不存在。但是被维持的部分(包括修改后的权利要求)也同时应视为自始即存在。"故选项A、B、C、D正确,符合题意。

七、无效宣告程序中对于同样发明创造的处理

八、无效宣告程序的终止

60. (2012年卷一第35题) 赵某就一项实用新型专利提出无效宣告请求,下列哪些情形将导致无效宣告程序终止?
    A. 赵某在专利复审委员会对其请求作出审查决定之前,主动撤回了其请求,并且专利复审委员会认为根据已进行的审查工作不能够作出宣告专利权无效或者部分无效的决定
    B. 赵某的请求被专利复审委员会受理后,专利复审委员会发现请求不符合受理条件,驳回了其请求
    C. 专利复审委员会认为赵某的无效宣告理由均不成立,作出维持专利权有效的审查决定,赵某未在规定的期限内起诉
    D. 赵某未在指定的期限内答复专利复审委员会发出的口头审理通知书,也未参加口头审理,并且专利复审委员会认为根据已进行的审查工作不能够作出宣告专利权无效或者部分无效的决定

【知识要点】无效宣告程序的终止

【解析】《专利审查指南2010》4-3-7"无效宣告程序的终止"中规定:"请求人在专利复审委员会对无效宣告请求作出审查决定之前,撤回其无效宣告请求的,无效宣告程序终止,但专利复审委员会认为根据已进行的审查工作能够作出宣告专利权无效或者部分无效的决定的除外。请求人未在指定的期限内答复口头审理通知书,并且不参加口头审理,其无效宣告请求被视为撤回的,无效宣告程序终止,但专利复审委员会认为根据已进行的审查工作能够作出宣告专利权无效或者部分无效的决定的除外。已受理的无效宣告请求因不符合受理条件而被驳回请求的,无效宣告程序终止。在专利复审委员会对无效宣告请求作出审查决定之后,当事人未在收到该审查决定之日起三个月内向人民法院起诉,或者人民法院生效判决维持该审查决定的,无效宣告程序终止。在专利复审委员会作出宣告专利权全部无效的审查决定后,当事人未在收到该审查决定之日起三个月内向人民法院起诉,或者人民法院生效判决维持该审查决定的,针对该专利权的所有其他无效宣告程序终止。"故选项A、B、C、D正确,符合题意。

第四节 口头审理

一、口头审理的性质

61. (2004年卷四第94题) 以下有关无效宣告程序中口头审理的哪些说法是正确的?
    A. 口头审理是一种非正式的审理方式,书面审查是无效宣告请求的正式审理方式
    B. 口头审理既可以应当事人请求举行,也可以由合议组自行决定举行
    C. 口头审理应当在专利复审委员会所在地公开举行

D. 对于一个案件,只能举行一次口头审理

【知识要点】无效中的口头审理

【解析】A.《专利审查指南2010》4-4-1"引言"中规定:"口头审理是根据专利法实施细则第六十三条、第七十条的规定而设置的行政听证程序,其目的在于查清事实,给当事人当庭陈述意见的机会。"故选项A错误,不符合题意。

B.C.D.《专利法实施细则》第70条第1款规定:"专利复审委员会根据当事人的请求或者案情需要,可以决定对无效宣告请求进行口头审理。"《专利审查指南2010》4-4-2"口头审理的确定"中规定:"在无效宣告程序中,有关当事人可以向专利复审委员会提出进行口头审理的请求,并且说明理由。请求应当以书面方式提出。……对于尚未进行口头审理的无效宣告案件,专利复审委员会在审查决定作出前收到当事人依据上述理由以书面方式提出口头审理请求的,合议组应当同意进行口头审理。……在无效宣告程序或者复审程序中,合议组可以根据案情需要自行决定进行口头审理。针对同一案件已经进行过口头审理的,必要时可以再次进行口头审理。经主任委员或者副主任委员批准,专利复审委员会可以进行巡回口头审理,就地审理办案,并承担所需费用。"故选项B正确,符合题意;选项C、D错误,不符合题意。

二、口头审理的确定

62.(2016年卷一第80题)下列有关口头审理的说法哪些是正确的?
A. 无效宣告请求人可以以需要当面向合议组说明事实为由,请求进行口头审理
B. 参加口头审理的每方当事人及其代理人的数量不得超过三人
C. 当事人请求审案人员回避的,合议组组长可以宣布中止口头审理
D. 若请求人未出席口头审理,则其无效宣告请求视为撤回,该案件的审理结束

【知识要点】口头审理

【解析】《专利审查指南2010》4-4-2"口头审理的确定"中规定:"无效宣告程序的当事人可以依据下列理由请求进行口头审理:(1)当事人一方要求同对方当面质证和辩论;(2)需要当面向合议组说明事实;(3)需要实物演示;(4)需要请出过证言的证人出庭作证。"《专利审查指南2010》4-4-3"口头审理的通知"中规定:"口头审理通知书中已经告知该专利申请不符合专利法及其实施细则和审查指南有关规定的具体事实、理由和证据的,如果复审请求人既未出席口头审理,也未在指定的期限内进行书面意见陈述,其复审请求视为撤回。……参加口头审理的每方当事人及其代理人的数量不得超过四人。回执中写明的参加口头审理人员不足四人的,可以在口头审理开始前指定其他人参加口头审理。一方有多人参加口头审理的应当指定其中之一作为第一发言人进行主要发言。"《专利审查指南2010》4-4-6"口头审理的中止"中规定:"有下列情形的之一的,合议组组长可以宣布中止口头审理,并在必要时确定继续进行口头审理的日期:(1)当事人请求审案人员回避的;(2)因和解需要协商的;(3)需要对发明创造进一步演示的;(4)合议组认为必要的其他情形。"口头审理的理由之一就是说明事实,如果当事人请求回避,合议组的组长需要中止口审,对该回避申请进行处理。参加口头审理的每方当事人及其代理人的数量不得超过四人而不是三人,请求人未出席口头审理但提交了陈述意见的,无效宣告请求不视为撤回。故选项A、C正确,符合题意;选项B、D错误,不符合题意。

63.(2015年卷一第74题)下列关于无效宣告程序口头审理的说法哪些是正确的?
A. 专利权人未出席口头审理的,口头审理中止,改期进行
B. 出庭作证的证人不能旁听案件的审理
C. 旁听人员可以向参加口头审理的当事人传递有关信息
D. 合议组和双方当事人均可以对证人进行提问

【知识要点】口头审理

【解析】A.《专利审查指南2010》4-4-3"口头审理的通知"中规定:"专利权人不参加口头审理的,可以缺席审理。"故选项A错误,不符合题意。

B.《专利审查指南2010》4-4-10"证人出庭作证"中规定:"出庭作证的证人不得旁听案件的审理。"故选项B正确,符合题意。

C.《专利审查指南2010》4-4-12"旁听"中规定:"在口头审理中允许旁听,旁听者无发言权;未经批准,不得拍照、录音和录像,也不得向参加口头审理的当事人传递有关信息。"故选项C错误,不符合题意。

D.《专利审查指南2010》4-4-10"证人出庭作证"中规定:"合议组可以对证人进行提问。在双方当事人参加的口头审理中,双方当事人可以对证人进行交叉提问。证人应当对合议组提出的问题作出明确回答,对于当事人提出的与案件无关的问题可以不回答。"故选项D正确,符合题意。

64.(2015年卷一第81题)甲针对乙的某项专利权提出了无效宣告请求,当事人可以依据下列哪些理由请求进行口头审理?

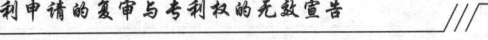

A. 乙要求同甲当面质证和辩论　　　　　　B. 甲需要当面向合议组说明事实
C. 甲需要实物演示　　　　　　　　　　　D. 乙需要请出具过证言的证人作证

【知识要点】口头审理的依据

【解析】根据《专利审查指南2010》4-4-2"口头审理的确定"中的规定（参见本章第62题解析），口头审理的目的是为了查清事实。当面质证和辩论、向合议组说明事实、实物演示和证人出庭作证都是为了查清事实，可以作为请求口头审理的依据。故选项A、B、C、D正确，符合题意。

三、口头审理的通知

65.（2013年卷一第69题） 张某就李某的专利权提出无效宣告请求。关于该无效宣告请求的口头审理，下列说法哪些是正确的？
A. 李某不参加口头审理，专利复审委员会可以缺席审理
B. 因口头审理为公开审理，随李某前来旁听口头审理的某公司职员可以向李某传递信息
C. 张某可以在口头审理的过程中放弃无效宣告请求的部分理由
D. 口头审理终止后，张某和李某都有权阅读笔录，但对于笔录的差错，不能请求更正

【知识要点】口头审理

【解析】A.《专利法实施细则》第70条第3款规定："无效宣告请求人对专利复审委员会发出的口头审理通知书在指定的期限内未作答复，并且不参加口头审理的，其无效宣告请求视为撤回；专利权人不参加口头审理的，可以缺席审理。"故选项A正确，符合题意。

B.《专利审查指南2010》4-4-12"旁听"中规定："在口头审理中允许旁听，旁听者无发言权；未经批准，不得拍照、录音和录像，也不得向参加口头审理的当事人传递有关信息。"故选项B错误，不符合题意。

C.《专利审查指南2010》4-4-13"当事人的权利和义务"中规定："无效宣告请求人有权请求撤回无效宣告请求，放弃无效宣告请求的部分理由及相应证据，以及缩小无效宣告请求的范围。"故选项C正确，符合题意。

D.《专利审查指南2010》4-4-11"记录"中规定："在重要的审理事项记录完毕后或者在口头审理终止时，合议组应当将笔录交当事人阅读。对笔录的差错，当事人有权请求记录人更正。"故选项D错误，不符合题意。

66.（2007年卷一第6题） 专利复审委员会于2006年7月28日向张某发出复审请求口头审理通知书，告知张某将于2006年9月11日举行口头审理。张某于2006年8月11日收到该通知书。以下哪些说法是正确的？
A. 张某应当在2006年9月11日参加口头审理，否则其复审请求将被视为撤回
B. 张某应当在2006年9月11日参加口头审理，若不参加口头审理，则应当在2006年9月12日之前进行书面答复，否则其复审请求将被视为撤回
C. 张某可以在口头审理中修改权利要求书，缩小权利要求的保护范围
D. 张某既不参加口头审理且期满也未进行书面答复，不影响复审委员会继续进行审理

【知识要点】复审程序有关口审的规定

【解析】A、B、D.《专利法实施细则》第63条第1款规定："专利复审委员会进行复审后，认为复审请求不符合专利法和本细则有关规定的，应当通知复审请求人，要求其在指定期限内陈述意见。期满未答复的，该复审请求视为撤回；经陈述意见或者进行修改后，专利复审委员会认为仍不符合专利法和本细则有关规定的，应当作出维持原驳回决定的复审决定。"《专利审查指南2010》4-2-4.3"审查方式"中规定："针对合议组发出的复审请求口头审理通知书，复审请求人应当参加口头审理或者在收到该通知书之日起一个月内针对通知书指出的缺陷进行书面答复；如果该通知书已指出申请不符合专利法及其实施细则和审查指南有关规定的事实、理由和证据，复审请求人未参加口头审理且期满未进行书面答复的，其复审请求视为撤回。"《专利法实施细则》第4条第3款规定："国务院专利行政部门邮寄的各种文件，自文件发出之日起满15日，推定为当事人收到文件之日。"故选项A、D错误，不符合题意；选项B正确，符合题意。

C.《专利审查指南2010》4-2-4.2"修改文本的审查"中规定："在提出复审请求、答复复审通知书（包括复审请求口头审理通知书）或者参加口头审理时，复审请求人可以对申请文件进行修改。"故选项C正确，符合题意。

四、口头审理前的准备

五、口头审理的进行

67.（2010年卷一第77题） 下列关于无效宣告请求口头审理中证人出庭作证的说法哪些是正确的？
A. 有证人出席口头审理的，应当在口头审理通知书回执中写明
B. 证人有权旁听案件的审理
C. 合议组可以对证人进行提问，证人应当作出明确回答

D. 当事人无权对证人进行提问

【知识要点】 无效宣告请求口头审理

【解析】 A.《专利审查指南 2010》4-4-3"口头审理的通知"中规定:"无效宣告程序或者复审程序的口头审理通知书回执中应当有当事人的签名或者盖章。表示参加口头审理的,应当写明参加口头审理人员的姓名。要求委派出具过证言的证人就其证言出庭作证的,应当在口头审理通知书回执中声明,并且写明该证人的姓名、工作单位(或者职业)和要证明的事实。"故选项 A 正确,符合题意。

B、C、D.《专利审查指南 2010》4-4-10"证人出庭作证"中规定:"出庭作证的证人不得旁听案件的审理。询问证人时,其他证人不得在场,但需要证人对质的除外。合议组可以对证人进行提问。在双方当事人参加的口头审理中,双方当事人可以对证人进行交叉提问。证人应当对合议组提出的问题作出明确回答,对于当事人提出的与案件无关的问题可以不回答。"故选项 B、D 错误,不符合题意;选项 C 正确,符合题意。

六、口头审理的中止

七、口头审理的终止

八、口头审理的其他事项

68.(2004 年卷四第 95 题)以下有关当事人参加口头审理相关要求的哪些说法是正确的?
A. 当事人应当在收到口头审理通知之日起 15 日内向复审委员会提交回执
B. 专利权人不参加口头审理的,可以缺席审理
C. 每方当事人及其代理人参加口头审理的人员数量不得超过 5 人
D. 当事人委托专利代理机构的,参加口头审理的人员中应当包含该机构指派的专利代理人

【知识要点】 参加口头审理的原则

【解析】 A、B.《专利审查指南 2010》4-4-3"口头审理的通知"中规定:"在无效宣告程序中,确定需要进行口头审理的,合议组应当向当事人发出口头审理通知书,通知进行口头审理的日期和地点等事项。口头审理的日期和地点一经确定一般不再改动,遇特殊情况需要改动的,需经双方当事人同意或者经主任委员或者副主任委员批准。当事人应当在收到口头审理通知之日起七日内向专利复审委员会提交口头审理通知书回执。无效宣告请求人期满未提交回执,并且不参加口头审理的,其无效宣告请求视为撤回,无效宣告请求审查程序终止。但专利复审委员会认为根据已进行的审查工作能够作出宣告专利权无效或部分无效的决定的除外。专利权人不参加口头审理的,可以缺席审理。"故选项 A 错误,不符合题意;选项 B 正确,符合题意。

C.《专利审查指南 2010》4-4-3"口头审理的通知"中规定:"参加口头审理的每方当事人及其代理人的数量不得超过四人。回执中写明的参加口头审理人员不足四人的,可以在口头审理开始前指定其他人参加口头审理。一方有多人参加口头审理的,应当指定其中之一作为第一发言人进行主要发言。"故选项 C 错误,不符合题意。

D.《专利审查指南 2010》4-4-3"口头审理的通知"中规定:"当事人依照专利法第十九条规定委托专利代理机构代理的,该机构应当指派专利代理人参加口头审理。"故选项 D 正确,符合题意。

69.(2014 年卷一第 74 题)下列关于无效宣告程序口头审理的说法哪些是正确的?
A. 专利权人未出席口头审理的,口头审理中止,改期进行
B. 出庭作证的证人不能旁听案件的审理
C. 旁听人员可以向参加口头审理的当事人传递有关信息
D. 合议组和双方当事人均可以对证人进行提问

【知识要点】 口头审理的其他事项

【解析】 A.《专利审查指南 2010》4-4-8"当事人的制度"中规定:"有当事人未出席口头审理的,只要一方当事人的出庭符合规定,合议组按照规定的程序进行口头审理。"故选项 A 错误,不符合题意。

B.《专利审查指南 2010》4-4-10"证人出庭作证"中规定:"证人出庭作证时,应当出示证明其身份的证件。合议组应当告知其诚实作证的法律义务和作伪证的法律责任。出庭作证的证人不得旁听案件的审理。询问证人时,其他证人不得在场,但需要证人对质的除外。"故选项 B 正确,符合题意。

C.《专利审查指南 2010》4-4-12"旁听"中规定:"在口头审理中允许旁听,旁听者无发言权;未经批准,不得拍照、录音和录像,也不得向参加口头审理的当事人传递有关信息。"故选项 C 错误,不符合题意。

D.《专利审查指南 2010》4-4-10"证人出庭作证"中规定:"合议组可以对证人进行提问。在双方当事人参加的口头审理中,双方当事人可以对证人进行交叉提问。证人应当对合议组提出的问题作出明确回答,对于当事人提出的与案件无关的问题可以不回答。"故选项 D 正确,符合题意。

第一部分 第五章 专利申请的复审与专利权的无效宣告

第五节 无效宣告程序中有关证据问题的规定

一、无效宣告程序中有关证据问题的法律适用

70.（2010年卷一第27题）请求人在2009年4月5日通过邮寄的方式提出无效宣告请求并提交了外文证据，专利复审委员会4月10日受理了该无效宣告请求。下列说法哪些是正确的？

A. 请求人可以在2009年5月5日前补充证据，并结合该证据具体说明相关的无效宣告理由

B. 请求人可以在2009年5月10日前补充证据，并结合该证据具体说明相关的无效宣告理由

C. 对请求人2009年4月12日提交的新证据，并在2009年5月10日结合该证据具体说明的无效宣告理由，专利复审委员会对该证据应当予以考虑

D. 请求人在2009年5月8日提交外文证据及其中文译文的，专利复审委员会对该译文应当予以考虑

【知识要点】无效宣告请求的举证期限

【解析】A、B.《专利法实施细则》第4条第1款规定："向国务院专利行政部门邮寄的各种文件，以寄出的邮戳日为递交日；……"《专利法实施细则》第67条规定："在专利复审委员会受理无效宣告请求后，请求人可以在提出无效宣告请求之日起1个月内增加理由或者补充证据。逾期增加理由或者补充证据的，专利复审委员会可以不予考虑。"无效宣告请求的举证期限为1个月，自提出无效宣告请求之日起算。故选项A正确，符合题意；选项B错误，不符合题意。

C.《专利审查指南2010》4-3-4.3.1"请求人举证"中规定："请求人在提出无效宣告请求之日起一个月内补充证据的，应当在该期限内结合该证据具体说明相关的无效宣告理由，否则，专利复审委员会不予考虑。"选项C中补充无效宣告理由的时间超过了举证期限，故选项C错误，不符合题意。

D.《专利审查指南2010》4-3-4.3.1"请求人举证"中规定："请求人提交的证据是外文的，提交其中文译文的期限适用该证据的举证期限。"选项D中提交外文证据及其中文译文的时间超过了举证期限，故选项D错误，不符合题意。

71.（2015年卷一第83题）李某对张某的专利权提出无效宣告请求，理由是权利要求1与对比文件1的区别特征X是所属领域的公知常识，权利要求1不具备创造性。下列说法哪些是正确的？

A. 李某必须提交证据证明区别特征X是所属领域的公知常识

B. 李某可以在口审时提交公知常识性证据，证明区别特征X是所属领域的公知常识

C. 李某可以在口审结束后复审委员会作出无效决定之前，提交公知常识性证据，证明区别特征X是所属领域的公知常识

D. 张某认可李某提交的公知常识性证据，复审委员会可以确认其证明力

【知识要点】口头审理的其他事项

【解析】《专利审查指南2010》4-3-4.3.1"请求人举证"中规定："(1) 请求人在提出无效宣告请求之日起一个月内补充证据的，应当在该期限内结合该证据具体说明相关的无效宣告理由，否则，专利复审委员会不予考虑。(2) 请求人在提出无效宣告请求之日起一个月后补充证据的，专利复审委员会一般不予考虑，但下列情形除外：(i) 针对专利权人提交的反证，请求人在专利复审委员会指定的期限内补充证据，并在该期限内结合该证据具体说明相关无效理由的；(ii) 在口头审理辩论终结前提交技术词典、技术手册和教科书等所属技术领域中的公知常识性证据或者用于完善证据法定形式的公证文书、原件等证据，并在该期限内结合该证据具体说明相关无效宣告理由的。……"《专利审查指南2010》4-8-4.3.3"公知常识"中规定："主张某技术手段是本领域公知常识的当事人，对其主张承担举证责任。该当事人未能举证证明或者未能充分说明该技术手段是本领域公知常识，并且对方当事人不予认可的，合议组对该技术手段是本领域公知常识的主张不予支持。当事人可以通过教科书或者技术词典、技术手册等工具书记载的技术内容来证明某项技术手段是本领域的公知常识。"公知常识性证据的提交期限是在口头审理辩论终结前，选项B符合要求，选项C是在口审结束后提交，不符合要求。根据"谁主张，谁举证"的原则，李某主张区别特征X是公知常识的，那需要提供证据证明。不过，如果李某没有提供证据，但张某对X属于公知常识予以认可的，那就免除了李某的举证责任。另外，如果张某对李某的公知常识性证据都已经认可了，那专利复审委员会自然可以确认其证明力。故选项A、C错误，不符合题意；选项B、D正确，符合题意。

72.（2016年卷一第81题）甲对乙的实用新型专利权提出无效宣告请求，甲提供的证据仅为证人张某在公证人员面前作出书面证言的公证书原件，内容为张某在涉案专利申请日前购买了与涉案专利相同的空调。在口头审理中张某未出庭作证，专利复审委员会当庭调查发现张某不属于确有困难不能出席口头审理作证的情形。下列说法正确的是？

A. 甲提供了该公证书原件，在没有其他证据推翻的情况下，一般应当认定该公证书的真实性

B. 该公证书是由公证人员作出，因此该公证书能证明张某在涉案专利申请日前确实购买过空调

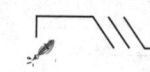

C. 该公证书是由公证人员作出,因此该公证书能证明张某在涉案专利申请日前确实购买了与涉案专利相同的空调

D. 张某未出席口头审理进行作证,其书面证言不能单独作为认定案件事实的依据

【知识要点】证据的审核认定

【解析】《专利审查指南2010》4-8-4.3.1"证人证言"中规定:"证人应当出席口头审理作证,接受质询。未能出席口头审理作证的证人所出具的书面证言不能单独作为认定案件事实的依据,但证人确有困难不能出席口头审理作证的除外。证人确有困难不能出席口头审理的,专利复审委员会根据前款的规定对其书面证言进行认定。"《专利审查指南2010》4-8-4.3.4"公证文书"中规定:"一方当事人将公证文书作为证据提交时,有效公证文书所证明的事实,应当作为认定事实的依据,但有相反证据足以推翻公证证明的除外。如果公证文书在形式上存在严重缺陷,例如缺少公证人员签章,则该公证文书不能作为认定案件事实的依据。如果公证文书的结论明显缺乏依据或者公证文书的内容存在自相矛盾之处,则相应部分的内容不能作为认定案件事实的依据。例如公证文书仅根据证人的陈述而得出证人陈述内容具有真实性的结论,则该公证文书的结论不能作为认定案件事实的依据。"在没有充分的相关证据的情况下,公证书的真实性应当被认定。不过该公证书的内容仅能证明张某的确在公证人员面前说过购买了涉案空调这件事情。至于张某说的这些话是不是真的,他是否在专利申请日前购买了空调,公证书并不能认定。考虑到张某并没有出庭接受双方询问,其书面证言不能单独作为认定事实的依据。故选项A、D正确,符合题意;选项B、C错误,不符合题意。

73.(2013年卷一第93题)下列关于无效宣告程序中证据的说法哪些是正确的?

A. 没有证据或者证据不足以证明当事人的事实主张的,由负有举证责任的当事人承担不利后果

B. 对方当事人对证据的中文译文内容存在异议时,应当在指定的期限内对有异议的部分提交中文译文

C. 公证文书的结论均可以作为认定案件事实的依据

D. 申请日后形成的记载有使用公开内容的书证不能用于证明专利在申请日前使用公开

【知识要点】无效宣告程序中有关证据问题的规定

【解析】A.《专利审查指南2010》4-8-2.1"举证责任的分配"中规定:"没有证据或者证据不足以证明当事人的事实主张的,由负有举证责任的当事人承担不利后果。"故选项A正确,符合题意。

B.《专利审查指南2010》4-8-2.2.1"外文证据的提交"中规定:"对方当事人对中文译文内容有异议的,应当在指定的期限内对有异议的部分提交中文译文。没有提交中文译文的,视为无异议。"故选项B正确,符合题意。

C.《专利审查指南2010》4-8-4.3.4"公证文书"中规定:"如果公证文书的结论明显缺乏依据或者公证文书的内容存在自相矛盾之处,则相应部分的内容不能作为认定案件事实的依据。例如,公证文书仅根据证人的陈述而得出证人陈述内容具有真实性的结论,则该公证文书的结论不能作为认定案件事实的依据。"故选项C错误,不符合题意。

D.《专利审查指南2010》4-8-5.2"申请日后记载的使用公开或者口头公开"中规定:"申请日后(含申请日)形成的记载有使用公开或者口头公开内容的书证,或者其他形式的证据可以用来证明专利在申请日前使用公开或者口头公开。"故选项D错误,不符合题意。

二、当事人举证

74.(2013年卷一第73题)在无效宣告程序中,下列有关物证和证人证言的说法哪些是正确的?

A. 当事人提交物证的,应当在举证期限内提交足以反映该物证客观情况的照片和文字说明,具体说明依据该物证所要证明的事实

B. 对于经公证机关公证封存的物证,当事人在举证期限内可以仅提交公证文书而不提交该物证

C. 证人根据其经历所作的判断、推测或者评论可以作为认定案件事实的依据

D. 证人无正当理由不出席口头审理的,所出具的书面证言不能单独作为认定案件事实的依据

【知识要点】物证的提交、证人证言

【解析】A.《专利审查指南2010》4-8-2.2.3"物证的提交"中规定:"当事人提交物证的,应当在举证期限内提交足以反映该物证客观情况的照片和文字说明,具体说明依据该物证所要证明的事实。"故选项A正确,符合题意。

B.《专利审查指南2010》4-8-2.2.3"物证的提交"中规定:"对于经公证机关公证封存的物证,当事人在举证期限内可以仅提交公证文书而不提交该物证,但最迟在口头审理辩论终结前提交该物证。"故选项B正确,符合题意。

C.《专利审查指南2010》4-8-4.3.1"证人证言"中规定:"证人应当陈述其亲历的具体事实。证人根据其经历所作的判断、推测或者评论,不能作为认定案件事实的依据。"故选项C错误,不符合题意。

D.《专利审查指南2010》4-8-4.3.1"证人证言"中规定:"证人应当出席口头审理作证,接受质询。未能出席口头审理作证的证人所出具的书面证言不能单独作为认定案件事实的依据,但证人确有困难不能出席口头审理作证的除外。证人确有困难不能出席口头审理作证的,专利复审委员会根据前款的规定对其书面证言进行认定。"故选项D正确,符合题意。

75.(2004年卷四第73题)以下关于在无效宣告程序中举证责任的哪些说法是正确的?

A. 当事人对其主张负有举证责任，需要提供证据的，应当提供能够充分支持其主张的证据
B. 对于方法专利提出无效宣告请求的，由被告承担举证责任
C. 事实本身需要双方当事人质证的，应当由双方当事人共同举证
D. 提出主张一方提供的证据所表明的事实能够被确认的，举证责任转移到另一方当事人

【知识要点】无效中的举证责任

【解析】A、B.《专利审查指南2010》4-8-2.1"举证责任的分配"中规定："当事人对自己提出的无效宣告请求所依据的事实或者反驳对方无效宣告请求所依据的事实有责任提供证据加以证明。在依据前述规定无法确定举证责任承担时，专利复审委员会可以根据公平原则和诚实信用原则，综合当事人的举证能力以及待证事实发生的盖然性等因素确定举证责任的承担。没有证据或者证据不足以证明当事人的事实主张的，由负有举证责任的当事人承担不利后果。"故选项A正确，符合题意。不论是对方法专利还是产品专利，提出无效宣告的请求人首先负有举证责任。故选项B错误，不符合题意。

C、D.《民事诉讼法》第64条第1款规定："当事人对自己提出的主张，有责任提供证据。"《最高人民法院关于民事诉讼证据的若干规定》第72条规定："一方当事人提出的证据，另一方当事人认可或者提出的相反证据不足以反驳的，人民法院可以确认其证明力。一方当事人提出的证据，另一方当事人有异议并提出反驳证据，对方当事人对反驳证据认可的，可以确认反驳证据的证明力。""谁主张，谁举证"是民事诉讼中证据责任分配的基本原则，对一件事实，应首先由主张该事实的一方首先举证，如果对方当事人对该事实无异议则无须举证，如果对方当事人对该事实有异议，则需要举证证明其异议的事实，此时举证责任就转移到了对方当事人身上。"故选项C错误，不符合题意；选项D正确，符合题意。

76.（2013年卷—第46题）甲对乙的专利权提出无效宣告请求，认为乙专利的权利要求1与对比文件1的区别特征K是公知常识，因此权利要求1不具备创造性。下列说法哪些是正确的？
A. 甲对特征K是公知常识的主张承担举证责任
B. 甲可以在口头审理中提交证据证明特征K是公知常识
C. 甲可以在口头审理结束后专利复审委员会作出决定之前，提交证据证明特征K是公知常识
D. 甲可以通过教科书或者技术辞典、技术手册等工具书记载的技术内容来证明特征K是公知常识

【知识要点】公知常识举证

【解析】《专利审查指南2010》4-3-4.3.1"请求人举证"中规定："(1) 请求人在提出无效宣告请求之日起一个月内补充证据的，应当在该期限内结合该证据具体说明相关的无效宣告理由，否则，专利复审委员会不予考虑。(2) 请求人在提出无效宣告请求之日起一个月后补充证据的，专利复审委员会一般不予考虑，但下列情形除外：(i) 针对专利权人提交的反证，请求人在专利复审委员会指定的期限内补充证据，并在该期限内结合该证据具体说明相关无效宣告理由的；(ii) 在口头审理辩论终结前提交技术词典、技术手册和教科书等所属技术领域中的公知常识性证据或者用于完善证据法定形式的公证文书、原件等证据，并在该期限内结合该证据具体说明相关无效宣告理由的。(3) 请求人提交的证据是外文的，提交其中文译文的期限适用该证据的举证期限。"《专利审查指南2010》4-8-4.3.3"公知常识"中规定："主张某技术手段是本领域公知常识的当事人，对其主张承担举证责任。该当事人未能举证证明或者未能充分说明该技术手段是本领域公知常识，并且对方当事人不予认可的，合议组对该技术手段是本领域公知常识的主张不予支持。当事人可以通过教科书或者技术词典、技术手册等工具书记载的技术内容来证明某项技术手段是本领域的公知常识。"故选项A、B、D选项正确，符合题意；选项C错误，不符合题意。

三、专利复审委员会对证据的调查收集

四、证据的审核认定

77.（2012年卷—第38题）在无效宣告程序中，涉案外观设计专利与对比设计的区别仅属于下列哪些情形时，涉案专利与对比设计实质相同？
A. 其区别在于施以一般注意力不能察觉到的局部的细微差异
B. 其区别在于将某一设计要素整体置换为该类产品的惯常设计的相应设计要素
C. 其区别在于将对比设计作为设计单元按照该种类产品的常规排列方式作重复排列
D. 其区别在于互为镜像对称

【知识要点】证据的质证和审核认定

【解析】《专利审查指南2010》4-5-5.1.2"外观设计实质相同"中规定："如果一般消费者经过对涉案专利与对比设计的整体观察可以看出，二者的区别仅属于下列情形，则涉案专利与对比设计实质相同：(1) 其区别在于施以一般注意力不能察觉到的局部的细微差异，例如，百叶窗的外观设计仅有具体叶片数不同；(2) 其区别在于使用时不容易看到或者看不到的部位，但有证据表明在不容易看到部位的特定设计对于一般消费者能够产生引人瞩目的视觉效果

的情况除外；(3) 其区别在于将某一设计要素整体置换为该类产品的惯常设计的相应设计要素，例如，将带有图案和色彩的饼干桶的形状由正方体置换为长方体；(4) 其区别在于将对比设计作为设计单元按照该种类产品的常规排列方式作重复排列或者将其排列的数量作增减变化，例如，将影院座椅成排重复排列或者将其成排座椅的数量作增减；(5) 其区别在于互为镜像对称。"故选项A、B、C、D正确，符合题意。

78. (2012年卷一第51题) 在无效宣告程序中评价实用新型专利创造性时，应当考虑其技术方案中的下列哪些特征？
   A. 构造特征　　　　B. 方法特征　　　　C. 材料特征　　　　D. 形状特征
   【知识要点】证据的质证和审核认定
   【解析】《专利审查指南2010》4-6-4"实用新型专利创造性的审查"中规定："在实用新型专利创造性的审查中，应当考虑其技术方案中的所有技术特征，包括材料特征和方法特征。"故选项A、B、C、D正确，符合题意。

79. (2004年卷四第66题) 以下有关合议组审理认定事实原则的哪些说法是正确的？
   A. 合议组应当认定证据直接证明的事实，不能进行推定
   B. 合议组可以进行事实推定，但推定的前提事实必须已经得到法律上的确认，推定后，当事人不能推翻
   C. 合议组可以进行事实推定，但推定的前提事实必须已经得到法律上的确认，推定后，允许对方当事人提出反证，以此确认推定是否成立
   D. 合议组的推定必须得到各方当事人的认可
   【知识要点】事实的认定原则
   【解析】A. 《专利审查指南2010》4-8-1"引言"中规定："根据专利法及其实施细则的有关规定，结合无效宣告案件审查实践，制定本章。无效宣告程序中有关证据的各种问题，适用本指南的规定，本指南没有规定的，可参照人民法院民事诉讼中的相关规定。"《最高人民法院关于民事诉讼证据的若干规定》第64条规定："审判人员应当依照法定程序，全面、客观地审核证据，依据法律的规定，遵循法官职业道德，运用逻辑推理和日常生活经验，对证据有无证明力和证明力大小独立进行判断，并公开判断的理由和结果。"故选项A错误，不符合题意。
   B、C. 《民事诉讼法》第64条第3款规定："人民法院应当按照法定程序，全面地、客观地审查核实证据。"《最高人民法院关于民事诉讼证据的若干规定》第63条规定："人民法院应当以证据能够证明的案件事实为依据依法作出裁判。"《民事诉讼法》第69条规定："经过法定程序公证证明的法律事实和文书，人民法院应当作为认定事实的根据，但有相反证据足以推翻公证证明的除外。"故选项B错误，不符合题意；选项C正确，符合题意。
   D. 《最高人民法院关于民事诉讼证据的若干规定》第73条规定："双方当事人对同一事实分别举出相反的证据，但都没有足够的依据否定对方证据的，人民法院应当结合案件情况，判断一方提供证据的证明力是否明显大于另一方提供证据的证明力，并对证明力较大证据予以确认。因证据的证明力无法判断导致争议事实难以认定的，人民法院应当依据举证责任分配的规则作出裁判。"故选项D错误，不符合题意。

80. (2013年卷一第95题) 甲向人民法院起诉乙侵犯其于2008年10月1日申请并于2010年10月10日被授权的产品发明专利权。该专利的权利要求包括特征L、M、N，乙实施的技术包含特征L、M、N、O。乙证明存在下列哪些事实之一，就足以认定其不侵犯甲的专利权？
   A. 乙实施的技术已记载在2008年8月30日公布的丙的发明专利申请中
   B. 乙实施的技术已经记载在2008年3月1日申请、2008年10月16日公告授权的丙的实用新型专利申请中
   C. 含有特征L、M、O的技术方案已记载在2007年1月10日公告授权的丙的专利中，含有特征L、N、O的技术方案已经记载在2008年3月10日公告授权的丙的专利中
   D. 乙实施的技术已经在2008年3月1日出版的某科技期刊上刊载
   【知识要点】现有技术抗辩
   【解析】《专利法》第62规定："在专利侵权纠纷中，被控侵权人有证据证明其实施的技术或者设计属于现有技术或者现有设计的，不构成侵犯专利权。"《专利法》第22条第5款规定："本法所称现有技术，是指申请日以前在国内外为公众所知的技术。"
   A. 在选项A中，由于记载了乙实施技术的发明专利申请已在甲专利申请申请日前公布，该技术属于现有技术，故能认定乙不侵犯甲的专利权。故选项A正确，符合题意。
   B. 在选项B中，由于乙提出证明的实用新型专利申请在甲专利申请申请日前还未公告授权，并不为公众所知，不属于现有技术，故不能认定乙不侵犯甲的专利权。故选项B错误，不符合题意。
   C. 在选项C中的两项专利申请，虽然都在甲专利申请申请日前公告授权，但由于每件专利申请都不包含乙实施技术的全部技术特征。《最高人民法院关于审理侵犯专利权纠纷案件应用法律若干问题的解释》第14条第1款规定："被诉落入专利权保护范围的全部技术特征，与一项现有技术方案中的相应技术特征相同或者无实质性差异的，人民法院应当认定被诉侵权人实施的技术属于专利法第六十二条规定的现有技术。"乙实施技术不属于现有技术，不能认定乙不侵犯甲的专利权。故选项C错误，不符合题意。

D. 在选项 D 中，由于乙实施技术已经在甲专利申请申请日前出版的某科技期刊上刊载，属于现有技术，故能认定乙不侵犯甲的专利权。故选项 D 正确，符合题意。

五、其他

81.（2004年卷四第99题）在无效宣告程序中，请求人提交了一份国内出版社出版的杂志，旨在证明其请求宣告无效的专利不具备新颖性，该杂志出版日期在被请求宣告无效的专利申请日前，并公开报道了该项专利已经被某某公司，在公开场合成功实施的事实，并详细完整地描述了该项专利的技术内容，以下哪些说法是正确的？
 A. 上述杂志的公开出版使得该专利技术构成使用公开，不具备新颖性
 B. 该专利技术方案在其申请日前已经被出版物公开，不具备新颖性
 C. 该专利技术在上述杂志公开出版之前已经公开使用，不具备新颖性
 D. 上述杂志只能证明该专利技术方案在其申请日前以出版物方式公开，该专利不具备新颖性
【知识要点】使用公开和出版物公开
【解析】《专利审查指南2010》4-8-5.2"申请日后记载的使用公开或者口头公开"中规定："申请日后（含申请日）形成的记载有使用公开或者口头公开的书证，或者其他形式的证据可以用来证明专利在申请日前使用公开或者口头公开。"故选项 A、D 错误，不符合题意；选项 B、C 正确，符合题意。

第六节 外观设计优先权的判断

82.（2004年卷四第17题）在下述哪些情形，在后申请可以享有在先申请的优先权？
 A. 在后申请为咖啡杯和咖啡壶外观设计的合案申请，其中咖啡杯的外观设计与一件在先申请的外观设计相同
 B. 在先申请中透明物品的外层无色无图案，内层有图案，在后申请中透明物品的外层与内层有不同色彩和图案，而在后申请的内层外观设计与在先申请相同
 C. 多件在先申请分别涉及一个构件的外观设计，在后申请为该多个在先申请所涉及构件的组合的外观设计
 D. 在先申请和在后申请中立体产品外观设计的形状与图案相同，但是要求保护的色彩不同
【知识要点】外观设计的优先权
【解析】《专利审查指南2010》1-3-5.2"要求优先权"中规定："根据专利法第二十九条第一款的规定，外观设计专利申请的优先权要求仅限于外国优先权，即申请人自外观设计在外国第一次提出专利申请之日起六个月内，又在中国就相同的主题提出外观设计专利申请的，依照该外国同中国签订的协议或者共同参加的国际条约，或者依照相互承认优先权的原则，可以享有优先权。……根据专利法实施细则第三十二条第一款的规定，申请人在一件外观设计专利申请中，可以要求一项或者多项优先权。初步审查中，对多项优先权的审查，应当审查每一项优先权是否符合本章的有关规定。"《专利审查指南2010》4-5-9.5"多项优先权"中规定："根据专利法实施细则第三十二条第一款的规定，在一件外观设计专利中，可以要求一项或者多项优先权；要求多项优先权的，该专利的优先权期限从最早的优先权日起计算。对于包含有若干项具有独立使用价值的产品的外观设计，如果其中一项或者多项产品外观设计与相应的一个或者多个外国首次申请中表示的外观设计的主题相同，则该外观设计专利可以享有一项或者多项优先权。"《专利审查指南2010》4-5-9.2"外观设计相同主题的认定"中规定："外观设计相同主题的认定应当根据中国在后申请的外观设计与其在外国首次申请中表示的内容进行判断。属于相同主题的外观设计应当同时满足以下两个条件：（1）属于相同产品的外观设计；（2）中国在后申请要求保护的外观设计清楚地表示在其外国首次申请中。如果中国在后申请要求保护的外观设计与其在外国首次申请中的图片或者照片不完全一致，或者在后申请文本中有简要说明而在先申请文本中无相关简要说明，但根据两者的申请文件可知，所述在后申请要求保护的外观设计已经清楚地表示在所述外国首次申请中，则可认定中国在后申请要求保护的外观设计与其在外国首次申请的外观设计主题相同，可以享有优先权。例如，一件外国首次申请包括一件产品的主视图、后视图、左视图和立体图，其中国在后申请提交了该件产品的主视图、后视图、左视图、右视图和俯视图，且在简要说明中写明因底面不经常看到故省仰视图。在这种情形下，只要所述在后申请的主视图、后视图和左视图与在所述外国首次申请中表示的相同，且其右视图和俯视图已清楚地表示在所述外国首次申请的立体图中，则可认定两者具有相同的主题，所述在后申请可以享有所述外国首次申请的优先权。"
 A. 咖啡杯和咖啡壶是分别具有独立使用价值的并且可以合案申请的外观设计及产品，所以其中的咖啡杯可以享有一项主题相同的在先申请的外国优先权。故选项 A 正确，符合题意。
 B. 在先申请中透明物品的外层无色无图案，而在后申请中透明物品的外层有色彩和图案，在先申请与在后申请的设计主题并不相同，在后申请要求保护的外观设计并未清楚地表示在其外国首次申请中。故选项 B 错误，不符合题意。
 C. 要求多项优先权的，在后申请中的一项外观设计只能与一项在先申请相对应，如果一项外观设计为多个在先申

请外观设计的组合的,则两者的主题不相同,不能要求优先权。故选项C错误,不符合题意。

D. 如果在先与在后外观设计之间要求保护的色彩不同,则不能认为两者的主题相同。故选项D错误,不符合题意。

第七节 综 合 题

根据下述情形,完成83~88题

张某于2008年3月1日向国家知识产权局提交了一件发明专利申请。上述申请于2010年3月1日被公告授予专利权,授权公告文本的权利要求如下:

"1. 一种摄影机,其特征为a和b。

2. 如权利要求1所述的摄影机,还包括特征c。

3. 如权利要求2所述的摄影机,还包括特征d。

4. 如权利要求1所述的摄影机,还包括特征e。

5. 一种照相机,其特征为a和f。"

胡某于2011年3月1日提出宣告上述发明专利权无效的请求,专利复审委员会受理了该请求,并决定于2011年7月10日举行口头审理。

83.(2011年卷一第95题)下列哪些理由可以作为胡某提出无效宣告请求的理由?
A. 张某未足额缴纳年费
B. 胡某认为该专利权应当属于自己
C. 权利要求5没有得到说明书的支持
D. 独立权利要求1和5之间不具备单一性

【知识要点】无效宣告的理由

【解析】《专利法实施细则》第65条第2款规定:"前款所称无效宣告请求的理由,是指被授予专利的发明创造不符合专利法第二条、第二十条第一款、第二十二条、第二十三条、第二十六条第三款、第四款、第二十七条第二款、第三十三条或者本细则第二十条第二款、第四十三条第一款的规定,或者属于专利法第五条、第二十五条的规定,或者依照专利法第九条规定不能取得专利权。"《专利法》第26条第4款规定:"权利要求书应当以说明书为依据,清楚、简要地限定要求专利保护的范围。"故选项A、B、D错误,不符合题意;选项C正确,符合题意。

84.(2011年卷一第96题)张某在专利复审委员会发出的受理通知书指定的答复期限内提交了答复意见并对权利要求书进行了修改。下列哪些修改是不被允许的?
A. 将权利要求1修改为"一种摄像机,其特征为a、b和d"
B. 在权利要求1不作修改的情况下,将权利要求2修改为"如权利要求1所述的摄像机,还包括特征c和e"
C. 将权利要求1修改为"一种摄像机,其特征为a、b、c和e",删除权利要求2至4
D. 将权利要求1修改为"一种照相机,其特征为a、b和f"

【知识要点】无效宣告中专利文件的修改

【解析】《专利审查指南2010》4-3-4.6.1"修改原则"中规定:"发明或者实用新型专利文件的修改仅限于权利要求书,其原则是:(1) 不得改变原权利要求的主题名称。(2) 与授权的权利要求相比,不得扩大原专利的保护范围。(3) 不得超出原说明书和权利要求书记载的范围。(4) 一般不得增加未包含在授权的权利要求书中的技术特征。"《专利审查指南2010》4-3-4.6.2"修改方式"中规定:"在满足上述修改原则的前提下,修改权利要求书的具体方式一般限于权利要求的删除、技术方案的删除、权利要求的进一步限定、明显错误的修正。权利要求的删除是指从权利要求书中去掉某项或者某些项权利要求,例如独立权利要求或从属权利要求。技术方案的删除是指从同一权利要求中并列的两种以上技术方案中删除一种或者一种以上技术方案。权利要求的进一步限定是指在权利要求中补入其他权利要求中记载的一个或者多个技术特征,以缩小保护范围。"选项A、B、C、D都改变了原权利要求的主题名称;选项A、D的修改不能通过权利要求的进一步限定获得;选项B在独立权利要求未作修改的情况下,对从属权利要求进行了合并式修改。故选项A、B、C、D错误,符合题意。

85.(2011年卷一第97题)如果张某通过修改删除权利要求1和2,并针对胡某提交的证据提交了反证。则胡某在其提出无效宣告请求之日起一个月后采取下列哪些应对措施符合相关规定?
A. 针对修改后的文本增加新的无效宣告理由
B. 在指定期限内提交公知常识性证据并结合该证据具体说明相关无效宣告理由
C. 在指定期限内针对反证提交新证据并结合该证据具体说明相关无效宣告理由
D. 撤回其无效宣告请求

【知识要点】无效宣告理由的增加、举证期限

【解析】A.《专利审查指南2010》4-3-4.2"无效宣告理由的增加"中规定:"……(2) 请求人在提出无效宣告请求之日起一个月后增加无效宣告理由的,专利复审委员会一般不予考虑,但下列情形除外:(i) 针对专利权人以删

除以外的方式修改的权利要求,在专利复审委员会制定期限内增加无效宣告理由,并在该期限内对所增加的无效宣告理由具体说明的;(ii)对明显与提交的证据不相对应的无效宣告理由进行变更的。"故选项A错误,不符合题意。

B.C.《专利审查指南2010》4-3-4.3.1"请求人举证"中规定:"……(2)请求人在提出无效宣告请求之日起一个月后补充证据的,专利复审委员会一般不予考虑,但以下情形除外:(i)针对专利权人提交的反证,请求人在专利复审委员会指定的期限内补充证据,并在该期限内结合该证据具体说明无效宣告的理由的;(ii)在口头审理辩论终结前提交技术词典、技术手册和教科书等所属技术领域的公知常识性证据或者用于完善证据法定形式的公证文书、原件等证据,并在该期限内结合该证据具体说明相关无效宣告理由的。……"故选项B、C正确,符合题意。

D.《专利法实施细则》第72条第1款规定:"专利复审委员会对无效宣告请求作出决定前,无效宣告请求人可以撤回其请求。"故选项D正确,符合题意。

86.(2011年卷一第98题)关于本无效宣告请求的口头审理,下列说法哪些是正确的?
A. 张某未到庭但委托了专利代理人出庭,胡某出庭符合规定,则合议组应当正常进行口头审理
B. 胡某未经合议组许可而中途退庭的,其无效宣告请求被视为撤回
C. 出具过证言并在口头审理通知书回执中写明的证人可以就其证言出庭作证
D. 代理张某出庭的代理人发现口头审理笔录中出现了差错,可以请求记录人更正

【知识要点】口头审理

【解析】A.《专利审查指南2010》4-4-8"当事人的缺席"中规定:"有当事人未出席口头审理的,只要一方当事人的出席符合规定,合议组按照规定的程序进行口头审理。"故选项A正确,符合题意。

B.《专利审查指南2010》4-4-9"当事人中途退庭"中规定:"在无效宣告程序或者复审程序的口头审理过程中,未经合议组许可,当事人不得中途退庭。当事人未经合议组许可而中途退庭的,或者因妨碍口头审理进行而被合议组责令退庭的,合议组可以缺席审理。但是,应当就该当事人已经陈述的内容及其中途退庭或者被责令退庭的事实进行记录,并由当事人或者合议组签字确认。"故选项B错误,不符合题意。

C.《专利审查指南2010》4-4-10"证人出庭作证"中规定:"出具过证言并在口头审理通知书回执中写明的证人可以就其证言出庭作证。"故选项C正确,符合题意。

D.《专利审查指南2010》4-4-11"记录"中规定:"在重要的审理事项记录完毕后或者在口头审理终止时,合议组应当将笔录交当事人阅读。对笔录的差错,当事人有权请求记录人更正。"故选项D正确,符合题意。

87.(2011年卷一第99题)在口头审理中,胡某享有下列哪些权利?
A. 请求审案人员回避　　　　　　　B. 请求撤回无效宣告请求
C. 缩小无效宣告请求的范围　　　　D. 放弃无效宣告请求的部分理由及相应证据

【知识要点】口头审理中请求人享有的权利

【解析】《专利审查指南2010》4-4-13"当事人的权利和义务"中规定:"当事人有权请求审案人员回避;无效宣告程序中的当事人有权与对方当事人和解;有权在口头审理中请出具过证言的证人就其证言出庭作证和请求演示证物;有权进行辩论。无效宣告请求人有权请求撤回无效宣告请求,放弃无效宣告请求的部分理由及相应证据,以及缩小无效宣告请求的范围。专利权人有权放弃部分权利要求及其提交的有关证据。"故选项A、B、C、D正确,符合题意。

88.(2011年卷一第100题)胡某于2011年7月20日请求撤回其无效宣告请求,下列哪些情况不影响专利复审委员会继续作出审查决定或不影响已作出的审查决定的有效性?
A. 专利复审委员会根据已进行的审查工作能够作出宣告专利权部分无效的决定
B. 专利复审委员会根据已进行的审查工作能够作出宣告专利权全部无效的决定
C. 审查决定的结论已于2011年7月10日当庭宣布
D. 专利复审委员会已于2011年7月18日发出书面审查决定

【知识要点】无效宣告请求的撤回

【解析】A.B.《专利法实施细则》第72条规定:"专利复审委员会对无效宣告的请求作出决定前,无效宣告请求人可以撤回其请求。专利复审委员会作出决定之前,无效宣告请求人撤回其请求或者其无效宣告请求被视为撤回的,无效宣告请求审查程序终止。但是,专利复审委员会认为根据已进行的审查工作能够作出宣告专利权无效或者部分无效的决定的,不终止审查程序。"故选项A、B正确,符合题意。

C.D.《专利审查指南2010》4-1-2.3"请求原则"中规定:"请求人在专利复审委员会作出复审请求或者无效宣告请求审查决定前撤回其请求的,其启动的审查程序终止;但对于无效宣告请求,专利复审委员会认为根据已进行的工作能够作出宣告专利权无效或者部分无效的决定除外。请求人在审查决定的结论已宣布或者书面决定已经发出之后撤回请求的,不影响审查决定的有效性。"故选项C、D正确,符合题意。

参考答案

1. A B C D	2. B C	3. B	4. A B	5. A B C D	6. C D
7. A C	8. C	9. A C D	10. A B C	11. A B C	12. B
13. C	14. A B C	15. A C D	16. A C	17. A C D	18. A B C
19. A C	20. A B	21. B D	22. A C	23. 无选项	24. B C
25. A B	26. A B C D	27. A D	28. D	29. A C D	30. C D
31. A C D	32. A C D	33. B	34. A	35. C D	36. A C D
37. D	38. A	39. A C D	40. B C	41. A B D	42. A B
43. A B D	44. C	45. B C D	46. B C	47. B D	48. A C
49. A C	50. B C D	51. D	52. A B C D	53. A B C	54. A B D
55. C D	56. B	57. A C	58. B	59. A B C D	60. A B C D
61. B	62. A C	63. B D	64. A B C D	65. A C	66. B C
67. A C	68. B D	69. B D	70. A	71. B D	72. A D
73. A B	74. A B D	75. A D	76. A B D	77. A B C D	78. A B C D
79. C	80. A D	81. B C	82. A	83. C	84. A B C D
85. B C D	86. A C D	87. A B C D	88. A B C D		

第六章 专利权的实施与保护

第一节 专 利 权

一、专利权人的权利

(一) 禁止他人未经许可实施专利的权利

1.(2013年卷一第62题) 王某拥有一项外观设计专利权。未经其许可，他人为生产经营目的不得实施下列哪些行为?
   A. 制造该外观设计专利产品
   B. 使用该外观设计专利产品
   C. 许诺销售该外观设计专利产品
   D. 进口该外观设计专利产品

【知识要点】禁止他人未经许可实施专利的权利

【解析】A.C.D.《专利法》第11条第2款规定："外观设计专利权被授予后，任何单位或者个人未经专利权人许可，都不得实施其专利，即<u>不得为生产经营目的制造、许诺销售、销售、进口其外观设计专利产品</u>。"故选项A、C、D正确，符合题意。

B. 根据《专利法》第11条第2款的规定，为生产经营目的的行为不包括使用其外观设计专利产品。故选项B错误，不符合题意。

2.(2016年卷一第88题) 甲有一项名称为"茶具"的外观设计专利，其包括茶壶和茶杯两件产品；乙在某网购平台上销售茶壶，其销售的茶壶与甲的外观设计专利中的茶壶属于相同的设计，丙从该网购平台购买了乙销售的茶壶供自己使用。以下说法哪些是正确的?
   A. 乙销售的茶壶落入甲的专利权保护范围
   B. 乙销售的茶壶未落入甲的专利权保护范围
   C. 丙购买并使用该茶壶侵犯了甲的专利权
   D. 丙购买并使用该茶壶不侵犯甲的专利权

【知识要点】禁止他人未经许可实施专利的权利

【解析】A.B.《最高人民法院关于审理侵犯专利权纠纷案件应用法律若干问题的解释(二)》第15条规定："对于成套产品的外观设计专利，<u>被诉侵权设计与其一项外观设计相同或者近似的，人民法院应当认定被诉侵权设计落入专利权的保护范围</u>。"由此可知，甲的专利包括茶壶和茶杯产品，其实质上相当于同时拥有一件茶壶专利和一件茶杯专利，乙销售的茶壶与甲的专利相似，落入了甲专利的保护范围。故选项A正确，符合题意；选项B错误，不符合题意。

C.D.《专利法》第11条规定："发明和实用新型专利权被授予后，除本法另有规定的以外，任何单位或者个人未经专利权人许可，都不得实施其专利，即不得为生产经营目的制造、使用、许诺销售、进口其专利产品，或者使用其专利方法以及使用、许诺销售、销售、进口依照该专利方法直接获得的产品。<u>外观设计专利权被授予后，任何单位或者个人未经专利权人许可，都不得实施其专利，即不得为生产经营目的制造、许诺销售、销售、进口其外观设计专利产品</u>。"外观设计专利的保护并不涉及使用，丙的行为不构成侵权。故选项C错误，不符合题意；选项D正确，符合题意。

(二) 转让专利权的权利

3.(2013年卷一第65题) 下列哪些行为应当经国家知识产权局登记才能生效?
   A. 转让专利权
   B. 许可他人实施专利权
   C. 书面声明放弃专利权
   D. 质押专利权

【知识要点】权利登记生效

【解析】A.《专利法》第10条第3款规定："转让专利申请权或者专利权的，当事人应当订立书面合同，并向国务院专利行政部门登记，由国务院专利行政部门予以公告。<u>专利申请权或者专利权的转让自登记之日起生效</u>。"故选项A正确，符合题意。

B.《专利法实施细则》第14条第2款规定："专利权人与他人订立的专利实施许可合同，应当自合同生效之日起3个月内向国务院专利行政部门备案。"可见，许可他人实施专利权需要进行合同备案而非登记，故选项B错误，不符合题意。

C.《专利法》第44条规定："有下列情形之一的，专利权在期限届满前终止：(一)没有按照规定缴纳年费的；

(二) 专利权人以书面声明放弃其专利权的。专利权在期限届满前终止的，由国务院专利行政部门登记和公告。"故选项 C 正确，符合题意。

D.《专利权质押登记办法》第 12 条第 1 款规定："专利权质押登记申请经审查合格的，国家知识产权局在专利登记簿上予以登记，并向当事人发送《专利权质押登记通知书》。质权自国家知识产权局登记时设立。"故选项 D 正确，符合题意。

4. (2008 年卷一第 61 题) 专利权人张某于 2005 年 8 月 5 日与李某达成协议，以其享有的一项专利权作价 50 万元与李某一起设立有限责任公司。2005 年 9 月 10 日，张某又与赵某达成协议，以 100 万元价格将该项专利权转让给赵某，并于 2005 年 10 月 18 日向国家知识产权局办理了登记手续，国家知识产权局于 2005 年 11 月 12 日发出了手续合格通知书。下列哪些说法是正确的？

A. 自 2005 年 8 月 5 日起该项专利权属于张某和李某设立的有限责任公司
B. 在 2005 年 8 月 5 日至 9 月 10 日期间，该项专利权属于张某和李某共有
C. 在 2005 年 9 月 10 日至 10 月 18 日期间该项专利权属于张某
D. 自 2005 年 11 月 12 日起该项专利权属于赵某

【知识要点】专利权的转让

【解析】A、B.《专利法》第 10 条第 3 款规定："转让专利申请权或者专利权的，当事人应当订立书面合同，并向国务院专利行政部门登记，由国务院专利行政部门予以公告。专利申请权或者专利权的转让自登记之日起生效。"张某与李某达成协议时，未到国务院专利行政部门登记，因此专利权并未发生转移。故选项 A、B 错误，不符合题意。

C、D. 根据《专利法》第 10 条第 3 款的规定，张某与赵某达成协议，并到国务院专利行政部门登记，因此专利权发生转让，专利权的转让自登记之日起生效。故选项 C 正确，符合题意；选项 D 错误，不符合题意。

5. (2014 年卷一第 92 题) 中国的甲公司欲将其一项发明专利权转让给美国的乙公司。下列说法哪些是正确的？

A. 甲乙之间应当订立书面的转让合同
B. 甲乙应当自订立转让合同之日起 3 个月内，向国务院专利行政部门办理登记手续
C. 甲乙向国务院专利行政部门办理登记手续的，应当出具商务主管部门颁发的有关证明文件
D. 该专利权的转让自合同订立之日起生效

【知识要点】专利权的转让

【解析】A、B、D.《专利法》第 10 条规定："专利申请权和专利权可以转让。中国单位或者个人向外国人、外国企业或者外国其他组织转让专利申请权或者专利权的，应当依照有关法律、行政法规的规定办理手续。转让专利申请权或者专利权的，当事人应当订立书面合同，并向国务院专利行政部门登记，由国务院专利行政部门予以公告。专利申请权或者专利权的转让自登记之日起生效。"故选项 A 正确，符合题意；选项 B、D 错误，不符合题意。

C.《专利审查指南 2010》1-1-6.7.2.2 "专利申请权（或专利权）转移"中规定："对于发明或者实用新型专利申请（或专利），转让方是中国内地的个人或者单位，受让方是外国人、外国企业或者外国其他组织的，应当出具国务院商务主管部门颁发的《技术出口许可证》或者《自由出口技术合同登记证书》，或者地方商务主管部门颁发的《自由出口技术合同登记证书》，以及双方签字或者盖章的转让合同。"故选项 C 正确，符合题意。

6. (2004 年卷一第 31 题) 以下有关专利权转让的哪些说法是错误的？

A. 某研究所将自己研制的技术转让给一家企业，约定由该企业申请专利，研究所与企业必须订立专利申请权书面转让合同，并到国家知识产权局办理转让手续
B. 如果某项技术属于《技术进出口管理条例》中规定的禁止类技术，涉及该技术的专利申请权和专利权不得转让
C. 若待转让的专利申请权或专利权涉及《技术进出口管理条例》中规定的自由技术，当事人可以直接到国家知识产权局办理转让登记手续
D. 专利申请权转让合同自国家知识产权局公告之日起生效

【知识要点】专利权转让的原则

【解析】A. "申请专利的权利"，是指在发明创造作出以后，对该发明创造享有的提出专利申请的权利；"专利申请权"，是指申请人在向专利局提出申请后，对该"专利申请"享有的权利，即对该专利申请的所有权。所以，某研究所转让给企业的是"申请专利"的权利，而不是"专利申请权"。《合同法》第 342 条规定："技术转让合同包括专利权转让、专利申请权转让、技术秘密转让、专利实施许可合同。技术转让合同应当采用书面形式。"双方应当按照技术秘密转让签订书面转让合同，故选项 A 错误，符合题意。

B.《技术进出口管理条例》第 2 条规定："本条例所称技术进出口，是指从中华人民共和国境外向中华人民共和国境内，或者从中华人民共和国境内向中华人民共和国境外，通过贸易、投资或者经济技术合作的方式转移技术的行为。前款规定的行为包括专利权转让、专利申请权转让、专利实施许可、技术秘密转让、技术服务和其他方式的技术转移。"由此可见，《技术进出口管理条例》只是针对技术进出口行为进行的规定，所以如果某研究所欲转让的企业为国内企业，则其转让行为不受《技术进出口管理条例》的约束。故选项 B 错误，符合题意。

C.《技术进出口管理条例》第17条第1款规定:"对于属于自由进口的技术,实行合同登记管理。"第20条规定:"申请人凭技术进口许可证或者技术进口合同登记证,办理外汇、银行、税务、海关等相关手续。"第39条第1款规定:"对于属于自由出口的技术,实行合同登记管理。"第42条规定:"申请人凭技术出口许可证或者技术出口合同登记证,办理外汇、银行、税务、海关等相关手续。"故选项C错误,符合题意。

D. 根据《专利法》第10条第3款的规定(参见本章第4题解析),选项D错误,符合题意。

7.（2015年卷一第85题）中国的甲公司将其拥有的一项专利申请权转让给美国的乙公司。下列说法哪些是正确的？
   A. 该转让须经国家知识产权局进行保密审查
   B. 该转让应当订立书面合同
   C. 该转让自合同订立之日起生效
   D. 该转让要向国家知识产权局登记后方可生效

【知识要点】专利申请权转让

【解析】B、C、D.《专利法》第10条规定:"专利申请权和专利权可以转让。中国单位或者个人向外国人、外国企业或者外国其他组织转让专利申请权或者专利权的,应当依照有关法律、行政法规的规定办理手续。转让专利申请权或者专利权的,当事人应当订立书面合同,并向国务院专利行政部门登记,由国务院专利行政部门予以公告。专利申请权或者专利权的转让自登记之日起生效。"故选项B、D正确,符合题意;选项C错误,不符合题意。

A.《专利审查指南2010》1-1-6.7.2.2"专利申请权（或专利权）转移"中规定:"(3)专利申请权(或专利权)转让(或赠与)涉及外国人、外国企业或者外国其他组织的,应当符合下列规定:……(ii)对于发明或者实用新型专利申请(或专利),转让方是中国内地的个人或者单位,受让方是外国人、外国企业或者外国其他组织的,应当出具国务院商务主管部门颁发的《技术出口许可证》或者《自由出口技术合同登记证书》,或者地方商务主管部门颁发的《自由出口技术合同登记证书》,以及双方签字或者盖章的转让合同。……"可见,专利申请权的涉外转让需要履行一定的审批手续,而不是进行保密审查;且需要履行审批手续的仅限于发明或者实用新型专利申请,不包含外观设计专利申请。故选项A错误,不符合题意。

（三）许可他人实施专利的权利

8.（2014年卷一第65题）甲拥有一项产品发明专利权,为了扩大产能,甲欲在自行生产的同时许可乙公司生产该专利产品。下列说法哪些是正确的？
   A. 甲可以将该专利权独占许可给乙
   B. 甲可以将该专利权排他许可给乙
   C. 甲可以将该专利权普通许可给乙
   D. 甲与乙订立实施许可合同的,应自合同生效之日起3个月内向国家知识产权局备案

【知识要点】许可他人实施专利的权利

【解析】A、B、C.《专利法》第12条规定:"任何单位或者个人实施他人专利的,应当与专利权人订立实施许可合同,向专利权人支付专利使用费。被许可人无权允许合同规定以外的任何单位或者个人实施该专利。"本题中,由于甲欲在自行生产的同时许可乙公司生产该专利产品,故可以采取排他许可或普通许可的方式。故选项A错误,不符合题意;选项B、C正确,符合题意。

D.《专利法实施细则》第14条第2款规定:"专利权人与他人订立的专利实施许可合同,应当自合同生效之日起3个月内向国务院专利行政部门备案。"故选项D正确,符合题意。

9.（2012年卷一第75题）下列关于专利实施许可的说法哪些是正确的？
   A. 专利实施许可合同应当自合同生效之日起3个月内向国务院专利行政部门备案
   B. 专利实施许可合同的被许可人可以不经专利权人同意在产品的包装上标注专利标识
   C. 独占实施许可合同的被许可人可以单独向人民法院提出诉前责令申请人停止侵犯专利权行为的申请
   D. 普通实施许可合同的被许可人在专利权人不请求的情况下,可以单独请求管理专利工作的部门处理专利侵权纠纷

【知识要点】许可他人实施专利的权利

【解析】A.《专利法实施细则》第14条第2款规定:"专利权人与他人订立的专利实施许可合同,应当自合同生效之日起3个月内向国务院专利行政部门备案。"故选项A正确,符合题意。

B.《专利标识标注办法》第4条规定:"在授予专利权之后的专利有效期内,专利权人或者经专利权人同意享有专利标识标注权的被许可人可以在其专利产品、依照专利方法直接获得的产品、该产品的包装或者该产品的说明书等材料上标注专利标识。"故选项B错误,不符合题意。

C.《最高人民法院关于对诉前停止侵犯专利权行为适用法律问题的若干规定》第1条规定:"根据专利法第六十一条的规定,专利权人或者利害关系人可以向人民法院提出诉前责令被申请人停止侵犯专利权行为的申请。提出申请的利害关系人,包括专利实施许可合同的被许可人、专利财产权利的合法继承人等。专利实施许可合同被许可人中,

独占实施许可合同的被许可人可以单独向人民法院提出申请;排他实施许可合同的被许可人在专利权人不申请的情况下,可以提出申请。"故选项C正确,符合题意。

D.《专利行政执法办法》第10条规定:"请求管理专利工作的部门处理专利侵权纠纷的,应当符合下列条件:……专利实施许可合同的被许可人中,独占实施许可合同的被许可人可以单独提出请求;排他实施许可合同的被许可人在专利权人不请求的情况下,可以单独提出请求;除合同另有约定外,普通实施许可合同的被许可人不能单独提出请求。"故选项D错误,不符合题意。

10. (2013年卷—第78题)甲关于冷、热水混水水龙头的发明创造被授予实用新型专利权,乙在该实用新型专利基础上改进了该水龙头的温度调节性能,并就此获得了一项发明专利权,该发明专利的实施依赖于甲的实用新型专利的实施。下列说法哪些是正确的?
 A. 甲可以不经乙同意,实施该发明专利
 B. 乙可以不经甲同意,实施该发明专利
 C. 甲、乙可以通过签订交叉许可合同实施该发明专利
 D. 任何第三方需要经过甲、乙同意,才能实施该发明专利
【知识要点】专利实施许可
【解析】《专利法》第11条第1款规定:"发明和实用新型专利权被授予后,除本法另有规定的以外,任何单位或者个人未经专利权人许可,都不得实施其专利,即不得为生产经营目的制造、使用、许诺销售、销售、进口其专利产品,或者使用其专利方法以及使用、许诺销售、销售、进口依照该专利方法直接获得的产品。"

 A. 未经乙同意,甲实施该发明专利将侵犯乙的专利权,故选项A错误,不符合题意。

 B. 由于乙专利的实施依赖于甲专利的实施,因此,未经甲同意,乙实施该发明专利将侵犯甲的专利权,选项B错误,不符合题意。

 C. 由于甲、乙间签订了交叉许可合同,双方都同意了对方使用其专利,故都可以实施该发明专利,选项C正确,符合题意。

 D. 由于乙专利的实施依赖于甲专利的实施,因此,任何第三方欲实施该发明专利,都必须经甲、乙同意,故选项D正确,符合题意。

(四)放弃专利权的权利

11. (2009年卷—第54题)陈某和李某委托某专利代理机构向国家知识产权局提交了一件专利申请。该申请被授予专利权后,陈某和李某欲放弃该专利权。下列说法哪些是正确的?
 A. 放弃专利权的手续既可以由该专利代理机构办理,也可以由陈某或者李某办理
 B. 在办理放弃专利权手续时,应当提交陈某或者李某签字同意的放弃专利权声明
 C. 陈某和李某既可以放弃全部专利权,也可以放弃部分专利权
 D. 放弃专利权的生效日为手续合格通知书的发文日
【知识要点】放弃专利权
【解析】A、B.《专利审查指南2010》5-9-2.3"专利权人放弃专利权"中规定:"授予专利权后,专利权人随时可以主动要求放弃专利权,……委托专利代理机构的,放弃专利权的手续应当由专利代理机构办理,并附具全体申请人签字或者盖章的同意放弃专利权声明。"故选项A、B错误,不符合题意。

 C.《专利审查指南2010》5-9-2.3"专利权人放弃专利权"中规定:"放弃专利权只能放弃一件专利的全部,放弃部分专利权的声明视为未提出。"故选项C错误,不符合题意。

 D.《专利审查指南2010》5-9-2.3"专利权人放弃专利权"中规定:"放弃专利权声明经审查,……符合规定的,审查员应当发出手续合格通知书,并将有关事项分别在专利登记簿和专利公报上登记和公告。放弃专利权声明的生效日为手续合格通知书的发文日,放弃的专利权自该日起终止。"故选项D正确,符合题意。

(五)标明专利标识的权利

12. (2015年卷—第87题)某公司拥有一项实用新型专利权。下列说法哪些是正确的?
 A. 该公司应当在其生产和销售的该专利产品或产品包装上标注专利标识
 B. 该公司在该专利产品上标注专利标识的,应当采用中文标明专利权的类型
 C. 在该专利权被授予前,该公司可以在产品上标注专利申请号,但应标明"专利申请,尚未授权"字样
 D. 该公司在该专利权期限届满前在产品上标注专利标识,在专利权终止后继续销售上述产品的,不构成假冒专利行为
【知识要点】专利标识标注
【解析】A.《专利法》第17条第2款:"专利权人有权在其专利产品或者该产品的包装上标明专利标识。"专利标

识的标注是专利权人的一项权利,其有权选择标注或者不标注专利标识。故选项A错误,不符合题意。

B.《专利标识标注办法》第5条第1款规定:"标注专利标识的,<u>应当标明下述内容:(一)采用中文标明专利权的类别</u>,例如中国发明专利、中国实用新型专利、中国外观设计专利;(二)国家知识产权局授予专利权的专利号。"故选项B正确,符合题意。

C.《专利标识标注办法》第7条规定:"专利权被授予前在产品、该产品的包装或者该产品的说明书等材料上进行标注的,应当采用中文标明中国专利申请的类别、专利申请号,并标明'专利申请,尚未授权'字样。"故选项C正确,符合题意。

D.《专利法实施细则》第84条第2款规定:"专利权终止前依法在专利产品、依照专利方法直接获得的产品或者其包装上标注专利标识,在专利权终止后许诺销售、销售该产品的,不属于假冒专利行为。"故选项D正确,符合题意。

(六)专利权的质押

13.(2014年卷一第35题)甲公司和乙公司共同拥有一项外观设计专利权,现甲公司欲以该专利权质押给银行进行融资。下列说法哪些是正确的?

A. 甲公司可以自行将该专利权质押,无需取得乙公司的同意
B. 甲公司与乙公司可以通过协议约定任何一方无需取得对方同意即可质押该专利权
C. 只有经国家知识产权局登记,该专利权的质押才能生效
D. 甲公司请求国家知识产权局进行质押登记的,应当提交该专利权的评价报告

【知识要点】专利权的质押

【解析】A.《专利法》第15条规定:"专利申请权或者专利权的共有人对权利的行使有约定的,从其约定。没有约定的,共有人可以单独实施或者以普通许可方式许可他人实施该专利;许可他人实施该专利的,收取的使用费应当在共有人之间分配。除前款规定的情形外,行使共有的专利申请权或者专利权应当取得全体共有人的同意。"由此可知,甲公司如需将该外观设计专利权质押,则必须经乙公司同意。故选项A错误,不符合题意。

B. 根据《专利法》第15条的规定,共有权利人可以对专利申请权或者专利权的行使进行约定,故甲、乙二公司可以约定任何一方无须取得对方同意即可质押该专利权。故选项B正确,符合题意。

C.《专利权质押登记办法》第12条第1款规定:"专利权质押登记申请经审查合格的,国家知识产权局在专利登记簿上予以登记,并向当事人发送《专利权质押登记通知书》。质权自国家知识产权局登记时设立。"故选项C正确,符合题意。

D.《专利权质押登记办法》第7条第1款规定:"申请专利权质押登记的,当事人应当向国家知识产权局提交下列文件:(一)出质人和质权人共同签字或者盖章的专利权质押登记申请表;(二)专利权质押合同;(三)双方当事人的身份证明;(四)委托代理的,注明委托权限的委托书;(五)其他需要提供的材料。"由此可知,在办理质押登记手续时,无需提交专利权评价报告。故选项D错误,不符合题意。

14.(2015年卷一第88题)甲将一项专利权质押给乙,于2012年3月1日签订了质押合同,并于2012年3月5日到国家知识产权局进行了登记。后经乙同意,甲于2012年5月10日与丙签订了专利权转让合同,并于2012年5月17日到国家知识产权局进行了登记。下列说法哪些是正确的?

A. 质权自2012年3月1日起生效
B. 质权自2012年3月5日起生效
C. 专利权的转让自2012年5月10日起生效
D. 专利权的转让自2012年5月17日起生效

【知识要点】专利权的质押与转让

【解析】A.B.《专利权质押登记办法》第12条第1款规定:"专利权质押登记申请经审查合格的,国家知识产权局在专利登记簿上予以登记,并向当事人发送《专利权质押登记通知书》。<u>质权自国家知识产权局登记时设立</u>。"本题中,甲、乙双方于2012年3月5日到国家知识产权局进行了专利权质押登记,则2012年3月5日是质权生效日期。故选项A错误,不符合题意;选项B正确,符合题意。

C.D.《专利法》第10条第3款规定:"转让专利申请权或者专利权的,当事人应当订立书面合同,并向国务院专利行政部门登记,由国务院专利行政部门予以公告。<u>专利申请权或者专利权的转让自登记之日起生效</u>。"本题中,甲、丙双方于2012年5月17日到国家知识产权局进行了专利权转让登记,则2012年5月17日是转让生效日期。故选项C错误,不符合题意;选项D正确,符合题意。

15.(2002年卷一第3题)下列哪些种类的合同须经国家知识产权局登记后才生效的?

A. 普通专利实施许可合同
B. 独占专利实施许可合同
C. 专利权转让合同
D. 专利权质押合同

【知识要点】需经国家知识产权局登记后生效的合同

【解析】A.B.《合同法》第44条规定:"依法成立的合同,自成立时生效。法律、行政法规规定应当办理批准、

登记等手续生效的，依照其规定。"选项A、B中的合同自成立时生效，故选项A、B错误，不符合题意。

C.《专利法》第10条第3款规定："转让专利申请权或者专利权的，当事人应当订立书面合同，并向国务院专利行政部门登记，由国务院专利行政部门予以公告。专利申请权或者专利权的转让自登记之日起生效。"转让专利申请权或者专利权的合同自合同成立时生效，而专利权的转让自登记之日起生效。故选项C错误，不符合题意。（注意：选项C是本题的主要考点，选择时要特别注意法律规定中的文字区别。）

D.《专利权质押合同登记管理暂行办法》第3条规定："以专利权出质的，出质人与质权人应当订立书面合同，并向中国专利局办理出质登记，质押合同自登记之日起生效。"故选项D正确，符合题意。

16.（2002年卷一第28题）以下关于专利权质押合同登记后法律后果的哪些判断是正确的？
A. 在质押期间专利权人不能擅自转让该专利权
B. 在质押期间质权人不得变更
C. 在质押期间宣告该专利权无效请求的审查程序应当中止
D. 在质押期限届满之前，除提前解除质押合同的，当事人不得以任何其他理由注销登记

【知识要点】专利权质押合同登记

【解析】A.《担保法》第79条规定："以依法可以转让的商标专用权，专利权、著作权中的财产权出质的，出质人与质权人应当订立书面合同，并向其管理部门办理出质登记。质押合同自登记之日起生效。"《担保法》第80条规定："本法第七十九条规定的权利出质后，出质人不得转让或者许可他人使用，但经出质人与质权人协商同意的可以转让或者许可他人使用。出质人所得的转让费、许可费应当向质权人提前清偿所担保的债权或者向与质权人约定的第三人提存。"《专利权质押合同登记管理暂行办法》第13条规定："质押期间专利权人就有关专利提出著录项目变更请求时，须经质押双方当事人同意。"故选项A正确，符合题意。

B.《专利权质押合同登记管理暂行办法》第14条规定："变更质权人、被担保的主债权种类及数额或者质押担保的范围的，当事人应当于作出变更决定之日起七日内持变更协议、原《专利权质押合同登记通知书》和其他有关文件，向中国专利局办理变更手续。"故选项B错误，不符合题意。

C.《专利审查指南2010》5-7-7"中止程序"中规定："中止，是指当地方知识产权管理部门或者人民法院受理了专利申请权（或专利权）权属纠纷，或者人民法院裁定对专利申请权（或专利权）采取财产保全措施时，专利局根据权属纠纷的当事人的请求或者人民法院的要求中止有关程序的行为。"故选项C错误，不符合题意。

D.《专利权质押合同登记管理暂行办法》第16条规定："提前解除质押合同的，当事人应当自解除质押合同的协议签字后七日内持解除协议和《专利权质押合同登记通知书》向中国专利局办理质押合同登记注销手续。"第17条规定："专利权被无效、撤销或其他原因丧失后，当事人应当在收到通知之日起七日内持专利权丧失凭证和原《专利权质押合同登记通知书》，向中国专利局办理质押合同登记注销手续。"第18条规定："因主合同无效致使质押合同无效的，当事人应当向中国专利局办理质押合同登记注销手续。"第19条规定："质押期限届满，当事人应当持合同履行完毕凭证以及《专利权质押合同登记通知书》，向中国专利局办理质押合同登记注销手续。质押期限届满后15日内当事人不办理注销登记的，该合同登记将被自动注销。"故选项D错误，不符合题意。

（七）综合题

17.（2015年卷一第33题）对于共有的专利权，在共有人无任何约定的情形下，下列哪些行为必须获得全体共有人的同意？
A. 专利权的转让 B. 专利权的普通实施许可
C. 以专利权入股 D. 专利权的出质

【知识要点】专利权的共有

【解析】《专利法》第15条规定："专利申请权或者专利权的共有人对权利的行使有约定的，从其约定。没有约定的，共有人可以单独实施或者以普通许可方式许可他人实施该专利；许可他人实施该专利的，收取的使用费应当在共有人之间分配。除前款规定的情形外，行使共有的专利申请权或者专利权应当取得全体共有人的同意。"由此可知，在共有人无任何约定的情形下，除选项B中专利权的普通实施许可外，专利权的转让、以专利权的入股、专利权的出质都应当取得全体共有人的同意。故选项A、C、D正确，符合题意。

18.（2015年卷一第84题）甲乙二人共同拥有一项发明专利权。在没有任何约定的情形下，下列说法哪些是正确的？
A. 甲可以单独实施该专利
B. 甲在未经乙同意的情况下可以以独占许可方式许可他人实施该专利
C. 甲单独实施该专利获得的收益应当在甲乙之间分配
D. 甲许可他人实施该专利，其收取的使用费应当在甲乙之间分配

【知识要点】专利权的共有

【解析】《专利法》第15条第1款规定："专利申请权或者专利权的共有人对权利的行使有约定的，从其约定。没有约定的，共有人可以单独实施或者以普通许可方式许可他人实施该专利；许可他人实施该专利的，收取的使用费应当在共有人之间分配。"故选项A、D正确，符合题意；选项B、C错误，不符合题意。

【知识点拓展】《最高人民法院关于审理技术合同纠纷案件适用法律若干问题的解释》第25条第1款规定："专利实施许可包括以下方式：（一）独占实施许可，是指让与人在约定许可实施专利的范围内，将该专利仅许可一个受让人实施，让与人依约定不得实施该专利；（二）排他实施许可，是指让与人在约定许可实施专利的范围内，将该专利仅许可一个受让人实施，但让与人依约定可以自行实施该专利；（三）普通实施许可，是指让与人在约定许可实施专利的范围内许可他人实施该专利，并且可以自行实施该专利。"

19. （2013年卷一第10题）对于共有的专利权，在共有人无任何约定的情形下，下列哪种行为不必获得全体共有人的同意？

    A. 专利权的转让 B. 专利权的普通实施许可
    C. 以专利权入股 D. 专利权的出质

【知识要点】专利权的共有

【解析】B.《专利法》第15条规定："专利申请权或者专利权的共有人对权利的行使有约定的，从其约定。没有约定的，共有人可以单独实施或者以普通许可方式许可他人实施该专利；许可他人实施该专利的，收取的使用费应当在共有人之间分配。除前款规定的情形外，行使共有的专利申请权或者专利权应当取得全体共有人的同意。"由此可知，在共有人无任何约定的情形下，选项B中专利权的普通实施许可，不必须获得全体共有人的同意。故选项B正确，符合题意。

A.C.D. 根据《专利法》第15条的规定，专利权的转让、以专利权入股、专利权的出质都必须获得全体共有人的同意。故选项A、C、D错误，不符合题意。

20. （2010年卷一第7题）专利权人享有下列哪些权利？

    A. 转让专利权的权利 B. 放弃专利权的权利
    C. 许可他人实施专利的权利 D. 在专利产品上标明专利标识的权利

【知识要点】专利权人的权利

【解析】A.《专利法》第10条第1款规定："专利申请权和专利权可以转让。"故选项A正确，符合题意。

B.《专利法》第44条第1款规定："有下列情形之一的，专利权在期限届满前终止：（一）没有按照规定缴纳年费的；（二）专利权人以书面声明放弃其专利权的。"故选项B正确，符合题意。

C.《专利法》第60条规定："未经专利权人许可，实施其专利，即侵犯其专利权……"故选项C正确，符合题意。

D.《专利法》第17条第2款规定："专利权人有权在其专利产品或者该产品的包装上标明专利标识。"故选项D正确，符合题意。

21. （2009年卷一第100题）吴某拥有一项发明专利权。张某在对吴某的发明进行改进后，研制出了一项具有更好效果的新发明并就该发明获得了专利权，但张某对其发明的实施依赖于对吴某发明的实施。下列说法哪些是正确的？

    A. 吴某未经张某许可实施自己的专利侵犯了张某的专利权
    B. 张某未经吴某许可实施自己的专利侵犯了吴某的专利权
    C. 如果吴某获得实施张某专利的强制许可，则张某自动获得实施吴某专利的权利
    D. 张某实施其专利的，应当与吴某签订许可合同

【知识要点】从属专利

【解析】A.B.D. 从属专利是指在技术上存在从属关系前后两个专利，在后专利的权利要求所要求保护的技术方案落入在先专利的专利保护范围之内。此时，前一项专利称为在先专利（或称基本专利），后一项专利称为在后专利（或称从属专利、附属专利）。对于从属专利，无论是在后专利的专利权人还是在先专利的专利权人，未经对方的许可，都不能实施对方的专利，但在先专利权人实施自己专利则不受从属专利的限制。故选项A错误，不符合题意；选项B、D正确，符合题意。

C. 强制许可需由国务院专利行政部门批准，不能自动获得。故选项C错误，不符合题意。

22. （2004年卷一第42题）2004年6月4日，韩某就其发明的磁性治疗仪申请了实用新型专利，2004年7月8日，韩某向国家医疗器械主管部门提出申请，要求获准生产这种治疗仪，主管部门审查后发现该治疗仪有严重的安全隐患，没有批准韩某的申请。根据上述情况，下面哪些说法是正确的？

    A. 该治疗仪直接作用于人体，不属于可授予实用新型专利权的主题，该专利申请应被驳回
    B. 该治疗仪具有安全隐患，其生产和销售违反社会公德，该专利申请应被驳回
    C. 该治疗仪不能被投入生产和使用，因此该申请由于不具有实用性而应被驳回
    D. 该治疗仪符合实用新型的定义，如果该专利申请也满足其他授权条件，就应当被授予专利权

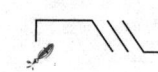

【知识要点】专利授权与实施的区别

【解析】A、B、D.《专利法实施细则》第10条规定："专利法第五条所称违反法律的发明创造，不包括仅其实施为法律所禁止的发明创造。"专利申请的授权仅表明所述专利申请符合了《专利法》及《专利法实施细则》的有关规定，并不意味着有关专利产品可以当然地进入市场，涉及"电、磁、光、声、放射或其结合的医疗器具"的专利申请的授权也是一样。而在《专利法》实施初期，因为人们对专利制度的不了解，往往以为取得专利的产品就符合其他相关规定，因此国家知识产权局曾经一度对涉及"电、磁、光、声、放射或其结合的医疗器具"的专利申请停止授予实用新型专利权。随着人们对专利制度的了解，国家知识产权局恢复了对此类申请授予实用新型专利权。故选项A、B错误，不符合题意；故选项D正确，符合题意。

C.《专利法》第22条第4款规定："实用性，是指发明或者实用新型能够制造或者使用，并且能够产生积极效果。"专利和采用该专利技术的产品是两个不同的概念，采用该专利技术的产品有安全隐患而不能被投入生产和使用，并不等于该专利技术本身不能够被制造或者使用。导致安全隐患的原因，可能不是专利技术本身，而是由于其他技术不完善而造成的。故选项C错误，不符合题意。

二、专利权的期限

（一）专利权的生效

23.（2000年卷一第36题）某厂在递交一项实用新型申请之后（被授予专利权之前）发现某公司仿造并销售其要求保护的产品。对此某厂应当采取什么措施来保护自己的权益：
A. 即请求专利管理机关处理或向人民法院起诉
B. 要求某公司支付临时保护期间的使用费
C. 向某公司声明其已经申请专利，告知该公司如果在专利授权之后仍然进行生产，将对其行为起诉
D. 请求专利局进行处理

【知识要点】实用新型专利权的生效与保护

【解析】A、C、D. 一件专利申请的结局可能有授权和不授权两种情况，因此只有在其被授予专利权后才能依法给予保护。故选项A、D错误，不符合题意。选项C是实用新型申请人通常可以采取的一种做法，故选项C正确，符合题意。

B. 由于实用新型专利授权之前其内容不会被公布，因此不能享有临时保护。故选项B错误，不符合题意。

（二）专利权的保护期限

24.（2013年卷一第6题）金某于2004年3月18日向国家知识产权局提交了一件实用新型专利申请。2004年8月13日，金某以该实用新型专利申请为优先权基础提出了一件PCT国际申请。该PCT国际申请于2006年7月20日进入中国国家阶段，并于2008年3月6日被公告授予发明专利权。该项发明专利权的保护期限何时届满？
A. 2024年3月18日 B. 2024年8月13日
C. 2026年7月20日 D. 2028年3月6日

【知识要点】发明专利权的期限

【解析】《专利法实施细则》第102条规定："按照专利合作条约已确定国际申请日并指定中国的国际申请，视为向国务院专利行政部门提出的专利申请，该国际申请日视为专利法第二十八条所称的申请日。"由此可知，本题中金某提出PCT国际申请的申请日为2004年8月13日。《专利法》第42条规定："发明专利权的期限为二十年，实用新型专利权和外观设计专利权的期限为十年，均自申请日起计算。"《专利法实施细则》第11条规定："除专利法第二十八条和第四十二条规定的情形外，专利法所称申请日，有优先权的，指优先权日。"由此可知，金某发明专利权的保护期限应当是自2004年8月13日起20年，即到2024年8月13日届满。故选项B正确，符合题意；选项A、C、D错误，不符合题意。

25.（2016年卷一第25题）甲于2011年2月1日提交了一项涉及产品X的发明专利申请，该申请于2012年8月1日被公布，并于2014年5月1日获得授权；乙在2013年1月开始制造销售上述产品X，由于销路不佳，在2014年3月30日停止制造销售行为；丙在2011年4月自行研发了相同产品，并一直进行制造销售。下列说法哪个是正确的？
A. 由于乙制造销售产品X的期间在甲专利授权之前，因此无需向甲支付费用
B. 虽然丙是在专利申请公布前独自完成的发明，但也需向甲支付费用
C. 如果甲在2014年2月1日知道了乙的制造行为，其有权要求乙立即停止制造销售行为
D. 如果甲在2014年2月1日知道了丙的制造行为，其诉讼时效为自2014年2月1日起两年

【知识要点】专利权的保护期限、发明专利公布后的临时保护

【解析】A、B.《专利法》第13条规定："发明专利申请公布后，申请人可以要求实施其发明的单位或者个人支付

适当的费用。"故选项A错误,不符合题意;选项B正确,符合题意。

C.D.《专利法》第68条规定:"侵犯专利权的诉讼时效为二年,自专利权人或者利害关系人得知或者应当得知侵权行为之日起算。发明专利申请公布后至专利权授予前使用该发明未支付适当使用费的,专利权人要求支付使用费的诉讼时效为二年,自专利权人得知或者应当得知他人使用其发明之日起计算,但是,专利权人于专利权授予之日前即已得知的,自专利权授予之日起算。"故选项C错误,不符合题意。在选项D中,诉讼时效为专利获得授权之日起2年,即从2014年5月1日起2年。故选项D错误,不符合题意。

第二节 专利侵权行为与救济方法

一、专利侵权行为

(一)专利侵权行为的类型

26.(2016年卷一第94题) 甲拥有一项X产品实用新型专利权,其向法院起诉乙制造的产品侵犯自己的专利权,以下哪些可以作为乙不侵权抗辩的理由?

A. 乙用于制造X产品的设备是以合理价格从他人手中购买的
B. 乙在甲申请专利之前自行完成了研发并开始制造X产品
C. 乙就其所制造的产品拥有自己的专利权
D. 乙有证据表明其生产的X产品属于现有技术

【知识要点】侵犯实用新型专利权的情形

【解析】《专利法》第62条规定:"在专利侵权纠纷中,被控侵权人有证据证明其实施的技术或者设计属于现有技术或者现有设计的,不构成侵犯专利权。"《专利法》第69条规定:"有下列情形之一的,不视为侵犯专利权:(一)专利产品或者依照专利方法直接获得的产品,由专利权人或者经许可的单位、个人售出后,使用、许诺销售、销售、进口该产品的;(二)在专利申请日前已经制造相同产品、使用相同方法或者已经作好制造、使用的必要准备,并且仅在原有范围内继续制造、使用的;(三)临时通过中国领陆、领水、领空的外国运输工具,依照其所属国同中国签订的协议或者共同参加的国际条约,或者依照互惠原则,为运输工具自身需要而在其装置和设备中使用有关专利的;(四)专为科学研究和实验而使用有关专利的;(五)为提供行政审批所需要的信息,制造、使用、进口专利药品或者专利医疗器械的,以及专门为其制造、进口专利药品或者专利医疗器械的。"

A. 制造产品的设备来源合法可以免除赔偿责任,但并不意味着不构成侵权,选项A构成侵权,不符合题意。
B. 在专利申请之前完成研发属于在先使用抗辩,选项B不构成侵权,符合题意。
C. 虽然乙拥有自己的专利权不代表其不侵犯甲的专利权,选项C构成侵权,不符合题意。
D. 属于现有技术抗辩,选项D不构成侵权,符合题意。

27.(2015年卷一第91题) 甲公司在中国拥有一项抗癌药品的专利权,并在中国国内进行了制造销售。以下未经甲公司许可的哪些行为侵犯了甲公司的专利权?

A. 乙是病人,从印度购买仿制的该专利药品自己服用,并将多余的药品带回国内销售
B. 丙从甲公司购买了该专利药品,将其加价卖给第三人
C. 丁在国内某报纸上发布印度仿制的该专利药品的销售广告
D. 戊见甲公司销售的药品价格过于昂贵,自行制造并低价销售该专利药品

【知识要点】专利侵权行为

【解析】《专利法》第11条第1款规定:"发明和实用新型专利权被授予后,除本法另有规定的以外,任何单位或者个人未经专利权人许可,都不得实施其专利,即不得为生产经营目的制造、使用、许诺销售、销售、进口其专利产品,或者使用其专利方法以及使用、许诺销售、销售、进口依照该专利方法直接获得的产品。"《专利法》第60条规定:"未经专利权人许可,实施其专利,即侵犯其专利权,……"

A. 乙的行为构成为生产经营目的的进口、销售甲公司的专利药品的行为,侵犯了甲公司的专利权。故选项A正确,符合题意。
B.《专利法》第69条规定:"有下列情形之一的,不视为侵犯专利权:(一)专利产品或者依照专利方法直接获得的产品,由专利权人或者经其许可的单位、个人售出后,使用、许诺销售、销售、进口该产品的;……"则选项B中丙的行为并不构成侵犯甲的专利权的行为。故选项B错误,不符合题意。
C. 丁的行为构成为生产经营目的的许诺销售甲公司的专利药品的行为,侵犯了甲公司的专利权。故选项C正确,符合题意。
D. 戊的行为构成为生产经营目的的制造并销售甲公司的专利药品的行为,侵犯了甲公司的专利权。故选项D正确,

符合题意。

28.（2015年卷—第89题）甲公司就一项手术刀于2010年6月10日提出实用新型专利申请并于2010年9月29日获授权。乙公司2010年8月15日自行研制出了相同的手术刀，于2010年9月29日前完成了生产制造的准备。未经甲公司许可，乙公司于2010年10月开始制造该手术刀，并通过丙公司销售给了丁医院使用。下列说法哪些是正确的？

  A. 乙的制造行为侵犯甲的专利权
  B. 乙在专利授权前已经做好了生产制造的准备，其制造行为不侵犯甲的专利权
  C. 丙的销售行为侵犯甲的专利权
  D. 丁能证明其产品的合法来源，其使用行为不侵犯甲的专利权

【知识要点】实用新型专利侵权行为

【解析】A、B、C. 首先，《专利法》第11条第1款规定："发明和实用新型专利权被授予后，除本法另有规定的以外，任何单位或者个人未经专利权人许可，都不得实施其专利，即不得为生产经营目的制造、使用、许诺销售、销售、进口其专利产品，或者使用其专利方法以及使用、许诺销售、销售、进口依照该专利方法直接获得的产品。"其次，《专利法》第60条规定："未经专利权人许可，实施其专利，即侵犯其专利权，……"最后，《专利法》第69条规定："有下列情形之一的，不视为侵犯专利权：……（二）在专利申请日前已经制造相同产品、使用相同方法或者已经作好制造、使用的必要准备，并且仅在原有范围内继续制造、使用的；……"结合前述规定，本题中，甲公司就一项手术刀于2010年9月29日获授实用新型专利权，乙公司于2010年10月开始制造该相同手术刀，且乙公司完成生产制造该手术刀的准备的日期是2010年9月29日，该日期在甲公司就该手术刀提出实用新型专利申请的日期（2010年6月10日）之后，因此，乙公司的制造行为侵犯了甲公司的专利权。故选项A正确，符合题意；选项B错误，不符合题意。丙公司的销售行为没有得到专利权人甲的许可，属于侵犯专利权的行为。故选项C正确，符合题意。

  D.《专利法》第70条规定："为生产经营目的使用、许诺销售或者销售不知道是未经专利权人许可而制造并售出的专利侵权产品，能证明该产品合法来源的，不承担赔偿责任。"本条规定是善意免责条款，其目的在于免除善意侵权人的赔偿责任，但并不否定其侵权事实。故选项D错误，不符合题意。

29.（2008年卷—第43题）吴某在一次试验中发现市面上出售的某种洗涤剂具有很好的防止树木枯萎的功效，于是他将这种洗涤剂的新用途申请了专利，并获得了授权。以下哪些未经吴某许可的行为侵犯了吴某的专利权？

  A. 王某从市面上购买了该种洗涤剂用来防止其家中的观赏树木枯萎
  B. 某花卉种植公司自行配制了该种洗涤剂用来防止其出售的树木枯萎
  C. 某厂在其制造的该种洗涤剂包装上注明了该洗涤剂具有防止树木枯萎的用途
  D. 某食品加工厂配制了该洗涤剂用来清洗器皿

【知识要点】方法发明专利侵权行为

【解析】《专利法》第11条第1款规定："发明和实用新型专利权被授予后，除本法另有规定的以外，任何单位或者个人未经专利权人许可，都不得实施其专利，即不得为生产经营目的制造、使用、许诺销售、销售、进口其专利产品，或者使用其专利方法以及使用、许诺销售、销售、进口依照该专利方法直接获得的产品。"题目中的专利属于方法发明中的用途发明，其中该已知产品本身并不属于该专利的保护范围，该专利的保护范围仅限于该用途。

  A. 王某不是为生产经营目的而使用，不构成侵权。故选项A错误，不符合题意。
  B. 花卉种植公司为生产经营目的而使用吴某的专利方法，构成侵权。故选项B正确，符合题意。
  C. 某厂未经吴某许可在其制造的该种洗涤剂包装上注明了该洗涤剂具有防止树木枯萎的用途，虽未直接使用该专利方法，但在销售产品的同时，通过明示或暗示的方法促使购买者使用该方法，是典型的侵犯用途专利的侵权行为。故选项C正确，符合题意。
  D. 某食品加工厂没有使用吴某的专利方法，因此不构成侵权。故选项D错误，不符合题意。

30.（2016年卷—第86题）甲公司拥有一项推荐性行业标准中明示的必要专利技术，乙公司未经甲公司同意，在其制造的产品中使用了该项专利技术，以下说法正确的是？

  A. 由于该专利已被列入推荐性行业标准，因此乙公司使用该项技术无需支付许可费
  B. 虽然该专利已被列入推荐性行业标准，但是乙公司使用该项技术应当支付许可费
  C. 由于该专利已被列入推荐性行业标准，因此乙公司使用该项技术不侵犯甲公司专利权
  D. 虽然该专利已被列入推荐性行业标准，但乙公司未经同意使用该技术仍然属于侵权行为

【知识要点】专利侵权行为

【解析】《专利法》第11条第1款规定："发明和实用新型专利权被授予后，除本法另有规定的以外，任何单位或者个人未经专利权人许可，都不得实施其专利，即不得为生产经营目的的制造、使用、许诺销售、销售、进口其专利产品，或者使用其专利方法以及使用、许诺销售、销售、进口依照该专利方法直接获得的产品。"

A、B. 根据《专利法》第11条第1款的规定，乙公司使用该项技术需支付许可费。故选项A错误，不符合题意；选项B正确，符合题意。

C、D. 根据《专利法》第11条第1款的规定，乙公司未经同意使用该技术仍然属于侵权行为。故选项C错误，不符合题意；选项D正确，符合题意。

31. （2008年卷一第93题）甲公司拥有一项关于可回收电池的专利权，下列哪些行为构成了对该可回收电池的许诺销售？
   A. 乙公司总经理在学术期刊上发表文章对该可回收电池的性能进行了介绍
   B. 丙公司在报纸上刊登了销售该可回收电池的广告
   C. 丁公司通过传真向其合作公司发出了销售该可回收电池的信息
   D. 戊公司在某展销会上展出样品，其销售经理口头承诺可以批量提供该可回收电池

   【知识要点】许诺销售
   【解析】《最高人民法院关于审理专利纠纷案件适用法律问题的若干规定》第24条规定："专利法第十一条、第六十九条所称的许诺销售，是指以做广告、在商店橱窗中陈列或者在展销会上展出等方式作出销售商品的意思表示。"选项A没有作出销售产品的意思表示，不构成许诺销售。故选项A错误，不符合题意；选项B、C、D正确，符合题意。

（二）专利侵权的判定

（1）专利权的保护范围

32. （2014年卷一第98题）下列关于专利权保护范围的说法哪些是正确的？
   A. 仅在发明专利说明书或者附图中描述而在权利要求中未记载的技术方案，权利人在侵犯专利权纠纷案件中将其纳入专利权保护范围的，人民法院不予支持
   B. 实用新型专利权的保护范围以其权利要求的内容为准，说明书及附图可以用于解释权利要求的内容
   C. 外观设计专利权的保护范围以表示在图片或者照片中的该产品的外观设计为准，简要说明可以用于解释图片或者照片所表示的该产品的外观设计
   D. 人民法院判定被诉侵权技术方案是否落入专利权的保护范围，应当审查权利人主张的权利要求所记载的全部技术特征

   【知识要点】专利权的保护范围
   【解析】A.《最高人民法院关于审理侵犯专利权纠纷案件应用法律若干问题的解释》第5条规定："对于仅在说明书或者附图中描述而在权利要求中未记载的技术方案，权利人在侵犯专利权纠纷案件中将其纳入专利权保护范围的，人民法院不予支持。"故选项A正确，符合题意。

   B.《专利法》第59条第1款规定："发明或者实用新型专利权的保护范围以其权利要求的内容为准，说明书及附图可以用于解释权利要求的内容。"故选项B正确，符合题意。

   C.《专利法》第59条第2款规定："外观设计专利权的保护范围以表示在图片或者照片中的该产品的外观设计为准，简要说明可以用于解释图片或者照片所表示的该产品的外观设计。"故选项C正确，符合题意。

   D.《最高人民法院关于审理侵犯专利权纠纷案件应用法律若干问题的解释》第7条规定："人民法院判定被诉侵权技术方案是否落入专利权的保护范围，应当审查权利人主张的权利要求所记载的全部技术特征。被诉侵权技术方案包含与权利要求记载的全部技术特征相同或者等同的技术特征的，人民法院应当认定其落入专利权的保护范围；被诉侵权技术方案的技术特征与权利要求记载的全部技术特征相比，缺少权利要求记载的一个以上的技术特征，或者有一个以上技术特征不相同也不等同的，人民法院应当认定其没有落入专利权的保护范围。"故选项D正确，符合题意。

33. （2015年卷一第29题）甲公司拥有一项产品发明专利，其权利要求包括a、b、c、d四个特征，其中a、b、c三个特征属于必要技术特征。未经甲公司许可，乙公司制造的下列哪个产品侵犯甲公司的专利权？
   A. 产品包括特征a、b、c、f，其中特征f是记载在甲公司专利说明书中的特征
   B. 产品包括特征b、c、d、e
   C. 产品包括特征a、b'、c，其中b'与b是等同的技术特征
   D. 产品包括特征a、b、c、d、g，其中特征g是没有记载在甲公司专利说明书中的特征

   【知识要点】专利权的保护范围
   【解析】《最高人民法院关于审理侵犯专利权纠纷案件应用法律若干问题的解释》第7条规定："人民法院判定被诉侵权技术方案是否落入专利权的保护范围，应当审查权利人主张的权利要求所记载的全部技术特征。被诉侵权技术方案包含与权利要求记载的全部技术特征相同或者等同的技术特征的，人民法院应当认定其落入专利权的保护范围；被诉侵权技术方案的技术特征与权利要求记载的全部技术特征相比，缺少权利要求记载的一个以上的技术特征，或者有一个以上技术特征不相同也不等同的，人民法院应当认定其没有落入专利权的保护范围。"

A. 由于乙公司制造的产品包括a、b、c、f四个特征，而甲公司的权利要求书中记载的是a、b、c、d四个特征，特征f与特征d既不相同也不等同，所以乙公司制造的产品并未落入甲公司的专利权保护范围，不侵犯甲公司的专利权。故选项A错误，不符合题意。

需要强调的是，根据《专利法》第59条第1款"发明或者实用新型专利权的保护范围以其权利要求的内容为准，说明书及附图可以用于解释权利要求的内容"和《最高人民法院关于审理侵犯专利权纠纷案件应用法律若干问题的解释》第5条"对于仅在说明书或者附图中描述而在权利要求中未记载的技术方案，权利人在侵犯专利权纠纷案件中将其纳入专利权保护范围的，人民法院不予支持"之规定，记载在说明书的特征不能用以确定专利权的保护范围。

B. 乙公司制造的产品包括b、c、d、e四个特征，而甲公司的权利要求书中记载的是a、b、c、d四个特征，特征a与特征e既不相同也不等同，所以乙公司制造的产品并未落入甲公司的专利权保护范围，不侵犯甲公司的专利权。故选项B错误，不符合题意。

C. 乙公司制造的产品包括特征a、b'、c，其中b'与b是等同的技术特征，而甲公司的权利要求书中记载的是a、b、c、d四个特征，对比发现，乙公司制造的产品比甲公司的权利要求书记载的特征缺少一个特征d，所以乙公司制造的产品并未落入甲公司的专利权保护范围，不侵犯甲公司的专利权。故选项C错误，不符合题意。

D. 乙公司制造的产品包括特征a、b、c、d、g，而甲公司的权利要求书中记载的是a、b、c、d四个特征，乙公司制造的产品全包含了甲公司的权利要求记载的特征，落入了甲公司的专利权保护范围，侵犯了甲公司的专利权。故选项D正确，符合题意。

34. (2016年卷一第26题) 甲提交了一件发明专利申请，在公布文本中，其权利要求请求保护的技术方案中包括a、b、c、d四个技术特征；该申请经过实质审查后被授权，授权公告的权利要求保护的技术方案中包括了a、b、c、e四个技术特征，其中技术特征e是记载在申请文件的说明书中的特征，且与技术特征d不等同。乙、丙、丁、戊在该申请公布日后至授权公告日之前，分别生产制造了下列相关产品。甲可以要求支付费用的是？

A. 乙生产制造的产品包括了a、b、c三个技术特征
B. 丙生产制造的产品包括了a、b、c、d四个技术特征
C. 丁生产制造的产品包括了a、b、c、e四个技术特征
D. 戊生产制造的产品包括了a、b、c、d、e五个技术特征

【知识要点】专利权的保护范围

【解析】《最高人民法院关于审理侵犯专利权纠纷案件应用法律若干问题的解释（二）》第18条规定："权利人依据专利法第十三条诉请在发明专利申请公布日至授权公告日期间实施该发明的单位或者个人支付适当费用的，人民法院可以参照有关专利许可使用费合理确定。发明专利申请公布时申请人请求保护的范围与发明专利公告授权时的专利保护范围不一致，被诉技术方案均落入上述两种范围的，人民法院应当认定被告在前款所称期间内实施了该发明；被诉技术方案仅落入其中一种范围的，人民法院应当认定被告在前款所称期间内未实施该发明。发明专利公告授权后，未经专利权人许可，为生产经营目的使用、许诺销售、销售在本条第一款所称期间内已由他人制造、销售、进口的产品，且该他人已支付或者书面承诺支付专利法第十三条规定的适当费用的，对权利人关于上述使用、许诺销售、销售行为侵犯专利权的主张，人民法院不予支持。"本题中要求支付临时使用费用的，必须是相关技术方案同时落入了公开文本和授权文本的保护范围之内。专利权的保护范围由授权文本决定，如果没有落入授权文本保护范围内的，也就谈不上收取临时保护的费用。故选项A、B、C错误，不符合题意；选项D正确，符合题意。

(2) 专利侵权的判定原则

35. (2016年卷一第89题) 某沙发床的外观设计专利，其授权图片所示该沙发具有沙发和床两个变化状态，下列说法哪些是正确的？

A. 被诉侵权产品为沙发，不能变化为床，该沙发与授权专利中沙发使用状态下的外观设计相同，则落入该外观设计专利权的保护范围
B. 被诉侵权产品为沙发，不能变化为床，尽管该沙发与授权专利中沙发使用状态下的外观设计相同，也不会落入该外观设计专利权的保护范围
C. 被诉侵权产品为沙发床，有三个变化状态，且其中两个变化状态分别与授权专利对应的两个变化状态外观设计近似，尽管其第三个变化状态与授权专利任一状态下的外观设计均不近似，其仍然落入该外观设计专利权的保护范围
D. 被诉侵权产品为沙发床，有三个变化状态，且其中两个变化状态分别与授权专利对应的两个变化状态外观设计近似，第三个变化状态与授权专利任一状态下的外观设计均不近似，则不会落入该外观设计专利权的保护范围

【知识要点】外观设计专利侵权的认定和侵权的法律责任

【解析】《最高人民法院关于审理侵犯专利权纠纷案件应用法律若干问题的解释（二）》第17条规定："对于变化状态产品的外观设计专利，被诉侵权设计与变化状态图所示各种使用状态下的外观设计均相同或者近似的，人民法院

应当认定被诉侵权设计落入专利权的保护范围;被诉侵权设计缺少其一种使用状态下的外观设计或者与之不相同也不近似的,人民法院应当认定被诉侵权设计未落入专利权的保护范围。"

选项A、B、C、D中授权专利具有沙发和床两种状态,如果被诉侵权产品只有沙发一种状态,那该产品就谈不上在床这种状态上相同或者近似比对,不会构成侵权,如果被诉侵权产品也具有沙发和床两种状态,三种变化状态中有两种相似,足以认定落入专利权的保护范围。故选项A、D错误,不符合题意;选项B、C正确,符合题意。

36.（2012年卷一第77题）下列关于外观设计专利侵权判断的说法哪些是正确的?
A. 在与外观设计专利产品相同或者相近种类产品上,采用与授权外观设计相同或者近似的外观设计,应当认定被诉侵权设计落入外观设计专利权的保护范围
B. 应当根据外观设计产品的用途,认定产品种类是否相同或者相近似
C. 确定产品的用途时,可以参考外观设计的简要说明、国际外观设计分类表、产品的功能以及产品销售、实际使用的情况等因素
D. 应当以外观设计专利产品的一般消费者的知识水平和认知能力,判断外观设计是否相同或者近似

【知识要点】专利侵权的判定原则
【解析】A.《最高人民法院关于审理侵犯专利权纠纷案件应用法律若干问题的解释》第8条规定:"在与外观设计专利产品相同或者相近种类产品上,采用与授权外观设计相同或者近似的外观设计的,人民法院应当认定被诉侵权设计落入专利法第五十九条第二款规定的外观设计专利权的保护范围。"故选项A正确,符合题意。

B.C.《最高人民法院关于审理侵犯专利权纠纷案件应用法律若干问题的解释》第9条规定:"人民法院应当根据外观设计产品的用途,认定产品种类是否相同或者相近。确定产品的用途,可以参考外观设计的简要说明、国际外观设计分类表、产品的功能以及产品销售、实际使用的情况等因素。"故选项B、C正确,符合题意。

D.《最高人民法院关于审理侵犯专利权纠纷案件应用法律若干问题的解释》第10条规定:"人民法院应当以外观设计专利产品的一般消费者的知识水平和认知能力,判断外观设计是否相同或者近似。"故选项D正确,符合题意。

37.（2014年卷一第59题）下列哪些未经专利权人许可的行为构成了侵犯专利权的行为?
A. 某大学使用专利方法制造了扩音设备用于教学
B. 某汽车制造厂将实用新型专利产品用作汽车内部零部件
C. 某电视机厂将外观设计专利产品用作电视机内部不可见的零部件
D. 某药厂为药品上市提供行政审批所需要的信息而制造了专利药品

【知识要点】侵权行为的判定
【解析】A.《专利法》第11条第1款规定:"发明和实用新型专利权被授予后,除本法另有规定的以外,任何单位或者个人未经专利权人许可,都不得实施其专利,即不得为生产经营目的制造、使用、许诺销售、销售、进口其专利产品,或者使用其专利方法以及使用、许诺销售、销售、进口依照该专利方法直接获得的产品。"选项A中,由于该大学制造扩音设备用于教学的行为是属于生产经营行为,故侵犯了专利权。故选项A正确,符合题意。

B.《最高人民法院关于审理侵犯专利权纠纷案件应用法律若干问题的解释》第12条第1款规定:"将侵权发明或者实用新型专利权的产品作为零部件,制造另一产品的,人民法院应当认定属于专利法第十一条规定的使用行为;销售该另一产品的,人民法院应当认定属于专利法第十一条规定的销售行为。"故选项B正确,符合题意。

C.《最高人民法院关于审理侵犯专利权纠纷案件应用法律若干问题的解释》第12条第2款规定:"将侵权外观设计专利权的产品作为零部件,制造另一产品并销售的,人民法院应当认定属于专利法第十一条规定的销售行为,但侵犯外观设计专利权的产品在该另一产品中仅具有技术功能的除外。"选项C中的外观设计专利产品由于是放置在电视机内部,其用途并不是为了满足美感,仅可能起到具体的技术功能,故不侵犯专利权。故选项C错误,不符合题意。

D.《专利法》第69条对不视为侵犯专利权的情形进行了规定,其中"为提供行政审批所需要的信息,制造、使用、进口专利药品或者专利医疗器械的,以及专门为其制造、进口专利药品或者专利医疗器械的"不视为侵犯专利权的情形。故选项D错误,不符合题意。

38.（2013年卷一第82题）甲公司研制了一种新药品,并在中国和印度获得了专利权。乙公司未经甲公司许可而制造了该药品。丙公司在不知乙公司未获得授权的情况下,通过合法渠道从乙公司处购买了该药品并进行销售。丁公司在印度购买了甲公司制造的该药品并进口到中国,戊公司从丁公司处购买了该药品并进行销售。下列说法哪些是正确的?
A. 乙公司的行为构成侵权,但可以免除赔偿责任
B. 丙公司的行为构成侵权,但可以免除赔偿责任
C. 丁公司的行为不构成侵权
D. 戊公司的行为构成侵权

【知识要点】专利侵权判断
【解析】A.B.《专利法》第11条第1款规定:"发明和实用新型专利权被授予后,除本法另有规定的以外,任何单位或者个人未经专利权人许可,都不得实施其专利,即不得为生产经营目的制造、使用、许诺销售、销售、进口其专利产品,或者使用其专利方法以及使用、许诺销售、销售、进口依照该专利方法直接获得的产品。"由此可知,乙

公司的制造行为和丙公司的销售行为侵犯了甲公司的专利权。《专利法》第70条规定："为生产经营目的使用、许诺销售或者销售不知道是未经专利权人许可而制造并售出的专利侵权产品，能证明该产品合法来源的，不承担赔偿责任。"丙公司的行为虽然构成侵权，但可以免除赔偿责任。故选项A错误，不符合题意；选项B正确，符合题意。

C、D.《专利法》第69条对不视为侵犯专利权的情形进行了规定，其中，"专利产品或者依照专利方法直接获得的产品，由专利权人或者经其许可的单位、个人售出后，使用、许诺销售、销售、进口该产品的"，不视为侵犯专利权。由于丁公司购买的是甲公司制造的药品，因此丁公司的进口行为和戊公司的销售行为不侵犯甲公司的专利权。故选项C正确，符合题意；选项D错误，不符合题意。

(3) 不视为侵犯专利权的情形

39. (2012年卷一第89题) 下列关于先用权的说法哪些是正确的？
   A. 只有合法获得的技术才能主张先用权抗辩
   B. 先用权可以与原有企业一并转让或者继承
   C. 先用权中的原有范围仅指专利申请日前已有的生产规模
   D. 已经完成实施发明创造所必需的主要技术图纸属于已经作好制造、使用的必要准备

【知识要点】不视为专利侵权的行为

【解析】《最高人民法院关于审理侵犯专利权纠纷案件应用法律若干问题的解释》第15条规定："被诉侵权人以非法获得的技术或者设计主张先用权抗辩的，人民法院不予支持。有下列情形之一的，人民法院应当认定属于专利法第六十九条第（二）项规定的已经作好制造、使用的必要准备：（一）已经完成实施发明创造所必需的主要技术图纸或者工艺文件；（二）已经制造或者购买实施发明创造所必需的主要设备或者原材料。专利法第六十九条第（二）项规定的原有范围，包括专利申请日前已有的生产规模以及利用已有的生产设备或者根据已有的生产准备可以达到的生产规模。先用权人在专利申请日后将其已经实施或作好实施必要准备的技术或设计转让或者许可他人实施，被诉侵权人主张该实施行为属于在原有范围内继续实施的，人民法院不予支持，但该技术或设计与原有企业一并转让或者承继的除外。"故选项A、B、D正确，符合题意；选项C错误，不符合题意。

40. (2014年卷一第79题) 在专利申请日前已经制造相同产品、使用相同方法或者已经作好制造、使用的必要准备，并且仅在原有范围内继续制造、使用的，不视为侵犯专利权。下列关于上述作好必要准备和原有范围的说法哪些是正确的？
   A. 已经完成实施发明创造所必需的主要技术图纸属于专利法所规定的作好了制造、使用的必要准备
   B. 已经购买实施发明创造所必需的主要设备属于专利法所规定的作好了制造、使用的必要准备
   C. 原有范围包括专利申请日前已有的生产规模
   D. 原有范围包括利用专利申请日前已有的生产设备可以达到的生产规模

【知识要点】先用权

【解析】《最高人民法院关于审理侵犯专利权纠纷案件应用法律若干问题的解释》第15条规定："被诉侵权人以非法获得的技术或者设计主张先用权抗辩的，人民法院不予支持。有下列情形之一的，人民法院应当认定属于专利法第六十九条第（二）项规定的已经作好制造、使用的必要准备：（一）已经完成实施发明创造所必需的主要技术图纸或者工艺文件；（二）已经制造或者购买实施发明创造所必需的主要设备或者原材料。专利法第六十九条第（二）项规定的原有范围，包括专利申请日前已有的生产规模以及利用已有的生产设备或者根据已有的生产准备可以达到的生产规模。先用权人在专利申请日后将其已经实施或作好实施必要准备的技术或设计转让或者许可他人实施，被诉侵权人主张该实施行为属于在原有范围内继续实施的，人民法院不予支持，但该技术或设计与原有企业一并转让或者承继的除外。"故选项A、B、C、D正确，符合题意。

41. (2000年卷一第58题) 下述有关专利权人权利用尽的观点中哪些是错误的？
   A. 专利权人甲许可乙厂生产其专利产品，丙公司销售乙厂生产的该产品，甲无权禁止丙公司的销售行为
   B. 专利权人甲未许可乙厂生产其专利产品，乙厂擅自生产该产品，丙公司销售乙厂生产的该产品，甲有权制止丙公司的销售行为
   C. 专利权人甲自行生产其专利产品，并同意乙公司负责销售该产品，丙公司分销乙公司代销的产品，在丙公司未取得甲同意的情况下，甲有权制止丙公司的销售行为
   D. 专利权人甲自行生产并销售其专利产品，乙公司买到专利产品后，未经甲的同意，再行销售，甲有权制止该销售行为

【知识要点】权利用尽

【解析】《专利法》第69条规定："有下列情形之一的，不视为侵犯专利权：（一）专利产品或者依照专利方法直接获得的产品，由专利权人或者经其许可的单位、个人售出后，使用、许诺销售、销售、进口该产品的；（二）在专利申请日前已经制造相同产品、使用相同方法或者已经作好制造、使用的必要准备，并且仅在原有范围内继续制造、使用的；（三）临时通过中国领陆、领水、领空的外国运输工具，依照其所属国同中国签订的协议或者共同参加的国

际条约,或者依照互惠原则,为运输工具自身需要而在其装置和设备中使用有关专利的;(四)专为科学研究和实验而使用有关专利的;(五)为提供行政审批所需要的信息,制造、使用、进口专利药品或者专利医疗器械的,以及专门为其制造、进口专利药品或者专利医疗器械的。"故选项A、B正确,不符合题意;选项C、D错误,符合题意。

(三)综合题

42. (2010年卷一第49题)甲公司于2007年5月就一种新型电池提出了发明专利申请,该申请于2008年12月4日公布。乙公司于2007年9月自行研制了同样的电池,并于同年10月正式批量生产。2009年10月16日,甲公司的申请被公告授予专利权,此时,乙公司仍保持原有的规模生产该种电池。下列说法哪些是正确的?
A. 乙公司的行为不视为侵犯甲公司的专利权
B. 甲公司可以就乙公司2008年12月4日至2009年10月16日之间的生产行为要求其支付适当的费用
C. 由于乙公司在甲公司的专利申请公布之前已进行了批量生产,故甲公司的专利权应当被宣告无效
D. 甲公司可以就乙公司在2009年10月16日后的生产行为向人民法院起诉

【知识要点】专利侵权和发明的临时保护

【解析】A. 根据《专利法》第69条的规定(参见本章第41题解析),乙公司是在甲公司专利申请日之后才完成的研发,不具有先用权。故选项A错误,不符合题意。

B.《专利法》第13条规定:"发明专利申请公布后,申请人可以要求实施其发明的单位或者个人支付适当的费用。"第68条规定:"侵犯专利权的诉讼时效为二年,自专利权人或者利害关系人得知或者应当得知侵权行为之日起算。发明专利申请公布后至专利权授予前使用该发明未支付适当使用费的,专利权人要求支付使用费的诉讼时效为二年,自专利权人得知或者应当得知他人使用其发明之日起计算,但是,专利权人于专利权授予之日前即已得知的,自专利权授予之日起算。"故选项B正确,符合题意。

C. 选项C不属于《专利法实施细则》第65条第2款规定的无效理由,故选项C错误,不符合题意。

D.《专利法》第11条第1款规定:"发明和实用新型专利被授予后,除本法另有规定的除外,任何单位或者个人未经专利权人许可,都不得实施其专利,即不得为生产经营的目的制造、使用、许诺销售、销售、进口其专利产品,或者使用其专利方法以及使用、许诺销售、销售、进口依照该专利方法直接获得的产品。"《专利法》第60条规定:"未经专利权人许可,实施其专利的,即侵犯其专利权,……"故选项D正确,符合题意。

43. (2006年卷一第85题)以下哪些说法是正确的?
A. 除专利法另有规定外,方法发明专利权人有权禁止他人为生产经营目的销售依照其专利方法直接获得的产品
B. 某市医院在采购时,认为欲购买的某种专利医疗设备价格偏高,遂购进了一台他人未经专利权人许可而仿制的相同医疗设备并用于临床诊断。由于该医院是公益性机构,因此其使用所述医疗设备的行为不视为侵犯专利权
C. 在一件发明专利申请的申请日当天,某人独立开发出与专利产品相同的产品并在申请日后开始生产制造。因此,该人享有先用权,可以在上述专利申请被授权后在原有范围内继续生产该产品
D. 专利权人进口的专利产品售出后,任何人将其所购该产品再次销售的,不视为侵犯专利权

【知识要点】专利侵权行为

【解析】A. 根据《专利法》第11条第1款的规定(参见本章第42题解析D),方法发明专利权的保护可以延及依照该专利方法直接获得的产品。故选项A正确,符合题意。

B. 不视为侵犯专利权的只有《专利法》第69条(参见本章第41题解析)规定的5种情况,"公益性机构"不能作为"不视为侵犯专利权"的理由,故选项B错误,不符合题意。

C. 在专利申请以前实施或者准备实施专利技术的行为被称为在先使用。在先使用产生先用权,可以对抗专利权。但是要享受先用权,在先的行为必须在专利申请日(有优先权的指优先权日)之前已经完成。由于选项C中所述的完成日期是"申请日当天",不满足《专利法》第69条之(二)中"申请日前"的规定。故选项C错误,不符合题意。

D.《专利法》第69条之(一)规定了专利权用尽原则,其依据在于,专利权人通过自己或者通过许可他人制造、进口的专利产品,并予以销售,就可以从中获利,权利人的权利已经实现,权利人不应当就同一产品重复获利。故选项D正确,符合题意。

44. (2002年卷一第26题)以下关于许诺销售的表述哪些是正确的?
A. 许诺销售相当于合同法中的"销售要约"
B. 专利法中关于许诺销售的规定仅适用于专利产品,而不适用于依照专利方法直接获得产品
C. 许诺销售是发明、实用新型和外观设计专利权人的基本权利之一
D. 许诺销售可以面向特定公众,也可以面向不特定的公众

【知识要点】许诺销售

【解析】A.《合同法》第14条规定:"要约是希望和他人订立合同的意思表示,该意思表示应当符合下列规定:

(一)内容具体确定;(二)表明经受要约人承诺,要约人即受该意思表示约束。"《合同法》第15条规定:"要约邀请是希望他人向自己发出要约的意思表示。寄送的价目表、拍卖公告、招标公告、招股说明书、商业广告等为要约邀请。商业广告的内容符合要约规定的,视为要约。"《专利法》中的"许诺销售"所涵盖的内容比《合同法》中的"要约""要约邀请"还要广泛,一些如未投产的新产品宣传、展示等不属于要约邀请的内容,但可以属于"许诺销售"的范围。故选项A错误,不符合题意。

B、C.《专利法》第11条规定:"发明和实用新型专利权被授予后,除本法另有规定的以外,任何单位或者个人未经专利权人许可,都不得实施其专利,即不得为生产经营目的制造、使用、<u>许诺销售</u>、销售、进口其专利产品,或者使用其专利方法以及使用、<u>许诺销售</u>、销售、进口依照该专利方法直接获得的产品。外观设计专利权被授予后,任何单位或者个人未经专利权人许可,都不得实施其专利,即不得为生产经营目的制造、<u>许诺销售</u>、销售、进口其外观设计专利产品。"故选项B错误,不符合题意;选项C正确,符合题意。

D. 许诺销售行为包括发布广告、产品展示等多种行为,所以其既可以面向特定对象,也可以面向不特定的公众。故选项D正确,符合题意。

二、救济方法

(一)协商

(二)请求管理专利工作的部门调解和处理

(1)处理

45.(2016年卷—第90题) 北京市的甲公司拥有一项发明专利权,深圳市的乙公司未经甲公司的许可,制造了该专利产品,并在上海市进行公开销售,以下说法正确的是?
A. 甲公司可以请求北京市知识产权局进行处理　　B. 甲公司可以请求深圳市知识产权局进行处理
C. 甲公司可以请求上海市知识产权局进行处理　　D. 甲公司可以请求国家知识产权局进行处理

【知识要点】专利侵权纠纷的管辖

【解析】《专利法实施细则》第81条:"当事人请求处理专利侵权纠纷或者调解专利纠纷的,<u>由被请求人所在地或者侵权行为地的管理专利工作的部门管辖</u>。两个以上管理专利工作的部门都有管辖权的专利纠纷,当事人可以向其中一个管理专利工作的部门提出请求;当事人向两个以上有管辖权的管理专利工作的部门提出请求的,由最先受理的管理专利工作的部门管辖。管理专利工作的部门对管辖权发生争议的,由其共同的上级人民政府管理专利工作的部门指定管辖;无共同上级人民政府管理专利工作的部门的,由国务院专利行政部门指定管辖。"

A、B、C. 本题中,深圳为侵权人所在地,上海为侵权行为地,这两地的知识产权局都有管辖权。故选项A错误,不符合题;选项B、C正确,符合题意。

D. 专利权的行政保护由地方知识产权局处理,国家知识产权局一般不直接进行行政执法。故选项D错误,不符合题意。

46.(2004年卷—第51题) 2002年4月9日,某企业提出一项专利申请,并于2004年10月10日获得了授权,请求书上写明发明人是甲和乙,但甲认为自己首先完成了该技术的基本内容,且完成该发明与本职工作无关,因此自己才有权提出专利申请,乙则由于该企业在专利授权后没有给其任何奖励和报酬而心有不满,丙也曾参与该技术开发,因而主张自己也应当是发明人,根据上述情况,判断以下哪些说法是正确的?
A. 只有甲、乙有权请求管理专利工作的部门调解有关纠纷
B. 只有乙有权请求管理专利工作的部门调解有关纠纷
C. 甲、乙和丙都有权请求管理专利工作的部门调解有关纠纷
D. 只有乙、丙有权请求管理专利工作的部门调解有关纠纷

【知识要点】请求调解专利纠纷的主体

【解析】《专利法实施细则》第85条规定:"除专利法第六十条规定的外,管理专利工作的部门应当事人请求,可以对下列专利纠纷进行调解:(一)<u>专利申请权和专利权归属纠纷</u>;(二)<u>发明人、设计人资格纠纷</u>;(三)<u>职务发明创造的发明人、设计人的奖励和报酬纠纷</u>;(四)在发明专利申请公布后专利权授予前使用发明而未支付适当费用的纠纷;(五)其他专利纠纷。对于前款第(四)项所列的纠纷,当事人请求管理专利工作的部门调解的,应当在专利权被授予之后提出。"故选项A、B、D错误,不符合题意;选项C正确,符合题意。

47.(2000年卷—第47题) 甲在专利公报上发现乙将他们共同研制的"除尘器"单独申请并获得了实用新型专利,甲可以乙无权单独享有该项专利权为理由:
A. 请求专利局撤销乙的专利权　　　　　　　B. 请求专利复审委员会宣告乙的专利权无效
C. 请求专利局进行行政复议　　　　　　　　D. 请求专利管理机关调解该专利权属纠纷

【知识要点】专利权属纠纷的解决途径

【解析】根据《专利法实施细则》第85条第1款的规定（参见本章第46题解析），甲和乙之间应为专利权属纠纷。故选项A、B、C错误，不符合题意；选项D正确，符合题意。

48.（2012年卷一第57题）下列关于管理专利工作的部门处理专利侵权纠纷的说法哪些是正确的？
   A. 管理专利工作的部门应当在收到请求书之日起5个工作日内立案并通知请求人
   B. 管理专利工作的部门应当指定3名或者3名以上单数承办人员处理专利侵权纠纷
   C. 管理专利工作的部门处理专利侵权纠纷案件时，可以根据当事人的意愿进行调解
   D. 管理专利工作的部门处理专利侵权纠纷，应当自立案之日起6个月内结案

【知识要点】侵权纠纷的处理事项

【解析】A、B.《专利行政执法办法》第13条规定："请求符合本办法第十条规定条件的，管理专利工作的部门应当在收到请求书之日起5个工作日内立案并通知请求人，同时指定3名或者3名以上单数承办人员处理该专利侵权纠纷；请求不符合本办法第十条规定条件的，管理专利工作的部门应当在收到请求书之日起5个工作日内通知请求人不予受理，并说明理由。"故选项A、B正确，符合题意。

C.《专利行政执法办法》第15条规定："管理专利工作的部门处理专利侵权纠纷案件时，可以根据当事人的意愿进行调解。双方当事人达成一致的，由管理专利工作的部门制作调解协议书，加盖其公章，并由双方当事人签名或者盖章。调解不成的，应当及时作出处理决定。"故选项C正确，符合题意。

D.《专利行政执法办法》第21条："管理专利工作的部门处理专利侵权纠纷，应当自立案之日起3个月内结案。案件特别复杂需要延长期限的，应当由管理专利工作的部门负责人批准。经批准延长的期限，最多不超过1个月。案件处理过程中的公告、鉴定、中止等时间不计入前款所述案件办理期限。"故选项D错误，不符合题意。

49.（2014年卷一第43题）广州市的甲公司发现天津市的乙公司未经其许可在重庆市销售涉嫌侵犯其专利权的产品。甲公司可以请求哪些知识产权局处理？
   A. 天津市知识产权局   B. 重庆市知识产权局
   C. 广州市知识产权局   D. 广东省知识产权局

【知识要点】专利侵权纠纷的处理管辖

【解析】《专利法实施细则》第81条规定："当事人请求处理专利侵权纠纷或者调解专利纠纷的，由被请求人所在地或者侵权行为地的管理专利工作的部门管辖。两个以上管理专利工作的部门都有管辖权的专利纠纷，当事人可以向其中一个管理专利工作的部门提出请求；当事人向两个以上有管辖权的管理专利工作的部门提出请求的，由最先受理的管理专利工作的部门管辖。管理专利工作的部门对管辖权发生争议的，由其共同的上级人民政府管理专利工作的部门指定管辖；无共同上级管理专利工作的部门的，由国务院专利行政部门指定管辖。"本题中，由于被请求人乙公司的所在地为天津，侵权行为发生在重庆，故甲公司可以向天津市知识产权局或者重庆市知识产权局请求处理专利侵权纠纷。故选项A、B正确，符合题意；选项C、D错误，不符合题意。

50.（2014年卷一第69题）下列关于专利行政执法的说法哪些是正确的？
   A. 管理专利工作的部门可以委托有实际处理能力的市、县级人民政府设立的专利管理部门查处假冒专利行为、调解专利纠纷
   B. 专利权人已就专利侵权纠纷向人民法院起诉的，不能再请求管理专利工作的部门处理该纠纷
   C. 符合立案规定的，管理专利工作的部门应当在收到请求书之日起5个工作日内立案并通知请求人，同时指定2名或者2名以上承办人员处理该专利侵权纠纷
   D. 管理专利工作的部门处理专利侵权纠纷，应当自立案之日起4个月内结案，经管理专利工作的部门负责人批准，延长的期限最多不超过2个月

【知识要点】专利纠纷的处理

【解析】A.《专利行政执法办法》第6条第1款规定："管理专利工作的部门可以依据本地实际，委托有实际处理能力的市、县级人民政府设立的专利管理部门查处假冒专利行为、调解专利纠纷。"故选项A正确，符合题意。

B.《专利行政执法办法》第10条第1款规定："请求管理专利工作的部门处理专利侵权纠纷的，应当符合下列条件：（一）请求人是专利权人或者利害关系人；（二）有明确的被请求人；（三）有明确的请求事项和具体事实、理由；（四）属于受案管理专利工作的部门的受案和管辖范围；（五）当事人没有就该专利侵权纠纷向人民法院起诉。"故选项B正确，符合题意。

C.《专利行政执法办法》第13条规定："请求符合本办法第十条规定条件的，管理专利工作的部门应当在收到请求书之日起5个工作日内立案并通知请求人，同时指定3名或者3名以上单数执法人员处理该专利侵权纠纷；请求不符合本办法第十条规定条件的，管理专利工作的部门应当在收到请求书之日起5个工作日内通知请求人不予受理，并说明理由。"故选项C错误，不符合题意。

D.《专利行政执法办法》第21条第1款规定："管理专利工作的部门处理专利侵权纠纷，应当自立案之日起3个

月内结案。案件特别复杂需要延长期限的，应当由管理专利工作的部门负责人批准。经批准延长的期限，最多不超过1个月。"故选项 D 错误，不符合题意。

51. (2009年卷一第8题) 管理专利工作的部门认定专利侵权行为成立，作出处理决定的，可以采取下列哪些措施制止侵权行为？
   A. 侵权人制造专利产品的，责令其立即停止制造行为，销毁制造侵权产品的专用设备、模具
   B. 侵权人使用专利方法的，责令其立即停止使用行为，销毁实施专利方法的专用设备、模具
   C. 侵权人销售专利产品的，责令其立即停止销售行为，不得使用尚未售出的侵权产品或者以任何其他形式将其投放市场
   D. 侵权人许诺销售专利产品的，责令其立即停止许诺销售行为，消除影响，并且不得进行任何实际销售行为

   【知识要点】管理专利工作的部门制止侵权行为的措施
   【解析】《专利行政执法办法》第43条第1款规定："管理专利工作的部门认定专利侵权行为成立，作出处理决定的，应当责令侵权人立即停止侵权行为，采取下列制止侵权行为的措施：（一）侵权人制造专利侵权产品的，责令其立即停止制造行为，销毁制造侵权产品的专用设备、模具，并且不得销售、使用尚未售出的侵权产品或者以任何其他形式将其投放市场；侵权产品难以保存的，责令侵权人销毁该产品；（二）侵权人未经专利权人许可使用专利方法的，责令侵权人立即停止使用行为，销毁实施专利方法的专用设备、模具，并且不得销售、使用尚未售出的依照专利方法所直接获得的侵权产品或者以任何其他形式将其投放市场；侵权产品难以保存的，责令侵权人销毁该产品；（三）侵权人销售专利侵权产品或者依照专利方法直接获得的侵权产品的，责令其立即停止销售行为，并且不得使用尚未售出的侵权产品或者以任何其他形式将其投放市场；尚未售出的侵权产品难以保存的，责令侵权人销毁该产品；（四）侵权人许诺销售专利侵权产品或者依照专利方法直接获得的侵权产品的，责令其立即停止许诺销售行为，消除影响，并且不得进行任何实际销售行为；（五）侵权人进口专利侵权产品或者依照专利方法直接获得的侵权产品的，责令侵权人立即停止进口行为；侵权产品已经入境的，不得销售、使用该侵权产品或者以任何其他形式将其投放市场；侵权产品难以保存的，责令侵权人销毁该产品；侵权产品尚未入境的，可以将处理决定通知有关海关；（六）责令侵权的参展方采取从展会上撤出侵权展品、销毁或者封存相应的宣传材料、更换或者遮盖相应的展板等撤展措施；（七）停止侵权行为的其他必要措施。"故选项 A、B、C、D 正确，符合题意。

52. (2008年卷一第96题) 甲公司就乙公司侵犯其专利权的行为请求某省知识产权局处理，下列哪些说法是正确的？
   A. 该知识产权局认定乙公司的行为构成侵权，可以责令乙公司立即停止侵权行为
   B. 该知识产权局在认定乙公司的行为构成侵权后，应当主动就侵权的赔偿数额进行调解，如调解不成，甲公司和乙公司可以向人民法院起诉
   C. 如果乙公司向专利复审委员会提出了宣告甲公司专利无效的请求，且该请求被专利复审委员会受理，则该知识产权局依乙公司的请求可以中止侵权案件的处理
   D. 乙公司在收到该知识产权局作出的责令其立即停止侵权行为的处理通知后，15日内未起诉，也未停止侵权行为，该知识产权局可以申请人民法院强制执行

   【知识要点】侵犯专利权的处理
   【解析】A、B、D.《专利法》第60条规定："未经专利权人许可，实施其专利，即侵犯其专利权，引起纠纷的，由当事人协商解决；不愿协商或者协商不成的，专利权人或者利害关系人可以向人民法院起诉，也可以请求管理专利工作的部门处理。管理专利工作的部门处理时，认定侵权行为成立的，可以责令侵权人立即停止侵权行为，当事人不服的，可以自收到处理通知之日起十五日内依照《中华人民共和国行政诉讼法》向人民法院起诉；侵权人期满不起诉又不停止侵权行为的，管理专利工作的部门可以申请人民法院强制执行。进行处理的管理专利工作的部门应当事人的请求，可以就侵犯专利权的赔偿数额进行调解；调解不成的，当事人可以依照《中华人民共和国民事诉讼法》向人民法院起诉。"故选项 A、D 正确，符合题意；选项 B 错误，不符合题意。
   C.《专利法实施细则》第82条规定："在处理专利侵权纠纷过程中，被请求人提出无效宣告请求并被专利复审委员会受理的，可以请求管理专利工作的部门中止处理。管理专利工作的部门认为被请求人提出的中止理由明显不能成立的，可以不中止处理。"故选项 C 正确，符合题意。

（2）赔偿数额的调解

53. (2015年卷一第95题) 管理专利工作的部门应当事人的请求，可以对下列哪些专利纠纷进行调解？
   A. 专利申请权归属纠纷
   B. 发明人资格纠纷
   C. 职务发明创造的发明人的奖励和报酬纠纷
   D. 在发明专利申请公布后专利权授予前使用发明而未支付适当费用的纠纷

   【知识要点】管理专利工作的部门调解

【解析】《专利法实施细则》第 85 条第 1 款规定："除专利法第六十条规定的外，管理专利工作的部门应当事人请求，可以对下列专利纠纷进行调解：（一）专利申请权和专利权归属纠纷；（二）发明人、设计人资格纠纷；（三）职务发明创造的发明人、设计人的奖励和报酬纠纷；（四）在发明专利申请公布后专利权授予前使用发明而未支付适当费用的纠纷；（五）其他专利纠纷。"故选项 A、B、C、D 正确，符合题意。

(3) 调查取证

54.（2010 年卷一第 59 题）管理专利工作的部门根据已经取得的证据，对涉嫌假冒专利行为进行查处时，可以采取下列哪些执法手段？

A. 询问有关当事人，调查与涉嫌违法行为有关的情况
B. 对当事人涉嫌违法行为的场所实施现场检查
C. 查阅、复制与涉嫌违法行为有关的合同、发票、账簿
D. 对有证据证明是假冒专利的产品予以查封或者扣押

【知识要点】专利权的保护

【解析】《专利法》第 64 条第 1 款规定："管理专利工作的部门根据已经取得的证据，对涉嫌假冒专利行为进行查处时，可以询问有关当事人，调查与涉嫌违法行为有关的情况；对当事人涉嫌违法行为的场所实施现场检查；查阅、复制与涉嫌违法行为有关的合同、发票、账簿以及其他有关资料；检查与涉嫌违法行为有关的产品，对有证据证明是假冒专利的产品，可以查封或者扣押。"故选项 A、B、C、D 正确，符合题意。

55.（2006 年卷一第 86 题）管理专利工作的部门在处理专利纠纷的过程中，可以采取以下哪些方式调查取证？

A. 扣押涉嫌产品　　B. 查阅有关账册　　C. 抽样取证　　D. 登记保存

【知识要点】管理专利工作的部门调查取证

【解析】《专利行政执法办法》第 38 条第 1 款规定："管理专利工作的部门调查收集证据可以查阅、复制与案件有关的合同、账册等有关文件；询问当事人和证人；……"第 39 条第 1 款规定："管理专利工作的部门调查收集证据可以采取抽样取证的方式。"第 40 条第 1 款规定："在证据可能灭失或者以后难以取得，又无法进行抽样取证的情况下，管理专利工作的部门可以进行登记保存，并在 7 日内作出决定。"故选项 A 错误，不符合题意；选项 B、C、D 正确，符合题意。

（三）诉讼

(1) 诉讼时效

56.（2007 年卷一第 78 题）甲于 2004 年 3 月 22 日向国家知识产权局提出了一件有关除垢器的发明专利申请，该申请于 2005 年 11 月 25 日公布，2006 年 10 月 27 日被授予专利权。2007 年 1 月 16 日甲将该项专利以独占许可的方式许可乙实施。丙从国家知识产权局公布的申请文件上了解了该项技术，并于 2006 年 3 月 22 日开始制造与甲专利相同的除垢器，2006 年 11 月 10 日停止生产。甲于 2006 年 12 月 1 日才得知丙曾制造该除垢器的事实。以下哪些说法是错误的？

A. 乙在甲不提起侵权诉讼的情况下，才可以单独向人民法院提起诉讼
B. 对于丙在 2005 年 11 月 25 日至 2006 年 10 月 27 日之间制造除垢器没有支付相应费用的行为，甲向人民法院提起诉讼的时效于 2008 年 10 月 27 日届满
C. 对于丙在 2006 年 10 月 27 日后实施的侵权行为，甲向人民法院提起诉讼的时效于 2008 年 12 月 1 日届满
D. 如果丙在 2006 年 10 月 27 日前停止制造除垢器，则甲无权要求丙支付使用费

【知识要点】诉讼时效

【解析】A. 根据《专利法》第 60 条的规定（参见本章第 52 题解析 A、B、D），专利权人和利害关系人都是可以获得救济的主体。我国司法实践的一般原则是：独占实施许可合同的被许可人可以单独向人民法院起诉；排他实施许可合同的被许可人在专利权人不起诉的情况下，可以单独起诉；普通实施许可合同的被许可人除另有约定外只能与专利权人一起作为共同原告起诉。故选项 A 错误，符合题意。

B、C、D. 根据《专利法》第 13 条、《专利法》第 68 条的规定（参见本章第 42 题解析 B），甲就两种情况提起诉讼的时效，都应从得知之日起计算。故选项 B、D 错误，符合题意；选项 C 正确，不符合题意。

57.（2006 年卷一第 66 题）毛某于 2002 年 11 月 5 日就其自行研制的一项新的技术方案提出了发明专利申请，该申请于 2004 年 6 月 6 日公布，并于 2005 年 9 月 16 日被公告授予专利权。甲公司在未获得毛某同意的情况下，从 2004 年 8 月 17 日开始使用毛某的技术方案。毛某于 2005 年 3 月 24 日得知了甲公司的行为，并立即发函要求甲公司支付使用费，但甲公司对此置之不理。如果毛某欲针对甲公司在专利授权前的行为提起诉讼，则有关的诉讼时效自何日起计算？

A. 2004 年 6 月 6 日　　　　　　　　　　B. 2004 年 8 月 17 日
C. 2005 年 3 月 24 日　　　　　　　　　　D. 2005 年 9 月 16 日

【知识要点】诉讼时效

【解析】《专利法》第13条规定："发明专利申请公布后，申请人可以要求实施其发明的单位或者个人支付适当的费用。"第68条规定："侵犯专利权的诉讼时效为二年，自专利权人或者利害关系人得知或者应当得知侵权行为之日起计算。发明专利申请公布后至专利权授予前使用该发明未支付适当使用费的，专利权人要求支付使用费的诉讼时效为二年，自专利权人得知或者应当得知他人使用其发明之日起计算，但是，专利权人于专利权授予之日前即已得知或者应当得知的，自专利权授予之日起计算。"故选项A、B、C错误，不符合题意；选项D正确，符合题意。

(2) 诉前证据保全

58. (2014年卷一第8题) 下列关于诉前证据保全的说法哪个是正确的？
A. 专利权人可以在对侵权行为请求处理前向管理专利工作的部门申请保全证据
B. 申请人在起诉前申请保全证据的，必须提供担保
C. 人民法院应当自接受诉前证据保全申请之时起四十八小时内作出裁定；有特殊情况需要延长的，可以延长四十八小时
D. 申请人自人民法院采取保全措施之日起十五日内不起诉的，人民法院应当解除该措施

【知识要点】诉前证据保全

【解析】《专利法》第67条规定："为了制止专利侵权行为，在证据可能灭失或者以后难以取得的情况下，专利权人或者利害关系人可以在起诉前向人民法院申请保全证据。人民法院采取保全措施，可以责令申请人提供担保；申请人不提供担保的，驳回申请。人民法院应当自接受申请之时起四十八小时内作出裁定；裁定采取保全措施的，应当立即执行。申请人自人民法院采取保全措施之日起十五日内不起诉的，人民法院应当解除该措施。"

A. 根据前述规定，诉前证据保全的管辖机关是人民法院，故选项A错误，不符合题意。
B. 是否需要提供担保由人民法院依职权决定，并非必须提供担保，故选项B错误，不符合题意。
C. 人民法院应当自接受诉前证据保全申请之时起四十八小时内作出裁定，对该裁定作出时间是一个强制性规定，无例外延长情形，故选项C错误，不符合题意。
D. 表述符合规定，故选项D正确，符合题意。

(3) 专利侵权行为的诉前停止

59. (2015年卷一第28题) 下列关于诉前停止侵权行为的说法哪个是正确的？
A. 专利权人提出诉前责令停止侵权行为的申请时，应当提供担保
B. 专利权人可以向管理专利工作的部门提出诉前责令停止侵权行为的申请
C. 专利实施许可合同的被许可人不能单独提出责令停止侵权行为的申请
D. 当事人对责令停止侵权行为的裁定不服的，可以申请复议或提起上诉

【知识要点】诉前责令停止侵犯专利权行为

【解析】《专利法》第66条规定："专利权人或者利害关系人有证据证明他人正在实施或者即将实施侵犯专利权的行为，如不及时制止将会使其合法权益受到难以弥补的损害的，可以在起诉前向人民法院申请采取责令停止有关行为的措施。申请人提出申请时，应当提供担保；不提供担保的，驳回申请。人民法院应当自接受申请之时起四十八小时内作出裁定；有特殊情况需要延长的，可以延长四十八小时。裁定责令停止有关行为的，应当立即执行。当事人对裁定不服的，可以申请复议一次；复议期间不停止裁定的执行。申请人自人民法院采取责令停止有关行为的措施之日起十五日内不起诉的，人民法院应当解除该措施。申请有错误的，申请人应当赔偿被申请人因停止有关行为所遭受的损失。"

A. 依此规定可知，申请人诉前申请责令停止侵权行为应当提供担保，故选项A正确，符合题意。
B. 申请人诉前申请责令停止侵权行为的受理机关是人民法院，而不是管理专利工作的部门，故选项B错误，不符合题意。
D. 当事人对裁定不服的，可以申请复议一次，但不能提起上诉，故选项D错误，不符合题意。
C. 《最高人民法院关于对诉前停止侵犯专利权行为适用法律问题的若干规定》第1条第2款规定："提出申请的利害关系人，包括专利实施许可合同的被许可人、专利财产权的合法继承人等。专利实施许可合同被许可人中，独占实施许可合同的被许可人可以单独向人民法院提出申请；排他实施许可合同的被许可人在专利权人不申请的情况下，可以提出申请。"可见，独占实施许可合同的被许可人可以单独提出责令停止侵权行为的申请。故选项C错误，不符合题意。

60. (2009年卷一第3题) 专利权人罗某认为何某侵犯了其发明专利权，向人民法院提出诉前责令停止侵犯专利权行为的申请。下列说法哪些是正确的？
A. 罗某在提出申请时，应当提交专利证书、专利年费缴纳凭证、权利要求书和说明书
B. 罗某在提出申请时，应当提供担保，否则其申请将被驳回
C. 人民法院作出诉前停止侵犯专利权行为的裁定事项，应当限于罗某的请求范围

D. 如果何某提出反担保，则应当解除停止侵犯专利权行为裁定所采取的措施

【知识要点】诉前责令停止侵犯专利权

【解析】A.《最高人民法院关于对诉前停止侵犯专利权行为适用法律问题的若干规定》第4条规定："申请人提出申请时，应当提交下列证据：（一）专利权人应当提交证明其专利权真实有效的文件，包括专利证书、权利要求书、说明书、专利年费交纳凭证。提出的申请涉及实用新型专利的，申请人应当提交国务院专利行政部门出具的检索报告。（二）利害关系人应当提供有关专利实施许可合同及其在国务院专利行政部门备案的证明材料，未经备案的应当提交专利权人的证明，或者证明其享有权利的其他证据。排他实施许可合同的被许可人单独提出申请的，应当提交专利权人放弃申请的证明材料。专利财产权利的继承人应当提交已经继承或者正在继承的证据材料。（三）提交证明被申请人正在实施或者即将实施侵犯其专利权的行为的证据，包括被控侵权产品以及专利技术与被控侵权产品技术特征对比材料等。"故选项A正确，符合题意。

B.《专利法》第66条规定："专利权人或者利害关系人有证据证明他人正在实施或者即将实施侵犯专利权的行为，如不及时制止将会使其合法权益受到难以弥补的损害的，可以在起诉前向人民法院申请采取责令停止有关行为的措施。申请人提出申请时，应当提供担保；不提供担保的，驳回申请。人民法院应当自接受申请之时起四十八小时内作出裁定；有特殊情况需要延长的，可以延长四十八小时。裁定责令停止有关行为的，应当立即执行。当事人对裁定不服的，可以申请复议一次；复议期间不停止裁定的执行。申请人自人民法院采取责令停止有关行为的措施之日起十五日内不起诉的，人民法院应当解除该措施。申请有错误的，申请人应当赔偿被申请人因停止有关行为所遭受的损失。"故选项B正确，符合题意。

C.《最高人民法院关于对诉前停止侵犯专利权行为适用法律问题的若干规定》第5条规定："人民法院作出诉前停止侵犯专利权行为的裁定事项，应当限于专利权人或者利害关系人申请的范围。"故选项C正确，符合题意。

D.《最高人民法院关于对诉前停止侵犯专利权行为适用法律问题的若干规定》第8条规定："停止侵犯专利权行为裁定所采取的措施，不因被申请人提出反担保而解除。"故选项D错误，不符合题意。

61.（2008年卷一第76题）甲侵犯了乙的专利权，乙向人民法院提出诉前责令甲停止侵犯其专利权行为的申请。下列哪些说法是正确的？

A. 乙提出申请时应当提供担保

B. 人民法院作出诉前责令甲停止有关行为的裁定，可以不通知甲

C. 乙在人民法院采取停止有关行为的措施后15日内不起诉的，人民法院解除裁定采取的措施

D. 在甲提出反担保的情况下，人民法院应当解除停止侵犯专利权行为裁定所采取的措施

【知识要点】诉前责令停止侵犯专利权行为

【解析】A.C. 根据《专利法》第66条的规定（参见本章第60题解析B），选项A、C正确，符合题意。

B.《最高人民法院关于对诉前停止侵犯专利权行为适用法律问题的若干规定》第9条规定："人民法院接受专利权人或者利害关系人提出责令停止有关行为的申请后，经审查符合本规定第四条的，应当在四十八小时内作出书面裁定；裁定责令被申请人停止侵犯专利权行为的，应当立即开始执行。人民法院在前述期限内，需要对有关事实进行核对的，可以传唤单方或双方当事人进行询问，然后再及时作出裁定。人民法院作出诉前责令被申请人停止有关行为的裁定，应当及时通知被申请人，至迟不得超过五日。"故选项B错误，不符合题意。

D.《最高人民法院关于对诉前停止侵犯专利权行为适用法律问题的若干规定》第8条规定："停止侵犯专利权行为裁定所采取的措施，不因被申请人提出反担保而解除。"故选项D错误，不符合题意。

（4）诉讼管辖

62.（2015年卷一第90题）甲公司拥有一项雨伞的外观设计专利权。未经甲公司许可，重庆的乙公司生产了该专利雨伞，并将该雨伞在成都销售给当地的丙酒店使用，甲公司遂向人民法院起诉。下列哪些说法是正确的？

A. 甲公司可以向重庆的基层人民法院起诉乙公司

B. 甲公司可以向成都市的中级人民法院起诉丙酒店

C. 甲公司可以向成都市的中级人民法院起诉乙公司

D. 甲公司提起诉讼时可以向受理法院提交专利权评价报告

【知识要点】专利侵权的管辖

【解析】B.《专利法》第11条第2款规定："外观设计专利权被授予后，任何单位或者个人未经专利权人许可，都不得实施其专利，即不得为生产经营目的制造、许诺销售、销售、进口其外观设计专利产品。"其次，《专利法》第60条规定："未经专利权人许可，实施其专利，即侵犯其专利权，……"本题中，未经甲公司许可，重庆的乙公司生产了甲公司拥有外观设计专利权的雨伞并将该雨伞在成都销售的行为构成侵权，而成都丙酒店使用该专利雨伞的行为不构成侵权。因此，选项B中甲公司起诉丙酒店侵权于法无据。故选项B错误，不符合题意。

A.C.《最高人民法院关于审理专利纠纷案件适用法律问题的若干规定》第2条第1款是关于级别管辖的规定："专利纠纷第一审案件，由各省、自治区、直辖市人民政府所在地的中级人民法院和最高人民法院指定的中级人民法

院管辖。"《最高人民法院关于审理专利纠纷案件适用法律问题的若干规定》第5条规定："因侵犯专利权行为提起的诉讼，由侵权行为地或者被告住所地人民法院管辖。侵权行为地包括：被诉侵犯发明、实用新型专利权的产品的制造、使用、许诺销售、销售、进口等行为的实施地；专利方法使用行为的实施地，依照该专利方法直接获得的产品的使用、许诺销售、销售、进口等行为的实施地；外观设计专利产品的制造、许诺销售、销售、进口等行为的实施地；假冒他人专利的行为实施地。上述侵权行为的侵权结果发生地。"本题中，级别管辖上，应当选择中级人民法院管辖；地域管辖上，重庆是被告住所地、成都是侵权行为地。故选项A错误，不符合题意；选项C正确，符合题意。

D.《专利法》第61条第2款规定："专利侵权纠纷涉及实用新型专利或者外观设计专利的，人民法院或者管理专利工作的部门可以要求专利权人或者利害关系人出具由国务院专利行政部门对相关实用新型或者外观设计进行检索、分析和评价后作出的专利权评价报告，作为审理、处理专利侵权纠纷的证据。"故选项D正确，符合题意。

63.（2013年卷一第90题）济南市的甲公司拥有一项产品专利权，未经甲公司许可，成都市的乙公司在杭州市生产该产品并在南京市销售。甲公司可以在下列哪些人民法院起诉乙公司？

A. 济南市中级人民法院　　　　　　　　B. 成都市中级人民法院
C. 杭州市中级人民法院　　　　　　　　D. 南京市中级人民法院

【知识要点】专利侵权案件的管辖

【解析】《最高人民法院关于审理专利纠纷案件适用法律问题的若干规定》第5条规定："因侵犯专利权行为提起的诉讼，由侵权行为地或者被告住所地人民法院管辖。侵权行为地包括：被诉侵犯发明、实用新型专利权的产品的制造、使用、许诺销售、销售、进口等行为的实施地；专利方法使用行为的实施地，依照该专利方法直接获得的产品的使用、许诺销售、销售、进口等行为的实施地；外观设计专利产品的制造、许诺销售、销售、进口等行为的实施地；假冒他人专利的行为实施地。上述侵权行为的侵权结果发生地。"本题中，成都市是被告住所地，杭州市和南京市是侵权行为地。故选项A错误，不符合题意；选项B、C、D正确，符合题意。

64.（2010年卷一第16题）人民法院可以受理下列哪些专利纠纷案件？

A. 发明人、设计人资格纠纷案件　　　　B. 职务发明创造发明人奖励、报酬纠纷案件
C. 不服国家知识产权局行政复议决定案件　D. 诉前申请停止侵权、财产保全案件

【知识要点】人民法院对专利纠纷案件的受理

【解析】《最高人民法院关于审理专利纠纷案件适用法律问题的若干规定》第1条规定："人民法院受理下列专利纠纷案件：1.专利申请权纠纷案件；2.专利权权属纠纷案件；3.专利权、专利申请权转让合同纠纷案件；4.侵犯专利权纠纷案件；5.假冒他人专利纠纷案件；6.发明专利申请公布后、专利权授予前使用费纠纷案件；7.职务发明创造发明人、设计人奖励、报酬纠纷案件；8.诉前申请停止侵权、财产保全案件；9.发明人、设计人资格纠纷案件；10.不服专利复审委员会维持驳回申请复审决定案件；11.不服专利复审委员会专利权无效宣告请求决定案件；12.不服国务院专利行政部门实施强制许可决定案件；13.不服国务院专利行政部门实施强制许可使用费裁决案件；14.不服国务院专利行政部门行政复议决定案件；15.不服管理专利工作的部门行政决定案件；16.其他专利纠纷案件。"故选项A、B、C、D均正确，符合题意。

65.（2007年卷一第60题）北京市的专利权人甲到四川出差。偶然发现乙公司在成都销售侵犯其专利权的产品。经调查，这些产品都是由深圳市的丙厂所生产。以下有关人民法院管辖权的说法哪些是正确的？

A. 无论甲仅对乙公司提起诉讼，还是仅对丙厂提起诉讼，或是以乙公司和丙厂作为共同被告起诉，北京市第一中级人民法院都有管辖权
B. 甲以乙公司和丙厂作为共同被告提起诉讼，成都市中级人民法院有管辖权
C. 甲仅对丙厂提起诉讼，而未对乙公司提起诉讼，则深圳市中级人民法院有管辖权
D. 甲仅对乙公司提起诉讼，而未对丙厂提起诉讼，则成都市中级人民法院有管辖权

【知识要点】专利侵权诉讼的管辖

【解析】《最高人民法院关于审理专利纠纷案件适用法律问题的若干规定》第5条规定："因侵犯专利权行为提起的诉讼，由侵权行为地或者被告住所地人民法院管辖。侵权行为地包括：被控侵犯发明、实用新型专利权的产品的制造、使用、许诺销售、销售、进口等行为的实施地；专利方法使用行为的实施地，依照该专利方法直接获得的产品的使用、许诺销售、销售、进口等行为的实施地；外观设计专利产品的制造、销售、进口等行为的实施地；假冒他人专利的行为实施地。上述侵权行为的侵权结果发生地。"《最高人民法院关于审理专利纠纷案件适用法律问题的若干规定》第6条规定："原告仅对侵权产品制造者提起诉讼，未起诉销售者，侵权产品制造地与销售地不一致的，制造地人民法院有管辖权；以制造者与销售者为共同被告起诉的，销售地人民法院有管辖权。销售者是制造者分支机构，原告在销售地起诉侵权产品制造者制造、销售行为的，销售地人民法院有管辖权。"故选项A错误，不符合题意；选项B、C、D正确，符合题意。

（5）侵权纠纷的审理

66.（2010年卷一第30题）关于侵犯专利权纠纷案件的审理，下列说法哪些是正确的？

A. 权利人主张以从属权利要求确定保护范围的，人民法院以该从属权利要求记载的附加技术特征及其引用的权利要求记载的技术特征，确定专利权的保护范围

B. 对于权利要求中以效果表述的技术特征，人民法院结合说明书和附图描述的该效果的具体实施方式及其等同的实施方式，确定该技术特征的内容

C. 对于仅在说明书中描述而在权利要求中未记载的技术方案，权利人在侵犯专利权纠纷案件中将其纳入专利权保护范围的，人民法院不予支持

D. 专利申请人在授权程序中通过意见陈述放弃的技术方案，权利人在侵犯专利权纠纷案件中将其纳入专利权保护范围的，人民法院不予支持

【知识要点】侵犯专利权纠纷案件的审理

【解析】A.《最高人民法院关于审理侵犯专利权纠纷案件应用法律若干问题的解释》第1条第2款规定："权利人主张以从属权利要求确定专利权保护范围的，人民法院应当以该从属权利要求记载的附加技术特征及其引用的权利要求记载的技术特征，确定专利权的保护范围。"故选项A正确，符合题意。

B.《最高人民法院关于审理侵犯专利权纠纷案件应用法律若干问题的解释》第4条规定："对于权利要求中以功能或者效果表述的技术特征，人民法院应当结合说明书和附图描述的该功能或者效果的具体实施方式及其等同的实施方式，确定该技术特征的内容。"故选项B正确，符合题意。

C.《最高人民法院关于审理侵犯专利权纠纷案件应用法律若干问题的解释》第5条规定："对于仅在说明书或者附图中描述而在权利要求中未记载的技术方案，权利人在侵犯专利权纠纷案件中将其纳入专利权保护范围的，人民法院不予支持。"故选项C正确，符合题意。

D.《最高人民法院关于审理侵犯专利权纠纷案件应用法律若干问题的解释》第6条规定："专利申请人、专利权人在专利授权或者无效宣告程序中，通过对权利要求、说明书的修改或者意见陈述而放弃的技术方案，权利人在侵犯专利权纠纷案件中又将其纳入专利权保护范围的，人民法院不予支持。"故选项D正确，符合题意。

67.（2007年卷一第65题）以下有关侵犯实用新型、外观设计专利权纠纷案件中止诉讼的哪些说法是正确的？

A. 被告在答辩期间届满后请求宣告该项专利权无效，人民法院不应当中止诉讼，但经审查认为有必要中止诉讼的除外

B. 虽然被告在答辩期间内提出了宣告专利权无效请求，但原告出具的实用新型专利检索报告未发现导致该实用新型专利丧失新颖性、创造性的技术文献的，人民法院可以不中止诉讼

C. 虽然被告在答辩期间内提出了宣告专利权无效请求，但被告请求宣告专利无效所提供的证据或者依据的理由明显不充分的，人民法院可以不中止诉讼

D. 虽然被告在答辩期间内提出了宣告专利权无效请求，但是专利复审委员会在以前的无效请求审查中曾经作出维持该专利权的决定的，人民法院可以不中止诉讼

【知识要点】侵权诉讼的中止条件

【解析】A.《最高人民法院关于审理专利纠纷案件适用法律问题的若干规定》第10条规定："人民法院受理的侵犯实用新型、外观设计专利权纠纷案件，被告在答辩期间届满后请求宣告该项专利权无效的，人民法院不应当中止诉讼，但经审查认为有必要中止诉讼的除外。"故选项A正确，符合题意。

B、C.《最高人民法院关于审理专利纠纷案件适用法律问题的若干规定》第9条规定："人民法院受理的侵犯实用新型、外观设计专利权纠纷案件，被告在答辩期间请求宣告该项专利权无效的，人民法院应当中止诉讼，但具备下列情形之一的，可以不中止诉讼：（一）原告出具的检索报告或者专利权评价报告未发现导致实用新型专利或者外观设计专利权无效的事由的；（二）被告提供的证据足以证明其使用的技术已经公知的；（三）被告请求宣告该项专利权无效所提供的证据或者依据的理由明显不充分的；（四）人民法院认为不应当中止诉讼的其他情形。"故选项B、C正确，符合题意。

D.《最高人民法院关于审理专利纠纷案件适用法律问题的若干规定》第11条规定："人民法院受理的侵犯发明专利权纠纷案件或者经专利复审委员会审查维持专利权的侵犯实用新型、外观设计专利权纠纷案件，被告在答辩期间内请求宣告该项专利权无效的，人民法院可以不中止诉讼。"故选项D正确，符合题意。

68.（2004年卷一第55题）被指控侵权的被告在以下哪些情况下应当提供其产品制造方法不同于专利方法的证明？

A. 专利侵权纠纷涉及方法发明专利的
B. 专利侵权纠纷涉及制造方法发明专利的
C. 专利侵权纠纷涉及新产品制造方法的发明专利的
D. 专利侵权纠纷涉及已知产品制造方法的发明专利的

【知识要点】专利侵权中的举证倒置

【解析】《专利法》第61条第1款规定："专利侵权纠纷涉及新产品制造方法的发明专利的，制造同样产品的单位或者个人应当提供其产品制造方法不同于专利方法的证明。""谁主张，谁举证"是民事诉讼中举证责任的基本原则。因此对于涉及专利方法侵权纠纷的，也应由原告负举证责任。但对于涉及"新产品"制造方法的侵权纠纷，由被告承

担举证责任。这是因为在方法专利权引发的侵权纠纷中，原告若想收集被告使用其专利方法的证据，往往是非常困难的。因此对于涉及"新产品"的制造方法专利纠纷，将举证责任倒置，由被告负责举证，如果被告不能举证，则可以认定其构成侵权。所以此时原告只要举证被告制造的产品与其专利方法所制造的产品相同并且该产品是新产品即可，原告的举证负担也因此得到减轻。选项A、B、D错误，不符合题意；故选项C正确，符合题意。

（四）综合题

69.（2015年卷一第93题）甲未经专利权人乙的许可而实施了其专利，引起了专利侵权纠纷。乙可以通过下列哪些途径解决该纠纷？

 A. 与甲协商解决
 B. 直接向人民法院提起诉讼
 C. 请求地方人民政府管理专利工作的部门处理
 D. 请求国务院专利行政部门处理

【知识要点】专利侵权纠纷的解决途径

【解析】《专利法》第60条规定："未经专利权人许可，实施其专利，即侵犯其专利权，引起纠纷的，由当事人协商解决；不愿协商或者协商不成的，专利权人或者利害关系人可以向人民法院起诉，也可以请求管理专利工作的部门处理。管理专利工作的部门处理时，认定侵权行为成立的，可以责令侵权人立即停止侵权行为，当事人不服的，可以自收到处理通知之日起十五日内依照《中华人民共和国行政诉讼法》向人民法院起诉；侵权人期满不起诉又不停止侵权行为的，管理专利工作的部门可以申请人民法院强制执行。进行处理的管理专利工作的部门应当事人的请求，可以就侵犯专利权的赔偿数额进行调解；调解不成的，当事人可以依照《中华人民共和国民事诉讼法》向人民法院起诉。"故选项A、B、C正确，符合题意；选项D错误，不符合题意。

70.（2013年卷一第47题）下列关于专利侵权纠纷解决的说法哪些是正确的？

 A. 当事人可以协商解决
 B. 专利权人可以请求管理专利工作的部门处理
 C. 专利权人可以直接就专利侵权纠纷向人民法院提起民事诉讼
 D. 当事人对管理专利工作的部门作出的责令停止侵权的决定不服的，可以向人民法院提起行政诉讼

【知识要点】专利侵权纠纷的解决途径

【解析】《专利法》第60条规定："未经专利权人许可，实施其专利，即侵犯其专利权，引起纠纷的，由当事人协商解决；不愿协商或者协商不成的，专利权人或者利害关系人可以向人民法院起诉，也可以请求管理专利工作的部门处理。管理专利工作的部门处理时，认定侵权行为成立的，可以责令侵权人立即停止侵权行为，当事人不服的，可以自收到处理通知之日起十五日内依照《中华人民共和国行政诉讼法》向人民法院起诉；侵权人期满不起诉又不停止侵权行为的，管理专利工作的部门可以申请人民法院强制执行。进行处理的管理专利工作的部门应当事人的请求，可以就侵犯专利权的赔偿数额进行调解；调解不成的，当事人可以依照《中华人民共和国民事诉讼法》向人民法院起诉。"故选项A、B、C、D正确，符合题意。

71.（2014年卷一第17题）专利权人王某发现李某未经许可而实施其专利，遂向人民法院起诉。李某主张其实施的技术方案属于现有技术，因而不侵犯王某的专利权，同时李某还主张，该专利权不具备新颖性和创造性应当被宣告无效，并提供了充足的证据。下列说法哪个是正确的？

 A. 人民法院应当就该专利权是否有效进行审理
 B. 人民法院应当中止诉讼，告知李某向专利复审委员会请求宣告该专利权无效
 C. 人民法院认定李某实施的技术方案为现有技术的，可以直接宣告该专利权无效
 D. 人民法院认定李某实施的技术方案为现有技术的，可以直接判决李某不侵权

【知识要点】现有技术抗辩、专利权无效

【解析】A.C.《专利法》第45条规定："自国务院专利行政部门公告授予专利权之日起，任何单位或者个人认为该专利权的授予不符合本法有关规定的，可以请求专利复审委员会宣告该专利权无效。"可见，受理并审查专利权无效宣告请求及认定专利权无效的机关是专利复审委员会，而不是法院。故选项A、C错误，不符合题意。

B.《最高人民法院关于审理专利纠纷案件适用法律问题的若干规定》第9条规定："人民法院受理的侵犯实用新型、外观设计专利权纠纷案件，被告在答辩期间内请求宣告该项专利权无效的，人民法院应当中止诉讼，但具备下列情形之一的，可以不中止诉讼：（一）原告出具的检索报告或者专利权评价报告未发现导致实用新型或者外观设计专利权无效的事由的；（二）被告提供的证据足以证明其使用的技术已经公知的；（三）被告请求宣告该项专利权无效所提供的证据或者依据的理由明显不充分的；（四）人民法院认为不应当中止诉讼的其他情形。"本题中，李某提供了充足的证据证明该专利权不具备新颖性和创造性，则人民法院可以不中止该诉讼程序。故选项B错误，不符合题意。

D.《专利法》第62条规定："在专利侵权纠纷中，被控侵权人有证据证明其实施的技术或者设计属于现有技术或者现有设计的，不构成侵犯专利权。"据此，人民法院认定李某实施的技术方案为现有技术的，可以直接判决李某不侵权。故选项D正确，符合题意。

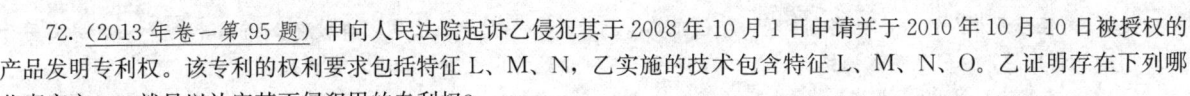

72. (2013年卷一第95题) 甲向人民法院起诉乙侵犯其于2008年10月1日申请并于2010年10月10日被授权的产品发明专利权。该专利的权利要求包括特征L、M、N，乙实施的技术包含特征L、M、N、O。乙证明存在下列哪些事实之一，就足以认定其不侵犯甲的专利权？
A. 乙实施的技术已经记载在2008年8月30日公布的丙的发明专利申请中
B. 乙实施的技术已经记载在2008年3月1日申请、2008年10月16日公告授权的丙的实用新型专利申请中
C. 含有特征L、M、O的技术方案已经记载在2007年1月10日公告授权的丙的专利中，含有特征L、N、O的技术方案已经记载在2008年3月10日公告授权的丙的专利中
D. 乙实施的技术已经在2008年3月1日出版的某科技期刊上刊载

【知识要点】现有技术抗辩

【解析】《专利法》第62条规定："在专利侵权纠纷中，被控侵权人有证据证明其实施的技术或者设计属于现有技术或者现有设计的，不构成侵犯专利权。"《专利法》第22条第5款规定："本法所称现有技术，是指申请日以前在国内外为公众所知的技术。"
A. 由于记载了乙实施技术的发明专利申请已在甲专利申请申请日前公布，该技术属于现有技术，故能认定乙不侵犯甲的专利权。故选项A正确，符合题意。
B. 由于乙提出证明的实用新型专利申请在甲专利申请申请日前还未公告授权，并不为公众所知，不属于现有技术，故不能认定乙不侵犯甲的专利权。故选项B错误，不符合题意。
C. 两件专利申请，虽然都在甲专利申请申请日前公告授权，但由于每件专利申请都不包含乙实施技术的全部技术特征，《最高人民法院关于审理侵犯专利权纠纷案件应用法律若干问题的解释》第14条第1款规定："被诉落入专利权保护范围的全部技术特征，与一项现有技术方案中的相应技术特征相同或者无实质性差异的，人民法院应当认定被诉侵权人实施的技术属于专利法第六十二条规定的现有技术。"乙实施技术不属于现有技术，不能认定乙不侵犯甲的专利权。故选项C错误，不符合题意。
D. 由于乙实施技术已经在甲专利申请申请日前出版的某科技期刊上刊载，属于现有技术，故能认定乙不侵犯甲的专利权。故选项D正确，符合题意。

73. (2009年卷一第86题) 专利权人可以通过下列哪些方式解决专利侵权纠纷？
A. 与侵权人协商
B. 请求侵权人所在地的省级人民政府管理专利工作的部门处理
C. 请求侵权人所在地的县工商行政管理部门处罚
D. 向侵权人所在地的县人民法院提起民事诉讼

【知识要点】专利侵权纠纷的解决途径

【解析】A、B、C.《专利法》第60条规定："未经专利权人许可，实施其专利，即侵犯其专利权，引起纠纷的，由当事人协商解决；不愿协商或者协商不成的，专利权人或者利害关系人可以向人民法院起诉，也可以请求管理专利工作的部门处理。……"《专利法实施细则》第81条第1款规定："当事人请求处理专利侵权纠纷或者调解专利纠纷的，由被请求人所在地或者侵权行为地的管理专利工作的部门管辖。"故选项A、B正确，符合题意；选项C错误，不符合题意。
D.《最高人民法院关于审理专利纠纷案件适用法律问题的若干规定》第2条第1款规定："专利纠纷第一审案件，由各省、自治区、直辖市人民政府所在地的中级人民法院和最高人民法院指定的中级人民法院管辖。"故选项D错误，不符合题意。

三、侵犯专利权的法律责任

74. (2009年卷一第15题) 甲公司是"童车车轮"的实用新型专利权人。乙公司从丙公司处购买了与甲公司专利产品相同的童车车轮并装配在自己生产的婴儿推车上，但乙公司事先并不知道该车轮是未经甲公司许可而制造并售出的。下列说法哪些是正确的？
A. 由于乙公司事先并不知道该车轮是未经甲公司许可而制造并售出的，所以乙公司的行为不构成侵权
B. 尽管乙公司主观上没有过错，但其行为仍构成侵权
C. 由于乙公司事先并不知道该车轮是未经甲公司许可而制造并售出的，如果其能提供购买该车轮的合法来源，则无需承担赔偿责任
D. 乙公司应当停止在其生产的婴儿推车上继续装配从丙公司处购买的车轮的行为

【知识要点】专利侵权责任

【解析】A、B.《专利法》第11条第1款规定："发明和实用新型专利权被授予后，除本法另有规定的以外，任何单位或者个人未经专利权人许可，都不得实施其专利，即不得为生产经营目的制造、使用、许诺销售、销售、进口其专利产品，或者使用其专利方法以及使用、许诺销售、销售、进口依照该专利方法直接获得的产品。"《专利法》第60

条规定:"未经专利权人许可,实施其专利,即侵犯其专利权……"对于乙公司,即使不知道该车轮是未经甲公司许可而制造并售出的,也依然构成侵权。故选项A错误,不符合题意;选项B正确,符合题意。

C.D.《专利法》第70条规定:"为生产经营目的使用、许诺销售或者销售不知道是未经专利权人许可而制造并售出的专利侵权产品,能证明该产品合法来源的,不承担赔偿责任。"故选项C正确,符合题意。乙公司已经得知丙公司产品侵权后,就不能再将其用于生产,否则将承担赔偿责任。故选项D正确,符合题意。

75. (2008年卷—第87题) 下列关于侵犯专利权案件中赔偿数额的计算方法的说法哪些是正确的?
   A. 权利人因被侵权所受到的损失可以根据专利权人的专利产品因侵权所造成销售量减少的总数乘以每件专利产品的合理利润所得之积计算
   B. 有专利许可使用费可以参照的,人民法院可以根据相关因素,参照该专利许可使用费的2至5倍合理确定赔偿数额
   C. 侵权人因侵权所获得的利益可以根据该侵权产品在市场上销售的总数乘以每件专利产品的合理利润所得之积计算
   D. 人民法院可以根据专利权的类别、侵权人侵权的性质和情节等因素,在人民币5000元以上50万元以下确定赔偿数额

【知识要点】侵犯专利权的赔偿数额

【解析】A.C.《最高人民法院关于审理专利纠纷案件适用法律问题的若干规定》第20条规定:"专利法第六十五条规定的,权利人因被侵权所受到的实际损失可以根据专利权人的专利产品因侵权所造成销售量减少的总数乘以每件专利产品的合理利润所得之积计算。权利人销售量减少的总数难以确定的,侵权产品在市场上销售的总数乘以每件专利产品的合理利润所得之积可以视为权利人因被侵权所受到的实际损失。专利法第六十五条规定的侵权人因侵权所获得的利益可以根据该侵权产品在市场上销售的总数乘以每件侵权产品的合理利润所得之积计算。侵权人因侵权所获得的利益一般按照侵权人的营业利润计算,对于完全以侵权为业的侵权人,可以按照销售利润计算。"故选项A正确,符合题意。侵权人因侵权所获得的利益可以按"侵权产品"的利润计算,而不是题目中所述的按"专利产品"的利润计算。故选项C错误,不符合题意。

B.《最高人民法院关于审理专利纠纷案件适用法律问题的若干规定》第21条规定:"权利人的损失或者侵权人获得的利益难以确定,有专利许可使用费可以参照的,人民法院可以根据专利权的类型、侵权行为的性质和情节、专利许可的性质、范围、时间等因素,参照该专利许可使用费的倍数合理确定赔偿数额;没有专利许可使用费可以参照或者专利许可使用费明显不合理的,人民法院可以根据专利权的类型、侵权行为的性质和情节等因素,依照专利法第六十五条第二款的规定确定赔偿数额。"(《专利法》第65条第2款规定:"……确定给予一万元以上一百万元以下的赔偿。")故选项B错误,不符合题意。

D.《专利法》第65条规定:"侵犯专利权的赔偿数额按照权利人因被侵权所受到的实际损失确定;实际损失难以确定,可以按照侵权人因侵权所获得的利益确定。权利人的损失或者侵权人获得的利益难以确定的,参照该专利许可使用费的倍数合理确定。赔偿数额还应当包括权利人为制止侵权行为所支付的合理开支。权利人的损失、侵权人获得的利益和专利许可使用费均难以确定的,人民法院可以根据专利权的类型、侵权行为的性质和情节等因素,确定给予一万元以上一百万元以下的赔偿。"故选项D错误,不符合题意。

76. (2013年卷—第80题) 专利实施许可合同中记载的下列哪些事项,可以作为人民法院确定侵权纠纷赔偿数额时的参照?
   A. 许可的时间   B. 许可的性质
   C. 许可的范围   D. 许可使用费的数额

【知识要点】赔偿数额的计算

【解析】《最高人民法院关于审理专利纠纷案件适用法律问题的若干规定》第21条规定:"权利人的损失或者侵权人获得的利益难以确定,有专利许可使用费可以参照的,人民法院可以根据专利权的类型、侵权行为的性质和情节、专利许可的性质、范围、时间等因素,参照该专利许可使用费的倍数合理确定赔偿数额;没有专利许可使用费可以参照或者专利许可使用费明显不合理的,人民法院可以根据专利权的类型、侵权行为的性质和情节等因素,依照专利法第六十五条第二款的规定确定赔偿数额。"(《专利法》第六十五条第二款规定:"……确定给予一万元以上一百万元以下的赔偿。")同时,《专利实施许可合同备案管理办法》第19条规定:"经过备案的专利实施许可合同的种类、期限、许可使用费计算方法或者数额等,可以作为管理专利工作的部门对侵权赔偿数额进行调解的参照。"故选项A、B、C、D正确,符合题意。

77. (2008年卷—第100题) 甲公司发现乙公司侵犯其专利权,向人民法院起诉。如果人民法院认定侵权成立,在甲公司提出的下列诉讼请求中,哪些不能得到支持?
   A. 将乙公司用于生产侵权产品的模具交由人民法院销毁
   B. 赔偿甲公司经济损失

C. 没收乙公司生产的侵权产品
D. 立即停止对甲公司专利权的侵害

【知识要点】专利侵权的法律责任

【解析】《民法通则》第134条规定:"承担民事责任的方式主要有:(一)停止侵害;(二)排除妨碍;(三)消除危险;(四)返还财产;(五)恢复原状;(六)修理、重作、更换;(七)赔偿损失;(八)支付违约金;(九)消除影响、恢复名誉;(十)赔礼道歉。以上承担民事责任的方式,可以单独适用,也可以合并适用。人民法院审理民事案件,除适用上述规定外,还可以予以训诫、责令具结悔过、收缴进行非法活动的财物和非法所得,并可以依照法律规定处以罚款、拘留。"再根据《专利法》第60条(参见本章第52题解析A、B、D)、第65条的规定(参见本章第75题解析D),故选项A、C错误,符合题意;选项B、D正确,不符合题意。

78.(2016年卷一第93题)甲拥有一项机床的发明专利权,乙未经甲的许可制造了该机床,用于为自己的客户加工零部件,同时将部分机床对外销售;丙不知道该机床为侵权产品,以合理价格购买了该机床用于企业的生产,以下说法哪些是正确的?

A. 乙制造该机床供自己使用的行为不侵犯甲的专利权
B. 丙使用该机床侵犯了甲的专利权
C. 丙能证明其采购机床的合法来源,无需承担赔偿责任
D. 法院根据甲的请求,应当判令乙、丙立即停止使用该机床

【知识要点】侵犯专利权的法律责任

【解析】《专利法》第11条规定:"发明和实用新型专利权被授予后,除本法另有规定的以外,任何单位或者个人未经专利权人许可,都不得实施其专利,即不得为生产经营目的制造、使用、许诺销售、销售、进口其专利产品,或者使用其专利方法以及使用、许诺销售、销售、进口依照该专利方法直接获得的产品。外观设计专利权被授予后,任何单位或者个人未经专利权人许可,都不得实施其专利,即不得为生产经营目的制造、许诺销售、销售、进口其外观设计专利产品。"《专利法》第70条规定:"为生产经营目的使用、许诺销售或者销售不知道是未经专利权人许可而制造并售出的专利侵权产品,能证明该产品合法来源的,不承担赔偿责任。"《最高人民法院关于审理侵犯专利权纠纷案件应用法律若干问题的解释(二)》第25条规定:"为生产经营目的使用、许诺销售或者销售不知道是未经专利权人许可而制造并售出的专利侵权产品,且举证证明该产品合法来源的,对于权利人请求停止上述使用、许诺销售、销售行为的主张,人民法院应予支持,但被诉侵权产品的使用者举证证明其已支付该产品的合理对价的除外。本条第一款所称不知道,是指实际不知道且不应当知道,本条第一款所称合法来源,是指通过合法的销售渠道、通常的买卖合同等正常商业方式取得产品。对于合法来源,使用者、许诺销售者或者销售者应当提供符合交易习惯的相关证据。"本题中,乙制造专利产品的行为必然构成侵权,至于是否为供自己使用并无关系;丙使用专利产品的行为也构成侵权,不过如果能证明其为善意购买者,可以免除赔偿责任。故选项A、D错误,不符合题意;选项B、C正确,符合题意。

第三节 其他专利纠纷与违反专利法的行为

一、其他专利纠纷

79.(2014年卷一第48题)人民法院可以受理下列哪些专利纠纷案件?

A. 专利权权属纠纷案件
B. 发明人、设计人资格纠纷案件
C. 专利权、专利申请权转让合同纠纷案件
D. 诉前申请停止侵权、财产保全案件

【知识要点】专利纠纷案件的受案范围

【解析】《最高人民法院关于审理专利纠纷案件适用法律问题的若干规定》第1条规定:"人民法院受理下列专利纠纷案件:1.专利申请权纠纷案件;2.专利权权属纠纷案件;3.专利权、专利申请权转让合同纠纷案件;4.侵犯专利权纠纷案件;5.假冒他人专利纠纷案件;6.发明专利申请公布后、专利权授予前使用费纠纷案件;7.职务发明创造发明人、设计人奖励、报酬纠纷案件;8.诉前申请停止侵权、财产保全案件;9.发明人、设计人资格纠纷案件;10.不服专利复审委员会维持驳回申请复审决定案件;11.不服专利复审委员会专利权无效宣告请求决定案件;12.不服国务院专利行政部门实施强制许可决定案件;13.不服国务院专利行政部门实施强制许可使用费裁决案件;14.不服国务院专利行政部门行政复议决定案件;15.不服管理专利工作的部门行政决定案件;16.其他专利纠纷案件。"故选项A、B、C、D正确,符合题意。

80.(2013年卷一第60题)甲乙二人因专利申请权的归属发生纠纷,乙向人民法院提起诉讼。在诉讼过程中,乙请求中止有关专利申请程序。下列说法哪些是正确的?

A. 应当向国家知识产权局提出中止请求
B. 乙应当提交中止程序请求书和人民法院写明申请号的受理文件副本

C. 在中止期间，甲提交的撤回专利申请声明的审批手续应当暂停办理
D. 中止的期限为1年，不能延长

【知识要点】专利申请程序的中止

【解析】A、B、D.《专利法实施细则》第86条规定："当事人因专利申请权或者专利权的归属发生纠纷，已请求管理专利工作的部门调解或者向人民法院起诉的，可以请求国务院专利行政部门中止有关程序。依照前款规定请求中止有关程序的，应当向国务院专利行政部门提交请求书，并附具管理专利工作的部门或者人民法院的写明申请号或者专利号的有关受理文件副本。管理专利工作的部门作出的调解书或者人民法院作出的判决生效后，当事人应当向国务院专利行政部门办理恢复有关程序的手续。自请求中止之日起1年内，有关专利申请权或者专利权归属的纠纷未能结案，需要继续中止有关程序的，请求人应当在该期限内请求延长中止。期满未请求延长的，国务院专利行政部门自行恢复有关程序。"故选项A、B正确，符合题意；选项D错误，不符合题意。

C.《专利法实施细则》第88条规定："国务院专利行政部门根据本细则第八十六条和第八十七条规定中止有关程序，是指暂停专利申请的初步审查、实质审查、复审程序，授予专利权程序和专利权无效宣告程序；暂停办理放弃、变更、转移专利权或者专利申请权手续，专利权质押手续以及专利权期限届满前的终止手续等。"故选项C正确，符合题意。

二、假冒专利的行为

（一）假冒专利的行为

81.（2012年卷一第20题）下列哪一行为不属于假冒专利行为？
A. 专利权被宣告无效后继续在其包装上标注专利标识
B. 销售他人制造的假冒专利产品
C. 伪造专利申请文件
D. 专利权终止前依法在专利产品上标注专利标识，在专利权终止后继续销售该产品

【知识要点】假冒专利的行为判定

【解析】《专利法实施细则》第84条规定："下列行为属于专利法第六十三条规定的假冒专利的行为：（一）在未被授予专利权的产品或者其包装上标注专利标识，专利权被宣告无效后或者终止后继续在产品或者其包装上标注专利标识，或者未经许可在产品或者产品包装上标注他人的专利号；（二）销售第（一）项所述产品；（三）在产品说明书等材料中将未被授予专利权的技术或者设计称为专利技术或者专利设计，将专利申请称为专利，或者未经许可使用他人的专利号，使公众将所涉及的技术或者设计误认为是专利技术或者专利设计；（四）伪造或者变造专利证书、专利文件或者专利申请文件；（五）其他使公众混淆，将未被授予专利权的技术或者设计误认为是专利技术或者专利设计的行为。专利权终止前依法在专利产品、依照专利方法直接获得的产品或者其包装上标注专利标识，在专利权终止后许诺销售、销售该产品的，不属于假冒专利行为。销售不知道是假冒专利的产品，并且能够证明该产品合法来源的，由管理专利工作的部门责令停止销售，但免除罚款的处罚。"故只有选项D不是假冒专利行为，符合题意。

82.（2014年卷一第96题）甲公司的一件实用新型专利申请于2012年11月20日被授予专利权，该专利权于2014年4月8日终止。下列行为哪些构成假冒专利的行为？
A. 甲公司在专利权终止后继续销售2014年2月生产并标注了该实用新型专利标识的产品
B. 乙公司未经甲公司同意，在其生产的类似产品上标注甲公司的专利号
C. 甲公司在2012年10月3日出厂的产品说明书上标明该产品是专利产品，使公众误认为该产品是专利产品
D. 甲公司为了申报高新技术企业，将实用新型专利证书变造成发明专利证书

【知识要点】假冒专利行为判定

【解析】《专利法实施细则》第84条规定："下列行为属于专利法第六十三条规定的假冒专利的行为：（一）在未被授予专利权的产品或者其包装上标注专利标识，专利权被宣告无效后或者终止后继续在产品或者其包装上标注专利标识，或者未经许可在产品或者产品包装上标注他人的专利号；（二）销售第（一）项所述产品；（三）在产品说明书等材料中将未被授予专利权的技术或者设计称为专利技术或者专利设计，将专利申请称为专利，或者未经许可使用他人的专利号，使公众将所涉及的技术或者设计误认为是专利技术或者专利设计；（四）伪造或者变造专利证书、专利文件或者专利申请文件；（五）其他使公众混淆，将未被授予专利权的技术或者设计误认为是专利技术或者专利设计的行为。专利权终止前依法在专利产品、依照专利方法直接获得的产品或者其包装上标注专利标识，在专利权终止后许诺销售、销售该产品的，不属于假冒专利行为。销售不知道是假冒专利的产品，并且能够证明该产品合法来源的，由管理专利工作的部门责令停止销售，但免除罚款的处罚。"

A. 甲公司的行为属于前述"专利权终止前依法在专利产品、依照专利方法直接获得的产品或者其包装上标注专利标识，在专利权终止后许诺销售、销售该产品的"情形，依法不属于假冒专利行为，故选项A不符合题意。

B. 乙公司的行为属于前述（一）中"未经许可在产品或者产品包装上标注他人的专利号"的情形，构成假冒专利的行为，故选项B符合题意。

C. 甲公司的行为属于前述（三）中"在产品说明书等材料中将专利申请称为专利"的情形，构成假冒专利的行为，故选项C符合题意。

D. 甲公司的行为属于前述（四）中变造专利证书的行为，构成假冒专利的行为，故选项D符合题意。

83.（2015年卷一第94题）下列哪些行为属于假冒专利的行为？
A. 专利权终止后继续在产品上标注专利标识
B. 未经许可在产品包装上标注他人的专利号
C. 将拥有的实用新型专利证书变造成发明专利证书
D. 伪造专利文件

【知识要点】假冒专利行为判定

【解析】《专利法实施细则》第84条第1款规定："下列行为属于专利法第六十三条规定的假冒专利的行为：（一）在未被授予专利权的产品或者其包装上标注专利标识，专利权被宣告无效后或者终止后继续在产品或者其包装上标注专利标识，或者未经许可在产品或者产品包装上标注他人的专利号；（二）销售第（一）项所述产品；（三）在产品说明书等材料中将未被授予专利权的技术或者设计称为专利技术或者专利设计，将专利申请称为专利，或者未经许可使用他人的专利号，使公众将所涉及的技术或者设计误认为是专利技术或者专利设计；（四）伪造或者变造专利证书、专利文件或者专利申请文件；（五）其他使公众混淆，将未被授予专利权的技术或者设计误认为是专利技术或者专利设计的行为。"故选项A、B、C、D都属于假冒专利的行为，符合题意。

84.（2016年卷一第95题）甲公司拥有一项产品发明专利权，乙公司未经甲公司许可制造了该专利产品，并在产品上标注了甲公司的专利号；丙公司从乙公司处采购该产品并对外销售。下列哪些说法是正确的？
A. 乙公司和丙公司的行为构成了假冒专利行为
B. 乙公司和丙公司的行为构成了专利侵权行为
C. 管理专利工作的部门查封、扣押乙公司和丙公司产品的，应当经人民法院批准
D. 丙公司若能证明其不知道所销售产品为侵权产品，并且是通过合法途径、以合理价格采购了该产品，则不承担赔偿责任，但应停止销售

【知识要点】假冒专利

【解析】《专利法实施细则》第84条第1款规定："下列行为属于专利法第六十三条规定的假冒专利的行为：（一）在未被授予专利权的产品或者其包装上标注专利标识，专利权被宣告无效后或者终止后继续在产品或者其包装上标注专利标识，或者未经许可在产品或者产品包装上标注他人的专利号；（二）销售第（一）项所述产品；（三）在产品说明书等材料中将未被授予专利权的技术或者设计称为专利技术或者专利设计，将专利申请称为专利，或者未经许可使用他人的专利号，使公众将所涉及的技术或者设计误认为是专利技术或者专利设计；（四）伪造或者变造专利证书、专利文件或者专利申请文件；（五）其他使公众混淆，将未被授予专利权的技术或者设计误认为是专利技术或者专利设计的行为。"

未经许可制造专利产品的行为构成专利侵权，销售侵权产品的行为同样也构成专利侵权。在产品上标注专利号的行为则构成假冒专利，销售此类产品的行为也构成假冒专利。在专利侵权案件中，善意购买人如果支付了合理的对价，除了免除赔偿责任外，还可以免除停止侵权的责任。故选项A、B、D正确，符合题意；选项C错误，不符合题意。

（二）假冒专利行为的查处

85.（2012年卷一第61题）管理专利工作的部门对假冒专利案件作出的下列处理，哪些是正确的？
A. 假冒专利行为不成立的，依法撤销案件
B. 假冒专利行为轻微并已及时改正的，免予处罚
C. 假冒专利行为成立应当予以处罚的，依法给予行政处罚
D. 假冒专利行为涉嫌犯罪的，依法移送公安机关

【知识要点】假冒专利的查处

【解析】《专利行政执法办法》第31条规定："案件调查终结，经管理专利工作的部门负责人批准，根据案件情况分别作如下处理：（一）假冒专利行为成立应当予以处罚的，依法给予行政处罚；（二）假冒专利行为轻微并已及时改正的，免予处罚；（三）假冒专利行为不成立的，依法撤销案件；（四）涉嫌犯罪的，依法移送公安机关。"故选项A、B、C、D正确，符合题意。

86.（2008年卷一第60题）张某为北京市人，李某为上海市人。张某在天津市大量制造某产品，并在其上标注了李某拥有的专利权的专利号。下列关于查处张某假冒专利行为管辖部门的说法，哪些是正确的？
A. 应当由北京市管理专利工作的部门管辖
B. 应当由上海市管理专利工作的部门管辖

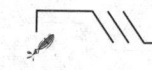

C. 应当由天津市管理专利工作的部门管辖
D. 北京、天津两市管理专利工作的部门均有权管辖

【知识要点】查处假冒专利行为的管辖

【解析】《专利行政执法办法》第29条第1款规定："查处假冒专利行为由行为发生地的管理专利工作的部门管辖。"由行为发生地所在的机关管辖更有利于案件的执法和处理，故选项A、B、D错误，不符合题意；选项C正确，符合题意。

87. (2008年卷一第81题) 管理专利工作的部门对吴某假冒专利的行为作出处罚决定，并于2007年3月11日向吴某送达相应的处罚决定书。下列哪些说法是正确的？
    A. 吴某对该处罚决定不服提起行政诉讼的，应当在2007年6月11日之前向人民法院提出
    B. 吴某向人民法院提起行政诉讼并被受理的，在诉讼期间应当停止该处罚决定的执行
    C. 如果吴某被处以罚款，则其应当于2007年3月26日之前到指定的银行缴纳相应的罚款
    D. 如果吴某被处以罚款且到期未缴纳的，则每日按罚款数额的百分之三加处罚款

【知识要点】假冒专利行为的处罚

【解析】A.《行政诉讼法》第46条第1款规定："公民、法人或者其他组织直接向人民法院提起诉讼的，应当自知道或者应当知道作出行政行为之日起六个月内提出。法律另有规定的除外。"故选项A错误，不符合题意。

B.《行政诉讼法》第56条第1款规定："诉讼期间，不停止行政行为的执行。但有下列情形之一的，裁定停止执行：（一）被告认为需要停止执行的；（二）原告或利害关系人申请停止执行，人民法院认为该具体行政行为的执行会造成难以弥补的损失，并且停止执行不损害国家利益、社会公共利益的；（三）人民法院认为该行政行为的执行会给国家利益、社会公共利益造成重大损害的；（四）法律、法规规定停止执行的。"《专利行政执法办法》第48条规定："管理专利工作的部门作出处罚决定后，当事人申请行政复议或者向人民法院提起行政诉讼的，在行政复议或者诉讼期间不停止决定的执行。"故选项B错误，不符合题意。

C.D.《专利行政执法办法》第49条规定："假冒他人专利的行为人应当自收到处罚决定书之日起15日内，到指定的银行缴纳处罚决定书写明的罚款；到期不缴纳的，每日按罚款数额的百分之三加处罚款。"故选项C、D正确，符合题意。

三、其他违反专利法的行为及其法律责任

第四节 专利的推广应用与专利实施的强制许可

一、专利的推广应用

88. (2012年卷一第9题) 下列关于专利推广应用的哪种说法是正确的？
    A. 只有发明专利才能被推广应用
    B. 任何单位的专利都能被推广应用
    C. 推广应用须报经国务院专利行政部门批准
    D. 推广应用后，实施单位无需支付使用费

【知识要点】专利推广应用

【解析】《专利法》第14条规定："国有企业事业单位的发明专利，对国家利益或者公共利益具有重大意义的，国务院有关主管部门和省、自治区、直辖市人民政府报经国务院批准，可以决定在批准的范围内推广应用，允许指定的单位实施，由实施单位按照国家规定向专利权人支付使用费。"故选项A正确，符合题意；选项B、C、D错误，不符合题意。

二、专利实施的强制许可

（一）强制许可的种类

89. (2010年卷一第78题) 甲公司拥有一项治疗某种流行疾病特效药物的发明专利，乙公司具备实施该发明专利的条件。下列哪些情形下国家知识产权局可以根据乙公司提出的申请给予其实施甲公司发明专利的强制许可？
    A. 甲公司自专利权被授予之日起满三年，且自提出专利申请之日起满四年，无正当理由未实施其专利
    B. 乙公司认为甲公司享有该专利权导致其生产经营困难
    C. 乙公司为开拓海外市场，打算制造该药物，专门出口到甲公司不享有专利权的国家
    D. 乙公司拥有一项药物发明专利权，其实施依赖于甲公司发明的实施，乙公司的药物与甲公司的药物相比具有显著经济意义的重大技术进步

【知识要点】专利强制许可

【解析】A. B.《专利法》第 48 条规定："有下列情形之一的，国务院专利行政部门根据具备实施条件的单位或者个人的申请，可以给予实施发明专利或者实用新型专利的强制许可：（一）<u>专利权人自专利权被授予之日起满三年，且自提出专利申请之日起满四年，无正当理由未实施或者未充分实施其专利的</u>；（二）专利权人行使专利权的行为被依法认定为垄断行为，为消除或者减少该行为对竞争产生的不利影响的。"《专利法》第 49 条规定："在国家出现紧急状态或者非常情况时，或者为了公共利益的目的，国务院专利行政部门可以给予实施发明专利或者实用新型专利的强制许可。"故选项 A 正确，符合题意；选项 B 错误，不符合题意。

C.《专利法》第 50 条规定："为了公共健康目的，对取得专利权的药品，国务院专利行政部门可以给予制造并将其出口到符合中华人民共和国参加的有关国际条约规定的国家或者地区的强制许可。"选项 C 不是为了公共健康的目的，故选项 C 错误，不符合题意。

D.《专利法》第 51 条规定："<u>一项取得专利权的发明或者实用新型比前已经取得专利权的发明或者实用新型具有显著经济意义的重大技术进步，其实施又有赖于前一发明或者实用新型的实施的，国务院专利行政部门根据后一专利权人的申请，可以给予实施前一发明或者实用新型的强制许可。在依照前款规定给予实施强制许可的情形下，国务院专利行政部门根据前一专利权人的申请，也可以给予实施后一发明或者实用新型的强制许可。</u>"《专利法》第 52 条规定："强制许可涉及的发明创造为半导体技术的，其实施限于公共利益的目的和本法第四十八条第（二）项规定的情形。"故选项 D 正确，符合题意。

（二）强制许可的申请和审批

(1) 强制许可请求
(2) 强制许可请求的审批

90.（2015 年卷一第 96 题）世界贸易组织成员国 X 国爆发了一场流行疾病，甲公司在中国拥有治疗该疾病药品的专利权。乙公司向国家知识产权局提出申请，请求对甲公司的药品专利给予强制许可。下列说法哪些是正确的？
A. 国家知识产权局在作出给予强制许可的决定前应当组织听证
B. 给予强制许可的决定应当写明给予强制许可的范围和期限
C. 乙公司获得强制许可后，无须向甲公司交纳专利使用费
D. 乙公司获得强制许可后，应当将制造的药品全部出口到 X 国

【知识要点】专利强制许可

【解析】A.《专利法》第 50 条规定："为了公共健康目的，对取得专利权的药品，国务院专利行政部门可以给予制造并将其出口到符合中华人民共和国参加的有关国际条约规定的国家或者地区的强制许可。"《专利实施强制许可办法》第 18 条第 6 款规定："根据专利法第四十九条或者第五十条的规定建议或者请求给予强制许可的，<u>不适用听证程序</u>。"故选项 A 错误，不符合题意。

B.《专利实施强制许可办法》第 22 条第 1 款规定："给予强制许可的决定应当写明下列各项：（一）取得强制许可的单位或者个人的名称或者姓名、地址；（二）被给予强制许可的发明专利或者实用新型专利的名称、专利号、申请日及授权公告日；（三）<u>给予强制许可的范围和期限</u>；（四）决定的理由、事实和法律依据；（五）国家知识产权局的印章及负责人签字；（六）决定的日期；（七）其他有关事项。"故选项 B 正确，符合题意。

C.《专利法》第 57 条规定："<u>取得实施强制许可的单位或者个人应当付给专利权人合理的使用费</u>，或者依照中华人民共和国参加的有关国际条约的规定处理使用费问题。付给使用费的，其数额由双方协商；双方不能达成协议的，由国务院专利行政部门裁决。"故选项 C 错误，不符合题意。

D.《专利实施强制许可办法》第 23 条规定："国家知识产权局根据专利法第五十条作出给予强制许可的决定的，还应当在该决定中明确下列要求：（一）<u>依据强制许可制造的药品数量不得超过进口方所需的数量，并且必须全部出口到该进口方</u>；（二）依据强制许可制造的药品应当采用特定的标签或者标记明确注明该药品是依据强制许可而制造的；在可行并且不会对药品价格产生显著影响的情况下，应当对药品本身采用特殊的颜色或者形状，或者对药品采用特殊的包装；（三）药品装运前，取得强制许可的单位应当在其网站或者世界贸易组织的有关网站上发布运往进口方的药品数量以及本条第二项所述的药品识别特征等信息。"故选项 D 正确，符合题意。

91.（2012 年卷一第 95 题）下列关于强制许可的说法哪些是正确的？
A. 在国家出现紧急状态时，国务院有关主管部门可以根据专利法的规定，建议国务院专利行政部门给予其指定的具备实施条件的单位强制许可
B. 国务院专利行政部门在作出驳回强制许可请求的决定前，应当通知请求人和专利权人拟作出的决定及其理由
C. 专利权人对国务院专利行政部门关于实施强制许可的决定不服的，可以自收到通知之日起 3 个月内向人民法院起诉
D. 专利权人对国务院专利行政部门关于实施强制许可的使用费的裁决不服的，可以自收到通知之日起 3 个月内向人民法院起诉

【知识要点】强制许可的申请和审批

【解析】A.《专利强制许可实施办法》第6条规定："在国家出现紧急状态或者非常情况时，或者为了公共利益的目的，国务院有关主管部门可以根据专利法第四十九条的规定，建议国家知识产权局给予其指定的具备实施条件的单位强制许可。"故选项A正确，符合题意。

B.《专利强制许可实施办法》第21条规定："经审查认为请求给予强制许可的理由成立的，国家知识产权局应当作出给予强制许可的决定。在作出给予强制许可的决定前，应当通知请求人和专利权人拟作出的决定及其理由。除另有指定的外，双方当事人可以自收到通知之日起15日内陈述意见。国家知识产权局根据专利法第四十九条作出给予强制许可的决定前，应当通知专利权人拟作出的决定及其理由。"故选项B正确，符合题意。

C.D.《专利法》第58条规定："专利权人对国务院专利行政部门关于实施强制许可的决定不服的，专利权人和取得实施强制许可的单位或者个人对国务院专利行政部门关于实施强制许可的使用费的裁决不服的，可以自收到通知之日起三个月内向人民法院起诉。"故选项C、D正确，符合题意。

92.（2013年卷一第50题）下列关于强制许可的说法哪些是正确的？
A. 国务院专利行政部门作出给予实施强制许可的决定，应当及时通知专利权人，并予以登记和公告
B. 国务院专利行政部门在作出驳回强制许可请求的决定前，应当通知请求人和专利权人拟作出的决定及其理由
C. 专利权人对国务院专利行政部门关于实施强制许可的决定不服的，可以自收到通知之日起三个月内向人民法院起诉
D. 专利权人对国务院专利行政部门关于实施强制许可的使用费的裁决不服的，可以自收到通知之日起三个月内向人民法院起诉

【知识要点】强制许可的申请和审批

【解析】A.《专利法》第55条第1款规定："国务院专利行政部门作出的给予实施强制许可的决定，应当及时通知专利权人，并予以登记和公告。"故选项A正确，符合题意。

B.《专利法实施细则》第74条第3款规定："国务院专利行政部门在作出驳回强制许可请求的决定或者给予强制许可的决定前，应当通知请求人和专利权人拟作出的决定及其理由。"故选项B正确，符合题意。

C.D.《专利法》第58条规定："专利权人对国务院专利行政部门关于实施强制许可的决定不服的，专利权人和取得实施强制许可的单位或者个人对国务院专利行政部门关于实施强制许可的使用费的裁决不服的，可以自收到通知之日起三个月内向人民法院起诉。"故选项C、D正确，符合题意。

93.（2016年卷一第96题）甲在乙的发明专利基础上开发了一项具有显著经济意义并有着重大技术进步的技术方案，就该技术方案甲申请了发明专利并获得授权，甲实施其发明专利时有赖于乙的发明专利的实施。下列说法哪些是正确的？
A. 甲可以向国务院专利行政部门申请强制许可，说明理由并附具有关证明文件
B. 如果甲与乙就强制许可使用费不能达成协议，可以请求国务院专利行政部门裁决
C. 甲或乙对强制许可使用费的行政裁决不服的，可以提起行政复议
D. 如果甲获得了实施乙专利的强制许可，则乙自动获得实施甲专利的强制许可

【知识要点】强制许可的申请与审批

【解析】A.《专利法实施细则》第74条第1款规定："请求给予强制许可的，应当向国务院专利行政部门提交强制许可请求书，说明理由并附具有关证明文件。"故选项A正确，符合题意。

B.C.《专利法》第57条规定："取得实施强制许可的单位或者个人应当付给专利权人合理的使用费，或者依照中华人民共和国参加的有关国际条约的规定处理使用费问题。付给使用费的，其数额由双方协商；双方不能达成协议的，由国务院专利行政部门裁决。"《专利法》第58条规定："专利权人对国务院专利行政部门关于实施强制许可的决定不服的，专利权人和取得实施强制许可的单位或者个人对国务院专利行政部门关于实施强制许可的使用费的裁决不服的，可以自收到通知之日起三个月内向人民法院起诉。"故选项B正确，符合题意；选项C错误，不符合题意。

D.《专利法》第51条规定："一项取得专利权的发明或者实用新型比前已经取得专利权的发明或者实用新型具有显著经济意义的重大技术进步，其实施又有赖于前一发明或者实用新型的实施的，国务院专利行政部门根据后一专利权人的申请，可以给予实施前一发明或者实用新型的强制许可。在依照前款规定给予实施强制许可的情形下，国务院专利行政部门根据前一专利权人的申请，也可以给予实施后一发明或者实用新型的强制许可。"故选项D错误，不符合题意。

（三）对强制许可的给予和实施的限制

94.（2012年卷一第46题）下列关于强制许可的说法哪些是正确的？
A. 取得实施强制许可的单位或者个人不享有独占的实施权
B. 取得实施强制许可的单位或者个人无权允许他人实施

C. 取得实施强制许可的单位或者个人应当付给专利权人合理的使用费，或者依照我国参加的有关国际条约的规定处理使用费问题

D. 强制许可的理由消除并不再发生时，国务院专利行政部门可以依职权作出终止实施强制许可的决定

【知识要点】对强制许可的给予和实施的限制

【解析】A、B.《专利法》第56条规定："取得实施强制许可的单位或者个人不享有独占的实施权，并且无权允许他人实施。"故选项A、B正确，符合题意。

C.《专利法》第57条规定："取得实施强制许可的单位或者个人应当付给专利权人合理的使用费，或者依照中华人民共和国参加的有关国际条约的规定处理使用费问题。付给使用费的，其数额由双方协商；双方不能达成协议的，由国务院专利行政部门裁决。"故选项C正确，符合题意。

D.《专利法》第55条第2款规定："给予实施强制许可的决定，应当根据强制许可的理由规定实施的范围和时间。强制许可的理由消除并不再发生时，国务院专利行政部门应当根据专利权人的请求，经审查后作出终止实施强制许可的决定。"故选项D错误，不符合题意。

95.（2014年卷一第75题）下列说法哪些是正确的？

A. 专利权人与取得实施强制许可的单位或者个人就使用费不能达成协议的，由国务院专利行政部门裁决

B. 取得实施强制许可的单位或者个人享有独占的实施权

C. 专利权人对给予实施强制许可的决定不服的，可以依法申请行政复议

D. 强制许可的理由消除并不再发生时，国务院专利行政部门可以自行作出终止实施强制许可的决定

【知识要点】对强制许可的给予和实施限制

【解析】A.《专利法》第57条规定："取得实施强制许可的单位或者个人应当付给专利权人合理的使用费，或者依照中华人民共和国参加的有关国际条约的规定处理使用费问题。付给使用费的，其数额由双方协商；双方不能达成协议的，由国务院专利行政部门裁决。"故选项A正确，符合题意。

B.《专利法》第56条规定："取得实施强制许可的单位或者个人不享有独占的实施权，并且无权允许他人实施。"故选项B错误，不符合题意。

C.《国家知识产权局行政复议规程》第4条规定："除本规程第五条另有规定外，有下列情形之一的，可以依法申请行政复议：（一）对国家知识产权局作出的有关专利申请、专利权的具体行政行为不服的；（二）对国家知识产权局作出的有关集成电路布图设计登记申请、布图设计专有权的具体行政行为不服的；（三）对国家知识产权局专利复审委员会作出的有关专利复审、无效的程序性决定不服的；（四）对国家知识产权局作出的有关专利代理管理的具体行政行为不服的；（五）认为国家知识产权局作出的其他具体行政行为侵犯其合法权益的。"由于实施强制许可的决定是国家知识产权局作出的有关专利权的具体行政行为，根据前述第（一）项的规定，专利权人可以申请行政复议。故选项C正确，符合题意。

D.《专利法》第55条第2款规定："给予实施强制许可的决定，应当根据强制许可的理由规定实施的范围和时间。强制许可的理由消除并不再发生时，国务院专利行政部门应当根据专利权人的请求，经审查后作出终止实施强制许可的决定。"故选项D错误，不符合题意。

（四）强制许可使用费的裁决

（五）强制许可的终止

（六）综合题

96.（2010年卷一第39题）下列有关强制许可的说法哪些是正确的？

A. 所有强制许可的实施都应当为了供应国内市场

B. 取得实施强制许可的单位或者个人无权允许他人实施

C. 取得实施强制许可的单位或者个人与专利权人之间就使用费不能达成协议的，可以请求管理专利工作的部门裁决

D. 强制许可的理由消除并不再发生时，专利权人可以请求国务院专利行政部门作出终止实施强制许可的决定

【知识要点】强制许可

【解析】A.《专利法》第53条规定："除依照本法第四十八条第（二）项、第五十条规定给予的强制许可外，强制许可的实施应当主要为了供应国内市场。"《专利法》第48条规定："有下列情形之一的，国务院专利行政部门根据具备实施条件的单位或者个人的申请，可以给予实施发明专利或者实用新型专利的强制许可：（一）专利权人自专利权被授予之日起满三年，且自提出专利申请之日起满四年，无正当理由未实施或者未充分实施其专利的；（二）专利权人行使专利权的行为被依法认定为垄断行为，为消除或者减少该行为对竞争产生的不利影响的。"《专利法》第50

条规定:"为了公共健康目的,对取得专利权的药品,国务院专利行政部门可以给予制造并将其出口到符合中华人民共和国参加的有关国际条约规定的国家或者地区的强制许可。"故选项A错误,不符合题意。

B.《专利法》第56条规定:"取得实施强制许可的单位或者个人不享有独占的实施权,并且无权允许他人实施。"故选项B正确,符合题意。

C.《专利法》第57条规定:"取得实施强制许可的单位或者个人应当付给专利权人合理的使用费,或者依照中华人民共和国参加的有关国际条约的规定处理使用费问题。付给使用费的,其数额由双方协商;双方不能达成协议的,由国务院专利行政部门裁决。"故选项C错误,不符合题意。

D.《专利法》第55条第2款规定:"给予实施强制许可的决定,应当根据强制许可的理由规定实施的范围和时间。强制许可的理由消除并不再发生时,国务院专利行政部门应根据专利权人的请求,经审查后作出终止实施强制许可的决定。"故选项D正确,符合题意。

参考答案

1. A C D	2. A D	3. A C D	4. C D	5. A C	6. A B C D
7. B D	8. B C D	9. A C	10. C D	11. D	12. B C D
13. B C	14. B D	15. D	16. A	17. A C D	18. A D
19. B	20. A B C D	21. B D	22. D	23. C	24. B
25. B	26. B D	27. A C D	28. A C	29. B C	30. B D
31. B C D	32. A B C D	33. D	34. D	35. B C	36. A B C D
37. A B	38. B C	39. A B D	40. A B C D	41. A B	42. B D
43. A D	44. C D	45. B C	46. C	47. D	48. A B C
49. A B	50. A B	51. A B C D	52. A C D	53. A B C D	54. A B C D
55. B C D	56. A B D	57. D	58. D	59. A	60. A B C
61. A C	62. C D	63. B C D	64. A B C D	65. B C D	66. A B C D
67. A B C D	68. C	69. A B C	70. A B C D	71. D	72. A D
73. A B	74. B C D	75. A	76. A B C D	77. A C	78. B C
79. A B C D	80. A B C	81. D	82. B C D	83. A B C D	84. A B D
85. A B C D	86. C	87. C D	88. A	89. A D	90. B D
91. A B C D	92. A B C D	93. A B	94. A B C	95. A C	96. B D

第七章 专利合作条约及有关规定

第一节 专利合作条约

一、条约的基本知识

1.（2013年卷一第81题）根据《专利合作条约》的相关规定，下列说法哪些是正确的？
A. 《专利合作条约》述及"专利"应解释为述及发明人证书、实用证书、实用新型、外观设计证书等
B. 通过《专利合作条约》途径提出的专利申请只能获得发明专利保护
C. 《专利合作条约》中所述及的"受理局"，是指受理国际申请的国家局或者政府间组织
D. 经国际专利合作联盟大会决定，申请人是《保护工业产权巴黎公约》缔约国但不是《专利合作条约》缔约国的居民或者国民也可以提出国际申请

【知识要点】专利合作条约
【解析】A、B．《专利合作条约》第2条"定义"(ii)中规定："述及'专利'应解释为述及发明专利、发明人证书、实用证书、实用新型、增补专利或增补证书、增补发明人证书和增补实用证书。"故选项A、B错误，不符合题意。

C．《专利合作条约》第2条"定义"(xv)中规定："'受理局'是指受理国际申请的国家局或政府间组织。"故选项C正确，符合题意。

D．《专利合作条约》第9条"申请人"规定："(1) 缔约国的任何居民或国民均可提出国际申请。(2) 大会可以决定，允许《保护工业产权巴黎公约》缔约国但不是本条约缔约国的居民或国民提出国际申请。……"故选项D正确，符合题意。

二、国际申请

(一) 申请的提出

2.（2012年卷一第49题）下列关于PCT国际申请的说法哪些是正确的？
A. 香港特别行政区的居民可以向国家知识产权局提交PCT国际申请，也可以向国际局提交PCT国际申请
B. 不能就外观设计提出PCT国际申请
C. 中国国民向国家知识产权局提交的PCT国际申请，可以指定欧洲专利局进行国际检索
D. PCT国际申请在进入国家阶段之前必须经过国际初步审查

【知识要点】国际申请的提出
【解析】A．《关于香港回归后中国内地和香港专利申请若干问题的说明》中规定："……（一）提交国际申请 中国专利局是香港特别行政区法人和居民根据《专利合作条约》提交国际申请的受理局。香港特别行政区的法人和居民也可以直接向世界知识产权组织国际局提交国际申请。……"故选项A正确，符合题意。

B．《专利合作条约》第2条"定义"规定："除另有明文规定外，为本条约和实施细则的目的，(i)'申请'是指保护发明的申请；述及'申请'应解释为述及发明专利、发明人证书、实用证书、实用新型、增补专利或增补证书、增补发明人证书和增补实用证书的申请；……"故选项B正确，符合题意。

C．《中国申请人向国际局递交国际申请实施办法》第4条规定："根据专利合作实施细则修订本第35.3（3）和第59.1（b）规定，中国居民或者国民按照本办法向国际局递交国际申请的，其主管国际检索单位和国际初步审查单位是中国专利局。"故选项C错误，不符合题意。

D．《专利合作条约》第31条"要求国际初步审查"规定："(1) 经申请人要求，对国际申请应按下列规定和细则进行国际初步审查。……"故选项D错误，不符合题意。

3.（2012年卷一第83题）某中国申请人于2010年2月26日就其在中国完成的一项发明创造向国家知识产权局提交了一件PCT国际申请。下列说法哪些是正确的？
A. 该PCT国际申请是向国家知识产权局提出的，因此视为同时提出了保密审查请求
B. 申请人应当委托专利代理机构办理PCT国际申请的相关事务
C. 申请人应当在2012年2月26日前办理进入中国国家阶段的手续
D. 在办理进入中国国家阶段手续时，申请人可以选择要求获得发明专利或者实用新型专利

【知识要点】国际申请的提出

【解析】A.《专利法实施细则》第 8 条第 3 款规定："向国务院专利行政部门提交专利国际申请的，视为同时提出了保密审查请求。"故选项 A 正确，符合题意。

B.《专利法》第 19 条第 2 款规定："中国单位或者个人在国内申请专利和办理其他专利事务的，可以委托依法设立的专利代理机构办理。"故选项 B 错误，不符合题意。

C.《专利法实施细则》第 103 条规定："国际申请的申请人应当在专利合作条约第二条所称的优先权日（本章简称优先权日）起 30 个月内，向国务院专利行政部门办理进入中国国家阶段的手续；申请人未在该期限内办理该手续的，在缴纳宽限费后，可以在自优先权日起 32 个月内办理进入中国国家阶段的手续。"故选项 C 错误，不符合题意。

D.《专利审查指南 2010》3-1-3.1.2"保护类型"中规定："专利法第九条第一款规定：同样的发明创造只能授予一项专利权。国际申请指定中国的，办理进入国家阶段手续时，应当选择要求获得的是'发明专利'或者'实用新型专利'，两者择其一，不允许同时要求获得'发明专利'和'实用新型专利'。不符合规定的，审查员应当发出国际申请不能进入中国国家阶段通知书。"故选项 D 正确，符合题意。

4.（2016 年卷—第 97 题）美籍华人张某长期居住在上海，就其在上海工作期间完成的发明创造提交 PCT 国际申请，下列说法哪些是正确的？

A. 张某可以直接向美国专利商标局提交国际申请
B. 张某可以直接向国家知识产权局提交国际申请
C. 张某可以直接向国际局提交国际申请
D. 该国际申请进入中国国家阶段时，申请人可以要求发明或实用新型专利保护

【知识要点】PCT 国际申请的提交

【解析】A.B.C.《专利合作条约实施细则》第 19.1 条"在哪里申请"规定："(a) 除 (b) 另有规定之外，国际申请应按照申请人的选择，(i) 向申请人是其居民的缔约国的或者代表该国的国家局提出；(ii) 向申请人是其国民的缔约国的或者代表该国的国家局提出；(iii) 向国际局提出，而与申请人是其居民或者国民的缔约国无关。……"张某居住地在上海，根据其居住地可以选择国家知识产权局提交专利申请，根据《专利合作条约实施细则》，张某为美国公民，美国专利商标局和国际局都可以受理其提交的国际申请。但是根据《专利法》第 20 条第 1 款规定："任何单位或者个人将在中国完成的发明或者实用新型向外国申请专利的，应当事先报经国务院专利行政部门进行保密审查。保密审查的程序、期限等按照国务院的规定执行。"故由于张某的发明创造是在中国上海完成，如果要向外国申请专利，应当事先报经国家知识产权局进行保密审查，故张某无法直接向国际局和美国专利商标局提交国际申请。故选项 A、C 错误，不符合题意；选项 B 正确，符合题意。

D.《专利审查指南 2010》3-1-3.1.2"保护类型"中规定："国际申请指定中国的，办理进入国家阶段手续时，应当选择要求获得的是'发明专利'或者'实用新型专利'，两者择其一，不允许同时要求获得'发明专利'和'实用新型专利'。"故选项 D 正确，符合题意。

5.（2004 年卷—第 18 题）中国公民王某希望向世界知识产权组织国际局递交 PCT 国际申请，以下哪些说法是错误的？

A. 王某应当首先获得国务院有关主管部门的同意
B. 王某应当委托国家知识产权局指定的专利代理机构办理相关手续
C. 王某的申请中不能有涉及国家安全需要保密的内容
D. 王某向国际局递交国际申请后，将由国际局负责该申请的国际检索和初步审查

【知识要点】国际申请的提交和审查

【解析】A.B.C.《专利法》第 4 条规定："申请专利的发明创造涉及国家安全或者重大利益需要保密的，按照国家有关规定办理。"《专利法》第 20 条规定："任何单位或者个人将在中国完成的发明或者实用新型向外国申请专利的，应当事先报经国务院专利行政部门进行保密审查。保密审查的程序、期限等按照国务院的规定执行。中国单位或者个人可以根据中华人民共和国参加的有关国际条约提出专利国际申请。申请人提出专利国际申请的，应当遵守前款规定。国务院专利行政部门依照中华人民共和国参加的有关国际条约、本法和国务院有关规定处理专利国际申请。对违反本条第一款规定向外国申请专利的发明或者实用新型，在中国申请专利的，不授予专利权。"《专利法》第 71 条规定："违反本法第二十条规定向外国申请专利，泄露国家秘密的，由所在单位或者上级主管机关给予行政处分；构成犯罪的，依法追究刑事责任。"故选项 A、B 错误，符合题意；选项 C 正确，不符合题意。

D.《专利合作条约》第 16 条"国际检索单位"(1) 规定："国际检索应由国际检索单位进行。该单位可以是一个国家局，或者是一个政府间组织，如国际专利机构，其任务包括对作为申请主题的发明提出现有技术的文献检索报告。"第 32 条规定："(1) 国际初步审查应由国际初步审查单位进行。(2) 受理局（指第 31 条 (2) (a) 所述的要求的情形）和大会（指第 31 条 (2) (b) 所述的要求的情形）应按照有关的国际初步审查单位与国际局之间适用的协议，确定一个或几个主管初步审查的国际初步审查单位。……"国际检索和国际初步审查是由国际局确定的国际检索单位

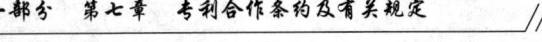

和国际初步审查单位进行,并不是由国际局直接负责的,故选项D错误,符合题意。

(二)优先权

6.(2012年卷一第28题)申请人于2009年10月向英国提出首次申请,要求保护某产品,说明书还记载了该产品的制造方法。申请人于2009年12月向法国提出一件要求保护该产品及其生产设备的申请,该设备是首次公开。2010年5月,申请人向中国国家知识产权局提出要求保护该产品、方法及设备的申请,并要求享有英国申请和法国申请的优先权。下列就申请人向中国提出的专利申请享有优先权的哪种说法是正确的?
   A. 该产品和设备的技术方案能享有优先权,方法的技术方案不能享有优先权
   B. 该产品和方法的技术方案能享有优先权,设备的技术方案不能享有优先权
   C. 该设备的技术方案能享有优先权,该产品和方法的技术方案不能享有优先权
   D. 该产品、方法和设备的技术方案都能享有优先权
【知识要点】国际申请中优先权
【解析】《专利审查指南2010》2-3-4.1.4 "外国多项优先权和外国部分优先权"中规定:"根据专利法实施细则第三十二条第一款的规定,申请人在一件专利申请中,可以要求一项或者多项优先权;要求多项优先权的,该申请的优先权期限从最早的优先权日起计算。关于外国多项优先权和外国部分优先权的规定如下。(1)要求多项优先权的专利申请,应当符合专利法第三十一条及专利法实施细则第三十四条关于单一性的规定。(2)作为多项优先权基础的外国首次申请可以是在不同的国家或政府间组织提出的。……"故选项A、B、C错误,不符合题意;选项D正确,符合题意。

7.(2011年卷一第88题)王某向国家知识产权局提交了一件发明专利申请,该申请欲要求一项美国专利申请的优先权。下列说法哪些是正确的?
   A. 王某应当在提出专利申请的同时在请求书中声明要求享有优先权
   B. 王某应当自优先权日起12个月内缴纳优先权要求费
   C. 王某应当自申请日起3个月内提交由美国专利商标局出具的在先申请文件副本
   D. 如果在先申请文件副本中记载的申请人不是王某,王某应当自申请日起4个月内提交优先权转让证明
【知识要点】要求外国优先权
【解析】A、C.《专利法》第30条规定:"申请人要求优先权的,应当在申请的时候提出书面声明,并且在三个月内提交第一次提出的专利申请文件的副本;未提出书面声明或者逾期未提交专利申请的文件副本的,视为未要求优先权。"故选项A、C正确,符合题意。
B.《专利法实施细则》第95条规定:"申请人应当自申请日起2个月内或者在收到受理通知书之日起15日内缴纳申请费、公布印刷费和必要的申请附加费;期满未缴纳或者未缴足的,其申请视为撤回。申请人要求优先权的,应当在缴纳申请费的同时缴纳优先权要求费;期满未缴纳或者未缴足的,视为未要求优先权。"故选项B错误,不符合题意。
D.《专利审查指南2010》1-1-6.2.1.4 "在后申请的申请人"中规定:"申请人完全不一致,且在先申请的申请人将优先权转让给在后申请的申请人的,应当在提出在后申请之日起三个月内提交由在先申请的全体申请人签字或者盖章的优先权转让证明文件。"故选项D错误,不符合题意。

8.(2004年卷三第57题)国际申请要求优先权的在先申请是在中国提出的在先申请的情况下,下述哪些说法是正确的?
   A. 该国际申请在中国要求保护的类型应与在先申请类型一致
   B. 该国际申请可以指定和选定中国
   C. 该国际申请进入中国国家阶段的,应当将其所要求的优先权视为国内优先权
   D. 在该国际申请进入中国国家阶段后,作为优先权基础的在先申请应当被视为撤回
【知识要点】国际申请要求中国的优先权
【解析】《专利合作条约》第8条 "要求优先权"规定:"(1)国际申请可以按细则的规定包含一项声明,要求在《保护工业产权巴黎公约》缔约国提出或对该缔约国有效的一项或几项在先申请的优先权。(2)(a)除(b)另有规定外,按(1)提出的优先权要求的条件和效力,应按照《保护工业产权巴黎公约》的斯德哥尔摩议定书第4条的规定。(b)国际申请要求在一个缔约国提出或对该缔约国有效的一项或几项在先申请的优先权的,可以包含对该国的指定。国际申请要求在一个指定国提出或对该指定国有效的一项或几项国家申请的优先权的,或者要求仅指定一个国家的国际申请的优先权的,在该国要求优先权的条件和效力应按照该国本国法的规定。"
《巴黎公约》第4条之E规定:"(1)依靠以实用新型申请为基础的优先权而在一个国家提出工业品外观设计申请的,优先权的期间应与对工业品外观设计规定的优先权期间一样。(2)而且,依靠以专利申请为基础的优先权而在一个国家提出实用新型的申请是许可的,反之亦一样。"

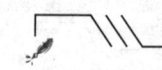

A. 根据《专利合作条约》第 8 条（2）(a) 以及《巴黎公约》第 4 条之 E. (1) 中的规定，国际申请在中国要求保护的类型应可以与在先申请类型不一致。故选项 A 错误，不符合题意。

B. 根据《专利合作条约》第 8 条（2）(b) 中的规定，以及《专利审查指南2010》3-1-5.2.6"在先申请是在中国提出"中的规定："国际申请要求优先权的在先申请是在中国提出的国家申请，对于优先权的初步审查，除本章第5.2.3.2 节外，与其他国际申请的审查完全相同。"国际申请要求优先权的在先申请是在中国提出的在先申请的情况下，该国际申请可以指定和选定中国。故选项 B 正确，符合题意。

C.《专利审查指南2010》3-1-5.2.6"在先申请是在中国提出"中规定："在先申请是在中国提出的，要求优先权的国际申请进入国家阶段，应当看作是要求本国优先权。"故选项 C 正确，符合题意。

D.《专利审查指南2010》3-1-5.2.6"在先申请是在中国提出"中规定："在先申请是在中国提出的，要求优先权的国际申请进入国家阶段，应当看作是要求本国优先权。对于在提出国际申请时，其要求优先权的在先申请的主题有专利法实施细则第三十二条第二款第（一）、（二）和（三）项所列情形之一的，审查员应当发出视为未要求优先权通知书。由于国际申请的特殊程序，审查员不按专利法实施细则第三十二条第三款规定对被要求优先权的在先申请作出处理；同样，对于在国际申请提出之后在先申请被授予专利权的情况，审查员也不处理其有可能造成在先与在后申请重复授权的问题；上述问题均留待后续程序中处理。"对于国际申请要求优先权的在先申请是在中国提出的情况下，审查员不会对被要求优先权的在中国先申请作出视为撤回的处理，此问题将留待后续程序中处理。故选项 D 错误，不符合题意。

9.（2014 年卷一第 73 题）下列哪些专利申请不能作为就相同主题提出的专利申请的本国优先权基础？
A. 外观设计专利申请
B. 已享受过外国优先权的专利申请
C. 已享受过本国优先权的专利申请
D. 已被授予专利权的专利申请
【知识要点】本国优先权
【解析】《专利法实施细则》第 32 条第 2 款规定："申请人要求本国优先权，在先申请是发明专利申请的，可以就相同主题提出发明或者实用新型专利申请；在先申请是实用新型专利申请的，可以就相同主题提出实用新型或者发明专利申请。但是，提出后一申请时，在先申请的主题有下列情形之一的，不得作为要求本国优先权的基础：（一）已经要求外国优先权或者本国优先权的；（二）已经被授予专利权的；（三）属于按照规定提出的分案申请的。"故选项 A、B、C、D 中的专利申请都不能作为就相同主题提出的专利申请的本国优先权基础，符合题意。

10.（2013 年卷一第 48 题）下列关于 PCT 国际申请的优先权说法哪些是正确的？
A. 申请人可以要求在世界贸易组织成员中提出的在先申请作为 PCT 国际申请优先权的基础
B. PCT 国际申请的优先权日不在国际申请日前 12 个月内但在 14 个月内的，国家知识产权局作为指定局对申请人要求恢复优先权的请求应当予以批准
C. PCT 国际申请中的优先权要求未写明在先申请号，该优先权要求不能仅因为此原因被视为未提出
D. 申请人在 PCT 国际申请提出后的一定期限内可以对优先权声明进行改正或者增加
【知识要点】PCT 申请的优先权
【解析】A.《专利合作条约实施细则》第 4.10 条"优先权要求"（a）中规定："条约第 8 条（1）所述的声明（'优先权要求'），可以要求一个或多个在先申请的优先权，该在先申请是在保护工业产权巴黎公约的任何成员国提出的或者为该条约的任何成员国申请的，或者不是该公约成员国的任何世界贸易组织成员提出的，或者为不是该公约成员国的任何世界贸易组织成员申请的。……"故选项 A 正确，符合题意。

B.《专利合作条约实施细则》第 26 条之二.2"优先权要求中的缺陷"(a) 中规定："当受理局发现，或者如果受理局没有发现而国际局发现优先权要求中存在如下缺陷：(i) 国际申请的国际申请日迟于优先权期限届满日，并且没有提交根据本细则 26 之二.3 的恢复优先权权利的请求；(ii) 优先权要求不符合本细则 4.10 的要求；或者 (iii) 优先权要求的某项说明与优先权文本中的相应说明不一致；根据具体情况，受理局或者国际局应当通知申请人改正优先权要求。在（i）所述的情况下，如果国际申请日在自优先权期限届满日起的 2 个月内，根据具体情况，受理局或者国际局也应当通知申请人，可以依照本细则 26 之二.3 提交优先权权利的恢复请求，除非受理局已根据本细则 26 之二.3 (j) 通知国际局，本细则 26 之二.3 (a) 至 (i) 与该局适用的国家法冲突。"由于我国对于国际申请日在自优先权日起 12 月之后，但是在 14 个月之内的 PCT 申请的优先权的恢复作为受理局时不保留，而作为指定局和选定局时作出了保留，故选项 B 正确，符合题意。

C.《专利合作条约实施细则》第 26 条之二.2"优先权要求中的缺陷"(c) 中规定："优先权要求不应仅仅因为下述原因而被视为未提出：(i) 没有写明本细则 4.10 (a) (ii) 涉及的在先申请号；(ii) 优先权要求中的某一说明与优先权文本中的相应说明不一致；或者 (iii) 国际申请的国际申请日晚于优先权期限届满日，但是国际申请日在自该届满日起的 2 个月期限内。"故选项 C 正确，符合题意。

D.《专利合作条约实施细则》第 26 条之三.1"声明的改正或增加"中规定："在自优先权日起 16 个月的期限内，申请人可以通过向国际局提交通知对请求书中本细则 4.17 中所述的任何声明进行改正或增加。只要国际局是在国际

公布的技术准备工作完成之前收到该通知，则在该期限届满之后国际局收到的任何该通知应当视为是在该期限的最后一天收到。"故选项 D 正确，符合题意。

（三）国际申请日

11. (2011年卷一第10题) 向国家知识产权局提出的PCT国际申请，在满足其它受理条件的情况下，下列哪些情形可以将收到该申请之日记录为国际申请日？

A. 申请人以日文提交申请
B. 申请中未按规定方式写明申请人的姓名或者名称
C. 申请人提交的申请文件中有一部分表面上看像是说明书
D. 申请人提交的权利要求书中含有表格

【知识要点】确定国际申请日的条件

【解析】A.《关于中国实施〈专利合作条约〉的规定》第5条规定："申请人应当使用中文或者英文向专利局提出国际申请，该申请应当包括请求书、说明书、一项或者几项权利要求、一幅或者几幅附图（需要时）和摘要各一份。"故选项 A 错误，不符合题意。

B.C.D.《专利合作条约》第11条"国际申请的申请日和效力"规定："(1) 受理局应以收到国际申请之日作为国际申请日，但以该局在收到申请时认定该申请符合下列要求为限：(i) 申请人并不因为居所或国籍的原因而明显缺乏向该受理局提出国际申请的权利；(ii) 国际申请是用规定的语言撰写；(iii) 国际申请至少包括下列项目：(a) 说明是作为国际申请提出的；(b) 至少指定一个缔约国；(c) 按规定方式写明的申请人的姓名或者名称；(d) 有一部分表面上看像是说明书；(e) 有一部分表面上看像是一项或几项权利要求。(2)(a) 如果受理局在收到国际申请时认定该申请不符合本条(1)列举的要求，该局应按细则的规定，要求申请人提供必要的改正。(b) 如果申请人按细则的规定履行了上述的要求，受理局应以收到必要的改正之日作为国际申请日。(3) 除第64条(4)另有规定外，国际申请符合(1)(i) 至 (iii) 列举的要求并已被给予国际申请日的，在每个指定国内自国际申请日起具有正规的国家申请的效力。国际申请日应认为是在每一指定国的实际申请日。(4) 国际申请符合(1)(i) 至 (iii) 列举的要求的，即相当于《保护工业产权巴黎公约》所称的正规国家申请。"故选项 B 错误，不符合题意；选项 C、D 正确，符合题意。

12. (2015年卷一第97题) 某PCT申请的国际申请日为2009年10月26日，进入中国国家阶段的日期为2012年2月26日。下列说法哪些是正确的？

A. 该申请应当视为2012年2月26日向国家知识产权局提出的专利申请
B. 在进入中国国家阶段时，申请人可以选择外观设计作为保护类型
C. 申请人不能在该申请进入中国国家阶段后提出新的优先权要求
D. 如果该申请被授予专利权，则专利权的期限自2009年10月26日起计算

【知识要点】PCT申请

【解析】A.《专利法实施细则》第102条规定："按照专利合作条约已确定国际申请日并指定中国的国际申请，视为向国务院专利行政部门提出的专利申请，该国际申请日视为专利法第二十八条所称的申请日。"简言之，PCT申请的国际申请日视为该申请在中国的实际申请日。故本题中该PCT申请应当视为自其国际申请日2009年10月26日向国家知识产权局提出的专利申请。故选项 A 错误，不符合题意。

B.《专利审查指南2010》3-1-3.1.2"保护类型"中规定："国际申请指定中国的，办理进入国家阶段手续时，应当选择要求获得的是'发明专利'或者'实用新型专利'，两者择其一，不允许同时要求获得'发明专利'和'实用新型专利'。"可见，PCT申请进入中国国家阶段时可以择一选择保护类型为发明专利或实用新型专利，而不能是外观设计专利。原因在于，根据《专利合作条约》第2条(i)"'申请'是指保护发明的申请；述及'申请'应解释为述及发明专利、发明人证书、实用证书、实用新型、增补专利或增补证书、增补发明人证书和增补实用证书的申请"之规定，《专利保护条约》保护的专利类型不包含外观设计。故选项 B 错误，不符合题意。

C.《专利审查指南2010》3-1-5.2.1"要求优先权声明"中规定："进入国家阶段不允许提出新的优先权要求。"故选项 C 表述正确，符合题意。

D.《专利法》第42条规定："发明专利权的期限为二十年，实用新型专利权和外观设计专利权的期限为十年，均自申请日起计算。"《专利法实施细则》第11条规定："除专利法第二十八条和第四十二条规定的情形外，专利法所称申请日，有优先权的，指优先权日。"可见，专利权的保护期限自实际申请日起算，且前已述及"PCT申请的国际申请日视为该申请在中国的实际申请日"，因此，本题中PCT申请的专利权保护期限自2009年10月26日起计算。故选项 D 正确，符合题意。

13. (2013年卷一第23题) 对处于国际阶段的PCT国际申请，下列哪种情形可能导致重新确定国际申请日？

A. 摘要使用的语言跟说明书和权利要求书使用的语言不一致
B. 申请人未在申请中写明发明名称

C. 申请人未在规定期限内缴纳国际申请费

D. 申请文件中遗漏了一页说明书

【知识要点】国际申请日的确定

【解析】A.《专利合作条约实施细则》第26.3条之三"根据条约第3条（4）（i）通知改正缺陷"规定："（a）如果摘要或附图的任何文字内容使用不同于说明书和权利要求书的语言提交，受理局应通知申请人提交摘要或附图文字内容的译文，所述译文使用该国际申请公布所要使用的语言。……"可见，摘要使用的语言跟说明书和权利要求书使用的语言不一致时并不能导致重新确定国际申请日。故选项A错误，不符合题意。

B.《专利合作条约》第14条"国际申请中的某些缺陷"规定："（1）（a）受理局应检查国际申请是否有下列缺陷，即：（i）国际申请没有按细则的规定签字；（ii）国际申请没有按规定载明申请人的情况；（iii）国际申请没有发明名称；（iv）国际申请没有摘要；（v）国际申请不符合细则规定的形式要求。（b）如果受理局发现上述缺陷，应要求申请人在规定期限内改正国际申请，期满不改正的，该申请即被视为撤回，并由受理局作相应的宣布。……"可见，申请人未在申请中写明发明名称时并不能导致重新确定国际申请日，故选项B错误，不符合题意。

C.《专利合作条约实施细则》第16条之二.1"受理局通知"的规定："（a）如果根据本细则14.1（c）、15.3和16.1（f）规定的缴费期限已到，受理局发现尚未向其缴费，或者向其缴纳的数额不足以付清传送费、国际申请费和检索费的，除（d）另有规定外，受理局应通知申请人在自通知之日起1个月的期限内向其缴纳足以付清那些费用所需的数额，以及（在适用的情况下）本细则16之二.2规定的滞纳金。……（c）如果受理局已根据（a）的规定向申请人发出了通知，而申请人在该项所述的期限内没有缴纳应缴的全部数额，包括在适用的情况下本细则16之二.2规定的滞纳金的，除（e）另有规定外，受理局应：（i）根据条约第14条（3）的规定作相应的宣布；……"《专利合作条约》第14条"国际申请中的某些缺陷"（3）的规定："（a）如果受理局发现在规定的期限内没有缴纳第3条（4）（iv）所规定的费用，或者对于任何一个指定国都没有缴纳第4条（2）规定的费用，国际申请即被视为撤回，并由受理局作相应的宣布。"故选项C错误，不符合题意。

D.《专利合作条约实施细则》第20.5条"遗漏部分"规定："（a）当确定据称为国际申请的文件是否满足条约第11条（1）的要求时，受理局发现说明书、权利要求书或者附图的一部分被遗漏，或者似被遗漏，包括所有附图被遗漏或者看似被遗漏的情况，但是不包括条约11条（1）（iii）（d）或（e）所述一个完整项目被遗漏或者看似被遗漏的情况，受理局应迅速地通知申请人，……；（b）在根据（a）项通知申请人之后或者其他情况下，在满足条约第11条（1）的所有要求之日或者之前，但是在根据本细则20.7适用的期限内，申请人将（a）中所述的遗漏部分提交给受理局以使国际申请完整，该部分应包括在申请中，受理局将满足条约第11条（1）的所有要求之日记录为国际申请日，并且根据细则20.2（b）和（c）的规定处理。……"故选项D正确，符合题意。

三、国际检索

（一）国际检索单位

（二）国际检索报告

14.（2010年卷一第12题）对于一件优先权日为2007年9月27日、国际申请日为2008年2月15日的PCT申请，国际检索单位于2008年3月10日收到检索本后，应当最迟在下列哪个日期完成国际检索报告？

A. 2008年5月15日　　　　　　　　　　B. 2008年6月10日

C. 2008年6月27日　　　　　　　　　　D. 2008年12月10日

【知识要点】国际检索报告

【解析】《专利合作条约实施细则》第42.1条"国际检索的期限"规定："制定国际检索报告或者提出条约第17条（2）（a）所述宣布的期限应为自国际检索单位收到检索本起3个月，或者自优先权日起9个月，以后到期者为准。"本题收到检索本起3个月为2008年6月10日，自优先权日起9个月为2008年6月27日，故选项A、B、D错误，不符合题意；选项C正确，符合题意。

15.（2009年卷一第21题）下列有关PCT申请的说法哪些是正确的？

A. 国际检索不仅应检索发明所在类别的那部分技术，也应检索与该发明类似的技术，而不问其归属何类

B. 对于国际检索单位自行制定的摘要，申请人可以在规定期限内提出意见

C. 如果国际申请的主题仅涉及治疗人体或者动物体的外科手术方法，则国际检索单位无须对该国际申请进行检索

D. 如果国际检索仅是针对主要发明或者不是针对所有的发明进行的，国际检索报告应说明国际申请中哪些部分已经检索，哪些部分没有检索

【知识要点】PCT申请的国际检索

【解析】A.《专利合作条约实施细则》第33.2条"国际检索应覆盖的领域"规定："（a）国际检索应覆盖可能包

含与发明有关的所有技术领域,并应在所有那些检索文档的基础上进行。(b) 因此,不仅应检索发明所属分类的技术领域,还应检索与该发明类似的技术领域,而不管该类似的技术领域分类在哪个领域。(c) 在任何特定的申请案中,对于什么领域应被认为与发明类似,应根据看来是该发明的必要实质性功能或者用途来考虑,而不仅是根据该国际申请中明确写明的特定功能来考虑。(d) 国际检索应包括通常被认为与要求保护的发明主题的全部或者部分特征等同的所有主题,即使在其细节方面,国际申请中所描述的发明与上述主题并不相同。"故选项A正确,符合题意。

B.《专利合作条约实施细则》第38.3条"摘要的修改"规定:"申请人可以自国际检索报告寄出之日起1个月届满之前向国际检索单位提交:(i) 修改摘要的请求;或者(ii) 如果摘要已由该单位制定,对该摘要进行修改的请求或意见陈述,或者请求修改的同时附有意见陈述;该单位应当决定是否相应地修改摘要。如果该单位修改了摘要,应当将该修改通知国际局。"故选项B正确,符合题意。

C.《专利合作条约实施细则》第39.1条"定义"规定:"国际申请主题有下列情形之一,并且在有下列情形之一的限定内,国际检索单位无须对该国际申请进行检索:(i) 科学和数学理论;(ii) 植物或者动物品种或者主要是用生物学方法生产植物或者动物的方法,但微生物学方法和由该方法获得的产品除外;(iii) 经营业务、纯粹智力行为或者游戏比赛的方案、规则或者方法;(iv) 治疗人体或者动物体的外科手术或者疗法以及诊断方法;(v) 单纯的信息提供;(vi) 计算机程序,在国际检索单位不具备条件检索与该程序有关的现有技术的限度内。"故选项C正确,符合题意。

D.《专利合作条约实施细则》第43.7条"关于发明单一性的说明"规定:"如果申请人缴纳了国际检索附加费,国际检索报告应作这样的说明。此外,如果国际检索仅是针对主要发明或者不是针对所有的发明进行(条约第17条(3)(a)),国际检索报告应说明国际申请中哪些部分已经检索,哪些部分没有检索。"故选项D正确,符合题意。

(三)权利要求书的修改

16.(2009年卷一第75题)申请人收到国际检索报告后,准备对说明书和权利要求书都进行修改,如果其不要求国际初步审查,则应当在何时提交修改文件?
A. 在国际检索报告规定的期限内向国际检索单位提交
B. 自国际检索报告送交之日起一个月内向国际局提交
C. 在进入国家阶段后,依照指定国本国法规定的期限向指定局提交
D. 自优先权日起22个月内向指定局提交

【知识要点】收到国际检索报告后修改的提交

【解析】A、B、D.《专利合作条约实施细则》第46.1条"期限"规定:"条约第19条所述的期限应为自国际检索单位将国际检索报告传送给国际局和申请人之日起2个月,或者自优先权日起16个月,以后到期者为准。"故选项A、B、D错误,不符合题意。

C.《专利法实施细则》第112条规定:"要求获得实用新型专利权的国际申请,申请人可以自进入日起2个月内对专利申请文件主动提出修改。要求获得发明专利权的国际申请,适用本细则第51条第1款的规定。"《专利合作条约实施细则》第78.1条"期限"规定:"(a) 如果申请人愿意,应在满足条约第39条(1)(a)的规定后1个月内行使其在条约第41条中的权利,即向有关的选定局提出有关权利要求书、说明书和附图的修改;但是,在条约第39条规定的使用期限届满时条约第36条(1)规定的国际初步审查报告的送交尚未进行的,申请人应在该期限届满之日起不超过4个月的期限内行使上述权利。不论在哪种情形下,只要国家的本国法允许,申请人可以在任何以后的时间行使上述权利。……"第52.1条"期限"规定:"(a) 在不需任何特别请求即可开始处理或者审查程序的任何指定国中,如果申请人希望行使条约第28条规定的权利,那么他应在履行条约第22条规定的要求之日起1个月内进行,但是,如果在条约第22条适用的期限届满时,本细则47.1规定的送达尚未进行,申请人应在该期限届满之日起不超过4个月的期限内行使上述权利。不论在哪种情况下,只要上述国家的本国法允许,申请人可以在其后的任何时间行使上述权利。……"故选项C正确,符合题意。

四、国际公布

五、国际初步审查

(一)国际初步审查的提出

(二)国际初步审查

(三)国际初步审查报告

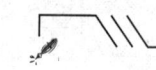

（四）国际初步审查阶段的修改

六、综合题

17.（2014年卷一第38题）下列关于PCT国际申请相关费用的说法哪些是正确的？
A. 中国港澳台地区的申请人不能享受国际申请费的减免
B. 在国际阶段符合一定条件的PCT国际申请可以减免国际申请费
C. 由国家知识产权局作为受理局受理的英文国际申请，在进入中国国家阶段时不能减免申请费及申请附加费
D. PCT国际申请进入中国国家阶段后，申请人改正译文错误的，应当提交书面请求、译文改正页，并缴纳译文改正费

【知识要点】PCT国际申请的费用

【解析】A.《专利合作条约实施细则》第96.1条"附于本细则的费用表"项目4中规定："如果国际申请按照行政规程的规定以下列形式提交，国际申请费按照以下数额减少：（a）电子形式，请求书没有使用字符码格式：100瑞士法郎；（b）电子形式，请求书使用字符码格式：200瑞士法郎；（c）电子形式，请求书、说明书、权利要求书以及摘要使用字符码格式：300瑞士法郎。"即对于以电子形式提交的PCT国际申请，视不同情形其费用将予以不同数额的减少，与申请人所属地域并无关系。故选项A错误，不符合题意。

B.《专利合作条约实施细则》第96.1条"附于本细则的费用表"项目5中规定："如果国际申请由以下申请人提交，项目1的国际申请费（适用的情况下，按照项目4减少后）、项目2的补充检索手续费和项目3的手续费减少90%：（a）申请人是自然人，并且是名单上所列的符合下述条件的国家的国民且居民，即该国人均国内生产总值低于25000美元（依据联合国发布的以2005年不变美元价值计算的最近十年平均人均国内生产总值数字），并且依据国际局发布的最近五年的年平均申请数字，该国属于自然人的国民且居民提交的国际申请按每百万人口计少于每年10件，或者按绝对数计少于每年50件；或者（b）无论是否自然人，申请人是名单上所列的由联合国确定为最不发达国家的国民且居民；但如果有多个申请人，每一个申请人都需要满足（a）或（b）项的条件。……"故选项B正确，符合题意。

C.《专利审查指南2010》3-1-7.2.1"申请费的免缴"中规定："由专利局作为受理局受理的国际申请在进入国家阶段时免缴申请费及申请附加费。"故选项C错误，不符合题意。

D.《专利法实施细则》第113条第2款规定："申请人改正译文错误的，应当提出书面请求并缴纳规定的译文改正费。"《专利审查指南2010》3-2-5.7"改正译文错误"中规定："申请人改正译文错误，应当提出书面请求，同时提交译文的改正页和缴纳规定的改正译文错误手续费。未按规定缴纳费用的，视为未提出改正请求。"故选项D正确，符合题意。

18.（2002年卷一第37题）以下有关PCT国际申请的哪些说法是正确的？
A. 国家知识产权局可以受理PCT国际申请，并进行国际检索和国际初审
B. 中国申请人提出PCT国际申请时应当同时提交中文和英文文本
C. 中文是PCT国际申请国际公布语言之一
D. 其他国际单位就指定中国的国际申请作出的国际初步审查报告对国家知识产权局具有约束力

【知识要点】PCT国际申请的有关规定

【解析】A.《关于中国实施〈专利合作条约〉的规定》第4条规定："专利局作为国际申请的受理局，负责受理中国国民，或者在中国有经常居所或者营业所的外国人、外国企业或者外国其他组织提出的国际申请，并按照条约、条约实施细则和条约行政规程的规定对该国际申请进行检查和处理。根据中国与其他的条约缔约国签订的双边协定，专利局也可以受理该缔约国的国民或者居民提出的国际申请。"第9条规定："专利局作为国际申请的主管国际检索单位，应当按照条约、条约实施细则、条约行政规程以及专利局与国际局依照条约第十六条第三款签订的协议的规定对该申请进行国际检索。……"第13条规定："专利局作为国际申请的主管国际初步审查单位，应当按照条约、条约实施细则、条约行政规程以及专利局与国际局根据条约第三十二条签订的协议的规定对国际申请进行国际初步审查。……"故选项A正确，符合题意。

B.《关于中国实施〈专利合作条约〉的规定》第5条规定："申请人应当使用中文或者英文向专利局提出国际申请，该申请应当包括请求书、说明书、一项或者几项权利要求、一幅或者几幅附图（需要时）和摘要各一份。"故选项B错误，不符合题意。

C.《专利合作条约实施细则》第48.3条"公布语言"之（a）规定："如果国际申请是用阿拉伯文、中文、英文、法文、德文、日文、韩文、葡萄牙文、俄文或者西班牙文（'公布语言'）提出的，该申请应以其提出时使用的语言公布。"故选项C正确，符合题意。

D.《专利审查指南2010》3-2-5.1"专利性国际初步报告的使用"中规定："国际申请的国际初步审查是根据专

利合作条约第33条（1）的规定对请求保护的发明看起来是否有新颖性、是否有创造性（非显而易见性）和是否有工业实用性提出初步的无约束力的意见。"故选项D错误，不符合题意。

19. （2000年卷一第68题）在国际申请的程序中，申请人应当：
A. 在自国际申请日或者优先权日起的19个月期限届满以前，提交进行国际初步审查的要求书
B. 在自国际申请日或者优先权日起的30个月期限届满以前，办理进入指定国的国家阶段的手续
C. 在自国际申请日或者优先权日起的20个月期限届满以前，办理进入选定国的国家阶段的手续
D. 在进入国家阶段时，根据需要向指定局或者选定局提交国际申请的副本和译文，并缴纳国家费用

【知识要点】国际申请的相关程序

【解析】A. 根据《专利合作条约实施细则》第54条之二.1"提交要求书的期限"规定："(a) 要求书可以在以下期限届满之前的任何时间提交，以后到期的为准：(i) 向申请人传送国际检索报告或条约第17条（2）（a）所述声明和根据本细则43之二.1作出的书面意见之日起3个月；或 (ii) 自优先权日起22个月。(b) (a) 规定的期限到期之后所提交的要求书将被视为未提交，国际初步审查单位并应如此宣布。"故选项A错误，不符合题意。

B.C.《专利法实施细则》第103条规定："国际申请的申请人应当在专利合作条约第二条所称的优先权日（本章简称优先权日）起30个月内，向国务院专利行政部门办理进入中国国家阶段的手续；申请人未在该期限内办理该手续的，在缴纳宽限费后，可以在自优先权日起32个月内办理进入中国国家阶段的手续。"故选项B正确，符合题意；选项C错误，不符合题意。

D.《专利法实施细则》第111条规定："在优先权日起30个月期满前要求国务院专利行政部门提前处理和审查国际申请的，申请人除应当办理进入中国国家阶段手续外，还应当依照专利合作条约第二十三条第二款规定提出请求。国际局尚未向国务院专利行政部门传送国际申请的，申请人应当提交经确认的国际申请副本。"《专利合作条约》第22条"向指定局提供副本、译本和缴纳费用"之（1）规定："申请人应在不迟于自优先权日起30个月届满之日，向每一指定局提供国际申请的副本（除非已按第20条的规定送达）及其译本（按照规定）各一份，并缴纳国家费用（如果有这种费用的话）。如果指定国的本国法要求写明发明人的姓名和其他规定事项，但准许在提出国家申请之后提供这些说明的，除请求书中已包括这些说明外，申请人应在不迟于自优先权日起30个月届满之日，向该国或代表该国的国家局提供上述说明。"《专利合作条约》第39条"向选定局提供副本、译本和缴纳费用"之（1）（a）规定："如果在自优先权日起第19个月届满前已经选定缔约国、第22条的规定不适用于该国，申请人应在不迟于自优先权日起30个月届满之日向每个选定局提供国际申请副本（除非已按第20条的规定送达）和译本（按照规定）各一份，并缴纳国家费用（如果需要缴纳）。"《专利合作条约》第20条"向指定局的送达"之（1）规定："(a) 国际申请连同国际检索报告（包括按第17条（2）（b）所作的任何说明）或者按第17条（2）（a）所作的宣布，应按细则的规定送达每一个指定局，除非该指定局全部或部分放弃这种要求。(b) 送达的材料应包括上述报告或宣布的（按规定的）译本。"国际局会向各指定局、选定局传送国际申请副本，但如果是在国际局传送国际申请副本之前办理进入国家手续的，如果想启动该国际申请的审查和处理程序，则申请人需要主动提交经确认的国际申请副本。故选项D正确，符合题意。

第二节 PCT申请进入中国国家阶段的特殊要求

一、进入中国国家阶段的期限

20. （2012年卷一第24题）某PCT国际申请的申请日为2008年1月18日，优先权日为2007年9月15日，进入中国国家阶段的日期为2010年3月15日。下列哪种说法是正确的？
A. 申请人最迟应当于2010年9月15日提出实质审查请求
B. 该申请授权后，专利权期限的起算日为2010年3月15日
C. 该申请授权后，专利年度从2007年9月15日起算
D. 该申请应当自2010年3月15日起满18个月进行国家公布

【知识要点】进入中国国家阶段的期限

【解析】A.《专利法》第35条第1款规定："发明专利申请自申请日起三年内，国务院专利行政部门可以根据申请人随时提出的请求，对其申请进行实质审查；申请人无正当理由逾期不请求实质审查的，该申请即被视为撤回。"故选项A正确，符合题意。

B.C.《专利法》第42条规定："发明专利权的期限为二十年，实用新型专利权和外观设计专利权的期限为十年，均自申请日起计算。"《专利法实施细则》第102条："按照专利合作条约已确定国际申请日并指定中国的国际申请，视为向国务院专利行政部门提出的专利申请，该国际申请日视为专利法第二十八条所称的申请日。"《专利审查指南》5-9-2.2.1.1"年度"中规定："专利年度从申请日起算，与优先权日、授权日无关，与自然年度也没有必然联系。例如，一件专利申请的申请日为1999年6月1日，该专利申请的第一年度是1999年6月1日至2000年5月31日，

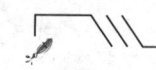

第二年度是 2000 年 6 月 1 日至 2001 年 5 月 31 日，以此类推。"专利权期限和专利年度均应由国际申请的申请日起算。故选项 B、C 错误，不符合题意。

D.《专利法实施细则》第 114 条第 1 款："对要求获得发明专利权的国际申请，国务院专利行政部门经初步审查认为符合专利法和本细则有关规定的，应当在专利公报上予以公布；国际申请以中文以外的文字提出的，应当公布申请文件的中文译文。"故选项 D 错误，不符合题意。

二、进入中国国家阶段的手续

21.（2011 年卷一第 65 题）一件优先权日为 2009 年 7 月 5 日、国际申请日为 2010 年 3 月 26 日的 PCT 国际申请，现欲办理进入中国国家阶段的手续。下列说法哪些是正确的？
A. 该申请应当被视为于 2009 年 7 月 5 日向国家知识产权局提出的专利申请
B. 申请人在 2011 年 1 月 6 日至 2011 年 3 月 5 日之间向国家知识产权局办理进入国家阶段手续的，应当缴纳宽限费
C. 申请人应当自进入日起 2 个月内缴纳优先权要求费
D. 申请人要求以国际阶段的修改作为审查基础的，最迟应当自进入日起 2 个月内提交修改部分的中文译文

【知识要点】进入中国国家阶段的期限和手续

【解析】A.《专利法实施细则》第 102 条规定："按照专利合作条约已确定国际申请日并指定中国的国际申请，视为向国务院专利行政部门提出的专利申请，该国际申请日视为专利法第二十八条所称的申请日。"故选项 A 错误，不符合题意。

B.《专利法实施细则》第 103 条规定："国际申请的申请人应当在专利合作条约第二条所称的优先权日（简称优先权日）起 30 个月内，向国务院专利行政部门办理进入中国国家阶段的手续；申请人未在该期限内办理该手续的，在缴纳宽限费后，可以在自优先权日起 32 个月内办理进入中国国家阶段的手续。"在 2012 年 1 月 6 日至 2012 年 3 月 5 日之间办理进入国家阶段手续的，才需要缴纳宽限费。故选项 B 错误，不符合题意。

C.《专利法实施细则》第 110 条第 2 款规定："申请人应当自进入日起 2 个月内缴纳优先权要求费；期满未缴纳或者未缴足的，视为未要求该优先权。"故选项 C 正确，符合题意。

D.《专利法实施细则》第 106 条规定："国际申请在国际阶段作过修改，申请人要求以经修改的申请文件视为基础进行审查的，应当自进入日起 2 个月内提交修改部分的中文译文。在该期间内未提交中文译文的，对申请人在国际阶段提出的修改，国务院专利行政部门不予考虑。"故选项 D 正确，符合题意。

22.（2016 年卷一第 99 题）王某以英文提交了 PCT 国际申请，其国际申请日为 2011 年 1 月 18 日，优先权日为 2010 年 9 月 15 日，进入中国国家阶段的日期为 2013 年 3 月 1 日。下列说法哪些是正确的？
A. 在进入中国国家阶段时，申请人应当提交该国际申请的原始说明书和权利要求书的中文译文
B. 申请人应当于 2013 年 9 月 15 日前提出实质审查请求
C. 该申请授权后，专利权期限的起算日为 2011 年 1 月 18 日
D. 该申请授权后，专利权期限的起算日为 2013 年 3 月 1 日

【知识要点】PCT 申请进入中国国家阶段

【解析】A.《专利法实施细则》第 104 条第 1 款规定："申请人依照本细则第一百零三条的规定办理进入中国国家阶段的手续的，应当符合下列要求：（一）以中文提交进入中国国家阶段的书面声明，写明国际申请号和要求获得的专利权类型；（二）缴纳本细则第九十三条第一款规定的申请费、公布印刷费，必要时缴纳本细则第一百零三条规定的宽限费……（三）国际申请以外文提出的，提交原始国际申请的说明书和权利要求书的中文译文；（四）在进入中国国家阶段的书面声明中写明发明创造的名称，申请人姓名或者名称、地址和发明人的姓名，上述内容应当与世界知识产权组织国际局（以下简称国际局）的记录一致；国际申请中未写明发明人的，在上述声明中写明发明人的姓名……（五）国际申请以外文提出的，提交摘要的中文译文，有附图和摘要附图的，提交附图副本和摘要附图副本，附图中有文字的，将其替换为对应的中文文字；国际申请以中文提出的，提交国际公布文件中的摘要和摘要附图副本；（六）在国际阶段向国际局已办理申请人变更手续的，提供变更后的申请人享有申请权的证明材料……"故选项 A 正确，符合题意。

B.《专利法》第 35 条第 1 款规定："发明专利申请自申请日起三年内，国务院专利行政部门可以根据申请人随时提出的请求，对其申请进行实质审查；申请人无正当理由逾期不请求实质审查的，该申请即被视为撤回。"《专利法实施细则》第 11 条："除专利法第二十八条与第四十二条规定的情形外，专利法所称的申请日，有优先权日的，指优先权日。"故王某的申请日为 2010 年 9 月 15 日，提出实质审查请求的期限为在此之后 3 年内，即 2013 年 9 月 15 日之前。故选项 B 正确，符合题意。

C.D.《专利法实施细则》第 102 条规定："按照专利合作条约已确定的国际申请日并指定中国的国标申请，视为向国务院专利行政部门提出的专利申请，该国标申请日视为专利法第二十八条所称的申请日。"《专利法》第 42 条规

定："发明专利权的期限为二十年，实用新型专利权和外观设计专利权的期限为十年，均自申请日起计算。"故选项C正确，符合题意；选项D错误，不符合题意。

23.（2008年卷一第5题）2005年7月4日，某公司向国家知识产权局提交了一件实用新型专利申请。2006年4月5日，该公司以中文向国家知识产权局提交了一件PCT国际申请，并要求前述实用新型申请的优先权。2006年6月6日，该实用新型专利申请被国家知识产权局公告授予专利权。2007年9月5日，该公司就该国际申请办理了进入中国国家阶段的手续，要求获得发明专利权。下列哪些说法是正确的？
  A. 因为首次申请是实用新型专利申请，所以其不能作为该国际申请要求优先权的基础
  B. 尽管该国际申请的国际公布采用的是中文，进入我国国家阶段后经初步审查合格的，仍然要再次公布
  C. 该国际申请进入我国国家阶段后，申请人最迟应当在2010年9月5日提交实质审查请求并缴纳足额费用，否则其申请视为撤回
  D. 该国际申请经实质审查符合授予发明专利权的条件，但申请人拒绝放弃在先获得的实用新型专利权的，国家知识产权局应当驳回该PCT专利申请

【知识要点】PCT国际申请进入中国国家阶段后的审查

【解析】A.《专利法》第29条第1款规定："申请人自发明或者实用新型在外国第一次提出专利申请之日起十二个月内，或者自外观设计在外国第一次提出专利申请之日起六个月内，又在中国就相同主题提出专利申请的，依照该外国同中国签订的协议或者共同参加的国际条约，或者依照相互承认优先权的原则，可以享有优先权。"《专利法实施细则》第32条规定："申请人在一件专利申请中，可以要求一项或者多项优先权；要求多项优先权的，该申请的优先权期限从最早的优先权日起计算。申请人要求本国优先权，在先申请是发明专利申请的，可以就相同主题提出发明或者实用新型专利申请；在先申请是实用新型专利申请的，可以就相同主题提出实用新型或者发明专利申请。但是，提出后一申请时，在先申请的主题有下列情形之一的，不得作为要求本国优先权的基础：（一）已经要求外国优先权或者本国优先权的；（二）已经被授予专利权的；（三）属于按照规定提出的分案申请的。申请人要求本国优先权的，其在先申请自后一申请提出之日起即视为撤回。"此外，《巴黎公约》第4条之E(2)规定："而且，依靠以专利申请为根据的优先权而在一个国家提出新实用型的申请是许可的，反之亦一样。"故选项A错误，不符合题意。

B.《专利法实施细则》第114条第1款规定："对要求获得发明专利权的国际申请，国务院专利行政部门经初步审查认为符合专利法和本细则有关规定的，应当在专利公报上予以公布；国际申请以中文以外的文字提出的，应当公布申请文件的中文译文。"故选项B正确，符合题意。

C.《专利审查指南2010》3-1-5.9"实质审查请求"中规定："进入国家阶段的国际申请，如果指定了中国的发明专利，自优先权日起三年内应当提出实质审查请求，并缴纳实质审查费。"本题中优先权日是2005年7月4日，因此提出实审请求和缴费的最后期限为2008年7月4日。故选项C错误，不符合题意。

D.《专利审查指南2010》3-2-5.6"避免重复授权的审查"中规定："如果进入国家阶段的国际申请要求的是在中国提出的在先申请的优先权，或者要求的是已经进入中国国家阶段的在先国际申请的优先权，则可能造成重复授权。为避免重复授权，对此两件专利申请的审查，适用本指南第二部分第三章第6节的规定。"《专利审查指南2010》2-3-6.2.2"对一件专利申请和一项专利权的处理"中规定："在对一件专利申请进行审查的过程中，对于同一申请人同日（指申请日，有优先权的指优先权日）就同样的发明创造提出的另一件专利申请已经被授予专利权，并且尚未授权的专利申请符合授予专利权的其他条件的，应当通知申请人进行修改。申请人期满不答复的，其申请被视为撤回。经申请人陈述意见或者进行修改后仍不符合专利法第九条第一款规定的，应当驳回其专利申请。"故选项D正确，符合题意。

24.（2004年卷一第9题）以下有关国际申请效力的哪些说法是正确的？
  A. 国际申请的国际申请日视为向中国提出专利申请的申请日
  B. 申请人首次提出的申请是国际申请的，该国际申请可以作为要求巴黎公约规定的优先权的基础
  C. 国际申请指定中国并要求发明专利保护的，其国际公布的效力与中国国家公布相同
  D. 国际申请享有的优先权在进入中国国家阶段时仍然有效，视为已向专利局提出了优先权要求

【知识要点】国际申请的效力

【解析】A.《专利法实施细则》第102条规定："按照专利合作条约已确定国际申请日并指定中国的国际申请，视为向国务院专利行政部门提出的专利申请，该国际申请日视为专利法第二十八条所称的申请日。"《专利合作条约》第11条"国际申请的申请日和效力"(3)规定："除第64条（4）另有规定外，国际申请符合（1）(i)至(iii)列举的要求，并已被给予国际申请日的，在每个指定国内自国际申请日起具有正规的国家申请的效力。国际申请日应认为是在每一指定国的实际申请日。"只有指定中国的国际申请，其国际申请日才视为向中国提出专利申请的申请日，故选项A错误，不符合题意。（注意：目前国际申请的指定方式采用的是默认指定方式，即如果无相反声明，则默认指定全部缔约国。所以在实践中，绝大部分国际申请的申请日均可以视为向中国提出专利申请的申请日。）

B.《巴黎公约》第4条之A.规定："……（2）依照本联盟任何国家的本国立法，或依照本联盟各国之间缔结的

双边或多边条约，与正规的国家申请相当的任何申请，应被承认为产生优先权。……"《专利合作条约》第11条"国际申请的申请日和效力"（4）规定："国际申请符合（1）（i）至（iii）列举的要求的，即相当于《保护工业产权巴黎公约》所称的正规国家申请。"国际申请本身也可以作为其他国家申请或者国际申请的优先权的基础，故选项B正确，符合题意。

C.《专利法实施细则》第114条规定："对要求获得发明专利权的国际申请，国务院专利行政部门经初步审查认为符合专利法和本细则有关规定的，应当在专利公报上予以公布；国际申请以中文以外的文字提出的，应当公布申请文件的中文译文。要求获得发明专利权的国际申请，由国际局以中文进行国际公布的，自国际公布日起适用专利法第十三条的规定；由国际局以中文以外的文字进行国际公布的，自国务院专利行政部门公布之日起适用专利法第十三条的规定。对国际申请，专利法第二十一条和第二十二条中所称的公布是指本条第一款所规定的公布。"国际申请只有在进入中国后，并且其国际公布是由国际局以中文进行公布的，其国际公布的效力才与中国国家公布相同。故选项C错误，不符合题意。

D.《专利法实施细则》第110条第1款规定："申请人在国际阶段已要求一项或者多项优先权，在进入中国国家阶段时该优先权要求继续有效的，视为已经依照专利法第三十条的规定提出了书面声明。"故选项D正确，符合题意。

25.（2004年卷三第3题）由国家知识产权局受理的国际申请在进入中国国家阶段时应当缴纳下列哪些费用？
A. 申请费
B. 公布印刷费
C. 申请附加费
D. 实质审查费

【知识要点】国际申请进入国家阶段的费用

【解析】《专利法实施细则》第104条第1款规定："申请人依照本细则第一百零三条的规定办理进入国家阶段的手续的，应当符合下列要求：……（二）缴纳本细则第九十三条第一款规定的申请费、公布印刷费，必要时缴纳本细则第一百零三条规定的宽限费；……"《专利审查指南2010》3-1-7.2.1"申请费的免缴"中规定："由专利局作为受理局受理的国际申请在进入国家阶段时免缴申请费及申请附加费。"本题考查的是："国际申请阶段曾经由国家知识产权局受理的国际申请"在进入中国国家阶段时应当缴纳的费用。故选项A、C、D错误，不符合题意；选项B正确，符合题意。

（注意：本题当年的考查要点就是有关国际申请进入国家阶段时缴费的特殊规定，一些特殊规定往往会作为考试的考点，这也是法律类考试中的一种命题规律。不过此题中也略有一些问题：如果国际申请进入国家阶段要求保护的类型是实用新型专利时，则也不需要缴纳公布印刷费。由于本题是以考查基本原则为目的，而绝大部分国际申请进入国家阶段后都是发明专利，并且作为此题的唯一的正确答案也只有选项B更为合适。）

26.（2004年卷三第15题）国际申请进入中国国家阶段时可以采用下列哪些方式递交申请文件？
A. 电子申请方式
B. 面交或邮寄纸件方式
C. 传真机传送方式
D. 面交或邮寄磁盘或光盘方式

【知识要点】国家阶段申请文件的递交

【解析】《专利法实施细则》第2条规定："专利法和本细则规定的各种手续，应当以书面形式或者国务院专利行政部门规定的其他形式办理。"

A.《专利审查指南2010》5-1-2"办理专利申请的形式"中规定："专利申请手续应当以书面形式（纸件形式）或者电子文件形式办理。"《关于电子专利申请的规定》第4条第2款规定："依照专利法实施细则第一百零一条第二款的规定进入中国国家阶段的专利申请，可以采用电子文件形式提交。"故选项A正确，符合题意。

B.《专利法》第28条规定："国务院专利行政部门收到专利申请文件之日为申请日。如果申请文件是邮寄的，以寄出的邮戳日为申请日。"《专利法实施细则》第101条第2款规定："按照专利合作条约提出并指定中国的专利国际申请（以下简称国际申请）进入国务院专利行政部门处理阶段（以下简称进入中国国家阶段）的条件和程序适用本章的规定；本章没有规定的，适用专利法及本细则其他章的有关规定。"故选项B正确，符合题意。

C. 现行《专利法实施细则》取消了国际申请进入国家阶段时传真提交的方式，故选项C错误，不符合题意。

D.《专利审查指南2010》5-1-2.1"书面形式"中进一步规定："申请人以书面形式提出专利申请并被受理的，在审批程序中应当以纸件形式提交相关文件。除另有规定外，申请人以电子文件形式提交的相关文件视为未提交。以口头、电话、实物等非书面形式办理各种手续的，或者以电报、电传、传真、电子邮件等通讯手段办理各种手续的，均视为未提出，不产生法律效力。"故选项D错误，不符合题意。

27.（2004年卷三第74题）以下有关国际申请进入国家的哪些说法是正确的？
A. 国际申请可以在进入国家阶段时选择要求保护的类型
B. 国际申请在国际阶段的撤回或视为撤回不影响其进入中国国家阶段的效力
C. 国际申请在规定期限内没有办理进入国家阶段手续的，被视为撤回
D. 国际申请因耽误办理进入手续的期限而丧失权利的，有正当理由的，可以请求恢复权利

【知识要点】国际申请进入国家阶段的原则

【解析】A.《专利法实施细则》第104条第1款规定:"申请人依照本细则第一百零三条的规定办理进入中国国家阶段的手续的,应当符合下列要求:(一)以中文提交进入中国国家阶段的书面声明,写明国际申请号和要求获得的专利权类型;……"故选项A正确,符合题意。

B、C、D.《专利法实施细则》第105条规定:"国际申请有下列情形之一的,其在中国的效力终止:(一)在国际阶段,国际申请被撤回或者被视为撤回,或者国际申请对中国的指定被撤回的;(二)申请人未在优先权日起32个月内按照本细则第一百零三条规定办理进入中国国家阶段手续的;(三)申请人办理进入中国国家阶段的手续,但自优先权日起32个月期限届满仍不符合本细则第一百零四条第(一)项至第(三)项要求的。依照前款第(一)项的规定,国际申请在中国的效力终止的,不适用本细则第六条的规定;依照前款第(二)项、第(三)项的规定,国际申请在中国的效力终止的,不适用本细则第六条第二款的规定。"故选项B、C、D错误,不符合题意。

28. (2004年卷三第78题)国际申请进入中国国家阶段的日期是指下列哪一日期?
    A. 申请人开始办理进入手续的日期
    B. 申请人办理完成全部进入手续的日期
    C. 申请人提交进入声明和原始国际申请文件中文译文的日期
    D. 申请人缴纳进入中国国家阶段应缴费用的日期

【知识要点】进入国家阶段日期的确定

【解析】《专利审查指南2010》3-1-2.3"进入国家阶段的处理"中规定:"按照规定办理进入国家阶段手续的国际申请,凡是经审查在中国具有效力,且符合专利法实施细则第一百零四条第一款第(一)项至第(三)项要求的,专利局应当给予国家申请号,明确国际申请进入国家阶段的日期(以下简称进入日),并发出国际申请进入中国国家阶段通知书。进入日是指向专利局办理并满足专利法实施细则第一百零四条第一款第(一)项至第(三)项规定的进入国家阶段手续之日。上述满足要求的进入国家阶段手续是在同一日办理的,该日即为进入日。上述满足要求的进入国家阶段手续是在不同日办理的,以进入国家阶段手续最后办理之日为进入日。"故选项A、C、D错误,不符合题意;选项B正确,符合题意。

29. (2004年卷四第34题)国际申请进入中国国家阶段之后,审查员在实质审查中应当以下列哪种文本作为最初的审查基础?
    A. 原始国际申请文件的中文译文
    B. 申请人在国际阶段作出过修改的申请文件的中文译文
    C. 申请人在进入中国国家阶段时提出的修改文本
    D. 申请人自己要求作为审查基础的文本

【知识要点】国家阶段的审查基础文本

【解析】《专利审查指南2010》3-1-3.1.6"审查基础文本声明"中规定:"在国际阶段,申请人在收到国际检索报告之后,可以根据专利合作条约第19条的规定对权利要求书作出修改,修改应当在规定的期限内向国际局提出。在国际初步审查过程中,申请人还可以按照专利合作条约第34条的规定对说明书、附图和权利要求书作出修改,修改应当向国际初步审查单位提出。此外,国际申请进入国家阶段时,申请人也可能按照专利合作条约第28条或第41条提出修改。由此可见,国际申请进入国家阶段时,除原始申请文件外,可能还要提出一份或几份修改文本,申请人应当在进入声明中审查基础一栏内指明在后续程序中应当依据的文本,即对审查基础文本作出声明。在国际阶段及进入国家阶段后均没有对申请作出修改的,审查基础应当是原始申请。国际阶段或者进入国家阶段时作出过修改并在审查基础文本声明中加以指明的,审查使用的文本应当是以修改文件替换原始申请相应部分之后的文本。国际阶段作出过修改但在审查基础文本声明中没有指明的,应当认为该修改已经放弃,专利局对该修改不予考虑。"故选项A、B、C错误,不符合题意;选项D正确,符合题意。

三、生物材料样品的保藏

四、涉及遗传资源的国际申请

30. (2011年卷一第33题)一件进入中国国家阶段的PCT国际申请涉及依赖于遗传资源完成的发明创造,下列说法哪些是正确的?
    A. 申请人应当在进入声明中予以说明,并填写遗传资源来源披露登记表
    B. 申请人应当说明该遗传资源的直接来源和原始来源;无法说明原始来源的,应当陈述理由
    C. 该遗传资源是违反行政法规的规定获取的,该申请不能被授予专利权
    D. 该申请未说明该遗传资源直接来源的,国家知识产权局将直接作出驳回该申请的决定

【知识要点】涉及遗传资源的国际申请

【解析】A.《专利法实施细则》第109条规定:"国际申请涉及的发明创造依赖遗传资源完成的,申请人应当在国际

申请进入中国国家阶段的书面声明中予以说明,并填写国务院专利行政部门制定的表格。"故选项 A 正确,符合题意。

B.《专利法》第 26 条第 5 款规定:"依赖遗传资源完成的发明创造,申请人应当在专利申请文件中说明该遗传资源的直接来源和原始来源;申请人无法说明原始来源的,应当陈述理由。"故选项 B 正确,符合题意。

C.《专利法》第 5 条第 2 款规定:"对违反法律、行政法规的规定获取或者利用遗传资源,并依赖该遗传资源完成的发明创造,不授予专利权。"故选项 C 正确,符合题意。

D.《专利审查指南 2010》3-1-5.6"遗传资源的来源"中规定:"国际申请涉及的发明创造的完成依赖于遗传资源的,申请人应当在进入声明中予以说明,并填写遗传资源来源披露登记表。不符合规定的,审查员应当发出补正通知书,通知申请人补正。期满未补正的,审查员应当发出视为撤回通知书。补正后仍不符合规定的,该专利申请应当被驳回。"故选项 D 错误,不符合题意。

五、优先权

六、国家公布

31.(2011 年卷一第 73 题)某申请人用英文向国家知识产权局提交了一件 PCT 国际申请,该申请进入中国国家阶段时要求的保护类型为发明。下列说法哪些是正确的?
A. 该申请应当以英文进行国际公布
B. 国家知识产权局应当在该申请的进入日后一个月内进行国家公布
C. 国家知识产权局进行国家公布时应当公布该申请文件的中文译文
D. 自国家公布之日起该申请人可以要求实施其发明的单位或者个人支付适当的费用

【知识要点】国际公布、国家公布

【解析】A.《专利合作条约实施细则》第 48.3 条"公布语言"(a)规定:"如果国际申请是用阿拉伯文、中文、英文、法文、德文、日文、韩文、葡萄牙文、俄文或者西班牙文('公布语言')提出的,该申请应该以其提出时使用的语言公布。"故选项 A 正确,符合题意。

B、C.《专利法实施细则》第 114 条第 1 款规定:"对要求获得发明专利权的国际申请,国务院专利行政部门经初步审查认为符合专利法和本细则相关规定的,应当在专利公报上予以公布;国际申请以中文以外的文字提出的,应当公布申请文件的中文译文。"故选项 B 错误,不符合题意;选项 C 正确,符合题意。

D.《专利法》第 13 条规定:"发明专利申请公布后,申请人可以要求实施其发明的单位或者个人支付适当的费用。"《专利法实施细则》第 114 条第 2 款规定:"要求获得发明专利权的国际申请,……由国际局以中文以外的文字进行国际公布的,自国务院专利行政部门公布之日起适用专利法第十三条的规定。"故选项 D 正确,符合题意。

七、分案

32.(2004 年卷三第 38 题)对于一件进入中国国家阶段的国际申请提出的分案申请来说,以下判断中哪些是错误的?
A. 原案的申请日是指该国际申请进入中国国家阶段的日期
B. 原案的申请号是指该国际申请进入中国国家阶段时专利局给予的申请号
C. 原案的申请日是指该国际申请的国际申请日
D. 原案的申请号是指该国际申请的国际申请号

【知识要点】国际申请的分案

【解析】《专利审查指南 2010》5-3-2.3.2.2"进入国家阶段的国际申请的分案申请的受理程序"中规定:"国际申请进入国家阶段之后提出的分案申请,审查员除了按照一般专利申请的受理条件对分案申请进行受理审查外,还应当核实分案申请请求书中是否填写了原申请的申请日和原申请的申请号,该原申请的申请日应当是其国际申请日,原申请的申请号是进入国家阶段时专利局给予的申请号,并应当在其后的括号内注明原申请的国际申请号。"故选项 B、C 正确,不符合题意;选项 A、D 错误,符合题意。

八、中国国家阶段对国际阶段不予受理和视为撤回的复查

九、译文有误时专利权保护范围的确定

参考答案

1. C D	2. A B	3. A D	4. B D	5. A B D	6. D
7. A C	8. B C	9. A B C D	10. A B C D	11. C D	12. C D
13. D	14. C	15. A B C D	16. C	17. B D	18. A C
19. B D	20. A	21. C D	22. A B C	23. B D	24. B D
25. B	26. A B	27. A	28. B	29. D	30. A B C
31. A C D	32. A D				

第八章　其他国际专利条约

1.（2009年卷一第57题）下列哪些国际条约不适用于外观设计？
A.《专利合作条约》
B.《国际承认用于专利程序的微生物保存布达佩斯条约》
C.《国际专利分类斯特拉斯堡协定》
D.《建立工业品外观设计国际分类洛迦诺协定》

【知识要点】国际专利条约

【解析】A.《专利合作条约》第2条"定义"规定："……(i)'申请'是指保护发明的申请；述及'申请'应解释为述及发明专利、发明人证书、实用证书、实用新型、增补专利或增补证书、增补发明人证书和增补实用证书的申请；(ii)述及'专利'应解释为述及发明专利、发明人证书、实用证书、实用新型、增补专利或增补证书、增补发明人证书和增补实用证书；……"故选项A正确，符合题意。

B.《国际承认用于专利程序的微生物保存布达佩斯条约》第2条"定义"规定："在本条约和施行细则中：(i)'专利'，应解释为发明专利、发明人证书、实用证书、实用新型、增补专利或增补证书、增补发明人证书和增补实用证书；……"故选项B正确，符合题意。

C.《国际专利分类斯特拉斯堡协定》第1条规定："……适用本协议的国家组成专门联盟，对发明专利、发明人证书、实用新型和实用证书采用相同的分类法，即已知的'国际专利分类法'……"故选项C正确，符合题意。

D.《建立工业品外观设计国际分类洛迦诺协定》第1条规定："(1)适用本协定的国家组成专门联盟。(2)上述国家采用统一的工业品外观设计分类法（下称'国际分类法'）。(3)国际分类法应当包括：(i)大类和小类表；(ii)使用工业品外观设计的按字母顺序排列的商品目录，包括这些商品分成大类和小类的分类标记；(iii)用法说明。……"故选项D错误，不符合题意。

2.（2004年卷一第72题）以下哪些国际条约明确涉及实用新型？
A. TRIPS协议
B.《保护工业产权巴黎公约》
C.《专利合作条约》
D.《伯尔尼公约》

【知识要点】涉及实用新型的国际条约

【解析】A.《与贸易有关的知识产权协议》(TRIPS)第二部分第五节"专利"第27条"可享专利的主题"中第1款规定："在符合本条第2款和第3款规定的前提下，所有技术领域的任何发明，不论是产品还是方法，只要是新颖的，包含创造性，并且能在产业上应用的，都可以获得专利。……"从此款规定可以看出，TRIPS中规定可以获得专利的前提是，该发明需要具备新颖性、创造性、实用性，即只有能通过"三性"的审查的发明才是符合TRIPS的规定的专利。而实用新型采取的是初步审查制，没有经过"三性"的实质审查。所以TRIPS中规定的专利只包括发明，不包括实用新型。故选项A错误，不符合题意。

B.《巴黎公约》第1条之(二)规定："工业产权的保护对象有专利、实用新型、工业品外观设计、商标、服务标记、厂商名称、货源标记或原产地名称，和制止不正当竞争。"故选项B正确，符合题意。

C. 根据《专利合作条约》第2条的规定（参见本章第1题解析A），选项C正确，符合题意。

D.《伯尔尼公约》是保护文学和艺术作品的国际公约，属于著作权领域。故选项D错误，不符合题意。

3.（2015年卷一第30题）下述说法哪个是错误的？
A. 中国采用国际专利分类法对发明专利申请进行分类
B. 中国采用国际专利分类法对实用新型专利申请进行分类
C. 中国采用洛迦诺分类法对实用新型专利申请进行分类
D. 中国采用洛迦诺分类法对外观设计专利申请进行分类

【知识要点】专利申请的分类

【解析】A、B、C.《专利审查指南2010》1-4-1"引言"中规定："专利局采用国际专利分类对发明专利申请和实用新型专利申请进行分类，以最新版的国际专利分类表（IPC，包括其使用指南）中文译本为工作文本，有疑义时以相同版的英文或法文版本为准。"据此，故选项A、B正确，不符合题意；故选项C错误，符合题意。

D.《专利审查指南2010》1-3-12"外观设计分类"中规定："专利局采用国际外观设计分类法（即洛迦诺分类法）对外观设计专利申请进行分类，以最新公布的《国际外观设计分类表》中文译本为工作文本。"故选项D正确，不符合题意。

参考答案

1. ABC　　　2. BC　　　3. C

第九章 专利文献与专利分类

第一节 概 要

一、专利文献的概念

二、专利文献的特点和作用

1. (2016年卷一第30题) 以下关于专利文献种类标识代码中字母含义的说法哪个是正确的？
A. 字母"B"表示发明专利申请公布
B. 字母"Y"表示发明专利权部分无效宣告的公告
C. 字母"U"表示实用新型专利权部分无效宣告的公告
D. 字母"S"表示外观设计专利授权公告或外观设计专利权部分无效宣告的公告

【知识要点】专利文献号
【解析】《专利文献号标准》(ZC 0007—2012) 第 6.4 节规定："专利文献中专利文献号的使用规则，见附录：发明、实用新型和外观设计专利文献号。"

附 录
（规范性附录）
发明、实用新型和外观设计专利文献号
发明专利文献号

专利文献名称	专利文献号名称	专利文献标识 中国国家代码、专利文献号、文献种类标识代码联合使用	说明
发明专利申请	申请公布号	CN102102675A	不同专利申请应顺序编号
		CN101960299A	
发明专利申请（扉页更正）		CN102102675A8	同一专利申请沿用首次赋予的专利文献号（9位或7位）
发明专利申请（全文更正）		CN101960299A9	
发明专利	授权公告号	CN1399818B	同一专利申请的授权公告号沿用首次赋予的专利文献号（9位或7位）
		CN101184265B	
发明专利（扉页更正）		CN1399818B8	
发明专利（全文更正）		CN101184265B9	
发明专利（宣告专利权部分无效）（第1次）		CN100378905C1	
发明专利（宣告专利权部分无效）（第2次）		CN100378905C2	

实用新型专利文献号

专利文献名称	专利文献号名称	专利文献标识 中国国家代码、专利文献号、文献种类标识代码联合使用	说明
实用新型专利	授权公告号	CN201908404U	不同专利申请应顺序编号
		CN201529462U	
实用新型专利（扉页更正）		CN201908404U8	同一专利申请的授权公告号沿用首次赋予的专利文献号（9位或7位）
实用新型专利（全文更正）		CN201529462U9	
实用新型专利（宣告专利权部分无效）（第1次）		CN200364512Y1	
实用新型专利（宣告专利权部分无效）（第2次）		CN200364512Y2	

外观设计专利文献号

专利文献名称	专利文献号名称	专利文献标识 中国国家代码、专利文献号、文献种类标识代码的联合使用	说明
外观设计专利	授权公告号	CN301558470S CN301471528S	不同专利申请应顺序编号
外观设计专利（扉页更正）	授权公告号	CN301558470S8	同一专利申请的授权公告号沿用首次赋予的专利文献号（9位或7位）
外观设计专利（全文更正）	授权公告号	CN301471528S9	
外观设计专利（宣告专利权部分无效）（第1次）	授权公告号	CN300123456S1	
外观设计专利（宣告专利权部分无效）（第2次）	授权公告号	CN300123456S2	

由上述附录可知，A代表发明专利申请公布说明书的公告；B代表发明专利授权的公告；C1代表发明专利权部分无效宣告的公告（第1次）；U代表实用新型专利授权的公告；Y1代表实用新型专利权部分无效宣告的公告（第1次）；S代表外观设计专利授权的公告；S1代表外观设计专利权部分无效宣告的公告（第1次）。故选项A、B、C错误，不符合题意；选项D正确，符合题意。

2. （2016年卷一第54题）下列哪些选项所示申请号为实用新型专利申请？
A. 201430465498.X
B. 201290004238.0
C. 201320278122.1
D. 201140376384.3

【知识要点】专利申请号

【解析】《专利申请号标准》（ZC 0006—2003）第4.3节"申请种类号"规定："专利申请号中的申请种类号用1位数字表示，所使用数字的含义规定如下：1表示发明专利申请；2表示实用新型专利申请；3表示外观设计专利申请；8表示进入中国国家阶段的PCT发明专利申请；9表示进入中国国家阶段的PCT实用新型专利申请。……"故选项A、D错误，不符合题意；选项B、C正确，符合题意。

3. （2014年卷一第100题）某篇专利文献的文献号为"CN101576367B"，下列说法哪些是正确的？
A. 这是一篇中国专利文献
B. 这是实用新型专利单行本
C. 这是发明专利单行本
D. 这是发明专利申请单行本

【知识要点】专利文献号

【解析】A.《专利文献号标准》（ZC 0007—2012）第6.2节规定："专利文献号与中国国家代码CN，以及专利文献种类标识代码的联合使用……"，可见CN代表中国专利文献，故选项A正确，符合题意。

B.D.《专利文献号标准》（ZC 0007—2012）第5.1节规定："专利文献号用9位阿拉伯数字表示，包括申请种类号和流水号两个部分。专利文献号中的第1位数字表示申请种类号，第2~9位数字（共8位）为文献流水号，表示文献公布或公告的排列顺序。"《专利文献号标准》（ZC 0007—2012）第5.2节规定："专利文献号中的申请种类号用1位阿拉伯数字表示。所使用的数字含义规定如下：1表示发明专利申请；2表示实用新型专利申请；3表示外观设计专利申请。上述申请种类号中未包含的其他阿拉伯数字在作为种类号使用时的含义由国家知识产权局另行规定。"故选项B错误，不符合题意；选项D正确，符合题意。

C.《专利文献号标准》（ZC 0007—2012）附录规定（参见本章第1题解析）。因此，A代表发明专利申请公布说明书的公告；B代表发明专利授权的公告；C1代表发明专利权部分无效宣告的公告（第1次）；U代表实用新型专利授权的公告；Y1代表实用新型专利权部分无效宣告的公告（第1次）；S代表外观设计专利授权的公告；S1代表外观设计专利权部分无效宣告的公告（第1次）。故选项C错误，不符合题意。

三、专利族与同族专利

4. （2002年卷三第94题）同族专利是指在不同国家或国际专利组织多次申请、多次公布或批准的内容相同或基本相同的一组专利文献。下列各项哪些是同族专利的共同点？
A. 具有共同发明人
B. 具有共同申请人
C. 具有相同专利分类
D. 具有共同优先权

【知识要点】同族专利

【解析】具有共同优先权的在不同国家或国际专利组织多次申请、多次公布或批准的内容相同或基本相同的一组专利文献被称为同族专利。故选项A、B、C错误，不符合题意；选项D正确，符合题意。

四、专利文献的出版及载体

第二节　专利文献的专利说明书、公报及分类资料

一、专利文献的类型划分

5.（2004年卷三第97题） 下列哪些文献或文件属于一次专利文献？
A. 专利说明书　　　　　　　　　　　B. 专利公报、文摘和索引
C. 植物专利说明书　　　　　　　　　D. 专利分类表

【知识要点】专利文献的分类

【解析】现代专利文献共有三种类型：一次专利文献，是指各种类型的专利说明书；二次专利文献，是指各工业产权局出版的专利公报、专利文摘出版物和专利索引；专利分类资料，是指按发明技术主题分类、用于检索一次专利文献的工具，包括专利分类表及分类表索引等。故选项A、C正确，符合题意；选项B、D错误，不符合题意。

二、专利说明书类文献的种类及其组成部分

6.（2002年卷三第87题） 一件欧洲专利申请公布说明书由下列哪些部分组成？
A. 扉页　　　B. 说明书　　　C. 权利要求　　　D. 检索报告

【知识要点】欧洲专利申请公布说明书

【解析】通常情况下一份欧洲专利申请公布说明书都应当由扉页、权利要求书、说明书、检索报告组成。特殊情况下，当检索报告不能与专利申请一起出版时，则单独出版，检索报告属于欧洲专利申请公布说明书中的一个必要组成部分，故选项A、B、C、D正确。

7.（2002年卷三第91题） 欧洲专利局出版下列哪些类型的专利说明书？
A. 专利申请说明书（A1）　　　　　　B. 实用新型说明书（U）
C. 专利说明书（B）　　　　　　　　　D. 外观设计说明书（S）

【知识要点】欧洲专利局出版的专利说明书

【解析】欧洲专利说明书的类型有：

欧洲专利申请说明书，文献类型识别代码为A（1978年开始出版）。为了区分出版的欧洲专利申请说明书中是否同时附有检索报告，文献类型识别代码后继续加注一位数字：附有检索报告的欧洲专利申请说明书，文献类型识别代码为A1；未附检索报告的欧洲专利申请说明书，文献类型识别代码为A2；单独出版的检索报告，文献类型识别代码为A3；对国际申请检索报告所作的补充检索报告，文献类型识别代码为A4。

欧洲专利说明书，文献类型识别代码为B（1980年开始出版），其中包括：经实质审查合格后公告授权的欧洲专利说明书，文献类型识别代码为B1；经异议修改后再公告出版的欧洲专利说明书，文献类型识别代码为B2。

欧洲专利局审查的专利中不包括实用新型和外观设计。其中外观设计由其他机构负责审查注册，如欧盟知识产权局（EUIPO）。

故选项A、C正确，符合题意；选项B、D错误，不符合题意。

三、专利公报类文献及其内容

8.（2009年卷一第6题） 国家知识产权局公布的发明专利说明书扉页中包括下列哪些内容？
A. 说明书附图　　　B. 摘要　　　C. 著录事项　　　D. 权利要求书

【知识要点】发明专利说明书扉页

【解析】《专利审查指南2010》5-8-2.2.1"发明专利申请单行本"中规定："扉页由著录事项、摘要、摘要附图组成，说明书无附图的，则没有摘要附图。"故选项A、D错误，不符合题意；选项B、C正确，符合题意。

四、专利文献的编号和国别代码

9.（2012年卷一第29题） 下列各组用以表示公布专利文献的国家或机构的国际标准代码，哪组存在错误？
A. 法国FR、西班牙ES、奥地利AT　　　　B. 欧洲专利局EP、英国UK、韩国KR
C. 澳大利亚AU、瑞士CH、俄罗斯联邦RU　　D. 日本JP、瑞典SE、世界知识产权组织IB

【知识要点】国家或机构的国际标准代码

【解析】本题中的国家或机构的国际标准代码为：法国FR、西班牙ES、奥地利AT、欧洲专利局EP、韩国KR、

澳大利亚AU、瑞士CH、俄罗斯联邦RU、日本JP、瑞典SE、世界知识产权组织IB、英国GB。故选项A、C、D正确，不符合题意；选项B错误，符合题意。

五、专利文献著录项目及其代码

10.（2011年卷一第89题）根据下图所示的美国专利文献，可以看出哪些专利信息？

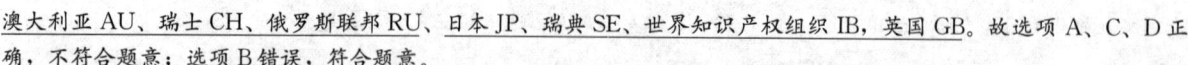

A. 该专利的申请人是Berger等人
B. 该专利的申请日是2003年11月4日
C. 该专利的国际分类号220/603，220/710.5
D. 该专利的专利授权号是US10/369453

【知识要点】专利文献著录项目及其代码

【解析】专利文献著录项目数据识别代码（INID码）中包括：（10）专利、补充保护证书或专利文献标识；（12）文献种类文字释义；（21）申请号；（22）申请日期；（45）此日或日前已经授权的专利文献，通过印刷或类似方法使公众熟悉的日期；（51）国际专利分类；（52）内部分类或国际分类；（54）发明名称；（56）单独列出的现有技术文献清单；（57）文摘或权利要求；（58）检索领域；（76）发明人兼申请人和权利人名称等。由此可知，该专利的<u>申请人是Berger等人</u>，<u>申请日是2003年2月20日</u>，<u>国际分类号是A47G 19/22</u>，<u>授权号是US6640992B1</u>。故选项B、C、D错误，不符合题意；选项A正确，符合题意。

11.（2002年卷三第96题）下列哪些专利文献著录项目代码与所标明内容相符？
A. 代码（11）：专利文献号
B. 代码（21）：专利申请号
C. 代码（31）：优先申请号
D. 代码（41）：专利号

【知识要点】专利文献著录项目代码

【解析】专利文献著录数据识别代码（INID码）中：<u>（11）表示的是：补充保护证书或专利文献号，一般统称为文献号</u>；<u>（21）表示的是：申请号</u>；<u>（31）表示的是：优先申请号</u>；（41）表示的是：未经审查并在此日期或之前尚未授权的专利文献，对公众阅览或提供复制的日期。故选项A、B、C正确，符合题意；选项D错误，不符合题意。

六、专利文献的文献种类代码

12.（2000年卷三第98题）PCT国际局出版的国际专利申请说明书标识代码包括：
A. 代码"A1"
B. 代码"A2"
C. 代码"A3"
D. 代码"B"

【知识要点】国际专利申请说明书代码

【解析】A、B、C. PCT国际局出版的国际专利申请说明书标识代码包括：A1——附有检索报告的国际申请说明书；A2——未附检索报告的国际申请说明书；A3——单独出版的检索报告。故选项A、B、C正确，符合题意。

D. 世界知识产权组织国际局只受理国际专利申请、进行文献检索和初步审查，而最终的授权由各指定国或选定国来决定，因此PCT国际局只出版国际申请说明书。故选项D错误，不符合题意。

七、各种专利分类法的基本特点、相关知识及应用

（一）专利分类的意义

（二）发明和实用新型的分类

（1）技术主题的确定
（2）分类方法

13.（2016年卷一第100题） 下列各组表示了国际专利分类表部的类号所指示的部的类名，请判断哪些组存在错误？

A. G部：固定建筑物　　　　F部：机械工程、照明
B. E部：电学　　　　　　　C部：化学、冶金
C. A部：人类生活必需　　　　D部：纺织、造纸
D. H部：物理　　　　　　　B部：作业、运输

【知识要点】国际专利分类表
【解析】《国际专利分类表》8个部所涉及的技术范围分别是："A部：人类生活必需；B部：作业、运输；C部：化学、冶金；D部：纺织、造纸；E部：固定建筑物；F部：机械工程、照明、加热、武器、爆破；G部：物理；H部：电学。"故选项A、B、D错误，符合题意；选项C正确，不符合题意。

14.（2014年卷一第30题） 下表为国际专利分类表的节选：
"H01G4/00 固定电容器：及其制造方法
H01G4/002・零部件
H01G4/018・・电介质
H01G4/04・・・液体电介质
H01G4/06・・・固体电介质
H01G4/08・・・・无机电介质
H01G4/10・・・・・金属氧化物电介质
H01G4/12・・・・・陶瓷电介质"
对于一件技术主题为"一种以二氧化钛薄膜为电介质的电容器"的专利申请，下列哪个分类是正确的？
A. H01G4/08
B. H01G4/10
C. H01G4/08、H01G4/10
D. H01G4/00、H01G4/002、H01G4/018、H01G4/06、H01G4/08

【知识要点】国际专利分类
【解析】这是一个多等级的IPC组，为了将技术主题分入最恰当的位置，分类时应由高到低，逐级找到能够准确表达该技术主题的小组位置，即首先确定相关的部，然后确定大类和小类，最后是大组或范围足以包括待分类技术主题实质特点的最低一级小组。本题中，"一种以二氧化钛薄膜为电介质的电容器"对应的最低一级小组是H01G4/10。故选项A、C、D错误，不符合题意；选项B正确，符合题意。

15.（2013年卷一第100题） 下列关于专利分类号 H01C1/00 或 C08F110/02 中含义的说法哪些是正确的？
A. H 代表部　　　　　　　　B. C08F 代表大类
C. H01C1/00 代表小组　　　D. C08F110/02 代表小组

【知识要点】国际专利分类法
【解析】国际专利分类法（IPC）的分类体系是由高至低依次排列的等级式结构，是把与发明创造有关的全部技术领域按不同的技术范围设置成部、大类、小类、大组或小组，由大到小的递降次序排列。其中，部是用英文大写字母A-H表示；大类的类号由部的类号及在其后加上两位数字组成；小类的类号由大类类号加上一个英文大写字母组成；大组的类号由小类类号加上一个1~3位的阿拉伯数字及"/00"组成；小组的类号由小类类号加上一个1~3位数，后面跟着斜线"/"，再加上一个除"00"以外的至少两位的数组成。由此可见，本题中，H代表部，故选项A正确，符合题意。C08F 代表小类，故选项B错误，不符合题意。H01C1/00 代表大组，故选项C错误，不符合题意。C08F110/02 代表小组，故选项D正确，符合题意。

（三）外观设计专利的分类

16.（2004年卷三第99题） 下表为洛迦诺外观设计分类表的一部分。

0101 烘制食品、烘干、点心、通心粉及其他谷类食品、巧克力、糖果类、冰冻食品
B 0058 烘制食品
B 0288 饼干
B 0519 面包
C 0037 蛋糕
其中 0101 表示分类表的哪一级结构？
A. 部和大组　　　　　B. 大类和大组　　　　　C. 大类和小类　　　　　D. 小类和大组

【知识要点】外观设计分类表
【解析】《建立工业品外观设计国际分类洛迦诺协定》又称《洛迦诺协定》，由大类和小类组成，每一个大类分成若干小类。大类和小类用数字按顺序编排，类别下还有英文版产品系列号及法文版产品系列号。第 11 版《国际外观设计分类表》由 32 个大类、219 个小类组成。故选项 A、B、D 错误，不符合题意；选项 C 正确，符合题意。

（四）综合题

17. (2007 年卷一第 16 题) 下述哪些说法是正确的？
A. 中国采用国际专利分类法对发明专利申请进行分类
B. 中国采用国际专利分类法对实用新型专利申请进行分类
C. 中国采用洛迦诺分类法对实用新型专利申请进行分类
D. 中国采用洛迦诺分类法对外观设计专利申请进行分类

【知识要点】中国专利的分类法
【解析】自 1985 年我国实施《专利法》以来，国家知识产权局一直采用"国际专利分类法"对发明专利和实用新型专利的技术主题分类，给出完整的代表发明或实用新型技术主题的分类号。国家知识产权局专利局采用洛迦诺分类法对外观设计专利申请进行分类，给出合适的分类号，并标示在公开的外观设计专利文献上。故选项 A、B、D 正确，符合题意；选项 C 错误，不符合题意。

第三节　专利信息源和检索方法

一、专利信息源的种类

二、专利信息检索方法、技术和策略

18. (2004 年卷三第 96 题) 检索"升降晾衣架"时，发现分类 A47G 25/02 与所检索的技术主题相关。这时，应当按照下述哪一种检索式重新进行检索？
A. （升降 AND 晾衣架）OR A47G 25/02　　　　B. 升降 NOT 晾衣架 OR A47G 25/02
C. 升降 OR 晾衣架 OR A47G 25/02　　　　　　D. 升降 OR（晾衣架 AND、A47G 25/02）

【知识要点】文献检索
【解析】在对一个主题词进行分类检索时，通常可以按照这样的步骤进行：首先通过主题词进行检索；对通过主题词检索出的结果进行分析；找到与主题词相同或者相关领域的专利的分类号；通过该分类号再重新进行一遍检索。检索后，如果还需要进一步缩小检索范围，还可以将分类号与主题词结合起来，再次进行检索，直到找到最相关领域的分类号。通过将以上步骤组合使用，直到检索出最接近的对比文献。
因此，当检索主题词"升降晾衣架"后，如果发现分类 A47G 25/02 与所检索的技术主题相关，这时，应该再通过该分类号重新进行检索。检索后，还可以将主题词和分类号结合起来重新进行检索。因为主题词中的"升降"和"晾衣架"都是必要技术特征，所以在检索时应为"与"关系，一般不应该再分开检索。故选项 A 正确，符合题意；选项 B、C、D 错误，不符合题意。

三、专利信息检索的种类及其方法和途径

四、主要互联网专利信息检索系统

五、中国专利文献的类型、种类、著录项目、编码及其变化

19. (2010 年卷一第 66 题) 中国发明专利公报包括下列哪些内容？
A. 发明专利申请的公布　　　　　　　　　　B. 保密发明专利权的授予

C. 发明专利申请的检索报告　　　　　　D. 发明专利权的授予

【知识要点】发明专利公报

【解析】《专利审查指南2010》5-8-1.2.1"发明专利公报"中规定:"发明专利公报包括发明专利申请公布、国际专利申请公布、发明专利权授予、保密发明专利、发明专利事务、索引(申请公布索引、授权公告索引)。"故选项A、B、D正确,符合题意;选项C错误、不符合题意。

六、中国专利信息检索系统及检索方法

参 考 答 案

1. D	2. B C	3. A D	4. D	5. A C	6. A B C D
7. A C	8. B C	9. B	10. A	11. A B C	12. A B C
13. A B D	14. B	15. A D	16. C	17. A B D	18. A
19. A B D					

第十章 综合题

1. (2010年卷一第35题) 下列说法哪些是正确的?
   A. 对违反法律规定获取遗传资源,并依赖该遗传资源完成的发明创造,不授予专利权
   B. 任何单位或者个人将其在中国完成的发明向外国申请专利的,应当事先报经国务院专利行政部门进行保密审查
   C. 专利申请涉及国防利益需要保密的,经国防专利机构审查没有发现驳回理由的,由国防专利机构作出授予国防专利权的决定
   D. 授予专利权的外观设计与现有设计或者现有设计特征的组合相比,应当具有明显区别

   【知识要点】遗传资源、保密审查、国防专利、外观设计
   【解析】A.《专利法》第5条第2款规定:"对违反法律、行政法规的规定获取或者利用遗传资源,并依赖该遗传资源完成的发明创造,不授予专利权。"故选项A正确,符合题意。
   B.《专利法》第20条规定:"任何单位或者个人将在中国完成的发明或者实用新型向外国申请专利的,应当事先报经国务院专利行政部门进行保密审查。……"故选项B正确,符合题意。
   C.《专利法实施细则》第7条第1款规定:"专利申请涉及国防利益需要保密的,由国防专利机构受理并进行审查;国务院专利行政部门受理的专利申请涉及国防利益需要保密的,应当及时移交国防专利机构进行审查。经国防专利机构审查没有发现驳回理由的,由国务院专利行政部门作出授予国防专利权的决定。"故选项C错误,不符合题意。
   D.《专利法》第23条第2款规定:"授予专利权的外观设计与现有设计或者现有设计特征的组合相比,应当具有明显区别。"故选项D正确,符合题意。

   根据下述情形,完成2~5题。
   金某就一种新微生物于2008年9月29日在韩国首次提出了发明专利申请S1。2009年6月29日,金某就该微生物的培育方法在韩国首次提出了发明专利申请S2。2009年10月4日,金某就该微生物及其培育方法向世界知识产权组织国际局提出了PCT申请S3,该PCT申请未指定中国。2009年11月24日,金某委托某专利代理事务所就该微生物及其培育方法在中国提出了发明专利申请S4,并要求享有S1、S2和S3的优先权。S4申请中涉及的新微生物需要保藏。

2. (2010年卷一第85题) 金某应当自向国家知识产权局提出申请之日起2个月内或者收到受理通知书之日起15日内缴纳下列哪些费用?
   A. 优先权要求费   B. 申请费   C. 微生物保藏费   D. 公布印刷费

   【知识要点】专利申请的费用
   【解析】A、B、D.《专利法实施细则》第95条规定:"申请人应当自申请日起2个月内或者在收到受理通知书之日起15日内缴纳申请费、公布印刷费和必要的申请附加费;期满未缴纳或者未缴足的,其申请视为撤回。申请人要求优先权的,应当在缴纳申请费的同时缴纳优先权要求费;期满未缴纳或者未缴足的,视为未要求优先权。"故选项A、B、D正确,符合题意。
   C. 微生物保藏费应该交给提交微生物保藏的单位,故选项C错误,不符合题意。

3. (2010年卷一第86题) 关于S4申请中涉及的微生物样品的保藏,下列说法哪些是正确的?
   A. 金某应当最迟于2010年1月24日将该微生物样品提交保藏
   B. 金某应当将该微生物样品提交国家知识产权局认可的保藏单位保藏
   C. 金某应当最迟于2010年1月24日在请求书和说明书中写明该微生物的分类命名
   D. 金某应当最迟于2010年3月24日提交保藏证明和存活证明

   【知识要点】微生物样品的保藏单位和期限
   【解析】《专利法实施细则》第24条规定:"申请专利的发明涉及新的生物材料,该生物材料公众不能得到,并且对该生物材料的说明不足以使所属领域的技术人员实施其发明的,除应当符合专利法和本细则的有关规定外,申请人还应当办理下列手续:(一)在申请日前或者最迟在申请日(有优先权的,指优先权日),将该生物材料的样品提交国务院专利行政部门认可的保藏单位保藏,并在申请时或者最迟自申请日起4个月内提交保藏单位出具的保藏证明和存活证明;期满未提交证明的,该样品视为未提交保藏;(二)在申请文件中,提供有关该生物材料特征的资料;(三)涉及生物材料样品保藏的专利申请应当在请求书和说明书中写明该生物材料的分类命名(注明拉丁文名称)、保藏该生物材料样品的单位名称、地址、保藏日期和保藏编号;申请时未写明的,应自申请日起4个月内补正;期满未补正的,视为未提交保藏。"故选项A、C错误,不符合题意;选项B、D正确,符合题意。

4. (2010年卷一第87题) 在符合其他条件下,下列有关S4享有优先权的说法哪些是正确的?
   A. S4中的微生物仅能享有S1的优先权   B. S4中的微生物仅能享有S3的优先权

· 264 ·

C. S4 中的培育方法仅能享有 S2 的优先权 D. S4 中的培育方法仅能享有 S3 的优先权

【知识要点】外国优先权的期限

【解析】《专利法》第29条第1款规定:"申请人自发明或者实用新型在外国第一次提出专利申请之日起十二个月内,或者自外观设计在外国第一次提出专利申请之日起六个月内,又在中国就相同主题提出专利申请的,依照该外国同中国签订的协议或者共同参加的国际条约,或者依照相互承认优先权的原则,可以享有优先权。"S4 与 S1 之间已经超过了 12 个月,故选项 A 错误,不符合题意。由于 S1、S2 申请在先,S3 并非同一技术主题的首次申请,故 S3 不能作为优先权的基础,故选项 B、D 错误,不符合题意。S4 与 S2 之间符合优先权的规定,故选项 C 正确,符合题意。

(注意:如果在先申请 S1、S2、S3 均已公布,则只有首次申请可以作为优先权的基础,这时选项 C 正确。如果这些申请最终都未公开,并且没有任何遗留权利,即也没有作为其他专利的优先权基础,则这些申请均可单独作为优先权的基础,但 S3 与 S2、S1 不能同时作为其他专利的优先权基础。)

5.（2010年卷一第88题）下列有关金某委托该专利代理事务所的说法哪些是正确的?
A. 该事务所应当是国家知识产权局指定的专利代理机构
B. 该事务所可以以其合伙人的名义与金某签订委托合同
C. 金某可以要求该事务所指派其指定的专利代理人承办代理业务
D. 该事务所向国家知识产权局提交的委托书中应当写明委托权限

【知识要点】涉外委托代理

【解析】A.《专利法》第19条第1款规定:"在中国没有经常居所或者营业所的外国人、外国企业或者外国其他组织在中国申请专利和办理其他专利事务的,应当委托依法设立的专利代理机构办理。"指定代理机构已经取消,故选项 A 错误,不符合题意。

B.C.D.《专利代理条例》第17条规定:"专利代理人必须承办专利代理机构委派的专利代理工作,不得自行接受委托。"《专利代理条例》第9条规定:"专利代理机构接受委托,承办业务,应当有委托人具名的书面委托书,写明委托事项和委托权限。专利代理机构可以根据需要,指派委托人指定的专利代理人承办代理业务。专利代理机构接受委托,承办业务,可以按照国家有关规定收取费用。"故选项 B 错误,不符合题意;选项 C、D 正确,符合题意。

根据下述情形,完成6~9题。
甲的发明专利权授权公告时的权利要求书如下:
"1. 一种豆浆机,……。
2. 根据权利要求1所述的豆浆机,……。
3. 根据权利要求2所述的豆浆机,……。
4. 根据权利要求1所述的豆浆机,……。"
乙于2008年对甲的专利权提出无效宣告请求。专利复审委员会经审理后作出维持该专利权有效的决定,双方均未在法定期限内起诉。乙于2010年2月3日再次对该专利权提出无效宣告请求。专利复审委员会向双方当事人发出口头审理通知书,并告知了口头审理的时间。回答下列问题。

6.（2010年卷一第89题）合议组成员存在下列哪些情形的,应当回避或按照规定不再参加本案件的审查工作?
A. 是当事人乙的哥哥
B. 是甲发明专利在实质审查阶段的审查员
C. 曾经参与审理过请求宣告甲的其他专利权无效的案件
D. 是乙针对该专利第一次提出无效宣告请求案的主审员

【知识要点】无效宣告程序中的回避

【解析】A.B.《专利法实施细则》第37条规定:"在初步审查、实质审查、复审和无效宣告程序中,实施审查和审理的人员有下列情形之一的,应当自行回避,当事人或者其他利害关系人可以要求其回避:(一)是当事人或者其代理人的近亲属的;(二)与专利申请或者专利权有利害关系的;(三)与当事人或者其代理人有其他关系,可能影响公正审查和审理的;(四)专利复审委员会成员曾参与原申请的审查的。"故选项 A、B 正确,符合题意。

C. 除亲属关系外,回避主要针对的是同一专利案件,而非针对同一当事人。故选项 C 错误,不符合题意。

D.《专利审查指南2010》4-1-3.1"合议组的组成"中规定:"专利复审委员会作出维持专利权有效或者宣告专利权部分无效的审查决定以后,同一请求人针对该审查决定涉及的专利权以不同理由或者证据提出新的无效宣告请求的,作出原审查决定的主审员不再参加该无效宣告案件的审查工作。"故选项 D 正确,符合题意。

7.（2010年卷一第90题）甲收到专利复审委员会转送的无效宣告请求书后,在规定期限提交了修改的权利要求书。下列哪些修改方式是允许的?
A. 删除权利要求1,保留权利要求2、3、4
B. 保留权利要求3,删除权利要求1、2、4
C. 保留权利要求1、3,将权利要求2、4合并

D. 删除权利要求1，保留权利要求2，将权利要求3、4合并

【知识要点】无效宣告程序中专利申请文件的修改

【解析】《专利审查指南2010》4-3-4.6.2"修改方式"中规定："修改权利要求书的具体方式一般限于权利要求的删除、技术方案的删除、权利要求的进一步限定、明显错误的修正。权利要求的删除是指从权利要求书中去掉某项或者某些项权利要求，例如独立权利要求或者从属权利要求。权利要求的进一步限定是指在权利要求中补入其他权利要求中记载的一个或多个技术特征，以缩小保护范围。"故选项A、B、C、D正确，符合题意。

8. (2010年卷一第91题) 针对专利复审委员会发出的口头审理通知书，下列哪些情形将导致无效宣告程序终止？
   A. 乙未在口头审理通知书指定的期限内答复，且未参加口头审理，但专利复审委员会认为根据已进行的审查工作，能作出宣告专利权无效的决定
   B. 甲提交了回执，但未参加口头审理
   C. 乙主动撤回了其无效宣告请求，并且专利复审委员会认为根据已进行的审查工作，尚不能作出审查决定
   D. 乙在口头审理通知书指定的期限内书面答复表示不参加口头审理

【知识要点】口头审理中无效宣告程序的终止

【解析】A.C.《专利审查指南2010》4-3-7"无效宣告程序的终止"中规定："请求人在专利复审委员会对无效宣告请求作出审查决定之前，撤回其无效宣告请求的，无效宣告程序终止，但专利复审委员会认为根据已进行的审查工作能够作出宣告专利权无效或者部分无效的决定的除外。请求人未在指定的期限内答复口头审理通知书，并且不参加口头审理，其无效宣告请求被视为撤回的，无效宣告程序终止，但专利复审委员会认为根据已进行的审查工作能够作出宣告专利权无效或者部分无效的决定的除外。"故选项A错误，不符合题意；故选项C正确，符合题意。

B.D.《专利法实施细则》第70条第3款规定："无效宣告请求人对专利复审委员会发出的口头审理通知书在指定的期限内未作答复，并且不参加口头审理的，其无效宣告请求视为撤回；专利权人不参加口头审理的，可以缺席审理。"故选项B、D错误，不符合题意。

9. (2010年卷一第93题) 乙在规定期限内提交了一份外文豆浆机说明书及其中文译文作为证据。甲认为该中文译文不准确，在指定的期限内另行提交了其认为准确的中文译文。下列说法哪些是正确的？
   A. 中文译文以甲提交的为准
   B. 中文译文以合议组认为翻译更准确的那份为准
   C. 双方当事人就委托翻译达成协议，专利复审委员会可以委托双方当事人认可的翻译单位进行翻译
   D. 双方当事人就委托翻译达不成协议，专利复审委员会可以自行委托专业翻译单位进行翻译

【知识要点】无效宣告程序的外文证据

【解析】《专利审查指南2010》4-8-2.2.1"外文证据的提交"中规定："对中文译文出现异议时，双方当事人就异议部分达成一致意见的，以双方最终认可的中文译文为准。双方当事人未能就异议部分达成一致意见的，必要时，专利复审委员会可以委托翻译。双方当事人就委托翻译达成协议的，专利复审委员会可以委托双方当事人认可的翻译单位进行全文、所使用部分或者有异议部分的翻译。双方当事人就委托翻译达不成协议的，专利复审委员会可以自行委托专业翻译单位进行翻译。委托翻译所需翻译费用由双方当事人各承担50%；拒绝支付翻译费用的，视为其承认对方当事人提交的中文译文正确。"故选项A、B错误，不符合题意；选项C、D正确，符合题意。

根据下述情形，完成10~13题。

成都的甲公司以邮寄的方式递交了一件发明专利申请，其信封上的邮戳日为2008年4月7日，国家知识产权局于2008年4月10日收到该申请。该申请于2009年11月27日公布，并于2010年6月18日被公告授予专利权。广州的乙公司自2010年4月7日起在深圳制造与甲公司专利申请相同的产品，并将甲公司的专利申请号前加"ZL"字样标注于产品的包装上。丙公司在长沙销售乙公司的上述产品。乙公司和丙公司的行为一直持续到甲公司的专利授权后。甲公司于2010年5月9日得知乙公司和丙公司的行为。

10. (2010年卷一第94题) 甲公司的发明专利权的期限何时届满？
    A. 2028年4月7日　　　　　　　　B. 2028年4月10日
    C. 2029年11月27日　　　　　　　D. 2030年6月18日

【知识要点】专利权的期限

【解析】《专利法》第28条规定："国务院专利行政部门收到专利申请文件之日为申请日。如果申请文件是邮寄的，以寄出的邮戳日为申请日。"《专利法》第42条规定："发明专利权的期限为二十年，实用新型专利权和外观设计专利权的期限为十年，均自申请日起计算。"故选项A正确，符合题意；选项B、C、D错误，不符合题意。

11. (2010年卷一第95题) 就乙公司和丙公司的行为，下列说法哪些是正确的？
    A. 乙公司在2010年6月18日后的生产行为是假冒专利行为
    B. 乙公司在2010年6月18日后的生产行为是冒充专利行为
    C. 丙公司在2010年6月18日后的销售行为是假冒专利行为

D. 丙公司在2010年6月18日前的销售行为不是专利侵权行为

【知识要点】假冒专利行为和专利侵权行为

【解析】A、B、C.《专利法实施细则》第84条第1款规定："下列行为属于专利法第六十三条规定的假冒专利的行为：（一）在未被授予专利权的产品或者其包装上标注专利标识，专利权被宣告无效后或者终止后继续在产品或者其包装上标注专利标识，或者未经许可在产品或者产品包装上标注他人的专利号；（二）销售第（一）项所述产品；（三）在产品说明书等材料中将未被授予专利权的技术或者设计称为专利技术或者专利设计，将专利申请称为专利，或者未经许可使用他人的专利号，使公众将所涉及的技术或者设计误认为是专利技术或者专利设计；（四）伪造或者变造专利证书、专利文件或者专利申请文件；（五）其他使公众混淆，将未被授予专利权的技术或者设计误认为是专利技术或者专利设计的行为。"故选项A、C正确，符合题意；选项B错误，不符合题意。

D.《专利法》第11条第1款规定："发明和实用新型专利权被授予后，除本法另有规定的以外，任何单位或者个人未经专利权人许可，都不得实施其专利，即不得为生产经营目的制造、使用、许诺销售、销售、进口其专利产品，或者使用其专利方法以及使用、许诺销售、销售、进口依照该专利方法直接获得的产品。"专利授权后才会构成他人的侵权，故选项D正确，符合题意。

12. （2010年卷一第96题）甲公司就乙公司在2010年6月18日前的行为要求支付使用费的，诉讼时效何时届满？
A. 2011年11月27日　　　　　　　　　　B. 2012年4月7日
C. 2012年5月9日　　　　　　　　　　　D. 2012年6月18日

【知识要点】侵犯专利权的诉讼时效

【解析】《专利法》第68条规定："侵犯专利权的诉讼时效为二年，自专利权人或者利害关系人得知或者应当得知侵权行为之日起计算。发明专利申请公布后至专利权授予前使用该发明未支付适当使用费的，专利权人要求支付使用费的诉讼时效为二年，自专利权人得知或者应当得知他人使用其发明之日起计算，但是，专利权人于专利权授予之日前即已得知或者应当得知的，自专利权授予之日起计算。"故选项A、B、C错误，不符合题意；选项D正确，符合题意。

13. （2010年卷一第98题）甲公司认为乙公司的制造行为如不及时制止，将会使其合法权益受到难以弥补的损害，遂向人民法院申请采取责令停止有关行为的措施。下列就甲公司提出的申请，哪些说法是正确的？
A. 甲公司可以通过电子邮件向人民法院提交申请状
B. 甲公司应当向人民法院提交授权通知书以证明其专利权真实有效
C. 甲公司应当提交证明乙公司实施侵犯其专利权行为的证据
D. 甲公司应当提供担保

【知识要点】诉前停止侵犯专利权的行为

【解析】A.《最高人民法院关于对诉前停止侵犯专利权行为适用法律问题的若干规定》第3条规定："专利权人或者利害关系人向人民法院提出申请，应当递交书面申请状；申请状应当载明当事人及其基本情况、申请的具体内容、范围和理由等事项。申请的理由包括有关行为如不及时制止会使申请人合法权益受到难以弥补的损害的具体说明。"故选项A错误，不符合题意。

B、C.《最高人民法院关于对诉前停止侵犯专利权行为适用法律问题的若干规定》第4条规定："申请人提出申请时，应当提交下列证据：（一）专利权人应当提交证明其专利权真实有效的文件，包括专利证书、权利要求书、说明书、专利年费交纳凭证。提出的申请涉及实用新型专利的，申请人应当提交国务院专利行政部门出具的检索报告。（二）利害关系人应当提供有关专利实施许可合同及其在国务院专利行政部门备案的证明材料，未经备案的应当提交专利权人的证明，或者证明其享有权利的其他证据。排他实施许可合同的被许可人单独提出申请的，应当提交专利权人放弃申请的证明材料。专利财产权利的继承人应当提交已经继承或者正在继承的证据材料。（三）提交证明被申请人正在实施或者即将实施侵犯其专利权的行为的证据，包括被控侵权产品以及专利技术与被控侵权产品技术特征对比材料等。"故选项B错误，不符合题意；选项C正确，符合题意。（注意：收到授权通知书并不表明其已获得了专利权，此时专利尚未授权。）

D.《最高人民法院关于对诉前停止侵犯专利权行为适用法律问题的若干规定》第6条第1款规定："申请人提出申请时应当提供担保，申请人不提供担保的，驳回申请。"故选项D正确，符合题意。

14. （2008年卷一第25题）甲公司于2006年3月10日完成了一项发明，并开始制造相应的产品。2006年8月9日，甲公司就该发明提交了一件发明专利申请。乙公司于2006年7月5日就其独立完成的同样发明创造提出了一件实用新型专利申请。2007年5月10日，乙公司的申请被授予实用新型专利权。随后，乙公司向人民法院起诉甲公司侵犯其专利权，甲公司在答辩期内以其先完成该发明为由请求宣告乙公司的专利权无效，并提供了相应的证据。下列哪些说法是正确的？
A. 在侵权诉讼中，甲公司有权要求乙公司出具国家知识产权局作出的实用新型专利权评价报告
B. 对甲公司的无效宣告请求，专利复审委员会应当不予受理

C. 甲公司的申请不具备新颖性
D. 甲公司2007年5月10日后在原有范围内继续制造该产品的，不构成对乙公司专利权的侵犯

【知识要点】 实用新型检索报告、无效的受理、新颖性、不视为侵犯专利权

【解析】 A.《专利法》第61条第2款规定："专利侵权纠纷涉及实用新型专利或者外观设计专利的，人民法院或者管理专利工作的部门可以要求专利权人或者利害关系人出具由国务院专利行政部门对相关实用新型或者外观设计进行检索、分析和评价后作出的专利权评价报告，作为审理、处理专利侵权纠纷的证据。"侵权诉讼中，只有法院有权要求专利权人出具国家知识产权局作出的专利权评价报告。故选项A错误，不符合题意。

B.《专利法实施细则》第65条规定："依照专利法第四十五条的规定，请求宣告专利权无效或者部分无效的，应当向专利复审委员会提交专利权无效宣告请求书和必要的证据一式两份。无效宣告请求书应当结合提交的所有证据，具体说明无效宣告请求的理由，并指明每项理由所依据的证据。前款所称无效宣告请求的理由，是指被授予专利的发明创造不符合专利法第二条、第二十条第一款、第二十二条、第二十三条、第二十六条第三款、第四款、第二十七条第二款、第三十三条或者本细则第二十条第二款、第四十三条第一款的规定，或者属于专利法第五条、第二十五条的规定，或者依照专利法第九条规定不能取得专利权。"《专利法实施细则》第66条第1款规定："专利权无效宣告请求不符合专利法第十九条第一款或者本细则第六十五条规定的，专利复审委员会不予受理。"《专利审查指南》4-3-3.3"无效宣告请求范围以及理由和证据"中规定："……（2）无效宣告理由仅限于专利法实施细则第六十五条第二款规定的理由，并且应当以专利法及其实施细则中有关的条、款、项作为独立的理由提出。无效宣告理由不属于专利法实施细则第六十五条第二款规定的理由的，不予受理。……"先完成发明不是无效宣告理由，应当不予受理。故选项B正确，符合题意。

C.《专利法》第22条第2款规定："新颖性，是指该发明或者实用新型不属于现有技术；也没有任何单位或者个人就同样的发明或者实用新型在申请日以前向国务院专利行政部门提出过申请，并记载在申请日以后公布的专利申请文件或者公告的专利文件中。"乙公司同样的申请在先提交、在后公开，构成抵触申请，破坏了甲公司申请的新颖性。故选项C正确，符合题意。

D.《专利法》第69条规定："有下列情形之一的，不视为侵犯专利权：（一）专利产品或者依照专利方法直接获得的产品，由专利权人或者经其许可的单位、个人售出后，使用、许诺销售、销售、进口该产品的；（二）在专利申请日前已经制造相同产品、使用相同方法或者已经作好制造、使用的必要准备，并且仅在原有范围内继续制造、使用的；（三）临时通过中国领陆、领水、领空的外国运输工具，依照其所属国同中国签订的协议或者共同参加的国际条约，或者依照互惠原则，为运输工具自身需要而在其装置和设备中使用有关专利的；（四）专为科学研究和实验而使用有关专利的；（五）为提供行政审批所需要的信息，制造、使用、进口专利药品或者专利医疗器械的，以及专门为其制造、进口专利药品或者专利医疗器械的。"故选项D正确，符合题意。

15. 下列说法哪些是正确的？
A. 发明专利申请须经过初步审查、公布、实质审查才能授予专利权
B. 实用新型专利保护对产品及其制造方法所提出的适于实用的新的技术方案
C. 外观设计专利权授予最先设计的人
D. 任何单位或者个人实施他人专利的，应当与专利权人订立实施许可合同

【知识要点】 专利审批流程、实用新型保护客体、实施许可合同

【解析】 A.《专利法》第34条规定："国务院专利行政部门收到发明专利申请后，经初步审查认为符合本法要求的，自申请日起满十八个月，即行公布。国务院专利行政部门可以根据申请人的请求早日公布其申请。"《专利法》第35条规定："发明专利申请自申请日起三年内，国务院专利行政部门可以根据申请人随时提出的请求，对其申请进行实质审查；申请人无正当理由逾期不请求实质审查的，该申请即被视为撤回。"《专利法》第39条规定："发明专利申请经实质审查没有发现驳回理由的，由国务院专利行政部门作出授予发明专利权的决定，发给发明专利证书，同时予以登记和公告。发明专利权自公告之日起生效。"可见，一项发明专利获得授权需要历经初步审查、公布、实质审查才能授予专利权。故选项A正确，符合题意。需要注意的是，根据《专利审查指南2010》5-5-4"保密专利申请的审批流程"中"……对于发明专利申请，初步审查和实质审查按照与一般发明专利申请相同的基准进行。初步审查合格的保密专利申请不予公布，实质审查请求符合规定的，直接进入实质审查程序。经实质审查没有发现驳回理由的，作出授予保密发明专利权的决定，并发出授予发明专利权通知书和办理登记手续通知书。……"之规定，保密专利（含国防专利和一般涉密专利）中发明专利的审批流程无"公布"这一步骤。

B.《专利法》第2条第3款规定："实用新型，是指对产品的形状、构造或者其结合所提出的适于实用的新的技术方案。"此外，《专利审查指南2010》1-2-6.1"实用新型只保护产品"中规定："根据专利法第二条第三款的规定，实用新型专利只保护产品"及"一切方法以及未经人工制造的自然存在的物品不属于实用新型专利保护的客体"，可见，实用新型专利不保护方法。故选项B错误，不符合题意。

C.《专利法》第9条第2款规定："两个以上的申请人分别就同样的发明创造申请专利的，专利权授予最先申请

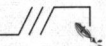

的人。"故选项C错误,不符合题意。

D.《专利法》第12条规定:"任何单位或者个人实施他人专利的,应当与专利权人订立实施许可合同,向专利权人支付专利使用费。被许可人无权允许合同规定以外的任何单位或者个人实施该专利。"故选项D正确,符合题意。

参考答案

1. A B D   2. A B D   3. B D   4. C   5. C D   6. A B D
7. A B C D   8. C   9. C D   10. A   11. A C D   12. D
13. C D   14. B C D   15. A D

第二部分 相关法律知识

第一章 相关基本法律法规

第一节 民法总则及民法通则

一、民法的基本概念和原则

（一）民法的调整对象

1. (2016年卷二第1题) 根据民法通则及相关规定，下列哪项属于民法调整的范围？
   A. 甲税务机关与乙公司之间的税款征收关系
   B. 张某向国家知识产权局提交专利申请产生的关系
   C. 丙公司与丁公司之间订立的买卖合同关系
   D. 庚市工商行政管理局因没收王某侵犯注册商标专用权的商品产生的关系

【知识要点】民法的调整对象

【解析】《民法总则》第2条规定："民法调整平等主体的自然人、法人和非法人组织之间的人身关系和财产关系。"本题中，选项C属于平等民事主体之间的财产关系。选项A、B和D均属于行政机关与行政相对人之间的行政法律关系，不属于民法调整的范围，故选项C正确，符合题意。

（二）民法的基本原则

2. (2015年卷二第31题) 根据民法通则的规定，民事活动应当遵循哪些原则？
   A. 自愿　　　　　　B. 公平　　　　　　C. 等价有偿　　　　　　D. 诚实信用

【知识要点】民法的基本原则

【解析】《民法总则》第5条规定："民事主体从事民事活动，应当遵循自愿原则，按照自己的意思设立、变更、终止民事法律关系。"第6条规定："民事主体从事民事活动，应当遵循公平原则，合理确定各方的权利和义务。"第7条规定："民事主体从事民事活动，应当遵循诚信原则，秉持诚实，恪守承诺。"第8条规定："民事主体从事民事活动，不得违反法律，不得违背公序良俗。"第9条规定："民事主体从事民事活动，应当有利于节约资源、保护生态环境。"而《民法通则》第4条规定："民事活动应当遵循自愿、公平、等价有偿、诚实信用的原则。"《民法总则》将《民法通则》的第4条拆分成新的第5~9条，但是其中没有明确等价有偿的原则。故选项A、B、D正确，符合题意；选项C错误，不符合题意。

（三）民事法律关系的概念和要素

3. (2011年卷二第49题) 根据民法通则及相关规定，下列说法哪些是正确的？
   A. 民事法律行为从成立时起具有法律约束力
   B. 民事法律行为成立后，行为人只有取得对方同意，才能变更或者解除
   C. 民事行为部分无效，不影响其他部分的效力的，其他部分仍然有效
   D. 无效的民事行为，从被人民法院宣告无效时起没有法律约束力

【知识要点】民事法律行为的效力

【解析】A.B.《民法总则》第136条规定："民事法律行为自成立时生效，但是法律另有规定或者当事人另有约定的除外。行为人非依法律规定或者未经对方同意，不得擅自变更或者解除民事法律行为。"故选项A正确，符合题意。法律如有明确规定，则也能变更或解除，故选项B错误，不符合题意。

C.《民法总则》第156条规定："民事法律行为部分无效，不影响其他部分的效力的，其他部分仍然有效。"故选项C正确，符合题意。

D.《民法总则》第155条规定："无效的或者被撤销的民事法律行为自始没有法律约束力。"故选项D错误，不符合题意。

· 270 ·

二、民事主体

(一) 自然人

4. (2015年卷二第1题) 根据民法通则及相关规定，下列关于宣告死亡的哪种说法是正确的？
A. 公民下落不明满4年的，利害关系人可以向人民法院申请宣告他死亡
B. 宣告失踪是宣告死亡的必经程序
C. 有民事行为能力人在被宣告死亡期间实施的民事法律行为无效
D. 同一顺序的利害关系人，有的申请宣告死亡，有的不同意宣告死亡，则不应当宣告死亡

【知识要点】宣告死亡

【解析】A. 《民法总则》第46条规定："自然人有下列情形之一的，利害关系人可以向人民法院申请宣告该自然人死亡：(一)下落不明满四年的；(二)因意外事件，下落不明满二年。因意外事件下落不明，经有关机关证明该自然人不可能生存的，申请宣告死亡不受二年时间的限制。"故选项A正确，符合题意。

B.D. 《最高人民法院关于贯彻执行〈中华人民共和国民法通则〉若干问题的意见(试行)》(以下简称《民通意见》)第29条规定："宣告失踪不是宣告死亡的必经程序。公民下落不明，符合申请宣告死亡的条件，利害关系人可以不经申请宣告失踪而直接申请宣告死亡。但利害关系人只申请宣告失踪的，应当宣告失踪；同一顺序的利害关系，有的申请宣告死亡，有的不同意宣告死亡，则应当宣告死亡"。故选项B、D错误，不符合题意。

C. 《民法总则》第49条规定："自然人被宣告死亡但是并未死亡的，不影响该自然人在被宣告死亡期间实施的民事法律行为的效力。"故选项C错误，不符合题意。

5. (2015年卷二第32题) 根据民法通则及相关规定，对于12岁的刘某实施的下列哪些行为，他人不得以刘某无完全民事行为能力为由主张无效？
A. 领取奖学金
B. 接受某慈善基金的捐助
C. 自己购买一支价值一元的铅笔
D. 自己购买一台价值五万元的服务器

【知识要点】民事行为能力

【解析】A.B. 《民通意见》第6条规定："无民事行为能力人、限制民事行为能力人接受奖励、赠与、报酬，他人不得以行为人无民事行为能力、限制民事行为能力为由，主张以上行为无效。"据此，选项A、B属于接受奖励、赠与、报酬，他人不得以行为人无民事行为能力为由主张无效。故选项A、B正确，符合题意。

C.D. 《民法总则》第19条规定："八周岁以上的未成年人为限制民事行为能力人，实施民事法律行为由其法定代理人代理或者经其法定代理人同意、追认，但是可以独立实施纯获利益的民事法律行为或者与其年龄、智力相适应的民事法律行为。"选项C属于与他的年龄、智力相适应的民事活动，他人不得以刘某无完全民事行为能力为由主张无效，故选项C正确，符合题意；选项D属于与他的年龄、智力不相适应的民事活动，他人可以以刘某无完全民事行为能力为由主张无效，故选项D错误，不符合题意。

6. (2015年卷二第3题) 根据民法通则及相关规定，下列哪项不属于民法通则中规定的近亲属？
A. 配偶
B. 孙女
C. 兄弟
D. 堂兄弟

【知识要点】监护

【解析】《民通意见》第12条规定："民法通则中规定的近亲属，包括配偶、父母、子女、兄弟姐妹、祖父母、外祖父母、孙子女、外孙子女。"选项A、B、C中的配偶、孙女、兄弟属于近亲属，选项D中的堂兄弟不属于近亲属。故选项D正确，符合题意。

7. (2013年卷二第77题) 根据民法通则及相关规定，关于宣告失踪的下列说法是正确的？
A. 公民下落不明满二年的，利害关系人可以向人民法院申请宣告其为失踪人
B. 宣告失踪是宣告死亡的必经程序
C. 宣告失踪后，失踪人的财产由其配偶、父母、成年子女或者关系密切的其他亲属、朋友代管
D. 宣告失踪后，失踪人所欠税款、债务和应付的其他费用应暂停支付

【知识要点】宣告失踪

【解析】A. 《民法总则》第40条规定："自然人下落不明满二年的，利害关系人可以向人民法院申请宣告该自然人为失踪人。"故选项A正确，符合题意。

B. 根据《民法总则》第46条的规定(参见本节第4题的解析A)，在宣告死亡的条件中，并不以已经宣告失踪为必要条件。故选项B错误，不符合题意。

C. 《民法总则》第42条规定："失踪人的财产由其配偶、成年子女、父母或者其他愿意担任财产代管人的人代管。代管有争议，没有前款规定的人，或者前款规定的人无代管能力的，由人民法院指定的人代管。"故选项C正确，符合题意。

D. 《民法总则》第43条规定:"财产代管人应当妥善管理失踪人的财产,维护其财产权益。失踪人所欠税款、债务和应付的其他费用,由财产代管人从失踪人的财产中支付。财产代管人因故意或者重大过失造成失踪人财产损失的,应当承担赔偿责任。"故选项D错误,不符合题意。

8. (2012年卷二第15题) 2008年,何某在一次意外事故中下落不明。2011年,经何某妻子申请,人民法院宣告何某死亡,其名下的财产也被继承。2012年,何某回到家中。原来何某在该次事故中被救起,后一直在其他城市打工,但未与家人联系。根据民法通则及相关规定,下列哪种说法是正确的?
   A. 由于何某下落不明未满四年,故人民法院不应宣告其死亡
   B. 经何某申请,人民法院应当撤销对他的死亡宣告
   C. 何某被宣告死亡期间,其实施的民事行为应当被认定为无效
   D. 何某无权请求返还其被继承的财产

【知识要点】宣告死亡
【解析】《民法总则》第46条规定:(参见本节第4题解析A)。第49条规定:"自然人被宣告死亡但是并未死亡的,不影响该自然人在被宣告死亡期间实施的民事法律行为的效力。"第50条规定:"被宣告死亡的人重新出现,经本人或者利害关系人申请,人民法院应当撤销死亡宣告。"第53条规定:"被撤销死亡宣告的人有权请求依照继承法取得其财产的民事主体返还财产。无法返还的,应当给予适当补偿。利害关系人隐瞒真实情况,致使他人被宣告死亡取得其财产的,除应当返还财产外,还应当对由此造成的损失承担赔偿责任。"意外事故下落不明,时间是2年。撤销死亡宣告需申请。宣告死亡期间的民事行为有效,继承的财产可返还。故选项A、C、D错误,不符合题意;选项B正确,符合题意。

9. (2012年卷二第50题) 根据民法通则及相关规定,关于民事权利能力和民事行为能力,下列哪些说法是正确的?
   A. 公民的民事权利能力出生时产生,死亡时消灭
   B. 公民的民事行为能力出生时产生,死亡时消灭
   C. 法人的民事权利能力成立时产生,终止时消灭
   D. 法人的民事行为能力成立时产生,终止时消灭

【知识要点】民事权利能力和民事行为能力
【解析】A. 《民法总则》第13条规定:"自然人从出生时起到死亡时止,具有民事权利能力,依法享有民事权利,承担民事义务。"故选项A正确,符合题意。
   B. 《民法总则》第17条规定:"十八周岁以上的自然人为成年人。不满十八周岁的自然人为未成年人。"第18条规定:"成年人为完全民事行为能力人,可以独立实施民事法律行为。十六周岁以上的未成年人,以自己的劳动收入为主要生活来源的,视为完全民事行为能力人。"故选项B错误,不符合题意。
   C.D. 《民法总则》第57条规定:"法人是具有民事权利能力和民事行为能力,依法独立享有民事权利和承担民事义务的组织。"第59条规定:"法人的民事权利能力和民事行为能力,从法人成立时产生,到法人终止时消灭。"故选项C、D正确,符合题意。

10. (2011年卷二第9题) 根据民法通则及相关规定,下列哪些人是限制民事行为能力人?
    A. 不能完全辨认自己行为的精神病人齐某
    B. 刚出生两天的婴儿王某
    C. 十五周岁的大学生岳某
    D. 十九周岁待业青年赵某

【知识要点】民事权利能力和民事行为能力
【解析】A. 《民法总则》第21条规定:"不能辨认自己行为的成年人为无民事行为能力人,由其他的法定代理人代理实施民事法律行为。八周岁以上的未成年人不能辨认自己行为的,适用前款规定。"故选项A正确,符合题意。
   B.C. 《民法总则》第19条规定:"八周岁以上的未成年人是限制民事行为能力人,实施民事法律行为由其法定代理人代理,或者经其法定代理人同意、追认,但是可以独立实施纯获利益的民事法律行为或者与其年龄、智力相适应的民事法律行为。"第20条规定:"不满八周岁的未成年人为无民事行为能力人,由其法定代理人代理实施民事法律行为。"故选项B错误,不符合题意,选项C正确,符合题意。
   D. 《民法总则》第17条规定:"十八周岁以上的自然人为成年人。不满十八周岁的自然人为未成年人。"第18条规定:"成年人为完全民事行为能力人,可以独立实施民事法律行为。十六周岁以上的未成年人,以自己的劳动收入为主要生活来源的,视为完全民事行为能力人。"故选项D错误,不符合题意。

11. (2010年卷二第9题) 根据民法通则及相关规定,下列关于监护的说法哪些是正确的?
    A. 只有自然人才能担任监护人
    B. 监护人可以是一人,也可以是多人
    C. 监护人可以代理被监护人进行民事活动
    D. 监护人被指定后,不得自行变更

【知识要点】监护人
【解析】A. 《民法总则》第27条规定:"父母是未成年子女的监护人。未成年人的父母已经死亡或者没有监护能力的,由下列有监护能力的人按顺序担任监护人:(一)祖父母、外祖父母;(二)兄、姐;(三)其他愿意担任监护人的个人或者组织,但是须经未成年人住所地的居民委员会、村民委员会或者民政部门同意。"法人或其他组织也可

以担任监护人,故选项 A 错误,不符合题意。

B.《民通意见》第 14 条规定:"人民法院指定监护人时,可将民法通则第十六条第二款中的(一)、(二)、(三)项或第十七条第一款中的(一)、(二)、(三)、(四)、(五)项规定视为指定监护人的顺序。前一顺序有监护资格的人无监护能力或者对被监护人明显不利的,人民法院可以根据对被监护人有利的原则,从后一顺序有监护资格的人中择优确定。被监护人有识别能力的,应视情况征求被监护人的意见。<u>监护人可以是一人,也可以是同一顺序中的数人。</u>"故选项 B 正确,符合题意。

C.《民法总则》第 23 条规定:"无民事行为能力人、限制民事行为能力人的监护人是其法定代理人。"第 20 条规定:"不满八周岁的未成年人为无民事行为能力人,由其法定代理人代理实施民事法律行为。"第 22 条规定:"不能完全辨认自己行为的成年人为限制民事行为能力人,<u>实施民事法律行为由其法定代理人代理或者经其法定代理人同意、追认</u>,但是可以独立实施纯获利益的民事法律行为或者与其智力、精神健康状况相适应的民事法律行为。"故选项 C 正确,符合题意。

D.《民通意见》第 18 条规定:"<u>监护人被指定后,不得自行变更。</u>擅自变更的,由原被指定的监护人和变更后的监护人承担监护责任。"故选项 D 正确,符合题意。

12. (2009 年卷二第 19 题)公民李某具有完全民事行为能力,因意外事故下落不明已满三年半。根据民法通则及相关规定,下列说法哪些是正确的?
A. 利害关系人只有在申请宣告李某失踪后,方可申请宣告其死亡
B. 不论李某的父母是否同意,李某的配偶可以申请宣告李某死亡
C. 不论李某的配偶是否同意,李某的子女可以申请宣告李某死亡
D. 因该意外事故发生不满四年,任何人不能申请宣告李某死亡

【知识要点】宣告失踪、宣告死亡
【解析】A. 根据《民通意见》第 29 条的规定(参见本节第 4 题解析 B、D),选项 A 错误,不符合题意。
B、C.《民通意见》第 25 条规定:"申请宣告死亡的利害关系人的顺序是:(一)配偶;(二)父母、子女;(三)兄弟姐妹、祖父母、外祖父母、孙子女、外孙子女;(四)其他有民事权利义务关系的人。申请撤销死亡宣告不受上列顺序限制。"故选项 B 正确,符合题意;选项 C 错误,不符合题意。
D. 根据《民法总则》第 46 条的规定(参见本节第 4 题解析 A),选项 D 错误,不符合题意。

(二)法人

13. (2015 年卷二第 33 题)根据民法通则及相关规定,下列关于法人的哪些说法是正确的?
A. 法人是具有民事权利能力和民事行为能力,依法独立享有民事权利和承担民事义务的组织
B. 法人应当具有必要的财产或者经费
C. 法人应当能够独立承担民事责任
D. 法人以它的法定代表人住所地为住所

【知识要点】法人的概念、法人应具备的条件与法人的住所
【解析】A.《民法总则》第 57 条规定:"<u>法人是具有民事权利能力和民事行为能力,依法独立享有民事权利和承担民事义务的组织。</u>"故选项 A 正确,符合题意。
B.《民法总则》第 58 条规定:"法人应当依法成立。<u>法人应当有自己的名称、组织机构、住所、财产或者经费。</u>法人成立的具体条件和程序,依照法律、行政法规的规定。设立法人,法律、行政法规规定须经有关机关批准的,依照其规定。"故选项 B 正确,符合题意。
C.《民法总则》第 60 条规定:"法人以其全部财产独立承担民事责任。"故选项 C 正确,符合题意。
D.《民法总则》第 63 条规定:"法人以其主要办事机构所在地为住所。依法需要办理法人登记的,应当将主要办事机构所在地登记为住所。"故选项 D 错误,不符合题意。

14. (2014 年卷二第 57 题)根据民法通则及相关规定,下列关于法人的哪些说法是正确的?
A. 法人应当有自己的名称、组织机构和场所
B. 法人终止,应当依法进行清算,停止清算范围外的活动
C. 企业法人对它的法定代表人和其他工作人员的经营活动,承担民事责任
D. 企业法人分立、合并,它的权利和义务由变更后的法人享有和承担

【知识要点】法人
【解析】A. 根据《民法总则》第 58 条的规定(参见本节第 13 题解析 B),故选项 A 正确,符合题意。
B.《民法总则》第 72 条规定:"清算期间法人存续,但是不得从事与清算无关的活动。法人清算后的剩余财产,根据法人章程的规定或者法人权力机构的决议处理。法律另有规定的,依照其规定。<u>清算结束并完成法人注销登记时,法人终止</u>;依法不需要办理法人登记的,清算结束时,法人终止。"故选项 B 正确,符合题意。

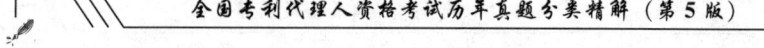

C. 《民法总则》第62条规定:"法定代表人因执行职务造成他人损害的,由法人承担民事责任。法人承担民事责任后,依照法律或者法人章程的规定,可以向有过错的法定代表人追偿。"故选项C正确,符合题意。

D. 《民法总则》第67条规定:"法人合并的,其权利和义务由合并后的法人享有和承担。法人分立的,其权利和义务由分立后的法人享有连带债权,承担连带债务,但是债权人和债务人另有约定的除外。"故选项D正确,符合题意。

15. (2013年卷二第1题)企业法人甲公司的法定代表人赵某以甲公司名义从事经营活动,给他人造成了经济损失。根据民法通则及相关规定,应由谁就该经济损失承担民事责任?
   A. 赵某
   B. 甲公司
   C. 赵某和甲公司
   D. 赵某和甲公司均无须承担

   【知识要点】法人的能力和责任

   【解析】《民法总则》第62条规定:"法定代表人因执行职务造成他人损害的,由法人承担民事责任。法人承担民事责任后,依照法律或者法人章程的规定,可以向有过错的法定代表人追偿。"本题中,甲公司的法定代表人赵某以甲公司名义从事经营活动给他人造成的经济损失,应由甲公司承担民事责任。故选项A、C、D错误,不符合题意;选项B正确,符合题意。

16. (2011年卷二第17题)村民钱某与村办食品厂共同设立了具有独立法人资格的"美新农副产品有限责任公司"(以下简称"美新公司"),钱某担任公司的执行董事并兼任经理。根据民法通则及相关规定,下列说法哪些是正确的?
   A. 美新公司从其依法成立时具有民事权利能力和民事行为能力
   B. 美新公司对钱某的经营活动承担民事责任
   C. 美新公司在经营活动中产生的债务由钱某、食品厂按各自的出资比例承担
   D. 钱某和食品厂对美新公司在经营活动中产生的债务承担连带责任

   【知识要点】法人的民事行为能力和民事责任

   【解析】A.C.D.《民法总则》第57条规定:"法人是具有民事权利能力和民事行为能力,依法独立享有民事权利和承担民事义务的组织。"故选项A正确,符合题意;选项C、D错误,不符合题意。

   B.《民法总则》第62条规定:"法定代表人因执行职务造成他人损害的,由法人承担民事责任。法人承担民事责任后,依照法律或者法人章程的规定,可以向有过错的法定代表人追偿。"故选项B正确,符合题意。

三、民事权利

(一)财产所有权和与财产所有权有关的财产权

17. (2016年卷二第37题)郁某、施某、兰某各出三分之一价款购买了一台计算机,后郁某和施某未与常年在外打工的兰某商量,将该计算机以市场价卖给了不知情的池某,并平分了卖得的价款。根据民法通则及相关规定,下列哪些说法是正确的?
   A. 郁某、施某、兰某对该计算机构成共有关系
   B. 郁某和施某擅自处分该计算机并平分价款的行为,侵犯了兰某的权利
   C. 池某是善意第三人,且有偿取得该计算机的所有权,其合法权益应受到保护
   D. 兰某的损失应由郁某和施某赔偿

   【知识要点】共同所有人承担的权利和义务

   【解析】《民通意见》第89条规定:"共同共有人对共有财产享有共同权利,承担共同的义务。在共同共有关系存续期间,部分共有人擅自处分共有财产的,一般认定无效。但第三人善意、有偿取得该财产的,应当维护第三人的合法权益;对其他共有人的损失,由擅自处分共有财产的人赔偿。"

   在共有关系存续期间,部分共有人擅自处分财产的一般认定无效。毕竟共有人仅仅是财产的所有权之一,不能擅自将属于大家的财产私下进行处分。不过,如果对这种行为的效力一律予以否认,也不利于维护交易安全。毕竟商品交换非常广泛,从事交换的当事人往往并不知道对方是否有权处分财产,也很难对市场出售的商品逐一调查。如果让受让人善意取得财产后,由于转让人的无权处分行为导致交易无效必须返还财产,那就不仅要推翻已经形成的财产关系,而且会造成当事人在交易时缺乏安全感,不利于商品交换秩序的稳定。为了平衡双方的利益,民法规定了善意取得制度,善意第三人可以取得财产所有权。至于其他共有人的损失,则由擅自处分财产的人进行赔偿。故选项A、B、C、D正确,符合题意。

18. (2013年卷二第72题)王某创作了一幅油画,以3万元的价格卖给李某并交付了画作。根据著作权法及相关规定,下列哪些说法是正确的?
   A. 李某取得该幅油画的所有权
   B. 李某有权将该幅油画放在美术馆展出

C. 李某有权许可他人复制该幅油画　　　　　　D. 李某有权许可出版社出版该幅油画

【知识要点】原件所有权转移的作品著作权归属

【解析】A.《民法总则》第114条规定："民事主体依法享有物权。物权是权利人依法对特定的物享有直接支配和排他的权利，包括所有权、用益物权和担保物权。"本题中，王某向李某交付该油画后，该油画的所有权即转移给了李某，故选项A正确，符合题意。

B.C.D.《著作权法》第18条规定："美术等作品原件所有权的转移，不视为作品著作权的转移，但美术作品原件的展览权由原件所有人享有。"故李某在取得该油画所有权的情况下，同时获得了该油画原件的展览权，但并未取得了复制权、出版权等著作权。故选项B正确，符合题意；选项C、D错误，不符合题意。

19.（2011年卷二第25题）根据民法通则及相关规定，下列关于财产所有权的说法哪些是正确的？

A. 财产所有人依法对自己的财产享有占有、使用、收益和处分的权利
B. 财产所有权的取得，不得违反法律规定
C. 所有人不明的埋藏物、隐藏物，归发现的个人所有
D. 财产可以由两个以上的公民、法人共有

【知识要点】财产所有权的概念、取得、共有

【解析】A.《民法通则》第71条规定："财产所有权是指所有人依法对自己的财产享有占有、使用、收益和处分的权利。"故选项A正确，符合题意。

B.《民法通则》第72条规定："财产所有权的取得，不得违反法律规定。按照合同或者其他合法方式取得财产的，财产所有权从财产交付时起转移，法律另有规定或者当事人另有约定的除外。"故选项B正确，符合题意。

C.《民法通则》第79条第1款规定："所有人不明的埋藏物、隐藏物，归国家所有。接收单位应当对上缴的单位或者个人，给予表扬或者物质奖励。"故选项C错误，不符合题意。

D.《民法通则》第78条第1款规定："财产可以由两个以上的公民、法人共有。"故选项D正确，符合题意。

（注意：《民法总则》虽已施行，但是《民法通则》仍未失效。《民法总则》和《民法通则》将在一段时间内并存共用。在并存共用的阶段，对于两法均有规定的内容，按照新法优于旧法的原则，适用《民法总则》的规定。对于《民法总则》中没有规定但在《民法通则》中有规定的，适用《民法通则》的规定。此题的相关内容在《民法总则》中没有规定，所以适用《民法通则》中的规定。以下如果引用《民法通则》中的规定，也是同样的情况。）

20.（2010年卷二第63题）根据民法通则及相关规定，下列关于按份共有人权利义务的说法哪些是正确的？

A. 共有人对共有财产享有共同的权利，承担共同的义务
B. 共有人按照各自的份额，对共有财产分享权利，分担义务
C. 在共有人出售其份额时，其他共有人在同等条件下有优先购买的权利
D. 共有人有权要求将自己的份额分出或转让

【知识要点】按份共有

【解析】《民法通则》第78条规定："财产可以由两个以上的公民、法人共有。共有分为按份共有和共同共有。按份共有人按照各自的份额，对共有财产分享权利，分担义务。共同共有人对共有财产享有权利，承担义务。按份共有财产的每个共有人有权要求将自己的份额分出或者转让。但在出售时，其他共有人在同等条件下，有优先购买的权利。"故选项A错误，不符合题意；选项B、C、D正确，符合题意。

（二）债权

21.（2016年卷二第4题）根据民法通则及相关规定，下列哪种情形构成不当得利？

A. 张某走失的宠物狗得到王某的喂养和照顾
B. 某地新建购物商场，使得附近周某的商品房大幅升值
C. 李某在垃圾筒里捡到一台破旧电视并将其搬运回家
D. 顾客王某因银行柜员赵某的工作失误多得100元钱

【知识要点】不当得利

【解析】A.C.《民法通则》第79条第2款规定："拾得遗失物、漂流物或者失散的饲养动物，应当归还失主，因此而支出的费用由失主偿还。"故选项A和C属于拾得遗失物，不符合题意。

B.D.《民法总则》第122条规定："因他人没有法律根据，取得不当利益，受损失的人有权请求其返还不当利益。"故选项B为正当的利益，不符合题意；选项D为不正当利益，符合题意。

22.（2014年卷二第65题）根据民法通则及相关规定，下列哪些情形构成不当得利？

A. 因收银员结算错误，张某在超市购物时少付了60元
B. 因会计人员工作失误，李某多领了1000元工资
C. 王某在垃圾箱里捡到一台破旧电视机，将其搬运回家

D. 因收留了一走失的宠物狗，赵某获得失主偿付的收留期间的喂养费用

【知识要点】 不当得利

【解析】 A、B、C. 根据《民法总则》第122条的规定（参见本节第21题解析B、D），不当得利是指"没有法律根据，取得不当利益，造成他人损失的"情形。选项A中，张某少付了货款，实际上也就是取得不当利益，造成了超市的损失，且没有合法根据，构成不当得利，符合题意。同样地，B选项中李某多领工资的情形也构成不当得利，符合题意。选项C属于拾得遗弃物，尽管王某获得了利益，但这并无不当，也未造成他人损失，故不构成不当得利，不符合题意。

D.《民法总则》第121条规定："没有法定的或者约定的义务，为避免他人利益受损失而进行管理的人，有权请求受益人偿还由此支出的必要费用。"选项D中，赵某没有法定的或者约定的义务，为避免宠物狗主人利益受损失，而收留该宠物狗，有权获得失主偿付由此而支付的必要费用，不构成不当得利，不符合题意。

23.（2011年卷二第2题）甲公司欠乙商场货款12万元，同时乙商场应付甲公司装修费12万元。现甲公司欠款到期，甲公司欲以已到期的装修费充抵货款。根据合同法及相关规定，下列说法哪些是正确的？
A. 甲公司可以将自己的债务与乙商场的债务抵销　　B. 双方债务性质不同，不得抵销
C. 甲公司主张抵销的，须经乙商场同意　　D. 甲公司主张抵销的，应当通知乙商场

【知识要点】 债务抵销

【解析】《合同法》第99条规定："当事人互负到期债务，该债务的标的物种类、品质相同的，任何一方可以将自己的债务与对方的债务抵销，但依照法律规定或者按照合同性质不得抵销的除外。当事人主张抵销的，应当通知对方。通知自到达对方时生效。抵销不得附条件或附期限。"故选项A、D正确，符合题意；选项B、C错误，不符合题意。

24.（2009年卷二第69题）根据民法通则及相关规定，当事人可以采用下列哪些方式担保债务的履行？
A. 保证　　B. 抵押　　C. 定金　　D. 违约金

【知识要点】 债务履行的担保方式

【解析】《民法通则》第89条规定："依照法律的规定或者按照当事人的约定，可以采用下列方式担保债务的履行：（一）保证人向债权人保证债务人履行债务，债务人不履行债务的，按照约定由保证人履行或者承担连带责任；保证人履行债务后，有权向债务人追偿。（二）债务人或者第三人可以提供一定的财产作为抵押物。债务人不履行债务的，债权人有权依照法律的规定以抵押物折价或者以变卖抵押物的价款优先得到偿还。（三）当事人一方在法律规定的范围内可以向对方给付定金。债务人履行债务后，定金应当抵作价款或者收回。给付定金的一方不履行债务的，无权要求返还定金；接受定金的一方不履行债务的，应当双倍返还定金。（四）按照合同约定一方占有对方的财产，对方不按照合同给付应付款项超过约定期限的，占有人有权留置该财产，依照法律的规定以留置财产折价或者以变卖该财产的价款优先得到偿还。"故选项A、B、C正确，符合题意。违约金不属于担保方式，故选项D错误，不符合题意。

（三）知识产权的种类

（四）人身权的种类和内容

25.（2014年卷二第75题）根据民法通则及相关规定，下列关于人身权的哪些说法是正确的？
A. 公民享有肖像权，未经本人同意，不得以营利为目的使用公民的肖像
B. 公民享有姓名权，有权决定、使用和依照规定改变自己的姓名
C. 企业法人享有名称权，有权使用自己的名称，但不得转让
D. 法人享有名誉权，禁止用侮辱、诽谤等方式损害法人的名誉

【知识要点】 人身权

【解析】 A.《民法通则》第100条规定："公民享有肖像权，未经本人同意，不得以营利为目的使用公民的肖像。"故选项A正确，符合题意。

B.《民法通则》第99条第1款规定："公民享有姓名权，有权决定、使用和依照规定改变自己的姓名，禁止他人干涉、盗用、假冒。"故选项B正确，符合题意。

C.《民法通则》第99条第2款规定："法人、个体工商户、个人合伙享有名称权。企业法人、个体工商户、个人合伙有权使用、依法转让自己的名称。"企业法人可以依法转让其名称，故选项C错误，不符合题意。

D.《民法通则》第101条规定："公民、法人享有名誉权，公民的人格尊严受法律保护，禁止用侮辱、诽谤等方式损害公民、法人的名誉。"故选项D正确，符合题意。

上述法条记载在《民法总则》第110条，具体规定是："自然人享有生命权、身体权、健康权、姓名权、肖像权、名誉权、荣誉权、隐私权、婚姻自主权等权利。法人、非法人组织享有名称权、名誉权、荣誉权等权利。"但是其并

未作具体释义，所以具体内容采用《民法通则》中相关规定。

26. (2009年卷二第77题) 根据民法通则及相关规定，下列哪些民事主体享有名称权？
A. 公民　　　　　B. 法人　　　　　C. 个体工商户　　　　　D. 个人合伙
【知识要点】享有名称权的民事主体
【解析】《民法总则》第110条规定："自然人享有生命权、身体权、健康权、姓名权、肖像权、名誉权、荣誉权、隐私权、婚姻自主权等权利。法人、非法人组织享有名称权、名誉权、荣誉权等权利。"自然人享有的是"姓名权"，故选项A错误，不符合题意；法人、非法人组织享有名称权，选项B、C、D正确，符合题意。

27. (2007年卷二第71题) 根据民法通则及其他相关规定，下列哪些权利可以依法转让？
A. 名称权　　　　B. 荣誉权　　　　C. 姓名权　　　　　D. 名誉权
【知识要点】人身权和可依法转让的权利
【解析】A. 根据《民法通则》第99条的规定（参见本节第25题的解析B.C），选项A正确，符合题意。

B.C.D. 人身权是指民事主体依法享有的，与其人身不可分离而又不直接具有财产内容的民事权利。人身权包括人格权和身份权两大类，其中人格权包括生命权、身体权、健康权、姓名权、名称权、荣誉权、肖像权、隐私权等，身份权包括亲权、配偶权、亲属权、荣誉权等。除依法律规定外，人身权不能转让。故选项B、C、D错误，不符合题意。

28. (2006年卷二第5题) 根据民法通则的规定，下列哪些权利属于人身权？
A. 选举权　　　　B. 生命健康权　　　　C. 荣誉权　　　　　D. 婚姻自主权
【知识要点】人身权
【解析】人身权，是指民事主体依法享有的，与其自身不可分离亦不可转让的没有直接财产内容的法定民事权利。人身权是民事主体享有的最基本的民事权利，也是其他民事权利得以享有和行使的前提。人身权具有非财产性、不可转让性、不可放弃性、法定性、绝对性和支配性等特征。依据不同的标准可以对人身权进行不同的分类：以权利主体是否为自然人为标准，可以将人身权分为自然人人身权和非自然人人身权；以人身权的客体是人格利益还是身份关系为标准，人身权可以分为人格权和身份权。《民法通则》第五章第四节"人身权"（第98条至第105条）中对人身权进行了相关规定。而《民法总则》第110条也作了相关规定。

A. 选举权，是指公民按照法律规定享有选举国家代表机关代表或者其他由选举产生的国家机关领导人的权利，其和被选举权一起统称为选举的权利，是我国人民管理国家的一项最基本的政治权利，而非人身权。故选项A错误，不符合题意。

B.C.D. 《民法总则》第110条规定："自然人享有生命权、身体权、健康权、姓名权、肖像权、名誉权、荣誉权、隐私权、婚姻自主权等权利。法人、非法人组织享有名称权、名誉权、荣誉权等权利。"故选项B、C、D正确，符合题意。

四、民事法律行为

（一）民事法律行为的概念

（二）民事法律行为的有效要件

29. (2015年卷二第35题) 根据民法通则及相关规定，下列关于民事法律行为的哪些说法是正确的？
A. 民事法律行为是公民或者法人设立、变更、终止民事权利和民事义务的合法行为
B. 意思表示真实是民事法律行为应当具备的条件之一
C. 民事法律行为一律不能采取口头形式
D. 民事法律行为从成立时起具有法律约束力
【知识要点】民事法律行为的有效要件
【解析】A. 《民法总则》第133条规定："民事法律行为是民事主体通过意思表示设立、变更、终止民事法律关系的行为。"故选项A正确，符合题意。

B. 《民法通则》第55条规定："民事法律行为应当具备下列条件：（一）行为人具有相应的民事行为能力；（二）意思表示真实；（三）不违反法律或者社会公共利益。"故选项B正确，符合题意。

C. 《民法总则》第135条规定："民事法律行为可以采用书面形式、口头形式或者其他形式；法律、行政法规规定或者当事人约定采用特定形式的，应当采用特定形式。"选项C错误，不符合题意。

D. 《民法总则》第136条规定："民事法律行为自成立时生效，但是法律另有规定或者当事人另有约定的除外。行为人非依法律规定或者未经对方同意，不得擅自变更或者解除民事法律行为。"故选项D正确，符合题意。

30. (2014年卷二第41题) 根据民法通则及相关规定，民事法律行为应当具备下列哪些条件？

A. 行为人具有相应的民事行为能力　　　　　　B. 采取书面形式
C. 意思表示真实　　　　　　　　　　　　　　D. 不违反法律或者社会公共利益

【知识要点】民事法律行为的要件

【解析】A、C、D. 根据《民法通则》第55条的规定（参见本节第29题解析B），故选项A、C、D均是民事法律行为应当具备的条件，符合题意。

B. 根据《民法总则》第135条的规定（参见本节第29题解析C），故选项B错误，不符合题意。

（三）民事法律行为的形式和效力

31. **(2015年卷二第34题)** 叶某与孙某签订了一份店铺租赁协议，双方约定如果叶某能够获得奖学金并办妥出国留学手续，就将其拥有的某店铺租给孙某经营。根据民法通则及相关规定，下列哪些说法是正确的？
A. 因约定了将来不确定的事项，该租赁协议不成立　　B. 该租赁协议已经成立，但未生效
C. 该租赁协议是附期限的民事法律行为　　　　　　　D. 该租赁协议是附条件的民事法律行为

【知识要点】附条件的民事行为

【解析】A、B.《民法通则》第55条规定：（参照本节第29题解析B）。《民法总则》第158条规定："民事法律行为可以附条件，但是按照其性质不得附条件的除外。附生效条件的民事法律行为，自条件成就时生效。附解除条件的民事法律行为，自条件成就时失效。" 叶某与孙某签订的店铺租赁协议将"叶某能够获得奖学金并办妥出国留学手续"作为民事法律行为的条件。故选项A错误，不符合题意；选项B正确，符合题意。

C、D. 进一步结合《民通意见》第76条的规定："附期限的民事法律行为，在所附期限到来时生效或者解除。" 叶某与孙某签订的店铺租赁协议中的"叶某能够获得奖学金并办妥出国留学手续"是条件不是期限。故选项C错误，不符合题意；选项D正确，符合题意。

32. **(2015年卷二第36题)** 根据民法通则及相关规定，对于下列哪些民事行为，一方有权请求人民法院或者仲裁机关予以变更或者撤销？
A. 恶意串通，损害第三人利益的　　　　　　B. 行为人对行为内容有重大误解的
C. 以合法形式掩盖非法目的的　　　　　　　D. 显失公平的

【知识要点】可撤销、可变更的民事行为

【解析】A.《民法总则》第154条规定："行为人与相对人恶意串通，损害他人合法权益的民事法律行为无效。" 选项A是无效民事行为，不属于可撤销、可变更的民事行为，故选项A错误，不符合题意。

B.《民法总则》第147条规定："基于重大误解实施的民事法律行为，行为人有权请求人民法院或者仲裁机构予以撤销。" 选项B属于可撤销、可变更的民事行为，故选项B正确，符合题意。

C.《民法总则》第146条规定："行为人与相对人以虚假的意思表示实施的民事法律行为无效。以虚假的意思表示隐藏的民事法律行为的效力，依照有关法律规定处理。" 选项C是无效的民事行为，不属于可撤销、可变更的民事行为，故选项C错误，不符合题意。

D.《民法总则》第151条规定："一方利用对方处于危困状态、缺乏判断能力等情形，致使民事法律行为成立时显失公平的，受损害方有权请求人民法院或者仲裁机构予以撤销。" 选项D属于可撤销、可变更的民事行为，故选项D正确，符合题意。

33. **(2013年卷二第91题)** 根据民法通则及相关规定，下列哪些说法是正确的？
A. 无效的民事行为从行为开始起就没有法律约束力
B. 无效的民事行为从人民法院确认无效之日起无法律约束力
C. 被撤销的民事行为从行为开始起无效
D. 被撤销的民事行为从人民法院撤销该民事行为之日起无效

【知识要点】无效民事行为和可撤销可变更的民事行为

【解析】《民法总则》第155条规定："无效的或者被撤销的民事法律行为自始没有法律约束力。" 故选项A、C正确，符合题意；选项B、D错误，不符合题意。

34. **(2012年卷二第58题)** 根据民法通则及相关规定，下列哪些属于无效民事行为？
A. 无民事行为能力人实施的民事行为
B. 恶意串通，损害国家利益的民事行为
C. 行为人对行为内容有重大误解的民事行为
D. 一方当事人利用优势致使双方权利与义务明显违反公平、等价有偿原则的民事行为

【知识要点】无效民事行为

【解析】A.《民法总则》第144条规定："无民事行为能力人实施的民事法律行为无效。" 故选项A正确，符合题意。

B. 《民法总则》第154条规定："行为人与相对人恶意串通，损害他人合法权益的民事法律行为无效。"故选项B正确，符合题意。

C. 《民法总则》第147条规定："基于重大误解实施的民事法律行为，行为人有权请求人民法院或者仲裁机构予以撤销。"故选项C错误，不符合题意。

D. 《民法总则》第151条规定："一方利用对方处于危困状态、缺乏判断能力等情形，致使民事法律行为成立时显失公平的，受损害方有权请求人民法院或者仲裁机构予以撤销。"故选项D错误，不符合题意。

35. (2012年卷二第66题) 根据民法通则及相关规定，下列关于民事法律行为的哪些说法是正确的？
A. 民事法律行为是公民或者法人设立、变更、终止民事权利和民事义务的合法行为
B. 民事法律行为的行为人必须具有完全民事行为能力
C. 民事法律行为必须采用书面形式
D. 民事法律行为从成立时起具有法律约束力

【知识要点】民事法律行为的形式

【解析】A. 《民法总则》第133条规定："民事法律行为是民事主体通过意思表示设立、变更、终止民事法律关系的行为。"故选项A正确，符合题意。

B. 根据《民法通则》第55条的规定（参见本节第29题解析B），选项B错误，不符合题意。

C. 根据《民法总则》第135条的规定（参见本节第29题解析C），选项C错误，不符合题意。

D. 《民法总则》第136条规定："民事法律行为自成立时生效，但是法律另有规定或者当事人另有约定的除外。行为人非依法律规定或者未经对方同意，不得擅自变更或者解除民事法律行为。"故选项D正确，符合题意。

36. (2007年卷二第33题) 根据民法通则的规定，民事行为被确认为无效后，将产生下列哪些法律后果？
A. 如果是部分无效，不影响其他部分的效力的，其他部分仍然有效
B. 当事人因该行为取得的财产，应当返还给受损失的一方
C. 有过错的一方应当赔偿对方故所受的损失
D. 双方恶意串通，实施民事行为损害第三人利益的，应当追缴双方取得的财产，返还第三人

【知识要点】无效民事行为的法律后果

【解析】A. 《民法总则》第156条规定："民事法律行为部分无效，不影响其他部分效力的，其他部分仍然有效。"故选项A正确，符合题意。

B.C.D. 《民法总则》第157条规定："民事法律行为无效、被撤销或者确定不发生效力后，行为人因该行为取得的财产，应当予以返还；不能返还或者没有必要返还的，应当折价补偿。有过错的一方应当赔偿对方由此所受到的损失；各方都有过错的，应当各自承担相应的责任。法律另有规定的，依照其规定。"故选项B、C、D正确，符合题意。

（四）代理

37. (2016年卷二第35题) 根据民法通则及相关规定，对于代理人在代理权终止后的代理行为，下列哪些说法是正确的？
A. 经过被代理人追认的，被代理人承担民事责任
B. 未经被代理人追认的，行为人承担民事责任
C. 第三人知道代理权已终止还与行为人实施民事行为给他人造成损害的，由第三人和行为人负连带责任
D. 经过被代理人追认的，由行为人和被代理人各承担百分之五十的责任

【知识要点】代理

【解析】《民法总则》第171条规定："行为人没有代理权、超越代理权或者代理权终止后，仍然实施代理行为，未经被代理人追认的，对被代理人不发生效力。相对人可以催告被代理人自收到通知之日起一个月内予以追认。被代理人未作表示的，视为拒绝追认。行为人实施的行为被追认前，善意相对人有撤销的权利。撤销应当以通知的方式作出。行为人实施的行为未被追认的，善意相对人有权请求行为人履行债务或者就其受到的损害请求行为人赔偿，但是赔偿的范围不得超过被代理人追认时相对人所能获得的利益。相对人知道或者应当知道行为人无权代理的，相对人和行为人按照各自的过错承担责任。"

代理人的权限来自被代理人的授权，代表了被代理人的意志。代理权终止后，这种关系就不存在。如果被代理没追认的话，自然应当由行为人自己承担。如果经过了被代理人的追认，那意味着被代理人愿意接受相应的后果，此时由被代理人承担民事责任。如果第三人知道代理权已终止还与行为人实施民事行为，那意味着第三人也有过错，此时应当由第三人和行为人共同承担责任。此时第三人和行为人的过错是相关联的，故此种责任为连带责任。故选项A、B、C正确，符合题意；选项D错误，不符合题意。

38. (2016年卷二第36题) 甲公司特邀请知名画家张某为公司庆典创作一幅书画作品，并明确约定须由张某亲自

创作完成。张某在构思过程中因事务繁忙无法在规定期限内完成作品,遂请其学生王某代为完成画作,但并未告知甲公司,甲公司收到画作后支付给张某约定的画款。根据民法通则及相关规定,下列哪些说法是正确的?
A. 张某因故无法在规定期限内完成作品,可以转委托他人
B. 张某系为甲公司利益着想,可以转委托他人完成作品
C. 根据甲公司与张某的约定,该画作应当由张某亲自完成,不能转委托他人
D. 张某应按照合同亲自完成画作,其请学生王某代为完成画作的行为无效

【知识要点】委托代理

【解析】《民法总则》第169条规定:"代理人需要转委托第三人代理的,应当取得代理人的同意或者追认。转委托代理经被代理人同意或者追认的,被代理人可以就代理事务直接指示转委托的第三人,代理人仅就第三人的选任以及对第三人的指示承担责任。转委托代理未经被代理人同意或者追认的,代理人应当对转委托的第三人的行为承担责任,但是在紧急情况下代理人为了维护被代理人的利益需要转委托第三人代理的除外。"委托关系的基础在于委托人和受委托人之间的信任,一般情况下需要获得委托人的同意才能转委托。张某如果实在无法在期限内完成作品,可以跟甲公司商量延长期限,也可以取消合同,不能打着为甲公司利益着想的旗号,私下委托给学生完成。张某是知名画家,王某是他的学生,双方的绘画水平不同,画作的价值也有天壤之别。张某在没有告知甲公司的情况下,让自己的学生代画并收取原来的报酬,显然是不合适的。故选项A、B错误,不符合题意;选项C、D正确,符合题意。

39. (2014年卷二第14题) 根据民法通则及相关规定,代理人和第三人串通,损害被代理人利益的,下列关于责任承担的哪种说法是正确的?
A. 由代理人和第三人负连带责任
B. 由代理人承担全部责任
C. 由第三人承担全部责任
D. 由代理人和第三人各承担百分之五十的责任

【知识要点】代理

【解析】《民法总则》第164条第2款规定:"代理人和相对人恶意串通,损害被代理人合法权益的,代理人和相对人应当承担连带责任。"故选项A正确,符合题意;选项B、C、D错误,不符合题意。

40. (2014年卷二第70题) 根据民法通则及相关规定,下列哪些情形下委托代理终止?
A. 代理期间届满
B. 代理事务完成
C. 被代理人死亡
D. 作为被代理人的法人终止

【知识要点】委托代理的终止

【解析】《民法总则》第173条规定:"有下列情形之一的,委托代理终止:(一)代理期间届满或者代理事务完成;(二)被代理人取消委托或者代理人辞去委托;(三)代理人丧失民事行为能力;(四)代理人或者被代理人死亡;(五)作为代理人或者被代理人的法人、非法人组织终止。"选项A和B属于该规定中第(一)项规定的情形,符合题意。选项C属于第(四)项规定,符合题意。选项D属于第(五)项规定的情形,符合题意。

(注意,《民法通则》第69条第(三)项规定的是代理人死亡,而《民通意见》第82条规定:"被代理人死亡后有下列情况之一的,委托代理人实施的代理行为有效:(1)代理人不知道被代理人死亡的;(2)被代理人的继承人均予承认的;(3)被代理人与代理人约定到代理事项完成时代理权终止的;(4)在被代理人死亡前已经进行、而在被代理人死亡后为了被代理人的继承人的利益继续完成的。"所以在《民法总则》施行之前,被代理人死亡后,委托代理并不一定终止,故当年考题选项C错误,不符合题意。但是《民法总则》施行后明确规定代理人死亡,委托代理终止,所以按照新法优于旧法的原则,选项C是符合题意的。)

41. (2013年卷二第50题) 根据民法通则及相关规定,下列哪些情形下法定代理终止?
A. 被代理人取得民事行为能力
B. 被代理人死亡
C. 代理人死亡
D. 代理人丧失民事行为能力

【知识要点】代理

【解析】《民法总则》第175条规定:"有下列情形之一的,法定代理终止:(一)被代理人取得或者恢复民事行为能力;(二)代理人丧失民事行为能力;(三)代理人或者被代理人死亡;(四)法律规定的其他情形。"故选项A、B、C、D是法定代理终止的情形,均正确,符合题意。

42. (2013年卷二第71题) 根据民法通则及相关规定,下列有关代理的哪些说法是正确的?
A. 本人知道他人以本人的名义实施民事行为而不作否认表示的,视为同意
B. 代理人不履行职责而给被代理人造成损害的,应当承担民事责任
C. 第三人知道行为人没有代理权还与行为人实施民事行为给他人造成损害的,由第三人和行为人负连带责任
D. 代理人和第三人串通,损害被代理人的利益的,由代理人和第三人负连带责任

【知识要点】无权代理、不当代理

【解析】A、C. 根据《民法总则》第171条的规定(参照本节第37题解析),故选项A、C正确,符合题意。
B.《民法总则》第164条第1款规定:"代理人不履行或者不完全履行职责,造成被代理人损害的,应当承担民

事责任。"故选项 B 正确，符合题意。

D.《民法总则》第 164 条第 2 款规定："代理人和相对人恶意串通，损害被代理人合法权益的，代理人和相对人应当承担连带责任。"故选项 D 正确，符合题意。

43.（2012年卷二第74题）根据民法通则及相关规定，下列关于代理的哪些说法是正确的？
A. 代理包括委托代理、法定代理和指定代理
B. 代理人应当在代理权限内，以被代理人的名义实施民事法律行为
C. 依照法律规定应当由本人实施的民事法律行为，不得代理
D. 委托代理人需要转托他人代理的，在任何情况下均应当取得被代理人的同意

【知识要点】代理的法律原则

【解析】A.《民法总则》第 163 条第 1 款规定："代理包括委托代理和法定代理。"故选项 A 错误，不符合题意。（《民法总则》未规定指定代理。）

B.《民法总则》第 162 条规定："代理人在代理权限内，以被代理人名义实施的民事法律行为，对被代理人发生效力。"故选项 B 正确，符合题意。

C.《民法总则》第 161 条规定："民事主体可以通过代理人实施民事法律行为。依照法律规定、当事人约定或者民事法律行为的性质，应当由本人亲自实施的民事法律行为，不得代理。"故选项 C 正确，符合题意。

D.《民法总则》第 169 条规定："代理人需要转委托第三人代理的，应当取得被代理人的同意或者追认。转委托代理经被代理人同意或者追认的，被代理人可以就代理事务直接指示转委托的第三人，代理人仅就第三人的选任以及对第三人的指示承担责任。转委托代理未经被代理人同意或者追认的，代理人应对转委托的第三人的行为承担责任，但是在紧急情况下代理人为了维护被代理人的利益需要转委托第三人代理的除外。"故选项 D 错误，不符合题意。

44.（2010年卷二第25题）根据民法通则及相关规定，书面委托代理的委托书授权不明的，代理过程中产生的民事责任应如何承担？
A. 被代理人不应对第三人承担民事责任
B. 由代理人单独对第三人承担民事责任
C. 由被代理人单独对第三人承担民事责任，代理人不承担责任
D. 由被代理人对第三人承担民事责任，代理人承担连带责任

【知识要点】委托代理

【解析】《民法总则》第 165 条规定："委托代理授权采用书面形式的，授权委托书应当载明代理人的姓名或者名称、代理事项、权限和期间，并由被代理人签名或者盖章。"《民法通则》第 65 条第 3 款规定："委托书授权不明的，被代理人应当向第三人承担民事责任，代理人负连带责任。"故选项 A、B、C 错误，不符合题意；选项 D 正确，符合题意。

45.（2009年卷二第45题）根据民法通则及相关规定，下列哪些情形下指定代理终止？
A. 代理人死亡   B. 被代理人死亡
C. 代理人丧失民事行为能力   D. 被代理人恢复民事行为能力

【知识要点】指定代理的终止

【解析】根据《民法总则》第 175 条的规定（参照本节第 41 题解析），故选项 A、B、C、D 正确，符合题意。

46.（2000年卷一第1题）以下哪些情形属于可以终止专利事务委托代理的情形？
A. 完成代理事务   B. 被代理人取消委托
C. 代理人丧失民事行为能力   D. 被代理人丧失民事行为能力

【知识要点】委托专利代理

【解析】A.B.《专利法》第 19 条规定："在中国没有经常居所或者营业所的外国人、外国企业或者外国其他组织在中国申请专利和办理其他专利事务的，应当委托依法设立的专利代理机构办理。中国单位或者个人在国内申请专利和办理其他专利事务的，可以委托依法设立的专利代理机构办理。专利代理机构应当遵守法律、行政法规，按照被代理人的委托办理专利申请或者其他专利事务；对被代理人发明创造的内容，除专利申请已经公布或者公告的以外，负有保密责任。专利代理机构的具体管理办法由国务院规定。"并且参见《民法总则》第 173 条的规定（参见本节第 40 题解析），故选项 A、B 正确，符合题意。

C. 在专利代理事务中，专利代理机构才是民法意义上的代理人，《民法总则》第 173 条规定："有下列情形之一的，委托代理终止：……（五）作为代理人或被代理人的法人、非法人组织终止。"故如果仅是该案的代理人丧失民事行为能力，而其所在的代理机构没有终止，该委托代理并不终止。故选项 C 错误，不符合题意。

D. 被代理人虽然丧失民事行为能力，但其民事权利依然存在，委托关系仍然有效。进一步，即使被代理人死亡，代理行为也可以不中止，如《民通意见》第 82 条规定："被代理人死亡后有下列情况之一的，委托代理人实施的代理行为有效：(1) 代理人不知道被代理人死亡的；(2) 被代理人的继承人均予承认的；(3) 被代理人与代理人约定到代

理事项完成时代理权终止的；(4) 在被代理人死亡前已经进行、而在被代理人死亡后为了被代理人的继承人的利益继续完成的。"故选项 D 错误，不符合题意。

五、民事责任

(一) 民事责任的概念和构成要件

(二) 民事责任的分类

47.（2015年卷二第37题）根据民法通则及相关规定，下列哪些行为应当承担侵权的民事责任？
A. 侵害他人肖像权的
B. 侵害他人商标专用权的
C. 侵害公民身体造成伤害的
D. 未按约定支付购货款的

【知识要点】侵权的民事责任

【解析】A.《民法通则》第120条第1款规定："公民的姓名权、肖像权、名誉权、荣誉权受到侵害的，有权要求停止侵害，恢复名誉，消除影响，赔礼道歉，并可以要求赔偿损失。"故选项 A 正确，符合题意。

B.《民法通则》第118条规定："公民、法人的著作权（版权）、专利权、商标专用权、发现权、发明权和其他科技成果权受到剽窃、篡改、假冒等侵害的，有权要求停止侵害，消除影响，赔偿损失。"故选项 B 正确，符合题意。

C.《民法通则》第119条规定："侵害公民身体造成伤害的，应当赔偿医疗费、因误工减少的收入、残废者生活补助等费用；造成死亡的，并应当支付丧葬费、死者生前扶养的人必要的生活费等费用。"故选项 C 正确，符合题意。

D.《民法通则》第111条规定："当事人一方不履行合同义务或者履行合同义务不符合约定条件的，另一方有权要求履行或者采取补救措施，并有权要求赔偿损失。"选项 D 的情形应当承担违反合同的民事责任，而非侵权的民事责任。故选项 D 错误，不符合题意。

48.（2007年卷二第78题）某图片社与李某约定，由图片社免费为其拍一张艺术照，李某同意图片社将该张照片放在图片社的橱窗中做广告，但不得用作他用。后图片社未经李某同意将李某的该张照片用在图片社登载于某杂志的封底广告中。对此，下列哪些说法是正确的？
A. 图片社侵犯了李某的肖像权
B. 图片社侵犯了李某对该照片享有的著作权
C. 李某可以要求图片社承担侵权责任或者违约责任
D. 李某可以要求图片社同时承担侵权责任和违约责任

【知识要点】著作权的侵权、违约责任

【解析】A.《民法通则》第100条规定："公民享有肖像权，未经本人同意，不得以营利为目的使用公民的肖像。"故选项 A 正确，符合题意。

B. 本题中，图片社免费为李某拍照，并且未表明李某曾参与创作，双方也没有特殊约定，故一般应由图片社享有该照片的著作权。故选项 B 错误，不符合题意。

C.D.《合同法》第122条规定："因当事人一方的违约行为，侵害对方人身、财产权益的，受损害方有权选择依照本法要求其承担违约责任或依照其他法律要求其承担侵权责任。"故选项 C 正确，符合题意；选项 D 错误，不符合题意。

(三) 共同侵权

(四) 承担民事责任的方式

49.（2016年卷二第38题）根据民法通则及相关规定，下列哪些属于民事责任的承担方式？
A. 停止侵害　　B. 赔礼道歉　　C. 支付违约金　　D. 赔偿损失

【知识要点】民事责任的承担方式

【解析】《民法总则》第179条规定："承担民事责任的方式主要有：（一）停止侵害；（二）排除妨碍；（三）消除危险；（四）返还财产；（五）恢复原状；（六）修理、重作、更换；（七）继续履行；（八）赔偿损失；（九）支付违约金；（十）消除影响、恢复名誉；（十一）赔礼道歉。法律规定惩罚性赔偿的，依照其规定。本条规定的承担民事责任的方式，可以单独适用，也可以合并适用。"故选项 A、B、C、D 是《民法总则》规定的承担民事责任的方式，符合题意。

(五) 民事责任的归责原则

50.（2011年卷二第93题）黄某在行驶过程中将车开上了逆行道，对面正常行驶的钱某紧急中为躲避而撞坏了正在右侧正常行驶的韩某的私家车。根据民法通则及相关规定，韩某的损失应由谁承担？
A. 黄某　　B. 钱某　　C. 韩某　　D. 黄某和韩某

【知识要点】紧急避险造成损害的责任承担、损害赔偿的范围

【解析】《民法总则》第182条规定:"因紧急避险造成损害的,由引起险情发生的人承担民事责任。危险由自然原因引起的,紧急避险人不承担民事责任,可以给予适当补偿。紧急避险采取措施不当或者超过必要的限度,造成不应有的损害的,紧急避险人应当承担适当的民事责任。"故选项A正确,符合题意;选项B、C、D错误,不符合题意。

51.（2010年卷二第70题）根据民法通则及相关规定,没有法定的或者约定的义务,为避免他人利益受损失进行管理的,管理人有权要求受益人偿付下列哪些必要费用?

A. 报酬
B. 收益中的合理份额
C. 管理活动中直接支出的费用
D. 管理活动中受到的实际损失

【知识要点】无因管理

【解析】《民法通则》第93条规定:"没有法定的或者约定的义务,为避免他人利益受损失进行管理或者服务的,有权要求受益人偿付由此而支付的必要费用。"《民通意见》第132条规定:"民法通则第九十三条规定的管理人或者服务人可以要求受益人偿付的必要费用,包括在管理或者服务活动中直接支出的费用,以及在该活动中受到的实际损失。"故选项A、B错误,不符合题意;选项C、D正确,符合题意。

52.（2008年卷二第26题）甲在早市购物时被乙的狗咬伤。甲躲闪时踩烂丙的水果若干,同时用丙的水果刀将狗刺伤。甲为治伤花去医药费1000元,乙给狗治伤花去治疗费500元。对此,下列哪些说法是正确的?

A. 甲受到的损失应当由乙赔偿
B. 丙受到的损失应当由甲赔偿
C. 丙受到的损失应当由乙赔偿
D. 如果甲不赔偿乙的损失,则乙可以不赔偿甲的损失

【知识要点】民事责任的承担

【解析】A.《民法通则》第127条规定:"饲养的动物造成他人损害的,动物饲养人或者管理人应当承担民事责任;由于受害人的过错造成损害的,动物饲养人或者管理人不承担民事责任;由于第三人的过错造成损害的,第三人应当承担民事责任。"故选项A正确,符合题意。

B、C. 根据《民法总则》第182条的规定（参见本节第50题解析）,甲是躲闪时踩烂丙的水果,属于紧急避险,故丙的损失应由引起险情发生的人即狗的主人乙赔偿。甲的紧急避险行为没有超过必要限度,不需要承担民事责任。故选项B错误,不符合题意,选项C正确,符合题意。

D.《民法总则》第181条规定:"因正当防卫造成损害的,不承担民事责任。正当防卫超过必要的限度,造成不应有的损害的,正当防卫人应当承担适当的民事责任。"甲刺伤乙的狗是正当防卫行为,且没有证据表明该行为超过必要限度,故甲对乙的损失不需承担赔偿责任,但乙仍需对甲的损失承担赔偿责任。故选项D错误,不符合题意。

53.（2008年卷二第40题）甲拾得一台笔记本电脑,在寻找失主过程中不小心将电脑摔坏。后笔记本电脑失主被确认为乙。根据民法通则及相关规定,对于因该笔记本电脑被摔坏而给乙造成的损失,下列哪些说法是正确的?

A. 由甲承担赔偿责任
B. 甲不承担赔偿责任
C. 由甲和乙各承担50%的损失
D. 由甲进行适当补偿

【知识要点】无因管理之债

【解析】在当年的考试中,是按照当时还生效的《民通意见》第94条为依据进行解答的,《民通意见》第94条规定:"拾得物灭失、毁损,拾得人没有故意的,不承担民事责任。拾得人将拾得物据为己有,拒不返还而引起诉讼的,按照侵权之诉处理。"而《民通意见》第94条自2008年12月24日起废止,理由是与2007年10月1日开始实施的《物权法》冲突,故本题按现行的法律法规解答,应该是根据《物权法》第111条规定:"拾得人在遗失物送交有关部门前,有关部门在遗失物被领取前,应当妥善保管遗失物。因故意或者重大过失致使遗失物毁损、灭失的,应当承担民事责任。"甲对摔坏电脑的行为没有主观上的故意,也没有重大过失,不应当承担赔偿责任。故选项A、C、D错误,不符合题意;选项B正确,符合题意。

54.（2007年卷二第84题）甲患有癫痫病,一日在骑车回家的路上突然发病,连人带车栽倒路边,恰巧碰伤正在路边玩耍的6岁儿童乙。乙受伤的民事责任应当如何承担?

A. 由甲承担全部责任
B. 由乙的监护人承担全部责任
C. 由甲承担责任,但可以依法减轻其责任
D. 由乙的监护人和甲分担责任

【知识要点】公平责任原则

【解析】《民法通则》第132条规定:"当事人对造成损害都没有过错的,可以根据实际情况,由当事人分担民事责任。"公平责任是指,在法律没有规定适用无过错责任归责,而适用过错责任又显失公平时,依公平原则在当事人之间分配损害的归责方法。本题中双方均无过错,根据民法中的公平责任原则,应由双方根据实际情况分担损失,故选项A、B、C错误,不符合题意;选项D正确,符合题意。

(六) 减轻或免除民事责任的情形

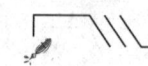

六、诉讼时效

（一）诉讼时效的期间

55.（2015年卷二第4题）根据民法通则及相关规定，下列关于诉讼时效期间的哪种说法是正确的？
A. 向人民法院请求保护民事权利的诉讼时效期间为二年，法律另有规定的除外
B. 出售质量不合格的商品未声明的诉讼时效期间为五年
C. 延付或者拒付租金的诉讼时效期间为二十年
D. 诉讼时效期间一律不得延长

【知识要点】诉讼时效
【解析】《民法总则》第188条规定："向人民法院请求保护民事权利的诉讼时效期间为三年。法律另有规定的，依照其规定。诉讼时效期间自权利人知道或者应当知道权利受到侵害以及义务人之日起计算。法律另有规定的，依照其规定。但是自权利受到损害之日起超过二十年的，人民法院不予保护；有特殊情况的，人民法院可以根据权利人的申请延长。"故选项A、B、C、D错误，不符合题意。

56.（2014年卷二第87题）根据民法通则及相关规定，下列关于诉讼时效的哪些说法是正确的？
A. 向人民法院请求保护民事权利的诉讼时效期间为二年，法律另有规定的除外
B. 超过诉讼时效期间，当事人自愿履行的，不受诉讼时效限制
C. 诉讼时效中止的，从中止时效的原因消除之日起，诉讼时效期间重新计算
D. 诉讼时效因提起诉讼、当事人一方提出要求或者同意履行义务而中断

【知识要点】诉讼时效
【解析】A.《民法总则》第188条规定（参见本节第55题的解析A），选项A错误，不符合题意。

B.《民法总则》第192条规定："诉讼时效期间届满的，义务人可以提出不履行义务的抗辩。诉讼时效期间届满后，义务人同意履行的，不得以诉讼时效期间届满为由抗辩；义务人已自愿履行的，不得请求返还。"故选项B正确，符合题意。

C.《民法总则》第194条规定："在诉讼时效期间的最后六个月内，因下列障碍，不能行使请求权的，诉讼时效中止：（一）不可抗力；（二）无民事行为能力人或者限制民事行为能力人没有法定代理人，或者法定代理人死亡、丧失民事行为能力、丧失代理权；（三）继承开始后未确定继承人或者遗产管理人；（四）权利人被义务人或者其他人控制；（五）其他导致权利人不能行使请求权的障碍。自中止时效的原因消除之日起满六个月，诉讼时效期间届满。"故选项C错误，不符合题意。

D.《民法总则》第195条规定："有下列情形之一的，诉讼时效中断，从中断、有关程序终结时起，诉讼时效期间重新计算：（一）权利人向义务人提出履行请求；（二）义务人同意履行义务；（三）权利人提起诉讼或者申请仲裁；（四）与提起诉讼或者申请仲裁具有同等效力的其他情形。"故选项D正确，符合题意。

57.（2008年卷二第29题）甲从其朋友乙处购买一件古董花瓶，约定乙于甲付款后5日内交付花瓶。甲于2000年8月8日付款后，乙一直未交付该花瓶。甲于2003年2月向人民法院起诉，要求乙交付该花瓶。乙得知后，主动将该花瓶交给甲，甲撤诉。后乙反悔，以甲的起诉超过诉讼时效期间为由向人民法院起诉，要求甲返还该花瓶。对此，下列哪些说法是正确的？
A. 甲的起诉超过诉讼时效期间
B. 甲获得该花瓶属于不当得利
C. 人民法院对乙的诉讼请求应当不予支持
D. 人民法院对乙的诉讼请求应当予以支持

【知识要点】诉讼时效
【解析】A.《民法总则》第188条规定（参见本节第55题解析A），甲起诉时距约定的最后交付期限未超过3年，故选项A错误，不符合题意。

B.《民法总则》第122条规定："因他人没有法律根据，取得不当利益，受损失的人有权请求其返还不当利益。""不当得利"是指没有法律根据而获利益，并使他人利益受到损害的事实。甲起诉时虽然超过诉讼时效，但其实体权利并未故丧失，不属于不当得利。故选项B错误，不符合题意。

C.D.《民法总则》第192条规定：（参见本节第56题解析B）。乙主动将花瓶交给甲，属于义务人同意履行，在义务人自愿履行的既定事实下，甲不得请求返还。故选项C正确，符合题意；选项D错误，不符合题意。

（二）诉讼时效的中止

58.（2007年卷二第91题）根据民法通则的规定，下列哪些情形可以导致诉讼时效中止？
A. 权利人在诉讼时效期间的最后6个月内因不可抗力不能行使请求权
B. 权利人向仲裁机构申请仲裁

C. 权利人向人民法院起诉

D. 权利人要求义务人履行义务

【知识要点】诉讼时效的中止和中断

【解析】A. 根据《民法总则》第194条的规定（参见本节第56题的解析C），不可抗力属于诉讼时效中止的情形，故选项A正确，符合题意。

B.C.D. 根据《民法总则》第195条规定（参见本节第56题的解析D），提起诉讼、申请仲裁和要求履行义务均属于诉讼时效中断的情形，故选项B、C、D错误，不符合题意。

（三）诉讼时效的中断

七、涉外民事关系的法律适用

59.（2012年卷二第92题）根据民法通则及相关规定，关于涉外民事关系的法律适用，下列哪些说法是正确的？

A. 中华人民共和国公民定居国外的，他的民事行为能力可以适用定居国法律

B. 不动产的所有权，适用不动产所在地法律

C. 除法律另有规定外，涉外合同的当事人可以选择处理合同争议所适用的法律

D. 动产遗产的法定继承适用继承人住所地的法律

【知识要点】涉外民事法律关系的法律适用

【解析】A.《民法通则》第143条规定："中华人民共和国公民定居国外的，他的民事行为能力可以适用定居国法律。"故选项A正确，符合题意。

B.《民法通则》第144条规定："不动产的所有权，适用不动产所在地法律。"故选项B正确，符合题意。

C.《民法通则》第145条第1款规定："涉外合同的当事人可以选择处理合同争议所适用的法律，法律另有规定的除外。"故选项C正确，符合题意。

D.《民法通则》第149条规定："遗产的法定继承，动产适用被继承人死亡时住所地法律，不动产适用不动产所在地法律。"故选项D错误，不符合题意。

60.（2009年卷二第96题）根据民法通则及相关规定，下列哪些属于涉外民事关系？

A. 民事关系一方当事人是无国籍人，另一方当事人是中国人的

B. 民事关系双方当事人均是外国人，但争议的标的物在中国的

C. 民事关系双方当事人是中国人，但争议的标的物在外国的

D. 民事关系一方当事人是中国人，但产生民事权利义务关系的法律事实发生在外国的

【知识要点】涉外民事关系的法律适用

【解析】《民通意见》第178条规定："凡民事关系的一方或双方当事人是外国人、无国籍人、外国法人的；民事关系的标的物在外国领域内的；产生、变更或者消灭民事权利义务关系的法律事实发生在外国的，均为涉外民事关系。人民法院在审理涉外民事关系的案件时，应当按照民法通则第八章的规定来确定应适用的实体法。"故选项A、B、C、D正确，符合题意。

61.（2006年卷二第9题）关于涉外民事关系的法律适用，下列说法哪些是正确的？

A. 我国缔结或者参加的国际条约同我国的民事法律有不同规定的，适用国际条约的规定，但我国声明保留的条款除外

B. 我国法律和我国缔结或者参加的国际条约没有规定的，可以适用国际惯例

C. 我国公民不论定居在国内还是国外，他的民事行为能力只能适用我国法律

D. 涉外合同的当事人可以选择处理合同争议所适用的法律，但法律另有规定的除外

【知识要点】涉外民事关系的法律适用

【解析】涉外民事关系是指：民事关系的一方或各方是外国人、外国法人、无国籍人的，或者民事关系中的标的物在外国的，或者产生、变更、消灭民事权利义务关系的法律事实是发生在外国的民事关系。

A.《民法通则》第142条第2款规定："中华人民共和国缔结或者参加的国际条约同中华人民共和国的民事法律有不同规定的，适用国际条约的规定，但中华人民共和国声明保留的条款除外。"故选项A正确，符合题意。

B.《民法通则》第142条第3款规定："中华人民共和国法律和中华人民共和国缔结或者参加的国际条约没有规定的，可以适用国际惯例。"故选项B正确，符合题意。

C.《民法通则》第143条规定："中华人民共和国公民定居国外的，他的民事行为能力可以适用定居国法律。"故选项C错误，不符合题意。

D.《民法通则》第145条规定："涉外合同的当事人可以选择处理合同争议所适用的法律，法律另有规定的除外。"故选项D正确，符合题意。

第二节 合 同 法

一、合同法的适用范围和基本原则

（一）合同法的适用范围

1. (2016年卷二第5题) 平等民事主体之间的下列哪种协议适用合同法的规定？
   A. 有关收养关系的协议
   B. 有关买卖关系的协议
   C. 有关监护关系的协议
   D. 有关婚姻关系的协议

   【知识要点】合同法的适用范围

   【解析】《合同法》第2条第1款规定："本法所称合同是平等主体的自然人、法人、其他组织之间设立、变更、终止民事权利义务关系的协议。"《合同法》第2条第2款规定："婚姻、收养、监护等有关身份关系的协议，适用其他法律的规定。"故选项A、C、D分别属于收养协议、监护协议和婚姻协议，不适用合同法的规定。故选项A、C、D错误，不符合题意；选项B正确，符合题意。

（二）合同法的基本原则

二、合同的订立

（一）合同的形式

（二）合同的一般条款

（三）要约和承诺

2. (2016年卷二第39题) 甲公司向乙公司去函表示，"我公司生产的W型路由器，每台单价200元。如果需要请与我公司联系。"乙公司回函，"我公司愿向贵公司订购W型路由器500台，每台单价150元，如无异议，请于一个月内供货。"十天后，甲公司向乙公司发出500台路由器，并要求乙公司按照每台200元的价格付款，乙公司拒绝。根据合同法及相关规定，下列哪些说法是正确的？
   A. 甲公司向乙公司的去函是要约
   B. 甲公司向乙公司的去函是要约邀请
   C. 乙公司向甲公司的回函是新要约
   D. 乙公司向甲公司的回函是承诺

   【知识要点】要约和要约邀请

   【解析】《合同法》第14条规定："要约是希望和他人订立合同的意思表示，该意思表示应当符合下列规定：（一）内容具体确定；（二）表明经受要约人承诺，要约人即受该意思表示约束。"《合同法》第15条规定："要约邀请是希望他人向自己发出要约的意思表示。寄送的价目表、拍卖公告、招标公告、招股说明书、商业广告等为要约邀请。商业广告的内容符合要约规定的，视为要约。"《合同法》第30条规定："承诺的内容应当与要约的内容一致。受要约人对要约的内容作出实质性变更的，为新要约。有关合同标的、数量、质量、价款或者报酬、履行期限、履行地点和方式、违约责任和解决争议方法等的变更，是对要约内容的实质性变更。"要约的内容必须具体确定，甲公司的去函明确了每台W型路由器的单价，属于要约而不是要约邀请。承诺的内容应当与要约的内容一致，乙公司的回函对价格作了修改，属于实质变更，不构成承诺，属于新的要约。故选项A、C正确，符合题意；选项B、D错误，不符合题意。

3. (2016年卷二第40题) 甲公司向乙公司发出要约，欲购买其生产的路由器。要约发出后，甲公司因资金周转困难欲撤回要约。根据合同法及相关规定，下列哪些情形下，甲公司发出的要约被撤回？
   A. 撤回要约的通知在要约到达乙公司之前到达乙公司
   B. 撤回要约的通知与要约同时到达乙公司
   C. 撤回要约的通知在要约到达乙公司之后、乙公司发出承诺通知之前到达乙公司
   D. 撤回要约的通知在乙公司发出承诺通知的同时到达乙公司

   【知识要点】要约、要约邀请和承诺

   【解析】《合同法》第17条规定："要约可以撤回。撤回要约的通知应当在要约到达受要约人之前或者与要约同时到达受要约人。"《合同法》第18条规定："要约可以撤销。撤销要约的通知应当在受要约人发出承诺通知之前到达受要约人。"撤回要约需要行为人动作快一些，即撤回要约的时间要早于要约到达的时间，至少也是和要约同时到达，要约到达后，那就是撤销而不是撤回的问题。故选项A、B正确，符合题意；选项C、D错误，不符合题意。

4. (2015年卷二第39题) 甲化工厂发布公告就本厂的工业污水处理工程招标，乙、丙、丁公司分别根据公告制作了投标书参加投标，最终甲化工厂宣布丙公司中标。根据合同法及相关规定，下列哪些说法是正确的？

　　A. 甲化工厂发布的招标公告为要约　　B. 甲化工厂发布的招标公告为要约邀请
　　C. 乙、丙、丁公司提交的投标书均为要约　　D. 甲化工厂宣布丙公司中标即为承诺

【知识要点】要约、要约邀请和承诺

【解析】A.B.《合同法》第15条规定："要约邀请是希望他人向自己发出要约的意思表示。寄送的价目表、拍卖公告、招标公告、招股说明书、商业广告等为要约邀请。"甲化工厂发布的招标公告是要约邀请。故选项A错误，不符合题意；选项B正确，符合题意。

　　C.《合同法》第14条规定："要约是希望和他人订立合同的意思表示，该意思表示应当符合下列规定：（一）内容具体确定；（二）表明经受要约人承诺，要约人即受该意思表示约束。"故乙、丙、丁公司提交的投标书均为要约，选项C正确，符合题意。

　　D.《合同法》第21条规定："承诺是受要约人同意要约的意思表示。"甲化工厂宣布丙公司中标，是同意丙公司投标书这一要约的意思表示。故选项D正确，符合题意。

5. (2015年卷二第40题) 根据合同法及相关规定，下列哪些情形会导致要约失效？

　　A. 拒绝要约的通知到达要约人　　B. 要约人依法撤销要约
　　C. 承诺期限届满，受要约人未作出承诺　　D. 受要约人对要约的内容作出实质性变更

【知识要点】要约效力

【解析】《合同法》第20条规定："下列情形之一的，要约失效：（一）拒绝要约的通知到达要约人；（二）要约人依法撤销要约；（三）承诺期限届满，受要约人未作出承诺；（四）受要约人对要约的内容作出实质性变更。"故选项A、B、C、D正确，符合题意。

6. (2014年卷二第49题) 根据合同法及相关规定，在下列哪些情形下，要约不得撤销？

　　A. 要约已经到达受要约人
　　B. 要约人确定了承诺期限
　　C. 要约人明示要约不可撤销
　　D. 受要约人有理由认为要约是不可撤销的，并已经为履行合同作了准备工作

【知识要点】要约的撤销

【解析】A.《合同法》第18条规定："要约可以撤销。但撤销要约的通知应当在受要约人发出承诺通知之前到达受要约人。"故即使要约已经到达受要约人，只要撤销要约的通知在受要约人发出承诺通知之前到达受要约人，仍然可以撤销。故选项A错误，不符合题意。

　　B.C.D.《合同法》第19条规定："有下列情形之一的，要约不得撤销：（一）要约人确定了承诺期限或者以其他形式明示要约不可撤销；（二）受要约人有理由认为要约是不可撤销的，并已经为履行合同作了准备工作。"本题中，选项B、C属于前述第（一）项规定的情形。选项D属于前述第（二）项规定的情形。故选项B、C、D正确，符合题意。

（四）合同的成立

7. (2011年卷二第58题) 根据合同法及相关规定，在没有约定的情况下，对于采用数据电文形式订立合同，下列说法哪些是正确的？

　　A. 发件人有主营业地的，其主营业地为合同成立的地点
　　B. 发件人没有主营业地的，其经常居住地为合同成立的地点
　　C. 收件人有主营业地的，其主营业地为合同成立的地点
　　D. 收件人没有主营业地的，其经常居住地为合同成立的地点

【知识要点】合同的成立

【解析】《合同法》第34条规定："承诺生效的地点为合同成立的地点。采用数据电文形式订立合同的，收件人的主营业地为合同成立的地点；没有主营业地的，其经常居住地为合同成立的地点。当事人另有约定的，按照其约定。"故选项A、B错误，不符合题意；选项C、D正确，符合题意。

8. (2014年卷二第9题) 北京市的甲公司和上海市的乙公司采用合同书形式订立合同。在合同订立过程中，双方在深圳市谈妥合同主要条款后，在广州市盖章。根据合同法及相关规定，该合同成立的地点为下列哪个城市？

　　A. 北京市　　B. 上海市　　C. 深圳市　　D. 广州市

【知识要点】合同成立的地点

【解析】《合同法》第35条规定："当事人采用合同书形式订立合同的，双方当事人签字或者盖章的地点为合同成立的地点。"根据题意，甲公司和乙公司采用合同书形式订立合同，并在广州市盖章，因此该合同成立地点是广州市。

故选项 A、B、C 错误，不符合题意；选项 D 正确，符合题意。

（五）格式条款合同

9.（2016 年卷二第 42 题）某家具制造商与批发商签订的合同是该家具制造商为了重复使用而预先拟定的合同书，订立合同时并未与该批发商协商相关条款。该合同书中规定，如果因为家具质量原因给消费者造成损害的，家具制造商概不负责。且该责任条款并没有采取合理的方式提请批发商注意。根据合同法及相关规定，下列哪些说法是正确的？

  A. 该责任条款是格式条款
  B. 该责任条款无效
  C. 该责任条款有效
  D. 如果家具因为质量原因给消费者造成损害，该家具制造商不负责任

【知识要点】格式条款合同

【解析】《合同法》第 39 条规定："采用格式条款订立合同的，提供格式条款的一方应当遵循公平原则确定当事人之间的权利和义务，并采取合理的方式提请对方注意免除或者限制其责任的条款，按照对方的要求，对该条款予以说明。格式条款是当事人为了重复使用而预先拟定，并在订立合同时未与对方协商的条款。"《合同法》第 40 条规定："格式条款具有本法第五十二条和第五十三条规定情形的，或者提供格式条款一方免除其责任、加重对方责任、排除对方主要权利的，该条款无效。"《合同法》第 53 条规定："合同中的下列免责条款无效：（一）造成对方人身伤害的；（二）因故意或者重大过失造成对方财产损失的。"本题中，该责任条款是家具制造商自己拟定的，没有和批发商协商，属于格式条款。合同条款必须遵守公平原则，如果因家具质量问题给消费者造成损害都不承担民事责任，那显然不公平。此外，对于这种免除己方责任的条款，家具制造商需要采取合理的方式提请批发商注意，题中的制造商显然没有履行此项义务，这一点也会影响到格式条款的效力。故选项 A、B 正确，符合题意；选项 C、D 错误，不符合题意。

10.（2015 年卷二第 41 题）根据合同法及相关规定，下列关于格式条款的哪些说法是正确的？
  A. 格式条款是当事人为了重复使用而预先拟定，并在订立合同时未与对方协商的条款
  B. 提供格式条款一方免除其责任、加重对方责任、排除对方主要权利的，该格式条款无效
  C. 对格式条款的理解发生争议的，应当按照通常理解予以解释
  D. 对格式条款有两种以上解释的，应当作出有利于提供格式条款一方的解释

【知识要点】格式条款合同

【解析】A.《合同法》第 39 条第 2 款规定："格式条款是当事人为了重复使用而预先拟定，并在订立合同时未与对方协商的条款。"故选项 A 正确，符合题意。

B.《合同法》第 40 条规定："格式条款具有本法第五十二条和第五十三条规定情形的，或者提供格式条款一方免除其责任、加重对方责任、排除对方主要权利的，该条款无效。"故选项 B 正确，符合题意。

C.D.《合同法》第 41 条规定："对格式条款的理解发生争议的，应当按照通常理解予以解释。对格式条款有两种以上解释的，应当作出不利于提供格式条款一方的解释。格式条款和非格式条款不一致的，应当采用非格式条款。"故选项 C 正确，符合题意；选项 D 错误，不符合题意。

11.（2012 年卷二第 41 题）根据合同法及相关规定，关于合同中的格式条款，下列哪些说法是正确的？
  A. 格式条款是当事人为了重复使用而预先拟定，并在订立合同时未与对方协商确定的条款
  B. 提供格式条款一方免除其责任、加重对方责任、排除对方主要权利的，该条款无效
  C. 对格式条款的理解发生争议的，应当按照通常理解予以解释
  D. 对格式条款有两种以上解释的，应当作出有利于提供格式条款一方的解释

【知识要点】格式条款的效力

【解析】A.《合同法》第 39 条第 2 款规定："格式条款是当事人为了重复使用而预先拟定，并在订立合同时未与对方协商的条款。"故选项 A 正确，符合题意。

B.《合同法》第 40 条规定："格式条款具有本法第五十二条和第五十三条规定情形的，或者提供格式条款一方免除其责任、加重对方责任、排除对方主要权利的，该条款无效。"故选项 B 正确，符合题意。

C.D.《合同法》第 41 条规定："对格式条款的理解发生争议的，应当按照通常理解予以解释。对格式条款有两种以上解释的，应当作出不利于提供格式条款一方的解释。格式条款和非格式条款不一致的，应当采用非格式条款。"故选项 C 正确，符合题意；选项 D 错误，不符合题意。

（六）订立合同过程中的责任

12.（2012 年卷二第 67 题）根据合同法及相关规定，当事人在订立合同过程中有下列哪些行为，给对方造成损失

的，应当承担损害赔偿责任？
A. 故意隐瞒与订立合同有关的重要事实
B. 假借订立合同，恶意进行磋商
C. 泄露在订立合同过程中知悉的商业秘密
D. 不正当地使用在订立合同过程中知悉的商业秘密

【知识要点】缔约过失

【解析】《合同法》第42条规定："当事人在订立合同过程中有下列情形之一，给对方造成损失的，应当承担损害赔偿责任：（一）假借订立合同，恶意进行磋商；（二）故意隐瞒与订立合同有关的重要事实或者提供虚假情况；（三）有其他违背诚实信用原则的行为。"《合同法》第43条规定："当事人在订立合同过程中知悉的商业秘密，无论合同是否成立，不得泄露或者不正当地使用。泄露或者不正当地使用该商业秘密给对方造成损失的，应当承担损害赔偿责任。"故选项A、B、C、D正确，符合题意。

三、合同的效力

（一）合同的生效

13.（2007年卷二第30题）甲和乙签订租赁合同，约定：如果甲当年申请出国留学成功，则甲将其房屋租给乙居住。对此，下列哪些说法是正确的？
A. 该合同是附期限的合同
B. 该合同是附条件的合同
C. 该合同已成立，但未生效
D. 该合同已成立，且已生效

【知识要点】附条件的合同

【解析】《合同法》第45条规定："当事人对合同的效力可以约定附条件。附生效条件的合同，自条件成就时生效。附解除条件的合同，自条件成就时失效。当事人为自己的利益不正当地阻止条件成就的，视为条件已成就；不正当地促成条件成就的，视为条件不成就。"故选项A、D错误，不符合题意；选项B、C正确，符合题意。

14.（2016年卷二第6题）2015年11月1日，李某和赵某签订房屋租赁合同，约定2016年3月1日该合同生效。根据合同法及相关规定，下列关于该合同的哪种说法是正确的？
A. 该合同为附生效期限的合同
B. 该合同为附终止期限的合同
C. 该合同为附生效条件的合同
D. 该合同为附解除条件的合同

【知识要点】附期限的合同

【解析】《合同法》第46条规定："当事人对合同的效力可以约定附期限。附生效期限的合同，自期限届至时生效。附终止期限的合同，自期限届满时失效。"本合同约定了一个固定的期限，故属于附期限合同，而不是附条件合同。合同约定的是到该期限时合同生效，故属于附生效期限合同，而不是附终止期限合同。故选项A正确，符合题意；选项B、C、D错误，不符合题意。

（二）合同的效力

15.（2014年卷二第28题）甲公司与乙公司签订专利实施许可合同，并约定被许可方乙公司不得就该专利提出无效宣告请求。该合同还有独立存在的有关解决争议方法的条款。根据合同法及相关规定，下列关于该合同效力的哪种说法是正确的？
A. 该合同有效
B. 该合同效力待定
C. 该合同无效，合同中独立存在的有关解决争议方法的条款也相应无效
D. 该合同无效，但不影响合同中独立存在的有关解决争议方法的条款的效力

【知识要点】合同效力、技术合同

【解析】《合同法》第329条规定："非法垄断技术、妨碍技术进步或者侵害他人技术成果的技术合同无效。"《最高人民法院审理技术合同纠纷案件适用法律若干问题的解释》第10条规定："下列情形，属于合同法第三百二十九条所称的非法垄断技术、妨碍技术进步：……（六）禁止技术接受方对合同标的技术知识产权的有效性提出异议或者对提出异议附加条件。"故甲公司与乙公司签订的该专利实施许可合同无效。同时，《合同法》第57条规定："合同无效、被撤销或者终止的，不影响合同中独立存在的有关解决争议方法的条款的效力。"故尽管该合同无效，但不影响该合同中独立存在的有关解决争议方法的条款的效力。选项A、B、C错误，不符合题意；选项D正确，符合题意。

16.（2012年卷二第75题）根据合同法及相关规定，下列哪些说法是正确的？
A. 行为人没有代理权却以被代理人名义订立合同，未经被代理人追认的，对被代理人不发生效力，由行为人承担责任
B. 行为人代理权终止后仍以被代理人名义订立合同，相对人有理由相信行为人有代理权的，该代理行为有效
C. 限制民事行为能力人订立的任何合同均需经法定代理人追认后才有效

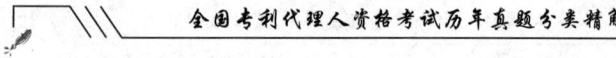

D. 无处分权的人处分他人财产，经权利人追认或者无处分权的人订立合同后取得处分权的，该合同有效

【知识要点】合同的效力

【解析】A.《合同法》第48条第1款规定："行为人没有代理权、超越代理权或者代理权终止后以被代理人名义订立的合同，未经被代理人追认，对被代理人不发生效力，由行为人承担责任。"故选项A正确，符合题意。

B.《合同法》第49条规定："行为人没有代理权、超越代理权或者代理权终止后以被代理人名义订立合同，相对人有理由相信行为人有代理权的，该代理行为有效。"故选项B正确，符合题意。

C.《合同法》第47条第1款规定："限制民事行为能力人订立的合同，经法定代理人追认后，该合同有效，但纯获利益的合同或者与其年龄、智力、精神健康状况相适应而订立的合同，不必经法定代理人追认。"故选项C错误，不符合题意。

D.《合同法》第51条规定："无处分权的人处分他人财产，经权利人追认或者无处分权的人订立合同后取得处分权的，该合同有效。"故选项D正确，符合题意。

17.（2012年卷二第96题）根据合同法及相关规定，下列哪些属于当事人可以请求人民法院变更或者撤销的合同？
  A. 甲公司与乙公司恶意串通签订的损害丙公司利益的买卖合同
  B. 贾某以欺诈的手段使齐某在违背真实意思的情况下与之订立的买卖合同
  C. 韩某把一个古董花瓶错当成现代仿制花瓶与赵某签订的买卖合同
  D. 非法垄断技术的技术合同

【知识要点】可变更或撤销的合同

【解析】《合同法》第54条第1款和第2款规定："下列合同，当事人一方有权请求人民法院或者仲裁机构变更或者撤销：（一）因重大误解订立的；（二）在订立合同时显失公平的。一方以欺诈、胁迫的手段或者乘人之危，使对方在违背真实意思的情况下订立的合同，受损害方有权请求人民法院或者仲裁机构变更或者撤销。"故选项A、D错误，不符合题意；选项B、C正确，符合题意。

18.（2014年卷二第2题）王某和赵某签订合同，向其购买法律禁止买卖的物品。根据合同法及相关规定，下列关于该合同效力的哪种说法是正确的？
  A. 该合同为无效合同   B. 该合同为可变更合同
  C. 该合同为可撤销合同   D. 该合同效力待定

【知识要点】合同的效力

【解析】《合同法》第52条规定："有下列情形之一的，合同无效：……（五）违反法律、行政法规的强制性规定。"王某和赵某签订的合同涉及购买法律禁止买卖的物品，违反了法律强制性规定，属于无效合同。故选项A正确，符合题意；选项B、C、D错误，不符合题意。

19.（2011年卷二第42题）根据合同法及相关规定，有下列哪些情形的，合同无效？
  A. 以欺诈的手段订立合同，损害对方利益   B. 恶意串通，损害第三人利益
  C. 在订立时存在重大误解   D. 违反行政法规的强制性规定

【知识要点】合同的效力

【解析】《合同法》第52条规定："有下列情形之一的，合同无效：（一）一方以欺诈、胁迫的手段订立合同，损害国家利益；（二）恶意串通，损害国家、集体或者第三人利益；……（五）违反法律、行政法规的强制性规定。"《合同法》第54条第1款规定："下列合同，当事人一方有权请求人民法院或者仲裁机构变更或者撤销：（一）因重大误解订立的；……"故选项A、C错误，不符合题意；选项B、D正确，符合题意。

20.（2011年卷二第66题）甲公司有偿委托乙公司代为销售其产品。根据合同法及相关规定，下列说法哪些是正确的？
  A. 除不可归责于当事人的事由以外，甲、乙不得解除该委托合同
  B. 乙超越委托权限给甲造成损失的，应当赔偿损失
  C. 因乙的过错给甲带来损失的，甲可以要求乙赔偿
  D. 经甲同意，乙可以转委托

【知识要点】合同的效力

【解析】A.《合同法》第93条第1款规定："当事人协商一致，可以解除合同。"故选项A错误，不符合题意。

B、C.《合同法》第406条第2款规定："受托人超越权限给委托人造成损失的，应当赔偿损失。"故选项B正确，符合题意。该条第1款规定："有偿的委托合同，因受托人的过错给委托人造成损失的，委托人可以要求赔偿损失。无偿的委托合同，因受托人的故意或者重大过失给委托人造成损失的，委托人可以要求赔偿损失。"故选项C正确，符合题意。

D.《合同法》第400条规定："受托人应当亲自处理委托事务。经委托人同意，受托人可以转委托。……"故选

项D正确，符合题意。

21.（2010年卷二第18题）根据合同法及相关规定，合同中免除下列哪些责任的条款无效？
A. 造成对方人身伤害的
B. 因故意造成对方财产损失的
C. 因重大过失造成对方财产损失的
D. 因不可抗力造成对方财产损失的

【知识要点】合同免责条款

【解析】A、B、C.《合同法》第53条规定："合同中的下列免责条款无效：（一）造成对方人身伤害的；（二）因故意或者重大过失造成对方财产损失的。"故选项A、B、C正确，符合题意。

D.《合同法》第117条规定："因不可抗力不能履行合同的，根据不可抗力的影响，部分或者全部免除责任，但法律另有规定的除外。当事人迟延履行后发生不可抗力的，不能免除责任。本法所称不可抗力，是指不能预见、不能避免并不能克服的客观情况。"故选项D错误，不符合题意。

22.（2010年卷二第42题）根据合同法及相关规定，对于因重大误解订立的合同，当事人一方有权请求人民法院予以撤销。对此，下列说法哪些是正确的？
A. 具有撤销权的当事人自知道或者应当知道撤销事由之日起一年内没有行使撤销权的，撤销权消灭
B. 具有撤销权的当事人自合同成立之日起六个月内没有行使撤销权的，撤销权消灭
C. 具有撤销权的当事人知道撤销事由后明确表示或者以自己的行为放弃撤销权的，撤销权消灭
D. 被撤销的合同自始没有法律约束力

【知识要点】合同的效力

【解析】A、B、C.《合同法》第55条规定："有下列情形之一的，撤销权消灭：（一）具有撤销权的当事人自知道或者应当知道撤销事由之日起一年内没有行使撤销权；（二）具有撤销权的当事人知道撤销事由后明确表示或者以自己的行为放弃撤销权。"故选项A、C正确，符合题意；选项B错误，不符合题意。

D.《合同法》第56条规定："无效的合同或者被撤销的合同自始没有法律约束力。……"故选项D正确，符合题意。

23.（2009年卷二第37题）根据合同法及相关规定，下列说法哪些是正确的？
A. 无效合同自始没有法律约束力
B. 合同部分无效，不影响其他部分效力的，其他部分依然有效
C. 合同无效，不影响合同中独立存在的有关解决争议方法的条款的效力
D. 合同无效后，因该合同取得的财产，一律收归国家所有

【知识要点】无效合同与合同部分无效

【解析】A、B、C.《合同法》第56条规定："无效的合同或者被撤销的合同自始没有法律约束力。合同部分无效，不影响其他部分效力的，其他部分仍然有效。"《合同法》第57条规定："合同无效、被撤销或者终止的，不影响合同中独立存在的有关解决争议方法的条款的效力。"故选项A、B、C正确，符合题意。

D.《合同法》第58条规定："合同无效或者被撤销后，因该合同取得的财产，应当予以返还；不能返还或者没有必要返还的，应当折价补偿。有过错的一方应当赔偿对方因此所受到的损失，双方都有过错的，应当各自承担相应的责任。"《合同法》第59条规定："当事人恶意串通，损害国家、集体或者第三人利益的，因此取得的财产收归国家所有或者返还集体、第三人。"故选项D错误，不符合题意。

24.（2008年卷二第50题）某公司的印章由其工作人员刘某保管。刘某未经该公司授权以该公司的名义与张某签订买卖合同，并加盖该公司印章，将该公司的一批产品卖给张某。对此，下列哪些说法是正确的？
A. 该公司与张某之间的买卖合同无效
B. 该公司与张某之间的买卖合同效力待定
C. 该公司与张某之间的买卖合同有效
D. 如果该公司对该买卖合同不予追认，则该合同的当事人为刘某与张某

【知识要点】合同的效力

【解析】《合同法》第50条规定："法人或者其他组织的法定代表人、负责人超越权限订立的合同，除相对人知道或者应当知道其超越权限的以外，该代表行为有效。"刘某的行为属于超越权限订立合同，题目中未披露相对人张某对此事知情，因此该买卖合同有效。故选项A、B、D错误，不符合题意；选项C正确，符合题意。

四、合同的履行

（一）合同履行的原则

25.（2015年卷二第42题）甲乙两公司订立合同，约定甲公司送货到乙公司住所。后乙公司变更住所，未及时通知甲公司，导致甲公司无法按照约定地点交货。根据合同法及相关规定，下列说法哪些是正确的？

· 291 ·

A. 甲公司应当及时联络乙公司并继续履行合同　　B. 甲公司可以解除合同
C. 甲公司可以中止履行　　D. 甲公司可以将标的物提存

【知识要点】合同的履行

【解析】A、C、D.《合同法》第70条规定："债权人分立、合并或者变更住所没有通知债务人，致使履行债务发生困难的，债务人可以中止履行或者将标的物提存。"甲公司可以中止履行或者将标的物提存。故选项A错误，不符合题意，选项C、D正确，符合题意。

B.《合同法》第8条第1款规定："依法成立的合同，对当事人具有法律约束力。当事人应当按照约定履行自己的义务，不得擅自变更或者解除合同。"《合同法》第94条规定："有下列情形之一的，当事人可以解除合同：（一）因不可抗力致使不能实现合同目的；（二）在履行期限届满之前，当事人一方明确表示或者以自己的行为表明不履行主要债务；（三）当事人一方迟延履行主要债务，经催告后在合理期限内仍未履行；（四）当事人一方迟延履行债务或者有其他违约行为致使不能实现合同目的；（五）法律规定的其他情形。"乙公司变更住所未及时通知甲公司，导致甲公司无法按照约定地点交货"的情况不属于上述情形，故选项B错误，不符合题意。

（二）合同的解释

（三）合同履行的抗辩权

26.（2015年卷二第43题）甲公司与乙公司达成买卖合同，约定甲公司有偿向乙公司供应原料。根据合同法及相关规定，下列关于合同履行抗辩权的哪些说法是正确的？
A. 合同未明确履行顺序，甲公司在乙公司付款之前有权拒绝其履行要求
B. 合同约定先供货后付款，甲公司未按时供货，乙公司有权拒付货款
C. 合同约定先供货后付款，甲公司有确切证据证明乙公司经营状况严重恶化，可以中止履行合同
D. 合同约定先供货后付款，甲公司有确切证据证明乙公司丧失商业信誉，可以中止履行合同

【知识要点】合同履行的抗辩权

【解析】A.《合同法》第66条规定："当事人互负债务，没有先后履行顺序的，应当同时履行。一方在对方履行之前有权拒绝其履行要求。一方在对方履行债务不符合约定时，有权拒绝其相应的履行要求。"故选项A正确，符合题意。

B.《合同法》第67条规定："当事人互负债务，有先后履行顺序，先履行一方未履行的，后履行一方有权拒绝其履行要求。先履行一方履行债务不符合约定的，后履行一方有权拒绝其相应的履行要求。"故选项B正确，符合题意。

C、D.《合同法》第68条第1款规定："应当先履行债务的当事人，有确切证据证明对方有下列情形之一的，可以中止履行：（一）经营状况严重恶化；（二）转移财产、抽逃资金，以逃避债务；（三）丧失商业信誉；（四）有丧失或者可能丧失履行债务能力的其他情形。"故选项C、D正确，符合题意。

27.（2012年卷二第88题）根据合同法及相关规定，下列关于合同履行的哪些说法是正确的？
A. 当事人应当按照约定全面履行自己的义务
B. 当事人互负债务，没有先后履行顺序的，应当同时履行
C. 当事人互负债务，有先后履行顺序，先履行一方未履行的，后履行一方有权拒绝其履行要求
D. 当事人互负债务，有先后履行顺序，应当先履行债务的当事人，有确切证据证明对方经营状况严重恶化的，可以中止履行

【知识要点】合同履行的抗辩权

【解析】A.《合同法》第60条规定："当事人应当按照约定全面履行自己的义务。当事人应当遵循诚实信用原则，根据合同的性质、目的和交易习惯履行通知、协助、保密等义务。"故选项A正确，符合题意。

B.《合同法》第66条规定："当事人互负债务，没有先后履行顺序的，应当同时履行。一方在对方履行之前有权拒绝其履行要求。一方在对方履行债务不符合约定时，有权拒绝其相应的履行要求。"故选项B正确，符合题意。

C.《合同法》第67条规定："当事人互负债务，有先后履行顺序，先履行一方未履行的，后履行一方有权拒绝其履行要求。先履行一方履行债务不符合约定的，后履行一方有权拒绝其相应的履行要求。"故选项C正确，符合题意。

D.《合同法》第68条规定："应当先履行债务的当事人，有确切证据证明对方有下列情形之一的，可以中止履行：（一）经营状况严重恶化；（二）转移财产、抽逃资金，以逃避债务；（三）丧失商业信誉；（四）有丧失或者可能丧失履行债务能力的其他情形。当事人没有确切证据中止履行的，应当承担违约责任。"故选项D正确，符合题意。

（四）合同履行的保全

28.（2014年卷二第71题）甲公司欠乙公司工程款50万元，债务到期后甲公司因资金不足久拖不还。同时，李某欠甲公司的80万元货款也已到期，但甲公司未以任何方式催促李某还款，对乙公司造成了损害。根据合同法及相关

规定，下列关于乙公司行使代位权的哪些说法是正确的？

A. 乙公司可以向人民法院请求以自己的名义代位行使甲公司对李某的债权
B. 乙公司可以向人民法院请求以甲公司的名义代位行使甲公司对李某的债权
C. 乙公司代位权行使的范围为80万元
D. 乙公司行使代位权的必要费用，由甲公司负担

【知识要点】合同履行的保全

【解析】A、B.《合同法》第73条第1款规定："因债务人怠于行使其到期债权，对债权人造成损害的，债权人可以向人民法院请求以自己的名义代位行使债务人的债权，但该债权专属于债务人自身的除外。"本题中，甲公司怠于行使其对李某的到期债权，对乙公司造成了损害，且李某欠甲公司的货款不是专属于甲公司自身的债权，因此乙公司可以向人民法院请求以自己的名义代位行使甲公司对李某的债权。故选项A正确，符合题意；选项B错误，不符合题意。

C、D.《合同法》第73条第2款规定："代位权的行使范围以债权人的债权为限，债权人行使代位权的必要费用，由债务人负担。"故乙公司代位权行使的范围为50万元，而非80万元，选项C错误，不符合题意。同时，根据该规定可知，选项D正确，符合题意。

29.（2013年卷二第15题）张某欠李某30万元借款到期未还。张某得知李某准备向人民法院起诉索款，便将自己价值50余万元的房产无偿转让给赵某，从而使自己名下无任何可供执行的财产。根据合同法及相关规定，李某得知这一情况后，可通过下列哪种途径维护自己的合法权益？

A. 请求人民法院撤销张某的无偿转让行为
B. 向人民法院请求以自己的名义代位要求赵某支付房产对价
C. 向人民法院请求赵某代张某偿还所欠借款
D. 向人民法院请求赵某承担侵权责任

【知识要点】债权人的撤销权

【解析】《合同法》第74条规定："因债务人放弃其到期债权或者无偿转让财产，对债权人造成损害的，债权人可以请求人民法院撤销债务人的行为。……"本题中，张某无偿转让其房产对债权人李某造成了损害，因此李某可以请求人民法院撤销张某的无偿转让行为，选项A正确，符合题意。本题B选项涉及债权人的代位权。代位权规定在《合同法》第73条第1款中，该条规定："因债务人怠于行使其到期债权，对债权人造成损害的，债权人可以向人民法院请求以自己的名义代位行使债务人的债权，但该债权专属于债务人自身的除外。"故债权人行使代位权和撤销权的前提条件明显不同。本题中，张某对债权人李某造成损害的原因是"无偿转让财产"而非"怠于行使其到期债权"，因此李某只能行使撤销权，而不能行使代位权。故选项A正确，符合题意；选项B、C、D错误，不符合题意。

30.（2009年卷二第63题）甲对乙享有5万元的到期债权；同时乙对丙享有5万元的到期债权，但乙怠于行使其到期债权。甲为了保证自己债权的实现，向人民法院依法提起代位权诉讼，请求以自己的名义代位行使乙对丙的到期债权。根据合同法及相关规定，下列说法哪些是正确的？

A. 该案件由丙住所地的人民法院管辖
B. 丙不认为乙有怠于行使其到期债权情况的，应当承担举证责任
C. 丙对乙的抗辩，可以向甲主张
D. 甲行使代位权的必要费用，由乙负担

【知识要点】代位权诉讼

【解析】A.《最高人民法院关于适用〈中华人民共和国合同法〉若干问题的解释（一）》（以下简称《合同法解释（一）》）第14条规定："债权人依照合同法第七十三条的规定提起代位权诉讼的，由被告住所地人民法院管辖。"故选项A正确，符合题意。

B.《合同法解释（一）》第13条规定："合同法第七十三条规定的'债务人怠于行使其到期债权，对债权人造成损害的'，是指债务人不履行其对债权人的到期债务，又不以诉讼方式或者仲裁方式向其债务人主张其享有的具有金钱给付内容的到期债权，致使债权人的到期债权未能实现。次债务人（即债务人的债务人）不认为债务人有怠于行使其到期债权情况的，应当承担举证责任。"故选项B正确，符合题意。

C.《合同法解释（一）》第18条第1款规定："在代位权诉讼中，次债务人对债务人的抗辩，可以向债权人主张。"故选项C正确，符合题意。

D.《合同法》第73条规定："因债务人怠于行使其到期债权，对债权人造成损害的，债权人可以向人民法院请求以自己的名义代位行使债务人的债权，但该债权专属于债务人自身的除外。代位权的行使范围以债权人的债权为限。债权人行使代位权的必要费用，由债务人负担。"故选项D正确，符合题意。

31.（2008年卷二第74题）甲为乙的债权人。对乙享有的已经到期的下列哪些债权，甲可以向人民法院请求以自己的名义代位行使？

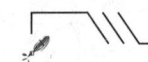

A. 乙的儿子应当给付的赡养费 B. 丙欠乙的劳动报酬
C. 丁欠乙的人身伤害赔偿费 D. 戊欠乙的货款

【知识要点】代位权的行使

【解析】《合同法》第73条规定:"因债务人怠于行使其到期债权,对债权人造成损害的,债权人可以向人民法院请求以自己的名义代位行使债务人的债权,但该债权专属于债务人自身的除外。代位权的行使范围以债权人的债权为限。债权人行使代位权的必要费用,由债务人负担。"《合同法解释(一)》第11条规定:"债权人依照合同法第七十三条的规定提起代位权诉讼,应当符合下列条件:(一)债权人对债务人的债权合法;(二)债务人怠于行使其到期债权,对债权人造成损害;(三)债务人的债权已到期;(四)债务人的债权不是专属于债务人自身的债权。"《合同法解释(一)》第12条规定:"合同法第七十三条第一款规定的专属于债务人自身的债权,是指基于扶养关系、抚养关系、赡养关系、继承关系产生的给付请求权和劳动报酬、退休金、养老金、抚恤金、安置费、人寿保险、人身伤害赔偿请求权等权利。"故只有选项D正确,符合题意。

五、合同的变更和转让

(一)合同的变更

32.(2016年卷二第41题)根据合同法及相关规定,下列关于合同变更或者撤销的哪些说法是正确的?
A. 因重大误解订立的合同,当事人一方有权请求人民法院或者仲裁机构变更或者撤销
B. 合同被依法撤销的,该合同自人民法院判决撤销之日起丧失法律约束力
C. 具有撤销权的当事人自知道或者应当知道撤销事由之日起1年内没有行使撤销权的,撤销权消灭
D. 当事人请求变更的,人民法院可以撤销

【知识要点】合同变更或者撤销

【解析】《合同法》第54条规定:"下列合同,当事人一方有权请求人民法院或者仲裁机构变更或者撤销:(一)因重大误解订立的;(二)在订立合同时显失公平的。一方以欺诈、胁迫的手段或者乘人之危,使对方在违背真实意思的情况下订立的合同,受损害方有权请求人民法院或者仲裁机构变更或者撤销。当事人请求变更的,人民法院或者仲裁机构不得撤销。"《合同法》第55条规定:"有下列情形之一的,撤销权消灭:(一)具有撤销权的当事人自知道或者应当知道撤销事由之日起一年内没有行使撤销权;(二)具有撤销权的当事人知道撤销事由后明确表示或者以自己的行为放弃撤销权。"《合同法》第56条规定:"无效的合同或者被撤销的合同自始没有法律约束力。合同部分无效,不影响其他部分效力的,其他部分仍然有效。"因重大误解订立的合同,当事人一方有权要求变更或者撤销。当然这种变更或者撤销也是有条件的,其一是资格限制,必须由法院或者仲裁机构来完成;其二是时间限制,需要知道或者应当知道撤销事由之日起1年内行使。合同如果被撤销了,那就是自始不存在。民事领域的一个重要原则是促进交易,合同变更了交易还在,而法院撤销就没有交易了。故选项A、C正确,符合题意。

(二)合同的转让

33.(2015年卷二第44题)甲公司和乙公司双方订立合同后,债权人甲公司欲将其合同的权利转让给丙公司。根据合同法及相关规定,下列哪些说法是正确的?
A. 甲公司只能将合同的权利全部转让给丙公司,不能部分转让
B. 如果依照法律规定该合同的权利不得转让,甲公司就不能转让
C. 如果甲公司转让合同的权利未经债务人乙公司同意,甲公司就不能转让
D. 如果甲公司将合同的权利转让给丙公司,应当通知债务人乙公司,否则该转让对乙公司不发生效力

【知识要点】合同权利的转让

【解析】A、B.《合同法》第79条规定:"债权人可以将合同的权利全部或者部分转让给第三人,但有下列情形之一的除外:(一)根据合同性质不得转让;(二)按照当事人约定不得转让;(三)依照法律规定不得转让。"由于债权人可以将合同的权利全部或者部分转让,故选项A错误,不符合题意。由于"依照法律规定不得转让"属于合同权利转让的例外情形,故选项B正确,符合题意。

C、D.《合同法》第80条第1款规定:"债权人转让权利的,应当通知债务人。未经通知,该转让对债务人不发生效力。"债权人转让权利不需要得到债务人的同意,只需要通知债务人。故选项C错误,不符合题意;选项D正确,符合题意。

34.(2014年卷二第91题)根据合同法及相关规定,下列关于合同转让的哪些说法是正确的?
A. 债权人将合同的权利转让给第三人的,应当经债务人同意
B. 债权人将合同的权利转让给第三人的,应当通知债务人
C. 债务人将合同的义务转移给第三人的,应当经债权人同意

D. 债务人将合同的义务转移给第三人的，可以不经债权人同意

【知识要点】合同义务的转让

【解析】《合同法》第80条规定："债权人转让权利的，应当通知债务人；未经通知，该转让对债务人不发生效力。"债权人将合同的权利转让给第三人的，应当通知债务人，但无须经债务人同意。故选项A错误，不符合题意；选项B正确，符合题意。《合同法》第84条规定："债务人将合同的义务全部或者部分转移给第三人的，应当经债权人同意。"故选项C正确，符合题意；选项D错误，不符合题意。

35. (2010年卷二第64题) 甲公司和乙公司签订一份食用油买卖合同，现甲公司拟将其合同中全部权利义务一并转让给丙公司。根据合同法及相关规定，下列说法哪些是正确的？
   A. 转让须经乙公司同意才能够进行
   B. 转让只需要通知乙公司就可进行
   C. 转让后，若丙公司违约，甲公司仍须承担连带责任
   D. 转让后，乙公司有权向丙公司主张其对甲公司的抗辩

【知识要点】合同的转让

【解析】A.B.《合同法》第88条规定："当事人一方经对方同意，可以将自己在合同中的权利和义务一并转让给第三人。"故选项A正确，符合题意；选项B错误，不符合题意。

C.D.《合同法》第82条规定："债务人接到债权转让通知后，债务人对让与人的抗辩，可以向受让人主张。"《合同法》第89条规定："权利和义务一并转让的，适用本法第七十九条、第八十一条至第八十三条、第八十五条至第八十七条的规定。"故选项D正确，符合题意；选项C错误，不符合题意。

36. (2007年卷二第69题) 根据合同法的规定，下列哪些合同的转让是合法的？
   A. 甲举办商业演出，邀请歌星乙演唱歌曲，乙表示同意，后因演出当天乙另有演出任务，便自行决定让歌手丙代为演出
   B. 专利权人甲与乙公司签订专利实施许可合同，乙公司未经甲同意，将合同权利义务一并转让给丙公司
   C. 债权人甲因出国急需用钱便将债务人乙欠自己的2万元债权以1万5千元的价格转让给了丙，并将此事打电话通知了乙
   D. 甲委托乙公司运输货物，后乙公司未经甲同意，将该货物转由丙公司运输

【知识要点】合同的转让

【解析】A.《合同法》第79条规定："债权人可以将合同的权利全部或者部分转让给第三人，但有下列情形之一的除外：（一）根据合同性质不得转让；（二）按照当事人约定不得转让；（三）依照法律规定不得转让。"选项A属于和人身紧密相关的合同，该合同仅针对特定的当事人才具有意义，转让行为将使合同的实质发生改变，合同的目的也将不能实现。故选项A错误，不符合题意。

B.D.《合同法》第84条规定："债务人将合同的义务全部或者部分转移给第三人的，应当经债权人同意。"故选项B、D错误，不符合题意。

C.《合同法》第80条规定："债权人转让权利的，应当通知债务人。未经通知，该转让对债务人不发生效力。债权人转让权利的通知不得撤销，但经受让人同意的除外。"故选项C正确，符合题意。

六、合同的终止

37. (2015年卷二第45题) 根据合同法及相关规定，关于合同解除的效力，下列哪些说法是正确的？
   A. 合同解除的，合同的权利义务终止
   B. 合同解除不影响合同中结算和清理条款的效力
   C. 合同解除后，已经履行的，当事人必须恢复原状
   D. 合同解除后，尚未履行的，终止履行

【知识要点】合同解除

【解析】A.《合同法》第91条规定："有下列情形之一的，合同的权利义务终止：（一）债务已经按照约定履行；（二）合同解除；（三）债务相互抵销；（四）债务人依法将标的物提存；（五）债权人免除债务；（六）债权债务同归于一人；（七）法律规定或者当事人约定终止的其他情形。"故选项A正确，符合题意。

B.《合同法》第98条规定："合同的权利义务终止，不影响合同中结算和清理条款的效力。"故选项B正确，符合题意。

C.D.《合同法》第97条规定："合同解除后，尚未履行的，终止履行；已经履行的，根据履行情况和合同性质，当事人可以要求恢复原状、采取其他补救措施，并有权要求赔偿损失。"故选项C错误，不符合题意；选项D正确，符合题意。

38. (2014年卷二第76题) 根据合同法及相关规定，下列关于合同解除的哪些说法是正确的？
   A. 因不可抗力致使不能实现合同目的的，当事人可以解除合同
   B. 当事人协商一致，可以解除合同

C. 合同解除的，合同的权利义务终止
D. 合同解除后，尚未履行的，终止履行
【知识要点】合同解除
【解析】A.《合同法》第94条规定："有下列情形之一的，当事人可以解除合同：（一）因不可抗力致使不能实现合同目的；（二）在履行期限届满之前，当事人一方明确表示或者以自己的行为表明不履行主要债务；（三）当事人一方迟延履行主要债务，经催告后在合理期限内仍未履行；（四）当事人一方迟延履行债务或者有其他违约行为致使不能实现合同目的；（五）法律规定的其他情形。"根据前述第（一）项规定，选项A正确，符合题意。

B.《合同法》第93条第1款规定："当事人协商一致，可以解除合同。"故选项B正确，符合题意。

C.《合同法》第91条规定："有下列情形之一的，合同的权利义务终止：……（二）合同解除；……"故选项C正确，符合题意。

D.《合同法》第97条规定："合同解除后，尚未履行的，终止履行；已经履行的，根据履行情况和合同性质，当事人可以要求恢复原状、采取其他补救措施，并有权要求赔偿损失。"故选项D正确，符合题意。

39.（2013年卷二第19题）甲公司与乙公司互负债务，但标的物种类、品质不相同。根据合同法及相关规定，下列哪种说法是正确的？
A. 这两项债务不可能抵销
B. 这两项债务可自然抵销
C. 经双方协商一致，这两项债务可以抵销
D. 经任何一方主张，这两项债务即可抵销
【知识要点】债务的抵销
【解析】《合同法》第100条规定："当事人互负债务，标的物种类、品质不相同的，经双方协商一致，也可以抵销。"本题中，尽管甲公司与乙公司互负债务的标的物种类、品质不相同，但经双方协商一致，也是可以抵销的。故选项C正确，符合题意。

40.（2013年卷二第99题）根据合同法及相关规定，有下列哪些情形的，当事人可以解除合同？
A. 因不可抗力致使不能实现合同目的
B. 因作为技术开发合同标的的技术已经由他人公开，致使技术开发合同的履行没有意义
C. 当事人一方迟延履行主要债务，经催告后在合理期限内仍未履行
D. 在履行期限届满之前，当事人一方明确表示不履行主要债务
【知识要点】合同的解除
【解析】A、C、D.《合同法》第94条规定："有下列情形之一的，当事人可以解除合同：（一）因不可抗力致使不能实现合同目的；（二）在履行期限届满之前，当事人一方明确表示或者以自己的行为表明不履行主要债务；（三）当事人一方迟延履行主要债务，经催告后在合理期限内仍未履行；（四）当事人一方迟延履行债务或者有其他违约行为致使不能实现合同目的；（五）法律规定的其他情形。"本题选项A、C和D分别为上述规定中第（一）项、第（三）项和第（二）项所列情形，当事人可以解除合同，符合题意。

B.《合同法》第337条规定："因作为技术开发合同标的的技术已经由他人公开，致使技术开发合同的履行没有意义的，当事人可以解除合同。"故在选项B情形下，当事人也可以解除合同，符合题意。

41.（2011年卷二第18题）根据合同法及相关规定，下列关于提存哪些是正确的？
A. 标的物提存费用过高的，债务人依法可以拍卖或者变卖标的物，提存所得的价款
B. 标的物不适于提存的，债务人依法可以拍卖或者变卖标的物，提存所得的价款
C. 标的物提存后，毁损、灭失的风险由债权人承担
D. 提存期间，标的物的孳息归债务人所有，提存费用由债务人负担
【知识要点】合同的终止
【解析】《合同法》第101条第2款规定："标的物不适于提存或者提存费用过高的，债务人依法可以拍卖或者变卖标的物，提存所得的价款。"《合同法》第103条规定："标的物提存后，毁损、灭失的风险由债权人承担。提存期间，标的物的孳息归债权人所有，提存费用由债权人负担。"故选项A、B、C正确，符合题意；选项D错误，不符合题意。

七、违约责任

42.（2016年卷二第47题）根据合同法及相关规定，下列哪些属于可以并用的违约责任承担方式？
A. 采取补救措施与赔偿损失
B. 继续履行与支付违约金
C. 继续履行与赔偿损失
D. 双倍返还定金与支付违约金
【知识要点】违约责任
【解析】《合同法》第107条规定："当事人一方不履行合同义务或者履行合同义务不符合约定的，应当承担继续履行、采取补救措施或者赔偿损失等违约责任。"《合同法》第116条规定："当事人既约定违约金，又约定定金的，一方违约时，对方可以选择适用违约金或者定金条款。"采取补救措施针对的是合同没有适当履行的情况，一般情况

下补救措施不能完全弥补被违约一方损失。如因为设备质量不合格而导致停工，采取的补救措施就是修理或更换设备，另外还需要赔偿停工所造成的损失。继续履行针对的是合同没有履行的情况，如只发了一半货物就不继续发货，继续履行要求供货方继续发货。如果收货方因为没有及时到货而遭受损失的，那发货方就需要支付金钱赔偿。此时，如果双方约定了违约金，那就适用违约金条款。定金和违约金都是金钱方面的补偿，只能选择适用。同时适用违约金和定金容易使守约方收到的补偿高于其受到的损失，违背合同的公平原则。故选项A、B、C正确，符合题意；选项D错误，不符合题意。

43.（2015年卷二第6题）重庆甲公司和上海乙公司签订货物买卖合同，约定货物交付地点为乙公司在上海的某仓库。甲公司遂与丙公司签订运输合同，合同中载明乙公司为收货人。运输途中，丙公司车辆与丁公司车辆发生追尾事故致货物受损，无法向乙公司交货。根据合同法及相关规定，下列哪种说法是正确的？

A. 乙公司有权请求甲公司承担违约责任　　B. 乙公司有权请求丙公司承担违约责任
C. 乙公司有权请求丙公司驾驶员承担违约责任　　D. 乙公司有权请求丁公司驾驶员承担违约责任

【知识要点】违约责任

【解析】《合同法》第121条规定："当事人一方因第三人的原因造成违约的，应当向对方承担违约责任。当事人一方和第三人之间的纠纷，依照法律规定或者按照约定解决。"甲公司因为丙公司与丁公司车辆追尾事故的原因无法向乙公司交货，应当向乙公司承担违约责任。故选项A正确，符合题意。

44.（2015年卷二第46题）根据合同法及相关规定，合同当事人一方不履行非金钱债务的，下列哪些情形下，另一方当事人不能要求其继续履行？

A. 该债务的标的不适于强制履行　　B. 该债务的标的履行费用过高
C. 该债务在法律上不能履行　　D. 该债务在事实上不能履行

【知识要点】违约责任

【解析】《合同法》第110条规定："当事人一方不履行非金钱债务或者履行非金钱债务不符合约定的，对方可以要求履行，但有下列情形之一的除外：（一）法律上或者事实上不能履行；（二）债务的标的不适于强制履行或者履行费用过高；（三）债权人在合理期限内未要求履行。"故选项A、B、C、D正确，符合题意。

45.（2014年卷二第93题）张某欲将珍藏多年的古董瓷器转让给赵某。两人在合同中约定，如果一方违约，需要支付给对方违约金，同时约定赵某支付一定数额的定金给张某作为债权的担保。交付前，张某的朋友李某不慎将该瓷器摔碎。根据合同法及相关规定，下列哪些说法是正确的？

A. 张某不能向赵某交付瓷器，构成违约，违约责任应由张某承担
B. 张某不能向赵某交付瓷器，构成违约，违约责任应由李某承担
C. 赵某追究违约责任时，可以要求同时适用违约金和定金条款
D. 赵某追究违约责任时，可以选择适用违约金或者定金条款

【知识要点】违约责任

【解析】A.B.《合同法》第121条规定："当事人一方因第三人的原因造成违约的，应当向对方承担违约责任；当事人一方和第三人之间的纠纷，依照法律规定或者按照约定解决。"本题中，张某因为第三人李某的原因造成违约，应当由其本人向对方承担违约责任。故选项A正确，符合题意；选项B错误，不符合题意。

C.D.《合同法》第116条规定："当事人既约定违约金，又约定定金的，一方违约时，对方可以选择适用违约金或者定金条款。"本题中，张某与赵某在合同中同时约定了违约金和定金，根据上述规定，赵某追究违约责任时只能选择适用违约金或者定金条款，而不能同时主张。故选项C错误，不符合题意；选项D正确，符合题意。

46.（2012年卷二第85题）根据合同法及相关规定，下列关于违约责任的哪些说法是正确的？

A. 当事人一方不履行合同义务的，应当承担违约责任
B. 当事人一方履行合同义务不符合约定的，应当承担违约责任
C. 承担违约责任的方式包括继续履行、采取补救措施、赔偿损失等
D. 当事人可以约定一方违约时应当根据违约情况向对方支付一定数额的违约金，也可以约定因违约产生的损失赔偿额的计算方法

【知识要点】违约责任

【解析】A.B.C.《合同法》第107条规定："当事人一方不履行合同义务或者履行合同义务不符合约定的，应当承担继续履行、采取补救措施或者赔偿损失等违约责任。"故选项A、B、C正确，符合题意。

D.《合同法》第114条第1款规定："当事人可以约定一方违约时应当根据违约情况向对方支付一定数额的违约金，也可以约定因违约产生的损失赔偿额的计算方法。"故选项D正确，符合题意。

47.（2011年卷二第74题）根据合同法及相关规定，下列说法哪些是正确的？

A. 因不可抗力不能履行合同的，应当全部免除责任
B. 当事人迟延履行后发生不可抗力的，不能免除责任

C. 当事人就迟延履行约定违约金的，违约方支付违约金后，还应当履行债务
D. 约定的违约金低于造成的损失的，当事人可以请求人民法院或者仲裁机构予以增加

【知识要点】违约责任

【解析】《合同法》第117条规定："因不可抗力不能履行合同的，根据不可抗力的影响，部分或者全部免除责任，但法律另有规定的除外。当事人迟延履行后发生不可抗力的，不能免除责任。……"《合同法》第114条规定："当事人可以约定一方违约时应当根据违约情况向对方支付一定数额的违约金，约定的违约金低于造成的损失的，当事人可以请求人民法院或者仲裁机构予以增加。当事人就迟延履行约定违约金的，违约方支付违约金后，还应当履行债务。"故选项A错误，不符合题意；选项B、C、D正确，符合题意。

48.（2010年卷二第71题）甲公司与乙公司签订了一份购销合同，合同总价款为20万元。双方约定，一方违约的，需支付总价款3%的违约金。甲公司还依照约定向乙公司支付了定金1万元。后乙公司未履行合同约定的义务。根据合同法及相关规定，下列说法哪些是正确的？
    A. 甲公司可以要求乙公司双倍返还定金
    B. 甲公司只能要求乙公司支付违约金
    C. 甲公司可以要求乙公司双倍返还定金，同时支付违约金
    D. 甲公司可以选择适用定金或者违约金条款

【知识要点】定金与违约金的适用

【解析】《合同法》第115条规定："当事人可以依照《中华人民共和国担保法》约定一方向对方给付定金作为债权的担保。债务人履行债务后，定金应当抵作价款或者收回。给付定金的一方不履行约定的债务的，无权要求返还定金；收受定金的一方不履行约定的债务的，应当双倍返还定金。"《合同法》第116条规定："当事人既约定违约金，又约定定金的，一方违约时，对方可以选择适用违约金或者定金条款。"故选项A、D正确，符合题意；选项B、C错误，不符合题意。

49.（2009年卷二第55题）根据合同法及相关规定，下列说法哪些是正确的？
    A. 合同当事人约定由债务人向第三人履行债务的，债务人未向第三人履行债务，应当向债权人承担违约责任
    B. 合同当事人约定由债务人向第三人履行债务的，债务人向第三人履行债务不符合约定，应当向第三人承担违约责任
    C. 合同当事人约定由第三人向债权人履行债务的，第三人不履行债务，债务人应当向债权人承担违约责任
    D. 合同当事人约定由第三人向债权人履行债务的，第三人履行债务不符合约定，应当由第三人向债权人承担违约责任

【知识要点】违约责任

【解析】A.B.《合同法》第64条规定："当事人约定由债务人向第三人履行债务的，债务人未向第三人履行债务或者履行债务不符合约定，应当向债权人承担违约责任。"故选项A正确，符合题意；选项B错误，不符合题意。

C.D.《合同法》第65条规定："当事人约定由第三人向债权人履行债务的，第三人不履行债务或者履行债务不符合约定，债务人应当向债权人承担违约责任。"故选项C正确，符合题意；选项D错误，不符合题意。

50.（2009年卷二第86题）根据合同法及相关规定，下列说法哪些是正确的？
    A. 当事人一方在约定的履行期限届满前明确表示不履行合同义务的，对方当事人只能在该期限届满后才能要求其承担违约责任
    B. 当事人一方履行合同义务不符合约定的，在履行义务或者采取补救措施后，对方还有其他损失的，应当赔偿损失
    C. 当事人可以约定一方违约时应当根据违约情况向对方支付一定数额的违约金，也可以约定因违约产生的损失赔偿额的计算方法
    D. 当事人就迟延履行约定违约金的，违约方支付该违约金后，还应当履行债务

【知识要点】违约责任

【解析】A.《合同法》第108条规定："当事人一方明确表示或者以自己的行为表明不履行合同义务的，对方可以在履行期限届满之前要求其承担违约责任。"故选项A错误，不符合题意。

B.《合同法》第112条规定："当事人一方不履行合同义务或者履行合同义务不符合约定的，在履行义务或者采取补救措施后，对方还有其他损失的，应当赔偿损失。"故选项B正确，符合题意。

C.D.《合同法》第114条规定："当事人可以约定一方违约时应当根据违约情况向对方支付一定数额的违约金，也可以约定因违约产生的损失赔偿额的计算方法。约定的违约金低于造成的损失的，当事人可以请求人民法院或者仲裁机构予以增加；约定的违约金过分高于造成的损失的，当事人可以请求人民法院或者仲裁机构予以适当减少。当事人就迟延履行约定违约金的，违约方支付违约金后，还应当履行债务。"故选项C、D正确，符合题意。

八、技术合同

（一）技术合同的概念

（二）职务技术成果和非职务技术成果

（三）无效的技术合同

（四）技术合同的种类

(1) 技术开发合同

51.（2016年卷二第48题）甲公司委托乙研究所为其开发一种技术，并签订了一份技术开发合同，但双方没有约定技术成果的归属。乙研究所按约定交付了符合要求的技术成果，并随后就该技术成果申请专利，双方发生纠纷。根据合同法及相关规定，下列哪些说法是正确的？
  A. 甲公司享有就该技术成果申请专利的权利
  B. 乙研究所享有就该技术成果申请专利的权利
  C. 如果乙研究所就该技术成果取得专利权，甲公司可以免费实施该专利
  D. 如果乙研究所就该技术成果取得专利权并欲转让该专利权的，甲公司享有以同等条件优先受让的权利

【知识要点】技术开发合同

【解析】《合同法》第339条规定："委托开发完成的发明创造，除当事人另有约定的以外，申请专利的权利属于研究开发人。研究开发人取得专利权的，委托人可以免费实施该专利。研究开发人转让专利申请权的，委托人享有以同等条件优先受让的权利。"在知识产权领域，我国的立法都倾向于进行智力创作的一方，即委托人。本题中，如果甲公司和乙研究所没有就申请专利的权利进行约定，那申请专利的权利就属于乙研究所。甲公司出钱委托乙研究所研发某种技术，如果因为乙研究所申请了专利而导致甲公司没法使用该技术成果的话，那显然是不公平的，故如果乙研究所取得专利权，甲公司可以免费实施。甲公司本身就在实施该专利技术，如果专利权属于甲公司有利于更好地发挥该专利权的效应，故甲公司享有同等条件下的优先购买权。故选项A错误，不符合题意；选项B、C、D正确，符合题意。

52.（2015年卷二第7题）张某和李某合作开发完成一项发明创造，但未约定权利归属。该项发明创造完成后，张某想要申请专利，而李某则想通过商业秘密保护，不同意申请专利。根据合同法及相关规定，下列哪种说法是正确的？
  A. 张某不得申请专利
  B. 张某可以申请专利，获得授权后专利权归张某和李某共有
  C. 张某可以申请专利，获得授权后专利权归张某所有，李某可以免费实施该专利
  D. 张某可以申请专利，获得授权后专利权归张某所有，但获得的收益应在两人之间分配

【知识要点】技术开发合同

【解析】《合同法》第340条第3款规定："合作开发的当事人一方不同意申请专利的，另一方或者其他各方不得申请专利。"在李某不同意申请专利的情况下，张某不得申请专利。故选项A正确，符合题意；选项B、C、D错误，不符合题意。

53.（2009年卷二第78题）根据合同法及相关规定，下列说法哪些是正确的？
  A. 技术合同涉及专利的，应当注明发明创造的名称、专利权人、申请日、专利号以及专利权的有效期限
  B. 技术开发合同履行过程中，因出现无法克服的技术困难，致使研究开发失败或者部分失败的，该风险责任由当事人平均分担
  C. 合作开发的当事人一方声明放弃其共有的专利申请权的，可以由另一方单独申请或者由其他各方共同申请
  D. 专利实施许可合同只在该专利权的存续期间内有效

【知识要点】技术开发合同

【解析】A.《合同法》第324条规定："技术合同的内容由当事人约定，一般包括以下条款：（一）项目名称；（二）标的的内容、范围和要求；（三）履行的计划、进度、期限、地点、地域和方式；（四）技术情报和资料的保密；（五）风险责任的承担；（六）技术成果的归属和收益的分成办法；（七）验收标准和方法；（八）价款、报酬或者使用费及其支付方式；（九）违约金或者损失赔偿的计算方法；（十）解决争议的方法；（十一）名词和术语的解释。与履行合同有关的技术背景资料、可行性论证和技术评价报告、项目任务书和计划书、技术标准、技术规范、原始设计和工艺文件，以及其他技术文档，按照当事人的约定可以作为合同的组成部分。技术合同涉及专利的，应当注明发明创

造的名称、专利申请人和专利权人、申请日期、申请号、专利号以及专利权的有效期限。"故选项A正确，符合题意。

B.《合同法》第338条规定："在技术开发合同履行过程中，因出现无法克服的技术困难，致使研究开发失败或者部分失败的，该风险责任由当事人约定。没有约定或者约定不明确，依照本法第六十一条的规定仍不能确定的，风险责任由当事人合理分担。当事人一方发现前款规定的可能致使研究开发失败或者部分失败的情形时，应当及时通知另一方并采取适当措施减少损失。没有及时通知并采取适当措施，致使损失扩大的，应当就扩大的损失承担责任。"风险责任可由当事人约定或根据习惯合理确定。故选项B错误，不符合题意。

C.《合同法》第340条规定："合作开发完成的发明创造，除当事人另有约定的以外，申请专利的权利属于合作开发的当事人共有。当事人一方转让其共有的专利申请权的，其他各方享有以同等条件优先受让的权利。合作开发的当事人一方声明放弃其共有的专利申请权的，可以由另一方单独申请或者其他各方共同申请。申请人取得专利权的，放弃专利申请权的一方可以免费实施该专利。合作开发的当事人一方不同意申请专利的，另一方或者其他各方不得申请专利。"故选项C正确，符合题意。

D.《合同法》第344条规定："专利实施许可合同只在该专利权的存续期间内有效。专利权有效期限届满或者专利权被宣布无效的，专利权人不得就该专利与他人订立专利实施许可合同。"故选项D正确，符合题意。

（2）技术转让合同

54.（2014年卷二第64题）根据合同法及相关规定，下列关于专利实施许可合同的哪些说法是正确的？
A. 除合同另有约定外，被许可人可以许可约定以外的第三人实施该专利
B. 专利实施许可合同只在该专利权的存续期间内有效
C. 许可人应当保证自己是所许可实施的专利的合法拥有者
D. 被许可人应当按照约定的范围和期限，对让与人提供的技术中尚未公开的秘密部分，承担保密义务

【知识要点】专利实施许可合同

【解析】A.《合同法》第346条规定："专利实施许可合同的受让人应当按照约定实施专利，不得许可约定以外的第三人实施该专利；并按照约定支付使用费。"故选项A错误，不符合题意。

B.《合同法》第344条规定："专利实施许可合同只在该专利权的存续期间内有效。……"故选项B正确，符合题意。

C.《合同法》第349条规定："技术转让合同的让与人应当保证自己是所提供的技术的合法拥有者，并保证所提供的技术完整、无误、有效，能够达到约定的目标。"同时，《合同法》第342条第1款规定："技术转让合同包括专利权转让、专利申请权转让、技术秘密转让、专利实施许可合同。"专利许可人应当保证自己是所许可实施的专利的合法拥有者，故选项C正确，符合题意。

D.《合同法》第350条规定："技术转让合同的受让人应当按照约定的范围和期限，对让与人提供的技术中尚未公开的秘密部分，承担保密义务。"专利实施许可合同作为技术转让合同的一种，也适用这一规定。故选项D正确，符合题意。

55.（2013年卷二第49题）根据合同法及相关规定，下列关于技术转让合同的哪些说法是正确的？
A. 技术秘密转让合同应当采用书面形式
B. 技术秘密转让合同的当事人未就使用技术秘密后续改进技术成果的分享办法作出约定的，一方后续改进的技术成果，其他各方均有权分享
C. 专利实施许可合同的被许可人应当按照约定的范围和期限，对让与人提供的技术中尚未公开的秘密部分，承担保密义务
D. 专利实施许可合同只在该专利权的存续期间内有效

【知识要点】技术转让合同

【解析】A.《合同法》第342条规定："技术转让合同包括专利权转让、专利申请权转让、技术秘密转让、专利实施许可合同。技术转让合同应当采用书面形式。"由此可知，作为技术转让合同之一的技术秘密转让合同应采取书面形式。故选项A正确，符合题意。

B.《合同法》第354条规定："当事人可以按照互利的原则，在技术转让合同中约定实施专利、使用技术秘密后续改进的技术成果的分享办法；没有约定或者约定不明确，依照本法第六十一条的规定仍不能确定的，一方后续改进的技术成果，其他各方无权分享。"故选项B错误，不符合题意。

C.《合同法》第350条规定："技术转让合同的受让人应当按照约定的范围和期限，对让与人提供的技术中尚未公开的秘密部分，承担保密义务。"根据该规定和上述第342条的规定，选项C正确，符合题意。

D.《合同法》第344条规定："专利实施许可合同只在该专利权的存续期间内有效。……"故选项D正确，符合题意。

56.（2010年卷二第85题）根据合同法及相关规定，下列关于技术转让合同哪些是正确的？
A. 技术转让合同的当事人未就后续改进技术成果的分享办法作出约定的，当事人各方共同享有后续改进的技术

成果

B. 技术转让合同可以约定让与人和受让人实施专利或者使用技术秘密的范围，但不得限制技术竞争和技术发展
C. 专利实施许可合同的有效期间可以由双方当事人任意约定
D. 专利实施许可合同的受让人应当按照约定实施专利，不得许可约定以外的第三人实施该专利

【知识要点】技术转让合同
【解析】A.《合同法》第354条规定："当事人可以按照互利的原则，在技术转让合同中约定实施专利、使用技术秘密后续改进的技术成果的分享办法。没有约定或者约定不明确，依照本法第六十一条的规定仍不能确定的，一方后续改进的技术成果，其他各方无权分享。"故选项A错误，不符合题意。

B.《合同法》第343条规定："技术转让合同可以约定让与人和受让人实施专利或者使用技术秘密的范围，但不得限制技术竞争和技术发展。"故选项B正确，符合题意。

C.《合同法》第344条规定："专利实施许可合同只在该专利权的存续期间内有效。专利权有效期限届满或者专利权被宣布无效的，专利权人不得就该专利与他人订立专利实施许可合同。"故选项C错误，不符合题意。

D.《合同法》第346条规定："专利实施许可合同的受让人应当按照约定实施专利，不得许可约定以外的第三人实施该专利；并按照约定支付使用费。"故选项D正确，符合题意。

(3) 技术咨询和技术服务合同

57.（2012年卷二第10题）甲单位委托乙研究所就某技术项目提供可行性论证。双方在合同中约定乙研究所在三个月内提供咨询报告，甲单位在收到符合约定要求的报告后应支付乙研究所10万元报酬。根据合同法及相关规定，下列哪种说法是正确的？

A. 合同属于技术开发合同
B. 如果乙研究所未按期提供咨询报告，则应当承担减收或者免收报酬等违约责任
C. 如果双方没有约定，则乙研究所利用甲单位提供的技术资料和工作条件完成的新的技术成果，属于甲单位
D. 如果双方没有约定，则甲单位按照乙研究所符合约定要求的咨询报告和意见作出决策所造成的损失，由乙研究所承担

【知识要点】技术咨询和技术服务合同
【解析】A.《合同法》第356条第1款规定："技术咨询合同包括就特定技术项目提供可行性论证、技术预测、专题技术调查、分析评价报告等合同。"故选项A错误，不符合题意。

B.C.D.《合同法》第359条规定："技术咨询合同的委托人未按照约定提供必要的资料和数据，影响工作进度和质量，不接受或者逾期接受工作成果的，支付的报酬不得追回，未支付的报酬应当支付。技术咨询合同的受托人未按期提出咨询报告或者提出的咨询报告不符合约定的，应当承担减收或者免收报酬等违约责任。技术咨询合同的委托人按照受托人符合约定要求的咨询报告和意见作出决策所造成的损失，由委托人承担，但当事人另有约定的除外。"《合同法》第363条规定："技术咨询合同、技术服务合同履行过程中，受托人利用委托人提供的技术资料和工作条件完成的新的技术成果，属于受托人。委托人利用受托人的工作成果完成的新的技术成果，属于委托人。当事人另有约定的，按照其约定。"故选项B正确，符合题意；选项C、D错误，不符合题意。

九、委托合同

58.（2016年卷二第49题）甲公司委托乙专利代理机构代为处理本公司专利事务，乙专利代理机构根据委托合同收取报酬。根据合同法及相关规定，下列哪些说法是正确的？

A. 乙机构应当按照甲公司的指示处理委托事务
B. 乙机构应当按照甲公司的要求报告委托事务的处理情况
C. 因乙机构的过错给甲公司造成损失的，甲公司可以要求乙机构赔偿损失
D. 甲公司、乙机构可以随时解除双方之间的委托合同

【知识要点】委托合同
【解析】《合同法》第399条规定："受托人应当按照委托人的指示处理委托事务。需要变更委托人指示的，应当经委托人同意；因情况紧急，难以和委托人取得联系的，受托人应当妥善处理委托事务，但事后应当将该情况及时报告委托人。"《合同法》第401条规定："受托人应当按照委托人的要求，报告委托事务的处理情况。委托合同终止时，受托人应当报告委托事务的结果。"《合同法》第406条规定："有偿的委托合同，因受托人的过错给委托人造成损失的，委托人可以要求赔偿损失。无偿的委托合同，因受托人的故意或者重大过失给委托人造成损失的，委托人可以要求赔偿损失。"《合同法》第410条规定："委托人或者受托人可以随时解除委托合同。因解除合同给对方造成损失的，除不可归责于该当事人的事由以外，应当赔偿损失。"委托合同是受托人接受委托人的委托而订立，受托人按照委托人的指示处理委托事务是应有之义。受托人根据委托人的要求，及时报告事务处理的进展情况，有利于委托人及时了解事务的状况。委托合同分为有偿和无偿两种，有偿的委托合同，受托人存在过错则需要承担赔偿责任，而无偿的委

托合同受托人要存在重大过失才需要承担责任。委托合同以双方信任为存在的前提，如果失去了信任，合同自然难以履行，故法律赋予双方当事人随时解除合同的权利，并且解除不需要有任何理由。故选项A、B、C、D均正确，符合题意。

59. (2015年卷二第47题) 甲公司委托乙专利代理机构代为处理本公司专利事务。根据合同法及相关规定，下列哪些说法是正确的？
    A. 委托合同终止时，乙机构应当向甲公司报告委托事务的结果
    B. 乙机构应当按照甲公司的要求报告委托事务的处理情况
    C. 甲公司应当偿还乙机构为处理委托事务垫付的必要费用
    D. 乙机构可以随时解除该合同，但甲公司不可以

【知识要点】委托合同

【解析】A、B.《合同法》第401条规定："受托人应当按照委托人的要求，报告委托事务的处理情况。委托合同终止时，受托人应当报告委托事务的结果。"故选项A、B正确，符合题意。

C.《合同法》第398条规定："委托人应当预付处理委托事务的费用。受托人为处理委托事务垫付的必要费用，委托人应当偿还该费用及其利息。"故选项C正确，符合题意。

D.《合同法》第410条规定："委托人或者受托人可以随时解除委托合同。因解除合同给对方造成损失的，除不可归责于该当事人的事由以外，应当赔偿损失。"故甲公司、乙机构均可以随时解除委托合同，选项D错误，不符合题意。

60. (2015年卷二第48题) 甲农场委托乙运输公司将农场的水果运往某市水果市场。合同签订后，乙运输公司有更大的运输业务，欲将运输甲农场水果的任务委托给丙运输公司。根据合同法及相关规定，下列哪些说法是正确的？
    A. 乙运输公司经甲农场同意，可以转委托丙运输公司运输甲农场的水果
    B. 乙运输公司有权转委托丙运输公司，仅需事后通知甲农场
    C. 转委托未经甲农场同意的，乙运输公司应当对丙运输公司的行为承担责任
    D. 转委托未经甲农场同意的，乙运输公司仅需就其对丙运输公司的指示承担责任

【知识要点】委托合同

【解析】A、B.《合同法》第400条规定："受托人应当亲自处理委托事务。经委托人同意，受托人可以转委托。转委托经同意的，委托人可以就委托事务直接指示转委托的第三人，受托人仅就第三人的选任及其对第三人的指示承担责任。……"故选项A正确，符合题意；选项B错误，不符合题意。

C、D.《合同法》第400条规定："……转委托未经同意的，受托人应当对转委托的第三人的行为承担责任，但在紧急情况下受托人为维护委托人的利益需要转委托的除外。"本题中"乙运输公司有更大的运输业务"这一理由并非"紧急情况"，不适用"在紧急情况下受托人为维护委托人的利益需要转委托的"这一除外情形。故选项C正确，符合题意；选项D错误，不符合题意。

61. (2010年卷二第78题) 甲公司委托姚某购买一批化肥。在甲公司的授权范围内，姚某以自己的名义与乙公司签订了一份化肥买卖合同，并在订立合同的过程中，将他与甲公司之间的代理关系告诉了乙公司。根据合同法及相关规定，下列关于该买卖合同哪些是正确的？
    A. 该合同直接约束姚某和乙公司，但有确切证据证明该合同只约束甲公司和乙公司的除外
    B. 该合同直接约束甲公司和乙公司，但有确切证据证明该合同只约束姚某和乙公司的除外
    C. 该合同直接约束甲公司、乙公司和姚某
    D. 该合同无效，对甲公司、乙公司和姚某均没有约束力

【知识要点】委托合同

【解析】《合同法》第402条规定："受托人以自己的名义，在委托人的授权范围内与第三人订立的合同，第三人在订立合同时知道受托人与委托人之间的代理关系的，该合同直接约束委托人和第三人，但有确切证据证明该合同只约束受托人和第三人的除外。"故选项A、C、D错误，不符合题意；选项B正确，符合题意。

62. (2010年卷二第92题) 王某委托胡某销售一批货物，双方约定胡某不收取报酬。根据合同法及相关规定，下列说法哪些是正确的？
    A. 胡某有权请求王某偿还为处理委托事务垫付的必要费用及其利息
    B. 胡某因为故意给王某造成损失的，王某可以要求胡某赔偿
    C. 胡某因为重大过失给王某造成损失的，王某可以要求胡某赔偿
    D. 如果胡某转委托第三人处理王某委托的事务，应经过王某同意

【知识要点】委托合同

【解析】A.《合同法》第398条规定："委托人应当预付处理委托事务的费用。受托人为处理委托事务垫付的必要费用，委托人应当偿还该费用及其利息。"故选项A正确，符合题意。

302

B.C.《合同法》第406条第1款规定:"有偿的委托合同,因受托人的过错给委托人造成损失的,委托人可以要求赔偿损失。无偿的委托合同,因受托人的故意或者重大过失给委托人造成损失的,委托人可以要求赔偿损失。"故选项B、C正确,符合题意。

D.《合同法》第408条规定:"委托人经受托人同意,可以在受托人之外委托第三人处理委托事务。因此给受托人造成损失的,受托人可以向委托人要求赔偿损失。"故选项D正确,符合题意。

63.(2008年卷二第64题)甲委托乙购买一批货物,但要求以乙的名义签订合同,乙同意,遂与丙签订了买卖合同。后由于甲的原因,乙不能按时向丙支付货款。乙向丙说明了自己是受甲委托向丙购买货物。对此,下列哪些说法是正确的?
A. 丙只能要求甲支付货款
B. 丙只能要求乙支付货款
C. 丙选定甲作为相对人要求其支付货款后,不得再变更为乙
D. 丙选定乙作为相对人要求其支付货款后,乙的财产不足以清偿债务的,可以重新选择甲作为相对人

【知识要点】委托合同
【解析】《合同法》第403条规定:"受托人以自己的名义与第三人订立合同时,第三人不知道受托人与委托人之间的代理关系的,受托人因第三人的原因对委托人不履行义务,受托人应当向委托人披露第三人,委托人因此可以行使受托人对第三人的权利,但第三人与受托人订立合同时如果知道该委托人就不会订立合同的除外。受托人因委托人的原因对第三人不履行义务,受托人应当向第三人披露委托人,第三人因此可以选择受托人或者委托人作为相对人主张其权利,但第三人不得变更选定的相对人。委托人行使受托人对第三人的权利的,第三人可以向委托人主张其对受托人的抗辩。第三人选定委托人作为其相对人的,委托人可以向第三人主张其对受托人的抗辩以及受托人对第三人的抗辩。"丙可以选择甲或乙作为相对人并要求其支付货款,但选定后不得再变更。故选项C正确,符合题意。

64.(2007年卷二第92题)根据合同法的规定,下列关于委托合同哪些是正确的?
A. 委托合同可以采用非书面形式
B. 委托合同可以是无偿的
C. 委托合同可以就一项或数项事务特别委托受托人处理,也可以概括委托受托人处理一切事务
D. 受托人处理委托事务取得的财产,应当转交给委托人

【知识要点】委托合同
【解析】A.《合同法》第10条规定:"当事人订立合同,有书面形式、口头形式和其他形式。法律、行政法规规定采用书面形式的,应当采用书面形式。当事人约定采用书面形式的,应当采用书面形式。"故选项A正确,符合题意。

B.《合同法》第405条规定:"受托人完成委托事务的,委托人应当向其支付报酬。因不可归责于受托人的事由,委托合同解除或者委托事务不能完成的,委托人应当向受托人支付相应的报酬。当事人另有约定的,按照其约定。"《合同法》第406条规定:"有偿的委托合同,因受托人的过错给委托人造成损失的,委托人可以要求赔偿损失。无偿的委托合同,因受托人的故意或者重大过失给委托人造成损失的,委托人可以要求赔偿损失。受托人超越权限给委托人造成损失的,应当赔偿损失。"故选项B正确,符合题意。

C.《合同法》第397条规定:"委托人可以特别委托受托人处理一项或者数项事务,也可以概括委托受托人处理一切事务。"故选项C正确,符合题意。

D.《合同法》第404条规定:"受托人处理委托事务取得的财产,应当转交给委托人。"故选项D正确,符合题意。

第三节 民事诉讼法

一、民事诉讼法的基本知识

(一)民事诉讼法的效力

(二)民事诉讼法的基本原则

1.(2016年卷二第8题)在一起侵犯专利权的民事诉讼中,人民法院进行了调解,并在双方当事人达成协议后制作了调解书。根据民事诉讼法及相关规定,该调解书自何时具有法律效力?
A. 制作完毕时
B. 送达任何一方当事人时
C. 加盖人民法院印章后
D. 经双方当事人签收后

【知识要点】民事诉讼的调解

【解析】《民事诉讼法》第97条规定："调解达成协议，人民法院应当制作调解书。调解书应当写明诉讼请求、案件的事实和调解结果。调解书由审判人员、书记员署名，加盖人民法院印章，送达双方当事人。调解书经双方当事人签收后，即具有法律效力。"调解的前提是双方当事人自愿。当事人达成协议之后，可能还会反悔。当事人在签收调解书代表了对调解书中内容的认可。调解的目的是案结了事，如果当事人勉强达成调解协议，事后反悔引起的矛盾可能更多。给当事人在达成协议后一个冷静期比较符合调节书具有的特性并且符合通过调解来解决纠纷的目的，也有利于保障当事人的诉权。当事人一旦反悔不签字，法院可以判决，当事人也可以就判决提起上诉或者申请再审。故选项D正确，符合题意。

2.（2015年卷二第10题）在一起侵犯专利权纠纷案件中，双方当事人达成调解协议后，人民法院制作了调解书，但原告在调解书送达前反悔，拒不签收。根据民事诉讼法及相关规定，下列哪种说法是正确的？

A. 人民法院可以留置送达该调解书
B. 人民法院可以公告送达该调解书
C. 人民法院应当及时判决
D. 人民法院应当裁定驳回起诉

【知识要点】民事诉讼的调解

【解析】《民事诉讼法》第99条规定："调解未达成协议或者调解书送达前一方反悔的，人民法院应当及时判决。"故选项C正确，符合题意。

3.（2015年卷二第50题）根据民事诉讼法及相关规定，下列哪些说法是正确的？

A. 民事诉讼当事人有平等的诉讼权利
B. 当事人有权在法律规定的范围内处分自己的民事权利和诉讼权利
C. 在少数民族聚居的地区，人民法院应当一律使用汉语言文字审理和发布法律文书
D. 人民法院审理民事案件，应当根据自愿和合法的原则进行调解；调解不成的，应当及时判决

【知识要点】民事诉讼法的基本原则

【解析】A.《民事诉讼法》第8条规定："民事诉讼当事人有平等的诉讼权利。人民法院审理民事案件，应当保障和便利当事人行使诉讼权利，对当事人在适用法律上一律平等。"故选项A正确，符合题意。

B.《民事诉讼法》第13条第2款规定："当事人有权在法律规定的范围内处分自己的民事权利和诉讼权利。"故选项B正确，符合题意。

C.《民事诉讼法》第11条第2款规定："在少数民族聚居或者多民族共同居住的地区，人民法院应当用当地民族通用的语言、文字进行审理和发布法律文书。"故选项C错误，不符合题意。

D.《民事诉讼法》第9条规定："人民法院审理民事案件，应当根据自愿和合法的原则进行调解；调解不成的，应当及时判决。"故选项D正确，符合题意。

4.（2013年卷二第33题）根据民事诉讼法及相关规定，下列哪些说法是正确的？

A. 民事诉讼当事人有平等的诉讼权利
B. 民事诉讼应当遵循诚实信用原则
C. 在民事诉讼中，人民法院进行审理和发布法律文书均应使用汉语
D. 人民检察院有权对民事诉讼实行法律监督

【知识要点】民事诉讼法的基本原则

【解析】A.《民事诉讼法》第8条规定："民事诉讼当事人有平等的诉讼权利。……"故选项A正确，符合题意。

B.《民事诉讼法》第13条第1款规定："民事诉讼应当遵循诚实信用原则。"故选项B正确，符合题意。

C.《民事诉讼法》第11条第2款规定："在少数民族聚居或者多民族共同居住的地区，人民法院应当用当地民族通用的语言、文字进行审理和发布法律文书。"故选项C错误，不符合题意。

D.《民事诉讼法》第14条规定："人民检察院有权对民事诉讼实行法律监督。"故选项D正确，符合题意。

（三）民事诉讼的基本制度

5.（2016年卷二第53题）根据民事诉讼法及相关规定，审判人员存在下列哪些情形，当事人有权申请或者要求他们回避？

A. 是本案诉讼代理人的近亲属的
B. 接受本案诉讼代理人请客送礼的
C. 曾经在另一案件中对同一当事人做出不利裁判的
D. 违反规定会见本案诉讼代理人的

【知识要点】民事诉讼的回避制度

【解析】《民事诉讼法》第44条规定："审判人员有下列情形之一的，应当自行回避，当事人有权用口头或者书面方式申请他们回避：（一）是本案当事人或者当事人、诉讼代理人的近亲属；（二）与本案有利害关系；（三）与本案当事人、诉讼代理人有其他关系，可能影响对案件公正审理的。审判人员接受当事人、诉讼代理人请客送礼，或者违反规定会见当事人、诉讼代理人的，当事人有权要求他们回避。审判人员有前款规定的行为的，应当依法追究法律责

任。前三款规定，适用于书记员、翻译人员、鉴定人和勘验人。"回避制度的目的一是避开可能不公正审理的嫌疑，使案件能够顺利进行，二是避免审判人员利用权力弄虚作假，徇私舞弊，作出不公正的裁决。审判法官是诉讼代理人近亲属、接受请客送礼或者违反规定会见诉讼代理人，都会有不公正审理的嫌疑，需要回避。案件的判决，总会对一方有利，对另一方不利。曾经在另一案件中对同一当事人作出不利裁决，并不能说明该审判员对当事人有偏见。故选项A、B、D正确，符合题意。

6. (2012年卷二第76题) 根据民事诉讼法及相关规定，有关回避的规定适用于下列哪些人员？
   A. 审判员　　　　B. 书记员　　　　C. 翻译人员　　　　D. 证人

   【知识要点】民事诉讼的回避制度

   【解析】《民事诉讼法》第44条规定："审判人员有下列情形之一的，应当自行回避，当事人有权用口头或者书面方式申请他们回避：（一）是本案当事人或者当事人、诉讼代理人近亲属的；（二）与本案有利害关系的；（三）与本案当事人、诉讼代理人有其他关系，可能影响对案件公正审理的。审判人员接受当事人、诉讼代理人请客送礼，或者违反规定会见当事人、诉讼代理人的，当事人有权要求他们回避。审判人员有前款规定的行为的，应当依法追究法律责任。前三款规定，适用于书记员、翻译人员、鉴定人、勘验人。"故选项A、B、C正确，符合题意。

7. (2011年卷二第3题) 根据民事诉讼法及相关规定，下列说法哪些是正确的？
   A. 涉及商业秘密案件不得公开审理
   B. 涉及商业秘密案件是否公开审理由当事人协商决定
   C. 涉及商业秘密案件当事人申请不公开审理的，一律不公开审理
   D. 涉及商业秘密案件当事人申请不公开审理的，可以不公开审理

   【知识要点】公开审判制度

   【解析】《民事诉讼法》第134条规定："人民法院审理民事案件，除涉及国家秘密、个人隐私或者法律另有规定的以外，应当公开进行。离婚案件，涉及商业秘密的案件，当事人申请不公开审理的，可以不公开审理。"故选项D正确，符合题意。

8. (2011年卷二第35题) 根据民事诉讼法及相关规定，下列关于民事诉讼中回避的说法哪些是正确的？
   A. 陪审员和书记员的回避均由审判长决定
   B. 陪审员的回避由人民法院院长决定，书记员的回避由审判长决定
   C. 陪审员的回避由审判委员会决定，书记员的回避由审判长决定
   D. 陪审员的回避由审判委员会决定，书记员的回避由人民法院院长决定

   【知识要点】回避制度

   【解析】《民事诉讼法》第46条规定："院长担任审判长时的回避，由审判委员会决定；审判人员的回避，由院长决定；其他人员的回避，由审判长决定。"故选项B正确，符合题意。

9. (2010年卷二第3题) 根据民事诉讼法及相关规定，下列关于公开审判制度的说法哪些是正确的？
   A. 公开审判制度是民事诉讼的基本制度，所有民事案件一律公开审理
   B. 涉及国家秘密、个人隐私的民事案件，不应当公开审理
   C. 涉及商业秘密的民事案件，当事人申请不公开审理的，可以不公开审理
   D. 离婚案件，当事人申请不公开审理的，可以不公开审理

   【知识要点】公开审判制度

   【解析】《民事诉讼法》第10条规定："人民法院审理民事案件，依照法律规定实行合议、回避、公开审判和两审终审制度。"《民事诉讼法》第134条规定："人民法院审理民事案件，除涉及国家秘密、个人隐私或者法律另有规定的以外，应当公开进行。离婚案件，涉及商业秘密的案件，当事人申请不公开审理的，可以不公开审理。"故选项B、C、D正确，符合题意。

二、民事诉讼的管辖

（一）级别管辖

10. (2010年卷二第11题) 根据民事诉讼法及相关规定，下列哪些案件的一审只能由中级以上人民法院管辖？
    A. 商标民事纠纷案件　　　　B. 涉外民事案件
    C. 著作权民事纠纷案件　　　　D. 专利纠纷案件

    【知识要点】中级以上人民法院的管辖

    【解析】《民事诉讼法》第18条规定："中级人民法院管辖下列第一审民事案件：（一）重大涉外案件；（二）在本辖区有重大影响的案件；（三）最高人民法院确定由中级人民法院管辖的案件。"《最高人民法院关于适用〈中华人民共和国民事诉讼法〉的解释》(以下简称《民诉法解释》)第1条规定："民事诉讼法第十八条第一项规定的重大涉外

案件，包括争议标的额大的案件、案情复杂的案件，或者一方当事人人数众多等具有重大影响的案件。"第2条规定："专利纠纷案件由知识产权法院、最高人民法院确定的中级人民法院和基层人民法院管辖。海事、海商案件由海事法院管辖。"故选项A、B、C、D均错误，不符合题意，本题无答案。

注意，本题在当年考试时，是根据当年还生效的《最高人民法院关于适用〈中华人民共和国民事诉讼法〉若干问题的意见》第2条的规定"专利纠纷案件由最高人民法院确定的中级人民法院管辖。海事、海商案件由海事法院管辖"认为选项D正确，为当年的正确答案。而现在《最高人民法院关于适用〈中华人民共和国民事诉讼法〉若干问题的意见》已废止，根据《民诉法解释》中的规定，本题没有正确答案。

（二）地域管辖

11.（2016年卷二第51题）根据民事诉讼法及相关规定，因侵权行为提起的民事诉讼，下列哪些人民法院有管辖权？
　　A. 原告住所地人民法院　　　　　　　　B. 侵权行为实施地人民法院
　　C. 侵权结果发生地人民法院　　　　　　D. 被告住所地人民法院
【知识要点】民事诉讼的地域管辖
【解析】《民事诉讼法》第28条规定："因侵权行为提起的诉讼，由侵权行为地或者被告住所地人民法院管辖。"《民诉法解释》第24条规定："民事诉讼法第二十八条规定的侵权行为地，包括侵权行为实施地、侵权结果发生地。"根据"原告就被告"的一般原则，在侵权诉讼中，被告住所地法院有管辖权。侵权行为地保留了与侵权行为相关的大量证据，侵权行为地法院管辖也有利于查清事实。侵权行为地包括侵权行为实施地和侵权结果发生地。故选项B、C、D正确，符合题意。

12.（2016年卷二第52题）根据民事诉讼法及相关规定，对于两个以上人民法院都有管辖权的诉讼，下列哪些说法是正确的？
　　A. 先立案的人民法院不得将案件移送给另一个有管辖权的人民法院
　　B. 人民法院在立案前发现其他有管辖权的人民法院已先立案的，不得重复立案
　　C. 人民法院在立案后发现其他有管辖权的人民法院已先立案的，裁定将案件移送给先立案的人民法院
　　D. 人民法院在立案后发现其他有管辖权的人民法院已先立案的，应依法报请上级法院指定管辖
【知识要点】民事诉讼的共同管辖
【解析】《民诉法解释》第36条规定："两个以上人民法院都有管辖权的诉讼，先立案的人民法院不得将案件移送给另一个有管辖权的人民法院。人民法院在立案前发现其他有管辖权的人民法院已先立案的，不得重复立案；立案后发现其他有管辖权的人民法院已先立案的，裁定将案件移送给先立案的人民法院。"两个以上人民法院都有管辖权的诉讼，原告可以选择其中一个任何法院起诉，如果先立案的法院可以将案件移送给另一个法院，那么原告选择法院起诉的权利就无法实现。同一个案件如果在两个以上的法院审理，那是浪费司法资源，故如果A法院知道B法院已经立案，就不应该重复立案。如果A法院在立案后才发现B法院已经先立案，那直接移送给先立案的法院比报请上级法院指定管辖更为简便，同时也符合《民事诉讼法》第35条根据立案时间先后确定管辖权的原则。故选项A、B、C正确，符合题意。

13.（2015年卷二第8题）根据民事诉讼法及相关规定，原告向两个有管辖权的人民法院起诉的，由哪个人民法院管辖？
　　A. 最先收到起诉状的人民法院　　　　　B. 最先收到案件受理费的人民法院
　　C. 最先立案的人民法院　　　　　　　　D. 该两个人民法院共同上级人民法院指定的人民法院
【知识要点】民事诉讼的共同管辖和选择管辖
【解析】《民事诉讼法》第35条规定："两个以上人民法院都有管辖权的诉讼，原告可以向其中一个人民法院起诉；原告向两个以上有管辖权的人民法院起诉的，由最先立案的人民法院管辖。"故选项C正确，符合题意。

14.（2013年卷二第4题）甲县的周某与乙县的郑某在丙县签订了一份合同，将周某位于丁县的厂房卖给郑某。后双方发生纠纷，周某欲起诉郑某。根据民事诉讼法及相关规定，周某应向何地人民法院起诉？
　　A. 甲县　　　　　B. 乙县　　　　　C. 丙县　　　　　D. 丁县
【知识要点】民事诉讼的地域管辖
【解析】《民事诉讼法》第33条规定："下列案件，由本条规定的人民法院专属管辖：（一）因不动产纠纷提起的诉讼，由不动产所在地人民法院管辖；……"本题中的诉讼因不动产厂房纠纷提起，应由厂房所在地丁县的人民法院管辖。故选项D正确，符合题意。

15.（2013年卷二第81题）甲公司与乙公司签订了家具买卖合同，并欲就发生合同纠纷时的管辖问题进行约定。根据民事诉讼法及相关规定，在不违反级别管辖和专属管辖规定的情况下，下列哪些约定符合规定？
　　A. 双方书面约定由合同签订地人民法院管辖　　　　B. 双方口头约定由合同签订地人民法院管辖

C. 双方书面约定由原告住所地人民法院管辖　　　　D. 双方口头约定由原告住所地人民法院管辖

【知识要点】民事诉讼的协议管辖

【解析】《民事诉讼法》第34条规定："合同或者其他财产权益纠纷的当事人可以书面协议选择被告住所地、合同履行地、合同签订地、原告住所地、标的物所在地等与争议有实际联系的地点的人民法院管辖，但不得违反本法对级别管辖和专属管辖的规定。"根据该规定可知，协议管辖中的"协议"应当是书面协议，而不能是口头协议。同时，所约定的法院应当是与争议有实际联系的地点的人民法院。本题中，甲公司和乙公司可书面约定合同签订地、原告住所地等人民法院管辖，但不能口头约定。故选项A、C正确，符合题意。

16.（2012年卷二第51题）根据民事诉讼法及相关规定，在不违反民事诉讼法对级别管辖和专属管辖规定的情况下，合同双方当事人可以就合同纠纷通过书面协议选择下列哪些人民法院管辖？
　　A. 被告住所地人民法院　　　　　　　　　　　B. 合同履行地人民法院
　　C. 合同签订地人民法院　　　　　　　　　　　D. 标的物所在地人民法院

【知识要点】合同纠纷的地域管辖

【解析】根据《民事诉讼法》第34条的规定（参见本节第15题解析），选项A、B、C、D正确，符合题意。

17.（2011年卷二第11题）根据民事诉讼法及相关规定，下列哪些情形下，民事诉讼案件由原告住所地人民法院管辖，原告住所地与经常居住地不一致的，由原告经常居住地人民法院管辖？
　　A. 对被监禁的人提起的诉讼　　　　　　　　　B. 对下落不明的人提起的有关身份关系的诉讼
　　C. 对被劳动教养的人提起的诉讼　　　　　　　D. 对侵害名誉权的人提起的诉讼

【知识要点】民事诉讼地域管辖

【解析】《民事诉讼法》第22条规定："下列民事诉讼，由原告住所地人民法院管辖；原告住所地与经常居住地不一致的，由原告经常居住地人民法院管辖：（一）对不在中华人民共和国领域内居住的人提起的有关身份关系的诉讼；（二）对下落不明或者宣告失踪的人提起的有关身份关系的诉讼；（三）对被采取强制性教育措施的人提起的诉讼；（四）对被监禁的人提起的诉讼。"故选项A、B、C正确，符合题意。

18.（2010年卷二第19题）根据民事诉讼法及相关规定，在原告住所地与经常居住地不一致的情况下，下列哪些民事诉讼由原告经常居住地人民法院管辖？
　　A. 张某对被劳动教养的姚某提起侵权之诉　　　B. 王某对被监禁的刘某提起侵权之诉
　　C. 陈某对被宣告失踪的王某提起离婚之诉　　　D. 姜某对旅居美国的伊某提起离婚之诉

【知识要点】民事诉讼的地域管辖

【解析】《民事诉讼法》第22条规定："下列民事诉讼，由原告住所地人民法院管辖；原告住所地与经常居住地不一致的，由原告经常居住地人民法院管辖：（一）对不在中华人民共和国领域内居住的人提起的有关身份关系的诉讼；（二）对下落不明或者宣告失踪的人提起的有关身份关系的诉讼；（三）对被采取强制性教育措施的人提起的诉讼；（四）对被监禁的人提起的诉讼。"故选项A、B、C、D正确，符合题意。

（三）移送管辖和指定管辖

19.（2013年卷二第42题）根据民事诉讼法及相关规定，有关管辖权异议的下列哪些说法是正确的？
　　A. 人民法院受理案件后，当事人对管辖权有异议的，应当在提交答辩期间提出
　　B. 当事人未提出管辖权异议，并应诉答辩的，视为受诉人民法院有管辖权，但违反级别管辖和专属管辖规定的除外
　　C. 经审查管辖权异议成立的，人民法院裁定将案件移送有管辖权的法院
　　D. 经审查管辖权异议不成立的，人民法院裁定驳回

【知识要点】民事诉讼管辖权异议

【解析】A、C、D.《民事诉讼法》第127条第1款规定："人民法院受理案件后，当事人对管辖权有异议的，应当在提交答辩状期间提出。人民法院对当事人提出的异议，应当审查。异议成立的，裁定将案件移送有管辖权的人民法院；异议不成立的，裁定驳回。"据此，选项A、C、D的说法均正确，符合题意。

B.《民事诉讼法》第127条第2款规定："当事人未提出管辖异议，并应诉答辩的，视为受诉人民法院有管辖权，但违反级别管辖和专属管辖规定的除外。"故选项B正确，符合题意。

三、审判组织和诉讼参加人

（一）审判组织

（二）诉讼当事人

20.（2015年卷二第51题）根据民事诉讼法及相关规定，法律规定的机关和有关组织对下列哪些行为可以向人民

法院提起公益诉讼？

A. 污染环境的行为
B. 侵害众多消费者合法权益的行为
C. 侵犯某专利权、未损害社会公共利益的行为
D. 侵犯某商标权、未损害社会公共利益的行为

【知识要点】公益诉讼

【解析】《民事诉讼法》第55条规定："对污染环境、侵害众多消费者合法权益等损害社会公共利益的行为，法律规定的机关和有关组织可以向人民法院提起诉讼。"故选项A、B正确，符合题意。

21.（2011年卷二第19题）根据民事诉讼法及相关规定，下列说法哪些是正确的？

A. 民事诉讼当事人有权请求调解
B. 民事诉讼当事人有权提出回避申请
C. 民事诉讼当事人有权申请执行
D. 民事诉讼当事人可以按照相关规定查阅本案有关材料

【知识要点】诉讼当事人享有的权利

【解析】《民事诉讼法》第49条规定："当事人有权委托代理人，提出回避申请，收集、提供证据，进行辩论，请求调解，提起上诉，申请执行。当事人可以查阅本案有关材料，并可以复制本案有关材料和法律文书。查阅、复制本案有关材料的范围和办法由最高人民法院规定。当事人必须依法行使诉讼权利，遵守诉讼秩序，履行发生法律效力的判决书、裁定书和调解书。"故选项A、B、C、D正确，符合题意。

22.（2011年卷二第27题）根据民事诉讼法及相关规定，在民事诉讼一审程序中，无独立请求权的第三人享有下列哪些诉讼权利？

A. 申请撤诉
B. 提出回避申请
C. 变更诉讼请求
D. 对案件的管辖权提出异议

【知识要点】无独立请求权第三人

【解析】无独立请求权第三人，是指虽然对原告和被告之间争议的诉讼标的没有独立的请求权，但与案件的处理结果有法律上的利害关系而参加诉讼的人。《民诉法解释》第82条规定："在一审诉讼中，无独立请求权的第三人无权提出管辖异议，无权放弃、变更诉讼请求或者申请撤诉，被判决承担民事责任的，有权提起上诉。"无独立请求权的第三人诉讼地位类似被告，但没有提出管辖权异议的权利。申请撤诉和变更诉讼请求是原告的权利，无独立请求权的第三人自然也不能享有。提出回避申请则是诉讼当事人都享有的权利。故选项B正确，符合题意。

23.（2010年卷二第27题）根据民事诉讼法及相关规定，下列关于民事诉讼第三人的说法哪些是正确的？

A. 对当事人双方的诉讼标的，第三人认为有独立请求权的，有权提起诉讼
B. 有独立请求权的第三人有权向人民法院提出诉讼请求和事实、理由，成为当事人
C. 对当事人双方的诉讼标的，第三人虽然没有独立请求权，但案件处理结果同他有法律上的利害关系的，可以申请参加诉讼
D. 人民法院判决承担民事责任的第三人，有当事人的诉讼权利义务

【知识要点】民事诉讼第三人

【解析】《民事诉讼法》第56条第1款和第2款规定："对当事人双方的诉讼标的，第三人认为有独立请求权的，有权提起诉讼。对当事人双方的诉讼标的，第三人虽然没有独立请求权，但案件处理结果同他有法律上的利害关系的，可以申请参加诉讼，或者由人民法院通知他参加诉讼。人民法院判决承担民事责任的第三人，有当事人的诉讼权利义务。"《民诉法解释》第81条第1款规定："根据民事诉讼法第五十六条的规定，有独立请求权的第三人有权向人民法院提出诉讼请求和事实、理由，成为当事人；无独立请求权的第三人，可以申请或者由人民法院通知参加诉讼。"故选项A、B、C、D正确，符合题意。

（三）诉讼代理人

24.（2016年卷二第55题）根据民事诉讼法及相关规定，下列哪些属于有关社会团体推荐公民担任诉讼代理人应当符合的条件？

A. 社会团体属于依法登记设立或者依法免予登记设立的非营利性法人组织
B. 被代理人属于该社会团体的成员，或者当事人一方住所地位于该社会团体的活动地域
C. 代理事务属于该社会团体章程载明的业务范围
D. 被推荐的公民是该社会团体的负责人或者与社会团体有合法劳动人事关系的工作人员

【知识要点】民事诉讼的诉讼代理人

【解析】《民诉法解释》第87条：根据民事诉讼法第五十八条第二款第三项规定，有关社会团体推荐公民担任诉讼代理人的，应当符合下列条件：（一）社会团体属于依法登记设立或者依法免予登记设立的非营利性法人组织；（二）被代理人属于该社会团体的成员，或者当事人一方住所地位于该社会团体的活动地域；（三）代理事务属于该社

会团体章程载明的业务范围；（四）被推荐的公民是该社会团体的负责人或者与该社会团体有合法劳动人事关系的工作人员。专利代理人经中华全国专利代理人协会推荐，可以在专利纠纷案件中担任诉讼代理人。"社会团体推荐公民担任诉讼代理人具有严格的限制。这种推荐一般都是基于公益方面的目的，故有推荐资格的社会团体应当是非营利性的法人组织。代理事务也需要和该社会团体有关，比如说代理人是社会团体的成员或者当事人住所地位于社会团体的活动地域，代理事务属于该社会团体章程载明的业务范围等。社会团体推荐的人也应该是该社会团体知根知底的自己人，比如说是该团体的负责人或者工作人员。故选项A、B、C、D正确，符合题意。

25.（2015年卷二第52题）根据民事诉讼法及相关规定，下列哪些人员可以被委托为民事诉讼的诉讼代理人？
A. 律师
B. 基层法律服务工作者
C. 当事人的近亲属
D. 有关社会团体推荐的公民

【知识要点】民事诉讼的诉讼代理人

【解析】《民事诉讼法》第58条第2款规定："下列人员可以被委托为诉讼代理人：（一）律师、基层法律服务工作者；（二）当事人的近亲属或者工作人员；（三）当事人所在社区、单位以及有关社会团体推荐的公民。"故选项A、B、C、D正确，符合题意。

26.（2012年卷二第60题）甲公司发现乙公司侵犯其专利权，遂委托律师王某作为其诉讼代理人向人民法院提起专利侵权诉讼。根据民事诉讼法及相关规定，王某的下列哪些行为必须有甲公司的特别授权？
A. 代为进行和解　　B. 代为放弃诉讼请求　　C. 代为提出回避申请　　D. 代为提起上诉

【知识要点】民事诉讼代理人的权限

【解析】《民事诉讼法》第59条规定："委托他人代为诉讼，必须向人民法院提交由委托人签名或者盖章的授权委托书。授权委托书必须记明委托事项和权限。诉讼代理人代为承认、放弃、变更诉讼请求，进行和解，提起反诉或者上诉，必须有委托人的特别授权。……"故选项A、B、D正确，符合题意。

27.（2010年卷二第35题）郑某因与某公司发生合同纠纷，委托律师马某全权代理诉讼，但未作具体的授权。根据民事诉讼法及相关规定，在无郑某特别授权的情形下，马某在诉讼中无权代为实施下列哪些行为？
A. 提出管辖权异议　　B. 提起反诉　　C. 提起上诉　　D. 进行和解

【知识要点】民事诉讼代理人的权限

【解析】《民事诉讼法》第59条规定："委托他人代为诉讼，必须向人民法院提交由委托人签名或者盖章的授权委托书。授权委托书必须记明委托事项和权限。诉讼代理人代为承认、放弃、变更诉讼请求，进行和解，提起反诉或者上诉，必须有委托人的特别授权。……"《民诉法解释》第89条第1款规定："当事人向人民法院提交的授权委托书，应在开庭审理前送交人民法院。授权委托书仅写'全权代理'而无具体授权的，诉讼代理人无权代为承认、放弃、变更诉讼请求，进行和解，提起反诉或者上诉。"故选项B、C、D正确，符合题意。

四、民事诉讼证据

（一）证据的种类

28.（2015年卷二第53题）根据民事诉讼法及相关规定，下列哪些可以作为民事诉讼证据？
A. 电子数据　　B. 鉴定意见　　C. 书证　　D. 视听资料

【知识要点】民事诉讼的证据种类

【解析】《民事诉讼法》第63条第1款规定："证据包括：（一）当事人的陈述；（二）书证；（三）物证；（四）视听资料；（五）电子数据；（六）证人证言；（七）鉴定意见；（八）勘验笔录。"故选项A、B、C、D正确，符合题意。

29.（2009年卷二第22题）根据民事诉讼法及相关规定，下列关于证据的说法哪些是正确的？
A. 物证应当提交原物，提交原物确有困难的，可以提交经人民法院核对无异的复制品
B. 书证应当提交原件，当事人如需自己保存原件的，可以提交经人民法院核对无异的复制件
C. 当事人收集到的书证是外文的，应当提交经人民法院核对无异的中文译文，可以不提交外文原文
D. 当事人向人民法院提供的证据系在中华人民共和国领域外形成的，该证据应当经我国公证机关证明

【知识要点】民事诉讼证据形式

【解析】A、B.《最高人民法院关于民事诉讼证据的若干规定》（以下简称《民诉证据规定》）第10条规定："当事人向人民法院提供证据应当提供原件或者原物。如需自己保存证据原件、原物或者提供原件、原物确有困难的，可以提供经人民法院核对无异的复制件或者复制品。"故选项A、B正确，符合题意。

C.《民事诉讼法》第70条规定："书证应当提交原件。物证应当提交原物。提交原件或原物确有困难的，可以提交复制品、照片、副本、节录本。提交外文书证，必须附有中文译本。"外文书证可以提交复制件，但不能不提交该外文原文。故选项C错误，不符合题意。

D.《民诉证据规定》第11条第1款规定："当事人向人民法院提供的证据系在中华人民共和国领域外形成的，该

证据应当经所在国公证机关予以证明，并经中华人民共和国驻该国使领馆予以认证，或者履行中华人民共和国与该所在国订立的有关条约中规定的证明手续。"故选项D错误，不符合题意。

（二）当事人举证

30.（2015年卷二第54题）根据民事诉讼法及相关规定，下列哪些事实当事人无须举证证明？
A. 众所周知的事实
B. 根据法律规定推定的事实
C. 自然规律以及定理、定律
D. 根据已知的事实和日常生活经验法则推定出的另一事实

【知识要点】民事诉讼无须举证的事实

【解析】《民诉法解释》第93条第1款规定："下列事实，当事人无须举证证明：（一）自然规律以及定理、定律；（二）众所周知的事实；（三）根据法律规定推定的事实；（四）根据已知的事实和日常生活经验法则推定出的另一事实；（五）已为人民法院发生法律效力的裁判所确认的事实；（六）已为仲裁机构生效裁决所确认的事实；（七）已为有效公证文书所证明的事实。"故选项A、B、C、D正确，符合题意。

31.（2011年卷二第43题）根据民事诉讼法及相关规定，下列关于举证责任的说法哪些是正确的？
A. 因产品制造方法发明专利引起的专利侵权诉讼，由制造同样产品的单位或者个人对其产品制造方法不同于专利方法承担举证责任
B. 高度危险作业致人损害的侵权诉讼，由加害人就受害人故意造成损害的事实承担举证责任
C. 因环境污染引起的损害赔偿诉讼，由加害人就法律规定的免责事由及其行为与损害结果之间不存在因果关系承担举证责任
D. 建筑物或者其他设施以及建筑物上的悬挂物发生脱落致人损害的侵权诉讼，由所有人或者管理人对其无过错承担举证责任

【知识要点】举证责任

【解析】《民诉证据规定》第4条规定："下列侵权诉讼，按照以下规定承担举证责任：（一）因新产品制造方法发明专利引起的专利侵权诉讼，由制造同样产品的单位或者个人对其产品制造方法不同于专利方法承担举证责任；（二）高度危险作业致人损害的侵权诉讼，由加害人就受害人故意造成损害的事实承担举证责任；（三）因环境污染引起的损害赔偿诉讼，由加害人就法律规定的免责事由及其行为与损害结果之间不存在因果关系承担举证责任；（四）建筑物或者其他设施以及建筑物上的搁置物、悬挂物发生倒塌、脱落、坠落致人损害的侵权诉讼，由所有人或者管理人对其无过错承担举证责任；……"应当是新产品时才需要举证，故选项B、C、D正确，符合题意。

（三）人民法院调查收集证据

32.（2010年卷二第43题）根据民事诉讼法及相关规定，下列关于民事诉讼证据的说法哪些是正确的？
A. 人民法院向有关单位和个人调查取证，有关单位和个人不得拒绝
B. 证据应当在法庭上出示，并由当事人互相质证
C. 涉及商业秘密的证据，当事人及其诉讼代理人可以申请人民法院调查收集
D. 书证应当提交原件，提交原件确有困难的，可以提交经人民法院核对无异的复制件

【知识要点】民事诉讼证据的收集

【解析】A.《民事诉讼法》第67条第1款规定："人民法院有权向有关单位和个人调查取证，有关单位和个人不得拒绝。"故选项A正确，符合题意。

B.《民事诉讼法》第68条规定："证据应当在法庭上出示，并由当事人互相质证。对涉及国家秘密、商业秘密和个人隐私的证据应当保密，需要在法庭出示的，不得在公开开庭时出示。"故选项B正确，符合题意。

C.《民诉证据规定》第17条规定："符合下列条件之一的，当事人及其诉讼代理人可以申请人民法院调查收集证据：（一）申请调查收集的证据属于国家有关部门保存并须人民法院依职权调取的档案材料；（二）涉及国家秘密、商业秘密、个人隐私的材料；（三）当事人及其诉讼代理人确因客观原因不能自行收集的其他材料。"故选项C正确，符合题意。

D.《民事诉讼法》第70条第1款规定："书证应当提交原件。物证应当提交原物。提交原件或者原物确有困难的，可以提交复制品、照片、副本、节录本。"故选择D正确，符合题意。

（四）举证时限与证据交换

（五）证据的质证

33.（2012年卷二第25题）根据民事诉讼法及相关规定，下列哪种说法是错误的？
A. 证据应当在法庭上出示，由当事人质证

B. 未经质证的证据，不能作为认定案件事实的根据
C. 涉及商业秘密的证据，不得在开庭时公开质证
D. 未出庭作证的证人证言不能作为认定案件事实的依据

【知识要点】 民事诉讼证据的质证

【解析】 A、B、C.《民事诉讼法》第68条规定："证据应当在法庭上出示，并由当事人互相质证。对涉及国家秘密、商业秘密和个人隐私的证据应当保密，需要在法庭出示的，不得在公开开庭时出示。"故选项A、B、C正确，不符合题意。

D.《民事诉讼法》第73条规定："经人民法院通知，证人应当出庭作证。有下列情形之一的，经人民法院许可，可以通过书面证言、视听传输技术或者视听资料等方式作证：（一）因健康原因不能出庭的；（二）因路途遥远，交通不便不能出庭的；（三）因自然灾害等不可抗力不能出庭的；（四）其他有正当理由不能出庭的。"故选项D错误，符合题意。

（六）鉴定

34.（2016年卷二第54题）根据民事诉讼法及相关规定，下列关于具有专门知识的人出庭的哪些说法是正确的？
A. 人民法院可以对出庭的具有专门知识的人进行询问
B. 经法庭准许，当事人可以对出庭的具有专门知识的人进行询问
C. 经法庭准许，当事人各自申请的具有专门知识的人可以就案件中的有关问题进行对质
D. 具有专门知识的人可以参与专业问题之外的法庭审理活动

【知识要点】 证据的鉴定

【解析】《民诉法解释》第123条规定："人民法院可以对出庭的具有专门知识的人进行询问，经法庭准许，当事人可以对出庭的具有专门知识的人进行询问，当事人各自申请的具有专门知识的人可以就案件中的有关问题进行对质。具有专门知识的人不得参与专业问题之外的法庭审理活动。"具有专门知识的人，也就是俗说的"专家证人"，其参加诉讼活动局限在专业领域，不能参加专业领域之外的诉讼活动，为了查清相关专业问题，法院和当事人可以询问专家证人，双方的专家证人也可以进行对质。故选项A、B、C正确，符合题意。

（七）证据保全

35.（2013年卷二第48题）根据民事诉讼法及相关规定，下列哪些情况下当事人可以在诉讼过程中向人民法院申请保全证据？
A. 证据涉及个人隐私
B. 证据涉及商业秘密
C. 证据可能灭失
D. 证据以后难以取得

【知识要点】 证据保全

【解析】《民事诉讼法》第81条第1款规定："在证据可能灭失或者以后难以取得的情况下，当事人可以在诉讼过程中向人民法院申请保全证据，人民法院也可以主动采取保全措施。"据此可知，只有在证据可能灭失或者以后难以取得的情况下，当事人才可以在诉讼过程中向人民法院申请保全证据，而与证据是否涉及个人隐私或商业秘密无关。故选项C、D正确，符合题意。

（八）对当事人权益的保护

五、保全

36.（2012年卷二第86题）根据民事诉讼法及相关规定，下列关于财产保全的哪些说法是正确的？
A. 利害关系人只有在起诉后才可以向人民法院申请采取财产保全措施
B. 在诉讼过程当中，人民法院根据当事人申请采取财产保全措施的，可以责令申请人提供担保
C. 财产保全不限于请求的范围，也不限于与本案有关的财物
D. 申请财产保全有错误的，申请人应当赔偿被申请人因财产保全所遭受的损失

【知识要点】 财产保全

【解析】《民事诉讼法》第101条第1款规定："利害关系人因情况紧急，不立即申请保全将会使其合法权益受到难以弥补的损害的，可以在提起诉讼或者申请仲裁前向被保全财产所在地、被申请人住所地或者对案件有管辖权的人民法院申请采取保全措施。申请人应当提供担保，不提供担保的，裁定驳回申请。"故选项A错误，选项B正确。《民事诉讼法》第102条规定："保全限于请求的范围，或者与本案有关的财物。"故选项C错误。《民事诉讼法》第105条规定："申请有错误的，申请人应当赔偿被申请人因保全所遭受的损失。"故选项D正确，符合题意。

37.（2011年卷二第83题）根据民事诉讼法及相关规定，下列关于财产保全的说法哪些是正确的？

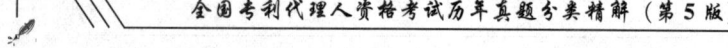

A. 人民法院在民事诉讼中对于可能因一方当事人的原因使判决难以执行的案件，可以根据对方当事人的申请，作出财产保全的裁定
B. 人民法院在民事诉讼中采取财产保全措施，可以责令申请人提供担保；申请人不提供担保的，驳回申请
C. 人民法院在民事诉讼中接受财产保全申请后，对情况紧急的，必须在二十四小时内作出裁定；裁定采取财产保全措施的，应当立即开始执行
D. 申请人在人民法院采取诉前财产保全措施后十日内不起诉的，人民法院应当解除财产保全

【知识要点】财产保全

【解析】《民事诉讼法》第100条规定："人民法院对于可能因当事人一方的行为或者其他原因，使判决难以执行或者造成当事人其他损害的案件，根据对方当事人的申请，可以裁定对其财产进行保全、责令其作出一定行为或者禁止其作出一定行为；当事人没有提出申请的，人民法院在必要时也可以裁定采取保全措施。人民法院采取保全措施，可以责令申请人提供担保；申请人不提供担保的，裁定驳回申请。人民法院接受申请后，对情况紧急的，必须在四十八小时内作出裁定；裁定采取保全措施的，应当立即开始执行。"《民事诉讼法》第101条规定："利害关系人因情况紧急，不立即申请保全将会使其合法权益受到难以弥补的损害，可以在起诉或者申请仲裁前向被保全财产所在地、被申请人住所地或者对案件有管辖权的人民法院申请采取保全措施。申请人应当提供担保，不提供担保的，裁定驳回申请。人民法院接受申请后，必须在四十八小时内作出裁定；裁定采取财产保全措施的，应当立即开始执行。申请人在人民法院采取保全措施后三十日内不起诉的，人民法院应当解除保全。"故选项A、B正确，符合题意。

六、民事审判程序

（一）第一审普通程序

38.（2016年卷二第10题）根据民事诉讼法及相关规定，当事人对人民法院在民事诉讼第一审程序中作出的下列哪种裁定不服的，可以提起上诉？

A. 不准许撤诉的裁定　　　　　　　　B. 中止诉讼的裁定
C. 终结执行的裁定　　　　　　　　　D. 驳回起诉的裁定

【知识要点】民事诉讼的裁定

【解析】《民事诉讼法》第154条："裁定适用于下列范围：（一）不予受理；（二）对管辖权有异议的；（三）驳回起诉；（四）保全和先予执行；（五）准许或者不准许撤诉；（六）中止或者终结诉讼；（七）补正判决书的笔误；（八）中止或者终结执行；（九）撤销或者不予执行仲裁裁决；执行仲裁裁决；（十）不予执行公证机关赋予强制执行效力的债权文书；（十一）其他需要裁定解决的事项。对前款第一项至第三项裁定，可以上诉。裁定书应当写明裁定结果和作出裁定的理由。裁定由审判人员、书记员署名，加盖人民法院印章。口头裁定的，记入笔录。"适用裁定的情形有十多种，其中3种比较特殊，可以提起上诉。这三种就是不予受理、管辖权异议和驳回起诉。考试常考的就是特殊的情形。故选项D正确，符合题意。

39.（2016年卷二第56题）根据民事诉讼法及相关规定，下列关于民事诉讼第一审普通程序的哪些说法是正确的？

A. 人民法院受理案件后，当事人对管辖权有异议的，应当在提交答辩状期间提出
B. 被告不提出答辩状的，人民法院应当裁定中止诉讼
C. 被告经传票传唤，无正当理由拒不到庭的，可以缺席判决
D. 原告在审判前申请撤诉的，是否准许，由人民法院裁定

【知识要点】第一审普通程序

【解析】《民事诉讼法》第125条规定："人民法院应当在立案之日起五日内将起诉状副本发送被告，被告应当在收到之日起十五日内提出答辩状。答辩状应当证明被告姓名、性别、年龄、民族、职业、工作单位、住所、联系方式；法人或者其他组织的名称：住所和法定代表人护着主要负责人的姓名、职务、联系方式。人民法庭应当在收到答辩状之日起五日内将答辩状副本发送原告。被告不提出答辩状的，不影响人民法院审理。"《民事诉讼法》第127条规定："人民法院受理案件后，当事人对管辖权有异议的，应当在提交答辩状期间提出。人民法院对当事人提出异议，应当审查。异议成立的，裁定将案件移送有管辖权的人民法院；异议不成立的，裁定驳回。当事人未提出管辖异议，并应诉答辩的，视为受诉人民法院有管辖权，但违反级别管辖和专属管辖规定的除外。"《民事诉讼法》第144条规定："被告经传票传唤，无正当理由拒不到庭的，或者未经法庭许可中途退庭的，可以缺席判决。"《民事诉讼法》第145条规定："宣判前，原告申请撤诉的，是否准许，由人民法院裁定。人民法院裁定不准许撤诉的，原告经传票传唤，无正当理由拒不到庭的，可以缺席判决。"管辖权是审理法院有权审理该案的基础，如果对该基础有异议，应该在第一时间内提出，以便让法院及时解决该问题，提交答辩状期间是被告能够表达自己意见的最早时间，如果被告不提交答辩状，法院只能裁定中止诉讼，那被告只要拒不配合就可使诉讼无法进行，这显然不合适。被告出席法庭是

一种义务，不合作那就进行缺席判决，原则上撤诉是原告的权利，但为了防止原告和被告勾结损害公共利益的一些特殊情形，原告撤诉也需要法院准许。故选项A、C、D正确，符合题意。

40.（2015年卷二第55题）根据民事诉讼法及相关规定，就外观设计专利权的权属纠纷提起民事诉讼的，起诉必须符合下列哪些条件？
A. 原告是与本案有直接利害关系的公民、法人和其他组织
B. 有明确的被告
C. 属于人民法院受理民事诉讼的范围和受诉人民法院管辖
D. 有具体的诉讼请求和事实、理由

【知识要点】民事诉讼的起诉及其条件
【解析】《民事诉讼法》第119条规定："起诉必须符合下列条件：（一）原告是与本案有直接利害关系的公民、法人和其他组织；（二）有明确的被告；（三）有具体的诉讼请求和事实、理由；（四）属于人民法院受理民事诉讼的范围和受诉人民法院管辖。"故选项A、B、C、D正确，符合题意。

41.（2015年卷二第57题）根据民事诉讼法及相关规定，对哪些裁定可以提起上诉？
A. 不予受理的裁定
B. 不准许撤诉的裁定
C. 管辖权异议的裁定
D. 驳回起诉的裁定

【知识要点】民事诉讼的裁定
【解析】《民事诉讼法》第154条第1款和第2款规定："裁定适用于下列范围：（一）不予受理；（二）对管辖权有异议的；（三）驳回起诉；（四）保全和先予执行；（五）准许或者不准许撤诉；（六）中止或者终结诉讼；（七）补正判决书中的笔误；（八）中止或者终结执行；（九）撤销或者不予执行仲裁裁决；（十）不予执行公证机关赋予强制执行效力的债权文书；（十一）其他需要裁定解决的事项。对前款第一项至第三项裁定，可以上诉。"故选项A、C、D正确，符合题意。

42.（2013年卷二第25题）根据民事诉讼法及相关规定，当事人对人民法院在第一审程序中作出的下列哪种裁定不服的，可以上诉？
A. 驳回起诉
B. 不准许撤诉
C. 采取保全措施
D. 终结诉讼

【知识要点】可以上诉的裁定
【解析】根据《民事诉讼法》第154条的规定（参见本章第41题解析），对有关不予受理、管辖权异议、驳回起诉的裁定，可以上诉。故选项A正确，符合题意。

43.（2013年卷二第93题）根据民事诉讼法及相关规定，下列哪些情形下中止诉讼？
A. 一方当事人丧失诉讼行为能力，尚未确定法定代理人的
B. 本案必须以另一案的审理结果为依据，而另一案尚未审结的
C. 一方当事人因不可抗拒的事由，不能参加诉讼的
D. 离婚案件的一方当事人死亡的

【知识要点】民事诉讼的中止
【解析】《民事诉讼法》第150条规定："有下列情形之一的，中止诉讼：（一）一方当事人死亡，需要等待继承人表明是否参加诉讼的；（二）一方当事人丧失诉讼行为能力，尚未确定法定代理人的；（三）作为一方当事人的法人或者其他组织终止，尚未确定权利义务承受人的；（四）一方当事人因不可抗拒的事由，不能参加诉讼的；（五）本案必须以另一案的审理结果为依据，而另一案尚未审结的；（六）其他应当中止诉讼的情形。中止诉讼的原因消除后，恢复诉讼。"诉讼中止是暂时停止诉讼程序，选项A、B中都有"尚未"的表述，只要该事实以后获得解决，那诉讼程序就可以继续；至于选项C中一方当事人因不可抗力不能参加诉讼，该不可抗力总有结束的时候，到那时可以继续进行诉讼。选项D中离婚关系的一方当事人死亡，那诉讼继续已经没有意义，属于诉讼终结的情形。故选项A、B、C正确，符合题意。

44.（2012年卷二第57题）根据民事诉讼法及相关规定，下列哪些情形下民事诉讼终结？
A. 原告死亡，没有继承人的
B. 一方当事人丧失诉讼行为能力，尚未确定法定代理人的
C. 离婚案件一方当事人死亡的
D. 追索赡养费案件的一方当事人死亡的

【知识要点】民事诉讼的终结
【解析】《民事诉讼法》第151条规定："有下列情形之一的，终结诉讼：（一）原告死亡，没有继承人，或者继承人放弃诉讼权利的；（二）被告死亡，没有遗产，也没有应当承担义务的人的；（三）离婚案件一方当事人死亡的；（四）追索赡养费、扶养费、抚育费以及解除收养关系案件的一方当事人死亡的。"故选项A、C、D正确，符合题意。

45. (2012年卷二第68题) 根据民事诉讼法及相关规定，下列哪些情形下可以延期开庭审理？
   A. 必须到庭的当事人有正当理由没有到庭的
   B. 当事人临时提出回避申请的
   C. 需要通知新的证人到庭的
   D. 本案必须以另一案的审理结果为依据，而另一案又尚未审结的
   【知识要点】延期开庭审理
   【解析】A、B、C．《民事诉讼法》第146条规定："有下列情形之一的，可以延期开庭审理：（一）必须到庭的当事人和其他诉讼参与人有正当理由没有到庭的；（二）当事人临时提出回避申请的；（三）需要通知新的证人到庭，调取新的证据，重新鉴定、勘验，或者需要补充调查的；（四）其他应当延期的情形。"故选项A、B、C正确，符合题意。
   D．《民事诉讼法》第150条规定："有下列情形之一的，中止诉讼：（一）一方当事人死亡，需要等待继承人表明是否参加诉讼的；（二）一方当事人丧失诉讼行为能力，尚未确定法定代理人的；（三）作为一方当事人的法人或者其他组织终止，尚未确定权利义务承受人的；（四）一方当事人因不可抗拒的事由，不能参加诉讼的；（五）本案必须以另一案的审理结果为依据，而另一案尚未审结的；……"故选项D错误，不符合题意。

46. (2011年卷二第51题) 根据民事诉讼法及相关规定，下列关于起诉与受理的说法哪些是正确的？
   A. 立案后发现起诉不符合受理条件的，人民法院应当裁定驳回起诉
   B. 对本院没有管辖权的案件，人民法院应当告知原告向有管辖权的人民法院起诉；原告坚持起诉的，应予受理并移送至有管辖权的人民法院
   C. 当事人撤诉后，又以同一诉讼请求再次起诉的，人民法院不予受理
   D. 裁定驳回起诉的案件，原告再次起诉的，如果符合起诉条件的，人民法院应予受理
   【知识要点】起诉与受理
   【解析】《民诉法解释》第208条第3款规定："立案后发现不符合起诉条件或者属于民事诉讼法第一百二十四条规定情形的，裁定驳回起诉。"《民诉法解释》第211条规定："对本院没有管辖权的案件，告知原告向有管辖权的人民法院起诉；原告坚持起诉的，裁定不予受理；立案后发现本院没有管辖权的，应当将案件移送有管辖权的人民法院。"《民诉法解释》第212条规定："裁定不予受理、驳回起诉的案件，原告再次起诉，符合起诉条件且不属于民事诉讼法第一百二十四条规定情形的，人民法院应予受理。"故选项A、D正确，符合题意。

47. (2010年卷二第58题) 某民事诉讼案开庭审理时，原告王某临时申请审判长回避，根据民事诉讼法及相关规定，人民法院可以如何处理？
   A. 裁定中止诉讼   B. 裁定终结诉讼
   C. 延期开庭审理   D. 裁定不予受理
   【知识要点】第一审普通程序
   【解析】《民事诉讼法》第146条规定："有下列情形之一的，可以延期开庭审理：（一）必须到庭的当事人和其他诉讼参与人有正当理由没有到庭的；（二）当事人临时提出回避申请的；（三）需要通知新的证人到庭，调取新的证据，重新鉴定、勘验，或者需要补充调查的；（四）其他应当延期的情形。"故选项C正确，符合题意。

48. (2010年卷二第65题) 根据民事诉讼法及相关规定，下列哪些情形下民事诉讼终结？
   A. 原告死亡，继承人放弃诉讼权利的   B. 一方当事人因不可抗拒的事由，不能参加诉讼的
   C. 离婚案件一方当事人死亡的   D. 解除收养关系案件的一方当事人死亡的
   【知识要点】民事诉讼的终结
   【解析】《民事诉讼法》第151条规定："有下列情形之一的，终结诉讼：（一）原告死亡，没有继承人，或者继承人放弃诉讼权利的；（二）被告死亡，没有遗产，也没有应当承担义务的人的；（三）离婚案件一方当事人死亡的；（四）追索赡养费、扶养费、抚育费以及解除收养关系案件的一方当事人死亡的。"故选项A、C、D正确，符合题意。

（二）第二审程序

49. (2016年卷二第57题) 根据民事诉讼法及相关规定，下列关于民事诉讼第二审程序的哪些说法是正确的？
   A. 第二审人民法院审理上诉案件，可以进行调解
   B. 第二审人民法院审理上诉案件，不得进行调解
   C. 第二审人民法院的判决、裁定，是终审的判决、裁定
   D. 第二审人民法院审理上诉案件，可以到案件发生地进行
   【知识要点】民事诉讼第二审程序
   【解析】《民事诉讼法》第169条："第二审人民法院对上诉案件，应当组成合议庭，开庭审理。……第二审人民法院审理上诉案件，可以在本院进行，也可以到案件发生地或者原审人民法院所在地进行。"《民事诉讼法》第172条："第二审人民法院审理上诉案件，可以进行调解。调解达成协议，应当制作调解书，由审判人员、书记员署名，

加盖人民法院印章。调解书送达后，原审人民法院的判决即视为撤销。"《民事诉讼法》第175条："第二审人民法院的判决、裁定，是终审的判决、裁定。"调解是民事诉讼的一项基本原则，在一审中可以调解，在二审中也可以调解，在再审中还是可以调解。我国实行两审终审制，二审法院的判决、裁定是终审的判决、裁定。为查清事实而就地办案是一项常见的制度，如在专利复审和无效程序中，经过主任委员或者副主任委员批准，专利复审委员会可以进行巡回口头审理，就地审理办案。故选项A、C、D正确，符合题意。

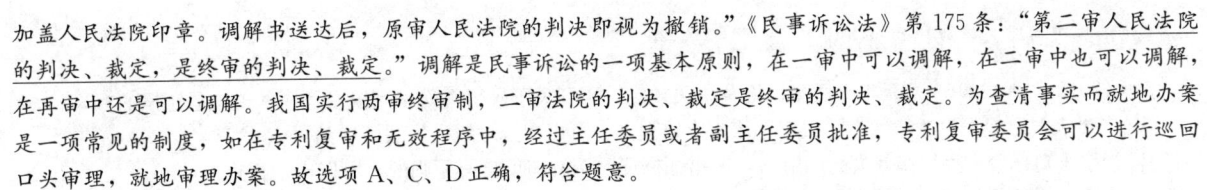

50. (2015年卷二第58题) 根据民事诉讼法及相关规定，下列关于第二审程序的哪些说法是正确的？
   A. 第二审人民法院仅对一审判决的法律适用进行审查
   B. 第二审人民法院对不服第一审人民法院裁定的上诉案件的处理，一律使用裁定
   C. 第二审人民法院审理上诉案件，不得进行调解
   D. 原审人民法院对发回重审的案件作出判决后，当事人提起上诉的，第二审人民法院不得再次发回重审

   【知识要点】民事诉讼的第二审程序
   【解析】A.《民事诉讼法》第168条规定："第二审人民法院应当对上诉请求的有关事实和适用法律进行审查。"故选项A错误，不符合题意。
   B.《民事诉讼法》第171条规定："第二审人民法院对不服第一审人民法院裁定的上诉案件的处理，一律使用裁定。"故选项B正确，符合题意。
   C.《民事诉讼法》第172条规定："第二审人民法院审理上诉案件，可以进行调解。调解达成协议，应当制作调解书，由审判人员、书记员署名，加盖人民法院印章。调解书送达后，原审人民法院的判决即视为撤销。"故选项C错误，不符合题意。
   D.《民事诉讼法》第170条第2款规定："原审人民法院对发回重审的案件作出判决后，当事人提起上诉的，第二审人民法院不得再次发回重审。"故选项D正确，符合题意。

51. (2013年卷二第30题) 民事诉讼第二审人民法院对上诉案件进行调解后达成协议，并依法制作了调解书。根据民事诉讼法及相关规定，对于原审人民法院的判决，下列哪种说法是正确的？
   A. 第二审人民法院应作出裁定，撤销原审人民法院的判决
   B. 第二审人民法院应在调解书中注明撤销原审人民法院的判决
   C. 原审人民法院应主动撤销原判决
   D. 调解书送达后，原审人民法院的判决即视为撤销

   【知识要点】民事诉讼第二审程序
   【解析】《民事诉讼法》第172条规定："第二审人民法院审理上诉案件，可以进行调解。调解达成协议，应当制作调解书，由审判人员、书记员署名，加盖人民法院印章。调解书送达后，原审人民法院的判决即视为撤销。"故选项D正确，符合题意。

七、审判监督程序

（一）基于审判监督权的再审

52. (2011年卷二第67题) 根据民事诉讼法及相关规定，关于民事案件的审判监督程序，下列说法哪些是正确的？
   A. 人民法院按照审判监督程序再审的案件，发生法律效力的判决是由第一审人民法院作出的，按照第一审程序审理，但对所作判决，当事人不能再提出上诉
   B. 人民法院按照审判监督程序再审的案件，发生法律效力的判决是由第二审人民法院作出的，按照第二审程序审理
   C. 人民法院审理再审案件，应当另行组成合议庭
   D. 按照审判监督程序决定再审的案件，裁定中止原判决的执行

   【知识要点】民事案件的审判监督程序
   【解析】《民事诉讼法》第207条规定："人民法院按照审判监督程序再审的案件，发生法律效力的判决、裁定是由第一审法院作出的，按照第一审程序审理，所作的判决、裁定，当事人可以上诉；发生法律效力的判决、裁定是由第二审法院作出的，按照第二审程序审理，所作的判决、裁定，是发生法律效力的判决、裁定；上级人民法院按照审判监督程序提审的，按照第二审程序审理，所作的判决、裁定是发生法律效力的判决、裁定。人民法院审理再审案件，应当另行组成合议庭。"《民事诉讼法》第206条规定："按照审判监督程序决定再审的案件，裁定中止原判决、裁定、调解书的执行，但追索赡养费、扶养费、抚育费、抚恤金、医疗费用、劳动报酬等案件，可以不中止执行。"故选项B、C、D正确，符合题意。

(二) 基于当事人诉权的申请再审

53. (2015年卷二第59题) 根据民事诉讼及相关规定，下列关于民事诉讼审判监督程序的说法是正确的？
   A. 当事人对已经发生法律效力的裁定，认为有错误的，可以向上一级人民法院申请再审
   B. 当事人对已经发生法律效力的调解书，提出证据证明调解违反自愿原则的，可以申请再审
   C. 当事人对已经发生法律效力的解除婚姻关系的判决，不得申请再审
   D. 当事人申请再审的，应当停止判决、裁定的执行

【知识要点】审判监督程序

【解析】《民事诉讼法》第199条："当事人对已经发生法律效力的判决、裁定，认为有错误的，可以向上一级人民法院申请再审；当事人一方人数众多或者当事人双方为公民的案件，也可以向原审人民法院申请再审。当事人申请再审的，不停止判决、裁定的执行。"《民事诉讼法》第201条："当事人对已经发生法律效力的调解书，提出证据证明调解书违反自愿原则或者调解协议的内容违反法律的，可以申请再审。经人民法院再审属实的，应当再审。"《民事诉讼法》第202条："当事人对已经发生法律效力的解除婚姻关系的判决、调解书，不得申请再审。"审判监督程序针对的法律文书，除了判决书和裁定书之外，还包括调解书。法院判决解除了婚姻关系，如果双方当事人都认为不应该解除的话，那重新登记结婚即可，没必要通过再审程序。另外，婚姻关系解除之后，当事人可以另行结婚，如一方已再婚，对原判决是否合法进行再审也没有了意义。当事人申请再审并不意味着该判决不当，故申请再审并不能够停止执行。只有当法院决定再审的时候再判决才会停止执行。故选项A、B、C正确，符合题意。

54. (2013年卷二第89题) 刘某与萧某由于专利权属纠纷诉至法院。人民法院作出的一审判决发生法律效力后，刘某认为一审适用法律错误，欲申请再审。根据民事诉讼法及相关规定，下列哪些说法是正确的？
   A. 刘某可以向原审人民法院申请再审
   B. 刘某可以向原审人民法院的上一级人民法院申请再审
   C. 刘某申请再审的，应当在一审判决发生法律效力后六个月内提出
   D. 刘某申请再审的，人民法院应当裁定停止原判决的执行

【知识要点】审判监督程序

【解析】A、B、D. 根据《民事诉讼法》第199条的规定（参见本节第53题解析），本题中，当事人刘某和萧某均为自然人，因此欲申请再审的，既可向原审人民法院的上一级人民法院申请，也可向原审人民法院申请，因此选项A和B均正确，符合题意。同时，根据上述规定可知，刘某申请再审的，原判决不停止执行，因此选项D的说法错误，不符合题意。

C. 《民事诉讼法》第205条规定："当事人申请再审，应当在判决、裁定发生法律效力后六个月内提出；有本法第二百条第一项、第三项、第十二项、第十三项规定情形的，自知道或者应当知道之日起六个月内提出。"本题中，刘某申请再审的理由是"一审适用法律错误"，属于该法第二百条第六项的情形，因此应当在判决发生法律效力后六个月内提出再审，选项C的说法正确，符合题意。

55. (2012年卷二第27题) 根据民事诉讼法及相关规定，下列关于审判监督程序的哪种说法是错误的？
   A. 当事人对已经发生法律效力的调解书，一律不得申请再审
   B. 当事人对已经发生法律效力的解除婚姻关系的判决，不得申请再审
   C. 按照审判监督程序决定再审的案件，裁定中止原判决的执行
   D. 人民法院审理再审案件，应当另行组成合议庭

【知识要点】审判监督程序

【解析】A. 《民事诉讼法》第201条规定："当事人对已经发生法律效力的调解书，提出证据证明调解违反自愿原则或者调解协议的内容违反法律的，可以申请再审。经人民法院审查属实的，应当再审。"故选项A错误，符合题意。

B. 《民事诉讼法》第202条规定："当事人对已经发生法律效力的解除婚姻关系的判决、调解书，不得申请再审。"故选项B正确，不符合题意。

C. 《民事诉讼法》第206条规定："按照审判监督程序决定再审的案件，裁定中止原判决、裁定、调解书的执行，但追索赡养费、扶养费、抚育费、抚恤金、医疗费用、劳动报酬等案件，可以不中止执行。"故选项C正确，不符合题意。

D. 《民事诉讼法》第207条第2款规定："人民法院审理再审案件，应当另行组成合议庭。"故选项D正确，不符合题意。

(三) 基于检察监督权的抗诉、检察建议和再审

56. (2011年卷二第75题) 某债务纠纷案件已由甲县人民法院一审、乙市中级人民法院二审终结，二审判决已发生法律效力。现乙市人民检察院发现该判决确有错误，拟启动审判监督程序。根据民事诉讼法及相关规定，下列说法

哪些是正确的?
A. 乙市人民检察院应当向甲县人民法院提出抗诉
B. 乙市人民检察院应当向乙市中级人民法院提出抗诉
C. 乙市人民检察院应当提请上级人民检察院向乙市中级人民法院提出抗诉
D. 乙市人民检察院应当提请上级人民检察院向同级人民法院提出抗诉

【知识要点】基于检察监督权的抗诉和再审

【解析】《民事诉讼法》第208条:"最高人民检察院对各级人民法院已经发生法律效力的判决、裁定,上级人民检察院对下级人民法院已经发生法律效力的判决、裁定,发现有本法第二百条规定情形之一的,或者发现调解书损害国家利益、社会公共利益的,应当提出抗诉。地方各级人民检察院对同级人民法院已经发生法律效力的判决、裁定,发现有本法第二百条规定情形之一的,或者发现调解书损害国家利益、社会公共利益的,可以向同级人民法院提出检察建议,并报上级人民检察院备案;也可以提请上级人民检察院向同级人民法院提出抗诉。各级人民检察院对审判监督程序以外的其他审判程序中审判人员的违法行为,有权向同级人民法院提出检察建议。"故选项D正确,符合题意。

八、执行程序

(一) 一般规定

57. (2011年卷二第89题) 根据民事诉讼法及相关规定,下列关于发生法律效力的民事判决执行的说法哪些是正确的?
A. 发生法律效力的民事判决,应当由被执行的财产所在地基层人民法院执行
B. 当事人认为执行行为违反法律规定的,可以向负责执行的人民法院提出书面异议
C. 在执行中,双方当事人自行达成的和解协议无效
D. 在执行中,被执行人向人民法院提供担保,并经申请执行人同意的,人民法院可以决定暂缓执行及暂缓执行的期限

【知识要点】执行程序

【解析】《民事诉讼法》第224条规定:"发生法律效力的民事判决、裁定,以及刑事判决、裁定中的财产部分,由第一审人民法院或者与第一审人民法院同级的被执行的财产所在地人民法院执行。法律规定由人民法院执行的其他法律文书,由被执行人住所地或者被执行的财产所在地人民法院执行。"《民事诉讼法》第225条规定:"当事人、利害关系人认为执行行为违反法律规定的,可以向负责执行的人民法院提出书面异议。当事人、利害关系人提出书面异议的,人民法院应当自收到书面异议之日起十五日内审查,理由成立的,裁定撤销或者改正;理由不成立的,裁定驳回。当事人、利害关系人对裁定不服的,可以自裁定送达之日起十日内向上一级人民法院申请复议。"《民事诉讼法》第230条规定:"在执行中,双方当事人自行和解达成协议的,执行员应当将协议内容记入笔录,由双方当事人签名或者盖章。申请执行人因受欺诈、胁迫与被执行人达成和解协议,或者当事人不履行和解协议的,人民法院可以根据对方当事人的申请,恢复对原生效法律文书的执行。"《民事诉讼法》第231条规定:"在执行中,被执行人向人民法院提供担保,并经申请执行人同意的,人民法院可以决定暂缓执行及暂缓执行的期限。被执行人逾期仍不履行的,人民法院有权执行被执行人的担保财产或者担保人的财产。"故选项B、D正确,符合题意。

(二) 执行的申请和移送

(三) 执行措施

58. (2012年卷二第98题) 根据民事诉讼法及相关规定,下列关于执行过程中查封、扣押财产的哪些说法是正确的?
A. 人民法院查封、扣押财产时,被执行人是公民的,应当通知被执行人或者其成年家属到场
B. 人民法院查封、扣押财产时,被执行人是法人或其他组织的,应当通知其法定代表人或主要负责人到场
C. 被查封的财产,执行员可以指定被执行人负责保管
D. 对被查封、扣押的财产,执行员必须造具清单,由在场人签名或者盖章后,交被执行人一份,被执行人是公民的,也可以交他的成年家属一份

【知识要点】执行的措施

【解析】A、B、D.《民事诉讼法》第245条规定:"人民法院查封、扣押财产时,被执行人是公民的,应当通知被执行人或者他的成年家属到场;被执行人是法人或者其他组织的,应当通知其法定代表人或者主要负责人到场。拒不到场的,不影响执行。被执行人是公民的,其工作单位或者财产所在地的基层组织应当派人参加。对被查封、扣押的财产,执行员必须造具清单,由在场人签名或者盖章后,交被执行人一份。被执行人是公民的,也可以交他的成年家

属一份。"故选项 A、B、D 正确，符合题意。

C.《民事诉讼法》第 246 条规定："被查封的财产，执行员可以指定被执行人负责保管。因被执行人的过错造成的损失，由被执行人承担。"故选项 C 正确，符合题意。

（四）执行中止和执行终结

59.（2010 年卷二第 91 题）根据民事诉讼法及相关规定，下列关于执行程序的说法哪些是正确的？
A. 在执行中，被执行人向人民法院提供担保，并经申请执行人同意的，人民法院可以决定暂缓执行
B. 在执行中，双方当事人可以自行达成和解协议
C. 作为被执行人的法人终止的，执行终结
D. 执行完毕后，据以执行的判决被人民法院撤销的，对已被执行的财产，人民法院应当作出裁定，责令取得财产的人返还

【知识要点】民事诉讼的执行和终结

【解析】A. 根据《民事诉讼法》第 231 条的规定（参见本节第 57 题解析），选项 A 正确，符合题意。

B. 根据《民事诉讼法》第 230 条的规定（参见本节第 57 题解析），选项 B 正确，符合题意。

C.《民事诉讼法》第 257 条规定："有下列情形之一的，人民法院裁定终结执行：（一）申请人撤销申请的；（二）据以执行的法律文书被撤销的；（三）作为被执行人的公民死亡，无遗产可供执行，又无义务承担人的；（四）追索赡养费、扶养费、抚育费案件的权利人死亡的；（五）作为被执行人的公民因生活困难无力偿还借款，无收入来源，又丧失劳动能力的；（六）人民法院认为应当终结执行的其他情形。"故选项 C 错误，不符合题意。

D.《民事诉讼法》第 233 条规定："执行完毕后，据以执行的判决、裁定和其他法律文书确有错误，被人民法院撤销的，对已被执行的财产，人民法院应当作出裁定，责令取得财产的人返还；拒不返还的，强制执行。"故选项 D 正确，符合题意。

60.（2010 年卷二第 96 题）根据民事诉讼法及相关规定，在执行过程中出现下列哪种情形的，人民法院裁定终结执行？
A. 作为被执行人的公民因生活困难无力偿还借款，无收入来源，又丧失劳动能力的
B. 追索抚育费案件的权利人死亡的
C. 申请人撤销执行申请的
D. 据以执行的法律文书被撤销的

【知识要点】民事诉讼的执行终结

【解析】根据《民事诉讼法》第 257 条的规定（参见本节第 59 题解析 C），选项 A、B、C、D 均正确，符合题意。

九、涉外民事诉讼程序

（一）涉外民事诉讼的一般原则

（二）涉外民事诉讼管辖

61.（2010 年卷二第 99 题）根据民事诉讼法及相关规定，在不违反法律强制性规定的前提下，下列哪些涉外民事纠纷的当事人可以用书面协议选择与争议有实际联系的地点的法院管辖？
A. 涉外婚姻纠纷   B. 涉外收养关系纠纷
C. 涉外财产权益纠纷   D. 涉外合同纠纷

【知识要点】涉外诉讼管辖

【解析】《民事诉讼法》第 259 条规定："在中华人民共和国领域内进行涉外民事诉讼，适用本编规定。本编没有规定的，适用本法其他有关规定。"再根据《民事诉讼法》第 34 条的规定（参见本节第 15 题解析），选项 C、D 正确，符合题意。

第四节 行政复议法

一、行政复议的概念和基本原则

（一）行政复议的概念

1.（2016 年卷二第 61 题）下列关于行政复议和行政诉讼的说法哪些是正确的？

A. 公民、法人或者其他组织对行政复议决定不服的，可以依法向人民法院提起行政诉讼，但是法律规定行政复议决定为最终裁决的除外
B. 人民法院审理行政诉讼案件、行政复议机关受理行政复议申请都应当向申请人收取费用
C. 行政诉讼和行政复议都只对具体行政行为是否合法进行审查
D. 公民、法人或者其他组织向人民法院提起行政诉讼，人民法院已经依法受理的，不得申请行政复议

【知识要点】行政复议和行政诉讼的关系

【解析】A.《行政复议法》第5条规定："公民、法人或者其他组织对行政复议决定不服的，可以依法依照行政诉讼法的规定向人民法院提起行政诉讼，但是法律规定行政复议决定为最终裁定的除外。"行政行为原则上都要经过司法审查，故对行政复议决定不服的可以提起诉讼。当然，如果法律规定行政复议是最终裁决的，那就不能再提起诉讼。故选项A正确，符合题意。

B.《行政复议法》第39条规定："行政复议机关受理行政复议申请，不得向申请人收取任何费用。……"民事诉讼和行政诉讼都要收取费用，不过行政复议不收取费用。故选项B错误，不符合题意。

C.《行政复议法》第3条规定："依照本法履行行政复议职责的行政机关是行政复议机关，行政复议机关负责法制工作的机构具体办理行政复议事项，履行下列职责：……（三）审查申请行政复议的具体行政行为是否合法与适当，拟定行政复议决定；……"行政诉讼原则上只审查合法性，行政复议则既审查合法性，也审查合理性。故选项C错误，不符合题意。

D.《行政复议法》第16条第2款规定："公民、法人或者其他组织向人民法院提起行政诉讼，人民法院已经依法受理的，不得申请行政复议。"行政复议和行政诉讼当事人只能择一行使，申请了复议就不能提起诉讼，提起诉讼了就不能再申请复议。故选项D正确，符合题意。

（二）行政复议的基本原则

2.（2015年卷二第68题）根据行政复议法及相关规定，下列哪些选项属于行政复议机关履行行政复议职责应当遵循的原则？
A. 公开原则　　　B. 及时原则　　　C. 合法原则　　　D. 口头审理原则

【知识要点】行政复议的基本原则

【解析】A、B、C.《行政复议法》第4条规定："行政复议机关履行行政复议职责，应当遵循合法、公正、公开、及时、便民的原则，坚持有错必纠，保障法律、法规的正确实施。"故选项A、B、C正确，符合题意。

D.《行政复议法》第22条规定："行政复议原则上采取书面审查的办法，但是申请人提出要求或者行政复议机关负责法制工作的机构认为有必要时，可以向有关组织和人员调查情况，听取申请人、被申请人和第三人的意见。"故选项D错误，不符合题意。

二、行政复议机关和行政复议参加人

3.（2016年卷二第12题）根据某市政府的决定，该市地税局对个体工商户纳税情况进行检查，该市工商局予以协助。在检查过程中，市工商局发现了李某的不法经营行为，并以自己的名义对李某进行了处罚。李某不服，欲提起行政复议。根据行政复议法及相关规定，下列哪项是行政复议被申请人？
A. 市地税局　　　B. 市政府　　　C. 市工商局　　　D. 市地税局和市工商局

【知识要点】行政复议被申请人

【解析】《行政复议法》第10条第4款规定："公民、法人或者其他组织对行政机关的具体行政行为不服申请行政复议的，作出具体行政行为的行政机关是被申请人。"本题中虽然是市地税局和市工商局的联合执法，但作出处罚的只是市工商局一家，故行政复议的被申请人就是市工商局。故选项C正确，符合题意。

4.（2016年卷二第13题）根据行政复议法及相关规定，下列哪种说法是正确的？
A. 申请人认为行政机关的具体行政行为所依据的地方人民政府规章不合法的，在对具体行政行为申请复议时，可以一并提出对该规章的审查申请
B. 被申请人在行政复议过程中可以根据需要自行向申请人收集证据
C. 行政复议决定作出前，申请人要求撤回行政复议申请的，经说明理由，可以撤回
D. 行政复议期间一律停止执行具体行政行为

【知识要点】行政复议的申请人和被申请人

【解析】A.《行政复议法》第7条规定："公民、法人或者其他组织认为行政机关的具体行政行为依据的下列规定不合法，在对具体行政行为申请行政复议时，可以一并向行政复议机关提出对该规定的审查申请：（一）国务院部门的规定；（二）县级以上地方各级人民政府及其工作部门的规定；（三）乡、镇人民政府的规定。前款所列规定不含国务院部、委员规章和地方人民政府规章。规章的审查依照法律、行政法规的规定办理。"行政复议的附带性审查中，

只包括各项规定，不包括规章。故选项 A 错误，不符合题意。

B.《行政复议法》第 24 条规定："在行政复议过程中，被申请人不得自行向申请人和其他有关组织或者个人收集证据。"行政机关需要先取证后处罚，在复议过程中不能再自行收集证据。故选项 B 错误，不符合题意。

C.《行政复议法》第 25 条规定："行政复议决定作出前，申请人要求撤回行政复议申请的，经说明理由，可以撤回；撤回行政复议申请的，行政复议终止。"申请人在行政复议中，可以撤回申请。复议申请人要求撤回复议申请的原因很多，不排除有些撤回申请是在被申请人施加的压力下违心作出的。为防止上述情形，及时纠正行政行为，申请人请求撤回行政复议申请应当说明理由。故选项 C 正确，符合题意。

D.《行政复议法》第 21 条规定："行政复议期间具体行政行为不停止执行；但是，有下列情形之一的，可以停止执行：（一）被申请人认为需要停止执行的；（二）行政复议机关认为需要停止执行的；（三）申请人申请停止执行，行政复议机关认为其要求合理，决定停止执行的；（四）法律规定停止执行的。"行政程序注重的是效率，旨在快速解决问题，故一般情况下复议不停止执行。故选项 D 错误，不符合题意。

5.（2016 年卷二第 63 题）根据行政复议法及相关规定，下列关于行政复议受理机关的哪些说法是正确的？
A. 对县交通局的具体行政行为不服的，可以向上一级主管部门申请行政复议
B. 对县交通局的具体行政行为不服的，可以向该县人民政府申请行政复议
C. 对海关的具体行政行为不服的，应当向本级人民政府申请行政复议
D. 对海关的具体行政行为不服的，应当向上一级主管部门申请行政复议

【知识要点】行政复议机关

【解析】《行政复议法》第 12 条规定："对县级以上地方各级人民政府工作部门的具体行政行为不服的，由申请人选择，可以向该部门的本级人民政府申请行政复议，也可以向上一级主管部门申请行政复议。对海关、金融、国税、外汇管理等实行垂直领导的行政机关和国家安全机关的具体行政行为不服的，向上一级主管部门申请行政复议。"行政复议制度是行政层级监督制度的一种。这种层级监督，是以层级领导的隶属关系为基础为前提的，如果被申请人与复议机关之间没有领导与被领导的隶属关系，复议机关在行政复议中的作用就难以充分发挥，复议机关的决定、指示、要求、命令等，就难以做到令行禁止，从而不利于切实保障复议申请人的合法权益。交通局属于政府工作部门，同时受到本级人民政府和上级主管机关的双重领导，故复议机关也是这两个机关。海关、金融、国税、外汇等部门实行垂直领导，故复议机关也只有一个上级主管部门。故选项 A、B、D 正确，符合题意。

6.（2015 年卷二第 15 题）根据市政府整顿农贸市场的决定，某区工商局和卫生局对集贸市场进行联合检查。在检查过程中，因某个体户所售食品变质，两局以共同的名义对其作出罚款决定，该个体户不服，欲提起行政复议。根据行政复议法及相关规定，其应向谁申请行政复议？
A. 该区工商局　　　B. 该市卫生局　　　C. 该区政府　　　D. 该市政府

【知识要点】行政复议机关

【解析】《行政复议法》第 15 条第 1 款规定："对本法第十二条、第十三条、第十四条规定以外的其他行政机关、组织的具体行政行为不服的，按照下列规定申请行政复议：……（四）对两个或者两个以上行政机关以共同的名义作出的具体行政行为不服的，向其共同上一级行政机关申请行政复议；……"区工商局和卫生局的共同上一级行政机关是区政府。故选项 C 正确，符合题意。

7.（2013 年卷二第 34 题）甲行政机关依照相关法律规定，经其上级乙行政机关批准，对股份制企业丙公司作出行政处罚决定，丙公司董事会认为该具体行政行为侵犯了企业合法权益，欲申请行政复议。根据行政复议法及相关规定，下列哪些说法是正确的？
A. 丙公司董事会可以以自己的名义申请行政复议
B. 丙公司董事会可以以企业的名义申请行政复议
C. 该行政复议申请应以甲行政机关为行政复议被申请人
D. 该行政复议申请应以乙行政机关为行政复议被申请人

【知识要点】行政复议的申请人和被申请人

【解析】A、B.《行政复议法实施条例》第 7 条规定："股份制企业的股东大会、股东代表大会、董事会认为行政机关作出的具体行政行为侵犯企业合法权益的，可以以企业的名义申请行政复议。"本题中，丙公司董事会认为行政机关作出的具体行政行为侵犯企业合法权益，根据上述规定，可以以企业的名义申请行政复议。故选项 B 正确，符合题意；选项 A 错误，不符合题意。

C、D.《行政复议法实施条例》第 13 条规定："下级行政机关依照法律、法规、规章规定，经上级行政机关批准作出具体行政行为的，批准机关为被申请人。"本题中，甲行政机关对丙公司作出的行政处罚决定是依照相关法律规定经其上级乙行政机关批准后作出的，因此乙行政机关是被申请人。选项 D 正确，符合题意；选项 C 错误，不符合题意。

8.（2013 年卷二第 41 题）行政复议期间，行政复议机构认为申请人以外的公民管某与被审查的具体行政行为有

利害关系。根据行政复议法及相关规定，下列哪些说法是正确的？

A. 该行政复议机构可以追加管某为行政复议申请人，通知其参加行政复议
B. 该行政复议机构可以通知管某作为第三人参加行政复议
C. 管某不参加行政复议的，该行政复议终止
D. 管某不参加行政复议的，不影响该行政复议案件的审理

【知识要点】行政复议第三人

【解析】A.B.《行政复议法》第10条第3款规定："同申请行政复议的具体行政行为有利害关系的其他公民、法人或者其他组织，可以作为第三人参加行政复议。"《行政复议法实施条例》第9条第1款规定："行政复议期间，行政复议机构认为申请人以外的公民、法人或者其他组织与被审查的具体行政行为有利害关系的，可以通知其作为第三人参加行政复议。"根据上述规定，本题中的行政复议机构可以通知管某作为第三人参加行政复议，而非追加管某为行政复议申请人。故选项B正确，符合题意；选项A错误，不符合题意。

C.D.《行政复议法实施条例》第9条第3款规定："第三人不参加行政复议，不影响行政复议案件的审理。"本题中管某参加行政复议的身份是第三人，故其不参加行政复议，不影响该行政复议案件的审理。故选项D正确，符合题意；选项C错误，不符合题意。

9.（2012年卷二第34题）根据行政复议法及相关规定，下列哪些说法是正确的？

A. 有权申请行政复议的公民死亡的，其近亲属可以申请行政复议
B. 有权申请行政复议的公民为无民事行为能力人的，其法定代理人可以代为申请行政复议
C. 有权申请行政复议的公民为限制民事行为能力人的，其法定代理人可以代为申请行政复议
D. 有权申请行政复议的法人或者其他组织终止的，承受其权利的法人或者其他组织可以申请行政复议

【知识要点】行政复议申请人

【解析】《行政复议法》第10条规定："依照本法申请行政复议的公民、法人或者其他组织是申请人。有权申请行政复议的公民死亡的，其近亲属可以申请行政复议。有权申请行政复议的公民为无民事行为能力人或者限制民事行为能力人的，其法定代理人可以代为申请行政复议。有权申请行政复议的法人或者其他组织终止的，承受其权利的法人或者其他组织可以申请行政复议。同申请行政复议的具体行政行为有利害关系的其他公民、法人或者其他组织，可以作为第三人参加行政复议。公民、法人或者其他组织对行政机关的具体行政行为不服申请行政复议的，作出具体行政行为的行政机关是被申请人。申请人、第三人可以委托代理人代为参加行政复议。"故选项A、B、C、D均正确，符合题意。

10.（2011年卷二第12题）根据行政复议法及相关规定，下列关于复议申请人的说法哪些是正确的？

A. 合伙企业申请行政复议的，应当以核准登记的企业为申请人
B. 合伙企业以外的其他合伙组织申请行政复议的，由合伙人共同申请行政复议
C. 股份制企业的股东代表大会认为某行政机关作出的具体行政行为侵犯该企业合法权益的，可以以该企业的名义申请行政复议
D. 同一行政复议案件申请人超过5人的，应当推选1至3名代表参加行政复议

【知识要点】行政复议申请人

【解析】A.B.《行政复议法实施条例》第6条规定："合伙企业申请行政复议的，应当以核准登记的企业为申请人，由执行合伙事务的合伙人代表该企业参加行政复议；其他合伙组织申请行政复议的，由合伙人共同申请行政复议。前款规定以外的不具备法人资格的其他组织申请行政复议的，由该组织的主要负责人代表该组织参加行政复议；没有主要负责人的，由共同推选的其他成员代表该组织参加行政复议。"故选项A、B正确，符合题意。

C.《行政复议法实施条例》第7条规定："股份制企业的股东大会、股东代表大会、董事会认为行政机关作出的具体行政行为侵犯企业合法权益的，可以以企业的名义申请行政复议。"故选项C正确，符合题意。

D.《行政复议法实施条例》第8条规定："同一行政复议案件申请人超过5人的，推选1至5名代表参加行政复议。"故选项D错误，不符合题意。

11.（2011年卷二第28题）根据行政复议法及相关规定，下列关于行政复议的被申请人的说法哪些是正确的？

A. 行政机关设立的派出机构，未经法律、法规授权，对外以自己名义作出具体行政行为的，该行政机关为被申请人
B. 行政机关设立的派出机构，未经法律、法规授权，对外以自己名义作出具体行政行为的，该派出机构为被申请人
C. 下级行政机关依照规章规定，经上级行政机关批准作出具体行政行为的，批准机关为被申请人
D. 下级行政机关依照法律规定，经上级行政机关批准作出具体行政行为的，该下级行政机关为被申请人

【知识要点】行政复议的被申请人

【解析】《行政复议法实施条例》第13条规定："下级行政机关依照法律、法规、规章规定，经上级行政机关批准

作出具体行政行为的,批准机关为被申请人。"《行政复议法实施条例》第14条规定:"行政机关设立的派出机构、内设机构或者其他组织,未经法律、法规授权,对外以自己名义作出具体行政行为的,该行政机关为被申请人。"故选项A、C正确,符合题意。

12. (2011年卷二第44题) 根据行政复议法及相关规定,行政复议机关负责法制工作的机构具体办理行政复议事项,应当履行下列哪些职责?
   A. 审查申请行政复议的具体行政行为是否合法
   B. 审查申请行政复议的具体行政行为所依据的规章是否合法
   C. 审查申请行政复议的具体行政行为是否适当
   D. 对违法作出具体行政行为的行政机关进行处理

【知识要点】行政复议机关负责法制工作的机构

【解析】《行政复议法》第3条规定:"依照本法履行行政复议职责的行政机关是行政复议机关。行政复议机关负责法制工作的机构具体办理行政复议事项,履行下列职责:(一)受理行政复议申请;(二)向有关组织和人员调查取证,查阅文件和资料;(三)审查申请行政复议的具体行政行为是否合法与适当,拟订行政复议决定;(四)处理或者转送对本法第七条所列有关规定的审查申请;(五)对行政机关违反本法规定的行为依照规定的权限和程序提出处理建议;(六)办理因不服行政复议决定提起行政诉讼的应诉事项;(七)法律、法规规定的其他职责。"故选项A、C正确,符合题意。

三、行政复议程序

(一) 行政复议的受案范围

13. (2015年卷二第17题) 根据行政复议法及相关规定,下列哪种情形可以申请行政复议?
   A. 张某对国务院某部委发布的规章不服的
   B. 公务员王某不服其所在的行政机关对其作出的降级处分的
   C. 李某对某行政机关就其与某公司之间的民事纠纷作出的调解不服的
   D. 赵某对某行政机关作出的暂扣其许可证的行政处罚决定不服的

【知识要点】行政复议的受案范围

【解析】A.《行政复议法》第7条规定:"公民、法人或者其他组织认为行政机关的具体行政行为所依据的下列规定不合法,在对具体行政行为申请行政复议时,可以一并向行政复议机关提出对该规定的审查申请:(一)国务院部门的规定;(二)县级以上地方各级人民政府及其工作部门的规定;(三)乡、镇人民政府的规定。前款所列规定不含国务院部、委员会规章和地方人民政府规章。规章的审查依照法律、行政法规办理。"故选项A错误,不符合题意。

B.《行政复议法》第8条第1款规定:"不服行政机关作出的行政处分或者其他人事处理决定,依照有关法律、行政法规的规定提出申诉。"故选项B错误,不符合题意。

C.《行政复议法》第8条第2款规定:"不服行政机关对民事纠纷作出的调解或者其他处理,依法申请仲裁或者向人民法院提起诉讼。"故选项C错误,不符合题意。

D.《行政复议法》第6条规定:"有下列情形之一的,公民、法人或者其他组织可以依照本法申请行政复议:(一)对行政机关作出的警告、罚款、没收违法所得、没收非法财物、责令停产停业、暂扣或者吊销许可证、暂扣或者吊销执照、行政拘留等行政处罚决定不服的;(二)对行政机关作出的限制人身自由或者查封、扣押、冻结财产等行政强制措施决定不服的;(三)对行政机关作出的有关许可证、执照、资质证、资格证等证书变更、中止、撤销的决定不服的;(四)对行政机关作出的关于确认土地、矿藏、水流、森林、山岭、草原、荒地、滩涂、海域等自然资源的所有权或者使用权的决定不服的;(五)认为行政机关侵犯合法的经营自主权的;(六)认为行政机关变更或者废止农业承包合同,侵犯其合法权益的;(七)认为行政机关违法集资、征收财物、摊派费用或者违法要求履行其他义务的;(八)认为符合法定条件,申请行政机关颁发许可证、执照、资质证、资格证等证书,或者申请行政机关审批、登记有关事项,行政机关没有依法办理的;(九)申请行政机关履行保护人身权利、财产权利、受教育权利的法定职责,行政机关没有依法履行的;(十)申请行政机关依法发放抚恤金、社会保险金或者最低生活保障费,行政机关没有依法发放的;(十一)认为行政机关的其他具体行政行为侵犯其合法权益的。"选项D属于上述第(一)种情形,可以申请行政复议,符合题意。

14. (2013年卷二第51题) 根据行政复议法及相关规定,在下列哪些情形下,当事人可以申请行政复议?
   A. 某工商局对张某作出没收违法所得的处罚决定,张某不服的
   B. 某公安局对其工作人员王某作出撤职的处分决定,王某不服的
   C. 某民政局拒绝给刘某发放最低生活保障费,刘某不服的
   D. 赵某认为乡人民政府违法集资的

【知识要点】 行政复议的受案范围

【解析】 A.C.D.《行政复议法》第6条规定:"有下列情形之一的,公民、法人或者其他组织可以依照本法申请行政复议:(一)对行政机关作出的警告、罚款、没收违法所得、没收非法财物、责令停产停业、暂扣或者吊销许可证、暂扣或者吊销执照、行政拘留等行政处罚决定不服的;……(七)认为行政机关违法集资、征收财物、摊派费用或者违法要求履行其他义务的;……(十)申请行政机关依法发放抚恤金、社会保险金或者最低生活保障费,行政机关没有依法发放的;……"据此,选项A、C和D所述情形下当事人均可申请行政复议,符合题意。

B. 根据《行政复议法》第8条第1款的规定(参见本节第13题解析B),本题中,选项B属于行政机关对其工作人员作出的行政处分,当事人不能申请行政复议,而应依法提出申诉。故选项B错误,不符合题意。

15.（2013年卷二第5题） 某省知识产权局对职务发明人姚某与其所在单位的职务发明报酬纠纷作出了调解,姚某对该调解不服。根据行政复议法及相关规定,姚某可以通过下列哪种途径解决该纠纷?

A. 向该省知识产权局提出申诉
B. 向国家知识产权局申请行政复议
C. 向该省人民政府申请行政复议
D. 向人民法院提起诉讼

【知识要点】 行政复议的排除范围

【解析】 根据《行政复议法》第8条第2款的规定(参见本节第13题解析C),本题中,姚某与其所在单位的职务发明报酬纠纷为民事纠纷,省知识产权局对此作出的调解属于"对民事纠纷作出的调解"。根据上述规定,当事人对该调解不服的,可依法申请仲裁或者向人民法院提起诉讼,不能申请行政复议。选项D正确符合题意;选项B和C错误不符合题意。此外,根据《行政复议法》第8条第1款的规定(参见本节第13题解析B),《行政复议法》中的申诉适用于当事人不服行政机关作出的行政处分或者其他人事处理决定的情形,不适用于本题的情形,故A选项也不当选。

16.（2012年卷二第52题） 根据行政复议法及相关规定,公民、法人或者其他组织认为行政机关的具体行政行为所依据的下列哪些不合法的,可以在申请行政复议时一并申请对其进行审查?

A. 行政法规   B. 省人民政府规章   C. 县人民政府的规定   D. 镇人民政府的规定

【知识要点】 行政复议的受案范围

【解析】 根据《行政复议法》第7条的规定(参见本节第13题解析A),选项C、D正确,符合题意。

17.（2011年卷二第4题） 根据行政复议法及相关规定,下列哪些情形可以申请行政复议?

A. 李某对某行政机关作出的扣押其财产的行政强制措施不服的
B. 齐某对某行政机关作出的撤销其执业证的处罚不服的
C. 何某对某行政机关作出的没收其违法所得的处罚不服的
D. 孙某对某行政机关就其与黄某之间的民事纠纷作出的调解不服的

【知识要点】 行政复议的受案范围

【解析】 根据《行政复议法》第6条的规定(参见本节第13题解析D),以及《行政复议法》第8条的规定(参见本节第13题解析B.C),选项A、B、C正确,符合题意。

（二）行政复议的申请

18.（2010年卷二第12题） 根据行政复议法及相关规定,下列说法哪些是正确的?

A. 申请人认为行政机关具体行政行为所依据的地方人民政府规章不合法的,在对具体行政行为申请行政复议时,可以一并提出对该规章的审查申请
B. 行政机关工作人员不服行政机关对其作出的行政处分决定的,可以依法申请行政复议
C. 对县级人民政府的具体行政行为不服的,向上一级地方人民政府申请行政复议
D. 行政复议决定作出前,申请人自愿撤回行政复议申请的,经行政复议机构同意,可以撤回

【知识要点】 行政复议的申请

【解析】 A.《行政复议法》第7条规定:"公民、法人或者其他组织认为行政机关的具体行政行为所依据的下列规定不合法,在对具体行政行为申请行政复议时,可以一并向行政复议机关提出对该规定的审查申请:(一)国务院部门的规定;(二)县级以上地方各级人民政府及其工作部门的规定;(三)乡、镇人民政府的规定。前款所列规定不含国务院部、委员会规章和地方人民政府规章。规章的审查依照法律、行政法规办理。"故选项A错误,不符合题意。

B.《行政复议法》第8条规定:"不服行政机关作出的行政处分或者其他人事处理决定的,依照有关法律、行政法规的规定提出申诉。不服行政机关对民事纠纷作出的调解或者其他处理,依法申请仲裁或者向人民法院提起诉讼。"故选项B错误,不符合题意。

C. 根据《行政复议法》第12条的规定(参见本节第5题解析),选项C正确,符合题意。

D.《行政复议法》第25条规定:"行政复议决定作出前,申请人要求撤回行政复议申请的,经说明理由,可以撤回;撤回行政复议申请的,行政复议终止。"故选项D正确,符合题意。

19.（2016年卷二第11题）刘某对县公安局作出的罚款决定不服，欲提起行政复议。根据行政复议法及相关规定，下列哪种说法是正确的？

A. 刘某可以在法定期限内口头申请　　B. 刘某必须书面申请
C. 刘某可以随时提出口头申请　　　　D. 刘某可以随时提出书面申请

【知识要点】行政复议的申请形式

【解析】《行政复议法》第9条规定："公民、法人或者其他组织认为具体行政行为侵犯其合法权益的，可以自知道该具体行政行为之日起六十日内提出行政复议申请；但是法律规定的申请期限超过六十日的除外。因不可抗力或者其他正当理由耽误法定申请期限的，申请期限自障碍消除之日起计算。"《行政复议法》第11条规定："申请人申请行政复议，申请书面申请，也可以口头申请；口头申请的，行政复议机关应当当场记录申请人的基本情况、行政复议请求、申请行政复议的主要事实、理由和时间。"行政复议可以书面申请，也可以口头申请，行政行为注重效率，提起复议申请必然会有期限限制，不可能随时提出。故选项A正确，符合题意。

20.（2015年卷二第69题）根据行政复议法及相关规定，下列关于行政复议申请的哪些说法是正确的？

A. 申请人申请行政复议，可以书面申请，也可以口头申请
B. 申请人申请行政复议，只能书面申请，不能口头申请
C. 行政复议机关受理行政复议申请，不得向申请人收取任何费用
D. 行政复议机关受理行政复议申请，应当向申请人收取申请费

【知识要点】行政复议的申请形式

【解析】A.B.《行政复议法》第11条规定："申请人申请行政复议，可以书面申请，也可以口头申请；口头申请的，行政复议机关应当当场记录申请人的基本情况、行政复议请求、申请行政复议的主要事实、理由和时间。"故选项A正确，符合题意；选项B错误，不符合题意。

C.D.《行政复议法》第39条规定："行政复议机关受理行政复议申请，不得向申请人收取任何费用。行政复议活动所需经费，应当列入本机关的行政经费，由本级财政予以保障。"因此，选项C正确，符合题意；选项D错误，不符合题意。

21.（2010年卷二第4题）根据行政复议法及相关规定，下列说法哪些是正确的？

A. 申请行政复议，可以书面申请，也可以口头申请
B. 行政复议过程中，被申请人不得自行向申请人和其他有关组织或者个人收集证据
C. 行政复议机关的复议决定责令被申请人重新作出具体行政行为的，被申请人不得再作出与原具体行政行为相同的具体行政行为
D. 同申请行政复议的具体行政行为有利害关系的其他公民，可以作为第三人参加行政复议

【知识要点】行政复议的申请形式

【解析】A.《行政复议法》第11条规定："申请人申请行政复议，可以书面申请，也可以口头申请；口头申请的，行政复议机关应当当场记录申请人的基本情况、行政复议请求、申请行政复议的主要事实、理由和时间。"故选项A正确，符合题意。

B.《行政复议法》第24条规定："在行政复议过程中，被申请人不得自行向申请人和其他有关组织或者个人收集证据。"故选项B正确，符合题意。

C.《行政复议法》第28条规定："行政复议机关负责法制工作的机构应当对被申请人作出的具体行政行为进行审查，提出意见，……行政复议机关责令被申请人重新作出具体行政行为的，被申请人不得以同一的事实和理由作出与原具体行政行为相同或者基本相同的具体行政行为。"故选项C错误，不符合题意。

D.《行政复议法》第10条第3款规定："同申请行政复议的具体行政行为有利害关系的其他公民、法人或者其他组织，可以作为第三人参加行政复议。"故选项D正确，符合题意。

22.（2010年卷二第36题）根据行政复议法及相关规定，在其他法律对于行政复议的申请期限没有特殊规定的情况下，下列说法哪些是正确的？

A. 行政复议申请人应当自知道具体行政行为之日起六十日内提出复议申请
B. 行政复议申请人应当自具体行政行为作出之日起六十日内提出复议申请
C. 因不可抗力耽误法定申请行政复议的期限的，该期限自障碍消除之日起继续计算
D. 因正当理由耽误法定申请行政复议的期限的，该期限自障碍消除之日起继续计算

【知识要点】行政复议的申请期限

【解析】《行政复议法》第9条规定："公民、法人或者其他组织认为具体行政行为侵犯其合法权益的，可以自知道该具体行政行为之日起六十日内提出行政复议申请；但是法律规定的申请期限超过六十日的除外。因不可抗力或者其他正当理由耽误法定申请期限的，申请期限自障碍消除之日起继续计算。"故选项A、C、D正确，符合题意。

23.（2008年卷二第21题）张某不服某省人民政府作出的具体行政行为，可以通过下列哪些途径寻求救济？

A. 直接向人民法院提起行政诉讼　　　　　　B. 直接向国务院申请裁决
C. 向该省人民政府提出行政复议申请　　　　D. 向国务院提出行政复议申请

【知识要点】行政复议的申请和不服具体行政行为的救济

【解析】A.《行政诉讼法》第2条第1款规定："公民、法人或者其他组织认为行政机关和行政机关工作人员的具体行政行为侵犯其合法权益，有权依照本法向人民法院提起诉讼。"《行政诉讼法》第44条规定："对属于人民法院受案范围的行政案件，公民、法人或者其他组织可以先向行政机关申请复议，对复议决定不服的，再向人民法院提起诉讼；也可以直接向人民法院提起诉讼。法律、法规规定应当先向行政机关申请复议，对复议决定不服再向人民法院提起诉讼的，依照法律、法规的规定。"本题不属于法律、法规规定需要先申请行政复议的例外情况，故选项A正确，符合题意。

B.C.D.《行政复议法》第2条规定："公民、法人或其他组织认为具体行政行为侵犯其合法权益，向行政机关提出行政复议申请，行政机关受理行政复议申请、作出行政复议决定，适用本法。"《行政复议法》第14条规定："对国务院部门或者省、自治区、直辖市人民政府的具体行政行为不服的，向作出该具体行政行为的国务院部门或者省、自治区、直辖市人民政府申请行政复议。对行政复议决定不服的，可以向人民法院提起行政诉讼；也可以向国务院申请裁决，国务院依照本法的规定作出最终裁决。"向国务院申请裁决应当在省人民政府作出行政复议决定以后。故选项C正确，符合题意；选项B、D错误，不符合题意。

（三）行政复议的受理

24.（2016年卷二第62题）某专利申请人对国家知识产权局不予受理其申请的决定不服，根据行政复议法及相关规定，他可以通过下列哪些途径寻求救济？
A. 向国家知识产权局申请行政复议
B. 向国务院申请行政复议
C. 依法申请行政复议后，对复议决定仍然不服的，可以向人民法院起诉
D. 依法申请行政复议后，对复议决定仍然不服的，可以想国务院申请最终裁决

【知识要点】行政复议的受理机关

【解析】根据《行政复议法》第14条的规定（参见本节第23题解析B.C.D），国家知识产权局属于国务院的直属机构，按照向上一级行政机关申请复议的原则，对国家知识产权局的行政行为不服的，应向国务院复议。不过国务院是最高国家行政机关，主要职责为制定方针政策，不宜也难以处理大量的具体行政事务，故此时应向原单位申请复议，如果对复议决定不服，则可以选择提起诉讼或者向国务院申请裁决。"故选项A、C、D正确，符合题意；选项B错误，不符合题意。

25.（2015年卷二第70题）根据行政复议法及相关规定，下列关于行政复议受理机关的哪些说法是正确的？
A. 对县级人民政府的具体行政行为不服的，向上一级地方人民政府申请行政复议
B. 对县级以上地方各级人民政府工作部门的具体行政行为不服的，可以向该部门的上一级主管部门申请行政复议
C. 对省级人民政府的具体行政行为不服的，向国务院申请行政复议
D. 对国务院部门的具体行政行为不服的，向该国务院部门申请行政复议

【知识要点】行政复议的受理机关

【解析】A.《行政复议法》第13条第1款规定："对地方各级人民政府的具体行政行为不服的，向上一级地方人民政府申请行政复议。"故选项A正确，符合题意。

B.《行政复议法》第12条第1款规定："对县级以上地方各级人民政府工作部门的具体行政行为不服的，由申请人选择，可以向该部门的本级人民政府申请行政复议，也可以向上一级主管部门申请行政复议。"故选项B正确，符合题意。

C.D. 根据《行政复议法》第14条的规定（参见本节第23题解析B.C.D），选项C错误，不符合题意；选项D正确，符合题意。

26.（2012年卷二第61题）根据行政复议法及相关规定，下列哪些说法是正确的？
A. 对法律、法规授权的组织的具体行政行为不服的，分别向直接管理该组织的地方人民政府、地方人民政府工作部门或者国务院部门申请行政复议
B. 对被撤销的行政机关在撤销前所作出的具体行政行为不服的，向继续行使其职权的行政机关的上一级行政机关申请行政复议
C. 公民、法人或者其他组织申请行政复议，行政复议机关已经依法受理的，在法定行政复议期限内不得向人民法院提起行政诉讼
D. 公民、法人或者其他组织向人民法院提起行政诉讼，人民法院已经依法受理的，不得申请行政复议

【知识要点】行政复议的受理机关

【解析】《行政复议法》第15条规定:"对本法第十二条、第十三条、第十四条规定以外的其他行政机关、组织的具体行政行为不服的,按照下列规定申请行政复议:(一)对县级以上地方人民政府依法设立的派出机关的具体行政行为不服的,向设立该派出机关的人民政府申请行政复议;(二)对政府工作部门依法设立的派出机构依照法律、法规或者规章规定,以自己的名义作出的具体行政行为不服的,向设立该派出机构的部门或者该部门的本级地方人民政府申请行政复议;(三)对法律、法规授权的组织的具体行政行为不服的,分别向直接管理该组织的地方人民政府、地方人民政府工作部门或者国务院部门申请行政复议;(四)对两个或者两个以上行政机关以共同的名义作出的具体行政行为不服的,向其共同上一级行政机关申请行政复议;(五)对被撤销的行政机关在撤销前所作出的具体行政行为不服的,向继续行使其职权的行政机关的上一级行政机关申请行政复议。有前款所列情形之一的,申请人也可以向具体行政行为发生地的县级地方人民政府提出行政复议申请,由接受申请的县级地方人民政府依照本法第十八条的规定办理。"《行政复议法》第16条规定:"公民、法人或者其他组织申请行政复议,行政复议机关已经依法受理的,或者法律、法规规定应当先向行政复议机关申请行政复议、对行政复议决定不服再向人民法院提起行政诉讼的,在法定行政复议期限内不得向人民法院提起行政诉讼。公民、法人或者其他组织向人民法院提起行政诉讼,人民法院已经依法受理的,不得申请行政复议。"故选项A、B、C、D正确,符合题意。

27.(2012年卷二第63题)张某对某市辖区教育局作出的一项具体行政行为不服,欲申请行政复议。根据行政复议法及相关规定,下列哪些说法是正确的?
  A. 张某可向该区教育局申请行政复议
  B. 张某可向该区政府申请行政复议
  C. 张某可向该市教育局申请行政复议
  D. 张某可向该市政府申请行政复议
  【知识要点】 行政复议的受理机关
  【解析】 根据《行政复议法》第12条的规定(参见本节第5题解析),选项B、C正确,符合题意。

28.(2012年卷二第4题)根据行政复议法及相关规定,对直辖市人民政府作出的具体行政行为不服的,可以通过下列哪种途径寻求救济?
  A. 向该直辖市人民政府申请行政复议
  B. 向国务院有关部门申请行政复议
  C. 向国务院申请行政复议
  D. 向国务院申请裁决
  【知识要点】 行政复议的受理机关
  【解析】《行政复议法》第14条规定:"对国务院部门或者省、自治区、直辖市人民政府的具体行政行为不服的,向作出该具体行政行为的国务院部门或者省、自治区、直辖市人民政府申请行政复议。对行政复议决定不服的,可以向人民法院提起行政诉讼;也可以向国务院申请裁决,国务院依照本法的规定作出最终裁决。"故选项A正确,符合题意;选项B、C、D错误,不符合题意。

29.(2011年卷二第52题)甲公司对国务院某部门作出的某具体行政行为不服,欲申请行政复议。对此,下列说法哪些是正确的?
  A. 甲公司应当向该部门提出行政复议申请;如果甲公司对行政复议决定不服,可以向人民法院提起行政诉讼
  B. 甲公司应当向该部门提出行政复议申请;如果甲公司对行政复议决定不服,可以向国务院申请裁决
  C. 甲公司应当向国务院提出行政复议申请;如果甲公司对行政复议决定不服,可以向人民法院提起行政诉讼
  D. 甲公司应当向国务院提出行政复议申请;如果甲公司对行政复议决定不服,不得再向人民法院提起行政诉讼
  【知识要点】 行政复议机关
  【解析】 根据《行政复议法》第14条的规定(参见本节第23题解析B.C.D),选项A、B正确,符合题意;选项C、D错误,不符合题意。

30.(2010年卷二第52题)根据行政复议法及相关规定,下列说法哪些是正确的?
  A. 行政复议机关收到行政复议申请后应当在5个工作日内进行审查,决定是否受理
  B. 行政复议机关在对被申请人作出的具体行政行为进行审查时,认为其依据不合法,但本机关无权处理的,应当在7个工作日内按照法定程序转送有权处理的国家机关依法处理
  C. 行政复议机关应当自受理申请之日起60日内作出行政复议决定;但是法律规定的行政复议期限少于60日的除外
  D. 对于情况复杂不能在规定期限内作出行政复议决定的,经行政复议机关的负责人批准,可以适当延长,并告知申请人和被申请人;但延长期限最多不超过30日
  【知识要点】 行政复议受理和决定期限
  【解析】 A.《行政复议法》第17条规定:"行政复议机关收到行政复议申请后,应当在五日内进行审查,对不符合本法规定的行政复议申请,决定不予受理,并书面告知申请人;对符合本法规定,但是不属于本机关受理的行政复议申请,应当告知申请人向有关行政复议机关提出。除前款规定外,行政复议申请自行政复议机关负责法制工作的机构收到之日起即为受理。"故选项A正确,符合题意。
  B.《行政复议法》第27条规定:"行政复议机关在对被申请人作出的具体行政行为进行审查时,认为其依据不合

法，本机关有权处理的，应当在三十日内依法处理；无权处理的，应当在七日内按照法定程序转送有权处理的国家机关依法处理。处理期间，中止对具体行政行为的审查。"故选项B正确，符合题意。

C.D.《行政复议法》第31条第1款规定："行政复议机关应当自受理申请之日起六十日内作出行政复议决定；但是法律规定的行政复议期限少于六十日的除外。情况复杂，不能在规定期限内作出行政复议决定的，经行政复议机关的负责人批准，可以适当延长，并告知申请人和被申请人；但是延长期限最多不超过三十日。"故选项C、D正确，符合题意。

（四）行政复议的审理

31.（2016年卷二第64题） 根据行政复议法及相关规定，具体行政行为具有下列哪些情形的，行政复议机关可以决定撤销、变更该具体行政行为或者确认该具体行政行为违法？

A. 主要事实不清、证据不足的
B. 违反法定程序的
C. 滥用职权的
D. 具体行政行为明显不当的

【知识要点】行政复议的审查方式

【解析】《行政复议法》第28条第1款规定："行政复议机关负责法制工作的机构应当对被申请人作出的具体行政行为进行审查，提出意见，经行政复议机关的负责人同意或者集体讨论通过后，按照下列规定作出行政复议决定：……（三）具体行政行为有下列情形之一的，决定撤销、变更或者是确认该具体行政行为违法；决定撤销或者确认该具体行政行为违法的，可以责令被申请人在一定期间内重新作出具体行政行为：1. 主要事实不清、证据不足的；2. 适用依据错误的；3. 违反法定程序的；4 超越或者滥用职权的；5. 具体行政行为明显不当的。……"在行政复议中，如果原先的具体行政行为没错，那就维持；如果该做的没做，那就要求去做；如果做错了，那就变更、撤销或者是确认违法。本题4个选项都是做错的情形，故选项A、B、C、D正确，符合题意。

32.（2016年卷二第65题） 根据行政复议法及相关规定，下列关于行政复议的审理哪些说法是正确的？

A. 行政复议原则上采取书面审查
B. 行政复议原则上采取开庭的方式审查
C. 行政复议机关认为有必要时，可以听取申请人、被申请人和第三人的意见
D. 行政复议机关认为有必要时，可以向有关组织和人员调查情况

【知识要点】行政复议的审查方式

【解析】《行政复议法》第22条规定："行政复议原则上采取书面审查的办法，但是申请人提出要求或者行政复议机关负责法制工作的机构认为有必要时，可以向有关组织和人员调查情况，听取申请人、被申请人和第三人的意见。"行政复议更注重效率，故原则上是书面审查。有必要的时候为了查清事实，复议机关也可以进行调查和听取当事人的意见。故选项A、C、D正确，符合题意。

33.（2015年卷二第71题） 根据行政复议法及相关规定，下列关于行政复议机关进行的调解的哪些说法是正确的？

A. 当事人之间的行政赔偿纠纷，行政复议机关可以按照自愿、合法的原则进行调解
B. 当事人之间的行政补偿纠纷，行政复议机关可以按照自愿、合法的原则进行调解
C. 当事人经调解达成协议的，行政复议机关可以不必制作行政复议调解书
D. 调解未达成协议的，行政复议机关应当及时作出行政复议决定

【知识要点】行政复议的审查方式

【解析】A.B.《行政复议法实施条例》第50条第1款规定："有下列情形之一的，行政复议机关可以按照自愿、合法的原则进行调解：（一）公民、法人或者其他组织对行政机关行使法律、法规规定的自由裁量权作出的具体行政行为不服申请行政复议的；（二）当事人之间的行政赔偿或者行政补偿纠纷。"故选项A、B正确，符合题意。

C.《行政复议法实施条例》第50条第2款规定："当事人经调解达成协议的，行政复议机关应当制作行政复议调解书。调解书应当载明行政复议请求、事实、理由和调解结果，并加盖行政复议机关印章。行政复议调解书经双方当事人签字，即具有法律效力。"故选项C错误，不符合题意。

D.《行政复议法实施条例》第50条第3款规定："调解未达成协议或者调解书生效前一方反悔的，行政复议机关应当及时作出行政复议决定。"故选项D正确，符合题意。

34.（2015年卷二第73题） 根据行政复议法及相关规定，下列哪些情形下行政复议终止？

A. 作为申请人的自然人死亡，没有近亲属的
B. 作为申请人的法人终止，其权利义务的承受人放弃行政复议权利的
C. 申请人要求撤回行政复议申请，行政复议机构准予撤回的
D. 案件涉及法律适用问题，需要有权机关作出解释或者确认的

【知识要点】行政复议终止

【解析】A、B、C.《行政复议法实施条例》第42条第1款规定："行政复议期间有下列情形之一的，行政复议终止：（一）申请人要求撤回行政复议申请，行政复议机构准予撤回的；（二）作为申请人的自然人死亡，没有近亲属或者其近亲属放弃行政复议权利的；（三）作为申请人的法人或者其他组织终止，其权利义务的承受人放弃行政复议权利的；（四）申请人与被申请人依照本条例第四十条的规定，经行政复议机构准许达成和解的；（五）申请人对行政拘留或者限制人身自由的行政强制措施不服申请行政复议后，因申请人同一违法行为涉嫌犯罪，该行政拘留或者限制人身自由的行政强制措施变更为刑事拘留的。"根据上述第（二）项的规定，选项A正确，符合题意；根据上述第（三）项的规定，选项B正确，符合题意；根据上述第（一）项的规定，选项C正确，符合题意。

D.《行政复议法实施条例》第41条第1款规定："行政复议期间有下列情形之一，影响行政复议案件审理的，行政复议中止：（一）作为申请人的自然人死亡，其近亲属尚未确定是否参加行政复议的；（二）作为申请人的自然人丧失参加行政复议的能力，尚未确定法定代理人参加行政复议的；（三）作为申请人的法人或者其他组织终止，尚未确定权利义务承受人的；（四）作为申请人的自然人下落不明或者被宣告失踪的；（五）申请人、被申请人因不可抗力，不能参加行政复议的；（六）案件涉及法律适用问题，需要有权机关作出解释或者确认的；（七）案件审理需要以其他案件的审理结果为依据，而其他案件尚未审结的；（八）其他需要中止行政复议的情形。"根据上述第（六）项规定，选项D的情形下行政复议中止，而非行政复议终止。故选项D错误，不符合题意。

35.（2013年卷二第82题）根据行政复议法及相关规定，下列哪些说法是正确的？
A. 在行政复议过程中，被申请人可以自行向申请人收集证据
B. 在行政复议过程中，行政复议机关应当为申请人查阅有关材料提供必要条件
C. 在行政复议过程中，申请人可以查阅被申请人作出具体行政行为的证据，除涉及国家秘密、商业秘密或者个人隐私外，行政复议机关不得拒绝
D. 在行政复议过程中，第三人可以查阅被申请人提出的书面答复，除涉及国家秘密、商业秘密或者个人隐私外，行政复议机关不得拒绝

【知识要点】举证责任

【解析】A.《行政复议法》第24条规定："在行政复议过程中，被申请人不得自行向申请人和其他有关组织或者个人收集证据。"故选项A错误，不符合题意。

B.《行政复议法实施条例》第35条规定："行政复议机关应当为申请人、第三人查阅有关材料提供必要条件。"故选项B正确，符合题意。

C、D.《行政复议法》第23条第2款规定："申请人、第三人可以查阅被申请人提出的书面答复、作出具体行政行为的证据、依据和其他有关材料，除涉及国家秘密、商业秘密或者个人隐私外，行政复议机关不得拒绝。"故选项C、D正确，符合题意。

四、行政复议决定

（一）行政复议决定种类和效力

36.（2015年卷二第16题）某行政复议机关受理行政复议申请后，发现该行政复议申请不符合行政复议法和行政复议法实施条例规定的受理条件。根据行政复议法及相关规定，该行政复议机关应当如何处理？
A. 作出中止行政复议的决定　　　　　　B. 作出终止行政复议的决定
C. 作出维持具体行政行为的决定　　　　D. 作出驳回行政复议申请的决定

【知识要点】行政复议决定种类和效力

【解析】《行政复议法实施条例》第48条第1款规定："有下列情形之一的，行政复议机关应当决定驳回行政复议申请：（一）申请人认为行政机关不履行法定职责申请行政复议，行政复议机关受理后发现该行政机关没有相应法定职责或者在受理前已经履行法定职责的；（二）受理行政复议申请后，发现该行政复议申请不符合行政复议法和本条例规定的受理条件的。"故选项D正确，符合题意。

37.（2015年卷二第72题）根据行政复议法及相关规定，行政复议机关可以作出下列哪些行政复议决定？
A. 变更具体行政行为　　　　　　　　　B. 确认具体行政行为违法
C. 撤销具体行政行为　　　　　　　　　D. 维持具体行政行为

【知识要点】行政复议决定种类和效力

【解析】《行政复议法》第28条第1款规定："行政复议机关负责法制工作的机构应当对被申请人作出的具体行政行为进行审查，提出意见，经行政复议机关的负责人同意或者集体讨论通过后，按照下列规定作出行政复议决定：（一）具体行政行为认定事实清楚，证据确凿，适用依据正确，程序合法，内容适当的，决定维持。（二）被申请人不履行法定职责的，决定其在一定期限内履行。（三）具体行政行为有下列情形之一的，决定撤销、变更或者确认该具体行政行为违法；决定撤销或者确认该具体行政行为违法的，可以责令被申请人在一定期限内重新作出具体行政行

为：1. 主要事实不清、证据不足的；2. 适用依据错误的；3. 违反法定程序的；4. 超越或者滥用职权的；5. 具体行政行为明显不当的。（四）被申请人不按照本法第二十三条的规定提出书面答复、提交当初作出具体行政行为的证据、依据和其他有关材料的，视为该具体行政行为没有证据、依据，决定撤销该具体行政行为。"根据上述第（三）项的规定，选项A、B、C正确；根据上述第（一）项的规定，选项D正确。故选项A、B、C、D正确，符合题意。

38.（2013年卷二第10题）根据行政复议法及相关规定，下列哪种说法是正确的？
A. 行政复议决定书一经作出，即发生法律效力
B. 行政复议决定书一经发出，即发生法律效力
C. 行政复议决定书一经送达，即发生法律效力
D. 行政复议决定书自法定起诉期限届满时发生法律效力

【知识要点】行政复议决定生效的时间

【解析】《行政复议法》第31条第3款规定："行政复议决定书一经送达，即发生法律效力。"故选项C正确，符合题意。

39.（2012年卷二第28题）根据行政复议法及相关规定，下列哪种说法是错误的？
A. 对于维持具体行政行为的行政复议决定，申请人逾期不起诉又不履行的，由作出具体行政行为的行政机关依法强制执行，或者申请人民法院强制执行
B. 对于变更具体行政行为的行政复议决定，申请人逾期不起诉又不履行的，由行政复议机关依法强制执行，或者申请人民法院强制执行
C. 被申请人无正当理由拖延履行行政复议决定的，行政复议机关应当代为履行
D. 被申请人不履行行政复议决定的，行政复议机关或者有关上级行政机关应当责令其限期履行

【知识要点】责令履行职责

【解析】A B.《行政复议法》第33条规定："申请人逾期不起诉又不履行行政复议决定的，或者不履行最终裁决的行政复议决定的，按照下列规定分别处理：（一）维持具体行政行为的行政复议决定，由作出具体行政行为的行政机关依法强制执行，或者申请人民法院强制执行；（二）变更具体行政行为的行政复议决定，由行政复议机关依法强制执行，或者申请人民法院强制执行。"故选项A、B正确，不符合题意。

C D.《行政复议法》第32条规定："被申请人应当履行行政复议决定。被申请人不履行或者无正当理由拖延履行行政复议决定的，行政复议机关或者有关上级行政机关应当责令其限期履行。"故选项C错误，符合题意；选项D正确，不符合题意。

40.（2011年卷二第60题）李某认为某行政机关不履行法定职责，欲申请行政复议。根据行政复议法及相关规定，行政复议机关受理该行政复议申请后发现有下列哪些情形的，应当驳回该行政复议申请？
A. 该行政机关没有相应法定职责的
B. 该行政机关在受理前已经履行法定职责的
C. 行政复议申请的部分材料是在行政复议机构收到该行政复议申请之日起三日内补正的
D. 该申请不符合行政复议法及其实施条例规定的受理条件的

【知识要点】驳回行政复议申请

【解析】《行政复议法实施条例》第48条规定："有下列情形之一的，行政复议机关应当决定驳回行政复议申请：（一）申请人认为行政机关不履行法定职责申请行政复议，行政复议机关受理后发现该行政机关没有相应法定职责或者在受理前已经履行法定职责的；（二）受理行政复议申请后，发现该行政复议申请不符合行政复议法和本条例规定的受理条件的。上级行政机关认为行政复议机关驳回行政复议申请的理由不成立的，应当责令其恢复审理。"《行政复议法实施条例》第29条规定："行政复议申请材料不齐全或者表述不清楚的，行政复议机构可以自收到该行政复议申请之日起5日内书面通知申请人补正。补正通知应当载明需要补正的事项和合理的补正期限。无正当理由逾期不补正的，视为申请人放弃行政复议申请。补正申请材料所用时间不计入行政复议审理期限。"故选项A、B、D正确，符合题意。

41.（2010年卷二第44题）根据行政复议法及相关规定，行政复议决定作出后，对于申请人逾期不起诉又不履行行政复议决定的情况，下列说法哪些是正确的？
A. 对于维持具体行政行为的行政复议决定，由作出具体行政行为的行政机关依法强制执行，或者申请人民法院强制执行
B. 对于维持具体行政行为的行政复议决定，由行政复议机关依法强制执行，或者申请人民法院强制执行
C. 对于变更具体行政行为的行政复议决定，由行政复议机关依法强制执行，或者申请人民法院强制执行
D. 对于变更具体行政行为的行政复议决定，由作出具体行政行为的行政机关依法强制执行，或者由行政复议机关申请人民法院强制执行

【知识要点】行政复议决定的执行

【解析】根据《行政复议法》第33条的规定（参见本节第39题解析A.B），选项A、C正确，符合题意。

（二）行政复议决定不服的救济

第五节 行政诉讼法

一、行政诉讼的基本知识

（一）行政诉讼的概念

（二）行政诉讼的受案范围

1.(2016年卷二第67题)根据行政诉讼法及相关规定，公民、法人或者其他组织对下列哪些事项可以提起行政诉讼？
  A. 对行政机关制定、发布的具有普遍约束力的命令不服的
  B. 对限制人身自由的行政强制措施不服的
  C. 对行政拘留的行政处罚不服的
  D. 对行政机关就其工作人员的任免作出的决定不服的
【知识要点】行政诉讼的受案范围
【解析】《行政诉讼法》第12条第1款规定："人民法院受理公民、法人或者其他组织提起的下列诉讼：（一）对行政拘留、暂扣或者吊销许可证和执照、责令停产停业、没收违法所得、没收非法财物、罚款、警告等行政处罚不服的；（二）对限制人身自由或者对财产的查封、扣押、冻结等行政强制措施和行政强制执行不服的；……除前款规定外，人民法院受理法律、法规规定可以提起诉讼的其他行政案件。"《行政诉讼法》第13条规定："人民法院不受理公民、法人或者其他组织对下列事项提起的诉讼：（一）国防、外交等国家行为；（二）行政法规、规章或者行政机关制定、发布的具有普遍约束力的决定、命令；（三）行政机关对行政机关工作人员的奖惩、任免等决定；（四）法律规定由行政机关最终裁决的行政行为。"对于行政机关发布的具有普遍约束力的决定，其上级机关有权改变或者撤销，同级的人大有权撤销，而法院没有撤销的权力。行政机关任免内部工作人员的行为属于行政机关内部的人事管理行为，学理上称为"内部行政行为"，不同于针对行政相对人的外部行政行为，不能提起行政诉讼。行政机关对公民采取的行政强制措施和行政拘留则属于行政诉讼的范围。故选项B、C正确，符合题意。

2.(2014年卷二第45题)根据行政诉讼法及相关规定，下列哪些属于行政诉讼受案范围？
  A. 商标局不受理张某的商标注册申请，张某不服的
  B. 专利复审委员会宣告赵某的外观设计专利权无效，赵某不服的
  C. 某县教育局从个体户李某处购置文具后拖欠其货款，李某不服的
  D. 某县地方税务局对林某作出罚款1000元的处罚决定，林某不服的
【知识要点】行政诉讼的受案范围
【解析】A、B、D.《行政诉讼法》第12条规定："人民法院受理公民、法人或者其他组织提起的下列诉讼：（一）对行政拘留、暂扣或者吊销许可证和执照、责令停产停业、没收违法所得、没收非法财物、罚款、警告等行政处罚不服的；（二）对限制人身自由或者对财产的查封、扣押、冻结等行政强制措施和行政强制执行不服的；（三）申请行政许可，行政机关拒绝或者在法定期限内不予答复，或者对行政机关作出的有关行政许可的其他决定不服的；（四）对行政机关作出的关于确认土地、矿藏、水流、森林、山岭、草原、荒地、滩涂、海域等自然资源的所有权或者使用权的决定不服的；（五）对征收、征用决定及其补偿决定不服的；（六）申请行政机关履行保护人身权、财产权等合法权益的法定职责，行政机关拒绝履行或者不予答复的；（七）认为行政机关侵犯其经营自主权或者农村土地承包经营权、农村土地经营权的；（八）认为行政机关滥用行政权力排除或者限制竞争的；（九）认为行政机关违法集资、摊派费用或者违法要求履行其他义务的；（十）认为行政机关没有依法支付抚恤金、最低生活保障待遇或者社会保险待遇的；（十一）认为行政机关不依法履行、未按照约定履行或者违法变更、解除政府特许经营协议、土地房屋征收补偿协议等协议的；（十二）认为行政机关侵犯其他人身权、财产权等合法权益的。除前款规定外，人民法院受理法律、法规规定可以提起诉讼的其他行政案件。"行政机关都作出了具体的行政行为，影响到了当事人的人身或财产权益。故选项A、B、D正确，符合题意。
  C. 选项C中教育局拖欠货款属于民事纠纷，排除。

3.(2013年卷二第70题)根据行政诉讼法及相关规定，人民法院不受理公民、法人或者其他组织对下列哪些事项提起的行政诉讼？
  A. 国防、外交等国家行为   B. 行政机关的调解行为
  C. 法律规定的仲裁行为   D. 不具有强制力的行政指导行为
【知识要点】行政诉讼的受案范围

【解析】《行政诉讼法》第13条规定:"人民法院不受理公民、法人或者其他组织对下列事项提起的诉讼:(一) 国防、外交等国家行为;(二)行政法规、规章或者行政机关制定、发布的具有普遍约束力的决定、命令;(三)行政机关对行政机关工作人员的奖惩、任免等决定;(四)法律规定由行政机关最终裁决的具体行政行为。"《最高人民法院关于执行〈中华人民共和国行政诉讼法〉若干问题的解释》(以下简称《行诉解释》)第1条规定:"公民、法人或者其他组织对具有国家行政职权的机关和组织及其工作人员的行政行为不服,依法提起诉讼的,属于人民法院行政诉讼的受案范围。公民、法人或者其他组织对下列行为不服提起诉讼的,不属于人民法院行政诉讼的受案范围:(一)行政诉讼法第十三条规定的行为;(二)公安、国家安全等机关依照刑事诉讼法的明确授权实施的行为;(三)调解行为以及法律规定的仲裁行为;(四)不具有强制力的行政指导行为;(五)驳回当事人对行政行为提起申诉的重复处理行为;(六)对公民、法人或者其他组织权利义务不产生实际影响的行为。"国防和外交属于国家行为,法院不能干涉。行政机关的调解行为没有使用行政权力,不属于行政诉讼的范围。法律规定的仲裁行为,行政机关的仲裁就是最终决定,已经排除了法院的管辖。行政指导行为没有使用国家强制力,不属于行政诉讼的范围。故选项A、B、C、D正确,符合题意。

(三)行政诉讼法的基本原则和制度

4.(2016年卷二第66题)根据行政诉讼法及相关规定,下列哪些说法是正确的?
A. 人民法院审理行政案件,以事实为依据,以法律为准绳
B. 人民法院审理行政案件,对行政行为是否合理进行审查
C. 人民检察院有权对行政诉讼实行法律监督
D. 当事人在行政诉讼中有权进行辩论

【知识要点】行政诉讼法相关规定

【解析】行政诉讼和民事诉讼当中存在很多共同之处,比如说都实行"以事实为依据,以法律为准绳"的原则,检察院都可以实行监督,当事人都有权进行辩论等。需要注意的是,法院毕竟和行政机关毕竟不属于同一个系统,故法院对行政行为原则上只进行合法性审查,不进行合理性审查。《行政诉讼法》第5条规定:"人民法院审理行政案件,以事实为根据,以法律为准绳。"《行政诉讼法》第6条规定:"人民法院审理行政案件,对行政行为是否合法进行审查。"《行政诉讼法》第10条规定:"当事人在行政诉讼中有权进行辩论。"《行政诉讼法》第11条规定:"人民检察院有权对行政诉讼实行法律监督。"故选项A、C、D正确,符合题意。

5.(2015年卷二第60题)根据行政诉讼法及相关规定,关于人民法院审理行政案件应当遵循的制度,下列哪些说法是正确的?
A. 依法实行合议制度
B. 依法实行回避制度
C. 依法实行公开审判制度
D. 依法实行两审终审制度

【知识要点】行政诉讼法相关规定

【解析】行政诉讼和民事诉讼一样,都遵守合议、回避、公开审判和两审终审制度。《行政诉讼法》第7条规定:"人民法院审理行政案件,依法实行合议、回避、公开审判和两审终审制度。"故选项A、B、C、D正确,符合题意。

6.(2012年卷二第35题)根据行政诉讼法及相关规定,下列哪些说法是正确的?
A. 人民法院审理行政案件,依法实行两审终审制度
B. 人民法院审理行政案件,对具体行政行为是否合法进行审查
C. 当事人在行政诉讼中的法律地位平等
D. 各民族公民都有用本民族语言、文字进行行政诉讼的权利

【知识要点】行政诉讼法相关规定

【解析】A.《行政诉讼法》第7条规定:"人民法院审理行政案件,依法实行合议、回避、公开审判和两审终审制度。"故选项A正确,符合题意。

B.《行政诉讼法》第6条规定:"人民法院审理行政案件,对具体行政行为是否合法进行审查。"故选项B正确,符合题意。

C.《行政诉讼法》第8条规定:"当事人在行政诉讼中的法律地位平等。"故选项C正确,符合题意。

D.《行政诉讼法》第9条第1款规定:"各民族公民都有用本民族语言、文字进行行政诉讼的权利。"故选项D正确,符合题意。

7.(2016年卷二第70题)江某对某行政机关作出的行政处罚决定不服,向人民法院提起行政诉讼。江某认为本案书记员张某、审判员李某与该行政机关有利益关系可能会影响公正审判。根据行政诉讼法及相关规定,下列哪些说法是正确,符合题意的?
A. 江某有权申请李某回避
B. 江某无权申请张某回避
C. 李某的回避,由院长决定
D. 李某的回避,由审判长决定

【知识要点】回避

【解析】《行政诉讼法》第55条规定："当事人认为审判人员与本案有利害关系或者有其他关系可能影响公正审判，有权申请审判人员回避。审判人员认为自己与本案有利害关系或者有其他关系，应当申请回避。前两款规定，适用于书记员、翻译人员、鉴定人、勘验人。院长担任审判长时的回避，由审判委员会决定；审判人员的回避，由院长决定；其他人员的回避，由审判长决定。当事人对决定不服的，可以申请复议一次。"在行政诉讼当中，当事人有权申请审判人员和书记员回避。李某为审判人员，回避由院长决定，张某为书记员，回避由审判长决定。故选项A、C正确，符合题意。

8.（2012年卷二第12题）王某不服某行政机关作出的具体行政行为，依法向人民法院提起行政诉讼。根据行政诉讼法及相关规定，下列哪种说法是正确的？
   A. 王某和该行政机关均有权申请审判人员回避
   B. 王某认为需要停止执行该具体行政行为的，该行政机关应当停止执行
   C. 在人民法院对该行政案件宣告判决或者裁定前，该行政机关不能改变其所作的具体行政行为
   D. 人民法院可以根据该行政机关的请求对该行政案件进行调解
【知识要点】行政诉讼的回避与不适用调解
【解析】A.《行政诉讼法》第55条规定："当事人认为审判人员与本案有利害关系或者有其他关系可能影响公正审判，有权申请审判人员回避。审判人员认为自己与本案有利害关系或者有其他关系，应当申请回避。前两款规定，适用于书记员、翻译人员、鉴定人、勘验人。院长担任审判长时的回避，由审判委员会决定；审判人员的回避，由院长决定；其他人员的回避，由审判长决定。当事人对决定不服的，可以申请复议一次。"故选项A正确，符合题意。
   B.《行政诉讼法》第56条规定："诉讼期间，不停止行政行为的执行。但有下列情形之一的，裁定停止执行：（一）被告认为需要停止执行的；（二）原告或者利害关系人申请停止执行，人民法院认为该行政行为的执行会造成难以弥补的损失，并且停止执行不损害国家利益、社会公共利益的；（三）人民法院认为该行政行为的执行会给国家利益、社会公共利益造成重大损害的；（四）法律、法规规定停止执行的。当事人对停止执行或者不停止执行的裁定不服的，可以申请复议一次。"选项B错误，不符合题意。
   C.D.《行政诉讼法》第60条规定："人民法院审理行政案件，不适用调解。但是，行政赔偿、补偿以及行政机关行使法律、法规规定的自由裁量权的案件可以调解。调解应当遵循自愿、合法原则，不得损害国家利益、社会公共利益和他人合法权益。"故选项C、D错误，不符合题意。

二、行政诉讼的管辖

（一）级别管辖

9.（2016年卷二第68题）根据行政诉讼法及相关规定，下列关于行政诉讼管辖的说法哪些是正确，符合题意的？
   A. 行政案件由最初作出行政行为的行政机关所在地人民法院管辖
   B. 经复议的行政案件，可以由复议机关所在地人民法院管辖
   C. 海关处理的行政案件，一审由基层人民法院管辖
   D. 对国务院部门所作的行政行为提起诉讼的案件一审由中级人民法院管辖
【知识要点】行政诉讼的级别管辖
【解析】《行政诉讼法》第15条规定："中级人民法院管辖下列第一审行政案件：（一）对国务院部门或者县级以上地方人民政府所作的行政行为提起诉讼的案件；（二）海关处理的案件；（三）本辖区内重大、复杂的案件；（四）其他法律规定由中级人民法院管辖的案件。"《行政诉讼法》第18条规定："行政案件由最初作出行政行为的行政机关所在地人民法院管辖。经复议的案件，也可以由复议机关所在地人民法院管辖。经最高人民法院批准，高级人民法院可以根据审判工作的实际情况，确定若干人民法院跨行政区域管辖行政案件。"对于行政诉讼，根据"原告就被告"的一般原则，最初作出行政行为的行政机关所在地人民法院具有管辖权。另根据新法，行政行为只要经过复议，不管复议机关有没有改变原行政决定，复议机关所在地法院都会拥有管辖权。国务院部门和海关处理的案件都是由中级人民法院管辖。海关处理的案件由海事法院管辖，海事法院在级别上也属于中级人民法院。对国务院部门提起的诉讼，不管是新法还是旧法都是由中级人民法院管辖。故选项A、B、D正确，符合题意。

10.（2015年卷二第62题）根据行政诉讼法及相关规定，下列关于管辖权的哪些说法是正确的？
   A. 两个以上人民法院都有管辖权的案件，原告可以选择其中一个人民法院提起诉讼
   B. 人民法院发现受理的案件不属于本院管辖的，应当裁定驳回起诉
   C. 上级人民法院有权审理下级人民法院管辖的第一审行政案件
   D. 人民法院对管辖权发生争议，由争议双方协商解决；协商不成的，报它们的共同上级人民法院指定管辖
【知识要点】行政诉讼管辖权
【解析】《行政诉讼法》第21条规定："两个以上人民法院都有管辖权的案件，原告可以选择其中一个人民法院提

起诉讼。原告向两个以上有管辖权的人民法院提起诉讼的，由最先立案的人民法院管辖。"《行政诉讼法》第22条规定："人民法院发现受理的案件不属于本院管辖的，应当移送有管辖权的人民法院，受移送的人民法院应当受理。受移送的人民法院认为受移送的案件按照规定不属于本院管辖的，应当报请上级人民法院指定管辖，不得再自行移送。"《行政诉讼法》第23条规定："有管辖权的人民法院由于特殊原因不能行使管辖权的，由上级人民法院指定管辖。人民法院对管辖权发生争议，由争议双方协商解决。协商不成的，报它们的共同上级人民法院指定管辖。"《行政诉讼法》第24条规定："上级人民法院有权审判下级人民法院管辖的第一审行政案件。下级人民法院对其管辖的第一审行政案件，认为需要由上级人民法院审理或指定管辖审判的，可以报请上级人民法院决定。"如果两个法院都有管辖权，那从方便当事人的角度考虑，原告可以任选其中一个提起诉讼。法院如果在立案时发现对案件没有管辖权，那就不予立案；如果是在立案后才发现没有管辖权，那属于法院的疏忽，此时就不能裁定驳回起诉，而是应该移送到有管辖权的法院受理。上级法院如果认为某个案件应当由自己审理，那可以提审该案，这种提升审级的情形也不会影响到当事人的利益。法院之间如果发生管辖权争议，那双方自己能协商解决自然最好，如果不成，只能由上级法院来决定。故选项A、C、D正确，符合题意。

11.（2014年卷二第3题）根据行政诉讼法及相关规定，对国务院各部门所作的具体行政行为不服提起诉讼的第一审行政案件，由下列哪级人民法院管辖？
　　A. 基层人民法院　　　　B. 中级人民法院　　　　C. 高级人民法院　　　　D. 最高人民法院
　　【知识要点】行政诉讼的级别管辖
　　【解析】《行政诉讼法》第15条规定："中级人民法院管辖下列第一审行政案件：（一）对国务院部门或者县级以上地方人民政府所作的行政行为提起诉讼的案件；（二）海关处理的案件；（三）本辖区内重大、复杂的案件；（四）其他法律规定由中级人民法院管辖的案件。"《行政诉讼法》第18条规定："行政案件由最初作出行政行为的行政机关所在地人民法院管辖。经复议的案件，也可以由复议机关所在地人民法院管辖。经最高人民法院批准，高级人民法院可以根据审判工作的实际情况，确定若干人民法院跨行政区域管辖行政案件。"故选项B正确，符合题意。

（二）地域管辖

12.（2016年卷二第16题）根据行政诉讼法及相关规定，原告向两个以上有管辖权的人民法院提起行政诉讼的，由下列哪个人民法院管辖？
　　A. 最先收到起诉状的人民法院　　　　B. 最先收到案件受理费的人民法院
　　C. 最先立案的人民法院　　　　D. 该两个人民法院共同上级人民法院指定的人民法院
　　【知识要点】行政诉讼管辖权
　　【解析】《行政诉讼法》第21条规定："两个以上人民法院都有管辖权的案件，原告可以选择其中一个人民法院提起诉讼。原告向两个以上有管辖权的人民法院提起诉讼的，由最先立案的人民法院管辖。"在行政诉讼中，如果几个法院都有管辖权，则选择哪个法院起诉是原告的权利。如果由上级人民法院指定，程序都会比较复杂，留下了暗箱操作的空间。如果原告向两个以上有管辖权的法院都提起了诉讼，则根据立案的先后确定管辖权最为简单明了。《行政诉讼法》修改前规定的是由先收到起诉状的法院管辖，修改后与《民事诉讼法》保持一致，改为先立案的法院管辖。收到起诉状的时间先后与法院本身在案件上是否积极无关，立案时间的先后则能反映法院在本案上的积极性，故按照立案时间来确定管辖权更加科学。在专利申请中不以缴纳费用的期限作为申请日，在诉讼中也不以收到案件受理费的期限为确定管辖的依据。故选项C正确，符合题意。

13.（2011年卷二第13题）根据行政诉讼法及相关规定，下列关于行政诉讼地域管辖的说法哪些是正确的？
　　A. 因不动产提起的行政诉讼，由不动产所在地人民法院管辖
　　B. 行政案件由最初作出具体行政行为的行政机关所在地人民法院管辖
　　C. 经复议的行政案件，复议机关改变原具体行政行为的，应由最初作出具体行政行为的行政机关所在地人民法院管辖
　　D. 对限制人身自由的行政强制措施不服提起的诉讼，由被告所在地或者原告所在地人民法院管辖
　　【知识要点】地域管辖
　　【解析】A.《行政诉讼法》第20条规定："因不动产提起的行政诉讼，由不动产所在地人民法院管辖。"故选项A正确，符合题意。
　　B. C.《行政诉讼法》第18条规定："行政案件由最初作出行政行为的行政机关所在地人民法院管辖。经复议的案件，也可以由复议机关所在地人民法院管辖。经最高人民法院批准，高级人民法院可以根据审判工作的实际情况，确定若干人民法院跨行政区域管辖行政案件。"故选项B正确，符合题意；选项C错误，不符合题意。
　　D.《行政诉讼法》第19条规定："对限制人身自由的行政强制措施不服提起的诉讼，由被告所在地或者原告所在地人民法院管辖。"故选项D正确，符合题意。

14.（2008年卷二第89题）甲行政机关对赵某作出行政处罚，赵某不服，依法向乙行政机关申请复议。乙行政机

关经过复议，决定减轻对赵某的处罚。赵某仍不服，向人民法院起诉。对此，下列哪些说法是正确，符合题意的？
A. 本案可以由甲行政机关所在地人民法院管辖
B. 本案可以由乙行政机关所在地人民法院管辖
C. 本案被告应为甲行政机关
D. 本案被告应为乙行政机关

【知识要点】行政诉讼案件的管辖和被告

【解析】A.B. 根据《行政诉讼法》第18条的规定（参见本节第13题解析B.C），选项A、B正确，符合题意。
C.D. 《行政诉讼法》第26条规定："公民、法人或者其他组织直接向人民法院提起诉讼的，作出具体行政行为的行政机关是被告。经复议的案件，复议机关决定维持原行政行为的，作出原行政行为的行政机关和复议机关是共同被告；复议机关改变原行政行为的，复议机关是被告。复议机关在法定期限内未作出复议决定，公民、法人或者其他组织起诉原行政行为的，作出原行政行为的行政机关是被告；起诉复议机关不作为的，复议机关是被告。两个以上行政机关作出同一行政行为的，共同作出行政行为的行政机关是共同被告。行政机关委托的组织所作的行政行为，委托的行政机关是被告。行政机关被撤销或者职权变更的，继续行使其职权的行政机关是被告。"故选项C错误，不符合题意；选项D正确，符合题意。

（三）移送管辖和指定管辖

15. （2015年卷二第11题）根据行政诉讼法及相关规定，有管辖权的基层人民法院由于特殊原因不能行使管辖权的，由谁指定管辖？
A. 同级人民检察院
B. 上级人民检察院
C. 所在地人民政府
D. 上级人民法院

【知识要点】行政诉讼管辖权

【解析】《行政诉讼法》第23条规定："有管辖权的人民法院由于特殊原因不能行使管辖权的，由上级人民法院指定管辖。人民法院对管辖权发生争议，由争议双方协商解决。协商不成的，报它们的共同上级人民法院指定管辖。"管辖权问题属于司法领域的问题，应当在法院系统内部解决，由检察院或者是人民政府指定都违背了司法独立的原则。故选项D正确，符合题意。

（四）管辖权的转移

（五）管辖权异议

三、行政诉讼参加人

16. （2016年卷二第17题）某市工商局和公安局共同对某公司作出行政处罚决定，该公司不服，以市工商局为被告向人民法院提起行政诉讼。经过审理，人民法院向原告建议增加市公安局为被告，原告不同意。根据行政诉讼法及相关规定，人民法院应当如何处理？
A. 依职权追加市公安局为被告
B. 通知市公安局以第三人身份参加诉讼
C. 裁定驳回起诉
D. 判决驳回原告的诉讼请求

【知识要点】诉讼参加人

【解析】《行诉解释》第23条规定："原告所起诉的被告不适格，人民法院应当告知原告变更被告；原告不同意变更的，裁定驳回起诉。应当追加被告而原告不同意追加的，人民法院应当通知其以第三人的身份参加诉讼。"行政诉讼中需要切实保护行政相对人的利益，原告起诉时缺少了必要的共同被告，那自然存在瑕疵，但如据此裁定驳回起诉或判决驳回诉讼请求，显然不利于维护原告的利益。但本题中原告不同意将公安局列为被告，如果法院依职权追加其为被告，扭曲了原告的意志，似乎也不妥当。但公安局应当参加诉讼，以便于查明事实，确定责任，故让其作为第三人参加诉讼是一个比较合适的选择。故选项B正确，符合题意。

17. （2015年卷二第64题）根据行政诉讼法及相关规定，下列关于行政诉讼参加人的哪些说法是正确的？
A. 当事人一方人数众多的共同诉讼，应当由法院指定代表人进行诉讼
B. 当事人一方或者双方为二人以上，因同一行政行为发生的行政案件为共同诉讼
C. 公民、法人或者其他组织同被诉行政行为有利害关系但没有提起诉讼的，可以作为第三人申请参加诉讼
D. 人民法院判决第三人承担义务或者减损第三人权益的，第三人有权依法提起上诉

【知识要点】行政诉讼被告

【解析】《行政诉讼法》第27条规定："当事人一方或者双方为二人以上，因同一行政行为发生的行政案件，或者因同类行政行为发生的行政案件、人民法院认为可以合并审理并经当事人同意的，为共同诉讼。"《行政诉讼法》第28条规定："当事人一方人数众多的共同诉讼，可以由当事人推选代表人进行诉讼。代表人的诉讼行为对其所代表的当事人发生效力，但代表人变更、放弃诉讼请求或者承认对方当事人的诉讼请求的，应当经被代表的当事人同意。"《行政

诉讼法》第29条规定:"公民、法人或者其他组织同被诉行政行为有利害关系但没有提起诉讼,或者同案件处理结果有利害关系的,可以作为第三人申请参加诉讼,或者由人民法院通知参加诉讼。人民法院判决第三人承担义务或者减损第三人权益的,第三人有权依法提起上诉。"如果当事人一方人数众多,那应该推选代表人进行诉讼。代表人的确定应当尊重当事人自己的意志,由当事人自行推选而不是由法院指定。共同诉讼的表面含义就是"共同"进行诉讼,需要当事人一方或者双方为两人以上,另外他们之间的诉讼应该有关联,或者是同一个行政行为,或者是同类的行政行为。如果某人与被诉行政行为有利害关系却没有作为原告提起诉讼,那可以申请作为第三人加入到诉讼中来。如果法院判决第三人承担责任,那他也需要有个救济的渠道,有权提起上诉。故选项B、C、D正确,符合题意。

18.(2014年卷二第36题)根据行政诉讼法及相关规定,下列关于诉讼参加人的哪些说法是正确的?
A. 公民、法人或者其他组织直接向人民法院提起诉讼的,作出具体行政行为的行政机关是被告
B. 经复议的案件,复议机关是被告
C. 同提起诉讼的具体行政行为有利害关系的其他公民、法人或者其他组织,可以作为第三人申请参加诉讼
D. 没有诉讼行为能力的公民,由其法定代理人代为诉讼

【知识要点】行政诉讼参加人

【解析】A、B.《行政诉讼法》第26条规定:"公民、法人或者其他组织直接向人民法院提起诉讼的,作出具体行政行为的行政机关是被告。经复议的案件,复议机关决定维持原行政行为的,作出原行政行为的行政机关和复议机关是共同被告;复议机关改变原行政行为的,复议机关是被告。复议机关在法定期限内未作出复议决定,公民、法人或者其他组织起诉原行政行为的,作出原行政行为的行政机关是被告;起诉复议机关不作为的,复议机关是被告。两个以上行政机关作出同一行政行为的,共同作出行政行为的行政机关是共同被告。行政机关委托的组织所作的行政行为,委托的行政机关是被告。行政机关被撤销或者职权变更的,继续行使其职权的行政机关是被告。"行政诉讼的被告就是作出具体行政行为的行政机关,故选项A正确,符合题意。2014年《行政诉讼法》修改后,对经过复议的案件的被告进行了修改。根据旧法,复议机关决定维持原行政行为的,则作出原行政行为的行政机关为被告;根据新法,此时复议机关和作出原行政行为的行政机关为共同被告。复议机关如果改变了原行政行为,才会单独成为被告,故选项B错误,不符合题意。

C.《行政诉讼法》第29条规定:"公民、法人或者其他组织同被诉行政行为有利害关系但没有提起诉讼,或者同案件处理结果有利害关系的,可以作为第三人申请参加诉讼,或者由人民法院通知参加诉讼。人民法院判决第三人承担义务或者减损第三人权益的,第三人有权依法提起上诉。"有利害关系的公民可以作为第三人参加诉讼,故选项C正确,符合题意。

D.《行政诉讼法》第30条规定:"没有诉讼行为能力的公民,由其法定代理人代为诉讼。法定代理人互相推诿代理责任的,由人民法院指定其中一人代为诉讼。"如果当事人没有行为能力,应当由法定代理人代为诉讼。故选项D正确,符合题意。

19.(2013年卷二第7题)王某不服县卫生局对其作出的某具体行政行为,依法向县人民政府申请行政复议。县人民政府经过复议后,维持了原具体行政行为。王某仍不服,拟向人民法院提起行政诉讼。根据行政诉讼法及相关规定,关于该行政诉讼被告的下列哪种说法是正确的?
A. 王某应以该县人民政府作为被告
B. 王某应以该县卫生局作为被告
C. 王某应以该县人民政府和卫生局作为共同被告
D. 王某可选择该县人民政府或卫生局作为被告

【知识要点】行政诉讼被告

【解析】《行政诉讼法》第26条规定:"公民、法人或者其他组织直接向人民法院提起诉讼的,作出行政行为的行政机关是被告。经复议的案件,复议机关决定维持原行政行为的,作出原行政行为的行政机关和复议机关是共同被告;复议机关改变原行政行为的,复议机关是被告。复议机关在法定期限内未作出复议决定,公民、法人或者其他组织起诉原行政行为的,作出原行政行为的行政机关是被告;起诉复议机关不作为的,复议机关是被告。两个以上行政机关作出同一行政行为的,共同作出行政行为的行政机关是共同被告。行政机关委托的组织所作的行政行为,委托的行政机关是被告。行政机关被撤销或者职权变更的,继续行使其职权的行政机关是被告。"根据新法,复议机关维持了原来的具体行政行为,那行政诉讼的被告就是原来作出具体行政行为的行政行为和复议机关。故选项C正确,符合题意。

20.(2012年卷二第18题)根据行政诉讼法及相关规定,合伙企业向人民法院提起诉讼的,下列哪种说法是正确的?
A. 应当以核准登记的字号为原告
B. 应当以所有合伙人为共同原告
C. 应当以执行合伙企业事务的合伙人为原告
D. 可以任一合伙人为原告

【知识要点】行政诉讼法的原告与被告

【解析】《行诉解释》第14条第1款规定:"合伙企业向人民法院提起诉讼的,应当以核准登记的字号为原告,由执行合伙企业事务的合伙人作诉讼代表人;其他合伙组织提起诉讼的,合伙人为共同原告。"故选项A正确,符合

题意。

21.（2011年卷二第29题）根据行政诉讼法及相关规定，下列哪些主体可以依法提起行政诉讼？
A. 与被诉的行政复议决定有法律上利害关系的公民
B. 被诉的具体行政行为涉及其公平竞争权的法人
C. 在复议程序中被追加为第三人的法人
D. 要求主管行政机关依法追究加害人法律责任的公民
【知识要点】行政诉讼参加人
【解析】《行诉解释》第13条规定："有下列情形之一的，公民、法人或者其他组织可以依法提起行政诉讼：（一）被诉的具体行政行为涉及其相邻权或者公平竞争权的；（二）与被诉的行政复议决定有法律上利害关系或者在复议程序中被追加为第三人的；（三）要求主管行政机关依法追究加害人法律责任的；（四）与撤销或者变更具体行政行为有法律上利害关系的。"故选项A、B、C、D均正确，符合题意。

22.（2009年卷二第31题）根据行政诉讼法及相关规定，下列关于行政诉讼的说法哪些是正确，符合题意的？
A. 应当追加被告而原告不同意追加的，人民法院应当通知其以第三人的身份参加诉讼
B. 应当追加被告而原告不同意追加的，人民法院应当驳回原告的诉讼请求
C. 原告所起诉的被告不适格的，人民法院应当裁定不予受理
D. 原告所起诉的被告不适格的，人民法院应当告知原告变更被告
【知识要点】行政诉讼的审理
【解析】《行诉解释》第23条规定："原告所起诉的被告不适格，人民法院应当告知原告变更被告；原告不同意变更的，裁定驳回起诉。应当追加被告而原告不同意追加的，人民法院应当通知其以第三人的身份参加诉讼。"故选项A、D正确，符合题意。

23.（2008年卷二第7题）某中外合资企业的外国投资方认为，工商行政管理部门吊销该合资企业营业执照的行政处罚决定侵害了其合法权益，拟单独以自己的名义向人民法院提起行政诉讼。对此，根据行政诉讼法及相关规定，下列哪些说法是正确的？
A. 合资企业中的外国投资方不是该具体行政行为的相对人，不能以自己的名义提起诉讼
B. 外国投资方应当以合资企业的名义提起诉讼
C. 外国投资方应当与该合资企业的中方投资人共同提起诉讼
D. 外国投资方可以自己的名义单独提起诉讼
【知识要点】有权提起行政诉讼的主体
【解析】《行诉解释》第15条规定："联营企业、中外合资或者合作企业的联营、合资、合作各方，认为联营、合资、合作企业权益或者自己一方合法权益受具体行政行为侵害的，均可以自己的名义提起诉讼。"故选项D正确，符合题意。

四、行政诉讼的证据

（一）证据的种类

24.（2016年卷二第71题）根据行政诉讼法及其相关规定，下列哪些可以作为行政诉讼证据？
A. 视听资料　　B. 电子数据　　C. 鉴定意见　　D. 现场笔录
【知识要点】行政诉讼中的证据
【解析】《行政诉讼法》第33条规定："证据包括：（一）书证；（二）物证；（三）视听资料；（四）电子数据；（五）证人证言；（六）当事人的陈述；（七）鉴定意见；（八）勘验笔录、现场笔录。以上证据经法庭审查属实，才能作为认定案件事实的根据。"证据的作用是用来证明某种事实，至于证据的表现形式是哪种并不是关键。上述选项涉及的事物都可以用来证明某种事实，故都属于证据。故选项A、B、C、D正确，符合题意。

（二）举证责任和举证期限

25.（2011年卷二第37题）根据行政诉讼法及相关规定，下列说法哪些是正确，符合题意的？
A. 在行政诉讼过程中，原告不承担任何举证责任
B. 在行政诉讼过程中，被告不得自行向原告收集证据
C. 在行政诉讼过程中，被告可以自行向证人收集证据
D. 在行政诉讼过程中，原告可以提供证明被诉具体行政行为违法的证据，其提供的证据不成立的，可免除被告对被诉具体行政行为合法性的举证责任
【知识要点】行政诉讼的举证责任
【解析】A.《行诉解释》第29条规定："有下列情形之一的，人民法院有权调取证据：（一）原告或者第三人及其诉讼代理人提供了证据线索，但无法自行收集而申请人民法院调取的；（二）当事人应当提供而无法提供原件或者原

物的。"故选项 A 错误，不符合题意。

B、C.《行政诉讼法》第 35 条规定："在诉讼过程中，被告不得自行向原告、第三人和证人收集证据。"故选项 B 正确，符合题意；选项 C 错误，不符合题意。

D.《最高人民法院关于行政诉讼证据若干问题的规定》（以下简称《行诉证据规定》）第 6 条规定："原告可以提供证明被诉具体行政行为违法的证据。原告提供的证据不成立的，不免除被告对被诉具体行政行为合法性的举证责任。"故选项 D 错误，不符合题意。

26.（2010 年卷二第 67 题）根据行政诉讼法及相关规定，除因不可抗力或者客观上不能控制的其他正当事由外，行政诉讼的被告应当在何时提供据以作出被诉具体行政行为的全部证据和所依据的规范性文件？

A. 开庭审理时　　　　　　　　　　　　　B. 人民法院指定的交换证据之日
C. 收到起诉状副本之日起 10 日内　　　　D. 收到起诉状副本之日起 15 日内

【知识要点】被告的举证期限

【解析】《行政诉讼法》第 67 条规定："人民法院应当在立案之日起五日内，将起诉状副本发送被告。被告应当在收到起诉状副本之日起十五日内向人民法院提交作出具体行政行为的证据和所依据的规范性文件，并提出答辩状。人民法院应当在收到答辩状之日起五日内，将答辩状副本发送原告。被告不提出答辩状的，不影响人民法院审理。"故选项 D 正确，符合题意。

27.（2008 年卷二第 27 题）根据行政诉讼法及其相关规定，行政诉讼的原告应当在何时提供证据？

A. 开庭审理前　　　　　　　　　　　　　B. 人民法院指定的交换证据之日
C. 法庭调查结束后 10 日内　　　　　　　D. 递交起诉状之日起 1 个月内

【知识要点】原告的举证期限

【解析】《行诉证据规定》第 7 条规定："原告或者第三人应当在开庭审理前或者人民法院指定的交换证据之日提供证据。因正当事由申请延期提供证据的，经人民法院准许，可以在法庭调查中提供。逾期提供证据的，视为放弃举证权利。原告或者第三人在第一审程序中无正当事由未提供而在第二审程序中提供的证据，人民法院不予接纳。"故选项 A、B 正确，符合题意。

（三）提供证据的要求

28.（2012 年卷二第 94 题）根据行政诉讼法及相关规定，下列哪些证据不能作为认定被诉具体行政行为合法的依据？

A. 被告及其诉讼代理人在作出具体行政行为后自行收集的证据
B. 被告及其诉讼代理人在诉讼程序中自行收集的证据
C. 被告在行政程序中非法剥夺公民、法人或者其他组织依法享有的陈述、申辩或者听证权利所采用的证据
D. 原告在诉讼程序中提供的、被告在行政程序中未作为具体行政行为依据的证据

【知识要点】行政诉讼法的合法的依据

【解析】《行诉证据规定》第 60 条规定："下列证据不能作为认定被诉具体行政行为合法的依据：（一）被告及其诉讼代理人在作出具体行政行为后或者在诉讼程序中自行收集的证据；（二）被告在行政程序中非法剥夺公民、法人或者其他组织依法享有的陈述、申辩或者听证权利所采用的证据；（三）原告或者第三人在诉讼程序中提供的、被告在行政程序中未作为具体行政行为依据的证据。"故选项 A、B、C、D 正确，符合题意。

29.（2011 年卷二第 45 题）根据行政诉讼法及相关规定，下列哪些证据材料在任何情况下均不能作为定案依据？

A. 以偷拍、偷录、窃听等手段获取侵害他人合法权益的证据材料
B. 难以识别是否经过修改的视听资料
C. 以欺诈手段获取的证据材料
D. 无法与原件、原物核对的复制件或者复制品

【知识要点】行政诉讼的证据

【解析】A、C.《行诉证据规定》第 57 条规定："下列证据材料不能作为定案依据：（一）严重违反法定程序收集的证据材料；（二）以偷拍、偷录、窃听等手段获取侵害他人合法权益的证据材料；（三）以利诱、欺诈、胁迫、暴力等不正当手段获取的证据材料；（四）当事人无正当事由超出举证期限提供的证据材料；（五）在中华人民共和国领域以外或者在中华人民共和国香港特别行政区、澳门特别行政区和台湾地区形成的未办理法定证明手续的证据材料；（六）当事人无正当理由拒不提供原件、原物，又无其他证据印证，且对方当事人不予认可的证据的复制件或者复制品；（七）被当事人或者他人进行技术处理而无法辨明真伪的证据材料；（八）不能正确表达意志的证人提供的证言；（九）不具备合法性和真实性的其他证据材料。"故选项 A、C 正确，符合题意。

B、D.《行诉证据规定》第 71 条规定："下列证据不能单独作为定案依据：（一）未成年人所作的与其年龄和智力状况不相适应的证言；（二）与一方当事人有亲属关系或者其他密切关系的证人所作的对该当事人有利的证言，或者

与一方当事人有不利关系的证人所作的对该当事人不利的证言；（三）应当出庭作证而无正当理由不出庭作证的证人证言；（四）难以识别是否经过修改的视听资料；（五）无法与原件、原物核对的复制件或者复制品；（六）经一方当事人或者他人改动，对方当事人不予认可的证据材料；（七）其他不能单独作为定案依据的证据材料。"选项B、D不能单独作为定案的证据，故错误，不符合题意。

（四）调查取证

30.（2015年卷二第65题）根据行政诉讼法及相关规定，下列哪些与本案有关的证据，原告或者第三人不能自行收集的，可以申请人民法院调取？
A. 由国家机关保存而须由人民法院调取的证据
B. 涉及国家秘密的证据
C. 涉及商业秘密的证据
D. 涉及个人隐私的证据
【知识要点】当事人申请人民法院的调查取证
【解析】《行政诉讼法》第41条规定："与本案有关的下列证据，原告或者第三人不能自行收集的，可以申请人民法院调取：（一）由国家机关保存而须由人民法院调取的证据；（二）涉及国家秘密、商业秘密和个人隐私的证据；（三）确因客观原因不能自行收集的其他证据。"当事人要申请法院调取的证据只能是那些自己无法收集的证据，如保存在国家机关，涉及国家秘密、商业秘密、个人隐私等证据。故选项A、B、C、D正确，符合题意。

31.（2012年卷二第91题）根据行政诉讼法及相关规定，在下列哪些情形下，原告或者第三人可以要求相关行政执法人员作为证人出庭作证？
A. 对现场笔录的合法性或者真实性有异议的
B. 对扣押财产的品种或者数量有异议的
C. 对检验的物品取样或者保管有异议的
D. 对行政执法人员的身份的合法性有异议的
【知识要点】行政诉讼法的证人
【解析】《行诉证据规定》第44条规定："有下列情形之一，原告或者第三人可以要求相关行政执法人员作为证人出庭作证：（一）对现场笔录的合法性或者真实性有异议的；（二）对扣押财产的品种或者数量有异议的；（三）对检验的物品取样或者保管有异议的；（四）对行政执法人员的身份的合法性有异议的；（五）需要出庭作证的其他情形。"故选项A、B、C、D正确，符合题意。

（五）证据保全

32.（2014年卷二第88题）根据行政诉讼法及相关规定，下列哪些说法是正确，符合题意的？
A. 被告应当提供作出被诉具体行政行为的证据
B. 被告应当提供作出被诉具体行政行为所依据的规范性文件
C. 在证据可能灭失的情况下，原告可以向人民法院申请保全证据
D. 在证据可能灭失的情况下，人民法院可以主动采取保全措施
【知识要点】行政诉讼的证据保全
【解析】A、B.《行政诉讼法》第34条规定："被告对作出的具体行政行为负有举证责任，应当提供作出该具体行政行为的证据和所依据的规范性文件。被告不提供或者无正当理由逾期提供证据，视为没有相应证据。但是，被诉行政行为涉及第三人合法权益，第三人提供证据的除外。"行政诉讼中，被告需要提供作出具体行政行为的证据和所依据的规范性文件。故选项A、B正确，符合题意。
C、D.《行政诉讼法》第42条规定："在证据可能灭失或者以后难以取得的情况下，诉讼参加人可以向人民法院申请保全证据，人民法院也可以主动采取保全措施。"如果证据可能灭失，则需要进行证据保全。证据保全可以是由当事人申请进行，法院也可以主动采取。故选项C、D正确，符合题意。

（六）证据的质证

33.（2008年卷二第11题）根据行政诉讼法及相关规定，对被告在行政程序中采纳的鉴定结论，原告提出证据证明有下列哪些情形的，人民法院不予采纳？
A. 鉴定人不具备鉴定资格
B. 鉴定结论不明确
C. 鉴定结论内容不完整
D. 鉴定程序严重违法
【知识要点】法院不予采纳的鉴定结论
【解析】《行诉证据规定》第62条规定："对被告在行政程序中采纳的鉴定结论，原告或者第三人提出证据证明有下列情形之一的，人民法院不予采纳：（一）鉴定人不具备鉴定资格；（二）鉴定程序严重违法；（三）鉴定结论错误、不明确或者内容不完整。"故选项A、B、C、D正确，符合题意。

34.（2008年卷二第18题）关于行政诉讼证据，下列哪些说法是正确，符合题意的？
A. 人民法院依职权调取的证据，由法庭出示，并就调取该证据的情况进行说明，听取当事人意见

B. 涉及商业秘密的证据，不得在开庭时公开质证
C. 在第二审程序中，对第一审认定的证据，即使当事人有争议，法庭也不再进行质证
D. 原告确有证据证明被告持有的证据对原告有利，被告无正当事由拒不提供的，可以推定原告的主张成立

【知识要点】 质证原则

【解析】 A.《行诉证据规定》第38条规定："当事人申请人民法院调取的证据，由申请调取证据的当事人在庭审中出示，并由当事人质证。人民法院依职权调取的证据，由法庭出示，并可就调取该证据的情况进行说明，听取当事人意见。"故选项A正确，符合题意。

B.《行诉证据规定》第37条规定："涉及国家秘密、商业秘密和个人隐私或者法律规定的其他应当保密的证据，不得在开庭时公开质证。"故选项B正确，符合题意。

C.《行诉证据规定》第50条规定："在第二审程序中，对当事人依法提供的新的证据，法庭应当进行质证；当事人对第一审认定的证据仍有争议的，法庭也应当进行质证。"故选项C错误，不符合题意。

D.《行诉证据规定》第69条规定："原告确有证据证明被告持有的证据对原告有利，被告无正当事由拒不提供的，可以推定原告的主张成立。"故选项D正确，符合题意。

（七）对当事人权益的保护

五、行政诉讼的审理和判决

（一）起诉与受理

35.（2010年卷二第13题）刘某向某人民法院提起行政诉讼，受诉人民法院在7日内既不立案，又不作出裁定，根据行政诉讼法及相关规定，刘某可以如何处理？

A. 向上一级人民法院申诉　　　　　　B. 向上一级人民法院起诉
C. 向上一级人民检察院抗诉　　　　　D. 请求同级人民检察院抗诉

【知识要点】 行政诉讼的起诉与受理

【解析】《行诉解释》第32条第3款规定："受诉人民法院在七日内既不立案，又不作出裁定的，起诉人可以向上一级人民法院申诉或者起诉。上一级人民法院认为符合受理条件的，应予受理；受理后可以移交或者指定下级人民法院审理，也可以自行审理。"故选项A、B正确，符合题意。

36.（2010年卷二第53题）根据行政诉讼法及相关规定，下列关于向人民法院提起行政诉讼期限的说法哪些是正确的？

A. 除法律另有规定的外，复议申请人不服复议决定的，可以在收到复议决定书之日起十五日内向人民法院提起诉讼
B. 除法律另有规定的外，复议机关逾期不作决定的，申请人可以在复议期满之日起十五日内向人民法院提起诉讼
C. 除法律另有规定的外，直接向人民法院提起行政诉讼的，应当在知道作出具体行政行为之日起一个月内提出
D. 因不可抗力或者其他特殊情况未在法定期限内提起诉讼的，可以在障碍消除后的十五日内申请延长期限

【知识要点】 起诉的期限

【解析】 A、B.《行政诉讼法》第45条规定："公民、法人或者其他组织不服复议决定的，可以在收到复议决定书之日起十五日内向人民法院提起诉讼。复议机关逾期不作决定的，申请人可以在复议期满之日起十五日内向人民法院提起诉讼。法律另有规定的除外。"故选项A、B正确，符合题意。

C.《行政诉讼法》第46条规定："公民、法人或者其他组织直接向人民法院提起诉讼的，应当自知道或者应当知道作出行政行为之日起六个月内提出。法律另有规定的除外。因不动产提起诉讼的案件自行政行为作出之日起超过二十年，其他案件自行政行为作出之日起超过五年提起诉讼的，人民法院不予受理。"故选项C错误，不符合题意。

D.《行政诉讼法》第48条规定："公民、法人或者其他组织因不可抗力或者其他不属于其自身的原因耽误起诉期限的，被耽误的时间不计算在起诉期限内。公民、法人或者其他组织因前款规定以外的其他特殊情况耽误起诉期限的，在障碍消除后十日内，可以申请延长期限，是否准许由人民法院决定。"故选项D错误，不符合题意。

37.（2009年卷二第58题）根据行政诉讼法及相关规定，行政诉讼期间有下列哪些情形的，停止具体行政行为的执行？

A. 法律、法规规定停止执行的
B. 原告认为需要停止执行的
C. 被告认为需要停止执行的
D. 原告申请停止执行，人民法院认为该具体行政行为的执行会造成难以弥补的损失，并且停止执行不损害社会公众利益，裁定停止执行的

【知识要点】行政诉讼期间具体行政行为的执行

【解析】《行政诉讼法》第56条规定:"诉讼期间,不停止行政行为的执行。但有下列情形之一的,裁定停止执行:(一)被告认为需要停止执行的;(二)原告或者利害关系人申请停止执行,人民法院认为该行政行为的执行会造成难以弥补的损失,并且停止执行不损害国家利益、社会公共利益的;(三)人民法院认为该行政行为的执行会给国家利益、社会公共利益造成重大损害的;(四)法律、法规规定停止执行的。当事人对停止执行或者不停止执行的裁定不服,可以申请复议一次。"故选项A、C、D正确,符合题意。

38.(2009年卷二第88题)某公司就某行政机关对其作出的罚款5000元的行政处罚决定向人民法院起诉。在诉讼中,该行政机关变更了原处罚决定,将罚款数额改为3000元,并书面告知了人民法院,但该公司并未因此而申请撤诉。根据行政诉讼法及相关规定,下列说法哪些是正确的?

A. 人民法院应当裁定终结诉讼,并告知该公司另行起诉
B. 人民法院应当对改变后的行政处罚决定进行审理
C. 人民法院应当继续审理原行政处罚决定
D. 人民法院应当对改变后的行政处罚决定和原行政处罚决定一并进行审理

【知识要点】行政诉讼中被告改变被诉具体行政行为的

【解析】《行诉解释》第50条规定:"被告在一审期间改变被诉具体行政行为的,应当书面告知人民法院。原告或者第三人对改变后的行为不服提起诉讼的,人民法院应当就改变后的具体行政行为进行审理。被告改变原具体行政行为,原告不撤诉,人民法院经审查认为原具体行政行为违法的,应当作出确认其违法的判决;认为原具体行政行为合法的,应当判决驳回原告的诉讼请求。原告起诉被告不作为,在诉讼中被告作出具体行政行为,原告不撤诉的,参照上述规定处理。"故选项C正确,符合题意。

39.(2008年卷二第95题)在行政诉讼中,公民、法人或其他组织因不可抗力或者其他特殊情况耽误法定期限的,可在障碍消除后多长时间内申请延长期限?

A. 10日   B. 15日   C. 30日   D. 60日

【知识要点】起诉期限的延长

【解析】《行政诉讼法》第48条规定:"公民、法人或者其他组织因不可抗力或者其他不属于其自身的原因耽误起诉期限的,被耽误的时间不计算在起诉期限内。公民、法人或者其他组织因前款规定以外的其他特殊情况耽误起诉期限的,在障碍消除后十日内,可以申请延长期限,是否准许由人民法院决定。"故选项A正确,符合题意。

(二)第一审程序

40.(2011年卷二第53题)根据行政诉讼法及相关规定,下列说法哪些是正确的?

A. 人民法院审理行政案件,以法律和行政法规、部门规章和地方性法规为依据
B. 人民法院审理行政案件,地方性法规适用于本行政区域内发生的行政案件
C. 人民法院审理行政案件,参照国务院部、委制定、发布的规章
D. 人民法院审理行政案件,认为国务院部、委制定、发布的规章之间不一致的,由最高人民法院作出解释或者裁决

【知识要点】第一审程序的法律适用

【解析】A、B、C.《行政诉讼法》第63条规定:"人民法院审理行政案件,以法律和行政法规、地方性法规为依据。地方性法规适用于本行政区域内发生的行政案件。人民法院审理民族自治地方的行政案件,并以该民族自治地方的自治条例和单行条例为依据。人民法院审理行政案件,参照规章。"部门规章不是审理行政案件的法律依据。故选项A错误,不符合题意;选项B、C正确,符合题意。

D.《立法法》第95条规定:"地方性法规、规章之间不一致时,由有关机关依照下列规定的权限作出裁决:(一)同一机关制定的新的一般规定与旧的特别规定不一致时,由制定机关裁决;(二)地方性法规与部门规章之间对同一事项的规定不一致,不能确定如何适用时,由国务院提出意见,国务院认为应当适用地方性法规的,应当决定在该地方适用地方性法规的规定;认为应当适用部门规章的,应当提请全国人民代表大会常务委员会裁决;(三)部门规章之间、部门规章与地方政府规章之间对同一事项的规定不一致时,由国务院裁决。根据授权制定的法规与法律规定不一致,不能确定如何适用时,由全国人民代表大会常务委员会裁决。"故选项D错误,不符合题意。

41.(2011年卷二第61题)根据行政诉讼法及相关规定,在下列哪些情形下,人民法院中止行政诉讼?

A. 原告死亡,须等待其近亲属表明是否参加诉讼的
B. 案件的审判须以相关民事案件的审理结果为依据,而相关案件尚未审结的
C. 原告死亡,没有近亲属或者近亲属放弃诉讼权利的
D. 作为原告的法人或者其他组织终止后,其权利义务的承受人放弃诉讼权利的

【知识要点】第一审程序

【解析】A.B.《行诉解释》第51条第1款规定："在诉讼过程中，有下列情形之一的，中止诉讼：（一）原告死亡，须等待其近亲属表明是否参加诉讼的；（二）原告丧失诉讼行为能力，尚未确定法定代理人的；（三）作为一方当事人的行政机关、法人或者其他组织终止，尚未确定权利义务承受人的；（四）一方当事人因不可抗力的事由不能参加诉讼的；（五）案件涉及法律适用问题，需要送请有权机关作出解释或者确认的；（六）案件的审判须以相关民事、刑事或者其他行政案件的审理结果为依据，而相关案件尚未审结的；（七）其他应当中止诉讼的情形。"故选项A、B正确，符合题意。

C.D.《行诉解释》第52条第1款规定："在诉讼过程中，有下列情形之一的，终结诉讼：（一）原告死亡，没有近亲属或者近亲属放弃诉讼权利的；（二）作为原告的法人或者其他组织终止后，其权利义务的承受人放弃诉讼权利的。"故选项C、D是终结诉讼的情形，不符合题意。

42.（2010年卷二第37题）根据行政诉讼法及相关规定，下列关于行政诉讼的说法哪些是正确的？

A. 对于人民法院不予受理的裁定不服的，原告可以提起上诉
B. 经人民法院两次合法传唤，原告无正当理由拒不到庭的，人民法院应当缺席判决
C. 被告在人民法院对行政案件宣告判决前改变其所作的具体行政行为，原告同意并申请撤诉的，人民法院应当终结诉讼
D. 原告在人民法院对行政案件宣告判决前申请撤诉的，是否准许，由人民法院裁定

【知识要点】行政诉讼中的有关程序

【解析】A.《行政诉讼法》第51条规定："人民法院在接到起诉状时对符合本法规定的起诉条件的，应当登记立案。对当场不能判定是否符合本法规定的起诉条件的，应当接收起诉状，出具注明收到日期的书面凭证，并在七日内决定是否立案。不符合起诉条件的，作出不予立案的裁定。裁定书应当载明不予立案的理由。原告对裁定不服的，可以提起上诉。起诉状内容欠缺或者有其他错误的，应当给予指导和释明，并一次性告知当事人需要补正的内容。不得未经指导和释明即以起诉不符合条件为由不接收起诉状。对于不接收起诉状、接收起诉状后不出具书面凭证，以及不一次性告知当事人需要补正的起诉状内容的，当事人可以向上级人民法院投诉，上级人民法院应当责令改正，并对直接负责的主管人员和其他直接责任人员依法给予处分。"故选项A正确，符合题意。

B.《行政诉讼法》第58条规定："经人民法院传票传唤，原告无正当理由拒不到庭，或者未经法庭许可中途退庭的，可以按照撤诉处理；被告无正当理由拒不到庭，或者未经法庭许可中途退庭的，可以缺席判决。"故选项B错误，不符合题意。

C.D.《行政诉讼法》第62条规定："人民法院对行政案件宣告判决或者裁定前，原告申请撤诉的，或者被告改变其所作的行政行为，原告同意并申请撤诉的，是否准许，由人民法院裁定。"故选项C错误，不符合题意；选项D正确，符合题意。

43.（2010年卷二第45题）根据行政诉讼法及相关规定，在行政诉讼过程中，下列哪些行为须征得原告同意？

A. 被告改变原具体行政行为
B. 人民法院通知第三人参加诉讼
C. 人民法院追加被告
D. 人民法院决定合并审理

【知识要点】行政诉讼的程序

【解析】A.《行诉解释》第50条第3款规定："被告改变原具体行政行为，原告不撤诉，人民法院经审查认为原具体行政行为违法的，应当作出确认其违法的判决；认为原具体行政行为合法的，应当判决驳回原告的诉讼请求。"行政决定是依法作出的决定，行政机关是否改变原具体行政行为与原告同意与否无关。故选项A错误，不符合题意。

B.《行政诉讼法》第29条规定："公民、法人或者其他组织同被诉行政行为有利害关系但没有提起诉讼，或者同案件处理结果有利害关系的，可以作为第三人申请参加诉讼，或者由人民法院通知参加诉讼。人民法院判决第三人承担义务或者减损第三人权益的，第三人有权依法提起上诉。"通知第三人参加诉讼系法院法定职权，无须经原告同意。故选项B错误，不符合题意。

C.《行诉解释》第23条规定："原告所起诉的被告不适格，人民法院应当告知原告变更被告；原告不同意变更的，裁定驳回起诉。"变更被告须征得原告同意，故选项C正确，符合题意。

D.《行诉解释》第46条规定："有下列情形之一的，人民法院可以决定合并审理：（一）两个以上行政机关分别依据不同的法律、法规对同一事实作出具体行政行为，公民、法人或者其他组织不服向同一人民法院起诉的；（二）行政机关就同一事实对若干公民、法人或者其他组织分别作出具体行政行为，公民、法人或者其他组织不服分别向同一人民法院起诉的；……"决定是否合并审理是法院的法定职权，无须经原告同意，故选项D错误，不符合题意。

44.（2007年卷二第68题）关于行政诉讼中的财产保全，下列哪些说法是正确的？

A. 对于因一方当事人的行为，可能使人民法院生效裁判难以执行的案件，人民法院可以根据对方当事人的申请作出财产保全的裁定
B. 对于因一方当事人的行为，可能使被诉具体行政行为难以执行的案件，人民法院可以根据对方当事人的申请作出财产保全的裁定

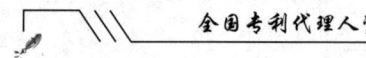

C. 当事人没有提出财产保全申请的，人民法院在必要时可以依法采取财产保全措施
D. 当事人对财产保全的裁定不服的，可以上诉

【知识要点】行政诉讼中的财产保全

【解析】《行诉解释》第48条规定："人民法院对于因一方当事人的行为或者其他原因，可能使具体行政行为或者人民法院生效裁判不能或者难以执行的案件，可以根据对方当事人的申请作出财产保全的裁定；当事人没有提出申请的，人民法院在必要时也可以依法采取财产保全措施。人民法院审理起诉行政机关没有依法发给抚恤金、社会保险金、最低生活保障费等案件，可以根据原告的申请，依法书面裁定先予执行。当事人对财产保全或者先予执行的裁定不服的，可以申请复议。复议期间不停止裁定的执行。"故选项A、B、C正确，符合题意；选项D错误，不符合题意。

（三）第一审判决和裁定

45.（2016年卷二第72题）根据行政诉讼法及相关规定，行政行为有下列哪些情形的，人民法院判决撤销或者部分撤销，并可以判决被告重新作出行政行为？
A. 主要证据不足的
B. 适用法律、法规错误的
C. 行政程序轻微违法，但对原告权利不产生实际影响的
D. 明显不当的

【知识要点】判决撤销原具体行政行为的理由

【解析】《行政诉讼法》第70条规定："行政行为有下列情形之一的，人民法院判决撤销或者部分撤销，并可以判决被告重新作出行政行为：（一）主要证据不足的；（二）适用法律、法规错误的；（三）违反法定程序的；（四）超越职权的；（五）滥用职权的；（六）明显不当的。"《行政诉讼法》第74条规定："行政行为有下列情形之一的，人民法院判决确认违法，但不撤销行政行为：（一）行政行为依法应当撤销，但撤销会给国家利益、社会公共利益造成重大损害的；（二）行政行为程序轻微违法，但对原告权利不产生实际影响的。行政行为有下列情形之一，不需要撤销或者判决履行的，人民法院判决确认违法：（一）行政行为违法，但不具有可撤销内容的；（二）被告改变原违法行政行为，原告仍要求确认原行政行为违法的；（三）被告不履行或者拖延履行法定职责，判决履行没有意义的。"如果行政行为存在严重问题，那就应当被撤销。证据不足，适用法律、法规错误，或者明显不当，都是存在严重问题的情形。如果是行政程序轻微违法，同时给原告的权利没产生什么实际影响的话，那就也没必要撤销了，确认违法就行。故选项A、B、D正确，符合题意。

46.（2015年卷二第12题）根据行政诉讼法及相关规定，基层人民法院有特殊情况不能在立案之日起6个月内作出第一审行政判决，需要延长期限的，应如何处理？
A. 由该基层人民法院院长批准
B. 由上一级人民法院批准
C. 由高级人民法院批准
D. 由最高人民法院批准

【知识要点】行政诉讼期限

【解析】《民事诉讼法》第149条规定："人民法院适用普通程序审理的案件，应当在立案之日起六个月内审结。有特殊情况需要延长的，由本院院长批准，可以延长六个月；还需要延长的，报请上级人民法院批准。"《行政诉讼法》第81条规定："人民法院应当在立案之日起六个月内作出第一审判决。有特殊情况需要延长的，由高级人民法院批准，高级人民法院审理第一审案件需要延长的，由最高人民法院批准。"《行诉解释》第82条规定："基层人民法院申请延长审理期限，应当直接报请高级人民法院批准，同时报中级人民法院备案。"为了促进行政诉讼在审理期限内完成，法律对延长期限的规定更为严格。在民事诉讼中，如果要延长审限，只需本院院长批准即可；而在行政诉讼中，基层人民法院要延长审限，需要直接报请高级人民法院批准。故选项C正确，符合题意。

47.（2015年卷二第67题）根据行政诉讼法及相关规定，下列有关人民法院第一审判决的哪些说法是正确的？
A. 行政行为证据确凿，适用法律、法规正确，符合法定程序的，人民法院判决驳回原告的诉讼请求
B. 原告申请被告履行法定职责理由不成立的，人民法院判决驳回原告的诉讼请求
C. 行政行为违反法定程序，但认定事实清楚且适用法律、法规正确的，人民法院判决维持该行政行为
D. 人民法院判决被告重新作出行政行为的，被告不得以同一的事实和理由作出与原行政行为基本相同的行政行为

【知识要点】行政诉讼的判决

【解析】《行政诉讼法》第69条规定："行政行为证据确凿，适用法律、法规正确，符合法定程序的，或者原告申请被告履行法定职责或者给付义务理由不成立的，人民法院判决驳回原告的诉讼请求。"《行政诉讼法》第70条规定："行政行为有下列情形之一的，人民法院判决撤销或者部分撤销，并可以判决被告重新作出行政行为：（一）主要证据不足的；（二）适用法律、法规错误的；（三）违反法定程序的；（四）超越职权的；（五）滥用职权的；（六）明显不当的。"《行政诉讼法》第71条规定："人民法院判决被告重新作出行政行为的，被告不得以同一的事实和理由作出与

原行政行为基本相同的行政行为。"如果行政行为在程序和实体上都没有问题，那原告认为行政行为不当的诉讼请求就不成立，法院会判决驳回原告诉讼请求。如果行政机关没有相应的法定职责，那原告要求行政机关履行职责的诉讼请求也不能成立，法院同样会判决驳回原告诉讼请求。如果行政行为的程序错误，那实体上的正义并不能掩盖程序上的不正义，法院会判决撤销行政行为。如果法院判决撤销行政行为，那行政机关应当尊重法院的判决，不能坚持己见，依然以同一的事实和理由作出与原行政行为基本相同的行政行为。故选项A、B、D正确，符合题意。

48.（2014年卷二第12题）根据行政诉讼法及相关规定，下列哪种说法是正确的？
A. 人民法院审理行政案件，一律公开审理
B. 行政诉讼期间，应当停止具体行政行为的执行
C. 人民法院审理行政案件，不适用调解
D. 人民法院对行政案件宣告判决或者裁定前，原告不得申请撤诉

【知识要点】行政诉讼中的有关程序

【解析】A.《行政诉讼法》第54条规定："人民法院公开审理行政案件，但涉及国家秘密、个人隐私和法律另有规定的除外。涉及商业秘密的案件，当事人申请不公开审理的，可以不公开审理。"行政案件如果涉及国家秘密，肯定不能公开审理，故选项A错误，不符合题意。

B.《行政诉讼法》第56条规定："诉讼期间，不停止行政行为的执行。但有下列情形之一的，裁定停止执行：（一）被告认为需要停止执行的；（二）原告或者利害关系人申请停止执行，人民法院认为该行政行为的执行会造成难以弥补的损失，并且停止执行不损害国家利益、社会公共利益的；（三）人民法院认为该行政行为的执行会给国家利益、社会公共利益造成重大损害的；（四）法律、法规规定停止执行的。当事人对停止执行或者不停止执行的裁定不服的，可以申请复议一次。"行政诉讼不停止行政行为的执行，故选项B错误，不符合题意。

C.《行政诉讼法》第60条规定："人民法院审理行政案件，不适用调解。但是，行政赔偿、补偿以及行政机关行使法律、法规规定的自由裁量权的案件可以调解。调解应当遵循自愿、合法原则，不得损害国家利益、社会公共利益和他人合法权益。"故选项C正确，符合题意。

D.《行政诉讼法》第62条规定："人民法院对行政案件宣告判决或者裁定前，原告申请撤诉的，或者被告改变其所作的具体行政行为，原告同意并申请撤诉的，是否准许，由人民法院裁定。"行政诉讼中原告可以申请撤诉，但是否准许则由法院裁定。故选项D错误，不符合题意。

49.（2011年卷二第68题）根据行政诉讼法及相关规定，具体行政行为有下列哪些情形，人民法院应当判决撤销或者部分撤销？
A. 违反法定程序的
B. 被诉具体行政行为合法但存在合理性问题的
C. 被诉具体行政行为合法，但因法律、政策变化需要变更或者废止的
D. 被告不履行法定职责，但判决责令其履行法定职责已无实际意义的

【知识要点】第一审程序

【解析】A.《行政诉讼法》第70条规定："行政行为有下列情形之一的，人民法院判决撤销或者部分撤销，并可以判决被告重新作出行政行为：（一）主要证据不足的；（二）适用法律、法规错误的；（三）违反法定程序的；（四）超越职权的；（五）滥用职权的；（六）明显不当的。"故选项A正确，符合题意。

B、C、D.《行诉解释》第56条规定："有下列情形之一的，人民法院应当判决驳回原告的诉讼请求：（一）起诉被告不作为理由不能成立的；（二）被诉具体行政行为合法但存在合理性问题的；（三）被诉具体行政行为合法，但因法律、政策变化需要变更或者废止的；（四）其他应当判决驳回诉讼请求的情形。"故选项B、C、D错误，不符合题意。

50.（2009年卷二第65题）根据行政诉讼法及相关规定，人民法院基于下列哪些理由判决撤销原具体行政行为，并判决被告重新作出具体行政行为的，被告不得以同一的事实和理由作出与原具体行政行为基本相同的具体行政行为？
A. 适用法律、法规错误
B. 主要证据不足
C. 违反法定程序
D. 滥用职权

【知识要点】判决撤销原具体行政行为的理由

【解析】A、B、D.《行政诉讼法》第70条规定："行政行为有下列情形之一的，人民法院判决撤销或者部分撤销，并可以判决被告重新作出行政行为：（一）主要证据不足的；（二）适用法律、法规错误的；（三）违反法定程序的；（四）超越职权的；（五）滥用职权的；（六）明显不当的。"《行政诉讼法》第71条规定："人民法院判决被告重新作出行政行为的，被告不得以同一事实和理由作出与原行政行为基本相同的行政行为。"故选项A、B、D正确，符合题意。

C.《行诉解释》第54条规定："人民法院判决被告重新作出具体行政行为，被告重新作出的具体行政行为与原具体行政行为的结果相同，但主要事实或者主要理由有改变的，不属于行政诉讼法第五十五条规定的情形。人民法院以违反法定程序为由，判决撤销被诉具体行政行为的，行政机关重新作出具体行政行为不受行政诉讼法第五十五条规定

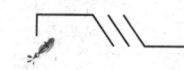

的限制。行政机关以同一事实和理由重新作出与原具体行政行为基本相同的具体行政行为，人民法院应当根据行政诉讼法第五十四条第（二）项、第五十五条的规定判决撤销或者部分撤销，并根据行政诉讼法第六十五条第三款的规定处理。"其中《行政诉讼法》第54条第（2）项、第55条和第65条第3款分别对应2017年修改的《行政诉讼法》第70条、第71条和第96条。故选项C错误，不符合题意。

51.（2009年卷二第81题）根据行政诉讼法及相关规定，裁定可以适用于下列哪些事项？
A. 财产保全　　　　　　　　　　　B. 变更被诉具体行政行为
C. 中止诉讼　　　　　　　　　　　D. 诉讼期间停止具体行政行为的执行

【知识要点】行政诉讼裁定的适用范围

【解析】A、C、D.《行诉解释》第63条规定："裁定适用于下列范围：（一）不予受理；（二）驳回起诉；（三）管辖异议；（四）终结诉讼；（五）中止诉讼；（六）移送或者指定管辖；（七）诉讼期间停止具体行政行为的执行或者驳回停止执行的申请；（八）财产保全；（九）先予执行；（十）准许或者不准许撤诉；（十一）补正裁判文书中的笔误；（十二）中止或者终结执行；（十三）提审、指令再审或者发回重审；（十四）准许或者不准许执行行政机关的具体行政行为；（十五）其他需要裁定的事项。对第（一）、（二）、（三）项裁定，当事人可以上诉。"故选项A、C、D正确，符合题意。

B. 被诉具体行政行为可以由被告自行变更，而法院可以判决重新作出具体行政行为或撤销被诉具体行政行为。故选项B错误，不符合题意。

52.（2008年卷二第92题）某市12户居民以所在区规划局批准太平居委会搭建的自行车棚影响通行为由，向人民法院起诉，请求法院撤销规划局的批准决定。法院经审查，认定规划局的决定证据确凿，适用法律、法规正确，符合法定程序。据此，下列哪些说法是正确的？
A. 原告应推选1～5名诉讼代表人参加诉讼　　B. 太平居委会可以作为第三人申请参加诉讼
C. 人民法院应当将太平居委会列为本案的共同被告　　D. 人民法院应判决维持规划局的批准决定

【知识要点】行政诉讼参加人和行政诉讼的判决

【解析】A.《行诉解释》第14条规定："合伙企业向人民法院提起诉讼的，应当以核准登记的字号为原告，由执行合伙企业事务的合伙人作诉讼代表人；其他合伙组织提起诉讼的，合伙人为共同原告。不具备法人资格的其他组织向人民法院提起诉讼的，由该组织的主要负责人作诉讼代表人；没有主要负责人的，可以由推选的负责人作诉讼代表人。同案原告为五人以上，应当推选一至五名诉讼代表人参加诉讼；在指定期限内未选定的，人民法院可以依职权指定。"故选项A正确，符合题意。

B.《行政诉讼法》第29条规定："公民、法人或者其他组织同被诉行政行为有利害关系但没有提起诉讼，或者同案件处理结果有利害关系的，可以作为第三人申请参加诉讼，或者由人民法院通知参加诉讼。人民法院判决第三人承担义务或者减损第三人权益的，第三人有权依法提起上诉。"太平居委会与规划局行政决定有直接的利害关系，可以作为第三人申请参加诉讼。故选项B正确，符合题意。

C. 行政诉讼被告应为作出该具体行政行为的行政机关，选项C没有相关依据，故选项C错误，不符合题意。

D.《行政诉讼法》第69条规定："行政行为证据确凿，适用法律、法规正确，符合法定程序的，或者原告申请被告履行法定职责或者给付义务理由不成立的，人民法院判决驳回原告的诉讼请求。"《行政诉讼法》第70条规定："行政行为有下列情形之一的，人民法院判决撤销或者部分撤销，并可以判决被告重新作出行政行为：（一）主要证据不足的；（二）适用法律、法规错误的；（三）违反法定程序的；（四）超越职权的；（五）滥用职权的；（六）明显不当的。"故选项D正确，符合题意。

（四）第二审程序

53.（2015年卷二第14题）根据行政诉讼法及相关规定，关于行政上诉案件的审理，下列哪种说法是正确的？
A. 第二审人民法院只审查原审人民法院的判决、裁定
B. 第二审人民法院只审查被诉行政行为
C. 第二审人民法院应当对原审人民法院的判决、裁定和被诉行政行为进行全面审查
D. 第二审人民法院只审查上诉状提及的法律问题

【知识要点】上诉案件的审理

【解析】《行政诉讼法》第87条规定："人民法院审理上诉案件，应当对原审人民法院的判决、裁定和被诉行政行为进行全面审查。"当事人提起行政诉讼，说明他对行政行为不服。一审判决作出后，当事人提起上诉，说明他对一审判决也不服。因此，二审法院需要对一审判决、裁定和被诉的具体行政行为进行全面审查。故选项C正确，符合题意。

54.（2011年卷二第77题）根据行政诉讼法及相关规定，下列关于行政诉讼二审程序的说法哪些是正确的？
A. 第一审人民法院作出判决和裁定后，当事人均提起上诉的，上诉各方均为上诉人
B. 第一审人民法院作出判决和裁定后，诉讼当事人中的一部分人提出上诉，没有提出上诉的其他当事人为被上

诉人

C. 原审人民法院收到上诉状，应当在5日内将上诉状副本送达其他当事人，对方当事人应当在收到上诉状副本之日起10日内提出答辩状

D. 第二审人民法院审理上诉案件，仅对原审人民法院的裁判是否合法进行审查

【知识要点】第二审程序

【解析】A.B.《行诉解释》第65条规定："第一审人民法院作出判决和裁定后，当事人均提起上诉的，上诉各方均为上诉人。诉讼当事人中的一部分人提出上诉，没有提出上诉的对方当事人为被上诉人，其他当事人依原审诉讼地位列明。"故选项A正确，符合题意；选项B错误，不符合题意。

C.《行诉解释》第66条规定："……原审人民法院收到上诉状，应当在五日内将上诉状副本送达其他当事人，对方当事人应当在收到上诉状副本之日起十日内提出答辩状……"故选项C正确，符合题意。

D.《行诉解释》第67条第1款规定："第二审人民法院审理上诉案件，应当对原审人民法院的裁判和被诉具体行政行为是否合法进行全面审查。"故选项D错误，不符合题意。

55.（2007年卷二第88题）根据行政诉讼法及相关规定，当事人在第二审期间才提出行政赔偿请求的，第二审人民法院应当如何处理？

A. 直接就行政赔偿请求进行审理，并作出判决

B. 就赔偿问题进行调解，调解不成将全案发回重审

C. 就赔偿问题进行调解，调解不成将行政赔偿部分发回重审

D. 就赔偿问题进行调解，调解不成告知原告就赔偿问题另行起诉

【知识要点】行政诉讼二审中新赔偿请求的处理

【解析】《行诉解释》第71条规定："原审判决遗漏了必须参加诉讼的当事人或者诉讼请求的，第二审人民法院应当裁定撤销原审判决，发回重审。原审判决遗漏行政赔偿请求，第二审人民法院经审查认为依法不应当予以赔偿的，应当判决驳回行政赔偿请求。原审判决遗漏行政赔偿请求，第二审人民法院经审理认为依法应当予以赔偿的，在确认被诉具体行政行为违法的同时，可以就行政赔偿问题进行调解；调解不成的，应当就行政赔偿部分发回重审。当事人在第二审期间提出行政赔偿请求的，第二审人民法院可以进行调解；调解不成的，应当告知当事人另行起诉。"故选项D正确，符合题意。

（五）第二审判决和裁定

56.（2009年卷二第98题）根据行政诉讼法及相关规定，下列关于行政诉讼的说法哪些是正确的？

A. 第二审人民法院认为原审人民法院认定事实不清楚的，应当开庭审理

B. 第二审人民法院对行政上诉案件，认为事实清楚的，可以实行书面审理

C. 第二审人民法院审理行政上诉案件，只限于审查原审人民法院作出的裁判是否合法

D. 第二审人民法院审理行政上诉案件，只限于审查被诉具体行政行为是否合法

【知识要点】行政诉讼第二审案件的审理

【解析】A.C.D.《行诉解释》第67条规定："第二审人民法院审理上诉案件，应当对原审人民法院的裁判和被诉具体行政行为是否合法进行全面审查。当事人对原审人民法院认定的事实有争议的，或者第二审人民法院认为原审人民法院认定事实不清楚的，第二审人民法院应当开庭审理。"故选项A正确，符合题意；选项C、D错误，不符合题意。

B.《行政诉讼法》第86条规定："人民法院对上诉案件，应当组成合议庭，开庭审理。经过阅卷、调查和询问当事人，对没有提出新的事实、证据或者理由，合议庭认为不需要开庭审理的，也可以不开庭审理。"不开庭审理与书面审理不同，法条中也指出需要经过阅卷、调查和询问当事人，再决定是否需要开庭审理，而书面审理通常只就当事人的上诉状及其他书面材料进行审理，不需要询问当事人。故选项B错误，不符合题意。

（六）行政诉讼的审判监督程序

57.（2016年卷二第73题）根据行政诉讼法及相关规定，下列关于审判监督程序的哪些说法是正确的？

A. 地方各级人民检察院发现同级人民法院已经发生法律效力的判决遗漏诉讼请求的，可以向同级人民法院提出抗诉

B. 地方各级人民检察院发现同级人民法院已经发生法律效力的判决遗漏诉讼请求的，可以提请上级人民检察院向同级人民法院提出抗诉

C. 上级人民检察院发现下级人民法院已经发生法律效力的判决遗漏诉讼请求的，应当提出抗诉

D. 最高人民检察院发现各级人民法院已经发生法律效力的判决遗漏诉讼请求的，应当提出抗诉

【知识要点】行政诉讼的审判监督程序

【解析】《行政诉讼法》第91条规定："当事人的申请符合下列情形之一的，人民法院应当再审：……（六）原判

决裁定遗漏诉讼请求的；……"《行政诉讼法》第93条规定："最高人民检察院对各级人民法院已经发生法律效力的判决、裁定，上级人民检察院对下级人民法院已经发生法律效力的判决、裁定，发现有本法第九十一条规定情形之一，或者发现调解书损害国家利益、社会公共利益的，应当提出抗诉。地方各级人民检察院对同级人民法院已经发生法律效力的判决、裁定，发现有本法第九十一条规定情形之一，或者发现调解书损害国家利益、社会公共利益的，可以向同级人民法院提出检察建议，并报上级人民检察院备案；也可以提请上级人民检察院向同级人民法院提出抗诉。各级人民检察院对审判监督程序以外的其他审判程序中审判人员的违法行为，有权向同级人民法院提出检察建议。"检察院抗诉涉及法院和检察院两大系统之间的关系，因此有诸多的限制。最高人民检察院作为检察机关里级别最高的，有权对包括最高人民法院在内的各级人民法院的判决提出抗诉。上级人民检察院的行政级别高于下级人民法院，故有权对下级人民法院的判决提出抗诉。如果是人民检察院要对同级人民法院的判决提出抗诉，那就需要绕一大圈，如昆山市检察院要对昆山市法院的判决作提起抗诉，昆山市检察院就需要去找上级苏州市检察院，由苏州市检察院下向苏州市中级人民法院提出抗诉。故选项A错误，不符合题意；选项B、C、D正确，符合题意。

58. （2014年卷二第98题）根据行政诉讼法及相关规定，下列哪些说法是正确的？
   A. 上级人民法院对下级人民法院已经发生法律效力的判决，发现违反法律、法规规定的，有权提审
   B. 上级人民法院对下级人民法院已经发生法律效力的判决，发现违反法律、法规规定的，有权指令下级人民法院再审
   C. 人民检察院对人民法院已经发生法律效力的判决，发现违反法律、法规规定的，有权裁定撤销判决
   D. 人民检察院对人民法院已经发生法律效力的判决，发现违反法律、法规规定的，有权按照审判监督程序提出抗诉

【知识要点】行政诉讼的审判监督程序

【解析】《行政诉讼法》第92条规定："各级人民法院院长对本院已经发生法律效力的判决、裁定，发现有本法第九十一条规定情形之一，或者发现调解违反自愿原则或者调解书内容违法，认为需要再审的，应当提交审判委员会讨论决定。最高人民法院对地方各级人民法院已经发生法律效力的判决、裁定，上级人民法院对下级人民法院已经发生法律效力的判决、裁定，发现有本法第九十一条规定情形之一，或者发现调解违反自愿原则或者调解书内容违法的，有权提审或者指令下级人民法院再审。"《行政诉讼法》第93条规定："最高人民检察院对各级人民法院已经发生法律效力的判决、裁定，上级人民检察院对下级人民法院已经发生法律效力的判决、裁定，发现有本法第九十一条规定情形之一，或者发现调解书损害国家利益、社会公共利益的，应当提出抗诉。地方各级人民检察院对同级人民法院已经发生法律效力的判决、裁定，发现有本法第九十一条规定情形之一，或者发现调解书损害国家利益、社会公共利益的，可以向同级人民法院提出检察建议，并报上级人民检察院备案；也可以提请上级人民检察院向同级人民法院提出抗诉。各级人民检察院对审判监督程序以外的其他审判程序中审判人员的违法行为，有权向同级人民法院提出检察建议。"故选项A、B、D正确，符合题意；选项C错误，不符合题意。

59. （2011年卷二第85题）根据行政诉讼法及相关规定，下列说法哪些是正确的？
   A. 当事人对已经发生法律效力的判决、裁定，认为确有错误的，可以向原审人民法院提出申诉
   B. 当事人对已经发生法律效力的判决、裁定，认为确有错误的，可以向原审人民法院的上一级人民法院提出申诉
   C. 人民法院院长对本院已经发生法律效力的判决、裁定，发现违反法律、法规规定认为需要再审的，有权决定再审
   D. 上级人民法院对下级人民法院已经发生法律效力的判决、裁定，发现违反法律、法规规定的，有权提审或者指令下级人民法院再审

【知识要点】行政诉讼的审判监督程序

【解析】A. B.《行政诉讼法》第90条规定："当事人对已经发生法律效力的判决、裁定，认为确有错误的，可以向上一级人民法院申请再审，但判决、裁定不停止执行。"故选项A、B正确，符合题意。

C. D.《行政诉讼法》第92条规定："各级人民法院院长对本院已经发生法律效力的判决、裁定，发现有本法第九十一条规定情形之一，或者发现调解违反自愿原则或者调解书内容违法，认为需要再审的，应当提交审判委员会讨论决定。最高人民法院对地方各级人民法院已经发生法律效力的判决、裁定，上级人民法院对下级人民法院已经发生法律效力的判决、裁定，发现有本法第九十一条规定情形之一，或者发现调解违反自愿原则或者调解书内容违法的，有权提审或者指令下级人民法院再审。"故选项C错误，不符合题意；选项D正确，符合题意。

六、国家赔偿

（一）国家赔偿法适用的范围

60. （2010年卷二第93题）根据国家赔偿法的规定，行政机关及其工作人员在行使行政职权时有下列哪些情形之一的，受害人有取得赔偿的权利？

A. 违法拘留或者违法采取限制公民人身自由的行政强制措施的
B. 以殴打等暴力行为或者唆使他人以殴打等暴力行为造成公民身体伤害或者死亡的
C. 违法使用武器、警械造成公民身体伤害或者死亡的
D. 违法对财产采取查封、扣押、冻结等行政强制措施的

【知识要点】国家赔偿范围

【解析】A、B、C. 《国家赔偿法》第3条规定:"行政机关及其工作人员在行使行政职权时有下列侵犯人身权情形之一的,受害人有取得赔偿的权利:(一)违法拘留或者违法采取限制公民人身自由的行政强制措施的;(二)非法拘禁或者以其他方法非法剥夺公民人身自由的;(三)以殴打、虐待等行为或者唆使、放纵他人以殴打、虐待等行为造成公民身体伤害或者死亡的;(四)违法使用武器、警械造成公民身体伤害或者死亡的;(五)造成公民身体伤害或者死亡的其他违法行为。"故选项A、B、C正确,符合题意。

D. 《国家赔偿法》第4条规定:"行政机关及其工作人员在行使行政职权时有下列侵犯财产权情形之一的,受害人有取得赔偿的权利:(一)违法实施罚款、吊销许可证和执照、责令停产停业、没收财物等行政处罚的;(二)违法对财产采取查封、扣押、冻结等行政强制措施的;(三)违法征收、征用、财产的;(四)造成财产损害的其他违法行为。"故选项D正确,符合题意。

61.(2012年卷二第53题)根据国家赔偿法及相关规定,行政机关及其工作人员在行使行政职权时有下列哪些行为的,受害人有取得赔偿的权利?
A. 违法对财产采取查封、扣押的行政强制措施的
B. 非法拘禁或以其他方法非法剥夺公民人身自由的
C. 违法征收、征用财产的
D. 违法使用武器造成公民身体伤害的

【知识要点】国家赔偿法

【解析】根据《国家赔偿法》第3条的规定(参见本节第60题解析A、B、C)以及第4条的规定(参见本节第60题解析D),选项A、B、C、D均正确,符合题意。

(二)行政赔偿的含义

(三)行政赔偿请求的当事人

62.(2013年卷二第46题)某县工商局和卫生局共同对张某的餐厅进行查封,给其造成了损失。张某认为该查封行为违法,欲要求国家赔偿。根据国家赔偿法及相关规定,下列哪些说法是正确的?
A. 该县工商局和卫生局为共同赔偿义务机关
B. 该县人民政府为赔偿义务机关
C. 张某可以在提起行政诉讼时一并提出赔偿要求
D. 张某可以在申请行政复议时一并提出赔偿要求

【知识要点】赔偿义务机关

【解析】《国家赔偿法》第7条规定:"行政机关及其工作人员行使行政职权侵犯公民、法人和其他组织的合法权益造成损害的,该行政机关为赔偿义务机关。两个以上行政机关共同行使行政职权时侵犯公民、法人和其他组织的合法权益造成损害的,共同行使行政职权的行政机关为共同赔偿义务机关。法律、法规授权的组织在行使授予的行政权力时侵犯公民、法人和其他组织的合法权益造成损害的,被授权的组织为赔偿义务机关。受行政机关委托的组织或者个人在行使受委托的行政权力时侵犯公民、法人和其他组织的合法权益造成损害的,委托的行政机关为赔偿义务机关。赔偿义务机关被撤销的,继续行使其职权的行政机关为赔偿义务机关;没有继续行使其职权的行政机关的,撤销该赔偿义务机关的行政机关为赔偿义务机关。"《国家赔偿法》第9条规定:"赔偿义务机关有本法第三条、第四条规定情形之一的,应当给予赔偿。赔偿请求人要求赔偿,应当先向赔偿义务机关提出,也可以在申请行政复议或者提起行政诉讼时一并提出。"查封张某餐厅的是工商局和卫生局,赔偿义务机关自然就是这两个政府部门。国家赔偿要求可以在申请复议或者提起诉讼的时候一并提出,但不能单独提出。故选项A、C、D正确,符合题意;选项B错误,不符合题意。

(四)赔偿程序

63.(2008年卷二第51题)根据国家赔偿法的规定,下列哪些说法是正确的?
A. 赔偿请求人根据受到的不同损害,可以同时提出数项行政赔偿请求
B. 赔偿请求人可以在提起行政诉讼时一并提出行政赔偿请求
C. 赔偿请求人单独要求行政赔偿的,可以向赔偿义务机关提出,也可以直接向人民法院提起诉讼
D. 赔偿请求人可以向共同赔偿义务机关中的任何一个赔偿义务机关提出行政赔偿请求

【知识要点】行政赔偿的程序

【解析】A. 《国家赔偿法》第11条规定:"赔偿请求人根据受到的不同损害,可以同时提出数项赔偿要求。"故选项A正确,符合题意。

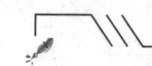

B. C. 《国家赔偿法》第 9 条规定："赔偿义务机关有本法第三条、第四条规定的情形之一的，应当给予赔偿。赔偿请求人要求赔偿应当先向赔偿义务机关提出，也可以在申请行政复议和提起行政诉讼时一并提出。"故选项 B 正确，符合题意。单独提起行政赔偿时，应当先向赔偿义务机关提出，故选项 C 错误，不符合题意。

D. 《国家赔偿法》第 10 条规定："赔偿请求人可以向共同赔偿义务机关中的任何一个赔偿义务机关要求赔偿，该赔偿义务机关应当先予赔偿。"故选项 D 正确，符合题意。

第六节　其他相关法律

一、对外贸易法

（一）对外贸易法适用的范围

（二）技术进出口

(1) 技术进出口的基本概念
(2) 技术进出口管理

1. (2009 年卷二第 18 题) 根据技术进出口管理条例的规定，下列说法哪些是正确的？
A. 属于限制出口的技术，实行许可证管理；未经许可，不得出口
B. 对于限制出口的技术，应当先签订技术出口合同，然后再向外经贸主管部门申请技术出口许可意向书
C. 技术出口经许可的，由外经贸主管部门颁发技术出口许可证
D. 对于限制出口的技术，技术出口合同自技术出口许可证颁发之日起生效

【知识要点】限制出口的技术

【解析】A. 《技术进出口管理条例》第 33 条规定："属于限制出口的技术，实行许可证管理；未经许可，不得出口。"故选项 A 正确，符合题意。

B. 《技术进出口管理条例》第 36 条规定："技术出口申请经批准的，由国务院外经贸主管部门发给技术出口许可意向书。申请人取得技术出口许可意向书后，方可对外进行实质性谈判，签订技术出口合同。"故选项 B 错误，不符合题意。

C. D. 《技术进出口管理条例》第 38 条规定："技术出口经许可的，由国务院外经贸主管部门颁发技术出口许可证。技术出口合同自技术出口许可证颁发之日起生效。"故选项 C、D 正确，符合题意。

2. (2007 年卷二第 97 题) 根据对外贸易法的规定，下列哪些说法是正确的？
A. 进出口属于自由进出口的技术，无需办理任何手续
B. 国务院对外贸易主管部门可以对自由进出口的技术实行进出口自动许可
C. 进出口属于自由进出口的技术，应当办理合同备案登记
D. 进出口属于限制进出口的技术，应当经省级对外贸易主管部门许可

【知识要点】自由和限制进出口技术的有关规定

【解析】A. B. C. 《对外贸易法》第 15 条规定："国务院对外贸易主管部门基于监测进出口情况的需要，可以对部分自由进出口的货物实行进出口自动许可并公布其目录。实行自动许可的进出口货物，收货人、发货人在办理海关报关手续前提出自动许可申请的，国务院对外贸易主管部门或者其委托的机构应当予以许可；未办理自动许可手续的，海关不予放行。进出口属于自由进出口的技术，应当向国务院对外贸易主管部门或者其委托的机构办理合同备案登记。"故选项 A、B 错误，不符合题意；选项 C 正确，符合题意。

D. 《对外贸易法》第 19 条规定："国家对限制进口或者出口的货物，实行配额、许可证等方式管理；对限制进口或者出口的技术，实行许可证管理。实行配额、许可证管理的货物、技术，应当按照国务院规定经国务院对外贸易主管部门或者经其会同国务院其他有关部门许可，方可进口或者出口。国家对部分进口货物可以实行关税配额管理。"故选项 D 错误，不符合题意。

（三）与对外贸易有关的知识产权的保护

二、刑法

（一）刑法的基本知识

(1) 犯罪的概念
(2) 犯罪的构成要件

(二)侵犯知识产权犯罪

3.（2009年卷二第61题） 王某未经许可，以营利为目的非法复制某公司拥有著作权的唱片，情节严重，构成犯罪；同时王某还将该侵权复制品销售给李某，违法所得数额巨大，也构成犯罪。根据刑法及相关规定，对王某的上述行为应当如何定罪处罚？

A. 以侵犯著作权罪定罪处罚
B. 以销售侵权复制品罪定罪处罚
C. 从侵犯著作权罪或者销售侵权复制品罪中任选其一定罪处罚
D. 以侵犯著作权罪和销售侵权复制品罪数罪并罚

【知识要点】《刑法》中对侵犯著作权行为的处罚

【解析】 A.《刑法》第217条规定："以营利为目的，有下列侵犯著作权情形之一，违法所得数额较大或者有其他严重情节的，处三年以下有期徒刑或者拘役，并处或者单处罚金；违法所得数额巨大或者有其他特别严重情节的，处三年以上七年以下有期徒刑，并处罚金：（一）未经著作权人许可，复制发行其文字作品、音乐、电影、电视、录像作品、计算机软件及其他作品的；（二）出版他人享有专有出版权的图书的；（三）未经录音录像制作者许可，复制发行其制作的录音录像的；（四）制作、出售假冒他人署名的美术作品的。"《刑法》第218条规定："以营利为目的，销售明知是本法第二百一十七条规定的侵权复制品，违法所得数额巨大的，处三年以下有期徒刑或者拘役，并处或者单处罚金。"《最高人民法院、最高人民检察院关于办理侵犯知识产权刑事案件具体应用法律若干问题的解释》第14条规定："实施刑法第二百一十七条规定的侵犯著作权犯罪，又销售该侵权复制品，构成犯罪的，应当依照刑法第二百一十七条的规定，以侵犯著作权罪定罪处罚。实施刑法第二百一十七条规定的侵犯著作权犯罪，又销售明知是他人的侵权复制品，构成犯罪的，应当实行数罪并罚。"本题中对王某应以侵犯著作权罪定罪处罚，故选项A正确，符合题意。

4.（2008年卷二第94题） 根据刑法的规定，对下列哪些行为可以处3年以下有期徒刑或者拘役，并处或者单处罚金？

A. 未经注册商标所有人许可，在同一种商品上使用与其注册商标相同的商标，情节严重的
B. 未经注册商标所有人许可，在类似商品上使用与其注册商标相同的商标，情节严重的
C. 销售明知是假冒注册商标的商品，销售金额数额较大的
D. 未经商标注册人同意，更换其注册商标并将该更换商标的商品又投入市场，销售金额数额较大的

【知识要点】 侵犯商标注册专用权的刑事责任

【解析】 A.B.《刑法》第213条规定："未经注册商标所有人许可，在同一种商品上使用与其注册商标相同的商标，情节严重的，处三年以下有期徒刑或者拘役，并处或者单处罚金；情节特别严重的，处三年以上七年以下有期徒刑，并处罚金。"故选项A正确，符合题意；选项B错误，不符合题意。

C.《刑法》第214条规定："销售明知是假冒注册商标的商品，销售金额数额较大的，处三年以下有期徒刑或者拘役，并处或者单处罚金；销售金额数额巨大的，处三年以上七年以下有期徒刑，并处罚金。"故选项C正确，符合题意。

D.《刑法》第3条规定："法律明文规定为犯罪行为的，依照法律定罪处刑；法律没有明文规定为犯罪行为的，不得定罪处刑。"《刑法》中有关侵犯注册商标专用权行为构成刑事责任的规定只有第213~215条，根据法无明文规定不为罪的原则，故选项D错误，不符合题意。

参考答案

第一节 民法总则及民法通则

1. C	2. A B D	3. A C	4. A	5. A B C	6. D
7. A C	8. B	9. A C D	10. A C	11. B C D	12. B
13. A B C	14. A B C D	15. B	16. A B	17. A B C D	18. A B
19. A B D	20. B C D	21. D	22. A B	23. A D	24. A B C
25. A B D	26. B C D	27. A	28. B C D	29. A B D	30. A C D
31. B D	32. B D	33. A C	34. A D	35. A D	36. A B C D
37. A B C	38. C D	39. A	40. A B C D	41. A B C D	42. A B C
43. B C	44. D	45. A B C D	46. A B C	47. A B C	48. A C
49. A B C D	50. A	51. C D	52. A C	53. B	54. D
55. 无答案	56. B D	57. C	58. A	59. A B C	60. A B C D
61. A B D					

第二节 合 同 法

1. B	2. A C	3. A B	4. B C D	5. A B C D	6. B C D
7. C D	8. D	9. A B	10. A B C	11. A B C	12. A B C D
13. B C	14. A	15. D	16. A B D	17. B C	18. A
19. B D	20. B C D	21. A B C	22. A C D	23. A B C	24. C
25. C D	26. A B C D	27. A B C D	28. A D	29. A	30. A B C D
31. D	32. A C	33. B D	34. B C	35. A D	36. C
37. A B D	38. A B C D	39. C	40. A B C D	41. A B C	42. A B C
43. A	44. A B C D	45. A D	46. A B C	47. B C D	48. A D
49. A C	50. A B C	51. B C D	52. A	53. A C D	54. B C D
55. A C D	56. B D	57. B	58. A B C D	59. A B C	60. A C
61. B	62. A B C D	63. C	64. A B C D		

第三节 民事诉讼法

1. D	2. C	3. A B D	4. A B D	5. A B D	6. A B C
7. D	8. B	9. B C D	10. 无答案	11. B C D	12. A B C
13. C	14. D	15. A C	16. A B C	17. A B C	18. A B C D
19. A B C D	20. A B	21. A B C D	22. B	23. A B C D	24. A B C
25. A B C D	26. A B D	27. B C D	28. A B C D	29. A B	30. A B C D
31. B C D	32. A B C D	33. D	34. A B C	35. C D	36. B D
37. A B	38. D	39. A C D	40. A B C D	41. A C D	42. A
43. A B C	44. A C D	45. A B C	46. A D	47. C	48. A C D
49. A C D	50. B D	51. D	52. B C D	53. A B C	54. A B C
55. A	56. D	57. B D	58. A B C D	59. A B D	60. A B C D
61. C D					

第四节 行政复议法

1. A D	2. A B C	3. C	4. C	5. A B D	6. C
7. B D	8. B D	9. A B C D	10. A B C	11. A C	12. A C
13. D	14. A C D	15. D	16. C D	17. A B C	18. C D
19. A	20. A C	21. A B D	22. A C D	23. A C	24. A C D
25. A B D	26. A B C D	27. B C	28. A	29. A B	30. A B C D
31. A B C D	32. A B C D	33. A B D	34. A B C D	35. B C D	36. D
37. A B C D	38. C	39. A B D	40. A B D	41. A C	

第五节 行政诉讼法

1. B C	2. A B D	3. A B C D	4. A C D	5. A B C D	6. A B C D
7. A C	8. A	9. A B D	10. A C D	11. B	12. C
13. A B D	14. A B D	15. D	16. B	17. B C D	18. A C D
19. C	20. A	21. A B C D	22. A D	23. D	24. A B C D
25. B	26. D	27. A B	28. A B C D	29. A C	30. A B C D
31. A B C D	32. A B C D	33. A B D	34. A B D	35. A B	36. A B
37. A C D	38. C	39. A	40. B C	41. A B	42. A D
43. C	44. A B C	45. A B D	46. C	47. A B D	48. C
49. A	50. A B D	51. A C D	52. A B D	53. C	54. A C
55. D	56. A B	57. B D	58. A B D	59. A B D	60. A B C D
61. A B C D	62. A C D	63. A B D			

第六节 其他相关法律

1. A C D	2. C	3. A	4. A C

第二章 相关知识产权法

第一节 著 作 权 法

一、著作权的客体

(一) 作品的含义

1. (2013年卷二第37题) 根据著作权法及相关规定，下列哪些说法是正确的？
A. 作品应当具有独创性并能以某种有形形式复制
B. 文字作品，是指小说、诗词、散文、论文等以文字形式表现的作品
C. 为生产绘制的产品设计图属于图形作品
D. 为展示、试验或者观测等用途，根据物体的形状和结构按照一定比例制成的模型不属于作品

【知识要点】作品
【解析】A.《著作权法实施条例》第2条规定："著作权法所称作品，是指文学、艺术和科学领域内具有独创性并能以某种有形形式复制的智力成果。"故选项A正确，符合题意。

B.《著作权法实施条例》第4条规定："著作权法和本条例中下列作品的含义：（一）文字作品，是指小说、诗词、散文、论文等以文字形式表现的作品；……"故选项B正确，符合题意。

C.《著作权法实施条例》第4条规定："著作权法和本条例中下列作品的含义：……（十二）图形作品，是指为施工、生产绘制的工程设计图、产品设计图，以及反映地理现象、说明事物原理或者结构的地图、示意图等作品；……"故选项C正确，符合题意。

D.《著作权法实施条例》第4条规定："著作权法和本条例中下列作品的含义：……（十三）模型作品，是指为展示、试验或者观测等用途，根据物体的形状和结构，按照一定比例制成的立体作品。"因此，选项D所述的模型属于著作权法规定的"作品"中的模型作品。故选项D错误，不符合题意。

(二) 作品的种类

2. (2014年卷二第63题) 根据著作权法及相关规定，下列哪些说法是正确的？
A. 汇编若干作品的片段，对其内容的选择或者编排体现独创性的作品，属于汇编作品
B. 汇编作品不包括对不构成作品的数据或者其他材料进行的汇编
C. 汇编作品的著作权由汇编人和原作品的著作权人共同享有
D. 汇编作品的著作权由汇编人享有，但行使著作权时不得侵犯原作品的著作权

【知识要点】汇编作品
【解析】A.《著作权法》第14条规定："汇编若干作品、作品的片段或者不构成作品的数据或者其他材料，对其内容的选择或者编排体现独创性的作品，为汇编作品，其著作权由汇编人享有，但行使著作权时，不得侵犯原作品的著作权。"故选项A正确，符合题意。

B.C.D. 根据上述规定可知，对不构成作品的数据或者其他材料的汇编，如果对其内容的选择或者编排体现独创性的作品，也构成汇编作品，故选项B错误，不符合题意。同时，根据上述规定可知，选项D正确，符合题意；选项C错误，不符合题意。

(三) 著作权法不予保护的客体

3. (2015年卷二第23题) 根据著作权法及相关规定，下列哪项属于我国著作权法保护的客体？
A. 某人民法院就某专利权属纠纷案件作出的民事判决书
B. 某电视台报道的时事新闻
C. 化学元素周期表
D. 某幼儿园小朋友的绘画

【知识要点】著作权的保护客体
【解析】A.B.C.《著作权法》第5条规定："本法不适用于：（一）法律、法规，国家机关的决议、决定、命令和其他具有立法、行政、司法性质的文件，及其官方正式译文；（二）时事新闻；（三）历法、通用数表、通用表格和公

式。"选项A的情形属于具有司法性质的文件,选项B的情形属于时事新闻,选项C的情形属于历法、通用数表、通用表格和公式,都不属于我国《著作权法》保护的客体。故选项A、B、C错误,不符合题意。

D.《著作权法》第3条规定:"本法所称的作品,包括以下列形式创作的文学、艺术和自然科学、社会科学、工程技术等作品:(一)文字作品;(二)口述作品;(三)音乐、戏剧、曲艺、舞蹈、杂技艺术作品;(四)美术、建筑作品;(五)摄影作品;(六)电影作品和以类似摄制电影的方法创作的作品;(七)工程设计图、产品设计图、地图、示意图等图形作品和模型作品;(八)计算机软件;(九)法律、行政法规规定的其他作品。"选项D中的绘画属于《著作权法》第3条规定中的美术作品,同时是否属于《著作权法》保护客体与作者的民事行为能力没有关系。故选项D正确,符合题意。

4.（2014年卷二第37题）下列哪些不适用我国著作权法的规定？
A. 某9岁儿童创作的短篇小说
B. 某电视台报道的时事新闻
C. 某城市交通电子地图
D. 某法律的官方英文译文

【知识要点】著作权法适用范围

【解析】A.C.《著作权法》第3条规定:"本法所称的作品,包括以下列形式创作的文学、艺术和自然科学、社会科学、工程技术等作品:(一)文字作品;(二)口述作品;(三)音乐、戏剧、曲艺、舞蹈、杂技艺术作品;(四)美术、建筑作品;(五)摄影作品;(六)电影作品和以类似摄制电影的方法创作的作品;(七)工程设计图、产品设计图、地图、示意图等图形作品和模型作品;(八)计算机软件;(九)法律、行政法规规定的其他作品。"选项A中的短篇小说属于该规定中第（一）项的文字作品,且是否适用《著作权法》的规定与作者的民事行为能力无关,故选项A不符合题意。选项C的电子地图属于该规定第（七）项中的图形作品,适用《著作权法》的规定,故选项C也不符合题意。

B.D.《著作权法》第5条规定:"本法不适用于：（一）法律、法规,国家机关的决议、决定、命令和其他具有立法、行政、司法性质的文件,及其官方正式译文；（二）时事新闻；（三）历法、通用数表、通用表格和公式。"故选项B的时事新闻、选项D中的法律官方译文均不适用我国《著作权法》的规定,符合题意。

5.（2013年卷二第2题）下列哪项不属于我国著作权法保护的客体？
A. 通过互联网发布的时事新闻
B. 建筑物的工程设计图
C. 未发表的小说
D. 用文字记录的舞蹈动作设计

【知识要点】著作权的客体

【解析】《著作权法》第5条规定:"本法不适用于：（一）法律、法规,国家机关的决议、决定、命令和其他具有立法、行政、司法性质的文件,及其官方正式译文；（二）时事新闻；（三）历法、通用数表、通用表格和公式。"本题选项A为该条规定的"时事新闻",不属于我国《著作权法》保护的客体。故选项A符合题意,选项B、C、D均不符合题意。

6.（2011年卷二第6题）根据著作权法及相关规定,下列哪些是不受著作权法保护的客体？
A. 化学元素周期表
B. 北京市交通旅游地图
C. 人民日报评论员文章
D. 专利复审委员会作出的无效宣告请求审查决定

【知识要点】著作权法不予保护的客体

【解析】《著作权法》第5条规定:"本法不适用于：（一）法律、法规,国家机关的决议、决定、命令和其他具有立法、行政、司法性质的文件,及其官方正式译文；（二）时事新闻；（三）历法、通用数表、通用表格和公式。"故选项A、D符合题意,选项B、C不符合题意。

二、著作权的主体

（一）主体范围

（1）中国公民、法人或其他组织

7.（2012年卷二第19题）我国公民李某在非洲某国旅游期间写了两篇游记,并将其中一篇发表在我国某杂志上。根据著作权法及相关规定,下列哪种说法是正确的？
A. 该两篇文章不是在我国创作的,不受我国著作权法保护
B. 该两篇文章是否受我国著作权法保护,取决于该非洲国家是否与我国签订了协议或共同参加了相关国际条约
C. 只有该已发表的文章受我国著作权法保护
D. 该两篇文章均受我国著作权法保护

【知识要点】著作权法的主体范围

【解析】《著作权法》第2条规定:"中国公民、法人或者其他组织的作品,不论是否发表,依照本法享有著作权。外国人、无国籍人的作品根据其作者所属国或者经常居住地国同中国签订的协议或者共同参加的国际条约享有的著作

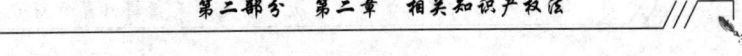

权,受本法保护。外国人、无国籍人的作品首先在中国境内出版的,依照本法享有著作权。未与中国签订协议或者共同参加国际条约的国家的作者以及无国籍人的作品首次在中国参加的国际条约的成员国出版的,或者在成员国和非成员国同时出版的,受本法保护。"故选项A、B、C错误,不符合题意;选项D正确,符合题意。

(2) 外国人、无国籍人及其受保护的条件

8.(2013年卷二第47题)根据著作权法及相关规定,下列哪些说法是正确的?
A. 无国籍人的作品首先在中国境内出版的,依法享有著作权
B. 外国人的作品首先在中国境内出版的,依法享有著作权
C. 外国人的作品根据其作者经常居住地国同中国签订的协议享有的著作权,受著作权法保护
D. 无国籍人的作品首次在中国参加的国际条约的成员国出版的,受著作权法保护

【知识要点】外国人、无国籍人的作品的保护

【解析】A、B.《著作权法》第2条第3款规定:"外国人、无国籍人的作品首先在中国境内出版的,依照本法享有著作权。"故选项A、B正确,符合题意。

C.《著作权法》第2条第2款规定:"外国人、无国籍人的作品根据其作者所属国或者经常居住地国同中国签订的协议或者共同参加的国际条约享有的著作权,受本法保护。"故选项C正确,符合题意。

D.《著作权法》第2条第4款规定:"未与中国签订协议或者共同参加国际条约的国家的作者以及无国籍人的作品首次在中国参加的国际条约的成员国出版的,或者在成员国和非成员国同时出版的,受本法保护。"故选项D正确,符合题意。

(二) 著作权人的确定

(1) 一般作品的著作权人

9.(2016年卷二第19题)甲小学主持起草2015年学校工作总结并上报区教育局。期间,校办公室主任张某接受该小学指派承担了具体撰写工作。根据著作权法及相关规定,下列哪种说法是正确的?
A. 甲小学视为该工作总结的作者
B. 该工作总结的作者是张某,该工作总结的著作权人是甲小学
C. 该工作总结的署名权由张某享有,该工作总结的复制权由甲小学享有
D. 该工作总结的著作权由张某享有

【知识要点】著作权法的作者

【解析】《著作权法》第11条规定:"著作权属于作者,本法另有规定的除外。创作作品的公民是作者。由法人或者其他组织主持,代表法人或者其他组织意志创作,并由法人或者其他组织承担责任的作品,法人或者其他组织视为作者。如无相反证明,在作品上署名的公民、法人或者其他组织为作者。"故选项A正确,符合题意;选项B、C、D错误,不符合题意。

10.(2013年卷二第52题)根据著作权法及相关规定,下列关于著作权集体管理组织的哪些说法是正确的?
A. 著作权人可以授权著作权集体管理组织行使著作权
B. 著作权集体管理组织被授权后,可以以自己的名义为著作权人主张权利
C. 著作权集体管理组织不得作为当事人进行涉及著作权的诉讼、仲裁活动
D. 著作权集体管理组织是非营利性组织

【知识要点】著作权集体管理组织

【解析】《著作权法》第8条规定:"著作权人和与著作权有关的权利人可以授权著作权集体管理组织行使著作权或者与著作权有关的权利。著作权集体管理组织被授权后,可以以自己的名义为著作权人和与著作权有关的权利人主张权利,并可以作为当事人进行涉及著作权或者与著作权有关的权利的诉讼、仲裁活动。著作权集体管理组织是非营利性组织,其设立方式、权利义务、著作权许可使用费的收取和分配,以及对其监督和管理等由国务院另行规定。"根据上述规定,故选项A、B、D正确,符合题意;选项C错误,不符合题意。

11.(2009年卷二第89题)根据著作权法及相关规定,下列说法哪些是正确的?
A. 中国公民的作品不论是否发表,依照著作权法享有著作权
B. 著作权自作品创作完成之日起产生
C. 无国籍人的作品未在我国境内出版的,依照其经常居住地国同我国签订的协议或者共同参加的国际条约享有的著作权,受我国著作权法保护
D. 著作权集体管理组织被授权后,应当以著作权人的名义为著作权人主张权利

【知识要点】著作权的确定原则

【解析】A、C.根据《著作权法》第2条的规定(参见本节第7题解释),选项A、C正确,符合题意。

B.《著作权法实施条例》第6条规定:"著作权自作品创作完成之日起产生。"故选项B正确,符合题意。

D. 根据《著作权法》第8条的规定（参见本节第10题解析），选项D错误，不符合题意。

(2) 特殊作品的著作权人

12. (2015年卷二第74题) 电影《武林传奇》由李某编剧，由导演胡某执导，影星王某和赵某担任主演，制片者为某电影制片厂。根据著作权法及相关规定，下列哪些说法是正确的？

　　A. 编剧李某有权就其剧本单独行使著作权
　　B. 导演胡某、编剧李某享有署名权
　　C. 主演王某和赵某享有该电影的著作权
　　D. 该电影制片厂享有该电影的著作权

【知识要点】影视作品的著作权人

【解析】A.《著作权法》第15条第2款规定："电影作品和以类似摄制电影的方法创作的作品中的剧本、音乐等可以单独使用的作品的作者有权单独行使其著作权。"因此，选项A正确，符合题意。

B.C.D.《著作权法》第15条第1款规定："电影作品和以类似摄制电影的方法创作的作品的著作权由制片者享有，但编剧、导演、摄影、作词、作曲等作者享有署名权，并有权按照与制片者签订的合同获得报酬。"因此，作为制片者的某电影制片厂享有该电影的著作权，主演王某和赵某并不享有该电影的著作权，编剧、导演享有署名权。故选项B、D的说法正确，符合题意；选项C错误，不符合题意。

13. (2015年卷二第75题) 张某和李某于2013年合作创作了一部话剧剧本，后张某于2014年3月5日去世，张某没有继承人也未设立遗嘱。李某于2015年5月19日去世。根据著作权法及相关规定，下列哪些说法是正确的？

　　A. 张某去世前，该剧本的著作权由张某和李某共同享有
　　B. 2014年3月6日至2015年5月18日，该剧本的表演权由李某享有
　　C. 该剧本的著作权中的改编权保护期截止于2064年5月19日
　　D. 李某去世后，该剧本的改编权在著作权法规定的保护期内依照继承法的规定转移

【知识要点】合作作品的著作权人

【解析】A.《著作权法》第13条第1款规定："两人以上合作创作的作品，著作权由合作作者共同享有。没有参加创作的人，不能成为合作作者。"因此，选项A正确。

B.《著作权法实施条例》第14条规定："合作作者之一死亡后，其对合作作品享有的著作权法第十条第一款第五项至第十七项规定的权利无人继承又无人受遗赠的，由其他合作作者享有。"因此，选项B正确，符合题意。

C.《著作权法》第21条第1款规定："公民的作品，其发表权、本法第十条第一款第（五）项至第（十七）项规定的权利的保护期为作者终生及其死亡后五十年，截止于作者死亡后第五十年的12月31日；如果是合作作品，截止于最后死亡的作者死亡后第五十年的12月31日。"因此，该剧本的著作权中的改编权保护期截止于2065年12月31日。故选项C错误，不符合题意。

D.《著作权法》第19条第1款规定："著作权属于公民的，公民死亡后，其本法第十条第一款第（五）项至第（十七）项规定的权利在本法规定的保护期内，依照继承法的规定转移。"故选项D正确，符合题意。

14. (2014年卷二第54题) 金某于2012年12月24日创作完成了某小说，并于2013年2月14日发表于某网络文学网站。经金某许可，张某将该小说改编为电影剧本，甲公司作为电影制片者将该剧本拍摄成电影，导演为周某。根据著作权法及相关规定，下列哪些说法是正确的？

　　A. 金某自2013年2月14日起对该小说享有著作权
　　B. 该电影剧本的著作权由张某享有
　　C. 该电影作品的著作权由甲公司享有
　　D. 该电影作品的著作权由张某和周某共同享有

【知识要点】著作权的取得，改编作品的著作权、电影著作权

【解析】A.《著作权法实施条例》第6条规定："著作权自作品创作完成之日起产生。"因此，自该小说创作完成之日即2012年12月24日起，金某即享有该小说的著作权。故选项A错误，不符合题意。

B.《著作权法》第12条规定："改编、翻译、注释、整理已有作品而产生的作品，其著作权由改编、翻译、注释、整理人享有，但行使著作权时不得侵犯原作品的著作权。"因此，改编金某小说而产生的剧本的著作权由改编者张某享有。故选项B正确，符合题意。

C.D. 根据《著作权法》第15条第1款的规定（参见本节第12题解析B.C.D），该电影作品的著作权由制片者甲公司享有。故选项C正确，符合题意；选项D错误，不符合题意。

15. (2014年卷二第80题) 赵某和程某合作创作了一部不可分割使用的小说。某出版社与赵某联系欲出版该小说，程某表示坚决反对，两人不能协商一致。根据著作权法及相关规定，下列哪些说法是正确的？

　　A. 赵某和程某为该小说的合作作者，共同享有著作权
　　B. 未经程某同意，赵某不得许可该出版社出版该小说
　　C. 程某无正当理由不得阻止赵某许可该出版社出版该小说，赵某由此所得收益无需分配给程某
　　D. 程某无正当理由不得阻止赵某许可该出版社出版该小说，但赵某由此所得收益应当合理分配给程某

【知识要点】合作作品的著作权归属

【解析】A. 根据《著作权法》第13条第1款的规定（参见本节第13题解析A），选项A正确，符合题意。

B、C、D.《著作权法实施条例》第9条规定："合作作品不可以分割使用的，其著作权由各合作作者共同享有，通过协商一致行使；不能协商一致，又无正当理由的，任何一方不得阻止他方行使除转让以外的其他权利，但是所得收益应当合理分配给所有合作作者。"根据该规定，程某无正当理由不得阻止赵某许可出版该小说，但赵某由此所得收益应当合理分配给程某。选项B、C错误，不符合题意；故选项D正确，符合题意。

16. (2013年卷二第62题) 根据著作权法及相关规定，下列哪些说法是正确的？
    A. 电影作品的著作权由制片者享有
    B. 电影作品的著作权由导演享有
    C. 电影作品中的剧本作者有权单独行使其著作权
    D. 电影作品中的音乐作者有权单独行使其著作权

【知识要点】影视作品著作权归属

【解析】A、B. 根据《著作权法》第15条第1款的规定（参见本节第12题解析B、C、D），选项A正确，符合题意；选项B错误，不符合题意。

C、D. 根据《著作权法》第15条第2款的规定（参见本节第12题解析A），选项C、D正确，符合题意。

17. (2012年卷二第45题) 根据著作权法及相关规定，下列哪些说法是正确的？
    A. 作者身份不明的作品，任何人都可以自由使用
    B. 作者身份不明的作品，由作品的原件所有人行使除署名权以外的著作权
    C. 作者身份不明的作品，作者身份确定后，由作者或其继承人行使著作权
    D. 作者身份不明的作品，其著作权中的财产权保护期为原件所有人终生及死后五十年

【知识要点】身份不明的作品

【解析】《著作权法实施条例》第13条规定："作者身份不明的作品，由作品原件的所有人行使除署名权以外的著作权。作者身份确定后，由作者或者其继承人行使著作权。"故选项A、D错误，不符合题意；选项B、C正确，符合题意。

18. (2012年卷二第62题) 张某创作了一部小说，李某经张某同意将该小说改编为电影剧本，某电影公司欲将该剧拍摄成电影。根据著作权法及相关规定，下列哪些说法是正确的？
    A. 该电影剧本的著作权由李某享有
    B. 该电影剧本的著作权由张某和李某共同享有
    C. 电影公司拍摄该电影只需征得李某同意
    D. 电影公司拍摄该电影需要征得张某和李某同意

【知识要点】改编作品

【解析】《著作权法》第12条的规定：（参见本节第10题解析B）。《著作权法》第40条规定："录音录像制作者使用他人作品制作录音录像制品，应当取得著作权人许可，并支付报酬。录音录像制作者使用改编、翻译、注释、整理已有作品而产生的作品，应当取得改编、翻译、注释、整理作品的著作权人和原作品著作权人许可，并支付报酬。录音制作者使用他人已经合法录制为录音制品的音乐作品制作录音制品，可以不经著作权人许可，但应当按照规定支付报酬；著作权人声明不许使用的不得使用。"故选项A、D正确，符合题意；选项B、C错误，不符合题意。

19. (2012年卷二第70题) 美术学院教授王某受某公司委托，创作了一件象征该公司文化和精神的雕塑，并按照合同约定将该雕塑原件交付给该公司，但双方未约定该雕塑著作权的归属。根据著作权法及相关规定，下列哪些说法是正确的？
    A. 王某享有该雕塑的著作权
    B. 该公司享有该雕塑的著作权
    C. 王某享有该雕塑原件的展览权
    D. 该公司享有该雕塑原件的展览权

【知识要点】委托作品

【解析】《著作权法》第17条规定："受委托创作的作品，著作权的归属由委托人和受托人通过合同约定。合同未作明确约定或者没有订立合同的，著作权属于受托人。"《著作权法》第18条规定："美术等作品原件所有权的转移，不视为作品著作权的转移，但美术作品原件的展览权由原件所有人享有。"故选项A、D正确，符合题意；选项B、C错误，不符合题意。

20. (2011年卷二第22题) 甲公司向社会征集广告用语，承诺如被采用将给应征者奖金。张某设计的广告用语被选中后获得了奖金，但甲公司和张某并未明确约定著作权的归属。甲公司使用该广告用语一年后，张某对该广告用语的著作权提出了主张，并要求甲公司停止使用。根据著作权法及相关规定，下列说法哪些是正确的？
    A. 甲公司享有该广告用语的著作权
    B. 甲公司和张某共同享有该广告用语的著作权
    C. 张某享有该广告用语的著作权，但甲公司可以在其广告宣传活动中使用
    D. 张某享有该广告用语的著作权，甲公司应当根据张某的要求停止使用

【知识要点】著作权人的确定

【解析】根据《著作权法》第17条的规定（参见本节第19题解析），选项A、B、D错误，不符合题意；选项C正确，符合题意。

21. (2011年卷二第30题) 根据著作权法及相关规定，下列哪些属于职务作品？

A. 某记者为其所在报社撰写的人物专访
B. 某编剧为其所在话剧团编写的话剧剧本
C. 某大学教授应某杂志邀请撰写的评论文章
D. 某公司程序员为执行公司确定的开发目标而设计的计算机程序

【知识要点】职务作品

【解析】《著作权法》第16条规定："公民为完成法人或者其他组织工作任务所创作的作品是职务作品，除本条第二款的规定以外，著作权由作者享有，但法人或者其他组织有权在其业务范围内优先使用。作品完成两年内，未经单位同意，作者不得许可第三人以与单位使用的相同方式使用该作品。有下列情形之一的职务作品，作者享有署名权，著作权的其他权利由法人或者其他组织享有，法人或者其他组织可以给予作者奖励：（一）主要是利用法人或者其他组织的物质技术条件创作，并由法人或者其他组织承担责任的工程设计图、产品设计图、地图、计算机软件等职务作品；（二）法律、行政法规规定或者合同约定著作权由法人或者其他组织享有的职务作品。"故选项A、B、D正确，符合题意；选项C错误，不符合题意。

22.（2011年卷二第38题）黄某为完成公司的任务创作了一套软件。该创作主要是利用公司的物质技术条件，并由公司承担责任。后该软件被发表。根据著作权法及相关规定，下列说法哪些是正确的？
A. 该软件为职务作品，著作权由黄某享有
B. 该软件为职务作品，黄某仅享有署名权，著作权的其他权利由该公司享有
C. 该软件的著作权保护期为黄某终生及其死亡后50年，截止于黄某死亡后第50年的12月31日
D. 该软件的著作权保护期为50年，截止于其首次发表后第50年的12月31日

【知识要点】特殊作品著作权人的确定

【解析】《著作权法》第16条规定：（参见本节第21题解析）。《著作权法》第21条第1款和第2款规定："公民的作品，其发表权、本法第十条第一款第（五）项至第（十七）项规定的权利的保护期为作者终生及其死亡后五十年，截止于作者死亡后第五十年的12月31日；如果是合作作品，截止于最后死亡的作者死亡后第五十年的12月31日。法人或者其他组织的作品、著作权（署名权除外）由法人或者其他组织享有的职务作品，其发表权、本法第十条第一款第（五）项至第（十七）项规定的权利的保护期为五十年，截止于作品首次发表后第五十年的12月31日，但作品自创作完成后五十年内未发表的，本法不再保护。"故选项A、C错误，不符合题意；选项B、D正确，符合题意。

23.（2010年卷二第14题）王某创作了一部小说。经王某许可，李某将该小说翻译成英文。杨某发表了一篇对该小说的评论。张某经王某许可，将该小说改编成了电视剧本。赵某受王某之邀为该小说作序。根据著作权法及相关规定，下列说法哪些是正确的？
A. 李某对该小说的上述英文译本享有著作权　　B. 杨某对该小说的上述评论享有著作权
C. 张某对上述改编的电视剧本享有著作权　　　D. 赵某对上述小说的序不享有著作权

【知识要点】著作权归属

【解析】根据《著作权法》第12条的规定（参见本节第14题解析B），选项A、B、C正确，符合题意；选项D错误，不符合题意。

24.（2010年卷二第22题）根据著作权法及相关规定，下列说法哪些是正确的？
A. 汇编若干作品的片段，对其内容的选择或者编排体现独创性的作品，属于汇编作品
B. 汇编作品的著作权由汇编人享有，但行使著作权时，不得侵犯原作品的著作权
C. 两人以上合作创作的作品，著作权由合作作者共同享有
D. 没有参加合作作品创作的人，不能成为合作作者

【知识要点】著作权归属

【解析】A、B.《著作权法》第14条规定："汇编若干作品、作品的片段或者不构成作品的数据或者其他材料，对其内容的选择或者编排体现独创性的作品，为汇编作品，其著作权由汇编人享有，但行使著作权时，不得侵犯原作品的著作权。"故选项A、B正确，符合题意。

C、D.《著作权法》第13条规定："两人以上合作创作的作品，著作权由合作作者共同享有。没有参加创作的人，不能成为合作作者。合作作品可以分割使用的，作者对各自创作的部分可以单独享有著作权，但行使著作权时不得侵犯合作作品整体的著作权。"故选项C、D正确，符合题意。

三、著作权及与著作权有关的相关权利的内容

（一）著作权的内容

（1）著作人身权

25.（2016年卷二第75题）根据著作权法及相关规定，下列关于著作人身权的哪些说法是正确的？

A. 署名权是表明作者身份,在作品上署名的权利
B. 修改权是修改或者授权他人修改作品的权利
C. 作者死亡后,有继承人的,署名权由其继承人继承
D. 作者死亡后,有继承人的,修改权由其继承人保护

【知识要点】署名权

【解析】《著作权法》第10条第1款规定:"著作权包括下列人身权和财产权:……(二)署名权,即表明作者身份,在作品上署名的权利;(三)修改权,即修改或者授权他人修改作品的权利。……"《著作权法实施条例》第15条规定:"作者死亡后,其著作权中的署名权、修改权和保护作品完整权由作者的继承人或者受遗赠人保护。著作权无人继承又无人受遗赠的,其署名权、修改权和保护作品完整权由著作权行政管理部门保护。"故选项A、B、D正确,符合题意;选项C错误,不符合题意。

26.(2013年卷二第23题)2010年作家钟某创作完成了一部小说,但未发表,也未明确表示不发表。后钟某将该小说的手稿送给好友李某收藏。2011年钟某因病去世,立下遗嘱由其唯一的儿子继承全部遗产。根据著作权法及相关规定,有关该小说发表权的下列哪种说法是正确的?

A. 该小说的发表权应由李某行使
B. 该小说的发表权可由钟某之子行使
C. 该小说的发表权应由钟某之子和李某共同行使
D. 该小说的发表权已不受著作权法保护

【知识要点】作品发表权的行使

【解析】《著作权法实施条例》第17条规定:"作者生前未发表的作品,如果作者未明确表示不发表,作者死亡后50年内,其发表权可由继承人或者受遗赠人行使;没有继承人又无人受遗赠的,由作品原件的所有人行使。"本题中,钟某小说的发表权可由其继承人即其儿子行使。故选项A、C、D错误,不符合题意;选项B正确,符合题意。需要注意的是,尽管钟某将小说的手稿送给李某收藏,但该小说的发表权并未随之发生转移,而且李某也不属于上述规定中的"受遗赠人",因此李某不能行使该小说的发表权。

(2)著作财产权

27.(2016年卷二第20题)根据著作权法及相关规定,下列哪种行为侵犯了著作权人的出租权?

A. 甲未经著作权人许可,开设店铺出租其购买的武侠小说
B. 乙未经著作权人许可,开设店铺出租其购买的电视剧光盘
C. 丙未经著作权人许可,从出租商店租借武侠小说个人阅读
D. 丁未经著作权人许可,从出租商店租借电视剧光盘个人观看

【知识要点】著作权的财产权

【解析】《著作权法》第10条第1款规定:"著作权包括下列人身权和财产权:……(七)出租权,即有偿许可他人临时使用电影作品和以类似摄制电影的方法创作的作品、计算机软件的权利,计算机软件不是出租的主要标的的除外。……"由此,出租权的客体包括软件和影视作品,不包括武侠小说。另外,出租权仅涉及出租相关作品牟利的行为,不涉及消费者个人的行为。故选项A、C、D错误,不符合题意;选项B正确,符合题意。

28.(2016年卷二第23题)甲制片公司拍摄了电视连续剧《春秋》,乙电视台未经甲公司的许可每天晚上8点到10点播出该电视剧。根据著作权法及相关规定,乙电视台侵犯了甲公司著作权中的哪项权利?

A. 展览权　　　B. 放映权　　　C. 广播权　　　D. 表演权

【知识要点】著作权的人身权和财产权

【解析】《著作权法》第10条第1款规定:"著作权包括下列人身权和财产权:……(八)展览权,即公开陈列美术作品、摄影作品的原件或者复制件的权利;(九)表演权,即公开表演作品,以及用各种手段公开播送作品的表演的权利;(十)放映权,即通过放映机、幻灯机等技术设备公开再现美术、摄影、电影和以类似摄制电影的方法创作的作品等的权利;(十一)广播权,即以无线方式公开广播或者传播作品,以有线传播或者转播的方式向公众传播广播的作品,以及通过扩音器或者其他传送符号、声音、图像的类似工具向公众传播广播的作品的权利。"展览权指的是公开陈列美术作品、摄影作品,本题中涉及的是电视作品。放映权是指行为人使用放映机、幻灯机等放映设备来公开作品。本题中电视台只是传播信号,播放是在用户自家的电视上完成的。广播权不仅仅是用广播来传播,通过有线或者无线方式传播音像信息都属于广播权的范围。表演权是自己找人去表演相关作品。故选项A、B、D错误,不符合题意;选项C正确,符合题意。

29.(2016年卷二第77题)唐某创作了一幅国画,交给某慈善机构拍卖,所得款项全部用于救助失学儿童。齐某在拍卖会上以80万元的价格购得该画。根据著作权法及相关规定,下列哪些说法是正确的?

A. 齐某享有该画的复制权
B. 齐某享有该画原件的所有权
C. 齐某享有该画原件的展览权
D. 齐某享有该画的发表权

【知识要点】作品著作权的转移

【解析】《著作权法》第18条规定:"美术等作品原件所有权的转移,不视为作品著作权的转移,但美术作品原件

的展览权由原件所有人享有。"齐某购买该国画后,获得了该画的所有权,但并没有获得该画的著作权。齐某作为原件的所有人,将该画挂出来供大家欣赏是可以的,但是复制发行就不可以。另外,该画在拍卖过程中公众已经接触到,已经不存在发表权了。故选项A、D错误,不符合题意;选项B、C正确,符合题意。

30. (2015年卷二第27题) 书法家王某为甲饭店题了一幅字,同意其在店内展示。乙食品公司未经王某和甲饭店许可,将该字幅拍摄照片后印制在其生产的产品包装上。根据著作权法及相关规定,下列哪项说法是正确的?
   A. 乙食品公司侵犯了王某的发表权
   B. 乙食品公司侵犯了王某的复制权
   C. 乙食品公司侵犯了王某的展览权
   D. 乙食品公司侵犯了甲饭店的复制权

   【知识要点】著作权的复制权、发表权、展览权

   【解析】A. 发表权是决定作品是否公之于众的权利,故选项A错误,不符合题意。
   B、D. 《著作权法》第11条第1款和第2款规定:"著作权属于作者,本法另有规定的除外。创作作品的公民是作者。"因为书法家王某为甲饭店题了这幅字,所以创作作品的书法家王某是著作权人,甲饭店不是著作权人。故选项B正确,符合题意;选项D错误,不符合题意。
   C. 展览权是公开陈列美术作品、摄影作品的原件或者复制件的权利,未经王某和甲饭店许可将该字幅拍摄照片后印制在其生产的产品包装上并不属于侵犯展览权的行为。故选项C错误,不符合题意。

31. (2015年卷二第77题) 文学家张某收集了近现代著名作家的作品,并按照其独特的文学理论进行分类,将上述作品的片段汇集成册,编写了《名人名家写人》《名人名家写景》《名人名家写事》等三本书。某出版社未经张某的许可复制上述三本书,向社会公开发行。根据著作权法及相关规定,下列哪些说法是正确的?
   A. 该出版社侵犯了张某的复制权
   B. 该出版社侵犯了张某的发行权
   C. 该出版社侵犯了张某的改编权
   D. 该出版社侵犯了张某的汇编权

   【知识要点】著作财产权

   【解析】《著作权法》第10条第1款规定:"著作权包括下列人身权和财产权:(一)发表权,即决定作品是否公之于众的权利;(二)署名权,即表明作者身份,在作品上署名的权利;(三)修改权,即修改或者授权他人修改作品的权利;(四)保护作品完整权,即保护作品不受歪曲、篡改的权利;(五)复制权,即以印刷、复印、拓印、录音、录像、翻录、翻拍等方式将作品制作一份或者多份的权利;(六)发行权,即以出售或者赠与方式向公众提供作品的原件或者复制件的权利;(七)出租权,即有偿许可他人临时使用电影作品和以类似摄制电影的方法创作的作品、计算机软件的权利,计算机软件不是出租的主要标的的除外;(八)展览权,即公开陈列美术作品、摄影作品的原件或者复制件的权利;(九)表演权,即公开表演作品,以及用各种手段公开播送作品的表演的权利;(十)放映权,即通过放映机、幻灯机等技术设备公开再现美术、摄影、电影和以类似摄制电影的方法创作的作品等的权利;(十一)广播权,即以无线方式公开广播或者传播作品,以有线传播或者转播的方式向公众传播广播的作品,以及通过扩音器或者其他传送符号、声音、图像的类似工具向公众传播广播的作品的权利;(十二)信息网络传播权,即以有线或者无线方式向公众提供作品,使公众可以在其个人选定的时间和地点获得作品的权利;(十三)摄制权,即以摄制电影或者以类似摄制电影的方法将作品固定在载体上的权利;(十四)改编权,即改变作品,创作出具有独创性的新作品的权利;(十五)翻译权,即将作品从一种语言文字转换成另一种语言文字的权利;(十六)汇编权,即将作品或者作品的片段通过选择或者编排,汇集成新作品的权利;(十七)应当由著作权人享有的其他权利。"张某对其按照独特文学理论分类编写的《名人名家写人》《名人名家写景》《名人名家写事》等三本书享有著作权。某出版社未经张某的许可复制上述三本书的行为,侵犯了张某的复制权;某出版社未经张某的许可向社会公开发行上述三本书的行为,侵犯了张某的发行权。故选项A、B正确,符合题意。该出版社并未改变作品并创作出具有独创性的新作品,并未侵犯张某的改编权;该出版社也未将作品或作品的片段通过选择或编排汇集成新作品,并未侵犯张某的汇编权。故选项C、D错误,不符合题意。

32. (2015年卷二第81题) 根据信息网络传播权保护条例的规定,下列哪些是信息网络传播权的权利人?
   A. 著作权人   B. 表演者   C. 录音录像制作者   D. 网络用户

   【知识要点】信息网络传播权的保护

   【解析】《信息网络传播权保护条例》第1条规定:"为保护著作权人、表演者、录音录像制作者(以下统称权利人)的信息网络传播权,鼓励有益于社会主义精神文明、物质文明建设的作品的创作和传播,根据《中华人民共和国著作权法》(以下简称著作权法),制定本条例。"故选项A、B、C正确,符合题意;选项D错误,不符合题意。

33. (2014年卷二第46题) 根据著作权法及相关规定,著作权人对其下列哪些作品享有出租权?
   A. 电影作品
   B. 以类似摄制电影的方法创作的作品
   C. 美术作品
   D. 摄影作品

   【知识要点】出租权

   【解析】根据《著作权法》第10条第1款的规定(参见本节第31题解析),著作权人对电影作品及以类似摄制电影的方法创作的作品享有出租权,但对于美术作品、摄影作品则不享有出租权。故选项A、B正确,符合题意;选项

C、D错误，不符合题意。

34. (2013年卷二第17题) 根据著作权法及相关规定，下列哪项属于著作权中的财产权？
    A. 决定作品是否公之于众的权利
    B. 授权他人修改作品的权利
    C. 公开陈列美术作品复制件的权利
    D. 表明作者身份，在作品上署名的权利
【知识要点】著作权中的财产权
【解析】根据《著作权法》第10条第1款的规定（参见本节第31题解析），发表权（决定作品是否公之于众的权利）、修改权（修改或者授权他人修改作品的权利）、署名权（表明作者身份，在作品上署名的权利）均属于著作权中的人身权，而展览权（公开陈列美术作品、摄影作品的原件或者复制件的权利）则属于财产权。故选项A、B、D错误，不符合题意；选项C正确，符合题意。

35. (2011年卷二第78题) 李某将自己创作的一部小说交某出版社出版。根据著作权法及相关规定，下列说法哪些是正确的？
    A. 该出版社应当与李某订立出版合同，并支付报酬
    B. 经李某许可，该出版社可以对小说进行删节
    C. 该出版社有权禁止其他出版社使用该小说的版式设计
    D. 该出版社再版该小说的，可以不通知李某，但应支付报酬
【知识要点】著作权的财产权
【解析】A.《著作权法》第30条规定："图书出版者出版图书应当和著作权人订立出版合同，并支付报酬。"故选项A正确，符合题意。
B.《著作权法》第34条规定："图书出版者经作者许可，可以对作品修改、删节。报社、期刊社可以对作品作文字性修改、删节。对内容的修改，应当经作者许可。"故选项B正确，符合题意。
C.《著作权法》第36条第1款规定："出版者有权许可或者禁止他人使用其出版的图书、期刊的版式设计。"故选项C正确，符合题意。
D.《著作权法》第32条规定："著作权人应当按照合同约定期限交付作品。图书出版者应当按照合同约定的出版质量、期限出版图书。图书出版者不按合同约定期限出版，应当依照本法第五十四条的规定承担民事责任。图书出版者重印、再版作品的，应当通知著作权人，并支付报酬。图书脱销后，图书出版者拒绝重印、再版的，著作权人有权终止合同。"故选项D错误，不符合题意。

(3) 著作权的保护期

36. (2016年卷二第21题) 作家张某撰写一部短篇小说《专利代理人的幸福生活》，2016年8月9日开始创作，2016年9月9日创作完成，2016年10月9日办理了作品登记，2016年10月30日该作品在杂志上发表。根据著作权法及相关规定，该作品著作权从何时起产生？
    A. 2016年8月9日 B. 2016年9月9日 C. 2016年10月9日 D. 2016年10月30日
【知识要点】著作权的保护期
【解析】《著作权法实施条例》第6条规定："著作权自作品创作完成之日起产生。"著作权的产生之日就是作品的完成之日，本题中就是2016年9月9日。故选项A、C、D错误，不符合题意；选项B正确，符合题意。

37. (2016年卷二第76题) 根据著作权法及相关规定，作者的下列哪些权利的保护期不受限制？
    A. 发表权   B. 署名权   C. 修改权   D. 保护作品完整权
【知识要点】著作权的保护期
【解析】A.《著作权法》第21条第1款规定："公民的作品，其发表权、本法第十条第一款第（五）项至第（十七）项规定的权利的保护期为作者终生及其死亡后五十年，截止于作者死亡后第五十年的12月31日；如果是合作作品，截止于最后死亡的作者死亡后第五十年的12月31日。"故选项A错误，不符合题意。
B.C.D.《著作权法》第20条规定："作者的署名权、修改权、保护作品完整权的保护期不受限制。"故选项B、C、D正确，符合题意。

38. (2015年卷二第24题) 根据著作权法及相关规定，下列关于著作权产生时间的哪种说法是正确的？
    A. 自作品创作完成之日起产生
    B. 自作品发表之日起产生
    C. 自在作品上加注版权标记之日起产生
    D. 自办理作品登记之日起产生
【知识要点】著作权的保护期
【解析】《著作权法实施条例》第6条规定："著作权自作品创作完成之日起产生。"故选项A正确，符合题意；选项B、C、D错误，不符合题意。

39. (2015年卷二第76题) 根据著作权法及相关规定，作者的下列哪些权利的保护期不受限制？
    A. 发行权   B. 署名权   C. 修改权   D. 保护作品完整权
【知识要点】著作权的保护期

【解析】A.《著作权法》第21条第1款规定："公民的作品，其发表权、本法第十条第一款第（五）项至第（十七）项规定的权利的保护期为作者终生及其死亡后五十年，截止于作者死亡后第五十年的12月31日；如果是合作作品，截止于最后死亡的作者死亡后第五十年的12月31日。法人或者其他组织的作品、著作权（署名权除外）由法人或者其他组织享有的职务作品，其发表权、本法第十条第一款第（五）项至第（十七）项规定的权利的保护期为五十年，截止于作品首次发表后第五十年的12月31日，但作品自创作完成后五十年内未发表的，本法不再保护。"发行权属于《著作权法》第10条第1款第（六）项规定的权利，其保护期为作者终生及其死亡后50年或者作品首次发表后50年，故选项A错误，不符合题意。

B、C、D.《著作权法》第20条规定："作者的署名权、修改权、保护作品完整权的保护期不受限制。"故选项B、C、D正确，符合题意。

40.（2013年卷二第90题）袁某创作完成了一部小说，并发表在某杂志上。此后，经许可，赵某将该小说改编成舞台剧剧本，陈某在某剧院公开演出该舞台剧，某电视台对该演出进行了现场录像并制作成光盘。根据著作权法及相关规定，下列哪些说法是正确的？

A. 袁某对该小说的发行权保护期截止于首次发表后第五十年的12月31日
B. 赵某对该舞台剧剧本的修改权保护期截止于首次公开演出后第五十年的12月31日
C. 陈某享有许可电视台对其表演的该舞台剧进行录像并获得报酬的权利，此项权利的保护期限截止于该表演发生后第五十年的12月31日
D. 该电视台享有许可他人对其制作的该光盘进行复制并获得报酬的权利，此项权利的保护期限截止于该光盘首次制作完成后第五十年的12月31日

【知识要点】著作权及与著作权有关的权利的保护期

【解析】A.《著作权法》第21条第1款规定："公民的作品，其发表权、本法第十条第一款第（五）项至第（十七）项规定的权利的保护期为作者终生及其死亡后五十年，截止于作者死亡后第五十年的12月31日；如果是合作作品，截止于最后死亡的作者死亡后第五十年的12月31日。"据此，袁某对该小说的发行权保护期为作者终生及其死亡后50年，而非首次发表后的50年。故选项A错误，不符合题意。

B.《著作权法》第20条规定："作者的署名权、修改权、保护作品完整权的保护期不受限制。"据此，本题中赵某对该舞台剧剧本的修改权保护期不受限制，而非首次公开演出后的50年。故选项B错误，不符合题意。

C.《著作权法》第38条第1款规定："表演者对其表演享有下列权利：……（四）许可他人录音录像，并获得报酬；……"据此，陈某享有许可电视台对其表演的舞台剧进行录像并获得报酬的权利。同时，《著作权法》第39条第2款规定："本法第三十八条第一款第（三）项至第（六）项规定的权利的保护期为五十年，截止于该表演发生后第五十年的12月31日。"据此，陈某享有上述权利的保护期限为该表演发生后第50年的12月31日。故选项C正确，符合题意。

D.《著作权法》第42条第1款规定："录音录像制作者对其制作的录音录像制品，享有许可他人复制、发行、出租、通过信息网络向公众传播并获得报酬的权利；权利的保护期为五十年，截止于该制品首次制作完成后第五十年的12月31日。"故选项D正确，符合题意。

（4）著作权的限制

41.（2016年卷二第22题）根据著作权法及相关规定，下列哪种行为可以不经著作权人许可，不向其支付报酬？

A. 教师张某在教学课件中为了说明某一问题，适当引用他人已经发表的某篇论文
B. 王某为说明某一问题，在作品中引用他人未发表的作品
C. 某国家机关为执行公务，使用李某拍摄的并未发表过的照片
D. 甲刊物转载赵某在乙刊物上发表且声明不得转载的一篇论文

【知识要点】著作权的合理使用

【解析】《著作权法》第22条第1款规定："在下列情况下使用作品，可以不经著作权人许可，不向其支付报酬，但应当指明作者姓名、作品名称，并且不得侵犯著作权人依照本法享有的其他权利：（一）为个人学习、研究或者欣赏，使用他人已经发表的作品；（二）为介绍、评论某一作品或者说明某一问题，在作品中适当引用他人已经发表的作品；（三）为报道时事新闻，在报纸、期刊、广播电台、电视台等媒体中不可避免地再现或者引用已经发表的作品；（四）报纸、期刊、广播电台、电视台等媒体刊登或者播放其他报纸、期刊、广播电台、电视台等媒体已经发表的关于政治、经济、宗教问题的时事性文章，但作者声明不许刊登、播放的除外；（五）报纸、期刊、广播电台、电视台等媒体刊登或者播放在公众集会上发表的讲话，但作者声明不许刊登、播放的除外；（六）为学校课堂教学或者科学研究，翻译或者少量复制已经发表的作品，供教学或者科研人员使用，但不得出版发行；（七）国家机关为执行公务在合理范围内使用已经发表的作品；（八）图书馆、档案馆、纪念馆、博物馆、美术馆等为陈列或者保存版本的需要，复制本馆收藏的作品；（九）免费表演已经发表的作品，该表演未向公众收取费用，也未向表演者支付报酬；（十）对设置或者陈列在室外公共场所的艺术作品进行临摹、绘画、摄影、录像；（十一）将中国公民、法人或者其他组织已

经发表的以汉语言文字创作的作品翻译成少数民族语言文字作品在国内出版发行;(十二)将已经发表的作品改成盲文出版。"《著作权法》第33条第2款规定:"作品刊登后,除著作权人声明不得转载、摘编的外,其他报刊可以转载或者作为文摘、资料刊登,但应当按照规定向著作权人支付报酬。"故而,课堂教学中的使用属于著作权的合理使用,不需要获得著作权人的许可,也不需要支付报酬。需要强调的是,合理使用只适用于已经发表的作品,不适用于未发表的作品,使用他人未发表的作品会影响到该作品的发表权。报刊的转载如果涉及的是时事性文章,那么可以不支付报酬;如果涉及的是其他方面的论文,则需要支付相应的报酬。需要强调的是,不管是哪个方面的文章,都需要尊重作者的意志,如果作者声明不得转载,那就不能转载。故选项A正确,符合题意;选项B、C、D错误,不符合题意。

42.（2015年卷二第28题）根据著作权法及相关规定,下列哪项行为可以不经著作权人许可,不向其支付报酬?
  A. 某大学教授张某为研究某课题,少量复制了已经发表的某篇论文供课题组内部使用
  B. 王某为说明某一问题,在作品中引用他人未发表的作品
  C. 某出版社将美国公民李某已经发表的英文论文翻译成少数民族语言文字在我国国内出版
  D. 某出版社为编写出版大学教科书,汇编已经发表的单幅美术作品

【知识要点】著作权的限制

【解析】根据《著作权法》第22条第1款的规定（参见本节第41题解析）,选项A的情形符合该款第（六）项的规定,故选项A正确,符合题意。选项B的情形引用的是他人未发表的作品,不符合该款第（二）项的规定,故选项B错误,不符合题意。选项C的情形所翻译的是美国公民李某已发表的英文论文,不属于"中国公民、法人或者其他组织已经发表的以汉语言文字创作的作品",故选项C错误,不符合题意。《著作权法》第23条第1款规定:"为实施九年制义务教育和国家教育规划而编写出版教科书,除作者事先声明不许使用的外,可以不经著作权人许可,在教科书中汇编已经发表的作品片段或者短小的文字作品、音乐作品或者单幅的美术作品、摄影作品,但应当按照规定支付报酬,指明作者姓名、作品名称,并且不得侵犯著作权人依照本法享有的其他权利。"选项D中"编写出版大学教科书"的情形不属于"为实施九年制义务教育和国家教育规划而编写出版教科书",故选项D错误,不符合题意。

43.（2014年卷二第90题）根据著作权法及相关规定,下列哪些使用作品的行为可以不经著作权人许可且不向其支付报酬?
  A. 某国家机关为执行公务在合理范围内使用赵某已经发表的作品
  B. 某美术馆为保存版本的需要,将其收藏的白某画作进行复制
  C. 某大学教授张某自行将美国某大学教材全文翻译成中文后低价发行
  D. 某出版社将中国公民赵某已经发表的作品改成盲文出版

【知识要点】著作权的限制与例外

【解析】根据《著作权法》第22条第1款的规定（参见本节第41题解析）,选项A、B、D分别是该款第（七）项、第（八）项、第（十二）项规定的情形,符合题意。该款第（一）项规定,为个人学习、研究或者欣赏,使用他人已经发表的作品的,属于对著作权的合理使用,但在C选项中,张某发行翻译的教材的行为已超出了"个人学习、研究或者欣赏"范围,不属于合理使用。故选项C错误,不符合题意。

44.（2013年卷二第26题）根据著作权法及相关规定,下列哪种说法是正确的?
  A. 为个人学习而使用他人已经发表的作品,可以不经著作权人许可,不向其支付报酬
  B. 为说明某一问题在作品中适当引用他人已经发表的作品,应当经著作权人许可,但可以不向其支付报酬
  C. 在商业晚会上表演他人已发表的作品,仅向表演者支付了报酬,但未向公众收取费用的,可以不经著作权人许可,不向其支付报酬
  D. 国家机关为执行公务在合理范围内使用已经发表的作品,可以不经著作权人同意,但应向其支付报酬

【知识要点】著作权权利的限制

【解析】根据《著作权法》第22条第1款的规定（参见本节第41题解析）,选项A正确,符合题意。为说明某一问题在作品中适当引用他人已经发表的作品,可以不经著作权人许可,故选项B错误,不符合题意。免费表演已经发表的作品,该表演未向公众收取费用,也未向表演者支付报酬的,才可以不经著作权人许可,不向其支付报酬,故选项C错误,不符合题意。国家机关为执行公务在合理范围内使用已经发表的作品,可以不经著作权人许可,不向其支付报酬,故选项D错误,不符合题意。

45.（2013年卷二第85题）小学教师邹某将其创作的一部童话故事作品向甲杂志社投稿,未对其版权作任何声明。该童话故事被甲杂志刊出后,乙报社转载了该童话故事,某教材编写单位则将该童话故事的精彩选段收录在为实施九年制义务教育的小学教材中。根据我国著作权法及相关规定,下列哪些说法是正确的?
  A. 乙报社可以不经邹某许可转载该童话故事,但是应当向其支付报酬
  B. 未经邹某许可,乙报社不得转载该童话故事
  C. 该教材编写单位可以不经邹某许可使用该童话故事选段,但是应当向其支付报酬
  D. 该教材编写单位可以不经邹某许可使用该童话故事选段,且无须向其支付报酬

【知识要点】教科书的编写出版

【解析】A、B.《著作权法》第33条第2款规定："作品刊登后，除著作权人声明不得转载、摘编的外，其他报刊可以转载或者作为文摘、资料刊登，但应当按照规定向著作权人支付报酬。"本题中，邹某未对其版权作任何声明，因此乙报社可不经邹某许可转载该童话故事，但是应当向其支付报酬。故选项A正确，符合题意；选项B错误，不符合题意。

C、D.《著作权法》第23条第1款规定："为实施九年制义务教育和国家教育规划而编写出版教科书，除作者事先声明不许使用的外，可以不经著作权人许可，在教科书中汇编已经发表的作品片段或者短小的文字作品、音乐作品或者单幅的美术作品、摄影作品，但应当按照规定支付报酬，指明作者姓名、作品名称，并且不得侵犯著作权人依照本法享有的其他权利。"邹某未对其版权作任何声明，因此该教材编写单位可以不经邹某许可使用该童话故事选段，但是应当向其支付报酬。故选项C正确，符合题意；选项D错误，不符合题意。

46.（2012年卷二第30题）吴某在某报刊发表了一篇如何统筹利用时间的短文，未作任何不许使用的声明。根据著作权法及相关规定，下列哪种说法是正确的？

　　A. 其他出版社可以不经吴某同意，在其出版的畅销书中使用该短文，且无需支付报酬
　　B. 其他出版社可以不经吴某同意，在其出版的畅销书中使用该短文，但需按照规定支付报酬
　　C. 为实施九年制义务教育和国家教育规划而编写出版教科书的，可以不经吴某同意使用该短文，且无需支付报酬
　　D. 为实施九年制义务教育和国家教育规划而编写出版教科书的，可以不经吴某同意使用该短文，但需按照规定支付报酬

【知识要点】著作权的合理使用

【解析】《著作权法》第23条规定："为实施九年制义务教育和国家教育规划而编写出版教科书，除作者事先声明不许使用的外，可以不经著作权人许可，在教科书中汇编已经发表的作品片段或者短小的文字作品、音乐作品或者单幅的美术作品、摄影作品，但应当按照规定支付报酬，指明作者姓名、作品名称，并且不得侵犯著作权人依照本法享有的其他权利。前款规定适用于对出版者、表演者、录音录像制作者、广播电台、电视台的权利的限制。"故选项A、B、C错误，不符合题意；选项D正确，符合题意。

(5) 著作权的许可和转让

47.（2014年卷二第22题）根据著作权法及相关规定，以著作权出质的，由出质人和质权人向下列哪个部门办理出质登记？

　　A. 国务院著作权行政管理部门　　　　B. 国务院工商行政管理部门
　　C. 省级人民政府著作权行政管理部门　D. 著作权集体管理组织

【知识要点】著作权出质

【解析】《著作权法》第26条规定："以著作权出质的，由出质人和质权人向国务院著作权行政管理部门办理出质登记。"故选项A正确，符合题意；选项B、C、D错误，不符合题意。

48.（2014年卷二第74题）根据著作权法及相关规定，下列关于著作权转让的哪些说法是正确的？

　　A. 著作权人可以全部或者部分转让其依法享有的著作权中的财产权
　　B. 著作权转让合同应当采用书面形式
　　C. 与著作权人订立著作权转让合同的，可以向著作权行政管理部门备案
　　D. 著作权转让合同中著作权人未明确转让的权利，未经著作权人同意，另一方当事人不得行使

【知识要点】著作权转让合同

【解析】A.《著作权法》第10条第3款规定："著作权人可以全部或者部分转让本条第一款第（五）项至第（十七）项规定的权利，并依照约定或者本法有关规定获得报酬。"《著作权法》第10条第1款第（五）项至第（十七）项规定的权利即通常所说的"著作权中的财产权"。故选项A正确，符合题意。

B.《著作权法》第25条第1款规定："转让著作权法第十条第一款第（五）项至第（十七）项规定的权利，应当订立书面合同。"故选项B正确，符合题意。

C.《著作权法实施条例》第25条规定："与著作权人订立专有许可使用合同、转让合同的，可以向著作权行政管理部门备案。"故选项C正确，符合题意。

D.《著作权法》第27条规定："许可使用合同和转让合同中著作权人未明确许可、转让的权利，未经著作权人同意，另一方当事人不得行使。"故选项D正确，符合题意。

(二) 与著作权有关的权利

(1) 出版者的权利和义务

49.（2015年卷二第25题）李某在甲期刊上发表了一篇文章，未就转载问题做出声明，乙期刊欲转载该文章。根据著作权法及相关规定，下列哪种说法是正确的？

A. 乙期刊不可以转载，除非得到李某的同意
B. 乙期刊不可以转载，除非得到甲期刊的同意
C. 乙期刊可以转载，但应按照规定向李某支付报酬
D. 乙期刊可以转载，且不需要向李某支付报酬

【知识要点】出版者的权利和义务

【解析】《著作权法》第33条第2款规定："作品刊登后，除著作权人声明不得转载、摘编的外，其他报刊可以转载或者作为文摘、资料刊登，但应当按照规定向著作权人支付报酬。"故选项A、B、D错误，不符合题意；选项C正确，符合题意。

50.（2012年卷二第87题）丁某创作了一部小说，获得了国际大奖。某图书出版社经其许可在国内出版该作品。根据著作权法及相关规定，下列哪些说法是正确的？
A. 出版过程中，该出版社对该作品内容的修改应当经丁某许可
B. 出版过程中，该出版社对该作品内容的修改无需经丁某许可
C. 该图书首次出版后10年内，该出版社有权禁止他人使用其出版的该图书的版式设计
D. 该图书首次出版后50年内，该出版社有权禁止他人使用其出版的该图书的版式设计

【知识要点】出版者的权利和义务

【解析】《著作权法》第34条规定："图书出版者经作者许可，可以对作品修改、删节。报社、期刊社可以对作品作文字性修改、删节。对内容的修改，应当经作者许可。"《著作权法》第36条规定："出版者有权许可或者禁止他人使用其出版的图书、期刊的版式设计。前款规定的权利的保护期为十年，截止于使用该版式设计的图书、期刊首次出版后第十年的12月31日。"故选项A、C正确，符合题意；选项B、D错误，不符合题意。

（2）表演者的权利和义务

51.（2016年卷二第78题）根据著作权法及相关规定，下列哪些属于表演者对其表演享有的权利？
A. 表明表演者身份
B. 保护表演形象不受歪曲
C. 许可他人从现场直播和公开传送其现场表演，并获得报酬
D. 许可他人出租录有其表演的录音录像制品，并获得报酬

【知识要点】表演者的权利和义务

【解析】《著作权法》第38条规定："表演者对其表演享有下列权利：（一）表明表演者身份；（二）保护表演形象不受歪曲；（三）许可他人从现场直播和公开传送其现场表演，并获得报酬；（四）许可他人录音录像，并获得报酬；（五）许可他人复制、发行录有其表演的录音录像制品，并获得报酬；（六）许可他人通过信息网络向公众传播其表演，并获得报酬。被许可人以前款第（三）项至第（六）项规定的方式使用作品，还应当取得著作权人许可，并支付报酬。"表明表演者身份、保护表演形象不受歪曲和许可他人从现场直播和公开传送现场表演都属于表演者的权利。故选项A、B、C正确，符合题意。选项D针对的客体变成了录音录像制品，属于录音录像者的权利。故选项D错误，不符合题意。

52.（2015年卷二第78题）甲电视台获得了某歌星演唱会的现场直播权，乙电视台未经许可将甲电视台播放的节目录制在音像载体上以备将来播放，并复制该音像载体。观众黄某未经许可将甲电视台的该节目复制一份供其儿子观看。根据著作权法及相关规定，下列哪些说法是正确的？
A. 乙电视台侵犯了该歌星的作为表演者的权利   B. 甲电视台有权禁止乙电视台的录制复制行为
C. 黄某的行为侵犯了甲电视台的复制权   D. 黄某的行为侵犯了该歌星的作为表演者的权利

【知识要点】表演者的权利和义务，广播电台、电视台播放者的权利和义务

【解析】A. 根据《著作权法》第38条第1款的规定（参见本节第51题解析），表演者具有许可他人复制、发行录有其表演的录音录像制品并获得报酬的权利，乙电视台未经许可将节目录制在音像载体上以备将来播放并复制该音像载体的行为，侵犯了该歌星的作为表演者的上述权利。故选项A正确，符合题意。

B.《著作权法》第45条第1款规定："广播电台、电视台有权禁止未经其许可的下列行为：（一）将其播放的广播、电视转播；（二）将其播放的广播、电视录制在音像载体上以及复制音像载体。"因此，甲电视台有权禁止未经其许可的、将其播放的广播电视录制在音像载体上以及复制音像载体的行为。故选项B正确，符合题意。

C.D.《著作权法》第22条第1款规定：（参见本节第41题解析）。《著作权法》第22条第2款规定："前款规定适用于对出版者、表演者、录音录像制作者、广播电台、电视台的权利的限制。"观众黄某将甲电视台的该节目复制一份供其儿子观看的行为，属于为个人欣赏目的使用已经发表的作品的行为，根据《著作权法》第22条第2款的规定，黄某的行为并未侵犯该歌星的作为表演者的权利和甲电视台的复制权。故选项C、D错误，不符合题意。

53.（2014年卷二第86题）根据著作权法及相关规定，表演者对其表演享有下列哪些权利？
A. 表明表演者身份

B. 保护表演形象不受歪曲

C. 许可他人复制、发行录有其表演的录音录像制品，并获得报酬

D. 许可他人从现场直播和公开传送其现场表演，并获得报酬

【知识要点】表演者的权利

【解析】根据《著作权法》第38条第1款的规定（参见本节第51题解析），选项A、B、C、D正确，符合题意。

(3) 录音录像制作者的权利和义务

54. (2015年卷二第79题) 根据著作权法及相关规定，关于录音录像制作者的权利义务，下列哪些说法是正确的？

A. 录音录像制作者使用他人作品制作录音录像制品，应当取得著作权人许可，并支付报酬

B. 录音录像制作者使用他人作品制作录音录像制品，可以不经著作权人许可，但应支付报酬

C. 录音录像制作者使用改编、翻译已有作品而产生的作品，应当取得改编、翻译作品的著作权人和原作品著作权人许可，并支付报酬

D. 录音录像制作者使用改编、翻译已有作品而产生的作品，可以不经原作品著作权人许可，但应支付报酬

【知识要点】录音录像制作者的权利和义务

【解析】A、B.《著作权法》第40条第1款规定："录音录像制作者使用他人作品制作录音录像制品，应当取得著作权人许可，并支付报酬。"故选项A正确，符合题意；选项B错误，不符合题意。

C、D.《著作权法》第40条第2款规定："录音录像制作者使用改编、翻译、注释、整理已有作品而产生的作品，应当取得改编、翻译、注释、整理作品的著作权人和原作品著作权人许可，并支付报酬。"故选项C正确，符合题意；选项D错误，不符合题意。

55. (2014年卷二第92题) 根据著作权法及相关规定，下列哪些说法是正确的？

A. 录音录像制作者使用他人作品制作录音录像制品，应当取得著作权人许可，并支付报酬

B. 录音制作者使用他人已经合法录制为录音制品的音乐作品制作录音制品，可以不经著作权人许可，无需支付报酬

C. 录音录像制作者制作录音录像制品，应当同表演者订立合同，并支付报酬

D. 录音录像制作者对其制作的录音录像制品，享有许可他人通过信息网络向公众传播并获得报酬的权利

【知识要点】录音录像制作者的权利和义务

【解析】A. 根据《著作权法》第40条第1款的规定（参见本节第54题解析A、B），选项A正确，符合题意。

B.《著作权法》第40条第3款规定："录音制作者使用他人已经合法录制为录音制品的音乐作品制作录音制品，可以不经著作权人许可，但应当按照规定支付报酬；著作权人声明不许使用的不得使用。"故选项B错误，不符合题意。

C.《著作权法》第41条规定："录音录像制作者制作录音录像制品，应当同表演者订立合同，并支付报酬。"故选项C正确，符合题意。

D.《著作权法》第42条第1款规定："录音录像制作者对其制作的录音录像制品，享有许可他人复制、发行、出租、通过信息网络向公众传播并获得报酬的权利，……"故选项D正确，符合题意。

(4) 广播电台、电视台播放者的权利和义务

56. (2013年卷二第67题) 根据著作权法及相关规定，关于广播电台电视台播放他人作品，下列哪些说法是正确的？

A. 广播电台播放他人未发表的作品，应当取得著作权人许可，并支付报酬

B. 广播电台播放他人未发表的作品，应当取得著作权人许可，但无需支付报酬

C. 电视台播放他人已发表的作品，可以不经著作权人许可，但应当支付报酬

D. 电视台播放他人已发表的作品，可以不经著作权人许可，也无需支付报酬

【知识要点】广播电台、电视台播放者的权利义务

【解析】A、B.《著作权法》第43条第1款规定："广播电台、电视台播放他人未发表的作品，应当取得著作权人许可，并支付报酬。"故选项A正确，符合题意；选项B错误，不符合题意。

C、D.《著作权法》第43条第2款规定："广播电台、电视台播放他人已发表的作品，可以不经著作权人许可，但应当支付报酬。"故选项C正确，符合题意；选项D错误，不符合题意。

四、著作权及与著作权相关的权利的保护

(一) 侵犯著作权及其相关权利的行为

57. (2013年卷二第75题) 根据著作权法及相关规定，下列哪些行为侵犯了著作权或与著作权有关的权利？

A. 张某未经王某许可，发表了王某创作完成的小说
B. 郑某为谋取个人名利，在许某创作完成的作品上署名
C. 甲出版社未经乙出版社的许可，使用了其出版的图书的版式设计
D. 丙电视台未经歌星张某许可，录制了其表演

【知识要点】侵犯著作权或与著作权有关的权利的行为

【解析】《著作权法》第47条规定："有下列侵权行为的，应当根据情况，承担停止侵害、消除影响、赔礼道歉、赔偿损失等民事责任：（一）未经著作权人许可，发表其作品的；……（三）没有参加创作，为谋取个人名利，在他人作品上署名的；……（九）未经出版者许可，使用其出版的图书、期刊的版式设计的；（十）未经表演者许可，从现场直播或者公开传送其现场表演，或者录制其表演的；……"选项A、B、C、D的情形分别属于上述第（一）项、第（三）项、第（九）项、第（十）项规定的侵犯著作权或与著作权有关的权利的行为。故选项A、B、C、D均正确，符合题意。

58.（2011年卷二第54题）根据著作权法及相关规定，下列哪些侵权行为损害公共利益的，可由著作权行政管理部门给予行政处罚？
A. 未经作者许可，发表其论文的
B. 未经演唱者许可，对其表演制作录音制品并出版的
C. 未经钢琴演奏者许可，从现场直播其独奏音乐会的
D. 未经教学录像制作者许可，复制发行其制作的录像制品的

【知识要点】侵犯著作权及其相关权利的行为

【解析】《著作权法》第48条规定："有下列侵权行为的，应当根据情况，承担停止侵害、消除影响、赔礼道歉、赔偿损失等民事责任；同时损害公共利益的，可以由著作权行政管理部门责令停止侵权行为，没收违法所得，没收、销毁侵权复制品，并可处以罚款；情节严重的，著作权行政管理部门还可以没收主要用于制作侵权复制品的材料、工具、设备等；构成犯罪的，依法追究刑事责任：（一）未经著作权人许可，复制、发行、表演、放映、广播、汇编、通过信息网络向公众传播其作品的，本法另有规定的除外；（二）出版他人享有专有出版权的图书的；（三）未经表演者许可，复制、发行录有其表演的录音录像制品，或者通过信息网络向公众传播其表演的，本法另有规定的除外；（四）未经录音录像制作者许可，复制、发行、通过信息网络向公众传播其制作的录音录像制品的，本法另有规定的除外；（五）未经许可，播放或者复制广播、电视的，本法另有规定的除外；（六）未经著作权人或者与著作权有关的权利人许可，故意避开或者破坏权利人为其作品、录音录像制品等采取的保护著作权或者与著作权有关的权利的技术措施的，法律、行政法规另有规定的除外；（七）未经著作权人或者与著作权有关的权利人许可，故意删除或者改变作品、录音录像制品等的权利管理电子信息的，法律、行政法规另有规定的除外；（八）制作、出售假冒他人署名的作品的。"故选项A、C错误，不符合题意；选项B、D正确，符合题意。

59.（2011年卷二第91题）郭某撰写的毕业论文大量抄袭了胡某刊登在某杂志上的一篇翻译文章，而该译文原文的作者是美国学者詹姆斯。根据著作权法及相关规定，下列说法哪些是正确的？
A. 郭某的行为侵犯了胡某和詹姆斯的著作权
B. 郭某的行为侵犯了胡某和杂志社的著作权
C. 郭某的行为侵犯了詹姆斯和杂志社的著作权
D. 郭某的行为侵犯了胡某、詹姆斯和杂志社的著作权

【知识要点】侵犯著作权

【解析】《著作权法》第12条规定："改编、翻译、注释、整理已有作品而产生的作品，其著作权由改编、翻译、注释、整理人享有，但行使著作权时不得侵犯原作品的著作权。"由此可知，郭某的行为使原作者和译者的权利均受到侵犯。故选项A正确，符合题意；选项B、C、D错误，不符合题意。

（二）侵权纠纷的解决途径

60.（2016年卷二第79题）根据著作权法及相关规定，因侵犯著作权行为提起的民事诉讼，可以由哪些人民法院管辖？
A. 侵权行为的实施地人民法院
B. 侵权复制品储藏地人民法院
C. 侵权复制品查封扣押地人民法院
D. 被告住所地人民法院

【知识要点】侵权纠纷

【解析】《最高人民法院关于审理著作权民事纠纷案件适用法律若干问题的解释》第4条规定："因侵犯著作权行为提起的民事诉讼，由著作权法第四十六条、第四十七条所规定侵权行为的实施地、侵权复制品储藏地或者查封扣押地、被告住所地人民法院管辖。前款规定的侵权复制品储藏地，是指大量或者经营性储存、隐匿侵权复制品所在地；查封扣押地，是指海关、版权、工商等行政机关依法查封、扣押侵权复制品所在地。"侵犯著作权诉讼的地域管辖同样适用侵权诉讼的管辖原则，被告住所地和侵权行为地法院都具有管辖权，其中侵权行为地包括侵权行为实施地、侵权复制品储藏地和侵权复制品查封扣押地。故选项A、B、C、D均正确，符合题意。

61. (2011年卷二第96题) 根据著作权法及相关规定，下列关于著作权纠纷解决途径的说法哪些是正确的？
   A. 著作权纠纷可以先进行调解
   B. 当事人可以根据达成的书面仲裁协议向仲裁机构申请仲裁
   C. 当事人可以根据著作权合同中的仲裁条款向仲裁机构申请仲裁
   D. 当事人没有书面仲裁协议，也没有在著作权合同中订立仲裁条款的，可以直接向人民法院起诉
   【知识要点】侵权纠纷的解决途径
   【解析】《著作权法》第55条规定："著作权纠纷可以调解，也可以根据当事人达成的书面仲裁协议或者著作权合同中的仲裁条款，向仲裁机构申请仲裁。当事人没有书面仲裁协议，也没有在著作权合同中订立仲裁条款的，可以直接向人民法院起诉。"故选项A、B、C、D正确，符合题意。

(三) 侵权责任

(1) 民事责任

62. (2015年卷二第80题) 根据著作权法及相关规定，下列哪些属于侵犯著作权应当承担的民事责任？
   A. 停止侵害   B. 赔偿损失   C. 消除影响   D. 赔礼道歉
   【知识要点】侵犯著作权的民事责任
   【解析】《著作权法》第48条规定："有下列侵权行为的，应当根据情况，承担停止侵害、消除影响、赔礼道歉、赔偿损失等民事责任；同时损害公共利益的，可以由著作权行政管理部门责令停止侵权行为，没收违法所得，没收、销毁侵权复制品，并可处以罚款；情节严重的，著作权行政管理部门还可以没收主要用于制作侵权复制品的材料、工具、设备等；构成犯罪的，依法追究刑事责任……"故选项A、B、C、D均正确，符合题意。

63. (2011年卷二第16题) 甲公司开发了一套财务管理软件，乙公司未经甲公司同意复制了大量该软件进行销售。甲公司向人民法院提起诉讼要求乙公司赔偿。下列关于赔偿数额的说法哪些是正确的？
   A. 甲公司的实际损失和乙公司的违法所得均能确定的，赔偿数额应当按照乙公司的违法所得计算
   B. 甲公司的实际损失和乙公司的违法所得均能确定的，赔偿数额应当按照甲公司的实际损失计算
   C. 甲公司的实际损失和乙公司的违法所得不能确定的，由人民法院根据侵权行为的情节，判决给予五十万元以下的赔偿
   D. 甲公司的实际损失和乙公司的违法所得不能确定的，由人民法院根据侵权行为的情节，判决给予一百万元以下的赔偿
   【知识要点】著作权的侵权责任
   【解析】《著作权法》第49条规定："侵犯著作权或者与著作权有关的权利的，侵权人应当按照权利人的实际损失给予赔偿；实际损失难以计算的，可以按照侵权人的违法所得给予赔偿。赔偿数额还应当包括权利人为制止侵权行为所支付的合理开支。权利人的实际损失或者侵权人的违法所得不能确定的，由人民法院根据侵权行为的情节，判决给予五十万元以下的赔偿。"故选项A、D错误，不符合题意；选项B、C正确，符合题意。

(2) 行政责任
(3) 刑事责任

五、计算机软件著作权的特殊规定

(一) 软件著作权的客体

64. (2012年卷二第22题) 根据著作权法及相关规定，下列关于计算机软件的哪种说法是正确的？
   A. 受著作权保护的计算机软件包括计算机程序及其有关文档
   B. 同一计算机程序的源程序和目标程序为两个不同的作品
   C. 未经登记的计算机软件不受我国著作权法保护
   D. 对软件著作权的保护延及开发软件所用的处理过程和操作方法
   【知识要点】计算机软件的客体及保护范围
   【解析】A.《计算机软件保护条例》第2条规定："本条例所称计算机软件（以下简称软件），是指计算机程序及其有关文档。"故选项A正确，符合题意。
   B.《计算机软件保护条例》第3条规定："本条例下列用语的含义：（一）计算机程序，是指为了得到某种结果而可以由计算机等具有信息处理能力的装置执行的代码化指令序列，或者可以被自动转换成代码化指令序列的符号化指令序列或者符号化语句序列。同一计算机程序的源程序和目标程序为同一作品。……"故选项B错误，不符合题意。
   C.《计算机软件保护条例》第7条第1款规定："软件著作权人可以向国务院著作权行政管理部门认定的软件登记机构办理登记。软件登记机构发放的登记证明文件是登记事项的初步证明。"故选项C错误，不符合题意。

D. 《计算机软件保护条例》第6条规定:"本条例对软件著作权的保护不延及开发软件所用的思想、处理过程、操作方法或者数学概念等。"故选项D错误,不符合题意。

(二) 软件著作权人的确定

(三) 软件著作权的内容

(1) 软件著作权的人身权
(2) 软件著作权的财产权
(3) 软件著作权的保护范围
(4) 对软件著作权的限制

(四) 软件登记的效力

65. (2013年卷二第95题) 根据计算机软件保护条例的规定,软件著作权人可以向国务院著作权行政管理部门认定的软件登记机构办理登记。关于软件登记,下列哪些说法是正确的?
   A. 软件登记机构发放的登记证明文件是登记事项的初步证明
   B. 计算机软件著作权自软件登记之日起产生
   C. 计算机软件著作权的保护期为自软件登记之日起五十年
   D. 办理软件登记应当缴纳费用

【知识要点】软件著作权登记

【解析】A. 根据《计算机软件保护条例》第7条第1款的规定(参见本节第64题解析C),选项A正确,符合题意。

B. 《计算机软件保护条例》第14条第1款规定:"软件著作权自软件开发完成之日起产生。"故选项B错误,不符合题意。

C. 《计算机软件保护条例》第14条第2款和第3款规定:"自然人的软件著作权,保护期为自然人终生及其死亡后50年,截止于自然人死亡后第50年的12月31日;软件是合作开发的,截止于最后死亡的自然人死亡后第50年的12月31日。法人或者其他组织的软件著作权,保护期为50年,截止于软件首次发表后第50年的12月31日,但软件自开发完成之日起50年内未发表的,本条例不再保护。"因此,无论是自然人还是法人或其他组织的软件著作权,其保护期限均为自软件首次发表(前提条件是在开发完成之日起50年内发表)后50年,而非自软件登记之日起50年。故选项C错误,不符合题意。

D. 此选项因为2017年实行的新政策,答案有变化。当年的考题是根据《计算机软件保护条例》第7条第2款规定:"办理软件登记应当缴纳费用。软件登记的收费标准由国务院著作权行政管理部门会同国务院价格主管部门规定。"所以认为选项D的说法正确,符合题意,正确答案包括选项D。但是现行的政策并不是如此,根据中国版权保护中心(中版权字〔2017〕33号)发文《关于停征软件著作权登记缴费有关事项的通告》:"按照财政部《关于清理规范一批行政事业性收费有关政策的通知》(财税〔2017〕20号)要求,我中心自2017年4月1日起停止执行软件著作权登记费。……"由此可见,按照现行的法律,选项D错误,不符合题意。

(五) 侵犯软件著作权行为

六、信息网络传播权的保护

第二节 商 标 法

一、注册商标专用权的客体

(一) 注册商标的概念和组成要素

1. (2015年卷二第82题) 根据商标法及相关规定,下列哪些可以作为商标申请注册?
   A. 三维标志   B. 声音   C. 气味   D. 颜色组合

【知识要点】注册商标的概念和组成要素

【解析】《商标法》第8条规定:"任何能够将自然人、法人或者其他组织的商品与他人的商品区别开的标志,包括文字、图形、字母、数字、三维标志、颜色组合和声音等,以及上述要素的组合,均可以作为商标申请注册。"故选项 A、B、D 正确，符合题意；选项 C 错误，不符合题意。

2. (2014年卷二第35题) 根据商标法及相关规定，下列哪些可以作为商标申请注册？
   A. 文字　　　　　B. 气味　　　　　C. 单一颜色　　　　　D. 声音

   【知识要点】商标申请的客体

   【解析】根据《商标法》第8条的规定（参见本节第1题解析），文字和声音均可作为商标申请注册。故选项 A、D 正确，符合题意。气味和单一颜色不能作为商标申请注册。故选项 B、C 错误，不符合题意。

   （二）不得作为商标使用的标志和不得作为商标注册的标志

3. (2016年卷二第82题) 根据商标法及相关规定，哪些不得作为商标注册的三维标志？
   A. 使商品具体实质性价值的形状　　　　　B. 仅由商品自身的性质产生的形状
   C. 为获得技术效果而需有的商品形状　　　D. 缺乏显著特征，也未能经过使用取得显著特征的

   【知识要点】不得作为商标使用的标志

   【解析】《商标法》第11条规定："下列标志不得作为商标注册：（一）仅有本商品的通用名称、图形、型号的；（二）仅直接表示商品的质量、主要原料、功能、用途、重量、数量及其他特点的；（三）其他缺乏显著特征的。前款所列标志经过使用取得显著特征，并便于识别的，可以作为商标注册。"《商标法》第12条规定："以三维标志申请注册商标的，仅由商品自身的性质产生的形状、为获得技术效果而需有的商品形状或者使商品具体实质性价值的形状，不得注册。"故选项 A、B、C、D 正确，符合题意。

4. (2015年卷二第83题) 根据商标法及相关规定，下列哪些标志不得作为商标使用？
   A. 带有民族歧视性的
   B. 带有欺骗性，容易使公众对商品的质量等特点或者产地产生误认的
   C. 仅直接表示商品的质量、主要原料、功能、用途、重量、数量及其他特点的
   D. 仅有本商品的通用名称、图形、型号的

   【知识要点】不得作为商标使用的标志

   【解析】A、B.《商标法》第10条规定："下列标志不得作为商标使用：（一）同中华人民共和国的国家名称、国旗、国徽、国歌、军旗、军徽、军歌、勋章等相同或者近似的，以及同中央国家机关的名称、标志、所在地特定地点的名称或者标志性建筑物的名称、图形相同的；（二）同外国的国家名称、国旗、国徽、军旗等相同或者近似的，但经该国政府同意的除外；（三）同政府间国际组织的名称、旗帜、徽记等相同或者近似的，但经该组织同意或者不易误导公众的除外；（四）与表明实施控制、予以保证的官方标志、检验印记相同或者近似的，但经授权的除外；（五）同'红十字'、'红新月'的名称、标志相同或者近似的；（六）带有民族歧视性的；（七）带有欺骗性，容易使公众对商品的质量等特点或者产地产生误认的；（八）有害于社会主义道德风尚或者有其他不良影响的。县级以上行政区划的地名或者公众知晓的外国地名，不得作为商标。但是，地名具有其他含义或者作为集体商标、证明商标组成部分的除外；已经注册的使用地名的商标继续有效。"根据上述第（六）项规定，选项 A 正确，符合题意；根据上述第（七）项规定，选项 B 正确，符合题意。

   C、D. 根据《商标法》第11条的规定（参见本节第3题解析），选项 C 属于该条第（二）项规定的情形，选项 D 属于该条第（一）项规定的情形，均是不得作为商标注册的标志，而不是不得作为商标使用的标志。故选项 C、D 正确，符合题意。

5. (2013年卷二第43题) 根据商标法及相关规定，下列哪些标志不得作为商标使用？
   A. 有害于社会主义道德风尚的
   B. 带有民族歧视性的
   C. 同政府间国际组织的名称近似，但经该组织同意的
   D. 同"红新月"标志相近似的

   【知识要点】不得作为商标使用或注册的标志

   【解析】A、B、D. 根据《商标法》第10条的规定（参见本节第4题解析 A、B）。故选项 A、B、D 中的标志均不得作为商标使用，符合题意。

   C. 对于选项 C，尽管其同政府间国际组织的名称近似，但已经得该组织同意，属于该条第（三）项规定的除外情形，可以作为商标使用。故选项 C 不符合题意。

6. (2008年卷二第17题) 江西景德镇市生产的瓷器系地方名特产品。广东佛山市市民张某欲以"景德镇"作为其生产的瓷器的商标，并向商标局申请注册。根据商标法的规定，下列哪些说法是正确的？
   A. 张某可以取得注册商标专用权
   B. 张某与江西景德镇市的某瓷器生产商可以共同取得注册商标专用权
   C. 张某不得将"景德镇"作为商标使用

D. 商标局应当对张某的商标注册申请予以驳回

【知识要点】不得作为商标使用的标志

【解析】A.B.C.《商标法》第10条规定：（参见本节第4题解析A.B）。《商标法》第16条规定："商标中有商品的地理标志，而该商品并非来源于该标志所标示的地区，误导公众的，不予注册并禁止使用；但是，已经善意取得注册的继续有效。前款所称地理标志，是指标示某商品来源于某地区，该商品的特定质量、信誉或者其他特征，主要由该地区的自然因素或者人文因素所决定的标志。"景德镇是县级以上行政区划的地名，不得被注册为商标，并且张某的产品也并非来自该地区，也不能使用该商标。故选项A、B错误，不符合题意；选项C正确，符合题意。

D.《商标法》第30条规定："申请注册的商标，凡不符合本法有关规定或者同他人在同一种商品或者类似商品上已经注册的或者初步审定的商标相同或者近似的，由商标局驳回申请，不予公告。"故选项D正确，符合题意。

（三）注册商标的类型

7.（2015年卷二第88题）根据商标法及相关规定，我国注册商标包括哪些类型？
A. 服务商标　　　　B. 商品商标　　　　C. 集体商标　　　　D. 证明商标

【知识要点】注册商标的类型

【解析】《商标法》第3条第1款至第3款规定："经商标局核准注册的商标为注册商标，包括商品商标、服务商标和集体商标、证明商标；商标注册人享有商标专用权，受法律保护。本法所称集体商标，是指以团体、协会或者其他组织名义注册，供该组织成员在商事活动中使用，以表明使用者在该组织中的成员资格的标志。本法所称证明商标，是指由对某种商品或者服务具有监督能力的组织所控制，而由该组织以外的单位或者个人使用于其商品或者服务，用以证明该商品或者服务的原产地、原料、制造方法、质量或者其他特定品质的标志。"故选项A、B、C、D均正确，符合题意。

8.（2012年卷二第46题）根据商标法及相关规定，下列关于证明商标、集体商标的哪些说法是正确的？
A. 地理标志可以作为证明商标申请注册　　　　B. 地理标志可以作为集体商标申请注册
C. 集体商标只能是服务商标　　　　D. 证明商标只能是商品商标

【知识要点】证明商标、集体商标

【解析】A.B.《商标法实施条例》第4条规定："商标法第十六条规定的地理标志，可以依照商标法和本条例的规定，作为证明商标或者集体商标申请注册。以地理标志作为证明商标注册的，其商品符合使用该地理标志条件的自然人、法人或者其他组织可以要求使用该证明商标，控制该证明商标的组织应当允许。以地理标志作为集体商标注册的，其商品符合使用该地理标志条件的自然人、法人或者其他组织，可以要求参加以该地理标志作为集体商标注册的团体、协会或者其他组织，该团体、协会或者其他组织应当依据其章程接纳为会员；不要求参加以该地理标志作为集体商标注册的团体、协会或者其他组织的，也可以正当使用该地理标志，该团体、协会或者其他组织无权禁止。"故选项A、B正确，符合题意。

C.D. 根据《商标法》第3条第1款的规定（参见本节第7题解析），选项C、D错误，不符合题意。

9.（2011年卷二第87题）根据商标法及相关规定，下列关于证明商标的说法哪些是正确的？
A. 由对某种商品或者服务具有监督能力的组织所控制
B. 由对某种商品或者服务具有监督能力的组织成员内的单位或者个人使用于其商品或者服务
C. 用以证明该商品或者服务的原产地、原料、制造方法、质量或者其他特定品质
D. 以团体、协会或者其他组织名义注册，供该组织成员在商事活动中使用，以表明使用者在该组织中的成员资格

【知识要点】证明商标的概念

【解析】根据《商标法》第3条第1款至第3款的规定（参见本节第7题解析），选项A、C正确，符合题意；选项B、D错误，不符合题意。

（四）商标注册的条件

10.（2013年卷二第37题）根据商标法及相关规定，下列哪些说法是正确的？
A. 申请注册的商标应当具有独创性
B. 申请注册的商标应当有显著特征，便于识别
C. 申请注册的商标不得与他人在先取得的合法权利相冲突
D. 申请注册的商标应当富有美感

【知识要点】申请注册的商标的条件

【解析】《商标法》第9条第1款规定："申请注册的商标，应当有显著特征，便于识别，并不得与他人在先取得的合法权利相冲突。"故选项B、C正确，符合题意。独创性和富有美感均不是《商标法》及相关规定对商标的要求，故选项A、D错误，不符合题意。

二、注册商标专用权的主体

11.（2014年卷二第44题）根据商标法及相关规定，下列关于商标代理机构的哪些说法是正确的？

A. 申请商标注册或者办理其他商标事宜，应当委托商标代理机构办理

B. 委托人申请注册的商标可能存在商标法规定不得注册情形的，商标代理机构应当明确告知委托人

C. 商标代理机构除对其代理服务申请商标注册外，不得申请注册其他商标

D. 商标代理机构对在代理过程中知悉的被代理人的商业秘密，负有保密义务

【知识要点】商标代理

【解析】A.《商标法》第18条规定："申请商标注册或者办理其他商标事宜，可以自行办理，也可以委托依法设立的商标代理机构办理。外国人或者外国企业在中国申请商标注册和办理其他商标事宜的，应当委托依法设立的商标代理机构办理。"因此，并非任何人申请商标注册或者办理其他商标事宜均应当委托商标代理机构办理。故选项A错误，不符合题意。

B.《商标法》第19条第2款规定："委托人申请注册的商标可能存在本法规定不得注册情形的，商标代理机构应当明确告知委托人。"故选项B正确，符合题意。

C.《商标法》第19条第4款规定："商标代理机构除对其代理服务申请商标注册外，不得申请注册其他商标。"故选项C正确，符合题意。

D.《商标法》第19条第1款规定："商标代理机构应当遵循诚实信用原则，遵守法律、行政法规，按照被代理人的委托办理商标注册申请或者其他商标事宜；对在代理过程中知悉的被代理人的商业秘密，负有保密义务。"故选项D正确，符合题意。

12.（2012年卷二第54题）根据商标法及相关规定，在中国申请注册商标或办理其他商标事宜的，下列哪些应当委托国家认可的具有商标代理资格的组织代理？

A. 在中国没有经常居所的美国人　　B. 在中国没有营业所的英国企业

C. 在中国有经常居所的美国人　　　D. 在中国有营业所的英国企业

【知识要点】商标的强制代理

【解析】《商标法》第18条规定：（参见本节第11题解析A）。《商标法实施条例》第5条规定："当事人委托商标代理组织申请商标注册或者办理其他商标事宜，应当提交代理委托书。代理委托书应当载明代理内容及权限；外国人或者外国企业的代理委托书还应当载明委托人的国籍。外国人或者外国企业的代理委托书及与其有关的证明文件的公证、认证手续，按照对等原则办理。……商标法第十八条所称外国人或者外国企业，是指在中国没有经常居所或者营业所的外国人或者外国企业。"故选项A、B正确，符合题意；选项C、D错误，不符合题意。

13.（2006年卷二第26题）根据商标法的规定，下列说法哪些是正确的？

A. 商标注册申请人应当是已经在我国生产商品或者提供服务的经营者

B. 商标注册申请人应当具有法定的经营主体资格

C. 商标注册申请人可以是在中国没有经常居所的外国人

D. 商标注册申请人可以是两个或两个以上的自然人

【知识要点】商标注册申请的主体

【解析】A、B、C.《商标法》第4条第1款规定："自然人、法人或者其他组织在生产经营活动中，对其商品或者服务需要取得商标专用权的，应当向商标局申请商标注册。"由此可见，选项A、B并非成为商标注册申请人的必要条件。故选项A、B错误，不符合题意；选项C正确，符合题意。

D.《商标法》第5条规定："两个以上的自然人、法人或者其他组织可以共同向商标局申请注册同一商标，共同享有和行使该商标专用权。"故选项D正确，符合题意。

三、注册商标专用权的取得

（一）商标注册的申请

14.（2016年卷二第85题）根据商标法及相关规定，注册商标做下列哪些变更应当办理变更手续，但不需要重新提交商标注册申请？

A. 变更申请人的名义　　　　　B. 变更申请人的地址

C. 变更申请人的代理人　　　　D. 改变注册商标标志

【知识要点】注册商标的申请

【解析】《商标法》第41条规定："注册商标需要变更注册人的名义、地址或者其他注册事项的，应当提出变更申请。"《商标法实施条例》第17条规定："申请人变更其名义、地址、代理人、文件接收人或者删减指定的商品的，应

当向商标局办理变更手续。申请人转让其商标注册申请的,应当向商标局办理转让手续。"如果商标注册人的名义、地址或者是其他事项发生变更,但商标的主体实质上并没有发生改变,因此只需要进行变更。如果法律要求企业变更名称、地址或者其他注册事项后,要重新提起商标注册,则意味着企业更名之后不能继承原先的商标资产,那显然是不合理的。代理人变更后,为了便于商标局和变更后的代理机构联系,需要办理变更手续。改变商标标志,就不再是原来的商标,需要重新提起申请。故选项A、B、C正确,符合题意;选项D错误,不符合题意。

15.(2016年卷二第84题)根据商标法及相关规定,下列哪些说法是正确的?
  A. 商标注册申请人可以通过一份申请就多个类别的商品申请注册同一商标
  B. 商标注册申请人不得通过一份申请就多个类别的商品申请注册同一商标
  C. 商标注册申请等文件可以以数据电文方式提出
  D. 商标注册申请等文件不得以数据电文方式提出
  【知识要点】商标注册的申请
  【解析】《商标法》第22条规定:"商标注册申请人应当按规定的商品分类表填报使用商标的商品类别和商品名称,提出注册申请。商标注册申请人可以通过一份申请就多个类别的商品申请注册同一商标。商标注册申请等有关文件,可以以书面方式或者数据电文方式提出。"2013年《商标法》修改之后实行"一标多类"制度,申请人可以通过一份申请,在多个不同类别的商品上申请注册同一商标。随着技术的进步,商标注册申请也可以通过数据电文方式提出。故选项A、C正确,符合题意;选项B、D错误,不符合题意。

16.(2015年卷二第18题)根据商标法及相关规定,下列关于商标注册申请的哪种说法是正确的?
  A. 申请人可以通过一份申请就多个类别的商品申请注册同一商标
  B. 申请人可以通过一份申请就多个类别的商品申请注册多个商标
  C. 申请人可以通过一份申请就一个类别的商品申请注册多个商标
  D. 申请人需要就多个类别的商品申请注册同一商标的,只能分别提出申请
  【知识要点】商标注册的申请
  【解析】《商标法》第22条第2款规定:"商标注册申请人可以通过一份申请就多个类别的商品申请注册同一商标。"故选项A正确,符合题意;选项B、C、D错误,不符合题意。

17.(2015年卷二第84题)根据商标法及相关规定,商标注册申请等有关文件可以以下列哪些方式提出?
  A. 口头方式   B. 书面方式   C. 数据电文方式   D. 录音方式
  【知识要点】商标注册的申请
  【解析】《商标法》第22条第3款规定:"商标注册申请等有关文件,可以以书面方式或者数据电文方式提出。"故选项A、D错误,不符合题意;选项B、C正确,符合题意。

18.(2014年卷二第61题)根据商标法及相关规定,下列关于商标注册申请的哪些说法是正确的?
  A. 商标注册申请人应当按规定的商品分类表填报使用商标的商品类别和商品名称,提出注册申请
  B. 商标注册申请人可以通过一份申请就多个类别的商品申请注册同一商标
  C. 商标注册申请等有关文件,可以以书面方式或者数据电文方式提出
  D. 注册商标需要改变其标志的,应当申请更正
  【知识要点】注册商标的申请
  【解析】A.《商标法》第22条第1款规定:"商标注册申请人应当按规定的商品分类表填报使用商标的商品类别和商品名称,提出注册申请。"故选项A正确,符合题意。

  B.《商标法》第22条第2款规定:"商标注册申请人可以通过一份申请就多个类别的商品申请注册同一商标。"故选项B正确,符合题意。

  C.《商标法》第22条第3款规定:"商标注册申请等有关文件,可以以书面方式或者数据电文方式提出。"故选项C也正确,符合题意。

  D.《商标法》第24条规定:"注册商标需要改变其标志的,应当重新提出注册申请。"故选项D错误,不符合题意。

19.(2013年卷二第22题)根据商标法及相关规定,商标在中国政府主办或承认的国际展览会展出的商品上首次使用的,自该商品展出之日起多长时间内,就该商标提出注册申请的,该申请人可以享有优先权?
  A. 3个月   B. 6个月   C. 12个月   D. 18个月
  【知识要点】商标优先权
  【解析】《商标法》第26条第1款规定:"商标在中国政府主办的或者承认的国际展览会展出的商品上首次使用的,自该商品展出之日起六个月内,该商标的注册申请人可以享有优先权。"故选项B正确,符合题意;选项A、C、D错误,不符合题意。

20.(2010年卷二第47题)根据商标法及相关规定,下列说法哪些是正确的?

A. 商标注册申请人发现商标申请文件有明显错误的,可以申请更正
B. 商标注册人发现商标注册文件有明显错误的,可以申请更正
C. 更正商标注册文件的错误不应当涉及实质性内容
D. 更正商标申请文件的错误在一定条件下可以涉及实质性内容

【知识要点】商标注册的审查和审核

【解析】《商标法》第38条规定:"商标注册申请人或者注册人发现商标申请文件或者注册文件有明显错误的,可以申请更正。商标局依法在其职权范围内作出更正,并通知当事人。前款所称更正错误不涉及商标申请文件或者注册文件的实质性内容。"故选项A、B、C正确,符合题意;选项D错误,不符合题意。

(二) 商标注册的审查和核准

(1) 初步审定和公告

21.(2016年卷二第25题) 张某认为商标局初步审定公告的某商标因缺乏显著特征而不应获得注册,根据商标法及相关规定,张某可以自初步审定公告之日起三个月内采取下列哪种措施?
A. 张某可以向商标局提出异议
B. 张某不是利害关系人或者在先权利人,不得提出异议
C. 张某可以向商标评审委员会提出异议
D. 张某可以请求商标评审委员会宣告其无效

【知识要点】商标的初步审定

【解析】《商标法》第33条规定:"对初步审定公告的商标,自公告之日起三个月内,在先权利人、利害关系人认为违反本法第十三条第二款和第三款、第十五条、第十六条第一款、第三十条、第三十一条、第三十二条规定的,或者任何人认为违反本法第十条、第十一条、第十二条规定的,可以向商标局提出异议。公告期满无异议的,予以核准注册,发给商标注册证,并予公告。"《商标法》第11条规定:"下列标志不得作为商标注册:(一)仅有本商品的通用名称、图形、型号的;(二)仅直接表示商品的质量、主要原料、功能、用途、重量、数量及其他特点的;(三)其他缺乏显著特征的。前款所列标志经过使用取得显著特征,并便于识别的,可以作为商标注册。"对于初步审定公告的商标,认为不符合《商标法》相关规定的,其救济程序为异议。缺乏显著性属于绝对性理由,故任何人都可以提出异议。故选项A正确,符合题意;选项B、C、D错误,不符合题意。

(2) 驳回申请

22.(2013年卷二第13题) 甲公司自2010年底在其生产的洗涤剂上使用X商标,并于2012年9月20日向商标局申请注册该商标用于其生产的洗涤剂上。乙公司自2011年底在其生产的洗涤剂上使用相同的X商标,并于2012年7月10日向商标局申请注册X商标用于其生产的洗涤剂上。根据商标法及相关规定,在符合其他条件的情况下,下列哪种说法是正确的?
A. 商标局应当初步审定并公告甲公司申请的商标
B. 商标局应当初步审定并公告乙公司申请的商标
C. 商标局应当要求甲公司和乙公司协商确定商标注册申请人
D. 商标局应当要求甲公司和乙公司抽签确定商标注册申请人

【知识要点】商标注册申请在先原则

【解析】《商标法》第31条规定:"两个或者两个以上的商标注册申请人,在同一种商品或者类似商品上,以相同或者近似的商标申请注册的,初步审定并公告申请在先的商标;同一天申请的,初步审定并公告使用在先的商标,驳回其他人的申请,不予公告。"本题中,甲公司和乙公司在同一种商品即洗涤剂上以相同的X商标申请注册,因此商标局应初步审定并公告申请在先的商标,即乙公司于2012年7月10日(早于甲公司申请日2012年9月20日)申请的商标。故选项A、C、D错误,不符合题意;选项B正确,符合题意。

23.(2007年卷二第28题) 甲厂自2005年起在其生产的MP3播放器上使用X商标,并于2006年8月向商标局申请注册该商标,用于其生产的MP3播放器。乙厂在2006年6月向商标局申请注册X商标,用于其生产的MP3播放器。对此,根据商标法的规定,商标局应当如何处理?
A. 初步审定并公告甲厂申请的商标
B. 初步审定并公告乙厂申请的商标
C. 初步审定并同时公告甲厂和乙厂申请的商标
D. 要求甲厂和乙厂协商确定商标注册申请人

【知识要点】商标的先申请原则

【解析】根据《商标法》第31条的规定(参见本节第22题解析),选项A、C、D错误,不符合题意;选项B正确,符合题意。

(3) 注册申请的复审

24.(2016年卷二第27题) 根据商标法及相关规定,商标局经审查对商标异议案件作出决定后,当事人不服的,

下列关于救济程序的哪种说法是正确的?
  A. 商标局作出准予注册决定,异议人不服的,可以向商标评审委员会申请复审
  B. 商标局作出准予注册决定,异议人不服的,可以向商标评审委员会申请行政复议
  C. 商标局作出不予注册决定,被异议人不服的,可以向商标评审委员会申请复审
  D. 商标局作出不予注册决定,被异议人不服的,可以直接以商标评审委员会为被告向人民法院提起行政诉讼
  【知识要点】对商标撤销不服的救济途径
  【解析】《商标法》第35条第1款至第3款规定:"对初步审定公告的商标提出异议的,商标局应当听取异议人和被异议人陈述事实和理由,经调查核实后,自公告期满之日起十二个月内做出是否准予注册的决定,并书面通知异议人和被异议人。有特殊情况需要延长的,经国务院工商行政管理部门批准,可以延长六个月。商标局做出准予注册决定的,发给商标注册证,并予公告。异议人不服的,可以依照本法第四十四条、第四十五条的规定向商标评审委员会请求宣告该注册商标无效。商标局做出不予注册决定,被异议人不服的,可以自收到通知之日起十五日内向商标评审委员会申请复审。商标评审委员会应当自收到申请之日起十二个月内做出复审决定,并书面通知异议人和被异议人。有特殊情况需要延长的,经国务院工商行政管理部门批准,可以延长六个月。被异议人对商标评审委员会的决定不服的,可以自收到通知之日起三十日内向人民法院起诉。人民法院应当通知异议人作为第三人参加诉讼。"故选项A、B、D错误,不符合题意;选项C正确,符合题意。

25. (2013年卷二第53题) 根据商标法及相关规定,针对商标局作出的下列哪些决定,当事人不服的,可以在法定期限内向商标评审委员会申请复审?
  A. 商标注册申请不予受理的决定 B. 驳回商标注册申请、不予公告的决定
  C. 撤销注册商标的决定 D. 商标异议申请不予受理的决定
  【知识要点】注册申请的复审
  【解析】A. D. 当事人对商标注册申请不予受理的决定、商标异议申请不予受理的决定不服的,《商标法》及相关规定未规定可以向商标评审委员会申请复审,当事人可根据《行政复议法》及《行政诉讼法》的相关规定申请行政复议或提起行政诉讼。故选项A、D错误,不符合题意。
  B. 《商标法》第34条规定:"对驳回申请、不予公告的商标,商标局应当书面通知商标注册申请人。商标注册申请人不服的,可以自收到通知之日起十五日内向商标评审委员会申请复审。商标评审委员会应当自收到申请之日起九个月内做出决定,并书面通知申请人。……"据此,商标注册申请人对驳回商标注册申请、不予公告的决定不服的,可以向商标评审委员会申请复审,选项B正确,符合题意。
  C. 《商标法》第54条规定:"对商标局撤销或者不予撤销注册商标的决定,当事人不服的,可以自收到通知之日起十五日内向商标评审委员会申请复审。商标评审委员会应当自收到申请之日起九个月内做出决定,并书面通知申请人。……"据此,当事人对撤销注册商标的决定不服的,也可以向商标评审委员会申请复审,选项C正确,符合题意。

26. (2012年卷二第14题) 根据商标法及相关规定,商标所有人对商标局撤销其注册商标的决定不服的,可以选择下列哪项救济途径?
  A. 向国家工商行政管理总局申请行政复议
  B. 向商标评审委员会申请复审
  C. 直接向人民法院起诉
  D. 既可以向商标评审委员会申请复审,也可以直接向人民法院起诉
  【知识要点】对商标撤销不服的救济途径
  【解析】《商标法》第54条规定:"对商标局撤销或者不予撤销注册商标的决定,当事人不服的,可以自收到通知之日起十五日内向商标评审委员会申请复审。商标评审委员会应当自收到申请之日起九个月内做出决定,并书面通知当事人。有特殊情况需要延长的,经国务院工商行政管理部门批准,可以延长三个月。当事人对商标评审委员会的决定不服的,可以自收到通知之日起三十日内向人民法院起诉。"故选项A、C、D错误,不符合题意;选项B正确,符合题意。

（4）商标异议

四、注册商标专用权的内容

（一）注册商标专用权的内容

27. (2014年卷二第23题) 甲公司是某注册商标的专用权人。在甲公司申请该商标注册前,乙公司已经在同一种商品上先于甲公司使用与该注册商标相同并有一定影响的商标。根据商标法及相关规定,下列哪种说法是正确的?
  A. 甲公司有权禁止乙公司继续使用该商标并要求其赔偿损失

B. 甲公司有权禁止乙公司继续使用该商标，但无权要求其赔偿损失

C. 甲公司无权禁止乙公司在原使用范围内继续使用该商标，但可以要求其支付一定的使用费

D. 甲公司无权禁止乙公司在原使用范围内继续使用该商标，但可以要求其附加适当区别标识

【知识要点】注册商标专用权的限制

【解析】《商标法》第59条第3款规定："商标注册人申请商标注册前，他人已经在同一种商品或者类似商品上先于商标注册人使用与注册商标相同或者近似并有一定影响的商标的，注册商标专用权人无权禁止该使用人在原使用范围内继续使用该商标，但可以要求其附加适当区别标识。"本题中，在甲公司申请商标注册前，乙公司已经在同一种商品上使用与其注册商标相同并有一定影响的商标。根据上述规定，甲公司无权禁止乙公司在原使用范围内继续使用该商标，但可以要求其附加适当区别标识。故选项A、B、C错误，不符合题意；选项D正确，符合题意。

（二）注册商标的有效期和期限起算日

28.（2013年卷二第29题）根据商标法及相关规定，注册商标有效期从下列哪一日期起算？

A. 核准注册之日　　　　　　　　　B. 申请注册之日

C. 初审公告之日　　　　　　　　　D. 初审合格之日

【知识要点】注册商标的期限

【解析】《商标法》第39条规定："注册商标的有效期为十年，自核准注册之日起计算。"故选项A正确，符合题意。

29.（2013年卷二第64题）根据商标法及相关规定，下列关于注册商标有效期的哪些说法是正确的？

A. 商品注册商标的有效期为15年，期满可以续展　　B. 服务注册商标的有效期为10年，期满可以续展

C. 注册商标的每次续展注册有效期为10年　　D. 注册商标续展注册最多不得超过5次

【知识要点】注册商标有效期

【解析】A、B、C.《商标法》第39条规定："注册商标的有效期为十年，自核准注册之日起计算。"《商标法》第40条规定："注册商标有效期满，需要继续使用的，商标注册人应当在期满前十二个月内按照规定办理续展手续；在此期间未能办理的，可以给予六个月的宽展期。每次续展注册的有效期为十年，自该商标上一届有效期满次日起计算。期满未办理续展手续的，注销其注册商标。商标局应当对续展注册的商标予以公告。"故选项A错误，不符合题意；选项B、C正确，符合题意。

D.《商标法》及相关规定未对注册商标续展注册的次数作限制性规定，故选项D错误，不符合题意。

30.（2012年卷二第6题）根据商标法及相关规定，下列关于注册商标有效期的哪种说法是正确的？

A. 注册商标的有效期自申请之日起计算

B. 注册商标的有效期为20年

C. 注册商标有效期满，需要继续使用的，可以在期满前6个月内申请续展注册

D. 注册商标每次续展注册的有效期为7年，自核准续展注册之日起计算

【知识要点】商标的有效期

【解析】A、B.《商标法》第39条规定："注册商标的有效期为十年，自核准注册之日起计算。"故选项A、B错误，不符合题意。

C、D.《商标法》第40条规定："注册商标有效期满，需要继续使用的，商标注册人应当在期满前十二个月内按照规定办理续展手续；在此期间未能办理的，可以给予六个月的宽展期。每次续展注册的有效期为十年，自该商标上一届有效期满次日起计算。期满未办理续展手续的，注销其注册商标。商标局应当对续展注册的商标予以公告。"故选项C正确，符合题意；选项D错误，不符合题意。

（三）注册商标的续展、变更、转让和使用许可

（1）续展的期限、宽限期、注销

31.（2011年卷二第100题）1998年3月23日，甲公司获得"明辉"商标的核准注册，核定使用在金属合页商品上。乙公司于2008年6月3日开始在金属合页商品上使用"明辉"商标。甲公司欲续展其"明辉"商标。根据商标法及相关规定，下列说法哪些是正确的？

A. 甲公司应当在2007年9月23日至2008年3月23日期间内提出续展注册申请

B. 若甲公司的续展申请获得核准，则该商标的有效期自2008年3月24日起计算

C. 在甲公司提出续展申请后获得核准前，甲公司以乙公司侵犯其注册商标专用权提起诉讼的，人民法院可以不予受理

D. 若甲公司未获得商标续展，则对于乙公司2008年10月对其金属合页商品提出"明辉"商标的注册申请，商标局应不予核准注册

【知识要点】 注册商标的续展申请

【解析】 A、B.《商标法》第39条规定："注册商标的有效期为十年，自核准注册之日起计算。"《商标法》第40条规定："注册商标有效期满，需要继续使用的，商标注册人应当在期满前十二个月内按照规定办理续展手续；在此期间未能办理的，可以给予六个月的宽展期。……"《商标法实施条例》第33条规定："注册商标需要续展注册的，应当向商标局提交商标续展注册申请书。商标局核准商标注册续展申请的，发给相应证明，并予以公告。"该商标的期限届满日应为2008年3月22日，故选项A、B错误，不符合题意。

C.《最高人民法院关于审理商标民事纠纷案件适用法律若干问题的解释》第5条规定："商标注册人或者利害关系人在注册商标续展宽展期内提出续展申请，未获核准前，以他人侵犯其注册商标专用权提起诉讼的，人民法院应当受理。"故选项C错误，不符合题意。

D.《商标法》第50条规定："注册商标被撤销、被宣告无效或者期满不再续展的，自撤销、宣告无效或者注销之日起一年内，商标局对与该商标相同或者近似的商标注册申请，不予核准。"故选项D正确，符合题意。

（2）变更

（3）转让

32.（2016年卷二第24题）根据商标法及相关规定，张某向李某转让注册商标并签订了转让协议，李某自何时起享有该商标专用权？

A. 该商标转让核准后公告之日　　　　B. 向商标局提出转让申请之日
C. 转让协议签订之日　　　　　　　　D. 该商标转让核准之日

【知识要点】 注册商标的转让

【解析】《商标法》第42条第4款规定："转让注册商标经核准后，予以公告。受让人自公告之日起享有商标专用权。"此外，商标转让和专利转让存在很多相似之处，考生在复习的时候可以一并进行记忆和理解。商标和专利都属于无形资产，其所有权人的转移都要经历一个登记公告的程序。不过《专利法》当中的表述是登记之日起生效，《商标法》中则是公告之日。在专利转让实践当中，一般都是同日完成登记和公告，故登记之日和公告之日其实是同一日。故选项A正确，符合题意；选项B、C、D错误，不符合题意。

33.（2016年卷二第89题）根据商标法及相关规定，下列关于注册商标转让的哪些说法是正确的？

A. 转让人和受让人应当签订转让协议
B. 转让人和受让人应当共同向商标局提出申请
C. 受让人应当保证使用该注册商标的商品质量
D. 商标注册人对其在同一种商品上注册的近似的商标，无需一并转让

【知识要点】 注册商标的转让

【解析】《商标法》第42条规定："转让注册商标的，转让人和受让人应当签订转让协议，并共同向商标局提出申请。受让人应当保证使用该注册商标的商品质量。转让注册商标的，商标注册人对其在同一种商品上注册的近似的商标，或者在类似商品上注册的相同或者近似的商标，应当一并转让。对容易导致混淆或者有其他不良影响的转让，商标局不予核准，书面通知申请人并说明理由。转让注册商标经核准后，予以公告。受让人自公告之日起享有商标专用权。"故选项A、B、C正确，符合题意；选项D错误，不符合题意。

34.（2015年卷二第85题）根据商标法及相关规定，下列关于注册商标转让的哪些说法是正确的？

A. 转让人和受让人应共同向商标局提出转让申请
B. 商标注册人对其在同一种商品上注册的近似的商标应当一并转让
C. 对容易导致混淆或者有其他不良影响的转让，商标局不予核准
D. 受让人自商标转让协议签订之日起享有商标专用权

【知识要点】 注册商标的转让

【解析】 A.《商标法》第42条第1款规定："转让注册商标的，转让人和受让人应当签订转让协议，并共同向商标局提出申请。受让人应当保证使用该注册商标的商品质量。"故选项A正确，符合题意。

B.《商标法》第42条第2款规定："转让注册商标的，商标注册人对其在同一种商品上注册的近似的商标，或者在类似商品上注册的相同或者近似的商标，应当一并转让。"故选项B正确，符合题意。

C.《商标法》第42条第3款规定："对容易导致混淆或者有其他不良影响的转让，商标局不予核准，书面通知申请人并说明理由。"故选项C正确，符合题意。

D.《商标法》第42条第4款规定："转让注册商标经核准后，予以公告。受让人自公告之日起享有商标专用权。"故选项D错误，不符合题意。

（4）使用许可

35.（2014年卷二第53题）甲公司与乙公司签订商标使用许可合同，许可乙公司使用其注册商标。根据商标法及相关规定，下列哪些说法是正确的？

A. 甲公司应当将其商标使用许可报商标局备案，未经备案该商标使用许可不得对抗善意第三人
B. 甲公司应当监督乙公司使用该注册商标的商品质量
C. 乙公司必须在其使用该注册商标的商品上标明乙公司名称
D. 乙公司必须在其使用该注册商标的商品上标明商品产地

【知识要点】商标使用许可

【解析】A.《商标法》第43条第3款规定："许可他人使用其注册商标的，许可人应当将其商标使用许可报商标局备案，由商标局公告。商标使用许可未经备案不得对抗善意第三人。"故选项A正确，符合题意。

B.《商标法》第43条第1款规定："商标注册人可以通过签订商标使用许可合同，许可他人使用其注册商标。许可人应当监督被许可人使用其注册商标的商品质量。被许可人应当保证使用该注册商标的商品质量。"据此，许可人甲公司应当监督被许可人乙公司使用其注册商标的商品质量。故选项B正确，符合题意。

C.D.《商标法》第43条第2款规定："经许可使用他人注册商标的，必须在使用该注册商标的商品上标明被许可人的名称和商品产地。"据此，被许可人乙公司须在其使用该注册商标的商品上标明乙公司名称和商品产地。故选项C、D正确，符合题意。

36.（2013年卷二第79题）甲公司将其注册商标以独占许可的方式许可给乙公司使用，并向商标局办理了备案手续。根据商标法及相关规定，下列哪些说法是正确的？

A. 甲公司应当监督乙公司使用该商标的商品质量
B. 乙公司应当在使用该商标的商品上标明自己的名称和产地
C. 在该注册商标专用权被侵害时，乙公司可以单独向人民法院提起诉讼
D. 在该注册商标专用权被侵害时，乙公司只有在甲公司不起诉的情况下才可以自行向人民法院提起诉讼

【知识要点】商标许可

【解析】A. 根据《商标法》第43条第1款的规定（参见本节第35题解析B），甲公司将其商标许可给乙公司使用，因此应当监督乙公司使用该商标的商品质量。故选项A正确，符合题意。

B. 根据《商标法》第43条第2款的规定（参见本节第35题解析C.D），本题中被许可人乙公司应当在使用该商标的商品上标明自己的名称和产地，故选项B正确，符合题意。

C.D.《最高人民法院关于审理商标民事纠纷案件适用法律若干问题的解释》第4条第2款规定："在发生注册商标专用权被侵害时，独占使用许可合同的被许可人可以向人民法院提起诉讼；排他使用许可合同的被许可人可以和商标注册人共同起诉，也可以在商标注册人不起诉的情况下，自行提起诉讼；普通使用许可合同的被许可人经商标注册人明确授权，可以提起诉讼。"本题中，乙公司是独占使用许可合同的被许可人，因此其可以在发生注册商标专用权被侵害时直接向人民法院提起诉讼。故选项C正确，符合题意；选项D错误，不符合题意。

五、注册商标的无效宣告

（一）商标局依职权宣告注册商标无效

37.（2016年卷二第88题）根据商标法及相关规定，下列关于注册商标无效宣告的哪些说法是正确的？

A. 已经注册的商标是以欺骗手段取得注册的，由商标局宣告该注册商标无效
B. 已经注册的商标是以欺骗手段取得注册的，商标局以外的其他单位或者个人无权请求宣告该注册商标无效
C. 商标局做出宣告注册商标无效的决定，应当书面通知当事人
D. 当事人对商标局做出的宣告注册商标无效的决定不服的，可以向商标评审委员会申请复审

【知识要点】注册商标无效

【解析】《商标法》第44条规定："已经注册的商标，违反本法第十条、第十一条、第十二条规定的，或者是以欺骗手段或者其他不正当手段取得注册的，由商标局宣告该注册商标无效；其他单位或者个人可以请求商标评审委员会宣告该注册商标无效。商标局做出宣告注册商标无效的决定，应当书面通知当事人。当事人对商标局的决定不服的，可以自收到通知之日起十五日内向商标评审委员会申请复审。商标评审委员会应当自收到申请之日起九个月内做出决定，并书面通知当事人。有特殊情况需要延长的，经国务院工商行政管理部门批准，可以延长三个月。当事人对商标评审委员会的决定不服的，可以自收到通知之日起三十日内向人民法院起诉。其他单位或者个人请求商标评审委员会宣告注册商标无效的，商标评审委员会收到申请后，应当书面通知有关当事人，并限期提出答辩。商标评审委员会应当自收到申请之日起九个月内做出维持注册商标或者宣告注册商标无效的裁定，并书面通知当事人。有特殊情况需要延长的，经国务院工商行政管理部门批准，可以延长三个月。当事人对商标评审委员会的裁定不服的，可以自收到通知之日起三十日内向人民法院起诉。人民法院应当通知商标裁定程序的对方当事人作为第三人参加诉讼。"故选项A、C、D正确，符合题意；选项B错误，不符合题意。

38.（2015年卷二第87题）根据商标法及相关规定，已经注册的商标存在下列哪些情形的，可以由商标局宣告该

注册商标无效？

A. 有害于社会主义道德风尚的
B. 其标志与我国国旗相同的
C. 以欺骗手段或者其他不正当手段取得注册的
D. 申请商标注册损害他人现有的在先权利的

【知识要点】商标局依职权宣告注册商标无效

【解析】A、B、C.《商标法》第44条第1款规定："已经注册的商标，违反本法第十条、第十一条、第十二条规定的，或者是以欺骗手段或者其他不正当手段取得注册的，由商标局宣告该注册商标无效；其他单位或者个人可以请求商标评审委员会宣告该注册商标无效。"选项A属于违反《商标法》第10条第（八）项的情形，选项B属于违反《商标法》第10条第（一）项的情形，选项C是以欺骗手段或者其他不正当手段取得注册的，选项A、B、C的情形可以由商标局宣告该注册商标无效。故选项A、B、C正确，符合题意。

D.《商标法》第45条第1款规定："已经注册的商标，违反本法第十三条第二款和第三款、第十五条、第十六条第一款、第三十条、第三十一条、第三十二条规定的，自商标注册之日起五年内，在先权利人或者利害关系人可以请求商标评审委员会宣告该注册商标无效。对恶意注册的，驰名商标所有人不受五年的时间限制。"并且《商标法》第32条规定："申请商标注册不得损害他人现有的在先权利，也不得以不正当手段抢先注册他人已经使用并有一定影响的商标。"选项D属于在先权利人或者利害关系人可以请求商标评审委员会宣告该注册商标无效的情形，不属于由商标局宣告该注册商标无效的情形。故选项D错误，不符合题意。

39. (2014年卷二第73题) 根据商标法及相关规定，已经注册的商标有下列哪些情形的，由商标局宣告该注册商标无效？

A. 商标标志带有民族歧视性
B. 商标标志缺乏显著特征
C. 商标注册人在使用注册商标的过程中，自行改变注册商标
D. 商标是以欺骗手段取得注册的

【知识要点】注册商标无效

【解析】A. 根据《商标法》第10条第（六）项的规定（参见本节第4题解析A、B），带有民族歧视性的商标标志不得作为商标使用。因此，对于已经注册的其标志带有民族歧视性的商标，商标局可宣告其无效。故选项A正确，符合题意。

B. 根据《商标法》第11条的规定（参见本节第3题解析），缺乏显著特征的标志不得作为商标注册。因此，选项B也属于商标局可宣告注册商标无效的情形。故选项B正确，符合题意。

C.《商标法》第49条第1款规定："商标注册人在使用注册商标的过程中，自行改变注册商标、注册人名义、地址或者其他注册事项的，由地方工商行政管理部门责令限期改正；期满不改正的，由商标局撤销其注册商标。"选项C不属于商标局可宣告注册商标无效的情形，故选项C错误，不符合题意。

D. 根据《商标法》第44条第1款的规定（参见本节第38题解析A、B、C），选项D属于商标局可宣告注册商标无效的情形，故选项D正确，符合题意。

(二) 当事人请求宣告注册商标无效

40. (2016年卷二第28题) 某商标代理机构未经授权，以自己的名义将被代理人甲公司的商标进行注册，在获得核准注册后，甲公司可以自该商标注册之日起五年内采取下列哪种措施维护自身合法权益？

A. 请求商标局撤销该注册商标
B. 请求北京知识产权法院宣告该注册商标无效
C. 请求商标评审委员会宣告该注册商标无效
D. 请求商标评审委员会撤销该注册商标

【知识要点】注册商标无效

【解析】《商标法》第45条第1款规定：（参见本节第38题解析D）。《商标法》第15条第1款规定："未经授权，代理人或者代表人以自己的名义将被代理人或者被代表人的商标进行注册，被代理人或者被代表人提出异议的，不予注册并禁止使用。"选项A、B、D错误，不符合题意；选项C正确，符合题意。

41. (2015年卷二第22题) 某商标代理机构甲未经授权，以自己的名义将被代理人乙公司的商标进行注册，并获核准注册。根据商标法及相关规定，自该商标注册之日起五年内，乙公司可以采取下列哪种措施维护自身合法权益？

A. 请求商标局撤销该注册商标
B. 请求商标局宣告该注册商标无效
C. 请求商标评审委员会宣告该注册商标无效
D. 请求商标评审委员会撤销该注册商标

【知识要点】当事人请求宣告注册商标无效

【解析】根据《商标法》第45条第1款的规定（参见本节第38题解析D），以及《商标法》第15条第1款的规定（参见本节第40题解析），本题中的情形即属于《商标法》第15条第1款规定的情形，可以请求商标评审委员会宣告该注册商标无效。故选项A、B、D错误，不符合题意；选项C正确，符合题意。

（三）商标无效的法律效力

六、商标使用的管理

（一）注册商标的使用

（1）注册商标的使用规定及违反使用规定的法律后果

42.（2015年卷二第86题）根据商标法及相关规定，下列哪些用于识别商品来源的行为属于商标法意义上的"商标的使用"？
　　A. 将商标用于商品上　　　　　　　　B. 将商标用于商品包装或者容器上
　　C. 将商标用于商品交易文书上　　　　D. 将商标用于广告宣传、展览中
【知识要点】注册商标的使用
【解析】《商标法》第48条规定："本法所称商标的使用，是指将商标用于商品、商品包装或者容器以及商品交易文书上，或者将商标用于广告宣传、展览以及其他商业活动中，用于识别商品来源的行为。"故选项A、B、C、D正确，符合题意。

43.（2013年卷二第6题）根据商标法及相关规定，下列哪种说法是正确的？
　　A. 在市场上销售的任何商品均须使用注册商标
　　B. 两个以上的自然人、法人或其他组织不得共同申请注册同一商标
　　C. 商标使用人应当对其使用商标的商品质量负责
　　D. 商标中有商品地理标志的，不予注册并禁止使用
【知识要点】商标注册、商标使用
【解析】A.《商标法》第6条规定："法律、行政法规规定必须使用注册商标的商品，必须申请商标注册，未经核准注册的，不得在市场销售。"因此，并非在市场上销售的任何商品均须使用注册商标。故选项A错误，不符合题意。
　　B.《商标法》第5条规定："两个以上的自然人、法人或者其他组织可以共同向商标局申请注册同一商标，共同享有和行使该商标专用权。"故选项B错误，不符合题意。
　　C.《商标法》第7条规定："申请注册和使用商标，应当遵循诚实信用原则。商标使用人应当对其使用商标的商品质量负责。……"故选项C正确，符合题意。
　　D.《商标法》第16条第1款规定："商标中有商品的地理标志，而该商品并非来源于该标志所标示的地区，误导公众的，不予注册并禁止使用；但是，已经善意取得注册的继续有效。"据此，商标中有商品地理标志的，只有在该商品不是来源于该标志所标示的地区且误导公众的情况下才不予注册并禁止使用，而非一律不予注册并禁止使用。故选项D错误，不符合题意。

（2）注册商标的撤销

44.（2016年卷二第87题）根据商标法及相关规定，注册商标有下列哪些情形的，任何单位或者个人可以向商标局申请撤销该商标？
　　A. 商标注册人在使用注册商标过程中自行改变注册商标
　　B. 商标注册人在使用注册商标过程中自行改变注册人名义
　　C. 注册商标成为其核定使用的商品的通用名称
　　D. 没有正当理由连续三年不使用
【知识要点】注册商标申请撤销
【解析】《商标法》第49条规定："商标注册人在使用注册商标的过程中，自行改变注册商标、注册人名义、地址或者其他注册事项的，由地方工商行政管理部门责令限期改正；期满不改正的，由商标局撤销其注册商标。注册商标成为其核定使用的商品的通用名称或者没有正当理由连续三年不使用的，任何单位或者个人可以向商标局申请撤销该注册商标。商标局应当自收到申请之日起九个月内做出决定。有特殊情况需要延长的，经国务院工商行政管理部门批准，可以延长三个月。"商标退化为通用名称或者连续三年不使用，任何人都可以提出撤销申请。在使用商标过程当中自行改变注册商标或者改变注册人名义，则应当由地方工商局处理。故选项A、B错误，不符合题意；选项C、D正确，符合题意。

45.（2014年卷二第27题）某注册商标在使用过程中成为了其核定使用的商品的通用名称。根据商标法及相关规定，下列有关该注册商标的哪种说法是正确的？
　　A. 任何单位或者个人可以请求商标局宣告该注册商标无效
　　B. 任何单位或者个人可以向商标局申请撤销该注册商标
　　C. 任何单位或者个人可以请求商标评审委员会宣告该注册商标无效

· 378 ·

D. 地方工商行政管理部门可以责令限期改正；期满不改正的，由商标局撤销该注册商标

【知识要点】注册商标的撤销

【解析】《商标法》第49条第2款规定："注册商标成为其核定使用的商品的通用名称或者没有正当理由连续三年不使用的，<u>任何单位或者个人可以向商标局申请撤销该注册商标</u>。"故选项B正确，符合题意；选项A、C、D错误，不符合题意。

46. （2014年卷二第78题）根据商标法及相关规定，下列有关注册商标撤销和无效的哪些说法是正确的？
A. 被撤销的注册商标，由商标局予以公告，该注册商标专用权自公告之日起终止
B. 被撤销的注册商标，由商标局予以公告，该注册商标专用权视为自始即不存在
C. 被宣告无效的注册商标，由商标局予以公告，该注册商标专用权自公告之日起终止
D. 被宣告无效的注册商标，由商标局予以公告，该注册商标专用权视为自始即不存在

【知识要点】注册商标的撤销、无效

【解析】A、B.《商标法》第55条第2款规定："被撤销的注册商标，由商标局予以公告，<u>该注册商标专用权自公告之日起终止</u>。"故选项A正确，符合题意；选项B错误，不符合题意。

C、D.《商标法》第47条第1款规定："依照本法第四十四条、第四十五条的规定宣告无效的注册商标，<u>由商标局予以公告，该注册商标专用权视为自始即不存在</u>。"故选项C错误，不符合题意；选项D正确，符合题意。

（二）违反强制注册规定的法律责任

（三）未注册商标的使用

47. （2011年卷二第97题）根据商标法及相关规定，下列说法哪些是正确的？
A. 未注册商标不得在市场销售的商品上使用
B. 使用未注册商标不得冒充注册商标
C. 国家规定必须使用注册商标的商品，必须申请商标注册，未经核准注册的，不得在市场销售
D. 国家规定必须使用注册商标的商品，必须申请商标注册，未经核准注册的，可以在市场销售，但不享有商标专用权

【知识要点】未注册商标的使用

【解析】A、B.《商标法》第52条规定："将未注册商标冒充注册商标使用的，或者使用未注册商标违反本法第十条规定的，由地方工商行政管理部门予以制止，限期改正，并可以予以通报，违法经营额五万元以上的，可以处违法经营额百分之二十以下的罚款，没有违法经营额或者违法经营额不足五万元的，可以处一万元以下的罚款。"故选项A错误，不符合题意；选项B正确，符合题意。

C、D.《商标法》第6条规定："法律、行政法规规定必须使用注册商标的商品，必须申请商标注册，未经核准注册的，不得在市场销售。"故选项C正确，符合题意；选项D错误，不符合题意。

七、注册商标专用权的保护

（一）侵犯注册商标专用权的行为

48. （2016年卷二第90题）根据商标法及相关规定，下列哪些行为属于侵犯注册商标专用权的行为？
A. 未经商标注册人的许可，在同一种商品上使用与其注册商标相同的商标的
B. 未经商标注册人的许可，在同一种商品上使用与其注册商标近似的商标，容易导致混淆的
C. 未经商标注册人的许可，在类似商品上使用与其注册商标相同的商标，容易导致混淆的
D. 未经商标注册人的许可，在类似商品上使用与其注册商标近似的商标，容易导致混淆的

【知识要点】侵犯注册商标专用权的行为

【解析】《商标法》第57条规定："有下列行为之一的，均属侵犯注册商标专用权：（一）<u>未经商标注册人的许可，在同一种商品上使用与其注册商标相同的商标的</u>；（二）<u>未经商标注册人的许可，在同一种商品上使用与其注册商标近似的商标，或者在类似商品上使用与其注册商标相同或者近似的商标，容易导致混淆的</u>；（三）销售侵犯注册商标专用权的商品的；（四）伪造、擅自制造他人注册商标标识或者销售伪造、擅自制造的注册商标标识的；（五）未经商标注册人同意，更换其注册商标并将更换商标的商品又投入市场的；（六）故意为侵犯他人商标专用权行为提供便利条件，帮助他人实施侵犯商标专用权行为的；（七）给他人的注册商标专用权造成其他损害的。"商标的本质是区分不同的商品来源，故容易导致相关公众混淆的行为，都属于侵犯商标权。如果是在同一种商品上使用与注册商标相同的商标，那必然会造成混淆，故在构成要件中就没有再明确指出"容易导致混淆"这一要件。故选项A、B、C、D正确，符合题意。

49. (2015年卷二第89题) 根据商标法及相关规定，下列哪些行为属于侵犯注册商标专用权的行为？
   A. 销售侵犯注册商标专用权的商品的
   B. 伪造、擅自制造他人注册商标标识的
   C. 未经商标注册人同意，更换其注册商标并将该更换商标的商品又投入市场的
   D. 故意为侵犯他人商标专用权行为提供便利条件，帮助他人实施侵犯商标专用权行为的
   【知识要点】侵犯注册商标专用权的行为
   【解析】根据《商标法》第57条的规定（参见本节第48题解析），选项A、B、C、D正确，符合题意。

50. (2014年卷二第85题) 根据商标法及相关规定，下列哪些行为属于侵犯注册商标专用权的行为？
   A. 未经商标注册人的许可，在同一种商品上使用与其注册商标相同的商标的
   B. 未经商标注册人同意，更换其注册商标并将该更换商标的商品又投入市场的
   C. 故意为侵犯他人商标专用权行为提供便利条件，帮助他人实施侵犯商标专用权行为的
   D. 未经商标注册人的许可，在类似商品上使用与其注册商标近似的商标，容易导致混淆的
   【知识要点】侵犯注册商标专用权的行为
   【解析】根据《商标法》第57条的规定（参见本节第48题解析），选项A、B、C、D分别属于该条规定中第（一）项、第（五）项、第（六）项、第（二）项规定的情形，均属于侵犯注册商标专用权的行为。故选项A、B、C、D正确，符合题意。

51. (2013年卷二第98题) 根据商标法及相关规定，下列哪些属于侵犯注册商标专用权的行为？
   A. 未经商标注册人许可，在同一种商品上使用与其注册商标相同的商标
   B. 未经商标注册人同意，更换其注册商标并将该更换商标的商品又投入市场
   C. 销售伪造、擅自制造的注册商标标识
   D. 销售侵犯注册商标专用权的商品
   【知识要点】侵犯注册商标专用权的行为
   【解析】根据《商标法》第57条的规定（参见本节第48题解析），选项A、B、C、D的行为分别为该条规定中的第（一）项、第（四）项、第（三）项、第（二）项所列，均属于侵犯注册商标专用权的行为。故选项A、B、C、D正确，符合题意。

（二）注册商标专用权的限制

（三）侵权纠纷的解决途径

52. (2015年卷二第19题) 根据商标法及相关规定，在查处商标侵权案件过程中，权利人同时向人民法院提起商标侵权诉讼的，工商行政管理部门如何处理？
   A. 应当中止案件查处   B. 可以中止案件查处
   C. 应当终结案件查处   D. 应当及时移交司法机关依法处理
   【知识要点】商标侵权纠纷的解决途径
   【解析】《商标法》第62条第3款规定："在查处商标侵权案件过程中，对商标权属存在争议或者权利人同时向人民法院提起商标侵权诉讼的，工商行政管理部门可以中止案件的查处。中止原因消除后，应当恢复或者终结案件查处程序。"故选项A、C、D错误，不符合题意；选项B正确，符合题意。

53. (2012年卷二第95题) 甲公司未经乙公司许可，在同一种商品上使用了与乙公司注册商标相同的商标，引起纠纷。根据商标法及相关规定，乙公司可以选择下列哪些途径解决该纠纷？
   A. 协商解决   B. 请求工商行政管理部门处理
   C. 请求商标评审委员会处理   D. 向人民法院起诉
   【知识要点】商标侵权的解决途径
   【解析】《商标法》第57条规定：（参见本节第48题解析）。《商标法》第60条规定："有本法第五十七条所列侵犯注册商标专用权行为之一，引起纠纷的，由当事人协商解决；不愿协商或者协商不成的，商标注册人或者利害关系人可以向人民法院起诉，也可以请求工商行政管理部门处理。工商行政管理部门处理时，认定侵权行为成立的，责令立即停止侵权行为，没收、销毁侵权商品和主要用于制造侵权商品、伪造注册商标标识的工具，违法经营额五万元以上的，可以处违法经营额五倍以下的罚款，没有违法经营额或者违法经营额不足五万元的，可以处二十五万元以下的罚款。对五年内实施两次以上商标侵权行为或者有其他严重情节的，应当从重处罚。销售不知道是侵犯注册商标专用权的商品，能证明该商品是自己合法取得并说明提供者的，由工商行政管理部门责令停止销售。对侵犯商标专用权的赔偿数额的争议，当事人可以请求进行处理的工商行政管理部门调解，也可以依照《中华人民共和国民事诉讼法》向人民法院起诉。经工商行政管理部门调解，当事人未达成协议或者调解书生效后不履行的，当事人可以依照《中华人民

54. (2011年卷二第31题) 甲公司认为乙公司侵犯了其注册商标专用权。根据商标法及相关规定，下列关于两者之间侵权纠纷解决途径的说法哪些是正确的？
    A. 甲、乙两公司可以协商解决
    B. 乙公司不愿协商的，甲公司可以向人民法院起诉，也可以请求工商行政管理部门处理
    C. 乙公司不愿协商的，甲公司只能先请求工商行政管理部门处理，再向人民法院起诉
    D. 乙公司不愿协商的，甲公司只能向人民法院起诉，不得请求工商行政管理部门处理
    【知识要点】商标侵权纠纷的解决途径
    【解析】根据《商标法》第60条的规定（参见本节第53题解析），选项A、B正确，符合题意；选项C、D错误，不符合题意。

(四) 侵犯注册商标专用权的法律责任

(1) 民事责任
55. (2015年卷二第20题) 根据商标法及相关规定，在侵犯商标专用权纠纷案件中，权利人因被侵权所受到的实际损失、侵权人因侵权所获得的利益、注册商标许可使用费难以确定的，赔偿数额应当如何确定？
    A. 由人民法院根据侵权行为的情节判决给予五十万元以下的赔偿
    B. 由人民法院根据侵权行为的情节判决给予一百万元以下的赔偿
    C. 由人民法院根据侵权行为的情节判决给予二百万元以下的赔偿
    D. 由人民法院根据侵权行为的情节判决给予三百万元以下的赔偿
    【知识要点】侵犯商标专用权的民事责任
    【解析】《商标法》第63条第3款规定："权利人因被侵权所受到的实际损失、侵权人因侵权所获得的利益、注册商标许可使用费难以确定的，由人民法院根据侵权行为的情节判决给予三百万元以下的赔偿。"故选项A、B、C错误，不符合题意；选项D正确，符合题意。

(2) 行政责任
56. (2016年卷二第26题) 根据商标法及相关规定，下列哪项不属于县级以上工商行政管理部门对涉嫌商标侵权行为进行查处时可以行使的职权？
    A. 询问有关当事人
    B. 对当事人涉嫌从事侵犯他人注册商标专用权活动的场所实施现场检查
    C. 检查与侵权活动有关的物品
    D. 对涉嫌侵权人予以拘留
    【知识要点】侵犯商标专用权的行政责任
    【解析】《商标法》第62条第1款规定："县级以上工商行政管理部门根据已经取得的违法嫌疑证据或者举报，对涉嫌侵犯他人注册商标专用权的行为进行查处时，可以行使下列职权：（一）询问有关当事人，调查与侵犯他人注册商标专用权有关的情况；（二）查阅、复制当事人与侵权活动有关的合同、发票、账簿以及其他有关资料；（三）对当事人涉嫌从事侵犯他人注册商标专用权活动的场所实施现场检查；（四）检查与侵权活动有关的物品；对有证据证明是侵犯他人注册商标专用权的物品，可以查封或者扣押。"此外，询问当事人和进行检查，属于行政机关在执法过程当中的常规权限。拘留涉及对人身权利的限制，只有公安机关才有权行使，工商机关无此项权力。故选项A、B、C不符合题意，选项D符合题意。

57. (2015年卷二第21题) 工商行政管理部门处理侵犯注册商标专用权案件时，某销售商不知道所销售的是侵犯注册商标专用权的商品，能证明该商品是自己合法取得并说明了提供者。根据商标法及相关规定，下列哪种说法是正确的？
    A. 该工商行政管理部门应当认定该销售商未侵犯商标专用权
    B. 该工商行政管理部门可以责令该销售商停止销售
    C. 该工商行政管理部门应当没收并销毁侵权商品，并及时移交司法机关依法处理
    D. 该工商行政管理部门应当要求该销售商承担损害赔偿责任
    【知识要点】侵犯商标专用权的行政责任
    【解析】A. 根据《商标法》第57条的规定（参见本节第48题解析），该销售商销售了侵犯注册商标专用权的商品，属于侵犯注册商标专用权。故选项A错误，不符合题意。
    B.《商标法》第60条第2款规定："工商行政管理部门处理时，认定侵权行为成立的，责令立即停止侵权行为，没收、销毁侵权商品和主要用于制造侵权商品、伪造注册商标标识的工具，违法经营额五万元以上的，可以处违法经营额五倍以下的罚款，没有违法经营额或者违法经营额不足五万元的，可以处二十五万元以下的罚款。对五年内实施

381

两次以上商标侵权行为或者有其他严重情节的，应当从重处罚。销售不知道是侵犯注册商标专用权的商品，能证明该商品是自己合法取得并说明提供者的，由工商行政管理部门责令停止销售。"该销售商不知道所销售的是侵犯注册商标专用权的商品，能证明该商品是自己合法取得并说明了提供者，因此，该工商行政管理部门可以责令该销售商停止销售。故选项B正确，符合题意。

C.《商标法》第61条规定："对侵犯注册商标专用权的行为，工商行政管理部门有权依法查处；涉嫌犯罪的，应当及时移送司法机关依法处理。"本题中的情形不属于涉嫌犯罪的情形，故选项C错误，不符合题意。

D.《商标法》第64条第2款规定："销售不知道是侵犯注册商标专用权的商品，能证明该商品是自己合法取得并说明提供者的，不承担赔偿责任。"故选项D错误，不符合题意。

58.（2014年卷二第89题） 根据商标法及相关规定，工商行政管理部门处理侵犯注册商标专用权纠纷，认定侵权行为成立的，可以作出下列哪些决定？

A. 责令立即停止侵权行为
B. 处以罚款
C. 根据侵权行为情节，判定侵权赔偿数额
D. 没收、销毁主要用于制造侵权商品的工具

【知识要点】工商行政管理部门的职权

【解析】根据《商标法》第60条第2款的规定（参见本节第57题解析B），工商行政管理部门认定侵权行为成立的，责令立即停止侵权行为，没收、销毁主要用于制造侵权商品的工具，并可处以罚款，但不能判定侵权赔偿数额。故选项A、B、D正确，符合题意；选项C错误，不符合题意。

（3）刑事责任

八、驰名商标

（一）驰名商标的认定

59.（2014年卷二第96题） 根据商标法及相关规定，下列有关驰名商标的哪些说法是正确的？
A. 驰名商标应当根据当事人的请求，作为处理涉及商标案件需要认定的事实进行认定
B. 在商标注册审查过程中，商标局根据审查的需要，可以主动对商标驰名情况作出认定
C. 在商标争议处理过程中，商标评审委员会根据处理案件的需要，可以主动对商标驰名情况作出认定
D. 生产、经营者不得将"驰名商标"字样用于商品、商品包装或者容器上

【知识要点】驰名商标

【解析】A.《商标法》第14条第1款规定："驰名商标应当根据当事人的请求，作为处理涉及商标案件需要认定的事实进行认定。……"故选项A正确，符合题意。

B.C.《商标法》第14条第2款规定："在商标注册审查、工商行政管理部门查处商标违法案件过程中，当事人依照本法第十三条规定主张权利的，商标局根据审查、处理案件的需要，可以对商标驰名情况作出认定。"同时，该条第3款规定："在商标争议处理过程中，当事人依照本法第十三条规定主张权利的，商标评审委员会根据处理案件的需要，可以对商标驰名情况作出认定。"上述规定确定了驰名商标"个案认定、被动保护"的原则，商标局和商标评审委员会不能主动对商标驰名情况作出认定。故选项B、C错误，不符合题意。

D.《商标法》第14条第5款规定："生产、经营者不得将'驰名商标'字样用于商品、商品包装或者容器上，或者用于广告宣传、展览以及其他商业活动中。"故选项D正确，符合题意。

（二）对驰名商标的特殊保护

（三）对"驰名商标"字样的使用限制

60.（2015年卷二第90题） 根据商标法及相关规定，下列关于驰名商标的哪些说法是正确的？
A. 驰名商标应当根据当事人的请求，作为处理涉及商标案件需要认定的事实进行认定
B. 生产、经营者不得将"驰名商标"字样用于广告宣传中
C. 生产、经营者可以将"驰名商标"字样用于商品包装上
D. 仅有商标评审委员会可以对商标驰名情况作出认定

【知识要点】驰名商标

【解析】A.《商标法》第14条第1款规定："驰名商标应当根据当事人的请求，作为处理涉及商标案件需要认定的事实进行认定。认定驰名商标应当考虑下列因素：（一）相关公众对该商标的知晓程度；（二）该商标使用的持续时间；（三）该商标的任何宣传工作的持续时间、程度和地理范围；（四）该商标作为驰名商标受保护的记录；（五）该商标驰名的其他因素。"故选项A正确，符合题意。

B.C. 根据《商标法》第14条第5款的规定（参见本节第59题解析D），选项B正确，符合题意；选项C错误，

不符合题意。

D.《商标法》第 14 条第 2 款和第 3 款规定：（参见本节第 59 题解析 B、C）。《商标法》第 14 条第 4 款规定："在商标民事、行政案件审理过程中，当事人依照本法第十三条规定主张权利的，最高人民法院指定的人民法院根据审理案件的需要，可以对商标驰名情况作出认定。"因此，商标局、商标评审委员会以及最高人民法院指定的人民法院均可以对商标驰名情况作出认定。故选项 D 错误，不符合题意。

第三节　反不正当竞争法

一、适用范围和基本原则

1.（2015 年卷二第 91 题）根据反不正当竞争法及相关规定，经营者不得以排挤竞争对手为目的，以低于成本的价格销售商品，但有下列哪些情形的，不属于不正当竞争行为？
  A. 季节性降价　　　　　　　　　　　　B. 因转产降价销售商品
  C. 销售鲜活商品　　　　　　　　　　　D. 因歇业降价销售商品

【知识要点】反不正当竞争的概念和种类

【解析】1993 年版《反不正当竞争法》第 11 条规定："经营者不得以排挤竞争对手为目的，以低于成本的价格销售商品。有下列情形之一的，不属于不正当竞争行为：（一）销售鲜活商品；（二）处理有效期限即将到期的商品或者其他积压的商品；（三）季节性降价；（四）因清偿债务、转产、歇业降价销售商品。"故选项 A、B、C、D 正确，符合题意。（现行《反不正当竞争法》于 2018 年 1 月 1 日起施行，其中删除了这一条，故该题解析遵循 1993 年版《反不正当竞争法》，以下除非特殊注明，解析与法条都按照现行《反不正当竞争法》。）

2.（2013 年卷二第 45 题）经营者的下列哪些行为属于反不正当竞争法规定的不正当竞争行为？
  A. 擅自使用他人的企业名称或者姓名，引人误认为是他人的商品
  B. 广告的经营者在明知或者应知的情况下，代理、设计、制作、发布虚假广告
  C. 以低于成本的价格销售处理有效期限即将到期的商品
  D. 从事最高奖的金额为三千元的抽奖式有奖销售

【知识要点】不正当竞争行为

【解析】A.《反不正当竞争法》第 6 条规定："经营者不得实施下列混淆行为，引人误认为是他人商品或者与他人存在特定联系：……（二）擅自使用他人有一定影响的企业名称（包括简称、字号等）、社会组织名称（包括简称等）、姓名（包括笔名、艺名、译名等）；……"选项 A 属于不正当竞争行为，符合题意。

B.《反不正当竞争法》第 8 条规定："经营者不得对其商品的性能、功能、质量、销售状况、用户评价、曾获荣誉等作虚假或者引人误解的商业宣传，欺骗、误导消费者。经营者不得通过组织虚假交易等方式，帮助其他经营者进行虚假或者引人误解的商业宣传。"选项 B 属于不正当竞争行为，符合题意。

C. 根据 1993 年版《反不正当竞争法》第 11 条的规定（参见本节第 1 题解析），选项 C 的行为不属于不正当竞争行为，不符合题意。

D.《反不正当竞争法》第 10 条规定："经营者进行有奖销售不得存在下列情形：……（三）抽奖式的有奖销售，最高奖的金额超过五万元。"选项 D 为最高奖金额低于五万元的抽奖式有奖销售，不属于不正当竞争行为，不符合题意。

二、商业秘密

（一）商业秘密的概念

3.（2015 年卷二第 92 题）根据反不正当竞争法及相关规定，下列关于商业秘密的哪些说法是正确的？
  A. 商业秘密，是指不为公众所知悉、能为权利人带来经济利益、具有实用性并经权利人采取保密措施的技术信息和经营信息
  B. 通过自行开发研制获得商业秘密的行为不属于侵犯商业秘密的行为
  C. 通过反向工程获得商业秘密的行为属于侵犯商业秘密的行为
  D. 确定侵犯商业秘密行为的损害赔偿额，可以参照确定侵犯专利权的损害赔偿额的方法进行

【知识要点】商业秘密的概念和商业秘密的保护

【解析】A.《反不正当竞争法》第 9 条规定："经营者不得实施下列侵犯商业秘密的行为：（一）以盗窃、贿赂、欺诈、胁迫或者其他不正当手段获取权利人的商业秘密；（二）披露、使用或者允许他人使用以前项手段获取的权利人的商业秘密；（三）违反约定或者违反权利人有关保守商业秘密的要求，披露、使用或者允许他人使用其所掌握的

商业秘密。第三人明知或者应知商业秘密权利人的员工、前员工或者其他单位、个人实施前款所列违法行为，仍获取、披露、使用或者允许他人使用该商业秘密的，视为侵犯商业秘密。本法所称的商业秘密，是指不为公众所知悉、具有商业价值并经权利人采取相应保密措施的技术信息和经营信息。"故选项A正确，符合题意。

B.C.《最高人民法院关于审理不正当竞争民事案件应用法律若干问题的解释》第12条第1款规定："通过自行开发研制或者反向工程等方式获得的商业秘密，不认定为反不正当竞争法第十条第（一）、（二）项规定的侵犯商业秘密行为"。该司法解释条款中所指的《反不正当竞争法》第10条是1993年版《反不正当竞争法》的第10条，与现行《反不正当竞争法》第9条类似。故选项B正确，符合题意；选项C错误，不符合题意。

D.《最高人民法院关于审理不正当竞争民事案件应用法律若干问题的解释》第17条规定："确定反不正当竞争法第十条规定的侵犯商业秘密行为的损害赔偿额，可以参照确定侵犯专利权的损害赔偿额的方法进行；确定反不正当竞争法第五条、第九条、第十四条规定的不正当竞争行为的损害赔偿额，可以参照确定侵犯注册商标专用权的损害赔偿额的方法进行"。该司法解释条款中所指的《反不正当竞争法》第10条是1993年版《反不正当竞争法》的第10条，与现行《反不正当竞争法》第9条类似；1993年版《反不正当竞争法》的第5条、第9条、第14条分别对应现行《反不正当竞争法》的第6条、第8条、第11条。故选项D正确，符合题意。

4.（2006年卷二第92题）甲发明了一种饮料配方，并就该配方向律师乙咨询专利保护和商业秘密保护的区别。乙提供了下列咨询意见。请问哪些是正确的？

A. 专利保护有法定期限，而商业秘密保护没有法定期限
B. 如果他人就同样的配方提出专利申请，并且该专利申请已被公布的，则甲不能再就其配方获得商业秘密保护
C. 甲只有就其配方向国务院有关行政管理部门登记备案后才能获得商业秘密保护
D. 在甲将其配方作为商业秘密加以保护的期间内，甲有权禁止他人自行研发并使用同样的配方

【知识要点】专利保护与商业秘密保护的区别

【解析】《反不正当竞争法》第9条规定：（参见本节第3题解析A）。《专利法》第42条规定："发明专利权的期限为二十年，实用新型专利权和外观设计专利权的期限为十年，均自申请日起计算。"只要符合《反不正当竞争法》第9条第3款规定的条件的商业秘密，就会受到法律保护，商业秘密的保护是没有法定期限的。《专利法》第42条规定了三种专利的期限。故选项A正确，符合题意。如果一项技术信息被人作为专利申请并已被公布，则使得该技术信息因为不再符合《反不正当竞争法》第9条第3款规定的"不为公众所知悉"的条件，而不再成为商业秘密。故选项B正确，符合题意。商业秘密不需要登记备案即可获得保护，故选项C错误，不符合题意。商业秘密仅被作为一种秘密而得到保护，不能像专利、商标那样取得垄断性保护。故选项D错误，不符合题意。

（二）商业秘密的保护

（1）侵犯商业秘密的行为

5.（2014年卷二第38题）根据反不正当竞争法及相关规定，下列哪些属于侵犯他人商业秘密的行为？

A. 以利诱手段获取他人商业秘密
B. 通过自行研究开发出与他人技术秘密相同的技术
C. 通过反向工程获得他人的技术秘密
D. 违反约定，允许他人使用其掌握的商业秘密

【知识要点】侵犯商业秘密的行为

【解析】A.D. 根据《反不正当竞争法》第9条的规定（参见本节第3题解析A），选项A不属于该条规定的行为，不属于他人商业秘密的行为，故选项A错误，不符合题意；1993年版《反不正当竞争法》第10条第（一）项规定的是"以盗窃、利诱、胁迫或者其他不正当手段获取权利人的商业秘密"，而现行《反不正当竞争法》第9条第（一）项规定的是"以盗窃、贿赂、欺诈、胁迫或者其他不正当手段获取权利人的商业秘密"，将1993年版《反不正当竞争法》法条中的"利诱"修改为"贿赂、欺诈"。该题在当年考核时适用1993年版《反不正当竞争法》，选项A符合题意，为正确选项，但是按照现行《反不正当竞争法》的规定，选项A不符合题意，为错误选项。）选项D为该条规定中第（三）项规定的行为，属于侵犯他人商业秘密的行为。故选项D正确，符合题意。

B.C. 根据《最高人民法院关于审理不正当竞争民事案件应用法律若干问题的解释》第12条第1款的规定（参见本节第3题解析B.C），选项B、C的行为不属于侵犯他人商业秘密，故选项B、C错误，不符合题意。

6.（2008年卷二第34题）根据反不正当竞争法的规定，下列哪些行为属于侵犯商业秘密的行为？

A. 李某通过自行研发获得了某项技术，该技术与他人的技术秘密相同
B. 孙某通过反向工程获得了他人的技术秘密
C. 唐某违反权利人有关保守商业秘密的要求，向他人披露其掌握的商业秘密
D. 赵某明知商业秘密是他人以胁迫方式获得的，仍然加以使用

【知识要点】侵犯商业秘密的行为

【解析】根据《反不正当竞争法》第9条的规定（参见本节第3题解析A），以及《最高人民法院关于审理不正当竞争民事案件应用法律若干问题的解释》第12条第1款的规定（参见本节第3题解析B.C），选项A、B错误，不符

合题意；选项C、D正确，符合题意。

7. (2006年卷二第10题) 甲公司与乙公司就数码相机购销协议进行洽谈，其间，乙的商业秘密被甲公司获悉。甲公司将该商业秘密泄露给乙公司的竞争对手，导致乙的市场份额锐减。据此，下列哪些说法是正确的？
   A. 甲的行为属于正常的商业行为
   B. 甲的行为侵犯了乙的商业秘密
   C. 甲应当承担违约责任
   D. 甲应当承担损害赔偿责任

   【知识要点】侵犯商业秘密行为及法律责任
   【解析】A、B. 甲公司的行为属于《反不正当竞争法》第9条第1款第（三）项（参见本节第3题解析A）的情况，甲的行为侵犯了乙的商业秘密。故选项A错误，不符合题意；选项B正确，符合题意。
   C. 本题中甲乙双方的购销协议正处于洽谈期间，尚未达成合同；即使签订了合同，题目中也未明示合同中是否包括保密条款，因此不存在违约的条件。故选项C错误，不符合题意。
   D. 《反不正当竞争法》第17条第1款规定："经营者违反本法规定，给他人造成损害的，应当依法承担民事责任。……"《合同法》第43条规定："当事人在订立合同过程中知悉的商业秘密，无论合同是否成立，不得泄露或者不正当地使用。泄露或者不正当地使用该商业秘密给对方造成损失的，应当承担损害赔偿责任。"故选项D正确，符合题意。

8. (2000年卷一第98题) 在下列哪些情况下甲公司的行为属于侵犯商业秘密？
   A. 某经营信息是乙违反权利人有关保守商业秘密的要求而披露的，甲公司在不知道的情况下予以使用
   B. 乙公司的软件开发人员辞职后到甲公司，甲公司要求该软件开发人员提供其在乙公司开发的软件，否则将其解雇
   C. 丙公司从乙公司处窃得技术秘密并出售给甲公司，甲公司在与丙公司订立合同的过程中知道该技术秘密的来源方式，但仍然予以购买使用
   D. 甲公司与乙公司订立了一份技术秘密许可使用合同，合同约定甲应当保守该技术秘密，但甲公司却允许其子公司使用该技术秘密

   【知识要点】侵犯商业秘密的行为
   【解析】A、B、C. 《反不正当竞争法》第9条规定：（参见本节第3题解析A）。《合同法》第351条规定："让与人未按照约定转让技术的，应当返还部分或者全部使用费，并应当承担违约责任；实施专利或者使用技术秘密超越约定的范围的，违反约定擅自许可第三人实施该专利或者使用该项技术秘密的，应当停止违约行为，承担违约责任；违反约定的保密义务的，应当承担违约责任。"由上述法规可知，选项A错误，不符合题意；选项C正确，符合题意。只要具有侵犯商业秘密的行为即可构成侵犯商业秘密，不以其是否已经获得该商业秘密为准。故选项B正确，符合题意。
   D. 《公司法》第14条规定："公司可以设立分公司。设立分公司，应当向公司登记机关申请登记，领取营业执照。分公司不具有法人资格，其民事责任由公司承担。公司可以设立子公司，子公司具有法人资格，依法独立承担民事责任。"由此可见，母公司和子公司分别为独立的法人，所以甲公司无权泄露和许可其子公司使用该商业秘密。故选项D正确，符合题意。

(2) 侵犯商业秘密的法律责任

9. (2007年卷二第94题) 根据反不正当竞争法的规定，对侵犯商业秘密的行为，监督检查部门应当如何处理？
   A. 责令停止违法行为
   B. 没收违法所得
   C. 吊销营业执照
   D. 根据情节处以1万元以上20万元以下罚款

   【知识要点】侵犯商业秘密行为的处理
   【解析】《反不正当竞争法》第21条规定："经营者违反本法第九条规定侵犯商业秘密的，由监督检查部门责令停止违法行为，处十万元以上五十万元以下的罚款；情节严重的，处五十万元以上三百万元以下的罚款。"故选项A正确，符合题意；选项B、C、D错误，不符合题意。

第四节 植物新品种保护条例

一、品种权的保护客体

（一）植物新品种

（二）授予品种权的条件

1. (2013年卷二第86题) 根据植物新品种保护条例及相关规定，下列哪些说法是正确的？

A. 申请品种权的植物新品种仅指经过人工培育的植物品种,不包括对发现的野生植物加以开发的植物品种
B. 申请品种权的植物新品种应当属于国家植物品种保护名录中列举的植物的属或者种
C. 授予品种权的植物新品种应当具备适当的名称,并与相同或者相近的植物属或者种中已知品种的名称相区别
D. 授予品种权的植物新品种应当同时具备新颖性、特异性、一致性和实用性

【知识要点】植物新品种权的授权条件

【解析】A、D. 《植物新品种保护条例》第2条规定:"本条例所称植物新品种,是指经过人工培育的或者对发现的野生植物加以开发,具备新颖性、特异性、一致性和稳定性并有适当命名的植物品种。"据此,申请品种权的植物新品种不仅包括经过人工培育的植物品种,还包括对发现的野生植物加以开发的植物品种。故选项A错误,不符合题意。同时根据该条规定可知,"实用性"不是授予品种权的条件之一。故选项D错误,不符合题意。

B. 《植物新品种保护条例》第13条规定:"申请品种权的植物新品种应当属于国家植物品种保护名录中列举的植物的属或者种,植物品种保护名录由审批机关确定和公布。"故选项B正确,符合题意。

C. 《植物新品种保护条例》第18条规定:"授予品种权的植物新品种应当具备适当的名称,并与相同或者相近的植物属或者种中已知品种的名称相区别。……"故选项C正确,符合题意。

2.(2008年卷二第82题)根据植物新品种保护条例的规定,下列哪些申请品种权的林木新品种具备新颖性?
A. 在申请日前其繁殖材料未被销售的
B. 在申请日前,经育种者许可,其繁殖材料在中国境内销售未超过1年,且在中国境外销售未超过4年的
C. 在申请日前,经育种者许可,其繁殖材料在中国境内销售未超过1年,但在中国境外销售超过6年的
D. 在申请日前,经育种者许可,其繁殖材料在中国境内销售超过1年,但在中国境外销售未超过4年的

【知识要点】植物新品种的新颖性标准

【解析】《植物新品种保护条例》第14条规定:"授予品种权的植物新品种应当具备新颖性。新颖性,是指申请品种权的植物新品种在申请日前该品种繁殖材料未被销售,或者经育种者许可,在中国境内销售该品种繁殖材料未超过1年;在中国境外销售藤本植物、林木、果树和观赏树木品种繁殖材料未超过6年,销售其他植物品种繁殖材料未超过4年。"故选项A、B正确,符合题意;选项C、D错误,不符合题意。

二、品种权的主体

(一)一般主体

(二)职务育种和非职务育种的品种权归属

(三)委托育种和合作育种的品种权归属

3.(2013年卷二第97题)根据植物新品种保护条例及相关规定,在没有合同约定的情况下,下列哪些说法是正确的?
A. 执行本单位的任务所完成的职务育种,植物新品种的申请权属于该单位
B. 主要是利用本单位的物质条件所完成的职务育种,植物新品种的申请权属于完成育种的个人
C. 合作育种,植物新品种的申请权属于共同完成育种的单位和个人
D. 委托育种,植物新品种的申请权属于委托人

【知识要点】品种权的归属

【解析】A、B. 《植物新品种保护条例》第7条第1款规定:"执行本单位的任务或者主要是利用本单位的物质条件所完成的职务育种,植物新品种的申请权属于该单位;非职务育种,植物新品种的申请权属于完成育种的个人。申请被批准后,品种权属于申请人。"故选项A正确,符合题意;选项B错误,不符合题意。

C、D. 《植物新品种保护条例》第7条第2款规定:"委托育种或者合作育种,品种权的归属由当事人在合同中约定;没有合同约定的,品种权属于受委托完成或者共同完成育种的单位或者个人。"据此,在没有合同约定的情况下,委托育种或者合作育种属于完成或共同完成育种的单位和个人。故选项C正确,符合题意;选项D错误,不符合题意。

三、获得品种权的程序

(一)品种权的申请和受理

4.(2010年卷二第73题)中国某公司就其培育的某花卉新品种向审批机关申请品种权,根据植物新品种保护条例及相关规定,下列说法哪些是正确的?

A. 该公司应当向审批机关提交符合规定格式要求的请求书、说明书和该品种的照片
B. 该公司应当委托代理机构向审批机关提出申请
C. 该花卉品种要获得品种权，必须具备新颖性、特异性、一致性和稳定性
D. 如果另一公司也就同一个花卉品种申请了品种权，品种权将授予最先培育出该品种的公司

【知识要点】植物新品种的申请

【解析】A.《植物新品种保护条例》第21条规定："申请品种权的，应当向审批机关提交符合规定格式要求的请求书、说明书和该品种的照片。申请文件应当使用中文书写。"故选项A正确，符合题意。

B.《植物新品种保护条例》第19条规定："中国的单位和个人申请品种权的，可以直接或者委托代理机构向审批机关提出申请。中国的单位和个人申请品种权的植物新品种涉及国家安全或者重大利益需要保密的，应当按照国家有关规定办理。"故选项B错误，不符合题意。

C.《植物新品种保护条例》第14条规定：（参见本节第2题解析）。第15条规定："授予品种权的植物新品种应当具备特异性。特异性，是指申请品种权的植物新品种应当明显区别于在递交申请以前已知的植物品种。"第16条规定："授予品种权的植物新品种应当具备一致性。一致性，是指申请品种权的植物新品种经过繁殖，除可以预见的变异外，其相关的特征或者特性一致。"第17条规定："授予品种权的植物新品种应当具备稳定性。稳定性，是指申请品种权的植物新品种经过反复繁殖后或者在特定繁殖周期结束时，其相关的特征或者特性保持不变。"故选项C正确，符合题意。

D.《植物新品种保护条例》第8条规定："一个植物新品种只能授予一项品种权。两个以上的申请人分别就同一个植物新品种申请品种权的，品种权授予最先申请的人；同时申请的，品种权授予最先完成该植物新品种育种的人。"故选项D错误，不符合题意。

（二）品种权的审查和批准

5.（2007年卷二第7题）甲于2005年11月10日独立完成了某植物新品种的育种，乙于2006年2月14日也独立完成了该植物新品种的育种。后甲和乙均于2006年6月8日分别就该植物新品种申请品种权。如果甲和乙就该植物新品种提交的品种权申请均符合授予品种权的其他条件，则品种权应当授予何人？
A. 甲
B. 乙
C. 由甲和乙协商确定，协商不成的，由审批机关以抽签的方式确定
D. 由甲和乙协商确定，协商不成的，驳回甲和乙的申请

【知识要点】植物新品种权授予原则

【解析】《植物新品种保护条例》第8条规定：（参见本节第4题解析D）。《植物新品种保护条例实施细则（农业部分）》第10条第2款规定："一个植物新品种由两个以上申请人分别于同一日内提出品种权申请的，由申请人员自行协商确定申请权的归属；协商不能达成一致意见的，品种保护办公室可以要求申请人在指定期限内提供证据，证明自己是最先完成该新品种育种的人。逾期未提供证据的，视为撤回申请；所提供证据不足以作为判定依据的，品种保护办公室驳回申请。"《植物新品种保护条例实施细则（林业部分）》第7条规定："两个以上申请人就同一个植物新品种在同一日分别提出品种权申请的，植物新品种保护办公室可以要求申请人自行协商确定申请权的归属；协商达不成一致意见的，植物新品种保护办公室可以要求申请人在规定的期限内提供证明自己是最先完成该新品种的证据；逾期不提供证据的，视为放弃申请。"故选项A正确，符合题意；选项B、C、D错误，不符合题意。

（三）复审

四、品种权的内容

（一）排他的独占权

（二）不需要经品种权人许可的使用

6.（2016年卷二第94题）根据植物新品种保护条例及相关规定，下列哪些行为可以不经品种权人许可，不向其支付使用费？
A. 利用授权品种进行育种及其他科研活动
B. 农民自繁自用授权品种的繁殖材料
C. 为了商业目的将该授权品种的繁殖材料重复使用于生产另一品种的繁殖材料
D. 为商业目的生产该授权品种的繁殖材料

【知识要点】植物新品种使用的例外

【解析】A、B.《植物新品种保护条例》第10条规定："在下列情况下使用授权品种的，可以不经品种权人许可，不向其支付使用费，但是不得侵犯品种权人依照本条例享有的其他权利：（一）利用授权品种进行育种及其他科研活动；（二）农民自繁自用授权品种的繁殖材料。"故选项A、B正确，符合题意。

C、D.《植物新品种保护条例》第6条规定："完成育种的单位或者个人对其授权品种，享有排他的独占权。任何单位或者个人未经品种权所有人（以下称品种权人）许可，不得为商业目的生产或者销售该授权品种的繁殖材料，不得为商业目的将该授权品种的繁殖材料重复使用于生产另一品种的繁殖材料；但是，本条例另有规定的除外。"故选项C、D错误，不符合题意。

（三）强制许可

7.（2010年卷二第66题）根据植物新品种保护条例及相关规定，在下列哪些情形下审批机关可以作出实施植物新品种强制许可的决定？

A. 科研机构需要利用授权品种进行育种
B. 为了国家利益
C. 为了公共利益
D. 农民要自繁自用授权品种的繁殖材料

【知识要点】植物新品种的强制许可

【解析】A、D. 根据《植物新品种保护条例》第10条的规定（参见本节第6题解析A、B），选项A、D错误，不符合题意。

B、C.《植物新品种保护条例》第11条规定："为了国家利益或者公共利益，审批机关可以作出实施植物新品种强制许可的决定，并予以登记和公告。取得实施强制许可的单位或者个人应当付给品种权人合理的使用费，其数额由双方商定；双方不能达成协议的，由审批机关裁决。品种权人对强制许可决定或者强制许可使用费的裁决不服的，可以自收到通知之日起3个月内向人民法院提起诉讼。"故选项B、C正确，符合题意。

（四）品种权的转让

（五）品种权的保护期限

8.（2015年卷二第94题）某公司于2014年5月6日在外国就某果树新品种提出品种权申请并被受理，并于2014年10月20日就同一品种在中国提出品种权申请，要求享有优先权并及时提交了相关文件。我国审批机关于2015年10月30日授予其品种权。根据植物新品种保护条例及相关规定，下列关于该品种权保护期限的哪些说法是正确的？

A. 保护期限从2014年5月6日起计算
B. 保护期限从2014年10月20日起计算
C. 保护期限从2015年10月30日起计算
D. 该品种权的保护期限是20年

【知识要点】品种权的保护期限

【解析】《植物新品种保护条例》第34条规定："品种权的保护期限，自授权之日起，藤本植物、林木、果树和观赏树木为20年，其他植物为15年。"由于品种权的保护期限自授权之日起计算，因此本题中品种权的保护期限从2015年10月30日起计算。故选项C正确，符合题意；选项A、B错误，不符合题意。由于果树的品种权保护期限为20年，因此选项D正确，符合题意。

（六）品种权的终止

9.（2007年卷二第19题）根据植物新品种保护条例的规定，有下列哪些情形的，品种权在其保护期限届满前终止？

A. 品种权人以书面声明放弃品种权的
B. 品种权人未按照规定缴纳年费的
C. 品种权人未按照审批机关的要求提供检测所需的该授权品种的繁殖材料的
D. 经检测该授权品种不再符合被授予品种权时的特征和特性的

【知识要点】植物新品种权的终止

【解析】《植物新品种保护条例》第36条第1款规定："有下列情形之一的，品种权在其保护期限届满前终止：（一）品种权人以书面声明放弃品种权的；（二）品种权人未按照规定缴纳年费的；（三）品种权人未按照审批机关的要求提供检测所需的该授权品种的繁殖材料的；（四）经检测该授权品种不再符合被授予品种权时的特征和特性的。"故选项A、B、C、D正确，符合题意。

五、品种权的无效

10.（2008年卷二第10题）根据植物新品种保护条例的规定，关于植物新品种权的无效，下列哪些说法是正确的?
A. 请求宣告品种权无效的期限为自公告授予品种权之日起6个月后
B. 对于不具备一致性的植物新品种,植物新品种复审委员会可以依据职权宣告品种权无效
C. 对于不具备稳定性的植物新品种,植物新品种复审委员会可以依据任何单位或个人的书面请求宣告品种权无效
D. 品种权人对于宣告其品种权无效的决定不服的,可以向人民法院起诉

【知识要点】植物新品种权的无效

【解析】A、D. 《植物新品种保护条例》第37条规定:"自审批机关公告授予品种权之日起,植物新品种复审委员会可以依据职权或者依据任何单位或者个人的书面请求,对不符合本条例第十四条、第十五条、第十六条和第十七条规定的,宣告品种权无效;对不符合本条例第十八条规定的,予以更名。宣告品种权无效或者更名的决定,由审批机关登记和公告,并通知当事人。对植物新品种复审委员会的决定不服的,可以自收到通知之日起3个月内向人民法院提起诉讼。"故选项A错误,不符合题意;选项D正确,符合题意。

B. 《植物新品种保护条例》第16条规定:"授予品种权的植物新品种应当具备一致性。一致性,是指申请品种权的植物新品种经过繁殖,除可以预见的变异外,其相关的特征或者特性一致。"又根据《植物新品种保护条例》第37条的规定,选项B正确,符合题意。

C. 《植物新品种保护条例》第17条规定:"授予品种权的植物新品种应当具备稳定性。稳定性,是指申请品种权的植物新品种经过反复繁殖后或者在特定繁殖周期结束时,其相关的特征或者特性保持不变。"又根据《植物新品种保护条例》第37条的规定,选项C正确,符合题意。

六、品种权的保护

(一)对申请期间植物新品种的临时保护

(二)侵犯品种权的行为

(三)侵权纠纷的解决途径

(四)侵权的法律责任

第五节 集成电路布图设计保护条例

一、集成电路布图设计专有权的客体

(一)集成电路布图设计

(二)其他相关概念

(三)申请保护的实质性条件

二、集成电路布图设计专有权的主体

(一)主体范围

(二)专有权人的确定

1. (2010年卷二第80题)根据集成电路布图设计保护条例及相关规定,下列说法哪些是正确的?
A. 除集成电路布图设计保护条例另有规定外,布图设计专有权属于布图设计创作者
B. 由法人主持,依据法人的意志而创作,并由法人承担责任的布图设计,该法人是创作者
C. 受委托创作的布图设计,委托人和受托人对专有权的归属未作约定或者约定不明的,其专有权由委托人享有
D. 两个以上自然人、法人或者其他组织合作创作的布图设计,合作者对专有权的归属未作约定或者约定不明的,其专有权由合作者共同享有

【知识要点】集成电路布图设计的专有权人

【解析】A、B.《集成电路布图设计保护条例》第9条规定:"布图设计专有权属于布图设计创作者,本条例另有规定的除外。由法人或者其他组织主持,依据法人或者其他组织的意志而创作,并由法人或者其他组织承担责任的布图设计,该法人或者其他组织是创作者。由自然人创作的布图设计,该自然人是创作者。"故选项A、B正确,符合题意。

C.《集成电路布图设计保护条例》第11条规定:"受委托创作的布图设计,其专有权的归属由委托人和受托人双方约定;未作约定或者约定不明的,其专有权由受托人享有。"故选项C错误,不符合题意。

D.《集成电路布图设计保护条例》第10条规定:"两个以上自然人、法人或者其他组织合作创作的布图设计,其专有权的归属由合作者约定;未作约定或者约定不明的,其专有权由合作者共同享有。"故选项D正确,符合题意。

三、集成电路布图设计专有权的取得

(一)登记申请

2.(2015年卷二第29题) 根据集成电路布图设计保护条例及相关规定,下列哪种文件是申请布图设计登记应当提交的?
A. 权利要求书　　　　　　　　　　B. 说明书
C. 说明书附图　　　　　　　　　　D. 布图设计的复印件或者图样

【知识要点】申请应提交的材料

【解析】《集成电路布图设计保护条例》第16条规定:"申请布图设计登记,应当提交:(一)布图设计登记申请表;(二)布图设计的复印件或者图样;(三)布图设计已投入商业利用的,提交含有该布图设计的集成电路样品;(四)国务院知识产权行政部门规定的其他材料。"因此,选项D正确,符合题意。选项A、B、C是发明和实用新型专利申请需要提交的材料,不是申请布图设计登记应当提交的文件。故选项A、B、C错误,不符合题意。

(二)申请的审查和登记

(三)查阅和复制

(四)费用

四、集成电路布图设计专有权的内容

(一)复制权的内容及其范围

(二)商业利用权的内容及其范围

3.(2016年卷二第95题) 根据集成电路布图设计保护条例及相关规定,集成电路布图设计权利人享有下列哪些专有权?
A. 对受保护的布图设计的全部进行复制
B. 对受保护的布图设计的任何具有独创性的部分进行复制
C. 将受保护的布图设计投入商业利用
D. 将含有受保护的布图设计的集成电路投入商业利用

【知识要点】集成电路布图设计专有权的内容及其范围

【解析】《集成电路布图设计保护条例》第7条规定:"布图设计权利人享有下列专有权:(一)对受保护的布图设计的全部或者其中任何具有独创性的部分进行复制;(二)将受保护的布图设计、含有该布图设计的集成电路或者含有该集成电路的物品投入商业利用。"故选项A、B、C、D正确,符合题意。

(三)权利的行使

(四)专有权的保护期限和放弃

4.(2015年卷二第95题) 根据集成电路布图设计保护条例及相关规定,下列哪些说法是正确的?
A. 布图设计专有权的保护期为25年
B. 布图设计专有权的保护期自登记申请之日或者在世界任何地方首次投入商业利用之日起计算,以较前日期为准
C. 布图设计专有权经国务院知识产权行政部门登记产生

D. 无论是否登记或者投入商业利用，布图设计自创作完成之日起 15 年后，不再受到集成电路布图设计保护条例保护

【知识要点】集成电路布图设计专有权的保护期限

【解析】A、B、D.《集成电路布图设计保护条例》第 12 条规定："布图设计专有权的保护期为 10 年，自布图设计登记申请之日或者在世界任何地方首次投入商业利用之日起计算，以较前日期为准。但是，无论是否登记或者投入商业利用，布图设计自创作完成之日起 15 年后，不再受本条例保护。"由于布图设计专有权的保护期为 10 年，因此选项 A 错误，不符合题意。由于布图设计专有权自布图设计登记申请之日或者在世界任何地方首次投入商业利用之日起计算，以较前日期为准，因此选项 B 正确，符合题意。由于无论是否登记或者投入商业利用，布图设计自创作完成之日起 15 年后，不再受集成电路布图设计保护条例保护，因此选项 D 正确，符合题意。

C.《集成电路布图设计保护条例》第 8 条规定："布图设计专有权经国务院知识产权行政部门登记产生。未经登记的布图设计不受本条例保护。"因此，选项 C 正确，符合题意。

5.（2009 年卷二第 9 题）根据集成电路布图设计保护条例及相关规定，下列说法哪些是正确的？
A. 受保护的集成电路布图设计应当具有独创性
B. 集成电路布图设计专有权经国务院知识产权行政部门登记产生
C. 对集成电路布图设计的保护不延及思想、处理过程、操作方法或者数学概念等
D. 集成电路布图设计专有权的保护期为十五年

【知识要点】集成电路布图设计专有权的保护及保护期限

【解析】A.《集成电路布图设计保护条例》第 4 条第 1 款规定："受保护的布图设计应当具有独创性，即该布图设计是创作者自己的智力劳动成果，并且在其创作时该布图设计在布图设计创作者和集成电路制造者中不是公认的常规设计。"故选项 A 正确，符合题意。

B. 根据《集成电路布图设计保护条例》第 8 条的规定（参见本节第 4 题解析 C），选项 B 正确，符合题意。

C.《集成电路布图设计保护条例》第 5 条规定："本条例对布图设计的保护，不延及思想、处理过程、操作方法或者数学概念等。"故选项 C 正确，符合题意。

D. 根据《集成电路布图设计保护条例》第 12 条的规定（参见本节第 4 题解析 A、B、D），选项 D 错误，不符合题意。

（五）对布图设计专有权的限制

6.（2010 年卷二第 87 题）根据集成电路布图设计保护条例及相关规定，集成电路布图设计权利人甲公司可以要求行为人停止下列哪些未经其许可的行为？
A. 某大学教授赵某为教学目的而复制甲公司受保护的布图设计
B. 乙公司将自己独立创作的与甲公司受保护的布图设计相同的布图设计投入商业利用
C. 丙公司为商业目的复制甲公司受保护的布图设计中具有独创性的部分
D. 丁公司为商业目的销售含有甲公司受保护的布图设计的集成电路

【知识要点】布图设计专有权

【解析】A、B.《集成电路布图设计保护条例》第 23 条规定："下列行为可以不经布图设计权利人许可，不向其支付报酬：（一）为个人目的或者单纯为评价、分析、研究、教学等目的而复制受保护的布图设计的；（二）在依据前项评价、分析受保护的布图设计的基础上，创作出具有独创性的布图设计的；（三）对自己独立创作的与他人相同的布图设计进行复制或者将其投入商业利用的。"故选项 A、B 错误，不符合题意。

C、D. 根据《集成电路布图设计保护条例》第 7 条的规定（参见本节第 3 题解析），选项 C、D 正确，符合题意。

五、布图设计登记申请的复审、复议和专有权的撤销

（一）复审

7.（2014 年卷二第 14 题）根据集成电路布图设计保护条例及相关规定，布图设计登记申请人对国家知识产权局驳回其登记申请的决定不服的，可以选择下列哪种救济途径？
A. 自收到通知之日起 3 个月内向国家知识产权局申请行政复议
B. 自收到通知之日起 3 个月内向国家知识产权局专利复审委员会请求复审
C. 自收到通知之日起 3 个月内向国家知识产权局专利复审委员会申诉
D. 自收到通知之日起 3 个月内直接向人民法院提起行政诉讼

【知识要点】对驳回布图设计登记申请的救济途径

【解析】《集成电路布图设计保护条例》第 19 条规定："布图设计登记申请人对国务院知识产权行政部门驳回其登

记申请的决定不服的，可以自收到通知之日起3个月内，向国务院知识产权行政部门请求复审。……"《集成电路布图设计保护条例实施细则》第23条规定："国家知识产权局专利复审委员会（以下简称专利复审委员会）负责对国家知识产权局驳回布图设计登记申请决定不服而提出的复审请求的审查，以及负责对布图设计专有权撤销案件的审查。"因此，布图设计登记申请人对国家知识产权局驳回其登记申请的决定不服的，可以自收到通知之日起3个月内向国家知识产权局专利复审委员会请求复审。故选项A、C、D错误，不符合题意；选项B正确，符合题意。

（二）复议范围

（三）撤销

六、集成电路布图设计专有权的保护

（一）侵权行为

8.（2008年卷二第66题） 甲购进一批集成电路用于销售，但不知道也没有合理理由应当知道该集成电路含有受保护的布图设计。甲销售了一半后，收到布图设计权利人乙的明确通知，告知其销售的集成电路中含有非法复制的布图设计。对此，下列哪些说法是正确的？

A. 甲的行为构成侵权
B. 甲的行为不视为侵权
C. 甲应当就其在接到乙的明确通知前销售的集成电路，向乙补偿一定的费用
D. 甲在接到乙的明确通知后，可以继续销售另一半存货，但应当向乙支付合理的报酬

【知识要点】 未经许可销售含布图设计产品的法律责任

【解析】《集成电路布图设计保护条例》第33条规定："在获得含有受保护的布图设计的集成电路或者含有该集成电路的物品时，不知道也没有合理理由应当知道其中含有非法复制的布图设计，而将其投入商业利用的，不视为侵权。前款行为人得到其中含有非法复制的布图设计的明确通知后，可以继续将现有的存货或者此前的订货投入商业利用，但应当向布图设计权利人支付合理的报酬。"甲的行为不视为侵权，仅需就此后继续销售的行为向权利人支付合理报酬。故选项A、C错误，不符合题意；选项B、D正确，符合题意。

（二）侵权纠纷的解决途径

9.（2016年卷二第29题） 根据集成电路布图设计保护条例的规定，侵犯布图设计专有权引起纠纷的，布图设计权利人或者利害关系人可以向下列哪些部门请求处理？

A. 国务院工商行政管理部门
B. 国务院著作权行政管理部门
C. 国务院知识产权行政部门
D. 地方各级知识产权行政管理部门

【知识要点】 处理侵犯布图设计专有权的行政部门

【解析】《集成电路布图设计保护条例》第31条规定："未经布图设计权利人许可，使用其布图设计，即侵犯其布图设计专有权，引起纠纷的，由当事人协商解决；不愿协商或者协商不成的，布图设计权利人或者利害关系人可以向人民法院起诉，也可以请求国务院知识产权行政部门处理。国务院知识产权行政部门处理时，认定侵权行为成立的，可以责令侵权人立即停止侵权行为，没收、销毁侵权产品或者物品。当事人不服的，可以自收到处理通知之日起15日内依照《中华人民共和国行政诉讼法》向人民法院起诉；侵权人期满不起诉又不停止侵权行为的，国务院知识产权行政部门可以请求人民法院强制执行。应当事人的请求，国务院知识产权行政部门可以就侵犯布图设计专有权的赔偿数额进行调解；调解不成的，当事人可以依照《中华人民共和国民事诉讼法》向人民法院起诉。"故选项A、B、D错误，不符合题意；选项C正确，符合题意。

（三）侵权责任及其承担方式

10.（2002年卷一第100题） 行政机关在处理侵犯集成电路布图设计专有权纠纷时，可以采取以下哪些措施？

A. 责令侵权人立即停止侵权行为
B. 裁决侵权人赔偿损失
C. 销毁侵权产品
D. 没收侵权产品

【知识要点】 对侵犯集成电路布图设计专有权纠纷的处理

【解析】 根据《集成电路布图设计保护条例》第31条的规定（参见本节第9题解析），选项A、C、D正确，符合题意；选项B错误，不符合题意。

第六节 其他知识产权法规、规章

一、知识产权的备案

（一）备案申请

1.（2014年卷二第29题）根据知识产权海关保护条例及相关规定，知识产权权利人可以将其知识产权向下列哪个部门申请知识产权海关保护备案？
A. 海关总署
B. 权利人所在地海关
C. 货物进出境地海关
D. 侵权人所在地海关

【知识要点】知识产权海关保护的备案

【解析】《知识产权海关保护条例》第7条规定："知识产权权利人可以依照本条例的规定，将其知识产权向海关总署申请备案；申请备案的，应当提交申请书。申请书应当包括下列内容：（一）知识产权权利人的名称或者姓名、注册地或者国籍等；（二）知识产权的名称、内容及其相关信息；（三）知识产权许可行使状况；（四）知识产权权利人合法行使知识产权的货物的名称、产地、进出境地海关、进出口商、主要特征、价格等；（五）已知的侵犯知识产权货物的制造商、进出口商、进出境地海关、主要特征、价格等。前款规定的申请书内容有证明文件的，知识产权权利人应当附送证明文件。"知识产权权利人可以依照该条例的规定，将其知识产权向海关总署申请备案。故选项A正确，符合题意；选项B、C、D错误，不符合题意。

2.（2014年卷二第81题）根据知识产权海关保护条例及相关规定，下列哪些知识产权的权利人可以请求海关实施知识产权海关保护？
A. 外观设计专利权
B. 注册商标专用权
C. 植物新品种权
D. 著作权

【知识要点】知识产权海关保护

【解析】《知识产权海关保护条例》第2条规定："本条例所称知识产权海关保护，是指海关对与进出口货物有关并受中华人民共和国法律、行政法规保护的商标专用权、著作权和与著作权有关的权利、专利权（以下统称知识产权）实施的保护。"根据该规定，植物新品种权、集成电路布图设计专有权不受海关保护，其他几种知识产权的权利人均能请求海关实施知识产权海关保护。故选项A、B、D正确，符合题意；选项C错误，不符合题意。

3.（2013年卷二第65题）根据知识产权海关保护条例，下列哪些说法是正确的？
A. 海关仅对与出口货物有关的知识产权实施保护
B. 海关实施保护的知识产权包括专利权、商标专用权、著作权和与著作权有关的权利
C. 知识产权权利人请求海关实施知识产权保护的，应当向海关提出采取保护措施的申请
D. 海关实施知识产权保护时，应当保守有关当事人的商业秘密

【知识要点】知识产权的海关保护

【解析】A、B. 根据《知识产权海关保护条例》第2条的规定（参见本节第2题解析），海关不仅对与出口货物有关的知识产权实施保护，还对与进口货物有关的知识产权实施保护，选项A错误，不符合题意。同时根据上述规定可知，选项B正确，符合题意。

C.《知识产权海关保护条例》第4条规定："知识产权权利人请求海关实施知识产权保护的，应当向海关提出采取保护措施的申请。"故选项C正确，符合题意。

D.《知识产权海关保护条例》第6条规定："海关实施知识产权保护时，应当保守有关当事人的商业秘密。"故选项D正确，符合题意。

4.（2007年卷二第10题）根据知识产权海关保护条例及其实施办法的规定，知识产权权利人向海关总署申请知识产权备案的应当办理下列哪些手续？
A. 提交备案申请书
B. 提交与申请书内容相关的证明文件
C. 缴纳备案费
D. 提交权利人对外贸易经营许可证副本

【知识要点】知识产权海关备案手续

【解析】A、B. 根据《知识产权海关保护条例》第7条的规定（参见本节第1题解析），选项A、B正确，符合题意。

C.《知识产权海关保护条例》第32条规定："知识产权权利人将其知识产权向海关总署备案的，应当按照国家有关规定缴纳备案费。"故选项C正确，符合题意。

D. 根据《知识产权海关保护条例》第7条的规定（参见本书第1题解析），选项D不属于申请知识产权备案所需的手续，故选项D错误，不符合题意。

(二) 备案的有效期及其续展

5.(2002年卷一第94题) 以下关于知识产权海关保护的哪些说法是错误的?
A. 知识产权海关保护备案自海关总署准予备案之日起生效,有效期为5年
B. 在知识产权有效的前提下,知识产权权利人可以在知识产权海关保护备案有效期届满前3个月内,向海关总署申请续展备案
C. 知识产权权利人请求海关对其未在海关总署备案的知识产权采取保护措施的,海关不予保护
D. 海关发现进出境货物有侵犯在海关备案的知识产权嫌疑的,有权予以扣留

【知识要点】知识产权海关保护的备案及其续展、侵权嫌疑货物的扣留

【解析】A.《知识产权海关保护条例》第10条第1款规定:"知识产权海关保护备案自海关总署准予备案之日起生效,有效期为10年。"故选项A错误,符合题意。

B.《知识产权海关保护条例》第10条第2款规定:"知识产权有效的,知识产权权利人可以在知识产权海关保护备案有效期届满前6个月内,向海关总署申请续展备案。每次续展备案的有效期为10年。"故选项B错误,符合题意。(注意:选项B中所述的"可以……在3个月内",从其内容来说也有一定正确性。不过此题的考点主要设置在考查"6个月内",这时题目想考查的是选项B作为一种原则是否正确,因此本题当年的正确答案中包括了选项B。)

C.《知识产权海关保护条例》第13条规定:"知识产权权利人请求海关扣留侵权嫌疑货物的,应当提交申请书及相关证明文件,并提供足以证明侵权事实明显存在的证据。申请书应当包括下列主要内容:(一)知识产权权利人的名称或者姓名、注册地或者国籍等;(二)知识产权的名称、内容及其相关信息;(三)侵权嫌疑货物收货人和发货人的名称;(四)侵权嫌疑货物名称、规格等;(五)侵权嫌疑货物可能进出境的口岸、时间、运输工具等。侵权嫌疑货物涉嫌侵犯备案知识产权的,申请书还应当包括海关备案号。"《中华人民共和国海关关于〈中华人民共和国知识产权海关保护条例〉的实施办法》第14条第1款规定:"知识产权权利人发现侵权嫌疑货物即将进出口并要求海关予以扣留的,应当根据《条例》第十三条的规定向货物进出境地海关提交申请书。有关知识产权未在海关总署备案的,知识产权权利人还应当随附本办法第七条第一款第(一)、(二)项规定的文件、证据。"由此可见,对于未在海关总署备案的知识产权采取保护措施的,知识产权权利人只要提交相应的文件、证据即可受到保护。故选项C错误,符合题意。

D.《知识产权海关保护条例》第16条规定:"海关发现进出口货物有侵犯备案知识产权嫌疑的,应当立即书面通知知识产权权利人。知识产权权利人自通知送达之日起3个工作日内依照本条例第十三条的规定提出申请,并依照本条例第十四条的规定提供担保的,海关应当扣留侵权嫌疑货物,书面通知知识产权权利人,并将海关扣留凭单送达收货人或者发货人。知识产权权利人逾期未提出申请或者未提供担保的,海关不得扣留货物。"故选项D错误,符合题意。

(三) 备案的变更和失效

二、侵权嫌疑货物的扣留及其处理

(一) 扣留

6.(2012年卷二第72题) 根据知识产权海关保护条例及相关规定,下列哪些说法是正确的?
A. 知识产权权利人请求海关扣留侵权嫌疑货物的,应当向海关提供不超过货物等值的担保
B. 海关依规定扣留侵权嫌疑货物的,知识产权权利人应当支付有关的仓储、保管和处置费用
C. 涉嫌侵犯专利权货物的收货人或者发货人在向海关提供与货物等值的担保金后,请求海关放行其货物的,海关应予放行
D. 被扣留的侵权嫌疑货物,经海关调查后认定侵犯知识产权的,海关应将其交给知识产权权利人处理

【知识要点】海关对侵权嫌疑货物的扣押

【解析】A、B.《知识产权海关保护条例》第14条规定:"知识产权权利人请求海关扣留侵权嫌疑货物的,应当向海关提供不超过货物等值的担保,用于赔偿可能因申请不当给收货人、发货人造成的损失,以及支付货物由海关扣留后的仓储、保管和处置等费用;知识产权权利人直接向仓储商支付仓储、保管费用的,从担保中扣除。具体办法由海关总署制定。"故选项A、B正确,符合题意。

C.《知识产权海关保护条例》第19条规定:"涉嫌侵犯专利权货物的收货人或者发货人认为其进出口货物未侵犯专利权的,可以在向海关提供货物等值的担保金后,请求海关放行其货物。知识产权权利人未能在合理期限内向人民法院起诉的,海关应当退还担保金。"《知识产权海关保护条例》第24条规定:"有下列情形之一的,海关应当放行被扣留的侵权嫌疑货物:(一)海关依照本条例第十五条的规定扣留侵权嫌疑货物,自扣留之日起20个工作日内未收到人民法院协助执行通知的;(二)海关依照本条例第十六条的规定扣留侵权嫌疑货物,自扣留之日起50个工作日内未

收到人民法院协助执行通知,并且经调查不能认定被扣留的侵权嫌疑货物侵犯知识产权的;(三) 涉嫌侵犯专利权货物的收货人或者发货人在向海关提供与货物等值的担保金后,请求海关放行其货物的;(四) 海关认为收货人或者发货人有充分的证据证明其货物未侵犯知识产权权利人的知识产权的;(五) 在海关认定被扣留的侵权嫌疑货物为侵权货物之前,知识产权权利人撤回扣留侵权嫌疑货物的申请的。"故选项C正确,符合题意。

D.《知识产权海关保护条例》第27条规定:"被扣留的侵权嫌疑货物,经海关调查后认定侵犯知识产权的,由海关予以没收。海关没收侵犯知识产权货物后,应当将侵犯知识产权货物的有关情况书面通知知识产权权利人。被没收的侵犯知识产权货物可以用于社会公益事业的,海关应当转交给有关公益机构用于社会公益事业;知识产权权利人有收购意愿的,海关可以有偿转让给知识产权权利人。被没收的侵犯知识产权货物无法用于社会公益事业且知识产权权利人无收购意愿的,海关可以在消除侵权特征后依法拍卖,但对进口假冒商标货物,除特殊情况外,不能仅清除货物上的商标标识即允许其进入商业渠道;侵权特征无法消除的,海关应当予以销毁。"故选项D错误,不符合题意。

7. (2008年卷二第56题) 海关依法扣留的侵权嫌疑货物,后没有被认定为侵犯知识产权的,有关仓储、保管和处置等费用应当如何承担?

A. 由发货人承担
B. 由收货人承担
C. 由知识产权权利人承担
D. 从海关的行政经费中支出

【知识要点】海关扣留侵权嫌疑货物有关仓储、保管和处置等费用的承担者

【解析】《知识产权海关保护条例》第14条规定:(参见本节第6题解析A.B)。第25条规定:"海关依照本条例的规定扣留侵权嫌疑货物,知识产权权利人应当支付有关仓储、保管和处置等费用。知识产权权利人未支付有关费用的,海关可以从其向海关提供的担保金中予以扣除,或者要求担保人履行有关担保责任。侵权嫌疑货物被认定为侵犯知识产权的,知识产权权利人可以将其支付的有关仓储、保管和处置等费用计入其为制止侵权行为所支付的合理开支。"故选项A、B、D错误,不符合题意;选项C正确,符合题意。

(二) 调查和认定

三、法律责任

(一) 收货人或发货人的责任

(1) 没收侵权产品
(2) 对没收的侵权产品的处理

8. (2010年卷二第59题) 根据知识产权海关保护条例及相关规定,下列说法哪些是正确的?

A. 个人携带或者邮寄进出境的物品,超出自用、合理数量,并侵犯知识产权的,按照侵权货物处理
B. 知识产权备案情况发生改变的,知识产权权利人应当自发生改变之日起30个工作日内,向海关总署办理备案变更或者注销手续
C. 在海关认定被扣留的侵权嫌疑货物为侵权货物之前,知识产权权利人撤回扣留侵权嫌疑货物的申请的,海关应当放行被扣留的侵权嫌疑货物
D. 对被没收的无法用于社会公益事业且知识产权权利人无收购意愿的进口假冒商标货物,在清除货物上的商标标识后海关即可允许其进入商业渠道

【知识要点】知识产权海关保护的备案变更或注销、扣留侵权嫌疑货物的申请及其处理

【解析】A.《知识产权海关保护条例》第31条规定:"个人携带或者邮寄进出境的物品,超出自用、合理数量,并侵犯本条例第二条规定的知识产权的,按照侵权货物处理。"故选项A正确,符合题意。

B.《知识产权海关保护条例》第11条第1款规定:"知识产权备案情况发生改变的,知识产权权利人应当自发生改变之日起30个工作日内,向海关总署办理备案变更或者注销手续。"故选项B正确,符合题意。

C. 根据《知识产权海关保护条例》第24条的规定(参见本节第6题解析C),选项C正确,符合题意。

D. 根据《知识产权海关保护条例》第27条的规定(参见本节第6题解析D),选项D错误,不符合题意。

9. (2010年卷二第98题) 甲公司发现有侵犯其注册商标专用权嫌疑的货物即将出口,根据知识产权海关保护条例及相关规定,下列说法哪些是正确的?

A. 甲公司可以向货物出境地海关提出扣留侵权嫌疑货物的申请
B. 甲公司请求海关扣留侵权嫌疑货物时,应当向海关提供不超过货物等值的担保
C. 如果甲公司的注册商标专用权已经在海关进行了备案,其申请扣留侵权嫌疑货物,可以不提供担保
D. 如果海关决定扣留该侵权嫌疑货物,该货物的发货人认为其货物未侵犯甲公司的注册商标专用权,可以在向海关提供货物等值的担保金后,请求海关放行其货物

【知识要点】嫌疑侵权货物的处理

【解析】A.《知识产权海关保护条例》第12条规定:"知识产权权利人发现侵权嫌疑货物即将进出口的,可以向

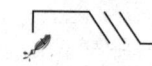

货物进出境地海关提出扣留侵权嫌疑货物的申请。"故选项A正确,符合题意。

B. 根据《知识产权海关保护条例》第14条的规定(参见本节第6题解析A.B),选项B正确,符合题意。

C. 根据《知识产权海关保护条例》第16条的规定(参见本节第5题解析D),选项C错误,不符合题意。

D. 根据《知识产权海关保护条例》第19条和第24条的规定(参见本节第6题解析C),当涉嫌侵犯专利权时可适用反担保,涉嫌侵犯商标权的不适用反担保,故选项D错误,不符合题意。

(二)知识产权权利人的责任

四、展会知识产权的保护

10. (2009年卷二第44题) 根据展会知识产权保护办法的规定,知识产权权利人向展会知识产权投诉机构投诉的,应当提交下列哪些材料?

A. 合法有效的知识产权权属证明　　B. 涉嫌侵权当事人的基本信息
C. 涉嫌侵权的理由和证据　　　　　D. 财产担保证明

【知识要点】向展会知识产权投诉机构投诉所需材料

【解析】《展会知识产权保护办法》第8条规定:"知识产权权利人可以向展会知识产权投诉机构投诉也可直接向知识产权行政管理部门投诉。权利人向投诉机构投诉的,应当提交以下材料:(一)合法有效的知识产权权属证明:涉及专利的,应当提交专利证书、专利公告文本、专利权人的身份证明、专利法律状态证明;涉及商标的,应当提交商标注册证明文件,并由投诉人签章确认,商标权利人身份证明;涉及著作权的,应当提交著作权权利证明、著作权人身份证明;(二)涉嫌侵权当事人的基本信息;(三)涉嫌侵权的理由和证据;(四)委托代理人投诉的,应提交授权委托书。"故选项A、B、C正确,符合题意;选项D错误,不符合题意。

11. (2008年卷二第84题) 根据展会知识产权保护办法的规定,下列哪些情形下,地方知识产权局对展品侵犯专利权的投诉或者处理请求不予受理?

A. 投诉人或者请求人已经向人民法院提起专利侵权诉讼的
B. 专利权正处于无效宣告请求程序之中的
C. 专利权存在权属纠纷,正处于人民法院的审理程序之中的
D. 专利权已经终止,专利权人正在办理权利恢复的

【知识要点】展会期间专利权的保护

【解析】《展会知识产权保护办法》第17条规定:"有下列情形之一的,地方知识产权局对侵犯专利权的投诉或者处理请求不予受理:(一)投诉人或者请求人已经向人民法院提起专利侵权诉讼的;(二)专利权正处于无效宣告请求程序之中的;(三)专利权存在权属纠纷,正处于人民法院的审理程序或者管理专利工作的部门的调解程序之中的;(四)专利权已经终止,专利权人正在办理权利恢复的。"故选项A、B、C、D正确,符合题意。

参考答案

第一节 著作权法

1. ABC	2. AD	3. D	4. BD	5. A	6. AD
7. D	8. ABCD	9. A	10. ABD	11. ABC	12. ABD
13. ABD	14. BC	15. AD	16. ACD	17. BC	18. AD
19. AD	20. C	21. ABD	22. BD	23. ABC	24. ABCD
25. ABD	26. B	27. B	28. C	29. BC	30. B
31. AB	32. ABC	33. AB	34. C	35. ABC	36. B
37. BCD	38. A	39. BCD	40. BD	41. A	42. A
43. ABD	44. A	45. AC	46. B	47. A	48. ABCD
49. C	50. AC	51. ABC	52. AB	53. ABCD	54. AC
55. ACD	56. AC	57. ABCD	58. BC	59. A	60. BCD
61. ABCD	62. ABCD	63. BC	64. A	65. A	

第二节 商标法

1. ABD	2. AD	3. ABCD	4. ABCD	5. ABD	6. CD
7. ABCD	8. AB	9. AC	10. BC	11. BCD	12. C
13. CD	14. ABCD	15. AC	16. A	17. C	18. ABC
19. B	20. ABC	21. A	22. B	23. B	24. C
25. BC	26. B	27. D	28. A	29. BC	30. C

31. D	32. A	33. A B C	34. A B C	35. A B C D	36. A B C
37. A C D	38. A B C	39. A B D	40. C	41. C	42. A B C D
43. C	44. C D	45. B	46. A D	47. B C	48. A B C D
49. A B C D	50. A B C D	51. A B C D	52. B	53. A B D	54. A B
55. D	56. D	57. B	58. A B D	59. A D	60. A B

第三节 反不正当竞争法

1. A B C D	2. A B	3. A B D	4. A B	5. D	6. C D
7. B D	8. B C D	9. A			

第四节 植物新品种保护条例

1. B C	2. A B	3. A C	4. A C	5. A	6. A B
7. B C	8. C D	9. A B C D	10. B C D		

第五节 集成电路布图设计保护条例

1. A B D	2. D	3. A B C	4. A C	5. A B C	6. C D
7. B	8. B D	9. C	10. A C D		

第六节 其他知识产权法规、规章

1. A	2. A B D	3. B C D	4. A B C	5. A B C D	6. A B C
7. C	8. A B C	9. A B	10. A B C	11. A B C D	

第三章 相关国际条约

第一节 保护工业产权巴黎公约

一、巴黎公约基本知识

1. (2016年卷二第96题) 根据《保护工业产权巴黎公约》的规定，下列哪些属于工业产权的保护对象？
   A. 商标
   B. 厂商名称
   C. 货源标记或原产地名称
   D. 专利

   【知识要点】工业产权定义
   【解析】《保护工业产权巴黎公约》第1条第（2）款规定："工业产权的保护对象有专利、实用新型、工业品外观设计、商标、服务标记、厂商名称、货源标记或原产地名称，和制止不正当竞争。"据此，选项A、B、C、D均属于工业产权的保护对象，符合题意。

二、巴黎公约确立的核心原则和内容

（一）国民待遇原则

2. (2007年卷二第36题) 根据《保护工业产权巴黎公约》的规定，下列哪些人员可以在中国享有该公约规定的国民待遇？
   A. 在中国有住所的其他巴黎联盟成员国国民
   B. 在中国没有住所也没有营业所的其他巴黎联盟成员国国民
   C. 在中国有住所的巴黎联盟成员国以外国家的国民
   D. 在中国有真实有效工商营业所的巴黎联盟成员国以外国家的国民

   【知识要点】国民待遇原则
   【解析】A.B.《保护工业产权巴黎公约》第2条〔本联盟各国国民的国民待遇〕规定："（1）本联盟任何国家的国民，在保护工业产权方面，在本联盟所有其他国家内应享有各该国法律现在授予或今后可能授予国民的各种利益；一切都不应损害本公约特别规定的权利。因此，他们应和国民享有同样的保护，对侵犯他们的权利享有同样的法律上的救济手段，但是以他们遵守对国民规定的条件和手续为限。（2）但是，对于本联盟国家的国民不得规定在其要求保护的国家须有住所或营业所才能享有工业产权。（3）本联盟每一国家法律中关于司法和行政程序管辖权、以及指定送达地址或委派代理人的规定，工业产权法中可能有要求，均明确地予以保留。"根据此条第（1）款和第（2）款可得知，选项A、B正确，符合题意。

   C.D.《保护工业产权巴黎公约》第3条〔某类人与本联盟国家的国民同样待遇〕规定："本联盟以外各国的国民，在本联盟一个国家的领土内设有住所或真实和有效的工商业营业所的，应享有与本联盟国家国民同样的待遇。"故选项C、D正确，符合题意。

3. (2000年卷一第48题)《巴黎公约》规定的"国民待遇"原则的具体含义是指：
   A. 各成员国必须在法律上给予其他成员国的国民以本国国民能够享有的同样待遇
   B. 对于非公约成员国的国民，只要他在某一成员国内有居所或者真实有效的工商营业所，也应当享有同该成员国国民相同的待遇
   C. 某一成员国给予任何外国国民的优惠待遇，应当给予所有其他成员国的国民
   D. 各成员国只对在其国内有居所或者真实有效的工商营业所的其他成员国的国民，给予本国国民能够享有的同样待遇

   【知识要点】国民待遇原则
   【解析】A.B.D. 根据《保护工业产权巴黎公约》第2条和第3条的规定（参见本节第2题解析），选项A、B正确，符合题意；选项D错误，不符合题意。
   C. 选项C中所述的内容属于《与贸易有关的知识产权协定》（TRIPS）中规定的最惠国待遇，故选项C错误，不符合题意。

（二）专利的独立性

4. (2015年卷二第100题) 根据《保护工业产权巴黎公约》的规定，下列哪些说法是正确的？

398

A. 不得以专利产品的销售或依专利方法制造的产品的销售受到本国法律的禁止或限制为理由,而拒绝授予专利或使专利无效
B. 发明人有在专利中被记载为发明人的权利
C. 在巴黎公约联盟各国,因享有优先权的利益而取得的专利的期限,与没有优先权的利益而申请或授予的专利的期限相同
D. 巴黎公约联盟国家的国民向联盟各国申请的专利,与在其他国家就同一发明所取得的专利相互独立

【知识要点】《保护工业产权巴黎公约》中的专利

【解析】A.《保护工业产权巴黎公约》第4条之四〔专利:在法律禁止销售情况下的可专利性〕规定:"不得以专利产品的销售或者依专利方法获得的产品的销售受到本国法律的禁止或限制为理由,而拒绝授予专利或者使专利无效。"故选项A正确,符合题意。

B.《保护工业产权巴黎公约》第4条之三〔专利:在专利上记载发明人〕规定:"发明人有在专利中被记载为发明人的权利。"故选项B正确,符合题意。

C.D.《保护工业产权巴黎公约》第4条之二〔专利:在不同国家就同一发明取得的专利是互相独立的〕规定:"(1)本联盟国家的国民向本联盟各国申请的专利,与在其他国家,不论是否本联盟的成员,就同一发明所取得的专利是相互独立的。……(5)在本联盟各国,因享有优先权的利益而取得的专利的期限,与没有优先权的利益而申请或授予的专利的期限相同。"故选项C、D正确,符合题意。

(三)优先权

5.(2016年卷二第98题)根据《保护工业产权巴黎公约》的规定,下列哪些说法是正确的?
A. 要求优先权的,应当在各成员国规定的期限内提出要求优先权的声明
B. 成员国可以要求作出优先权声明的任何人提交以前提出的申请的副本
C. 作为产生优先权的基础的首次申请可以是与正规的国家申请相当的任何申请
D. 成员国可以准许根据实用新型申请的优先权提出工业品外观设计申请

【知识要点】优先权的相关规定

【解析】A.B.《保护工业产权巴黎公约》第4条〔A.至I.专利、实用新型、外观设计、商标、发明人证书:优先权。G.专利:申请的分案〕D规定:"(1)任何人希望利用以前提出的一项申请的优先权的,需要作出声明,说明提出该申请的日期和受理该申请的国家。每一国家应确定必须作出该声明的最后日期。……(3)本联盟国家可以要求作出优先权声明的任何人提交以前提出的申请(说明书、附图等)的副本。……"据此,必须是在各成员国家规定的期限内提出要求优先权的声明。故选项A、B正确,符合题意。

C.《保护工业产权巴黎公约》第4条〔A.至I.专利、实用新型、外观设计、商标、发明人证书:优先权。G.专利:申请的分案〕A规定:"……(2)依照本联盟任何国家的本国立法,或依照本联盟国各国之间缔结的双边或多边条约,与正规的国家申请相当的任何申请,应被承认为产生优先权。……"故选项C正确,符合题意。

D.《保护工业产权巴黎公约》第4条〔A.至I.专利、实用新型、外观设计、商标、发明人证书:优先权。G.专利:申请的分案〕E规定:"(1)依靠以实用新型申请为基础的优先权而在一个国家提出工业品外观设计申请的,优先权的期间应与对工业品外观设计规定的优先权期间一样。……"据此,根据实用新型申请的优先权提出工业品外观设计申请是可以被准许的。故选项D正确,符合题意。

6.(2015年卷二第96题)根据《保护工业产权巴黎公约》的规定,下列关于优先权期间的哪些说法是正确的?
A. 专利申请的优先权期间为12个月　　B. 实用新型申请的优先权期间为12个月
C. 外观设计申请的优先权期间为6个月　　D. 商标申请的优先权期间为6个月

【知识要点】优先权期间

【解析】《保护工业产权巴黎公约》第4条〔A.至I.专利、实用新型、外观设计、商标、发明人证书:优先权。G.专利:申请的分案〕C规定:"(1)上述优先权的期间,对于专利和实用新型应为十二个月,对于外观设计和商标应为六个月。……"故选项A、B、C、D正确,均符合题意。

7.(2009年卷二第34题)王某在中国提出了一件实用新型专利申请,并在自申请日起的第九个月时就相同主题在《保护工业产权巴黎公约》的其他几个成员国分别提出了专利、实用新型和外观设计申请。根据《保护工业产权巴黎公约》的规定,下列说法哪些是正确的?
A. 王某在其他成员国提出的专利申请,能够以在中国提出的实用新型专利申请为基础享有优先权
B. 王某在其他成员国提出的实用新型申请,能够以在中国提出的实用新型专利申请为基础享有优先权
C. 王某在其他成员国提出的外观设计申请,能够以在中国提出的实用新型专利申请为基础享有优先权
D. 如果王某在中国的实用新型专利申请被驳回,则其在其他成员国的申请均不能以该实用新型专利申请为基础享有优先权

【知识要点】《保护工业产权巴黎公约》中的优先权

【解析】A、B、C.《保护工业产权巴黎公约》第4条〔A.至I.专利、实用新型、外观设计、商标、发明人证书；优先权。G.专利：申请的分案〕A规定："(1)已经在本联盟的一个国家正式提出专利、实用新型注册、外观设计注册或者商标注册的申请的任何人，或其权利继受人，为了在其他国家提出申请，在以下规定的期间内应享有优先权。……"《保护工业产权巴黎公约》第4条〔A.至I.专利、实用新型、外观设计、商标、发明人证书；优先权。G.专利：申请的分案〕C规定："(1)上述优先权的期间，对于专利和实用新型应为十二个月，对于外观设计和商标应为六个月。……"《保护工业产权巴黎公约》第4条〔A.至I.专利、实用新型、外观设计、商标、发明人证书；优先权。G.专利：申请的分案〕E规定："(1)依靠以实用新型申请为基础的优先权而在一个国家提出外观设计申请的，优先权的期间应与对外观设计规定的优先权期间一样。……"专利和实用新型的优先权为12个月，故选项A、B正确，符合题意。外观设计的优先权期间为6个月，故选项C错误，不符合题意。

D.《保护工业产权巴黎公约》第4条之二〔专利：在不同国家就同一发明取得的专利是互相独立的〕规定："(1)本联盟国家的国民向本联盟各国申请的专利，与在其他国家，不论是否本联盟的成员国，就同一发明所取得的专利是互相独立的。(2)上述规定，应从不受限制的意义来理解，特别是指在优先权期间内申请的各项专利，就其无效和丧失权利的理由以及其正常的期间而言，是互相独立的。……"各成员国专利之间相互独立，故选项D错误，不符合题意。

8.（2008年卷二第33题）根据《保护工业产权巴黎公约》的规定，巴黎公约成员国国民就其在本国提出的下列哪些首次申请，又在其他成员国提出申请时，可以享有优先权？
A. 商标　　　　　　B. 厂商名称　　　　　C. 货源标记　　　　　D. 发明人证书

【知识要点】《保护工业产权巴黎公约》中的优先权

【解析】《保护工业产权巴黎公约》第4条〔A.至I.专利、实用新型、外观设计、商标、发明人证书、优先权。G.专利：申请的分案〕A规定："(1)已经在本联盟的一个国家正式提出专利、实用新型注册、外观设计注册或者商标注册的申请的任何人，或其权利继受人，为了在其他国家提出申请，在以下规定的期间内应享有优先权。(2)依照本联盟任何国家的本国立法，或依照本联盟各国之间缔结的双边或多边条约，与正规的国家申请相当的任何申请，应认为产生优先权。(3)正规的国家申请是指在有关国家中足以确定提出申请日期的任何申请，而不问该申请以后的结局如何。"据此，选项B、C均不属于享有优先权的申请，不符合题意；选项A、D属于享有优先权的申请，符合题意。

（四）国际展览会的临时保护

9.（2013年卷二第44题）根据《保护工业产权巴黎公约》的规定，对在巴黎联盟任何成员国领土内举办的官方国际展览会展出商品中的下列哪些工业产权保护对象，其他成员国应按其本国法律给予临时保护？
A. 实用新型　　　　　　　　　　　　B. 集成电路布图设计
C. 商标　　　　　　　　　　　　　　D. 植物新品种

【知识要点】临时保护

【解析】《保护工业产权巴黎公约》第11条〔发明、实用新型、工业品外观设计、商标：在某些国际展览会中的临时保护〕规定："(1)本联盟国家应按本国法律对在本联盟任何国家领土内举办的官方的或经官方承认的国际展览会展出的商品中可以取得专利的发明、实用新型、工业品外观设计和商标，给予临时保护。……"据此，《保护工业产权巴黎公约》规定了实用新型、商标的临时保护，但不涉及集成电路布图设计、植物新品种。故选项A、C均属于其他成员国应按其本国法律给予临时保护的对象，符合题意；选项B、D不属于其他成员国应按其本国法律给予临时保护的对象，不符合题意。

10.（2011年卷二第56题）根据《保护工业产权巴黎公约》的规定，下列说法哪些是正确的？
A. 优先权的期间应自第一次提出申请之日起算，申请日不计算在期间之内
B. 如果优先权期间的最后一日在请求保护地国家是法定假日，该期间应延至其后的第一个工作日
C. 国际展览会的临时保护不应延展优先权的期间
D. 国际展览会的临时保护适用于发明、实用新型、工业品外观设计但不适用于商标

【知识要点】临时保护与优先权

【解析】A、B.《保护工业产权巴黎公约》第4条〔A.至I.专利、实用新型、外观设计、商标、发明人证书、优先权。G.专利：申请的分案〕C规定："(1)上述优先权的期间，对于专利和实用新型应为十二个月，对于外观设计和商标应为六个月。(2)这些期间应自第一次申请的申请日起算，申请日不应计入期间之内。(3)如果期间的最后一日是请求保护地国家的法定假日或者是主管局不接受申请的日子，期间应延至其后的第一个工作日。……"故选项A、B正确，符合题意。

C、D.《保护工业产权巴黎公约》第11条〔发明、实用新型、工业品外观设计、商标：在某些国际展览会的临时保护〕规定："(1)本联盟国家应按其本国法律对在本联盟任何国家领土内举办的官方的或经官方承认的国际展览会

展出的商品中可以取得专利的发明、实用新型、工业品外观设计和商标,给予临时保护。(2)该项临时保护不应延展第四条规定的期间。如以后要求优先权,任何国家的主管机关可以规定其期间应自该商品及其在展览会展出之日开始。(3)每一个国家认为必要时可以要求提供证明文件,证实展出的物品及其在展览会展出的日期。"故选项C正确,符合题意;选项D错误,不符合题意。

(五)对专利权的限制

11.(2015年卷二第97题) 根据《保护工业产权巴黎公约》的规定,下列关于强制许可的哪些说法是正确的?
A. 成员国不得以不实施为由授予专利强制许可
B. 专利强制许可在任何情况下都不得转让
C. 专利权人将在某成员国内制造的物品进口到对该物品授予专利的国家的,不应导致该项专利的取消
D. 巴黎公约中关于专利强制许可的各项规定准用于实用新型

【知识要点】强制许可

【解析】《保护工业产权巴黎公约》第5条〔A. 专利:物品的进口;不实施或不充分实施;强制许可。B. 工业品外观设计:不实施;物品的进口。C. 商标:不使用;不同的形式;共有人的使用。D. 专利、实用新型、商标、工业品外观设计:标记〕A规定:"……(2)本联盟各国都有权采取立法措施规定授予强制许可,以防止由于行使专利所赋予的专有权而可能产生的滥用,例如:不实施。(3)除强制许可的授予不足以防止上述滥用的情况以外,不应当规定专利的取消。自授予第一个强制许可之日起两年届满以前,不得提起取消或者撤销专利的诉讼。(4)自提交专利申请之日起四年届满以前,或自授予专利之日起三年期间届满以前,以后期满的期间为准,不得以不实施或者不充分实施为理由申请强制许可;如果专利权人的不作为有正当理由,应拒绝强制许可。这种强制许可是非独占性的,而且除与利用该许可的企业部分或商誉一起转移外,不得转让,甚至以授予分许可证的形式也在内。(5)上述各项规定准用于实用新型。"据此,《保护工业产权巴黎公约》中并未规定不得以不实施为由授予专利强制许可,故选项A错误,不符合题意;专利强制许可并非是在任何情况下都不得转让,故选项B错误,不符合题意;选项C、D正确,符合题意。

(六)成员国签订专门协定的权利

三、综合题

12.(2011年卷二第8题) 下列哪些国际公约对用于服务的驰名商标明确提出了保护要求?
A. 与贸易有关的知识产权协定
B. 保护工业产权巴黎公约
C. 建立工业品外观设计国际分类洛迦诺协定
D. 国际承认用于专利程序的微生物保存布达佩斯条约

【知识要点】服务驰名商标的保护

【解析】A.《与贸易有关的知识产权协定》(以下简称"TRIPS")第16条规定:"1. 注册商标所有人应当享有排他权,以制止所有第三方未经所有人同意而在贸易中将与注册商标相同或类似的标记使用于与该商标所注册的商品或服务相同或类似的商品或服务,而这种使用是有造成混淆的可能的。在使用相同的标记于相同的商品或服务的情形,应当推定有混淆的可能。上述权利不应损害任何现有的在先权利,也不应影响各成员根据使用授予权利的可能性。2.《巴黎公约》(1967年)第6条之二应当比照适用于服务。在确定一项商标是否驰名时,各成员应当考虑到有关部分公众对该商标的知晓程度,包括该商标因宣传结果而有关成员获得公众知晓的程度。……"故选项A正确,符合题意。

B.《保护工业产权巴黎公约》第6条之二〔商标:驰名商标〕规定:"(1)本联盟各国承诺,如本国法律允许,应依职权,或依利害关系人的请求,对商标注册或使用国主管机关认为在该国已经驰名,属于有权享受本公约利益的人所有、并且用于相同或类似商品的商标构成复制、仿制或翻译,易于产生混淆的商标,拒绝或取消注册,并禁止使用。这些规定,在商标的主要部分构成对上述驰名商标的复制或仿制,易于产生混淆时,也应运用。……"故选项B错误,不符合题意。

C. D. 这两个选项中的条约不涉及商标保护,故选项C、D错误,不符合题意。

13.(2008年卷二第99题) 根据《保护工业产权巴黎公约》的规定,下列哪些说法是正确的?
A. 使用商标的商品的性质在任何情况下不应妨碍该商标的注册
B. 自提出实用新型申请之日起4年届满以前,或者自授予实用新型之日起3年届满以前,以后届满的期间为准,不得以不实施为理由申请强制许可
C. 对外观设计的保护,在任何情况下,都不得以不实施为理由而使其丧失
D. 缴纳规定的工业产权维持费的宽限期不得少于6个月

【知识要点】工业产权的维持

【解析】A.《保护工业产权巴黎公约》第7条〔商标：使用商标的商品的性质〕规定："使用商标的商品的性质决不应成为该商标注册的障碍。"故选项A正确，符合题意。

B. 根据《保护工业产权巴黎公约》第5条〔A. 专利：物品的进口；不实施或不充分实施；强制许可。B. 工业品外观设计：不实施；物品的进口。C. 商标：不使用；不同的形式；共有人的作用。D. 专利、实用新型、商标、工业品外观设计：标记〕A中的规定（参见本节第11题解析），选项B正确，符合题意。

C.《保护工业产权巴黎公约》第5条〔A. 专利：物品的进口；不实施或不充分实施；强制许可。B. 工业品外观设计：不实施；物品的进口。C. 商标：不使用；不同的形式；共有人的作用。D. 专利、实用新型、商标、工业品外观设计：标记〕B中规定："对工业品外观设计的保护，在任何情况下，都不得以不实施或以进口物品与受保护的外观设计相同为理由而予以取消。"故选项C正确，符合题意。

D.《保护工业产权巴黎公约》第5条之二〔一切工业产权：缴纳权利维持费的宽限期；专利：恢复〕规定："(1) 关于规定的工业产权维持费的缴纳，应给予不少于六个月的宽限期，但是如果本国法律有规定，应缴纳附加费。(2) 本联盟各国对因未缴费而终止的专利有权规定予以恢复。"故选项D正确，符合题意。

第二节 与贸易有关的知识产权协定

一、协定的基本知识

1.（2010年卷二第8题）下列关于《与贸易有关的知识产权协定》的说法哪些是正确的？
A. 该协定由世界知识产权组织管理
B. 该协定规定了知识产权保护方面的国民待遇原则
C. 该协定规定了知识产权保护方面的最惠国待遇原则
D. 在符合该协定规定的前提下，协定授权各成员采取适当措施制止滥用知识产权的做法

【知识要点】TRIPS的原则

【解析】A. TRIPS第68条"与贸易有关的知识产权理事会"规定："与贸易有关的知识产权理事会应当监督本协定的实施，尤其应当监督各成员履行本协定所定义务的情况，并向各成员提供机会，就与贸易有关的知识产权事项提供协商。理事会应当执行各成员指定其履行的其他职责，尤其应当在争端解决程序方面向各成员提供其所请求的任何协助。理事会在执行其职责时，可以与其认为合适的任何方面进行协商，并向其求得信息。在与世界知识产权组织的协商中，理事会应当谋求在其第一次会议后的一年内与该组织的机构建立适当的合作安排。"故选项A错误，不符合题意。

B. TRIPS第3条"国民待遇"规定："1. 在知识产权的保护方面，除《巴黎公约》（1967年）、伯尔尼公约（1971年）、罗马公约或关于集成电路的知识产权条约已经分别规定的例外以外，每一成员给予其他成员国民的待遇不应比其给予本国国民的待遇较为不利。……"故选项B正确，符合题意。

C. TRIPS第4条"最惠国待遇"规定："关于知识产权的保护，一成员对任何其他国家的国民授予的任何利益、优惠、特权或豁免，应当立即无条件地给予所有其他成员的国民。……"故选项C正确，符合题意。

D. TRIPS第8条"原则"规定："1. 各成员在制订或修正其法律和规章时，可采取必要措施以保护公众健康和营养，以及促进对其社会经济和技术发展至关重要部门的公众利益，但是以这些措施符合本协议的规定为限。……"故选项D正确，符合题意。

2.（2006年卷二第81题）下列哪些属于《与贸易有关的知识产权协定》规定的知识产权的范围？
A. 版权   B. 工业品外观设计   C. 地理标志   D. 实用新型

【知识要点】TRIPS的知识产权范围

【解析】A. B. C. TRIPS第一部分"总则和基本原则"的第1条"义务的性质和范围"第2款规定："为本协议的目的，'知识产权'一词是指第二部分第一节至第七节所述的一切类别的知识产权。"TRIPS第二部分第一节至第七节分别为："第一节 版权和有关权利""第二节 商标""第三节 地理标志""第四节 工业品外观设计""第五节 专利""第六节 集成电路的布图设计（拓扑图）""第七节 未公开信息的保护"。故选项A、B、C正确，符合题意。

D. TRIPS第二部分第五节"专利"第27条"可享专利的主题"中规定："1. 在符合本条第2款和第3款规定的前提下，所有技术领域的任何发明，不论是产品还是方法，只要是新颖的，包含创造性，并且能在产业上应用的，都可以获得专利。在符合第65条第4款、第70条第8款和本条第3款规定的前提下，专利的获得和专利权的享有，不应因发明地点、技术领域以及产品是进口还是本国生产的不同而受到歧视。2. 各成员为了保护公共秩序或道德，包括保护人、动物或植物的生命或健康，或者为了避免对环境造成严重损害，有必要制止某些发明在其领土内进行商业上实施的，可以将这些发明排除在可享专利性以外，但是以这种除外并非仅仅因为法律禁止实施为限。3. 各成员还可以将

下列各项排除在可享专利性以外：（a）医治人或动物的诊断、治疗和手术方法；（b）植物和动物（微生物除外），和生产植物或动物的主要是生物学的方法（非生物学方法和微生物学方法除外）。但是，各成员应当规定依专利或依有效的特别制度，或依二者的结合，保护植物的品种。本项规定在世界贸易组织协定生效之日以后4年应予以审查。"从此款规定可以看出，TRIPS中规定可以获得专利的前提是，该发明需要具备新颖性、创造性、实用性，即只有能通过"三性"的审查的发明才是符合TRIPS的规定的专利。而实用新型采取的是初步审查制，没有经过"三性"的实质审查。所以TRIPS中规定的专利只包括发明，不包括实用新型。故选项D错误，不符合题意。

二、知识产权保护的基本要求

（一）版权和有关权利

3.（2009年卷二第25题）根据《与贸易有关的知识产权协定》中有关计算机程序和数据汇编的规定，下列说法哪些是正确的？
A. 计算机程序应当作为文字作品加以保护
B. 无论计算机程序本身是否属于出租的主要客体，成员都应当向作者及其权利继受人提供出租权保护
C. 对数据汇编的版权保护不涉及数据本身，不应损害存在于数据本身的任何版权
D. 数据的汇编由于对其内容的选择或者安排而构成智力创作的，应当加以保护

【知识要点】计算机程序和数据汇编

【解析】A、C、D. TRIPS第10条"计算机程序和数据汇编"规定："1. 计算机程序，不论是以源代码还是以目标代码表达，应当根据伯尔尼公约（1971年）作为文字作品加以保护。2. 数据或者其他资料的汇编，不论是用机器可读形式还是其他形式，由于对其内容的选择或者安排而构成智力创作，应当加以保护。这种保护不涉及数据或资料本身，不应损害存在于数据或者资料本身的任何版权。"故选项A、C、D正确，符合题意。

B. TRIPS第11条"出租权"规定："至少就计算机程序和电影作品而言，成员应当向作者及其权利继受人提供许可或者禁止将其享有版权作品的原件或者复制品向公众商业性出租的权利。对于电影作品，成员应当免除这一义务，除非这种出租已经导致对该作品的广泛复制，大大地损害了该成员授予作者及其权利继受人的复制排他权。对于计算机程序而言，如果程序本身不是出租的主要客体，则此义务不适用于程序的出租。"故选项B错误，不符合题意。

4.（2006年卷二第85题）根据《与贸易有关的知识产权协定》的规定，下列说法哪些是正确的？
A. 数据或者其他资料的汇编，因对其内容的选择或者安排而构成智力创作，应当给予版权保护
B. 版权的保护应当及于表达和构思
C. 成员应当将计算机程序作为文字作品给予保护
D. 录音制品制作者应当享有许可或者禁止直接或间接复制其录音制品的权利

【知识要点】TRIPS有关著作权及其相关权利的保护

【解析】A. 根据TRIPS第10条"计算机程序和数据汇编"第2款的规定（参见本节第3题解析A、C、D），选项A正确，符合题意。

B. TRIPS第9条"与伯尔尼公约的关系"第2款规定："版权的保护应该及于表达，而不及于构思、程序、操作方法或者数学概念本身。"故选项B错误，不符合题意。

C. 根据TRIPS第10条"计算机程序和数据汇编"第1款的规定（参见本节第3题解析A、C、D），选项C正确，符合题意。

D. TRIPS第14条"对表演者、录音制品制作者和广播组织的保护"第2款规定："录音制品制作者应当享有许可或者禁止直接或间接复制其录音制品的权利。"故选项D正确，符合题意。

（二）商标

5.（2014年卷二第55题）根据《与贸易有关的知识产权协定》的规定，下列哪些说法是正确的？
A. 商标的首次注册和注册的每次续展的期间不应少于7年
B. 商标的首次注册和注册的每次续展的期间不应少于10年
C. 工业品外观设计可享有的保护期间至少为10年
D. 工业品外观设计可享有的保护期间至少为15年

【知识要点】知识产权的保护期间

【解析】A、B. TRIPS第18条"保护期限"规定："商标的首次注册和注册的每次续展的期间不应少于7年。商标的注册可以无限制地续展。"故选项A正确，符合题意；选项B错误，不符合题意。

C、D. TRIPS第26条"保护"第3款规定："可享有的保护期间至少为10年。"故选项C正确，符合题意；选项D错误，不符合题意。

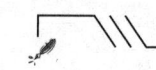

6. (2013年卷二第27题) 根据《与贸易有关的知识产权协定》,下列哪种说法是正确的?
A. 世界贸易组织成员不得对注册商标所有人享有的权利规定任何例外
B. 世界贸易组织成员授予注册商标所有人享有的排他权不应损害任何现有的在先权利
C. 世界贸易组织成员必要时可以规定商标的强制许可
D. 世界贸易组织成员可以规定商标所有人只能将商标连同其所属的企业一起转让

【知识要点】商标权利的范围、权利的例外、许可和转让

【解析】A. TRIPS第17条"例外"规定:"各成员可以对商标所授予的权利规定有限的例外,诸如说明性词语的合理使用,但是以这些例外考虑了商标所有人和第三方的合法利益为限。"故选项A错误,不符合题意。

B. TRIPS第16条"授予的权利"第1款规定:"注册商标所有人应当享有排他权,以制止所有第三方未得所有人同意而在贸易中将与注册商标相同或类似的标记使用于与该商标所注册的商品或服务相同或类似的商品或服务,而这种使用是有造成混淆的可能的。在使用相同的标记于相同的商品或服务的情形,应当推定有混淆的可能。上述权利不应损害任何现有的在先权利,也不应当影响各成员根据使用授予权利的可能性。"故选项B正确,符合题意。

C. D. TRIPS第21条"许可和转让"规定:"各成员可以规定商标的许可和转让的条件。这应理解为,商标的强制许可是不允许的,并且注册商标所有人有权将商标连同或不连同其所属的企业一起转让。"故选项C、D错误,不符合题意。

7. (2012年卷二第39题) 根据《与贸易有关的知识产权协定》的规定,世界贸易组织成员可以针对下列哪些知识产权规定强制许可或者非自愿许可?
A. 专利   B. 商标   C. 工业品外观设计   D. 集成电路布图设计

【知识要点】知识产权规定强制许可或者非自愿许可

【解析】TRIPS第21条"许可和转让"规定:(参见本节第6题解析C.D)。TRIPS第31条"未经权利持有人许可的其他使用"规定:"如果成员的法律允许,未经权利持有人许可即可对专利的主题作其他的使用,包括政府使用或经政府许可的第三方使用,则应当尊重下列规定:(a)这种使用的许可应当根据个案情况予以考虑;(b)这种使用,只有在使用前,意图使用的人曾经努力按合理的商业条款和条件请求权利持有人给予许可,但在合理的期间内这种努力没有成功的,才能允许。在国家处于紧急状态或有其他极端紧急的情形,或者在公共的非商业性使用的情形,成员可以放弃这一要求。然而,在国家处于紧急状态或有其他极端紧急的情况,只要合理可行,仍应尽快通知权利持有人。在公共的非商业性使用的情形,如果政府或订约人未经专利检索,即知悉或有明显的理由应知政府或者为政府使用或者将使用某有效专利,则应迅速通知权利持有人;(c)这种使用的范围和期间应受许可使用的目的的限制,并且在半导体技术的情形,只能限于为公共的非商业性使用,或者用于经司法或行政程序确定为反竞争行为而给予的补救;(d)这种使用应当是非独占性的;(e)这种使用不得转让,但与享有这种使用的企业或者商誉一起转让的不在此限;(f)这种使用的许可应当主要是为了供应给予许可的成员的本国市场;(g)在对被许可人的合法利益给予足够保护的前提下,如果以及在导致这种许可的情况已不存在,并且不大可能再发生时,这种使用的许可应即终止。主管机关接到怀有此种动机的请求后,有权对这些情况是否继续存在进行审查;(h)应当根据每一案的情况,并考虑许可的经济价值,向权利持有人支付足够的报酬;(i)有关这种使用的许可决定的法律有效性,应当受到司法审查,或者受到该成员内明显更高一级机关的其他独立审查;(j)有关对这种使用支付报酬的决定应当受到司法审查,或者受到该成员内明显更高一级机关的其他独立审查;(k)如果允许这种使用是对经过司法或行政程序确定为反竞争行为给予的补救,各成员没有义务适用(b)项和(f)项规定的条件。在这种情形,在确定报酬的数额时可以将纠正反竞争行为的需要考虑在内。如果以及在导致这种许可的情况可能再发生时,主管机关有权拒绝终止这种许可;(l)如果这种使用的许可是为了允许利用一项专利(第二专利),因为利用该项专利就不能不侵犯另一项专利(第一专利),则应适用以下的附加条件:(i)与第一专利的权利要求中声称的发明相比,第二专利的权利要求中声称的发明应当包含具有相当大的经济意义的重要技术进步;(ii)第一专利的所有人应有权以合理的条件依交叉许可使用第二专利的权利要求中声称的发明;以及(iii)除与第二专利一起转让外,就第一专利许可的使用是不可转让的。"

TRIPS第37条"无需权利持有人许可的行为"规定:"……2. 布图设计遇有任何非自愿许可,或者未经权利持有人许可而由政府使用或者为政府使用时,应当比照适用第31条(a)项至(k)项规定的条件。……"据此,商标和外观设计不属于TRIPS的强制许可范围。故选项A、D正确,符合题意;选项B、C错误,不符合题意。

8. (2011年卷二第40题) 根据《与贸易有关的知识产权协定》的规定,下列关于商标的说法哪些是正确的?
A. 任何标记或者标记的组合都可以构成商标
B. 只有视觉可以感知的标记或者此类标记的组合才可以构成商标
C. 只有数字或者文字以及这类标记的组合才可以构成商标
D. 只要是能将一企业的商品或服务与其他企业的商品或服务区别开来的标记或者标记的组合都可以构成商标

【知识要点】构成商标的主题

【解析】TRIPS第15条"可保护的主题"规定:"1. 任何标记或标记的组合,能将一企业的商品或服务与其他企

业的商品或服务区别开来的，就能构成商标。这类标记，尤其是文字（包括人名）、字母、数字、图形要素和色彩的组合，以及这类标记的任何组合，均适合于作为商标予以注册。如果标记缺乏区别有关商品或服务的固有能力，各成员可以将该标记可否注册取决于使用后所获得的显著性。各成员可以要求将视觉可以感知的标记作为注册的条件。2. 本条第1款不应理解为阻止成员依据其他理由拒绝商标的注册，但以这些理由并未减损《巴黎公约》（1967年）的规定为限。3. 各成员可以将可否注册取决于使用。然而，不应将商标的实际使用作为提交注册申请的条件。一项申请不应仅仅由于商标的意图使用在申请日起3年期间届满以前没有实现而予以拒绝。4. 预期使用商标的商品或服务的性质，在任何情况下均不应成为商标注册的障碍。5. 各成员应当在商标注册以前或者在注册以后迅速将每一商标公布，并应当提供请求取消注册的合理机会。此外，各成员可以提供对商标的注册提出异议的机会。"据此，选项A错误，不符合题意；选项B、C的限制过于绝对，故错误，不符合题意；选项D正确，符合题意。

9. (2009年卷二第43题) 根据《与贸易有关的知识产权协定》，下列说法哪些是正确的？
   A. 世界贸易组织成员可以将商标的实际使用作为提交商标注册申请的条件
   B. 世界贸易组织成员不应将商标的实际使用作为提交商标注册申请的条件
   C. 世界贸易组织成员不应将预期使用注册商标的商品或服务的性质，作为驳回商标注册申请的理由
   D. 世界贸易组织成员应当规定商标首次注册和注册的每次续展的期间不少于10年

【知识要点】TRIPS中商标的注册条件

【解析】A、B、C. 根据TRIPS第15条"可保护的主题"的规定（参见本节第8题解析），选项A错误，不符合题意；选项B、C正确，符合题意。
   D. 根据TRIPS第18条"保护期限"规定（参见本节第5题解析），选项D错误，不符合题意。

10. (2008年卷二第72题) 根据《与贸易有关的知识产权协定》的规定，下列哪些说法是正确的？
    A. 成员可以规定使用是维持商标注册的条件
    B. 成员不得规定使用是维持商标注册的条件
    C. 他人在商标所有人控制下使用注册商标属于为维持注册目的的使用
    D. 他人在商标所有人控制下使用注册商标不属于为维持注册目的的使用

【知识要点】TRIPS中注册商标的维持条件

【解析】TRIPS第19条"使用的要求"规定："1. 如果使用是维持注册的必要条件，只有在至少连续3年不使用以后，才可以取消其注册，除非商标所有人表明有妨碍这种使用的正当理由。某些并非出于商标所有人的意愿构成商标使用障碍的情况，诸如对商标保护的商品或服务施加进口限制或政府的其他要求，应当承认是不使用的正当理由。2. 他人在商标所有人的控制下使用商标，应当承认是为维持注册目的而使用的商标。"故选项A、C正确，符合题意；选项B、D错误，不符合题意。

(三) 地理标志

11. (2009年卷二第52题) 根据《与贸易有关的知识产权协定》有关地理标志保护的规定，如果某一商标和一项地理标志相同，下列哪些情形下，世界贸易组织成员不应因两者相同而驳回该商标注册申请或者撤销该商标？
    A. 《与贸易有关的知识产权协定》关于地理标志的规定在该成员适用之前，某人已经在该成员善意地提出该商标的注册申请
    B. 《与贸易有关的知识产权协定》关于地理标志的规定在该成员适用之前，某人已经在该成员通过善意使用获得该商标权
    C. 在该地理标志的来源国对其给予保护之前，某人已经在该成员善意地提出该商标的注册申请
    D. 在该地理标志的来源国对其给予保护之前，某人已经在该成员通过善意使用获得该商标权

【知识要点】TRIPS中商标和地理标志相同的处理

【解析】TRIPS第24条"国际谈判；例外"第5款规定："如果(a)在某一成员按照第六部分规定适用这些规定以前，或者(b)在地理标志在其来源国获得保护以前，某一商标已经善意地提出申请或者获得注册，或者商标权利已经通过善意使用而获得，则为实施本节规定而采取的措施不应因该商标与某一地理标志相同或类似，而损害商标的注册资格或商标注册的有效性，或者损害使用该商标的权利。"故选项A、B、C、D正确，符合题意。

12. (2007年卷二第45题) 根据《与贸易有关的知识产权协定》关于地理标志的规定，各成员应当为有利害关系的各方提供制止下列哪些行为的法律手段？
    A. 在商品的名称上使用任何方法，以明示有关商品来源于真实原产地以外的一个地理区域，在某种意义上对商品的地理来源误导公众
    B. 在商品的外表上使用任何方法，以暗示有关商品来源于真实原产地以外的一个地理区域，在某种意义上对商品的地理来源误导公众
    C. 将识别葡萄酒的地理标志用于标示不是来源于该地理标志所指明地方的葡萄酒

D. 将识别烈酒的地理标志用于标示不是来源于该地理标志所指明地方的烈酒，但同时标示了商品的真实来源地

【知识要点】TRIPS中地理标志的规定

【解析】A、B. TRIPS第22条"地理标志的保护"规定："1. 为本协定的目的，地理标志是指表明一种商品来源于某一成员的领土内、或者该领土内的一个地区或地方的标志，而且该商品的特定品质、信誉或其他特征主要是由于其地理来源所致。2. 在地理标志方面，各成员应当为有利害关系的各方提供法律手段，以制止下列行为：（a）在商品的名称或外表上使用任何方法，以明示或暗示有关商品来源于真实原产地以外的一个地理区域，在某种意义上对商品的地理来源误导公众；（b）构成《巴黎公约》（1967年）第10条之二所称的不正当竞争行为的任何使用。3. 如果一项商标含有商品的地理标志，或由商品的地理标志所组成，而该商品并非来源于该标志所表明的领土，而且如果在成员内这种商品的商标中使用这种标志具有对其真实产地误导公众的性质，则该成员如其法律允许应当依职权，或者依利害关系方的请求，拒绝该商标的注册或者使该注册无效。4. 根据本条第1款、第2款和第3款的保护，应当适用于这样的地理标志，即虽然在字面上真实地表明商品来源的领土、地区或地方，但是却向公众虚假地表明该商品来源于另一领土的地理标志。"故选项A、B正确，符合题意。

C、D. TRIPS第23条"对葡萄酒和烈酒地理标志的附加保护"中规定："1. 每一成员应当为有利害关系的各方提供法律手段，以制止将识别葡萄酒的地理标志用于标示不是来源于该地理标志所指明地方的葡萄酒，或者将识别烈酒的地理标志用于标示不是来源于该地理标志所指明地方的烈酒，即使同时标示了商品的真实来源地，或者该地理标志使用的是翻译文字，或者伴有诸如'类'、'式'、'仿'或类似的表述，也一样。2. 如果葡萄酒商标中包含或组合有识别葡萄酒的地理标志，或者烈酒商标中包含或组合有识别烈酒的地理标志，而该葡萄酒或烈酒并非来源于该地，成员如其法律允许应当依职权，或者依利害关系方的请求，拒绝该商标的注册或者使其注册无效。3. 在葡萄酒有多个同音或同形的地理标志的情形，在符合第22条第4款规定的前提下，应当对每一种标志给予保护。每一成员应当在顾及需要确保对有关生产者给予公平待遇，并使消费者不致受到误导的情况下，确定实际可行的条件，以便各该同音或同形的标志能够相互区别。4. 为了便利葡萄酒地理标志的保护，与贸易有关的知识产权理事会应就建立一种多边制度举行谈判，使参加该制度的成员中有资格获得保护的葡萄酒地理标志进行通知和登记。"故选项C、D正确，符合题意。

（四）工业品外观设计

13.（2015年卷二第98题）根据《与贸易有关的知识产权协定》的规定，受保护的工业品外观设计的所有人，对于载有或体现受保护的外观设计的复制品或者实质上是复制品的物品，应当有权制止第三方未经其同意而为商业目的进行下列哪些行为？

A. 制造　　　　B. 进口　　　　C. 许诺销售　　　　D. 销售

【知识要点】TRIPS对工业品外观设计权利的规定

【解析】TRIPS第26条"保护"第1款规定："受保护的工业品外观设计的所有人，应当有权制止第三方未得所有人同意而为商业目的制造、销售或者进口载有或体现受保护的外观设计的复制品或者实质上是复制品的物品。"据此，选项A、B、D均属于受保护的工业品外观设计的所有人应当有权制止第三方未经其同意而为商业目的进行的行为，符合题意；而选项C则不是，不符合题意。

（五）专利

14.（2013年卷二第54题）根据《与贸易有关的知识产权协定》，如果成员的法律允许未经权利持有人许可即可由政府使用、或者由政府许可第三方使用专利，则这种使用应当遵守下列哪些规定？

A. 这种使用的许可应当根据个案情况予以考虑
B. 这种使用应当在合理的期限内通知权利持有人，但无需向其支付报酬
C. 这种使用应当是独占的，权利持有人不得再许可其他人使用该专利
D. 这种使用不得转让，除非是与享有这种使用的企业或者商誉一起转让

【知识要点】专利的强制许可的条件

【解析】TRIPS第31条"未经权利持有人许可的其他使用"规定：（参照本节第7题解析）。

根据上述规定可知，这种使用的许可应当根据个案情况予以考虑，故选项A正确，符合题意。

根据上述规定可知，所述使用应当向权利持有人支付足够的报酬，故选项B错误，不符合题意。

根据上述规定可知，这种使用应当是非独占性的，故选项C错误，不符合题意。

根据上述规定可知，这种使用不得转让，但与享有这种使用的企业或者商誉一起转让的不在此限，故选项D正确，符合题意。

15.（2012年卷二第83题）根据《与贸易有关的知识产权协定》关于专利的规定，下列哪些说法是正确的？

A. 专利的获得和专利权的享有，不应因发明地点、技术领域以及产品是进口还是本国生产的不同而受到歧视
B. 治疗动物疾病的外科手术方法可以被排除在可享专利性以外

C. 专利权可享有的保护期间，自专利申请提交之日起计算的20年期间届满前不应终止

D. 对撤销或取消专利的任何决定，均应提供司法审查的机会

【知识要点】TRIPS 关于专利的规定

【解析】A. B. TRIPS 第27条"可享专利的主题"规定："1. 在符合本条第2款和第3款规定的前提下，所有技术领域的任何发明，不论是产品还是方法，只要是新颖性的，包含创造性，并且能在产业上应用的，都可以获得专利。在符合第65条第4款、第70条第8款和本条第3款规定的前提下，<u>专利的获得和专利权的享有，不应因发明地点、技术领域以及产品是进口还是本国生产的不同而受到歧视</u>。2. 各成员为了保护公共秩序或道德，包括保护人、动物或植物的生命或健康，或者为了避免对环境造成严重损害，有必要制止某些发明在其领土内进行商业上实施的，可以将这些发明排除在可享专利性以外，但是以这种除外并非仅仅因为法律禁止实施为限。3. 各成员还可以将下列各项排除在可享专利性以外：(a) <u>医治人或动物的诊断、治疗和手术方法</u>；……"故选项A、B正确，符合题意。

C. TRIPS 第33条"保护期限"规定："可享有的保护期限间，<u>自申请提交之日起计算20年期间届满以前不应终止</u>。"故选项C正确，符合题意。

D. TRIPS 第32条"撤销或取消"规定："<u>对撤销或取消专利的任何决定，均应提供司法审查的机会</u>。"故选项D正确，符合题意。

16.（2007年卷二第18题）根据《与贸易有关的知识产权协定》的规定，下列说法哪些是正确的？

A. 专利权的保护期限为自授予专利权之日起20年

B. 各成员对因未缴纳专利年费而撤销专利权的决定可以不提供司法审查机会

C. 如果一项发明的商业性实施会导致对环境的严重损害，各成员可以不授予专利权

D. 各成员可以要求专利申请人提供关于其相应的外国申请和授予专利的信息

【知识要点】TRIPS 有关专利的规定

【解析】A. 根据 TRIPS 第33条"保护期间"的规定（参见本节第15题解析），选项A错误，不符合题意。

B. TRIPS 第62条规定："……4. 关于知识产权的获得和维持的程序，以及如果成员的国内法有规定的行政撤销和当事人间的程序，诸如异议、撤销和取消，均应遵守第41条第2款和第3款规定的一般原则。5. <u>本条第4款所述的任何一项程序中作出的终局行政决定应当受司法机关或准司法机关的审查。然而，在异议或行政撤销不成立的情形，只要提出这些程序的理由能成为无效程序的内容，成员对这些程序中作出的决定没有提供审查机会的义务</u>。"故选项B错误，不符合题意。

C. 根据 TRIPS 第27条"可授予专利的主题"的规定（参见本节第15题解析），选项C正确，符合题意。

D. TRIPS 第29条"对专利申请人规定的条件"规定："……2. 各成员可要求专利申请人提供关于其相应的外国申请和授予专利的信息。"故选项D正确，符合题意。

（六）集成电路布图设计

17.（2008年卷二第54题）根据《与贸易有关的知识产权协定》的规定，对于布图设计的保护期，下列哪些说法是正确的？

A. 以登记为保护条件的成员可以规定，布图设计的保护期间为自登记申请提交之日起10年

B. 以登记为保护条件的成员可以规定，布图设计的保护期间为自其在世界上任何地方第一次商业利用之日起10年

C. 不以登记为保护条件的成员可以规定，布图设计的保护期间为自其在世界上任何地方第一次商业利用之日起10年

D. 成员可以规定，布图设计自创作以后15年保护终止

【知识要点】布图设计的保护期限

【解析】TRIPS 第38条"保护期间"规定："1. 在以登记作为保护条件的成员中，<u>布图设计的保护期间自登记申请提交之日算起，或者自其在世界上任何地方第一次商业利用算起10年期间届满前不应终止</u>。2. 在不以登记为保护条件的成员中，<u>布图设计的保护期间自其在世界上任何地方第一次商业利用之日算起不少于10年</u>。3. 尽管有本条第1款和第2款，<u>成员可以规定，布图设计自创作以后15年，保护应当终止</u>。"据此，选项A、B、C、D正确，符合题意。

（七）未公开信息的保护

18.（2010年卷二第24题）根据《与贸易有关的知识产权协定》的规定，成员有义务给予保护的未公开的信息应当符合下列哪些条件？

A. 该信息的整体或者其各部分的确切排列组合，并不是通常从事有关这类信息的人所普遍了解或容易获得的

B. 该信息由于保密而具有商业上的价值

C. 该信息由其合法控制人原创
D. 合法控制该信息的人已经根据情况采取了合理措施予以保密

【知识要点】对未披露信息的保护

【解析】TRIPS第39条第2款规定:"自然人和法人应当有可能制止他人未经其同意、以违反诚实的商业做法的方式，将其合法控制下的信息向他人公开，或者获得或使用此种信息，只要这种信息符合下列条件：(a) 符合这样意义的保密，即该信息的整体或其各部分的确切排列和组合，并不是通常从事有关这类信息的人所普遍了解或容易获得的；(b) 由于是保密信息而具有商业上的价值；和 (c) 合法控制该信息的人已经根据情况采取了合理措施予以保密。"故选项A、B、D正确，符合题意。TRIPS并未强制规定未披露信息由其合法控制人原创，故选项C错误，不符合题意。

（八）综合题

19. (2002年卷一第92题) 根据《与贸易有关的知识产权协定》，下列表述中哪些是正确的？
A. 计算机程序应当视作文学作品给予版权保护
B. 各成员可以决定商标许可和转让的条件，但是不允许商标的强制许可
C. 成员方必须以专利形式对植物品种提供保护
D. 司法当局有权禁止那些对知识产权构成侵权行为的进口商品进入商业渠道

【知识要点】TRIPS中知识产权保护的基本要求、知识产权执法

【解析】A. 根据TRIPS第10条"计算机程序和数据汇编"第1款的规定（参见本节第3题解析A.C.D），选项A正确，符合题意。

B. 根据TRIPS第21条"许可和转让"的规定（参见本节第6题解析C.D），选项B正确，符合题意。

C. TRIPS第27条"可授予专利的主题"第3款规定："各成员还可以将下列各项排除在可享专利性以外：……(b) 植物和动物（微生物除外），和生产植物或动物的主要是生物学的方法（非生物学和微生物学方法除外）。但是，各成员应规定依专利或依有效的特别制度，或依二者的结合，保护植物的品种。本项规定在世界贸易组织协定生效之日以后4年应予以审查。"故选项C错误，不符合题意。

D. TRIPS第50条第1款中规定："司法机关应当有权命令采取迅速而有效的临时措施，以便 (a) 制止任何侵犯知识产权行为的发生，尤其是制止有关货物包括刚由海关放行的进口货物，进入其管辖下的商业渠道；……"故选项D正确，符合题意。

三、对协议许可中限制竞争行为的控制

20. (2014年卷二第100题) 根据《与贸易有关的知识产权协定》的规定，下列哪些属于该协定列举的可能构成知识产权滥用的情形？
A. 排他性的返授条件
B. 强迫性的一揽子授予许可
C. 制止对知识产权有效性提出质疑的条件
D. 禁止被许可方将专利产品出口至许可方享有专利的另一成员境内

【知识要点】知识产权滥用

【解析】A. B. C. TRIPS第40条第2款规定："本协定的任何规定并不阻止成员在其立法中明确规定，在特定情况下可能构成对知识产权的滥用、在有关市场上对竞争有不利影响的许可做法或条件。如上文所规定，成员可以在与本协定其他规定相符的情况下，依据该成员的有关法律和规章，采取适当措施制止或控制这类做法，其中可以包括，例如，排他性的返授条件、制止对知识产权有效性提出质疑的条件以及强迫性的一揽子授予许可。"据此，选项A、B、C均为该协定列举的可能构成知识产权滥用的情形，符合题意。

D. 由于TRIPS未对各成员是否应当允许平行进口作出明确规定，根据专利权的地域性原则，权利人禁止被许可方将专利产品出口至许可方享有专利的另一成员境内的行为不构成对专利权的滥用，故D选项不符合题意。

四、知识产权执法

21. (2012年卷二第21题) 根据《与贸易有关的知识产权协定》，下列哪种说法是正确的？
A. 世界贸易组织成员只能规定依当事人申请的知识产权海关边境措施
B. 世界贸易组织成员只能规定海关当局依职权的知识产权海关边境措施
C. 世界贸易组织成员有义务规定依当事人申请的知识产权海关边境措施，还可以规定海关当局依职权的知识产权海关边境措施
D. 世界贸易组织成员没有规定知识产权海关边境措施的义务

【知识要点】TRIPS中的海关边境措施

【解析】TRIPS第51条"海关当局的中止放行"规定:"各成员应当遵照下述规定制订程序,以便权利持有人在有确实根据的理由怀疑有假冒商标货物或盗版货物可能进口时,能向行政或司法主管机关提出书面申请,要求海关当局对这种货物中止放行,以免进入自由流通。各成员可以允许对涉及其他侵犯知识产权的货物提出这样的申请,但是以遵守本节规定的要求为限。各成员也可以规定相应的程序,对预定从其境内出口的侵权货物由海关当局中止放行。"故选项A、B、D不正确,不符合题意;选项C正确,符合题意。

22.（2007年卷二第55题）根据《与贸易有关的知识产权协定》的规定,下列关于临时措施的说法哪些是正确的?
    A. 司法机关应当有权在任何迟延可能对权利持有人造成不可弥补损害的情况下,不听取另一方的意见而即采取临时措施
    B. 司法机关应当有权要求申请人提供足以保护被告和防止滥用临时措施的保证金或相当的担保
    C. 执行临时措施的机关可以要求申请人提供用于辨认有关货物的必要的信息
    D. 临时措施被撤销的,司法机关根据被告的请求,应当有权命令申请人向由于这些措施而受到损害的被告提供适当的补偿

【知识要点】TRIPS有关临时措施的规定

【解析】TRIPS第50条规定:"1. 司法机关应当有权命令采取迅速而有效的临时措施,以便（a）制止任何侵犯知识产权行为的发生,尤其是制止有关货物包括刚由海关放行的进口货物,进入其管辖下的商业渠道;（b）保存被指控侵权的有关证据。2. 司法机关应当有权在适当情况下,尤其是在任何迟延可能对权利持有人造成不可弥补损害的情况下,或者在证据显然有被毁灭危险的情况下,不听取另一方的意见而即采取临时措施。3. 司法机关应当有权要求申请人提供可以合理地获得的任何证据,以便该机关足以确认申请人是权利持有人,并且其权利正在受到侵犯或者这种侵犯即将发生,并有权要求申请人提供足以保护被告和防止滥用此种措施的保证金或相当的担保。4. 如果临时措施是在没有听取另一方意见的情况下采取的,最迟应在执行该措施后毫不延迟地通知受到影响的各方。根据被告的请求,应当对这些措施进行审查,包括给被告以陈述权,以便在通知这些措施后的合理期间内决定这些措施是否应予以修正、撤销或确认。5. 执行临时措施的机关可以要求申请人提供其他必要信息,以辨认有关的货物。6. 在不妨碍本条第4款的情况下,如果在合理的期间内没有提起判决案件是非的诉讼,应依被告的请求撤销根据本条第1款和第2款所采取的措施,或依其他方式使其停止生效。上述的合理期间,如成员的法律允许,由命令采取临时措施的司法机关确定,或者,如该机关没有确定,为不超过20个工作日或31个日历日,以较长者为准。7. 如果临时措施被撤销或者由于申请人的任何作为或不作为而失效,或者如果嗣后发现知识产权并没有受到侵犯或者侵犯的威胁,则司法机关根据被告的请求,应当有权命令申请人向由于这些措施而受到损害的被告提供适当的补偿。8. 如果依行政程序进行处理,其结果能采取任何临时措施的,在此范围内该程序应当符合与本节规定实质上相同的原则。"故选项A、B、C、D正确,符合题意。

五、争端的防止和解决

23.（2009年卷二第75题）根据《与贸易有关的知识产权协定》中有关透明度的规定,各成员可以不公开下列哪些信息?
    A. 其公开将会妨碍法律执行的机密信息
    B. 其公开将会违反公共利益的机密信息
    C. 成员已经生效的与本协定内容有关的法律和规章
    D. 其公开将会损害特定企业的合法商业利益的机密信息

【知识要点】TRIPS中的透明度

【解析】TRIPS第63条"透明度"规定:"1. 任何成员已经生效的与本协定内容（即知识产权的备有、范围、获得、执法和防止滥用）有关的法律和规章,以及普遍适用的终局司法判决和终局行政决定,均应以本国语文公布,如果公布实际上不可行,则应以本国语文向公众提供,以便各成员政府和权利持有人能够知悉。任何成员的政府或政府机构和另一成员的政府或政府机构之间有关本协定内容的有效协定,也应予以公布。2. 各成员应当将本条第1款所述的法律和规章通知与贸易有关的知识产权理事会,以便协助理事会审查本协定的实施情况。理事会应当尽量设法减轻各成员履行这一义务的负担。如果与世界知识产权组织关于建立这类法律和规章共同登记制度的磋商获得成功,则可能决定放弃要求成员直接向理事会通知此类法律和规章的义务。在这方面,理事会还应当考虑关于依照《巴黎公约》（1967年）第6条之三的规定在本协定下产生的通知义务所应采取的任何行动。3. 每一成员应当响应另一成员的书面请求,提供本条第1款所述的信息。成员如果有理由相信另一成员在知识产权领域有一特殊的司法判决、行政决定或双边协定影响其在本协定下的权利,也可以书面请求该另一成员提供查阅或告知该司法判决、行政决定或双边协定的足够详细的内容。4. 本条第1款、第2款和第3款的规定不要求各成员公开那些会妨碍法律执行或违反公共利益的机密信息,或者损害特定的公有或私有企业的合法商业利益的机密信息。"故选项A、B、D正确,符合题意;选项C

错误，不符合题意。

第三节 综 合 题

1. (2006年卷二第61题) 下列关于《保护工业产权巴黎公约》和《与贸易有关的知识产权协定》的说法哪些是正确的？

A. 两者都规定了国民待遇原则
B. 两者都规定了最惠国待遇原则
C. 两者都规定了透明度原则
D. 两者都规定了争端解决机制

【知识要点】《保护工业产权巴黎公约》与TRIPS的基本原则

【解析】A. 《保护工业产权巴黎公约》第2条〔本联盟各国国民的国民待遇〕规定："(1) 本联盟任何国家的国民，在保护工业产权方面，在本联盟所有其他国家内应享有各该国法律现在或今后可能授予国民的各种利益，……"由此可见，《保护工业产权巴黎公约》采取的是国民待遇原则。TRIPS第3条"国民待遇"规定："在知识产权的保护方面，……每一成员给予其他成员国民的待遇不应比其给予本国国民的待遇较为不利。……"这一规定与《保护工业产权巴黎公约》《保护文学和艺术作品伯尔尼公约》等公约的规定完全相同。故选项A正确，符合题意。

B. 最惠国待遇原则未被《保护工业产权巴黎公约》和《保护文学和艺术作品伯尔尼公约》等知识产权国际公约所采用。而在TRIPS第4条"最惠国待遇"规定："关于知识产权的保护，一成员对任何其他国家的国民授予的任何利益、优惠、特权或豁免，应当立即无条件地给予所有其他成员的国民。……"TRIPS是第一次把此项国际自由贸易中最基本的原则引入了知识产权保护制度之中，并为世界贸易组织各成员之间实行非歧视贸易提供了重要的法律基础。故选项B错误，不符合题意。

C. 透明度原则是GATT（关贸总协定）早已确立的一项原则，所以在TRIPS中也得到了明确的规定（详见TRIPS第63条"透明度"的规定）。透明度原则在其他国际知识产权保护公约中尚未得到明确全面的确立，TRIPS是首次将这一原则全面引入知识产权领域。根据TRIPS第63条第1~4款的规定，透明度原则由四大要素组成：公布义务、通知义务、提供咨询义务以及例外。故选项C错误，不符合题意。

D. TRIPS第64条"争端解决"第1款规定："就1994年关税与贸易总协定第XXII条和第XXIII条所作解释和适用而达成的'争端解决谅解'，……"由于TRIPS对执法提出了明确要求，所以TRIPS的执法问题也可以纳入WTO争端解决机制之中，这使得TRIPS在知识产权国际保护手段上与以往的国际公约不同。由于TRIPS将所有涉及知识产权的国际纠纷的解决纳入世界贸易组织的统一和强大的多边解决机制中，从而为知识产权的国际保护提供了真正强有力的准司法保障。

《保护工业产权巴黎公约》第28条〔争议〕第（1）款规定："本联盟两个或两个以上国家之间对本公约的解释或适用有争议而不能谈判解决时，有关国家之一可以按照国际法院规约将争议提交该法院，除非有关国家就某一其他解决办法达成协议。将争议提交该法院的国家应通知国际局；国际局应当将此事提请本联盟其他国家注意。"《保护工业产权巴黎公约》第28条第1款可认为是广义上的争端解决机制。故选项D正确，符合题意。

（注意：不过《保护工业产权巴黎公约》第28条同TRIPS第64条相比，在实际效力上是有着很大区别的。此外，《保护工业产权巴黎公约》第28条第2款中还规定：签约国也可以声明不接受该条款。所以《保护工业产权巴黎公约》在争端解决机制方面的作用是非常有限的。）

参 考 答 案

第一节 保护工业产权巴黎公约

1. ABCD	2. ABCD	3. AB	4. ABCD	5. ABCD	6. ABCD
7. AB	8. AD	9. AC	10. ABC	11. CD	12. A
13. ABCD					

第二节 与贸易有关的知识产权协定

1. BCD	2. ABC	3. ACD	4. ACD	5. AC	6. B
7. AD	8. D	9. BC	10. AC	11. ABCD	12. ABCD
13. ABD	14. AD	15. ABCD	16. CD	17. ABCD	18. ABD
19. ABD	20. ABC	21. C	22. ABCD	23. ABD	

第三节 综 合 题

1. AD

代理实务部分

第一章 2000年机械专业试题及参考答案

客户向你所在的代理机构提供了他们发明的两种饮料容器（易拉罐）的结构简要说明（附件1）以及他们所了解的现有技术（附件2），并委托你们就这两种饮料容器提出发明专利申请。在撰写专利申请文件前，你对现有技术进行了检索，找到了一篇相关的对比文件（附件3）。

第一题：请你根据客户提供的发明简要说明（附件1）和现有技术（附件2），以及你检索到的对比文件（附件3）为客户撰写一份权利要求书。具体要求如下：

1. 该权利要求书应当包括一项独立权利要求和若干项从属权利要求。
2. 独立权利要求应当满足下列五方面要求：
(1) 具有一个较宽的保护范围；
(2) 清楚、简明地限定了其保护范围；
(3) 记载了实现发明目的的全部必要技术特征；
(4) 相对于客户提供的和你检索到的现有技术具有新颖性和创造性；
(5) 符合专利法及其实施细则对于独立权利要求的其他规定。

总之，该独立权利要求既要有尽可能宽的保护范围，又要有最好的授权前景。

3. 从属权利要求应当使得本申请在被授权后一旦面临不得不缩小独立权利要求保护范围的情况时具有充分的修改余地，但是其数量应当合理、适当，并且符合专利法及其实施细则对从属权利要求的所有规定。

第二题：请按照专利法及其实施细则和审查指南的有关规定，对下述问题作出回答，回答内容应与你先前所撰写的权利要求书相适应：

1. 你认为这两项现有技术（附件2和附件3）中哪一项是本发明的最接近现有技术？请说明理由。
2. 相对于客户提供的现有技术（附件2）和你检索到的对比文件（附件3）确定本发明要解决的技术问题并简述理由。
3. 本发明与两项现有技术（附件2和附件3）相比，带来哪些有益效果？
4. 请说明你所撰写的独立权利要求相对于客户提供的现有技术（附件2和附件3）和你检索到的对比文件具有新颖性和创造性的理由。
5. 请给出本发明专利申请的发明名称和本发明所涉及的技术领域。
6. 为本发明专利申请撰写一份说明书摘要。

附件1 客户提供的两种饮料容器的结构简介

客户发明的第一种饮料容器如图1至图4所示，主要对饮料容器顶盖1上的封闭开启装置10作了改进。该封闭开启装置10主要由封闭片2和与该封闭片2相互连接的拉片3组成。

图1给出该饮料容器的俯视图；图2是该饮料容器顶盖部分沿图1中Ⅱ-Ⅱ线的侧剖视图，其中封闭开启装置10处于关闭状态；图3与图2类似，但其中封闭开启装置10处于刚开始打开封闭片2的位置；图4是图1中封闭片2的局部放大图，该封闭片2由U形刻痕线11围成。

由图1至图3可知，顶盖1上有一个凹入区5，所述封闭开启装置10位于此凹入区5内。所述封闭片2的圆弧形端部21的位置位于饮料容器顶盖1的边缘附近，所述封闭片2的根部22位于饮料容器顶盖1的中部附近。从图4中可以看到，所述封闭片2的U形刻痕线11是非封闭的。封闭片2端部21的刻痕线11呈圆弧形，封闭片2的圆弧形端部21和根部22之间的刻痕线11为两根相互平行的直线，此两根平行的直线终止于封闭片2的根22，构成该刻痕线11的两端13，它们彼此相隔开。采用上述结构后，在拉起封闭片2打开封闭开口后，封闭片2借助其根部22，依然连接在顶盖1上，因此不会被任意丢弃而污染环境。在所述刻痕线11的两端13还可以设有凸出物12，在打开封闭片2时，可以有效地使撕裂的刻痕线11终止于刻痕线11两端13的凸出物12处。

由图1至图4可知，在封闭片2的圆弧形端部21附近设有孔33，拉片3与封闭片2借助孔33和铆钉35连接在一起，显然还可以采用其他方式，如通过焊接将拉片3与封闭片2连接在一起。由于拉片3与封闭片的连接点设置在紧靠封闭片2的圆弧形端部21附近，当使用者拉起拉片3，首先撕裂封闭片2圆弧形端部21的刻痕线11，再撕裂封闭片2中部的刻痕线11，直到封闭片2的根部22，这样打开的封闭开口就可使封闭片2基本上全部向外弯曲，不会使封闭片2上的灰尘或其他脏物落入饮料容器内。

由图1至图3可知，该拉片3有一个可供手指握持的拉环4。在该拉片3上，与拉环4相对、邻近封闭片2圆弧形端部21的另一端部31的下方，设有向下延伸的锋利凸起物32，所述凸起物32的自由端靠近饮料容器顶盖1的上表面。这样，如图3所示，当使用者拉起拉环4向上翻转时，拉片3以铆钉35为杠杆支点，使端部31向下延伸的凸起

413

物32向下对端部21施加压力,由于凸起物32具有锋利的顶尖部分,而且,拉片3与封闭片2的铆接点位于封闭片2的圆弧形端部21附近,因此,只需要施加很小的作用力,大约5～8牛顿,就可撕裂端部21处的刻痕线11,即在凸起物32压力作用下,向下破坏封闭片2的端部21的刻痕线11,随后,在使用者手指向上拉力的作用下,撕裂全部刻痕线11,很容易打开封闭的开口,同时可以避免由于施加过大的力而导致顶盖1变形,或拉片3被拉断而封闭片2仍处于封闭状态以至无法开启。

在客户发明的第二种饮料容器中,除封闭片的形状外,其封闭开启装置的拉片和封闭片的结构与第一种饮料容器的封闭开启装置结构基本相同。图5是第二种饮料容器的封闭片2的局部放大图,其与第一种饮料容器的区别在于:该封闭片2的刻痕线11大致呈两头小中间大、且被截去一端头的橄榄形。从图5中可以看到,所述封闭片2具有圆弧形的端部21,从封闭片2的圆弧形端部21到根部22,封闭片2的宽度先逐渐增大,然后再逐渐减小,而在其根部22,封闭片2的刻痕线11形成间隔不大的两端13。其与第一种饮料容器一样,该两端13还可以设有凸出物12。与第一种饮料容器相比,这种结构的封闭开启装置可增大其开口,便于倒出饮料容器内的被盛装物。

附件1　客户提供的两种饮料容器的结构附图

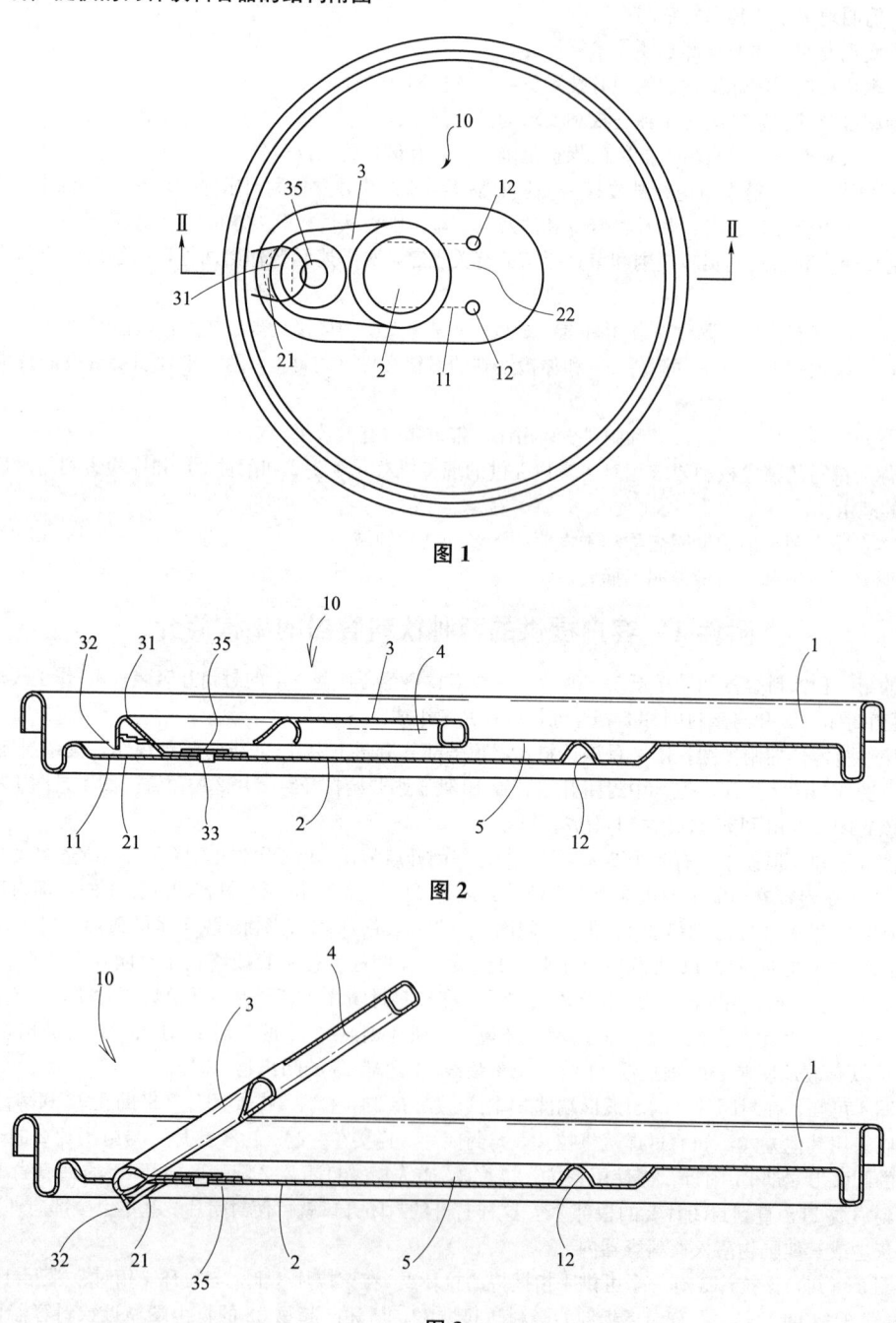

图1

图2

图3

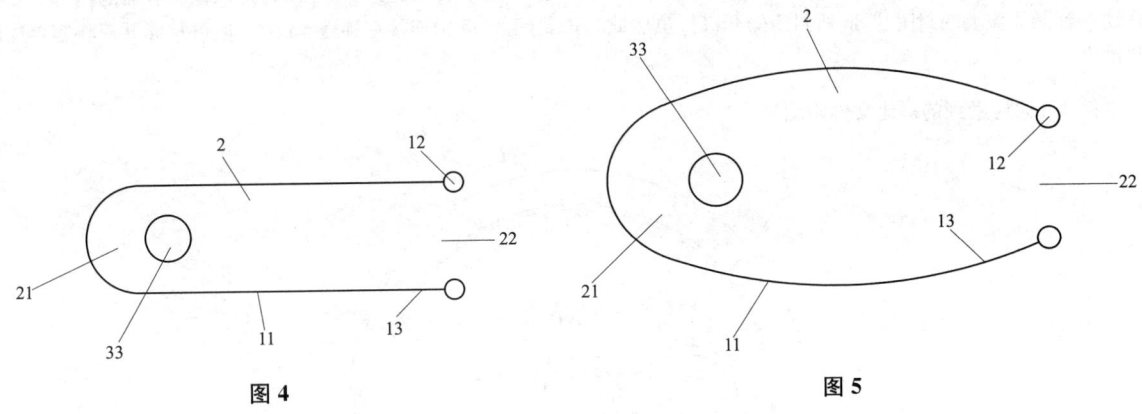

图 4　　　　　　　　　　　　　　图 5

附件 2　客户提供的现有技术简介

客户提供的现有技术是如图 2-1 所示的另一种饮料容器顶盖上的封闭开启装置。图 2-1 给出其封闭开启装置的透视图。

该饮料容器顶盖上的封闭开启装置也位于顶盖的凹入区，它包括拉片 75、铆钉 62 和由封闭刻痕线部分 42、43、44、45 构成的封闭片 40。拉片 75 的一端是拉环 74。铆钉 62 位于拉片 75 的中间位置。当使用者用手指向上拉起拉片 75 时，拉片 75 以铆钉 62 为支点翻转。拉片 75 的拉环 74 向上移动，拉片 75 的另一端 68 下压封闭片 40 邻近刻痕线部分 42 的端部 90，首先撕裂封闭片 40 一端处的刻痕线部分 42，并使封闭片 40 的端部 90 向下弯曲，继续拉动拉环 75，牵引封闭片 40 向上翻转，逐渐撕裂封闭片 40 两侧的刻痕线部分 44、45，最终撕裂封闭片 40 另一端处的刻痕线部分 43，此时，拉片 74 和封闭片 40 两者形成人字形，使封闭片 40 完全脱离饮料容器顶盖，打开开口。

客户指出，这种饮料容器顶盖上的封闭开启装置存在三个缺点：其一是封闭片由封闭的刻痕线围成，在打开封闭开口后，封闭开启装置完全脱离顶盖，有可能被随意丢弃而污染环境；其二是拉片与封闭片的连接点设置在封闭片的中部，当拉起拉片时拉片和封闭片仍有一部分会向下弯曲，会使封闭片上的灰尘或其他脏物落入饮料容器内；其三是施力过大时会拉断拉片而封闭片仍处于封闭状态，以至无法开启该饮料容器。

附件 2　客户提供的现有技术附图

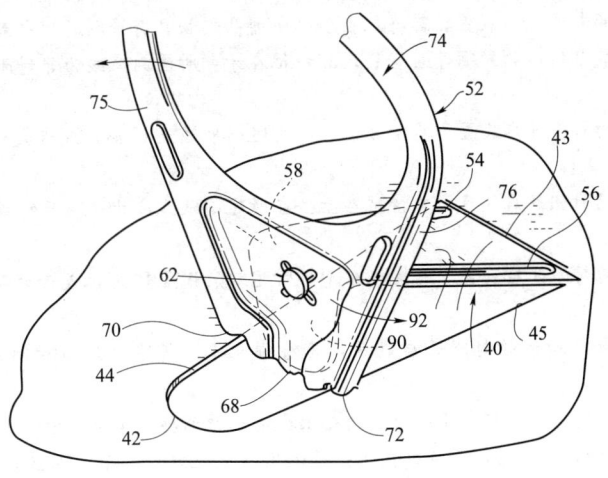

图 2-1

附件 3　你检索到的对比文件

作为代理人，你为客户的这项发明进行了检索，找到一篇已公开的对比文件。该对比文件所披露的饮料容器顶盖上的封闭开启装置如图 3-1 所示。由该饮料容器的俯视图可知，位于顶盖 86 上凹入区 88 的封闭开启装置 80 包括拉片 84、铆钉 81 和由刻痕线 82 围成的封闭片 85。该刻痕线 82 的形状接近两头小中间大、且被截去一端头的橄榄形，该刻痕线 82 的两端彼此相隔开，也为不封闭的刻痕线。铆钉 81 位于封闭片 85 的根部附近。当使用者用手指向上（离开纸面向外的方向）拉起拉片 84 的拉环 89，拉片 84 以铆钉 81 为支点向上翻转，随关拉环 89 向上拉动，拉片 84 的另一端83向下压封闭片85，撕裂刻痕线82，封闭片85向下（进入纸面向内的方向）弯曲，伸入饮料容器的内部，从而打开饮料容器顶盖上的封闭片85所封闭的开口。虽然此时该封闭片85仍连接在顶盖86上，但可从此开口将容器中的饮料倒出。

附件3　你检索到的对比文件附图

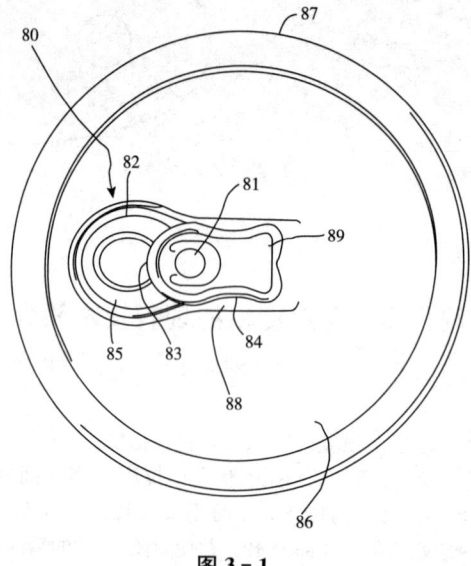

图3-1

参考答案

一、权利要求书

1. 一种饮料容器顶盖上的封闭开启装置，包括由可撕裂的刻痕线围成的封闭片、与该封闭片相互连接的拉片，其特征在于：所述拉片与封闭片的连接点设置在紧靠封闭片的端部附近。

2. 根据权利要求1所述的封闭开启装置，其特征在于：在所述拉片邻近封闭片端部的下方，还设有向封闭片方向延伸的凸起物。

3. 根据权利要求2所述的封闭开启装置，其特征在于：所述凸起物具有锋利的顶尖部分。

4. 根据权利要求1或2或3所述的封闭开启装置，其特征在于：所述刻痕线为非封闭刻痕线，具有彼此相隔开的两端。

5. 根据权利要求4所述的封闭开启装置，其特征在于：所述刻痕线呈U形，或者大致呈两端头小中间大、且被截去一端头的椭圆形。

6. 根据权利要求4所述的封闭开启装置，其特征在于：在所述刻痕线彼此相隔开的两端处设有凸出物，所述刻痕线终止于该两端的凸出物处。

7. 根据权利要求6所述的封闭开启装置，其特征在于：所述刻痕线呈U形，或者大致呈两端头小中间大、且被截去一端头的椭圆形。

8. 根据权利要求1或2或3所述的封闭开启装置，其特征在于：所述拉片与封闭片通过铆钉或者焊接连接在一起。

9. 一种饮料容器，包括顶盖，其特征在于：所述顶盖上设有如权利要求1至8中任一所述的封闭开启装置。

10. 根据权利要求9所述的饮料容器，其特征在于：所述顶盖上还设有一个凹入区，所述封闭开启装置位于该凹入区内。

二、问答题

1. 检索到的对比文件（附件3）是本发明的最接近现有技术。检索到的对比文件和客户提供的现有技术（附件2）两者的技术领域均属于本发明的技术领域，但是前者与后者相比，披露了本发明更多的技术特征：刻痕线为非封闭刻痕线，具有彼此相隔开的两端。因此，应以检索到的对比文件作为本发明最接近的现有技术。

2. 根据客户提供的现有技术（附件2）来看，本发明解决的技术问题是在打开封闭开口后，防止封闭开启装置完全脱离顶盖。而通过检索，找到了相关的现有技术（附件3），该饮料容器顶盖上的封闭开启装置也能够实现当拉起拉片并打开封闭片时，防止封闭开启装置完全脱离顶盖。因此应根据检索到的这篇对比文件来确定本发明要解决的技术问题，相对于该检索到的对比文件，本发明主要解决的技术问题是：提供一种饮料容器顶盖上的封闭开启装置，当拉起拉片并打开封闭片时，防止封闭片上的灰尘或其他脏物落入饮料容器内。本发明进一步要解决的一个技术问题是：当拉起拉片并打开封闭片时，能够很容易打开封闭的开口，同时避免由于施加过大的力而导致顶盖变形，或拉片被拉断而封闭片仍处于封闭状态以至无法开启；本发明进一步要解决的另一个技术问题是：打开封闭片时，可以有效地使撕裂的刻痕线终止于刻痕线两端，能够更好的防止封闭开启装置完全脱离顶盖。

3. 本发明与客户提供的现有技术（附件2）相比，其带来的有益效果是：首先，打开封闭开口后，防止封闭开启装置完全脱离顶盖；其次，当拉起拉片并打开封闭片时，防止封闭片上的灰尘或其他脏物落入饮料容器内；再次，能够防止因施力过大而导致拉断拉片而封闭片仍处于封闭状态，以至无法开启该饮料容器；最后，能够在打开封闭片时，有效地使撕裂的刻痕线终止于刻痕线两端的凸出物处，更好的防止封闭开启装置完全脱离顶盖。

本发明与检索到的对比文件（附件3）相比，其带来的有益效果是：首先，当拉起拉片并打开封闭片时，能够防止封闭片上的灰尘或其他脏物落入饮料容器内（体现在权利要求1）；其次，能够防止因施力过大而导致拉断拉片而封闭片仍处于封闭状态，以至无法开启该饮料容器（体现在权利要求2）；再次，能够在打开封闭片时，有效地使撕裂的刻痕线终止于刻痕线两端的凸出物处，更好的防止封闭开启装置完全脱离顶盖（体现在权利要求6）。

4. 客户提供的现有技术（附件2）中未披露独立权利要求1特征部分的技术特征：所述拉片与封闭片的连接点设置在紧靠封闭片的端部附近，因此独立权利要求1的技术方案在客户提供的现有技术中未被披露，所以独立权利要求1相对与客户提供的现有技术具有《专利法》第22条第2款规定的新颖性。

检索到的对比文件（附件3）中也未披露独立权利要求1特征部分的技术特征：所述拉片与封闭片的连接点设置在紧靠封闭片的端部附近，因此独立权利要求1的技术方案在检索到的对比文件中未被披露，所以独立权利要求1相对与检索到的对比文件具有《专利法》第22条第2款规定的新颖性。

检索到的对比文件是本发明的最接近对比文件，独立权利要求1与该对比文件中所披露内容区别在于：所述拉片与封闭片的连接点设置在紧靠封闭片的端部附近。独立权利要求1相对与该对比文件来说，解决了"当拉起拉片并打开封闭片时，防止封闭片上的灰尘或其他脏物落入饮料容器内"这个技术问题。

在客户提供的现有技术中也未披露上述这样的结构，且这样的结构也不是本领域技术人员用来解决"防止封闭片上的灰尘或其他脏物落入饮料容器内"这一技术问题的公知常识，因此本领域技术人员从客户提供的现有技术结合本领域的公知常识也不能得到将此结构用来解决本发明所解决的技术问题的启示。也就是说，本领域技术人员由检索到的对比文件、客户提供的现有技术及其公知常识都不能结合得到本发明独立权利要求1的技术方案，因此独立权利要求1相对上述两项现有技术和公知常识具有突出的实质性特点。由于采用上述结构，可以有效地防止封闭片上的灰尘或其他脏物落入饮料容器内，因此独立权利要求1的技术方案也具有显著的进步。综上所述，独立权利要求1相对于上述两项现有技术具有《专利法》第22条第3款规定的创造性。

由于上述独立权利要求1的技术方案符合《专利法》第22条中规定的新颖性和创造性，因此，独立权利要求9作为采用该封闭开启装置的一种饮料容器的技术方案，也符合《专利法》第22条中规定的新颖性和创造性。

5. 本发明名称为："饮料容器顶盖上的封闭开启装置及饮料容器"。本发明涉及的技术领域为：一种设置在饮料容器顶盖上的封闭开启装置。

6. 说明书摘要：本发明提供了一种饮料容器顶盖上的封闭开启装置，包括由可撕裂的刻痕线围成的封闭片、与该封闭片相互连接的拉片，所述拉片与封闭片的连接点设置在紧靠封闭片的端部附近。采用上述封闭开启装置的饮料容器，当拉起拉片并打开封闭片时，可以防止封闭片上的灰尘或其他脏物落入饮料容器内。

三、答题思路分析

本题中，客户提出的两个实施例中一共包括了四项发明点，分别是：

1. 封闭片的刻痕线是非封闭的，构成该刻痕线的两端彼此相隔开，使当拉起封闭片打开封闭开口后，封闭片借助其根部依然连接在顶盖上，因此不会被任意丢弃而污染环境；

2. 在发明点1的基础上进一步改进：在非封闭刻痕线的两端设有凸出物，当打开封闭片时，可以有效地使撕裂的刻痕线终止于刻痕线两端的凸出物处，更好地防止封闭开启装置脱离顶盖；

3. 拉片与封闭片的连接点设置在紧靠封闭片的端部附近，当使用者拉起拉片，首先撕裂封闭片端部的刻痕线，再撕裂封闭片中部的刻痕线，直到封闭片的根部，这样打开的封闭开口就可使封闭片基本上全部向外弯曲，不会使封闭片上的灰尘或其他脏物落入饮料容器内；

4. 在拉片上，邻近封闭片端部的下方，设有向下延伸的锋利凸起物，所述锋利凸起物的自由端靠近饮料容器顶盖的上表面。由于存在锋利凸起物结构，而且，拉片与封闭片的连接点位于封闭片的端部附近，因此，只需要施加很小的作用力，就可撕裂端部处的刻痕线，很容易打开封闭的开口，同时可以避免由于施加过大的力而导致顶盖变形，或拉片被拉断而封闭片仍处于封闭状态以至无法开启。

在客户提供的现有技术（附件2）中，均没有披露上述发明要点，但在检索到的对比文件（附件3）中披露了上述第1项发明点，即披露了"刻痕线是非封闭"的这一发明内容。因此本发明的独立权利要求只能围绕剩余的3项发明点进行撰写。客户提出的第2项发明点，是在第1项发明点基础上进行的改进，如果以该发明点为区别特征撰写独立

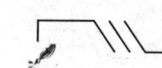

权利要求,则必须将"刻痕线是非封闭"的结构特征也写入独立权利要求中,即必须将发明点1、2同时写入一项独立权利要求中。由于"刻痕线是非封闭的"这一技术特征已经被现有技术公开,因此,这样撰写的独立权利要求的保护范围将大大缩小。由此可见,本发明的独立权利要求应当围绕发明点3、4进行撰写。客户提供的发明内容中还揭露了如下信息:由于存在凸起物结构并且拉片与封闭片的铆接点位于封闭片的端部附近,因此,只需要施加很小的作用力,就可撕裂封闭片端部处的刻痕线。由此可以看出,第4项发明点是在第3项发明点的基础上进行的改进,即由于"拉片与封闭片的连接点位于封闭片的端部附近"以及"凸起物"这两个结构的共同作用,才导致了第4项发明点的有益效果:"只需要施加很小的作用力,就可撕裂端部处的刻痕线"。因此可以得出最终的撰写思路,即本发明的独立权利要求应以第3项发明点作为撰写的首要内容,其余的三项发明点,可以撰写成该独立权利要求的从属权利要求。此外,只要具有凸起物结构就可以一定程度的实现发明点4中的有益效果,因此所述凸起物具有锋利的顶尖部分这一技术特征,可以写入进一步的从属权利要求中。

如果是在代理实践中,本发明还可以采用另一种撰写思路:即将2、3、4三项发明点分别撰写成三项独立权利要求。这样做的原因是,如果仔细分析一下客户的这三项发明点,可以发现这三项发明内容其实也可以分别构成独立的技术方案。

对于第2项发明点,虽然该发明点是在客户提出的第1项发明点基础上的进行的改进,但该项发明点与第3、4项发明点之间并没有任何从属关系,如果将其撰写为第3项发明点基础上的从属权利要求,则实际上撰写了一个同时具有发明点1、2、3的技术方案。这样撰写的权利要求,也并不能使第2项发明点得到最大的保护范围,而只有当撰写成仅具有发明内容1、2的独立权利要求时,发明点2才能够得到最大范围的保护。不过这样撰写后的仅具有发明内容1、2的独立权利要求,同本发明参考答案中给出的仅具有发明点3的独立权利要求之间不具有单一性,因此需要分案提出申请,并且还需要客户补充仅具有发明点1、2的实施例以及有益效果,以支持这样撰写的独立权利要求。

对于第4项发明点,虽然题目中给出的文字内容表明该有益效果是在发明点3、4的共同存在下产生的,但如果从第4项发明内容本身来看,即使没有第3项发明点的特征存在,其本身也可以带来一定的有益效果,即由于凸起物及其锋利的顶尖部分的存在,使得该凸起物对应位置处的刻痕线更容易被撕裂。因此,不论拉片与封闭片的连接点是否位于封闭片的端部附近,具有该凸起物的拉片都会比没有凸起物的拉片更容易将刻痕线撕裂开,而使得封闭开口的打开变得相对更为容易,同时也可以在一定程度上减少由于施加过大的力而导致顶盖变形或拉片被拉断而封闭片仍处于封闭状态以至无法开启的情况出现。由此可见,第4项发明点,也可以撰写成一项仅包含第4项发明内容的独立的权利要求。同样,由于这样撰写的独立权利要求与本发明参考答案中给出的仅具有发明点3的独立权利要求之间不具有单一性,因此需要分案提出申请,并且还需要客户补充仅具有发明点4的实施例以及有益效果,以支持这样撰写的独立权利要求。

上面从代理实践的角度对本题进行了一些分析,主要目的是帮助读者在代理实践中开拓思路,以帮助发明人撰写出更好的专利申请文件。不过,从本试题的角度来说,由于客户提供的发明内容以及全部对比文件中的所有实施方式中均没有出现仅具有发明点2或发明点4的技术方案,并且由于在考试中只能根据题目中给出的内容进行撰写,而不能再补充任何新的技术方案,所以在考试时只需按照参考答案中的独立权利要求的范围撰写即可。此外,由于客户提供的发明内容中明确写明:由于"拉片与封闭片的连接点位于封闭片的端部附近"以及"锋利凸起物"这两个结构的共同作用才导致了第4项发明点的有益效果,所以在考试中还是要将第4项发明点作为第3项发明点的从属权利要求撰写。在代理实务考试题中,为了使最终的答案相对标准化,有时会在发明点之间的关联关系中加入一些限制条件,因此在考试中要注意发现题目中这些隐含的限定条件,并依此撰写出恰当的权利要求,而不必加入自身对技术方案的理解,更不要随意增加题目中没有披露的技术内容和否定题目中给出的技术条件。

第二章　2000年电学专业试题及参考答案

客户向你所在的代理机构提供了他们发明的三种可燃气体自动报警装置的简要说明（附件1）以及他们所了解的现有技术（附件2），委托你们就这三种可燃气体自动报警装置提出发明专利申请。在撰写专利申请文件前，你对现有技术进行了检索，找到了一篇相关的对比文件（附件3）。

第一题：请你根据客户提供的发明简要说明（附件1）和现有技术（附件2），以及你检索到的对比文件（附件3）为客户撰写一份权利要求书。具体要求如下：

1. 该权利要求书应当包括一项独立权利要求和若干项从属权利要求。
2. 独立权利要求应当满足下列五方面要求：
（1）具有一个较宽的保护范围。
（2）清楚、简明地限定了其保护范围。
（3）记载了实现发明目的的全部必要技术特征。
（4）相对于客户提供的和你检索到的现有技术具有新颖性和创造性。
（5）符合专利法及其实施细则对于独立权利要求的其他规定。
总之，该独立权利要求既要有尽可能宽的保护范围，又要有最好的授权前景。
3. 从属权利要求应当使得本申请在被授权后一旦面临不得不缩小独立权利要求保护范围的情况时具有充分的修改余地，但是其数量应当合理、适当，并且符合专利法及其实施细则对从属权利要求的所有规定。

第二题：请按照专利法及其实施细则和审查指南的有关规定，对下述问题作出回答，回答内容应与你先前所撰写的权利要求书相适应：

1. 你认为这两项现有技术（附件2和附件3）中哪一项是本发明的最接近现有技术？请说明理由。
2. 相对于客户提供的现有技术（附件2）和你检索到的对比文件（附件3）确定本发明要解决的技术问题，并简述理由。
3. 本发明与两项现有技术（附件2和附件3）相比，带来哪些有益效果？
4. 请说明你所撰写的独立权利要求相对于客户提供的现有技术（附件2和附件3）和你检索到的对比文件具有新颖性和创造性的理由。
5. 请给出本发明专利申请的发明名称和本发明所涉及的技术领域。
6. 为本发明专利申请撰写一份说明书摘要。

附件1　客户提供的发明简介

客户发明的第一种可燃气体自动报警装置的电路图如图1所示，其中包括由各个虚线框表示的可燃气体探测部分1、电压放大比较电路部分2、继电器执行电路部分3和声音报警电路部分4。

可燃气体探测部分1中的传感器采用气敏传感器A。气敏传感器A的内阻与电阻R1、R2和R4构成电桥。其输出送到电压放大比较电路2的输入端P1和P2。气敏传感器A的内阻随周围环境中的有害气体浓度变化而变化。当检测到可燃气体的浓度上升时，气敏传感器A的内阻变小，造成电桥不平衡，使点P1处的电位升高，当其上升到超过点P2处的电位时，电压放大比较电路部分2的集成电路电压放大比较器BG307立即翻转，输出高电位，从而使继电器执行电路部分3中的三极管T3导通，继电器J闭合，接通声音报警电路CW8403自动报警，同时接通排气扇F排掉可燃气体。随着周围环境中可燃气体浓度下降，气敏传感器A的内阻将逐步增大，使P1点处的电位下降，当P1处的电位等于或小于P2处的电位时，集成电路电压放大比较器BG307再次翻转，继电器J断开，停止声音报警电路CW8403和排气扇F的工作。采用这样的电路，就可实现对可燃气体的自动监控、报警和排除可燃气体。同时，分压电阻R2和R4之间可以接入一个可变电阻R3，通过对可变电阻R3的滑动端位置的调整来改变P2处的电位，从而可以很方便地调节家用可燃气体自动报警装置的灵敏度。

气敏传感器A是一种借助其内部电阻丝工作的传感器，如果始终处于工作状态，就会导致其使用寿命缩短。为延长气敏传感器A的使用寿命，可以使该气敏传感器A处于间歇工作状态，在电源和气敏传感器的电阻丝之间接入自激多谐振荡器和开关三极管T1。其中R11为三极管T1的基极电阻，R12为三极管T1的集电极电阻。利用自激多谐振荡器和开关三极管T1来控制传感器的工作时间，使其实现间歇工作方式（例如，使传感器工作1～2分钟，停止4～8分钟）。所说自激多谐振荡器为标准振荡器，由555定时器、电阻和电容构成。其输出端接开关三极管T1基极。该多谐振荡器产生方波信号，通过合理选择电阻R7、R8、R9、R10、电容C4的参数，使方波信号高电平时间较短，也就是使开关三极管T1饱和而导通的时间较短，当自激多谐振荡器输出高电平信号时，开关三极管T1导通，传感器在短时间内工作。当自激多谐振荡器输出低电平信号时，开关三极管T1截止。这样，传感器的工作时间与停止时间相比短得多，从而延长了该传感器的寿命。

客户发明的第二种可燃气体自动报警装置与第一种的区别反映在可燃气体探测部分，如图2所示，在开关三极管T1和多谐振荡器输出端之间接入由三极管T2和电阻R13、R14构成的一个反相器，多谐振荡器输出端与三极管T2的基极连接，三极管T2的集电极分别经电阻R13、R14连接到开关三极管T1的集电极和基极。这样，当多谐振荡器输出低电位时，使三极管T2输出高电位，从而使开关三极管T1导通，气敏传感器A工作。而当多谐振荡器输出高电位时，因三极管T2输出低电位，从而使开关三极管T1截止，电阻丝断电，气敏传感器A不工作（例如，使传感器工作1～2分钟，停止4～8分钟）。当然，对电阻R7、R8、R9、R10和电容C4的参数应重新选择，使定时器输出的高电位和低电位的时间长短正好与上述的长短相反，以确保气敏感传感器A的工作时间相对较短。

客户发明的第三种可燃气体自动报警装置与第一种的区别为：在如图3所示的可燃气体探测部分，将电阻R12换成继电器J1，电源和气敏传感器A的电阻丝连接在继电器接点K-J1的两端，该接点K-J1为常开接点，开关三极管T1的发射极直接接地，多谐振荡器输出高电位时，开关三极管T1导通，继电器J1工作，吸合接点K-J1，使电流流过气敏传感器的电阻丝，该气敏传感器A工作。当多谐振荡器输出低电位时，开关三极管T1断开，继电器J1使接点K-J1也断开，气敏传感器A不工作。这样，可以使气敏传感器A工作1～2分钟，停止4～8分钟。

附件1　客户提供的发明附图

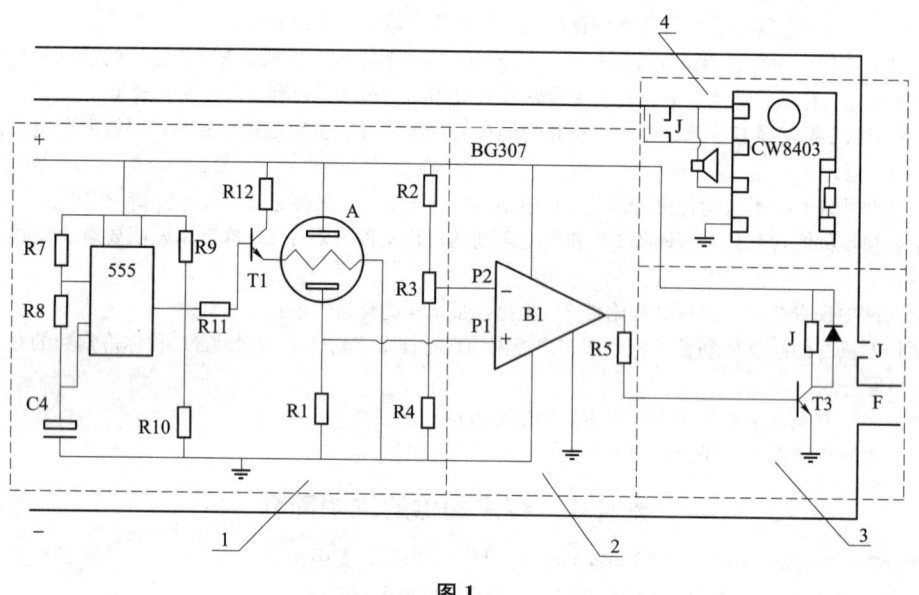

图1

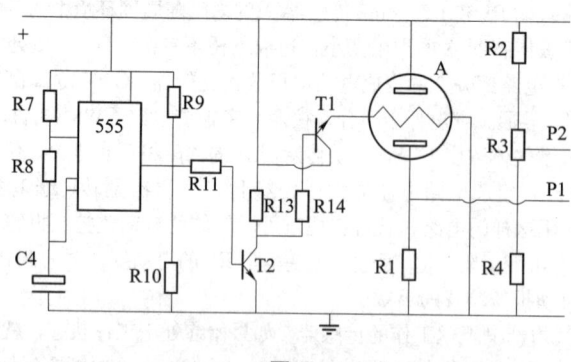

图2

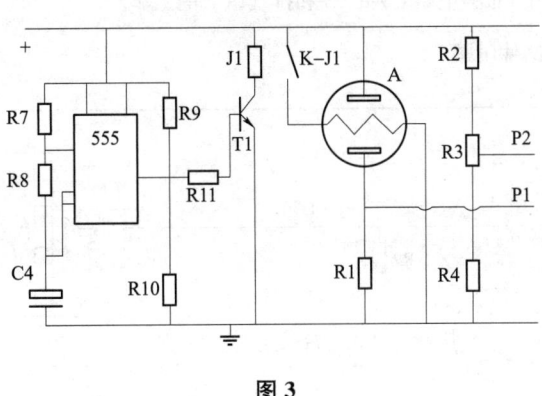

图 3

附件 2　客户提供的现有技术可燃气体检测器结构简介

客户提供的与本发明相关的现有技术的可燃气体检测器的结构如图 2-1 所示。这种可燃气体检测器采用气敏传感器 21，该气敏传感器 21 中的气动部件 22 与电阻 R1、R2 和 R3 构成电桥电路，三极管 T1、T2、电阻 R5 和电容 C1、C2 构成音频振荡器电路。合上电源开关 K1A、K1B 和采样开关 K2 后，采样泵 23 开始采样，将环境中的空气吸入到气敏传感器 21 中。当被测环境气体中含有可燃气体时，气敏部件 22 阻值减少，电位升高，其阻抗变化经灵敏度调节电位器 24 反映到电桥电路中，电桥电路便失去平衡，微安表 25 显示可燃气体浓度，与此同时桥臂电阻 R2 处输出大于 25V 的高电位，供给高频振荡电路而通过高阻喇叭 26 发出声音警报，通过发光二极管 27 发出光警报。

采用该检测器，能检测出环境中是否含有可燃气体，并可报警，但不能自动排走环境中的可燃气体。而且采用这种检测器，不能进行自动检测，只能由操作人员根据需要打开电源开关 K1A、K1B 和采样开关 K2 后再进行检测。

附件 2　客户提供的现有技术附图

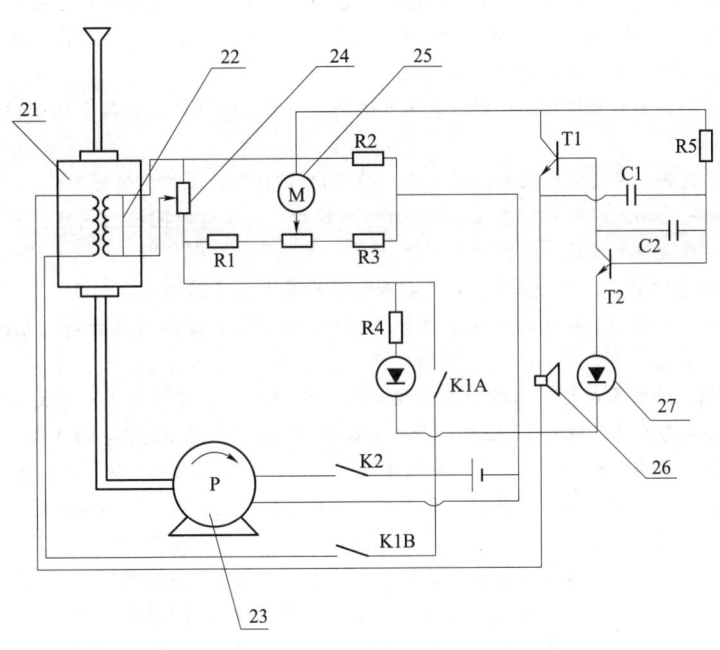

图 2-1

附件 3　你所检索到的对比文件简介

作为代理人，你对客户的这项发明进行了检索，找到一份相关的对比文件"家用煤气自动监控报警器"。如图 3-1 所示，该自动监控报警器也包括气敏传感器 A、电压放大比较电路和继电器执行电路和声音报警电路。该气敏传感器 A 长期处于监测状态，当检测到可燃气体后，其内阻减少，使点 P1 处电位上升，当其超过点 P2 处电位时，集成电路电压放大比较器 BG307 立即翻转，输出高电位，使三极管 T3 导通，继电器 J 闭合，声音报警电路 CW8403 开始报警，并将排气扇 F 打开。随着排气扇 F 工作，周围环境中可燃气体浓度下降，气敏传感器 A 内阻逐步增大，当 P1 处电位等于或小于 P2 处电位，则停止声音报警电路 CW8403 和排气扇 F 的工作。

附件 3　你所检索到的对比文件附图

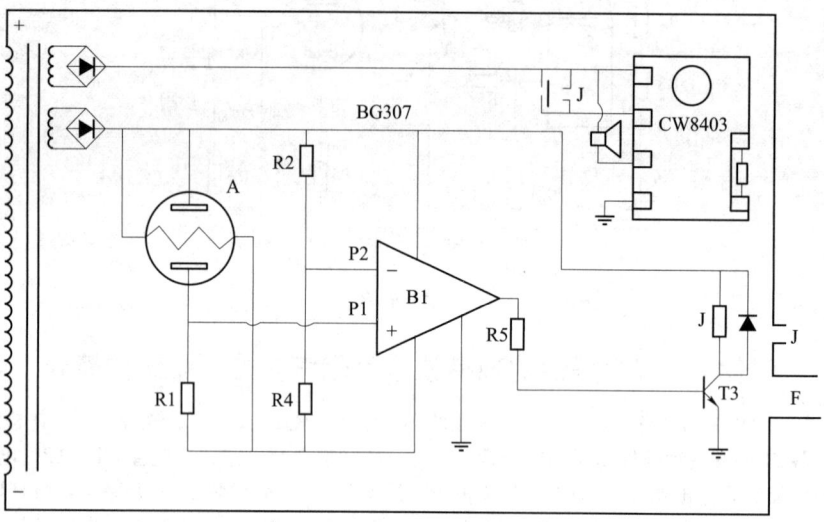

图 3-1

参 考 答 案

一、权利要求书

1. 一种可燃气体自动监控报警装置，包括，可燃气体探测部分（1），采用气敏传感器（A）进行检测，该气敏传感器（A）的内阻与电阻 R1、电阻 R2 和电阻 R4 构成一个电桥，上述内阻与电阻 R1 之间的连接点作为第一输出端（P1），电阻 R2 和电阻 R4 之间的连接点作为第二输出端（P2），当气敏传感器（A）的内阻随可燃气体的浓度变化而变化时，电桥的第一输出端（P1）的电位随之发生变化；

电压放大比较电路（2），其两个输入端分别与上述电桥的两个输出端相连，根据上述电桥输出的不同电位，输出控制信号；

继电器执行电路（3），接受来自电压放大比较电路（2）的控制信号，以控制报警电路（4）的动作；

其特征在于：还包括一个与上述气敏传感器（A）的电阻丝相连的工作时间控制电路，其发出断续信号来控制上述电阻丝的通电或断电，以使该电阻丝以间歇状态工作。

2. 根据权利要求 1 所述的装置，其特征在于：该控制电路由自激式多谐振荡器和开关三极管 T1 构成，自激式多谐振荡器的输出端与开关三极管 T1 相连，开关三极管 T1 根据自激式多谐振荡器的输出信号控制电阻丝的通电或断电。

3. 根据权利要求 1 所述的装置，其特征在于：该控制电路由自激式多谐振荡器、开关三极管 T1、继电器构成，自激式多谐振荡器的输出端与开关三极管 T1 相连，开关三极管 T1 与继电器相连接，开关三极管 T1 根据自激式多谐振荡器的输出信号控制继电器的断开或闭合，电源和电阻丝连接在继电器接点的两端，该接点为常开接点。

4. 根据权利要求 2 或 3 所述的装置，其特征在于：该多谐振荡器产生高电平时间较短的方波信号。

5. 根据权利要求 4 所述的装置，其特征在于：该方波信号的高电平时间为 1～2 分钟，低电平时间为 4～8 分钟。

6. 根据权利要求 1 所述的装置，其特征在于：该控制电路由自激式多谐振荡器、由三极管 T2 和电阻 R13 及电阻 R14 构成的反相器，以及开关三极管 T1 构成，多谐振荡器输出端与三极管 T2 基极连接，三极管 T2 集电极分别经电阻 R13 和电阻 R14 接开关三极管 T1 的集电极和基极，开关三极管 T1 的发射极与电阻丝连接。

7. 根据权利要求 6 所述的装置，其特征在于：该多谐振荡器产生高电平时间较长的方波信号。

8. 根据权利要求 7 所述的装置，其特征在于：该方波信号的低电平时间为 1～2 分钟，高电平时间为 4～8 分钟。

9. 根据权利要求 1、2、3、6、7 或 8 所述的装置，其特征在于：在电阻（R2）和 R4 之间串接一个可变电阻 R3，该可变电阻 R3 的滑动端为第二输出端（P2）。

10. 根据权利要求 1、2、3、6、7 或 8 所述的装置，其特征在于：该继电器执行电路（3）还用于控制排风扇（F）的动作。

二、问答题

1. 检索到的对比文件是本发明的最接近现有技术。检索到的对比文件和客户提供的现有技术两者的技术领域均属

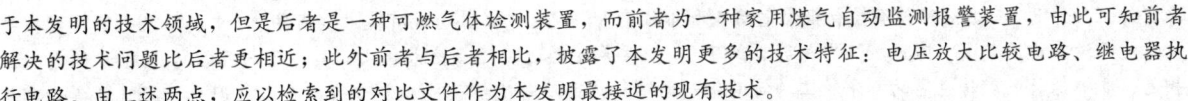

于本发明的技术领域，但是后者是一种可燃气体检测装置，而前者为一种家用煤气自动监测报警装置，由此可知前者解决的技术问题比后者更相近；此外前者与后者相比，披露了本发明更多的技术特征：电压放大比较电路、继电器执行电路。由上述两点，应以检索到的对比文件作为本发明最接近的现有技术。

2. 本发明要解决的技术问题是提供一种使用寿命长的可燃气体自动监控报警装置。根据客户提供的现有技术（附件2）来看，本发明解决的技术问题是可用作长期监控的自动报警装置，即其不仅能探测出环境中是否存在可燃气体，并给出报警信号，而且能长期监控，并将自动可燃气体排掉。而通过检索，找到了相关的现有技术（附件3），该家用煤气自动监控报警器也是一种长期监控的报警装置，并能自动将煤气排掉。因此应根据检索到的这篇对比文件（附件3）来确定本发明要解决的技术问题，相对于该检索到的对比文件（附件3）来看，本发明要解决的技术问题是延长气敏传感器的寿命，因而确定本发明要解决的技术问题是提供一种使用寿命长的可燃气体自动监控报警装置。

3. 本发明与客户提供的现有技术相比，其带来的技术效果为：可以长期在现场监控，及时报警并排走可燃气体。本发明与检索到的对比文件相比，其带来的技术效果为：延长使用寿命、减少耗电量（体现在权利要求1）；以及可以调节其对可燃气体的灵敏度（体现在权利要求6）。

4. 客户提供的现有技术（附件2）中未披露独立权利要求1前序部分中的电压放大比较电路、继电器执行电路，更未披露其特征部分的技术特征：控制气敏传感器间歇工作的工作时间控制电路，因此独立权利要求1的技术方案在客户提供的现有技术中未被披露，所以其相对与客户提供的现有技术具有《专利法》第22条第2款规定的新颖性。

检索到的对比文件（附件3）未披露独立权利要求1特征部分的技术特征：控制气敏传感器间歇工作的工作时间控制电路，因此独立权利要求1的技术方案在检索到的对比文件中未被披露，所以其相对与检索到的对比文件具有《专利法》第22条第2款规定的新颖性。

检索到的对比文件是本发明的最接近对比文件，独立权利要求1与该对比文件所披露的技术方案的区别在于：还包括一个设置在气敏传感器的内阻电阻丝和电源之间的控制电路，以控制气敏传感器的电阻丝以间歇方式工作。独立权利要求1相对与该对比文件来说，解决了延长气敏传感器的使用寿命这个技术问题。

在客户提供的现有技术中也未披露上述这样的控制电路，且这样的控制电路也不是本领域技术人员用来延长气敏传感器寿命的公知常识，因此本领域技术人员从客户提供的现有技术结合本领域的公知常识也不能得到将此控制电路用来解决本发明所解决的技术问题的启示。也就是说，本领域技术人员由检索到的对比文件、客户提供的现有技术以及公知常识都不能结合得到本发明独立权利要求1的技术方案，因此独立权利要求1相对于上述两项现有技术具有突出的实质性特点。由于采用上述结构，可使气敏传感器以间歇方式工作，延长其使用寿命，减少耗电量，因此独立权利要求1的技术方案也具有显著的进步。综上所述，独立权利要求1相对于上述两项现有技术具有《专利法》第22条第3款规定的创造性。

5. 本发明名称为："可燃气体自动监控报警装置"。本发明涉及的技术领域为：可燃气体（如天然气、煤气）的自动监控报警装置。

6. 说明书摘要：本发明提供了一种可燃气体自动监控报警装置，包括：采用气敏传感器的可燃气体探测部分，根据可燃气体的浓度变化输出不同的电位；电压放大比较电路，根据可燃气体探测部分输出的不同电位，输出控制信号；继电器执行电路，接受来自电压放大比较电路的控制信号，以控制报警电路的动作；还包括一个与上述气敏传感器的电阻丝相连的工作时间控制电路，其发出断续信号来控制气敏传感器上电阻丝的通电或断电，以使该电阻丝以间歇状态工作。采用上述方案的报警装置，可使气敏传感器以间歇方式工作，延长其使用寿命，减少耗电量。

三、答题思路分析

在撰写电路结构的权利要求时，除应当将发明点所在部分的电路结构特征及其相应的连接关系写明以外，还应将整体电路中的其他部分的结构特征及相应的连接关系写明，这样撰写的权利要求才在整体上是清楚和完整的。

本题中，结合现有技术可以得出本发明最基本的电路结构为：可燃气体探测部分1、电压放大比较电路2、继电器执行电路3、报警电路4和/或排风扇F。上述电路中的可燃气体探测部分1不论是在两篇对比文献中还是在客户提供的发明内容中，均采用了将气敏传感器A的内阻与电阻R1、电阻R2和电阻R4构成一个电桥的结构，因此该电桥的结构应作为为本发明的必要技术特征，写入独立权利要求前序部分。而上述电路中的电压放大比较电路2、继电器执行电路3以及控制报警电路4，在客户提供的现有技术（附件2）中均采用了和本发明以及检索到的对比文件（附件3）不同的电路结构，因此应将这几个电路的结构通过上位概括后再写入独立权利要求中，而不要只写入某一种具体的电路结构，这样才能使独立权利要求的技术方案得到最宽的保护范围。

在客户提供的发明内容中，包括多个不同的实施方式，每个实施方式都提供了具有不同结构的控制电路。因此，应将几种控制电路进行上位概括后再写入独立权利要求的区别技术特征中，对于几种具有不同控制电路结构的具体技术方案，可以分别写入几项从属权利要求中。而不要撰写为只具有某一种具体控制电路的独立权利要求，或者撰写为分别具有不同控制电路的多项独立权利要求。这样才能使独立权利要求的技术方案得到最宽的保护范围，而不仅仅局限在一种或几种具体实施方式的范围之中，同时又符合单一性的要求，可以合案申请。

虽然在客户提供的发明内容中的多个不同的实施方式中均同时具有控制报警电路4和排风扇F，以及在索到的对比文件（附件3）中也同时具有控制报警电路4和排风扇F，但客户提供的现有技术（附件2）中，只采用了控制报警电路4而没有排风扇F。其实，仅就发明本身而言，只要和最接近的现有技术相比，具备了与气敏传感器A的电阻丝相连、能够延长气敏传感器的寿命的工作时间控制电路，就可以满足新颖性和创造性的要求。因此，同时具备控制报警电路4和排风扇F并不是本发明的必要技术特征，只具备控制报警电路4而没有排风扇F的技术方案也应该是本发明保护的范围。所以不必将具有排风扇F作为必要技术特征写入独立权利要求的技术方案中，而只需要将控制报警电路4这一特征写入独立权利要求中即可。

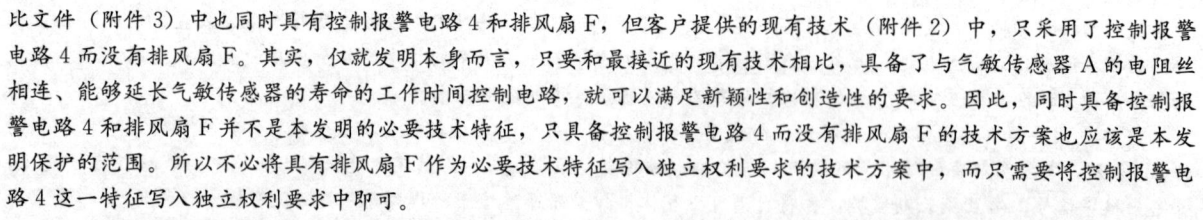

　　如果是在代理实践中，本发明还可以进一步撰写为"可燃气体自动监控装置"，同时在说明书中补充不带报警电路4的具体实例。这样即使是报警电路4也可以不写入独立权利要求的技术方案中。需要注意的是，采用上述撰写方式必须要补充不带报警电路4的具体实例，这样才可以使得该独立权利要求的技术方案得到说明书的支持。而带有报警电路4的技术方案，既可以撰写为该独立权利要求的从属权利要求，也可以撰写为包含该"可燃气体自动监控装置"的，并与前述独立权利要求并列的独立权利要求。例如，可以写成主题名称为"可燃气体自动监控报警装置"的独立权利要求。不过，就试题本身来说，由于客户提供的发明内容以及全部对比文件中的所有实施方式中均没有出现不带报警电路4的技术方案，并且所有实施方式的主题也均为"可燃气体监控报警装置"，因此报警电路4应为本发明独立权利要求的必要技术特征。同时由于在考试中只能根据题目中给出的内容进行撰写，而不能再补充任何新的技术方案，所以在考试中只需按照参考答案中的独立权利要求的范围撰写即可。

第三章 2000年化学专业试题及参考答案

客户向你所在的代理机构提供了他们发明的可充电电池的有关技术资料（附件1）以及他们所了解的现有技术（附件2），委托你们就这种可充电电池提出发明专利申请。在撰写专利申请文件之前，你对现有技术进行了检索，找到了一篇相关的对比文件（附件3）。

第一题：请你根据客户提供的发明简要说明（附件1）和现有技术（附件2），以及你检索到的对比文件（附件3）为客户撰写一份权利要求书。具体要求如下：

1. 该权利要求书应当包括一或多项独立权利要求和若干项从属权利要求。
2. 独立权利要求应当满足下列五方面要求：
（1）具有一个较宽的保护范围。
（2）清楚、简明地限定了其保护范围。
（3）记载了实现发明目的的全部必要技术特征。
（4）相对于客户提供的和你检索到的现有技术具有新颖性和创造性。
（5）符合专利法及其实施细则对于独立权利要求的其他规定。

总之，这些独立权利要求既要有尽可能宽的保护范围，又要有最好的授权前景。

3. 从属权利要求应当使得本申请在被授权后一旦面临不得不缩小独立权利要求保护范围的情况时具有充分的修改余地，但是其数量应当合理、适当，并且符合专利法及其实施细则对从属权利要求的所有规定。

第二题：请按照专利法及其实施细则和审查指南的有关规定，对下述问题作出回答，回答内容应与你先前所撰写的权利要求书相适应：

1. 你认为这两项现有技术（附件2和附件3）中哪一项是本发明的最接近现有技术？请说明理由。
2. 相对于客户提供的现在技术（附件2）和你检索到的对比文件（附件3），确定本发明要解决的技术问题，并简述理由。
3. 本发明与两项现有技术（附件2和附件3）相比，带来哪些有益效果？
4. 请说明你所撰写的独立权利要求相对于客户提供的现有技术（附件2和附件3）和你检索到的对比文件具有新颖性和创造性的理由。
5. 请给出本发明专利申请的发明名称和本发明所涉及的技术领域。
6. 为本发明专利申请撰写一份说明书摘要。

附件1 客户提供的有关其发明的技术资料

经过研究，找到了一种可用于充电电池的非水性电解液的添加剂。在由非水性溶剂和溶质盐组成的非水性电解液中加入约≥0.1%（重量百分数）这种特定添加剂，可以使可充电电池具有优异电池循环性能以及优异电池特性。这种添加剂特别适合于可充电锂电池。

本发明所使用的添加剂是现在技术中已知的。在现有技术文献中所报道的这种化学物质是具有结构式（Ⅰ）的二磺酸酯衍生物：

$$\underset{R}{\overset{O}{\underset{\|}{S}}}\!-\!O\!-\!X\!-\!O\!-\!\underset{R}{\overset{O}{\underset{\|}{S}}}\!-\!R \qquad (Ⅰ)$$

其中 R 表示 C_1~C_6 烷基，X 表示 C_2~C_6 亚烷基。

近年来可充电电池，特别是可充电锂电池已广泛用于驱动致密型电子设备的电源。通常，可充电电池所包括的阳极由碳质材料或金属制成，可充电电池所包括的非水性电解液中的非水性溶剂由高介电溶剂和低粘度溶剂组成，并且其中的高介电溶剂选用碳酸酯如碳酸乙酯（EC）或碳酸丙酯（PC）。

研究发现，当可充电电池使用高结晶碳质材料如天然石墨或人造石墨作为阳极时，在充电过程中，电解液中的溶剂发生分解，并且在碳质材料和电解液之间的界面处发生电化学还原，使不可逆电容增加或者发生碳质材料的剥离。特别是，在当使用石墨阳极时，虽然低熔点和高介电常数的 PC 在低温下仍具有高电子传导性，但由于分解作用而使电池的性能显著降低，甚至不能使用。另外，在电池重复充电和放电过程中，EC 部分分解也使电池的性能降低。因此，导致电池的循环特性和电池特性如电容量并不令人满意。

研究发现，通过在非水性电解液中加入结构式（Ⅰ）的二磺酸酯衍生物这种特定添加剂，在充电过程中可以在阳极碳质材料表面上发生部分还原并形成钝化膜，即这种钝化膜覆盖了活性的高结晶碳质材料（如天然石墨或人造石

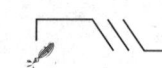

墨），从而抑制了电解液的分解，使包括这种添加剂的非水性电解液具有优异电池循环性能以及优异电池特性，如电容量、在充电条件下的充电储存特性，因而，使用这种电解液的可充电电池可重复进行充电和放电而不降低电池的可逆性，具有优异电池循环性能及电池特性。从而解决了现有技术中所存在的上述技术问题。

含有所述添加剂的非水性电解液适用于任何使用高结晶碳质材料如天然石墨或人造石墨作为阳极的可充电电池，以提高电池的循环特性和电池特性。由于可充电锂电池通常使用高结晶碳质材料作为阳极，且所使用的非水性电解液中含有PC或者EC等高介电溶剂，因而，这种非水性电解液特别适用于可充电锂电池，从而显著提高了可充电锂电池的性能。

研究发现，如果结构式（Ⅰ）的二磺酸酯衍生物在非水性电解液中的含量过多，会显著降低电解液的导电性，从而显著降低电池的性能，因此，其含量应不超过非水性电解液重量的约20%。如果含量过少也不能形成足够的钝化膜而不能获得所希望的性能。其含量范围最好为非水性电解液重量的约1%～15%（重量百分数，以下用wt%表示。）

还发现，结构式（Ⅰ）的二磺酸酯衍生物作为非水性电解液添加剂，当R为甲基、乙基、丙基或者异丙基时，电解液的电学性能特别好。

含所述添加剂的非水性电解液中的非水性溶剂由高介电溶剂和低粘度溶剂组成。所述高介电溶剂的优选例子是环状碳酸酯如碳酸乙酯（EC）、碳酸丙酯（PC）和碳酸丁酯（BC）。所述低粘度溶剂的优选例子是线性碳酸酯如碳酸二甲酯（DMC）、碳酸甲基乙酯（MEC）和碳酸二乙酯（DEC）。当上述高介电溶剂和低粘度溶剂的用量之比（即高介电溶剂：低粘度溶剂）约为1:9～4:1（体积比）时，非水性电解液的导电性是较好的。

含所述添加剂的非水性电解液中的溶质盐通常可以用现有技术中的那些，其浓度约为0.1～3M是较好的。当含所述添加剂的非水性电解液应用于可充电锂电池时，所述溶质盐优选现有技术中含氟而不含砷和锑的那些锂盐。

上述非水性电解液可通过将上述高介电溶剂和低粘度溶剂混合、将溶质盐溶解于其中，以及进一步将结构式（Ⅰ）的添加剂溶解于其中而制得。

对使用了含所述添加剂的非水性电解液的可充电锂电池，做了充放电循环特性试验。除非水性电解液组分之外，对可充电锂电池的阴极和阳极没有特别限制，可使用现有技术中已知的那些。

例如，作为可充电锂电池的阴极活性材料，可使用至少一种选自钴、锰、镍、铬、铁、和钒的金属和锂的复合金属氧化物。例如这种复合金属氧化物是$LiCoO_2$、$LiMnO_4$、$LiNiO_2$和$LiFeO_2$等。阴极可通过将阴极材料与导电剂如乙炔黑或碳黑、粘结剂如聚偏氟乙烯混合形成阴极浆料，然后将该阴极浆料涂覆于集电器如铝箔上，经过干燥、模压而制得。

作为可充电锂电池的阳极活性材料，可使用具有石墨型晶体组织的能够嵌入并脱嵌出锂的碳质材料例如石墨、热解碳、焦炭、碳纤维以及锂或锂合金等，特别是天然石墨和人造石墨。可采用与制造阴极类似的方法制得阳极。

除上述电池组成外，还可包括隔膜，如常用的聚烯烃多孔薄膜。

对可充电锂电池的构型没有特别限制。可以是包括阴极、阳极和单层或多层隔膜的纽扣型电池，以及包括阴极、阳极和轴状隔膜的柱状电池、棱柱形电池等。

对可充电锂电池的制备方法没有特别限制，可按照下述试验中的方法制成纽扣型电池，可按照现有技术中的方法制成柱状电池等。

已经做了一些具体试验，即选择优选的添加剂配制了非水性电解液，并制备了可充电锂电池，同时测定了其电池特性。在这些优选的结构式（Ⅰ）二磺酸酯衍生物添加剂中，R分别为甲基、乙基、丙基和异丙基。还做了对比试验，即制备了使用不含有结构式（Ⅰ）二磺酸酯衍生物添加剂的非水性电解液的可充电锂电池，并检测其性能。由这些试验可看出，通过在非水性电解液加入结构式（Ⅰ）的添加剂，获得了非常满意的效果。

试验1：

制备电解液

首先制备PC:DMC=1:9（体积比）的非水性溶剂，再将溶质盐$LiPF_6$溶于其中至浓度为1M，制得电解液。然后将作为二磺酸酯衍生物添加剂的二甲磺酸乙二醇酯（即在结构式（Ⅰ）中R＝甲基，X＝-$(CH_2)_2$-）溶于其中，至其重量占电解液重量的1.0%，制得非水性电解液。

制造可充电锂电池并测定电池特性

将80wt%$LiCoO_2$（即阴极活性材料）、10wt%乙炔黑（即导电剂）和10wt%聚偏氟乙烯（即粘结剂）混合，随后加入吡咯烷酮形成浆料，然后将涂覆于铝箔上。之后干燥并且模压形成阴极。另一方面，将90wt%天然石墨（即阳极活性材料）和10wt%聚偏氟乙烯（即粘结剂）混合，随后加入吡咯烷酮形成浆料，然后将其涂覆于铜箔上。之后干燥、模压并热处理形成阳极。使用聚丙烯多孔膜隔膜，并注射上述制备的电解液，从而制备直径为20毫米、厚3.2毫米的纽扣型电池。

于室温以0.8mA恒定电流和恒定电压将该纽扣电池充电5小时到4.2V最终电压，然后在0.8mA恒定电流下放电至2.7V最终电压，重复进行该充电和放电循环。测量50次循环后的电池特性。设定初始放电电容为100%，测定放电电容的保持率为82.4%。另外，低温特性也良好。纽扣电池的制造条件和电池的电池特性示于表1中。

试验 2~10

使用与试验 1 相同的工艺制备电解液和纽扣电池,并且测量 50 次循环后的电池特性。不同之处在于分别使用表 1 中所列出的不同的添加剂及其含量、非水性电解液的组成(包括溶剂的种类和含量、溶质盐的种类和含量)、阳极以及阴极代替试验 1 所用的相应的添加剂、非水性电解液、阳极以及阴极。纽扣电池的电池特性也示于表 1 中。

对比试验 1

制备 PC：DMC=1：2(体积比)的非水性溶剂,将 LiPF$_6$ 溶于其中至浓度为 1M。此时根本不加入二磺酸酯衍生物添加剂。以与试验 1 相同的方式使用该电解液制备纽扣电池并且测量电池特性,在初始充电时 PC 分解并且可能根本就不放电。在初始充电和测定之后将电池拆卸,在石墨阳极处观察到剥离。纽扣电池的制造条件和电池特性示于表 1 中。

对比试验 2

制备 EC：DMC=1：2(体积比)的非水性溶剂,将 LiPF$_6$ 溶于其中至浓度为 1M。此时根本不加入二磺酸酯衍生物添加剂。与试验 1 相同的方式使用该电解液制备纽扣电池并且测量电池特性,50 次循环后放电电容的保持率相对于初始放电容量为 68.3%。纽扣电池的制造条件和电池特性示于表 1 中。

表 1

	阴极	阳极	添加剂	添加剂含量 (wt%)	非水性电解液的组成	50 次放电循环电容保持率(%)
试验 1	LiCoO$_2$	天然石墨	二甲磺酸乙二醇酯	1	LiPF$_6$：1M PC/DMC=1/9	82.4
试验 2	LiCoO$_2$	人造石墨	二甲磺酸 1,6-己二醇酯	1	LiBF$_4$：1.5M PC/DMC=1/2	83.9
试验 3	LiNiO$_2$	天然石墨	二乙磺酸 1,4-丁二醇酯	20	LiPF$_6$：3M BC/DEC=4/1	80.2
试验 4	LiCoO$_2$	天然石墨	二异丙磺酸 1,4-丁二醇酯	1	LiPF$_3$(CF$_3$)$_3$：1M PC/DMC=1/2	83.7
试验 5	LiFeO$_2$	天然石墨	二己磺酸 1,4-丁二醇酯	0.3	LiPF$_6$：0.1M PC/MEC=1/2	80.8
试验 6	LiCoO$_2$	天然石墨	二甲磺酸 1,4-丁二醇酯	10	LiPF$_6$：1M PC/DMC=1/2	82.5
试验 7	LiCoO$_2$	天然石墨	二甲磺酸 1,3-丙二醇酯	1	LiPF$_6$：1M BC/DMC=1/2	91.1
试验 8	LiCoO$_2$	天然石墨	二丙磺酸 1,4-丁二醇酯	15	LiN(SO$_2$CF$_3$)$_2$：2M EC/DMC=1/4	91.9
试验 9	LiCoO$_2$	人造石墨	二甲磺酸 1,4-丁二醇酯	1	LiPF$_6$：1M EC/DMC=1/2	90.3
试验 10	LiMn$_2$O$_4$	天然石墨	二甲磺酸 1,4-丁二醇酯	3	LiPF$_6$：1M EC/DMC=1/2	90.7
对比试验 1	LiCoO$_2$	天然石墨	无		LiPF$_6$：1M PC/DMC=1/2	不可能充电/放电
对比试验 2	LiCoO$_2$	天然石墨	无		LiPF$_6$：1M EC/DMC=1/2	68.3

附件 2 客户提供的现有技术

通过在可充电锂电池的非水性电解液中加入结构式(Ⅱ)的小分子量苯类化合物作为添加剂,可有效地防止充电过量的发生,提高电池的安全性:

其中 R 是烷基，A1、A2、A3、A4 和 A5 分别是氢或卤素。

该苯类化合物用作氧化还原往复剂。在电池处于完全充电状态，该苯类化合物的可逆氧化还原电位高于阴极的电位。当电池充电过量时，该苯类化合物进行氧化还原反应，使氧化的化合物进行聚合或者被吸附到活化的电极上或与之反应。反应产生的热量使隔膜熔化，并且聚合产生的聚合物沉积在隔膜上，使隔膜关闭，从而切断充电过量的电流，阻止了充电过量发生。同时阻止了电池温度的升高，防止电池的热失控，改善了电池的安全性和可靠性。

附件3 你所检索到的对比文件

作为代理人，你对客户的这项发明进行了检索，找到一篇对比文件，其披露的主要内容如下所述。

该对比文件中记载的发明提供了适用于高性能可充电锂电池的且具有好的充放电循环性能的电解液。该电解液含有下述结构式（Ⅲ）的二卤代二羧基化合物：

(Ⅲ)

式中 X^1 和 X^2 表示卤原子，R^1 和 R^2 分别独立地表示 1～6 个碳原子的烷基、卤代烷基或烷氧基烷基，m 和 n 分别独立地表示 0 或 1。

该发明的电解液使用结构式（Ⅲ）化合物与其他非水性溶剂形成混合物而作为溶剂。所述的其他非水性溶剂例如是碳酸二甲酯、碳酸二乙酯、二乙醚、乙腈、丙腈等。

所说电解液中的溶质盐是可充电锂电池中常用的，例如 $LiPF_6$、$LiBF_4$、$LiClO_4$、$LiAsF_6$、$LiOSO_2CF_3$、$LiN(SO_2CF_3)_2$、$LiAlCl_4$、$LiSbF_6$、$LiPF_3(CF_3)_3$ 等。电解液中溶质盐的浓度优选为 0.5～2.5 摩尔/升。

使用所说电解液的可充电锂电池包括的阴极优选含锂的金属氧化物（如 $LiCoO_2$、$LiNiO_2$、$LiMnO_2$、$LiFeO_2$、$LiXV_2O_5$）或者金属卤化物（如 FeF_3、$AgCl$、$CuCl_2$）。

可充电锂电池包括的阳极优选碳质材料（如热分解碳、焦炭、石墨等）或者金属氧化物（如 SnO、PbO 等）。

使用所说电解液制备了可充电锂电池并检测了其电学特性，结构表明：通过在电池的电解液中加入结构式（Ⅲ）的添加剂，使该电池具有高电容量和符合实用的充放电循性能（一般约为 75%），达到了改进电池充放电循环性能的目的。

参 考 答 案

一、权利要求书

1. 一种非水性电解液，由非水性溶剂和溶于其中的溶质盐、以及结构式为（Ⅰ）的二磺酸酯衍生物组成，该结构式为：

(Ⅰ)

式中 R 表示 C_1～C_6 烷基，X 表示 C_2～C_6 亚烷基；

其中，所述非水性溶剂由高介电溶剂和低粘度溶剂组成，所述结构式为（Ⅰ）的二磺酸酯衍生物的含量为非水性电解液的 0.1%～20%（重量）。

2. 按照权利要求1所述的非水性电解液，其特征在于：所述结构式为（Ⅰ）的二磺酸酯衍生物的含量为非水性电解液的 1%～15%（重量）。

3. 按照权利要求1所述的非水性电解液，其特征在于：所述结构式（Ⅰ）中的 R 为甲基、乙基、丙基或者异丙基。

4. 按照权利要求1所述的非水性电解液，其特征在于：所述高介电溶剂和低粘度溶剂的体积比为 1:9～4:1。

5. 按照权利要求1所述的非水性电解液,其特征在于:所述溶质盐的浓度为0.1~3M。

6. 按照权利要求1至5中任一项所述的非水性电解液,其特征在于:所述高介电溶剂为环状碳酸酯,低粘度溶剂为线性碳酸酯。

7. 按照权利要求6所述的非水性电解液,其特征在于:所述环状碳酸酯为碳酸乙酯(EC)、碳酸丙酯(PC)或碳酸丁酯(BC),所述线性碳酸酯为碳酸二甲酯(DMC)、碳酸甲基乙酯(MEC)或碳酸二乙酯(DEC)。

8. 按照权利要求1至5中任一项所述的非水性电解液,其特征在于:所述溶质盐为$LiPF_6$、$LiBF_4$、$LiClO_4$、$LiOSO_2CF_3$、$LiN(SO_2CF_3)_2$、$LiAlCl_4$、或者$LiPF_3(CF_3)$。

9. 一种制备权利要求1至8中任一项所述的非水性电解液的方法,首先将高介电溶剂和低粘度溶剂混合,再使溶质盐溶解于其中制得非水性溶剂,进一步将结构式为(Ⅰ)的二磺酸酯衍生物溶解于上述非水性溶剂中即制得。

10. 一种将权利要求1至8中任一项所述的非水性电解液用于制备阳极采用高结晶碳质材料的可充电电池的用途。

11. 一种可充电电池,包括:阴极、阳极,所述阳极采用高结晶碳质材料制成,其特征在于:还包括如权利要求1至8中任一项所述的非水性电解液。

12. 按照权利要求11所述的可充电电池,其特征在于:所述电池为锂电池。

二、问答题

1. 检索到的对比文件(附件3)是本发明的最接近的现有技术。客户提供的现有技术(附件2)披露了一种在可充电锂电池的非水性电解液中加入结构式(Ⅱ)的小分子量苯类化合物作为添加剂的技术方案,其有益效果是:能够防止充电过量的发生、改善电池的安全性和可靠性。检索到的对比文件(附件3)披露了一种将结构式为(Ⅲ)的二卤代二羧基化合物作为添加剂的可充电锂电池的电解液,所述电解液由非水性溶剂和溶于其中的溶质盐组成,其有益效果是:能够使电池具有高电容量和符合实用的充放电循性能。由此可见,与客户提供的现有技术(附件2)相比,检索到的对比文件(附件3)与本发明的技术领域更相近,要解决的技术问题也更相近,所披露的技术特征也最多。因此,应以检索到的对比文件作为本发明最接近的现有技术。

2. 根据客户提供的现有技术(附件2)来看,本发明要解决的技术问题是:防止阳极采用碳质材料的可充电电池在充电过程中,电解液中的溶剂发生分解,并且在碳质材料和电解液之间的界面处发生电化学还原,使得不可逆电容增加或者发生碳质材料的剥离,导致电池的循环特性和电池特性下降。而通过检索,找到了更相关的现有技术(附件3),其披露了一种将结构式为(Ⅲ)的二卤代二羧基化合物作为添加剂的可充电锂电池的电解液,所述电解液由非水性溶剂和溶于其中的溶质盐组成,该电解液使电池具有高电容量和符合实用的充放电循性能。由于检索到的对比文件为本发明最接近的现有技术,因此应根据检索到的这篇对比文件来确定本发明要解决的技术问题。相对于该检索到的对比文件,本发明主要解决的技术问题是:提供一种加入新型添加剂的非水性电解液,以防止可充电电池在充电过程中,其采用高结晶碳质材料的阳极和电解液之间的界面处发生电化学还原并抑制电解液的分解,使得不可逆电容增加或者发生碳质材料的剥离,导致电池的循环特性和电池特性下降。

3. 本发明与客户提供的现有技术(附件2)以及检索到的对比文件(附件3)相比,带来的有益效果是:通过在可充电电池的电解液中加入结构式为(Ⅰ)的二磺酸酯衍生物的添加剂,使得在充电过程中能够在阳极碳质材料表面上发生部分还原并形成钝化膜,从而抑制了电解液的分解并防止了碳质材料的剥离,使得该可充电电池可重复进行充电和放电而不降低电池的可逆性,因而具有优异电池循环性能及电池特性。

4. 本发明中共有4项独立权利要求,分别是:权利要求1(一种非水性电解液)、权利要求9(该非水性电解液的制备方法)、权利要求10(该非水性电解液的用途)、权利要求11(一种可充电电池),以下就每项独立权利要求的新颖性和创造性分别予以论述:

(1) 权利要求1(非水性电解液)

①新颖性

客户提供的现有技术(附件2)中公开了一种在可充电锂电池的非水性电解液中加入结构式(Ⅱ)的小分子量苯类化合物作为添加剂的技术方案,未披露本发明独立权利要求1中在非水性电解液中加入结构式为(Ⅰ)的二磺酸酯衍生物作为添加剂、并且及该添加剂的含量为非水性的电解液的0.1%~20%(重量)、所述非水性溶剂由高介电溶剂和低粘度溶剂组成、溶于非水性溶剂中的溶质盐等技术特征。因此独立权利要求1的技术方案在客户提供的现有技术中未被披露,所以独立权利要求1相对于客户提供的现有技术具备《专利法》第22条第2款规定的新颖性。

检索到的对比文件(附件3)中公开了一种将结构式为(Ⅲ)的二卤代二羧基化合物作为添加剂的可充电锂电池的电解液,所述电解液由非水性溶剂和溶于其中的溶质盐组成,其未披露本发明独立权利要求1中的在非水性电解液中加入结构式为(Ⅰ)的二磺酸酯衍生物作为添加剂、并且该添加剂的含量为非水性的电解液的0.1%~20%(重量)、所述非水性溶剂由高介电溶剂和低粘度溶剂组成等技术特征。因此本发明独立权利要求1的技术方案在检索到的对比文件(附件3)中未被披露,所以独立权利要求1相对于检索到的对比文件具备《专利法》第22条第2款规定的新颖性。

②创造性

由于与客户提供的现有技术(附件2)相比,检索到的对比文件(附件3)与本发明的技术领域更相近,所要解决的技术问题也更相近。因此，应以检索到的对比文件作为本发明最接近的现有技术。

与检索到的对比文件相比，本发明独立权利要求1的区别技术特征是，所述非水性溶剂由高介电溶剂和低粘度溶剂组成，在非水性电解液中加入结构式为（I）的二磺酸酯衍生物作为添加剂、并且及该添加剂的含量为非水性的电解液的0.1%～20%（重量）。而在客户提供的现有技术中也未披露上述区别技术特征，并且该述区别技术特征也不是本领域技术人员的公知常识。因此，即使本领域技术人员将检索到的对比文件、客户提供的现有技术及其公知常识结合起来，也不能得到独立权利要求1的技术方案。由此可见，对于本领域的技术人员来说，并不存在将所述区别技术特征与现有技术结合起来得到本发明技术方案的启示。因此，独立权利要求1的技术方案相对于这两篇对比文件是非显而易见的，所以该方案具有突出的实质性特点。

由于本发明独立权利要求1中的非水性电解液，能够使得充电电池在充电过程中，其采用碳质材料的阳极表面上发生部分还原并形成钝化膜，从而抑制了电解液的分解并防止了碳质材料的剥离，使该可充电电池可重复进行充电和放电而不降低电池的可逆性，因而具有优异电池循环性能及电池特性。所以本发明独立权利要求1的技术方案也具有显著的进步。

综上所述，本发明独立权利要求1相对于所述两项现有技术具备《专利法》第22条第3款规定的创造性。

(2) 权利要求9（非水性电解液的制备方法）

①新颖性

本发明独立权利要求9提供了一种将结构式为（I）的二磺酸酯衍生物作为添加剂的非水性电解液的制备方法，该方法可以制得权利要求1中的非水性电解液。而客户提供的现有技术（附件2）以及检索到的对比文件（附件3）中均未披露制备上述非水性电解液的方法。因此，独立权利要求9的技术方案既没有在客户提供的现有技术中被披露，也没有在检索到的对比文件中被披露。所以独立权利要求9相对于客户提供的现有技术具备《专利法》第22条第2款规定的新颖性，相对于检索到的对比文件也具备《专利法》第22条第2款规定的新颖性。

②创造性

由于在客户提供的现有技术（附件2）和检索到的对比文件（附件3）中均未披露独立权利要求9的技术方案，并且上述技术方案也不是本领域技术人员的公知常识。因此，即使本领域技术人员将检索到的对比文件、客户提供的现有技术及其公知常识结合起来，也不能得到独立权利要求9的技术方案。可见，对于本领域的技术人员来说，并不存在将两篇现有技术与公知常识结合起来以得到本发明技术方案的启示。因此，独立权利要求9的技术方案相对于这两篇对比文件是非显而易见的，所以该方案具有突出的实质性特点。由于采用独立权利要求9的方案，可以制得独立权利要求1中的非水性电解液，所以独立权利要求9的技术方案也具有显著的进步。综上所述，独立权利要求9相对于所述两项现有技术具备《专利法》第22条第3款规定的创造性。

(3) 权利要求10（非水性电解液的用途）

①新颖性

在客户提供的现有技术（附件2）没有披露将本发明中的非水性电解液应用于制备可充电电池的用途，在检索到的对比文件（附件3）中也没有提到上述用途，所以独立权利要求10分别相对于客户提供的现有技术或者检索到的对比文件，均具备《专利法》第22条第2款规定的新颖性。

②创造性

由于在客户提供的现有技术（附件2）和检索到的对比文件（附件3）中均未披露上述用途，并且上述用途也不是本领域技术人员的公知常识。因此，即使本领域技术人员将检索到的对比文件、客户提供的现有技术及其公知常识结合起来，也不能得到独立权利要求10的技术方案。可见，对于本领域的技术人员来说，现有技术中并不存在得到本发明技术方案的启示。因此，独立权利要求10的技术方案相对于这两篇对比文件是非显而易见的，所以该方案具有突出的实质性特点。通过对比试验可知，采用该非水性电解液的充电电池，在50次循环后放电电容的保持率相对于初始放电电容量都在80%以上，优于现有技术，所以独立权利要求10的技术方案也具有显著的进步。

综上所述，独立权利要求10相对于所述两项现有技术具备《专利法》第22条第3款规定的创造性。

(4) 权利要求11（一种可充电电池）

①新颖性

在客户提供的现有技术（附件2）没有披露采用本发明中非水性电解液的可充电电池，在检索到的对比文件（附件3）中也没有披露上述可充电电池，所以独立权利要求11分别相对于客户提供的现有技术或者检索到的对比文件，均具备《专利法》第22条第2款规定的新颖性。

②创造性

由于在客户提供的现有技术和检索到的对比文件中均未披露上述可充电电池，并且上述可充电电池也不是本领域技术人员的公知常识。因此，即使本领域技术人员将检索到的对比文件、客户提供的现有技术及其公知常识结合起来，也不能得到独立权利要求11的技术方案。可见，对于本领域的技术人员来说，现有技术中并不存在得到本发明技术方案的启示。因此，独立权利要求11的技术方案相对于这两篇对比文件是非显而易见的，所以该方案具有突出的实质性特点。通过对比试验可知，采用该非水性电解液的充电电池，在50次循环后放电容量的保持率相对于初始放电容量都在80%以上，优于现有技术，所以独立权利要求11的技术方案也具有显著的进步。

综上所述，独立权利要求11相对于所述两项现有技术具备《专利法》第22条第3款规定的创造性。

5. 本发明名称为："一种非水性电解液及其制备方法和用途以及一种可充电电池"。本发明涉及的技术领域为：可充电电池及其非水性电解液。

6. 说明书摘要：本发明提供了一种非水性电解液，其由非水性溶剂和溶于其中的溶质盐、结构式为（Ⅰ）的二磺酸酯衍生物组成，该结构式为：

$$R-S(=O)_2-O-X-O-S(=O)_2-R \qquad (Ⅰ)$$

式中R表示$C_1 \sim C_6$烷基，X表示$C_2 \sim C_6$亚烷基；其中，所述非水性溶剂由高介电溶剂和低粘度溶剂组成，所述结构式为（Ⅰ）的二磺酸酯衍生物的含量为非水性电解液的0.1%~20%（重量）。采用本发明电解液的充电电池，在充电过程中能够在其阳极碳质材料表面上发生部分还原并形成钝化膜，从而抑制电解液的分解并防止碳质材料的剥离，使得该可充电电池可重复进行充电和放电而不降低电池的可逆性，因而具有优异电池循环性能及电池特性。本发明还提供了上述电解液的制备方法、用途和采用该电解液的充电电池。

三、答题思路分析

本发明的主题内容中涉及方法发明，对于方法发明尤其是在化学领域中的方法发明，往往会包含多个主题内容。结合本发明以及两篇对比文件，可以得出如下一些主题内容：①一种非水性电解液；②该非水性电解液的制备方法；③该非水性电解液的用途；④一种可充电电池等共四个主题内容。

主题①、②分别是一种非水性电解液及其制备方法的主题，在撰写这两个主题时，通常优先考虑撰写产品权利要求。这是因为，如果先撰写制备方法的权利要求，并且在后撰写的产品权利要求采用"如权利要求1所述的方法制得的某某产品"等类似撰写方式，则在后撰写的产品权利要求的保护范围会被认为仅仅涵盖了由上述专用方法所制得的产品，而不包括采用其他方法制得的同样产品，这样采用其他方法制得的同样产品就没有被囊括在本发明产品权利要求的保护范围之内。因此，如果先撰写产品权利要求就可以使得本发明中产品权利要求的保护范围得以扩大。

主题③、④的用途发明和产品发明在两篇现有技术中都没有被披露，相对于这两篇对比文件来说该两项主题是满足新颖性的、并具有创造性的发明，因此可以撰写成两项独立权利要求予以保护。

权利要求1（即主题①）中包括有"非水性溶剂由高介电溶剂和低粘度溶剂组成"的技术特征，之所以将该特征写入独立权利要求而不直接写为"非水性溶剂"，主要是考虑到在本发明（包括实施例）中仅列举了非水性溶剂是由高介电溶剂和低粘度溶剂组成的一种情况，并且"非水性溶剂"是一种非常宽的概括范围，其中涵盖了很多种溶剂，仅凭本发明公开的内容，无法证明所有"非水性溶剂"均适用本发明的情况并能够实现本发明的有益效果。由于化学领域属于实验性学科，不同的化学物质在不同的条件下所反映出的物理、化学特性往往不会完全相同，因此，多数发明都需要经过实验才能证明。所以如果将该特征扩展到"非水性溶剂"将无法得到说明书的支持。此外，"所述结构式为（Ⅰ）的二磺酸酯衍生物的含量为非水性的电解液的0.1%~20%（重量）"也是一项必要技术特征。在客户提供的发明内容中披露："如果结构式（Ⅰ）的二磺酸酯衍生物在非水性电解液中的含量过多，会显著降低电解液的导电性，从而显著降低电池的性能，……如果含量过少也不能形成足够的钝化膜而不能获得所希望的性能"。由此可见，只有当添加剂的含量在一定重量百分数的范围内时本发明才能够得以实施，因此该特征应当作为必要技术特征而写入独立权利要求中。

权利要求8中对溶质盐的范围进行了进一步的限定，上述区别技术特征主要来源于检索到的对比文件（附件3）。在撰写时，除了根据本发明的内容进行适度扩展和撰写从属权利要求以外，应注意有时还可以根据对比文献中的技术内容进行适度的扩展和撰写一些优选实施方式的从属权利要求。另外，由于在本发明的说明书中披露："当含所述添加剂的非水性电解液应用于可充电锂电池时，所述的溶质盐优选现有技术中含氟而不含砷和锑的那些锂盐"，因此在撰写该项优选方案的权利要求时，应注意将含砷和锑的锂盐排除在外。

独立权利要求10、11中均包括有"所述阳极采用高结晶碳质材料制成"的技术特征，这是因为在客户提供的发明内容中披露："研究发现，当可充电电池使用高结晶碳质材料如天然石墨或人造石墨作为阳极时，在充电过程中，电解液中的溶剂发生分解，并且在碳质材料和电解液之间的界面处发生电化学还原，使不可逆电容增加或者发生碳质材料的剥离。……"由此可见，本发明主要适用于阳极采用高结晶碳质材料的充电电池，因此该特征应作为必要技术特征写入与可充电电池相关的权利要求中。

第四章 2002年机械专业试题及参考答案

客户向你介绍了其发明的使用压盖填料的轴密封装置（附件1），并提供了其掌握的现有技术（附件2），委托你所在的专利代理机构为之提交一项发明专利申请。在撰写专利申请文件之前，你对现有技术进行了检索，找到一份相关对比文件（附件3）。

第一题：请根据客户作出的发明（附件1），参考客户提供的现有技术（附件2）和你检索到的现有技术（附件3），为客户撰写一份权利要求书。具体要求如下：

1. 权利要求书应当包括独立权利要求和从属权利要求。
2. 独立权利要求应当满足下列要求：
（1）在合理的前提下具有较宽的保护范围，能够最大限度地体现申请人的利益；
（2）清楚、简明地限定其保护范围；
（3）记载了解决技术问题的全部必要技术特征；
（4）相对于客户提供的现有技术和你检索到的对比文件具有新颖性和创造性；
（5）符合专利法及其实施细则关于独立权利要求的其他规定。
3. 从属权利要求应当满足下列要求：
（1）从属权利要求的数量适当、合理；
（2）与被引用的权利要求之间有清楚的逻辑关系；
（3）当授权后面临不得不缩小权利要求保护范围的情况时，能提供充分的修改余地；
（4）符合专利法及其实施细则关于从属权利要求的其他规定。
4. 权利要求书中涉及零部件时，应当在其后面标注附件1附图中给出的该零部件的标号。

第二题：请根据专利法、专利法实施细则、审查指南的有关规定，对下述问题作出回答，回答的内容应当与你撰写的权利要求书相适应。

1. 在客户提供的现有技术（附件2）和你检索到的对比文件（附件3）中，哪一件适于作为与本发明最接近的现有技术？请简述理由。
2. 针对你认定的最接近的现有技术，说明本发明所要解决的技术问题。
3. 与你认定的最接近的现有技术相比，客户提供的发明具有哪些有益的效果？
4. 如果你只撰写了一项独立权利要求，请简述只撰写一项独立权利要求的理由；如果你撰写了两项或者两项以上独立权利要求，请简述这些独立权利要求能够合案申请的理由。
5. 说明你撰写的独立权利要求相对于附件2和附件3所记载的现有技术具有新颖性、创造性的理由。

特别提示：作为考试，仅要求依据客户提供的发明内容进行撰写，不要补充你可能具有的有关该发明主题的任何专门知识。

附件1 客户作出的发明简介

客户发明的第一种使用压盖填料的轴密封装置

该密封装置如附件1的图1-1、图1-2所示。

图1-1是该轴密封装置的局部纵向剖视图，其中仅示出转轴9的上部结构，省略了与之对称的下部。

图1-2是表示该轴密封装置的填料所承受的轴密封力的分布示意图。

为叙述方便，下文中所称的"左"、"右"与附图本身的左、右方向一致。该使用压盖填料的轴密封装置简称为"轴密封装置S1"，封液区域7侧（此侧为左）的压盖简称为"第一压盖"，大气压区域8侧（此侧为右）的压盖简称为"第二压盖"。

如图1-1所示，填料箱1呈圆筒形，套装于转轴9以及其上的部件上，转轴9贯穿机器壳体6，由封液区域7延伸到大气压区域8，在填料箱1的左右端部分别形成第一凸缘1a和第二凸缘1b。为了在填料箱1的内周面与转轴9的外周面之间形成必要且充分的环形密封空间10，以便填入填料2，应当根据转轴9的外径适宜地设定填料箱1的内径。

填料2填充在密封空间10内，沿着转轴9的轴线方向左右并列配置，填料2的左右两侧分别被封液区域7侧的第一压盖3和大气压区域8侧的第二压盖4夹压。

第一压盖3位于填料箱1的左侧，即靠近封液区域7的一侧，它具有向密封空间10突出的轴向突出部3b，成为一圆筒形构件。通过螺栓等固定件11，将第一压盖3左端部的一体形成的环状凸缘3a安装在机器壳体6上，使第一压盖3固定在机器壳体6上。另外，在第一压盖3的轴向突出部3b与填料箱1的相向周面之间以及在凸缘3a与机器壳体6的接触端面之间，分别装入O形环12、13。

第二压盖4位于填料箱1的右侧，即靠近大气压区域8的一侧，它是向密封空间10突出的圆筒形构件。通过螺栓等固定件14，将第二压盖4右端部的一体形成的环状凸缘4a安装在填料箱1的第二凸缘1b上。

填料夹紧机构5这样构成：将向右延伸的螺纹轴15以螺纹连接方式固定在第一压盖3的凸缘3a上，在填料箱1的第一凸缘1a上设有孔径大于螺纹轴15的直径的通孔16，在凸缘1a、3a的圆周方向上按规定间隔设有多对螺纹轴15和供该螺纹轴穿过的通孔16，将螺母17拧在穿过通孔16的螺纹轴部分上，在第一凸缘1a与螺母17之间的螺纹轴部分上装有螺旋压缩弹簧18，这样填料箱1和第一压盖3就连接了起来，由于螺纹轴15与通孔16的直径之差以及弹簧18的配置，填料箱1可以在旋转轴9的轴向和径向两个方向上相对于第一压盖3移动。利用填料夹紧机构5，可以调节填料箱1相对于第一压盖3的位置，将螺母17拧紧（使螺母向左移动）时，填料箱1与第二压盖4一起在弹簧18的作用下向左移动，相对而言，第一压盖3的轴向突出部3b向密封空间10内伸进，将填料2向第二压盖4的方向推压，从而调节填料2承受的夹紧压力。当转轴9发生轴向振动和/或偏心时，填料箱1可以随着转轴9一起轴向移动，其轴向移动的范围取决于弹簧18的伸缩范围；而且还可以随着转轴9一起径向移动，其径向移动的范围取决于螺纹轴15与通孔16的直径之差。但是，弹簧18的伸缩范围以及通孔16与螺纹轴15的直径之差应当根据预计的转轴9的轴向振动和/或偏心的程度适当设定，以保证填料箱1与转轴9之间的相对位置不因转轴9的轴向振动和/或偏心而改变。

在具有上述结构的轴密封装置S1中，填料箱1以可沿轴向和径向移动的方式间接地支承在机器壳体6上，因此当转轴9产生轴振动和/或偏心时，填料箱1随之移动，但它与转轴9之间的相对位置不发生变化而保持一定。也就是说，填料箱1和转轴9之间的密封空间10内的填料2对转轴9及填料箱1的接触压力不发生变化，实现了良好且稳定的轴密封。

另外，当拧紧螺母17时，第一压盖3相对于填料箱1向右移动，从封液区域7侧将填料2向大气压区域8侧的第二压盖4推压。因此，与现有装置相反，填料2承受的夹紧压力即轴密封力P在最靠近封液区域7侧的填料2处最大（如图1-2所示），能够实现良好而可靠的轴密封。

<u>客户发明的第二种使用压盖填料的轴密封装置</u>

该轴密封装置如附件1的图1-3、图1-4所示。

图1-3是该轴密封装置的局部纵向剖视图。

图1-4是该轴密封装置的填料承受的轴密封力分布示意图。

该使用压盖填料的轴密封装置简称为"轴密封装置S2"，除了在填料箱1与第二压盖4之间设置第二填料夹紧机构20以外，其他与轴密封装置S1的结构相同。

第二填料夹紧机构20的结构和原理类似于第一填料夹紧机构5，具体为：将向右延伸的螺纹轴21固定（螺纹结合）在填料箱1的第二凸缘1b上；在第二压盖4的凸缘4a上设有通孔22，该通孔的直径大于螺纹轴21直径一预定量，将螺母23拧在穿过通孔22的螺纹轴21上，在凸缘4a与螺母23之间的螺纹轴部分装有螺旋压缩弹簧24。这样，就将填料箱1和第二压盖4可相对移动地连接起来。利用第二填料夹紧机构20，当拧紧螺母23向左移动时，两凸缘1b、4a相互接近，第二压盖4在密封空间10内向左移动，从大气压区域8侧将填料2向左推压。另外，在第二压盖4与填料箱1的相向周面之间装入O形环25。

在轴密封装置S2中，通过拧紧螺母17、23，分别从左右两侧夹紧填料2，如图1-4所示，填料2承受的夹紧压力以及轴密封力P，在最靠近封液区域7侧的填料2（最左侧的填料）和最靠近大气压区域8侧的填料2（最右侧的填料）两处最大，总的轴密封力P大于仅仅从左侧或右侧推压填料2的轴密封装置的轴密封力。

与第一轴密封装置S1相类似，即使转轴9产生轴振动和/或偏心，通过第一和第二填料夹紧机构5、20，可调节填料箱1相对于第一压盖3或第二压盖4的相对位置。也就是说，填料箱1和第二压盖4随动于转轴9的移动，因此轴振动和/或偏心产生的荷载不会作用于填料2上，能够实现良好的轴密封。

需要说明的是，图1-1、图1-3所示的夹紧机构5、20中采用的是螺旋压缩弹簧18、24，但并不仅限于此，可以用可压缩的其他弹性部件如橡胶弹性套筒部件等代替。

另外，上述的轴密封装置S1、S2和各构成部件，除了填料2及O形环12、13、25以外，其他均由根据轴密封条件选定金属材料构成。

附件1 附图

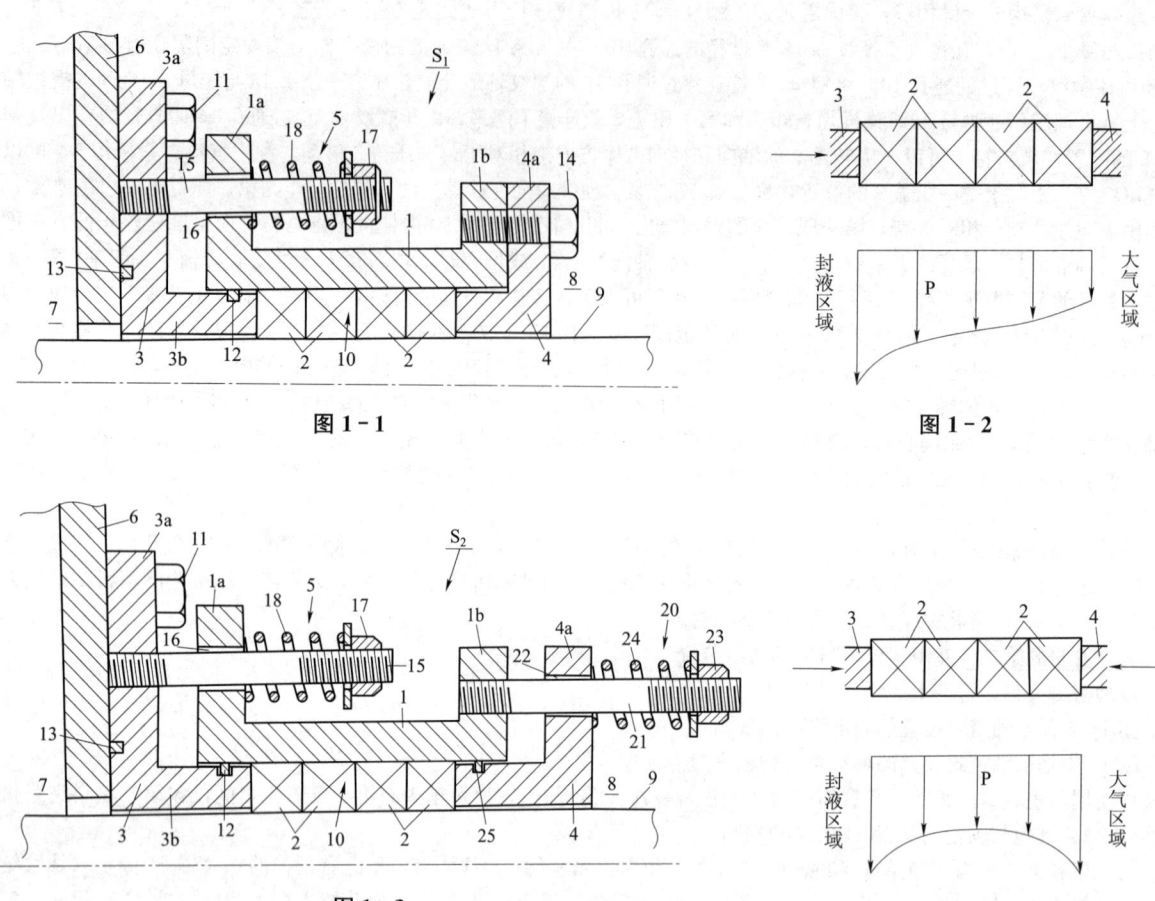

图1-1　图1-2　图1-3　图1-4

附件2　客户提供的现有技术简介

参见附件2的附图2-1。

图2-1表示一种使用压盖填料的轴密封装置。在机器壳体6的内部区域（即封液区域）7，装有具有一定压力的流体（气体或液体）。转轴9可旋转地贯穿该机器壳体6，并且从内部区域7延伸到外部区域（即大气压区域）8。在流体压力的作用下，机器壳体6内的流体可能从封液区域7向大气压区域8泄漏。为保证机器正常运转，需要对转轴9与相邻部件之间进行密封。

在图2-1所示的使用压盖填料的轴密封装置中，机器壳体6与转轴9之间形成圆筒形密封空间10。在该密封空间10内，沿转轴9的轴向并列地配置了多个填料2。用配置在密封空间10的大气压区域8一侧的压盖4夹压这些填料2，使其产生沿转轴9径向的位移，实现对机器壳体6的内部区域（即封液区域7）和外部区域（即大气压区域8）之间的轴密封。

机器壳体6兼用作填料箱，即机器壳体6与填料箱1为一体结构。大气压区域8侧的压盖4支承在螺纹轴28上并可沿轴线方向移动，螺纹轴28固定在填料箱1上。旋拧螺母29，便可通过压盖4将填料2向封液区域7的方向推压。螺母29的拧紧程度对填料2所承受的压力起调节作用。

由于填料箱1与机器壳体6为整体结构，在转轴9产生轴向振动或偏心的情况下，填料箱1与转轴9的相对位置可能在轴向和/或径向上发生变化，转轴9将会产生径向跳动，从而造成转轴9与填料2间的接触压力在圆周方向上分布不均匀。在接触压力增大处，填料2与转轴9接触紧密，容易产生异常磨损；在接触压力减小处，填料2甚至会处于过分松弛状态。除此之外，拧紧螺母29时，只能从大气压区域8侧，通过压盖4向封液区域7的移动来推压填料2，该推压力F（见图2-2）直接作用在最靠近大气压区域8侧的填料2上，依次向靠近封液区域7的填料2传递，作用在填料2上的夹紧压力（轴线方向的压缩力）越接近封液区域7越小。填料2对转轴9（及填料箱1）的接触压力即轴密封力P，如图2-2所示，最靠近封液区域7侧的填料2处的轴密封力P最小。这样，流体会从轴密封力P最小处向轴密封力P最大处泄漏。以上情况都会导致轴密封不良，总体轴密封效果下降，甚至导致密封功能的丧失。

附件2 附图

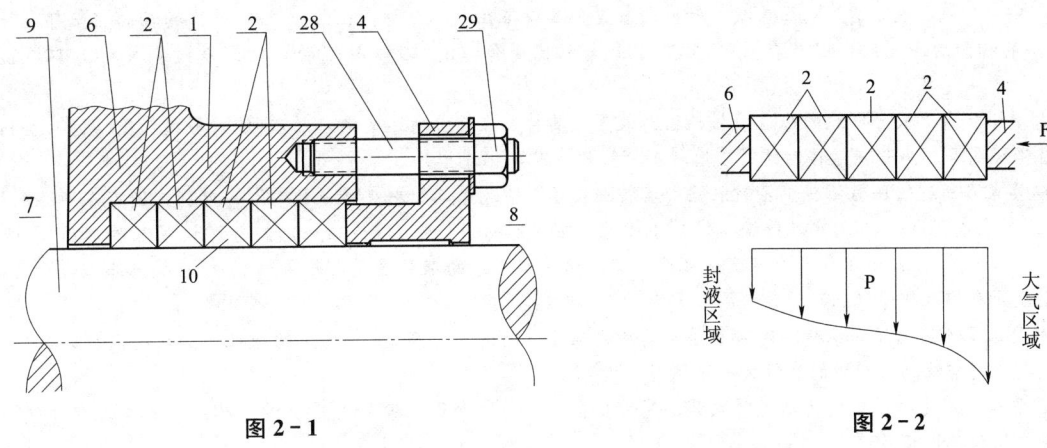

图2-1　　　　　　　　　　　　图2-2

附件3　你检索到的对比文件简介

参见附件3图3-1和图3-2所示的使用压盖填料的轴密封装置，它与客户提供的现有技术在结构上的不同点在于：围绕旋转轴9设置有圆筒填料箱1，该填料箱1与压盖3为整体结构，通过螺栓等安装在机器壳体6上。在该填料箱1与转轴9之间形成圆筒形密封空间10。

在该圆筒形密封空间10内，在转轴9的轴向上，左右并列地安装多个填料2。通过用配置在密封空间10内的大气压区域8侧的压盖4夹压这些填料2，在机器壳体6的内部区域即封液区域7和外部区域即大气压区域8之间实现轴密封。

附件3 附图

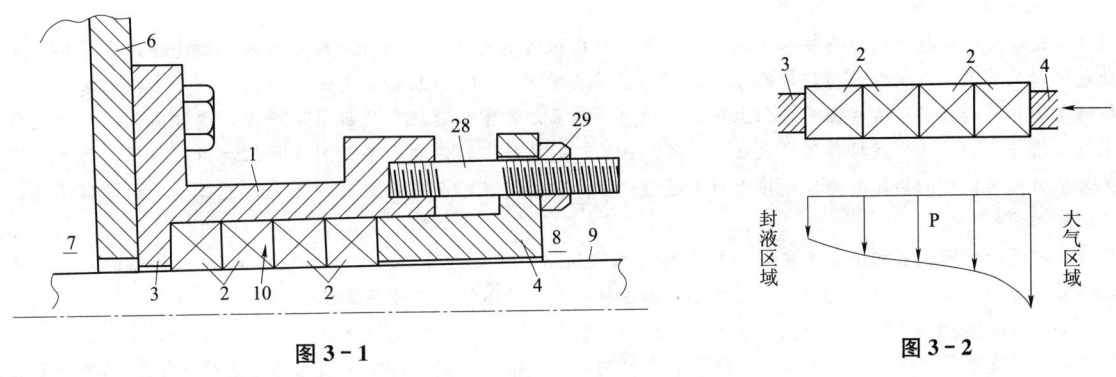

图3-1　　　　　　　　　　　　图3-2

参考答案

一、权利要求书

1. 一种压盖填料轴密封装置，包括填料箱（1），所述的填料箱（1）套装于转轴（9）上，与转轴（9）之间形成密封空间（10），填料（2）填充于所述的密封空间（10）内，并通过靠近封液区（7）侧的第一压盖（3）和靠近大气压区（8）侧的第二压盖（4）对所述的填料（2）夹压，第一压盖（3）固定在机壳（6）上，第二压盖（4）与填料箱（1）之间相互连接，其特征在于：所述的第一压盖（3）和填料箱（1）为分体结构，第一压盖（3）具有向密封空间（10）突出的轴向突出部（3b），填料箱（1）靠近封液区（7）的端部与第一压盖（3）之间通过可以使两者沿径向和轴向做相对移动的第一填料夹紧机构（5）相连接。

2. 如权利要求1所述的压盖填料轴密封装置，其特征在于：所述第一填料夹紧机构（5）包括，固定在所述的第一压盖（3）上的螺纹轴（15），填料箱（1）靠近封液区（7）的端部形成沿径向向外伸出的第一凸缘（1a），所述的螺纹轴（15）向填料箱（1）方向延伸并穿过设置在填料箱（1）的第一凸缘（1a）上的通孔（16），在螺纹轴（15）穿过通孔（16）的部分上设置有螺母（17），在所述第一凸缘（1a）与螺母（17）之间设置有弹性部件（18）。

3. 如权利要求2所述的压盖填料轴密封装置，其特征在于：所述第一凸缘（1a）上的通孔（16）的内径比第一填料夹紧机构（5）的螺纹轴（15）的直径大一预定量。

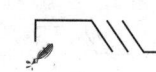

4. 如权利要求 2 或 3 所述的压盖填料轴密封装置，其特征在于：所述的弹性部件（18）是螺旋弹簧或者橡胶弹性套筒。

5. 如权利要求 1 或 2 或 3 所述的压盖填料轴密封装置，其特征在于：在所述在第一压盖（3）的轴向突出部（3b）与填料箱（1）的相向周面之间，以及在第一压盖（3）与机器壳体（6）的接触端面之间，分别装入 O 形环（12、13）。

6. 如权利要求 1 或 2 或 3 所述的压盖填料轴密封装置，其特征在于：所述的第二压盖（4）与填料箱（1）之间通过可以使两者沿径向和轴向做相对移动的第二填料夹紧机构（20）相连接。

7. 如权利要求 6 所述的压盖填料轴密封装置，其特征在于：所述第二填料夹紧机构（20）包括，固定在所述的填料箱（1）靠近大气区（8）一侧的第二凸缘（1b）上的螺纹轴（21），所述的螺纹轴（21）穿过设置在第二压盖（4）的凸缘（4a）上的通孔（22），在所述的螺纹轴（21）穿过通孔（22）的部分设置有螺母（23），在该凸缘（4a）与螺母（23）之间设置有弹性部件（24）。

8. 如权利要求 7 所述的压盖填料轴密封装置，其特征在于：所述第二压盖（4）上的通孔（22）的内径比第二填料夹紧机构（20）的螺纹轴（21）的直径大一预定量。

9. 如权利要求 7 所述的压盖填料轴密封装置，其特征在于：所述的第二填料夹紧机构（20）中的弹性部件（24）是螺旋弹簧或者橡胶弹性套筒。

10. 如权利要求 6 所述的压盖填料轴密封装置，其特征在于：在所述在第二压盖（4）与填料箱（1）的相向周面之间装入 O 形环（25）。

二、问答题

1. 本发明最接近的现有技术

本发明独立权利要求的技术方案和附件 2 以及附件 3 中所述的技术方案都是一种使用压盖填料的轴密封装置，因此三者都属于相同的技术领域。附件 2 和附件 3 相比，两者主要区别在于：附件 2 中的机器壳体与填料箱为一体结构，而附件 3 中的填料箱与机器壳体为分体结构；附件 2 中没有第一压盖 3，附件 3 中具第一压盖 3，且该第一压盖 3 固定安装在机器壳体上。附件 3 中与附件 2 相区别的这些技术特征，均与本发明技术方案中的技术特征相同。综上可知，附件 2、3 与本发明所属的技术领域相同，两者所要解决的技术问题也基本相同，但由于附件 3 与本发明独立权利要求的技术方案更为接近，公开的技术特征也最多，所以附件 3 是本发明最接近的现有技术。

2. 独立权利要求要解决的技术问题

附件 3 是本发明最接近的现有技术。该技术方案的存在问题是：由于填料箱固定安装机器壳体，在转轴产生轴向振动或偏心的情况下，填料箱与转轴的相对位置可能在轴向和/或径向上发生变化，转轴将会产生径向跳动，从而造成转轴与填料间的接触压力在圆周方向上分布不均匀。并且该方案只能从大气压区域一侧，通过压盖向封液区域的移动来推压填料，该推压力直接作用在最靠近大气压区域侧的填料上，依次向靠近封液区域的填料传递，作用在填料上的夹紧压力（轴线方向的压缩力）越接近封液区域越小。这些情况都会导致轴密封不良，总体轴密封效果下降，甚至导致密封功能的丧失。

与该最接近的现有技术相比，本发明要解决的技术问题是：提供一种当转轴产生轴振动和/或偏心时，填料箱可以随之移动，并与转轴之间的相对位置不发生变化而保持一定的压盖填料轴密封装置。

3. 本发明的有益效果

附件 3 是本发明最接近的现有技术。本发明独立权利要求的技术方案与附件 3 相比，其区别特征是："所述的第一压盖（3）和填料箱（1）为分体结构，第一压盖（3）具有向密封空间（10）突出的轴向突出部（3b）；填料箱（1）靠近封液区（7）的端部与第一压盖（3）之间通过可以使两者沿径向和轴向做相对移动的第一填料夹紧机构（5）相连接。"采用上述区别技术特征后，与最接近的现有技术（附件 3）相比，本发明独立权利要求的技术方案的有益效果是：当转轴产生振动和/或偏心时，由于填料箱可以随之移动，并与转轴之间的相对位置不发生变化而保持一定，填料箱和转轴之间的密封空间内的填料对转轴及填料箱的接触压力不发生变化；同时由于从封液区域侧，通过压盖向封液区域的移动来推压填料，使得最靠近封液区域侧的填料处的轴密封力最大，所以实现了良好且稳定的轴密封。

本发明还提供了进一步的改进方案，即在第二压盖（4）与填料箱（1）之间通过可以使两者沿径向和轴向做相对移动的第二填料夹紧机构（20）相连接（体现在权利要求 6 中）。采用上述改进方案后，由于第二压盖（4）与填料箱（1）之间也可以保持相对移动，因此本发明进一步的有益效果是：使得填料箱的上部也可以随转轴移动，更好地实现良好且稳定的轴密封。

4. 撰写一项独立权利要求的理由

本发明只撰写了一项独立权利要求。这是因为，虽然客户在其发明内容中提供了两种结构的轴密封装置，但其中第二种轴密封装置完全是在第二种轴密封装置的基础上进行的改进。通过在独立权利要求的前序部分写入的特征："第二压盖（4）与填料箱（1）之间相互连接"，已经将客户发明的第二种使用压盖填料的轴密封装置包括在了独立权利要求的保护范围之中。而在权利要求 6 中对上述特征进一步限定为："所述的第二压盖（4）与填料箱（1）之间通过可以使两者沿径向和轴向做相对移动的第二填料夹紧机构（20）相连接"，使客户发明的第二种结构的轴密封装置被体现在了权利要求 6 中。上述采用一项独立权利要求的撰写方式，完全能够涵盖客户提供的两种结构的轴密封装置，并且其保护范围要宽于将两种轴密封装置的具体结构分别写为两项独立权利要求的撰写方式。

5. 独立权利要求与附件 2 和附件 3 相比具有新颖性、创造性的理由

(1) 新颖性

与附件 2 相比本发明独立权利要求技术方案存在如下区别技术特征：所述填料箱与机器壳体为分体结构，填料箱靠近机器壳体一端与机器客体之间设有第一压盖，第一压盖固定在机器客体上，所述的第一压盖和填料箱也为分体结构，第一压盖具有向密封空间突出的轴向突出部，填料箱靠近封液区的端部与第一压盖之间通过可以使两者沿径向和轴向做相对移动的第一填料夹紧机构相连接。由于上述区别技术特征在附件 2 中没有被披露，因此本发明独立权利要求的技术方案与附件 2 相比符合《专利法》第 22 条第 2 款中新颖性的规定。

与附件 3 相比本发明独立权利要求技术方案存在如下区别技术特征：所述的第一压盖和填料箱为分体结构，第一压盖具有向密封空间突出的轴向突出部，填料箱靠近封液区的端部与第一压盖之间通过可以使两者沿径向和轴向做相对移动的第一填料夹紧机构相连接。由于上述区别技术特征在附件 3 中没有被披露，因此本发明独立权利要求的技术方案与附件 3 相比也符合《专利法》第 22 条第 2 款中新颖性的规定。

(2) 创造性

附件 3 中的技术方案是与独立权利要求所要求保护的发明最接近的现有技术。与该最接近的现有技术相比，本发明独立权利要求技术方案具有前文中所述的区别技术特征。由于该区别技术特征也没有被附件 2 以及其他任何对比文献所披露，并且也不是本领域的公知常识，因此现有技术中并不存在能够使得本领域的技术人员将上述区别技术特征应用到最接近的现有技术中，以解决本发明独立权利要求的技术方案要解决的技术问题的启示。由此可见，本发明独立权利要求的技术方案相对于现有技术是非显而易见的，其与已有的技术相比具有突出的实质性特点。

采用本发明独立权利要求的技术方案后，当转轴产生轴振动和/或偏心时，由于填料箱可以随之移动，并与转轴之间的相对位置不发生变化而保持一定，填料箱和转轴之间的密封空间内的填料对转轴及填料箱的接触压力不发生变化；同时由于从封液区域侧，通过压盖向封液区域的移动来推压填料，使得最靠近封液区域侧的填料处的轴密封力最大，实现了良好且稳定的轴密封。因此本发明独立权利要求的技术方案与现有技术相比具有有益的技术效果，所以也具有显著的进步。

综上所述，本发明独立权利要求的技术方案与附件 2 和附件 3 所记载的现有技术相比，具有突出的实质性特点和显著的进步，符合《专利法》第 22 条第 3 款中创造性的规定。

三、答题思路分析

本题中，客户提供的技术方案、以及两份对比文件中的技术方案都相对比较复杂，答题时需要快速理解这几项的技术方案的基本内容，并及时找到不同方案之间结构上的区别。下面给出本题的一种分析思路，以供参考。

本发明独立权利要求的技术方案和附件 2 以及附件 3 中所述的技术方案都是一种使用压盖填料的轴密封装置，因此三者都属于相同的技术领域。

附件 2 中所述的技术方案是：机器壳体 6 与转轴 9 之间形成圆筒形密封空间 10，在该密封空间 10 内，沿转轴 9 的轴向并列地配置了多个填料 2；用配置在密封空间 10 的大气压区域 8 一侧的压盖 4 夹压这些填料 2，使其产生沿转轴 9 径向的位移，实现对机器壳体 6 的内部区域（即封液区域 7）和外部区域（即大气压区域 8）之间的轴密封；机器壳体 6 与填料箱 1 为一体结构；螺纹轴 28 固定在填料箱 1 上，大气压区域 8 侧的压盖 4 支承在螺纹轴 28 上并可沿轴线方向移动，旋拧螺纹轴 28 上的螺母 29，便可通过压盖 4 将填料 2 向封液区域 7 的方向推压。该技术方案要解决的技术问题是：提供一种使用压盖填料的轴密封装置。该技术方案的有益效果是：通过该使用压盖填料的轴密封装置，实现了轴密封。

附件 3 中所述的技术方案是：围绕旋转轴 9 设置有圆筒填料箱 1，在填料箱 1 与转轴 9 之间形成圆筒形密封空间 10，在密封空间 10 内、转轴 9 的轴向上，左右并列地安装有多个填料 2；填料箱 1 与压盖 3 为整体结构，通过螺栓等安装在机器壳体 6 上；通过配置在密封空间 10 的大气压区域 8 一侧的压盖 4 对填料 2 夹压，在机器壳体 6 的内部区域即封液区域 7 和外部区域即大气压区域 8 之间实现轴密封。该技术方案要解决的技术问题是：提供一种使用压盖填料的轴密封装置。该技术方案的有益效果是：通过该使用压盖填料的轴密封装置，实现了轴密封。

本发明的技术方案是：一种压盖填料轴密封装置，包括填料箱 1，所述的填料箱 1 套装于转轴 9 上，与转轴 9 之间形成密封空间 10，填料 2 填充于所述的密封空间 10 内，并通过靠近封液区 7 的第一压盖 3 和靠近大气压区 8 一侧的第二压盖 4 对所述的填料 2 夹压，第一压盖 3 固定在机壳 6 上，第二压盖 4 与填料箱 1 之间相互连接，所述的第一压盖 3 和填料箱 1 为分体结构，第一压盖 3 具有向密封空间 10 突出的轴向突出部 3b，填料箱 1 靠近封液区 7 的端部与第一压盖 3 之间通过可以使两者沿径向和轴向做相对移动的第一填料夹紧机构 5 相连接。本发明要解决的技术问题是：提供一种当转轴产生轴振动和/或偏心时，填料箱可以随之移动，并与转轴之间的相对位置不发生变化而保持一定的压盖填料轴密封装置。本发明的有益效果是：采用该压盖填料轴密封装置后，当转轴产生轴振动和/或偏心时，由于

填料箱可以随之移动，并与转轴之间的相对位置不发生变化而保持一定，填料箱和转轴之间的密封空间内的填料对转轴及填料箱的接触压力不发生变化；同时由于通过从封液区域侧的压盖向大气区域的移动来推压填料，使得最靠近封液区域侧的填料处的轴密封力P最大，所以实现了良好且稳定的轴密封。

附件2和本发明的主要区别在于：附件2中的机器壳体与填料箱为一体结构。

附件3和本发明的主要区别在于：附件3中的填料箱与第一压盖3为一体结构。

附件3与附件2的主要区别在于：附件2中的机器壳体与填料箱为一体结构，而附件3中的填料箱与机器壳体为分体结构；附件2中没有第一压盖3，附件3中具第一压盖3，且该第一压盖3固定安装在机器壳体上。附件3中与附件2相区别的这些技术特征，均与本发明技术方案中的技术特征相同。

本发明与附件3的主要区别在于：所述的第一压盖3和填料箱1为分体结构，第一压盖3具有向密封空间10突出的轴向突出部3b，填料箱1靠近封液区7的端部与第一压盖3之间通过可以使两者沿径向和轴向做相对移动的第一填料夹紧机构5相连接。

综上可以看出：附件2、3与本发明所属的技术领域相同，所要解决的技术问题也基本相同，但由于附件3与本发明独立权利要求的技术方案更为接近，公开的技术特征也最多，所以附件3是与本发明最接近的现有技术。

因此，本发明应以附件3作为最接近的现有技术来撰写独立权利要求的前序部分，并将上述本发明与附件3的主要区别作为独立权利要求的区别技术特征。与附件3相比本发明要解决的技术问题：提供一种当转轴产生轴振动和/或偏心时，填料箱可以随之移动，并与转轴之间的相对位置不发生变化而保持一定的压盖填料轴密封装置。本发明的有益效果是：当转轴产生轴振动和/或偏心时，由于填料箱可以随之移动，并与转轴之间的相对位置不发生变化而保持一定，填料箱和转轴之间的密封空间内的填料对转轴及填料箱的接触压力不发生变化；同时由于从封液区域侧，通过压盖向封液区域的移动来推压填料，使得最靠近封液区域侧的填料处的轴密封力最大，所以实现了良好且稳定的轴密封。本发明进一步的有益效果是：由于增加了第二填料夹紧机构20，使得填料箱的上部也可以随转轴移动，更好地实现了良好且稳定的轴密封。

参考答案中给出的独立权利要求的技术方案是："1．一种压盖填料轴密封装置，包括填料箱（1），所述的填料箱（1）套装于转轴（9）上，与转轴（9）之间形成密封空间（10），填料（2）填充于所述的密封空间（10）内，并通过靠近封液区（7）的第一压盖（3）和靠近大气压区（8）一侧的第二压盖（4）对所述的填料（2）夹压，第一压盖（3）固定在机壳（6）上，第二压盖（4）与填料箱（1）之间相互连接，其特征在于，所述的第一压盖（3）和填料箱（1）为分体结构，第一压盖（3）具有向密封空间（10）突出的轴向突出部（3b）；填料箱（1）靠近封液区（7）的端部与第一压盖（3）之间通过可以使两者沿径向和轴向做相对移动的第一填料夹紧机构（5）相连接。"

通过独立权利要求的前序部分的特征"第二压盖（4）与填料箱（1）之间相互连接"，将客户提供的第二个实施方式通过上位概念加以概括，使客户提供的两种技术方案的内容全部得到了保护，并且独立权利要求也获得了相对较大的保护范围。

"所述的第一压盖（3）和填料箱（1）为分体结构"这一技术特征是本发明与最接近的现有技术（附件3）的主要区别技术特征，也是实现本发明要解决的技术问题的必要技术特征。正是由于"第一压盖（3）和填料箱（1）为分体结构"，才可以通过在两者之间设置第一填料夹紧机构（5），使得当转轴（9）产生轴振动和/或偏心时，填料箱（1）可以随之移动。将"第一压盖（3）具有向密封空间（10）突出的轴向突出部（3b）"这一技术特征作为独立权利要求的区别技术特征的原因是：由于具有了该技术特征才使填料箱（1）和第一压盖（3）之间可以为分体式，并使两者可以通过第一填料夹紧机构（5）形成一种活动连接；并且该特征还是实现"从封液区域侧，通过压盖向封液区域的移动来推压填料，使得最靠近封液区域侧的填料处的轴密封力最大"这一有益效果的必要技术特征。

此外，本发明还存在另外一种撰写方式：

参考答案中给出的独立权利要求的区别技术特征为："所述的第一压盖（3）和填料箱（1）为分体结构，第一压盖（3）具有向密封空间（10）突出的轴向突出部（3b）；填料箱（1）靠近封液区（7）的端部与第一压盖（3）之间通过可以使两者沿径向和轴向做相对移动的第一填料夹紧机构（5）相连接。"这是因为本发明独立权利要求的技术方案要解决的技术问题被确定为：提供一种当转轴9产生轴振动和/或偏心时，填料箱1可以随之移动，并与转轴9之间的相对位置不发生变化而保持一定的压盖填料轴密封装置。

实际上，最接近的现有技术中还存在着另一个技术问题，即：只能从大气压区域8侧，通过压盖4向封液区域7的移动来推压填料2，该推压力F（见图2-2）直接作用在最靠近大气压区域8侧的填料2上，依次向靠近封液区域7的填料2传递，作用在填料2上的夹紧压力（轴线方向的压缩力）越接近封液区域7越小。填料2对转轴9（及填料箱1）的接触压力即轴密封力P，如图2-2所示，最靠近封液区域7侧的填料2处的轴密封力P最小。这样，流体会从轴密封力P最小处向轴密封力P最大处泄漏。以上情况也导致最接近的现有技术中存在轴密封不良，总体轴密封效果下降，甚至导致密封功能的丧失的问题。因此本发明要解决的技术问题还可以被确定为：提供一种压盖填料轴密封装置，该压盖填料轴密封装置从封液区域侧，通过压盖向大气区域的移动来推压填料，使得最靠近封液区域侧的填料处的轴密封力P最大的，实现良好的轴密封。

这样，独立权利要求的技术方案还可以改写为：

"1. 一种压盖填料轴密封装置，包括填料箱（1），所述的填料箱（1）套装于转轴（9）上，与转轴（9）之间形成密封空间（10），填料（2）填充于所述的密封空间（10）内，并通过靠近封液区（7）的第一压盖（3）和靠近大气压区（8）一侧的第二压盖（4）对所述的填料（2）夹压，第一压盖（3）固定在机壳（6）上，第二压盖（4）与填料箱（1）之间相互连接，其特征在于，所述的第一压盖（3）和填料箱（1）为分体结构，第一压盖（3）具有向密封空间（10）突出的轴向突出部（3b）；填料箱（1）靠近封液区（7）的端部与第一压盖（3）之间通过可以使两者沿轴向做相对移动的第一填料夹紧机构（5）相连接。"

进一步的从属权利要求的技术方案可以是：

"2. 如权利要求1所述的压盖填料轴密封装置，其特征在于：所述第一填料夹紧机构（5）包括，固定在所述的第一压盖（3）上的螺纹轴（15），填料箱（1）靠近封液区（7）的端部形成沿径向向外伸出的第一凸缘（1a），所述的螺纹轴（15）向填料箱（1）方向延伸并穿过设置在填料箱（1）的第一凸缘（1a）上的通孔（16），在螺纹轴（15）穿过通孔（16）的部分上设置有螺母（17）。

3. 如权利要求2所述的压盖填料轴密封装置，其特征在于：在所述第一凸缘（1a）与所述相邻的螺母（17）之间设置有弹性部件（18）。

4. 如权利要求2或3所述的压盖填料轴密封装置，其特征在于：所述第一凸缘（1a）上的通孔（16）的内径比第一填料夹紧机构（5）的螺纹轴（15）的直径大一预定量。

……"（略）

采用上述撰写方式的技术方案，首先保护了从封液区域侧，通过压盖向填料夹压的总体技术方案；然后分别对填料箱可以与第一压盖之间沿轴向做相对移动、沿径向和轴向做相对移动的几种具体技术方案作进一步保护。这样撰写的权利要求，将使发明内容得到比较大的保护。上述的撰写方式在日常的代理实践中，往往是应当尽量争取达到的撰写方式，这样才能够最大限度地保护申请人的利益。

不过在考试中，一般仅要求依据客户提供的发明内容进行撰写，不允许补充有关该发明主题的任何专门知识。一般来说，只能将题目给出的发明内容、对比文献以及少量明显的公知常识作为背景技术进行撰写。由于本题题目中给出的所有技术方案中并没有就上述权利要求的技术方案给出具体的实施方式，所以上述撰写方式仅凭题目中提供的几种实施方式可能还不能够得到足够的支持，需要要加入一定的公知技术常识甚至一定的创造性内容才能实现。所以仅就本题而言，在考试时，写成参考答案的形式亦可。

第五章 2002年电学专业试题及参考答案

客户向你介绍了其发明的用于双频带移动电话中的双频带振荡装置（附件1），并提供了其掌握的现有技术（附件2），委托你所在的专利代理机构为之提交一项发明专利申请。在撰写专利申请文件前，你对现有技术进行了检索，找到了一份相关的对比文件（附件3）。

第一题：请根据客户作出的发明（附件1），参考客户提供的现有技术（附件2）和你检索到的对比文件（附件3），为客户撰写一份权利要求书。具体要求如下：

1. 权利要求书应当包括独立权利要求和从属权利要求。
2. 独立权利要求应当满足下列要求：
（1）在合理的前提下具有较宽的保护范围，能够最大限度地体现申请人的利益；
（2）清楚、简明地限定其保护范围；
（3）记载了解决技术问题的全部必要技术特征；
（4）相对于客户提供的现有技术和你检索到的对比文件具有新颖性和创造性；
（5）符合专利法及其实施细则关于独立权利要求的其他规定。
3. 从属权利要求应当满足下列要求：
（1）从属权利要求的数量适当、合理；
（2）与被引用的权利要求之间有清楚的逻辑关系；
（3）当授权后面临不得不缩小权利要求保护范围的情况时，能提供充分的修改余地；
（4）符合专利法及其实施细则关于从属权利要求的其他规定。
4. 权利要求书中涉及有关元件时，应当在其后面标注附件1附图中给出的该元件的标号。

第二题：请根据专利法、专利法实施细则、审查指南的有关规定，对下述问题作出回答，回答的内容应当与你撰写的权利要求书相适应：

1. 在客户提供的现有技术（附件2）和你所检索到的对比文件（附件3）中，哪一件适于作为与本发明最接近的现有技术？请简述理由。
2. 针对你认定的最接近现有技术说明本发明所要解决的技术问题。
3. 与你认定的最接近现有技术相比，客户提供的发明具有哪些有益的效果？
4. 说明你撰写的独立权利要求相对于附件2和附件3所记载的现有技术具有新颖性、创造性的理由。

特别提示：作为考试，仅要求依据客户提供的发明内容进行撰写，不要补充你可能具有的有关该发明主题的任何专门知识。

附件1 客户作出的双频振荡装置简介

<u>客户发明的第一种双频带振荡装置</u>

该双频振荡装置的结构如附件1图1-1所示，该双频带振荡装置由第一振荡器1、第二振荡器2、耦合电路3和放大器4构成。第一振荡器1输出频率为880MHz～940MHz的振荡信号，第二振荡器2输频率为1805MHz～1920MHz的振荡信号。由电压切换装置5将电源电压（Vb）供给到第一振荡器1或第二振荡器2上，得到电源电压的那个振荡器动作。

第一振荡器1、第二振荡器2以及放大器4的结构与客户提供的现有技术中的相应部分的结构完全一样，其中第一振荡器1具有第一振荡晶体三极管1a，第二振荡器2具有第二振荡晶体三极管2a（详见附件2）。

耦合电路3具有：阴极彼此相互连接的第一及第二开关二极管3a、3b，连接在第一开关二极管3a的阳极和第一振荡晶体三极管1a的发射极之间的第一耦合电容3c，连接在第二开关二极管3b的阳极和第二振荡晶体三极管2a的发射极之间的第二耦合电容3d，直流地连接第一振荡晶体三极管1a的集电极和第一开关二极管3a的阳极的第一馈电电阻3e，直流地连接第二振荡晶体三极管2a的集电极和第二开关二极管3b的阳极的第二馈电电阻3f，串联连接开关二极管3a、3b的阴极和地面的扼流线圈3g。

当电源电压通过电压切换装置5施加到第一振荡晶体三极管1a的集电极上时，第一振荡器1动作。

电流流过第一馈电电阻3e、第一开关二极管3a、扼流线圈3g，第一开关二极管3a导通。第一振荡晶体三极管1a的发射极上产生的振荡信号经第一耦合电容3c、第一开关二极管3a、隔直电容4e输入到放大器4的输入端。

当电源电压通过电压切换装置5施加到第二振荡晶体三极管2a的集电极上时，第二振荡器2动作，电流流过第二馈电电阻3f、第二开关二极管3b、扼流线圈3g，第二开关二极管3b导通。第二振荡晶体三极管2a的发射极上产生的振荡信号经第二耦合电容3d、第二开关二极管3b、隔直电容4e输入到放大器4的输入端。

采用本发明的双频振荡装置，由于两个振荡器共用一个放大器，从而减小了电路的规模，能够使整个电路装置小型化。利用与第一振荡器动作同步导通的第一开关二极管 3a，将第一频带的振荡信号输入放大器 4 内，此时第二开关二极管 3b 处于非导通状态；或者利用与第二振荡器动作同步导通的第二开关二极管 3b，将第二频带的振荡信号输入放大器 4 内，此时第一开关二极管 3a 处于非导通状态。因此，第一振荡器 1 和第二振荡器 2 不会耦合，从而使一个振荡器不会成为另一振荡器的负载，被输入放大器 4 的振荡信号的电平不会下降。

客户发明的第二种双频带振荡装置

该双频振荡装置的结构如附件 1 图 1-2 所示，在附件 1 图 1-1 所示电路中增加一个电感线圈 3h，使之与第一耦合电容 3c 相串联，并且使由第一耦合电容 3c 和电感线圈 3h 产生的共振频率与第一频带的中心频率相一致，其他构成与附件 1 图 1-1 所示的相同。

这种双频带振荡装置除了具有第一种双频带振荡装置的优点之外，还能进一步消除第一频带中的高频干扰，其原因是：由于第一频带的振荡信号的高频受电感线圈 3h 作用而不能通过，因此，被输入放大器 4 的高频电平降低。

因此，即使放大器 4 是宽带放大器，但输出的高频电平会降低，从而能够防止与放大器 4 的下一级连接的混合器（图中未示）等装置上发生干扰信号。

客户发明的第三种双频带振荡装置

该双频振荡装置的结构如附件 1 图 1-3 所示，在附件 1 图 1-1 所示电路中增加一个电阻 3i 使之与第二耦合电容 3d 相串联，其他构成与附件 1 图 1-1 所示的相同。这种结构适合于第二振荡器的振荡信号电平大于第一振荡器的振荡信号电平的情形。

这种双频带振荡装置除了具有第一种双频带振荡装置的优点之外，还能进一步保证输入放大器 4 的两个振荡信号的电平相一致，其原因是：电阻 3i 的功能在于调整电平，当第二振荡器的振荡信号电子大于第一振荡器的振荡信号电平时，由于与第二耦合电容 3d 串联连接的电阻 3i 的作用，使第二频带的振荡信号的电平下降，因此，能够使得输入放大器 4 的二个振荡信号的电平相一致。

客户发明的第四种双频带振荡装置

该双频振荡装置的结构如附件 1 图 1-4 所示，在附件 1 图 1-2 所示电路中增加一个电阻 3i，使之与第二耦合电容 3d 相串联，其他构成与附件 1 图 1-2 所示的相同。这种结构也是适合于第二振荡器的振荡信号电平大于第一振荡器的振荡信号电平的情形。

显然，这种双频带振荡装置具有前三种双频带振荡装置的上述所有优点。

客户发明的第五种双频带振荡装置

该双频振荡装置的结构如图 1-5 所示，在附件 1 图 1-2 所示电路中增加一个电阻 3i，使之与第一耦合电容 3c 和电感线圈 3h 相串联，其他构成与附件 1 图 1-2 所示的相同。这种结构适合于第一振荡器的振荡信号电子大于第二振荡器的振荡信号电平的情形。

电阻 3i 的功能也是调整电平，当第一振荡器的振荡信号电平大于第二振荡器的振荡信号电平时，由于与第一耦合电容 3c 和电感线圈 3h 串联连接的电阻 3i 的作用，使第一频带的振荡信号的电平下降，因此能够使得输入放大器 4 的二个振荡信号的电子相一致。可见，这种双频带振荡装置与上述第四种双频带振荡装置一样，具有前三种双频带振荡装置的上述所有优点。

附件 1　客户发明的双频振荡装置附图

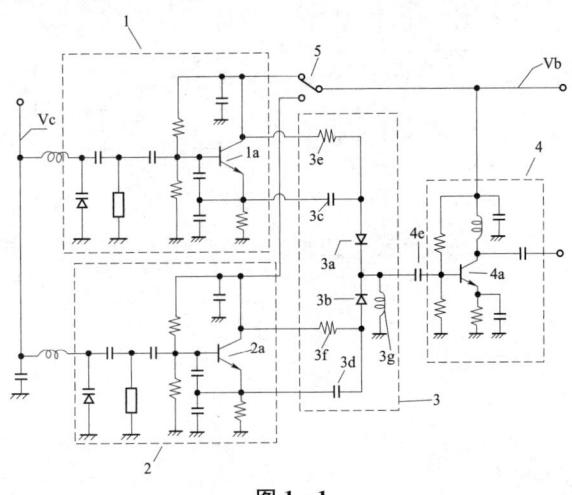

图 1-1

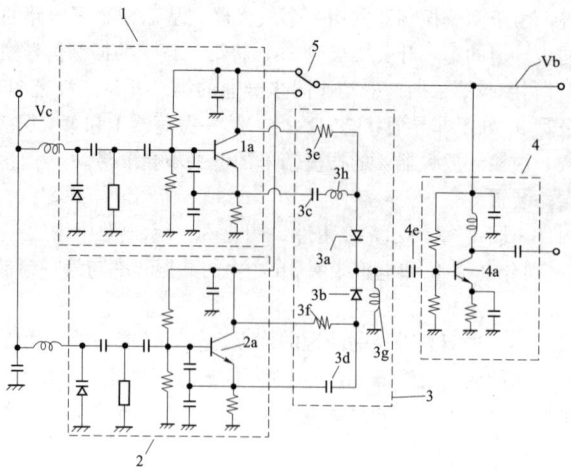

图 1-2

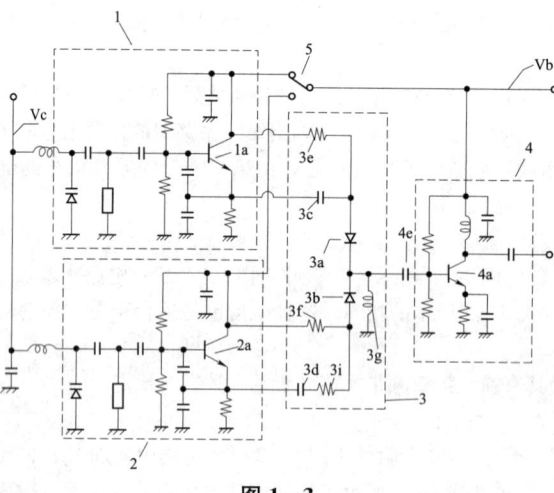

图 1-3

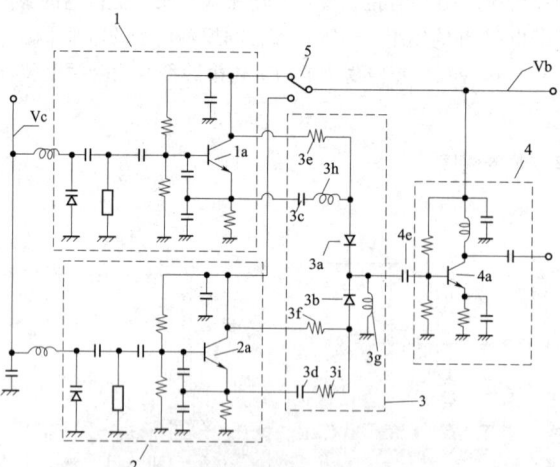

图 1-4

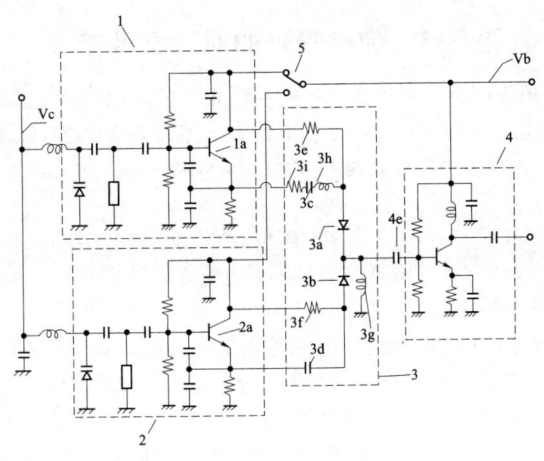

图 1-5

附件 2　客户提供的现有技术简介

客户提供的与本发明有关的现有技术双频带振荡装置的结构如附件 2 图 2-1 所示。这种双频带振荡装置包括：第一振荡器 21、第二振荡器 22、第一耦合电容 23a、第二耦合电容 23b、第一放大器 24 以及第二放大器 25。第一振荡器 21 的振荡频率为 880MHz～940MHz，第二振荡器 22 的振荡频率为 1805MHz～1920MHz。

第一振荡器 21 包括：第一振荡晶体三极管 21a、两个第一反馈电容 21b 和 21c、作为电感元件的第一电介质条状线 21d、第一变容二极管 21e 等。第一振荡晶体三极管 21a 的集电极通过第一接地电容 21f 被高频接地。借助于供给到第一变容二极管 21e 上的控制电压 Vc，第一频带的振荡频率发生变化，从发射极输出振荡信号。

第二振荡器 22 包括：第二振荡晶体三极管 22a、两个第二反馈电容 22b 和 22c、作为电感元件的第二电介质条状线 22d、第二变容二极管 22e 等。第二振荡晶体三极管 22a 的集电极通过第二接地电容 22f 被高频接地。借助于供给到第二变容二极管 22e 上的控制电压 Vc，第二频带的振荡频率发生变化，从发射极输出振荡信号。

放大器 24 是发射极接地型的非调谐型宽带放大器。电源电压通过电感线圈 24b 施加到放大用晶体三极管 24a 的集电极上，发射极经偏压电阻 24c 和旁路电容 24d 而接地。作为放大器 24 的输入端的基极经耦合电容 23a 与第一振荡器 21 的发射极连接。

放大器 25 也是发射极接地型的非调谐型宽带放大器。电源电压通过电感线圈 25b 施加到放大用晶体三极管 25a 的集电极上，发射极经偏压电阻 25c 和旁路电容 25d 而接地。作为放大器 25 的输入端的基极经耦合电容 23b 与第二振荡器 22 的发射极连接。

通过切换开关 26，可以将电源电压（Vb）择一地施加到第一振荡器 21 或第二振荡器 22 上，获得电源电压的那一方的振荡器动作，输出振荡信号。第一振荡器 21 的振荡信号经耦合电容 23a 被输入到放大器 24 内，第二振荡器 22 的振荡信号经耦合电容 23b 被输入到放大器 25 内。

采用上述结构，需要为每一个频带提供一个放大器，因此电路规模较大，导致装置的体积较大。

附件 2　客户提供的现有技术附图

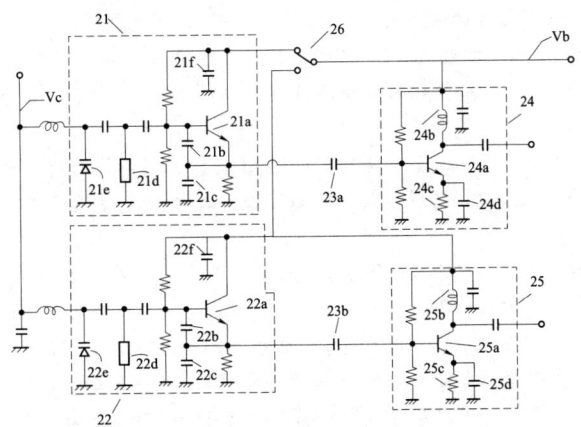

图 2-1

附件3 你检索到的对比文件简介

作为代理人，你对客户的这项发明进行了检索，找到一份相关的对比文件"高频双频带振荡电路"。如附件3图3-1所示，这种双频带振荡电路主要包括：第一振荡电路1a、第二振荡电路1b、第一耦合电容16a、第二耦合电容16b、缓冲放大器2c。第一振荡电路1a的振荡频率为880MHz～940MHz，第二振荡电路1b的振荡频率为1805MHz～1920MHz。

第一振荡电路包括第一振荡三极管10a，第二振荡电路包括第二振荡三极管10b。电源电压通过切换开关25可以经偏置电阻30a供给到第一振荡三极管10a的基极或者经偏置电阻30b供给到第二振荡三极管10b的基极，获得电源电压的那一方的振荡电路动作，输出振荡信号。当切换开关25将电源电压供给到第一振荡电路1a上时，由第一振荡三极管10a的发射极产生的振荡信号经耦合电容16a被输入到放大器2c内，当电源电压被供给到第二振荡电路1b上时，由第二振荡三极管10b的发射极产生的振荡信号经耦合电容16b被输入到放大器2c内。

采用上述电路，由于两个振荡器共用一个缓冲放大器，从而减小了电路的规模，能够使整个电路装置小型化。但是，与采用两个放大器的电路相比，采用这种电路耗电量要大一些，其原因在于：由于两个频带的振荡信号通过各自的耦合电容输入到放大器内，造成两个振荡器通过耦合电容相互连接，各振荡器与对方振荡器构成负载关系，因此，输入放大器的振荡信号的电平会降低。虽然可以通过增加耦合电容的电容值来解决电平降低的问题，但这样会造成振荡器彼此间的耦合进一步加大，相互造成影响，导致各振荡频率发生变化。为了减小耦合电容的电容值，减少振荡器间的耦合，且增大振荡信号的电平，就必须使振荡晶体三极管上流过较大的电流。

附件3 你检索到的对比文件附图

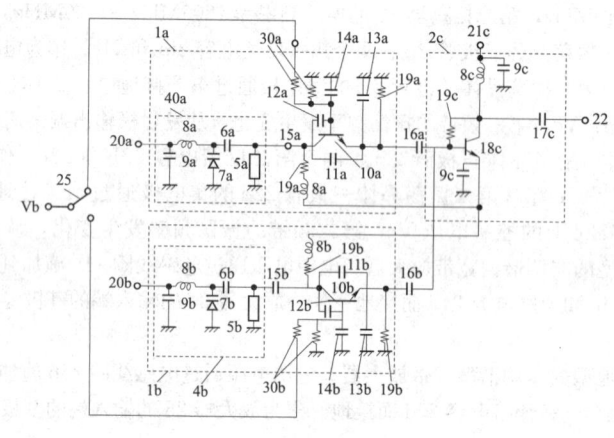

图3-1

参 考 答 案

一、权利要求书

1. 一种双频振荡装置，包括：输出第一种频带振荡信号的第一振荡器（1），输出第二种频带振荡信号的第二振荡器（2），择一地向所述第一振荡器（1）或所述第二振荡器（2）供给电源电压的电压切换装置（5），放大所述第一种频带振荡信号或所述第二种频带振荡信号的放大器（4），其特征在于，还包括：

串联在所述第一振荡器（1）和所述放大器（4）之间、并使所述第一种频带振荡信号输入所述放大器（4）的第一开关二极管（3a），串联在所述第二振荡器（2）和所述放大器（4）之间、并使所述第二种频带振荡信号输入所述放大器（4）的第二开关二极管（3b）；

通过所述择一供给的电源电压，可使所述第一振荡器（1）工作，并同步导通所述第一开关二极管（3a），同时使所述第二开关二极管（3b）不导通；或者，使所述第二振荡器工作，并同步导通所述第二开关二极管（3b），同时使所述第一开关二极管（3a）不导通。

2. 根据权利要求1所述的双频振荡装置，其特征在于，所述第一振荡器（1）具有第一振荡晶体三极管（1a），所述第二振荡器（2）具有第二振荡晶体三极管（2a），所述第一开关二极管（3a）的阳极直流地连接所述第一振荡晶体三极管（1a）的集电极，且经第一耦合电容（3c）连接第一振荡晶体三极管（1a）的发射极，所述第二开关二极管（3b）的阳极直流地连接所述第二振荡晶体三极管（2a）的集电极，且经第二耦合电容（3d）连接第二振荡晶体三极管（2a）发射极；

所述第一开关二极管（3a）及第二开关二极管（3b）的阴极对接后连到所述放大器（4）的输入端、且直流接地，所述电压切换装置（5）择一地将电源电压供给到所述第一振荡晶体三极管（1a）的集电极或所述第二振荡晶体三极管（2a）的集电极。

3. 根据权利要求 2 所述的双频振荡装置，其特征在于，所述第一种频带振荡信号的频率低于所述第二种频带振荡信号的频率，在所述第一耦合电容（3c）上串联有一个电感线圈（3h），并使由所述第一耦合电容（3c）和所述电感线圈（3h）产生的共振频率与第一频带的中心频率相一致。

4. 根据权利要求 2 或 3 所述的双频振荡装置，其特征在于，所述第二振荡器（2）的振荡信号的电平大于所述第一振荡器（1）的振荡信号的电平，在所述第二耦合电容（3d）上串联有一个用于降低振荡信号电平的耦合电阻（3i），使得输入所述放大器（4）的二个振荡信号的电平相一致；或者，

所述第一振荡器（1）的振荡信号的电平大于所述第二振荡器（2）的振荡信号的电平，在所述第一耦合电容（3c）上串联有一个用于降低振荡信号电平的耦合电阻（3i），使得输入所述放大器（4）的二个振荡信号的电平相一致。

5. 根据权利要求 4 所述的双频振荡装置，其特征在于，所述第一开关二极管（3a）和第二开关二极管（3b）对接的阴极和所述放大器（4）的输入端之间还串联一个隔直电容（4e）；或者，所述第一开关二极管（3a）和第二开关二极管（3b）对接的阴极和地之间还串联一个扼流线圈（3g）。

6. 根据权利要求 4 所述的双频振荡装置，其特征在于，所述第一开关二极管（3a）和第二开关二极管（3b）对接的阴极和所述放大器（4）的输入端之间还串联一个隔直电容（4e）；并且，所述第一开关二极管（3a）和第二开关二极管（3b）对接的阴极和地之间还串联一个扼流线圈（3g）。

7. 根据权利要求 2 或 3 所述的双频振荡装置，其特征在于，所述第一开关二极管（3a）和第二开关二极管（3b）对接的阴极和所述放大器（4）的输入端之间还串联有一个隔直电容（4e）；或者，所述第一开关二极管（3a）和第二开关二极管（3b）对接的阴极和地之间还串联有一个扼流线圈（3g）。

8. 根据权利要求 2 或 3 所述的双频振荡装置，其特征在于，所述第一开关二极管（3a）和第二开关二极管（3b）对接的阴极和所述放大器（4）的输入端之间还串联有一个隔直电容（4e）；并且，所述第一开关二极管（3a）和第二开关二极管（3b）对接的阴极和地之间还串联有一个扼流线圈（3g）。

二、问答题

1. 检索到的对比文件（附件 3）是本发明的最接近现有技术。检索到的对比文件（附件 3）和客户提供的现有技术（附件 2）两者的技术领域与本发明的技术领域相同，但是后者为每一个频带都提供了一个放大器，而前者是两个振荡器共用一个缓冲放大器。由于与本发明相比，前者公开的相同的技术特征最多、要解决的技术问题也比后者更为相近，所以应以检索到的对比文件（附件 3）作为本发明最接近的现有技术。

2. 应根据检索到的这篇对比文件（附件 3）来确定本发明所要解决的技术问题。相对于该检索到的对比文件（附件 3）来看，本发明所要解决的主要技术问题是：提供一种双频带振荡装置，该双频带振荡装置中的两个振荡器在共用一个放大器时，能够减少两个振荡器间的耦合，并可在不降低振荡信号的电平的前提下将振荡信号输入放大器。本发明进一步要解决的一个技术问题是消除低频带振荡信号中的高频干扰；本发明进一步要解决的另一个技术问题是使得输入到放大器中的两个振荡信号的电平相一致。

3. 与最接近现有技术、即检索到的对比文件（附件 3）相比，本发明的有益效果有：

（1）针对权利要求 1 的技术方案，由于采用了与第一振荡器动作同步导通的第一开关二极管将第一种频带的振荡信号输入到放大器，以及采用了与第二振荡器动作同步导通的第二开关二极管将第二种频带的振荡信号输入到放大器，并且第一开关二极管和第二开关二极管相互之间不同时导通，因此，第一振荡器和第二振荡器不会耦合，从而使一个振荡器不会成为另一振荡器的负载，解决了输入放大器的振荡信号的电平下降的问题，能够节省电路的耗电量，并使振荡频率保持稳定。

（2）针对权利要求 3 的技术方案，由于在与振荡频率较低的振荡器相连的耦合电容上串联连接了一个电感线圈，并使得由该耦合电容和该电感线圈产生的共振频率与低频带的中心频率一致，因此，低频带振荡信号中的高频成分受电感线圈的作用而不能通过，从而消除了低频带振荡信号中的高频干扰。

（3）针对权利要求 4 的技术方案，由于在与振荡信号的电平较大的振荡器相连的耦合电容上串联连接了一个用于调整振荡信号的电平的耦合电阻，保证了输入放大器的两个振荡信号的电平相一致。

4. 客户提供的现有技术（附件 2）中未披露独立权利要求 1 前序部分中的技术特征"放大所述第一频带振荡信号或所述第二频带振荡信号的放大器"，更未披露独立权利要求 1 特征部分的技术特征："串联在所述第一振荡器（1）和所述放大器（4）之间、并使所述第一种频带振荡信号输入所述放大器（4）的第一开关二极管（3a），串联在所述第二振荡器（2）和所述放大器（4）之间、并使所述第二种频带振荡信号输入所述放大器（4）的第二开关二极管（3b）；通过所述择一供给的电源电压，可使所述第一振荡器（1）工作，并同步导通所述第一开关二极管（3a），同时使所述第二开关二极管（3b）不导通；或者，使所述第二振荡器工作，并同步导通所述第二开关二极管（3b），同时使所述第一开关二极管（3a）不导通。"因此独立权利要求 1 的技术方案在客户提供的现有技术中未被披露，所以独立权利要求 1 相对于客户提供的现有技术具备《专利法》第 22 条第 2 款规定的新颖性。

检索到的对比文件（附件 3）未披露上述的独立权利要求 1 特征部分的技术特征。因此独立权利要求 1 的技术方

案在检索到的对比文件（附件3）中未被披露，所以独立权利要求1相对于检索到的对比文件具备《专利法》第22条第2款规定的新颖性。

检索到的对比文件（附件3）是本发明的最接近的现有技术，独立权利要求1与该对比文件所披露内容的区别技术特征即为上述独立权利要求1特征部分的技术特征。独立权利要求1相对于该对比文件来说解决了"双频带振荡装置中两个振荡器在共用一个放大器时，能够减少两个振荡器间的耦合，并在不降低振荡信号的电平的前提下将振荡信号输入放大器"的技术问题。而在客户提供的现有技术（附件2）中也未披露该区别技术特征，也未解决上述技术问题，并且该述区别技术特征也不是本领域技术人员用来解决上述技术问题的公知常识。因此，即使本领域技术人员将检索到的对比文件、客户提供的现有技术及其公知常识结合起来，也不能得到独立权利要求1的技术方案。可见，对于本领域的技术人员来说，并不存在将所述区别技术特征与现有技术结合起来解决上述技术问题的启示。因此，独立权利要求1的技术方案相对于这两篇对比文件是非显而易见的，所以该方案具有突出的实质性特点。由于采用独立权利要求1的方案，可解决双频带振荡装置中两个振荡器在共用一个放大器时，能够减少两个振荡器间的耦合，在不降低振荡信号的电平的前提下将振荡信号输入放大器的技术问题，使得该方案与现有技术相比，具有使振荡频率保持稳定、节省电路的耗电量的有益效果，所以独立权利要求1的技术方案也具有显著的进步。综上所述，独立权利要求1相对于所述两项现有技术具备《专利法》第22条第3款规定的创造性。

三、答题思路分析

电路结构的权利要求撰写，除应当将区别技术特征部分的结构特征及其相应的连接关系写明以外，还应将整体电路的其他部分的结构特征及相应的连接关系写明。

本题中，结合现有技术可以得出本发明最基本的电路结构为：第一振荡器1、第二振荡器2、电压切换装置5、耦合电路3、放大器4。上述电路中的振荡器1、2和放大器4，在本发明、客户提供的现有技术和检索到的对比文件中，均存在着不同的电路结构，因此应将这几个电路的结构通过上位概括后再写入独立权利要求中，而不要只写入某一种具体的电路结构，这样将使独立权利要求的技术方案得到最宽的保护范围。

本题中，客户提供的发明内容中一共给出了5个实施例，这5个实施例中的耦合电路3均具有不同的电路结构，因此，应将几种耦合电路3的结构提炼并进行上位概括后再写入独立权利要求的区别技术特征中，而不要撰写成只具有某一种电路结构的独立权利要求。同时，由于后4种实施方例均是在第1种实施例的基础上的改进，因此应该只撰写一项独立权利要求，而不应撰写成具有不同具体电路结构的多项独立权利要求。

如果是在代理实践中，对于耦合电路3部分的结构，本发明独立权利要求的特征部分还可以考虑撰写为："其特征在于，还包括：连接在所述第一振荡器（1）与所述放大器（4）之间、以及所述第二振荡器（2）与所述放大器（4）之间、并使所述第一振荡器（1）与所述第二振荡器（2）之间不导通的耦合电路（3）；通过电压切换装置（5）择一供给的电源电压，所述耦合电路（3）可在所述第一振荡器（1）工作时，将所述第一振荡器（1）与放大器（4）之间同步导通，并使所述第一种频带振荡信号输入所述放大器（4）；或者，所述耦合电路（3）可在所述第二振荡器工作时，将所述第二振荡器（2）与放大器（4）之间同步导通，并使所述第二种频带振荡信号输入所述放大器（4）。"这时，必须要求发明人补充与实施例1不同的耦合电路3的结构以支持该独立权利要求。例如，该耦合电路3也可以是一个和电压切换装置5同步操作的切换开关，该切换开关可以和电压切换装置5同步，并且当电压切换装置5择一地向所述第一振荡器1或所述第二振荡器2供给电源电压时，该切换开关使得获得电源电压的那个振荡器与放大器之间导通，而将另一个没有获得电源电压的振荡器与放大器之间断开，同时两个振荡器之间永远处于断开状态。

不过，从本试题的角度来说，由于客户提供的发明内容中的全部实施例均是以实施例1为基础的，不存在与实施例1不同的电路结构，而且，由于在考试中只能根据题目中给出的内容进行撰写，不能再补充任何新的技术方案，因此，如果考试中按照上述撰写方式，则有可能被认为构成了纯功能性限定，使权利要求不能得到说明书的支持。所以在考试中只需按照参考答案中的独立权利要求的范围撰写即可。

参考答案中，对于耦合电路3的内容，为了避免出现构成纯功能性限定而不能得到说明书支持的情况，采取了将"第一开关二极管3a和第二开关二极管3b"这一最关键的特征进行上位概括后作为区别技术特征的撰写方式。其中，对于第一开关二极管3a和第二开关二极管3b的具体连接关系和位置关系采用了功能限定的撰写方式，以使独立权利要求1尽可能地获得更宽的保护范围。采用这样的撰写方式，体现了为申请人尽可能地争取更宽保护范围的代理思路。

不过，从技术方案角度来说，只要是采用第一开关二极管3a和第二开关二极管3b的结构，很难想到还有什么其他的连接方式能够实现同样的技术效果。根据《专利审查指南2010》的规定，当技术特征能够用结构性特征描述时，应尽量采用结构性特征而避免采用功能性特征。所以，本题独立权利要求的区别技术特征还可以采用以下方式撰写："其特征在于，还包括：阳极与第一振荡器（1）的输出端相连的第一开关二极管（3a），阳极与第二振荡器（2）的输出端相连的第二开关二极管（3b），所述第一开关二极管（3a）及第二开关二极管（3b）的阴极对接后连到所述放大器（4）的输入端。"由于客户提供的发明内容中再没有任何其他与实施例1不同的采用第一开关二极管3a和第二开关二极管3b的电路结构方式，因此，这样撰写的独立权利要求相比采用功能限定方式撰写的权利要求应该更为简洁，更符合《专利审查指南2010》的规定。但是，值得注意的是在近年的代理实务的考试中，其标准答案的确定，通常更多地倾向于为申请人尽可能地争取更宽保护范围，所以，如果是在考试中，还是尽量采用参考答案中的撰写思路来撰写。

第六章 2002年化学专业试题及参考答案

客户向你介绍了其作出的有关二氧化硅溶胶的发明（附件1），并提供了其掌握的现有技术（附件2），委托你所在的专利代理机构为之提交一项发明专利申请。在撰写专利申请文件前，你对现有技术进行了检索，找到了一份相关的对比文件（附件3）。

第一题：请根据客户作出的发明（附件1），参考客户提供的现有技术（附件2）和你检索到的对比文件（附件3），为客户撰写一份权利要求书。具体要求如下：

1. 权利要求书应当包括独立权利要求和从属权利要求。
2. 独立权利要求应当满足下列要求：
  （1）在合理的前提下具有较宽的保护范围，能够最大限度地体现申请人的利益；
  （2）清楚、简明地限定其保护范围；
  （3）记载了解决技术问题的全部必要技术特征；
  （4）相对于客户提供的现有技术和你检索到的对比文件具有新颖性和创造性；
  （5）符合专利法及其实施细则关于独立权利要求的其他规定。
3. 从属权利要求应当满足下列要求：
  （1）从属权利要求的数量适当、合理；
  （2）与被引用的权利要求之间有清楚的逻辑关系；
  （3）当授权后面临不得不缩小权利要求保护范围的情况时，能提供充分的修改余地；
  （4）符合专利法及其实施细则关于从属权利要求的其他规定。

第二题：请根据专利法、专利法实施细则、审查指南的有关规定，对下述问题作出回答，回答的内容应当与你撰写的权利要求书相适应：

1. 确定本发明所要解决的技术问题。
2. 说明您所撰写的所有独立权利要求与客户提供的现有技术（附件2）和你所检索到的对比文件（附件3）相比具有新颖性和创造性的理由。
3. 为本发明专利申请撰写一份说明书摘要。
4. 在向专利局递交申请前，是否有必要向客户提出有关建议？如果有必要，请给出你的建议，并简单说明理由。

特别提示：作为考试，仅要求依据客户提供的发明内容进行撰写，不要补充你可能具有的有关该发明主题的任何专门知识。

附件1 客户作出的发明简介

众所周知，二氧化硅溶胶是含有很小二氧化硅颗粒的水相体系，这一体系根据其中的颗粒大小和其他因素可应用于各种领域中。过去主要是将二氧化硅溶胶与阳离子或两性聚合物一起用作造纸原料的添加剂，目的是提高造纸过程中的保留值和改善脱水作用。

水分散的二氧化硅颗粒的平均尺寸越小，其比表面积越大，颗粒就越容易聚集。二氧化硅溶胶会随着二氧化硅颗粒的聚集而自发出现胶凝现象，形成固态的凝胶。现有技术的方法始终不能制备出浓度大于38%（重量）、平均颗粒大小在10纳米以内的二氧化硅溶胶，这主要是因为二氧化硅的浓度一旦达到38%（重量）时，就会因颗粒的聚集出现胶凝。《二氧化硅化学》一书公开了颗粒尺寸与比表面积之间的关系：

平均颗粒尺寸（纳米）	比表面积（米²/克）
3	917
5	550
7	392
12	229
22	125

我们发明了一种方法，可以获得一种高浓度的碱性二氧化硅溶胶。这种二氧化硅溶胶中的颗粒是单分散、非聚集的，除了能在造纸工业中应用外，还可用作絮凝剂，并且特别有效。

该方法中使用的起始悬浮液可以通过以下方式获得：使碱金属硅酸盐的水溶液，例如 SiO_2/Na_2O 的摩尔比约为 3.36∶1（溶液中含有约5％～6％（重量）SiO_2）的硅酸钠水溶液，在室温下通过如 Resindion 公司销售的 RELITE CF 强阳离子交换柱，得到 pH 值为2～3.5的不稳定酸性溶胶。

按下列方式使酸性溶胶在室温下稳定化：剧烈搅拌所述酸性溶胶，并加入碱性硅酸盐，使 pH 值由起始时的约2～3.5变成9～11。

例如，向约10米^{3}的酸性溶胶中加入约800升20％～30％（重量）的硅酸钠溶液，使原先的酸性溶胶的碱度达到约140～160毫克当量/升。

将这种稳定化的溶胶装入适当的蒸发器中加热浓缩。浓缩的条件是至关重要的，即在真空中温度为约90℃～98℃，优选约95℃的沸腾温度下进行，直到 SiO_2 的浓度达到约5％～15％（重量），pH 值为9～10。

获得所期望的浓度后，例如可使用合适的热交换器，对该溶胶进行冷超滤，使其尽快地从沸腾温度冷却到室温或室温以下。关于冷却需的时间，应注意须在4小时内把温度降低到15℃～30℃。

使用什么样的超滤装置是不重要的。从便利的角度出发，最好使用本领域技术人员已知的薄膜，例如截流值为10 000～30 000道尔顿的平面膜或卷曲膜。

由于该溶胶通过薄膜时会发热，因此建议控制温度低于50℃，否则截流值会变大。

经过上述的超滤后，溶胶被浓缩，但起始颗粒的粒径保持不变。一旦超滤完成后，就可以获得一种平均颗粒尺寸在1～10纳米范围内、优选的浓度为45％～52％（重量）的碱性二氧化硅溶胶。

经超滤后，必须调节经过超滤浓缩的阳离子和阴离子的含量，使所获得的二氧化硅溶胶达到稳定。这一步骤是相当重要的，若进行得不够充分，将导致二氧化硅溶胶不稳定，发生胶凝现象。

可以采用本领域技术人员熟悉的技术进行调节，例如使用离子交换树脂。作为一种举例，可按下列常规方法进行所述调节：使一定量的二氧化硅溶胶产物（优选占总重量的20％～50％）通过可以捕获钠离子的强阳离子交换树脂层（例如 Resindion 公司的 RELITE CF），得到酸性溶胶；将这样得到的酸性溶胶与所述二氧化硅溶胶产物的剩余部分混合；然后，从所得混合物中取出一定量（优选占总重量的20％～50％），使其通过弱阴离子交换树脂层（例如 Resindion 公司的 RELITE 4MS）；最后，将收集液与其剩余部分混合。

最终产物中的硫酸根离子浓度最好为100～170毫克/升，钠离子浓度最好为0.27％～0.40％（重量）。

在研究中我们意外地发现，如果将钠离子浓度在本发明范围内的二氧化硅溶胶与硫酸和蒸馏水混合，在搅拌和不高于50℃的温度下进行反应，冷却2～4小时，即可获得一种用于铅酸电池的不流动凝胶电解质。采用该电解质的铅酸电池因钠离子含量低而不渗酸、不水化，其使用寿命是现有技术铅酸电池的2～3倍。这一发明具有明显的经济价值。

我们进行了一些试验，结果如下：

试验1：制备碱性二氧化硅溶胶Ⅰ

将硅酸盐（SiO_2/Na_2O 摩尔比为3.36）和一定量的水装入压力为5～6个大气压的高压釜中，所述水量应足以使最终获得的硅酸盐溶液的浓度达到25％（重量），该溶液由于硅质沙附带的粘土而变得混浊，预倾析该溶液并将其移入絮凝池中，在该池中用水将该溶液进一步稀释到大约20％（重量），然后在搅拌下加热溶液至大约70℃，并加入低分子量的阳离子絮凝剂，在此温度下搅拌约2小时，随后倾析48小时，回收的经过净化的液体再用水稀释到约5％（重量），即为无杂质的起始硅酸钠水溶液。将该硅酸钠水溶液通过装有强阳离子树脂 RELITE®CF 的交换柱，使硅酸钠和树脂氢离子进行交换，得到 pH 为2的不稳定胶态硅酸（酸性溶胶）；将10米^{3}的所述酸性溶胶放入装有推进式螺旋桨搅拌器的池子中剧烈搅拌，快速加入800升碱性硅酸盐使 pH 从2提高到10左右；将这种经稳定的溶胶在真空中加热到95℃的沸腾温度，直到 SiO_2 的浓度为6％（重量），pH 约为9.5，平均颗粒尺寸为4.4纳米；在2小时内使该二氧化硅溶胶从95℃冷却到室温，采用截流值为20 000道尔顿的平面薄膜进行冷超滤；超滤后，要对溶胶中的阳离子和阴离子进行调节，即取出溶胶产物总重量的30％，使其通过能捕获钠离子的强阳离子树脂层 RELITE CF，如此得到的酸性溶胶与所述产物的剩余部分混合，再取出这些混合物总重量的30％，使其通过弱阴离子树脂层 RELITE 4MS，再将收集液与剩余部分的混合物混合。

用此方法获得的最终产物的特性如下：

二氧化硅的浓度为41％（重量）；

平均颗粒直径为4.4纳米。

试验2：制备碱性二氧化硅溶胶Ⅱ

按与试验1相同的方法制备碱性二氧化硅溶胶，不同之处是在4小时内使二氧化硅溶胶从97℃的沸腾温度冷却到室温，获得的最终产物的特性如下：

二氧化硅的浓度为48％（重量）；

平均颗粒直径为6.1纳米。

试验3：稳定性试验

将一定量起始温度为20℃,密度为1.14克/毫升,粘度为11秒(B4号福特杯(Ford cup)),pH值为10的上述试验样品在60℃的温度下保温20天,即相当于在室温下放置150天,经保温后的试样在60℃时的密度为1.13克/毫升,粘度为11秒(B4号福特杯),pH值为10。在60℃下再放置20天,没有发生变化,证明该二氧化硅溶胶的稳定性很高。

试验4~8:造纸过程中溶胶的保留效果

在该试验中,按照附件2的试验和测试方法,测定了本发明试验1的溶胶与阳离子聚丙烯酰胺一起用于造纸时的保留效果。聚丙烯酰胺和溶胶的加入量示于表1中:

表1:

试验序号	聚丙烯酰胺（千克/吨）	溶胶（千克/吨）	保留值 %
4	0.8	0.3	57.2
5	0.8	0.5	63.7
6	0.8	0.7	73.5
7	0.8	1.0	76.1
8	0.8	1.5	78

附件2 客户提供的现有技术简介

该现有技术公开了一种应用于造纸工业的碱性二氧化硅溶胶。该溶胶是按下列方法制备的。

采用普通的碱金属硅酸盐水溶液(钾或钠硅酸盐,优选硅酸钠)为原料制备溶胶,碱金属硅酸盐中SiO_2与Na_2O或K_2O的摩尔比在1.5∶1~4.5∶1范围内,溶液中的SiO_2含量一般为3%~12%(重量),其pH值通常在13以上,可按已知方法通过加入无机酸,例如硫酸、盐酸和磷酸分两步进行酸化,第一步酸化至pH值约为8~9,使其颗粒生长,再进一步酸化至pH值为1~4,也可采用强酸性阳离子交换树脂(例如磺酸型)直接进行酸化,然后添加普通碱,例如钠、钾或铵的氢氧化物使酸化后得到的酸性溶胶变成碱性溶胶,此时的pH值最低应为7,最好为7.5~9.5,最后85℃~95℃的温度下处理该碱性溶胶60~130分钟,获得一种平均颗粒直径在7~22纳米范围内、二氧化硅浓度为43%~56%(重量)的二氧化硅溶胶。

实施例1

采用4075克水将1625克SiO_2含量为24.2%,SiO_2∶Na_2O摩尔比为3.45的水玻璃稀释至SiO_2含量为6.9%,将该水玻璃溶液在装有强酸性阳离子交换树脂的柱中进行离子交换,经过离子交换后的水玻璃被水稀释至SiO_2含量为6.49%。将4600克经过离子交换并稀释的水玻璃加入反应器中,在充分搅拌下,向反应器中加入氢氧化钠,使溶液的pH值达到9.5,然后加热碱化的溶液至87℃,加热时间为2小时,接着冷却至室温,获得一种平均颗粒直径为8.3纳米,浓度为46%(重量)的碱性二氧化硅溶胶。

实施例2~6

采用标准的造纸原料,即向60%漂白桦木硫酸盐和40%漂白松木硫酸盐纸浆中加入30%(重量)的白垩,再加入0.3克/升$Na_2SO_4·10H_2O$,制成浓度约为5克/升,细组分含量为38%,pH值为8.1的造纸原料,先向造纸原料中加入0.8千克/吨阳离子丙烯酰胺聚合物(商标为Floerger FP 4190PG,带有10%(摩尔)的阳离子电荷,分子量约为10 000 000),再分别按下列表1的数量加入实施例1中获得的碱性溶胶,其中阳离子丙烯酰胺聚合物和溶胶的用量均以干纤维和填料总量为基准计算的干料量。采用造纸工业中常用的800转/分的Britt动态排放瓶判定保留效果(纤维和填料的保留值)。

表1:

实施例序号	聚丙烯酰胺（千克/吨）	实施例1中的溶胶（千克/吨）	保留值 %
2	0.8	0.3	48.5
3	0.8	0.5	51.9
4	0.8	0.7	53.9
5	0.8	1.0	58.0
6	0.8	1.5	61.9

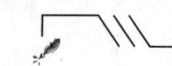

由表中数据可以看出，溶胶的加入量越高，保留效果越好。

附件3 你检索到的对比文件简介

高稳定性、颗粒分布均匀和钠离子含量低的碱性二氧化硅溶胶具有广泛的用途，既可将它们用作高纯度催化剂的载体，也可将它们用于造纸工业。钠离子含量低于150ppm，优选低于100ppm的所述二氧化硅溶胶是按下列方法制备的：

（1）制备含2%~6%（重量）SiO_2的硅酸钠水溶液，并使其通过阳离子交换树脂以除去金属离子，获得一种酸性硅溶胶；

（2）向酸性溶胶中加入钾盐或钠盐进行稳定化，并采用沸腾法使颗粒长大，获得一种碱性溶胶；

（3）向碱性溶胶中加入脱离子水，并使其通过氨型强酸性阳离子交换树脂，除去形成的金属离子，获得大颗粒氨稳定的碱性硅溶胶；

（4）采用微孔超滤膜进行筛分，滤掉25纳米以下的颗粒，得到一种大颗粒硅溶胶；

（5）对步骤（4）中的硅溶胶进行膜浓缩，即得到碱性的二氧化硅溶胶。

实验数据表明，所得产物的颗粒直径为40~50纳米，SiO_2浓度为45%~50%（重量）。所形成的溶胶呈现出极好的贮存稳定性，将它们在常温下存放半年之久而不会明显降低比表面积，也未形成凝胶。

参考答案

一、权利要求书

1. 一种碱性二氧化硅溶胶，其中，二氧化硅的浓度为41%~52%（重量），二氧化硅颗粒的平均直径小于7纳米且大于等于1纳米。

2. 按照权利要求1所述的碱性二氧化硅溶胶，其特征在于：二氧化硅的浓度为45%~52%（重量）。

3. 按照权利要求1或2所述的碱性二氧化硅溶胶，其特征在于：二氧化硅颗粒的平均直径小于等于6.1纳米且大于等于1纳米。

4. 按照权利要求1或2所述的碱性二氧化硅溶胶，其特征在于：二氧化硅颗粒的平均直径小于等于6.1纳米且大于等于4.4纳米。

5. 按照权利要求1或2所述的碱性二氧化硅溶胶，其特征在于：其中硫酸根离子浓度为100~170毫克/升，钠离子浓度为0.27%~0.40%（重量）。

6. 一种制备碱性二氧化硅溶胶的方法，包括下列步骤：

A. 将碱金属硅酸盐的水溶液在室温下通过强阳离子交换柱，得到pH值为2~3.5的不稳定酸性溶胶；

B. 剧烈搅拌所述酸性溶胶，并加入碱性硅酸盐，使pH值变成9~11，从而使所述酸性溶胶在室温下稳定化；

C. 将稳定化的溶胶装入适当的蒸发器中，在真空和温度为90℃~98℃的条件下加热浓缩，直到二氧化硅的浓度达到5%~15%（重量）、pH值为9~10；

D. 对所述浓缩后的溶胶进行冷超滤，在4小时内将温度降低到15℃~30℃；

E. 对冷超滤后的溶胶，调节经过超滤浓缩的阳离子和阴离子的含量使所获得的二氧化硅溶胶达到稳定。

7. 按照权利要求6所述的方法，其特征在于：步骤A中的碱金属硅酸盐为SiO_2/Na_2O摩尔比为3.36:1的硅酸钠水溶液。

8. 按照权利要求6或7所述的方法，其特征在于：步骤C中加热浓缩时的温度为95℃。

9. 按照权利要求6或7所述的方法，其特征在于：步骤D中冷超滤所用的超滤装置是截流值为10 000~30 000道尔顿的平面膜或卷曲膜。

10. 按照权利要求9所述的方法，其特征在于：在冷超滤过程中，控制温度低于50℃。

11. 按照权利要求6或7所述的方法，其特征在于：步骤E中对冷超滤后的溶胶调节阳离子和阴离子的含量的步骤包括：使一定量的二氧化硅溶胶产物通过可以捕获钠离子的强阳离子交换树脂层以得到酸性溶胶，再将这样得到的酸性溶胶与所述二氧化硅溶胶产物的剩余部分混合，然后再从所得混合物中取出一定量，使其通过弱阴离子交换树脂层，最后将收集液与其剩余部分混合。

12. 按照权利要求11所述的方法，其特征在于：所述通过强阳离子交换树脂层的二氧化硅溶胶占总重量的20%~50%，所述通过弱阴离子交换树脂层的混合物占总重量的20%~50%。

13. 一种将权利要求1至5中任一项所述的二氧化硅溶胶应用于制备铅酸电池的不流动凝胶电解质的用途。

14. 一种将权利要求1至5中任一项所述的二氧化硅溶胶作为造纸原料的添加剂的用途。

15. 一种将权利要求1至5中任一项所述的二氧化硅溶胶作为絮凝剂的用途。

16. 一种将权利要求1至5中任一项所述的二氧化硅溶胶作为高纯度催化剂的载体的用途。

二、问答题

1. 根据客户提供的现有技术（附件2）和检索到的对比文件（附件3），可以确定本发明所要解决的一个技术问题是，提供一种碱性二氧化硅溶胶，其中二氧化硅的浓度大于38%（重量），二氧化硅颗粒的平均直径小于7纳米，并且该溶胶不会出现胶凝现象。本发明要解决的另一个技术问题是，提供上述碱性二氧化硅溶胶的制备方法。本发明要解决的其余技术问题还有，提供上述碱性二氧化硅溶胶应用于制备铅酸电池的不流动凝胶电解质、作为絮凝剂、作为造纸原料的添加剂、作为高纯度催化剂的载体等四种用途。

2. 本发明中共有6项独立权利要求，分别是：权利要求1（一种碱性二氧化硅溶胶产品），权利要求6（该产品的制备方法），权利要求13、14、15、16（该产品的用途），以下就各项独立权利要求的新颖性和创造性分别予以论述：

(1) 权利要求1（碱性二氧化硅溶胶）

①新颖性

客户提供的现有技术（附件2）中公开了一种平均颗粒直径在7~22纳米范围内、二氧化硅浓度为43%~56%（重量）的二氧化硅溶胶，未披露本发明独立权利要求1中二氧化硅溶胶平均颗粒直径为大于等于1纳米且小于7纳米、二氧化硅的浓度为41%~52%（重量）的技术特征。因此独立权利要求1的技术方案在客户提供的现有技术中未被披露，所以独立权利要求1相对于客户提供的现有技术具备《专利法》第22条第2款规定的新颖性。

检索到的对比文件（附件3）中公开了一种颗粒直径为40~50纳米，SiO_2浓度为45%~50%（重量）的二氧化硅溶胶。由于其颗粒直径为40~50纳米，因此其平均颗粒直径必然大于40纳米，所以也未披露本发明独立权利要求1中的上述技术特征。因此本发明独立权利要求1的技术方案在检索到的对比文件中也未被披露，所以独立权利要求1相对于检索到的对比文件具备《专利法》第22条第2款规定的新颖性。

②创造性

客户提供的现有技术（附件2）和检索到的对比文件（附件3）两者的技术领域与本发明的技术领域相同。前者公开了一种平均颗粒直径在7~22纳米范围内、二氧化硅浓度为43%~56%（重量）的二氧化硅溶胶；后者则公开了一种颗粒直径为40~50纳米，SiO_2浓度为45%~50%（重量）的二氧化硅溶胶，而本发明独立权利要求1中二氧化硅溶胶的平均颗粒直径为大于等于1纳米且小于7纳米、二氧化硅的浓度为41%~52%（重量）。由于后者中二氧化硅溶胶的平均颗粒直径大于40纳米，因此前者中二氧化硅溶胶的平均颗粒直径比后者中二氧化硅溶胶的平均颗粒直径更小，且与本发明独立权利要求1中的二氧化硅溶胶的平均颗粒直径更为接近，所以客户提供的现有技术（附件2）是本发明最接近的现有技术。

与客户提供的现有技术（附件2）相比，本发明独立权利要求1的区别技术特征是：碱性二氧化硅溶胶的平均颗粒直径为大于等于1纳米且小于7纳米、二氧化硅的浓度为41%~52%（重量）。而在检索到的对比文件（附件3）中也未披露上述区别技术特征，并且由于在现有技术中根本无法制得平均颗粒直径小于7纳米的碱性二氧化硅溶胶，所以该述区别技术特征也不是本领域技术人员的公知常识。因此，即使本领域技术人员将检索到的对比文件、客户提供的现有技术及其公知常识结合起来，也不能得到独立权利要求1的技术方案。可见，对于本领域的技术人员来说，并不存在将所述区别技术特征与现有技术结合起来得到本发明技术方案的启示。因此，独立权利要求1的技术方案相对于这两篇对比文件是非显而易见的，所以该方案具有突出的实质性特点。

由于本发明独立权利要求1中的二氧化硅溶胶中的颗粒是单分散、非聚集的，与现有技术中的二氧化硅溶胶相比，其在相同浓度下具有更大的比表面积，因此具有更好的效果。所以本发明独立权利要求1的技术方案也具有显著的进步。

综上所述，本发明独立权利要求1相对于所述两项现有技术具备《专利法》第22条第3款规定的创造性。

(2) 权利要求6（碱性二氧化硅溶胶的制备方法）

①新颖性

本发明独立权利要求5提供了一种制备二氧化硅溶胶的方法，该方法可以制得权利要求1中的二氧化硅溶胶。与客户提供的现有技术（附件2）中披露的制备二氧化硅溶胶的方法相比，本发明独立权利要求5中存在如下区别技术特征：A. 将碱金属硅酸盐的水溶液在室温下通过强阳离子交换柱，得到pH值为2~3.5的不稳定酸性胶胶；B. 剧烈搅拌所述酸性溶胶，并加入碱性硅酸盐，使pH值变成9~11，从而使所述酸性溶胶在室温下稳定化；C. 将稳定化的溶胶在真空和温度为90℃~98℃的条件下加热浓缩，直到二氧化硅的浓度达到5%~15%（重量）、pH值为9~10；D. 对所述浓缩后的溶胶进行冷超滤，在4小时内将温度降低到15℃~30℃；E. 对冷超滤后的溶胶，调节经过超滤浓缩的阳离子和阴离子的含量使所获得的二氧化硅溶胶达到稳定。由此可见，独立权利要求5的技术方案在客户提供的现有技术中未被披露，所以独立权利要求5相对于客户提供的现有技术具备《专利法》第22条第2款规定的新颖性。

与检索到的对比文件（附件3）中披露的制备二氧化硅溶胶的方法相比，本发明独立权利要求5中也存在上述的区别技术特征。由此可见，独立权利要求5的技术方案在检索到的对比文件中未被披露，所以独立权利要求5相对于检索到的对比文件具备《专利法》第22条第2款规定的新颖性。

②创造性

由于在客户提供的现有技术（附件2）和检索到的对比文件（附件3）中均未披露独立权利要求5中的上述区别技

术特征，并且上述区别技术特征也不是本领域技术人员的公知常识。因此，即使本领域技术人员将检索到的对比文件、客户提供的现有技术及其公知常识结合起来，也不能得到独立权利要求5的技术方案。可见，对于本领域的技术人员来说，并不存在将所述区别技术特征与现有技术结合起来以得到本发明技术方案的启示。因此，独立权利要求5的技术方案相对于这两篇对比文件是非显而易见的，所以该方案具有突出的实质性特点。由于采用独立权利要求5的方案，可以制得如独立权利要求1中所述的一种新的型碱性二氧化硅溶胶，所以独立权利要求5的技术方案也具有显著的进步。综上所述，独立权利要求5相对于所述两项现有技术具备《专利法》第22条第3款规定的创造性。

(3) 权利要求13（二氧化硅溶胶应用于制备铅酸电池的不流动凝胶电解质的用途）
①新颖性
在客户提供的现有技术（附件2）没有披露将二氧化硅溶胶应用于制备铅酸电池的不流动凝胶电解质的用途，在检索到的对比文件（附件3）中也没有披露上述用途，所以独立权利要求13分别相对于客户提供的现有技术或者检索到的对比文件，均具备《专利法》第22条第2款规定的新颖性。
②创造性
由于在客户提供的现有技术（附件2）和检索到的对比文件（附件3）中均未披露上述用途，并且上述用途也不是本领域技术人员的公知常识。因此，即使本领域技术人员将检索到的对比文件、客户提供的现有技术及其公知常识结合起来，也不能得到独立权利要求13的技术方案。可见，对于本领域的技术人员来说，现有技术中并不存在得到本发明技术方案的启示。因此，独立权利要求13的技术方案相对于这两篇对比文件是非显而易见的，所以该方案具有突出的实质性特点。由于采该电解质的铅酸电池因钠离子含量低而不渗酸、不水化，其使用寿命是现有技术铅酸电池的2~3倍，具有明显的经济价值，所以独立权利要求13的技术方案也具有显著的进步。综上所述，独立权利要求13相对于所述两项现有技术具备《专利法》第22条第3款规定的创造性。

(4) 权利要求14（二氧化硅溶胶作为造纸原料的添加剂的用途）
①新颖性
在客户提供的现有技术（附件2）没有披露将本发明中的二氧化硅溶胶作为造纸原料的添加剂的用途，在检索到的对比文件（附件3）中也没有披露上述用途，所以独立权利要求13分别相对于客户提供的现有技术或者检索到的对比文件，均具备《专利法》第22条第2款规定的新颖性。
②创造性
由于在客户提供的现有技术（附件2）和检索到的对比文件（附件3）虽然披露了将其他二氧化硅溶胶作为造纸原料的添加剂的用途，并且上述用途也不是本领域技术人员的公知常识。因此，即使本领域技术人员将检索到的对比文件、客户提供的现有技术及其公知常识结合起来，也不能得到独立权利要求13的技术方案。可见，对于本领域的技术人员来说，现有技术中并不存在得到本发明技术方案的启示。因此，独立权利要求13的技术方案相对于这两篇对比文件是非显而易见的，所以该方案具有突出的实质性特点。从客户提供的现有技术（附件2）的实验数据中可以明显地看出，本发明的二氧化硅溶胶作为造纸原料的添加剂可以明显改善保留效果，其效果优于客户提供的现有技术（附件2）中的实验数据，而检索到的对比文件（附件3）中也没有披露与本发明同样的效果，所以独立权利要求13的技术方案也具有显著的进步。综上所述，独立权利要求13相对于所述两项现有技术具备《专利法》第22条第3款规定的创造性。

(5) 权利要求15、16（二氧化硅溶胶作为絮凝剂、或者高纯度催化剂的载体的用途）
①新颖性
在客户提供的现有技术（附件2）没有披露本发明中的二氧化硅溶胶，更没有披露将本发明中的二氧化硅溶胶作为絮凝剂或者高纯度催化剂的载体的用途，在检索到的对比文件（附件3）中也没有提到将本发明中的二氧化硅溶胶作为絮凝剂的用途，虽然检索到的对比文件（附件3）中提到了二氧化硅溶胶作为高纯度催化剂的载体的用途，但其未披露将本发明中的二氧化硅溶胶作为高纯度催化剂的载体的用途。所以独立权利要求15或者16分别相对于客户提供的现有技术或者检索到的对比文件均具备《专利法》第22条第2款规定的新颖性。
②创造性
由于在客户提供的现有技术（附件2）和检索到的对比文件（附件3）中均未披露本发明中的二氧化硅溶胶的上述用途，并且上述用途也不是本领域技术人员的公知常识。因此，即使本领域技术人员将检索到的对比文件、客户提供的现有技术及其公知常识结合起来，也不能得到独立权利要求15或者16的技术方案。可见，对于本领域的技术人员来说，现有技术中并不存在得到上述各项发明技术方案的启示。因此，独立权利要求15或者16的技术方案分别相对于这两篇对比文件是非显而易见的，所以上述各方案具有突出的实质性特点。由于采本发明的二氧化硅溶胶作为絮凝剂或者高纯度催化剂的载体，产生了新的经济价值，所以独立权利要求15或者16的技术方案也具有显著的进步。综上所述，独立权利要求15或者16分别相对于所述两项现有技术具备《专利法》第22条第3款规定的创造性。

3. 说明书摘要：本发明提供了一种二氧化硅溶胶，该二氧化硅溶胶的平均颗粒直径大于等于1纳米且小于7纳米、二氧化硅的浓度为41%~52%（重量）。与现有技术相比，本发明的二氧化硅溶胶在相同浓度下具有更大的比表面积，可应用于各种领域。本发明还提供了一种上述二氧化硅溶胶的制备方法，以及将本发明的二氧化硅溶胶作为造纸原料的添加剂、絮凝剂、高纯度催化剂的载体的用途。

4. 向客户提出的建议：

（1）请客户补充二氧化硅颗粒平均直径为 1 纳米以及 7 纳米附近的实施例，最好提供平均直径就是 1 纳米的实施例，以支持独立权利要求 1 中所撰写的二氧化硅颗粒平均直径范围为大于等于 1 纳米且小于 7 纳米这个技术特征中的下限和上限，这样才能争取到独立权利要求 1 所撰写的较宽的保护范围。

（2）请客户补充碱性二氧化硅溶胶浓度为 52%（重量）附近的实施例，最好提供浓度就是 52%（重量）的实施例，以争支持独立权利权利要求 1 中所撰写的浓度范围为 41%~52%（重量）这个技术特征的上限，这样才能争取到独立权利要求 1 所撰写的较宽的保护范围。

（3）应该进一步补充其他调节阳离子和阴离子的含量方法的实施例，以支持独立权利要求 1 中步骤 E 的较宽保护范围。此外，客户提供的发明内容中给出了硫酸根离子的优选浓度为 100~170 毫克/升，钠离子的优选浓度为 0.27%~0.40%（重量），但未给出该两种离子的最大浓度范围的具体数值，以及未明确该两种离子的浓度范围数值是否是实现本发明的必要条件。应该补充该两种离子的最大浓度范围数值，并明确该两种离子的浓度范围数值与本发明之间的关系。如果该两种离子的数值范围是实现本发明的必要条件，则应当将该两种离子的最大数值范围分别写入产品独立权利要求以及方法独立权利要求之中。

（4）请客户补充碱性二氧化硅溶胶浓度为 45%（重量）附近的实施例，最好提供浓度就是 45%（重量）的实施例，以支权利要求 2 所撰写的优选浓度范围。

（5）请客户补充将碱金属硅酸盐的水溶液在室温下通过强阳离子交换柱，得到 pH 值为 3.5 附近的不稳定酸性溶胶的实施例，最好提供 pH 值就是 3.5 的实施例，同时还最好补充至少一个中间值的实施例。补充剧烈搅拌所述酸性溶胶，并加入碱性硅酸盐后，使 pH 值靠近 9 和 11 的实施例，最好提供 pH 值就为 9 和 11 的实施例。补充将稳定化的溶胶装入适当的蒸发器中，在真空和温度为 90℃ 条件下加热浓缩，直到二氧化硅的浓度达到 5 和 15%（重量）、pH 值靠近 9 和 10 的实施例，最好分别就是上述端值的实施例。补充对所述浓缩后的溶胶进行冷超滤，在 4 小时内将温度降低到 15℃ 或 30℃ 附近的实施例，最好就是这两个端值的实施例。

此外，最好还补充超滤装置是截流值接近 10 000 道尔顿和 30 000 道尔顿的平面膜或卷曲膜的实施例，最好就是上述端值的实施例。在冷超滤过程中控制温度低于 50℃ 的实施例。补充通过强阳离子交换树脂层的二氧化硅溶胶约占总重量的 20% 和 50% 的实施例，以及通过弱阴离子交换树脂层的混合物约占总重量的 20% 和 50% 的实施例，最好就是上述 4 个端值的实施例。

（6）请客户补充将碱性二氧化硅溶胶用于铅酸电池的不流动凝胶电解质的实施例，以支持前面所写独立权利要求 13，否则该用途发明将因为不能得到说明书的支持而无法获得保护。

（7）请客户补充将本发明中的碱性二氧化硅溶胶作为造纸原料的添加剂、絮凝剂和高纯度催化剂的载体应用的实施例，以支持独立权利要求 14、15 和 16，否则这些途发明将因为不能得到说明书的支持而无法获得保护。

（8）本发明中还包含有另外两项技术方案，分别是：本发明的二氧化硅溶胶所制备的铅酸电池的不流动凝胶电解质，以及该不流动凝胶电解质的制备方法。该两项方案相对于两篇对比文件来说也是满足新颖性的并具有创造性的发明。但由于上述方案与本发明中的其他技术方案不具有单一性，所以建议客户进一步补充详细的发明内容和实验数据，然后另行提出一件发明专利申请。此外，根据 2009 年 10 月 1 日修订的《专利法》，由于这两件申请中同时包含了该不流动凝胶电解质及其制备方法的内容，因此建议客户将这两件申请同日提交，否则在先申请将成为在后申请的抵触申请，影响在后申请的授权。

三、答题思路分析

本发明的主题内容中涉及方法发明，对于方法发明尤其是在化学领域中的方法发明，往往会包含多个主题内容。结合本发明以及两篇对比文件，可以得出如下一些主题内容：①一种碱性二氧化硅溶胶；②上述碱性二氧化硅溶胶的制备方法；③上述碱性二氧化硅溶胶应用于制备铅酸电池的不流动凝胶电解质的用途；④上述碱性二氧化硅溶胶作为絮凝剂的用途；⑤上述碱性二氧化硅溶胶作为造纸原料的添加剂的用途；⑥上述碱性二氧化硅溶胶作为高纯度催化剂的载体的应用；⑦一种用于铅酸电池的不流动凝胶电解质；⑧该不流动凝胶电解质的制备方法等，共 8 个主题内容。

主题①、②分别是一种碱性二氧化硅溶胶产品及其制备方法的主题，在撰写这两个主题时，通常优先考虑撰写产品权利要求。这是因为，如果先撰写制备方法的权利要求，并且在后撰写的产品权利要求采用"如权利要求 1 所述的方法制得的某某产品"等类似撰写方式，则在后撰写的产品权利要求的保护范围会被认为仅仅涵盖了由上述专用方法所制得的产品，而不包括采用其他方法制得的同样产品，这样采用其他方法制得的同样的产品就没有被囊括在本发明产品权利要求的保护范围之内。因此，如果先撰写产品权利要求就可以使本发明中产品权利要求的保护范围得以扩大。在客户提供的发明内容中，提到了本发明最初要解决的技术问题是：制备出浓度大于 38%（重量）、平均颗粒大小在 1~10 纳米以内的碱性二氧化硅溶胶，但是在附件 2 中已经明确提到了现有技术中已经能够制备出一种平均颗粒直径在 7~22 纳米范围内、二氧化硅浓度为 43%~56%（重量）的碱性二氧化硅溶胶。这样本发明要解决的技术问题就变成了：要制备出一种平均颗粒直径小于7纳米且浓度大于38%（重量）的碱性二氧化硅溶胶。因此，本发明产品的独立权利要求1可以撰写为二氧化硅颗粒的平均直径为大于等于1纳米且小于7纳米。同时需要客户补充1纳米或其附近数值的实施例，补充7纳米附近的实施例。同理，根据本发明所公开的实施例的范围，撰写二氧化硅的浓度为41%～52%（重量），同时需要客户补充二氧化硅的浓度为52%（重量）或其附近数值的实施例。权利要求2～5和权利要求7～12分别保护了产品发明和方法发明中的一些优选实施方案。

主题③、④的用途发明在两篇现有技术中都没有提被披露，相对于这两篇对比文件来说该两项主题是满足新颖性的，并具有创造性的发明，因此可以撰写两项独立权利要求予以保护；不过这两项发明内容由于没有给出任何实施例，所以还需要客户进一步补充。

主题⑤、⑥在现有技术中已经存在类似用途，即存在将碱性二氧化硅溶胶用于造纸原料的添加剂或者作为高纯度催化剂的载体的应用，但本发明提供了一种新型的碱性二氧化硅溶胶。根据代理实践，对于化学领域新产品的用途发明，通常可以认为其具有创造性，因此可以将其作为独立权利要求写入到权利要求书中。

主题⑦、⑧由于和本发明中的其他主题之间没有单一性，因此不能撰写在本发明的权利要求中。可以建议客户另行申请。

第七章 2004年机械专业试题及参考答案

客户向你提交了其发明的摩擦轮打火机的技术说明（附件1），并提供了其了解的一项现有技术（附件2），委托你所在的专利代理机构为之提交一项发明专利申请。在撰写专利申请文件之前，你对现有技术进行了检索，找到了一份相关现有技术（附件3）。

第一题：请根据客户作出的发明（附件1），参考客户提供的现有技术（附件2）和你检索到的现有技术（附件3），为客户撰写一份权利要求书。具体要求如下：

1. 权利要求书应当包括独立权利要求和从属权利要求。
2. 独立权利要求应当满足下列要求：
（1）在合理的前提下具有较宽的保护范围，能够最大限度地体现申请人的利益；
（2）清楚、简明地限定其保护范围；
（3）记载了解决技术问题的全部必要技术特征；
（4）相对于客户提供的现有技术和你检索到的对比文件具有新颖性和创造性；
（5）符合专利法及其实施细则关于独立权利要求的其他规定。
3. 从属权利要求应当满足下列要求：
（1）从属权利要求的数量适当、合理；
（2）与被引用的权利要求之间有清楚的逻辑关系；
（3）当授权后面临不得不缩小权利要求保护范围的情况时，能提供充分的修改余地；
（4）符合专利法及其实施细则关于从属权利要求的其他规定。
4. 权利要求书中涉及零部件时，应当在其后面标注附件1附图中给出的该零部件的标号。

第二题：请根据专利法、专利法实施细则、审查指南的有关规定，对下述问题作出回答，回答的内容应当与你撰写的权利要求书相适应。

1. 在客户提供的现有技术（附件2）和你检索到的现有技术（附件3）中，确定哪一项是与你撰写的独立权利要求所要求保护的发明最接近的现有技术？请简述理由。
2. 针对你认定的最接近的现有技术，你撰写的独立权利要求的技术方案要解决的技术问题是什么？
3. 与你认定的最接近的现有技术相比，你撰写的独立权利要求的技术方案具有哪些有益的效果？
4. 说明你撰写的独立权利要求的技术方案与附件2和附件3所记载的现有技术相比具有新颖性、创造性的理由。

特别提示：作为考试，仅要求依据客户提供的发明内容进行撰写，不要补充你可能具有的有关该发明主题的任何专门知识。

附件1 客户提供的发明简介

<u>客户发明的第一种摩擦轮打火机</u>

该摩擦轮打火机如附件1的图1～图3所示。

图1是打火机上部的立体图；

图2是沿图1中Ⅱ-Ⅱ线的打火机上部的横向剖面图；

图3是沿图2中Ⅲ-Ⅲ线的横向剖面图。

如图1～图3所示，打火机1包括一装有可燃液化气的容器机体2，容器机体2的上部带有阀3，平常保持关闭状态，可通过杆4将其打开。由于弹簧5对杆4的作用，使阀3经常处于关闭状态。打火机点火装置包括摩擦轮7和火石6，摩擦轮7可在拇指按压轮10的作用下转动，与火石6相摩擦，产生出火花。

两拇指按压轮10、10分别设置在摩擦轮7的两端。拇指按压轮10有中心孔12，套装在转动轴8上。中心孔12与转动轴8之间留有间隙，使拇指按压轮10可以相对于转动轴8径向移动。两个拇指按压轮10朝向摩擦轮7的一侧设有凸起环13，凸起环13的内径稍大于摩擦轮7的直径，并向摩擦轮7的中部轴向延伸，环绕摩擦轮7的一部分外圆周表面。凸起环13的内接面13a具有适当的摩擦系数，可以通过采用适合的材料制作凸起环13、在内接面13a上形成涂层或者对内接面13a进行处理来实现。

转动轴8和拇指按压轮10中心孔12之间的间隙大于凸起环13内接面13a和摩擦轮7外圆周表面之间的间隙。

在使用该摩擦轮打火机时，如果对拇指按压轮10施加一转动力矩，而没有足够大的径向力，则凸起环13的内接面13a与摩擦轮7外圆周表面之间产生的摩擦力不足以克服火石6与摩擦轮7外圆周表面之间的摩擦力，导致拇指按压轮10在摩擦轮7上打滑转动，摩擦轮7不转动，不能产生火花；或者虽然可以使摩擦轮7产生一定转动，但转速不够快，不能产生所需要的火花。如果是在对拇指按压轮10施加一转动力矩的同时，施加足够大的径向力，使凸起环13

的内接面13a与摩擦轮7外圆周表面紧密接触，形成压紧配合，则凸起环13的内接面13a与摩擦轮7的外圆周表面之间的摩擦力可以克服火石6与摩擦轮7外圆周表面之间的摩擦力，使摩擦轮7以足够快的转速旋转，通过摩擦轮7与火石6的摩擦作用，产生点火所需的火花。

客户发明的第二种摩擦轮打火机

该摩擦轮打火机如附件1中的图4所示。

图4是打火机上部的摩擦轮组件横向剖面图，该组件包括摩擦轮7、转动轴8和拇指按压轮10。

如图4所示，摩擦轮7内部有一空腔31，该空腔31套装在由两根阶梯轴构成的转动轴8上。

每根转动轴8由如下所述的同轴线的几个圆柱形部件构成，包括：

部件8a，其直径稍大于摩擦轮7的空腔31的直径，以便两者之间形成紧配合；

中间部件8b，其直径稍大于部件8a的直径；

部件8c为一凸缘，其直径大于部件8b的直径；

部件8d为一转轴，插入机体2上部的两平行耳部的相应孔中，以支撑摩擦轮7和拇指按压轮10。

拇指按压轮10由内径向部分10a、外径向部分10b和圆筒形部分10d构成。内径向部分10a有一中心孔，其直径大于所述部件8b的直径，但小于凸缘部件8c的直径。拇指按压轮10的内径向部分10a的厚度稍小于部件8b的轴向宽度，并通过一锥形过渡斜面10c与拇指按压轮10的外径向部分10b的端面相连。

通过紧配合或者粘接等方式，将轴8的部件8a固定安装在摩擦轮7的空腔31内，使拇指按压轮10的内径向部分10a被限制在摩擦轮7的端部和轴8的凸缘部件8c之间。在部件8b的外圆周表面与内径向部分10a中心孔的内圆周表面之间形成了径向间隙32。

转动轴8的部件8b、8c和拇指按压轮10的内径向部分10a的直径，以及拇指按压轮10的锥形过渡斜面10c的位置是这样设计的：当在拇指按压轮10上施加一转动力矩的同时施加足够大的径向力时，在拇指按压轮10的内径向部分10a中心孔的内圆周表面与部件8b的外圆周表面相接触之前，锥形过渡斜面10c先与部件8c相遇，导致转动轴8的部件8c对拇指按压轮10的内径向部分10a产生一轴向推力。使拇指按压轮10的内径向部分10a紧靠在摩擦轮7的端面7a上，因此在拇指按压轮10内径向部分10a的内侧向面10f与摩擦轮7的端面7a之间形成摩擦面。通过选择适合的材料、形成涂层、进行表面处理等方式，使拇指按压轮10的内侧向面10f与摩擦轮7的端面7a均具有适当的摩擦系数，因此产生的摩擦力足以克服摩擦轮7与火石（图4中未示）之间的摩擦力，带动摩擦轮7以足够的转速旋转，与火石6相摩擦，产生出点火所需的火花。当在拇指按压轮10上未施加足够的径向力时，拇指按压轮10内径向部分10a的内侧向面10f与摩擦轮7的端面7a之间产生的摩擦力不够大，摩擦轮7不转动或者虽有转动但其转速不够快，因此不产生点火所需的火花。

转动轴8最好采用塑料、铝、钢，或黄铜等材料制成。这些材料应当具有一定的弹性，特别是凸缘部件8c应具有一定的弹性变形能力，在锥形过渡斜面10c的压迫下能够产生弹性变形。在去除施加在拇指按压轮10上的径向压力时，转动轴8的凸缘部件8c可借助于其自身材料的弹性力，回复到平常的位置。

此外，拇指按压轮10的圆筒形部分10d沿轴向向中间延伸，提供了与使用者拇指相接触的较大表面，以便使用者施加转动力矩和径向力。

附件1附图

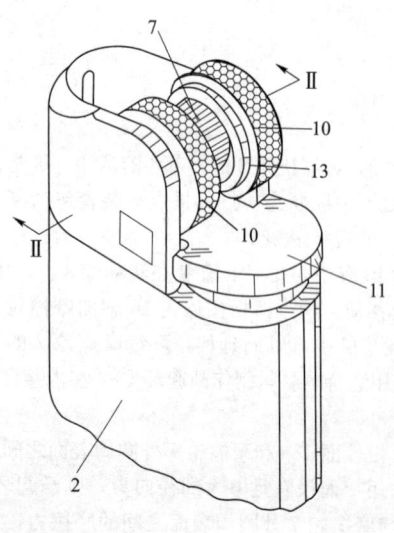

图1

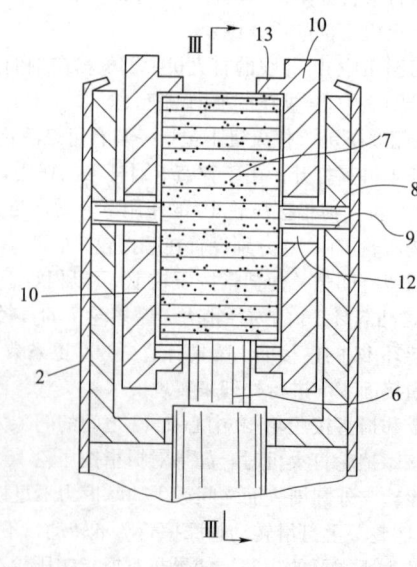

图2

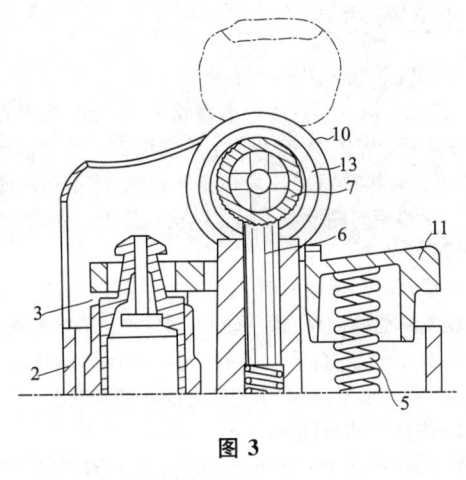

图 3

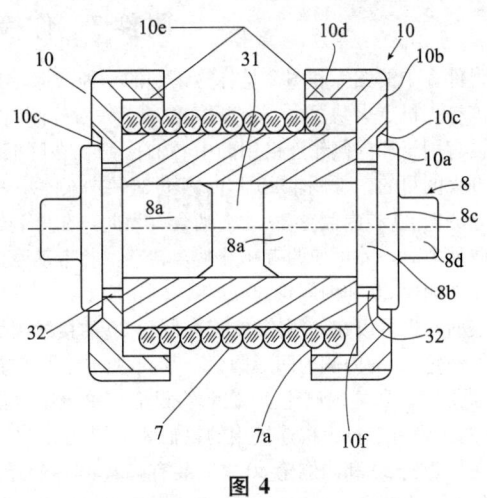

图 4

附件 2　客户提供的现有技术简介

参阅附件 2 中的图 1。

图 1 表示的是摩擦轮打火机局部剖视图。该打火机包括机身 1，它设有一储存液化气体的容器，和一装有弹簧和火石 2 的孔。容器 1 向上部延伸形成两个凸耳 3 和 4，每个凸耳上都有一与转动轴 5 相配合的孔，所述轴 5 作为摩擦轮 6 的枢轴。摩擦轮 6 装在两个圆盘 7 和 8 之间，圆盘 7 和 8 装在同一转动轴 5 上。金属护板 9 装在两个凸耳 3 和 4 周边，并限制轴 5 的轴向移动。

圆盘 7 和 8 自由转动地安装在转动轴 5 上，不能带动摩擦轮 6 转动。圆盘 7 和 8 的直径大于摩擦轮 6 的直径，圆盘 7 和 8 高出金属护板 9 的部分大于摩擦轮 6 高出金属护板 9 的部分。

当成年人想点燃打火机时，需将其拇指 10 放在两个圆盘 7 和 8 上，拇指 10 的部分肌肉 11 产生变形并与摩擦轮 6 接触，按照一般操作方法，能够驱动摩擦轮 6 转动，点燃打火机。

由于儿童手指上的肌肉不如成年人的多，如果儿童像成年人那样操作打火机，其手指肌肉将不能产生相同的变形，也就不能与摩擦轮 6 保持接触。因此，其结果只能使圆盘 7 和 8 转动，而不会使摩擦轮 6 转动，不会摩擦火石产生点燃气体的火花。

圆盘 7 和 8 与摩擦轮 6 之间不存在任何固定连接，圆盘 7 和 8、和摩擦轮 6 均以可自由转动的方式安装在转动轴 5 上。

采用这种打火机，使用者是通过拇指肌肉在两圆盘 7 和 8 之间产生变形后直接驱动摩擦轮 6，由于拇指肌肉的状况因人而异，对于拇指肌肉不多的人来说，其拇指肌肉的变形难以与摩擦轮 6 充分接触，从而不能产生足够的驱动力使摩擦轮 6 旋转摩擦火石，产生足够的火花喷射量点燃气体。所以这种打火机对于一些成年人来说也难以被点燃以及正常使用。

附件 2 附图

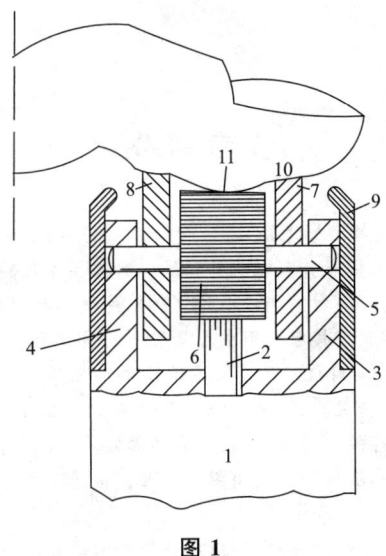

图 1

附件3 你检索到的对比文件简介

附件3中的图1和图2是你检索到的一种摩擦轮打火机摩擦点火装置的立体图和剖视图。

该打火机点火装置由一个摩擦轮10、一对外侧轮20和一对内侧轮30组成。其中,摩擦轮10用于摩擦火石,其中心设有用于和内侧轮连接用的中心轴孔11。在摩擦轮10两侧各装有一个内侧轮30和一个外侧轮20。为了达到防止小孩打火的目的,外侧轮20和内侧轮30在外侧轮未受侧向外力时处于非接触状态,只有在外侧轮20受到侧向外力时,外侧轮20和内侧轮30才会啮合。为此,在外侧轮20和内侧轮30的相向侧设置了啮合结构,使得外侧轮20在受到侧向外力时,才可使两者相互啮合转动,并带动摩擦轮10摩擦火石点火。

在外侧轮20和内侧轮30的相向侧轮面上各设有一个可通过摩擦啮合的环形摩擦面21、31,该环形摩擦面可以为粗糙表面,也可以在外侧轮20或内侧轮30的接触表面上粘一层橡胶或其他软性材料,形成不同软硬材质的摩擦面。

外侧轮20的内侧为凹形圆盘,其圆盘面上设有与内侧轮30啮合的环形摩擦面21,其中心开有供内侧轮轴32穿过的轴孔22。所述内侧轮30朝向外侧轮20的侧面上设有与外侧轮20的环形摩擦面21相啮合的环形摩擦面31。内侧轮30的一设有与打火机连接用的轮轴32,其另一侧设有与摩擦轮10连接用的短轴33。

在外侧轮20和内侧轮30之间装有弹簧40,使外侧轮20与内侧轮30在处于未使用状态时保持一定间隔。

将两个内侧轮30的短轴33以紧配合方式压入摩擦轮的中心轴孔11内,从而使内侧轮30与摩擦轮10固定连接,在内侧轮30的轮轴32上套装弹簧40,然后将外侧轮20装到内侧轮的轮轴32上。

如果在外侧轮20上施加既具有径向分力又具有轴向分力的外力F1时,外侧轮20受到轴向分力的作用向内移动,使其摩擦面21与内侧轮的摩擦面31相接触,通过两摩擦面21、31的啮合带动内侧轮及摩擦轮10同步转动,从而使摩擦轮10与火石摩擦产生火花而点火。

在非使用状态或像普通打火机一样对外侧轮20施加转动力矩时,外侧轮20与内侧轮30处于非啮合状态,外侧轮20转动时内侧轮30并不转动,因而不能带动摩擦轮10转动来摩擦火石,不能产生火花点火,这样,就可防止儿童按普通打火方式点火,提高了打火机的安全性。

附件3 附图

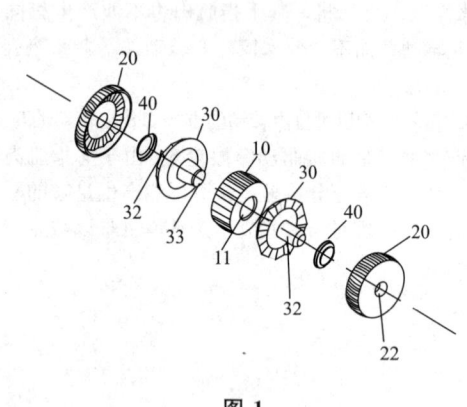

图1

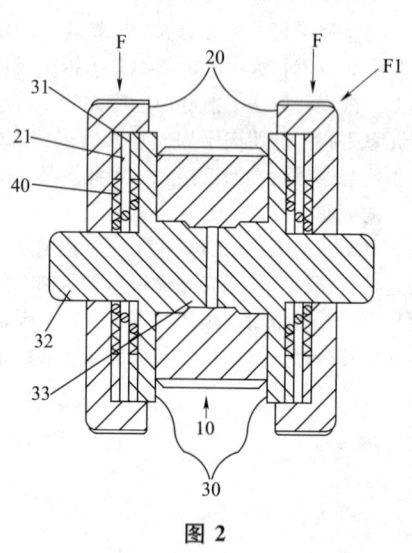

图2

参考答案

一、权利要求书

1. 一种摩擦轮打火机的点火装置,包括由摩擦轮(7)和火石(6)构成的点火机构,摩擦轮(7)固定在转动轴(8)上,在摩擦轮(7)的两侧设置有与其同轴并可相对转动的一对拇指按压轮(10),其特征在于,所述摩擦轮(7)与至少一个拇指按压轮(10)之间设置有:当对拇指按压轮(10)施加转动力矩的同时施加足够大的径向力时可使两者紧密接触的结构,以及可使两者之间因紧密接触而形成压紧配合的接触面。

2. 根据权利要求1所述的点火装置,其特征在于,所述的结构包括:

拇指按压轮(10)通过中心孔(12)套装在转动轴(8)上;拇指按压轮(10)朝向摩擦轮(7)的一侧设有凸起环(13),该凸起环(13)内径稍大于摩擦轮(7)的直径,并向摩擦轮(7)的中部轴向延伸,环绕摩擦轮(7)的一部分外圆周表面;所述转动轴(8)与中心孔(12)之间留有间隙,该间隙大于凸起环(13)的内连接面(13a)与摩擦轮(7)外圆周面之间的间隙;

所述的接触面由被凸起环(13)所环绕的摩擦轮(7)的部分外圆周表面与凸起环(13)的内接面(13a)构成。

3. 根据权利要求 2 所述的点火装置，其特征在于，所述内接面（13a）通过采用适合的材料、或者在表面形成涂层、或者进行表面处理，而具有适当的摩擦系数。

4. 根据权利要求 1 所述的点火装置，其特征在于，所述结构包括：

至少一根阶梯状转动轴（8），每根转动轴（8）具有与所述摩擦轮（7）紧配合或固定安装在一起的第一部件（8a），以及中间部件（8b）和第二部件（8c）；

所述拇指按压轮（10）至少由内径向部分（10a）、外径向部分（10b）构成，内径向部分（10a）厚度稍小于中间部件（8b）的轴向宽度，通过一锥形过渡斜面（10c）与外径向部分（10b）端面相连；

所述内径向部分（10a）位于摩擦轮（7）的端部与所述第二部件（8c）之间；

所述中间部件（8b）的外圆周表面与所述内径向部分（10a）中心孔的内圆周表面之间形成径向间隙（32）；

所述间隙（32）大于使所述锥形过渡斜面（10c）与第二部件（8c）接触所需要的径向最小移动量；

所述的接触面由拇指按压轮（10）内侧向面（10f）与摩擦轮（7）的端面（7a）构成。

5. 根据权利要求 4 所述的点火装置，其特征在于，所述转动轴（8）通过第一部件（8a）与摩擦轮（7）的空腔（31）紧配合或固定安装在一起，中间部件（8b）的直径稍大于第一部件（8a）的直径，第二部件（8c）的直径大于中间部件（8b）的直径。

6. 根据权利要求 4 或 5 所述的摩擦轮打火机的点火装置，其特征在于，所述转动轴（8）具有转轴（8d），该转轴（8d）插入机体（2）上部的两平行耳部的相应孔中，以支撑摩擦轮（7）和拇指按压轮（10）。

7. 根据权利要求 4 或 5 所述的点火装置，其特征在于，所述拇指按压轮（10）具有沿其轴向向中间延伸的圆筒形部分（10d）。

8. 根据权利要求 4 或 5 所述的点火装置，其特征在于，所述转动轴（8）由弹性材料制成，在锥形过渡斜面（10c）的压迫下第二部件（8c）能够产生弹性变形。

9. 根据权利要求 4 或 5 所述的摩擦轮打火机的点火装置，其特征在于，所述内侧向面（10f）与端面（7a）通过选择适合的材料、或者在表面形成涂层、或者进行表面处理，而具有适当的摩擦系数。

10. 根据权利要求 1 至 5 中任一项所述的点火装置，其特征在于，所述摩擦轮（7）与每个拇指按压轮（10）之间均设置有所述的结构和接触面。

11. 一种摩擦轮打火机，其特征在于，包括如权利要求 1 至 10 中任一项所述的点火装置。

二、问答题

1. 最接近的现有技术

本发明和附件 2 都涉及一种摩擦轮打火机的点火装置，附件 3 披露的是一种用于摩擦轮打火机的点火装置，因此三者都属于相同的技术领域。附件 3 和本发明独立权利要求所要解决的技术问题均为：提供一种能更有效的防止儿童按普通打火方式点火的安全性更高的打火机；并且，附件 3 与本发明独立权利要求都是通过在拇指按压轮（外侧轮）和摩擦轮之间设置一种连接装置，该装置使得只有在对拇指按压轮或外侧轮施加转动力矩的同时施加足够大的其他方向的外力（径向力或侧向外力）时才能带动摩擦轮转动。因此附件 3 与本发明独立权利要求所要解决的技术问题、技术效果相比附件 2 更为接近，其公开的技术特征也最多。所以附件 3 是与独立权利要求所要保护的发明最接近的现有技术。

2. 要解决的技术问题

附件 3 是与独立权利要求所要保护的发明最接近的现有技术。附件 3 中点火装置的结构是：由一个摩擦轮 10、一对外侧轮 20 和一对内侧轮 30 组成；摩擦轮 10 的中心设有用于和内侧轮连接用的中心轴孔 11；在摩擦轮 10 两侧各装有一个内侧轮 30 和一个外侧轮 20；在外侧轮 20 和内侧轮 30 的相向侧设置了啮合结构，使得外侧轮 20 在受到侧向外力时，才可使二者相互啮合转动，并带动摩擦轮 10 摩擦火石点火。其存在的问题是：虽然能够防止儿童按普通打火方式点火，但是还不能完全防止儿童使用该打火机；并且成年人使用该打火机时，在对外侧轮 20 施加转动力矩的同时还必须施加一定的侧向外力，操作上不太方便。与该最接近的现有技术相比，本发明要解决的技术问题是：提供一种能更有效的防止儿童按普通打火方式点火的安全性更高的打火机，同时还方便成年人使用该打火机。

3. 有益的效果

附件 3 是与独立权利要求所要保护的发明最接近的现有技术。与之相比，本发明独立权利要求的技术方案的区别是：在摩擦轮 7 与拇指按压轮 10 之间设有，当对拇指按压轮（10）施加转动力矩的同时施加足够大的径向力时可使两者紧密接触的结构，以及可使两者之间因紧密接触而形成压紧配合的接触面。由于采取上述结构，使得当儿童使用该打火机时，不能像成人那样在施加一转动力矩同时还能施加足够大的径向力，因此能够更有效地防止儿童按普通打火方式使用该打火机；而当成人在使用该打火机时，只需对拇指按压轮 10 施加转动力矩的同时施加足够大的径向力即可，与附件 3 中"必须对外侧轮 20 施加转动力矩的同时还要施加一定的侧向外力"相比更加便于操作，因此更方便成年人使用该打火机。附件 3 中点火装置的结构须由一个摩擦轮 10、一对外侧轮 20 和一对内侧轮 30 以及内外侧轮之间的连接装置组成，而本发明独立权利要求的点火装置仅需由摩擦轮 7 与拇指按压轮 10 以及之间的连接装置组成，与之相比部件更少、结构更简单。

综上,与最接近的现有技术(附件3)相比,本发明的有益效果是:提供了一种能更有效的防止儿童按普通打火方式点火的安全性更高的打火机,同时该打火机还能更方便成年人使用,并且组成该打火机的点火装置的部件更少、结构更简单。

4. 独立权利要求与附件2和附件3相比具有新颖性、创造性的理由

(1) 新颖性

与附件2相比,本发明独立权利要求1技术方案的区别是:在摩擦轮7与拇指按压轮10之间设有当对拇指按压轮(10)施加转动力矩的同时施加足够大的径向力时可使两者紧密接触的结构,以及可使两者之间因紧密接触而形成压紧配合的接触面。因此本发明独立权利要求的技术方案与附件2相比符合《专利法》第22条第2款中新颖性的规定。上述特征部分的区别技术特征在附件3中也没有被披露,因此本发明独立权利要求的技术方案与附件3相比同样也符合《专利法》第22条第2款中新颖性的规定。

(2) 创造性

附件3中的技术方案是与独立权利要求1所要求保护的发明最接近的现有技术。与之相比,本发明独立权利要求技术方案的区别特征是:在摩擦轮7与拇指按压轮10之间设有当对拇指按压轮(10)施加转动力矩的同时施加足够大的径向力时可使两者紧密接触的结构,以及可使两者之间因紧密接触而形成压紧配合的接触面。由于该区别特征也没有被附件2以及其他任何对比文献所披露,并且也不是本领域的公知常识,因此现有技术中并不存在能够使得本领域的技术人员将上述区别技术特征应用到最接近的现有技术中,以解决本发明独立权利要求的技术方案要解决的技术问题的启示。由此可见,本发明独立权利要求的技术方案相对于现有技术是非显而易见的,其与已有的技术相比具有突出的实质性特点。

由于采用本发明独立权利要求1技术方案的打火机,能更有效地防止儿童按普通打火方式点火、安全性更高,同时该打火机还能更方便成年人使用,并且组成该打火机的点火装置的部件更少、结构更简单。因此本发明独立权利要求1的技术方案与现有技术相比具有有益的技术效果,所以也具有显著的进步。

综上所述,本发明独立权利要求1的技术方案与附件2和附件3所记载的现有技术相比,具有突出的实质性特点和显著的进步,符合《专利法》第22条第3款中创造性的规定。

由于本发明独立权利要求11所保护的技术方案是一种采用了独立权利要求1的点火装置的摩擦轮打火机,所以独立权利要求11的技术方案与附件2和附件3所记载的现有技术相比,也必然符合《专利法》第22条中新颖性和创造性的规定。

三、答题思路分析

本题中,客户提供的技术方案以及两份对比文件中的技术方案都相对比较复杂,答题时需要快速理解这几项技术方案的基本内容,并及时找到不同方案之间结构上的区别。下面给出本题的一种分析思路,以供参考。

本发明独立权利要求的技术方案和附件2中所述的技术方案都是一种摩擦轮打火机及其点火装置,附件3中的技术方案是一种用于摩擦轮打火机的点火装置,因此三者都属于相同的技术领域。

附件2中所述的技术方案除打火机部分外,还包括一点火装置,其结构是:在两个圆盘(即拇指)7和8之间装有摩擦轮6,摩擦轮6具有一转动轴5,圆盘7和8自由转动地安装在转动轴5上,不能带动摩擦轮6转动;圆盘7和8的直径大于摩擦轮6的直径,圆盘7和8高出金属护板9的部分大于摩擦轮6高出金属护板9的部分。该技术方案要解决的技术问题是:提供一种能防止儿童像成年人那样操作的安全性更高的打火机。该技术方案的有益效果是:当成年人想点燃该打火机时,需将其拇指10放在两个圆盘7和8上,拇指10的部分肌肉11产生变形并与摩擦轮6接触,按照一般操作方法,能够驱动摩擦轮6转动,点燃打火机;而由于儿童手指上的肌肉不如成年人的多,如果儿童像成年人那样操作打火机,其手指肌肉将不能产生相同的变形,也就不能与摩擦轮6保持接触,其结果只能使圆盘7和8转动,而不会使摩擦轮6转动,不会摩擦火石产生点燃气体的火花。这样,能够防止儿童像成年人那样操作该打火机,提高了打火机的安全性。

附件3中所述的技术方案除打火机部分外,其点火装置的结构是:由一个摩擦轮10、一对外侧轮20和一对内侧轮30组成;摩擦轮10的中心设有用于和内侧轮连接用的中心轴孔11,在摩擦轮10两侧各装有一个内侧轮30和一个外侧轮20;在外侧轮20和内侧轮30的相向侧设置了啮合结构,使得外侧轮20在受到侧向外力时,才可使两者相互啮合转动,并带动摩擦轮10摩擦火石点火。该技术方案要解决的技术问题是:提供一种能防止儿童按普通打火方式点火的安全性更高的打火机。该技术方案的有益效果是:在非使用状态或像普通打火机一样对外侧轮20施加转动力矩时,外侧轮20与内侧轮30处于非啮合状态,外侧轮20转动时内侧轮30并不转动,因而不能带动摩擦轮10转动来摩擦火石,不能产生火花点火;只有在外侧轮20受到侧向外力时,外侧轮20和内侧轮30才会啮合并带动摩擦轮10同步转动。这样,就可防止儿童按普通打火方式点火,提高了打火机的安全性。

本发明的技术方案中除了打火机部分外,其点火装置的结构包括:由摩擦轮7和火石6构成的点火机构,摩擦轮7固定在转动轴8上,在摩擦轮7的两侧设置有与其同轴并可相对转动的一对拇指按压轮10;所述摩擦轮7与至少一

个拇指按压轮10之间设置有，当对拇指按压轮10施加转动力矩的同时施加足够大的径向力时可使两者紧密接触的结构，以及可使两者之间因紧密接触而形成压紧配合的接触面。本发明所要解决的技术问题是：提供一种能更有效地防止儿童按普通打火方式点火的安全性更高的打火机，同时还方便成年人使用该打火机。本发明带来的有益效果是：由于在使用该摩擦轮打火机时，必须在对拇指按压轮10施加一转动力矩的同时施加足够大的径向力，才能使摩擦轮7与拇指按压轮10之间紧密接触，形成压紧配合，并使摩擦轮7克服火石6与摩擦轮7外圆周表面之间的摩擦力，以足够快的转速旋转，进一步通过摩擦轮7与火石6的摩擦作用，产生点火所需的火花。这样，就可以更有效地防止儿童按普通打火方式点火，提高了打火机的安全性，同时还方便成年人使用该打火机，并且组成该打火机的点火装置的部件更少、结构更简单。

通过上述对技术方案的分析可以发现，附件2和附件3与本发明所要解决的技术问题、技术效果都比较相近，但由于附件3和本发明要解决的技术问题均为："提供一种能更有效的防止儿童按普通打火方式点火的安全性更高的打火机"，因此附件3与本发明独立权利要求所要解决的技术问题、技术效果，比附件2更为接近。

附件2和本发明的主要区别在于：附件2中的圆盘7和8的直径大于摩擦轮6的直径，圆盘7和8高出金属护板9的部分大于摩擦轮6高出金属护板9的部分。

附件3和本发明的主要区别在于：附件3在外侧轮20和内侧轮30的相向侧设置了啮合结构，使得外侧轮20在受到侧向外力时，才可使两者相互啮合转动，并带动摩擦轮10同步转动。

本发明与附件2、3的共同区别在于：本发明的点火装置在摩擦轮7与拇指按压轮10之间设置有：当对拇指按压轮10施加转动力矩的同时施加足够大的径向力时可使两者紧密接触的结构，以及可使两者之间因紧密接触而形成压紧配合的接触面。

通过上述进一步分析可以看出，附件3与本发明独立权利要求的技术方案都是通过在拇指按压轮（外侧轮）和摩擦轮之间设置一种连接装置，该装置使得只有在对拇指按压轮或外侧轮施加转动力矩的同时施加足够大的其他方向的外力（径向力或侧向外力）时才能带动摩擦轮转动。由此可见，附件3与附件2相比，其与本发明独立权利要求的技术方案更为接近，公开的技术特征也最多。

综上可以得出：附件2、附件3与本发明所属的技术领域相同，但由于附件3与附件2相比，其与本发明独立权利要求所要解决的技术问题、技术效果和技术方案更为接近，公开的技术特征也最多，所以附件3是本发明最接近的现有技术。

因此，本发明应以附件3作为最接近的现有技术来撰写独立权利要求的前序部分，并将上述本发明与附件2、3的共同区别作为独立权利要求的区别技术特征。与附件3相比本发明要解决的技术问题：提供一种能更有效地防止儿童按普通打火方式点火的安全性更高的打火机，同时还方便成年人使用该打火机。本发明的有益的效果是：提供了一种能更有效的防止儿童按普通打火方式点火的安全性更高的打火机，同时该打火机还能更方便成年人使用，并且组成该打火机的点火装置的部件更少、结构更简单。

参考答案中给出的独立权利要求的技术方案是："1.一种摩擦轮打火机的点火装置，包括由摩擦轮（7）和火石（6）构成的点火机构，摩擦轮（7）固定在转动轴（8）上，在摩擦轮（7）的两侧设置有与其同轴并可相对转动的一对拇指按压轮（10），其特征在于，所述摩擦轮（7）与至少一个拇指按压轮（10）之间设置有：当对拇指按压轮（10）施加转动力矩的同时施加足够大的径向力时可使两者紧密接触的结构，以及可使两者之间因紧密接触而形成压紧配合的接触面。"

独立权利要求前序部分的技术特征为："包括由摩擦轮（7）和火石（6）构成的点火机构，摩擦轮（7）固定在转动轴（8）上，在摩擦轮（7）的两侧设置有与其同轴并可相对转动的一对拇指按压轮（10）。"在考试中，一般仅要求依据客户提供的发明内容进行撰写，不允许补充有关该发明主题的任何专门知识。一般来说，只能将题目给出的发明内容、对比文献以及少量明显的公知常识作为背景技术进行撰写。由于本题题目中给出的背景技术中没有就上述技术特征再给出其他的实施方式，并且由于上述技术特征同时又是实现本发明的必要技术特征，缺少上述技术特征将得使本发明因不完整而不能实施，所以考试中一般会要求将上述技术特征写入独立权利要求中。同时这样也可以考查答题人是否能够正确地将本发明与最接近的现有技术所共有的必要技术特征准确地区分出来，并写入独立权利要求的前序部分中。

另外，由于本发明要解决的技术问题中包括："防止儿童按普通打火方式点火"，因此独立权利要求前序部分中的特征："在摩擦轮的两侧设置有与其同轴并可相对转动的一对拇指按压轮"应当作为必要技术特征。这是因为，如果只在摩擦轮的一侧设置一个拇指按压轮，就可以不经过拇指按压轮而直接按压到摩擦轮，这样儿童仍然有可能点燃打火机。所以只有在摩擦轮的两侧设置有一对拇指按压轮时，才能防止直接接触到摩擦轮，而必须通过按压拇指按压轮来带动摩擦轮转动。

独立权利要求的区别技术特征为："所述摩擦轮（7）与拇指按压轮（10）之间设置有：当对拇指按压轮（10）施加转动力矩的同时施加足够大的径向力时可使两者紧密接触的结构，以及可使两者之间因紧密接触而形成压紧配合的接触面。"通过前述带有功能限定的上位概念特征，将客户发明的两种技术方案都包括在内，使独立权利要求获得了

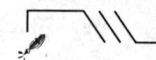

相对较大的保护范围。

独立权利要求的区别技术特征为两个，主要是为了避免出现纯功能性限定。如果写成如："所述摩擦轮（7）与拇指按压轮（10）之间设置有使两者紧密接触的摩擦连接装置"或者其他类似方式，则必需有一定数量的具体实施方式来支持。在没有足够具体实施方式支持的情况下，有可能导致独立权利要求的技术方案所实现的技术效果（或者要解决的技术问题），与独立权利要求的区别技术特征所采用的功能限定的内容完全相同。代理实践中，如果在没有足够实施例支持的情况下，采用这样的撰写方式，将有可能被认定为构成了纯功能性限定。

此外，区别特征中的"压紧配合"也可以写成"摩擦连接"或其他类似形式。

第八章 2004年化学专业试题及参考答案

客户向你提交了其作出的有关即溶性粉末饮料的发明（附件1），并提供了其了解的一项相关现有技术（附件2），委托你所在的专利代理机构为之提交一项发明专利申请。在撰写专利申请文件前，你进行了检索，发现了另一份相关现有技术（附件3）。

第一题 基于附件1~3，请根据专利法、专利法实施细则和审查指南的有关规定，回答下述问题：

1. 请指出，你在撰写专利申请文件时，还需要向客户了解有关其发明的哪些内容？
2. 依照你所具有的专业知识和专利法知识，需要在说明书中补充说明哪些内容，并解释如果不补充这些内容，将会对专利申请产生何种影响？

第二题 请根据附件1~3以及你认为应当补充的内容，为客户撰写一份权利要求书。具体要求如下：

1. 权利要求书应当包括独立权利要求和从属权利要求。
2. 独立权利要求应当满足下列要求：
（1）在合理的前提下具有较宽的保护范围，能够最大限度地体现申请人的利益；
（2）清楚、简明地限定其保护范围；
（3）记载了解决技术问题的全部必要技术特征；
（4）相对于客户提供的现有技术和你检索到的对比文件具有新颖性和创造性；
（5）符合专利法及其实施细则关于独立权利要求的其他规定。
3. 从属权利要求应当满足下列要求：
（1）从属权利要求的数量适当、合理；
（2）与被引用的权利要求之间有清楚的逻辑关系；
（3）当授权后面临不得不缩小权利要求保护范围的情况时，能提供充分的修改余地；
（4）符合专利法及其实施细则关于从属权利要求的其他规定。

第三题 请根据专利法、专利法实施细则、审查指南的有关规定，对下述问题作出回答，回答的问题与你撰写的权利要求书相适应：

1. 说明你所撰写的所有独立权利要求与客户提供的现有技术（附件2）和你所检索到的现有技术（附件3）相比具有新颖性和创造性的理由。
2. 一种观点认为，如果一件申请的权利要求书仅包含一项独立权利要求，则该申请不存在单一性问题，即使该申请还有一些从属权利要求，也不会产生单一性问题。请撇开你所撰写的权利要求分析上述观点是否正确。

特别提示：作为考试，仅要求依据客户提供的技术方案进行撰写，除了你认为应当补充的内容之外，不要另外再添加你可能想到的其他技术方案。

附件1 客户提供的发明简介

以前，人们通过向茶叶或咖啡豆中加入热水提取有效成分，然后将分离后得到的提取液进行适当的浓缩，或者用糊精调整浓度后，采用喷雾干燥法制成粉末茶、粉末咖啡等。但是，向上述方法生产而成的粉末饮料中注入开水饮用时，加糊精的饮料带有异味；而用喷雾干燥法得到的饮料，其茶和咖啡的本来香味受到损失，特别是清香味道几乎完全失去。

为了解决这个问题，人们想到将含有固形物的提取液直接进行真空冻结干燥来制作粉末饮料。然而，向真空冻结干燥制得的粉末茶或粉末咖啡中注入开水时易产生粒状块，常常需要搅拌才能溶解；而在注入凉水时，则即使进行搅拌也几乎不能溶解。

我们发明了一种新的即溶性粉末饮料的生产方法，由这种方法生产的粉末饮料具有良好的溶解性；而且这种即溶性粉末饮料也是现有技术中未曾提供的。

我们发现，在对提取液进行真空冻结干燥时，如果在冻结工序中混入气泡，可得到易溶解于水的粉末，其溶解性大为提高。

我们提出的即溶性粉末饮料生产方法是对提取液通过反渗透膜浓缩法等浓缩法进行浓缩，在固形物含量达到5%以上后，再向其中混入气泡，进行真空冻结干燥。

所说的提取液为在水中溶解分散有固形物，并可通过干燥处理变成粉末的提取液，如茶叶或咖啡的提取液，特别是绿茶的提取液。

所说的即溶性粉末并不仅仅限于所述提取液的干燥粉末，例如还可以含有部分茶叶粉末。

冻结时混入气泡的方法无特殊限制，只要能使固形物含量调整后的提取液通过刮板式热交换器与空气或氮气接触

· 463 ·

并同时进行冷冻即可。例如采用生产冰淇淋的冰淇淋机,边混入气泡边进行冻结。

以下以绿茶为例详述本发明的内容。

首先,采用往茶叶中加水、加热,然后过滤的方法,或者采用往茶叶中加入热水后过滤的方法,从茶叶中得到提取液;使提取液与茶叶分离。

然后,对用上述方法得到的提取液用反渗透膜法或者其他常规浓缩方法进行浓缩,优选采用反渗透膜法,其优点是香味不易失去。通过反渗透膜浓缩要使提取液中的固形物含量达到5%以上,例如达到重量的10%~20%。若浓缩后的固形物含量低于5%,则真空冻结干燥后的粉末会成为绵状,注入开水或者凉水时粉末会漂浮于水面上而难于溶解。

在经过浓缩后的浓缩液中混入气泡。混入气泡时,须使冻结后气泡的体积为提取液体积的10%以上,因为如果气泡含量不足10%时,得不到粉末易溶于热水或者凉水的效果。

当浓缩液中的固形物含量为10%时,需要混入10%以上的气泡;当固形物含量为20%时,需要混入20%以上的气泡;当固形物含量为25%时,需要混入30%以上的气泡;当固形物含量为30%时,需要混入40%以上的气泡。

可以在上述方法制成的浓缩液中加入茶叶粉末。添加茶叶粉末可增加饮茶时茶的口感及香气并使其外观变好。茶叶粉末的粒度为可通过20目筛,其中至少重量的50%可通过80目筛。茶叶末的添加量最好为0.1%~10%。

为了增强茶的口感及香味,可以加入茶叶末的同时加入二甲硫。二甲硫的添加量与最后制品之比最好为30~60mg/100g。

在混入气泡的同时对浓缩液进行含气冻结,冻结温度最好为-30℃以下。

以下用实施例和比较例对本发明作进一步的说明。

实施例1:

在40千克水中加入绿茶3.5千克,浸取30分钟后,用挤压机挤压,得到固形物含量为1.5%(重量)的提取液。对得到的提取液进行反渗透膜浓缩,使固形物含量达到10%(重量)。然后,用连续式冰淇淋机混入提取液体积30%的气泡,边混入气泡边冻结,使提取液呈冰淇淋状。其后,将其放入-40℃的冷库中进行完全冻结,粉碎造粒,真空冻结干燥后得到粉末绿茶。将得到的粉末绿茶各1克放入两个杯子中,分别加入80℃的热水和室温(20℃)的水各100毫升,加入热水,粉末立即溶解;加入室温水,粉末无需搅拌也很快溶解。

比较例1:

与实施例1的过程相同,只是未向提取液中混入气泡。将得到的粉末绿茶各1克放入两个杯子中,分别加入80℃的热水和室温(20℃)的水各100毫升,加入热水有块状物产生,搅拌后基本溶解;而加入室温水,完全不能溶解。

实施例2:

在70千克20℃的水中加入绿茶7千克,浸取30分钟后,用挤压机挤压,得到55千克固形物含量为2%(重量)的提取液。对得到的提取液进行反渗透膜浓缩,使其固形物含量达到20%~30%(重量)。在500克浓缩液中加入5克通过80目筛的绿茶粉末,混合后用冰淇淋机使其含气率达到体积的40%,并成为半冻结状态。将其铺在铝盘上放入-40℃的冷库中进行完全冻结。此后,用造粒机将其粉碎、用7~32目筛进行筛分造粒。将用此法得到的冻结造粒产物在真空度为10帕斯卡、加热温度为30℃、干燥时间为16小时的条件下进行真空冻结干燥,得到含水量为1.5%(重量)的粗粒状速溶粉末绿茶。向这种方法得到的速溶粉末绿茶中加入热水时迅速溶解,而且香醇味与直接加水饮用的绿茶味道相同,杯底有若干茶叶粉末沉淀,外观也有绿茶本身的感觉。

实施例3:

在500克固形物含量为20%(重量)的浓缩液中加入80毫克二甲硫,其余过程与实施例2相同,制成速溶粉末绿茶。用这种方法制成的速溶粉末绿茶与实施例2方法制成的粉末茶相比,具有更好的香味和口感,而溶解性相同。

用本发明的方法制成的即溶性粉末饮料注入热水便可迅速溶解,即使加入凉水,粉末无须搅拌也很快溶解。而且,用本发明方法生产的即溶性溶науч末茶泡出的茶具有与茶叶直接加水泡出的茶同样的香味、口感和外观。

附件2 客户提供的现有技术简介

该现有技术公开了一种制备速溶茶的方法,该方法是将固形物含量5%(重量)的茶提取液进行真空冻结干燥后,将该干燥物压扁,然后破碎使其成为粉末,再进行筛分制得速溶茶。由此方法所得到的速溶茶在热水中稍加搅拌即可溶解,在室温水中不能溶解。

附件3 你检索到的现有技术简介

经过检索,你发现了一份相关技术文献。该文献描述了采用真空冻结干燥技术在食品加工中的各种用途,特别是制备粉末饮料如粉末咖啡或速溶茶,详细描述了如何进行真空冻结干燥及所采用的设备。该文献还指出一般在进行真空冻结干燥前最好对所要干燥的提取液进行浓缩,如可采用反渗透膜等方法。在有关真空冻结技术最新进展部分给出了一种粉末咖啡的制造新技术,是在对咖啡提取液进行真空冻结干燥前向提取液中加入气泡,例如加入5%~10%的气泡,可使制得的粉末咖啡的溶解性提高,获得的粉末咖啡在热水中稍加搅拌即可溶解。

参考答案

一、问答题：

需要向客户了解和补充的内容如下：

1. 客户发明的主题名称为"即溶性粉末饮料"，但其提供的实施例仅有绿茶一种。因此，需要补充其他类型粉末饮料的实施例，例如粉末咖啡等，否则本发明的主题"即溶性粉末饮料"将无法得到说明书的支持。

2. 客户提供的发明内容中指出浓缩后的固形物含量不能低于5%，但在具体实施例中只给出了最低固形物含量为10%（重量）的情况，因此需要补充固形物含量在5%附近的实施例，以支持该数值范围，否则以该数值范围将得不到说明书的支持。

3. 客户提供的发明内容中指出浓缩后的固形物含量不能低于5%、冻结后气泡的体积为提取液体积的10%以上的两个下限范围，但是没有给出两者的上限范围，导致该发明内容不清楚、公开不充分，需要补充两者的上限范围。此外，客户的实施例中给出的两者最高数值分别为固形物含量为30%（重量）、气泡的体积为浓缩提取液体积40%的情况，如果客户补充的上限范围超出上述实施例的范围，则还需要进一步补充新的上限范围附近的实施例，以使上限得到说明书的支持。

4. 在客户提供的发明内容中只给出了固形物含量不能低于5%这一数值，但没有给出该数值的单位，虽然在实施例中给出的固形物含量百分比单位为重量，但还需补充发明内容中百分比的具体单位，以使发明公开充分，同时得到说明书的支持。

5. 客户提供的发明内容中只有在实施例1中给出了室温溶解的效果，而其他实施例都没有告知室温下溶解的实验数据，由于室温溶解效果是本发明的主要发明点，所以需要补充室温下溶解的实验数据和对比数据，否则将导致本发明存在公开不充分的缺陷。

6. 客户的发明内容中还披露了添加茶叶粉末的优选方案，但是只给出了茶叶末的添加量的优选数值为0.1%～10%，而没有给出该数值的单位，存在公开不充分的缺陷，应补充该数值的具体单位（按照通常的理解该单位数值可以为重量）。

7. 客户的发明内容中还披露了含气冻结温度最好为−30℃以下的优选方案，以及固形物含量数值对应需要混入气泡数值的优选方案，针对前述这些优选方案应该提供具体实施例、以及有益效果的试验数据，以支持前述优选方案。

8. 客户提供的发明内容中仅披露了一种即溶性粉末饮料制备方法的技术方案，而未披露该即溶性粉末饮料产品本身的技术特征，因此，在撰写产品权利要求时，其保护范围仅限于由该方法制备的产品，而不能使得采用其他方法制备的同样产品也囊括到本发明产品权利要求的保护范围内。建议客户补充该即溶性粉末饮料产品本身的技术特征或参数特征，以使产品权利要求的保护范围得以扩大到所有方法制备的同样产品。

二、权利要求书

1. 一种即溶性粉末饮料的制备方法，包括如下步骤：
使饮料提取液浓缩至固形物含量达到5%（重量）以上；
在浓缩提取液中边混入气泡边进行冻结，使冻结后产物中的气泡体积为浓缩提取液体积的10%以上；
将完全冻结后的产物粉碎造粒；
再把得到的造粒产物进行真空冻结干燥后即得到成品。

2. 按照权利要求1所述的方法，其特征在于，在所述浓缩提取液中混入气泡的条件如下：
当浓缩液中的固形物含量为10%（重量）时，混入占浓缩提取液体积10%以上的气泡；当固形物含量为20%（重量）时，混入占浓缩提取液积20%以上的气泡；当固形物含量为25%（重量）时，混入浓缩提取液体积30%以上的气泡；当固形物含量为30%（重量）时，混入占浓缩提取液体积40%以上的气泡。

3. 按照权利要求1所述的方法，其特征在于，所述在浓缩提取液中边混入气泡边进行冻结时的温度为−30℃以下。

4. 按照权利要求1至3中任一项所述的方法，其特征在于，所述的提取液为茶叶提取液，在制得的茶叶浓缩提取液中加入一定量的茶叶粉末。

5. 按照权利要求4所述的方法，其特征在于，所述一定量的茶叶粉末为茶叶浓缩提取液的0.1%～10%（重量）。

6. 按照权利要求4所述的方法，其特征在于，所述加入的茶叶粉末的颗粒度为可通过20目筛，其中至少占茶叶粉末50%（重量）的颗粒度为可通过80目筛。

7. 按照权利要求4所述的方法，其特征在于，在所述茶叶浓缩提取液中还加入一定量的二甲硫。

8. 按照权利要求7所述的方法，其特征在于，所述二甲硫的添加量与最终成品之比为30～60mg/100g。

9. 按照权利要求1至3中任一项所述的方法，其特征在于，所述真空冻结干燥的条件为：真空度为10帕斯卡、加热温度为30℃、干燥时间为16小时。

10. 一种由权利要求1至9中任一项所述的方法制得的即溶性粉末饮料。

三、问答题

1. 权利要求书中一共包含了两项独立权利要求，分别是独立权利要求1（一种即溶性粉末饮料的制备方法）以及独立权利要求10（该方法制备的一种即溶性粉末饮料），以下就每项独立权利要求的新颖性和创造性分别予以论述：

（1）独立权利要求1（一种即溶性粉末饮料的制备方法）

①新颖性

客户提供的现有技术（附件2）公开了一种制备速溶茶的方法，该方法是将固形物含量5%（重量）的茶提取液进行真空冻结干燥后，将该干燥物压扁，然后破碎使其成为粉末，再进行筛分制得速溶茶。客户提供的现有技术中披露的提取液中固形物含量为只有5%（重量）一种情况，没有公开本发明独立权利要求1中"使饮料提取液浓缩至固形物含量达到5%（重量）以上"、"边混入气泡边进行冻结"、以及"冻结后产物中的气泡体积为浓缩提取液体积的10%以上"的技术特征。由此可见，独立权利要求1的技术方案在客户提供的现有技术中未被披露，所以独立权利要求1相对于客户提供的现有技术具备《专利法》第22条第2款规定的新颖性。

检索到的对比文件（附件3）中披露了一种粉末咖啡的制造技术，该技术是在对咖啡提取液进行真空冻结干燥前向提取液中加入气泡，并且只披露了一种加入5%~10%的气泡的情况。检索到的对比文件中的技术方案是在真空冻结干燥前向提取液中加入气泡，没有公开本发明独立权利要求1的在浓缩提取液中"边混入气泡边进行冻结"的技术特征，也没有公开"冻结后产物中的气泡体积应为浓缩提取液体积的10%以上"、"饮料提取液浓缩至固形物含量需达到5%（重量）以上"的技术特征。由此可见，本发明独立权利要求1的技术方案在检索到的对比文件中也未被披露，所以独立权利要求1相对于检索到的对比文件具备《专利法》第22条第2款规定的新颖性。

②创造性

由于在客户提供的现有技术（附件2）和检索到的对比文件（附件3）中均未披露独立权利要求1中的区别技术特征："在浓缩提取液中边混入气泡边进行冻结，同时饮料提取液浓缩至固形物含量需达到5%（重量）以上，且冻结后产物中的气泡体积应为浓缩提取液体积的10%以上"，并且上述区别技术特征也不是本领域技术人员的公知常识。因此，即使本领域技术人员将检索到的对比文件、客户提供的现有技术及其公知常识结合起来，也不能得到独立权利要求1的技术方案。可见，对于本领域的技术人员来说，并不存在将所述区别技术特征与现有技术结合起来以得到本发明技术方案的启示。因此，独立权利要求1的技术方案相对于这两篇对比文件是非显而易见的，所以该方案具有突出的实质性特点。

客户提供的现有技术中的方法所得到的速溶茶在热水中需要搅拌才可完全溶解，在室温水中不能溶解。检索到的对比文件中的方法所得到的粉末咖啡在热水中需要搅拌才可完全溶解，并且未披露其能够在室温水中溶解。而本发明独立权利要求1中的即溶性粉末饮料，在加入热水时粉末立即溶解，在加入室温水时无需搅拌也很快溶解。由于独立权利要求1的技术方案与现有技术相比具有有益效果，所以也具有显著的进步。综上所述，独立权利要求1相对于所述两项现有技术具备《专利法》第22条第3款规定的创造性。

（2）独立权利要求10（一种即溶性粉末饮料）

①新颖性

本发明独立权利要求10提供了一种即溶性粉末饮料，其即易溶于热水也易溶于凉水，而客户提供的现有技术（附件2）中披露的茶粉末在在热水中稍加搅拌才可溶解，在室温水中不能溶解。由此可见，独立权利要求10的技术方案在客户提供的现有技术中未被披露，所以独立权利要求10相对于客户提供的现有技术具备《专利法》第22条第2款规定的新颖性。

检索到的对比文件（附件3）中披露了一种粉末咖啡，其在热水中稍加搅拌才可溶解，并且未披露其能够在室温水中溶解。由此可见，独立权利要求10的技术方案在检索到的对比文件中也未被披露，所以独立权利要求10对于检索到的对比文件具备《专利法》第22条第2款规定的新颖性。

②创造性

由于在客户提供的现有技术（附件2）和检索到的对比文件（附件3）中均未披露独立权利要求9中的一种即易溶于热水也易溶于凉水的即溶性粉末饮料，并且上述即溶性粉末饮料也不是本领域技术人员的公知常识。因此，即使本领域技术人员将检索到的对比文件、客户提供的现有技术及其公知常识结合起来，也不能得到独立权利要求10的技术方案。可见，对于本领域的技术人员来说，并不存在将所述对比文件与现有技术结合起来以得到本发明技术方案的启示。因此，独立权利要求10的技术方案相对于这两篇对比文件是非显而易见的，所以该方案具有突出的实质性特点。由于独立权利要求10的即溶性粉末饮料与现有技术相比，其既易溶于热水也易溶于凉水，具有明显的有益效果，所以也具有显著的进步。综上所述，独立权利要求10相对于所述两项现有技术具备《专利法》第22条第3款规定的创造性。

2. 题目中所述的这种观点并不正确，主要存在以下一些例外情况：

（1）当一项独立权利要求中存在多项并列技术特征时，该权利要求虽然在撰写形式上为一条独立权利要求，实质上却是由多项并列技术方案组成，例如，化学领域的马库什权利要求、包含"或"结构技术特征的独立权利要求。这时，这些并列的技术方案之间是否满足单一性需要独立判断，而不能仅凭其撰写形式来确定其是否满足单一性。

（2）符合撰写规定的从属权利要求的单一性，还需要在考虑新颖性、创造性的基础上进行判断。当独立权利要求具有新颖性、创造性时，符合撰写规定的从属权利要求之间具有单一性；当独立权利要求不具有新颖性、创造性时，该从属权利要求之间是否满足单一性则需要重新判断。

（3）对于某些不符合撰写规定的从属权利要求，其在撰写形式上虽然是从属权利要求，但实质上却是独立权利要求，这时该权利要求是否符合单一性也需要独立判断。

四、答题思路分析

由于化学领域属于实验性学科，多数发明需要经过实验才能证明，因此说明书中通常应当包括实施例。《专利审查指南》中对于化学领域实施例进行了特别规定：①说明书中实施例的数目，取决于权利要求的技术特征的概括程度，例如并列选择要素的概括程度和数据的取值范围；在化学发明中，根据发明的性质不同，具体技术领域不同，对实施例数目的要求也不完全相同。一般的原则是，应当能足以理解发明如何实施，并足以判断在权利要求所限定的范围内都可以实施并取得所述的效果。②判断说明书是否充分公开，以原说明书和权利要求书记载的内容为准，申请日之后补交的实施例和实验数据不予考虑。

本发明中，客户发明的主题名称为"即溶性粉末饮料"，但其提供的实施例仅有绿茶一种。因此只有在要求客户补充其他类型粉末饮料的实施例的基础上，才能将权利要求的主题名称写为"即溶性粉末饮料"。因此在答题时，只有将上述内容写入问答题一中作为要求客户补充资料的意见后，才能采用参考答案独立权利要求1中的主题名称。

客户提供的发明内容中指出："若浓缩后的固形物含量低于5％，则真空冻结干燥后的粉末会成为绵状，注入开水或者凉水时粉末会漂浮于水面上而难于溶解"、"混入气泡时，须使冻结后气泡的体积为提取液体积的10％以上，因为如果气泡含量不足10％时，得不到粉末易溶于热水或者凉水的效果"。因此，"浓缩至固形物含量达到5％以上"、"使冻结后产物中的气泡体积为浓缩提取液体积的10％以上"均应作为本发明的必要技术特征。

与客户提供的现有技术（附件2）相比，本发明的提取液在浓缩时固形物含量须达到5％以上，而客户提供的现有技术（附件2）的提取液中固形物含量为5％（重量）；与检索到的对比文件（附件3）相比，本发明的特征是"边混入气泡边进行冻结"、"冻结后产物中的气泡体积为浓缩提取液体积的10％以上"，而检索到的对比文件（附件3）中是在"真空冻结干燥前向提取液中加入气泡"，并且只公开了"加入5％～10％的气泡"的情况。因此，上述区别技术特征足以使得本发明与两项现有技术相比具有新颖性和创造性。

客户提供的发明内容中的：冻结温度最好为－30℃以下、还可以含有部分茶叶粉末、茶叶末的添加量、二甲硫的添加量等内容，均是本发明进一步的优选技术方案，而非本发明的必要技术特征，不应写入独立权利要求中。

参考答案中的独立权利要求10是一种通过制备方法来表征化学产品的权利要求。在代理实践中也可以不撰写该产品权利要求，这是因为，根据《专利法》第11条的规定，对于制造方法专利的保护范围可以延及该方法直接获得的产品，所以即使不撰写该产品独立权利要求，也能够获得同样的保护。只有用结构和/或组成特征、或者用物理-化学参数特征来表征的产品权利要求，才能获得比独立权利要求10更大的保护范围。因此，有必要建议客户提供上述产品特征的技术方案，并以此为基础重新撰写产品独立权利要求。

第九章 2006年专利代理实务试题及参考答案

试题说明

1. 假设应试者受申请人委托代理了一件专利申请，现已收到审查员针对该申请发出的第一次审查意见通知书及随附的两份对比文件。

2. 要求应试者针对第一次审查意见通知书，结合考虑两份对比文件的内容，撰写一份意见陈述书。如果应试者认为有必要，可以对专利申请的权利要求书进行修改。鉴于考试时间有限，不要求应试者对专利申请的说明书进行修改。

3. 作为考试，应试者在撰写意见陈述书和修改权利要求书时应当接受并仅限于本试卷所提供的事实。

4. 应试者在撰写或修改过程中，除注意克服实质性缺陷外，还应注意克服权利要求书中存在的形式缺陷。如果认为有必要，还可考虑增加权利要求的项数。如果应试者认为该申请的一部分内容应当通过一份或多份分案申请提出，则应当在意见陈述书中明确说明，并撰写出分案申请的独立权利要求。

5. 应试者应当将意见陈述书和修改后的权利要求书写在正式答题纸上。

权 利 要 求 书

1. 一种用于挂在横杆（10）上的挂钩，具有挂钩本体（11）和突起物（15），所述挂钩本体（11）具有两个夹持部（17、18）以及连接所述夹持部（17、18）上部的弯曲部（20），其中一个夹持部具有自由端（19），另一个夹持部具有与衣架本体（12）相连接的连接端（13），在所述夹持部（17、18）的相向内侧设有突起物（15），该挂钩挂在横杆（10）上时，所述突起物（15）与横杆（10）的外圆周表面相接触。

2. 根据权利要求1所述的用于挂在横杆（10）上的挂钩，其特征在于：在所述夹持部（17、18）的相向内侧各设有两个突起物（15）。

3. 根据权利要求1所述的用于挂在横杆（10）上的挂钩，其特征在于：在与横杆轴线平行的方向上，所述突起物与横杆外圆周表面形成线接触。

4. 根据权利要求3所述的突起物，其特征在于：该突起物呈山脊形状。

说 明 书

用于挂在横杆上的挂钩

技术领域

本发明涉及一种可稳固地吊挂在横杆上的挂钩。

背景技术

日常生活中，人们常常利用衣架来晾晒物品。具体地说，将需要晾晒的物品吊挂在衣架的衣架本体上，再将与衣架本体连接的挂钩挂在横杆上进行晾晒。但是，传统的挂钩挂在横杆上时，由于挂钩和横杆之间的接触为点接触，缺乏固定力或固定力较小，挂钩在横杆上容易产生滑动和扭动，风大时甚至有可能从横杆上脱落下来。

发明内容

为了解决上述问题，本发明提供了一种用于挂在横杆上的挂钩，具有挂钩本体和突起物，该挂钩本体具有两个夹持部以及连接所述夹持部的弯曲部，其中一个夹持部具有自由端，另一个夹持部具有与衣架本体相连接的连接端，在两个夹持部的相向内侧设有突起物，当挂钩挂在横杆上时突起物与横杆的外圆周表面相接触，起到夹持横杆的作用。

最好在与横杆轴线平行的方向上，突起物与横杆外圆周表面形成线接触。突起物可以采用半圆柱形状，也可以采用山脊形状，以便在夹持横杆时与横杆外圆周表面形成线接触。

挂钩本体可以采用问号（?）形状，也可以采用其他形状。在夹持部的相向内侧可以对称地各设置两个突起物。每个夹持部上的两个突起物之间的连接部分最好呈V形凹陷。弯曲部上还可以设置一个迂回部，该迂回部的曲率半径小于弯曲部其他部位的曲率半径，从而增大挂钩本体对横杆的弹性夹持力。本发明的挂钩整体上可以是弯曲的板状结构，以适应吊挂较重物品的需要。

本发明的挂钩通过突起物夹持横杆，并与横杆外圆周表面形成线接触，增大了挂钩与横杆之间的固定力，使挂钩不容易在横杆上产生滑动和扭动，有效地克服了现有挂钩的前述缺点。

附图说明

图1（a）是本发明挂钩第一种实施例的透视图；

图1（b）是图1（a）所示挂钩上突起物的放大透视图；

图2（a）是图1（a）所示挂钩与横杆相配合的示意图；

图2（b）是图1（a）所示挂钩的局部正视图；

图3（a）是本发明挂钩第二种实施例的示意图；

图3（b）是图3（a）所示挂钩的局部正视图；

图4是本发明挂钩第三种实施例的透视图；

图5是图4所示挂钩与横杆相配合的示意图；

图6是从图4所示挂钩后方看的放大透视图。

具体实施方式

下面结合附图，详细介绍本发明各实施例。

图1和图2示出了本发明挂钩的第一种实施例。如图1（a）所示，整个衣架由挂钩本体11和衣架本体12组成，其中挂钩本体11采用弯曲的棒状弹性材料制成。挂钩本体11具有相对平行的两个夹持部17、18以及连接两个夹持部上部的弯曲部20。夹持部17具有自由端19；夹持部18具有连接端13，以可转动方式装配在衣架本体12上。夹持部17、18之间形成有横杆插入口14，从而能够将衣架悬挂在横杆上。夹持部17、18的相向内侧设有四个突起物15。如图1（b）所示，突起物15呈半圆柱状。如图2（a）所示，每个夹持部上的一对突起物15之间的间隔小于横杆10的外径。使用时，使横杆10进入横杆插入口14，对衣架施加向下的拉力，通过横杆10对夹持部17、18的挤压，使挂钩本体11产生弹性变形，从而将横杆10夹持在四个突起物15之间。挂钩本体11产生的弹性夹持力使突起物15与横杆10的外圆周表面相接触，形成了如图1（b）所示的与横杆10轴线相平行的支撑线16。这种线接触结构增强了挂钩本体11在横杆10上的固定性能，使之不容易在横杆上产生滑动和扭动。

图3示出了本发明挂钩的第二种实施例。如图3（b）所示，该实施例与第一种实施例在结构上的区别仅在于，突起物15沿横杆10轴向的宽度大于挂钩本体11沿横杆10轴向的宽度。加宽的突起物可以带来更好的夹持效果，这样挂钩本体11不需要采用较粗的材料就能获得更好的固定性能。

图4至图6示出了本发明挂钩的第三种实施例。如图4所示，整个衣架由挂钩本体21和衣架本体22组成。挂钩本体21采用弯曲的板状弹性材料制成，具有彼此相对的夹持部30、31以及连接两个夹持部上部的弯曲部27，夹持部30具有自由端28。夹持部30、31的相向内侧形成有山脊形状的突起物23、24、25、26，突起物23~26沿横杆10轴向的宽度大于弯曲部27沿横杆10轴向的宽度。如图5所示，夹持部30上的两个突起物23、24之间的连接部分以及夹持部31上的两个突起物25、26之间的连接部分均呈V形凹陷。当横杆10被夹持在突起物23~26之间时，V形凹陷部分不与横杆10的外圆周表面接触，因此突起物23~26均与横杆10的外圆周表面形成线接触。弯曲部27上设有远离横杆10的迂回部29，该迂回部29的曲率半径小于弯曲部其他部位的曲率半径。采用这种结构，当横杆10被夹持在夹持部30、31之间时，迂回部29会产生较大的变形，形成较大的弹性夹持力，从而进一步增强了挂钩本体21在横杆10上的固定性能。

上面结合附图对本发明的实施例作了详细说明，但是本发明并不限于上述实施例，在本领域普通技术人员所具备的知识范围内，还可以对其作出种种变化。例如，在上述实施例中，挂钩本体与衣架本体是相互独立的部件，通过组装形成完整的衣架。显然，本发明所述的挂钩本体也可与衣架本体一体形成完整的衣架。另外，第三种实施例中所述的迂回部也适用于其他实施方式；第二种实施例中所采用的突起物在横杆轴向方向上比挂钩本体宽的方式同样适用于其他方案。

第一次审查意见通知书正文

CN×××××××××.×号发明专利申请涉及用于挂在横杆上的挂钩，对该申请的审查意见如下：

一、权利要求1不符合《专利法》第22条第2款关于新颖性的规定

权利要求1要求保护一种用于挂在横杆上的挂钩。对比文件1公开了一种用于挂在展示架横杆上的挂钩，参见对比文件1文字部分的最后一段和图2，在其挂钩本体1的左右相对的两部分的内侧上分别设有凸部2和突片3，在挂钩挂在横杆上时，这些突起与横杆的外圆周表面接触，从而与横杆牢固定位，防止挂钩脱落。由此可见，对比文件1完全公开了权利要求1的技术方案，并且对比文件1所公开的挂钩与权利要求1所要求保护的挂钩属于相同的技术领域，所解决的技术问题和效果相同，因此，权利要求1不具有新颖性。

二、权利要求2至3不符合《专利法》第22条第2款关于新颖性的规定

1. 权利要求2的附加技术特征在对比文件1中已经公开，由对比文件1的图2可清楚地看到其挂钩内侧有左右两个凸部2与左右两个突片3，分别设置在两边相对位置。因此，在其引用的权利要求1相对于对比文件1不具备新颖

性的情况下，权利要求 2 也不具备新颖性。

2. 权利要求 3 的附加技术特征在对比文件 1 中也已经公开，由对比文件 1 的图 1 可知其挂钩上设置的凸部沿着横杆轴向方向有一定宽度，由图 2 可知该凸部具有弧形外表面，在挂钩挂在横杆上时，该凸部弧形外表面与横杆的外圆周表面形成线接触且平行于横杆轴线。因此，在其引用的权利要求 1 相对于对比文件 1 不具有新颖性的情况下，该权利要求也不具有新颖性。

三、权利要求 4 不符合《专利法》第 22 条第 3 款关于创造性的规定

权利要求 4 引用了权利要求 3，其整体上要求保护一种用于挂在横杆上的具有山脊状突起物的挂钩，该挂钩上的突起物与对比文件 1 所公开的挂钩上的突起物在形状上有所区别。然而，对比文件 2 公开了这种区别特征，参见对比文件 2 文字部分的最后一段和图 1 所示的衣架，该衣架具有相当于本申请挂钩的夹紧部 21，夹紧部 21 具有两个夹臂和位于夹臂圆弧形部分边沿的四个突棱，这些突棱的形状即为本申请所述的山脊形状，当挂钩挂在更大直径的横杆上时，除了夹臂圆弧形部分的四个突棱之外，夹臂的其余部分不会与横杆相接触，此时，横杆被四个具有山脊形状的突棱夹持。因此，对比文件 2 给出了将山脊形状突起物应用到对比文件 1 的挂钩上以夹持横杆的技术启示，权利要求 4 的挂钩相对于现有技术是显而易见的，不具有创造性。

综上所述，本申请的权利要求 1~3 不具有新颖性，权利要求 4 不具有创造性。

申请人应当对本通知书提出的意见予以答复。如果申请人提交修改文本，则申请文件的修改应当符合《专利法》第 33 条的规定，不得超出原说明书和权利要求书所记载的范围。

对比文件 1 的说明书相关内容

本发明涉及衣架等的挂钩，特别涉及用于展示衣物的衣架挂钩。

在服装店中，为了便于向顾客展示衣物，通常将挂有衣物的衣架通过其挂钩挂在展示架杆上。现有用于展示衣物的衣架，具有挂钩本体以及支承衣物的衣架本体。但是，这些衣架要么在展示架杆上不稳定，容易被来往顾客碰掉；要么挂钩与展示架杆配合过紧，不容易从架杆上取下。

因此，渴望提供一种用于展示衣物的衣架，它便于顾客将其从展示架杆上取下，也便于顾客在观看后重新将衣架挂到展示架杆上，同时保证衣架挂在展示架杆上稳定而不易被碰掉。

本发明提供了一种用于展示衣物的衣架，包括挂到展示架杆上的挂钩本体。该挂钩本体的内侧设有凸部和突片，用于将挂钩较为牢靠地固定在展示架杆上。该凸部可以是中空的，也可以是实体的。挂钩本体的顶部具有小突起弧，用于增大挂钩本体的弹性夹持力。本发明的挂钩可以由金属材料或塑料制成。

图 1 是本发明衣架挂钩的侧视图；
图 2 是本发明衣架挂钩的正视图。

如图 1 和图 2 所示，展示衣架具有挂钩本体 1 和支承衣物的支架（图中未示），在挂钩本体 1 的内侧设有凸部 2 和突片 3，用于夹持展示架杆 5，挂钩本体的顶部有一小突起弧 4。

对比文件 2 的说明书相关内容

本发明涉及用于悬挂服装以进行晾晒、展示和存放的衣架。

图 1 为本发明衣架的透视图；
图 2 为本发明衣架与晾衣杆相配合的示意图。

如图 1 所示，本发明的衣架包括衣架主体 1 和悬挂部件 2。衣架主体 1 与一般衣架的衣架主体相似，悬挂部件 2 与衣架主体 1 相连接。将衣物挂在衣架主体 1 上，用悬挂部件 2 顶部设置的夹紧部夹住晾衣杆或类似物，便可将衣服悬挂起来。

悬挂部件 2 包括柱体 22，柱体 22 底部设有连接衣架主体 1 的嵌合部 23，柱体 22 顶部设有夹紧部 21。夹紧部 21 采用弹性材料制成，用于夹住晾衣杆或类似物。夹紧部 21 包括两个夹臂，其开口向右下方或者左下方，处于下方的夹臂底部与柱体 22 的顶端固定连接。夹紧部 21 每个夹臂的中间部位设有一个圆弧形部分，在该圆弧形部分的内表面上形成有多个与晾衣杆轴向相平行的凹槽，以防止夹紧部在晾衣杆上转动。两个夹臂的一端通过弯曲部 24 相互连接。在弯曲部 24 的外表面上以可以拆卸的方式装有钢制 U 形板簧 25，以增强夹紧部 21 的弹性夹持力。

如图 2 所示，由于夹紧部 21 的两个夹臂可以张开，因此适合于不同直径的晾衣杆 3。当晾衣杆的直径比图示晾衣杆的直径更大时，虽然夹臂的圆弧部分不能与杆紧密配合，但也能通过在圆弧形部分边缘所形成的突棱夹持晾衣杆，因而同样能够将悬挂部件 2 固定在晾衣杆上。

专利申请附图

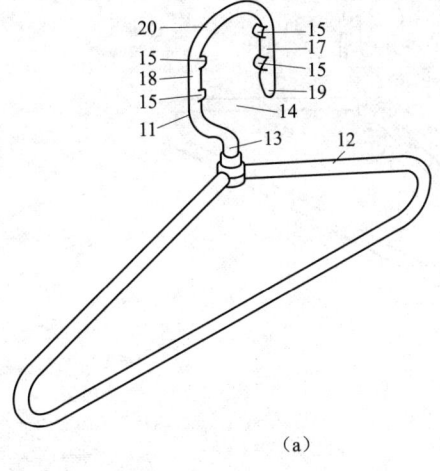
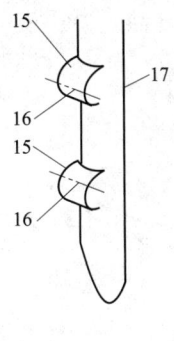

(a)　　　　　　　　(b)

图 1

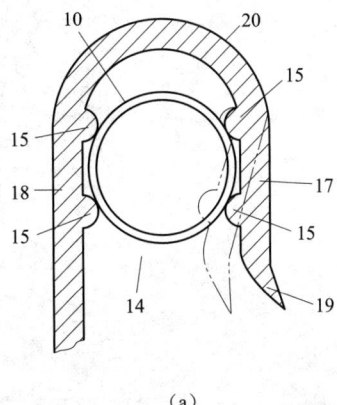
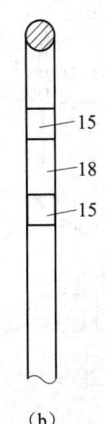

(a)　　　　　　　　(b)

图 2

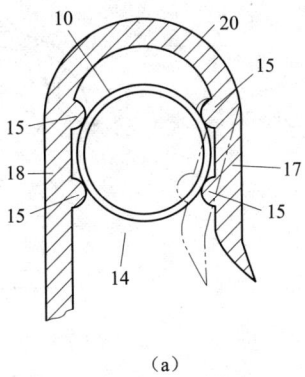
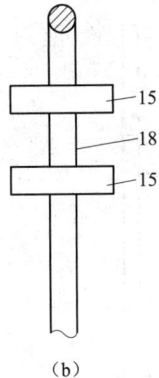

(a)　　　　　　　　(b)

图 3

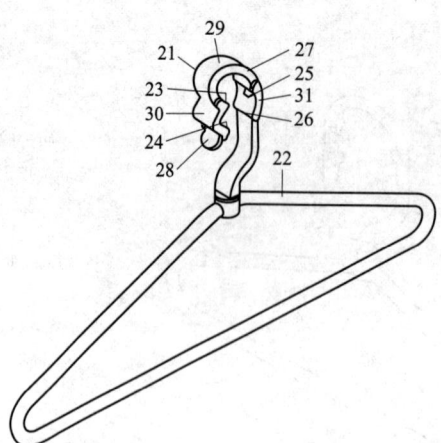

图 4

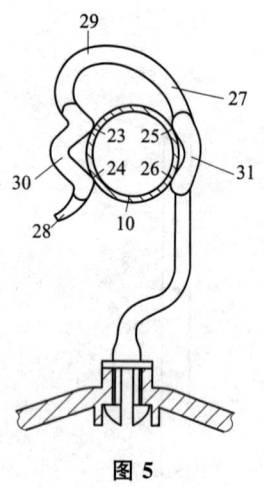

图 5

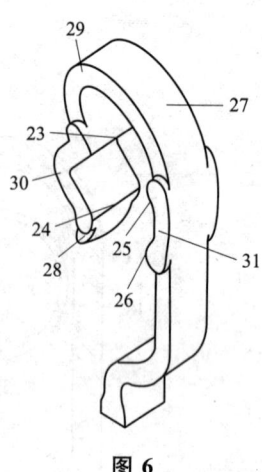

图 6

对比文件 1 附图

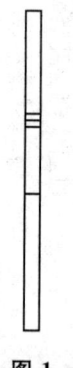

图 1

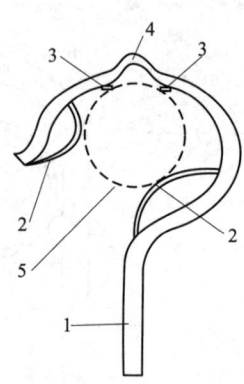

图 2

对比文件2附图

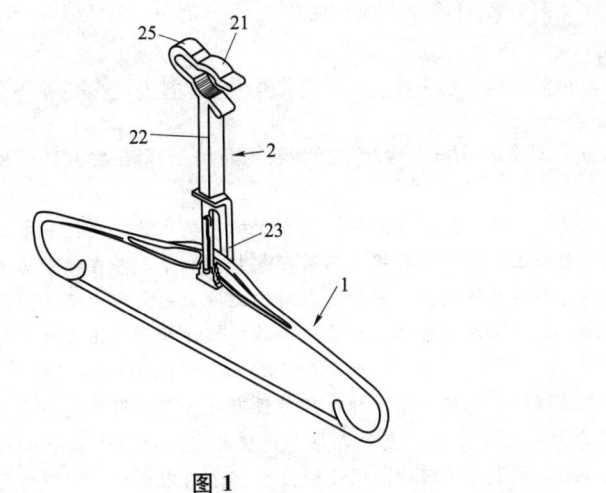
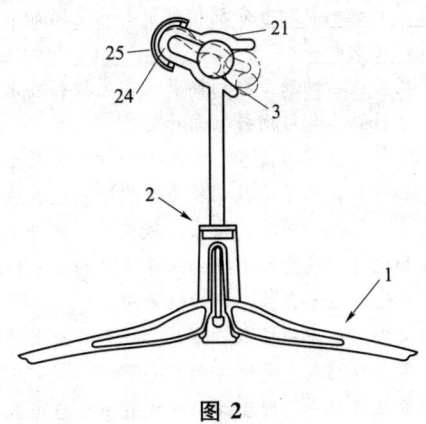

图1　　　　　　　　　　图2

参考答案

一、修改后的权利要求书

1. 一种用于挂在横杆上的挂钩，具有挂钩本体和突起物，所述挂钩本体具有两个夹持部以及连接所述夹持部上部的弯曲部，其中一个夹持部具有自由端，另一个夹持部具有与衣架本体相连接的连接端，在所述夹持部的相向内侧设有突起物，该挂钩挂在横杆上时，所述突起物与横杆的外圆周表面相接触，其特征在于：所述突起物沿横杆轴向的宽度大于挂钩本体沿横杆轴向的宽度。

2. 根据权利要求1所述的用于挂在横杆上的挂钩，其特征在于：在所述两个夹持部的相向内侧各设有两个突起物。

3. 根据权利要求1或2所述的用于挂在横杆上的挂钩，其特征在于：在与横杆轴线平行的方向上，所述突起物与横杆外圆周表面形成线接触。

4. 根据权利要求3所述的用于挂在横杆上的挂钩，其特征在于：所述突起物呈山脊形状。

二、意见陈述书

尊敬的审查员：

本意见陈述书是针对国家知识产权局专利局于××年×月×日就CN××××××××.×号发明专利申请发出的第一次审查意见通知书的答复，随此意见陈述书附上重新撰写的权利要求书和修改后的说明书替换页。

（一）修改说明

申请人基本同意审查意见通知书中的第1～4条审查意见，并根据《专利法实施细则》第51条第3款的规定，对权利要求书进行了如下修改：

1. 修改了独立权利要求1，将原权利要求的全部技术特征作为修改后权利要求的前序部分，并增加了区别技术特征：所述突起物沿横杆轴向的宽度大于挂钩本体沿横杆轴向的宽度，以使修改后的权利要求满足《专利法》第22条中规定的新颖性和创造性。修改后的独立权利要求1的技术方案来自于说明书第二、第三两个实施例、说明书最后一段文字、说明书附图中的图3（b）、图4。

2. 将原从属权利要求2调整为引用新修改的独立权利要求1，以使修改后的权利要求满足《专利法》第22条中规定的新颖性和创造性。修改后的权利要求2的技术方案来自于说明书第一、第三两个实施例，同时结合说明书最后一段文字和第二个实施例，以及说明书附图中的图3（a）、图3（b）、图4、图5、图6。

3. 将原从属权利要求3调整为择一引用新修改的独立权利要求1以及新修改的从属权利要求2，以使修改后的权利要求满足《专利法》第22条中规定的新颖性和创造性。由于该权利要求限定的技术方案包含在原权利要求1、2之中，所以该修改符合《专利审查指南2010》中关于权利要求修改的规定。修改后的权利要求3的技术方案来自于说明书第一、第三两个实施例，同时结合说明书最后一段文字和第二个实施例，以及说明书附图中的图3（a）、图3（b）、图4、图5、图6。

4. 将原从属权利要求4调整为引用新修改的从属权利要求3，以使修改后的权利要求满足《专利法》第22条中规定的新颖性和创造性。同时将原从属权利要求4的主题名称修改为：用于挂在横杆上的挂钩，使其与所引用的权利要求的主题名称相一致，以满足《专利法实施细则》第22条第1款的规定。修改后的权利要求的技术方案来自于说明书第三个实施例、说明书最后一段文字、说明书附图中的图4。

以上修改均未超出原始说明书和权利要求书所记载的范围,符合《专利法》第33条的规定,并且上述修改也是针对通知书指出的缺陷进行修改,符合《专利法实施细则》第51条第3款的规定。

(二)修改后权利要求的新颖性和创造性

修改后的权利要求书分别相对审查意见通知书引用的对比文件1或对比文件2具有《专利法》第22条第2款规定的新颖性,理由如下:

本发明修改后的独立权利要求1在原权利要求技术方案的基础上增加了区别技术特征:"所述突起物沿横杆轴向的宽度大于挂钩本体沿横杆轴向的宽度。"

对比文件1披露的技术方案是:一种用于展示衣物的衣架,包括挂到展示架杆上的挂钩本体,该挂钩本体的内侧设有凸部和突片,用于将挂钩较为牢靠地固定在展示架杆上,便于顾客将其从展示架杆上取下,并在观看后重新将衣架挂到展示架杆上,同时保证衣架挂在展示架杆上稳定而不易被碰掉。不论是在对比文件1的文字中还是附图中均未披露凸部和突片的宽度大于挂钩本体宽度的技术特征,因此本发明独立权利要求1的技术方案与对比文件1相比符合《专利法》第22条第2款中新颖性的规定。

对比文件2披露的技术方案是:一种衣架上的悬挂部件,包括柱体,柱体顶部设有夹紧部,用于夹住晾衣杆或类似物,夹紧部包括两个夹臂,两个夹臂的一端通过弯曲部相互连接,夹紧部每个夹臂的中间部位设有一个圆弧形部分,在该圆弧形部分的内表面上形成有多个与晾衣杆轴向相平行的凹槽,所述圆弧形部分的内表面上的凹槽可以防止夹紧部在晾衣杆上转动,当晾衣杆的直径比图示晾衣杆的直径更大时,能通过在圆弧形部分分边缘所形成的突棱夹持晾衣杆,将悬挂部件固定在晾衣杆上。不论是在对比文件2的文字中还是附图中均未披露凹槽和突棱的宽度大于夹紧部宽度的技术特征,因此本发明独立权利要求1的技术方案与对比文件2相比符合《专利法》第22条第2款中新颖性的规定。

由于修改后的从属权利要求2、3、4均为独立权利要求1的从属权利要求,因此,这些从属权利要求分别与对比文件1或者对比文件2相比,也都符合《专利法》第22条第2款中新颖性的规定。

修改后的权利要求书相对审查意见通知书引用的对比文件1和对比文件2具有《专利法》第22条第3款规定的创造性,理由如下:

对比文件1、2与本发明的技术领域相同,但由于对比文件1与本发明要解决的技术问题更为相近,所披露的技术特征也更多,因此对比文件1是本发明最接近的现有技术。与对比文件1相比,本发明修改后独立权利要求1存在的区别技术特征是:所述突起物沿横杆轴向的宽度大于挂钩本体沿横杆轴向的宽度,由于存在上述区别特征,该权利要求的技术方案解决了如下技术问题:增强挂钩本体在横杆上的固定性能,使之不容易在横杆上产生滑动和扭动,并且不需要采用较粗的材料就能获得更好的固定性能。对比文件1中既没有未披露上述区别技术特征,也没有给出解决上述技术问题的启示,而对比文件2中同样也没有披露上述区别技术特征,没有给出解决上述技术问题的启示。并且这样的技术特征也不是本领域技术人员用来解决该技术问题的公知常识,因此本领域技术人员将现有技术与本领域的公知常识结合起来,也不能得到将此区别特征用来解决本发明所解决的技术问题的启示。也就是说,本领域技术人员由对比文件1、2及公知常识都不能结合得到修改后权利要求1的技术方案,因此该权利要求相对上述两项现有技术和公知常识具有突出的实质性特点。由于采用修改后独立权利要求1的技术方案能够使钩本体不容易在横杆上产生滑动和扭动,不需要采用较粗的材料就能获得更好的固定性能,因此该权利要求的技术方案也具有显著的进步。综上所述,修改后的独立权利要求1相对于上述两项现有技术具有《专利法》第22条第3款规定的创造性。

修改后的从属权利要求2、3、4均为修改后独立权利要求1的从属权利要求,由于修改后的独立权利要求1具有创造性,因此这些从属权利要求相对于上述两项现有技术也具有《专利法》第22条第3款规定的创造性。

综上所述,修改后的申请文件已经克服了第一次审查意见通知书中所指出的各种缺陷,符合《专利法》、《专利法实施细则》和《专利审查指南2010》的有关规定,希望审查员在考虑上述陈述意见后,能早日批准本申请为发明专利。如果审查员在继续审查过程中认为本申请还存在其他缺陷,希望能再给申请人一次修改专利申请文件或者会晤的机会,以便同审查员进一步交换意见,申请人及代理人也将会极力配合审查员的工作。

专利代理人:×××(电话:××××××××)

三、答题思路分析

本题中,第一次审查意见通知书中针对原权利要求书所提出的审查意见都是正确的,因此只能通过寻找新的技术特征以克服通知书中指出的新颖性创造性缺陷。此外,原从属权利要求4所引用的主题名称错误,虽然在审查意见通知书中没有指出该问题,但也应该主动将其修改,这样的修改虽然不是针对审查意见通知书中指出的缺陷进行的,但仍属于可以被接受的修改。

《专利审查指南2010》2-8-5.2.1.3"答复审查意见通知书时的修改方式"中规定:"当出现下列情况时,即使修改的内容没有超出原说明书和权利要求书记载的范围,也不能被视为是针对通知书指出的缺陷进行的修改,因而不予接受。……(4)主动增加新的独立权利要求,该独立权利要求限定的技术方案在原权利要求书中未出现过。(5)主动增加新的从属权利要求，该从属权利要求限定的技术方案在原权利要求书中未出现过。"上述规定之（5）是新修订的《专利审查指南2010》中增加的规定，根据上述规定，今后在答复审查意见时不仅不能再增加任何新的独立权利要求，也不能再增加任何新的从属权利要求。因此，本题只能在修改后的权利要求书中保留原有的从属权利要求，而不能增加任何新的从属权利要求或独立权利要求，所以本题如今只能写成类似参考答案中那样的4项权利要求。

此外，如果本题目不是答复审查意见，而是在参考对比文件1、2的基础上重新撰写权利要求，那么可以考虑撰写为如下的权利要求：

"1. 一种用于挂在横杆上的挂钩，具有挂钩本体和突起物，所述挂钩本体具有两个夹持部以及连接所述夹持部上部的弯曲部，其中一个夹持部具有自由端，另一个夹持部具有与衣架本体相连接的连接端，在所述夹持部的相向内侧设有突起物，该挂钩挂在横杆上时，所述突起物与横杆的外圆周表面相接触，其特征在于，所述突起物沿横杆轴向的宽度大于挂钩本体沿横杆轴向的宽度。

2. 根据权利要求1所述的挂钩，其特征在于：在与横杆轴线平行的方向上，所述突起物与横杆外圆周表面形成线接触。

3. 根据权利要求1所述的挂钩，其特征在于：分设在两个夹持部上的一对突起物之间的间隔小于横杆的外径。

4. 根据权利要求1所述的挂钩，其特征在于：在所述两个夹持部的相向内侧各设有两个突起物。

5. 根据权利要求4所述的挂钩，其特征在于：所述两个夹持部中每一夹持部上的两个突起物之间的连接部分均呈V形凹陷。

6. 根据权利要求1至5中任一项所述的挂钩，其特征在于：所述突起物呈山脊形状。

7. 根据权利要求1至5中任一项所述的挂钩，其特征在于：所述弯曲部上设有一个迂回部，该迂回部的曲率半径小于弯曲部其他部位的曲率半径。

8. 根据权利要求7所述的挂钩，其特征在于：所述迂回部位于弯曲部上远离横杆的位置。

9. 根据权利要求1至5中任一项所述的挂钩，其特征在于：该挂钩整体呈弯曲的板状或者弯曲的棒状。

10. 一种衣架，包括衣架本体，其特征在于：还包括如权利要求1至9中任一项所述的挂钩，所述挂钩与衣架本体为一体成形或者分体组装成形。"

采取上述方式重新撰写的权利要求，包括了更多的实施方案的组合，保护范围较宽，并且具有更好保护梯度，能够更充分地维护委托人的利益。由于上述权利要求涵盖了更多实施方式的组合，因此可以建议发明人补充一些新的实施例，以使这样撰写的权利要求能够更好地得到说明书的支持。

第十章 2007年专利代理实务试题及参考答案

试题说明

本专利代理实务试题包括第一题和第二题。

第一题 无效实务题

专利权人张某拥有一项其自行撰写的实用新型专利,名称为"包装体",专利号为ZL01234567.8。某请求人针对该专利于2007年6月4日向专利复审委员会提出无效宣告请求,请求宣告该专利全部无效。请求人在提出无效请求的同时提交了对比文件1和2。

随后,请求人于2007年7月12日提交了补充意见和对比文件3。

假设应试者所在代理机构在接受专利权人张某委托后,指派应试者具体承办该无效案件。要求应试者:

1. 针对无效宣告请求撰写一份正式提交专利复审委员会的意见陈述书;
2. 修改权利要求书;
3. 简述专利法及其实施细则以及审查指南中关于无效期间专利文件修改的有关规定。

应试者针对无效请求撰写意见陈述书时可结合修改后的权利要求书进行,并应当依据专利法及其实施细则和审查指南的相关规定及本试卷所提供的事实进行有理有据的答辩。

第二题 撰写实务题

假设客户委托应试者所在代理机构代理一件发明专利申请,同时提供了其发明的包装体的技术说明,并提供了三份对比文件。代理机构接受该委托后指定应试者具体办理该项专利申请事务。

请应试者根据客户所提供的技术说明,考虑对比文件1~3所反映的现有技术,为客户撰写一份发明专利申请的权利要求书。所撰写的发明专利申请权利要求书应当既符合专利法、专利法实施细则及审查指南的相关规定,又具有尽可能宽的保护范围以最大限度地维护申请人利益。

如果所撰写的发明专利申请权利要求书中包含两项或者两项以上独立权利要求,请简述这些独立权利要求能够合案申请的理由。如果应试者认为该申请的一部分内容应当通过一份或多份分案申请提出,则应当进行相应说明,并撰写出分案申请的独立权利要求。

答题须知

1. 作为考试,应试者在完成无效实务题及撰写实务题时应当接受并仅限于本试卷所提供的事实。同时,应试者在完成无效实务题的过程中不必考虑本试卷提供的三份专利文件的真实性问题,应将其均视为真实、公开的专利文件。

2. 应试者应当将无效实务题和撰写实务题的答案写在正式答题卡的答题区域内。

实用新型专利授权公告的专利文件

[19] 中华人民共和国国家知识产权局

[12] 实用新型专利说明书

[21] ZL 专利号 01234567.8

[45] 授权公告日 2002 年 10 月 28 日

[11] 授权公告号 CN 2521234Y

[22] 申请日 2001.10.11

[21] 申请号 01234567.8

[73] 专利权人 张××

(其余著录项目略)

权 利 要 求 书

1. 一种用于封装可产生或吸收气体的物质的包装体，其特征在于：所述包装体包括由不透气性材料构成的不透气性外包装层和由透气性材料构成的透气性内包装层，可吸收或产生气体的物质封装在所述透气性内包装层内。

2. 根据权利要求 1 所述包装体，其特征在于：还包括一个带状部件。

3. 根据权利要求 1 所述包装体，其特征在于：所述透气性内包装层和不透气性外包装层粘接在一起，所述包装体通过密封口封住，所述带状部件粘接在所述不透气性外包装层的外表面上，所述带状部件与所述不透气性外包装层之间的粘接力大于所述不透气性外包装层与所述透气性内包装层之间的粘接力，当沿着与所述不透气性外包装层外表面成一定角度的方向牵拉所述带状部件时，可使所述不透气性外包装层撕开，使所述透气性内包装层的至少一部分暴露于外。

说 明 书

包 装 体

技术领域

本实用新型涉及一种包装体，用于封装可吸收或产生气体的物质。

背景技术

利用透气性材料制成包装体来封装活性炭、樟脑等可吸收或产生气体的物质，这项技术已经为人们所熟知。然而，这种用透气性材料制成的包装体存在易使其内封装物质的效力在非使用状态下逐渐减退的缺点。

发明内容

为克服现有包装体的上述缺点，本实用新型提供一种能够有效防止其内封装物质效力减退且使用方便的包装体。该包装体用于封装可产生或吸收气体的物质。

本实用新型提供一种包装体，包括由不透气性材料构成的不透气性外包装层和由透气性材料构成的透气性内包装层，可吸收或产生气体的物质封装在透气性内包装层内。

本实用新型另一方面提供一种包装体，包括由不透气性材料构成的不透气性外包装层和由透气性材料构成的透气性内包装层，透气性内包装层和不透气性外包装层粘接在一起，可吸收或产生气体的物质封装在透气性内包装层内。

上述包装体还包括一个带状部件。

上述包装体的透气性内包装层和不透气性外包装层粘接在一起，包装体通过密封口封住，带状部件粘接在不透气性外包装层的外表面上，带状部件与不透气性外包装层之间的粘接力大于不透气性外包装层与透气性内包装层之间的粘接力。

附图的简要说明

图 1a 是本实用新型包装体第一实施例的剖视图；

图 1b 是本实用新型包装体第一实施例的透视图；

图 2 是本实用新型包装体第二实施例的剖视图；

图 3 是本实用新型包装体第三实施例的剖视图；

图 4 是本实用新型包装体长带的透视图；

图 5 是包装体自动供给装置的示意图。

具体实施方式

下面结合附图，详细介绍本实用新型的各实施例。

图 1a 和图 1b 示出了本实用新型包装体的第一实施例。如图 1a 和图 1b 所示，包装体 1 包括由不透气性材料构成的不透气性外包装层 2 和由透气性材料构成的透气性内包装层 3。内包装层 3 和外包装层 2 粘接在一起，可吸收或产

生气体的物质4封装在透气性内包装层3内,通过密封口5将包装体1封住。一个或多个带状部件6粘接在不透气性外包装层2的外表面上,带状部件6与不透气性外包装层2之间的粘接力大于不透气性外包装层2与透气性内包装层3之间的粘接力。当沿着与不透气性外包装层2外表面成一定角度的方向牵拉带状部件6时,通过施加在其上的拉力使外包装层2和内包装层3脱离粘在一起的状态,并使外包装层2撕开从而使内包装层3的至少一部分暴露于外。此时,透气性内包装层3内封装的物质4便能发挥效力,通过吸收或释放气体而产生脱氧、干燥、除臭或者防蛀、杀菌的效果。作为该实施例的一种变形,也可以将带状部件6设置在不透气性外包装层2和透气性内包装层3之间,此时,带状部件6的两端需要从外包装层2的边缘处穿出。

图2示出了本实用新型包装体的第二实施例。如图2所示,不透气性外包装层2和透气性内包装层3仅在其周缘部分相粘接,而在其中间彼此分离形成空腔7。带状部件6设于空腔7内并粘接在不透气性外包装层2的内表面上,其两端在外包装层2的边缘处穿出。作为该实施例的一种变形,也可以将带状部件6粘接在不透气性外包装层2的外表面上。

图3示出了本实用新型包装体的第三实施例。该实施例不同于上述两个实施例,其包装体并非整体上由透气性内包装层和不透气性外包装层构成,而是大部分由单层的不透气材料构成,仅在局部设置有透气性内包装层和不透气性外包装层。当不透气性外包装层被撕开后,将会在包装体上形成透气性窗口。如图3所示,封装物质4的包装层8包括由不透气性材料构成的不透气性部分9和由透气性材料构成的透气性部分10,在透气性部分10上粘有不透气性薄膜11,带状部件6粘接在不透气性薄膜11的外表面上,带状部件6与不透气性薄膜11之间的粘接力大于不透气性薄膜11与透气性部分10之间的粘接力。透气性部分10与不透气性部分9可以整体形成也可以分体形成。两者整体形成时,只需在不透气性材料上局部穿孔即可;两者分体形成时,可以通过将无纺布等透气性材料对接或搭接在不透气性部分9上而实现。

本实用新型包装体的透气性包装层可以采用纸、无纺布、有孔的塑料或铝箔薄膜等材料制成。如果透气性包装层以纸或无纺布为材料,则优选经过疏水性和/或疏油性处理的纸或无纺布。本实用新型包装体的不透气性包装层可以采用铝箔或铜箔等金属薄膜或者各种塑料薄膜制成。本实用新型包装体的带状部件可以采用塑料或金属等材料制成。

本实用新型包装体不仅具有能够有效防止其内封装物质在非使用状态下效力减退的优点,而且使用方便,只需沿与不透气性包装层外表面成一定角度的方向牵拉上述带状部件便可使透气性包装层暴露在外部环境中,从而使包装体内封装的物质发挥效力。本实用新型包装体还特别适用于向生产流水线等应用场所实行连续供给。

为实现连续供给,就需要将本实用新型包装体加工成如图4所示的包装体长带12。该包装体长带12由各小袋包装体1连接而成,小袋包装体1可以为前面各实施例中所述的包装体之一,在各相邻小袋包装体1之间形成连接部13。包装体长带12上所有小袋包装体1的带状部件6彼此相连,形成一条连续的带状部件6。该连续的带状部件6延伸至包装体长带12至少一端之外,形成具有一定长度的空余端头14。该连续的带状部件6应当具有在连续牵拉过程中不会被拉断的抗拉强度。

本实用新型包装体的具体供给过程包括:将连续带状部件6的空余端头14缠绕在用于牵拉装置上的工序;沿与不透气性包装层外表面成一定角度的方向牵拉连续带状部件6从而使透气性包装层暴露出来的工序;沿连接部13将包装体长带12依次切断成各个小袋包装体1的工序;将各小袋包装体1逐个向规定场所供给的工序。

图5是一种包装体自动供给系统的示意图。如图5所示,该自动供给系统包括旋转辊组15、牵拉剪切机16和滑槽17。旋转辊组15设置在牵拉剪切机16的斜上方,其包括两个从动旋转辊18、19和一个与驱动装置直接相连的主动旋转辊20。旋转辊组15用于将连续的带状部件6从包装体上剥离下来,从而使透气性包装层暴露在外部环境中。被剥离下来的连续带状部件6被卷绕在主动旋转辊20上。牵拉剪切机16用于将包装体长带12拉入其内并沿各连接部13将包装体长带12切断成多个小袋包装体1。各小袋包装体1将通过滑槽17被依次投放到相应场所。在自动供给系统开始工作之前,需要将连续带状部件6的空余端头14预先缠绕在旋转辊组15上。

上面结合附图对本实用新型的实施例作了详细说明,但是本实用新型并不限于上述实施例,在本领域普通技术人员所具备的知识范围内,还可以在不脱离本实用新型宗旨的前提下作出各种变化。例如,本实用新型中的带状部件也可以采用绳状等其他可以实现其功能的任何形状。

专利权无效宣告请求书所附的具体意见陈述

本请求人×××有限公司请求宣告专利号为ZL01234567.8、名称为"包装体"的实用新型专利全部无效。

本请求人根据《专利法》第四十五条以及《专利法实施细则》第六十四条的规定提出无效宣告请求,认为上述实用新型专利的权利要求1~3不符合《专利法》第二十二条第二款和第三款有关新颖性和创造性的规定,权利要求2、3不符合《专利法实施细则》第二十条第一款的规定,请求专利复审委员会宣告该实用新型专利全部无效。本请求人请求宣告该专利权无效的具体理由如下:

(一)

该专利权利要求1~3不具备新颖性,不符合《专利法》第二十二条第二款的规定。

1. 请求人认为该专利的权利要求1~3相对于对比文件1不具备新颖性。

对比文件1公开了一种盛装防蛀干燥药物的药袋，由内外包装袋构成。其中在外包装塑料袋内装有一个透气性好的无纺布内包装袋，无纺布内包装袋中盛装颗粒状或粉状防蛀干燥药物，外包装塑料袋口用热封线密封。使用时将外包装塑料袋撕开，将盛有药物的无纺布内包装袋放置于箱子或衣柜内，即可发挥防蛀、防潮、防霉变的作用，且不会污染衣物和书籍。该药袋的优点是：其外包装塑料袋密封后可防止袋内药物挥发失效，延长药物保存期；同时无纺布内包装袋具有良好的透气性，可充分发挥药效，且不会污染衣物、书籍等物品。

该专利的权利要求1是：一种用于封装可产生或吸收气体物质的包装体，其特征在于：所述包装体包括由不透气性材料构成的不透气性外包装层和由透气性材料构成的透气性内包装层，可吸收或产生气体的物质封装在透气性内包装层内。

通过对比可以看出，权利要求1的技术内容已经完全被对比文件1公开了。具体地说，对比文件1中的外包装塑料袋即是权利要求1的不透气性外包装层，无纺布内袋即为透气性内包装层，防蛀药物即为可吸收或产生气体的物质。可见，权利要求1的技术方案与对比文件1公开的技术方案完全相同，并且二者实现了完全相同的目的，既能保证在使用时充分发挥药效，又能在不使用时防止药物失效。因此，权利要求1相对于对比文件1而言不具备新颖性，不符合《专利法》第二十二条第二款的规定，不应当被授予专利权。

同理对比文件1公开的内容也完全破坏了权利要求2、3的新颖性，权利要求2、3也应当被宣告无效。

2. 请求人认为相对于对比文件2，该专利的权利要求1～3都不具备新颖性。

对比文件2公开的也是包装挥发性物质的包装体，包括其上制有多个凸罩的不透气性塑料硬片和平面型不透气性塑料硬片，以及多个由透气性纸片制成的封装有挥发性物质的透气性内袋。在每个凸罩内放置一个透气性内袋，在不透气性塑料硬片的平面部分以及各个透气性内袋上涂敷粘接剂，使不透气性塑料硬片和透气性内袋粘接在平面型不透气性塑料硬片上。

对比看出，对比文件2也已公开了权利要求1的技术方案，同样取得了使用方便又能在使用之前确保挥发性物质不降低功效的效果，因此权利要求1不具备新颖性。

同理，权利要求2、3的技术方案也是现有技术中早已存在的了，也不具备新颖性。

（二）

该专利权利要求1～3不具备创造性，不符合《专利法》第二十二条第三款的规定。

1. 请求人认为权利要求1～3与对比文件1公开的技术相比不具备创造性。

如上所述，对比文件1已经公开了与权利要求1技术方案完全相同的方案，破坏其新颖性，则对比文件1也当然破坏权利要求1的创造性。

虽然该专利的权利要求2增加了带状部件，权利要求3增加了很多其他具体技术特征，但是，这些特征都是本领域的常规技术，并没有带来什么有益效果，因此权利要求2、3同样不具备创造性，不符合《专利法》第二十二条第三款的规定。

2. 请求人认为权利要求1～3与对比文件2公开的技术相比不具备创造性。

如上所述，对比文件2公开了外面为不透气性硬片，里面是透气性内袋的方案，使得权利要求1无新颖性，则权利要求1也当然不具备创造性。此外该专利的权利要求2、3虽然增加了带状部件、粘结力等限定，但这些都是很容易想到的，没有带来什么有益效果，根本不具备创造性。

（三）

该专利权利要求2、3保护范围不清楚，不符合《专利法实施细则》第二十条第一款❶的规定。

1. 该专利的权利要求2是权利要求1的从属权利要求，其中增加了附加技术特征"带状部件"。但是该带状部件是什么部件以及它与权利要求1中其他部件之间的连接关系如何，仅从其名称是不得而知的，由此导致该权利要求的保护范围不清楚，不符合《专利法实施细则》第二十条第一款❷的规定。

2. 该专利的权利要求3是权利要求1的从属权利要求，其中指出"所述带状部件"如何如何，但权利要求1中根本没有所谓的带状部件，权利要求3中增加的诸多关于带状部件的限定毫无基础，因此权利要求3保护范围也是不清楚的，不符合《专利法实施细则》第二十条第一款❸的规定。

综上所述，该专利的权利要求1～3不具备《专利法》第二十二条第二款、第三款规定的新颖性和创造性，权利要求2、3不符合《专利法实施细则》第二十条第一款❹的规定，因此，请求专利复审委员会宣告该实用新型专利全部无效。

请求人　×××有限公司
2007年6月4日

---

❶❷❸❹ 此处指的是2001年7月1日实施的《专利法实施细则》。由于该无效发生的日期为2007年6月4日，因此还不能适用2009年10月1日实施的《专利法》。今后再有类似情形时应适用2009年10月1日实施的《专利法》第26条第4款。

对比文件1

[19] 中华人民共和国国家知识产权局

[12] **发明专利申请公开说明书**

[21] 申请号 01165432.1

[43] 公开日 2002年4月17日　　　　　　　　　　　　　　[11] 公开号 CN 1345678A

[22] 申请日 2001.11.7

[30] 优先权

[32] 2000.11.8　[33] JP　[31] 276543/2000

[71] 申请人 XYZ株式会社

（其余著录项目略）

对比文件1说明书相关内容

本发明提供一种防蛀干燥药袋。

附图是该防蛀干燥药袋的结构示意图。

如图所示，本发明所述防蛀干燥药袋由内外包装袋构成，其中在外包装塑料袋1内装有一个透气性好的无纺布内包装袋2，在无纺布内包装袋2中盛装有颗粒状或粉状防蛀干燥药物3，外包装塑料袋1的袋口有热封线4，无纺布内包装袋2的袋口有热封线5。

使用时，将外包装塑料袋1撕开，将盛有药物的无纺布内包装袋2取出，之后将盛有药物3的无纺布内包装袋2放置于衣柜或箱子内，便可对衣物或书籍起到良好的防虫蛀、防潮、防霉变作用，且不会污染衣物或书籍。本发明与已有技术相比具有如下优点：其外包装塑料袋1密封后可防止袋内药物挥发失效，延长药物保存期；其无纺布内包装袋2具有良好的透气性，可充分发挥药效，且不会污染存放物品。

对比文件2

[19] 中华人民共和国国家知识产权局

[12] **发明专利申请公开说明书**

[21] 申请号 97176543.1

[43] 公开日 1999年1月9日　　　　　　　　　　　　　　[11] 公开号 CN 1234567A

[22] 申请日 1997.6.25

（其余著录项目略）

对比文件2说明书相关内容

本发明涉及一种用于包装挥发性物质的复合包装体。

图1是本发明所述复合包装体的透视图。

图2是图1中A-A截面的剖视图。

如图1和图2所示，本发明所述复合包装体包括其上制有多个凸罩1的不透气性塑料硬片2和平面型不透气性塑料硬片3，以及多个由透气性纸片制成的封装有挥发性物质4的透气性内袋5。在每个凸罩1内放置一个透气性内袋5，在不透气性塑料硬片2的平面部分以及各个透气性内袋5上涂敷粘接剂，使不透气性塑料硬片2和透气性内袋5粘接在平面型不透气性塑料硬片3上。各个凸罩1之间的不透气性塑料硬片2和3上形成有分割线6。

在使用时，沿分割线6取下至少带有一个凸罩1的不透气性塑料硬片，再将平面型不透气性塑料硬片3从不透气性塑料硬片2上撕下，之后便可将带有至少一个透气性内袋5的不透气性塑料硬片2放在应用场所。由此可见，本发明所述复合包装体具有使用方便的优点，而且在使用之前，可以确保包装体内封装的挥发性物质不会降低功效。

对比文件 3

[19] 中华人民共和国国家知识产权局

[12] **发明专利申请公开说明书**

[21] 申请号 97165432.1

[43] 公开日 1998 年 8 月 19 日

[11] 公开号 CN 1223567A

[22] 申请日 1997.1.29

（其余著录项目略）

对比文件 3 说明书相关内容

本发明涉及一种干燥剂包装体及其供给方法。

图 1 是由透气性材料构成的小袋包装体的剖视图。

图 2 是装有多个图 1 所示小袋包装体的不透气性外包装袋的透视图。

如图 1 所示，用透气性材料制成的小袋包装体 1 内封装有干燥剂 2。将多个如图 1 所示的小袋包装体装入如图 2 所示的不透气性外包装袋 3 中。在将不透气性外包装袋 3 运送到需要供给干燥剂小袋包装体的场所之后，再将封装有干燥剂 2 的小袋包装体 1 从不透气性外包装袋 3 中取出，分别填充到例如食品袋等相应容器中去。

请求人补交对比文件 3 时所附的书面说明

本请求人于 2007 年 6 月 4 日针对该专利提出了无效宣告请求，并结合所提交的对比文件 1、2 详细说明了请求无效的理由，现补充提交对比文件 3 证明该专利权利要求 1 不具备新颖性。具体理由如下：

对比文件 3 描述的技术是，用透气性材料制成小袋包装体，其内封装干燥剂，再将多个小袋包装体装入不透气性外包装袋中。在将不透气性外包装袋运送到需要供给干燥剂小袋包装体的场所之后，再将小袋包装体从外包装袋中取出，分别填到例如食品袋等相应容器中去。对比可知，该专利的权利要求 1 已经完全被对比文件 3 所公开，所以不具备新颖性。

综上所述，本请求人认为该专利不具备《专利法》第二十二条第二款规定的新颖性，不应当被授予专利权。请求专利复审委员会宣告该专利全部无效。

说明书附图

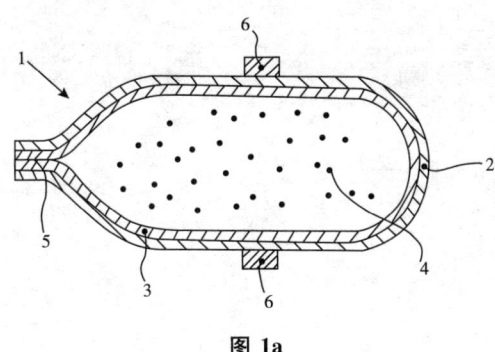

图 1a

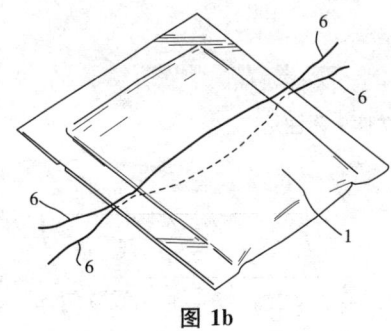

图 1b

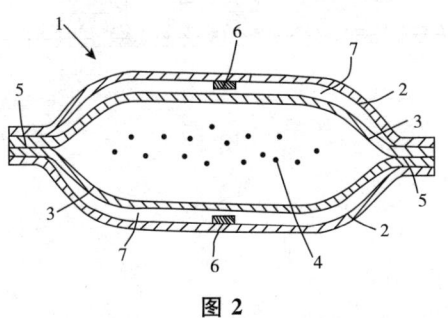

图 2

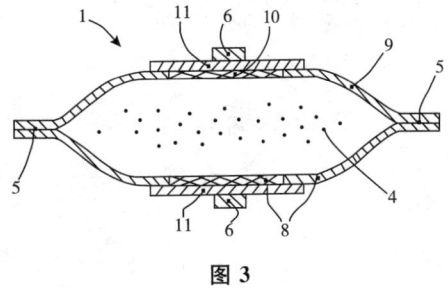

图 3

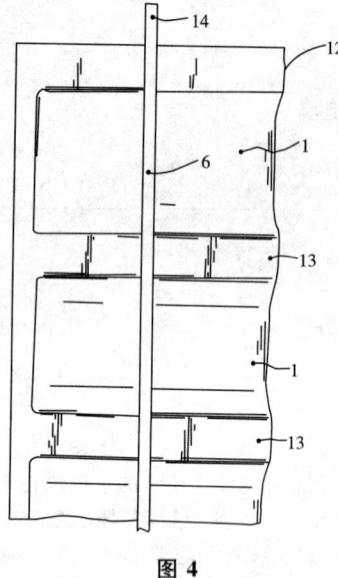
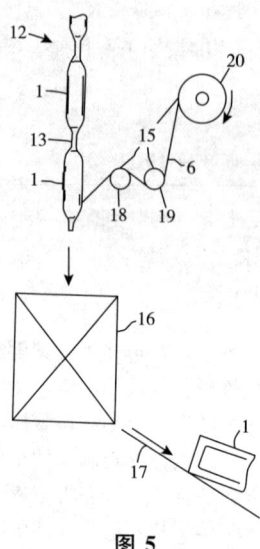

图 4   图 5

对比文件 1 附图

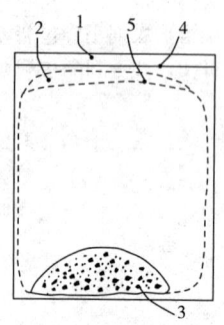

对比文件 2 附图

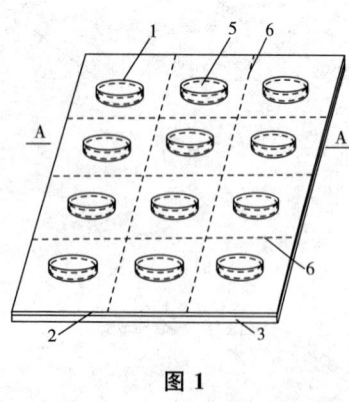
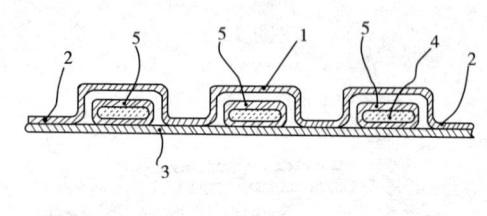

图 1   图 2

对比文件3附图

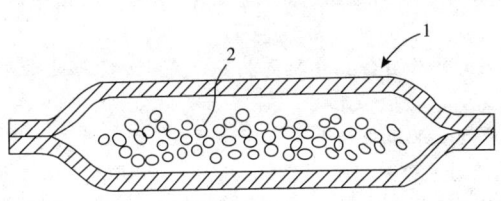
图1

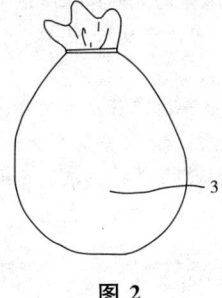
图2

参 考 答 案

一、无效实务题

(一) 针对无效请求书修改的权利要求书

1. 一种用于封装可产生或吸收气体的物质的包装体，其特征在于，

所述包装体包括：由不透气性材料构成的不透气性外包装层和由透气性材料构成的透气性内包装层，及一个带状部件；

可吸收或产生气体的物质封装在所述透气性内包装层内，所述透气性内包装层和不透气性外包装层粘接在一起，所述包装体通过密封口封住；

所述带状部件粘接在所述不透气性外包装层的外表面上，所述带状部件与所述不透气性外包装层之间的粘接力大于所述不透气性外包装层与所述透气性内包装层之间的粘接力，当沿着与所述不透气性外包装层外表面成一定角度的方向牵拉所述带状部件时，可使所述不透气性外包装层撕开，使所述透气性内包装层的至少一部分暴露于外。

(二) 针对无效请求书撰写的意见陈述书

尊敬的专利复审委员会：

本人是专利号为ZL01234567.8、名称为"包装体"的实用新型专利（以下简称"本专利"）的专利权人。本专利权人日前接到了专利复审委员会转来的无效请求人×××有限公司于2007年6月4日提交的《专利权无效宣告请求书》以及同时提交的对比文件1和2，随后又收到转来的该请求人于2007年7月12日提交的补充意见和对比文件3。现本专利权人针对无效请求人提出的所有无效意见、理由以及证据提出如下答辩意见：

1. 无效请求人提交的证据及意见的效力。

首先，《专利法实施细则》中规定，无效请求人应在提出无效宣告请求之日起1个月内增加理由或者补充证据。无效请求人于2007年6月4日提出的无效请求，却于2007年7月12日才提交补充意见和对比文件3，已经超过了一个月的举证期限，并且也不属于《专利审查指南2010》中规定的例外情况，因此对于该次提交的补充意见和对比文件3，专利复审委员会应当全部不予考虑。

其次，本专利的申请日是2001年10月11日，授权公告日为2002年10月28日。对比文件1是一项2001年11月7日申请的中国发明专利，公开日为2002年4月17日，优先权日是2000年11年8日。由于对比文件1的申请日晚于本专利的申请日，因此只有在其能够享有优先权的情况下，才能作为评价本专利新颖性的对比文件，所以请求专利复审委员会核实该优先权是否成立。此外，即使该优先权能够成立，其也仅能用于评价本专利新颖性而不能用于评价本专利的创造性。

2. 针对无效请求人提出的理由和证据，专利权人对权利要求书进行了修改，修改后的权利要求书已经符合《专利法》、《专利法实施细则》以及《专利审查指南2010》中的各项规定。

专利权人将原独立权利要求1删除，将原从属权利要求2、3合并后作为新的独立权利要求1。修改后的权利要求1的技术方案来自于说明书第一、第二和第三个实施例，以及说明书附图中的图1a、图1b、图2、图3。上述修改没有超出原说明书和权利要求书记载的范围，也没有扩大原专利的保护范围，符合《专利法》、《专利法实施细则》以及《专利审查指南2010》中关于无效宣告程序中专利文件修改的各项规定。

修改后的权利要求书分别相对于对比文件1或对比文件2具有《专利法》第22条第2款规定的新颖性，理由如下：

即使对比文件1能够享有优先权，其也不能影响本专利的新颖性。对比文件1公开了一种盛装防蛀干燥药物的药袋，由内外包装袋构成。不论是在对比文件1的文字中还是附图中均未披露修改后的独立权利要求1中的如下区别特

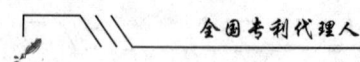

征:"还包括一个带状部件,所述带状部件粘接在所述不透气性外包装层的外表面上,所述带状部件与所述不透气性外包装层之间的粘接力大于所述不透气性外包装层与所述透气性内包装层之间的粘接力,当沿着与所述不透气性外包装层外表面成一定角度的方向牵拉所述带状部件时,可使所述不透气性外包装层撕开,使所述透气性内包装层的至少一部分暴露于外。"因此修改后独立权利要求1的技术方案与对比文件1相比符合《专利法》第22条第2款中新颖性的规定。

对比文件2中也未披露独立权利要求1中的上述区别特征,因此修改后独立权利要求1的技术方案与对比文件2相比也符合《专利法》第22条第2款中新颖性的规定。

即使对比文件3符合举证期限的要求,由于其也未披露独立权利要求1中的上述区别特征,因此修改后独立权利要求1的技术方案与对比文件3相比也符合《专利法》第22条第2款中新颖性的规定。

修改后的权利要求书相对于对比文件2和公知常识具有《专利法》第22条第3款规定的创造性,理由如下:

由于对比文件1最多只能作为评价本专利新颖性的对比文件,因此其不能用于评价本发明的创造性。

与对比文件2相比,修改后的独立权利要求1存在着前述的区别特征,并且解决了在使用方便的同时有效防止其内封装物质在非使用状态下效力减退的技术问题。对比文件2中既没有未披露上述区别技术特征,也没有给出解决上述技术问题的启示,并且这样的技术特征也不是本领域技术人员用来解决该技术问题的公知常识,因此本领域技术人员将对比文件2与公知常识结合也不能得到修改后权利要求1的技术方案,因此该权利要求相对现有技术和公知常识具有突出的实质性特点。由于采用修改后独立权利要求1的技术方案的包装体使用更加方便,并且能有效防止其内封装物质在非使用状态下效力减退,因此该权利要求的技术方案也具有显著的进步。综上所述,修改后的独立权利要求1相对于对比文件2具有《专利法》第22条第3款规定的创造性。

即使对比文件3符合举证期限的要求,由于其既未披露独立权利要求1中的上述区别特征,没有给出解决上述技术问题的启示,因此修改后的独立权利要求1与对比文件2和对比文件3以及公知常识的结合相比,依然具有《专利法》第22条第3款规定的创造性。

此外,由于修改后的独立权利要求1中已经包括了带状部件,并且清楚的明确了带状部件与其他部件之间的连接关系和位置关系,符合《专利法实施细则》第20条第1款❶中关于权利要求书应当清楚的规定。

综上全部内容,专利权人相信修改后的独立权利要求1完全符合《专利法》、《专利法实施细则》以及《专利审查指南2010》的各项规定,因此请求专利复审委员会在修改后权利要求书的基础上维持本专利权有效。

(三) 简述题

《专利法》、《专利法实施细则》和《专利审查指南2010》中关于无效期间专利文件修改的有关规定如下:

《专利法》第33条规定:"申请人可以对其专利申请文件进行修改,但是,对发明和实用新型专利申请文件的修改不得超出原说明书和权利要求书记载的范围,对外观设计专利申请文件的修改不得超出原图片或者照片表示的范围。"

《专利法实施细则》第69条规定:"在无效宣告请求的审查过程中,发明或者实用新型专利的专利权人可以修改其权利要求书,但是不得扩大原专利的保护范围。发明或者实用新型专利的专利权人不得修改专利说明书和附图,外观设计专利的专利权人不得修改图片、照片和简要说明。"

《专利审查指南2010》中针对无效宣告程序中专利文件的修改的规定是:

1. 修改的原则

发明或者实用新型专利文件的修改仅限于权利要求书,其原则是:(1) 不得改变原权利要求的主题名称;(2) 与授权的权利要求相比,不得扩大原专利的保护范围;(3) 不得超出原说明书和权利要求书记载的范围;(4) 一般不得增加未包含在授权的权利要求书中的技术特征。外观设计专利的专利权人不得修改其专利文件。

2. 修改的方式

在满足上述修改原则的前提下,修改权利要求书的具体方式一般限于权利要求的删除、合并和技术方案的删除。权利要求的删除是指从权利要求书中去掉某项或者某些项权利要求。权利要求的合并是指两项或者两项以上相互无从属关系、但在授权公告文本中从属于同一独立权利要求的权利要求的合并,所合并的从属权利要求的全部技术特征组合在一起形成新的权利要求。在独立权利要求未作修改的情况下,不允许对其从属权利要求进行合并式修改。技术方案的删除是指从同一权利要求中并列的两种以上技术方案中删除一种或者一种以上技术方案。

3. 修改的时机

在专利复审委员会作出审查决定之前,专利权人可以删除权利要求或者权利要求中包括的技术方案。仅在下列三种情形的答复期限内,专利权人可以以合并的方式修改权利要求书:(1) 针对无效宣告请求书;(2) 针对请求人增加的无效宣告理由或者补充的证据;(3) 针对专利复审委员会引入的请求人未提及的无效宣告理由或者证据。

---

❶ 此处指的是2001年7月1日实施的《专利法实施细则》。由于该无效发生的日期为2007年6月4日,因此还不能适用2008年第三次修改的《专利法》。今后再有类似情形时应适用2008年第三次修改的《专利法》第26条第4款。

二、撰写实务题

（一）发明专利申请的权利要求书

1. 一种用于封装可产生或吸收气体的物质的包装体，包括：至少部分透气的内包装层和不透气的外包装层，所述外包装层置于内包装层的外部，并将内包装层的透气部分密闭于其内，其特征在于：还包括用于将外包装层撕开、使内包装层的透气部分暴露于外的条形部件。

2. 根据权利要求1所述的包装体，其特征在于：所述条形部件由带状或绳状部件构成。

3. 根据权利要求1所述的包装体，其特征在于：所述条形部件设置在所述外包装层的内表面，并至少有一个端头从所述外包装层的边缘处穿出。

4. 根据权利要求1所述的包装体，其特征在于：所述条形部件设置在所述外包装层的外表面，并具有至少一个用于牵拉的端头。

5. 根据权利要求1至4中任一项所述的包装体，其特征在于：所述内包装层与外包装层粘接在一起，所述条形部件与外包装层相粘结，所述条形部件与外包装层之间的粘接力大于所述内包装层与外包装层之间的粘接力。

6. 根据权利要求5所述的包装体，其特征在于：所述外包装层粘接在所述内包装层的透气部分上。

7. 根据权利要求5所述的包装体，其特征在于：外包装层和内包装层仅在其周缘部分相粘接，而在其中间彼此分离形成空腔。

8. 根据权利要求1至4中任一项所述的包装体，其特征在于：所述内包装层包括透气性材料部分和不透气性材料部分，该两部分整体或分体形成。

9. 根据权利要求8所述的包装体，其特征在于：所述内包装层的透气部分是通过在不透气性材料上局部穿孔形成。

10. 一种包装体长带，由多个如权利要求1至9中任一项所述的包装体通过彼此之间的连接部连接而成，各包装体上的条形部件依次连接形成一连续条形部件，该连续条形部件还具有一空余端头。

11. 根据权利要求10所述的包装体长带，其特征在于：所述连续条形部件具有在连续牵拉过程中不会断裂的抗拉强度。

12. 一种连续供给包装体的方法，包括如下步骤：
(1) 将权利要求10或11中所述的包装体长带中连续条形部件的空余端头缠绕在牵拉装置上；
(2) 沿与所述外包装层外表面成一定角度的方向牵拉所述连续条形部件，使内包装层的透气部分暴露于外；
(3) 沿包装体之间的连接部将包装体长带依次切断成各个独立的包装体；
(4) 将独立的包装体逐个供给到规定场所。

13. 一种包装体自动供给系统，包括：
用于将权利要求10或11中所述包装体长带中的连续条形部件从包装体上剥离下来的旋转辊组；
用于将所述包装体长带拉入其内、并沿包装体之间的连接部将包装体长带切断成各个独立的包装体的牵拉剪切机；
用于将切断后的独立的包装体依次投放到相应场所的滑槽。

14. 根据权利要求13所述的系统，其特征在于：所述旋转辊组设置在所述牵拉剪切机的斜上方。

15. 根据权利要求13或14所述的系统，其特征在于：所述旋转辊组包括两个从动旋转辊和一个与驱动装置直接相连的主动旋转辊。

（二）独立权利要求1、10、12、13之间能够合案申请的理由

独立权利要求1、10中均包含了"条形部件"这一技术特征。独立权利要求12、13中虽然没有直接包含"条形部件"的特征，但都包含了"连续条形部件"的特征，而该"连续条形部件"正是由"条形部件"依次连接形成的，所以独立权利要求12、13也都包含了"条形部件"这一技术特征。由于"条形部件"就是各项发明对现有技术作出贡献的特定技术特征，所以上述4项独立权利要求在技术上相互关联并属于一个总的发明构思，符合《专利法》第31条第1款和《专利法实施细则》第34条的规定，可以合案申请。

三、答题思路分析

本题目共包括了两项大题，其中一项是无效实务题，另一项是撰写实务题，题量相对较大。因此在答题前应首先浏览一下全部题目内容，以便合理安排答题时间。

对于第一项无效实务题中的修改权利要求的题目，只要能够准确掌握无效程序中的修改原则，就应该比较容易的得出答案。无效程序中，权利要求的修改只有合并和删除两种方式，除此之外均不能修改。由于原权利要求只有3项，所以本题只能采取类似参考答案中那样的唯一一种修改方式。

在撰写无效意见陈述书时，可以首先针对无效请求书中的证据和理由的有效性进行评述，剔除其中无效的证据和理由；其次再对剩余的证据和理由进行评述，并分别论述本发明的新颖性和创造性以及符合其他规定的理由；最后陈述一下无效意见陈述书的总体结论。如果权利要求有修改的，要明确提出要求专利复审委员会在修改后权利要求书的

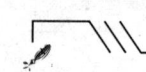

基础上进行审查。

对于第二项撰写实务题，要注意到题目中要求的是：根据全部三份对比文件重新撰写一份发明专利申请的权利要求书。由于题目要求撰写的是发明专利申请而不是像原专利文件那样的实用新型专利申请，所以可以同时包含多项不同主题、不同类型的独立权利要求，如方法权利要求、装置权利要求等。另外，对于无效程序中不须考虑的第三份对比文件，在撰写实务题中也要予以考虑。

在重新撰写权利要求书时，要注意进行适度的上位概括，不要像原权利要求书那样在一项权利要求中写入过多的下位概念的技术特征。本发明的具体实施方式中给出了多个实施例，应注意在权利要求中对这些实施例进行适当概括，并撰写数量适度的从属权利要求，以形成较好的保护层次。当从属权利要求的项数较多时，可以放弃一些明显对创造性不能产生贡献的技术内容，不必再将其写为从属权利要求。

第十一章 2008年专利代理实务试题及参考答案

试题说明

1. 假设应试者是某专利代理机构的专利代理人，受该机构委派代理一件专利申请，现已收到国家知识产权局针对该专利申请发出的第一次审查意见通知书及随附的两份对比文件。
2. 要求应试者针对第一次审查意见通知书，结合考虑两份对比文件的内容，撰写一份意见陈述书。如果应试者认为有必要，可以对专利申请案的权利要求书进行修改。鉴于考试时间有限，不要求应试者对专利申请的说明书进行修改。
3. 应试者在答题过程中，除注意克服权利要求书中存在的实质性缺陷外，还应注意克服其存在的形式缺陷。
4. 如果应试者认为该申请的一部分内容应当通过分案申请的方式提出，则应当在意见陈述书中明确说明其理由，并撰写出分案申请的权利要求书。
5. 作为考试，应试者在答题过程中应当接受并仅限于本试卷所提供的事实。
6. 应试者应当将试题答案写在正式答题卡的答题区域内。

权 利 要 求 书

1. 一种制作油炸食品的方法，该方法包括将所述食品原料例如马铃薯薄片进行油炸，然后将油炸食品例如油炸马铃薯薄片排出，其特征在于：所述油炸过程是在真空条件下进行的。
2. 一种用于制作油炸食品、特别是油炸马龄薯薄片的设备，包括原料供应装置、油炸装置、产品排出装置，其特征在于：所述设备还包括抽真空装置。
3. 根据权利要求1所述方法，其特征在于：在油炸之前，先将所述食品原料例如马铃薯薄片进行焙烤。
4. 一种油炸马龄薯薄片，其特征在于：该油炸马龄薯薄片含油量低，并且其表面具有鼓泡。

说 明 书

油炸食品制作方法和设备

技术领域

[0001] 本发明涉及一种制作油炸食品、特别是油炸马龄薯薄片的方法及设备，本发明还涉及使用所述方法制作的油炸马龄薯薄片。

背景技术

[0002] 油炸食品、特别是油炸马铃薯薄片因其具有松脆口感而成为人们喜爱的小吃食品。然而，高温油炸易产生对人体有害的物质，使油炸食品对人体健康不利；同时，油脂较多的油炸食品不便于长时间存放。

发明内容

[0003] 为克服上述缺陷，本发明提供一种油炸食品的制作方法，包括将食品原料例如马铃薯薄片在油中煎炸，然后将油炸食品例如油炸马铃薯薄片排出，其中，油炸过程在真空条件下进行。另外，本发明所述方法还优选包括在油炸之前，将食品原料例如马铃薯薄片进行焙烤的步骤。

[0004] 根据本发明所述方法，可以避免油炸温度过高而产生对人体有害的物质。这是由于真空条件下气压较低，从而导致油脂沸腾温度降低。油炸温度降低还使得油脂可以被反复利用。真空条件下的油脂含氧量低会导致油炸产品含氧量降低，这样有利于延长油炸产品的保存期限。此外，采用本发明所述方法不会影响油炸食品的松脆口感。

[0005] 本发明还提供一种用于制作油炸食品、特别是油炸马龄薯薄片的设备，包括原料供应装置、油炸装置、产品排出装置，其中还包括抽真空装置。

[0006] 本发明所述方法和设备适用于制作油炸马龄薯薄片、油炸玉米饼薄片、油炸丸子、油炸春卷、油炸排叉、油炸蔬菜、油炸水果等油炸食品。

附图说明

[0007] 图1是本发明设备第一实施例的示意图。

[0008] 图2是本发明设备第二实施例的示意图。

发明的优选实施方式

[0009] 下面以油炸马铃薯薄片为例，对本发明的优选实施方式进行描述。

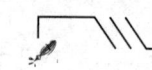

[0010] 本发明方法优选包括在油炸之前对马铃薯薄片进行焙烤的步骤。在焙烤过程中，由于马铃薯薄片局部脱水，会在其表面结成一个个小鼓泡。之后再进行油炸，可使小鼓泡继续膨胀，形成较大鼓泡，从而改善马铃薯薄片的口感。可以采用常规烤箱对马铃薯薄片进行焙烤。

[0011] 本发明方法的油炸过程保持真空条件是必要的。虽然真空度可以在较宽的数值范围内选取，但实验表明将真空度保持在0.02~0.08MPa较为适宜，可以使油脂沸腾温度降低至80℃~110℃，既可有效防止产生对人体有害的物质，又可达到所需的油炸效果。

[0012] 本发明方法还优选包括对油炸后的马铃薯薄片进行离心处理的步骤。通过离心处理，可以将油炸后留在马铃薯薄片表面上的油脂脱去，降低其含油量。真空油炸后的马铃薯薄片通常含有约25%~32%（重量百分比）的油脂；经离心处理后，马铃薯薄片的含油量可以降低至约15%~20%（重量百分比）。由此可知，采用本发明优选方法可以制得含油量低且表面具有鼓泡的油炸马龄薯薄片。

[0013] 本发明方法包括的离心处理步骤优选在真空条件下进行。对经过油炸的马铃薯薄片立即在常压条件下进行离心处理，容易导致马龄薯薄片破碎，致使无法获得完整的油炸食品。离心过程在真空条件下进行，可以有效防止马龄薯薄片破碎，使其保持完整外形。另外，在真空条件下，油炸马铃薯薄片表面上的油脂不易渗入薄片内部，这样有利于进一步改善离心脱油效果并提高脱油效率。通过真空离心处理，马铃薯薄片含油量可进一步降低至约14%~18%（重量百分比）。

[0014] 另外，在油炸过程中容易出现马龄薯薄片之间相粘连的现象，也容易出现油脂起泡现象。粘连会在一定程度上影响油炸效果，油脂起泡则容易造成油脂飞溅，应当尽量避免油炸过程中出现前述两种现象。为此，本发明还提供一种用于添加到油脂中的组合物，由防粘剂、消泡剂和风味保持剂组成。其中，所述防粘剂可以选自卵磷脂、硬脂酸中的一种或者它们的混合物；消泡剂可以选自有机硅聚合物、二氧化硅中的一种或者它们的混合物；风味保持剂可以选自鸟苷酸二钠、肌苷酸二钠中的一种或者它们的混合物。通常，组合物应含有30%~40%（重量百分比）防粘剂、40%~50%（重量百分比）消泡剂和10%~20%（重量百分比）风味保持剂。所述组合物可以事先加入到油脂中，也可以在油炸过程中添加到油脂中。

[0015] 图1、图2分别为本发明设备两个实施例的示意图。为突出本发明特点，附图中仅表示出了与本发明内容密切相关的必要组件，而略去了例如注油装置、加热装置等其他组件。

[0016] 图1示出了本发明设备的第一实施例。如图1所示，制作油炸食品的设备包括原料供应装置101、进料阀102、油炸装置103、抽真空装置104、油槽105、传送带106、传送带驱动装置107、出料阀108、离心装置109、产品排出装置110。其中，油炸装置103的一侧设有输入口，通过进料阀102与原料供应装置101的出料口密封固定连接；油炸装置103的另一侧设有输出口，通过出料阀108与离心装置109的输入口密封固定连接。油炸装置103内部设有具有一定宽度的传送带106，由正对油炸装置103输入口下方的位置延伸到邻近油炸装置103输出口上方的位置，其中间部位沉降到用于容纳油脂的下凹油槽105中。抽真空装置104和传送带驱动装置107设置在油炸装置103外部。产品排出装置110设置在离心装置109的下方，其输入口与离心装置109输出口相连接。离心装置109的旋转轴线（图中未示出）优选以相对于垂直方向倾斜一定角度的方式设置，以提高对马龄薯薄片进行离心脱油的效率，并确保马龄薯薄片从离心装置中全部排出。经试验发现，离心装置109的旋转轴线相对于垂直方向倾斜30°的角度为最佳。

[0017] 第一实施例所述设备的工作过程为：将油槽105中的油脂预加热并保持在约80℃~110℃。打开进料阀102，使原料供应装置101中经过焙烤的马龄薯薄片落到传送带106上。然后关闭进料阀102和出料阀108，使油炸装置103呈密闭状态。启动抽真空装置104，使油炸装置103内达到并保持稳定的真空度。之后，启动传送带驱动装置107，传送带106将其上的马龄薯薄片送入油槽105内的油脂中进行油炸。油炸完毕后，打开出料阀108，使油炸装置内恢复大气压，经过油炸的产品通过出料阀108进入离心装置109，在其中通过离心处理将油炸马龄薯薄片表面上的油脂除去。离心处理后的马铃薯薄片经产品排出装置110排出。

[0018] 图2示出了本发明设备的第二实施例。第二实施例与第一实施例基本相同，其不同之处仅在于：油炸装置103输出口直接与离心装置109输入口密封固定连接，出料阀108密封设置在离心装置109输出口处。在油炸和离心过程中，进料阀102和出料阀108均处于关闭状态，即油炸和离心过程均在真空条件下进行。油炸和离心处理结束后，打开出料阀108使马龄薯薄片经产品排出装置110排出。

[0019] 上面结合附图对本发明优选实施方式作了详细说明，但是本发明并不限于上述实施方式，在本领域普通技术人员所具备的知识范围内，还可以在不脱离本发明宗旨的前提下作出各种变化。

附图

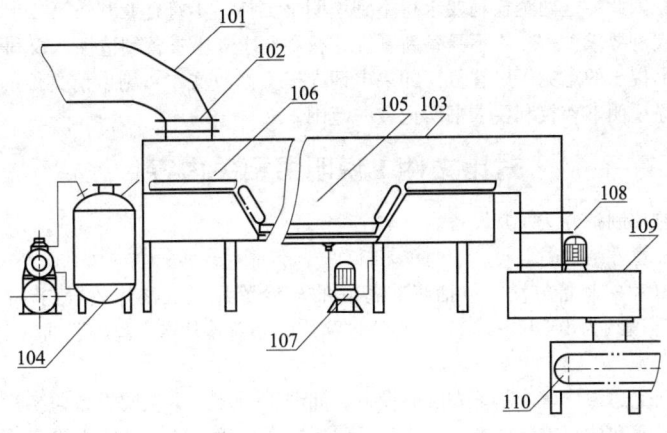

图 1

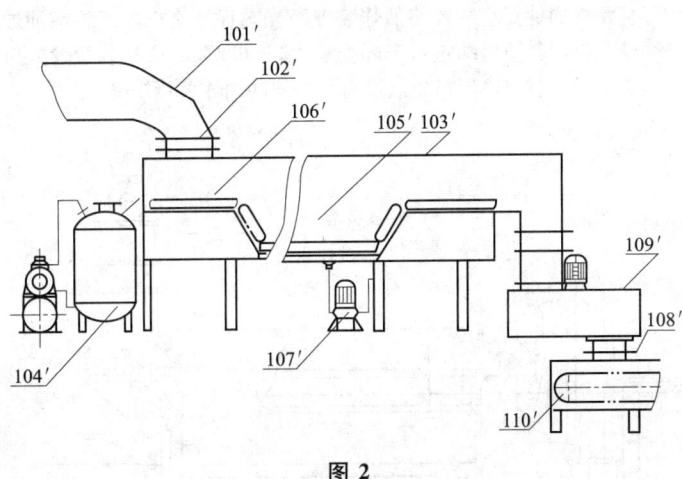

图 2

第一次审查意见通知书

本发明专利申请涉及一种制作油炸马龄薯薄片等油炸食品的方法和设备以及根据所述方法制作的油炸马铃薯薄片。针对该申请的具体审查意见如下：

权利要求1要求保护一种制作油炸食品的方法。对比文件1公开了一种油炸薯片的制备方法，包括将准备好的马铃薯片在保持真空状态的油炸装置中进行油炸，然后排出。由此可知，对比文件1已经公开了权利要求1的全部技术特征，且对比文件1所公开的技术方案与权利要求1要求保护的技术方案属于同一技术领域，并能产生相同的技术效果，因此权利要求1所要求保护的技术方案不符合《专利法》第二十二条第二款关于新颖性的规定。

权利要求2要求保护一种用于制作油炸食品的设备。对比文件1中公开了一种制备油炸薯片的设备，包括进料装置、油炸装置、出料室和抽真空装置等。其中进料装置相当于该权利要求2中所述原料供应装置，出料室相当于产品排出装置。由此可知，对比文件1已经公开了权利要求2的全部技术特征，且对比文件1所公开的技术方案与权利要求2要求保护的技术方案属于同一技术领域，并能产生相同的技术效果，因此权利要求2所要求保护的技术方案不符合《专利法》第二十二条第二款关于新颖性的规定。

权利要求3对权利要求1作了进一步限定，其附加特征是：在油炸之前，先将所述食品原料、特别是马铃薯薄片进行焙烤。通过焙烤可以在食品表面形成鼓泡，从而改善食品口感。该附加技术特征构成了该权利要求3与对比文件1之间的区别特征。对比文件2公开了一种制备油炸马铃薯薄片的方法，为使马铃薯薄片表面产生鼓泡，该方法包括先将马铃薯薄片焙烤，然后进行油炸的步骤。对比文件2给出了将上述区别特征应用到对比文件1所述方法中以使油炸食品表面形成鼓泡的技术启示。因此，权利要求3相对于现有技术而言是显而易见的，不具备《专利法》第二十二条第三款所规定的创造性。

权利要求4要求保护一种油炸马龄薯薄片。对比文件2中公开了根据所述方法可以生产出含油量低且表面具有鼓泡的油炸马铃薯薄片。由此可知，对比文件2已经公开了该权利要求的全部技术特征，因此权利要求4不符合《专利法》第二十二条第二款关于新颖性的规定。

此外，权利要求1和权利要求3要求保护一种制作油炸食品的方法，但在说明书的优选实施方式部分仅记载了制作油炸马龄薯薄片的方法。因此，这两个权利要求得不到说明书支持。不符合专利法第二十六条第四款的规定。

综上所述，本申请的权利要求1、2、4不具备新颖性，权利要求3不具备创造性，权利要求1、3得不到说明书支持。申请人应当对本通知书提出的意见予以答复。如果申请人提交修改文本，则申请文件的修改应当符合专利法第三十三条的规定，不得超出原说明书和权利要求书所记载的范围。

对比文件1说明书相关内容

本发明涉及一种油炸薯片制备方法及其设备。

图1为本发明设备的示意性结构图。

本发明提供一种油炸薯片的制备方法，包括将准备好的马铃薯片送入油炸装置内，油炸装置内保持约0.08~0.10MPa的真空度，油炸温度约为105℃~130℃；将经过油炸的马铃薯片送入离心脱油机中进行脱油；经脱油处理的薯片最后被排出。

本发明还提供一种实现上述油炸薯片制备方法的设备。如图1所示，本发明设备包括进料装置、油炸装置、输送网带、离心脱油装置、出料室和抽真空装置等。油炸装置包括一个外壳，在该外壳上设有输入口和输出口。油炸装置外壳输入口通过一进料阀与进料装置的出料口密封固定连接，油炸装置外壳输出口通过一出料阀与离心脱油装置的输入口密封固定连接。可采用任何常规的抽真空装置使油炸装置外壳内保持真空状态。在油炸装置中设置有输送网带，输送网带的输入端正对于外壳输入口，其输出端正对于外壳输出口（即离心脱油装置输入口）。离心脱油装置的输出口与出料室的输入口连接。最终通过出料室输出口将经过离心处理的油炸薯片排出。

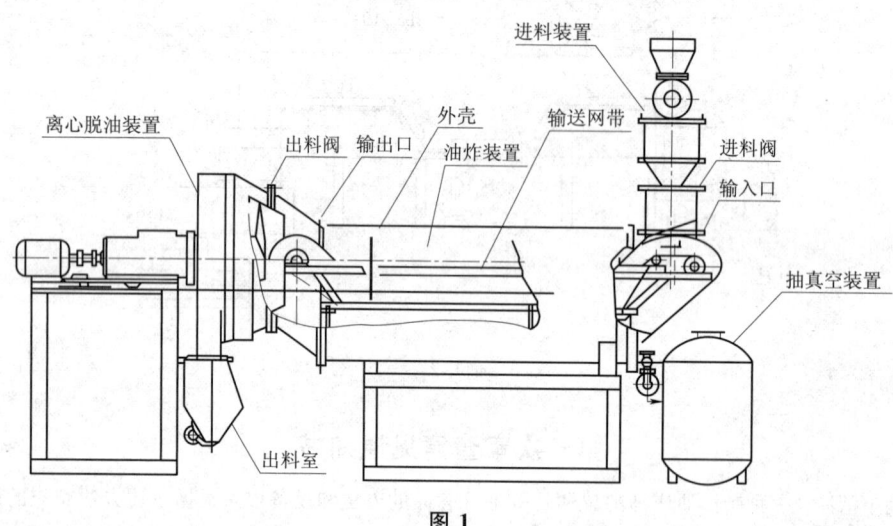

图1

本发明设备的工作过程如下：打开进料阀，使经切片和预成型的物料落到油炸装置中的输送网带上。然后关闭进料阀和出料阀，使油炸装置呈密闭状态。启动抽真空装置，使油炸装置外壳内达到并保持稳定的真空度。启动输送网带使其连续运转，其上的物料被带入油锅中进行油炸。油炸完毕后，打开出料阀，使油炸装置内恢复大气压。经过油炸的产品通过出料阀被送入离心脱油装置进行离心处理。离心处理后的产品经出料室被排出。

对比文件2说明书相关内容

本发明涉及一种制备油炸马铃薯薄片的方法。该方法包括以下步骤：（1）将马铃薯加工成薄片状；（2）将马铃薯薄片进行焙烤；（3）将经焙烤的马铃薯薄片引入油炸器中进行油炸；（4）使经油炸的马铃薯薄片与过热蒸汽接触，以达到去除部分油脂的目的；（5）对与过热蒸汽接触过的马铃薯薄片进行脱水处理。

可采用任何常规方法对马铃薯薄片进行焙烤。在焙烤过程中，会在马铃薯薄片表面结成一个个小鼓泡。之后对马铃薯薄片进行油炸，适宜的油炸温度为约165℃~195℃，优选油温为约175℃~180℃。在油炸过程中，马铃薯薄片表面的小鼓泡会继续膨胀，形成较大鼓泡，从而改善马铃薯薄片口感。

将经过油炸的马铃薯薄片送入脱油箱使其与过热蒸汽接触，以便从薄片表面去除油脂。过热蒸汽温度优选保持在约150℃~175℃。

通过使油炸马铃薯薄片与过热蒸汽相接触，可以明显降低马铃薯薄片的含油量。一般说来，采用常规方法生产的油炸马铃薯薄片含有约20%~26%（重量百分比）的油脂。根据本发明所述方法，可以生产出含油量约为13%~18%

（重量百分比）的油炸马铃薯薄片，而且所生产的油炸马铃薯薄片表面具有鼓泡。

参 考 答 案

一、修改后的权利要求书

1. 一种制作油炸食品的方法，该方法包括：先将食品原料在真空条件下进行油炸；再将油炸后的食品在真空条件下进行离心处理；最后将离心处理后的油炸食品排出。

2. 根据权利要求1所述的方法，其特征在于：在油炸之前，先将所述食品原料进行焙烤。

3. 根据权利要求1或2所述的方法，其特征在于：所述的食品为马铃薯薄片。

4. 一种用于制作油炸食品的设备，包括原料供应装置、油炸装置、可使油炸装置内部保持真空状态的抽真空装置、离心装置、产品排出装置，所述油炸装置的输入口通过进料阀与原料供应装置的出料口密封固连，其特征在于：所述油炸装置的输出口与所述离心装置的输入口直接密封固连，所述离心装置的输出口通过出料阀与产品排出装置的输入口密封固连。

二、意见陈述书

尊敬的审查员：

本意见陈述书是针对国家知识产权局专利局于×年×月×日就××号发明专利申请发出的第一次审查意见通知书的答复，并随此意见陈述书附上重新撰写的权利要求书和修改后的说明书替换页。

（一）修改说明

申请人根据审查意见通知书中的审查意见，并依据《专利法实施细则》第51条第3款的规定，对权利要求书进行了如下修改。

1. 修改了独立权利要求1，增加了区别技术特征："将油炸后的食品在真空条件下进行离心处理"，以使修改后的权利要求满足《专利法》第22条中规定的新颖性和创造性。删除了原权利要求中的"例如马铃薯薄片"和"例如油炸马铃薯薄片"两项技术特征，保留了"食品原料"和"油炸后的食品"两项技术特征，以解决原权利要求中由于同时存在上、下位概念而限定出不同的保护范围，导致保护范围不清楚的缺陷。修改后的权利要求符合《专利法》第26条第4款中关于权利要求书应当清楚的规定，以及《专利审查指南》中有关权利要求修改的规定。该技术方案来自于说明书第[0003]段、第[0011]段、第[0012]段和第[0013]段。

2. 将原从属权利要求3调整为引用新修改的独立权利要求1，以使修改后的权利要求满足《专利法》第22条中规定的新颖性和创造性，并将其序号调整为2，以使权利要求的排列顺序符合《专利审查指南2010》中的有关规定。该技术方案来自于说明书第[0003]段和第[0010]段。

3. 增加了从属权利要求3，将油炸食品进一步限定为马铃薯薄片。由于该权利要求限定的技术方案包含在原权利要求1、3之中，所以该修改符合《专利审查指南2010》中关于权利要求修改的规定。该技术方案来自于说明书第[0003]段、第[0010]段、第[0011]段、第[0012]段和第[0013]段。

4. 修改了原独立权利要求2，将其序号调整为4，以使权利要求的排列顺序符合《专利审查指南2010》中的有关规定。增加了区别技术特征："所述油炸装置的输出口与所述离心装置的输入口直接密封固连，所述离心装置的输出口通过出料阀与产品排出装置的输入口密封固连"，以使修改后的权利要求满足《专利法》第22条中规定的新颖性和创造性。补充了技术特征："可使油炸装置保持真空状态的抽真空装置"、"油炸装置的输入口通过进料阀与原料供应装置的出料口密封固连"，以使修改后的权利要求符合《专利法实施细则》第20条第2款中关于独立权利要求应当记载解决技术问题的必要技术特征的规定。该技术方案来自于说明书第[0003]段、第[0011]段、第[0012]段和第[0013]段。

5. 删除了原权利要求4。申请人同意审查意见通知中关于权利要求4与对比文件2相比没有新颖性的审查意见，并删除了该项权利要求。

6. 将原权利要求书中的"马龄薯"修改为"马铃薯"，使该术语统一一致。同时，对说明书中的该术语也进行了统一修改，并随本意见陈述书附上了相应的修改对照页和修改后的说明书替换页。

以上修改均未超出原始说明书和权利要求书所记载的范围，符合《专利法》第33条的规定，并且上述修改也是针对通知书指出的缺陷进行修改，符合《专利法实施细则》第51条第3款的规定。

（二）修改后权利要求的新颖性和创造性

修改后的权利要求书分别相对审查意见通知书引用的对比文件1或对比文件2具有《专利法》第22条第2款规定的新颖性，理由如下：

本发明修改后的独立权利要求1在原权利要求技术方案的基础上增加了区别技术特征：将油炸后的食品在真空条件下进行离心处理。

对比文件1中披露的油炸薯片的制备方法是：准备好的马铃薯片送入油炸装置内，油炸装置内保持约0.08～0.10MPa的真空度，油炸温度约为105℃～130℃；将经过油炸的马铃薯片送入离心脱油机中进行脱油；经脱油处理的

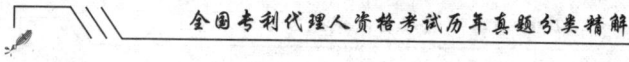

薯片最后被排出。不论是在对比文件1的文字中还是附图中均未披露将油炸后的食品在真空条件下进行离心处理的技术特征，因此本发明独立权利要求1的技术方案与对比文件1相比符合《专利法》第22条第2款中新颖性的规定。

对比文件2中披露的制备油炸马铃薯薄片的方法是：(1)将马铃薯加工成薄片状；(2)将马铃薯薄片进行焙烤；(3)将经焙烤的马铃薯薄片引入油炸器中进行油炸；(4)使经油炸的马铃薯薄片与过热蒸汽接触，以达到去除部分油脂的目的；(5)对与过热蒸汽接触过的马铃薯薄片进行脱水处理。不论是在对比文件2的文字中还是附图中均未披露将油炸后的食品在真空条件下进行离心处理的技术特征，因此本发明独立权利要求1的技术方案与对比文件2相比符合《专利法》第22条第2款中新颖性的规定。

由于修改后的从属权利要求2、3均为独立权利要求1的从属权利要求，因此，这些从属权利要求分别与对比文件1或者对比文件2相比，也都符合《专利法》第22条第2款中新颖性的规定。

本发明修改后的独立权利要求4在原权利要求技术方案的基础上增加了区别技术特征：所述油炸装置的输出口与所述离心装置的输入口直接密封固连，所述离心装置的输出口通过出料阀与产品排出装置的输入口密封固连。

对比文件1中披露的油炸薯片的设备具体是：包括进料装置、油炸装置、输送网带、离心脱油装置、出料室和使油炸装置外壳内保持真空状态的抽真空装置，其中，油炸装置外壳输入口通过一进料阀与进料装置的出料口密封固定连接，油炸装置外壳输出口"通过一出料阀"与离心脱油装置的输入口密封固定连接，离心脱油装置的输出口与出料室的输入口"连接"。不论是在对比文件1的文字中还是附图中均未披露：油炸装置的输出口与所述离心装置的输入口"直接密封固连"、离心装置的输出口"通过出料阀"与产品排出装置的输入口"密封固连"的技术特征，因此本发明独立权利要求1的技术方案与对比文件1相比符合《专利法》第22条第2款中新颖性的规定。

对比文件2中没有披露任何制备油炸马铃薯薄片的设备。因此本发明独立权利要求4的技术方案与对比文件2相比符合《专利法》第22条第2款中新颖性的规定。

<u>修改后的权利要求书相对审查意见通知书引用的对比文件1和对比文件2具有《专利法》第22条第3款规定的创造性，理由如下：</u>

对比文件1、2分别披露了一种油炸薯片的制备方法，两者与本发明的技术领域相同，但由于对比文件1与本发明要解决的技术问题更为相近，所披露的技术特征也更多，因此对比文件1是本发明最接近的现有技术。与对比文件1相比，本发明修改后独立权利要求1存在的区别技术特征是：将油炸后的食品在真空条件下进行离心处理。由于存在上述区别特征，该权利要求的技术方案解决了如下技术问题：防止马铃薯薄片破碎，使其保持完整外形，防止油炸马铃薯薄片表面上的油脂渗入薄片内部，改善离心脱油效果及提高脱油效率。对比文件1中既没有未披露上述区别技术特征，也没有给出解决上述技术问题的启示，而对比文件2中同样也没有披露上述区别技术特征，没有给出解决上述技术问题的启示。并且这样的技术特征也不是本领域技术人员用来解决该技术问题的公知常识，因此本领域技术人员将现有技术与本领域的公知常识结合起来，也不能得到将此区别特征用来解决本发明所解决的技术问题的启示。也就是说，本领域技术人员由对比文件1、2及公知常识都不能结合得到修改后权利要求1的技术方案，因此该权利要求相对上述两项现有技术和公知常识具有突出的实质性特点。由于采用修改后独立权利要求1的技术方案能够防止马铃薯薄片破碎，使其保持完整外形，防止油炸马铃薯薄片表面上的油脂渗入薄片内部，改善离心脱油效果并提高脱油效率，因此，该权利要求的技术方案也具有显著的进步。综上所述，修改后的独立权利要求1相对于上述两项现有技术具有《专利法》第22条第3款规定的创造性。

修改后的从属权利要求2、3均为修改后独立权利要求1的从属权利要求，由于修改后的独立权利要求1具有创造性，所以这些从属权利要求相对于上述两项现有技术也具有《专利法》第22条第3款规定的创造性。

由于对比文件1中披露了一种油炸薯片的设备，而对比文件2中没有披露任何制备油炸马铃薯薄片的设备，因此对比文件1是本发明最接近的现有技术。与对比文件1相比，修改后的独立权利要求4存在的区别技术特征是：油炸装置的输出口与所述离心装置的输入口直接密封固连、离心装置的输出口通过出料阀与产品排出装置的输入口密封固连的技术特征。由于存在上述区别特征，该权利要求的技术方案解决了将油炸后的食品在真空条件下进行离心处理的技术问题。对比文件1中既没有未披露上述区别技术特征，也没有给出解决上述技术问题的启示，而对比文件2中同样也没有披露上述区别技术特征，没有给出解决上述技术问题的启示。并且这样的技术特征也不是本领域技术人员用来解决该技术问题的公知常识，因此本领域技术人员将现有技术与本领域的公知常识结合起来，也不能得到将此区别特征用来解决本发明所解决的技术问题的启示。也就是说，本领域技术人员由对比文件1、2及公知常识都不能结合得到修改后独立权利要求4的技术方案，因此该权利要求相对上述两项现有技术和公知常识具有突出的实质性特点。由于采用修改后独立权利要求4的技术方案能够实现将油炸后的食品在真空条件下进行离心处理的技术效果，并且采用上述技术方案的装置在使用时能够防止马铃薯薄片破碎，使其保持完整外形，防止油炸马铃薯薄片表面上的油脂渗入薄片内部，改善离心脱油效果并提高脱油效率，因此，该权利要求的技术方案也具有显著的进步。综上所述，修改后的独立权利要求4相对于上述两项现有技术具有《专利法》第22条第3款规定的创造性。

（三）修改后权利要求能够得到说明书的支持

《专利法》第26条第4款中规定的"权利要求书应当以说明书为依据"是指权利要求应当得到说明书的支持。权利要求通常由说明书记载的一个或者多个实施方式或实施例概括而成。如果所属技术领域的技术人员可以合理预测说明书给出的实施方式的所有等同替代方式或明显变型方式都具备相同的性能或用途，则应当允许申请人将权利要求的保护范围概括至覆盖其所有的等同替代或明显变型的方式。并且，在判断权利要求是否得到说明书的支持时，还应当考虑说明书的全部内容，而不是仅限于具体实施方式部分的内容。如果说明书的其他部分也记载了有关具体实施方式或实施例的内容，从说明书的全部内容来看，能说明权利要求的概括是适当的，则应当认为权利要求得到了说明书的支持。

在本申请的说明书的第［0006］段中记载有："本发明所述方法和设备适用于制作油炸马铃薯薄片、油炸玉米饼薄片、油炸丸子、油炸春卷、油炸排叉、油炸蔬菜、油炸水果等油炸食品。"结合本发明其他部分的技术方案，本领域的技术人员完全可以合理地得出本发明也可以适用于上述这些油炸食品，并且更可以进一步概括得出本发明还可以适用于其他相似的油炸食品。所以修改后的权利要求完全符合《专利法》第26条第4款中"权利要求书应当以说明书为依据"的规定，能够得到说明书的支持。

综上所述，修改后的申请文件已经克服了第一次审查意见通知书中所指出的各种缺陷，符合《专利法》、《专利法实施细则》和《专利审查指南2010》的有关规定，希望审查员在考虑上述陈述意见后，能早日批准本申请为发明专利。如果审查员在继续审查过程中认为本申请还存在其他缺陷，希望能再给申请人一次修改专利申请文件或者会晤的机会，以便同审查员进一步交换意见，申请人及代理人也将会极力配合审查员的工作。

专利代理人：×××（电话：××××××××）

三、分案申请

（一）分案申请的权利要求书

1. 一种用于添加到油脂中的组合物，由防粘剂、消泡剂和风味保持剂组成。

2. 根据权利要求1所述的组合物，其特征在于：该组合物含有30%～40%（重量百分比）防粘剂、40%～50%（重量百分比）消泡剂和10%～20%（重量百分比）风味保持剂。

3. 根据权利要求1或2所述的组合物，其特征在于：所述防粘剂选自卵磷脂、硬脂酸中的一种或者两种的混合物。

4. 根据权利要求1或2所述的组合物，其特征在于：所述消泡剂选自有机硅聚合物、二氧化硅中的一种或者两种的混合物。

5. 根据权利要求1或2所述的组合物，其特征在于：风味保持剂选自鸟苷酸二钠、肌苷酸二钠中的一种或者两种的混合物。

6. 一种将权利要求1至5中任一项所述的组合物应用于油炸食品中的用途。

7. 一种油炸食品的方法，其特征在于：将权利要求1至5中任一项所述的组合物在油炸前加入到油脂中，或者在油炸过程中添加到油脂中。

（二）分案申请的理由

本发明修改后的权利要求所保护的主题是一种制作油炸食品的方法和一种用于制作油炸食品的设备。两者属于一个总的发明构思并在技术上相互关联，而且两者之间具有相应的特定技术特征，即方法权利要求中的"将油炸后的食品在真空条件下进行离心处理"和产品权利要求中的"所述油炸装置的输出口与所述离心装置的输入口直接密封固连，所述离心装置的输出口通过出料阀与产品排出装置的输入口密封固连"。因此两者之间具有单一性，可以合案申请。但组合物中并不具备与上述两个主题之间相同或相应的特定技术特征，因此如果想要保护该组合物的方案，只能提出分案申请。

分案申请的组合物在对比文件1、2中均没有被披露，所以其每项独立权利要求分别相对于对比文件1或2具有新颖性，相对于对比文件1和2的组合具有创造性。其从属权利要求也自然都具有新颖性和创造性。因此该组合物可以独立提出一项分案申请。

四、答题思路分析

本题中，第一次审查意见通知书中针对原权利要求书所提出的审查意见都是正确的，因此只能通过寻找新的技术特征以克服通知书中指出的新颖性创造性缺陷。此外，《专利审查指南2010》第2-2-3.2.2"清楚"中规定："当权利要求中出现某一上位概念后面跟一个由上述用语引出的下位概念时，应当要求申请人修改权利要求，允许其在该权利要求中保留其中之一，或将两者分别在两项权利要求中予以限定"。原权利要求1中的"将所述食品原料例如马铃薯薄片"等类似内容，就出现了《专利审查指南2010》中规定的不清楚的缺陷，该缺陷使得由于同时存在上、下位概念而导致限定出不同的保护范围。虽然在审查意见通知书中没有指出该缺陷，但也应该主动将其修改，这样的修改虽然不是针对审查意见通知书中指出的缺陷进行的，但仍属于可以被接受的修改。

《专利审查指南2010》2-8-5.2.1.3"答复审查意见通知书时的修改方式"中的规定："当出现下列情况时，即使修改的内容没有超出原说明书和权利要求书记载的范围，也不能被视为是针对通知书指出的缺陷进行的修改，因而不予接受。……（4）主动增加新的独立权利要求，该独立权利要求限定的技术方案在原权利要求书中未出现过。（5）主动增加新的从属权利要求,该从属权利要求限定的技术方案在原权利要求书中未出现过。……"上述规定之(5)是《专利审查指南2010》中增加的规定,根据上述规定,今后在答复审查意见时不仅不能再增加任何新的独立权利要求,也不能再增加任何新的从属权利要求。因此,本题只能在修改后的权利要求书中保留原有的从属权利要求,而不能增加任何新的从属权利要求或独立权利要求,所以本题如今只能写成类似参考答案中那样的4项权利要求。

关于组合物的发明,在原申请中缺少了具体的制备方法以及相应的实施例和实验数据。如果是在代理实践中,将该主题独立作为分案申请,很可能会由于说明书公开不充分而不能获得授权。不过作为一道试题,由于答题时间和题目文字数量的限制,题目中难以更多的提供这些内容,所以在考试中只需要根据题目的要求进行答题即可。如果本题不是答复审查意见,而是在参考对比文件1、2的基础上重新撰写权利要求,则除了将组合物部分独立申请一项专利外,还应该要求申请人必须补充相关的材料。如果申请人能够提供该组合物制备方法的方案,那么还可以再撰写一项制备方法的独立权利要求。如果申请人还能够提供该组合物用途或使用方法的进一步内容,将可以使得权利要求中该组合物的用途和方法权利要求具有更好的保护价值。

此外,如果本题目不是答复审查意见,而是在参考对比文件1、2的基础上重新撰写权利要求,那么对于方法和产品主题,还可以考虑撰写为如下的权利要求:

"1. 一种制作油炸食品的方法,该方法包括:先将食品原料进行油炸;再将油炸后的食品在真空条件下进行离心处理;最后将离心处理后的油炸食品排出。

2. 根据权利要求1所述的方法,其特征在于:所述将食品原料进行油炸是在真空条件下进行的。

3. 根据权利要求2所述的方法,其特征在于:所述油炸时的真空条件是真空度保持在0.02~0.08MPa。

4. 根据权利要求2所述的方法,其特征在于:所述油炸时的油脂沸腾温度为80℃~110℃。

5. 根据权利要求1至4中任一项所述的方法,其特征在于:在油炸之前,先将所述食品原料进行焙烤。

6. 根据权利要求1至4中任一项所述的方法,其特征在于:所述的食品为马铃薯薄片。

7. 根据权利要求1至4中任一项所述的方法,其特征在于:在用于油炸的油脂中添加由防粘剂、消泡剂和风味保持剂组成的组合物。

8. 根据权利要求7所述的方法,其特征在于:所述组合物含有30%~40%(重量百分比)防粘剂、40%~50%(重量百分比)消泡剂和10%~20%(重量百分比)风味保持剂。

9. 根据权利要求7所述的方法,其特征在于:所述防粘剂选自卵磷脂、硬脂酸中的一种或者两种的混合物。

10. 根据权利要求7所述的方法,其特征在于:所述消泡剂选自有机硅聚合物、二氧化硅中的一种或者两种的混合物。

11. 根据权利要求7所述的方法,其特征在于:风味保持剂选自鸟苷酸二钠、肌苷酸二钠中的一种或者两种的混合物。

12. 根据权利要求7所述的方法,其特征在于:所述组合物是在油炸前加入到油脂中的,或者是在油炸过程中添加到油脂中的。

13. 一种用于制作油炸食品的设备,包括原料供应装置、油炸装置、离心装置、产品排出装置,其特征在于:还包括可使离心装置内部保持真空状态的抽真空装置。

14. 根据权利要求13所述的设备,其特征在于:所述抽真空装置与油炸装置相连并可使油炸装置内部保持真空状态,所述油炸装置的输入口通过进料阀与原料供应装置的出料口密封固连,所述油炸装置的输出口与所述离心装置的输入口直接密封固连,所述离心装置的输出口通过出料阀与产品排出装置的输入口密封固连。

15. 根据权利要求13或14所述的设备,其特征在于:所述离心装置的旋转轴线以相对于垂直方向倾斜的方式设置。

16. 根据权利要求15所述的设备,其特征在于:所述倾斜的角度为30度。"

采取上述方式重新撰写的权利要求,包括了更多的实施方案的组合,保护范围较宽,并且具有更好保护梯度,能够更充分地维护委托人的利益。例如,对比文件1、2中均未披露"在真空条件下进行离心处理"的油炸食品方法,也未披露"包括可使离心装置内部保持真空状态的抽真空装置"的制作油炸食品的设备。因此,在方法独立权利要求1中可以只将"在真空条件下进行离心处理"作为区别技术特征,而在产品独立权利要求13中也可以只将"包括可使离心装置内部保持真空状态的抽真空装置"作为区别技术特征。由于在审查意见答复中修改的权利要求,不能超出原权利要求书的范围,因此,上述重新撰写的独立权利要求的保护范围要比审查意见答复中修改的独立权利要求的保护范围更宽。由于上述权利要求涵盖了更多实施方式的组合,因此应建议发明人补充一些新的实施例,以使这样撰写的权利要求能够充分的得到说明书的支持。

第十二章　2009年专利代理实务试题及参考答案

试题说明

本专利代理实务试题包括无效实务题和申请实务题两部分，总分150分。

第一部分　无效实务题

专利权人郑某拥有一项实用新型专利，名称为"头颈矫治器"，专利号为ZL00201234.5。

请求人张某针对该专利于2009年2月26日向专利复审委员会提出无效宣告请求，请求宣告该专利全部无效，同时提交了对比文件1和2。

专利权人郑某委托甲代理公司于2009年3月23日向专利复审委员会提交了意见陈述书和修改后的权利要求书。

请求人张某于2009年4月20日提交了补充意见陈述书和对比文件3。

口头审理定于2009年6月15日举行。郑某委托甲代理公司代理人参加口头审理，张某委托王某和乙代理公司李某分别作为公民代理和专利代理人参加口头审理。

假设应试者作为甲代理公司的代理人接受指派具体承办该无效案件，要求应试者：

1. 撰写2009年3月23日提交给专利复审委员会的修改后的权利要求书；
2. 撰写2009年3月23日提交给专利复审委员会的意见陈述书；
3. 结合修改后的权利要求书，对请求人于2009年4月20日提交补充意见陈述书和对比文件是否符合无效宣告程序中的相关规定，以及所增加的无效宣告理由是否成立，撰写意见陈述书；
4. 出席口头审理时，发表对对方出席口头审理人员的身份和资格的意见。

应试者撰写意见陈述书时应当结合修改后的权利要求书进行，并应当依据专利法及其实施细则和审查指南的相关规定及本试卷所提供的事实进行有理有据的答辩。

第二部分　申请实务题

假设口头审理结束后，郑某提供了一份记载其在上述专利基础上进行了后续改进的技术内容说明，委托甲代理公司代理申请发明专利，应试者接受指派具体办理。要求应试者：

根据郑某所提供的技术内容说明，考虑由该头颈矫治器实用新型专利和对比文件1至3所构成的现有技术，为郑某撰写发明专利申请的权利要求书。所撰写的发明专利申请的权利要求书应当既符合专利法、专利法实施细则及审查指南的相关规定，又具有尽可能宽的保护范围以最大限度地维护申请人利益。

如果所撰写发明专利申请权利要求书中包含两项或者两项以上独立权利要求，请简述这些独立权利要求能够合案申请的理由。如果应试者认为该申请的一部分内容应当通过一份或多份分案申请提出，则应当进行相应说明，并撰写出分案申请的权利要求书。

答题须知

1. 作为考试，应试者在完成题目时应当接受并仅限于本试卷所提供的事实。同时，应试者在完成无效实务题的过程中不必考虑本试卷提供的三份专利文件的真实性，应将其均视为真实、公开的专利文件。

2. 有关知识点的正确答案应当以2001年7月1日起施行的专利法及其实施细则、2006年7月1日起施行的《审查指南》以及相应的《审查指南修改公报》的内容为准。

3. 应试者应当将各题答案按顺序写在正式答题卡相对应的答题区域内。

4. 写在草稿纸上的内容不作为正式答案，不用于评卷。考试结束时，草稿纸应当随试卷、答题卡一同交由监考老师收回。

实用新型专利的授权公告文件

[19] 中华人民共和国国家知识产权局

[12] 实用新型专利说明书

[21] ZL 专利号 00201234.5

[45] 授权公告日 2001 年 8 月 8 日

[11] 授权公告号 CN 2411234Y

[22] 申请日 2000.10.8

[21] 申请号 00201234.5

[73] 专利权人 郑某

[专利代理机构] 乙代理公司

(其余著录项目略)

权利要求书

1. 一种由枕套（1）、枕芯（2）构成的头颈矫治器，其特征在于：中间部位设有近似于头形的凹陷槽（3），凹陷槽下方为头枕（4）、凹陷槽沿头颈矫治器宽度方向的两侧为颈枕（5），其整体尺寸为长 50～80cm、宽 20～60cm、高 6～18cm，制成长方体、圆柱体或长椭圆体三种形状。

2. 根据权利要求 1 所述的头颈矫治器，其特征在于还包括气囊（6）。

3. 根据权利要求 1 所述的头颈矫治器，其特征在于气囊（6）和振动按摩器（7）之间设置有隔层（8）。

4. 根据权利要求 1 所述的头颈矫治器，其特征在于颈枕（5）内装有振动按摩器（7）。

5. 一种由枕套（1）、枕芯（2）构成的药枕，其特征在于包括头枕（4）和颈枕（5），头枕（4）和/或颈枕（5）上面缝缀药垫（9），其中装有预防和治疗颈椎病的药物。

6. 根据权利要求 5 所述的药枕，其特征在于药垫（9）内装有重量配比为 3：2 的茶叶和荞麦皮的混合物。

说 明 书

头颈矫治器

本实用新型属于医疗保健用品领域。

市场上有荞麦皮枕、织物枕及药枕等多种枕头，形状一般是长方体或圆柱体。由于该形状与人体颈椎在自然放松状态下的生理曲线不一致，导致人们在仰卧或侧卧时都不能很好地放松颈椎，容易引发或加重颈椎病。

本实用新型的目的是解决上述问题。本实用新型提供了一种由枕套、枕芯构成的头颈矫治器，中间部位设有近似于头形的凹陷槽，凹陷槽下方为头枕、凹陷槽沿头颈矫治器宽度方向的两侧为颈枕，其整体尺寸为长 50～80cm、宽 20～60cm、高 6～18cm，可制成长方体、圆柱体或长椭圆体等不同形状。头颈矫治器还包括气囊，颈枕内装有振动按摩器。

图 1 为本实用新型头颈矫治器的整体透视图；

图 2 为图 1 中沿 A-A 的剖面图。

下面结合附图进一步说明本实用新型最佳实施例的具体结构。

如图 1、图 2 所示，该头颈矫治器由枕套 1、枕芯 2 组成，头颈矫治器的中间部位设有凹陷槽 3，凹陷槽下方是头枕 4，凹陷槽沿头颈矫治器宽度方向的两侧为颈枕 5，头枕 4 与颈枕 5 的形状配合可使睡眠者的颈椎处于自然放松状态。此外，该头颈矫治器还可包括气囊 6 和/或振动按摩器 7。中空气囊 6 位于枕芯 2 的底部，可通过充、放气调节矫治器高度。按摩器 7 位于颈枕 5 内，振动可起活血化瘀作用。头颈矫治器还可包括缝缀在头枕 4 和/或颈枕 5 上的药垫 9，其中充填有预防和治疗颈椎病的药物，药物为重量配比为 3：2 的茶叶和荞麦皮的混合物。

此外，为了避免振动按摩器 7 的振动作用可能被气囊 6 的缓冲作用所抵消，可在二者之间设置隔层 8。隔层 8 由硬质聚合物例如橡胶材料制成，从而在同时使用气囊和振动按摩器时保证其发挥各自的作用。

本头颈矫治器具有使人感觉舒适和预防、治疗颈椎病的双重作用。

说明书附图

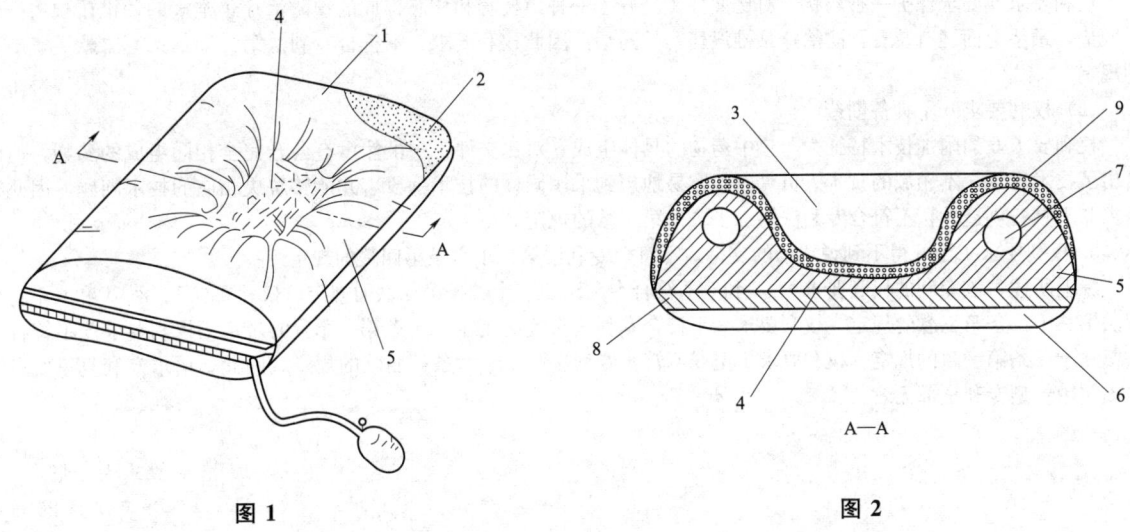

图1　　　　　　　　　　　图2

专利权无效宣告请求书的具体意见陈述正文

根据专利法第四十五条及专利法实施细则第六十四条❶的规定，本请求人现请求宣告专利号为 00201234.5、名称为"头颈矫治器"的实用新型专利全部无效，具体理由如下。

1. 权利要求 1、2 不具备新颖性和创造性，权利要求 4 不具备创造性

（1）权利要求 1 不具备新颖性和创造性

权利要求 1 要求保护一种头颈矫治器。对比文件 1 公开了一种颈椎乐枕头，包括中间部分有头形凹陷槽，凹陷槽下面的枕芯实体即头枕、颈垫，该颈椎乐枕头可制成长方体、圆柱体、长椭圆体等不同形状，其整体尺寸一般是长 350～650mm、宽为 250～550mm、高为 60～160mm。由此可见，对比文件 1 公开了权利要求 1 的全部技术特征，权利要求 1 不具备新颖性，不符合专利法第二十二条第二款的规定。由于权利要求 1 不具备新颖性，其当然也不具备创造性，不符合专利法第二十二条第三款的规定。

（2）权利要求 2 不具备新颖性和创造性

权利要求 2 的附加技术特征为头颈矫治器包括气囊。对比文件 1 中已经公开了通过充、放气来调整枕头高低的气囊，因此，权利要求 2 相对于对比文件 1 不具备新颖性和创造性，不符合专利法第二十二条第二款、第三款的规定。

（3）权利要求 4 不具备创造性

权利要求 4 的附加技术特征为颈枕内装有振动按摩器，对比文件 2 公开了枕芯内设置振动机构，并指出该振动机构可单独设置在头枕和颈枕部位。本领域技术人员可以将该振动机构应用到对比文件 1 公开的枕头中，从而得到权利要求 4 请求保护的技术方案，因此，权利要求 4 相对于对比文件 1 与 2 的结合不具备创造性，不符合专利法第二十二条第三款的规定。

2. 权利要求 3 不符合专利法实施细则第二十条第一款❷的规定

从属权利要求 3 进一步限定"气囊（6）和振动按摩器（7）之间设置有隔层（8）"，但是，在其引用的权利要求 1 中并没有出现技术特征"气囊（6）"和"振动按摩器（7）"，从而导致权利要求 3 的技术方案不清楚，不符合专利法实施细则第二十条第一款❸的规定。

3. 权利要求 5 不符合专利法第三十一条第一款的规定

独立权利要求 5 和 1 之间共同的技术特征是枕套、枕芯、头枕和颈枕。但上述特征均已经在对比文件 1 中公开，属于现有技术，未对新颖性和创造性作出贡献，不构成"特定技术特征"。因此权利要求 5 和 1 缺乏单一性，不符合专利法第三十一条第一款的规定。

---

❶ 此处指的是 2001 年实施的《专利法实施细则》第 64 条，按照现行《专利法实施细则》该条款已经变为第 65 条。

❷ 本题此处指的是 2001 年实施的《专利法实施细则》第 20 条，按照现行《专利法》和《专利法实施细则》该条款已经变为《专利法》第 26 条第 3 款。

❸ 本题此处指的是 2001 年实施的《专利法实施细则》第 20 条，按照现行《专利法》和《专利法实施细则》该条款已经变为《专利法》第 26 条第 3 款。

4. 权利要求5不具备新颖性、权利要求6不具备创造性

(1) 权利要求5不具备新颖性

权利要求5要求保护一种药枕。对比文件1公开了一种由枕套和枕芯构成的预防治疗颈椎病的颈椎乐枕头，还包括颈垫，颈垫上面缝有装有预防治疗颈椎病药物的药垫。因此权利要求5不符合专利法第二十二条第二款关于新颖性的规定。

(2) 权利要求6不具备创造性

权利要求6的附加技术特征为药垫中药物的具体组成。对比文件1中虽然没有公开完全相同组成的药物，但已经给出了技术启示，本领域的技术人员可以很容易地想到采用同样的技术手段，并能够解决相应的技术问题，因此权利要求6不具备创造性，不符合专利法第二十二条第三款的规定。

5. 权利要求1至6得不到说明书的支持，不符合专利法第二十六条第四款的规定

综上所述，该专利的权利要求1、2和5不符合专利法第二十二条第二款的规定、权利要求1、2、4和6不符合专利法第二十二条第三款的规定、权利要求3不符合专利法实施细则第二十条第一款❶的规定、权利要求5不符合专利法第三十一条第一款的规定、权利要求1至6不符合专利法第二十六条第四款的规定，因此，请求专利复审委员会宣告该实用新型专利全部无效。

请求人　张某
2009年2月26日

对比文件1

对比文件1说明书相关内容

一种用于预防、治疗颈椎病的高度可调的颈椎乐枕头。

图1为本发明的整体构造示意图；

图2为局部横断面剖视图。

该颈椎乐枕头包括：由丝、棉等织物制成的枕套1，由海绵、荞麦皮等制成的枕芯2；枕头的中间部位有头形凹陷槽；枕芯2下设有气囊3，可通过操作与气囊相连接的气泵7充、放气来随时调整枕头的高低；还可以有衬垫4，通过增减衬垫4可改变凹陷槽的深浅；颈垫5，在其上面可通过缝纫或者粘钩等方式结合装有药物的药垫6，药物由例如麝香、人参等能预防和治疗颈椎病的药物构成。本发明可制成长方体、圆柱体或长椭圆体等不同形态，整体尺寸一般是长350～650mm，宽250～550mm，高60～160mm。

该枕头在实际应用中，可以与其他多种枕用附设装置，例如负离子发生器、收音机等结合使用，互相配合产生更好的效果。由于本颈椎乐枕头采用了气囊，若又采用振动器，则可能导致气囊漏气，而且即使气囊不漏气也会抵消振动器的振动作用，故本颈椎乐枕头不宜与振动器结合使用。

对比文件1附图

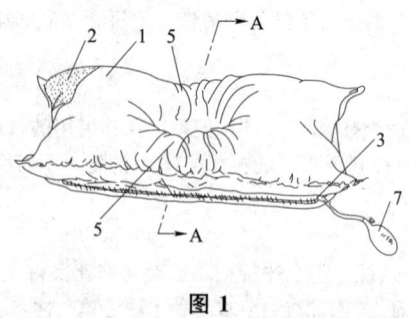

图1

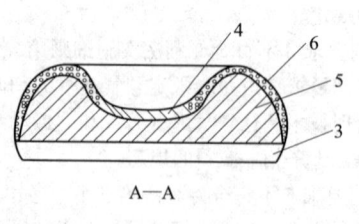

图2

---

❶ 此处指的是2001年实施的《专利法实施细则》第20条，按照现行《专利法》和《专利法实施细则》该条款已经变为《专利法》第26条第3款。

对比文件 2

对比文件 2 说明书相关内容

本发明属于理疗器械，特别是颈椎病治疗枕。

图 1 是本发明所述颈椎病治疗枕的透视图。

图 2 是图 1 中的 A-A 剖面的振动产生部件的剖视图。

本发明的枕芯 1 内部安装有振动电机 2、振动器 3，二者共同构成振动产生部件。振动器 3 上设有突出部件 4，并从枕芯表面上形成的孔中突出一定高度。可以将本发明的振动产生部件和突起部件均布在枕芯上或者单设在头枕部位或颈枕部位，而且突出部件 4 也可以选择不从枕芯表面突出来。启动电源后，振动电机 2 带动振动器 3 振动，突出部件 4 进一步产生局部按压作用，可以促进与之接触的人体头颈部的血液循环，解决了颈椎保健问题。

该安装有振动器的枕芯可以位于任何形状的枕头主体内。此外，本发明的振动器还可以用于防止使用者打鼾。具体的实施方案是在枕芯内部或外部设置一个音频检测器，用来检测环境中的声音信号，并根据检测到的信号激活枕芯内的振动电机，从而利用突起部件 4 振动刺激使用者，使其中止打鼾。

对比文件 2 附图

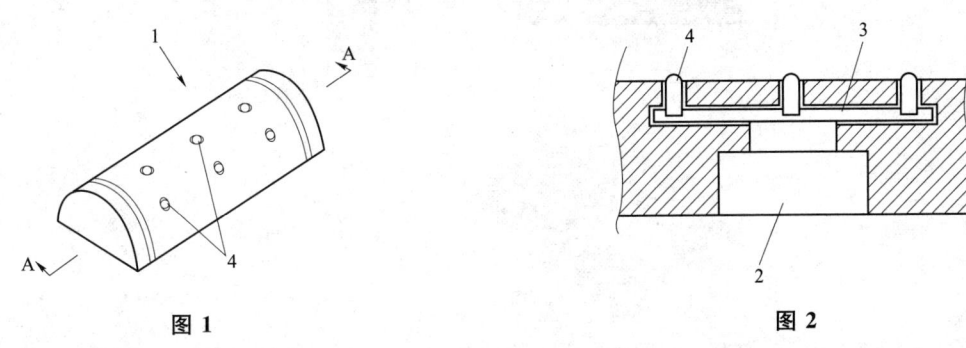

图 1　　　　　　　　　　　图 2

请求人张某于 2009 年 4 月 20 日提交的补充意见陈述书

专利复审委员会：

请求人收到专利复审委员会转来的专利权人于 2009 年 3 月 23 日提交的意见陈述书及修改后的权利要求书。现针对修改后的权利要求书，请求人增加专利法第九条和专利法实施细则第二条第二款❶的无效宣告理由，增加对比文件 3 作为证据。具体意见如下：

1. 权利要求 1 不符合专利法第九条的规定。

对比文件 3 是一项外观设计专利，名称为保健枕，与本专利属于相同的技术领域。从图中可知，对比文件 3 的枕头包括枕套、枕芯、凹陷槽、头枕和颈枕，且枕头为长方体。因此，该专利的权利要求 1 与对比文件 3 属于同样的发明创造，不符合专利法第九条的规定。

2. 修改后的权利要求书中，记载有材料特征"药垫（9）内装有重量配比为 3：2 的茶叶和荞麦皮的混合物"的权利要求不属于实用新型专利的保护客体，不符合专利法实施细则第二条第二款❷的规定。

综上，请求专利复审委员会宣告该实用新型专利全部无效。

请求人　张某
2009 年 4 月 20 日

---

❶❷ 此处指的是 2001 年实施的《专利法实施细则》第 2 条，按照现行《专利法》和《专利法实施细则》该条款已经变为《专利法》第 2 条第 3 款。

对比文件3

[19] 中华人民共和国国家知识产权局

外观设计专利公报

[11] 授权公告号 CN310234567D　　　　[43] 授权公告日 2000.10.17　　　　专利号 00301234.5

[22] 申请日 2000.1.4　（其余著录项目略）

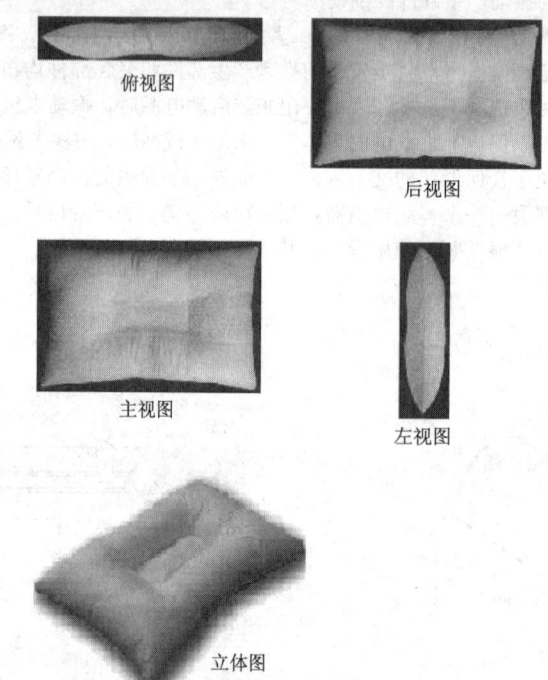

有关后续改进的技术内容说明

已知技术披露了能够产生振动从而防止使用者打鼾的枕头，但是存在两方面的不足：一是音频检测器在检测到环境噪音而非鼾声时也会使振动器产生振动；二是振动器产生的振动会使使用者惊醒。两者都会干扰使用者的正常睡眠。

本人对上述技术进行了改进，发明了一种更好的、能够防止打鼾的枕头。

首先，为了克服上述第一方面的不足，在能够防止打鼾的枕头内增设比较器，将使用者打鼾时常见的声音频率段预先设定为标准值，当音频检测器检测到声音信号时，首先通过比较器与预设的标准值进行比较。经判断，属于预设频率段的声音，表明是使用者在打鼾，则启动止鼾装置。

其次，为了克服上述第二方面的不足，提出了两种比振动器更为柔和的止鼾装置。

第一种止鼾装置如图1所示，在枕芯下设与气泵相连的多个气囊。当音频检测器检测到的声音信号经比较器被确认为鼾声时，向气囊控制器输出信号，由气囊控制器控制气泵向其中某一气囊进行充气。通过设定充气、放气的时间和速度，使得多个气囊依次充气、放气，在整体上缓慢、轻柔地晃动枕头，改变使用者的睡姿，从而起到止鼾作用。

第二种止鼾装置如图2所示。在枕头下依次设有支撑板，与支撑板连接的摇动板，以及与摇动板嵌合的底板，底板内设置有与比较器相连的驱动器。当音频检测器检测到的声音信号经比较器被确认为鼾声时，向驱动器输出信号，使摇动板沿枕头的长度方向来回运动，从而使枕头缓慢、轻柔地产生晃动，改变使用者的睡姿，从而起到止鼾作用。

技术内容说明的附图

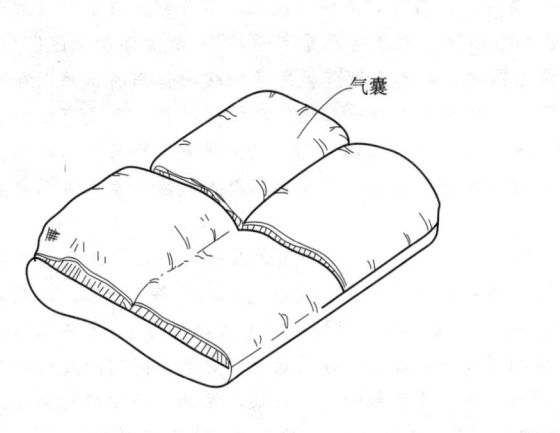

图1

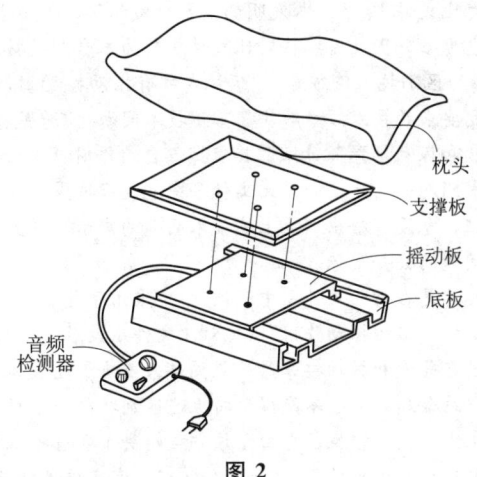

图2

参考答案

一、无效实务题

（一）2009年3月23日提交给专利复审委员会的修改后的权利要求书

1. 一种由枕套（1）、枕芯（2）构成的头颈矫治器，其特征在于：中间部位设有近似于头形的凹陷槽（3），凹陷槽下方为头枕（4），凹陷槽沿头颈矫治器宽度方向的两侧为颈枕（5），其整体尺寸为长50cm～80cm、宽20cm～60cm、高6cm～18cm，制成长方体、圆柱体或长椭圆体三种形状；

该头颈矫治器还包括有气囊，所述颈枕（5）内还装有振动按摩器（7），所述气囊（6）和振动按摩器（7）之间设置有隔层（8）。

2. 一种由枕套（1）、枕芯（2）构成的药枕，其特征在于：包括头枕（4）和颈枕（5），在所述头枕（4）上面缝缀有药垫（9），或者在所述头枕（4）和颈枕（5）上面均缝缀有药垫（9），所述药垫（9）中装有预防和治疗颈椎病的药物。

3. 根据权利要求2所述的药枕，其特征在于：药垫（9）内装有重量配比为3∶2的茶叶和荞麦皮的混合物。

（二）2009年3月23日提交给专利复审委员会的意见陈述书

尊敬的专利复审委员会：

本人是专利号为ZL00201234.5、名称为"头颈矫治器"的实用新型专利（以下简称"本专利"）的专利权人。本专利权人日前接到了专利复审委员会转来的无效请求人张某于2009年2月26日提交的《专利权无效宣告请求书》以及同时提交的对比文件1和2。现本专利权人针对该无效请求人于2009年2月26日提交的文件中提出的所有无效意见、理由以及证据提出如下答辩意见：

1. 修改说明。

针对无效请求人提出的理由和证据，专利权人对权利要求书进行了修改。专利权人将原独立权利要求1删除，将原从属权利要求2、3、4合并后作为新的独立权利要求1。修改后的权利要求1的技术方案来自于说明书第1页第3段、第7段和第8段，以及说明书附图中的图1和图2。还将原权利要求5中"颈枕上面缝缀药垫"的并列技术方案删除，并将其标号调整为2。将原权利要求6调整为引用新修改的权利要求2，并将其标号调整为3。修改后的权利要求2和3的技术方案来自于说明书第1页第7段，以及说明书附图中的图2。

原从属权利要求2、3、4是同属于原独立权利要求1的从属权利要求，相互之间也无从属关系，并且上述合并式修改是在无效宣告请求书的答复期内进行的，所以该修改符合无效宣告中有关权利要求合并修改的规定。同时，上述全部修改内容都没有超出原说明书和权利要求书记载的范围，也没有扩大原专利的保护范围，符合《专利法》、《专利法实施细则》以及《专利审查指南2010》中关于无效宣告中专利文件修改的各项规定。

2. 修改后的独立权利要求1具有《专利法》第22条第2款规定的新颖性和创造性。

（1）新颖性。

对比文件1公开了一种颈椎乐枕头。不论是在对比文件1的文字中还是附图中均未披露修改后的独立权利要求1中的如下区别特征："颈枕内装有振动按摩器，气囊和振动按摩器之间设置有隔层"。而对比文件2中未披露独立权利要求1中的如下述区别特征:"该头颈矫治器包括有气囊,气囊和振动按摩器之间设置有隔层"。因此修改后独立权利要求1与对比文件1或对比文件2相比符合《专利法》第22条第2款中新颖性的规定。

(2) 创造性。

对比文件1、2与本发明的技术领域相同,但由于对比文件1与本专利要解决的技术问题更为相近,所披露的技术特征也更多,因此可以将对比文件1作为本专利最接近的现有技术。与对比文件1相比,本专利修改后独立权利要求1存在的区别技术特征是:"颈枕内装有振动按摩器,气囊和振动按摩器之间设置有隔层",由于存在上述区别特征,该权利要求的技术方案解决了如下技术问题:"避免振动按摩器的振动作用可能被气囊的缓冲作用所抵消,在同时使用气囊和振动按摩器时保证其发挥各自的作用。"对比文件1中既没有未披露上述区别技术特征,也没有给出解决上述技术问题的启示,而对比文件2中也没有披露"包括有气囊"、"气囊和振动按摩器之间设置有隔层"这两项区别技术特征,也没有给出解决上述技术问题的启示,并且解决上述技术问题的技术方案也不是本领域技术人员用来解决该技术问题的公知常识。

尤其是在对比文件1中还披露:"采用了气囊,若又采用振动器,则可能导致气囊漏气,而且即使气囊不漏气也会抵消振动器的振动作用"(见对比文件1最后一段),因此,本领域技术人员即使看到对比文件1和2,也无法联想到通过在气囊和振动按摩器设置隔层来解决上述技术问题。也就是说,本领域技术人员将比文件1、2与本领域的公知常识结合起来,也不能得到将上述区别特征用来解决本发明所解决的技术问题的启示,更无法得到修改后的独立权利要求1的技术方案。再由于该方案解决了现有技术中的问题,并产生了新的有益效果,因此,修改后的独立权利要求1相对于对比文件1、2和公知常识具有实质性特点和进步,具有《专利法》第22条第3款规定的创造性。

3. 修改后的独立权利要求1是清楚的,符合《专利法实施细则》第20条第1款❶的规定。

修改后的独立权利要求1中首先写明"该头颈矫治器还包括有气囊"、"所述颈枕内还装有振动按摩器",然后再进一步描述"所述气囊和振动按摩器之间设置有隔层",因此修改后的独立权利要求1的方案是清楚的,符合《专利法实施细则》第20条第1款❷中权利要求书应当清楚的规定。

4. 《专利法》第31条第1款不是专利法规定的无效宣告的理由。

由于《专利法》第31条第1款不是《专利法实施细则》第64条第2款❸中规定的无效宣告理由,因此专利复审委员会对于无效请求人以此条款提出的无效宣告理由应当不予考虑。

5. 修改后的独立权利要求2具有《专利法》第22条第3款规定的新颖性。

对比文件1中仅提到"颈垫上面缝有装有预防治疗颈椎病药物的药垫",未披露修改后的独立权利要求2中的如下区别特征:"在所述头枕上面缝缀有药垫,或者在所述头枕和颈枕上面均缝缀有药垫"。因此修改后独立权利要求2与对比文件1或对比文件2相比符合《专利法》第22条第2款中新颖性的规定。

6. 修改后的权利要求3具有《专利法》第22条第3款规定的创造性。

对比文件1中仅公开了"麝香、人参"的药物组分,未披露修改后的权利要求3中"重量配比为3:2的茶叶和荞麦皮"的药物组分特征,也未给出任何技术启示,而该特征也不是公知常识。因此,修改后的独立权利要求1相对于对比文件1和公知常识具有实质性特点和进步,具有《专利法》第22条第3款规定的创造性。

7. 无效请求人提出的"权利要求1至6得不到说明书的支持,不符合《专利法》第26条第4款的规定"的理由,未提供具体说明,应当不予考虑。

根据《专利法实施细则》第64条第1款❹以及《专利审查指南2010》第4部分第3章中的规定,请求人在提出无效宣告请求时应当具体说明无效宣告理由。而无效请求人在提出上述无效宣告的理由时,既未提供任何具体说明,也未在提出无效宣告请求后的一个月内补充任何具体的说明。因此,对于上述无效理由专利复审委员会应当不予考虑。此外,对于修改后的权利要求1至3中的技术方案,在说明书中均可以找到依据,其完全能够获得说明书的支持,符合《专利法》第26条第4款的规定。

<u>综上全部内容,专利权人相信修改后的权利要求书已经完全符合《专利法》、《专利法实施细则》以及《专利审查指南2010》的各项规定,请求专利复审委员会在修改后权利要求书的基础上维持本专利权有效。</u>

(三) 对请求人于2009年4月20日提交补充意见和对比文件的意见陈述书

尊敬的专利复审委员会:

本专利权人日前又接到了专利复审委员会转来的请求人张某于2009年4月20日提交的补充意见陈述书和对比文件3,现针对该文件中提出的所有无效意见、理由以及证据提出如下答辩意见:

---

❶ 此处指的是2001年实施的《专利法实施细则》第20条,按照现行《专利法》和《专利法实施细则》该条款已经变为《专利法》第26条第3款。

❷ 此处指的是2001年实施的《专利法实施细则》第20条,按照现行《专利法》和《专利法实施细则》该条款已经变为《专利法》第26条第3款。

❸❹ 此处指的是2001年实施的《专利法实施细则》第64条,按照现行《专利法实施细则》该条款已经变为第65条。

1. 对无效请求人提交补充意见的效力的核实。

《专利审查指南 2010》第 4 部分第 3 章中规定，针对专利权人以合并方式修改的权利要求或者提交的反证，请求人可以在专利复审委员会指定的期限内补充证据和理由，并在该期限内结合证据具体说明相关无效宣告理由。我方首先要求核实对方补充证据和理由的期限是否是在专利复审委员会指定的期限内，否则该证据和理由均应当不予考虑。

2. 修改后的权利要求 1 符合《专利法》第 9 条的规定。

即使对方补充的证据和理由符合期限的要求，但由于本专利是一件实用新型专利，其保护的是对产品的形状、构造或者其结合所提出的适于实用的新的技术方案；而对比文件 3 是一件外观设计，其保护的是对产品的形状、图案或者其结合以及色彩与形状、图案的结合所作出的富有美感并适于工业应用的新设计，两者不能构成《专利法》第 9 条中规定的同样的发明创造。因此，修改后的权利要求 1 符合《专利法》第 9 条的规定。

3. 无效请求人提出的《专利法实施细则》第 2 条第 2 款❹的理由，应当不予考虑。

修改后的权利要求 2 和 3 只进行了删除式修改，并没有涉及合并式修改，无效请求人提出的上述理由，不属于《专利审查指南 2010》第 4 部分第 3 章中规定的可以补充理由的情形。因此，对于上述无效理由专利复审委员会应当不予考虑。

综上，补充意见中的无效宣告理由均不成立，请求专利复审委员会在修改后权利要求书的基础上维持本专利权有效。

（四）对对方出席口头审理人员的身份和资格的意见

《专利审查指南 2010》第 4 部分第 3 章中的规定，请求人无效宣告程序中委托专利代理机构或公民代理的，应当提交无效宣告程序授权委托书，公民代理的权限仅限于在口头审理中陈述意见和接收当庭转送的文件。

首先，我方要求核实对方各位代理人的身份证件、专利代理人的执业证件、是否持有无效宣告程序阶段的授权委托书（非其他阶段的委托书）、委托书和委托权限是否符合规定。如果证件或委托书不合格，则其不具备代理资格，不能出席口头审理。其次，即使乙代理公司李某的委托书符合规定，但由于乙代理公司就是本专利权申请阶段的代理机构，当其作为本专利无效阶段无效请求一方的代理机构时，其行为已经属于就同一内容的专利事务接受有利害关系的双方委托人的委托，违反了《专利代理条例》第 10 条的规定。如果李某以其个人名义接受的代理，则其行为属于代理人自行接受委托，不符合《专利代理条例》第 17 条的规定。

二、申请实务题

发明专利申请的权利要求书

1. 一种防止打鼾的枕头，包括音频检测器，根据输入的启动信号而启动并能够使枕头产生运动的止鼾装置，其特征在于，还包括比较器，所述比较器内将使用者打鼾时常见的声音频率段预设为标准值，当比较器判断音频检测器检测到声音信号属于标准值中的声音频率段时，则向止鼾装置输出启动信号。

2. 根据权利要求 1 所述的枕头，其特征在于，所述止鼾装置能够使枕头产生晃动或振动。

3. 根据权利要求 2 所述的枕头，其特征在于，所述能够使枕头产生晃动的止鼾装置包括：设置在枕芯下与气泵相连的多个气囊，控制气泵向各个气囊进行充气、放气的气囊控制器，所述气泵和气囊控制器能够根据输入的启动信号而启动。

4. 根据权利要求 3 所述的枕头，其特征在于，所述气囊控制器控制气泵向各个气囊充气、放气的次序和/或时间和/或速度是可调节的。

5. 根据权利要求 2 所述的枕头，其特征在于，所述能够使枕头产生晃动的止鼾装置包括：在枕头下依次设有支撑板、与支撑板连接的摇动板以及与摇动板嵌合的底板，所述底板内设置有能够使摇动板产生运动的驱动器，所述驱动器能够根据输入的启动信号而启动。

6. 根据权利要求 5 所述的枕头，其特征在于，所述驱动器驱动摇动板沿枕头的长度方向来回运动。

7. 根据权利要求 2 所述的枕头，其特征在于，所述能够使枕头产生振动的止鼾装置为设置在枕头内的振动机构。

8. 根据权利要求 1 至 7 中任一所述的枕头，其特征在于，其整体尺寸为长 50～80cm、宽 20～60cm、高 6～18cm。

9. 根据权利要求 1 至 7 中任一所述的枕头，其特征在于，其整体形状成长方体、圆柱体或长椭圆体。

10. 根据权利要求 1 至 7 中任一所述的枕头，其特征在于，该枕头包括头枕和颈枕，在所述头枕和/或颈枕上面均缝缀有药垫，所述药垫中装有预防和治疗颈椎病的药物。

三、答题思路分析

本题的类型和 2007 年实务考题的类型相似，也包括了一项是无效实务题和一项撰写实务题，面对这样的题目时应注意合理的安排答题时间。

---

❹ 此处指的是 2001 年实施的《专利法实施细则》第 2 条，按照现行《专利法》和《专利法实施细则》该条款已经变为《专利法》第 2 条第 3 款。

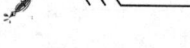

关于无效实务题

该被无效的专利中共包括了2组不同的技术方案，分别是原权利要求1~4和原权利要求5~6，该两组技术方案的修改和答复应该分别进行。在阅读了第一次无效宣告请求书和对比文件1、2之后不难发现，无效请求人提出的原权利要求1和2不具备新颖性和创造性、权利要求4不具备创造性、权利要求3不清楚的理由都是正确的。因此，只有对权利要求书进行修改，才有可能克服上述缺陷。在无效程序中，权利要求的修改只有合并和删除两种方式。由于权利要求1~4均存在缺陷，因此对于这一组权利要求的修改就只有将独立权利要求1删除，然后将其余从属权利要求中的全部或部分进行合并这一种修改方式了。考虑到上述内容，就不难得出参考答案中给出的权利要求1。

无效请求人提出的原权利要求5不具备新颖性的理由也是正确的。由于原权利要求5包含了3项并列的技术方案，而对比文件1仅公开了其中的一项技术方案（即在所述颈枕上面缝缀有药垫的方案），因此只要将这一项并列的技术方案删除，即可克服该缺陷。需要注意的是，现行《专利审查指南》4-3-4.1"审查范围"之（4）规定："请求人请求宣告权利要求之间存在引用关系的某些权利要求无效，而未以同样的理由请求宣告其他权利要求无效，不引入该无效宣告理由将会得出不合理的审查结论的，<u>专利复审委员会可以依职权引入该无效宣告理由对其他权利要求进行审查</u>。例如，请求人以权利要求1不具备新颖性、从属权利要求2不具备创造性为由请求宣告专利权无效，<u>如果专利复审委员会认定权利要求1具有新颖性，而从属权利要求2不具备创造性，则可以依职权对权利要求1的创造性进行审查</u>。"因此，虽然无效请求人对于该项权利要求没有提出创造性的理由，但其对原从属权利要求6提出了创造性的理由，所以复审委员会还是有可能会主动引入创造性的无效理由对修改后的权利要求2进行审查。不过由于该组方案只有2项权利要求，并不适用合并式修改，因此也就不必将原权利要求5的方案完全删除，而应当保留该技术方案，尽可能地为当事人争取最大的利益。

关于撰写实务题

该题是一道独立的题目，已经与之前的无效题目无关，题目中要求将原实用新型专利和对比文件1~3均作为现有技术，所以包括委托人自己的实用新型专利文件在内的所有对比文件均应作为现有技术考虑。

通过将后续改进的技术内容说明与全部对比文件进行对比分析，可以发现对比文件2与该发明的技术领域相同，要解决的技术问题最相近，所披露的技术特征也最多，是该发明最接近的现有技术。与对比文件2以及其他对比文件相比，该发明共提供了两方面的改进内容：第一方面的改进是，在防止打鼾枕头内增加比较器，通过比较器判断音频检测器是否检测到使用者的打鼾声音，如果检测到则启动止鼾装置，其所要解决的技术问题是，防止因为环境噪音而非鼾声使止鼾装置启动，进而干扰使用者的正常睡眠。第二方面的改进是，在防止打鼾枕头内设置能够使枕头产生晃动的止鼾装置，其所要解决的技术问题是，防止现有技术中振动器产生的振动会使使用者惊醒，进而干扰使用者的正常睡眠。在第二方面的改进方案中，还给出了两种具体的可使枕头产生晃动的止鼾装置的结构。

根据上述分析可以看出，如果以该发明第一方面的改进作为要保护的主题，将第二方面的改进作为在第一方面的主题基础上的进一步改进，就可以撰写出如参考答案中所给出的第1~10项的权利要求。其中，独立权利要求1中将发明内容中的两种不同结构的止鼾装置上位概括为"能够使枕头产生运动的止鼾装置"，所述"能够使枕头产生运动"将"使枕头产生晃动或振动"两种方案均包含在内。

不过，如果进一步将两方面的改进进行比较，还可以发现，该两方面的改进中所要解决的技术问题完全不同，实现两方面改进的技术方案之间也没有必然的从属关系，因而第二方面的改进方案也可以作为独立的主题单独提出申请。同时由于两方面的改进方案完全不同，两者之间不存在任何相同或者相应的特定技术特征，因此该两个主题之间不符合单一性的要求，不能合案申请。所以本题还可以将第二方面的改进作为独立的主题提出分案申请。原题给出的参考答案中没有包括分案申请的内容，但笔者认为，只有将第二方面的改进内容提交分案申请才能够使委托人的利益得到最大的保护。因此，本书中进一步给出了下述分案申请的参考答案。

将第二方面的改进作为分案申请时，可以采用"一种止鼾装置"和"一种防止打鼾的枕头"两种主题名称。当采用"一种止鼾装置"作为主题名称时，该止鼾装置可以不仅限于应用在枕头上，例如还可以应用于床垫、枕套等其他更多的产品上，因此，采用该主题可以使得止鼾装置本身获得更宽的保护范围。由于发明内容中给出了两种不同的止鼾装置的结构，而这两种止鼾装置的具体结构完全不同，两者之间没有任何相同或者相应的技术特征，不具有单一性。所以当采用"一种止鼾装置"作为主题名称时，只能将该两种止鼾装置分别提出两件申请。以下是两件分案申请的权利要求书的参考答案。

分案申请一

"1. 一种止鼾装置，其特征在于，包括：与气泵相连的多个气囊，控制气泵向各个气囊进行充气、放气的气囊控制器。

2. 根据权利要求1所述的装置，其特征在于，所述气囊控制器控制气泵向各个气囊充气、放气的次序和/或时间和/或速度是可调节的。

3. 根据权利要求1或2所述的装置，其特征在于，所述气泵和气囊控制器能够根据输入的启动信号而启动。

4. 一种防止打鼾的枕头，其特征在于，所述枕芯下面设有如权利要求1至3中任一所述的止鼾装置。

5. 根据权利要求4所述的枕头，其特征在于，还包括用于检测环境中的声音信号的音频检测器，所述音频检测器根据检测到的声音信号向止鼾装置发出启动信号，所述止鼾装置根据输入的启动信号而启动。

6. 根据权利要求5所述的枕头，其特征在于，还包括比较器，所述比较器内将使用者打鼾时常见的声音频率段预设为标准值，当比较器判断音频检测器检测到声音信号属于标准值中的声音频率段时，则向止鼾装置输出启动信号。

7. 根据权利要求4至6中任一所述的枕头，其特征在于，其整体尺寸为长50～80cm、宽20～60cm、高6～18cm。

8. 根据权利要求4至6中任一所述的枕头，其特征在于，其整体形状成长方体、圆柱体或长椭圆体。

9. 根据权利要求4至6中任一所述的枕头，其特征在于，该枕头包括头枕和颈枕，在所述头枕和/或颈枕上面均缝缀有药垫，所述药垫中装有预防和治疗颈椎病的药物。"

分案申请二

"1. 一种止鼾装置，其特征在于，包括：依次设置的支撑板、与支撑板连接的摇动板、以及与摇动板嵌合的底板，所述底板内设置有能够使摇动板产生运动的驱动器。

2. 根据权利要求1所述的装置，其特征在于，所述驱动器能够驱动摇动板沿枕头的长度方向来回运动。

3. 根据权利要求1或2所述的装置，其特征在于，所述驱动器能够根据输入的启动信号而启动

4. 一种防止打鼾的枕头，其特征在于，该枕头下面设有如权利要求1至3中任一所述的止鼾装置。

5. 根据权利要求4所述的枕头，其特征在于，还包括用于检测环境中的声音信号的音频检测器，所述音频检测器根据检测到的声音信号向止鼾装置发出启动信号，所述止鼾装置根据输入的启动信号而启动。

6. 根据权利要求5所述的枕头，其特征在于，还包括比较器，所述比较器内将使用者打鼾时常见的声音频率段预设为标准值，当比较器判断音频检测器检测到声音信号属于标准值中的声音频率段时，则向止鼾装置输出启动信号。

7. 根据权利要求4至6中任一所述的枕头，其特征在于，其整体尺寸为长50～80cm、宽20～60cm、高6～18cm。

8. 根据权利要求4至6中任一所述的枕头，其特征在于，其整体形状成长方体、圆柱体或长椭圆体。

9. 根据权利要求4至6中任一所述的枕头，其特征在于，该枕头包括头枕和颈枕，在所述头枕和/或颈枕上面均缝缀有药垫，所述药垫中装有预防和治疗颈椎病的药物。"

当采用"一种防止打鼾的枕头"作为主题名称时，可以考虑将两种不同的止鼾装置的结构上位概括为"能够使枕头产生晃动的止鼾装置"，通过"晃动"一词的概括，使之与现有技术中的"使枕头产生振动"的振动机构区别开。这样就可以将两种不同的止鼾装置写入一件专利申请中。以下是给出的一件申请的权利要求书的参考答案。

分案申请三

"1. 一种防止打鼾的枕头，其特征在于，包括设置在枕头内部或者外部、且能够使枕头产生晃动的止鼾装置。

2. 根据权利要求1所述的枕头，其特征在于，所述止鼾装置包括：设置在枕芯下与气泵相连的多个气囊，控制气泵向各个气囊进行充气、放气的气囊控制器。

3. 根据权利要求2所述的枕头，其特征在于，所述气囊控制器控制气泵向各个气囊充气、放气的次序和/或时间和/或速度是可调节的。

4. 根据权利要求1所述的枕头，其特征在于，所述止鼾装置包括：在枕头下依次设有支撑板、与支撑板连接的摇动板以及与摇动板嵌合的底板，所述底板内设置有能够使摇动板产生运动的驱动器。

5. 根据权利要求4所述的枕头，其特征在于，所述驱动器能够驱动摇动板沿枕头的长度方向来回运动。

6. 根据权利要求1至5中任一所述的枕头，其特征在于，还包括用于检测环境中的声音信号的音频检测器，所述音频检测器根据检测到的声音信号向止鼾装置发出启动信号，所述止鼾装置根据输入的启动信号而启动。

7. 根据权利要求6所述的枕头，其特征在于，还包括比较器，所述比较器内将使用者打鼾时常见的声音频率段预设为标准值，当比较器判断音频检测器检测到声音信号属于标准值中的声音频率段时，则向止鼾装置输出启动信号。

8. 根据权利要求1至5中任一所述的枕头，其特征在于，其整体尺寸为长50～80cm、宽20～60cm、高6～18cm。

9. 根据权利要求1至5中任一所述的枕头，其特征在于，其整体形状成长方体、圆柱体或长椭圆体。

10. 根据权利要求1至5中任一所述的枕头，其特征在于，该枕头包括头枕和颈枕，在所述头枕和/或颈枕上面均缝缀有药垫，所述药垫中装有预防和治疗颈椎病的药物。"

采用上述方式撰写的权利要求书，虽然其保护的主题只限于防止打鼾的枕头，但可以将两种不同结构的止鼾装置写入同一件专利申请之中，节省了申请费用。并且这样撰写的独立权利要求，由于对止鼾装置采用了上位概括的撰写方式，因此可以获得比发明内容中提供的两种止鼾装置的实施例更宽的保护范围。不过这样撰写的独立权利要求，也存在一些问题，由于发明内容中只提供了两种结构的止鼾装置，如果采用上述撰写方式，最好请发明人进一步提供更多的能够使枕头产生晃动的止鼾装置的结构，比如可以补充使枕头产生上下晃动或者前后晃动的止鼾装置的结构，这样就能够更好地支持该上位概括的独立权利要求。如果不能提供更多的实施方式，那么这样撰写的独立权利要求，就有可能会在审查中被认为是过于功能化的描述，得不到说明书的支持。不过这时也可以将其中一种止鼾枕头的方案修改为独立权利要求，将另一种止鼾枕头的方案作为分案提出，这样也不会过多的损害申请人的利益。

在代理实践中，有时也可以将解决类似技术问题，但不具有单一性的几项技术方案合案申请。这是因为，当几项

相近似的技术方案在刚刚完成发明、提交专利申请时，往往还不能看出其中哪一项方案更具有市场价值，只有在经过了一段时间的市场检验后，才能看出某项技术方案更具有市场价值，而其他几项技术方案不太具有市场价值。如果采用上述申请策略，这时就可以在原申请中删除不具有市场价值的技术方案，只保留具备市场价值的一项技术方案；如果有两项以上的技术方案都具有市场价值时，则可以将其余有价值的技术方案提出分案申请。如果是在代理实践中，前述以"一种止鼾装置"为主题的两项分案申请，也可以采用类似的策略合案申请。当然，如果是在考试中，题目的目的是为了考查对单一性概念的理解，这时还是应当按照单一性的原则提出分案申请。

第十三章 2010年专利代理实务试题及参考答案

答题须知
1. 所有试题的正确答案均以现行、有效的法律和法规为准。
2. 作为考试，应试者在完成题目时应当接受并仅限于本试卷所提供的事实。
3. 应试者应当将各题答案按顺序清楚地誊写在正式答题卡相应的答题区域内。
4. 应试者将答案写在试卷上、草稿纸上或者未按上述要求写在相应答题卡上的，不予计分。
5. 考试结束时，草稿纸需随试卷、答题卡一同由监考老师收回，请勿带出考场。

试题说明

本专利代理实务试题满分150分

客户向你所在代理机构提供了他们发明的食品料理机的交底材料（附件1）和他们所了解的现有技术（附件2），委托你所在的代理机构为其提出专利申请。在撰写专利申请文件前，你对现有技术进行检索，并找到了一篇相关的对比文件（附件3）。

第一题（70分）：请根据上述交底材料、客户提供的现有技术以及你检索到的对比文件为客户撰写一份发明专利申请的权利要求书，具体要求如下：

1. 独立权利要求应当从整体上反映发明的技术方案、记载解决技术问题的必要技术特征，相对于现有技术具备新颖性和创造性，并且符合专利法及其实施细则对独立权利要求的其他规定。

2. 从属权利要求应当使得本申请面临不得不缩小独立权利要求保护范围的情况时具有充分的修改余地，但是其数量应当合理、适当，并且符合专利法及其实施细则对从属权利要求的所有规定。

3. 如果所撰写专利申请的权利要求书中包含两项或者两项以上独立权利要求，请简述这些独立权利要求能够合案申请的理由；如果认为该申请的一部分内容应当通过一份或者多份申请分别提出，则应当进行相应说明，并撰写出独立权利要求。

第二题（60分）：简述审查指南中关于确定最接近的现有技术需要考虑的因素；确定附件2、附件3中哪一篇是本申请最接近的现有技术；说明所撰写的权利要求书（如果提出多份申请，还包括相应的权利要求书）相对于现有技术具备新颖性和创造性的理由。

第三题（20分）：随后，该客户又向你所在的代理机构致函（附件4）并附对比文件（附件5），希望对"电热器的合金材料"单独提出专利申请，请你根据客户提交的附件4、附件5，撰写专利申请的权利要求书，并说明该申请能否要求享有优先权以及能否获得保护的理由。

附件1（客户提供的交底材料）

客户发明了一种电机上置式食品料理机10（参见图1），包括机头101，其内设置有电机102和电路控制器件103；刀轴104从机头101的下盖伸出，其前端固定安装刀片105；U形管状的电热器106，从机头101下盖伸出；以及杯体107。此外，食品料理机10还包括一个上下开口中空筒状的引流罩108，其上部卡合固定在机头101的下盖上，下部不接触杯体107内侧底部。引流罩108上设置有多个供水和制浆物料通过的引流孔109，引流孔109的形状可以为圆形、椭圆形或者矩形，位置为交错分布。

该食品料理机可以处理大豆、花生、核桃、玉米等五谷杂粮原材料，用以自制豆浆、花生浆、核桃浆、玉米浆，甚至混合五谷浆等。使用时将水和制浆物料放入杯体107内，将引流罩108卡合固定到机头101的下盖上；机头101扣装在杯体107上，刀片105在引流罩108内伸入水中。接通电源，电热器106加热，电机102工作。制浆物料被旋转的刀片105打碎，在引流罩108内形成不规则的涡流和负压。制浆物料和水被从杯体107的底部吸入、提升到引流罩108内充分混合，在离心力的作用下被不断地甩出，从引流孔109射出后回流到杯体107内。回流到杯体107内的制浆物料和水再次被从底部吸入、提升到引流罩108内，从而在杯体107和引流罩108之间反复循环（参见图2），并不断被刀片105打碎，浆液中颗粒的细度逐渐提高，最终完成制浆过程。

由于食品料理机10中采用引流罩108代替传统的过滤网罩，克服了过滤网罩死角难以清洗的缺陷。此外，由于制浆物料是在杯体107和引流罩108内随水在大范围内循环粉碎制浆，不是在过滤网罩内被粉碎制浆，因而粉碎制浆效果更好，营养更好地溶解在浆液中。

作为引流孔109的变形，还可以在引流孔109的上方增设外凸的引流帽110（参见图2），当制浆物料经刀片105打碎后，继续高速旋转，沿引流孔109射出，由于受到外凸引流帽110的阻挡，降低出浆高度并有效回流，缩短了打浆循环时间。

客户通过实验发现，引流罩108的下边沿距杯体107内侧底部距离为15~25毫米时，制浆物料的粉碎和循环效果较佳。最上端的引流孔109的上边沿距引流罩108上边沿的距离为引流罩108总高度的1/5时，制浆物料的粉碎和循环效果较好。

客户还提供了一种不同于传统豆浆机中刀片单向旋转打浆的控制方式，所述控制方式由电路控制器件103（参见图3）来实现，该电路控制器件103包括：电源模块1031，用于提供微处理机控制单元1033和电机102的工作电压；时间检测模块1032，用于检测电机驱动时间；微处理机控制单元1033，用于控制电机驱动模块1034的工作状态；以及电机驱动模块1034，用于驱动电机102的正反转。

电路控制器件103工作时，微处理机控制单元1033向电机驱动模块1034发出正转信号，电机102正向运转粉碎制浆物料；时间检测模块1032对电机102的正转时间进行检测，当正转时间为A秒时，向微处理机控制单元1033发出时间已到信号；微处理机控制单元1033向电机驱动模块1034发出停止信号；时间检测模块1032对电机102的停止时间进行检测，当停止时间为B秒时，向微处理机控制单元1033发出时间已到信号；微处理机控制单元1033向电机驱动模块1034发出反向运转信号，电机102反转进一步粉碎制浆物料；时间检测模块1032对电机102的反转时间进行检测，当反转时间为C秒时，向微处理机控制单元1033发出时间已到信号；微处理机控制单元1033向电机驱动模块1034发出停止信号；时间检测模块1032对电机102的停止时间进行检测，当停止时间为D秒时，微处理机控制单元1033再次向电机驱动模块1034发出正转信号；重复上述过程，循环粉碎N次后，完成制浆程序（具体步骤参见图4）。其中，正反转时间、停止时间以及循环的次数根据浆料不同可做不同设置，优选参数为：$5 \leqslant A \leqslant 10$，$2 \leqslant B \leqslant 5$，$5 \leqslant C \leqslant 10$，$2 \leqslant D \leqslant 5$，$5 \leqslant N \leqslant 10$。

以上过程中，在刀片105改变旋转方向的瞬间，部分浆料由于惯性作用，来不及改变运动方向，从而与改变方向的刀片105反向运动，使得浆料被撞击、磨擦得更充分。

附件1附图（客户提供的交底材料附图）：

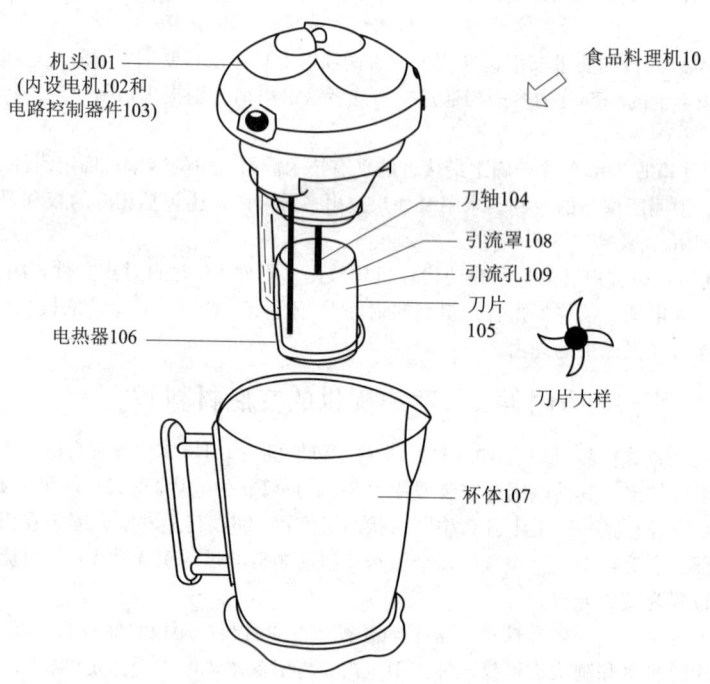

图1　带有引流罩的食品料理机

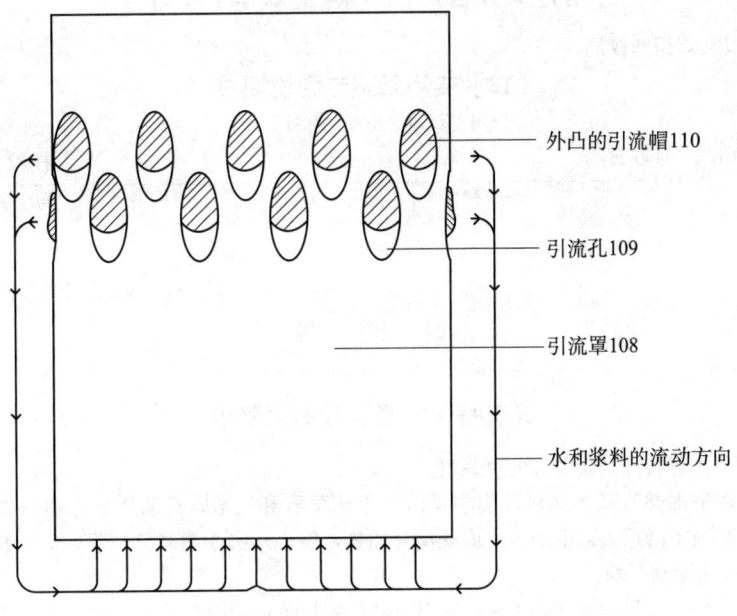

图 2 设有外凸引流帽的引流罩的示意图

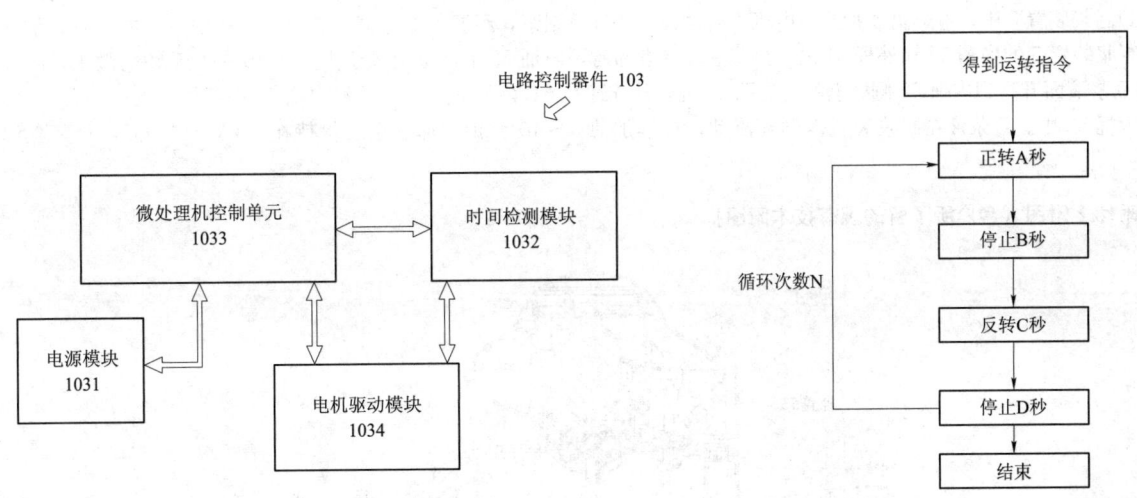

图 3 电路控制器件示意图　　图 4 电路控制器件循环正反转控制步骤图

附件2（客户所了解的现有技术）

[19] 中华人民共和国国家知识产权局

[12] 实用新型专利说明书
专利号 ZL200720123456.7

[45] 授权公告日 2007年11月6日

[11] 授权公告号 CN200411234Y

[22] 申请日 2007.2.7
[21] 申请号 200720123456.7
（其余著录项目略）

说 明 书

具有特殊制浆装置的豆浆机

本实用新型涉及一种具有特殊制浆装置的豆浆机。

通常豆浆机是在常压下加热豆浆，加热过程中不断产生热蒸汽和气泡，豆浆体积迅速热膨胀，为避免煮沸时溢锅，需要暂停加热，待液面下降后再通电加热，如此反复加热，停止几次才能制熟豆浆。这样制备的豆浆加热温度限于100℃之内，品质和口味受到影响。

本实用新型公开了一种豆浆机，能在高于沸点时对豆浆持续加热，如图5所示，该豆浆机包括电机1、刀片2、滤罩3、电热盘4、制浆装置5及电路控制器件。该制浆装置5由外桶51、内桶52和桶盖53组成，内桶52上端卡装在桶盖53内面上，桶盖53扣装在外桶51上端，内桶52的侧壁上设置有连通孔54、内桶52的底部设置有循环孔55，外桶51置于电热盘4上。刀片2伸入内桶52，滤罩3上端卡装在桶盖53内面上。使用时，将豆子装入滤罩3内，水放入到制浆装置5中，电热盘4加热，电机1启动刀片2打豆制浆，经滤罩3过滤，豆渣残留在滤罩3内，而豆浆液流入制浆装置5的内桶52和外桶51内。豆浆液加热煮沸时，内桶52上部形成高于大气压10～20千帕的微压，内桶52内豆浆液面升高到内桶52侧壁上的连通孔54处，从连通孔54流入外桶51，再经内桶52底部设置的循环孔55回流到内桶52中。豆浆液在制浆装置内循环流动，持续加热4～10分钟，加热温度保持在100℃～105℃，豆浆煮沸制熟。

附件2附图（客户所了解的现有技术附图）

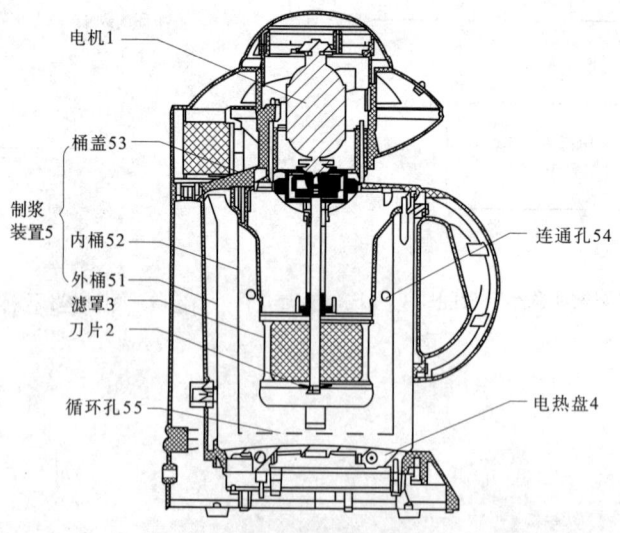

图5 具有特殊制浆装置的豆浆机结构图

附件3（你检索的对比文件）

[19] 中华人民共和国国家知识产权局

[12] 实用新型专利说明书

专利号 ZL200820123546.7

[45] 授权公告日 2008年12月6日　　　　　　[11] 授权公告号 CN201121234Y

[22] 申请日 2008.2.5
[21] 申请号 200820123456.7
（其余著录项目略）

说　明　书

推进式搅拌机

本实用新型涉及工业用推进式搅拌机，具体涉及一种含有导流筒的推进式搅拌机。

本实用新型的目的是提供一种效率高、效果好的推进式搅拌机。

该搅拌机1包括叶片2、传动杆3，其特征在于还包括有导流筒4，导流筒4侧壁的上、下部分别均匀开有上孔51、下孔52，导流筒4下端是开口的，上端与传动杆3活动连接，叶片2位于导流筒4下孔52的下方（参见图6）。

将本实用新型安装于反应器10中，导流筒4的上端与反应器10的传动杆3活动连接，当反应器10中充满液体时，启动搅拌机1，导流筒4内的液体在叶片2的作用下向下运动，液体流出导流筒4后在反应器10的作用下向上运动，当到达下孔52时，一部分液体通过下孔52进入导流筒4，其余的液体通过上孔51进入导流筒4，然后向下运动，如此反复循环，达到搅拌、混合的目的。

用于搅拌含固体颗粒悬浮液时，在一部分液体通过下层孔52进入导流筒4后，上面液体的流速明显变慢，反应器10内液体流速不同，从而使其中的固体颗粒按颗粒大小分为两层。

本实用新型与现有技术相比具有结构简单、搅拌效率高、搅拌效果好、节约能源，以及当用于固体颗粒悬浮液体时，可实现分层效果的优点。

附件3附图（你检索的对比文件附图）

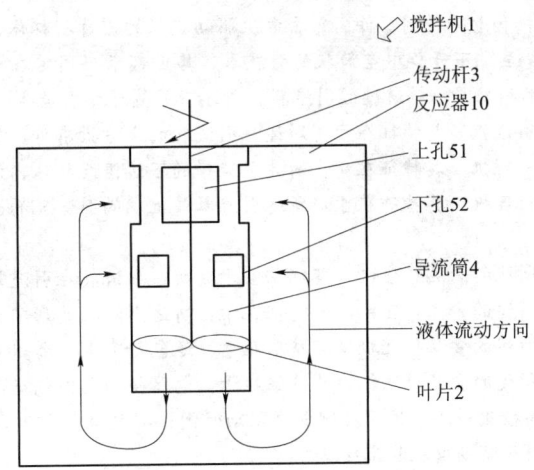

图6　推进式搅拌机结构示意图

附件4（客户来函）

专利代理机构：

我公司经实验发现，食品料理机中电热器的合金材料，其组分和含量（重量百分比）为0.1%～0.3%的C，0.5%～1%的Mn，P≤0.03%，S≤0.03%，余量为Fe时，加热效果较好。特别是组分和含量（重量百分比）为0.18%～0.27%的C，0.5%～1%的Mn，P≤0.03%，S≤0.03%，余量为Fe时，既能保证力学性能，又有利于加工工艺，同时限制有害元素P和S的含量，防止MnS夹杂物的析出，提高电热器的纯净度，可以获得更好的加热效果。

我公司于2010年5月6日向国家知识产权局提交过一份有关豆浆机的实用新型专利申请,该申请尚未公开,但在其说明书中,明确记载了豆浆机中电热器的合金材料的组分和含量(重量百分比)为:C含量为0.18%~0.27%,Mn含量为0.5%~1%,P含量为≤0.03%,S含量为≤0.03%,余量为Fe的内容。

此外,我们还检索到一份由其他公司申请并已授权的对比文件(参见附件5)。

现在我们希望就"电热器的合金材料"单独提出专利申请,获得保护,请予以办理。

××公司
2010年11月6日

附件5(随客户来函提交的对比文件)

[19] 中华人民共和国国家知识产权局

[12] 实用新型专利说明书
专利号 ZL200920123456.7

[45] 授权公告日 2010年6月8日　　　　　　　　　　[11] 授权公告号 CN201431234Y

[22] 申请日 2009.11.8
[21] 申请号 200920123456.7
(其余著录项目略)

说　明　书

一种防尘防烫伤热得快

本实用新型涉及一种放在热水瓶内使用的U形热得快。该热得快由导线及插头、瓶塞体、U形电热管和防尘防烫伤外壳组成,其中用来制造U形电热管的合金材料,其组分和含量(重量百分比)为:0.15%的C,0.7%的Mn,0.01%的P,0.01%的S,余量为Fe。

参 考 答 案

第一题

一、发明专利申请的权利要求书

1. 一种食品料理机,包括电机和电路控制器件、可由电机驱动旋转的刀片、杯体、扣装在杯体上端的杯盖,其特征在于:还包括一个置于杯体内、呈上下开口中空筒状的引流罩,其上部卡合固定在杯盖上,下部不接触杯体内侧底部,该引流罩上还设置有多个供水和制浆物料通过的引流孔,所述刀片置于该引流罩内。

2. 如权利要求1所述的食品料理机,其特征在于:所述在引流孔的上方设有外凸的引流帽。

3. 如权利要求1所述的食品料理机,其特征在于:所述引流罩的下边沿距杯体内侧底部的距离为15~25毫米。

4. 如权利要求1所述的食品料理机,其特征在于:所述引流罩最上端的引流孔的上边沿距引流罩上边沿的距离为引流罩总高度的五分之一。

5. 如权利要求1至4中任一所述的食品料理机,其特征在于:所述引流孔在引流罩上交错分布。

6. 如权利要求1至4中任一所述的食品料理机,其特征在于:所述引流孔的形状为圆形、椭圆形或者矩形。

7. 如权利要求1至4中任一所述的食品料理机,其特征在于:还包括有电热器,其位于杯体内。

8. 如权利要求1至4中任一所述的食品料理机,其特征在于:电路控制器件包括,电源模块,用于提供微处理机控制单元和电机的工作电压;时间检测模块,用于检测电机驱动时间;微处理机控制单元,用于控制电机驱动模块的工作状态;以及电机驱动模块,用于驱动电机的正反转。

9. 如权利要求1至4中任一所述的食品料理机,其特征在于:还包括U形管状的电热器,其设置于杯体内。

10. 如权利要求1至4中任一所述的食品料理机,其特征在于:还包括有机头,所述电机和电路控制器件设置在其内,所述机头的下盖与杯盖为一体结构;可由电机驱动旋转的刀轴从机头的下盖伸出至引流罩内,所述刀片固定安装在刀轴前端。

11. 如权利要求10所述的食品料理机,其特征在于:还包括U型管状的电热器,其从机头下盖伸出至杯体内。

12. 一种食品制浆方法,具体步骤包括:

步骤A:将水和制浆物料放入上端扣装有杯盖的杯体内,所述杯体内设有呈上下开口中空筒状的引流罩,所述引流罩上部卡合固定在杯盖上,下部不接触杯体内侧底部,该引流罩上还设置有多个供水和制浆物料通过的引流孔,可由电机驱动旋转的刀片置于该引流罩内;

步骤B：电机驱动刀片旋转将制浆物料打碎，并在引流罩内形成不规则的涡流和负压，制浆物料和水被从杯体的底部吸入、提升到引流罩内充分混合，又在离心力的作用下被不断地从引流孔甩出，然后再回流到杯体内；回流到杯体内的制浆物料和水再次被从底部吸入、提升到引流罩内，从而在杯体和引流罩之间反复循环，在此过程中制浆物料不断被刀片打碎，浆液中颗粒的细度逐渐提高，直至完成制浆。

13. 如权利要求12所述的食品制浆方法，其特征在于：所述制浆物料为大豆、花生、核桃、玉米中的一种或任意几种的混合。

二、合案申请的理由

本发明申请的权利要求书中一共有两项独立权利要求，分别是权利要求1和权利要求12。在这两项独立权利要求中均具有相同的技术特征"置于杯体内、呈上下开口中空筒状的引流罩，该引流罩上还设置有多个供水和制浆物料通过的引流孔"，采用上述技术特征的方案解决了"过滤网罩死角难以清洗，让制浆物料在杯体和引流罩内随水在大范围内循环粉碎制浆，使粉碎制浆效果更好，营养更好地溶解在浆液中"的技术问题。在对比附件2和附件3中均未公开上述技术特征，也没有给出采用该技术特征解决上述技术问题的技术启示，而该技术特征也不是本领域技术人员的公知常识。因此该特征属于《专利法实施细则》第34条中规定的"特定技术特征"，所以该两项独立权利要求符合《专利法》第31条规定的"属于一个总的发明构思的两项以上的发明"，可以合案申请。

三、分案申请的权利要求书

1. 一种电机带动刀片旋转制浆时的电机控制方法，包括如下步骤：

步骤A：微处理机控制单元向电机驱动模块发出正转信号，电机正向运转粉碎制浆物料；

步骤B：时间检测模块对电机的正转时间进行检测，当正转时间为5至10秒时，向微处理机控制单元发出时间已到信号；微处理机控制单元向电机驱动模块发出停止信号；

步骤C：时间检测模块对电机的停止时间进行检测，当停止时间为2至5秒时，向微处理机控制单元发出时间已到信号；微处理机控制单元向电机驱动模块发出反向运转信号，电机反转进一步粉碎制浆物料；

步骤D：时间检测模块对电机的反转时间进行检测，当反转时间为5至10秒时，向微处理机控制单元发出时间已到信号；微处理机控制单元向电机驱动模块发出停止信号；

步骤E：时间检测模块对电机的停止时间进行检测，当停止时间为2至5秒时，微处理机控制单元再次向电机驱动模块发出正转信号；

步骤F：重复循环步骤A至E，直至完成制浆。

2. 如权利要求1所述的方法，其特征在于：所述重复循环步骤A至E的次数为5至10次。❶

3. 一种电机带动刀片旋转制浆时控制电机运转的电路控制器件，其特征在于，包括：电源模块，用于提供微处理机控制单元和电机的工作电压；时间检测模块，用于检测电机驱动时间；微处理机控制单元，用于控制电机驱动模块的工作状态；以及电机驱动模块，用于驱动电机的正反转；

开始工作时，微处理机控制单元向电机驱动模块发出正转信号，电机正向运转粉碎制浆物料；时间检测模块对电机的正转时间进行检测，当正转时间为5至10秒时，向微处理机控制单元发出时间已到信号；微处理机控制单元向电机驱动模块发出停止信号；时间检测模块对电机的停止时间进行检测，当停止时间为2至5秒时，向微处理机控制单元发出时间已到信号；微处理机控制单元向电机驱动模块发出反向运转信号，电机反转进一步粉碎制浆物料；时间检测模块对电机的反转时间进行检测，当反转时间为5至10秒时，向微处理机控制单元发出时间已到信号；微处理机控制单元向电机驱动模块发出停止信号；时间检测模块对电机的停止时间进行检测，当停止时间为2至5秒时，微处理机控制单元再次向电机驱动模块发出正转信号；重复循环上述步骤，直至完成制浆。

4. 如权利要求3所述的电路控制器件，其特征在于：所述重复循环上述步骤的次数为5至10次。❷

四、分案申请的理由

分案申请的独立权利要求1、3所保护的技术方案分别是一种电机带动刀片旋转制浆时的电机控制方法和一种采用该方法的电路控制器件，而发明申请的独立权利要求12、1所保护的技术方案是一种食品制浆方法和采用该方法的食品料理机。发明申请独立权利要求12、1的技术方案整体上对现有技术作出贡献的技术特征为"置于杯体内、呈上下开口中空筒状的引流罩，该引流罩上还设置有多个供水和制浆物料通过的引流孔，刀片置于该引流罩内"，而分案申请的独立权利要求1、3中没有上述技术特征，因此两者之间不具备任何相同或者相应的特定技术特征，不属于一个总的发明构思的两项以上的发明，不能合案申请。只有通过提出分案申请，才能够使分案申请中的技术方案达到最大的保护范围，更好地保护申请人的利益。

---

❶❷ 题目中只要求撰写分案申请的独立权利要求，因此在考试中不需要撰写该项从属权利要求。

第二题

一、《专利审查指南 2010》中关于最接近的现有技术需要考虑的因素

《专利审查指南 2010》中规定，最接近的现有技术，是指现有技术中与要求保护的发明最密切相关的一个技术方案，它是判断发明是否具有突出的实质性特点的基础。最接近的现有技术，例如可以是，与要求保护的发明技术领域相同，所要解决的技术问题、技术效果或者用途最接近和/或公开了发明的技术特征最多的现有技术，或者虽然与要求保护的发明技术领域不同，但能够实现发明的功能，并且公开发明的技术特征最多的现有技术。应当注意的是，在确定最接近的现有技术时，应首先考虑技术领域相同或相近的现有技术。

二、附件 2、3 中哪一篇是本发明最接近的现有技术

本发明公开了一种食品制浆方法和制浆设备，附件2公开了一种豆浆机和制备豆浆的方法，和本发明的技术领域相同，而附件3公开了一种工业用推进式搅拌机，用于实现工业物料搅拌、混合的目的，和本发明的技术领域不同。此外，附件2与附件3相比，其所要解决的技术问题和技术效果与本发明更为接近，公开本发明的技术特征最多。所以附件2是本发明最接近的现有技术。

三、本发明权利要求书相对于现有技术具有新颖性和创造性的理由

（一）权利要求1的新颖性

附件2中的制浆装置由外桶、内桶、桶盖、滤罩组成，刀片至于滤罩内，而权利要求1中的打浆机构由杯体、杯盖、引流罩组成，刀片置于引流罩内。与附件2相比，本发明的权利要求1具有如下区别技术特征："置于杯体内、呈上下开口中空筒状的引流罩，该引流罩上还设置有多个供水和制浆物料通过的引流孔，刀片置于该引流罩内"，因此两者的结构不同。附件2中的刀片打豆制浆的过程是在滤罩中完成的，其内桶侧壁上设有的连通孔的作用是，当豆浆液加热煮沸时，内桶内豆浆液面升高到内桶侧壁上的连通孔处时，可从连通孔流入外桶中，然后再通过内桶底部的循环孔，从外桶底部回流至内桶底部。附件2所解决的技术问题是，在内桶上部形成高于大气压10～20千帕的微压，使豆浆液在制浆时的加热温度保持在100℃～105℃，同时避免豆浆液在煮沸时溢锅。而权利要求1中的刀片粉碎制浆的过程是在引流罩中完成的，解决了附件2中"过滤网罩死角难以清洗"的技术问题；并且，由于引流罩及引流孔的结构，刀片粉碎制浆时，在引流罩内形成不规则的涡流和负压，制浆物料和水被从杯体的底部吸入，提升到引流罩内充分混合，在离心力的作用下被不断地甩出，从引流孔射出后回流到杯体内，然后再次被从杯体底部吸入、提升到引流罩内，从而在杯体和引流罩之间反复循环，解决了"让制浆物料能够在杯体和引流罩内随水在大范围内循环粉碎制浆"的技术问题，取得了"使粉碎制浆效果更好，营养能更好地溶解在浆液中"的有益效果。权利要求1与附件2相比，两者的技术方案完全不同，所解决的技术问题和预期效果也都不相同。因此，权利要求1与附件2相比具备《专利法》第22条第2款规定的新颖性。

附件3中的工业用推进式搅拌机由反应器、导流筒、叶片组成，叶片位于导流筒内。其导流筒上设有的下孔和上孔的作用是，当液体在叶片的作用下从导流筒内向下运动，流出导流筒后在反应器的作用下向上运动，通过下孔和上孔又进入导流筒，然后再向下运动，如此反复循环；并且，当其用于搅拌含固体颗粒悬浮液时，由于上层孔进入导流筒的液体流速明显慢于从下层孔进入的液体，从而使其中的固体颗粒按颗粒大小分为两层。附件3所解决的技术问题是，实现工业物料的充分搅拌、混合，当其用于固体颗粒悬浮液时，实现分层的效果。与附件3相比，本发明的权利要求1存在刀片、引流罩和引流孔的区别技术特征，并且附件3中的液体是在叶片的作用下向下流出导流筒，再在反应器的作用下通过下孔和上孔又进入导流筒，而权利要求1中的制浆物料和水是在刀片的作用下从杯体底部向上流入引流罩内，再在离心力的作用下被不断地从引流孔射出后又回流到杯体内。权利要求1中的刀片、引流孔与附件3中的叶片、上孔和下孔的作用完全不同，制浆物料和水的流向与附件3中液体的流向也不相同。权利要求1与附件3相比，两者的技术领域、技术方案完全不同，所要解决的技术问题和预期效果也不相同。因此，本发明的权利要求1与附件3相比具备《专利法》第22条第2款规定的新颖性。

（二）权利要求1的创造性

附件2是权利要求1最接近的现有技术，与附件2相比，权利要求1具有如下区别技术特征："置于杯体内、呈上下开口中空筒状的引流罩，该引流罩上还设置有多个供水和制浆物料通过的引流孔，刀片置于该引流罩内"。权利要求1的方案解决了"过滤网罩死角难以清洗、让制浆物料能够在杯体和引流罩内随水在大范围内循环粉碎制浆"的技术问题。附件2中没有解决上述技术问题，也没有给出上述区别技术特征的任何技术启示。附件3中也没有公开上述区别技术特征，并且附件3与权利要求1的技术领域和技术方案完全不同、要解决的技术问题和预期效果也不相同。即使将附件2、3结合起来也不能得到任何采用该区别技术特征来解决上述技术问题的启示。同时，由于该区别技术特征也不是本领域技术人员的公知常识，并且权利要求1的技术方案取得了"避免滤网罩死角难以清洗，使粉碎制浆效果更好，营养能更好地溶解在浆液中"的有益效果，所以权利要求1相对于附件2、3和公知常识具有突出的实质性特点和显著的进步，具备《专利法》第22条第3款规定的创造性。

（三）权利要求2～11的新颖性创造性

权利要求2～11是权利要求1的从属权利要求，在权利要求1具有新颖性和创造性的基础上，从属权利要求2～

11也具有新颖性和创造性。

（四）权利要求12、13的新颖性和创造性

与附件2或附件3相比，权利要求12都具如下区别技术特征："置于杯体内、呈上下开口中空筒状的引流罩，该引流罩上还设置有多个供水和制浆物通过的引流孔，刀片置于该引流罩内"。权利要求12的技术方案解决了"过滤网罩死角难以清洗、让制浆物料能够在杯体和引流罩内随水在大范围内循环粉碎制浆"的技术问题，取得了"避免滤网罩死角难以清洗，使粉碎制浆效果更好，营养能更好地溶解在浆液中"的有益效果。权利要求12与附件2、3相比，其技术方案、所解决的技术问题和预期效果都不相同，并且权利要求12与附件3的技术领域也完全不同。因此，权利要求12与附件2或附件3相比，都具备《专利法》第22条第2款规定的新颖性。

附件2是权利要求12最接近的现有技术，两者之间存在上述区别技术特征，附件2中没有解决上述技术问题，也没有给出上述区别技术特征的任何技术启示。附件3中也没有公开上述区别技术特征，并且附件3与权利要求12的技术领域和技术方案完全不同、要解决的技术问题和预期效果也不相同。因此，即使将附件2、3结合起来也不能得到任何采用该区别技术特征来解决上述技术问题的启示。同时，由于该区别技术特征也不是本领域技术人员的公知常识，并且权利要求12的技术方案取得了新的有益效果，所以权利要求12相对于附件2、3和公知常识具有突出的实质性特点和显著的进步，具备《专利法》第22条第3款规定的创造性。而权利要求13作为权利要求12的从属权利要求，也因此具有《专利法》第22条第2款、第3款规定的新颖性和创造性。

（五）分案申请权利要求1、2的新颖性和创造性

分案申请的权利要求1保护的是一种电机带动刀片旋转打浆时的电机控制方法，该方法通过控制电机产生间断式的正、反向转动，让刀片改变旋转方向，使浆料被撞击、磨擦得更充分。附件2、3中均未公开上述技术方案，其所要解决的技术问题和预期效果也不相同，因此权利要求1相对于附件2或附件3具有《专利法》第22条第2款规定的新颖性。

分案申请的权利要求3保护的是一种电机带动刀片旋转打浆时控制电机运转的电路控制器件，该器件可以使得电机产生间断式的正、反向转动，让刀片改变旋转方向，使浆料被撞击、磨擦得更充分。附件2、3中均未公开上述技术方案，其所要解决的技术问题和预期效果也不相同，因此权利要求3相对于附件2或附件3具有《专利法》第22条第2款规定的新颖性。

附件2是分案申请权利要求1的最接近的现有技术，附件2中没有公开控制电机产生间断式的正、反向转动，让刀片改变旋转方向的技术方案，附件3和分案申请权利要求1的技术领域完全不同，也未公开该技术方案，附件2、3中也不存在上述方案的任何技术启示，而且该方案也不是本领域技术人员的公知常识。同时，由于分案申请的权利要求1取得了"使浆料被撞击、磨擦得更充分"的有益效果，因此权利要求1相对于附件2、3和公知常识具有突出的实质性特点和显著的进步，具备《专利法》第22条第3款规定的创造性。

附件2是分案申请权利要求3的最接近现有技术，附件2中没有公开可以使得电机产生间断式的正、反向转动的电路控制器件，附件3和分案申请权利要求3的技术领域完全不同，也未公开该技术方案，附件2、3中也不存在上述方案的任何技术启示，而且该方案也不是本领域技术人员的公知常识。同时，由于分案申请的权利要求3取得了"使得浆料被撞击、磨擦得更充分"的有益效果，因此权利要求2相对于附件2、3和公知常识具有突出的实质性特点和显著的进步，具备《专利法》第22条第3款规定的创造性。

第三题

一、专利申请的权利要求书

1. 一种合金材料，其特征在于，其组分和含量（重量百分比）为：0.18%～0.27%的C，0.5%～1%的Mn，P≤0.03%，S≤0.03%，余量为Fe。

2. 一种电热器，其特征在于，其采用如权利要求1所述的合金材料制成。

二、专利申请能够享有在先申请的优先权

《专利法》第29条第2款规定："申请人自发明或者实用新型在中国第一次提出专利申请之日起十二个月内，又向国务院专利行政部门就相同主题提出专利申请的，可以享有优先权。"申请人于2010年5月6日向国家知识产权局提交了第一份在先申请，至今天（2010年11月7日，即考试当天）尚未满12个月，符合优先权规定中的首次申请和期限的规定。此外，在首次申请的说明书中明确记载了豆浆机中电热器的合金材料的组分和含量（重量百分比）为：C含量为0.18%～0.27%，Mn含量为0.5%～1%，P含量为≤0.03%，S含量为≤0.03%，余量为Fe的方案，该方案与专利申请权利要求书的方案完全相同，属于相同的主题。因此本专利申请完全符合《专利法》第29条第2款规定，能够享有在先申请的优先权。

三、专利申请相对于附件5能够获得保护的理由

本专利申请的优先权日为2010年5月6日，附件5的申请日为2009年11月8日，公开日为2010年6月8日。附件5与本专利申请相比，属于申请在先公开在后的申请，只能用于评价本专利申请的新颖性，而不能影响创造性。

本专利申请说明书中一共给出了两种合金材料的范围，第一种合金材料范围的组分和含量（重量百分比）为

0.1%～0.3%的C，0.5%～1%的Mn，P≤0.03%，S≤0.03%，余量为Fe，其实现了"加热效果较好"的有益效果；第二种合金材料范围的组分和含量（重量百分比）为0.18%～0.27%的C，0.5%～1%的Mn，P≤0.03%，S≤0.03%，余量为Fe，即本专利申请权利要求1所保护的技术方案，其实现了"既能保证力学性能，又有利于加工工艺，同时限制有害元素P和S的含量，防止MnS夹杂物的析出，提高电热器的纯净度，可以获得更好的加热效果"的有益效果。附件5中公开了一种合金材料，其组分和含量（重量百分比）为：0.15%的C，0.7%的Mn，0.01%的P，0.01%的S，其余为Fe。附件5中公开的各项组分含量数值分别落在了第一种合金材料范围的各项组分含量的数值范围内，因此破坏了第一种合金材料范围的新颖性；但其与第二种合金材料的各项组分范围相比，两者的数值范围完全不同，并且也没有共同的端点，因而不能影响第二种合金材料范围的新颖性。再因为采用第二种合金材料范围的技术方案取得了新的技术效果，所以本专利申请权利要求1所保护的技术方案与附件5相比具备《专利法》第22条第2款、第3款规定的新颖性和创造性，能够获得保护。

答题思路分析

本题中第一项发明中的食品料理机与两份对比文件（附件2、3）中披露的技术方案相比，有些结构特征比较相似。例如，附件2中制浆装置的外桶、桶盖、刀片，即对应本发明的食品料理机的杯体、机头的下盖、刀片；附件3中的反应器，即对应该食品料理机中的杯体。但本发明的食品料理机与两项对比文件相比也具有一些区别特征。例如，附件2中设有一个滤罩，刀片置于滤罩中，刀片打豆制浆的过程是在滤罩中完成的，而本发明的食品料理机中只设有一个置于杯体内、呈上下开口中空筒状的引流罩，刀片置于该引流罩内，刀片粉碎制浆的过程是在引流罩内完成的，两者具有明显的区别。附件3中记载的是一种工业用推进式搅拌机，和本发明的食品料理机的技术领域完全不同，附件3中通过在反应器内设有导流筒、叶片实现了搅拌的功能，而本发明的食品料理机通过在外桶内设有引流罩、刀片而实现了粉碎制浆的功能，两者也具有明显的区别。因此本发明和附件2或3相比具有新颖性。

在对本发明的创造性进行分析时，如果仅从结构本身进行分析，可能会发现，在附件2中的内桶侧壁上设有连通孔，附件3中的导流筒上设有下孔和上孔，而本发明中的引流罩上设置有引流孔，这三者的结构比较相似。如果仅从结构上的区别考虑，那么本发明的食品料理机比附件2似乎只是缺少了一个滤罩，比附件3似乎只是将叶片替换为刀片，这样的区别显然还不足以使本发明的食品料理机具有创造性。但是，如果因此就考虑在申请人提供的发明内容中再寻找其他技术特征（如电路控制器件）作为本发明的区别技术特征，那么将会使申请人的发明保护范围大大缩小，损害申请人的利益。

其实，如果同时结合要解决的技术问题和实现的技术效果来对上述结构进行分析，就会发现本发明和对比文件相比还是存在较大区别的。附件2所解决的技术问题是，在内桶上部形成高于大气压10～20千帕的微压，使豆浆液在制浆时的加热温度保持在100℃～105℃，同时避免豆浆液在煮沸时溢锅。因此，其内桶侧壁上设有连通孔的作用是，当豆浆液加热煮沸时，内桶内豆浆液面升高到内桶侧壁上的连通孔处时，可从连通孔流入外桶中，然后再从外桶底部回流至内桶底部，这样就实现了"避免豆浆液在煮沸时溢锅，同时还可以在内桶中维持所需的微压，并保持加热温度为所需温度"的有益效果。而本发明的食品料理机要解决的技术问题是，让制浆物料能够在杯体和引流罩内随水在大范围内循环粉碎制浆。因此，其引流罩及引流孔的作用是，当刀片粉碎制浆时在引流罩内形成不规则的涡流和负压，制浆物料和水被从杯体的底部吸入、提升到引流罩内充分混合，在离心力的作用下被不断地甩出，从引流孔射出后回流到杯体内，然后再次被从杯体底部吸入、提升到引流罩内，从而在杯体和引流罩之间反复循环，这样就实现了"使粉碎制浆效果更好，营养能更好地溶解在浆液中"的有益效果。附件2与本发明相比，两者中液体流动的原理不同，附件2中的液体是在煮沸时从连通孔溢出，而本发明中的液体是在离心力的作用下从引流孔射出。附件2中的打豆制浆的过程是在滤罩中完成，其液体的流动不能起到让制浆物料与水充分混合、并在大范围内循环粉碎制浆的作用，而主要是为了防止溢锅和维持所需的微压。而本发明中的粉碎制浆过程是在引流罩中完成的，制浆物料和水在离心力的作用下都可以从引流孔射出，这样就实现了让制浆物料与水充分混合、并在大范围内循环粉碎制浆的技术效果。所以，附件2与本发明相比，内桶与引流罩所起的作用完全不同，进一步使得两者之间所解决的技术问题和实现的技术效果完全不同，本领域技术人员根据附件2所披露的技术内容是无法得到本发明的技术方案的，两者之间具有实质性的区别。

附件3所解决的技术问题是，提供一种搅拌效率高、搅拌效果好、节约能源的推进式搅拌机。因此，其导流筒上设有的下孔和上孔的作用是，当液体在叶片的作用下从导流筒内向下运动，流出导流筒后在反应器的作用下向上运动，通过下孔和上孔又进入导流筒，然后再向下运动，如此反复循环；并且，当其用于搅拌含固体颗粒悬浮液时，由于上层孔进入导流筒的液体流速明显慢于从下层孔进入的液体，从而使其中的固体颗粒按颗粒大小分为两层。所以，附件3与本发明相比，两者技术领域不同，导流筒与引流罩所起的作用完全不同，两者中液体的流向也不相同，进一步使得两者之间所解决的技术问题和实现的技术效果完全不同，本领域技术人员根据附件3所披露的技术内容是无法得到本发明的技术方案的，两者之间具有实质性的区别。

综合上述分析后不难发现，完全可以以引流罩、引流孔、刀片的结构、位置关系特征作为区别技术特征来撰写独立权利要求，而该独立权利要求与附件2、3相比是具有创造性的。这样撰写的权利要求才能够为申请人争取更宽的保护范围。

此外，本书给出的参考答案中，将电热器、机头结构以及刀轴等特征写入了从属权利要求，而未写入独立权利要求中。这主要是因为，这些特征与本发明所要解决的技术问题没有直接关联。此外，本发明的主题是一种食品制浆方法和食品料理机，并非所有食品制浆时均需要使用电热器，例如将某些水果类产品制浆时，则可以不需要电热器；而刀片也可以从杯体底部伸入至引流罩内，而并非一定要通过在杯体上设置机头结构，让刀片从机头的下盖伸出至引流罩内；另外，刀片还可以通过齿轮驱动的方式转动，而并非一定要由电机驱动旋转的刀轴来直接带动。此外，为了不在独立权利要求中写入机头结构，本发明食品料理机的独立权利要求中还给出了杯盖的技术特征，该特征虽然在发明人提供的发明内容中没有提及，但是在发明人提供的附件2中提及了扣装在外桶上端的桶盖的技术特征，该特征与本发明中的机头下盖是对应的结构特征，再根据外桶与杯体的对应关系，完全可以得到杯盖的技术启示。通过上述思路撰写的独立权利要求，能够为申请人争取到更宽的保护范围。

本书参考答案中给出的食品制浆方法和食品料理机两项并列的独立权利要求中，将引流罩及引流孔的形状结构、刀片的位置关系等的完整描述都分别写入了两项独立权利要求之中。这主要是因为，上述全部内容都是实现两项技术方案的必要技术特征，如果缺少其中任何一个特征，则该方案都将不能解决其要解决的技术问题，并且该内容还是使两项技术方案之间满足单一性的特定技术特征，只有将上述全部内容的完整描述都分别写入两项独立权利要求中才能使两项技术方案不缺乏必要技术特征，并且能够合案申请。

申请人提供的发明内容中提到"制浆物料被旋转的刀片105打碎，在引流罩108内形成不规则的涡流和负压。制浆物料和水被从杯体107的底部吸入、提升到引流罩108内充分混合，在离心力的作用下被不断地甩出，从引流孔109射出"，由此可以看出，正是因为刀片结构（类似螺旋桨的结构和原理）才使其能够通过转动产生负压，将"制浆物料和水被从杯体107的底部吸入、提升到引流罩108内"，因此刀片本身的结构也是本发明的一个重要内容，即也应为必要技术特征。因此，如果发明内容中能够给出刀片的结构，则该结构特征也应作为必要技术特征写入独立权利要求。另外，还可以将食品料理机独权中的刀片形状进一步限定为："该刀片具有当其正向旋转时、能够在引流罩内形成负压、将制浆物料和水被从杯体底部吸入到引流罩内的形状"，这样撰写的独立权利要求，将更为清楚、完整，并且不缺乏必要技术特征。不过当采用功能限定来概括刀片的形状时，发明内容中应多给出几种刀片形状的实例，以支持上述功能限定。

此外，发明内容中还提供了一种控制电机产生间断式的正、反向转动，让刀片改变旋转方向的电机控制方法和电路控制器件。综合前述分析的内容，当刀片反向转动时，如果时间过长，则会产生反向的动力，即将会使得制浆物料和水向杯体底部流动，而不再是从引流孔射出，这样将不能解决本发明中"让制浆物料能够在杯体和引流罩内随水在大范围内循环粉碎制浆"的技术问题。因此，电机控制刀片反向转动的时间不应过长，即该时间最好只能使得当刀片反向转动的时最多可将刀片正向转动时产生的动能抵消，这样才能够既使浆料被撞击、磨擦得更充分，但又不会使浆料因产生反向的流动而影响粉碎效果。另外，当电机启动、停止或者改变转动方向时，需要一定的启动、停止时间，即控制其向一个方向转动或停止的时间不能太短，例如，如果设定其正向转动时间仅为0.0001秒，则该电机还尚未产生转动，就已经停止了。因此，电机正向转动、反向转动以及停止的时间范围并不是可以任意选择的，所以分案申请中的电机控制方法和电路控制器件的两项独立权利要求中，电机正向转动、反向转动以及停止的具体时间范围，应作为必要技术特征写入独立权利要求中。

第十四章 2011年专利代理实务试题及参考答案

答题须知

1. 答题时请以现行、有效的法律和法规的规定为准。
2. 作为考试，应试者在完成题目时应当接受并仅限于本试卷所提供的事实，并且无需考虑素材的真实性、有效性问题。
3. 本专利代理实务试题包括第一题和第二题，满分150分。

应试者应当将各题答案按顺序清楚地誊写在正式答题卡相对应的答题区域内：

第一题的答案按顺序清楚地誊写在第一张答题卡（即答题卡第1～4页）上；

第二题的答案按顺序清楚地誊写在第二张答题卡（即答题卡第5～8页）上。

4. 应试者将答案写在试卷上、草稿纸上或者未按上述要求写在相应答题卡上的，不予计分。
5. 为方便答题，考试时，应试者可将试卷附图单印本第9～12页的草稿纸沿虚线撕下来使用；考试结束时，草稿纸需随试卷、答题卡一同由监考老师收回，请勿带出考场。

试题说明

第一题 撰写无效宣告请求书

客户A公司委托你所在代理机构就B公司的一项实用新型专利（附件1）提出无效宣告请求，同时提供了两份专利文献（附件2和附件3），以及欲无效的实用新型专利的优先权文件译文（附件4）。请你根据上述材料为客户撰写一份无效宣告请求书，具体要求如下：

1. 明确无效宣告请求的范围，以专利法及其实施细则中的有关条、款、项作为独立的无效宣告理由提出，并结合给出的材料具体说明。
2. 避免仅提出无效的主张而缺乏有针对性的事实和证据，或者仅罗列有关证据而没有具体分析说理。阐述无效宣告理由时应当有理有据，避免强词夺理。

第二题 撰写权利要求书并回答问题

该客户A公司同时向你所在代理机构提供了技术交底材料（附件5），希望就该技术申请发明专利。请你综合考虑附件1至附件3所反映的现有技术，为客户撰写发明专利申请的权利要求书，并回答其提出的有关该申请的说明书撰写问题，具体要求如下：

1. 独立权利要求的技术方案相对于现有技术应当具备新颖性和创造性。独立权利要求应当从整体上反映发明的技术方案，记载解决技术问题的必要技术特征，并且符合专利法及其实施细则对独立权利要求的其他规定。
2. 从属权利要求应当使得本申请面临不得不缩小保护范围的情况时具有充分的修改余地，其数量应当合理、适当，并且符合专利法及其实施细则对从属权利要求的所有规定。
3. 如果所撰写的权利要求书中包含两项或者两项以上的独立权利要求，请简述这些独立权利要求能够合案申请的理由；如果认为客户提供的技术内容涉及多项发明，应当以多份申请的方式提出，则请说明理由，并分别撰写权利要求书。
4. 回答客户提出的关于说明书撰写的问题时，请结合专利法及其实施细则中的相关规定进行具体说明。

附件1（欲宣告无效的专利）

[19] 中华人民共和国国家知识产权局

[12] 实用新型专利说明书

专利号 ZL 201020123456.7

[45] 授权公告日 2011年3月22日

[22] 申请日 2010.9.23
[21] 申请号 201020123456.7
[30] 优先权
[32] 2010.01.25 [33] US [31] 10/111,222
[73] 专利权人 B公司

（其余著录项目略）

权 利 要 求 书

1. 一种即配式饮料瓶盖，包括顶壁（1）和侧壁（2），侧壁（2）下部具有与瓶口外螺纹配合的内螺纹（3），其特征在于，侧壁（2）内侧在内螺纹（3）上方具有环状凸缘（4），隔挡片（5）固定于环状凸缘（4）上，所述顶壁（1）、侧壁（2）和隔挡片（5）共同形成容纳调味材料的容置腔室（6）。

2. 如权利要求1所述的即配式饮料瓶盖，其特征在于，所述隔挡片（5）为一层热压在环状凸缘（4）上的气密性薄膜。

3. 如权利要求1或2所述的即配式饮料瓶盖，其特征在于，所述瓶盖带有一个用于刺破隔挡片（5）的尖刺部（7），所述尖刺部（7）位于顶壁（1）内侧且向隔挡片（5）的方向延伸。

4. 如权利要求1-3中任意一项所述的即配式饮料瓶盖，其特征在于，所述顶壁（1）具有弹性易于变形，常态下，尖刺部（7）与隔挡片（5）不接触，按压顶壁（1）时，尖刺部（7）向隔挡片（5）方向运动并刺破隔挡片（5）。

说 明 书

即配式饮料瓶盖

本实用新型涉及一种内部容纳有调味材料的饮料瓶盖。

市售的各种加味饮料（如茶饮料、果味饮料等）多通过在纯净水中加入调味材料制成。为保证饮料品质、延长保存时间，加味饮料中大都使用各种添加剂，不利于人体健康。

针对加味饮料存在的上述问题，本实用新型提出一种即配式饮料瓶盖。所述饮料瓶盖内部盛装有调味材料（如茶粉、果珍粉等），该瓶盖与盛装矿泉水或纯净水的瓶身配合，构成完整的饮料瓶。饮用时将瓶盖内的调味材料释放到瓶身内与水混合，即可即时配制成加味饮料。由于调味材料与水在饮用前处于隔离状态，因此无需使用添加剂。

图1是本实用新型的立体分解图；

图2是本实用新型在常态下的组合剖视图；

图3是本实用新型在使用状态下的组合剖视图。

如图1至图3所示，即配式饮料瓶盖具有顶壁1和侧壁2，侧壁2下部具有与瓶口外螺纹配合的内螺纹3，侧壁2内侧在内螺纹3上方具有环状凸缘4，隔挡片5固定于环状凸缘4上，隔挡片5优选为一层热压在环状凸缘4上的气密性薄膜。顶壁1、侧壁2和隔挡片5围合成密闭的容置腔室6，容置腔室6内放置调味材料。上述结构即构成完整的即配式饮料瓶盖，该瓶盖可以与盛装矿泉水或纯净水的瓶身相配合使用。直接拧开瓶盖，可以饮用瓶中所装矿泉水或纯净水；撕除或破坏隔挡片5，则可即时配制成加味饮料饮用。

为了能够方便、卫生地破坏隔挡片5，本实用新型进一步提出一种改进的方案。顶壁1由易于变形的弹性材料制成，尖刺部7位于顶壁1内侧且向隔挡片5的方向延伸。如图2所示，常态下尖刺部7与隔挡片5不接触，从而使隔挡片5保持完整和密封。如图3所示，饮用加味饮料时，按压顶壁1，顶壁1向隔挡片5方向变形，尖刺部7刺破隔挡片5，调味材料进入瓶中与水混合，形成所需口味的饮料。采用弹性顶壁配合尖刺部的结构，使得本实用新型瓶盖的使用更加方便、卫生。

附件2（客户提供的专利文献）

[19] 中华人民共和国国家知识产权局

[12] 实用新型专利说明书

专利号 ZL 200920345678.9

[45] 授权公告日　2010年8月6日

[22] 申请日　2009.12.25
[21] 申请号　200920345678.9

（其余著录项目略）

[73] 专利权人　张××

说 明 书

茶叶填充瓶盖

本实用新型涉及一种内部盛装有茶叶的瓶盖。

用冷水泡制而成的茶是一种健康饮品，冷泡的方式不会破坏茶叶里的有益物质。目前制作冷泡茶的方式，通常是将茶袋或茶叶投入水杯或矿泉水瓶内进行浸泡。然而茶叶携带起来不方便，特别是在外出时，不便于制作冷泡茶。

本实用新型提出一种茶叶填充瓶盖，在现有瓶盖的基础上，在瓶盖内部增加一个容纳茶叶的填充腔。该瓶盖与矿泉水瓶相配合一同出售，解决了茶叶不易携带的问题。

图1是本实用新型的剖面图。

如图1所示，本实用新型的瓶盖整体为圆柱形，其上端封闭形成盖顶部1，圆柱形侧壁2的下部具有与瓶口外螺纹配合的内螺纹3，内螺纹3上方设有与侧壁2一体形成的环状凸缘4，透水性滤网5（滤纸或滤布）固定于环状凸缘4上。盖顶部1、侧壁2和滤网5围合的空间形成茶叶填充腔6。

瓶口处设有封膜7用于密封瓶身内的水。饮用时打开瓶盖并除去瓶口封膜7，然后再盖上瓶盖，将水瓶倒置或横置，瓶中的水透过滤网5进入茶叶填充腔6中充分浸泡茶叶，一段时间后制成冷泡茶。由于滤网5的阻隔作用，茶叶不会进入瓶身，方便饮用。

附件3（客户提供的专利文献）

[19] 中华人民共和国国家知识产权局

[12] 实用新型专利说明书

专利号 ZL 200720123456.7

[45] 授权公告日 2008年1月2日

[22] 申请日 2007.7.5

[21] 申请号 200720123456.7

[73] 专利权人 李××

（其余著录项目略）

说 明 书

饮料瓶盖

本实用新型公开了一种内部盛装有调味材料的瓶盖结构。该瓶盖与盛装矿泉水或纯净水的瓶身配合，构成完整的饮料瓶。饮用时可将瓶盖内的调味材料释放到瓶身内与水混合，从而即时配制成加味饮料。

图1是本实用新型的剖视图。

如图1所示，本实用新型的瓶盖具有顶壁1和侧壁2，侧壁2具有与瓶口外螺纹配合的内螺纹3，顶壁1内侧固定连接一个管状储存器4，该管状储存器4的下端由气密性封膜5密封，所述气密性封膜5优选为塑料薄膜，通过常规的热压方式固定在管状储存器4的下缘。顶壁1、管状储存器4和封膜5围合的空间形成密闭的容置腔室6，容置腔室6内放置有调味材料。如图1所示，将瓶盖旋转连接在瓶身上时，瓶口部分进入侧壁2与管状储存器4之间的环状空间内。

想饮用加味饮料时，打开瓶盖撕除或者破坏封膜5，然后再盖上瓶盖，容置腔室6中的调味材料进入瓶中，与水混合形成所需口味的饮料。

附件4（欲宣告无效的专利（附件1）的优先权文件译文）

权 利 要 求 书

1. 一种即配式饮料瓶盖，包括顶壁（1）和侧壁（2），侧壁（2）下部具有与瓶口外螺纹配合的内螺纹（3），其特征在于，侧壁（2）内侧在内螺纹（3）上方具有环状凸缘（4），隔挡片（5）固定于环状凸缘（4）上，所述顶壁（1）、侧壁（2）和隔挡片（5）共同形成容纳调味材料的容置腔室（6）。

说 明 书

即配式饮料瓶盖

加味饮料中大都使用添加剂，不利于人体健康。

针对上述问题，发明人提出一种即配式饮料瓶盖。所述饮料瓶盖内部盛装有调味材料，该瓶盖与盛装有矿泉水或纯净水的瓶身配合，构成完整的饮料瓶。饮用时将瓶盖内的调味材料释放到瓶身内与水混合，从而即时配制成加味饮料。由于调味材料与水在饮用前处于隔离状态，因此无须使用添加剂。

图1是本发明的剖视图。

如图1所示，即配式饮料瓶盖具有顶壁1和侧壁2，侧壁2下部具有与瓶口外螺纹配合的内螺纹3，侧壁2内侧在内螺纹3上方具有环状凸缘4，隔挡片5通过粘接的方式固定于环状凸缘4上，隔挡片5由易溶于水且对人体安全的材料制成。顶壁1、侧壁2和隔挡片5共同形成容置腔室6，容置腔室6内放置有固体调味材料。

瓶口处设置密封薄膜7用于密封瓶身内的水，即配式饮料瓶盖旋转连接在瓶身上。饮用时，首先打开瓶盖，除去瓶口的密封薄膜7，然后再盖上瓶盖摇晃瓶身，隔挡片5溶解于水，容置腔室6内的调味材料进入瓶身。

附件5（客户提供的交底材料）

我公司对附件1至附件3公开的瓶盖进行研究后发现它们各有不足。附件1所述瓶盖的顶壁由易变形的弹性材料制成，在搬运和码放过程中容易受压向下变形，使尖刺部刺破隔挡片，容置腔室内的调味材料进入水中，因此导致饮料容易变质，从而达不到预计效果。附件2和附件3所述瓶盖，饮用时需先打开瓶盖用手除去封膜，使用不方便、不卫生。

在上述现有技术的基础上，我公司提出改进的内置调味材料的瓶盖组件。

图1至图3示出第一种实施方式。如图1和图2所示，改进的瓶盖组件包括瓶盖本体1和盖栓2。所述瓶盖本体1具有顶壁、侧壁和容置腔室3，容置腔室3底部由气密性隔挡片4密封，容置腔室3内放置有调味材料，侧壁设有与瓶口外螺纹配合的内螺纹。

如图2所示，瓶盖本体1的顶壁开设孔5，与顶壁一体成型的中空套管6从该孔5的位置向瓶盖本体开口方向延伸，中空套管6的内壁带有内螺纹。盖栓2由栓帽21和栓体22两部分构成，栓体22设有外螺纹，其端部具有尖刺部23用于刺破隔挡片4，栓体22穿过孔5进入中空套管6内，栓体22的外螺纹与中空套管6的内螺纹配合。

如图1所示，组装瓶盖组件时，将盖栓2旋转连接于中空套管6中，将尖刺部23限制在隔挡片4上方合适的位置。此时，该瓶盖组件如同普通瓶盖一样使用。如图3所示，想饮用调味饮料时，旋转栓帽21，盖栓2借助螺纹向下运动，尖刺部23刺破隔挡片4；然后反向旋转盖栓2使其向上运动，容置腔室3中的调味材料从隔挡片4的破损处进入瓶身。

图4至图6示出第二种实施方式。与第一种实施方式的主要区别在于，盖栓2与瓶盖本体1之间并非螺纹连接关系，并且省去了中空套管。如图4和图5所示，盖栓2的栓体22具有光滑的外表面，栓体22穿过顶壁的孔5进入容置腔室3。栓体22外套设弹簧7，弹簧7的一端连接栓帽21，另一端连接顶壁。一侧带有开口的卡环8围绕弹簧7卡扣在栓帽21和顶壁之间，需要时，可借助卡环8的开口将其从该位置卸下。如图4所示，常态下，卡环8卡扣在栓体22外周限制盖栓2向下运动。此时，该瓶盖组件如同普通瓶盖一样使用。如图6所示，想饮用调味饮料时，卸下卡环8并向下按压栓帽21，尖刺部23刺破容置腔室3底部的隔挡片4，松开栓帽21后，在弹簧7的作用下，盖栓2向上回位，容置腔室3中的调味材料从隔挡片4的破损处进入瓶身。

需要说明的是，对于以上两种实施方式，容置腔室的具体结构有多种选择。如图1和图4中所示，容置腔室由顶壁、侧壁和隔挡片围合形成，其中隔挡片固定于侧壁内侧的环状凸缘上。此外，容置腔室还可以如一些现有技术那样，由顶壁、从顶壁内侧向下延伸的管状储存器和固定于管状储存器下缘的隔挡片围合形成。

图7至图9示出第三种实施方式。如图7和图8所示，改进的瓶盖组件包括瓶盖本体31和拉环32。所述瓶盖本体31具有顶壁、侧壁和容置腔室33，侧壁下部设有与瓶口外螺纹配合的内螺纹。侧壁内侧位于内螺纹上方具有环状凸缘34，气密性隔挡片35固定于环状凸缘34上。顶壁、侧壁和隔挡片35共同形成密闭的容置腔室33，容置腔室33内放置有饮用材料。拉环32连接在瓶盖本体31的下缘，且易于从瓶盖本体31上撕除。

如图7所示，常态下，拉环32连接于瓶盖本体31上，瓶口上缘与隔挡片35之间具有适当的间隔。如图9所示，想饮用调味饮料时，撕除拉环32，旋转瓶盖本体31使其相对于瓶身继续向瓶口方向运动，瓶口上缘与隔挡片35接触并逐渐对隔挡片35施加向上的压力，使隔挡片35破裂，容置腔室33内的饮用材料进入瓶身。

可撕除的拉环目前已经广泛应用于各种瓶盖，其结构以及与瓶盖本体的连接方式属于本领域公知的技术。图8中示出了其中一种具体实施方式，拉环32通过多个连接柱36固定在瓶盖本体31的下缘。拉环32具有开口37，开口37的一侧设有拉环扣38，通过牵拉拉环扣38使连接柱36断裂，从而将拉环32从瓶盖本体31上撕除。该拉环与第二种实施方式中的卡环功能相近,均起到限制相关部件进一步运动的作用,可以根据需要选择使用。

此外,虽然现有的隔挡片也能适用于本发明,但我们研制出了具有更好效果的隔挡片材料,并希望以商业秘密的方式加以保护。请问:如果所撰写的该申请的说明书中不记载改进后的隔挡片材料,能否满足说明书应当充分公开发明的要求?

附件1(欲宣告无效的专利的附图):

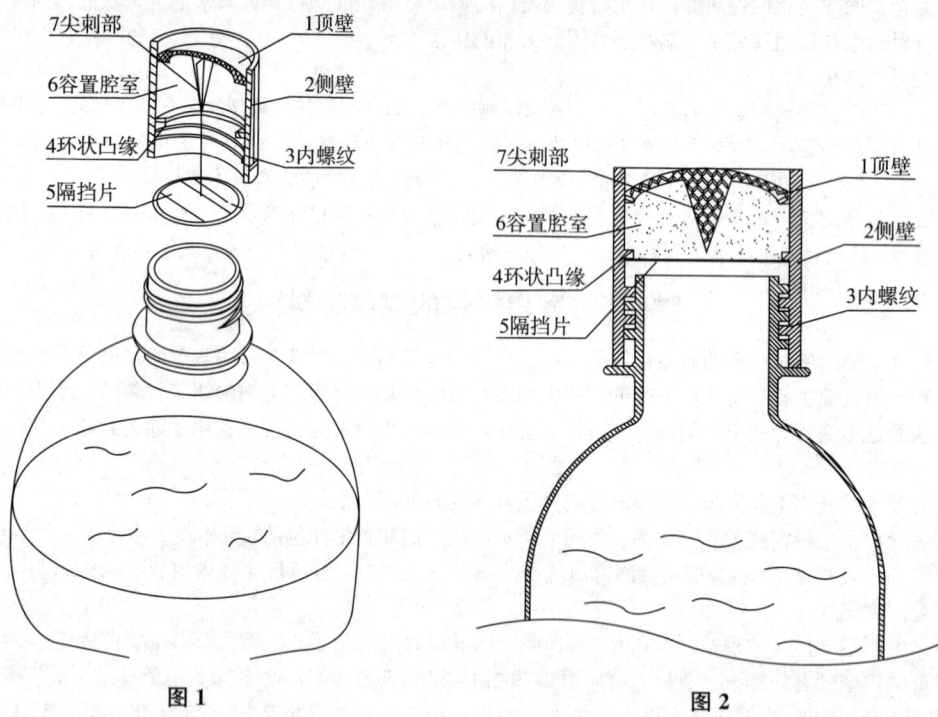

图1　　　　　　　　　　　图2

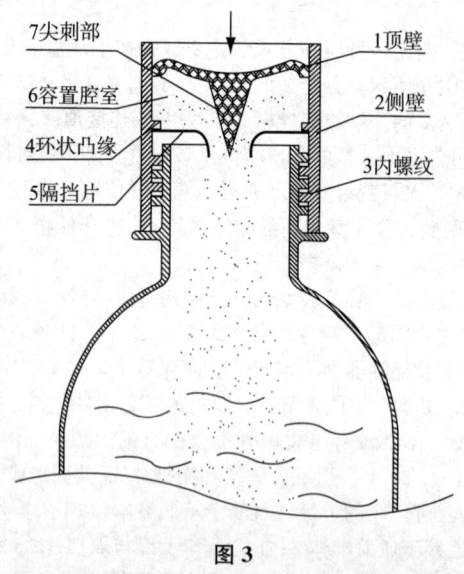

图3

附件 2（客户提供的专利文献的附图）：

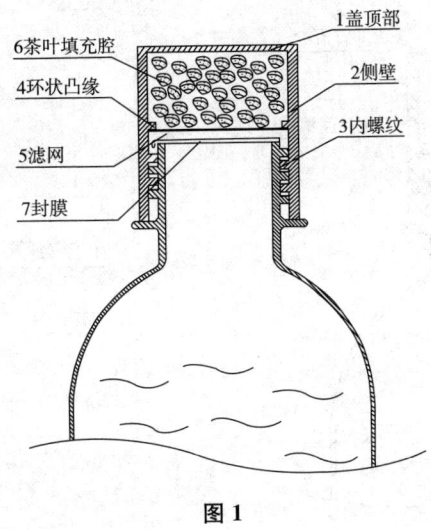

图 1

附件 3（客户提供的专利文献的附图）：

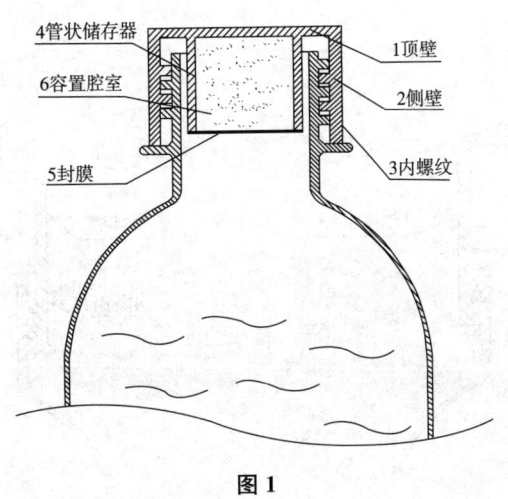

图 1

附件 4（欲宣告无效的专利（附件 1）的优先权文件的附图）：

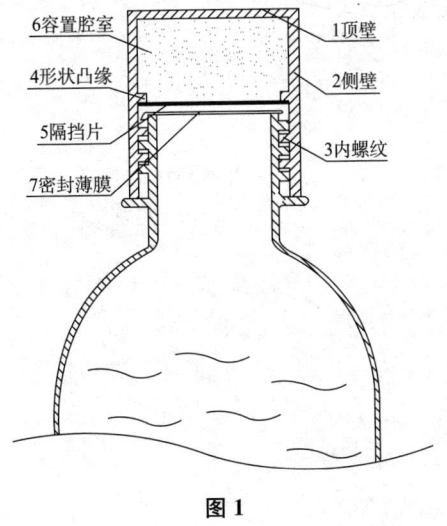

图 1

附件5（客户提供的交底材料的附图）：

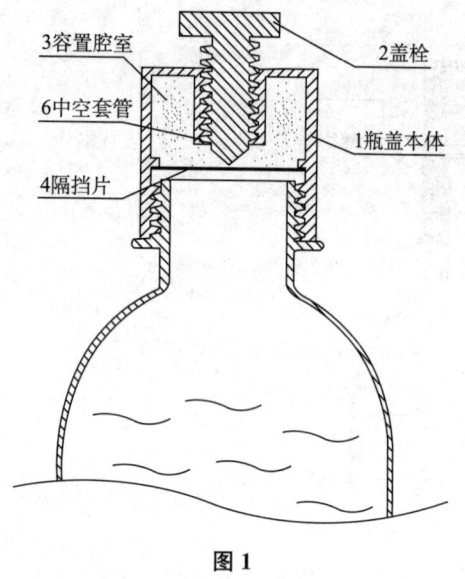

图1

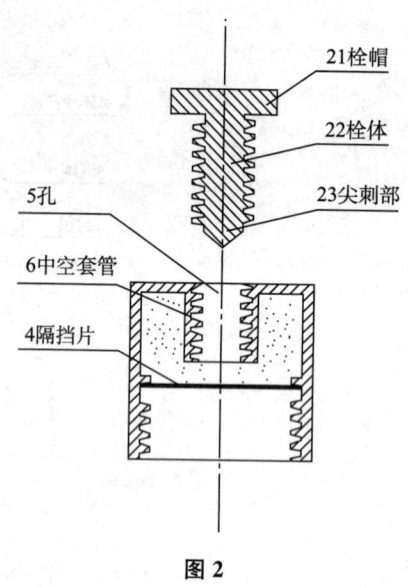

图2

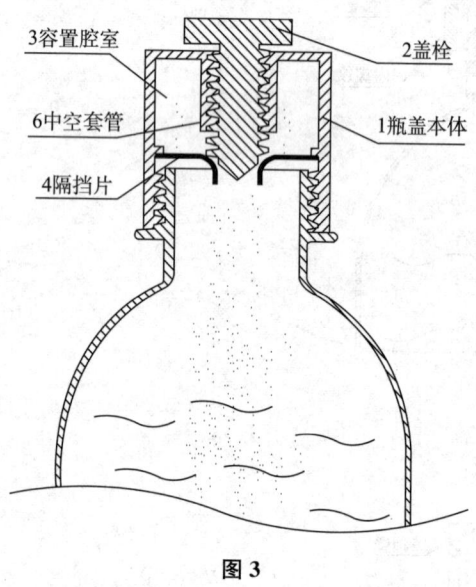

图3

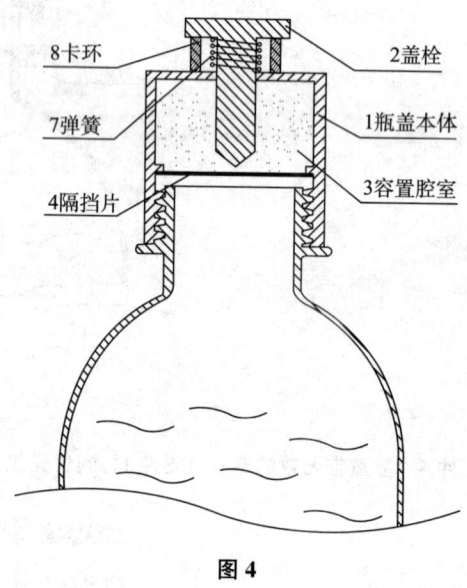

图4

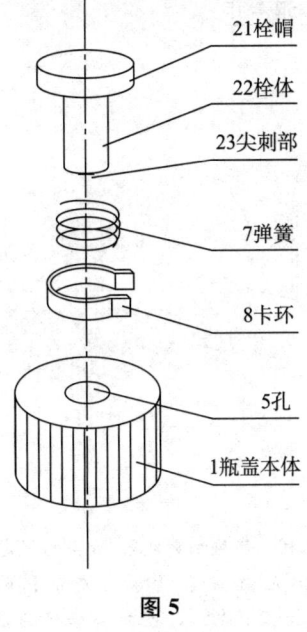

图 5

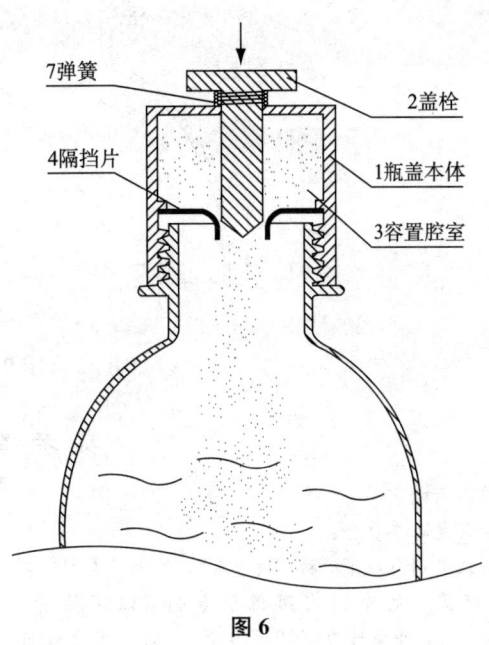

图 6

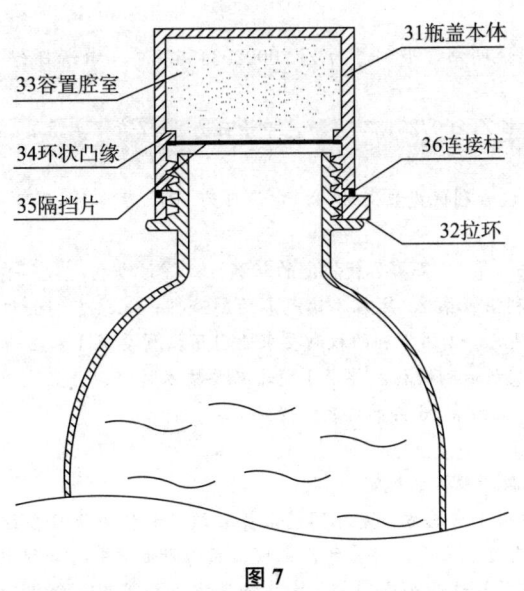

图 7

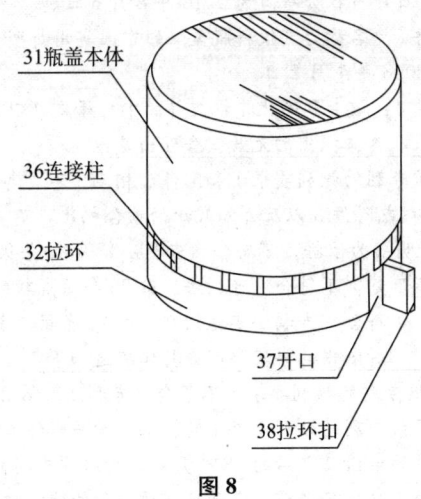

图 8

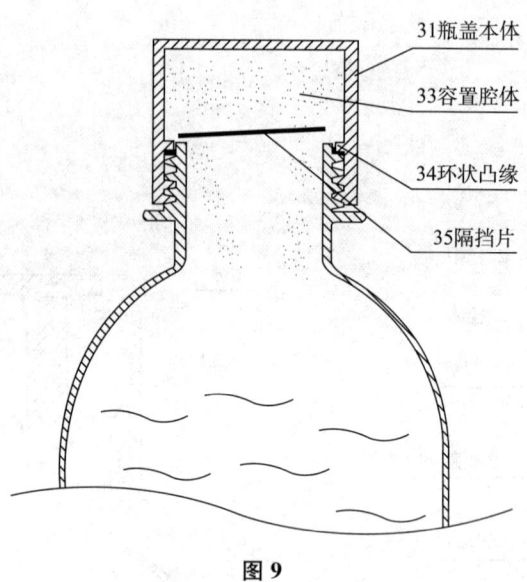

图 9

参考答案

一、无效宣告请求书

尊敬的专利复审委员会：

本请求人A公司（以下简称"请求人"）依据《专利法》第45条以及《专利法实施细则》第65条的规定，对名称为"即配式饮料瓶盖"的中国实用新型专利（以下简称"该专利"）提出无效宣告请求。该专利的专利号为ZL201020123456.7，申请日为2010年9月23日，优先权日为2010年1月25日（US），授权公告日为2011年3月22日。

请求人提供的证据如下：

附件1：该专利的授权公告文本。

附件2：名称为"茶叶填充瓶盖"的中国实用新型专利说明书，专利号为ZL200920345678.9，申请日为2009年12月25日，授权公告日为2010年8月6日。

附件3：名称为"饮料瓶盖"的中国实用新型专利说明书ZL200720123456.7，申请日为2007年7月5日，授权公告日为2008年1月2日。

附件4：该专利的优先权文件的中文译文（以下简称"该专利优先权文件"），申请日为2010年1月25日（US）。

请求人具体提出的无效宣告理由是：

①该专利的权利要求1和附件2相比，不具备《专利法》第22条第2款规定的新颖性；②该专利的权利要求2与附件2和/或附件3以及公知常识的结合相比，不具备《专利法》第22条第3款规定的创造性；③该专利的权利要求3未以说明书为依据，不符合《专利法》第26条第4款的规定；④该专利的权利要求4引用权利要求1和2部分的技术方案不清楚，不符合《专利法》第26条第4款的规定。⑤该专利的权利要求1缺乏必要技术特征、并且未以说明书为依据，不符合《专利法实施细则》第20条第2款、《专利法》第26条第4款的规定。

请求人所依据的事实和理由具体陈述如下：

1. 该专利的权利要求1不符合《专利法》第22条第2款新颖性的规定

由于该专利的权利要求1的技术方案与附件4的权利要求1中的方案是相同的，并且该专利的申请日在该专利优先权文件的申请日之后的12个月内，所以该专利权利要求1可以享受附件4的优先权。因为附件2中的专利申请日在该专利的优先权日之前，公开日在该专利的优先权日之后，并且这两个专利都是向中国国家知识产权局提出的，所以附件2能够用于评价该专利权利要求1的新颖性。

从附件2说明书中的标题、第三段、第五段以及附图1中可以看出，该专利权利要求1已经被附件2全部公开了。具体是，附件2中公开了一种茶叶充填瓶盖，即相当于该专利的一种即配式饮料瓶盖。还包括盖顶部1、侧壁2，侧壁2下部具有与瓶口外螺纹配合的内螺纹3，内螺纹3上方与侧壁2一体地形成环状凸缘4，透水性滤网5固定在环状凸缘4上，盖顶部1、侧壁2和滤网5共同形成茶叶充填腔6，前述特征即相当于该专利中的如下特征：侧壁下部具有与瓶口外螺纹配合的内螺纹，侧壁内侧在内螺纹上方有环状凸缘，隔挡片固定于环状凸缘上，所述顶壁、侧壁和隔挡片共同形成容纳调味材料的容置腔室，其中，附件2中盖顶部1即为该专利权利要求1中的顶壁，填充腔6即为容置腔室，滤网5与隔挡片均用于与其他结构一起形成腔室，因此滤网5相当于隔挡片的一种具体的下位概念。

进一步，由于该专利权利要求1与附件2的技术领域、所解决的技术问题、技术效果均相同，而该专利权利要求1的方案也已经被附件2完全公开了，因此附件2构成了该专利权利要求1的抵触申请，因此权利要求1相对于附件2不具备《专利法》第22条第2款规定的新颖性。

2. 该专利的权利要求2不符合《专利法》第22条第3款创造性的规定

该专利权利要求2~4中有多项技术特征，如：隔挡片为一层热压在环状凸缘上的气密性薄膜、瓶盖带有一个用于刺破隔挡片的尖刺部、顶壁具有弹性易于变形等，在该专利优先权文件（附件4）中均没有披露。因此该专利权利要求2~4不能享受附件4的优先权，其新颖性和创造性的判断时间应该以该专利的实际申请日为准。由于附件2和附件3的公开日期均早于该专利的实际申请日，所以附件2和附件3均可以用于评价该专利权利要求2~4的新颖性和创造性。

该专利权利要求2进一步限定了所述隔挡片为一层热压在环状凸缘上的气密性薄膜。在附件2中公开了透水性滤网5（即隔挡片的下位概念）固定于环状凸缘4上（说明书第五段第三行），因此完全公开了隔挡片的位置特征。该专利权利要求2与附件2之间的区别特征是：该专利权利要求2中的隔挡片为一层气密性薄膜，通过热压固定在环状凸缘上。而附件3中公开了如下技术特征，即将气密性封膜5通过常规的热压方式固定在管状储存器4的下缘以形成密闭的容置腔室6，这些特征与该专利权利要求2中隔挡片为热压在环状凸缘上的气密性薄膜的特征完全相同，并且其目的都是为了固定气密性薄膜并与其他结构一起形成密闭的腔室，因此其技术效果也完全相同。

由于附件2和附件3与该专利权利要求2的技术领域相同，因此本领域技术人员很容易想到将附件2和附件3和/或公知常识结合起来，通过将附件3中的气密性封膜5代替附件2中的透水性滤网5以得到该专利权利要求2的技术方案。所以该专利权利要求2与附件2和附件3和/或公知常识的结合相比是显而易见的，不符合《专利法》第22条第3款创造性的规定。

3. 该专利的权利要求3未以说明书为依据，不符合《专利法》第26条第4款的规定

参见说明书最后一段，当在顶壁内侧设置向隔挡片方向延伸的尖刺部时，尖刺部应当在常态下与隔挡片不接触，而在需要饮用时却能够刺破隔挡片。为能实现这一技术效果，顶壁只能由易变形的弹性材料制成，采用弹性顶壁的同时配合尖刺部的结构，才能够使得当饮用加味饮料时，通过按压顶壁使顶壁向隔挡片方向变形，带动尖刺部刺破隔挡片，使调味材料进入瓶中与水混合，形成所需口味的饮料。

而该专利的权利要求3中并没有记载顶壁为易变形的弹性材料这一特征，因此顶壁也包括了可以是用没有弹性不能变形的材料制成的情况，概括了一个比说明书公开的内容更宽的保护范围。但本领域技术人员并无法得知，当顶壁不能变形时，是如何实现发明目的的。因此，该专利的权利要求3概括的较宽的保护范围得不到说明书的支持，不符合《专利法》第26条第4款的规定。

4. 该专利的权利要求4引用权利要求1和2部分的技术方案不清楚，不符合《专利法》第26条第4款的规定

该专利的权利要求4中进一步限定了尖刺部在常态下与隔挡片不接触，按压顶壁时，尖刺部向隔挡片方向运动并刺破隔挡片。但在该专利权利要求4所引用的权利要求1和2的方案中，均没有披露尖刺部这个特征。因此，该专利权利要求4引用权利要求1和2的方案部分，缺乏引用的基础，使得保护范围不清楚，不符合《专利法》第26条第4款的规定。

5. 该专利的权利要求1缺乏必要技术特征、并且未以说明书为依据，不符合《专利法实施细则》第20条第2款、《专利法》第26条第4款的规定

该专利的权利要求1为独立权利要求，其所要解决的技术问题是：调味材料与水在饮用前处于隔离状态，饮用时将瓶盖内的调味材料释放到瓶身内与水混合，即可即时配制成加味饮料（见该专利的说明书第三段、倒数第二段）。由于调味材料与水在饮用前应当处于完全隔离状态，所以顶壁、侧壁和隔挡片必须围合成一个"密闭"的容置腔室（参见说明书倒数第二段），否则将无法实现这一技术效果，从而使得整个发明目的都无法实现。由于该专利的权利要求1缺乏容置腔室是"密闭"的这一必要技术特征，因此不符合《专利法实施细则》第20条第2款的规定。

由于该专利的权利要求1中没有记载容置腔室是"密闭"的这一技术特征，因此其包括了容置腔室是"非密闭"的情况，概括了一个较宽的保护范围。而其说明书中仅给出了容置腔室是"密闭"的实施方式，本领域技术人员无法得知当容置腔室不是密闭时，"调味材料与水在饮用前应当处于隔离状态，撕除或破坏隔挡片则可即时配制成加味饮料"这一发明目的是如何实现的。因此，该专利的权利要求1概括的较宽的保护范围得不到说明书的支持，不符合《专利法》第26条第4款的规定。

据此，本请求人请求专利复审委员会宣告该专利的权利要求1~3，以及权利要求4引用权利要求1和2的部分无效。

二、撰写权利要求书及答题

（一）撰写的权利要求书

申请一的权利要求书：

1. 一种瓶盖组件，包括瓶盖本体（1），所述瓶盖本体（1）具有顶壁、侧壁和容置腔室（3），所述容置腔室（3）底部由气密性隔挡片（4）密封，其特征在于，

还包括盖栓（2），所述盖栓（2）由栓帽（21）和栓体（22）两部分构成；所述瓶盖本体（1）的顶壁上开设有孔（5），所述栓体（22）穿过所述孔（5）进入所述容置腔室（3），并能够在容置腔室（3）内朝向隔挡片（4）的方向往复运动，且向隔挡片（4）方向运动时能够与隔挡片（4）接触并使隔挡片（4）破裂；

所述瓶盖组件中还设有限制盖栓（2）因向隔挡片（4）方向运动而与隔挡片（4）相接触的结构。

2. 如权利要求1所述的瓶盖组件，其特征在于，所述限制盖栓（2）因向隔挡片（4）方向运动而与隔挡片（4）相接触的结构为：与顶壁一体成型、并从所述孔（5）的位置向瓶盖本体（1）开口方向延伸的中空套管（6），所述中空套管（6）内壁带有内螺纹，所述栓体（22）带有与所述内螺纹相配合的外螺纹，所述栓体（22）穿过孔（5）进入中空套管（6）内。

3. 如权利要求1所述的瓶盖组件，其特征在于，所述限制盖栓（2）因向隔挡片（4）方向运动而与隔挡片（4）相接触的结构为：可卸下的环形构件，所述可卸下的环形构件卡扣在栓帽（21）和瓶盖本体（1）的顶壁之间。

4. 如权利要求3所述的瓶盖组件，其特征在于，所述可卸下的环形构件为：一侧带有开口的卡环（8）。

5. 如权利要求3所述的瓶盖组件，其特征在于，所述可卸下的环形构件为：连接在栓帽（21）下缘和/或瓶盖本体（1）顶壁上、且能够撕除的拉环（32）。

6. 如权利要求5所述的瓶盖组件，其特征在于，所述拉环（32）通过多个连接柱（36）固定在栓帽（21）下缘和/或瓶盖本体（31）的顶壁上，拉环（32）具有开口（37），开口（37）的一侧设有拉环扣（38）。

7. 如权利要求1～6中任一所述的瓶盖组件，其特征在于，所述隔挡片（4）固定于所述侧壁内侧的环状凸缘上，顶壁、侧壁和隔挡片（4）共同形成所述容置腔室（3）。

8. 如权利要求1～6中任一所述的瓶盖组件，其特征在于，从所述顶壁内侧向下延伸有管状储存器，所述隔挡片（4）固定于所述管状储存器下缘，顶壁、管状储存器和隔挡片（4）共同形成所述容置腔室（3）。

9. 如权利要求1～6中任一所述的瓶盖组件，其特征在于，所述栓体（22）端部具有用于刺破隔挡片（4）的尖刺部（23）。

申请二的权利要求书：

1. 一种瓶盖组件，包括瓶盖本体（31），所述瓶盖本体（31）具有顶壁、侧壁，所述侧壁下部设有与瓶口外螺纹配合的内螺纹，所述侧壁内侧位于内螺纹上方具有环状凸缘（34），气密性隔挡片（35）固定于环状凸缘（34）上，顶壁、侧壁和隔挡片（35）共同形成密闭的容置腔室（33），其特征在于，

还包括设置在瓶盖本体（31）下缘的、可卸下的环形构件，卸下所述环形构件后，通过旋转瓶盖本体（31）能够使其相对于瓶身向瓶口方向运动，所述瓶口上缘与所述隔挡片（35）接触能够使隔挡片（35）破裂。

2. 如权利要求1所述的瓶盖组件，其特征在于，所述可卸下的环形构件为：连接在瓶盖本体（31）的下缘上、且能够撕除的拉环（32）。

3. 如权利要求2所述的瓶盖组件，其特征在于，所述拉环（32）通过多个连接柱（36）固定在瓶盖本体（31）的下缘，拉环（32）具有开口（37），开口（37）的一侧设有拉环扣（38）。

4. 如权利要求1所述的瓶盖组件，其特征在于，所述可卸下的环形构件为：一侧带有开口的卡环（8）。

（二）问答题

撰写两件申请的原因：

客户A公司给出的交底材料中一共给出了三种实施方式，其中前两种实施方式所共有的且与现有技术相区别的特征是："盖栓的栓体穿过瓶盖本体的顶壁上开设的孔进入容置腔室，并能够在容置腔室内朝向隔挡片的方向往复运动，且向隔挡片方向运动时能够与隔挡片接触并使隔挡片破裂，以及还设有限制栓体因向隔挡片方向运动而与隔挡片相接触的结构"。第三种实施方式和现有技术相区别的特征是："设置在瓶盖本体下缘的、可卸下的环形构件，卸下所述环形构件后，通过旋转瓶盖本体能够使其相对于瓶身向瓶口方向运动，所述瓶口上缘与所述隔挡片接触能够使隔挡片破裂"。上述两个区别技术特征不是相同或者相应的特定技术特征，因此第三种实施方式的技术方案和前两种实施方式的技术方案之间不属于一个总的发明构思，不符合《专利法》第31条第1款和《专利法实施细则》第34条关于单一性的规定，不能够合案申请。所以应当分别撰写两项单独的申请。

客户提出的有关说明书公开充分的问题：

《专利法》第26条第3款规定，说明书应当对发明或者实用新型作出清楚、完整的说明，以所属技术领域的技术人员能够实现为准。《专利审查指南2010》中规定，所属技术领域的技术人员能够实现，是指所属技术领域的技术人员按照说明书记载的内容，就能够实现该发明或者实用新型的技术方案，解决其技术问题，并且产生预期的技术效果。

根据客户A公司给出的交底材料的最后一段，以及参考附件1的倒数第一段、第二段都可以明确地看出，现有技术中的隔挡片（如气密性薄膜）完全能够适用于本发明，并使本发明在整体上得以实施。本领域技术人员根据说明书中的记载，采用现有技术中已有的隔挡片，足以实现本发明的技术方案，并能够解决本发明的技术问题，取得本发明预期的技术效果。因此，发明人新研制的隔挡片材料，只是更好效果的方案，不会影响技术方案本身的实现，即使作为商业秘密予以保留也不会影响说明书的公开充分。

三、答题思路分析

本题目共包括了两项大题，其中一项是无效实务题，另一项是撰写实务题。包含多项考试内容的题目，已经是"专利代理实务"科目考试中的常见情况，因此在答题前应首先浏览一下全部题目内容，以便合理安排答题时间。

在解答第一道无效实务题时，应首先对证据文件进行审核。通过审核证据文件的时间，首先可以发现附件2是在该专利优先权日之前申请，并在后公开的专利文献，如果优先权成立，则其只能用于评价新颖性。由于该专利权利要求1的技术方案出现在了优先权文件（附件4）的权利要求中，因此权利要求1可以享受优先权（不论在后的技术方案，出现在在先文件的权利要求还是说明书中，都可以享受优先权）。但是权利要求2~4的技术方案并没有出现在附件4的文件中，因此这几项权利要求都不能享受优先权，其最早时间只能从实际申请日计算。由于附件2和附件3均是在实际申请日以前公开的，所以其构成了权利要求2~4的现有技术，可以用于评价新颖性和创造性。

在分析清楚各个证据文件的作用后，再用该专利各个权利要求的技术方案与对应的对比文件中的方案逐一特征的进行比较，最终不难得出结论是，权利要求1已被附件2披露，附件2构成了其抵触申请，使之丧失了新颖性；权利要求2被附件2、3的结合所披露，并且其所有被披露的特征分别在附件2、3中所起的作用都是相同的，因此将附件2、3组合以构成权利要求2的技术方案，对本领域技术人员来说是显而易见的，所以权利要求2没有创造性。

在分析完对比文件后，还应该考虑一下该专利本身是否存在缺陷，以及这些缺陷能否构成无效理由。通过分析，可以发现，权利要求3中缺少顶壁为易变形的弹性材料这一特征，而说明书中只给出了顶壁为易变形的弹性材料这一种实施方式，也没有其他方式还能够实现本发明。由于权利要求3是从属权利要求，所以可以认定权利要求3未以说明书为依据，得不到说明书的支持，不符合《专利法》第26条第4款的规定。进一步，根据从属权利要求4引用权利要求1和2的部分中未披露尖刺部这一特征，可以认定其存在不清楚的缺陷。

虽然根据分析，针对权利要求1已经提出了新颖性的无效理由，但是为了更有把握，还可以进一步考虑是否存在其他无效理由。通过分析可以发现，本发明要解决的技术问题是"调味材料与水在饮用前处于隔离状态，饮用时将瓶盖内的调味材料释放到瓶身内与水混合"。由于调味材料与水在饮用前应当处于隔离状态，所以顶壁、侧壁和隔挡片必须围合成一个"密闭"的容置腔室，否则如果是一个不密闭（不气密或不液密封）的容置腔室，则无法实现"调味材料与水在饮用前处于隔离状态"，并且调味材料也容易泄漏，可能导致变质，更无法实现"不使用添加剂"、"即时配置成加味饮料"等发明目的。因此独立权利要求1出现了缺乏必要技术特征的缺陷。并且说明书中只给出了容置腔室是"密闭"的这一种实施方式，因此本领域技术人员无法得知当容置腔室不是"密闭"时，其发明目的是如何实现的，所以也存在未以说明书为依据的缺陷。

对于第二道撰写实务题，要注意进行适度的上位概括。本发明的具体实施方式中给出了多个实施例，应注意在权利要求中对这些实施例进行适当概括，撰写一个较宽的独立权利要求，能将多个实施方式概括在内。同时还应当撰写数量适度的从属权利要求，以形成较好的保护层次。交底书中前两个实施方式的发明构思相同，但结构存在一定差别，对于其上位概括可以从两者的共性特征入手，结合功能限定予以概括，这些概括用语从说明书中都可以找到启示。对于第三个实施方式，由于其与前两个实施方式相比不具备相同或相应的特定技术特征，不属于一个总的发明构思，因此应当另案申请。

<u>本题中一些值得思考的内容</u>

本题中还有一些值得思考的内容。如果仔细阅读优先权文件（即附件4），可以看出附件4中并没有完整的给出的该专利权利要求1的技术方案，仅仅是附件4中权利要求1的文字与该专利权利要求1的文字形式上相同。而从附件4说明书公开的方案来看，其与该专利的方案并不相同。因此实践中也可以考虑质疑该专利的优先权是否成立。此外，题目中没有给出在先申请文件的原文，只给出了译文，实践中还应进一步核对优先权文件译文是否与原文相符，以判断优先权是否成立。

此外，附件2中由盖顶部、侧壁和滤网围合的空间形成茶叶填充腔，是一个非气密的空腔，其必须和瓶口处设有封膜的水瓶相配合才能够使用。而且，其空腔只适合放入颗粒体积较大、不容易泄漏、不易变质或加入添加剂的调味材料。而本发明则没有披露"瓶口处设有封膜的水瓶"的实施方式，其实施方式中都是直接拧开瓶盖就可以饮用的水瓶（参见附件1的倒数第二段），因此该发明中的容置腔室应该都是密闭（气密封）的。因此，如果仅用附件2中的滤网作为该专利中的隔挡片，是无法解决该发明的技术问题的。虽然采用附件2中的滤网后，再配合瓶口处设有封膜的水瓶，从一定程度上也可以实现该专利的某些技术效果，但该专利中并没有包含和披露这样的方案，并且还会带来调味材料容易泄漏、变质，而需要加入添加剂等问题。因此，从两者整体来看，该专利和附件2的技术方案、解决的技术问题，以及技术效果都存在着一些区别。附件2是否能够彻底构成该专利的抵触申请，还是仅仅从文字形式上符合，也值得思考。所以，对于该专利独立权利要求1提出的缺少必要技术特征，没有得到说明书的支持等无效理由就变得十分重要。当专利权利人，以附件2不构成抵触申请辩时，通常会以容置腔室的密闭结构不同，滤网与隔挡片存在区别为理由。但当其强调了本发明和附件2的这些区别特征时，又难以避免地落入了请求人提出的权利要求1缺少必要技术特征（没有写入容置腔室为"密闭"的特征），没有得到说明书的支持等无效理由之内。这样提出的无效，将会取得更好的结果。

第十五章 2012年专利代理实务试题及参考答案

答题须知

1. 所有试题的正确答案均以现行、有效的法律和法规为准。
2. 作为考试，应试者在完成题目时应当接受并仅限于本试卷所提供的事实，并且无需考虑素材的真实性、有效性问题。
3. 本专利代理实务试题包括无效实务题和申请实务题两道大题，总分150分。

应试者应当将各题答案按顺序清楚地誊写在正式答题卡相对应的答题区域内：
第一题的答案按顺序清楚地誊写在第一张答题卡（即答题卡第1~4页）上；
第二题的答案按顺序清楚地誊写在第二张答题卡（即答题卡第5~8页）上。

4. 应试者将答案写在试卷上、草稿纸上或者未按上述要求写在相应答题卡上的，不予计分。
5. 为方便答题，考试时，应试者可将试卷第18~21页的草稿纸沿虚线撕下来使用；考试结束时，草稿纸需随试卷、答题卡一同由监考老师收回，请勿带出考场。

试题说明

第一题 无效实务题

甲公司拥有一项实用新型专利，名称为"一种冷藏箱"，申请号为201020123456.7。

某请求人针对该专利于2012年10月16日向专利复审委员会提出无效宣告请求，请求宣告该专利权全部无效，提交的证据为对比文件1至3。

甲公司委托某专利代理机构办理无效宣告程序中的有关事务，委托权限包括代为修改权利要求书。该专利代理机构接受委托后指派应试者作为代理人，要求应试者：

1. 具体分析和说明无效宣告请求书中的各项无效宣告理由是否成立。

认为无效宣告理由成立的，可以简要回答；认为无效宣告理由不成立的，详细说明事实和依据；认为可以通过修改权利要求使得相应理由不成立的，提出修改建议并简要说明理由。

2. 撰写提交给专利复审委员会的修改后的权利要求书。

第二题 申请实务题

甲公司同时向该专利代理机构提供了技术交底材料，委托其申请发明专利。该专利代理机构接受委托并指派应试者具体办理专利申请事务，要求应试者：

1. 撰写发明专利申请的权利要求书。

应当根据技术交底材料记载的内容，综合考虑附件1、对比文件1至3所反映的现有技术，撰写能够有效且合理地保护发明创造的权利要求书。

如果认为应当提出一份专利申请，则应撰写独立权利要求和适当数量的从属权利要求；如果认为应当提出多份专利申请，则应说明不能合案申请的理由，并针对其中的一份专利申请撰写独立权利要求和适当数量的从属权利要求，对于其他专利申请，仅需撰写独立权利要求；如果在一份专利申请中包含两项或两项以上的独立权利要求，则应说明这些独立权利要求能够合案申请的理由。

2. 简述所撰写的所有独立权利要求相对于附件1所解决的技术问题及取得的技术效果。

无效宣告请求书：

根据《专利法》第四十五条及《专利法实施细则》第六十五条的规定，请求宣告专利号为201020123456.7、名称为"一种冷藏箱"的实用新型专利（以下简称该专利）全部无效，所使用的证据为对比文件1至3，具体理由如下：

一、权利要求1~4不符合《专利法》第二十二条第二、三款关于新颖性、创造性的规定

1. 关于权利要求1

对比文件1公开了一种硬质冷藏箱，包括箱本体1和盖体2；箱本体1包括内外两层防水尼龙面料层及保温中间层；箱本体1的内部形成容纳空间，其上部为开口；用于盖合容纳空间开口的盖体2设于箱本体1的上方；容纳空间内固定设置有若干个装有蓄冷剂的密封的蓄冷剂包。因此，权利要求1不具备新颖性，不符合《专利法》第二十二条第二款的规定。

2. 关于权利要求2

对比文件1公开了箱本体1和盖体2上设有相互配合的连接件3，而拉链是生活中公知的连接件，因此，权利要求2相对于对比文件1也不具备新颖性，不符合《专利法》第二十二条第二款的规定。

3. 关于权利要求3

对比文件2公开了一种小型冷藏桶，包括桶本体1和设于桶本体1上方的盖体2；桶本体1和盖体2由外向内依序设有防水尼龙面料层、硬质材料层、保温层及防水尼龙面料层;桶本体1侧壁的顶部边缘及盖体2的边缘设有拉链3。对比文件3公开了冷藏箱,箱本体1的容纳空间内固定设置若干装有蓄冷剂的密封的蓄冷剂包,在盖体2的边缘处固定设置有挡片4。因此,权利要求3相对于对比文件2和3的结合不具备创造性,不符合《专利法》第二十二条第三款的规定。

4. 关于权利要求4

对比文件2公开了保温层可以采用泡沫材料,因此,权利要求4相对于对比文件1和2的结合不具备创造性,不符合《专利法》第二十二条第三款的规定。

此外,对比文件2和3公开的内容如上所述,可见,权利要求4相对于对比文件2和3的结合也不具备创造性,不符合《专利法》第二十二条第三款的规定。

二、权利要求3不符合《专利法》第二十六条第四款的规定

权利要求3对拉链作出了限定,但并未限定拉链的设置位置及其与其它部件的连接关系,导致权利要求3的保护范围不清楚,不符合《专利法》第二十六条第四款的规定。

三、权利要求4不符合《专利法》第二条第三款的规定

权利要求4的附加技术特征是对产品材料的限定,是对材料本身提出的改进。由此,权利要求4的技术方案不属于实用新型专利保护的客体,不符合《专利法》第二条第三款的规定。

综上所述,请求宣告该专利的权利要求1至4全部无效。

附件1:无效宣告请求针对的专利

(19)中华人民共和国国家知识产权局

(12)实用新型专利

(45)授权公告日 2011.01.21

(21)申请号 201020123456.7
(22)申请日 2010.02.23
(73)专利权人 甲公司

(其余著录项目略)

权 利 要 求 书

1. 一种硬质冷藏箱,包括箱本体(1)和盖体(2),所述箱本体(1)的内部形成一个上部开口的容纳空间,所述盖体(2)设置于所述箱本体(1)的上方,用于打开、关闭所述容纳空间的开口,其特征在于:所述箱本体(1)包括防水外层(3)、保温中间层(4)及防水内层(5),所述箱本体(1)的容纳空间内固设有若干个装有蓄冷剂的密封的蓄冷剂包(6)。

2. 如权利要求1所述的硬质冷藏箱,其特征在于:所述箱本体(1)和所述盖体(2)的连接处设置有拉链(7)。

3. 如权利要求1所述的硬质冷藏箱,其特征在于:在所述盖体(2)上设有能盖住所述拉链(7)的挡片(8)。

4. 如权利要求1所述的硬质冷藏箱,其特征在于:所述保温中间层(4)为泡沫材料。

说 明 书

一种冷藏箱

本实用新型涉及一种硬质冷藏箱。

人们在外出旅游或参加户外活动时,经常会使用箱子携带一些冷饮料,以达到消暑降温的目的。现有的箱子一般由箱本体和盖于其上的盖体构成,但因为箱本体没有保温设计,同时也没有冷源给饮料保温或降温,所以无法使装在箱本体内的饮料长时间保持低温状态。

本实用新型采用如下技术方案:一种硬质冷藏箱,包括箱本体和盖体,所述箱本体的内部形成一个上部开口的容纳空间,所述盖体设置于箱本体的上方,用于打开、关闭所述容纳空间的开口,其特征在于:所述箱本体包括防水外层、保温中间层及防水内层,所述箱本体的容纳空间内固设有若干个装有蓄冷剂的密封的蓄冷剂包。

本实用新型的箱本体结构为多层复合层,能阻止箱本体内、外的热量交换,为箱内物品保温;箱本体内的蓄冷剂包能够为箱内的物品降温;同时蓄冷剂包固定在箱本体内能防止运输过程中相互碰撞或堆积在一起。此外,箱本体和盖体的连接处设置有拉链或粘扣或磁性件。在盖体上设有能盖住拉链的挡片,以减少箱本体内、外空气的对流,延长箱内物品的冷藏时间。因此,本实用新型的冷藏箱能长时间为所容纳的物品提供低温环境。

图1是本实用新型实施例的立体图,其中挡片被局部剖开;

图2是本实用新型实施例箱本体的俯视剖视图。

如图1、2所示，本实施例的冷藏箱由箱本体1、设置在箱本体1上部的盖体2构成。箱本体1为多层复合层结构，其内部形成一个上部开口的容纳空间，用于容纳被冷藏的物品。如图2所示，优选地，箱本体1的外层3和内层5由防水材料制成，中间层4为保温层。若干个蓄冷剂包6固定设置于箱本体1的容纳空间内。蓄冷剂包6为一密封的装有蓄冷剂的包状结构。将冷藏箱放入冰箱充分冰冻后，蓄冷剂包6即可作为冷源长时间给冷藏箱内的物品降温。箱本体1和盖体2的连接处设置有拉链7，通过打开或闭合拉链7，使得盖体2打开或关闭容纳空间的开口。在盖体2上设有能盖住拉链7的挡片8。此外，为了增强箱本体1的保温效果，箱本体1的保温中间层4采用泡沫材料。

说 明 书 附 图

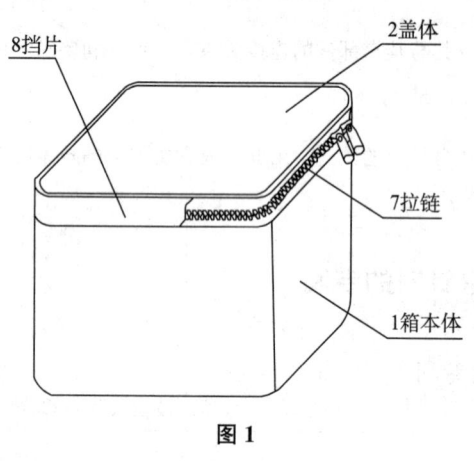

图 1

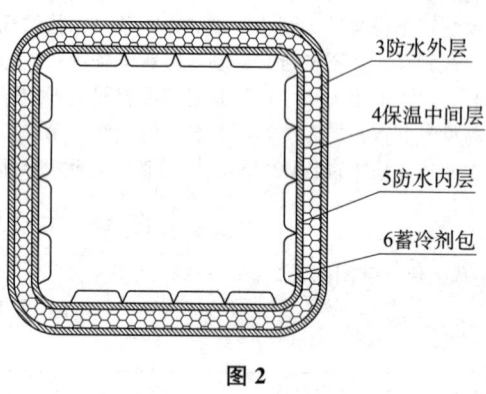

图 2

对比文件1：

(19) 中华人民共和国国家知识产权局

(12) 实用新型专利

(45) 授权公告日 2010.12.09

(21) 申请号 201020012345.6
(22) 申请日 2010.01.25
(73) 专利权人 甲公司

(其余著录项目略)

权 利 要 求 书

1. 一种硬质冷藏箱，包括箱本体（1）和盖体（2），盖体（2）设置于箱本体（1）的上方，其特征在于：所述的箱本体（1）包括内外两层防水尼龙面料层及保温中间层。

说 明 书

冷藏箱

本实用新型公开了一种硬质冷藏箱。

（背景技术、实用新型内容部分略）

图1是本实用新型冷藏箱盖体打开状态的立体图；
图2是本实用新型冷藏箱盖体关闭状态的立体图。

如图1、图2所示，硬质冷藏箱包括箱本体1和盖体2。箱本体1包括内外两层防水尼龙面料层及保温中间层。箱本体1的内部形成放置物品的容纳空间，容纳空间上部为开口。用于盖合容纳空间开口的盖体2设于箱本体1的上方。箱本体1和盖体2上设有相互配合的连接件3。容纳空间内固定设置有若干个装有蓄冷剂的密封的蓄冷剂包（图中未示出）。

平时须将冷藏箱放置于冰箱内以冷冻蓄冷剂包。使用时打开盖体2，把需要冷藏的物品放置于箱本体1的容纳空间内，然后盖上盖体2，以减少容纳空间内的冷空气散失。本实用新型的冷藏箱特别适用于旅行中对食品、饮料的冷藏。

说明书附图

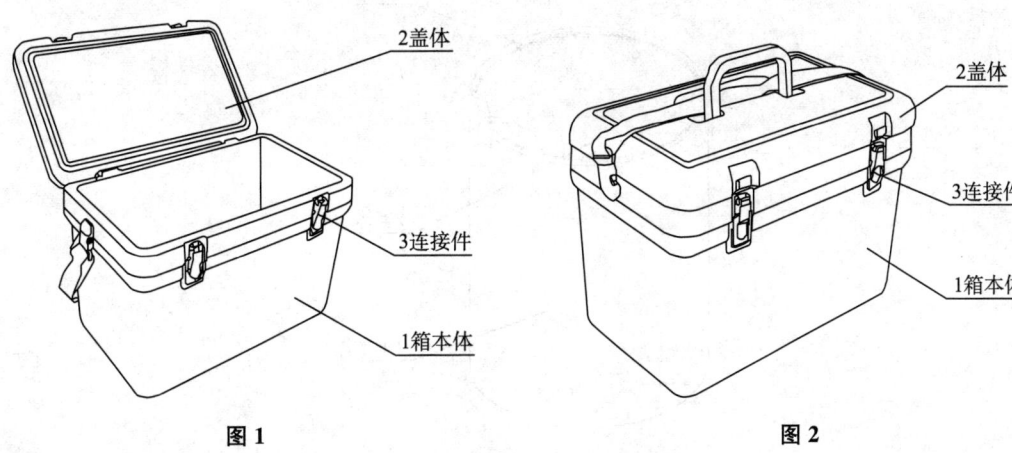

图1　　　　　　　　　　　　　图2

对比文件2：

[19] 中华人民共和国国家知识产权局

[12] 实用新型专利说明书

[45] 授权公告日 2009年12月1日

[22] 申请日 2009.1.20
[21] 申请号 200920234567.8

（其余著录项目略）

说 明 书

小型冷藏桶

本实用新型涉及一种小型冷藏桶。
（背景技术、实用新型内容部分略）

图1是本实用新型小型冷藏桶的立体图。

如图1所示，冷藏桶包括桶本体1和设于桶本体1上方的盖体2。桶本体1和盖体2由外向内依序设有防水尼龙面料层、硬质材料层、保温层及防水尼龙面料层。桶本体1具有一体成型的侧壁和桶底，在侧壁的顶部边缘及盖体2的边缘设有拉链3。为了使冷藏桶具有冷藏功能，还需在冷藏桶的桶本体1内放置若干个装有冰块的密封的冰块包（图中未示出），使得冷藏桶能够用于运输和存放饮料、食品等需要低温保存的物品。为了仅将冰块包放入冰箱内冷冻而无须将冷藏桶一并放入冰箱，所有冰块包均是直接放置在桶本体1内。此外，保温层可以采用泡沫材料。

平时把所有冰块包都放在冰箱中充分冷冻。使用时拉开拉链3，打开盖体2，把需要冷藏的物品和若干个冰块包放置于桶本体1内，再将盖体2盖合于桶本体1上，并闭合拉链3。

说 明 书 附 图

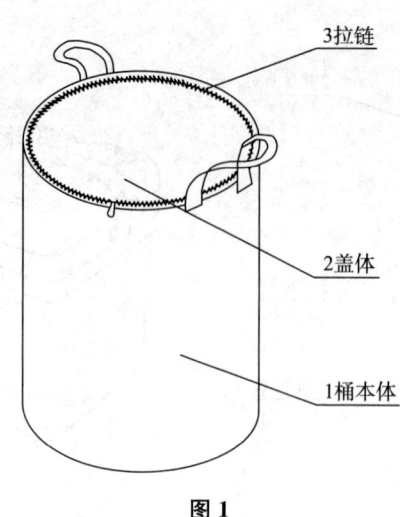

图1

对比文件3：

[19] 中华人民共和国国家知识产权局

[12] 实用新型专利说明书

[45] 授权公告日　2008 年 12 月 22 日

[22] 申请日 2008.2.1

[21] 申请号 200820345678.9

（其余著录项目略）

说 明 书

便携式冷藏箱

本实用新型涉及一种便携式冷藏箱。

（背景技术、实用新型内容部分略）

图1是本实用新型冷藏箱盖体打开状态的立体图；

图2是本实用新型冷藏箱盖体关闭状态的立体图。

如图1、图2所示，冷藏箱包括箱本体1和盖体2，盖体2设于箱本体1的上方。箱本体1内形成放置被冷藏物品的容纳空间，容纳空间的上部具有用于取、放物品的开口。盖体2朝向容纳空间的一侧设有与容纳空间的开口相匹配的凸起3。凸起3由弹性材料制成且能紧密插入到容纳空间的开口中，使得盖体2牢固盖合在箱本体1上。此外，在盖体2的边缘处固定设置有挡片4，人们可以通过手握挡片4将盖体2向上提起，拔出容纳空间开口中的凸起3，进而将盖体2从箱本体1上打开。在容纳空间内固定设置若干个装有蓄冷剂的密封的蓄冷剂包（图中未示出），以便长时间为冷藏箱内放置的例如饮料、食物等物品降温。

平时须将冷藏箱放置于冰箱内冷冻蓄冷剂包，经充分冷冻后可随时取出使用。

说 明 书 附 图

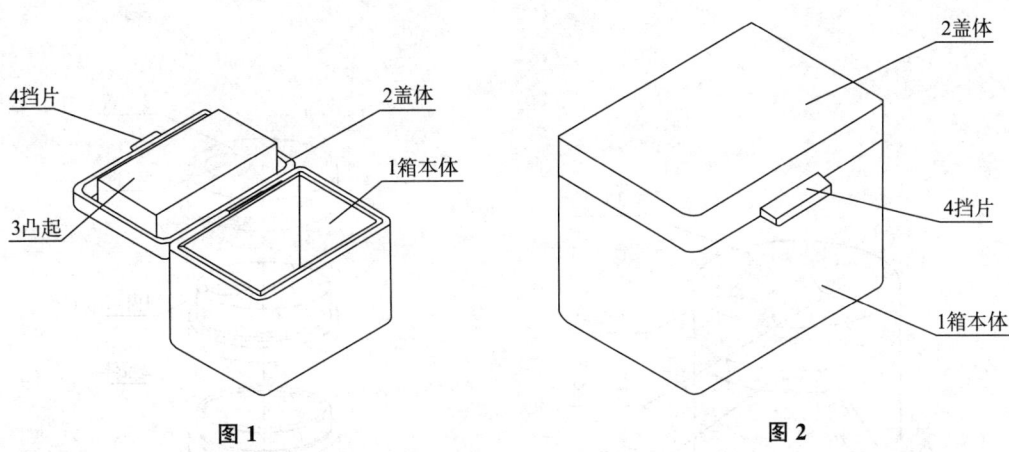

技术交底材料：

现有技术的冷藏箱/桶，在使用过程中存在必需打开整个盖体取、放物品，以及蓄冷剂包固定放置或者冰块包不固定放置等带来的不便。

在现有技术的基础上，我公司提出改进的冷藏桶。

一种由硬质保温材料制成的冷藏桶，包括桶本体1、盖体2和上盖3。桶本体1的顶部开口，盖体2盖合在桶本体1的开口上，以打开和关闭该开口。盖体2上开有窗口4，上盖3能打开和盖合窗口4，以便在不打开盖体2的情况下，就能取、放物品。作为冷源的若干个密封的冰块包或蓄冷剂包放置在桶本体1内，最好以可拆卸的方式例如通过粘扣等与桶本体1连接。

如图1、图2所示，上盖3为圆形薄盖，盖合在盖体2上，上盖3开有口部5。平时，口部5与窗口4彼此完全错开，上盖3除口部5以外的其它部分盖合在窗口4上。当取、放物品时，将上盖3相对于盖体2水平转动，使窗口4完全露出，从而打开窗口4。

如图3、图4所示，上盖3为薄片状，其外形尺寸能盖住窗口4，上盖3通过设置在盖体2上的竖直转轴6与盖体2连接。平时，上盖3盖合在窗口4上。当取、放物品时，将上盖3以竖直转轴6为轴相对于盖体2水平转动，从而打开窗口4。

如图5、图6所示，上盖3为薄片状，其外形尺寸能盖住窗口4，上盖3通过设置在盖体2上的水平转轴7与盖体2连接。平时，上盖3盖合在窗口4上。当取、放物品时，将上盖3以水平转轴7为轴相对于盖体2向上转动翻开，从而打开窗口4。

可以采用现有技术中的已知手段，例如通过相互配合的粘扣、磁性件等使上盖3紧密盖合在盖体2上，以获得更好的冷藏效果。此外，窗口4的大小可以设置成不同规格，以适应取、放不同物品的需要。

技术交底材料附图

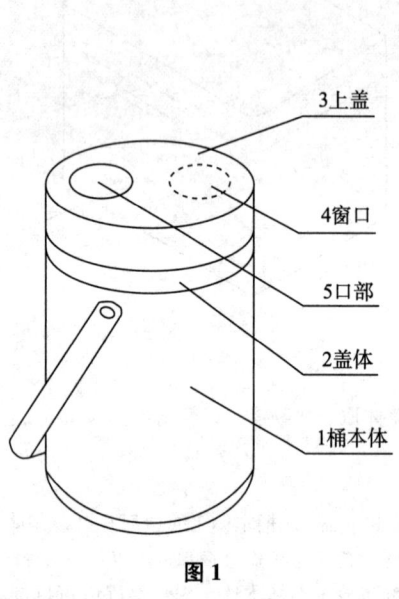

图 1

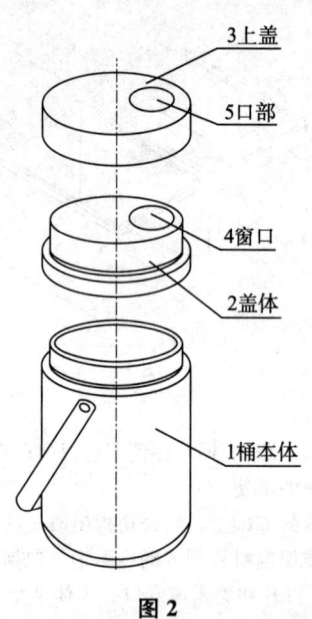

图 2

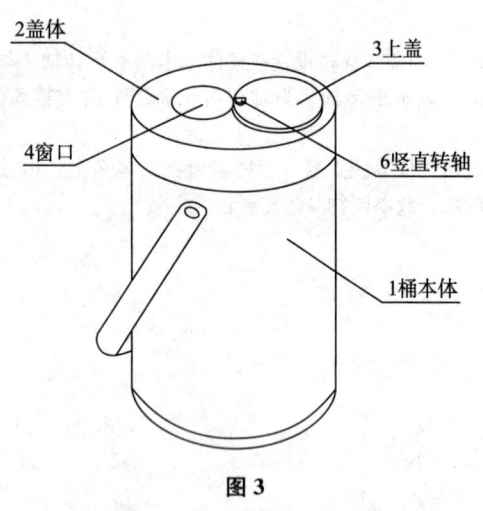

图 3

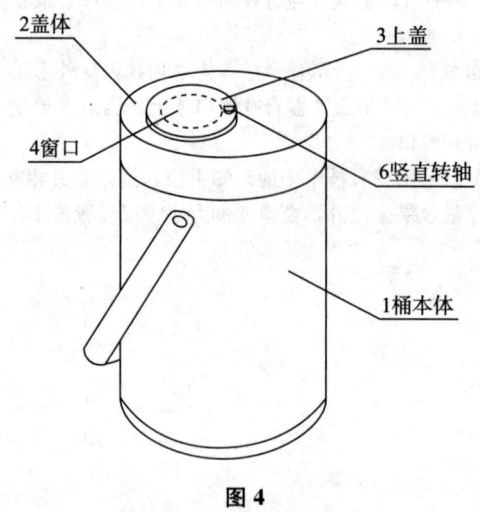

图 4

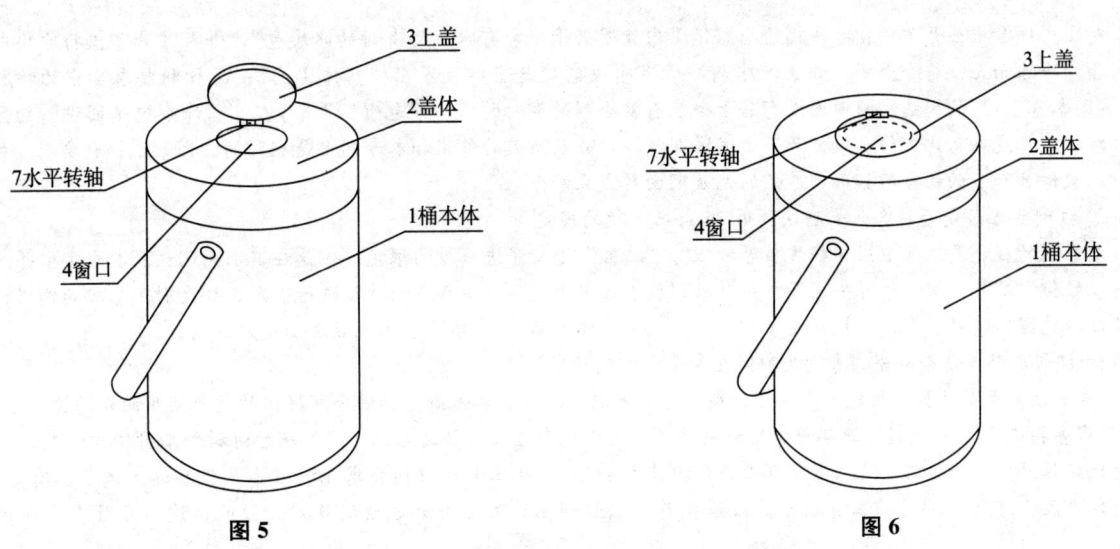

图 5　　　　　　　　　　　　　图 6

参考答案

一、无效实务试题

(一) 针对无效宣告请求书中的各项无效宣告理由是否成立的具体分析

1. 权利要求 1~4 是否符合《专利法》第 22 条第 2 款、第 3 款规定的新颖性、创造性

(1) 权利要求 1

对比文件 1 的申请日为 2010 年 1 月 25 日，公开日为 2010 年 12 月 9 日，委托人甲公司的被提出无效的实用新型专利(以下简称"本专利")的申请日为 2010 年 2 月 23 日，因此对比文件 1 属于申请在先公开在后的专利申请，能够用于评价本专利的新颖性。对比文件 1 已将本专利权利要求 1 的技术方案完全披露，并且其与本权利要求 1 的技术领域相同，所解决的技术问题和取得技术效果也完全相同，所以与对比文件 1 相比，本专利的权利要求 1 不符合《专利法》第 22 条第 2 款规定的新颖性，该项无效宣告理由成立。

(2) 权利要求 2

对比文件 1 比本专利申请在先、公开在后，因此只能用于评价本专利的新颖性，不能用于评价创造性。《专利审查指南 2010》中规定，新颖性的评判只能采取单独对比原则，应当将发明或者实用新型专利申请的各项权利要求分别与每一项现有技术或申请在先公布或公告在后的发明或实用新型的相关技术内容单独地进行比较，不得将其与几项现有技术或者申请在先公布或公告在后的发明或者实用新型内容的组合或者与一份对比文件中的多项技术方案的组合进行对比。因此，不能将对比文件 1 和公知常识结合起来评价新颖性。再由于本专利权利要求 2 中的"拉链"是对比文件 1 中的"连接件"的下位概念，而一般(上位)概念的公开并不影响采用具体(下位)概念限定的发明或者实用新型的新颖性，因此两者技术方案构成了实质的区别。所以权利要求 2 具备《专利法》第 22 条第 2 款规定的新颖性，该项无效宣告理由不成立。

(3) 权利要求 3

首先，对比文件 2、3 的公开日分别为 2009 年 12 月 1 日、2008 年 12 月 22 日，均早于本申请的申请日，构成了本专利的现有技术，可以用于评价本专利的创造性。

与对比文件 2 相比，本专利权利要求 3 的主要区别技术特征是"在所述盖体(2)上设有能盖住所述拉链(7)的挡片(8)"。对比文件 3 中虽然公开了"在盖体 2 的边缘处固定设置有挡片 4"的技术特征，但是两者的结构和位置关系均具有区别。本专利的挡片是沿所述拉链设置、并能遮盖住拉链，对比文件 3 的挡片只需设置在盖体边缘、方便手握即可。本发明的"挡片"必须能够"盖住所述拉链"，目的是"以减少箱本体内、外空气的对流，延长箱内物品的冷藏时间"，而对比文件 3 中的"挡片"是为了方便"人们可以通过手握挡片 4 将盖体 2 向上提起"。因此，两个"挡片"的结构不同，位置关系不同，解决的技术问题和实现的技术效果也完全不同，所以本领域技术人员无法根据对比文件 2 和 3 而得出本专利权利要求 3 的技术方案。进一步，本专利权利要求 3 的技术方案与对比文件 2、3 的组合相比，解决了新的技术问题、实现了新的技术效果，因此本专利权利要求 3 的技术方案和对比文件 2 和 3 的组合相比具有实质性特点和进步，具备《专利法》第 22 条第 3 款规定的创造性，该项无效宣告理由不成立。

(4) 权利要求 4

对比文件 1 比本专利申请在先、公开在后，只能用于评价本专利的新颖性，不能用于和其他方案组合评价创造性。因此，权利要求 4 相对于对比文件 1 和 2 的结合不具备创造性的无效理由不成立。

对比文件2中公开了"在冷藏桶的桶本体1内放置若干个装有冰块的密封的冰块包",并且"为了仅将冰块包放入冰箱内冷冻而无须将冷藏桶一并放入冰箱,所有冰块包均是直接放置在桶本体1内";而权利要求4中的特征是"所述箱本体(1)的容纳空间内固设有若干个装有蓄冷剂的密封的蓄冷剂包(6)",存在"蓄冷剂包是固设"的区别技术特征。但是在对比文件3中公开了上述区别特征,并且所起的作用和本专利中是相同的。因此,权利要求4相对于对比文件2和3的结合不具备创造性的无效理由是成立的。

2. 权利要求3是否符合《专利法》第26条第4款的规定

本专利的权利要求3中用"档片"等特征对"拉链"进行了进一步的限定,但是在其引用的权利要求1中并没有出现"拉链"及其连接、位置关系等特征。权利要求3中出现了对不存在的特征进行限定、缺乏引用基础的错误,导致其保护范围不清楚。因此,权利要求3不符合《专利法》第26条第4款的无效理由是成立的。

3. 权利要求4是否符合《专利法》第2条第3款的规定

《专利法》第2条第3款规定,实用新型是指对产品的形状、构造或者其结合所提出的适于实用的新的技术方案。《专利审查指南2010》中规定,实用新型权利要求中可以包含已知材料的名称,这不属于对材料本身提出的改进。由于对比文件2中已经披露了"保温层可以采用泡沫材料",因此本专利权利要求4的技术方案整体上属于具有形状、构造的产品,不属于对材料本身提出的改进,符合《专利法》第2条第3款的规定。因此,该项无效宣告理由不成立。

4. 权利要求的修改建议

针对本专利权利要求1无效请求理由成立,因此应当删除权利要求1。

虽然针对权利要求2没有新颖性无效宣告理由不成立,但是结合对比文件2和3,可以明显看出,权利要求2是没有创造性的。虽然权利要求2中公开的"硬质冷藏箱"以及"蓄冷剂包是固设的"的特征,与比文件2中公开的"冷藏桶"、"冰块包均是直接放置在桶本体1内"存在区别,但是上述区别技术特征在对比文件3中被公开了,并且所起的作用是相同的。因此将对比文件2和对比文件3结合起来,得到权利要求2的技术方案,对于本领域技术人员来说是显而易见的,没有创造性。为了避免今后被再次宣告无效,建议放弃权利要求2,不要将其作为修改后的独立权利要求。

由于删除了原独立权利要求1,因此可以将从属于同一个独立权利要求、且相互之间没有从属关系的从属权利要求进行合并。原权利要求2中记载了"拉链"及其位置、连接关系,当将原权利要求2和3合并作为新的独立权利要求1后,恰好可以消除原权利要求3中因缺少上述特征导致的不清楚缺陷。原权利要求3具有的"挡片"特征,使得合并后的新独立权利要求1相对于对比文件2和3的组合也是具有创造性的。

将原权利要求4修改为引用新的独立权利要求1后,也同时克服了原权利要求4没有创造性的缺陷。

(二) 修改后的权利要求书

1. 一种硬质冷藏箱,包括箱本体(1)和盖体(2),所述箱本体(1)的内部形成一个上部开口的容纳空间,所述盖体(2)设置于所述箱本体(1)的上方,用于打开、关闭所述容纳空间的开口,其特征在于:所述箱本体(1)包括防水外层(3)、保温中间层(4)及防水内层(5),所述箱本体(1)的容纳空间内固设有若干个装有蓄冷剂的密封的蓄冷剂包(6),所述箱本体(1)和所述盖体(2)的连接处设置有拉链(7),在所述盖体(2)上设有能盖住所述拉链(7)的挡片(8)。

2. 如权利要求1所述的硬质冷藏箱,其特征在于:所述保温中间层(4)为泡沫材料。

二、申请实务题

(一) 发明专利申请的权利要求书

申请一的权利要求书:

1. 一种冷藏容器,由硬质保温材料制成,包括容器本体(1)、盖体(2),所述容器本体(1)的顶部开口,盖体(2)盖合在容器本体(1)的开口上,以打开和关闭该开口,其特征在于,盖体(2)上开有窗口(4),且设有上盖(3),上盖(3)能打开或盖合窗口(4)。

2. 如权利要求1所述的冷藏容器,其特征在于,所述上盖(3)能相对于所述盖体(2)转动,从而打开或盖合所述窗口(4)。

3. 如权利要求2所述的冷藏容器,其特征在于,所述上盖(3)能相对于盖体(2)沿水平或竖直方向转动,从而打开或盖合所述窗口(4)。

4. 如权利要求3所述的冷藏容器,其特征在于,所述上盖(3)能相对于盖体(2)沿水平转动,从而打开或盖合所述窗口(4)的结构为:

所述上盖(3)为薄盖,盖合在盖体(2)上,上盖(3)开有口部(5),将上盖(3)相对于盖体(2)水平转动,能使口部(5)与窗口(4)彼此完全错开或使上盖(3)除口部(5)以外的其他部分盖合在窗口(4)上;或者,

上盖(3)为薄片状,其外形尺寸能盖住窗口(4),上盖(3)通过设置在盖体(2)上的竖直转轴(6)与盖体

(2) 连接，将上盖（3）以竖直转轴（6）为轴相对于盖体（2）水平转动，能够打开窗口（4）或者使得上盖（3）盖合在窗口（4）上。

5. 如权利要求3所述的冷藏容器，其特征在于，所述上盖（3）能相对于盖体（2）沿竖直方向转动，从而打开或盖合所述窗口（4）的结构为：所述上盖（3）为薄片状，其外形尺寸能盖住窗口（4），上盖（3）通过设置在盖体（2）上的水平转轴（7）与盖体（2）连接，将上盖（3）以水平转轴（7）为轴相对于盖体（2）沿竖直方向转动，够打开窗口（4）或者使得上盖（3）盖合在窗口（4）上。

6. 如权利要求1～5任一所述的冷藏容器，其特征在于，所述容器本体（1）内设置有冷源，所述冷源可拆卸的与容器本体（1）连接。

7. 如权利要求6所述的冷藏容器，其特征在于，所述冷源通过粘扣可拆卸的与容器本体（1）连接。

8. 如权利要求6所述的冷藏容器，其特征在于，所述冷源为密封的冰块包或蓄冷剂包。

9. 如权利要求1～5任一所述的冷藏容器，其特征在于，所述上盖（3）通过相互配合的粘扣或者磁性件紧密盖合在盖体（2）上。

10. 如权利要求1～5任一所述的冷藏容器，其特征在于，所述冷藏容器为冷藏桶或冷藏箱。

申请二的独立权利要求：

1. 一种冷藏容器，由硬质保温材料制成，包括容器本体（1）、盖体（2），所述容器本体（1）的顶部开口，盖体（2）盖合在容器本体（1）的开口上，以打开和关闭该开口，所述容器本体（1）内设置有冷源，其特征在于，所述冷源可拆卸的与容器本体（1）连接。

撰写两件申请的理由：

申请1的独立权利要求与现有技术的区别技术特征是"盖体（2）上开有窗口（4），且设有上盖（3），上盖（3）能打开或盖合窗口（4）"，申请2的独立权利要求与现有技术的区别技术特征是"所述冷源可拆卸的与容器本体（1）连接"。虽然这两个特征都是使得其权利要求的方案相对现有技术作出贡献的技术特征，但这两个特征之间既不构成相同也不构成相应，因此这两项申请的方案之间不具备相同或相应的特定技术特征，不属于一个总的发明构思，应当分别独立提出申请。

（二）所有独立权利要求相对于附件1所解决的技术问题及取得的技术效果的简述

申请一的独立权利要求1相对于附件1所要解决的技术问题是：如何在使用冷藏容器过程中不必打开整个盖体而取、放较小物品。所取得技术效果是：减少取放较小物品时外部空气的进入，获得了更好、更持久的冷藏效果。

申请二的独立权利要求1相对于附件1所要解决的技术问题是：当冷源固定设置在冷藏容器本体内时，需要将整个冷藏容器放入制冷设备中制冷；而当冷源不固定设置在冷藏容器本体内时，因冷源在冷藏容器中堆放杂乱而带来使用不便。所技术效果是：无需将整个冷藏容器放入制冷设备中，节省空间和能耗，冷源在冷藏容器中固定放置而不杂乱。

三、答题思路分析

本试题一共包括两道题目，一道题目是针对无效请求进行分析和答复，一道题目是撰写。

对于第一道题目，应试者要注意到题目并不是要求撰写答复无效的正式意见陈述书，而是要求针对对方提出的全部无效理由逐一进行分析。在答题时，应首先对证据文件进行审核。通过审核证据文件的时间，可以发现对比文件1比本专利申请在先、公开在后，能用于评价本专利的新颖性，但不能用于评价创造性。将权利要求1方案的特征与对比文件1中方案的特征逐一对比可以发现，对比文件1已经完全披露了权利要求1的方案，因此权利要求1已经失去了新颖性，对方的无效理由成立。

权利要求2的方案构成了对比文件1方案的下位概念，由于上位概念不能破坏下位概念的新颖性，所以权利要求2是具有新颖性的，对方的无效理由不成立。

对比文件2、3的公开日在本专利申请日之前，构成了现有技术，能够评价本专利的创造性。权利要求3的特征中除了"挡片"特征以外，其他特征都被对比文件2、3的组合披露了。对比文件3中虽然也公开了一个名称同为"挡片"的特征，但通过仔细分析可以发现，对比文件3中的"挡片"不论从结构、位置关系以及所起的作用等都和本专利的"档片"不同，两者仅仅是名称相同，实质完全不同。因此本专利权利要求3的方案与对比文件2、3的组合后的方案相比还是具有本质不同的，再加上其所解决的技术问题和取得的技术效果也完全不同，所以权利要求3是具有创造性的，对方的无效理由不成立。

对比文件1比本专利申请在先、公开在后，能用于评价本专利的新颖性，但不能用于评价创造性。所以对方以对比文件1与公知常识结合来评价权利要求4创造性的理由是不成立的。对比文件2、3的组合披露了权利要求4的全部技术特征，并且这些特征在对比文件中的作用也是相同的，所以与对比文件2、3的组合相比，权利要求4失去了创造性，对方的该项无效理由成立。

权利要求3中存在《专利审查指南2010》中规定的缺乏限定基础的不清楚情况，对方的无效理由是成立的。权利要求 4 是符合实用新型客体的，对方无效理由不成立。

无效中权利要求的修改仅限于权利要求的删除和合并，并且只有在删除独立权利的基础上，才能将同时隶属于该项独立权利要求的、相互之间没有从属关系的从属权利进行合并。虽然针对权利要求 2 的无效理由不成立，但是通过分析可以明显看出，权利要求 2 与对比文件 2、3 的组合相比不具有创造性。并且权利要求 3 的不清楚缺陷，通过与权利要求 2 的合并恰好可以克服，而合并后的方案，也由于包含了"挡片"的技术特征而具备了创造性。所以权利要求的修改方案应该是，删除权利要求 1，合并权利要求 2 和 3，将原权利要求 4 修改为引用新的独立权利要求 1 后，也由此具备了创造性。

对于第二道题目，应试者应注意到题目中给出了两个要解决的技术问题，同时给出了两个不同的技术方案，以分别解决这两个技术问题。这两个技术方案解决技术问题的特定技术特征完全不同，不属于一个总的发明构思，应当分别独立提出申请。

申请人的技术交底材料所提供的实施方式虽然都是以冷藏桶为例进行的描述，但是技术交底材料的第一段也同时提到，该改进是针对"现有技术的冷藏箱/桶"共同的不足而进行的。根据题目中的要求，综合考虑附件 1、对比文件 1~3 所反映的全部现有技术可以看出，技术交底材料中提出的改进方案，与冷藏容器本身的形状无关，不论是冷藏桶还是冷藏箱或者其他形状的冷藏装置，都能够适用上述的改进方案。因此，如果将主题名称进行适当概括，例如可以概括为一种冷藏容器或者冷藏装置等，将能够为申请人争取到更宽的保护范围，更好地保护申请人的利益。并且对于本领域技术人员来说，根据对比文件 2 等现有技术并结合技术交底材料中的提示，完全能够理解本申请中的改进方案能够适用于多种形状的冷藏容器，这样的概括是合理的。

题目中要求写出第一件申请的全部独立权利要求和从属权利要求，而对于第二项申请只需要写出独立权利要求，这点需要应试者注意。这两件申请本身并没有先后次序，不论哪件作为第一件申请撰写都是可以的。在这里给出参考答案中第二件申请的全部权利要求，以供参考。

申请二的权利要求书：

1. 一种冷藏容器，由硬质保温材料制成，包括容器本体（1）、盖体（2），所述容器本体（1）的顶部开口，盖体（2）盖合在容器本体（1）的开口上，以打开和关闭该开口，所述容器本体（1）内设置有冷源，其特征在于，所述冷源可拆卸的与容器本体（1）连接。

2. 如权利要求 1 所述的冷藏容器，其特征在于，所述冷源通过粘扣可拆卸的与容器本体（1）连接。

3. 如权利要求 1 所述的冷藏容器，其特征在于，盖体（2）上开有窗口（4），且设有上盖（3），上盖（3）能打开或盖合窗口（4）。

4. 如权利要求 3 所述的冷藏容器，其特征在于，所述上盖（3）能相对于所述盖体（2）转动，从而打开或盖合所述窗口（4）。

5. 如权利要求 4 所述的冷藏容器，其特征在于，所述上盖（3）能相对于盖体（2）沿水平或竖直方向转动，从而打开或盖合所述窗口（4）。

6. 如权利要求 5 所述的冷藏容器，其特征在于，所述上盖（3）能相对于盖体（2）沿水平转动，从而打开或盖合所述窗口（4）的结构为：

所述上盖（3）为薄盖，盖合在盖体（2）上，上盖（3）开有口部（5），将上盖（3）相对于盖体（2）水平转动，能使口部（5）与窗口（4）彼此完全错开或者使上盖（3）除口部（5）以外的其他部分盖合在窗口（4）上；或者，上盖（3）为薄片状，其外形尺寸能盖住窗口（4），上盖（3）通过设置在盖体（2）上的竖直转轴（6）与盖体（2）连接，将上盖（3）以竖直转轴（6）为轴相对于盖体（2）水平转动，能够打开窗口（4）或者使得上盖（3）盖合在窗口（4）上。

7. 如权利要求 5 所述的冷藏容器，其特征在于，所述上盖（3）能相对于盖体（2）沿竖直方向转动，从而打开或盖合所述窗口（4）的结构为：所述上盖（3）为薄片状，其外形尺寸能盖住窗口（4），上盖（3）通过设置在盖体（2）上的水平转轴（7）与盖体（2）连接，将上盖（3）以水平转轴（7）为轴相对于盖体（2）沿竖直方向转动，够打开窗口（4）或者使得上盖（3）盖合在窗口（4）上。

8. 如权利要求 1~7 任一所述的冷藏容器，其特征在于，所述冷源为密封的冰块包或蓄冷剂包。

9. 如权利要求 1~7 任一所述的冷藏容器，其特征在于，所述上盖（3）通过相互配合的粘扣或者磁性件紧密盖合在盖体（2）上。

10. 如权利要求 1~7 任一所述的冷藏容器，其特征在于，所述冷藏容器为冷藏桶或冷藏箱。

第十六章 2015年专利代理实务试题及参考答案

答题须知

1. 答题时请以现行、有效的法律和法规的规定为准。
2. 作为考试，应试者在完成题目时应当接受并仅限于本试卷所提供的事实，并且无需考虑素材的真实性、有效性问题。
3. 本专利代理实务试题包括第一题、第二题和第三题，满分150分。

　　应试者应当将各题答案按顺序清楚地撰写在相对应的答题区域内：

试题说明

　　客户A公司遭遇B公司提出的专利侵权诉讼，拟对B公司的实用新型专利（下称涉案专利）提出无效宣告请求，同时A公司自行研发了相关技术。为此，A公司向你所在的代理机构提供了涉案专利和三份对比文件，以及该公司所研发的技术的交底材料。现委托你所在的专利代理机构办理相关事务。

　　第一题：请你根据客户提供的涉案专利和对比文件为客户撰写咨询意见，要求说明可提出无效宣告请求的范围、理由和证据，其中无效宣告请求理由要根据专利法以及实施细则的有关条、款、项逐一阐述；如果基于你所撰写的咨询意见提出无效宣告请求，请你分析在提出本次无效宣告请求之后进一步的工作建议，例如是否需要补充证据等，如果需要，说明理由以及应当符合的要求。

　　第二题：请你根据技术交底材料，综合考虑客户提供的涉案专利和三份对比文件所反映的现有技术，为客户撰写一份发明专利申请的权利要求书。

　　如果认为应当提出一份专利申请，则应撰写独立权利要求和适当数量的从属权利要求；如果在一份专利申请中包含两项或两项以上的独立权利要求，则应说明这些独立权利要求能够合案申请的理由；如果认为应当提出多份专利申请，则应说明不能合案申请的理由，并针对其中的一份专利申请撰写独立权利要求和适当数量的从属权利要求，对于其他专利申请，仅需撰写独立权利要求。

　　第三题：简述你撰写的独立权利要求相对于现有技术具备新颖性和创造性的理由。如有多项独立权利要求，请分别对比和说明。

涉案专利：

[19] 中华人民共和国国家知识产权局

[12] 实用新型专利说明书
专利号 ZL 201425634028.x

[45] 授权公告日 2015年2月11日

[22] 申请日 2014.3.23
[21] 申请号 201425634028.x
[73] 专利权人 B公司　　　　　　　　　　　　（其余著录项目略）

权利要求书

　　1. 一种卡箍，包括第一本体（1），第二本体（2）和紧固装置（3），所述紧固装置（3）包括螺栓（32），其特征在于，所述第一本体（1）的一端与第二本体（2）的一端铰接，第一本体（1）的另一端与第二本体（2）的另一端通过螺栓（32）连接。

　　2. 根据权利要求1所述的卡箍，其特征在于：所述紧固装置（3）包括与所述第一本体（1）铰接的连接板（31），所述连接板（31）的一端开设有插槽（321），另一端面上有螺纹孔，所述第二本体（2）上具有可插入插槽（321）的固定部（4），所述固定部（4）上开有螺纹孔（41），所述螺栓（32）穿过螺纹孔将第一本体（1）和第二本体（2）连接。

　　3. 根据权利要求2所述的卡箍，其特征在于：所述第一本体（1）和第二本体（2）上设置有预定位装置（5），其包括位于第一本体（1）上的卡钩（51）和位于第二本体（2）上的环形钩件（522），所述环形钩件用于与所述卡钩（51）连接。

　　4. 根据权利要求1—3任一项所述的卡箍，其特征在于：所述环形钩件（522）是弹性钩件，最好是环形橡胶圈。

说 明 书

新型卡箍

本实用新型涉及一种卡紧装置，更具体地说，涉及一种新型卡箍。

目前，卡箍连接技术已广泛应用于液体、气体管道的连接。卡箍连接在管道的接口处，起到连接、紧固的作用。现有技术中的卡箍，如图1所示，包括两个半圆形夹环、螺栓和螺母，两夹环的槽口相对拼接形成一个圆形通道；夹环本体的两端分别形成凸耳，凸耳处预留穿孔，用于穿过螺栓后旋紧螺母固定连接。这种卡箍属于分体式结构，零件繁多，容易丢失，并且安装时两个夹环不易对准，增加了安装的难度。

为了克服传统卡箍的技术缺陷，本实用新型的目的在于提供一种新型卡箍，其包括包括第一本体，第二本体和紧固装置，紧固装置包括螺栓，第一本体的一端与第二本体的一端铰接，另一端通过螺栓与第二本体的另一端连接，从而实现对管道的夹紧，降低安装工作量和安装成本；

进一步地，所述紧固装置的一端与第一本体铰接，从而进一步减少零件的数量；

更进一步地，在所述卡箍的第一本体和第二本体上设置预定位装置，以便预先定位，方便安装。

图1为现有分体式卡箍的结构示意图；

图2为本实用新型第一实施例的卡箍结构示意图；

图3为本实用新型第二实施例的卡箍结构示意图；

图4为本实用新型第二实施例的卡箍的局部放大示意图。

如图2所示，本实用新型第一实施例的新型卡箍包括第一本体1和第二本体2，第一本体1的一端与第二本体2的一端通过两个销轴和一个连接板铰接，另一端与紧固装置3铰接。第二本体2的另一端具有固定部4，其上开有螺纹孔41；紧固装置3包括与第一本体1铰接的连接板31，连接板31的端面开设有螺纹孔，另一端开设有贯通的插槽321，用于插入固定部4。螺栓32通过连接板31上的螺纹孔与第二本体2螺纹连接，螺栓32的自由端套装有调节手柄33。

在工作过程中，当需要闭合卡箍的时候，将第二本体2向第一本体1靠拢，使第二本体2上的固定部4插入连接板31的插槽321，再施力于调节手柄33使其旋转，调节手柄33带动螺栓32穿过连接板31上的螺纹孔以及固定部4上的螺纹孔41，并拧紧，完成卡箍的闭合过程。

图3－图4示出了本实用新型的第二实施例，在第一实施例的基础上，在第一本体1和第二本体2上设有能够使二者在靠拢时预先配合的预定位装置5。预定位装置5包括位于第一本体1上的卡钩51，位于第二本体2上的固定板521，以及连接在固定板521上的环形弹性钩件522，例如环形橡胶圈。工作中，当第一本体1和第二本体2靠拢闭合时，先将环形橡胶圈钩在卡钩51上，利用环形橡胶圈的弹力将第二本体2的固定部4与第一本体1的相应端部拉近，完成预定位，然后通过调节手柄33旋转螺栓32夹紧第一本体1和第二本体2。为了避免预定位的操作影响螺栓32对准螺纹孔41，第一本体1和第二本体2的预定位连接不能是刚性的，而是弹性的，这样，环形橡胶圈的弹性能在螺栓32对准螺纹孔41的过程中，协助调整二者之间的相对位置，方便二者的对准。实践中，也可以使用其他的弹性钩件，例如环形弹簧挂钩，来代替环形橡胶圈实现与卡钩51的接合。

对比文件1：

[19] 中华人民共和国国家知识产权局

[12] **实用新型专利说明书**

专利号 ZL 201020156782.1

[45] 授权公告日 2011年8月6日

[22] 申请日 2010.12.25
[21] 申请号 201020156782.1　　　　　　　　　　（其余著录项目略）
[73] 专利权人　李××

说 明 书

管道连接卡箍

本实用新型涉及一种管道连接卡箍。

排水系统的管道都很长，如果发生破损或者泄漏，维修很麻烦，不可能为一点破损就整体换管。本实用新型提供一种抱式卡箍，能够实现换管对接。

图1为本实用新型的卡箍结构示意图。

如图1所示，一种管道连接卡箍，包括：第一箍套1和第二箍套2，第一箍套1和第二箍套2均呈半圆形，在第一箍套1和第二箍套2的两侧设有连接机构，连接机构分为预连接端和固定连接端。预连接端是在第一箍套上设置挂轴11，在第二箍套的对应端设置与挂轴11对应的轴套21；固定连接端是在第一箍套1和第二箍套2的各自的另一端设置连接耳，连接耳上设有供连接螺栓穿过的通孔。

使用时，首先将卡箍预连接端的挂轴11套入轴套21，然后将固定连接端通过螺栓拧紧。

本实用新型改变以往两侧均采用螺栓的方式，而是采用一边挂轴的方式进行枢轴连接，这样减少连接时间，同时在固定连接端紧扣的时候，预连接端不会被打开，保证连接的安全性。

对比文件2：

[19] 中华人民共和国国家知识产权局

[12] **实用新型专利说明书**
专利号 ZL 201220191962.5

[45] 授权公告日 2013 年 10 月 9 日

[22] 申请日 2012.9.10
[21] 申请号 201220191962.5
[73] 专利权人　王××　　　　　　　　　　（其余著录项目略）

说 明 书

卡箍组件

本实用新型涉及一种卡箍组件。

传统的卡箍结构一般由上半部、下半部、螺栓、螺母等多个松散零件组成，这样的结构在安装过程中比较繁琐，且受安装空间限制，比较容易发生零件掉落的情况，导致工作延误。为此本实用新型提供一种新型卡箍组件。

图1为本实用新型的卡箍组件的结构示意图；

图2为U型连接杆的结构示意图。

如图1—图2所示，本实用新型的卡箍组件包括：卡箍本体1、U型连接杆2、销轴3、螺栓4。卡箍本体1由塑料材料注塑一次成型，其具有两个连接端，一端与U型连接杆2的开口端铰接，另一端开设有贯穿的螺纹孔，用于与旋过U形连接杆2的封闭端的螺栓4螺纹连接。

本实用新型的卡箍组件，结构简单紧凑，无过多松散零件，安装时能够有效地降低零件掉落的概率。

对比文件3：

[19] 中华人民共和国国家知识产权局

[12] 实用新型专利说明书
专利号 ZL 201320123456.7

[45] 授权公告日 2014年3月23日

[22] 申请日 2013.9.4
[21] 申请号 201320123456.7
[73] 专利权人 B公司

（其余著录项目略）

说 明 书

塑料卡箍

本实用新型涉及一种适用于将软管紧固连接在硬管上的塑料卡箍。

软管与硬管的连接通常被用作输送液体或气体。为了防止连接后的软管在工作中脱落，往往在其连接处使用卡箍加以固定。本实用新型提供了一种结构简单合理、拆装过程方便快捷的塑料卡箍。

图1为本实用新型的塑料卡箍结构示意图；

图2为本实用新型中箍体的结构示意图。

如图1—图2所示，本实用新型的塑料卡箍，包括箍体1和紧迫螺栓2，所述箍体1包括抱紧段11、一体成型于所述抱紧段两端的迫近段12和拉紧段13，所述抱紧段11呈弧形薄带状，所述迫近段12上开有圆孔14，所述拉紧段13上设置有安装孔15，内设内螺纹。安装前，紧迫螺栓2可以旋在安装孔15上，避免用户容易遗失零件的情况。需要安装时，首先从安装孔15上旋下紧迫螺栓2，弯曲抱紧段11使其形成圆环形，然后将紧迫螺栓2穿过迫近段12上的圆孔14，再旋转拧入拉紧段13上的安装孔15，即可实现软管和硬管的快速紧固，操作简便高效。

客户提供的交底材料：

传统结构的卡箍使用螺栓将卡箍相连，通过拧紧螺栓完成管道的安装固定。此结构在装配和分解过程中都需要将螺栓完全拧入或拧出螺母以分解卡箍完成管道的装拆，这样需要足够的操作空间和时间，拆装费时费力，不能满足对卡箍进行快速装配、及时维护管道等的要求；另一方面，现有卡箍上一般都会嵌有或套有橡胶垫圈，橡胶垫圈与管道之间的抱紧力小，当管道由于外部原因震动时，会导致卡箍在管道上转动或串动，进而影响紧固效果。

在现有技术的基础上，我公司提出改进的卡箍结构。

图1至图3示出了第一实施例，包括通过轴A铰接在一起的左卡箍1和右卡箍2，以及紧固装置3。左右卡箍均为板状，可采用金属材料，例如不锈钢板材，冲压一次成型，然后弯折形成180度的圆弧。左卡箍1的端部具有第一连接端11，右卡箍2的端部具有与第一连接端11对应的第二连接端21。紧固装置3包括可旋转闩锁31和连杆32，连杆32的两端分别通过销钉与第二连接端21和闩锁31枢轴连接，连杆32上有杆孔33。第一连接端11的相应位置上设有销孔12，销孔12内插有一可活动的方形卡块13（图1未示出）。

如图1所示，在打开位置，第一连接端11和第二连接端21分开一定距离。当需要紧固时，首先将卡块13取出，然后旋转闩锁31，其带动连杆32活动。当连杆32旋转到杆孔33与销孔12对准时，将方形卡块13卡入孔内，从而将第一连接端11和第二连接端21连接。继续旋转闩锁31，当旋转到图2所示的锁紧位置时，可旋转闩锁31的端部321紧压第一连接端11的外侧表面，从而使闩锁31在锁紧位置保持稳定。

左右卡箍的圆弧内周面上设有凹槽，其内嵌有橡胶垫圈（图中未示出）。图4示出了橡胶垫圈的局部放大图，橡胶垫圈与管道接触的内环壁14上设置有多个三角形防滑凸起141，其规则地排布在内环壁上，增大了卡箍与管道间的抱紧力，进一步增大了卡箍与管道间的摩擦力，从而有效防止卡箍相对管道滑动，提高了卡箍的安全性。

图4至图5示出了第二实施例，包括卡箍带10和紧固装置3。卡箍带10可采用非金属材料注塑成型。紧固装置3包括锁盖301、环形锁扣302和锁钩303。锁盖301与卡箍带10的一个连接端铰接。锁钩303固定在卡箍带10的另一个连接端。环形锁扣302的一端铰接在锁盖301的内侧下方，另一端可卡入锁钩303。

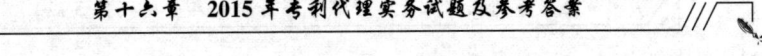

如图 4 所示，安装时，将锁扣 302 卡入锁钩 303，实现卡箍带 10 两个连接端的连接。然后向下旋动锁盖 301，卡箍锁紧。若需要将卡箍松开，如图 5 所示，向上旋动锁盖 301，锁扣 302 的一端随着锁盖 301 向上旋起，锁扣 302 的另一端从锁钩 303 滑出，卡箍打开。

卡箍带 10 与管道接触的内表面套有一个橡胶圈（未示出），橡胶圈与管道接触的内环壁上设有点状凸起，以起到防滑的作用。

图 6 示出了第三实施例，包括上卡箍 100，下卡箍 200，螺杆 5，和螺母 7。螺杆 5 的一端铰接在上卡箍 100 的连接端，另一端旋有螺母 7，形成螺杆螺母组件。下卡箍 200 的连接端上开设 U 型开口 6，所述 U 型开口 6 的宽度大于螺杆 5 的直径且小于螺母 7 的外周宽度。

安装时，转动螺杆螺母组件，使其嵌入 U 型开口 6，之后进一步旋紧螺母，即完成上卡箍 100 和下卡箍 200 的锁紧，从而将管道固定在卡箍内。拆卸时，只要松动螺母，无需螺杆与螺母的完全分离，即可以将螺杆螺母组件从 U 型开口 6 取出，打开卡箍。

为了防止装配好后，螺杆螺母组件与卡箍之间相互脱落，U 型开口 6 的两边向外弯折，形成卡紧部 8，卡紧部 8 可垂直于下卡箍 200 的连接端，用于限制螺母沿 U 型开口方向的自由度，进一步达到防脱落的目的。

涉案专利附图：

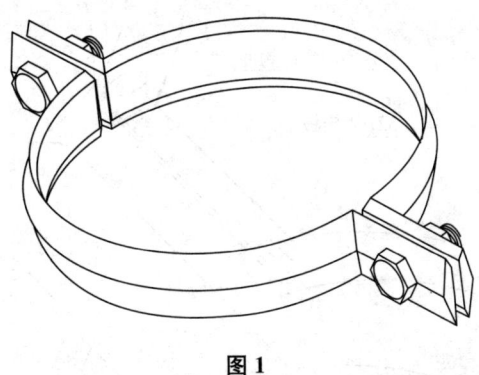

图 1

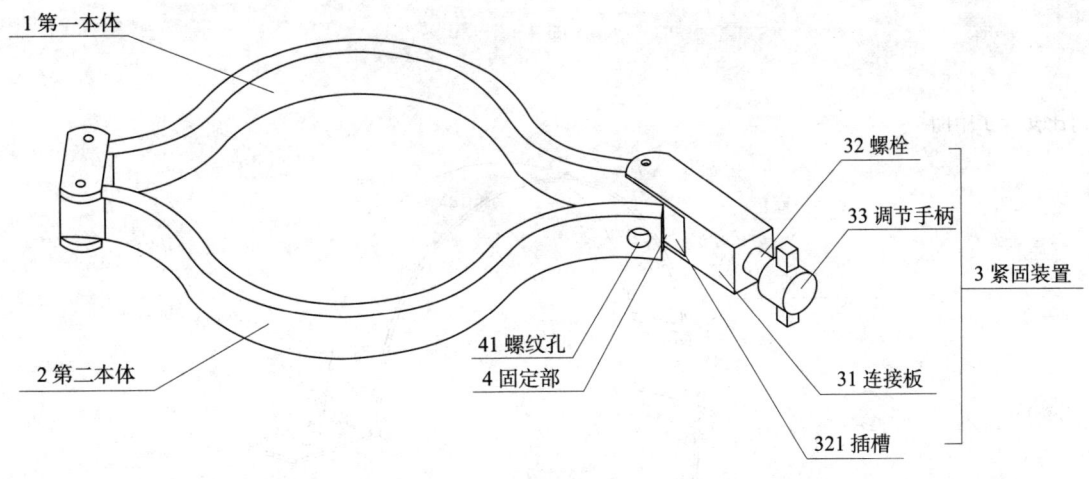

图 2

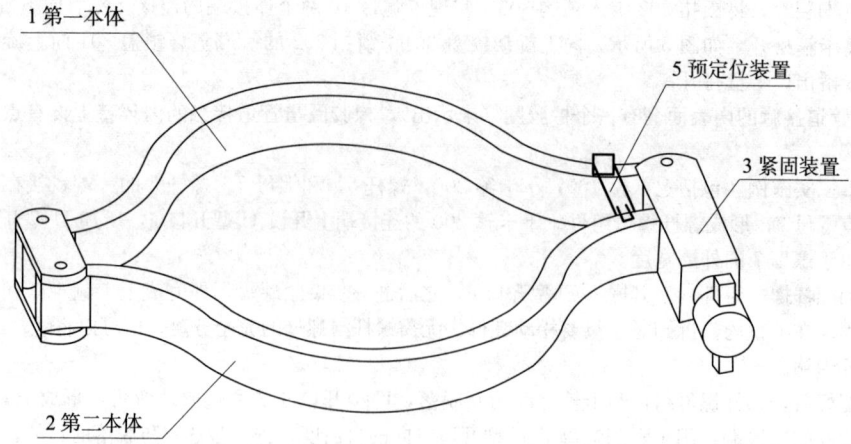

图 3

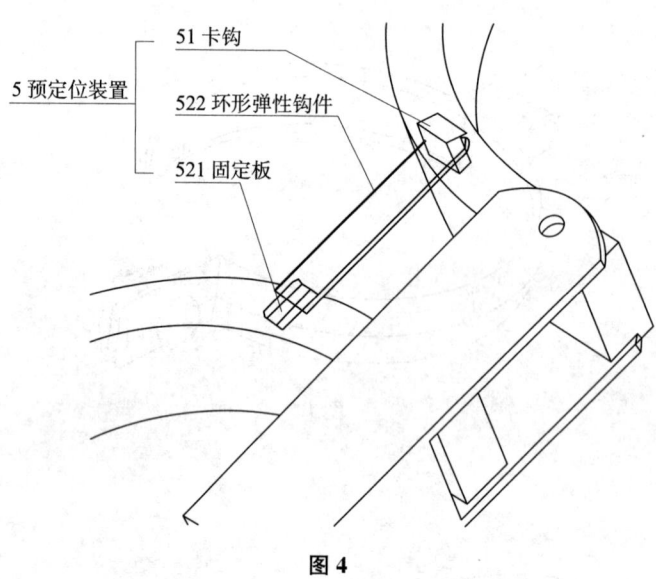

图 4

对比文件 1 附图：

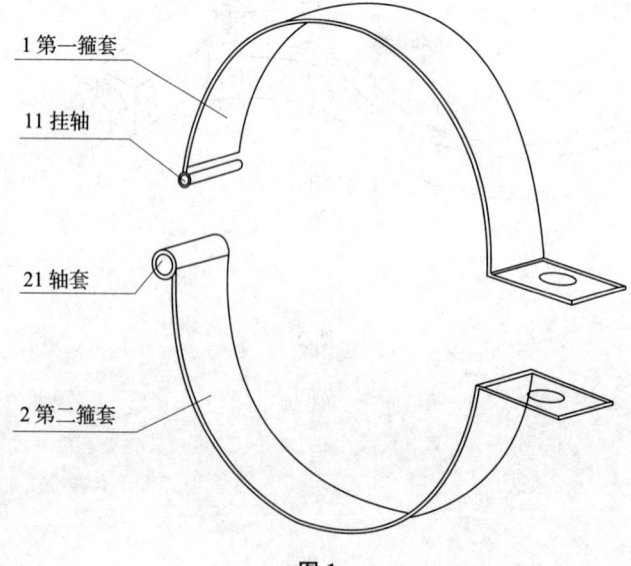

图 1

对比文件 2 附图：

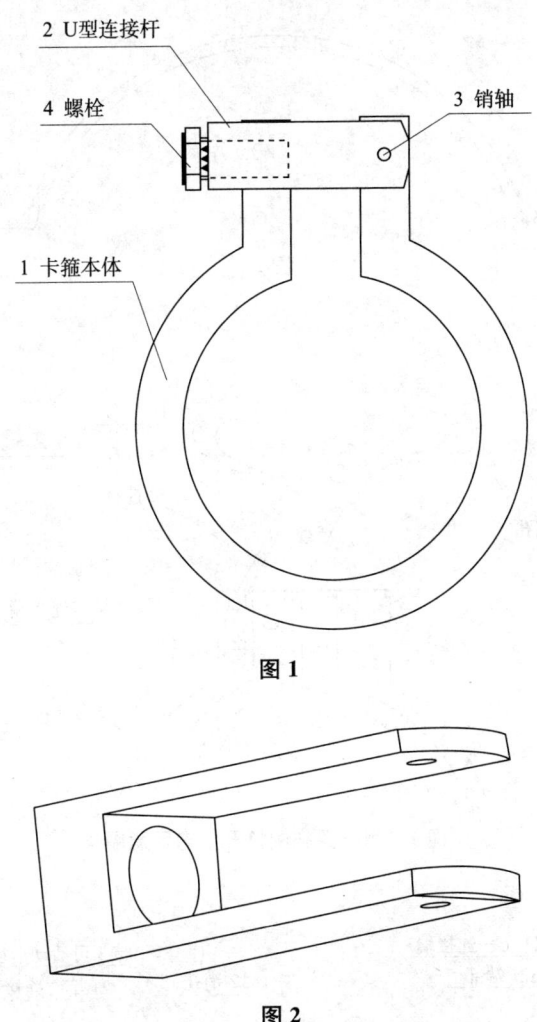

对比文件 3 附图：

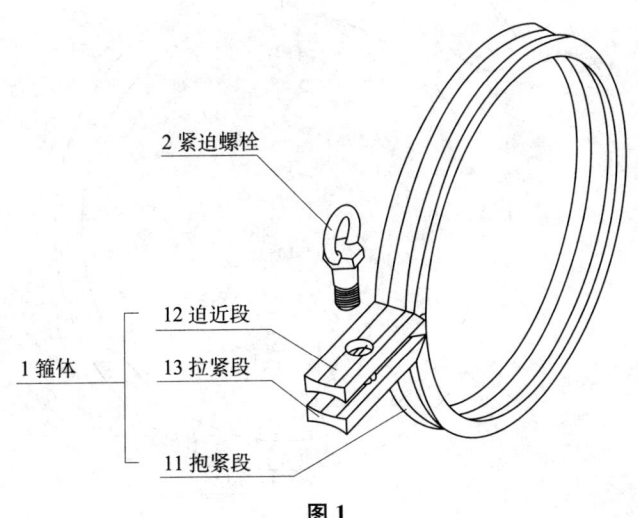

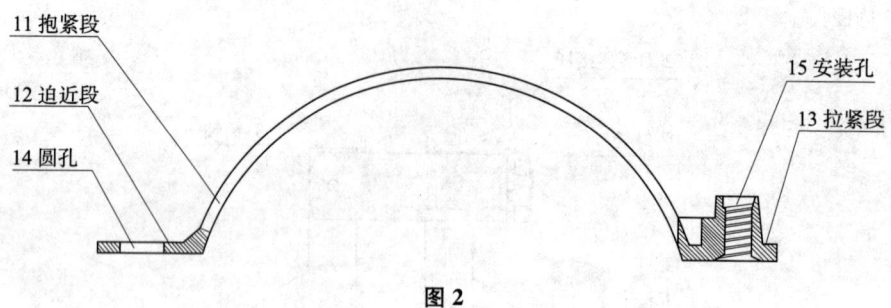

图2

技术交底材料附图：

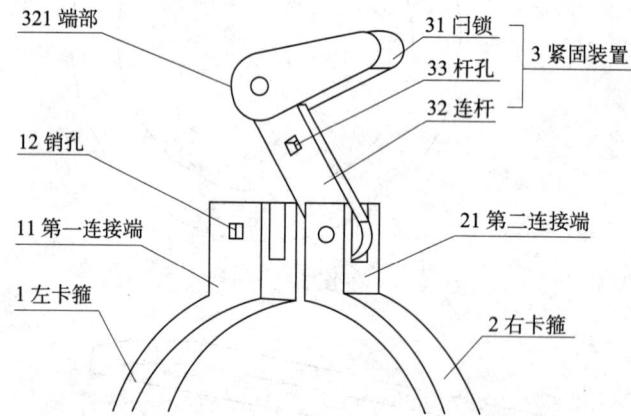

图1 第一实施例打开状态示意图

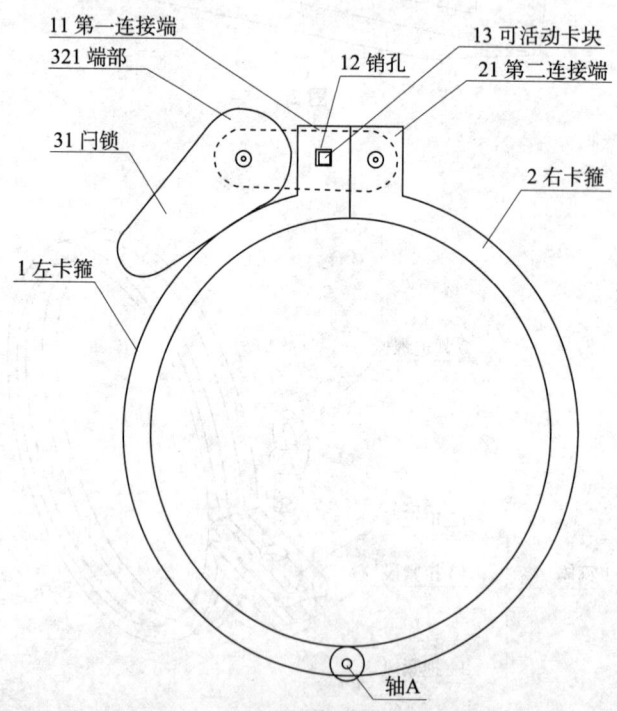

图2 第一实施例锁紧状态示意图

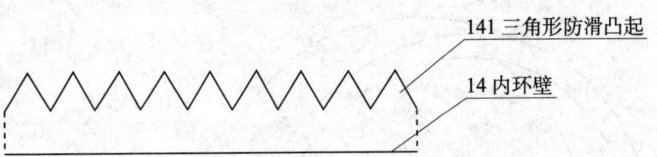

图3 第一实施例橡胶垫圈局部放大图

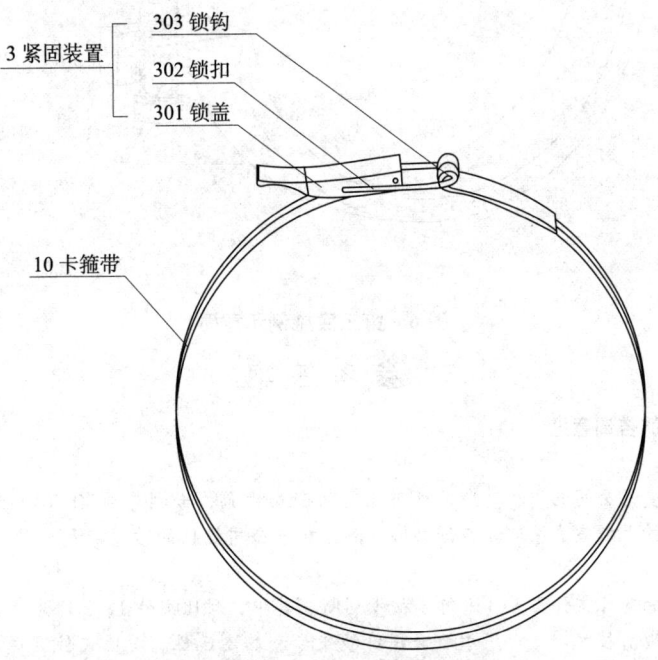

图4 第二实施例锁紧状态示意图

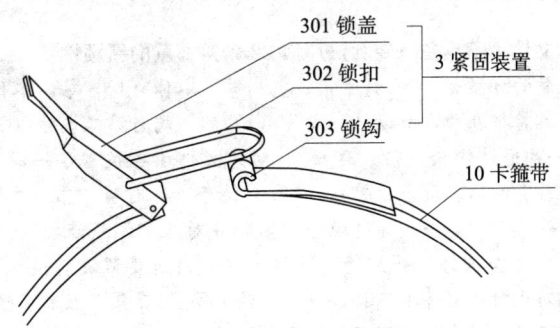

图5 第二实施例打开状态示意图

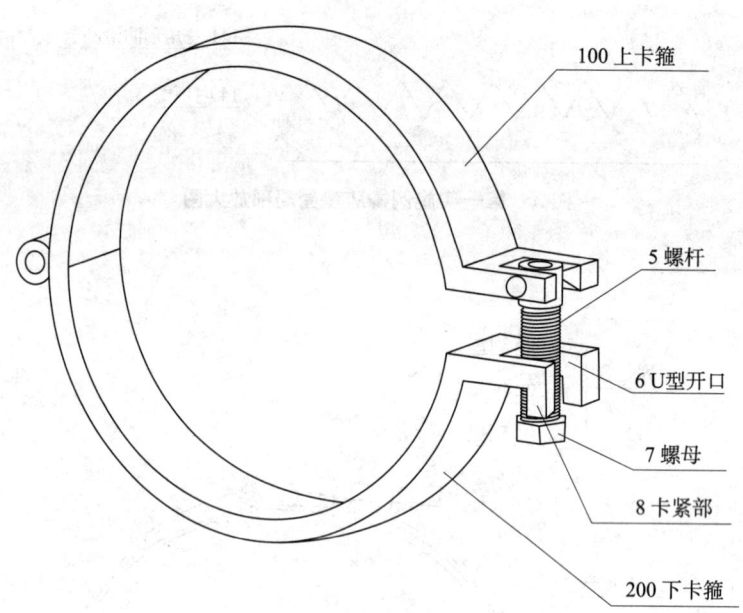

图6　第三实施例示意图

参 考 答 案

第一题　为客户撰写的咨询意见

尊敬的A公司：

您好！非常高兴能接受贵公司的委托，协助处理名称为新型卡箍、专利号为ZL201425634028.x的实用新型专利（以下简称"涉案专利"）的无效宣告事宜。在仔细阅读和分析贵公司提供的涉案专利、对比文件1至3的基础上，我们给出的咨询意见如下：

首先针对贵公司提供的对比文件1至3进行了初步判断。其中，对比文件1、2均为涉案专利申请日之前公开的专利文献，属于涉案专利的现有技术，可以用于组合评价涉案专利的创造性。对比文件3是涉案专利申请日之前申请、申请日当日公开的专利文献，只能单独用于评价涉案专利的新颖性。

经过技术特征对比我们发现，对比文件3提供了一种具有一体成型的卡箍本体的卡箍，而涉案专利提供的是一种由第一本体和第二本体铰接而形成卡箍本体的卡箍（涉案专利中包括权利要求1在内的各个权利要求的技术方案均是如此），两者的技术方案完全不同。因此对比文件3不能影响涉案专利的新颖性，建议不要将其作为无效宣告证据使用。

一、权利要求1相对于对比文件1不具备《专利法》第22条第2款的新颖性

涉案专利权利要求1所要保护的方案是："一种卡箍，包括第一本体（1），第二本体（2）和紧固装置（3），所述紧固装置（3）包括螺栓（32），其特征在于，所述第一本体（1）的一端与第二本体（2）的一端铰接，第一本体（1）的另一端与第二本体（2）的另一端通过螺栓（32）连接。"对比文件1也披露了一种卡箍，包括：一端通过枢轴连接、另一端通过螺栓拧紧的第一箍套和第二箍套。其中，"第一箍套"即对应"第一本体"，"第二箍套"即对应"第二本体"，"枢轴连接"即对应"铰接"，"另一端通过螺栓拧紧"即对应"螺栓连接"。因此，对比文件1已经将权利要求1的技术方案的所有技术特征完全披露，并且两者的技术领域、所要解决的技术问题，以及技术效果也完全一致，所以涉案专利权利要求1相对于对比文件1不符合《专利法》第22条第2款新颖性的规定。

二、权利要求2的技术方案不清楚且未以说明书为依据，不符合《专利法》第26条第4款的规定。至少权利要求2相对于对比文件1和2不具备《专利法》第22条第3款的创造性

权利要求2在引用权利要求1的基础上进一步限定了如下技术特征："所述紧固装置（3）包括与所述第一本体（1）铰接的连接板（31），所述连接板（31）的一端开设有插槽（321），另一端面上有螺纹孔，所述第二本体（2）上具有可插入插槽（321）的固定部（4），所述固定部（4）上开有螺纹孔（41），所述螺栓（32）穿过螺纹孔将第一本体（1）和第二本体（2）连接。"其中，共包含了连接板另一端面上的螺纹孔和固定部上开有螺纹孔两个螺纹孔，而在"所述螺栓（32）穿过螺纹孔将第一本体（1）和第二本体（2）连接"的技术特征中，究竟所述螺栓是穿过哪一个螺纹孔从而将第一本体和第二本体连接的，则是不清楚的；并且如果螺栓只穿过一个螺纹孔，究竟是如何将第一本体和第二本体连接起来的，本领域技术人员更是无从得知。因此，权利要求2的技术方案不清楚，不符合《专利法》第26条第4款的规定。

在涉案专利说明书第11段最后一句话中记载有："螺栓32通过连接板31上的螺纹孔与第二本体2螺纹连接"，同

时结合附图2可见，在说明书记载的方案中，螺栓是穿过连接板上的螺纹孔后再与第二本体上的螺纹孔螺纹连接。权利要求2中螺栓只穿过一个螺纹孔的技术方案没有以说明书为依据，得不到说明书的支持，不符合《专利法》第26条第4款的规定。

如果权利要求2中的技术方案可以理解为说明书的"螺栓32通过连接板31上的螺纹孔与第二本体2螺纹连接"，那么在对比文件2第5段中也披露了如下技术特征："卡箍本体1由塑料材料注塑一次成型，其具有两个连接端，一端与U形连接杆2的开口端铰接，另一端开设有贯穿的螺纹孔，用于与旋过U形连接杆2的封闭端的螺栓4螺纹连接。"其中，"U形连接杆"即相当于"一端开设有插槽的连接板"，结合对比文件2说明书以及其附图1、2可知，权利要求2区别技术特征中的内容已经被完全披露，并且与对比文件2所要解决的技术问题和技术效果也完全相同。因此，本领域技术人员可以根据上述技术启示，将对比文件1与对比文件2相结合而得到权利要求2的技术方案，所以权利要求2的技术方案是显而易见的，没有实质性特点和进步，不具备《专利法》第22条第3款规定的创造性。

三、权利要求3未以说明书为依据，不符合《专利法》第26条第4款的规定

权利要求3进一步限定的区别技术特征是："所述第一本体（1）和第二本体（2）上设置有预定位装置（5），其包括位于第一本体（1）上的卡钩（51）和位于第二本体（2）上的环形钩件（522），所述环形钩件用于与所述卡钩（51）连接。"在涉案专利说明书最后一段中记载有："第一本体1和第二本体2的预定位连接不能是刚性的，而是弹性的，这样，环形橡胶圈的弹性能在螺栓32对准螺纹孔41的过程中，协助调整二者之间的相对位置，方便二者的对准。"由此可见，在说明书中给出的实施方式中，"环形钩件"必须是弹性的，不能是刚性的。但权利要求3中的保护范围包括了刚性的环形钩件，超出说明书记载的范围，并且不能解决说明书实施方式中的技术问题，因此该权利要求未以说明书为依据，不符合《专利法》第26条第4款的规定。

四、权利要求4引用权利要求1或2的部分不清楚，不符合专利法第26条第4款的规定

权利要求4是多项引用了权利要求1至3的从属权利要求，其特征部分所进一步限定的"环形钩件"在权利要求1或2中并没有出现，因此，权利要求4引用权利要求1或2的部分缺乏引用基础，属于技术方案不清楚的情况，不符合《专利法》第26条第4款的规定。

此外，权利要求4中的"最好是"属于典型的不清楚的用语，将保护范围不同的上下位概念同时写入了一条权利要求中，导致保护范围不清楚，不符合《专利法》第26条第4款的规定。

综上所述，我方建议贵公司请求宣告该专利的权利要求1、2、3无效，以及权利要求4引用权利要求1或2的方案无效，还可以针对整个权利要求4同时存在不同保护范围的不清楚用语的问题，提出无效宣告请求。

根据现有的对比文件1和2，权利要求4引用权利要求3的部分还是有效的，因此，建议贵公司再继续检索，以尽可能找到可以将该部分技术方案无效的证据文献。如果已经提交了无效宣告请求书，则需要在无效宣告请求提出之日起的1个月内完成检索并提交补充的证据和理由。

第二题　发明专利申请的权利要求书
一、第一份申请的权利要求书

1. 一种卡箍，包括具有两个连接端的卡箍本体和紧固装置，所述紧固装置的一端与所述卡箍本体的一个连接端活动连接，其特征在于，所述紧固装置的另一端与所述卡箍本体的另一个连接端可拆卸地卡接在一起。

2. 如权利要求1所述的卡箍，其特征在于，所述紧固装置的另一端与所述卡箍本体的另一个连接端通过卡块卡孔结构、卡扣锁钩结构或者卡块卡口结构，可拆卸地卡接在一起。

3. 如权利要求2所述的卡箍，其特征在于，所述具有卡块卡孔结构的紧固装置包括：连杆，所述连杆上有杆孔，所述连杆的一端和所述卡箍本体的一个连接端枢轴连接，所述卡箍本体的另一个连接端上设有销孔，在连杆旋转时，所述杆孔和销孔可对准并共同构成所述卡孔，所述卡块可卡入所述卡孔之中，使所述连杆和所述卡箍本体的另一个连接端可拆卸地卡接在一起。

4. 如权利要求3所述的卡箍，其特征在于，所述连杆的另一端还与可旋转闩锁枢轴连接，通过旋转所述可旋转闩锁，可使所述闩锁端部紧压住所述卡箍本体的另一个连接端的外侧表面并在此位置保持稳定。

5. 如权利要求2所述的卡箍，其特征在于，所述具有卡扣锁钩结构的紧固装置包括：锁盖、锁扣和锁钩，所述锁盖与所述卡箍本体的一个连接端铰接，所述锁钩固定在所述卡箍本体的另一个连接端，所述锁扣的一端铰接在所述锁盖的内侧下方，另一端可卡入所述锁钩，所述锁盖和所述锁扣共同构成所述卡扣，通过所述卡扣卡入所述锁钩，使两者可拆卸地卡接在一起。

6. 如权利要求2所述的卡箍，其特征在于，所述卡块卡口结构的紧固装置包括：螺杆和螺母，所述螺杆的一端铰接在所述卡箍本体的一个连接端，另一端旋有所述螺母，所述卡箍本体的另一个连接端上开设U形开口，所述U形开口的宽度大于螺杆的直径且小于所述螺母的外周宽度，所述螺杆和螺母共同构成所述卡块，所述U形开口构成所述卡口，转动所述卡块，可使其嵌入所述卡口中，通过旋紧或松动所述卡块上的所述螺母，可使所述卡块和所述卡口可拆卸地卡接在一起。

7. 如权利要求6所述的卡箍，其特征在于，所述U形开口的两边设有向外弯折的卡紧部，所述卡紧部的延伸方向

可限制所述螺母沿所述U形开口方向的自由度。

8. 如权利要求7所述的卡箍，其特征在于，所述卡紧部垂直于位于的所述卡箍的连接端。

9. 如权利要求1至8任一所述的卡箍，其特征在于，所述卡箍本体的内周面上嵌有或套有橡胶垫圈。

10. 如权利要求9所述的卡箍，其特征在于，所述橡胶垫圈与管道接触的内环壁上设有多个防滑凸起。

11. 如权利要求10所述的卡箍，其特征在于，所述防滑凸起为三角形或者点状。

12. 如权利要求1至8任一所述的卡箍，其特征在于，所述卡箍本体为铰接在一起的第一卡箍和第二卡箍，或者为一体成型的卡箍本体。

二、需另案申请的独立权利要求

1. 一种卡箍，在卡箍本体的内周面上嵌有或套有橡胶垫圈，其特征在于，所述橡胶垫圈与管道接触的内环壁上设有多个防滑凸起。

三、需要提出两份申请的理由分析

和涉案专利以及三份对比文件构成的现有技术相比，第一件发明专利申请的独立权利要求存在的区别于现有技术的技术特征是："所述紧固装置的另一端与所述卡箍本体的另一个连接端可拆卸地卡接在一起。"该方案所实现的技术效果是：不使用螺栓或者不需要将螺栓完全拧入或拧出螺母就可以分解卡箍完成管道的装拆，节省操作空间和时间，拆装省时省力，能够满足对卡箍进行快速装配、及时维护管道等的要求。而另案申请的独立权利要求存在的区别于现有技术的技术特征是："所述橡胶垫圈与管道接触的内环壁上设有多个防滑凸起。"该方案所实现的技术效果是：提高橡胶垫圈与管道之间的抱紧力，当管道由于外部原因震动时，不会导致卡箍在管道上转动或串动，不影响紧固效果。上述两个技术特征分别属其所在独立权利要求中使得各自方案整体上对现有技术作出贡献的特定技术特征，但这两个特征既不属于相同也不属于相应的特定技术特征，因此这两项独立权利要求在技术上没有相互关联，不属于一个总的发明构思，不符合《专利法》第31条有关单一性的规定，应当分案提出申请。

第三题 独立权利要求相对于现有技术具备新颖性和创造性的理由

一、第一件发明专利申请独立权利要求的新颖性和创造性

与涉案专利以及对比文件1至3中的任一项技术方案分别对比，可以发现，第一件发明专利申请的独立权利要求1均存在如下区别特征："所述紧固装置的另一端与所述卡箍本体的另一个连接端可拆卸地卡接在一起。"其所要解决的技术问题是：不使用螺栓或者不需要将螺栓完全拧入或拧出螺母就可以分解卡箍完成管道的装拆。所带来的技术效果是：通过卡接的方式，无需螺栓或者不需要将螺栓完全拧入或拧出螺母就可以分解卡箍完成管道的装拆，节省操作空间和时间，拆装省时省力，能够满足对卡箍进行快速装配、及时维护管道等的要求。该独立权利要求1与前述的任一项技术方案相比，其技术方案、所解决的技术问题和预期效果都不相同，因此独立权利要求1相对于涉案专利或者对比文件1至3中的任一项技术方案，均具有《专利法》第22条第2款规定的新颖性。

将涉案专利作为第一件发明专利申请独立权利要求1最接近的现有技术，与之相比，该独立权利要求1的区别技术特征是："所述紧固装置的另一端与所述卡箍本体的另一个连接端可拆卸地卡接在一起。"在涉案专利和对比文件1至3中，采用的技术方案是通过将螺栓完全拧入或拧出螺母才可以分解卡箍完成管道的装拆，均未公开上述技术特征，也没有给出采用该技术特征解决上述技术问题的技术启示，而该技术特征也不是本领域技术人员的公知常识。因此，该独立权利要求1相对于涉案专利和对比文件1至3的任意组合具有突出的实质性特点和显著的进步，符合《专利法》第22条第3款有关创造性的规定。

二、第二件发明专利申请独立权利要求的新颖性和创造性

与涉案专利以及对比文件1至3中的任一项技术方案分别对比，可以发现，第二件发明专利申请的独立权利要求1均存在如下区别技术特征："所述橡胶垫圈与管道接触的内环壁上设有多个防滑凸起。"其所要解决的技术问题是：现有卡箍上的橡胶垫圈与管道之间的抱紧力小，当管道由于外部原因震动时，会导致卡箍在管道上转动或串动，进而影响紧固效果。所带来的技术效果是：防滑凸起增大了卡箍与管道间的抱紧力，进一步增大了卡箍与管道间的摩擦力，从而有效防止卡箍相对管道滑动，提高了卡箍的安全性。该独立权利要求1与前述的任一项技术方案相比，技术方案、所解决的技术问题和预期效果都不相同，因此该独立权利要求1相对于涉案专利或者对比文件1至3中的任一项技术方案，均具有《专利法》第22条第2款规定的新颖性。

将涉案专利作为第二件发明专利申请独立权利要求1最接近的现有技术，与之相比，该独立权利要求1的区别技术特征是："所述橡胶垫圈与管道接触的内环壁上设有多个防滑凸起。"在涉案专利和对比文件1至3中，均未采用设有防滑凸起的橡胶垫圈，没有公开上述技术特征，也没有给出采用该技术特征解决上述技术问题的技术启示，而该技术特征也不是本领域技术人员的公知常识。因此，该独立权利要求1相对于涉案专利和对比文件1至3的任意组合具有突出的实质性特点和显著的进步，符合《专利法》第22条第3款有关创造性的规定。

答题思路分析

2015年专利代理实务试题一共有三道题目，主要涉及专利无效宣告和权利要求撰写两类考点内容。

一、专利无效题目的解题思路分析

对于专利无效宣告类考题的解答，通常应当先检查一下对比文献的效力，检查一下对比文献的最早申请日和公开日与涉案专利之间的关系。首先要排除在涉案专利申请日之后申请的专利文献和申请日之后公开的普通文献等干扰类文献；对于在涉案专利申请日之前申请、申请日之后公开的专利文献❶，在分析判断时只需判断是其能否对涉案专利的新颖性产生影响。对于在涉案专利申请日之前公开的专利文献和普通文献，则可以组合用于评价涉案专利的创造性。

在本题中，通过对文献时间的判断可以发现，对比文件3是在涉案专利申请日前申请、申请日之后公开的中国专利，只能用于评价涉案专利的新颖性而不能用于评价创造性。在判断新颖性时，要注意必须采用单独对比原则，即只能用对比文件中的一个实施例和涉案专利的一项权利要求去对比，不能将两个以上并列的实施例组合起来进行新颖性的对比判断。在对比时，要从技术领域、技术方案、要解决的技术问题、技术效果四个方面共同进行对比，只有这四个方面都实质上相同，才能判断所对比权利要求不具有新颖性。在本题中对比文件3和涉案专利的结构上有明显不同，因此两者的技术方案不同，对比文件3不能影响涉案专利的新颖性。

权利要求2和权利要求3中的技术方案，明显与说明书中具体实施方式不同，而这些不同导致权利要求2、3的技术方案无法实现和说明书具体实施方式中相同的技术效果，保护的范围也超出了说明书的支持范围，因此存在不清楚和得不到说明书支持的问题。同时，即使将权利要求2解释为与具体实施方式一样的技术方案，与对比文件1和对比文件2的结合相比也不具备创造性。

权利要求4引用权利要求1、2的部分存在引用错误，导致进一步限定的区别技术特征缺乏限定基础，也存在不清楚的缺陷。

二、权利要求撰写题目的解题思路分析

后两题都是考查权利要求撰写方面的知识点。第一题是根据客户提供的新的技术交底材料，撰写发明专利的权利要求书，这时无效宣告中的涉案专利和三份对比文件均成为现有技术。第二题实质主要是考查考生对新颖性和创造性的理解和分析能力。

在客户提供的新技术交底材料中，一共给出了三个实施例。在撰写权利要求时，考生应该要想到应该尽可能地将多个实施例进行上位概括，以给申请人争取更宽的保护范围，这是一个专业的专利代理人执业所应具备的基本思维和能力。

通过仔细阅读技术交底材料可以发现，这三个实施例所共有、和现有技术所不同的区别技术特征是："所述紧固装置的另一端与所述卡箍本体的另一个连接端可拆卸地卡接在一起。"三个实施例分别提供了在上述总体方案下一种不同结构的实施方式。因此，应该只需要撰写一项独立权利要求就可以将三个实施例都概括进其保护范围之内，而不必进行分案申请。在确定了独立权利要求的区别技术特征之后，同最接近的现有技术所相比要解决的技术问题可以随之确定，即"不使用螺栓或者不需要将螺栓完全拧入或拧出螺母就可以分解卡箍完成管道的装拆"。

从属权利要求2对客户提供的三个实施例进行了进一步的上位概括，分别概括为："可拆卸地卡接在一起"的"卡块卡孔结构""卡扣锁钩结构"、或者"卡块卡口结构"，以争取到在具体实施方式的基础上更宽的保护范围。权利要求3是针对第一个具体实施例的技术方案进行保护的权利要求，权利要求4是其进一步限定的优选方案。权利要求5、6分别是对第二、三个具体实施例进行保护的权利要求。权利要求7、8是对第权利要求6的进一步优选技术方案进行保护的权利要求。权利要求9~11是对橡胶垫圈的进一步改进技术方案进行保护的权利要求。权利要求12则进一步限定了卡箍本体的不同结构。

在第一、第二具体实施例中，还披露了在橡胶垫圈上增加防滑凸起的技术方案。该技术方案在全部对比文件中都没有被披露，但该技术方案和第一组权利要求的独立权利要求1的技术方案之间没有相同或相应的特定技术特征。如果该改进方案想要获得最大的保护范围，则应当单独进行申请，因此还应该撰写一项以该技术方案为主题的独立权利要求，并提交一份另案申请。

---

❶ 该类专利文献应和涉案专利一样都是向国家知识产权局申请的中国专利。

第十七章 2016年专利代理实务试题及参考答案

答题须知

1. 答题时请以现行、有效的法律和法规的规定为准。
2. 作为考试，应试者在完成题目时应当接受并仅限于本试卷所提供的事实，并且无需考虑素材的真实性、有效性问题。
3. 本专利代理实务试题包括第一题、第二题、第三题和第四题，满分150分。

应试者应当将各题答案按顺序清楚地撰写在相对应的答题区域内。

试题说明

第一题：客户A公司拟对B公司的发明专利（下称涉案专利）提出无效宣告请求，为此，A公司向你所在的代理机构提供了涉案专利（附件1）和对比文件1-3，以及A公司技术人员撰写的无效宣告请求书（附件2），请你具体分析客户所撰写的无效宣告请求书中的各项无效宣告理由是否成立，并将结论和具体理由以信函的形式提交给客户。

第二题：请你根据客户提供的材料为客户撰写一份无效宣告请求书，在无效宣告请求书中要明确无效宣告请求的范围、理由和证据，要求以专利法及其实施细则中的有关条、款、项作为独立的无效宣告理由提出，并结合给出的材料具体说明。

第三题：客户A公司同时向你所在的代理机构提供了技术交底材料（附件3），希望就该技术申请实用新型专利。请你综合考虑涉案专利和对比文件1-3所反映的现有技术，为客户撰写实用新型专利申请的权利要求书。

第四题：简述你撰写的独立权利要求相对于涉案专利解决的技术问题和取得的技术效果。

附件1（涉案专利）：

[19] 中华人民共和国国家知识产权局

[12] 发明专利

[45] 授权公告日 2016年2月11日

[21] 申请号 201311234567.x
[22] 申请日 2013.9.4
[73] 专利权人 B公司　　　　　　　（其余著录项目略）

权利要求书

1. 一种茶壶，包括壶身、壶嘴、壶盖及壶把，其特征在于：壶盖底面中央可拆卸地固定有一个向下延伸的搅拌棒，搅拌棒的端部可拆卸地固定有搅拌部。
2. 根据权利要求1所述的茶壶，其特征在于：所述搅拌部为一叶轮，所述叶轮的底部沿径向方向设有齿板。
3. 根据权利要求1或2所述的茶壶，其特征在于：所述齿板上设有多个三角形凸齿。
4. 一种茶壶，包括壶身、壶嘴、壶盖及壶把，其特征在于：壶身上设有弦月形护盖板。

说 明 书

茶 壶

本发明涉及品茗茶壶的改良。

一般茶叶在冲泡过程中，茶叶经常聚集在茶壶底部，需要长时间浸泡才能伸展出味。当需要迅速冲泡茶叶的时候，有人会使用搅拌棒或者筷子对茶壶里面的茶叶进行搅拌，这样既不方便也不卫生。

再者，茶壶在倾倒过程中，壶盖往往向前滑动，容易使得茶水溢出，甚至烫伤他人。

本发明的主要目的是提供一种具有搅拌工具的茶壶，所述搅拌工具可拆卸地固定在壶盖底面中央，并向壶身内部延伸。

本发明的另一个目的是提供一种具有护盖板的茶壶，所述护盖板呈弦月型，位于壶身靠近壶嘴的前沿开口部分，并覆盖部分壶盖。

图1为本发明的茶壶的立体外观图；

图2为本发明的茶壶的立体分解图。

如图1、图2所示，本发明的茶壶包括有壶身1、壶嘴2、带有抓手的壶盖3、壶把4及搅拌工具5。搅拌工具5包括搅拌棒11和作为搅拌部的叶轮12。壶身1内可放入茶叶，并供茶叶在冲泡后具有伸展空间。壶盖3的底面中央安装有一个六角螺母。搅拌棒11的两端具有螺纹，其一端旋进六角螺母，从而实现与壶盖3的可拆卸安装，另一端与叶轮12螺纹连接。由于搅拌工具为可拆卸结构，因此易于安装和更换。

壶身1上设置有一弦月形护盖板13，该护盖板13从壶身1近壶嘴2的前缘开口部位沿壶盖3的周向延伸，并覆盖部分壶盖3，护盖板13可以防止壶盖在茶水倾倒过程中向前滑动，从而防止茶水溢出。

使用时，先在壶身1内置入茶叶等冲泡物，倾斜壶盖3，使搅拌工具5置于壶身1内，然后向下将壶盖3置于护盖板13的下方。旋转壶盖3，搅拌工具5随着壶盖3的转动而转动，实现对壶身1内的茶叶及茶水搅拌。

为了更好对茶叶进行搅拌，可在叶轮12的底部设置齿板。如图1、图2所示，在叶轮12的底部，沿径向向外延伸设有若干个齿板14，每个齿板14上至少设有两个三角形凸齿，配合搅拌工具在茶壶内的旋转，三角形的尖锐凸齿可以进一步搅拌壶身内的茶叶。

说 明 书 附 图

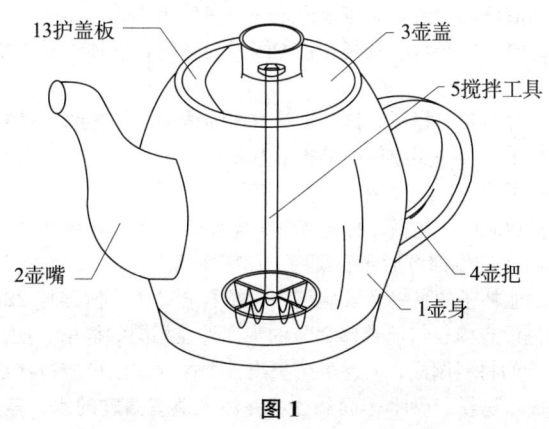

图1

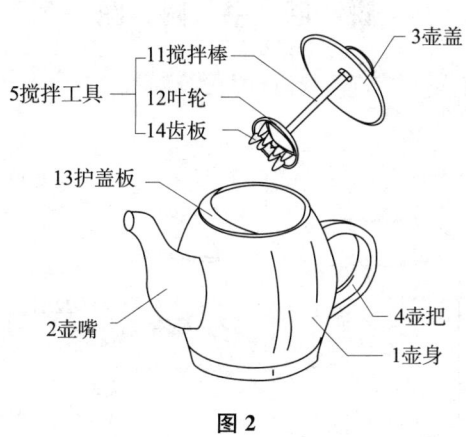

图2

对比文件1：

[19] 中华人民共和国国家知识产权局

[12] 实用新型专利

[45] 授权公告日 2014年5月9日

[21] 申请号 201320123456.5
[22] 申请日 2013.8.22
[73] 专利权人 赵××   （其余著录项目略）

说　明　书

一种多功能杯子

本实用新型涉及一种盛装饮用液体的容器，具体地说是一种多功能杯子。

人们在冲泡奶粉、咖啡等饮品时，由于水温及其它各种因素的影响，固体饮品不能迅速溶解，容易形成结块，影响口感。

本实用新型的目的在于提供一种多功能杯子，该杯子具有使固体物迅速溶解、打散结块的功能。

图1为本实用新型的多功能杯子的第一实施例的结构示意图；

图2为本实用新型的多功能杯子的第二实施例的结构示意图。

如图1所示，本实用新型的多功能杯子包括：杯盖21A、搅拌棒22A和杯体23A，搅拌棒22A位于杯盖21A的内侧，并与杯盖一体成型。搅拌棒22A的端部可插接一桨型搅拌部24A。

图2示出了本实用新型的多功能杯子的另一个实施例，包括杯盖21B、搅拌棒22B和杯体23B。所述搅拌棒22B的头部呈圆柱形。杯盖21B的内侧设有内径与搅拌棒22B的头部外径相同的插槽，搅拌棒22B的头部插入至杯盖21B的插槽内。搅拌棒22B采用可弯折的材料制成，其端部弯折出一个搅拌匙以形成搅拌部，从而方便搅拌。

使用时，取下杯盖，向杯内放入奶粉、咖啡等固态饮料并注入适宜温度的水，盖上杯盖，握住杯体，转动杯盖，此时搅拌棒也随杯盖的旋转而在杯体内转动，从而使固态饮料迅速溶解，防止结块产生，搅拌均匀后取下杯盖，直接饮用饮品即可。

说　明　书　附　图

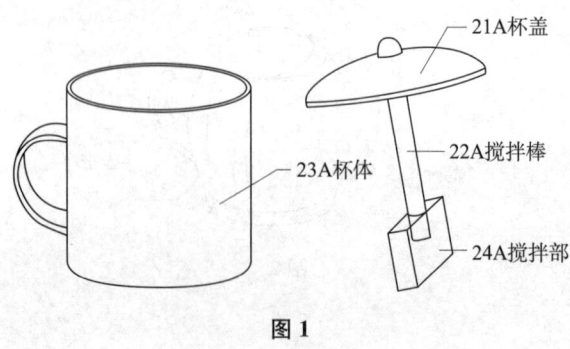

图1

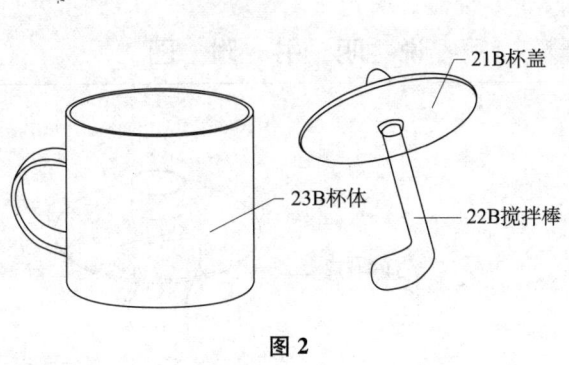

图 2

对比文件2：

[19] 中华人民共和国国家知识产权局

[12] 实用新型专利

[45] 授权公告日　2011年3月23日

[21] 申请号　201020789117.7
[22] 申请日　2010.4.4
[73] 专利权人　孙××　　　　　　　　　　　（其余著录项目略）

说　明　书

本实用新型涉及一种新型泡茶用茶壶。

泡茶时，经常发生部分茶叶上下空间展开不均匀不能充分浸泡出味的情况，影响茶水的口感。

本实用新型的目的是提供一种具有搅拌匙的茶壶。

图1为本实用新型的茶壶的立体外观图；

图2为本实用新型的茶壶的剖视图。

如图1所示，本实用新型的茶壶包括有壶身30、壶嘴31、壶盖32及壶把33。壶盖32的底面中央一体成型有一向下延伸的搅拌匙34，此搅拌匙34呈偏心弯曲状，在壶盖32盖合在壶身30时，可伸置在壶身30内部。

如图2所示，在壶身30内置茶叶等冲泡物时，搅棒匙34随壶盖32转动，由于搅拌匙34呈偏心弯曲状，弯曲部分可以加速茶壶内的茶叶在上下方向上运动，从而对壶身30内的茶叶及茶水搅拌，使冲泡过程不致有茶叶长时间聚集在茶壶的底部，从而提高冲泡茶水的口感。

说 明 书 附 图

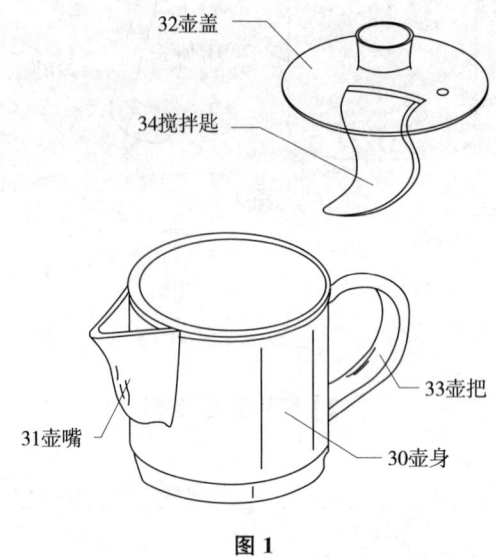

图 1

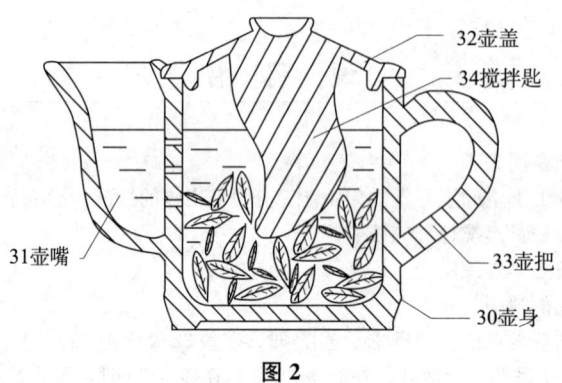

图 2

对比文件 3：

[19] 中华人民共和国国家知识产权局

[12] 实用新型专利

[45] 授权公告日　2000 年 10 月 19 日

[21] 申请号 99265446.9
[22] 申请日 1999.11.10
[73] 专利权人　钱××

（其余著录项目略）

说 明 书

茶 杯

本实用新型有关一种具有改良结构的新型茶杯。

传统茶杯在冲泡茶叶时需要耗费较多的冲泡时间才能将茶叶冲开饮用。

本实用新型的目的是提供一种新型茶杯,其能够通过对冲泡中的茶叶的搅拌来加速茶叶的冲泡。

图1是本实用新型的茶杯的剖视图;

如图1所示,本实用新型改良结构的茶杯,具有一杯体40,杯盖41,塞杆42,以及塞部43。塞杆42可拆卸地固定安装在杯盖41的下表面上。塞杆42的下端部插接有一个塞部43,塞部43表面包覆有滤网,底部沿径方向上设有两片微弧状的压片2B。塞部43可与圆柱形杯体40配合,藉以供作茶叶的搅拌及过滤的结构装置。

该茶杯在实际应用时,配合杯盖41的旋转操作,塞部43底部设有的压片2B搅拌、搅松置放于杯体40底部的茶叶,方便地完成茶叶的冲泡工作。

由于塞杆42、塞部43与杯盖41之间均采用可拆卸连接,一方面,当茶杯没有浸泡茶叶时,可以将用于搅拌的塞杆42、塞部43取下,另一方面,如果出现了零件损坏的情况,可以进行更换。

说 明 书 附 图

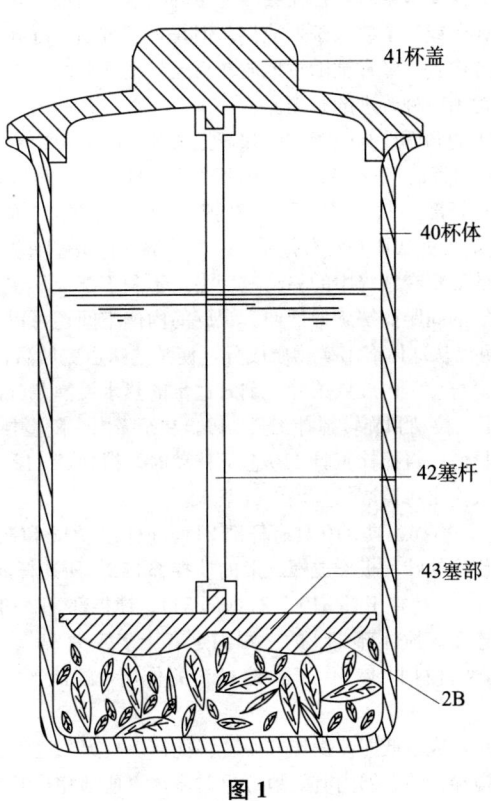

图1

附件2(客户撰写的无效宣告请求书):

无效宣告请求书:

(一)关于新颖性和创造性

1. 对比文件1与涉案专利涉及相近的技术领域,其说明书的附图1所示的实施例公开了一种多功能杯子包括:杯盖21A、搅拌棒22A和杯体23A,搅拌棒22A位于杯盖21A的内侧,并与杯盖一体成型。搅拌棒22A的端部可插接一浆型搅拌部24A。附图2示出了另一个实施例,包括杯盖21B、搅拌棒22B和杯体23B,所述搅拌棒22B的头部呈圆柱形。杯盖21B的内侧设有内径与搅拌棒22B的头部外径相同的插槽,搅拌棒22B的头部插入至杯盖21B的插槽内。搅拌棒22B采用可弯折的材料制成,其端部弯折出一个搅拌匙以形成搅拌部。因此,实施例一公开了可拆卸的搅拌部，实施例二公开了可拆卸的搅拌棒，对比文件1公开了权利要求1的全部特征，权利要求1相对于对比文件1不具备新颖性。

2. 对比文件2公开了一种茶壶，并具体公开了本实用新型的茶壶包括有壶身30、壶嘴31、壶盖32及壶把33。壶盖32的底面中央一体成型有一向下延伸的搅拌匙34，此搅拌匙34呈偏心弯曲状，在壶盖32盖合在壶身30时，可伸置在壶身30内部。因此其公开了权利要求1的全部技术特征，二者属于相同的技术领域，解决了同样的技术问题，并且达到了同样的技术效果，因此权利要求1相对于对比文件2不具备新颖性。

3. 对比文件2公开了一种带有搅拌匙的茶壶，对比文件3公开了一种改良结构的茶杯，二者结合公开了权利要求2的全部技术特征，因此权利要求2相对于对比文件2和对比文件3不具备创造性。

（二）其他无效理由

4. 权利要求1没有记载搅拌部的具体结构，因此缺少必要技术特征。

5. 权利要求3保护范围不清楚。

6. 权利要求1的特定技术特征是壶盖底面中央可拆卸地固定有一个向下延伸的搅拌棒，搅拌棒的端部可拆卸地固定有搅拌部，从而实现对茶叶的搅拌；权利要求4的特定技术特征是壶身上设有弦月形护盖板，以防止壶盖向前滑动，权利要求4与权利要求1不属于一个总的发明构思，没有单一性。

因此请求宣告涉案专利全部无效。

附件3（技术交底材料）：

茶叶在冲泡过程中，一般需要数十秒到数分钟左右，才能使其味道浸出。保证茶叶的浸出时间，对于泡出香味浓郁的茶水非常重要。当突然来了客人需要泡茶时，往往会因为茶叶的浸出时间不足，而造成茶水的色、香、味过于清淡。对此，通常采取的方法都是用筷子或勺子放入茶壶搅拌。但是，一方面，寻找合适的搅拌工具很不方便，另一方面，使用后的搅拌工具没有固定地方放置，经常被随意地放在桌上，很不卫生。

在现有技术的基础上，我公司提出一种改进的茶壶。

如图1所示的茶壶，在壶身101的侧面设有壶嘴102和壶把103。壶身101的上部开口处具有壶盖104。壶盖104的中央安装有抓手105。在抓手105的旁边有一个穿透壶盖的通气孔H，在通气孔H中贯穿地插入一搅拌工具110。

如图2所示，搅拌工具110具有杆部111、搅拌部112和把手114。杆部111可自由地穿过通气孔H，并可在通气孔H内拉动和旋转。杆部111的前端可拆卸地安装有把手114，后端一体成型有搅拌部112。搅拌部112的形状可以采用现有搅拌工具的形状，但这样的形状在茶水中的移动速度慢，不利于茶叶的快速浸出。优选地，搅拌部112为螺旋形，在杆部111的轴向上保持规定的间距而螺旋形延伸。螺旋的内侧空间还可以容纳水质改良剂。例如，将由天然石头做成的球体放入搅拌部112，可以从球体溶出矿物质成分，使茶的味道更加温和。

使用茶壶时，如图1所示，在壶身101内放入茶叶，倒入适量的热水浸泡茶叶。在茶壶中倒入热水后，立即盖上壶盖104。在盖着壶盖104的状态下，拉动和旋转搅拌工具110。在茶壶内，随搅拌工具110的运动，茶叶在热水中移动，茶叶的成分迅速在整个热水中扩散。将搅拌工具110上下移动时，搅拌部112还可以起到泵的作用，在茶壶内部促使茶水产生对流，因此，可以高效泡出味道浓郁且均匀的茶水。

图3示出了另一种搅拌工具210。搅拌工具210具有杆部211、搅拌部212和把手214。把手214与杆部211可拆卸连接，杆部211的轴周围伸出螺旋形的叶片板形成螺旋形的搅拌部212，所述杆部211与所述搅拌部212一体成型。

图4为另一种结构的搅拌工具310。搅拌工具310具有杆部311、搅拌部312和把手314。杆部311与把手314一体成型，与搅拌部312之间可拆卸连接。搅拌部312的上端固定有十字接头316。杆部311的下端插入十字接头316的突出部。搅拌部312可以使用弹性材料制成，由于弹性材料的作用，螺旋形搅拌部容易变形，使得搅拌更容易进行。

带有搅拌工具的茶壶，结构简单，成本低廉，操作方便。将搅拌工具穿入通气孔H，拉动和旋转把手，杆部带动搅拌部对壶身内的茶水和茶叶进行搅拌，使容器内有效地产生对流，方便地完成茶叶的冲泡。其利用了茶壶上现有的通气孔，将搅拌工具安装在茶壶上，不需要改变茶壶的结构就可以方便卫生地实现对茶叶的搅拌操作。

技术交底材料附图

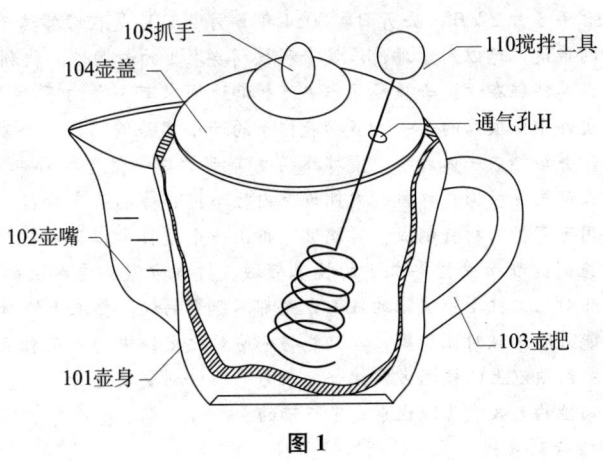

图 1

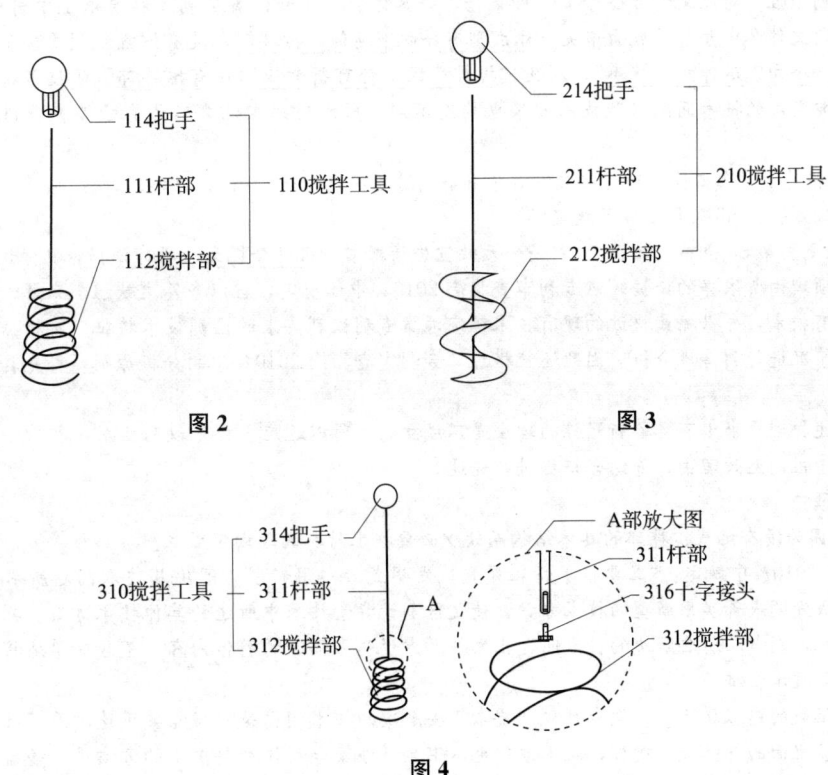

图 2　　　　　　　　图 3

图 4

参考答案

第一题　给客户的信函

尊敬的 A 公司：

您好！非常高兴能接受贵公司的委托，协助处理名称为茶壶、专利号为 201311234567.x 的发明专利（下称"涉案专利"）的无效宣告事宜。在仔细阅读和分析了贵公司提供的涉案专利（附件1）、对比文件1~3，以及附件2的基础上，我们对贵公司提供的无效宣告请求书（附件2）中各项无效宣告理由是否成立的分析如下。

一、关于新颖性和创造性

《专利法》第22条第2款至第5款规定："新颖性，是指该发明或者实用新型不属于现有技术；也没有任何单位或者个人就同样的发明或者实用新型在申请日以前向国务院专利行政部门提出过申请，并记载在申请日以后公布的专利申请文件或者公告的专利文件中。创造性，是指与现有技术相比，该发明具有突出的实质性特点和显著的进步，该实用新型具有实质性特点和进步。实用性，是指该发明或者实用新型能够制造或者使用，并且能够产生积极效果。本法所称现有技术，是指申请日以前在国内外为公众所知的技术。"

1. 对比文件1不能影响涉案专利权利要求1的新颖性。

对比文件1（申请日：2013年8月22日，公开日：2014年5月9日）是在涉案专利申请日（2013年9月4日）之前提出、在申请日之后公开的申请，可以用于评价涉案专利权利要求1的新颖性。权利要求1的方案是：一种茶壶，包括壶身、壶嘴、壶盖及壶把，其特征在于：壶盖底面中央可拆卸地固定有一个向下延伸的搅拌棒，搅拌棒的端部可拆卸地固定有搅拌部。而对比文件1中披露的是一种多功能杯子的两个实施例。第一个实施例包括：杯盖、搅拌棒和杯体，搅拌棒位于杯盖的内侧，并与杯盖一体成型。搅拌棒的端部可插接一桨型搅拌部。第二个实施例包括：杯盖、搅拌棒和杯体，所述搅拌棒的头部呈圆柱形。杯盖的内侧设有内径与搅拌棒的头部外径相同的插槽，搅拌棒的头部插入至杯盖的插槽内。搅拌棒采用可弯折的材料制成，其端部弯折出一个搅拌匙以形成搅拌部。显然，不论是对比文件的第一个实施例还是第二个实施例，都和权利要求1的技术领域、技术方案、要解决的技术问题和技术效果均不相同，属于不同的技术方案。因此对比文件1中披露的任一方案都不能影响权利要求1的新颖性。

另外，在新颖性判断中只能采取单独对比原则，即只能将一份对比文件中的一项独立的技术方案和一项权利要求进行对比，而不能把对比文件中两项以上的技术方案组合起来与一项权利要求进行对比。因此附件2中的将两个实施例组合起来评价权利要求1新颖性的无效宣告理由也是不正确的。

2. 对比文件2不能影响涉案专利权利要求1的新颖性。

对比文件2（公开日：2011年3月23日）是在涉案专利申请日之前公开的，属于现有技术，可以同时用于评价涉案专利的新颖性和创造性。对比文件2公开了一种茶壶，并具体公开了和涉案专利权利要求1中同样的壶身、壶嘴、壶盖及壶把，但对比文件2中壶盖的底面中央一体成型有一向下延伸的搅拌匙，没有披露权利要求1中"壶盖底面中央可拆卸地固定有一个向下延伸的搅拌棒"，以及"搅拌棒的端部可拆卸地固定有搅拌部"的技术特征。因此，两者的技术方案不同，要解决的技术问题以及技术效果也均有不同，所以对比文件2不能影响涉案专利权利要求1的新颖性。

3. 权利要求2相对于对比文件2和对比文件3不具备创造性的结论是正确的，但未结合证据作具体说明，因此不符合《专利法实施细则》第65条第1款的规定。

《专利法实施细则》第65条第1款规定："……无效宣告请求书应当结合提交的所有证据，具体说明无效宣告请求的理由，并指明每项理由所依据的证据。"《专利审查指南2010》中还规定，当以多篇文献组合来评价创造性时，应当先确定最接近的现有技术，并根据最接近的现有技术确定涉案专利权利要求的区别技术特征，再根据该区别技术特征与其他对比文献的情况进行创造性分析。因此还应根据《专利审查指南2010》中的分析原则，补充具体无效宣告理由的分析和论述。

此外，由于前述权利要求1不具备新颖性的理由是不成立的，所以还应当补充权利要求1相对于对比文件2和对比文件3不具备创造性的无效理由，并结合证据进行论述。

二、其他无效理由

1. 权利要求1因为没有记载搅拌部的具体结构而缺少必要技术特征的理由不成立。

《专利审查指南2010》中规定："必要技术特征是指，发明或者实用新型为解决其技术问题所不可缺少的技术特征，其总和足以构成发明或者实用新型的技术方案，使之区别于背景技术中所述的其他技术方案。判断某一技术特征是否为必要技术特征，应当从所要解决的技术问题出发并考虑说明书描述的整体内容，不应简单地将实施例中的技术特征直接认定为必要技术特征。"

和背景技术中记载的内容相比，涉案专利权利要求1要解决的技术问题是，当需要迅速冲泡茶叶的时候，使用搅拌棒或者筷子对茶壶里面的茶叶进行搅拌，既不方便也不卫生。涉案专利权利要求1的方案是，壶盖底面中央可拆卸地固定有一个向下延伸的搅拌棒，搅拌棒的端部可拆卸地固定有搅拌部。该技术方案已经足够解决背景技术中的技术问题，因此不缺乏必要技术特征，是一个完整的技术方案。至于搅拌部的具体结构，如涉案专利中的叶轮或者如对比文件3中的塞部都是搅拌部的一种优选实施方式，可以作为改进技术方案，写入从属权利要求中，不构成独立权利要求1的必要技术特征。

2. 权利要求3保护范围不清楚的理由是成立的，但缺乏结合所提交的证据具体说明，不符合《专利法实施细则》第65条第1款的规定。不清楚之处在于，由于权利要求1中并没有"齿板"这个技术特征，所以权利要求3引用权利要求1的部分缺乏引用基础，属于技术方案不清楚的情况。而权利要求3引用权利要求2的部分则是清楚的。

3. 权利要求4与权利要求1之间没有单一性的无效宣告理由是不成立的。因为单一性并不是《专利法实施细则》第65条第2款中规定的无效宣告的理由。

第二题　无效宣告请求书

尊敬的专利复审委员会：

本请求人 A 公司根据《专利法》第 45 条以及《专利法实施细则》第 65 条的规定，请求宣告专利号为 201311234567.x、名称为"茶壶"的发明专利（下称"该专利"）部分无效。

本请求人提供的证据如下：

附件 1（原对比文件 2）：专利号为 ZL201020789117.7、授权公告日为 2011 年 3 月 23 日的实用新型专利说明书。

附件 2（原对比文件 3）：专利号为 ZL99265446.9、授权公告日为 2000 年 10 月 19 日的实用新型专利说明书。

本请求人认为，该专利的权利要求 1 至 2 与附件 1 和附件 2 的结合相比，不符合《专利法》第 22 条第 3 款有关创造性的规定；权利要求 3 引用权利要求 1 的部分，存在保护范围不清楚的缺陷，不符合《专利法》第 26 条第 4 款的规定；权利要求 4 得不到说明书的支持，不符合《专利法》第 26 条第 4 款的规定。具体无效宣告理由如下：

一、权利要求 1 至 2 不具备创造性。

1. 附件 1 是权利要求 1 最接近的现有技术。在附件 1 中记载："本实用新型的茶壶包括有壶身 30、壶嘴 31、壶盖 32 及壶把 33。"（见附件 1 说明书第 1 页第 6 段，以及附图 1）这披露了权利要求 1 前序中的全部技术特征。附件 1 中还记载有："壶盖 32 的底面中央一体成型有一向下延伸的搅拌匙 34，此搅拌匙 34 呈偏心弯曲状，在壶盖 32 盖合在壶身 30 时，可伸置在壶身 30 内部。"（见附件 1 说明书第 1 页第 6 段、第 7 段，以及附图 1、2）与附件 1 记载的上述内容相比，权利要求 1 具有如下区别技术特征："壶盖底面中央可拆卸地固定有一个向下延伸的搅拌棒，搅拌棒的端部可拆卸地固定有搅拌部"。因此，与附件 1 相比，权利要求 1 解决的技术问题是："搅拌工具为可拆卸结构，因此易于安装和更换。"（见该专利说明书第 1 页第 8 段最后 1 行）

附件 2 中的茶杯属于和权利要求 1 相近的技术领域，其记载的方案是："本实用新型改良结构的茶杯，具有一杯体 40、杯盖 41、塞杆 42，以及塞部 43。塞杆 42 可拆卸地固定安装在杯盖 41 的下表面上。塞杆 42 的下端部插接有一个塞部 43，塞部 43 表面包覆有滤网，底部沿径向方向上设有两片微弧状的压片 2B。塞部 43 可与圆柱形杯体 40 配合，藉以供作茶叶的搅拌及过滤的结构装置。"（见附件 2 说明书第 1 页第 5 段，以及附图 1）同时，附件 2 中还记载："由于塞杆 42、塞部 43 与杯盖 41 之间均采用可拆卸连接，一方面，当茶杯没有浸泡茶叶时，可以将用于搅拌的塞杆 42、塞部 43 取下，另一方面，如果出现了零件损坏的情况，可以进行更换。"（见附件 2 说明书第 1 页最后一段）显然，附件 2 中的塞杆、塞部的结构构成了用于对茶叶进行搅拌的可拆卸的搅拌工具，可以等同于权利要求 1 中的搅拌棒和搅拌部的技术特征。因此，附件 2 中披露了和权利要求 1 与附件 1 的区别技术特征相同的技术特征，并且解决了权利要求 1 中"搅拌工具为可拆卸结构，因此易于安装和更换"的相同技术问题，本领域技术人员可以根据上述技术启示，将附件 2 与附件 1 相结合而得到权利要求 1 的技术方案，所以权利要求 1 的技术方案是显而易见的，没有突出的实质性特点和显著的进步，不具备《专利法》第 22 条第 3 款规定的创造性。

2. 权利要求 2 在权利要求 1 基础上进一步限定的附加技术特征是："所述搅拌部为一叶轮，所述叶轮的底部沿径向方向设有齿板。"该技术特征所解决的技术问题是：更好地对茶叶及茶水进行搅拌（该专利说明书第 1 页最后两段）。而在附件 2 中记载了："塞杆 42 的下端部插接有一个塞部 43，塞部 43 表面包覆有滤网，底部沿径向方向上设有两片微弧状的压片 2B。塞部 43 可与圆柱形杯体 40 配合，藉以供作茶叶的搅拌及过滤的结构装置。"（附件 2 说明书第 1 页第 5 段、第 6 段）。由于附件 2 中记载有"塞部 43 可与圆柱形杯体 40 配合，藉以供作茶叶的搅拌及过滤的结构装置"，并结合附件 2 的附图 1 可知，塞部的结构也属于用于把能量传给液体的具有叶片的旋转体（即叶轮。叶轮，指轮盘与安装其上的转动叶片的总称），其和权利要求 2 中的叶轮是相同技术特征。塞部和塞部底部沿径向方向上设有两片微弧状的压片，与权利要求 1 中叶轮的底部沿径向方向设有的齿板，都是为了更好地搅拌、搅松置放于底部的茶叶，方便地完成茶叶的冲泡，因此也属于相同技术特征。

上述附件 2 与权利要求 2 中相对应的这些特征，至少都属于以基本相同的手段，实现基本相同的功能，达到基本相同的效果，并且所属技术领域的技术人员能够联想到的技术特征。

综上，本领域技术人员可以根据上述技术启示，将附件 2 与附件 1 相结合而得到权利要求 2 的技术方案，所以权利要求 2 的技术方案是显而易见的，没有突出的实质性特点和显著的进步，不具备《专利法》第 22 条第 3 款规定的创造性。

二、权利要求 3 引用权利要求 1 的部分保护范围不清楚，不符合《专利法》第 26 条第 4 款的规定。

在权利要求 3 引用权利要求 1 的部分中，其特征部分为："所述齿板上设有多个三角形凸齿。"对"齿板"这个特征作了进一步的限定，但是在权利要求 1 中并没有"齿板"这个特征，权利要求 3 中增加的关于"齿板"的限定缺乏基础，因此权利要求 3 保护范围是不清楚的，不符合《专利法》第 26 条第 4 款的规定。

三、权利要求 4 得不到说明书的支持，不符合《专利法》第 26 条第 4 款的规定。

权利要求 4 的要保护的方案是："一种茶壶，包括壶身、壶嘴、壶盖及壶把，其特征在于：壶身上设有弦月形护盖板。"其所要解决的技术问题是：防止壶盖在茶水倾倒过程中向前滑动，从而防止茶水溢出。（见该专利说明书第 1 页第 9 段）根据该专利说明书中的描述，该护盖板 13 应当设置在从壶身 1 近壶嘴 2 的前缘开口部位沿壶盖 3 的周向延伸,并覆盖部分壶盖3。如果护盖板13不是采取上述具体结构(如设置在壶身远离壶嘴的后缘位置时),怎样才能防止壶盖在茶水倾倒过程中向前滑动,进而实现防止茶水溢出是本领域技术人员无法得知的,说明书中其他位置也没有记载这样的方案是如何实现的。因此,权利要求4要求保护的技术方案,囊括了说明书披露的实施方式之外的保护范围,并且这些范围得不到说明书的支持,不符合《专利法》第26条第4款的规定。

综上,本请求人请求宣告该专利的权利要求1、2、4无效,以及权利要求3引用权利要求1的方案无效。

第三题 实用新型权利要求书

1. 一种茶壶,包括壶身、壶嘴、壶盖、壶把及搅拌工具,所述壶盖上有一个穿透壶盖的通气孔,其特征在于:在所述通气孔中贯穿地插入所述搅拌工具,所述搅拌工具可在所述通气孔内拉动和旋转。

2. 如权利要求1所述的一种茶壶,其特征在于:所述的搅拌工具具有杆部、搅拌部和把手,所述杆部可在所述通气孔内自由拉动和旋转。

3. 如权利要求2所述的一种茶壶,其特征在于:所述把手可拆卸地或者一体成型地安装在所述杆部的前端,所述杆部的后端可拆卸地或者一体成型地连接有所述搅拌部。

4. 如权利要求3所述的一种茶壶,其特征在于:所述搅拌部为螺旋形。

5. 如权利要求4所述的一种茶壶,其特征在于:所述螺旋形的搅拌部具体是,在所述杆部的轴向上保持规定的间距而螺旋形延伸,或者,在所述杆部的轴周围伸出螺旋形的叶片板形成螺旋形的搅拌部。

6. 如权利要求4或5所述的一种茶壶,其特征在于:所述搅拌部螺旋的内侧空间内设有水质改良剂。

7. 如权利要求6所述的一种茶壶,其特征在于:所述水质改良剂为可溶出矿物质成分的天然石头制成的球体。

8. 如权利要求4或5所述的一种茶壶,其特征在于:所述搅拌部由弹性材料制成。

9. 如权利要求3或4或5所述的一种茶壶,其特征在于:所述杆部的后端可拆卸地连接有所述搅拌部具体是,所述搅拌部的上端固定有十字接头,所述杆部的下端插入十字接头的突出部。

10. 如权利要求1至5任一所述的一种茶壶,其特征在于:在盖着所述壶盖的状态下,所述搅拌工具可在所述通气孔内自由拉动和旋转。

第四题 实用新型独立权利要求解决的技术问题和取得的技术效果

与该专利相比,实用新型的独立权利要求1具有如下区别技术特征:在所述通气孔中贯穿地插入所述搅拌工具,所述搅拌工具可在所述通气孔内拉动和旋转。该专利和本实用新型独立权利要求1的区别是:在壶盖底面中央可拆卸地固定有一个向下延伸的搅拌棒,搅拌棒的端部可拆卸地固定有搅拌部。和本实用新型相比,该专利的方案需要制作专门的带有搅拌棒的壶盖,结构复杂、成本高;搅拌时需要转动壶盖一起进行搅拌,操作复杂;并且在操作时,不方便同时拉动和旋转搅拌工具对壶身内的茶水和茶叶进行搅拌。

与该专利相比,本实用新型的独立权利要求1要解决的技术问题是,提供一种结构简单、成本低廉、操作方便的带有搅拌工具的茶壶,并且无须对现有的茶壶进行改造,在操作时无须旋转壶盖,还可以同时拉动和/或旋转搅拌工具对壶身内的茶水和茶叶进行搅拌。

和该专利相比,本实用新型的独立权利要求1方案的技术效果是,直接利用茶壶上现有的通气孔,将搅拌工具安装在茶壶上,不需要改变茶壶的结构就可以方便、卫生地实现对茶叶的搅拌操作,结构简单、成本低廉、操作方便,在操作时无须旋转壶盖,还可以同时拉动和/或旋转搅拌工具,对壶身内的茶水和茶叶进行搅拌。搅拌工具可以起到泵的作用,在茶壶内部促使茶水产生对流,可以高效泡出味道浓郁且均匀的茶水,方便地完成茶叶的冲泡。

答题思路分析

2016年专利代理实务试题一共有四道题目,主要涉及专利无效宣告和权利要求撰写两类考点内容。

一、专利无效宣告题目的解题思路分析

前两题都是考查专利无效宣告方面的知识点。第一题是要求考生对客户已经写好的无效宣告意见进行点评,第二题是重新撰写一份无效宣告请求书。两道题的主要考点内容基本一致。

对于专利无效宣告类的考题,通常应当先检查一下对比文献的效力,即检查一下对比文献的最早申请日和公开日与涉案专利之间的关系。首先要排除在涉案专利申请日之后申请的专利文献和申请日之后公开的普通文献等干扰类文献,对于在涉案专利申请日之前申请、申请日之后公开的专利文献(注:也应和涉案专利一样都是向国家知识产权局申请的中国专利),在分析判断时只需判断是其能否对涉案专利的新颖性产生影响。对于在涉案专利申请日之前公开的专利文献和普通文献,则可以用于组合评价涉案专利的创造性。

在本题中,通过对专利文献时间的判断可以发现,对比文件1是在涉案专利申请日前申请、申请日之后公开的中国专利,只能用于评价涉案专利的新颖性而不能用于评价创造性。在判断新颖性时,要注意必须采用单独对比原则,即只能用对比文件中的一个实施例和涉案专利的一项权利要求去对比,不能将两个以上并列的实施例组合起来用于新颖性对比判断。在对比时,要从技术领域、技术方案、要解决的技术问题、技术效果四个方面共同进行对比,只有这四个方面都实质上相同才能判断所对比的权利要求不具有新颖性。本题中对比文件1披露的是一种茶杯,而涉案专利

要保护的是一种茶壶，两者在包括技术领域在内的四个方面均不相同，因此明显不能影响涉案专利的新颖性。

对比文件2、3均是在涉案专利申请日之前公开的专利，因此都可以用于创造性的判断。在进行创造性判断时，最好采用《专利审查指南2010》中规定的"三步法"原则。首先以一份和涉案专利要保护的技术方案（要进行判断的权利要求所对应的技术方案）最接近的对比文件作为最接近的现有技术；其次找到涉案专利要保护的技术方案和该最接近的现有技术之间的区别技术特征，并且找到根据该区别技术特征重新确认的要解决的技术问题和技术效果；最后再到其他对比文件中寻找是否有与该区别技术特征同样的技术特征。如果能找到与之同样的技术特征，并且在其他对比文件中，该同样的技术特征所解决的技术问题和技术效果也与该区别技术特征一致，则涉案专利要保护的技术方案没有创造性，反之则有创造性。

在本题中，对比文件2、3是可用于评价创造性的对比文件，其中对文件2为最接近的现有技术。

权利要求2的创造性分析是该无效宣告题目中的一个难度点。权利要求2的附加技术特征是："所述搅拌部为一叶轮，所述叶轮的底部沿径向方向设有齿板"，而在对比文件3中披露的技术特征是："塞部43表面包覆有滤网，底部沿径向方向上设有两片微弧状的压片2B"，两者的技术特征名称上存在明显差异。但仔细分析并结合附图可以发现，对比文件3中塞部的结构是"可与圆柱形杯体40配合，藉以供作茶叶的搅拌及过滤的结构装置"。该装置也符合叶轮的定义，即用于把能量传给液体的具有叶片的旋转体，因此该塞部应与叶轮属于相同技术特征，至少属于等同特征。而塞部底部沿径向方向上设有两片微弧状的压片，与叶轮的底部沿径向方向设有齿板也属于相同或等同的技术特征。因此，权利要求2应当也不具有创造性。

在进行完新颖性、创造性分析后，还要注意不要忘记对其他无效宣告理由进行一下判断，本题中涉案专利的权利要求3、4都存在其他缺陷，也应当被部分或者全部无效。

二、权利要求撰写题目的解题思路分析

后两题都是考查权利要求撰写方面的知识点。第一题是根据客户提供的新的交底材料，撰写一份实用新型的权利要求书，这时无效宣告中的涉案专利和三份对比文件均成为了现有技术。第二题实质主要是考查考生对创造性的理解和分析能力，具体考查了在创造性分析"三步法"中，对要解决的技术问题和技术效果的分析原则。

在客户提供的新技术交底材料中，一共给出了三个实施例。在撰写权利要求时，考生应该要想到，尽可能地将多个实施例进行上位概括，以为申请人争取更宽的保护范围，这是一个专业的专利代理人执业时所应具备的基本思维和能力。通过仔细阅读技术交底材料可以发现，这三个实施例所共有、和现有技术所不同的区别技术特征是：在通气孔中贯穿地插入一搅拌工具。（现有技术中均是搅拌工具和盖一体连接设置。）三个实施例分别提供了在上述总体方案下的一种不同结构的搅拌工具。因此，应该只需要撰写一项独立权利要求就可以将三个实施都概括进其保护范围之内，而不必进行分案申请。在确定了独立权利要求的区别技术特征之后，同最接近的现有技术所相比要解决的技术问题也可以随之确定，即，提供一种结构简单、成本低廉、操作方便的带有搅拌工具的茶壶，并且无须对现有的茶壶进行改造，在操作时无须旋转壶盖，还可以同时拉动和/或旋转搅拌工具对壶身内的茶水和茶叶进行搅拌。

从属权利要求的撰写，应注意能覆盖更多的实施方式，同时，又尽可能地减少权利要求附加费的产生，减少申请人的成本支出。参考答案中给出的从属权利要求布局构思是：从属权利要求2限定了搅拌工具的结构部件组成的方案，并具体表明是通过杆部在所述通气孔内自由拉动和旋转，没有限定搅拌部和杆部的具体连接方式，该权利要求依然比较上位概括，将三个实施例均囊括在其范围内；从属权利要求3将把手、搅拌部和杆部不同的连接方式的方案，采取并列撰写的方式写入同一条权利要求中，以尽可能地节省权利要求项数；从属权利要求4是将实施例2、3的搅拌部进行上位概括的方案；从属权利要求5将实施例2、3中螺旋形搅拌部的具体方案采取并列撰写的方式写入同一条权利要求中，以尽可能地节省权利要求项数；从属权利要求6、7、8是对螺旋形搅拌部的进一步改进予以保护的方案；从属权利要求9是对搅拌部和杆部分体连接的具体结构进行保护的方案，并尽可能地引用多项权利要求以扩大保护范围；从属权利要求10特别保护了盖着壶盖状态下，依然可以搅拌的搅拌工具结构的方案，该方案是实施时较为常见的方案，也是三个实施例所共有的特点，因此尽可能地引用多项权利要求以扩大保护范围。

在技术交底材料中还有一个技术方案是，在壶盖的中央的抓手的旁边有一个穿透壶盖的通气孔。该方案的内容在所有对比文件的文字部分中均未被披露，但在交底材料最后一段的最后一句话中提及"其利用了茶壶上现有的通气孔"。由此可见，该方案已经被申请人认为是在先技术，并且在对比文件2的图1中的壶盖上，明显具有一与通气孔相同的结构，因此可以初步判定该方案应该已经是现有技术了，不必撰写一项以该方案为基础的独立权利要求。如果在实践中，专利代理人还应当向申请人就此问题进行明确确认。